DIE NATIONAL GALERIE

DIE NATIONAL GALERIE

Herausgegeben von

Peter-Klaus Schuster

SMPK

DUMONT

Vorwort

»Die Nationalgalerie«, dieses Buch erscheint anläßlich der Wiedereröffnung der generalsanierten Alten Nationalgalerie auf der Museumsinsel im 125. Jahr ihres Bestehens. Es ist ein Buch der Freunde. Ermöglicht durch eine großzügige Spende von Arend Oetker, wurde es durch den Verein der Freunde der Nationalgalerie vielfältig befördert. Mithin ist dies Buch zum 125. Jubiläum der Nationalgalerie auch ein Buch größter Dankbarkeit.

Diese Dankbarkeit gilt ganz vordringlich den Vertretern des Bundes und der Länder und unter diesen besonders dem Land Berlin, daß sie den Anlaß zu diesem Buch, die großartige Wiederherstellung der Alten Nationalgalerie ermöglicht haben und gemeinsam Sorge tragen für die Zukunft der Staatlichen Museen zu Berlin als dem größten von Bund und allen Ländern gemeinsam finanzierten Kunst- und Kulturbesitz dieser Bundesrepublik.

Die Nationalgalerie auf der Museumsinsel, von der Unesco zum Weltkulturerbe erklärt, ist heute ebenso wie zu ihren Anfängen ein würdiger Gegenstand des Nachdenkens über die Deutschen als Kulturnation und ihren Aufbruch zur politischen Nation. Kaum je ist deutsche Geschichte so sehr Museumsgeschichte geworden wie am Beispiel der Nationalgalerie. Dies bedeutet, daß die politische Einheit der Deutschen, mit dem Bau der Nationalgalerie einst um Jahre antizipiert, auch heute wieder mit dem Blick auf den Denkmaltempel der Nationalgalerie in der Mitte Berlins einen wirklichen Ort der Anschauung hat. Plötzlich gibt es eine Nationalgalerie, die man nicht länger nur von Abbildungen kennt, sondern die als erstes wiedereröffnetes Haus auf der legendären Berliner Museumsinsel wirklich betreten werden kann und die den erneuerten Gedanken der Einheit der Nation nun in neuem Glanz vor Augen stellt.

Das war zu Zeiten der Teilung Deutschlands mitnichten so. Als Dieter Honisch, Direktor der Neuen Nationalgalerie im Westteil Berlins, 1979 zum 50. Geburtstag der »Freunde der Nationalgalerie« einen ersten Prachtband vorlegte, lautete dessen Titel bezeichnenderweise »Nationalgalerie Berlin«. Es war der erste Versuch, eine durch die Teilung Berlins zweigeteilte Institution – mit Stülers Alter Nationalgalerie auf der Museumsinsel und Mies van der Rohes Neuer Nationalgalerie am Tiergarten – wenigstens durch ein opulentes Buch wieder zu rekonstruieren und zu verorten als eine Institution in Berlin. Bezeichnenderweise behandelte der Text von Dieter Honisch die Geschichte der ganzen Nationalgalerie, während der Bildteil nur die halbe Nationalgalerie, den im damaligen Westberlin befindlichen Teil der Sammlung abbildete.

Ganz anders verhält es sich mit dem nun vorliegenden Band. »Die Nationalgalerie« – selbstverständlich in Berlin – erfaßt erstmals den nun wieder zusammengeführten Gesamtbestand der Nationalgalerie in seinen Meisterwerken. Mit der eingehenden Erläuterung ihrer verschiedenen Sammlungsgebäude – Alte und Neue Nationalgalerie, Hamburger Bahnhof, Friedrichswerdersche Kirche und Sammlung Berggruen im westlichen Stüler-Bau gegenüber Schloß Charlottenburg – wird deutlich, was bereits seit Justis Nutzung des Kronprinzen-Palais als Dependance für die moderne Kunst galt, daß die Nationalgalerie ein Museum mit einer Sammlung in mehreren Häusern ist.

Diese große Nationalgalerie ist, wie von ihrem ersten Monografen Paul Ortwin Rave hellsichtig diagnostiziert, im doppelten Wortsinn sowohl ein Ort der nationalen Selbstbesinnung als auch eine der bedeutendsten Sammlungen der Nation für europäische und später internationale Kunst seit 1800 bis in die Gegenwart. Es war die Nationalgalerie auf der Museumsinsel und anschließend die ihr zugehörige Filiale des Kronprinzen-Palais, wo seit 1896 mit Hugo von Tschudi und später durch Ludwig Justi die Moderne unter heftigsten Diskussionen in der Museumswelt durchgesetzt wurde. Es war die Nationalgalerie in Berlin, die erstmals den französischen Impressionismus im Museum kanonisierte.

Von dem einstigen Glanz ist im Bereich der klassischen Moderne durch den Bildersturm der Nationalsozialisten gegen die sogenannte »Entartete Kunst« wenig geblieben. Keine Museumsgalerie wurde von Staats wegen so geplündert wie die Nationalgalerie. Die Verluste des Krieges taten das Übrige. Gleichwohl ist die Nationalgalerie, hervorgegangen aus der Stiftung der privaten Sammlung Wagener, immer wieder von vielen Freunden und Mäzenen großzügig gefördert worden. Dies gilt für das wilhelminische Kaiserreich ebenso wie für die Weimarer Republik. Auch heute haben dank des »Vereins der Freunde der Nationalgalerie« unter seinem brillanten Vorsitzenden Peter Raue mit der Sammlung Erich Marx, mit Otto van de Loo und Heinz Berggruen wieder bedeutende Sammlungen, Schenkungen und Erwerbungen den Weg in die Häuser der Nationalgalerie gefunden. Gerade durch den dank gemeinsamer Anstrengungen des Bundes und des Landes Berlin möglich gewordenen Ankauf der Sammlung »Picasso und seine Zeit« von Heinz Berggruen hat die Nationalgalerie im Bereich ihrer schwersten Verluste wieder eine entscheidende Bereicherung erfahren.

All dies hat nur gelingen können, weil die Nationalgalerie als Teil der noch weit größeren Staatlichen Museen zu Berlin in den entscheidenden Jahren vor und nach der Wiedervereinigung im Westteil wie im Ostteil der Stadt mit den beiden Generaldirektoren Wolf-Dieter Dube und Günter Schade im Zusammenwirken mit dem Präsidenten der Stiftung Preußischer Kulturbesitz Werner Knopp, seinem Nachfolger Klaus-Dieter Lehmann und ihrem gemeinsamen Vizepräsidenten Norbert Zimmermann eine lange Zeit des guten Regimentes erfahren durfte. Auch dafür sei ganz herzlich gedankt.

Die Zusammenführung der so lange geteilten Nationalgalerie unter Dieter Honisch hat jenen freundschaftlichen Geist befördert, dem sich auch dieser Band verdankt. Die Mitarbeiterinnen und Mitarbeiter aller Häuser der Nationalgalerie sowie des Zentralarchivs haben das zukünftig ganz unentbehrliche Glossar für »Die Nationalgalerie« verfaßt. Ihnen allen, wie auch Heiner Bastian als Kurator der Sammlung von Erich Marx, sei hierfür sehr herzlich gedankt. Thomas W. Gaehtgens hat als Freund über die Freunde und Mäzene der Nationalgalerie gehandelt. Für seinen gelehrten Außenblick auf die Nationalgalerie als kunstsoziologisches Phänomen sei ihm besonders gedankt. Ohne die besondere redaktionelle Betreuung, welche dem Band ganz vorzüglich durch Moritz Wullen und Christina Thomson mit Unterstützung von Gabriele Bösel, Thekla Brückner, Fritz Jacobi, Manfred Tschirner, Carola Vernimmen und einer ganzen Heerschar hilfreicher Praktikantinnen und Praktikanten zuteil wurde, wäre er nicht zu jener glücklichen Vollendung gelangt, welche »Die Nationalgalerie« nun so schön auszeichnet. Bleibt zum Schluß der Dank an den DuMont Literatur und Kunst Verlag in Köln. Dort haben Gottfried Honnefelder, Maria Platte und Birgit Haermeyer jegliche Anstrengung unternommen, um »Die Nationalgalerie« als ein wirkliches Buch der Freunde zu vollenden.

Peter-Klaus Schuster
Generaldirektor der Staatlichen Museen zu Berlin und Direktor der Nationalgalerie

Die Geburt der Nation aus dem Geist der Kunst

Einige Bemerkungen zur Nationalgalerie in Berlin

Peter-Klaus Schuster

I. Das deutsche Problem

Es gibt wenige Worte, die in Deutschland so mit Bedeutung belastet sind wie »Nation« und »Kunst«. Diese Worte wurden geradezu zu heiligen Gütern, je weniger man ihrer im Leben gewiß war. Die Einheit der Nation war ein deutscher Traum, der 1871 mit der Proklamation des Deutschen Kaiserreiches unter Führung Preußens im Spiegelsaal von Versailles spät - wenn nicht gar verspätet - in Erfüllung ging.

Der Nationalgalerie auf der Berliner Museumsinsel (Abb. 1) ist dieses Datum der Reichsgründung im Giebel eingeschrieben mit den Worten »Der Deutschen Kunst MDCCCLXXI« (Abb. 2). Tatsächlich handelt es sich um eine politische Inschrift. Denn weder hat die im Giebel vermerkte Jahreszahl 1871 etwas mit der Entstehung noch mit der Vollendung der Nationalgalerie zu tun. Eröffnet 1876, genau vor 125 Jahren, wurde der auf einem hohen Sockel dem niederen Leben denkmalartig entrückte Tempel der Kunst vielmehr bereits 1865 ganz ausdrücklich als deutsche »Nationalgalerie« für zeitgenössische Malerei, Zeichenkunst und Skulptur von Friedrich August Stüler, dem Schüler Schinkels, entworfen. Das heißt, die noch gar nicht erfolgte und auch damals gar nicht zu erwartende politische Einheit der Deutschen wurde im Bereich der Kunst vorweggenommen.

Wenig erscheint bezeichnender für den Nationalgedanken in Deutschland, als daß die Einheit der Deutschen zuerst im Museum stattfindet. Oder um es anders zu formulieren: im Unterschied zu vielen anderen Völkern, die aufgrund ihrer Geschichte oder ihrer geographischen Lage seit langem eine nationale Einheit entwickeln konnten, erlangten die Deutschen, zersplittert in eine Vielzahl von Kleinstaaten und wenige Mittelstaaten wie Bayern, Württemberg, Sachsen und Preußen, ihre so sehnsüchtig erhoffte politische Einheit als Nation zuerst als Kulturnation im Museum.

Man ahnt, welche Auratisierung, aber auch Problematisierung der Nationalgedanke damit in Deutschland gewonnen hat. Man ahnt zugleich, welche Beweislast damit der Kunst aufgebürdet war. Sie sollte den Deutschen zuerst zeigen, wer sie als Deutsche sind, wer sie waren und wer sie sein wollten oder sollten. Daraus ergab sich das neue Problem, das die Berliner Nationalgalerie mit ihrer Giebelinschrift so sichtbar vor sich herträgt: Was ist »Deutsche Kunst«?

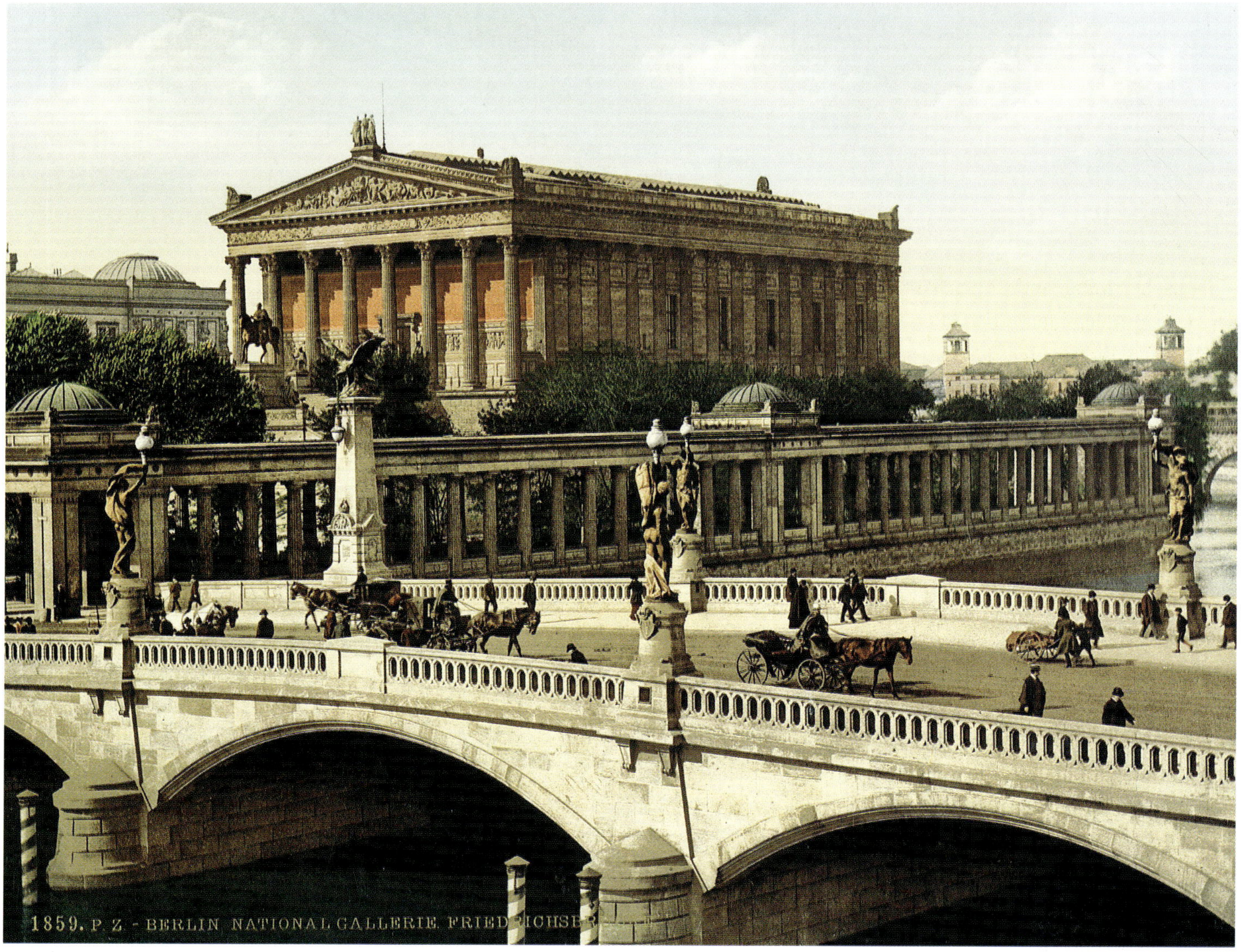

1 Alte Nationalgalerie (eröffnet 1876), Blick von der Spree, mit Friedrichsbrücke und Kolonnaden, kolorierte Fotografie von 1905

Oder anders, was darf »Deutsche Kunst« sein und was nicht? Und wer bestimmt darüber? Man erkennt leicht, wie sehr die Antizipation der politischen Nation im Museum zu einer ästhetischen Neurotisierung des Nationalgedankens in Deutschland führen mußte und auch geführt hat. Museumsfragen wurden zu entscheidenden Machtfragen, wie gerade die Geschichte der Berliner Nationalgalerie eindringlich belegt.[1]

II. Auf dem Weg zu einer Nationalgalerie: Wagener, Nürnberg und die Berliner Museumsinsel

Der unmittelbare Anlaß für das Projekt einer Nationalgalerie in Berlin war eine Sammlung von 262 zeitgenössischen Gemälden. Der Bankier und Konsul Joachim Wagener (Abb. 3) hatte sie seit 1815 in Berlin zusammengetragen und in seinen Privaträumen öffentlich gemacht. Wageners erste Erwerbung war Schinkels Gemälde »Gotische Kirche auf einem Felsen am Meer« (S. 104). Von Caspar David Friedrich hatte er das Bilderpaar »Einsamer Baum« (S. 94) und »Mondaufgang am Meer« (S. 95) erworben. Ansonsten war seine Sammlung Ausdruck eines bürgerlichen Kunstgeschmacks, der kleinformatige Genrebilder der Münchener, Düsseldorfer und Berliner Schule bevorzugte. Unter den Berlinern ist das Fehlen von Menzel auffällig. Außer Werken deutscher Künstler gab es auch eine beträchtliche Anzahl von Gemälden belgischer, französischer und italienischer Künstler. Namen wie Gudin, Robert, Vernet, Koekkoek, Bièfve, Gallait oder de Keyser zeigen, welch kleinere Größen Wagener schätzte. 1859 vermachte er diese von der Romantik über das Biedermeier bis zur belgischen Historienmalerei reichende Sammlung dem preußischen Kronprinzen und zukünftigen König. Verbunden war damit die Auflage an den preußischen Staat, ausgehend von dieser Sammlung eine »Nationale Galerie« für zeitgenössische Kunst in einem eigenen Gebäude zu begründen.[2]

Wageners Wunsch nach einer nationalen Galerie für zeitgenössische Kunst ging zurück auf die Vorstellung der bürgerlichen Revolution von 1848. Ein aus seinen alten Bindungen entlassener, zunehmend autonom und damit kommerziell wie diffus werdender Kunst- und Ausstellungsbetrieb sehnte sich nach der regulierenden Autorität des Staates. Als öffentlicher Auftraggeber wie als Nobilitierungsinstrument sollte der Staat, so die Meinung vieler Künstler und liberaler Politiker in Deutschland nach 1848, seiner nationalen Aufgabe der Pflege der zeitgenössischen Kunst durch eine ganz auf die aktuelle künstlerische Produktion ausgerichtete Nationalgalerie gerecht werden.

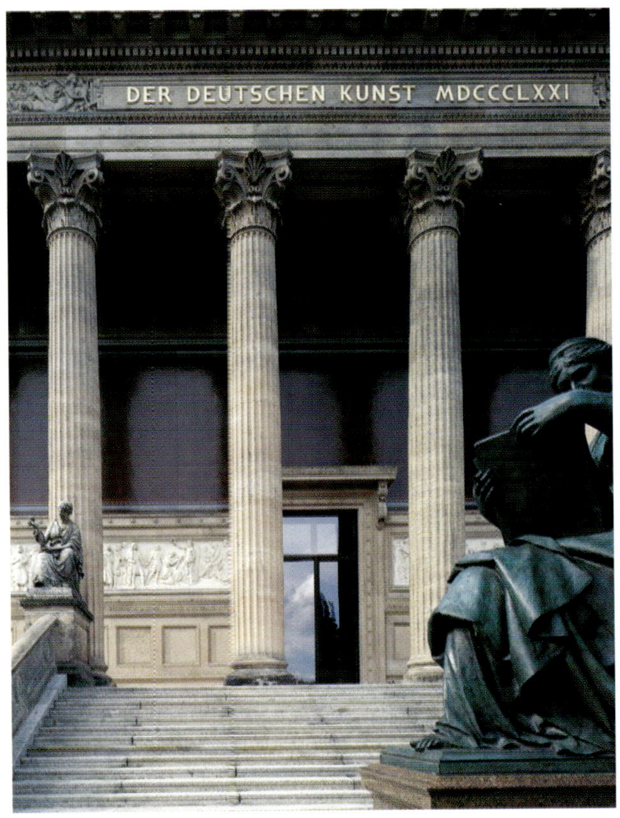

2 *Alte Nationalgalerie, Säulenvorhalle mit Giebelinschrift: »Der Deutschen Kunst 1871«. Fotografie: Christian Gahl, 2001*

Einen ersten Erfolg hatte diese bürgerliche Utopie des Nationalgedankens im Reich der Kunst 1852 mit der Gründung des Germanischen Nationalmuseums in Nürnberg (Abb. 4)[3]. Ebenfalls die politische Einheit der Deutschen im Museum entschieden vorwegnehmend, wurde es als ein enzyklopädisches, alle Lebensformen umgreifendes Anschauungsarchiv zur Kunst- und Kulturgeschichte des gesamten germanischen Sprachraumes konzipiert. Die altdeutsche Reichsstadt Nürnberg, ausgezeichnet durch Dürer als Überfigur nationaler Identifikation, lieferte mit ihrem ehemaligen gotischen Kartäuserkloster als Nationalmuseum dem bürgerlichen Sehnsuchtsblick das malerische Bild eines deutschen Gesamtkunstwerks, das altehrwürdige Geschichtsbild einer deutschen Kulturnation von zutiefst bürgerlicher Herkunft. Komplementär zu Nürnberg, dem Ort großer deutscher Vergangenheit, sollte dagegen das junge Berlin mit seiner Nationalgalerie, nun in Gestalt eines griechischen Tempels, im Zentrum der neuerrichteten Berliner Museumsinsel die endgültige Ankunft der deutschen Kulturnation im heiligen Quartier aller Künste und Kulturen der Welt verkünden.

Diesen so unendlich ausgreifenden kulturpolitischen Anspruch der Berliner Nationalgalerie kann nur verstehen, wer auch die Berliner Museumsinsel (Abb. 5) als ihr museales Umfeld berücksichtigt.[4] Die Nationalgalerie ist das dritte Gebäude der Museumsinsel. Begonnen wurde nach den siegreichen Befreiungskriegen gegen Napoleons Truppen mit Schinkels 1830 eröffnetem Museum am Lustgarten (Abb. 7). Der patriotische Impuls dieser ersten Museumsgründung des militärisch erfolgreichen Preußen trat jedoch völlig zurück hinter dem Menschheitspathos, das Schinkel als Schüler der Weimarer Klassik erweist. Mit seiner dem Pantheon nach-

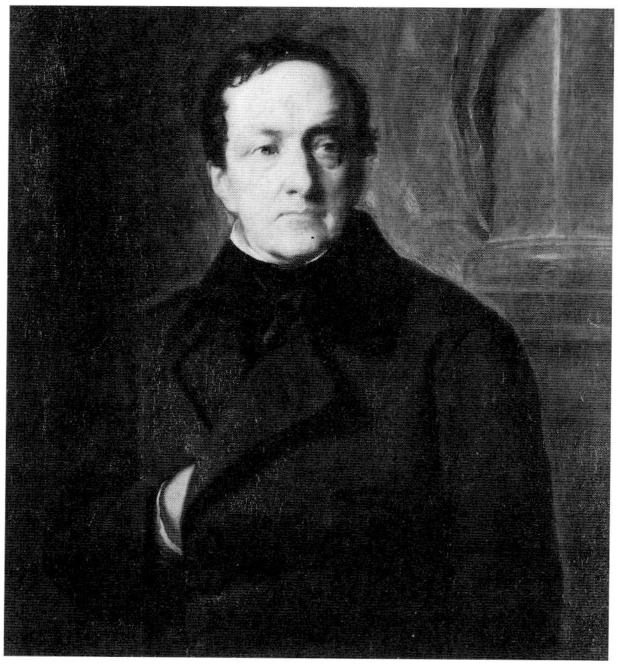

3 *Julius Friedrich Anton Schrader, Bildnis des Bankiers Joachim Heinrich Wilhelm Wagener, Stifter der Nationalgalerie durch das Vermächtnis seiner Sammlung an den Preußischen Staat, Öl auf Leinwand, 1856, Nationalgalerie, Staatliche Museen zu Berlin*

gebildeten Rotunde (Abb. 8) lieferte Schinkel im Zentrum seines Museumstempels das ästhetische Heiligtum dieser Weimarer Kunstreligion. Allein durch die Kunst kann der Mensch – so Schiller in seinen Briefen »Über die ästhetische Erziehung des Menschen« (1795) - sich im Bereich des Schönen zur sittlichen Vollkommenheit und Freiheit entwickeln. Im wirklichen Leben ist ihm dies durch die Zwänge und die Ungerechtigkeit der Gesellschaft verwehrt. Einzig im Reich der Künste, so zeigt es auch Schinkels Museum in seiner kalkulierten Antithese zu Schloß und Dom als den Orten der politischen Macht und der kirchlichen Autorität, einzig im Reich der Künste ist der Mensch frei. Mit dieser bei Schinkel Architektur gewordenen Antwort auf die Freiheitsideale der französischen Revolution – Freiheit gibt es nur in der Kunst, nicht im politischen Leben – wurde der Vorzug von »Kunst« und »Kultur« gegenüber »Zivilisation« im Wertekosmos der Deutschen bis heute festgeschrieben.[5]

Nicht vaterländisch, sondern der Menschheit gewidmet, versammelte Schinkels Museum am Lustgarten die Kunst der Antike und darüber die Gemäldesammlung der Alten Meister. Mit seiner Inschrift über der Säulenkolonnade lieferte Schinkels grandioser Kunsttempel aber bereits das zukünftige Sammlungsprogramm der königlich-preußischen Museen insgesamt: »Studio Antiquitatis Omnigenae Et Artium Liberalium« (Abb. 6). Alle Künste und Kulturen, wo auch immer sie entstanden sind – »Antiquitatis Omnigenae« –, sollten analog zu Goethes Begriff der Weltliteratur in den Berliner Museen gesammelt werden. Was den Berliner Museumsgründern, zu denen neben Schinkel insbesonders auch die Brüder Humboldt gehörten, nach dem von ihnen so bewunderten Vorbild des Louvre vorschwebte und dann doch entschieden darüber hinausging, war ein Universalmuseum der Kunst und Kulturen der ganzen Welt in der Mitte Berlins.

4 *Germanisches Nationalmuseum, Nürnberg, Eingang an der Karthäusergasse, Holzstich, 1862, Germanisches Nationalmuseum Nürnberg. Die Inschrift über dem Tor lautet: »Germanisches Museum. Eigentum der Deutschen Nation.«*

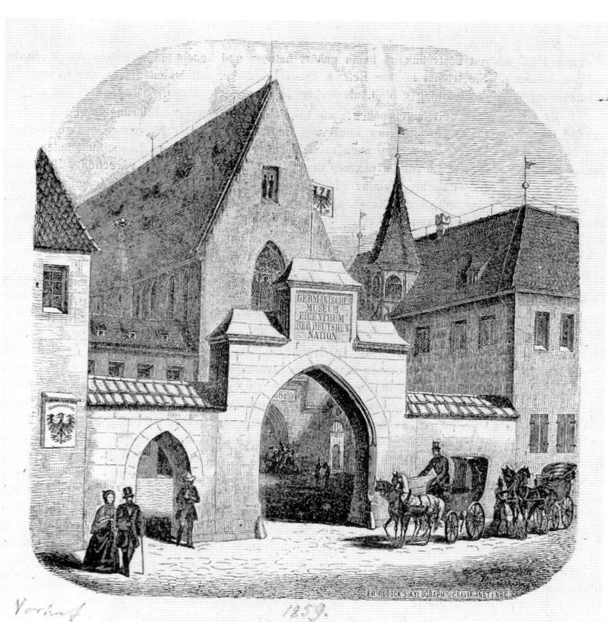

Angesichts der im prosperierenden Preußen rasch wachsenden Sammlungen wurde deshalb 1841 von König Friedrich Wilhelm IV. beschlossen, das gesamte Gelände hinter Schinkels Museum als »Freistätte für Kunst und Wissenschaft« einzig zum Neubau weiterer Museen und Bildungseinrichtungen vorzusehen. Der erste Masterplan, den Friedrich Stüler als Hofarchitekt bereits 1841 für die Berliner Museumsinsel vorlegte (Abb. 9), zeigte in deutlicher Anlehnung an frühere Architekturvisionen Schinkels die völlige Verwandlung der Mitte Berlins zu einer Akropolis der Künste und Wissenschaften. Dieses »neue Berlin« präsentierte sich als Hauptstadt eines Preußen, das nicht länger Sparta, sondern Spree-Athen, nicht länger Militärstaat, sondern ein Musenstaat sein wollte.

Nach diesem Masterplan wurde auf der Rückseite von Schinkels Museum, und mit ihm durch einen Übergang verbunden, seit 1845 das

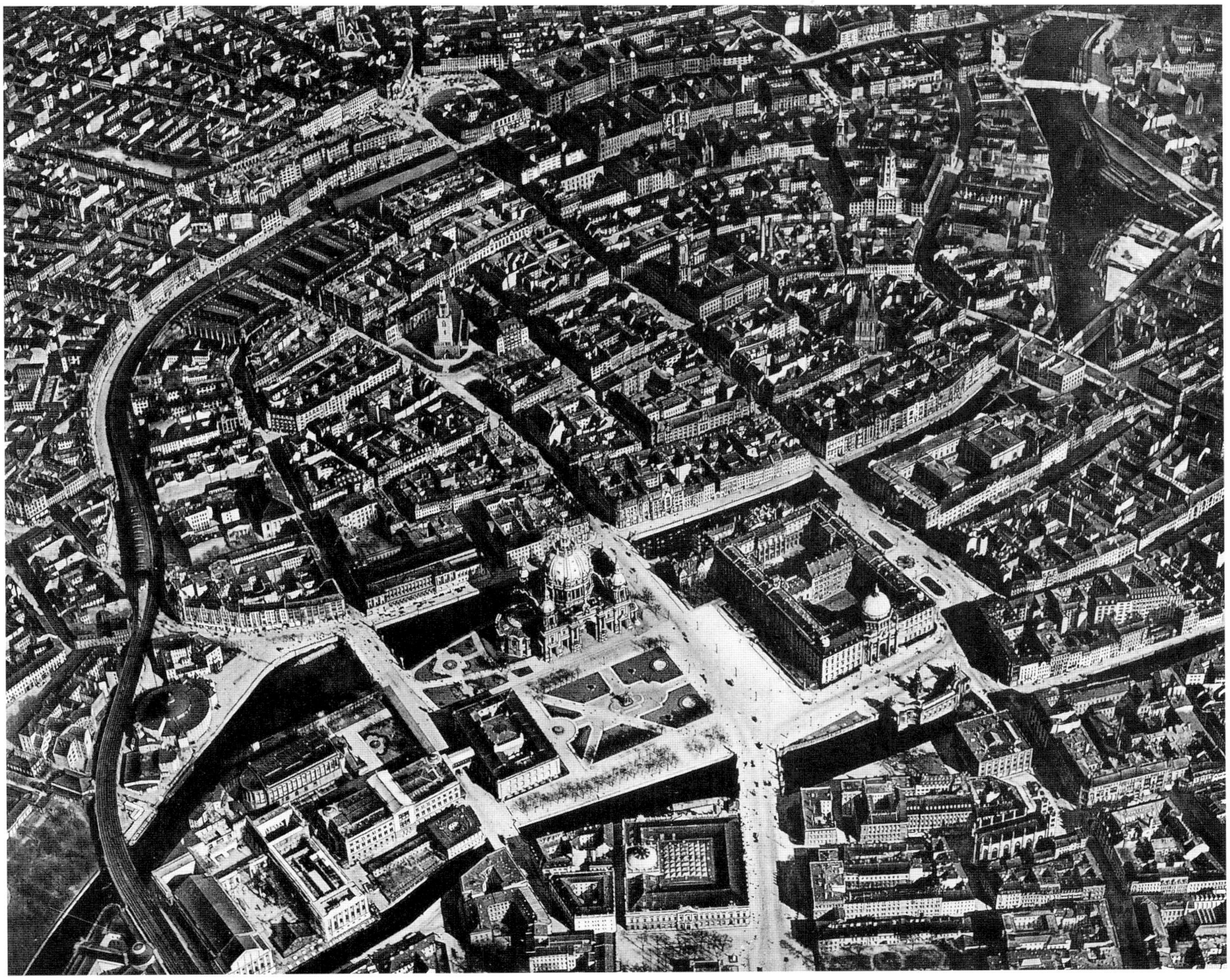

5 Museumsinsel Berlin, Luftaufnahme 1920. Das Pergamon-Museum ist noch im Bau; links von der Bahnlinie das heutige Bode-Museum.

sogenannte Neue Museum von Stüler errichtet (Abb. 10). Dieses zweite Museumsgebäude sollte die durch Expeditionen sich rapide vergrößernde ägyptische Sammlung sowie die prähistorischen Funde, die Ethnologica und das Kupferstichkabinett aufnehmen. In bezeichnendem Unterschied zu Schinkels Altem Museum als Ort der Kunstandacht hatte sich Stülers Neues Museum in einen reich dekorierten Bildungstempel der historischen Wissenschaften verwandelt. In dessen riesigem Treppenhaus (Abb. 11) stellte Wilhelm von Kaulbach den Gang der Weltgeschichte vom Turmbau zu Babel bis zur Reformation in monumentalen Fresken vor Augen. Die Kunstreligion der Weimarer Klassik im Alten Museum war hier durch Hegels Geschichtsphilosophie abgelöst worden. Nicht mehr allein durch bewundernde Andacht, sondern geleitet von den historischen Wissenschaften und unter deren Obhut erfolgte nun im Neuen Museum die angemessene Annäherung an die Kunst.

Kunst und Wissenschaft, Museen und Universität, sollten bereits nach Stülers Masterplan von 1841 (Abb. 9) in einem dritten Gebäude genau im Zentrum der Museumsinsel wieder miteinander versöhnt werden. Geplant war auf ausdrücklichen Wunsch von Friedrich Wilhelm IV eine Aula, wieder in Gestalt eines hochaufgerichteten griechischen Tempels, in dessen Hör- und Festsälen die kunstliebende Öffentlichkeit der inzwischen rapide gewachsenen Industriestadt Berlin sich über die in den Berliner Sammlungen versammelten Künste und Kulturen der gan-

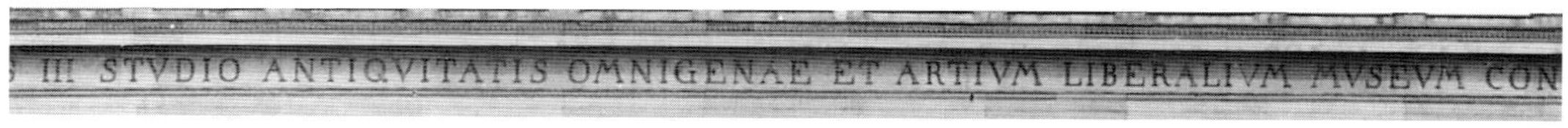

6 Altes Museum, Säulenvorhalle mit Inschrift »Studio Antiquitatis Omnigenae Et Artium Liberalium«, Aufnahme um 1910

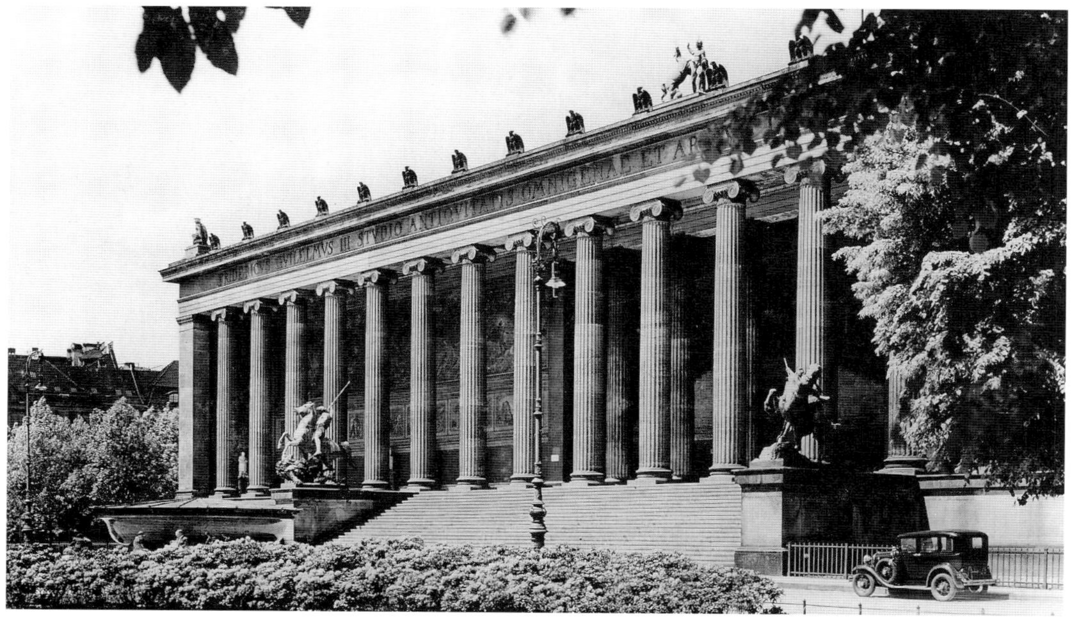

7 Altes Museum, Fassade zum Lustgarten, Aufnahme um 1930

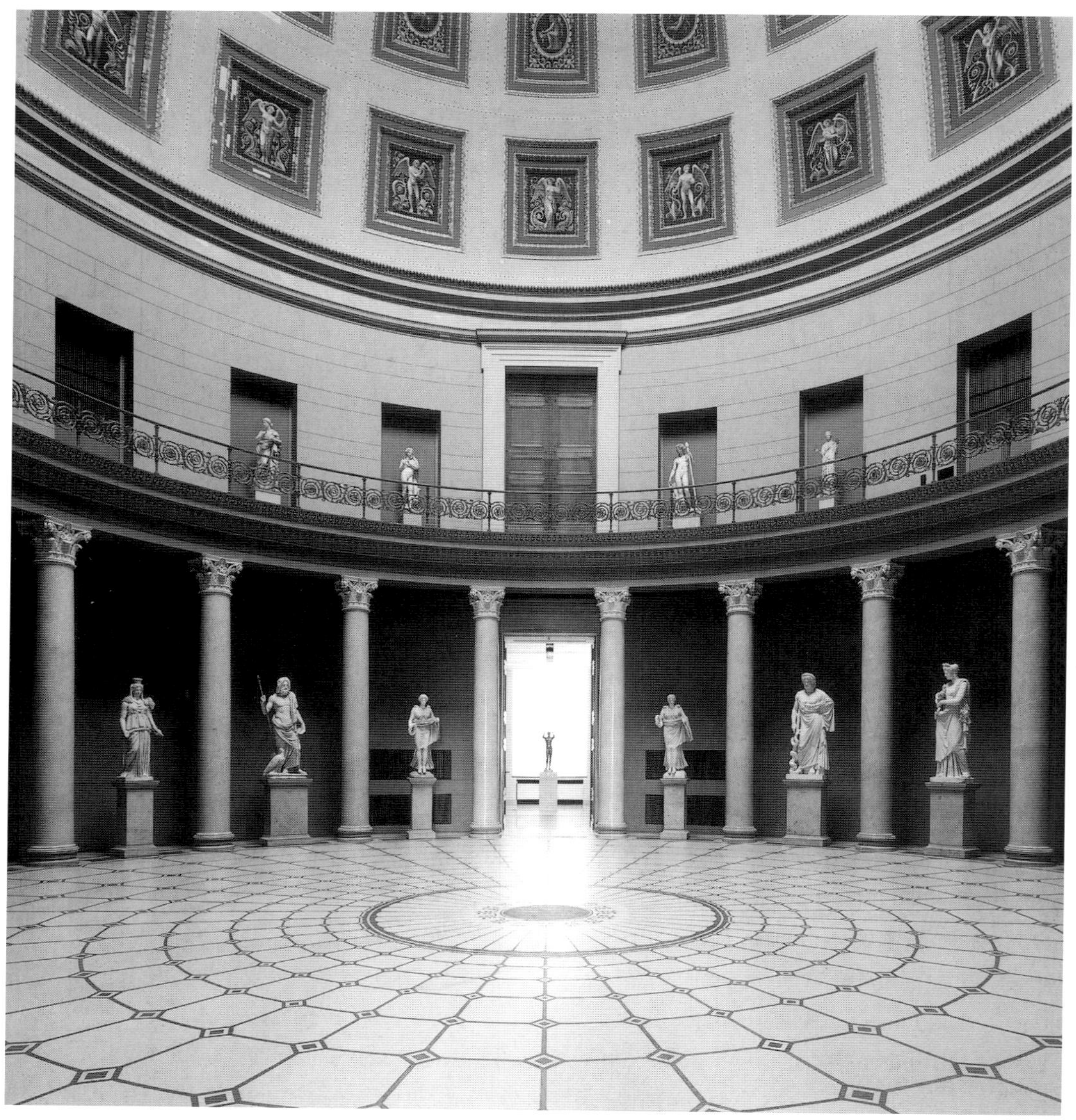

8 Altes Museum, Blick in die Rotunde. Fotografie: Manfred Hamm, 2000

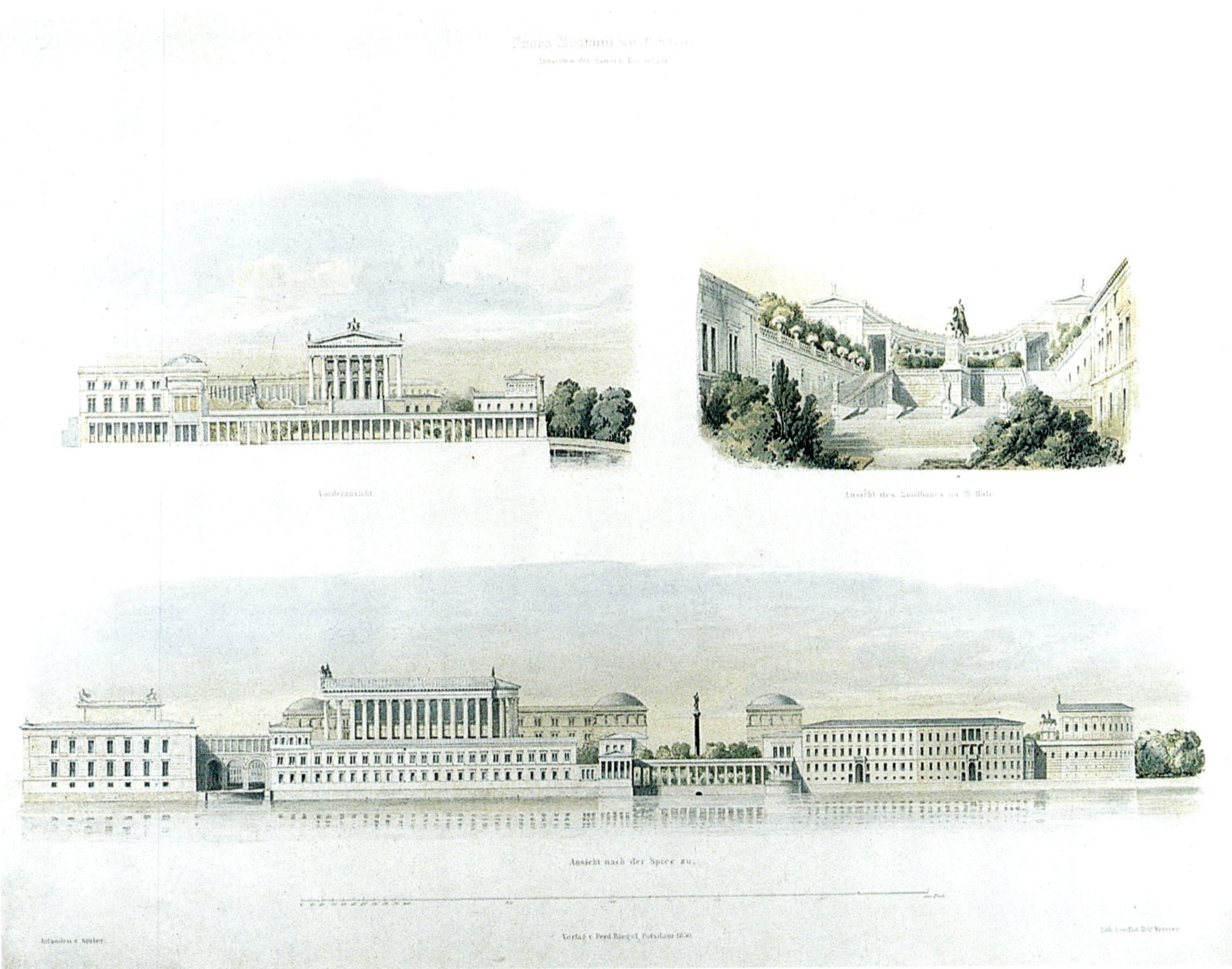

9 *Friedrich August Stüler, Gesamtplanung der Museumsinsel, 1841, Kunstbibliothek, Staatliche Museen zu Berlin*

zen Welt erfreuen und belehren lassen sollte. Dieses »Center for the Humanities«, wie wir heute sagen würden, mit seinen Zielen des Kunstgenusses, der Bildung, der Toleranz und der Humanität durch öffentliche Vermittlung von Kunst und Wissenschaft sollte sich mit dem Alten und Neuen Museum zu einem kolonnadenumsäumten Forum zusammenschließen, das wiederum einen arkadischen Garten wie einen heiligen Tempelbezirk einschloß. All dies zeigt Stülers Masterplan von 1841 bereits sehr deutlich. Er ist mithin - wie schon vermerkt - der erste wirklich detaillierte Masterplan für die Museumsinsel.

Der königliche Begründer der Berliner Museumsinsel Friedrich Wilhelm IV., der als dilettierender Architekt ebenfalls ein Schüler Schinkels war, hatte für sein Lieblingsprojekt einer solch zentralen »Freistätte für Kunst und Wissenschaft« inmitten seiner Museen als Anregung für Stülers Plan ebenfalls bereits um 1841 einen antiken Tempel auf einem hohen Denkmal-Sockel entworfen (Abb. 12). Deutlich ist sein Entwurf an Friedrich Gillys Idee eines Denkmal-Tempels für Friedrich den Großen orientiert (Abb. 13). Malerisch an der Spreeseite gedacht, war dieser königliche Bildungstempel, von Stüler im Zentrum seines Masterplanes zur Museumsinsel getreulich wiederholt (Abb. 9), wegen fehlender Finanzen stets nur Projekt geblieben. Nach der so überraschenden Schenkung der Sammlung Wagener und ihrer Annahme durch den Preußischen Staat im Jahr 1861 wurde das königliche Projekt deshalb auf ausdrücklichen

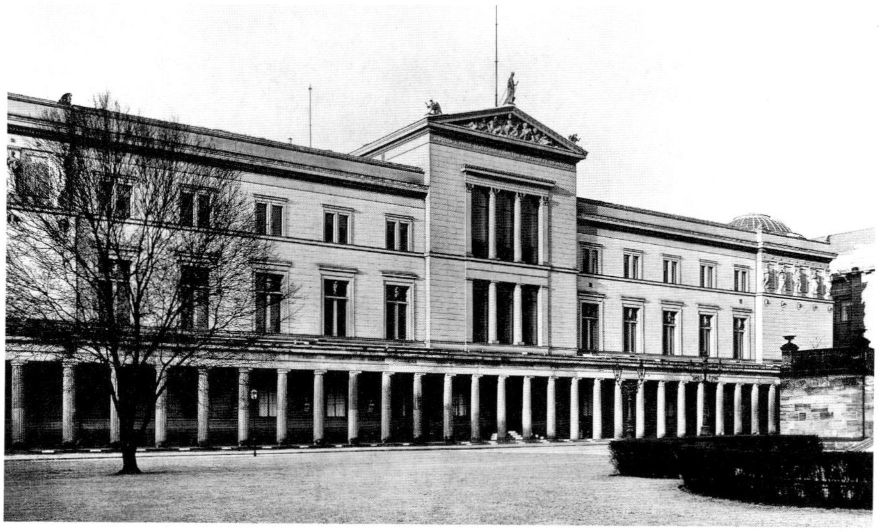

10 Neues Museum, Ostfassade zur Nationalgalerie, davor Kolonnaden-Umgang, Aufnahme um 1930

Wunsch des preußischen Herrscherhauses zur Deutschen Nationalgalerie für zeitgenössische Kunst umgewidmet.

Verwirrender und sprechender kann man sich die architektonische Genese der Nationalgalerie auf der Berliner Museumsinsel kaum vorstellen. Aus dem Denkmalentwurf für einen großen deutschen König war ein königlicher Bildungstempel für alle Künste und Kulturen der Menschheit geworden, aus dem dann die Nationalgalerie der Deutschen als Museum für zeitgenössische Malerei und Skulptur hervorgegangen ist. Die so ganz unterschiedlichen Vorstellungen von der Größe eines Königs und von der Größe der Kunst für die Menschheit haben die letztlich von einem König entworfene Berliner Nationalgalerie zur Förderung der deutschen Kunst und zur anschaulichen Beförderung des deutschen Nationalgedankens in gleicher Weise geprägt. Unter weitgehender Rücksicht auf den architektonischen Entwurf Friedrich Wilhelms IV. ist der Bau dann erneut von Stüler 1865 geplant und nach seinem Tod bis 1876 im Detail von Hofbaumeister Strack ausgeführt worden.[6]

III. Was ist deutsch?

Kunst, Wissenschaft und Nation, dieser Dreischritt der führenden Ideen des 19. Jahrhunderts war in den drei Museumstempeln der Berliner Museumsinsel – dem Alten Museum von Schinkel, dem Neuen Museum von Stüler und Stülers Nationalgalerie – zu beeindruckender Anschaulichkeit gelangt. Nirgendwo in Deutschland waren die entscheidenden geistigen Kräfte des Jahrhunderts derart sichtbar vereint. Kein geeigneterer Platz konnte deshalb für eine Nationalgalerie gefunden werden als eben die Berliner Museumsinsel. Sie bot eine einzigartig kostbare Bühne für die so lange gehegte Sehnsucht, endlich ein verläßliches und würdiges Bild der deutschen Kulturnation und ihrer besonderen Leistungen zu erlangen. Im gelehrten und auch architektonisch so ausgezeichneten Berliner Museumskosmos, der programmatisch die Kunst und Kulturen der ganzen Welt versammelte, waren nun auch die Deutschen geradezu weihevoll aufgenommen. Ja, man konnte sogar den Eindruck gewinnen, daß mit dem denkmalartig herausgehobenen Tempel der Nationalgalerie als weithin sichtbare Stadtkrone der Museumsinsel der deutschen Nation ein besonderes Patronat über die Pflege der Künste insgesamt zugesprochen wurde.

Man ahnt freilich das Risiko und den Traditionsdruck eines kunsthistorisch so hochkarätigen Umfeldes für eine Nationalgalerie, die im Unterschied zu fast allen anderen Nationalgalerien eben nicht aus einer Sammlung von Meisterwerken alter Kunst besteht, sondern ganz ausschließlich auf die Musealisierung der künstlerischen Gegenwart zielt. Man ahnt aber auch, daß für eine bislang noch kaum existierende deutsche Nation deren fehlende Anschaulichkeit nur sehr eingeschränkt durch das Vorzeigen jüngster Werke deutscher Kunst hergestellt werden kann. Auch zeitgenössische Auftragskunst liefert nicht ohne erhebliches künstlerisches Risiko zuerst Nationalikonographie!

Nirgendwo wird diese Einsicht so augenfällig wie in der künstlerischen Ausgestaltung eben der Berliner Nationalgalerie. Diese war derart aufwendig, daß man das Gebäude bei seiner Eröffnung 1876 als ein Monument des reichgewordenen Preußen verspottete. Dabei zielte die Ausgestaltung weit weniger auf eine direkte Huldigung Preußens. Vielmehr sind es allegorische Personifikationen, Sagenfiguren und die Darstellung historischer Personen wie Dichter, Denker und Künstler, wodurch die Nationalgalerie für das Publikum wie die zeitgenössischen Künstler eine anschauliche Orientierungshilfe bot auf ihrer Suche nach der deutschen Nation. Der Museumstempel war mithin ein gebauter Schrein der deutschen Kulturnation, wobei die Verweise auf die bedeutenden Könige und Kaiser der Vergangenheit eine im Verlauf der Geschichte zunehmend führende Rolle Preußens nicht verkennen lassen.

Dergleichen wird freilich sehr diskret gehandhabt. Ganz unverfänglich ist etwa die Gestalt der Germania im Giebelfeld der Nationalgalerie (Abb. 14), wo sie als auszeichnende Schutzherrin der deutschen Kunst und Künstler agiert. Über ihr bekrönen die Personifikationen der Schwesterkünste Malerei, Skulptur und Architektur als weibliche Dreiergruppe den Giebel.

Durchaus nobel ist auch die Anbringung der vergoldeten Namen und Lebensdaten großer deutscher Architekten, Bildhauer und Maler über den Fenstern hoch oben an den Außenwänden der Nationalgalerie (Abb. 15). Diese um das Gebäude herumlaufende Namensfolge beginnt mit Künstlerlegenden wie Erwin von Steinbach, dem Erbauer des Straßburger Münsters. Über Dürer und Holbein führt diese chronologisch geordnete Namensfolge bis zu Schin-

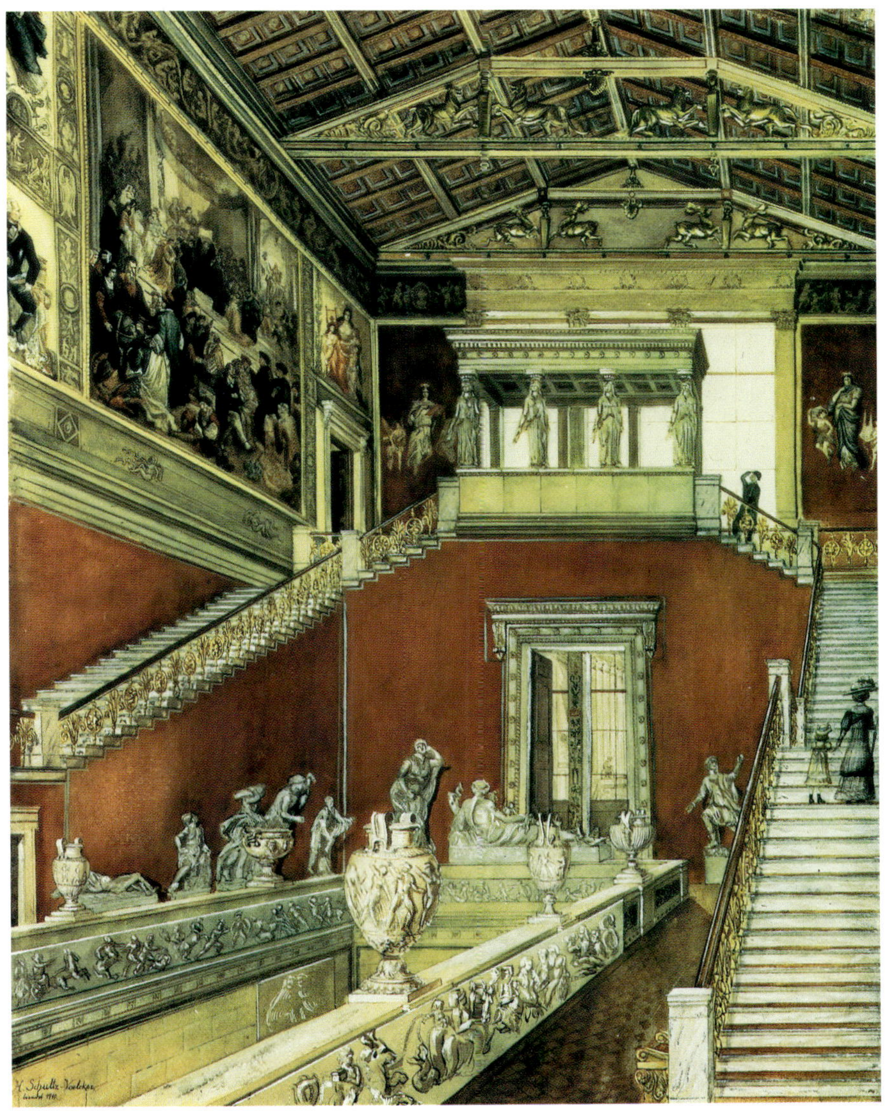

11 Hedwig Schultz-Voelker, Das Haupttreppenhaus des Neuen Museums, Blick von Osten auf die Korenhalle, Aquarell, um 1910, Kupferstichkabinett, Staatliche Museen zu Berlin

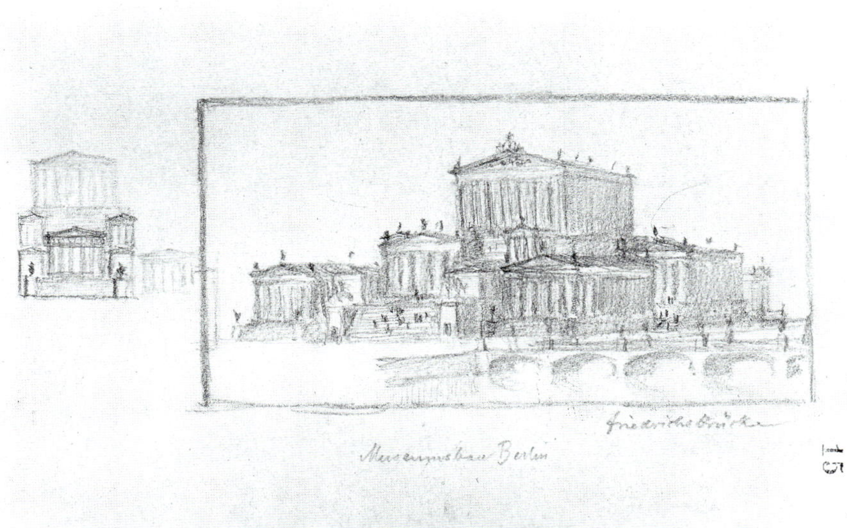

12 Friedrich Wilhelm IV. von Preußen, Entwurf zu einem Forum der Künste und Wissenschaften, Zeichnung, 1841, Stiftung Preußische Schlösser und Gärten Berlin-Brandenburg

kel und Klenze, um mit Schnorr von Carolsfeld als dem Jüngsten am Firmament deutscher Künstlergrößen zu enden. Vertraute Namen aus dem bayerischen Barock und Rokoko wie Asam fehlen ebenso wie die Romantiker Philipp Otto Runge oder Caspar David Friedrich. Carl Blechen aus Berlin ist jedoch erwähnt, nicht aber der damals noch lebende Menzel. Mit dieser Abfolge bedeutender Künstlernamen in großen goldenen Lettern präsentiert sich die Nationalgalerie auf ihrem hohen Denkmalsockel nach außen weithin sichtbar als ein nationaler Ruhmestempel, als eine Walhalla deutscher Kunst von ihren Anfängen bis in die jüngst vergangene Gegenwart.

Als ein solch aufgeschlagenes Lesebuch deutscher Überlieferung zeigt sich die Nationalgalerie auch im Inneren. Dies beginnt mit den Nibelungen-Fresken (Abb. 16) in der Querhalle des ersten Ausstellungsgeschosses. Bemerkenswert ist, mit welch feierlichem Pathos dieser Zyklus den Tod Siegfrieds und selbst den Untergang der Nibelungen zur Darstellung bringt. Zum Epos der Nation erhoben, bedeutet es deren schicksalshafte Problematisierung im Motiv des Scheiterns. 1876, im Jahr der Eröffnung der Nationalgalerie, eröffnete auch Wagner sein Festspielhaus in Bayreuth bezeichnenderweise mit »Siegfrieds Tod«. Eine erlösende Gegenwelt zu diesen dunklen Energien, die Überhöhung des Deutschen im Antiken, liefern hingegen die Fresken zu Homers Dichtungen »Ilias« und »Odyssee« sowie zur Prometheussage im zweiten, den Kartons von Cornelius vorbehaltenen Festsaal im Mittelgeschoß (Abb. 21).

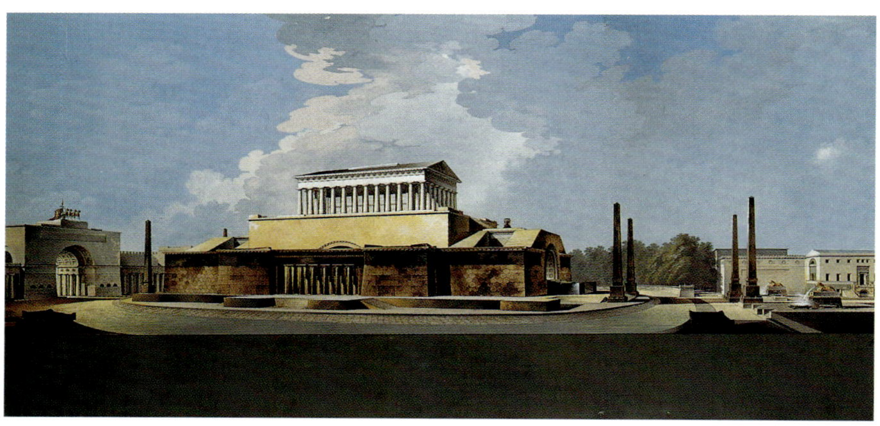

13 Friedrich Gilly, Entwurf für das Denkmal Friedrichs des Großen, Deckfarbe und Feder, 1797, Kupferstichkabinett, Staatliche Museen zu Berlin

Nicht auf die deutsche und griechische Mythologie, sondern ganz auf die deutsche Geschichte konzentriert sich dagegen der Skulpturenfries von Otto Geyer, der im Treppenhaus umläuft (Abb. 17)[7]. Chronologisch wieder von den Anfängen bis zur damaligen Gegenwart voranschreitend, veranschaulicht Geyers Fries die großen Kulturleistungen der Deutschen in sämtlichen Künsten, Wissenschaften und in der Politik als ideale Versammlung berühmter Männer. Nahezu alle an den Außenwänden der Nationalgalerie genannten Künstler gewinnen nun im Inneren Gestalt. Frauen kommen auf diesem Fries fast nicht vor, es sei denn als Gattinnen preußischer Herrscher. Bedeutende Ausländer wie Voltaire fehlen völlig. Der Fries beginnt mit dem Sieg der Germanen über die Römer. Anschließend folgt die Christianisierung durch irische Mönche. Karl der Große eröffnet die Abfolge der Kaiser, Bischöfe, Geschichtsschreiber und Dichter des Mittelalters. Die Hauptwand ist der Renaissance vorbehalten. In ihrem Zentrum erscheint kaum überraschend Luther als

Reformator mit aufgeschlagener Bibel. Vor ihm sieht man Gutenberg und Kopernikus. Unmittelbar anschließend gruppieren sich Nürnberger Künstler wie Peter Vischer, Sebald Beham, Albrecht Dürer und Adam Kraft, die Hans Holbein in ihren Kreis aufnehmen. Die folgende Wand schreitet von Leibniz über Schlüter ins 18. Jahrhundert mit Kant, Bach, Winkelmann und Mengs, die sinnigerweise den Thron Friedrichs des Großen umgeben, der bekanntlich deutschen Kulturleistungen nicht eben besonders zugetan war. Die deutsche Klassik, vertreten durch Schiller, Lessing und Goethe, Haydn, Mozart und Beethoven, schließt an. Darauf folgen die führenden Männer der Befreiungskriege und mit Fichte, Hegel und den Brüdern Humboldt die Größen der Berliner Universität.

Gleichsam als Gründungsurkunde des Deutschen Kulturföderalismus darf schließlich der heute zerstörte vierte Wandabschnitt des Frieses gelten (Abb. 18). Mit den dort dargestellten Personen reichte der Fries unmittelbar an die Erbauungszeit der Nationalgalerie heran und enthüllt deren kulturpolitische Aktualität. Denn auf einem Doppelthron sitzen links König Ludwig I. von Bayern und rechts König Friedrich Wilhelm IV. von Preußen als gemeinsame Wohltäter der zeitgenössischen Kunst brüderlich vereint. Die deutsche Künstlerschaft hat sich einträchtig um den Doppelthron ihrer beiden königlichen Schutzpatrone versammelt. Die von links dem Doppelthron sich nähernden Künstler aus München - Klenze, Kaulbach, Schwanthaler, Schwind und Schnorr von Carolsfeld - sind zahlenmäßig ein wenig in der Minderheit. Schadow, Schinkel, Stüler, Tieck, Rauch sowie Cornelius, Mendelssohn-Bartholdy und Giacomo Meyerbeer vertreten mit anderen die Künste und Wissenschaften in Preußen. Den Schluß des Frieses bildete eine Architekturnische, dekoriert mit dem preußischen Adler, in der Germania stand und die wiedererlangte deutsche Kaiserkrone hochhielt.

Die damit ausgesprochene Botschaft zur Eröffnung der Nationalgalerie im Jahr 1876 war klar: politisch hatte sich die Einheit der Deutschen unter der Führung Preußens vollendet. Gleichwohl gilt im Hinblick auf die föderale Grundstruktur der deutschen Kulturnation

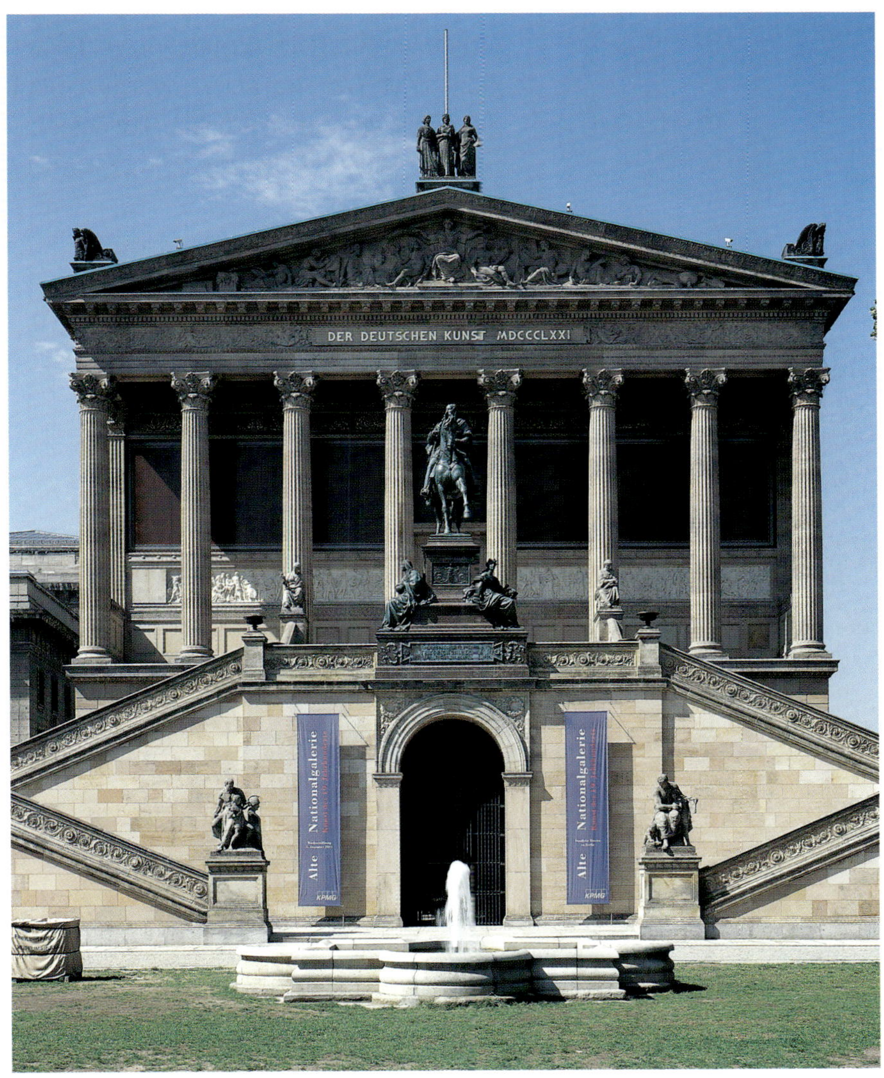

14 Alte Nationalgalerie, Giebel mit Gestalt der Germania als Schutzherrin der deutschen Kunst und Künstler. Fotografie: Christian Gahl, 2001

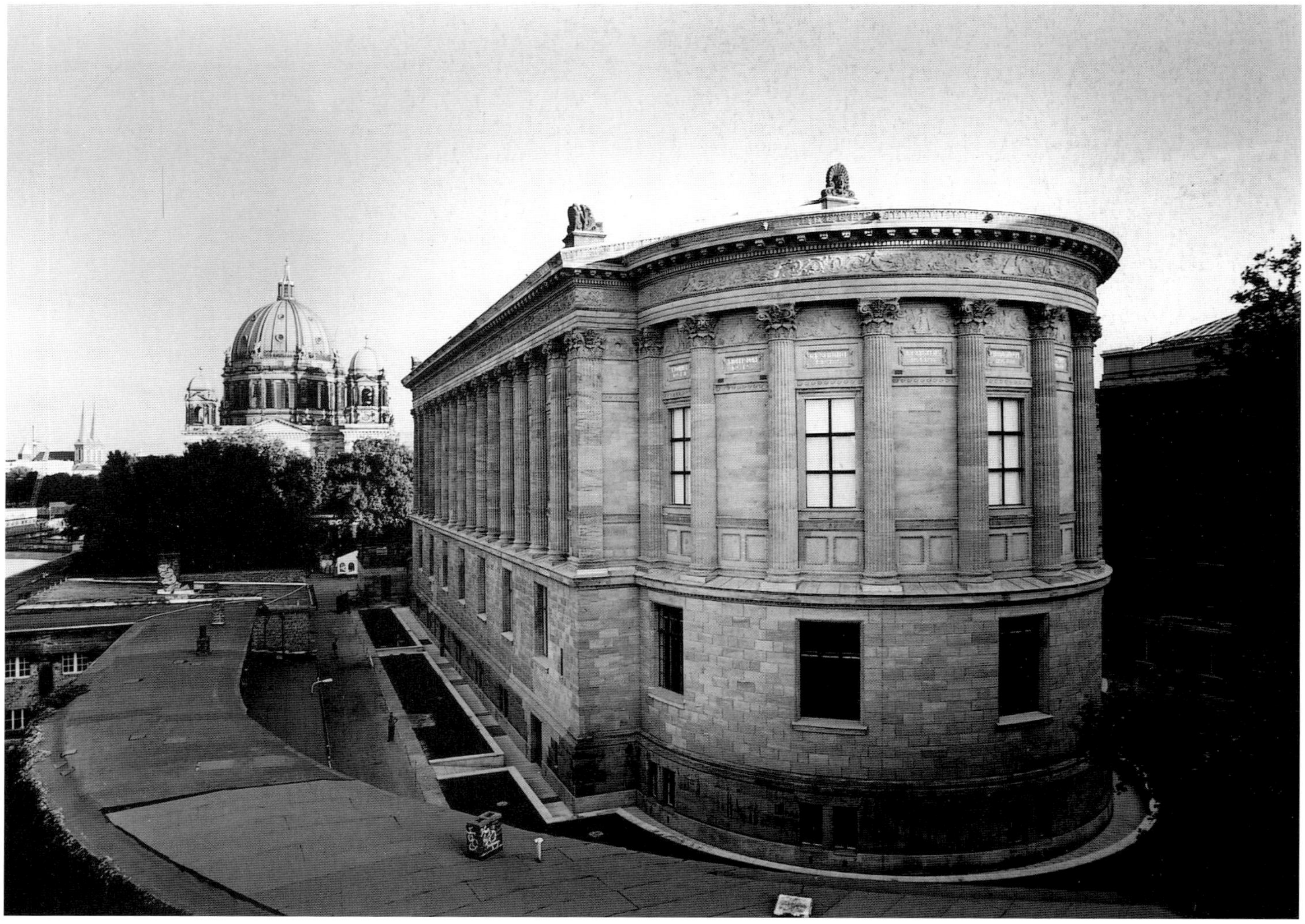

15 Alte Nationalgalerie, Aufsicht auf die Apsis an der Nordfassade mit Künstlernamen in Goldschrift. Fotografie: Jürgen Hohmuth, 2001

unverändert – wie Geyers Fries zeigt –, daß eine Nationalgalerie für zeitgenössische Kunst in Deutschland auch nach 1871 nicht anders zu begründen war denn durch das Zusammenwirken Preußens mit Bayern, durch das ganz offensichtliche Zusammenspiel der beiden Kunstzentren München und Berlin. Der besondere Fokus, den der Geyersche Fries auf die Gleichwertigkeit von München und Berlin legt, darf zudem als offizielle Huldigung an das Vorbild Bayerns verstanden werden. Denn in der Tat war es Ludwig I., der durch den beispielhaften Ausbau Münchens zur Kunsthauptstadt seinen Schwager Friedrich Wilhelm IV. überhaupt erst zum Ausbau der Berliner Museumsinsel herausgefordert hatte. Die Verwandlung Berlins zu Spree-Athen ist ohne die produktive Rivalität zu München als Isar-Athen nicht zu denken, wobei beide wiederum Goethes Weimar zum Muster haben.

16 Ernst Ewald, Siegfrieds Ermordung durch Hagen, 1875, Nibelungenfresko in der Querhalle der Alten Nationalgalerie

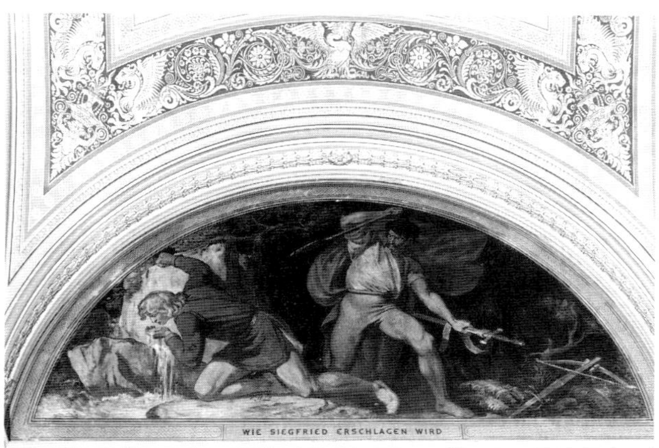

Preußische Vormachtsansprüche gelangten in der Nationalgalerie allenfalls vor deren Türen zur Darstellung. Am deutlichsten geschah dies auf der Freitreppe durch das erst 1886 aufgestellte Reiterdenkmal Friedrich Wilhelms IV. von Alexander Calandrelli (Abb. 19 und 20).[8] Mit diesem Reiterdenkmal seines königlichen Museumsgründers vor der Tempelfassade der Nationalgalerie und unter ihrer Inschrift »Der Deutschen Kunst 1871« beanspruchte Preußen nun ganz offensichtlich die Rolle der obersten Schutzmacht für die Künste im jungen Deutschen Kaiserreich. Umgeben von den Personifikationen der Kunst, Religion, Philosophie und Poesie, reitet Friedrich Wilhelm IV., nach dessen Vor-

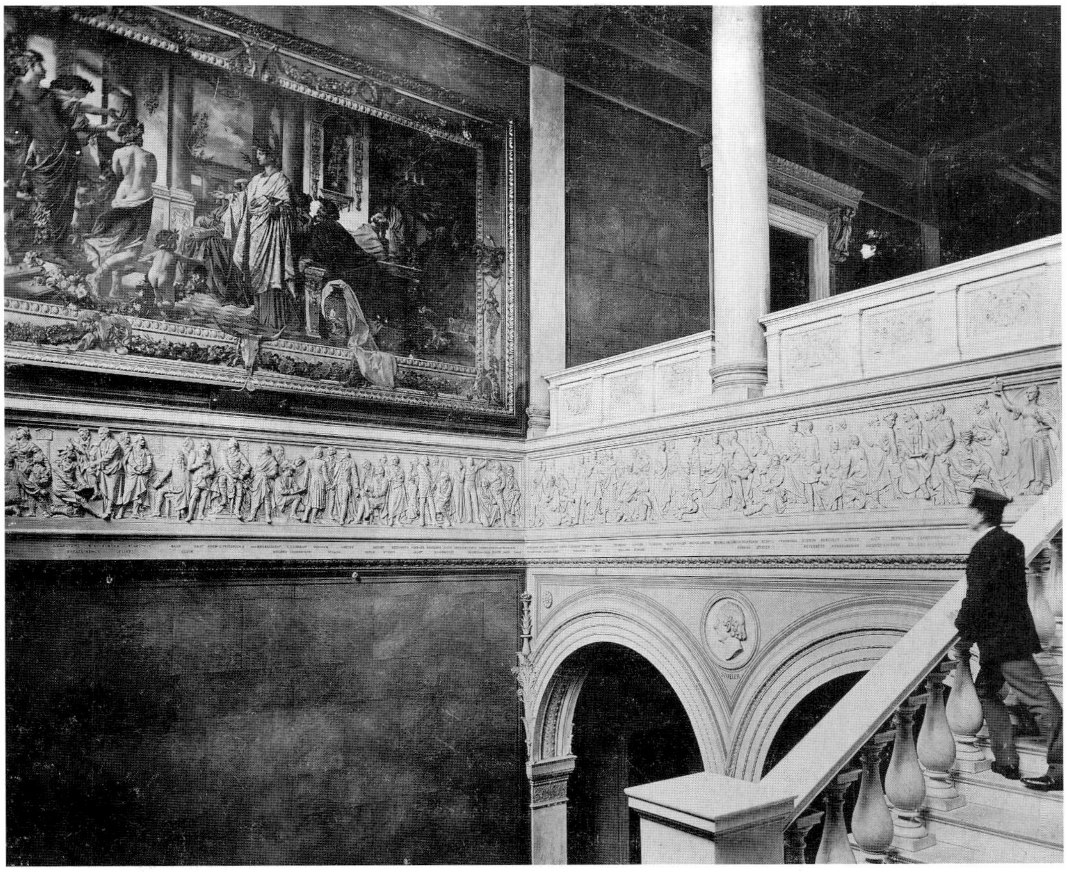

17 Alte Nationalgalerie, Treppenhaus mit Fries von Otto Geyer und Anselm Feuerbachs »Gastmahl«, Aufnahme 1897

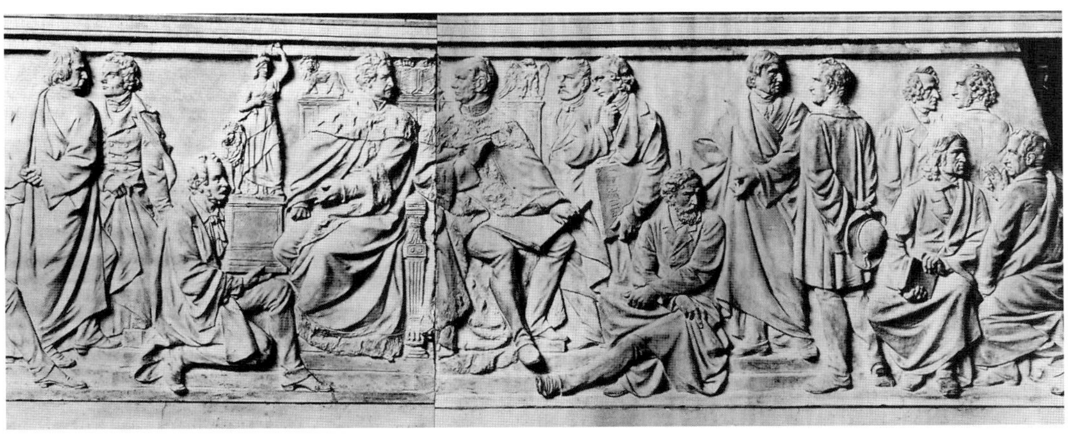

18 Ludwig I. von Bayern (links) und Friedrich Wilhelm IV. von Preußen (rechts) als Doppelregenten auf dem Thron der Künste. Detail aus dem Fries von Otto Geyer im Treppenhaus der Alten Nationalgalerie, 1876

bild Nietzsche seinen Vornamen Friedrich Wilhelm erhielt, dieser letzte Romantiker auf dem Thron, der sein langes Lebensende im Wahnsinn verdämmerte, hoch über einem unvergleichlichen Quartier der Künste, das dieser König im fruchtbaren Wettstreit mit den anderen deutschen Teilstaaten begründet hatte. Ohne das Vorbild der anderen, und insbesondere ohne die Verwandlung Münchens zur Kunststadt durch Ludwig I., hätte es das Wunder der Museumsinsel ebensowenig gegeben wie im Zentrum der Museumsinsel die Nationalgalerie ohne die konkurrierenden Nationalprojekte Ludwigs I., seine Walhalla in Regensburg und seine Befreiungshalle in Kelheim.

Das Zusammenwirken Preußens mit Bayern als das tragende geistige Fundament für die Nationalgalerie thematisierte wie das Gebäude und sein Bauschmuck ebenso auch die im Hauptgeschoß der Nationalgalerie zum Zeitpunkt ihrer Eröffnung gezeigte Kunst. Denn die Werke der bürgerlich liberalen Sammlung Wagener mit ihrer internationalen Ausrichtung, die

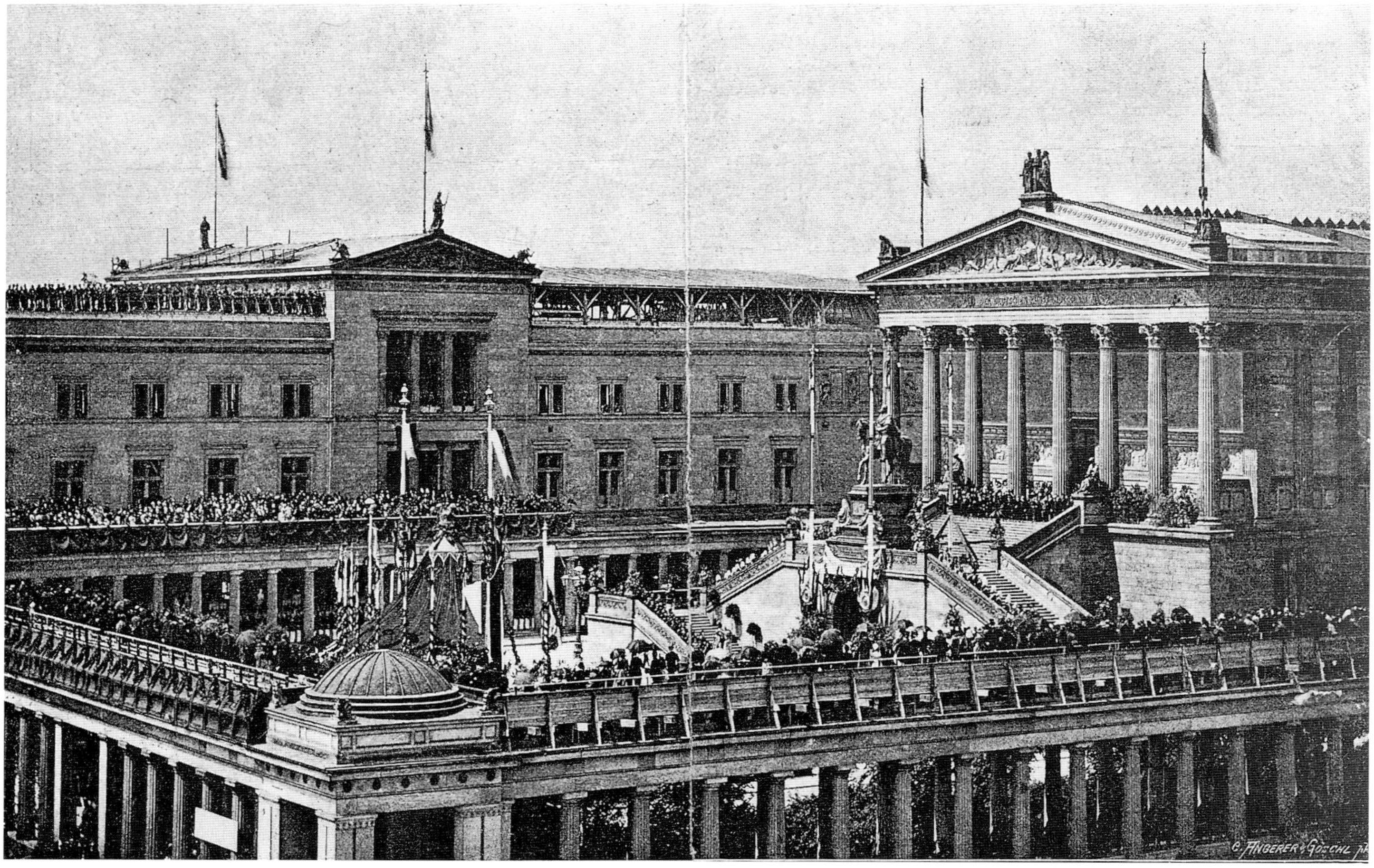

19 Zeremonielle Enthüllung des Reiterstandbildes Friedrich Wilhelms IV. vor der Nationalgalerie, 1886

ja den Anlaß zum Bau der Nationalgalerie geliefert hatten, hingen bei deren Eröffnung am 21. März 1876, an Kaisers Geburtstag, in den Nebenräumen des Hauptgeschosses. In dessen beiden Hauptsälen, deren monumentale Proportionen noch immer die Festsäle des einstigen, königlichen Aula-Projektes reflektierten (Abb. 21), hingen hingegen ausschließlich die Werke eines Künstlers, dessen Laufbahn München und Berlin sich teilten, und der trotz seiner frühen Hingabe an das fromme Mittelalter ohne den Einfluß der klassischen Welt Goethes nicht zu denken ist. Es handelt sich um Peter Cornelius und seine großformatigen Kartons, die er einst in München als eigenhändige Vorzeichnungen für seine mythologischen Wandbilder in der Alten Pinakothek und der Glyptothek ausgeführt hatte. Weiterhin ausgestellt waren seine Vorzeichnungen für das Campo Santo, die nie vollendete Grablege der Hohenzollern am Berliner Dom. In München hoch geehrt, sah Cornelius sich 1840 von seinem königlichen Auftraggeber Ludwig I. plötzlich ob seiner »toten Malerei« getadelt. Tief verletzt folgte Cornelius im gleichen Jahr einer durch Friedrich Wilhelm IV. ausgesprochenen Berufung nach Berlin, wo er durch zahlreiche Aufträge in den Rang des obersten Staatskünstlers erhoben wurde. Der Haushaltsausschuß des preußischen Landtages hatte seine Bewilligung der Mittel zum Bau der Nationalgalerie von der Forderung abhängig gemacht, daß die seit dem Tod des Künstlers 1867 in den Besitz Preußens übergegangenen Kartons einen angemessenen Platz in dem Neubau finden müßten.[9] In der Herzkammer der Nationalgalerie, bedeutsam geschmückt durch die überlebensgroße Büste des Künstlers in der Apsis, wurden Cornelius und die ideale Linienkunst seines verspäteten Nazarenertums somit als der weihevolle Höhepunkt der deutschen Kunst im jungen Kaiserreich zelebriert. Zugleich erwies sich Cornelius in der mit Figuren aus der Welt Homers dekorierten Herzkammer der Nationalgalerie als jene künstlerische Integrationsfigur, deren Werk das Germanische mit dem Griechischen, das Christliche mit dem Antiken zu versöhnen schien. Wie kein zweiter inkarnierte Cornelius mit seinem Werk zudem die Allianz von Weimar, München und Berlin als den nach offizieller Sicht entscheidenden Wirkungszentren der deutschen Kulturnation. Cornelius im Herz der Nationalgalerie war die ideale Konsensfigur für den ungebrochenen Kulturföderalismus der eben erst politisch geeinten, jungen deutschen Nation.

Die Karton-Kunst von Cornelius war zudem ein Bollwerk gegen alle modernen Tendenzen, die anstelle der Zeichnung die Farbe und damit statt der Klassik die aktuellen malerischen Strömungen des Realismus und des Impressionismus zu befördern suchten. Diese für das offizielle Deutschland auch zukünftig so charakteristische Allianz zwischen dem Nationalen und dem Idealen wurde zum Kardinalproblem der Berliner Nationalgalerie und ihrer so wechselvollen Geschichte. Es war Fontane, der in seinem »Stechlin« ganz aktuell und voller Ironie diesen Konflikt der Nationalgalerie zwischen Staatskunst und Moderne klar diagnostizierte. So sieht der Akademieprofessor Cujacius, »gestützt auf einen unentwegten Peter-Cornelius-Enthusiasmus«, in Fontanes 1895/96 geschriebenem und 1897 veröffentlichtem »Stechlin« den Untergang der »richtigen Formen in der Gesellschaft« unabwendbar gekommen, wenn die Linienkunst der Kartons von Cornelius im Heiligtum der Nationalgalerie den farbigen Exzessen der Neuerer – gemeint sind die 1896 erfolgten Ankäufe der Gemälde von Manet und Cézanne durch Hugo von Tschudi – zukünftig werden weichen müssen. Voll biblischem Zorn und kennzeichnend für einen konservativen Kulturpessimismus in Deutschland resümiert der Cornelius-Schüler Cujacius: »Ein wahres Glück, daß König Friedrich Wilhelm IV. diese jetzt etablierte Niedergangsepoche nicht mehr erlebt hat, diese Zeit des Abfalls, so recht eigentlich eine Zeit der apokalyptischen Reiter«.[10]

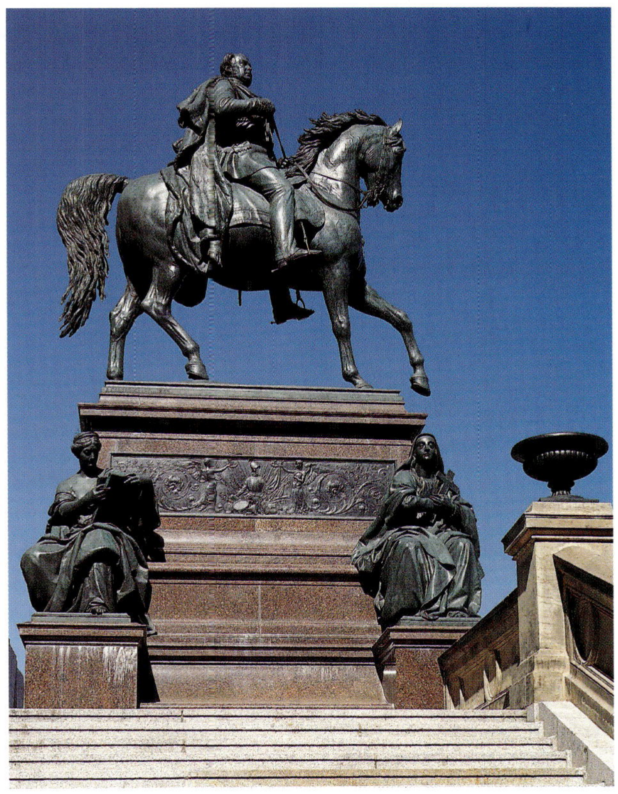

20 *Alexander Calandrelli, Reiterstandbild Friedrich Wilhelms IV., Bronze, 1886. Fotografie: Magnus Winter, 1999*

IV. Vom Schrein der Kulturnation zur Sammlung der Nation

Man sieht, die Berliner Nationalgalerie war als erstes Museum für aktuelle Kunst zum Zeitpunkt ihrer Eröffnung am 21. März 1876, zu Kaisers Geburtstag und fünf Jahre nach der Reichseinheit, eine höchst zwiespältige Veranstaltung. Feierlich entrückt im heiligen Bezirk der Museumsinsel, präsentierte sich ihr spätklassizistisches Tempelgebäude als ein malerisch über dem Spreeufer hochaufgerichteter Schrein schönster deutscher Kunsthoffnungen. Ihnen entsprach allerdings im wirklichen Leben der so dynamisch sich entwickelnden modernen Industrienation ebenso wenig wie im Inneren des so kostbaren Gebäudes. Dort gab es zwar jede Menge lesebuchartigen Dekor über deutsche Kunst und Kultur. Die Kunst selber verdünnte sich freilich anämisch im zentralen Weiheraum für Cornelius zur ästhetischen Andacht des herrschenden Geschmacks vor einem lange vor seinem

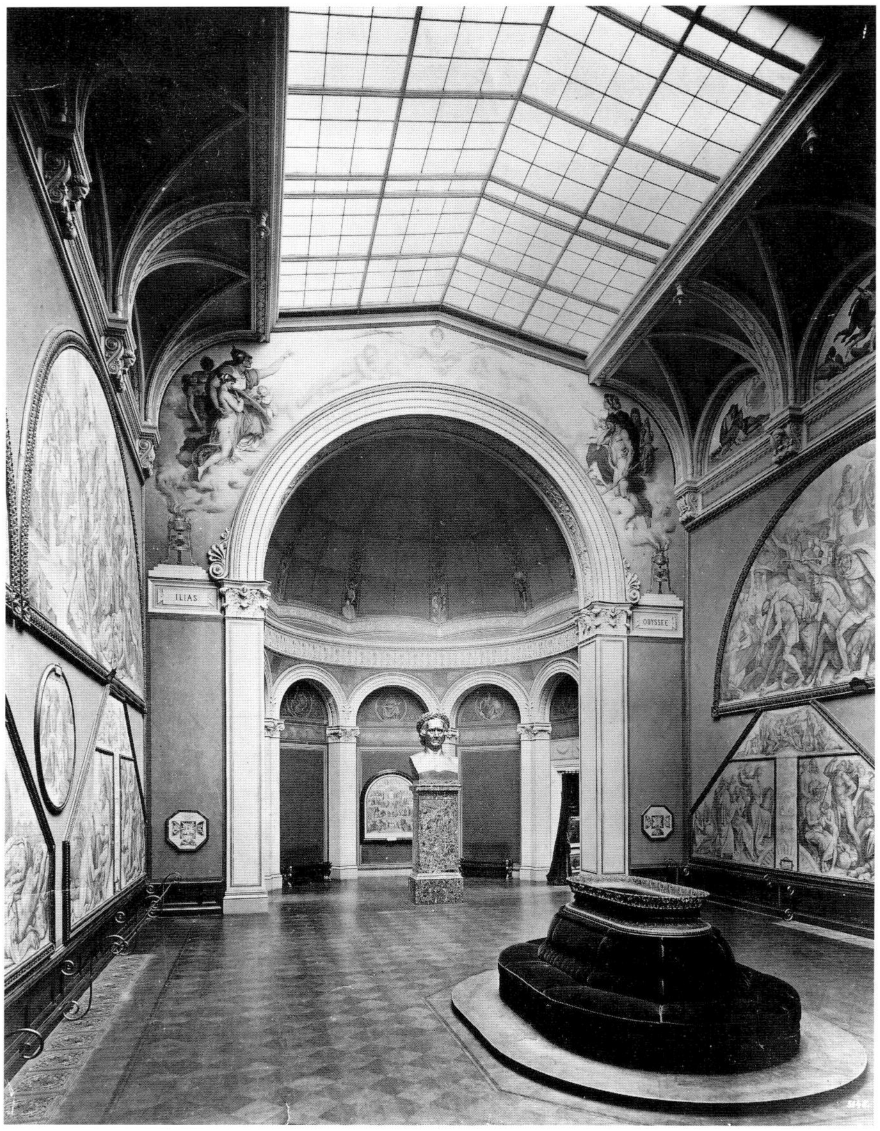

21 Alte Nationalgalerie, Zweiter Cornelius-Saal, Aufnahme 1897

Tode bereits verblichenen Künstlergott. Und schließlich gab es die bürgerliche Sammlung Wagener, welche quer durch die neuere Kunstproduktion der ersten Hälfte des 19. Jahrhunderts ausgriff. Dabei blieb allerdings die Hauptfrage des Gebäudes nach der deutschen Kunst insofern unbeantwortet, als Wageners Sammlung die Bestände dieser Nationalgalerie gleich von Anfang an ins Internationale ausweitete.[11]

Es waren die Kunsthistoriker, die diese Nationalgalerie und ihre Sammlungen als Kuratoren und Direktoren zu einem wirklichen Tempel wenn schon nicht der deutschen Kunst, so doch der Künste in Deutschland werden ließen. Sie taten dies oft mit und öfters noch gegen ihre obersten Dienstherren: den preußischen König und deutschen Kaiser bis 1918, die wechselnden Regierungen der Weimarer Republik, Adolf Hitler und seine Kunstdiktatur gegen die Moderne, und schließlich mit und gegen die Regierenden der beiden Deutschländer in Ost und West seit 1945, und neuerdings tun sie das als Kunsthistoriker einer wieder vereinten Nationalgalerie in einem wiedervereinten Deutschland. Sie beförderten diese Nationalgalerie unendlich oft mit der Hilfe der Künstler. Zuweilen aber auch gegen die Künstler, die, seit 1862 in Preußen in einer Landeskunstkommission organisiert, argwöhnisch über sämtliche Ankäufe und Ausstellungen der von ihnen so erkämpften Nationalgalerie wachten. Und sie taten dies immer mit der Leidenschaft und Unterstützung vieler privater Sammler, ohne deren entschiedene Großzügigkeit die Berliner Nationalgalerie nicht zu jenem Museumswunder hätte werden können, dessen Faszination bis heute anhält.

Der erste kunsthistorische Direktor der Nationalgalerie war Max Jordan. Unter seiner Leitung wurde das Haus eingerichtet. Er hatte dafür gesorgt, daß Menzels »Eisenwalzwerk« (S. 123), 1874 gemalt, rechtzeitig zur Eröffnung als das damals modernste Bild der Nationalgalerie erworben werden konnte. Über Wageners Sammlung hinausgehend, ist ihm auch der Ankauf wichtiger Werke der damals noch wenig geschätzten Deutsch-Römer von Böcklin und Feuerbach gelungen. Gleiches gilt für Menzel und Carl Blechen, von denen Jordan zahlreiche Gemälde und – im Falle Menzels – 1200 Handzeichnungen erwerben konnte. Selbst Werke von Max Liebermann und Fritz von Uhde, als Vertreter einer sozialistischen Arme Leute-Malerei beargwöhnt, wurden von Jordan bereits angekauft. Die eigentliche Großtat Jordans war jedoch die 1887 erfolgte Überführung der Fresken der Casa Bartholdy (S. 106) in die Nationalgalerie.

1816 bis 1818 im Auftrag des preußischen Generalkonsuls Jakob Salomon Bartholdy in Rom von Cornelius, Overbeck, Veit und Schadow im Palazzo Zuccero gemalt, waren diese von Raffael wie Dürer inspirierten Fresken das erste Gemeinschaftswerk eines deutschen Künstlerbundes. Mithin bilden sie auch die »prima idea« zu eine Nationalgalerie von seiten deutscher Künstler im Ausland. Mit dieser kostbaren Gründungsurkunde einer nazarenischen Erneuerung der europäischen Wandmalerei war in der Nationalgalerie plötzlich auch ein dramatischer Spannungsbogen zur Spätkunst von Cornelius geschaffen.

Max Jordan gab Anfang 1896 sein Amt als Direktor der Nationalgalerie auf, ermattet durch endlose Streitigkeiten mit den Künstlern der preußischen Kunstakademien. Als Mitglieder der

22 Alte Nationalgalerie, Erster Cornelius-Saal, Überlagerung der Cornelius-Kartons durch Ferdinand Kellers »Kaiser Wilhelm der Siegreiche«, Aufnahme 1903

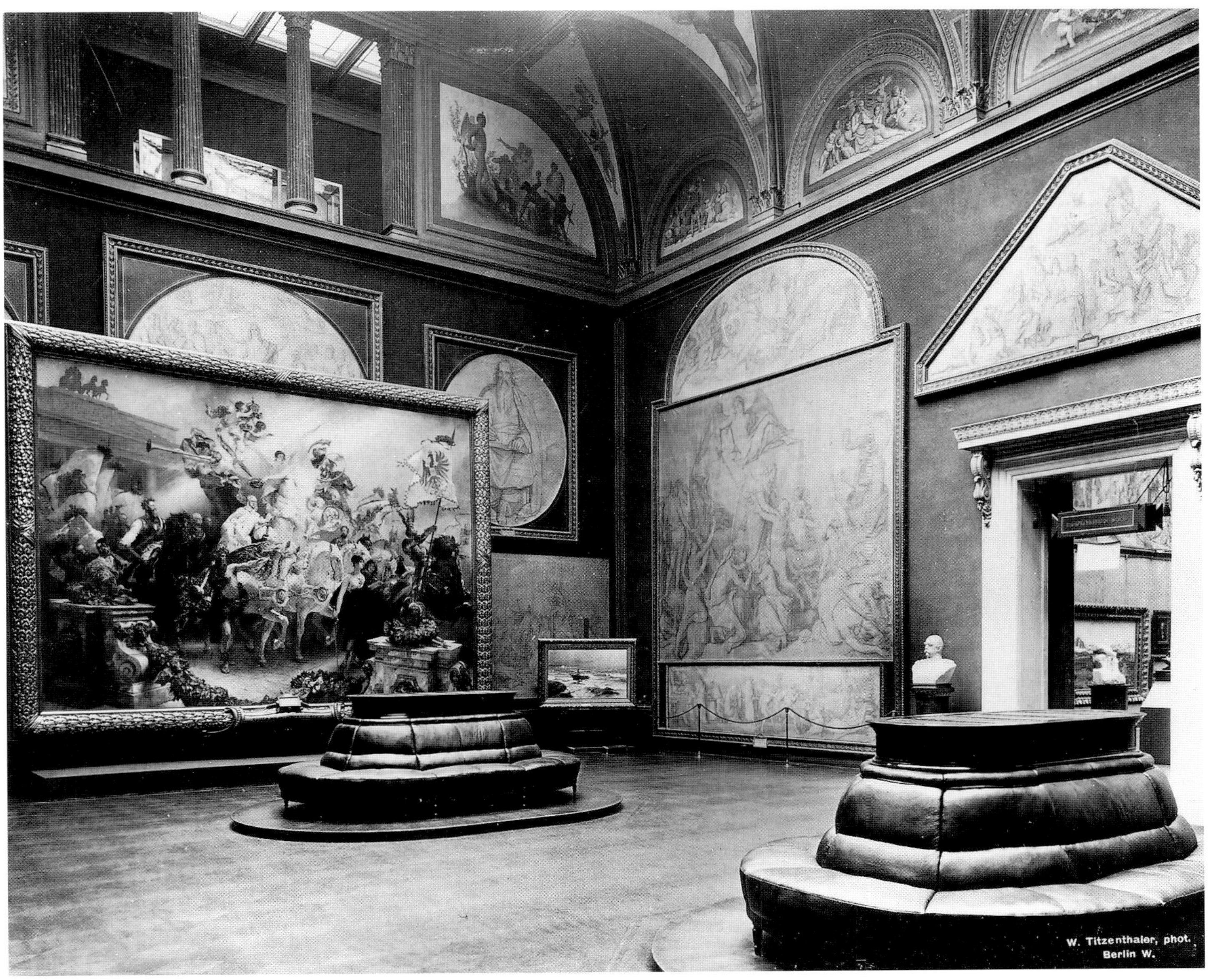

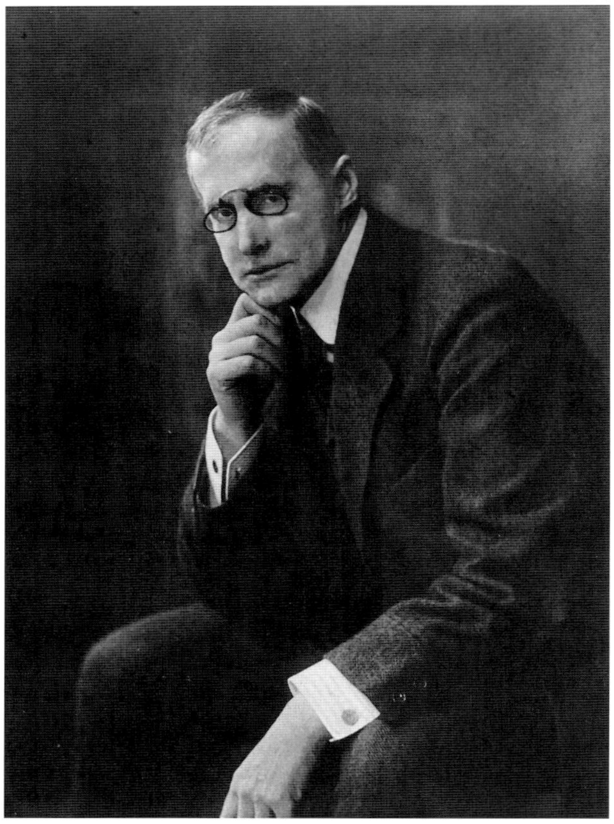

sogenannten Landeskunstkommission nahmen diese die Interessen der Akademien in Berlin, Düsseldorf und Königsberg war. Sie verfügten mehrheitlich über die staatlichen Ankaufsgelder der Nationalgalerie durch entsprechende Aufträge an sich und ihre Kollegen. Unter dieser durch Kaiser Wilhelm II. nachdrücklich beförderten Erwerbungspolitik verwandelte sich die Nationalgalerie selbst im Allerheiligsten ihrer Cornelius-Säle rasch in einen patriotischen Bilderspeicher (Abb. 22). Die allerneueste Produktion preußischer Geschichtsmalerei wie der bombastische »Einzug Kaiser Wilhelms I. des Siegreichen durch das Brandenburger Tor« wurde ganz einfach vor den Kartons von Cornelius abgestellt. Die ideale Linienkunst sah sich an den Wänden der Nationalgalerie geradezu überwuchert von der aktuellen Effektmalerei patriotischer Propagandakunst im Dienste Preußens und seines Herrscherhauses.

23 Hugo von Tschudi, Direktor der Nationalgalerie von 1896 bis 1909

Hugo von Tschudi (Abb. 23), als zweiter Direktor der Nationalgalerie im Februar 1896 berufen, hat dieser auch in der Berliner Presse heftig kritisierten Entwicklung sofort Einhalt geboten. Aristokrat aus alter Schweizer Familie, in Wien als Sohn des Schweizer Gesandten aufgewachsen und von Bode, dem Bismarck der Berliner Museen, zu seinem Assistenten für die Skulpturen- und Gemäldesammlung Alter Meister erwählt, hat Tschudi im neuen Amt, auf das er fachlich in keiner Weise vorbereitet schien, entschieden das Plädoyer seines Vorgängers berücksichtigt, daß die Nationalgalerie nach Vorbild der Sammlung Wagener sich verstärkt dem internationalen Kunstgeschehen öffnen müsse. Wenige Wochen erst im Amt, reist Tschudi als neuer Direktor nach Paris und erwirbt mit dem Rat von Max Liebermann bei Durand-Ruel das Hauptwerk von Manet, »Im Wintergarten«, für die Berliner Nationalgalerie (Abb. 24 und 25, auch S. 145). Abgesehen von der kurz zuvor erfolgten Schenkung eines Manet an das Metropolitan Museum in New York durch den deutschstämmigen Sammler Havemeyer war dies das erste Gemälde Manets, das ein Museumsdirektor gekauft hatte. Im gleichen Jahr erwirbt Tschudi noch weitere Werke der modernen Franzosen, von Monet, Degas, Rodin und mit der »Mühle an der Couleuvre bei Pontoise« (S. 151) schließlich den ersten Cézanne, der Eingang in ein Museum gefunden hat. All diese Bilder finanziert Tschudi ohne staatliche Gelder durch Stiftungen Berliner Kunstfreunde, die häufig dem jüdischen Großbürgertum angehör-

24 Alte Nationalgalerie, zweites Obergeschoß, Raum 6 mit Neuerwerbungen Hugo von Tschudis, Aufnahme um 1908

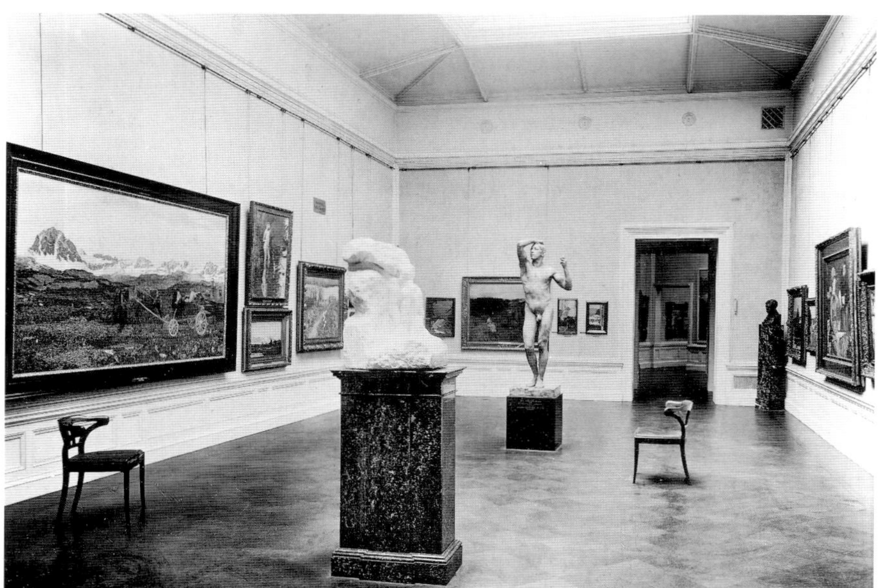

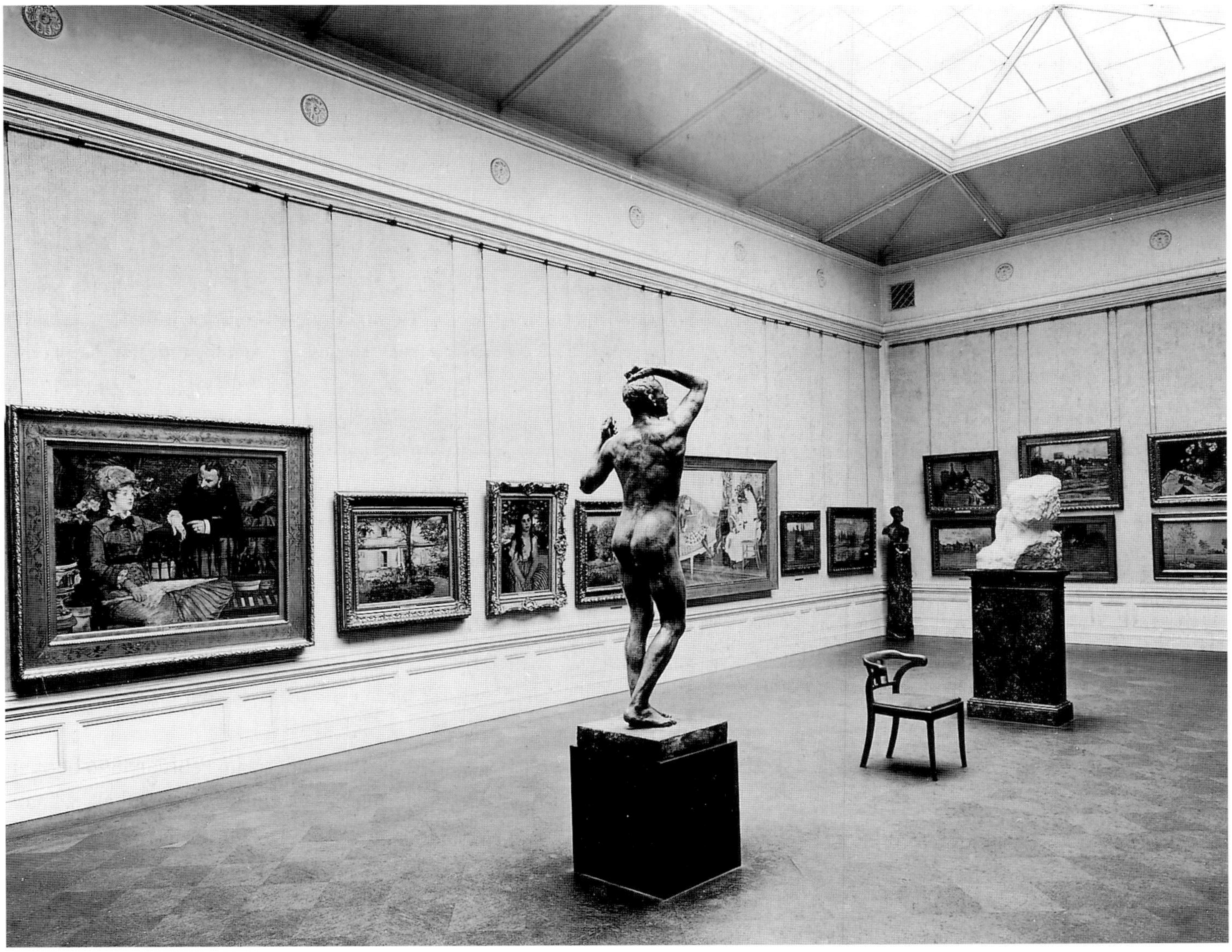

25 Alte Nationalgalerie, zweites Obergeschoß, Raum 6 mit Neuerwerbungen Hugo von Tschudis, Aufnahme um 1908

ten und Tschudis Ausweitung der Nationalgalerie in eine wirklich europäische Sammlung durch ihre gleichgerichteten Sammlungsinteressen mit Nachdruck unterstützten.[12]

Im Dezember 1896, am Ende seines ersten Amtsjahres, präsentierte Tschudi seine Erwerbungen im zweiten Cornelius-Saal. Der Skandal war unvermeidlich. »Manet und Monet im Corneliussaal, der deutsche Verneiner der Farbe und ihr französischer Erneuerer im selben Saal«, solche Begeisterung von Tschudis Weggefährten Alfred Lichtwark, Direktor der Hamburger Kunsthalle, läßt die Konflikte über diese »köstliche Weihnachtsbescherung für Berlin und damit gewissermaßen für das Reich« bereits ahnen. Im Dezember 1897 beendet Tschudi eine grundlegende Umhängung der Nationalgalerie, um der modernen Kunst im Mittelgeschoß unmittelbar neben den Cornelius-Sälen einen prominenten Platz einzuräumen. Diese permanente Ausstellung französischer Kunst – die Kunst des vermeintlichen Erbfeindes, den man 1871 doch besiegt hatte – in der deutschen Nationalgalerie mit der Giebelinschrift »Der Deutschen Kunst 1871« wird in der Presse höchst kontrovers besprochen. Diese Kontroverse führt schließlich im März 1898 zu einer Debatte im Abgeordnetenhaus des preußischen Landtags. Da sich die Diskussion nicht beruhigte, besuchte Kaiser Wilhelm II. am 11. April 1899 die Nationalgalerie als oberster Dienstherr des Museums. Er verfügte, daß alle Umhängungen Tschudis wieder rückgängig zu machen seien. Allerdings gestattete er, gewiß mit Blick auf die so positive Presse gerade in Frankreich, daß die Neuerwerbungen im Obergeschoß der Nationalgalerie (Abb. 24

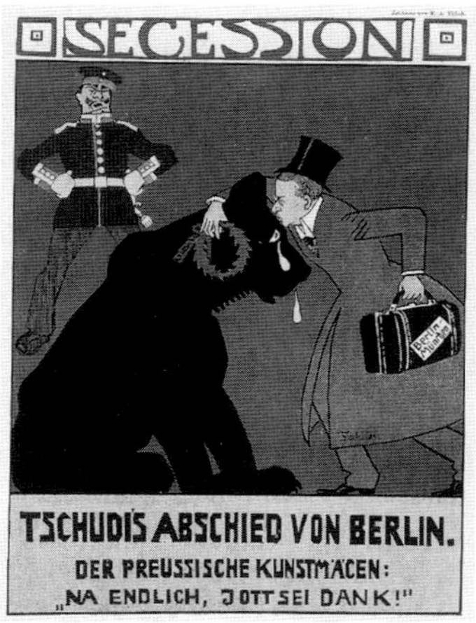

26 W. A. Wellner, »Tschudis Abschied von Berlin«, in: Lustige Blätter, München, 16. Juni 1909

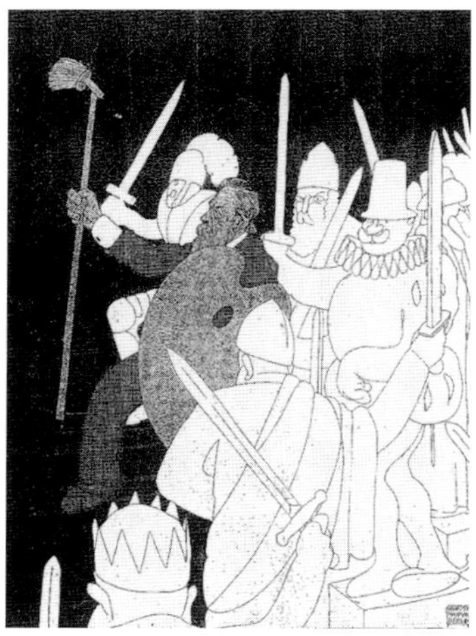

27 August Hagjduk, »Der Sturm auf die Nationalgalerie« in: Ulk, 13. November 1908, »Anton von Werner setzt sich an die Spitze der mobilgemachten Siegesallee und richtet die furchtbarsten Verwüstungen in den eroberten Gebieten an«

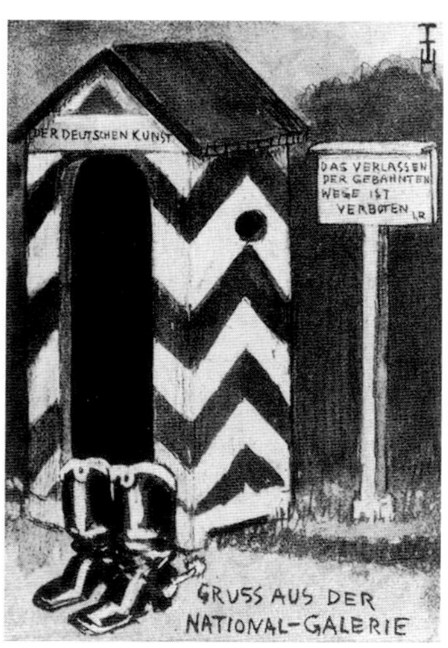

28 Thomas Theodor Heine, »Kartengrüße«, in: Simplicissimus, München, 6. April 1908

und 25) dauerhaft gezeigt werden konnten. Ferner ordnete Wilhelm II. an, daß sämtliche Erwerbungen der Nationalgalerie, auch die Schenkungen von Privatpersonen, durch ihn persönlich zu genehmigen seien.

Diese kaiserliche Kunstzensur hat Tschudis Ankaufsbemühungen stark behindert, aber nicht gelähmt. Er kaufte weiterhin mit dem Geld seiner Gönner auf Vorrat Werke der internationalen Moderne, darunter Hauptwerke von Gauguin und van Gogh, in der Hoffnung auf Stunden kaiserlicher Gunst. Einzig sie konnte die Schenkung dieser Werke an die Nationalgalerie ermöglichen. Der Blick auf die Giebelinschrift der Nationalgalerie läßt jedoch ahnen, welche Provokation die moderne französische Kunst im Tempel der deutschen Kunst für das wilhelminische Kaiserreich darstellte und darstellen mußte.

Sosehr Tschudi in der französischen Malkultur den Zielpunkt zeitgenössischer Kunstentwicklung erblickte, so undogmatisch wußte er diese ästhetische Überzeugung jedoch mit einem kunsthistorischen Weitblick zu verbinden. Das Ergebnis solch doppelter Sehschärfe war die legendäre »Deutsche Jahrhundert-Ausstellung«, die Tschudi 1906 gemeinsam mit Lichtwark und Julius Meier-Graefe in der dafür völlig ausgeräumten Berliner Nationalgalerie durchgeführt hat (vgl. dazu im Glossar: »Jahrhundertausstellung«). Unter Augen, die am Impressionismus geschult waren, verwandelte sich die deutsche Kunst des 19. Jahrhunderts vom bloßen Mitteilungsträger plötzlich zu einem malerischen Ereignis. Völlig vergessene Künstler wie Caspar David Friedrich oder Carl Blechen erwiesen sich dem frischen Blick als wesentliche Vertreter der europäischen Freilichtmalerei. Der frühe Menzel wurde als frappierende Vorwegnahme des Impressionismus bewundert. Aber auch die malerischen Qualitäten Böcklins und der anderen Deutsch-Römer hat erstmals Tschudi gewürdigt. Mit dieser Jahrhundert-Ausstellung, ihren Wiederentdeckungen und Neubewertungen, wurde der Kanon der deutschen Kunst des 19. Jahrhunderts verbindlich festgelegt. Alle bedeutenden Erwerbungen der großen deutschen Sammlungen auf dem Gebiet der deutschen Malerei des 19. Jahrhunderts orientierten sich an dieser Jahrhundert-Ausstellung. Dies gilt für die Nationalgalerie, wo Tschudi großzügige Ankaufsfonds durch Wilhelm II. erhielt, wie für die Hamburger Kunsthalle, die Dresdener Galerie Neuer Meister und die Neue Pinakothek in München nicht weniger als für die großen Privatsammler wie etwa Oskar Reinhart in Winterthur.

Solch kaiserliche Unterstützung wie für die Jahrhundert-Ausstellung wurde Tschudi im Bereich der französischen Moderne jedoch nur selten zuteil. Im Gegenteil, durch eingegangene Ankaufsverpflichtungen ohne die nötige Hilfestellung des Kaisers öffentlich brüskiert, folgte Tschudi seiner Berufung zum Generaldirektor der Bayerischen Staatsgemäldesammlungen und ging Mitte 1909 unter Mitnahme aller seiner für Berlin auf Vorrat erworbenen französischen Bilder von Cézanne, van Gogh und Gauguin nach München. In den vielbeschworenen »Kampf um die Moderne«, der die Öffentlichkeit im wilhelminischen Kaiserreich so sehr polarisierte, hat Tschudi freilich nie durch polemische Traktate und Streitschriften eingegriffen. Sein so revolutionäres Wirken für die Berliner Nationalgalerie bestand vielmehr im Vorzeigen der Kunstwerke in den Räumen des durch seine Giebelinschrift so provozierenden nationalen Museums-

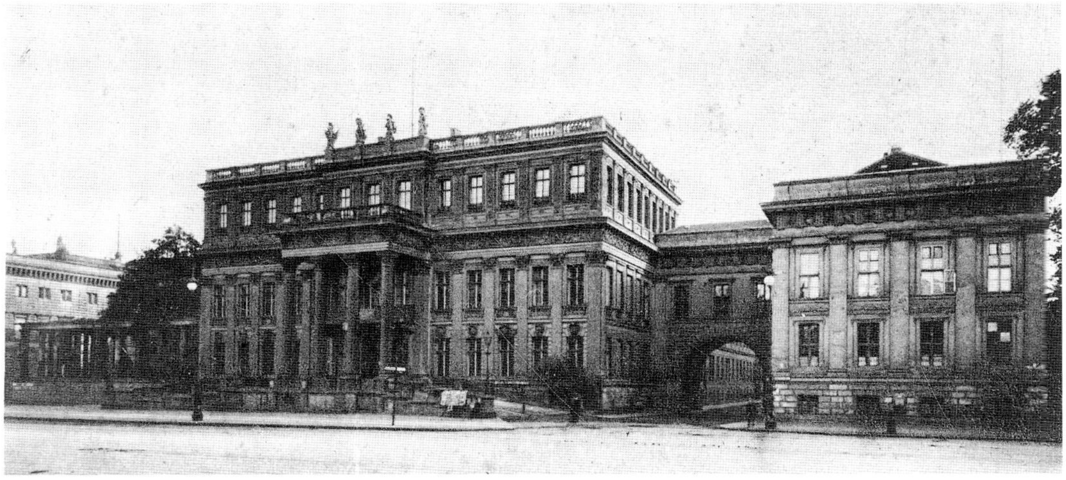

29 Kronprinzen-Palais, von 1919 bis 1937 Neue Abteilung der Nationalgalerie, Fassade Unter den Linden, Aufnahme um 1920

tempels der deutschen Kunst. Tschudi hat diese Inschrift stets so verstanden, daß er in der Nationalgalerie all das zu fördern suchte, was nach seiner Ansicht auch der deutschen Kunst förderlich war. Mit und seit Tschudi funktionierte die Berliner Nationalgalerie wirklich als eine Art künstlerischer Wertsetzungsmaschine. Alles, was Tschudi in der so pathetischen National-galerie zeigte, hatte den Anspruch, zuerst Kunst zu sein, und war deshalb einzig angemessen für die Nationalgalerie als dem in Deutschland ersten Museum der Moderne. Mit Hugo von Tschudi veränderte die Nationalgalerie geradezu ihren Stellenwert im kollektiven Gedächtnis der Deutschen. Aus der Nationalgalerie als dem künstlerisch weihevollen Gedächtnisort der nationalen Selbstbesinnung und Selbstfindung wurde ein bis heute legendärer Erinnerungsort an den Sieg und die endgültige Durchsetzung der Moderne in der internationalen Museums-welt. Der Ort, wo die Moderne zum ersten Mal im Museum bei vollem Risiko etabliert wurde, das war die Berliner Nationalgalerie.[13]

Nach Tschudis Weggang nach München, in der Karikatur vom Berliner Bär tränenreich bedauert (Abb. 26), bestand die Furcht, Kaiser Wilhelm II. werde seinen engsten Berater in allen künstlerischen Fragen, den Historienmaler und Direktor der Berliner Akademie Anton von Werner, zum neuen Direktor der Nationalgalerie ernennen. Die Karikaturisten sahen Anton von Werner bereits als Anführer einer streitbaren Armee von Ahnen aus dem Hause Hohenzollern im Sturm auf die Nationalgalerie (Abb. 27). Das befürchtete Ergebnis war, ebenfalls in der Karikatur vorweggenommen (Abb. 28), die Verwandlung der Nationalgalerie zum Schilderhaus eines preußischen Wachregiments, das nur noch ein ästhetisches Gebot kennt: »Das Verlassen der gebahnten Wege ist verboten«. Mit Anton von Werner als neuem Direktor und Vollstrekker kaiserlicher Kunstpolitik, so fürchtete man, würde die Nationalgalerie wieder zu einem Ort der visuellen Bevormundung der Deutschen herabsinken, sei es durch postkartengenaue Historienmalerei oder staatstragenden Idealismus. Dies wurde verhindert durch die Berufung von Ludwig Justi. Aus alter Marburger Gelehrtenfamilie, war Justi wie Tschudi einst Assistent Bodes gewesen und anschließend Direktor des Frankfurter Städel-Museums, bevor er 1905 wieder in Berlin als erster Ständiger Sekretär der Akademie der Künste tätig war.

Als neuernannter Direktor der Nationalgalerie vermied Justi zunächst die Kühnheit der Ankäufe Tschudis, da die kaiserliche Zensur fortbestand. Nicht weniger kühn hat er jedoch Tschudis Umbau der Nationalgalerie vom nationalen Bilderschrein zum internationalen Kunstmuseum fortgesetzt. So gelang es ihm, jeglichen Einfluß der Landeskunstkommission auf die Ankäufe zukünftig abzuwehren. Die preußischen Schlachten- und Historiengemälde wurden in großer Zahl an das Zeughaus abgegeben. Durch bauliche Veränderungen wußte er den Tempel im Inneren besser als Museum zu nutzen. Im gesamten Erdgeschoß ließ Justi in die dortige Säu-

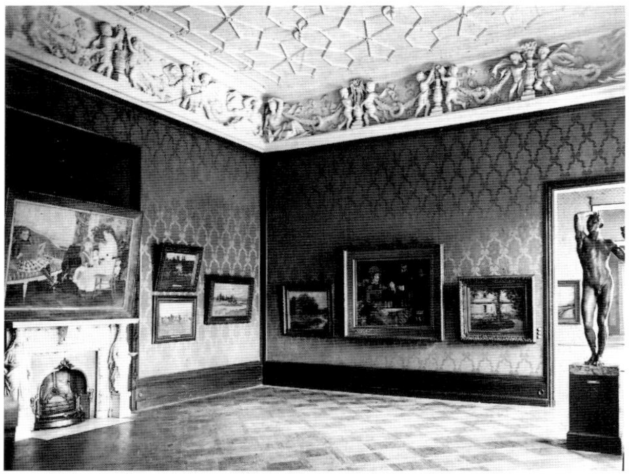

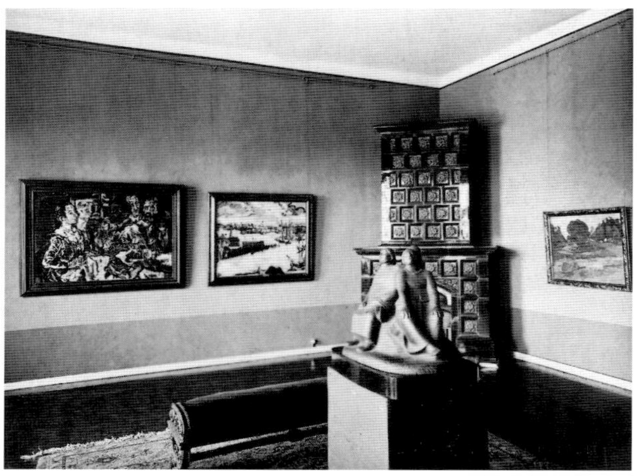

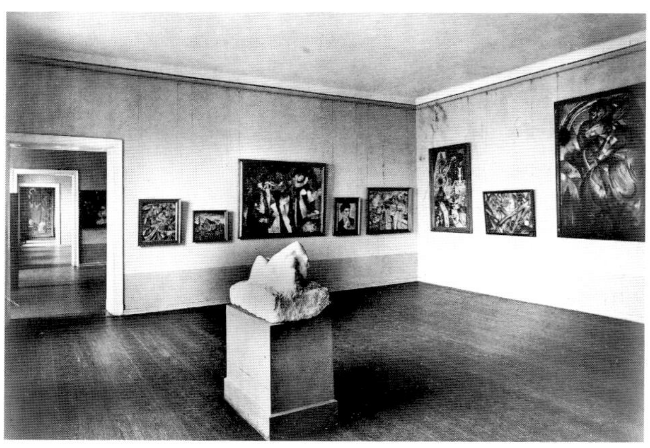

30 *Kronprinzen-Palais, Neue Abteilung der Nationalgalerie, Werke des französischen Impressionismus, Aufnahme 1919 (a); Werke von Oskar Kokoschka und Ernst Barlach, Aufnahme 1919 (b); Werke des Expressionismus, besonders von Franz Marc und August Macke, Aufnahme um 1930 (c)*

lenhalle Kabinette in einem zwischen Goethezeit und Jugendstil merkwürdig changierenden Stil einbauen, wodurch ein enormer Zugewinn an Ausstellungsfläche erreicht wurde. Justis großzügige Neuhängung profitierte ferner von der Reduktion der Sammlung Wagener und einer weitgehenden Auslagerung der Bildnisse in eine eigene Porträtgalerie. Auch die Cornelius-Säle waren nicht mehr sakrosankt und konnten für die Dauerausstellung moderner Kunst genutzt werden. Erstmals stand das Haus somit ganz für den von Tschudi etablierten Kanon der Kunst des 19. Jahrhunderts zur Verfügung, den Justi im Bereich der deutschen Kunst in äußerst diplomatischem Umgang mit dem Kaiser zielstrebig erweiterte.

Justis große Stunde kam, als er nach Abdankung der Hohenzollern und dem Untergang des wilhelminischen Kaiserreiches das nahe bei der Museumsinsel gelegene Kronprinzen-Palais (Abb. 29) an der Berliner Prachtstraße »Unter den Linden« 1919 als eine Dependance für die moderne Abteilung der Nationalgalerie zu gewinnen vermochte. Der Veränderung des Staates folgte somit höchst bemerkenswert eine sofortige Veränderung auch der Berliner Nationalgalerie. An ihr enthüllt sich geradezu beispielhaft, wie sehr deutsche Geschichte auch Museumsgeschichte ist. Wo im Königreich Preußen die Kronprinzen gewohnt hatten und Wilhelm II. geboren wurde, hat Justi unmittelbar nach dem Ende des Kaiserreiches gleichsam in einem symbolischen Akt die französischen Erwerbungen Tschudis glanzvoll ausgebreitet (Abb. 30a). Im Stockwerk darüber richtete Justi anschließend die ganz moderne Abteilung der Nationalgalerie mit Hauptwerken des deutschen Expressionismus ein (Abb. 30b und c). Im Wechselspiel zwischen monographischen Künstlerräumen – etwa für Max Beckmann, Ernst Ludwig Kirchner oder Franz Marc – und wichtigen Sonderausstellungen für aktuelle Kunst fand das Kronprinzen-Palais, als »Museum der Gegenwart« heftig diskutiert und stark besucht, auch die Bewunderung des jungen Alfred Barr. Das 1929 von ihm mitbegründete »Museum of Modern Art« in New York ist ohne Barrs Erfahrungen im Berlin der 1920er Jahre und ohne seine Bewunderung für Justis Kronprinzen-Palais als »Museum der Gegenwart« nicht zu denken. Heftig attackiert, insbesondere von Max Liebermann wegen seines Engagements für den Expressionismus, war das Kronprinzen-Palais unter Justi und der Garde seiner brillanten Assistenten Alfred Hentzen, Ludwig Thormaelen und Paul Ortwin Rave zum meistbesuchten und meistdiskutierten Haus unter den Berliner Museen geworden.

Mit dem Machtantritt der Nationalsozialisten wurde Justi 1933 als Direktor der Nationalgalerie entlassen. Als sein Nachfolger wurde Eberhard Hanfstaengl berufen. Aus alter Münchner Künstlerfamilie und mit der Moderne wohlvertraut, versuchte er Justis Kronprinzen-Palais

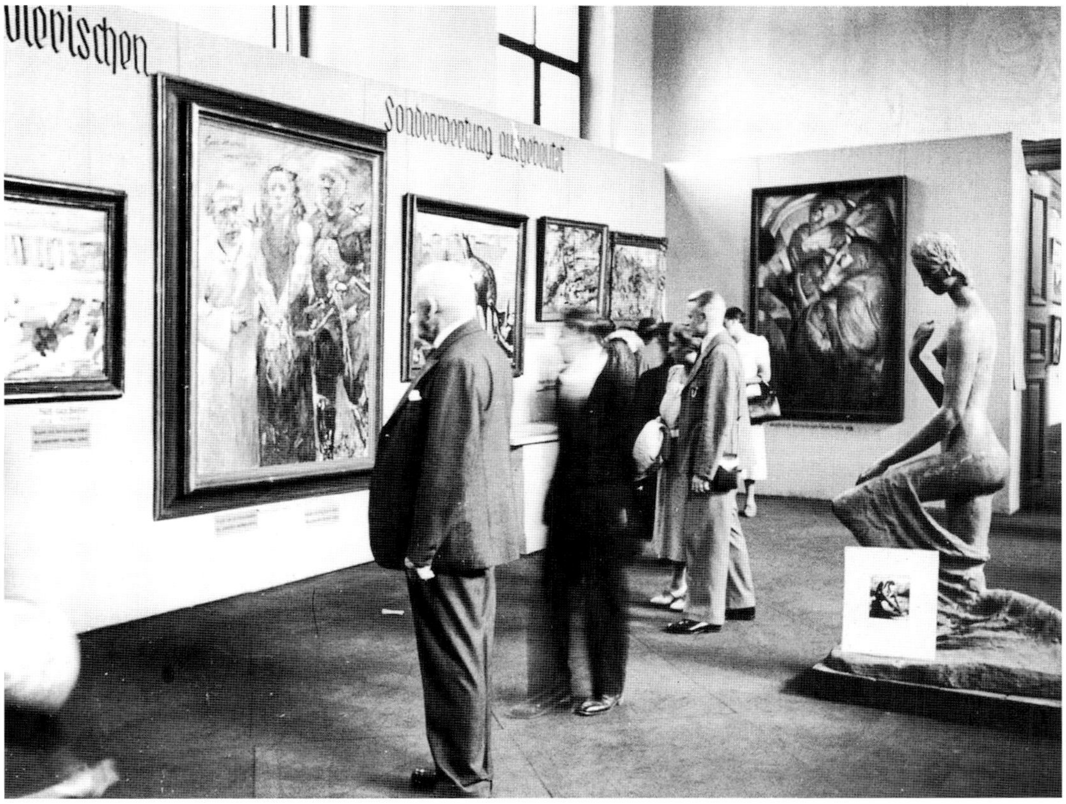

31 Blick in die Ausstellung »Entartete Kunst« in München, 1937. Die als »entartet« ausgestellten Bestände der Nationalgalerie: »Turm der Blauen Pferde« von Franz Marc, »Ecce Homo« von Lovis Corinth und »Die Knieende« von Wilhelm Lehmbruck.

durch vorsichtige Umhängungen, etwa durch den Austausch von Figurenbildern durch Landschaftsbilder, zu retten. Auf der Museumsinsel hat er Justis Umbau der Nationalgalerie vom einstigen Festsaal- und Aulagebäude zu einem pragmatischen Museumsbau durch das entschiedene Absenken der Lichtdecke in den beiden Cornelius-Sälen fortgesetzt. Plötzlich zog ins Mittelgeschoß der Nationalgalerie ein Hauch von neuer Sachlichkeit und Bauhausstil der 1930er Jahre ein. 1937 wurde Hanfstaengl von den Nationalsozialisten aus dem Amt entfernt, da er sich deren Verfolgung der deutschen Moderne als »entartet« widersetzte. Keine deutsche Museumssammlung war vom nationalsozialistischen Bildersturm gegen die sogenannte »Entartete Kunst« derart betroffen wie die moderne Abteilung der Berliner Nationalgalerie. Sie wurde nun von Staats wegen geradezu geplündert. Fast der gesamte Bestand an zeitgenössischer Kunst wurde 1937 beschlagnahmt und auf der Münchner Schandausstellung »Entartete Kunst« in wesentlichen Teilen präsentiert (Abb. 31), so daß diese Ausstellung als eine Filiale der ausgeraubten, weil künstlerisch »entarteten«, Berliner Nationalgalerie gelten konnte. Anschließend wurden diese modernen Meisterwerke der Nationalgalerie von Staats wegen veräußert. Am Ende stand die ebenfalls 1937 erfolgte Schließung des Kronprinzen-Palais. Einmal mehr wurde die moderne Kunst in der Nationalgalerie von den politischen Machthabern in Deutschland reglementiert, zensiert und diesmal sogar beseitigt. Es war bezeichnenderweise die Nationalgalerie, wo die Nationalsozialisten das 20. Jahrhundert und seine Kunst geschlossen haben. Alle »Rettungsversuche« von Justis einstigem Assistenten Alois Schardt, im Kronprinzen-Palais 1937 eine »nordische Tradition« in der Kunst seit 1800 zu konstruieren, die von Caspar David Friedrich bis zu Franz Marc reichen sollte, haben dem Kunst- und Weltbild der Nationalsozialisten nicht entsprochen. Wieder einmal wurde für die Vorstellung des Deutschen mit diesmal gnadenloser Strenge die Kunst in Anspruch genommen. Und erneut sollte die Berliner Nationalgalerie das bevorzugte Anschauungsfeld für diese Geburt des Deutschen aus dem Geist der richtigen deutschen Kunst sein. Wo die Nationalgalerie dem nicht entsprach, wurde sie geschlossen.[14]

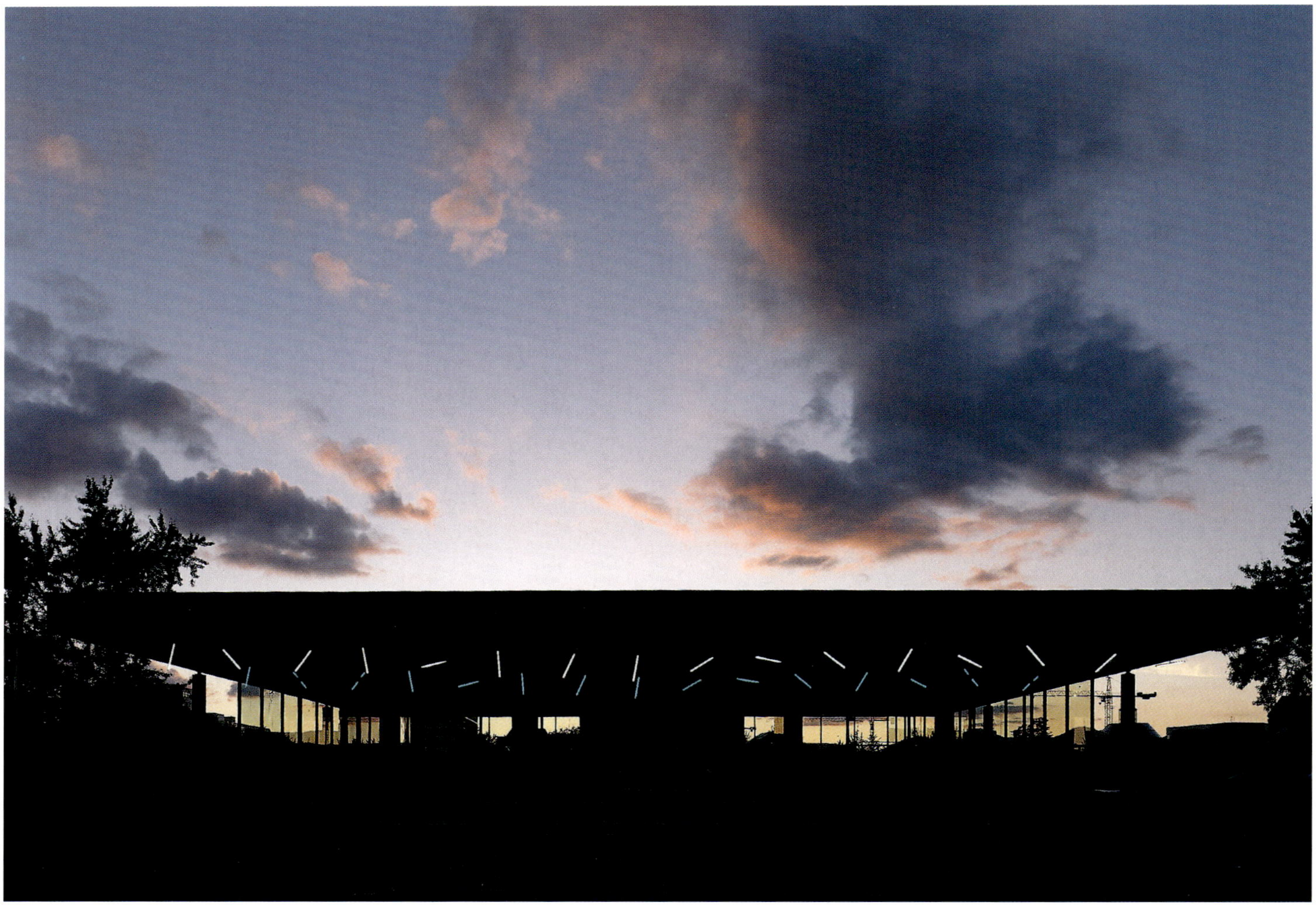

32 Neue Nationalgalerie (eröffnet 1968), Eingangsfassade mit Neoninstallation von Hans Peter Kuhn zur Ausstellung »Das XX. Jahrhundert - ein Jahrhundert Kunst in Deutschland«. Fotografie: Bernd Hiepe, 1999

V. Epilog – Die Nationalgalerie heute

Die Teilung Deutschlands nach dem Zweiten Weltkrieg hatte – kaum verwunderlich – auch eine Zweiteilung beziehungsweise Verdoppelung der Nationalgalerie zur Folge. Die Nationalgalerie auf der Museumsinsel lag im Ostteil Berlins. Sie wurde mithin zur Nationalgalerie der Deutschen Demokratischen Republik. Gezeigt wurden dort, nachdem die Sammlung der klassischen Moderne durch die Nationalsozialisten weitgehend geplündert worden war, zumeist Werke des aktuellen Kunstschaffens aus dem Osten Deutschlands sowie die Bestände des 19. Jahrhunderts. Diese hatten den Krieg in den Berliner Flaktürmen mit merklichen Verlusten überstanden. Sie wurden anschließend von der Sowjetunion konfisziert und 1958 als Geschenk an das kommunistische Deutschland zurückgegeben. Dazu gehörten auch die großformatigen Gemälde und Skulpturen, die während des Krieges in der schwer beschädigten Nationalgalerie verblieben sind. Diese Bestände des 19. Jahrhunderts waren der kostbarste Schatz der Nationalgalerie auf der Museumsinsel. Die mit großer wissenschaftlicher Sorgfalt und höchster Kennerschaft erarbeiteten Ausstellungen gerade zur Kunst des 19. Jahrhunderts, sowie zum Expressionismus, haben der Nationalgalerie im Ostteil Berlins unter ihren Direktoren Vera-Maria Ruthenberg, Willi Geismeier und Peter Betthausen ein hohes internationales Ansehen gesichert.

Die allererste Qualität aller transportablen Werke der Nationalgalerie wurde in den letzten Kriegswochen in Bergwerke im Harz und im Werragebiet ausgelagert. Von dort gelangten sie durch amerikanische und englische Truppen nach Westdeutschland. Als Bestandteil der neubegründeten Stiftung Preußischer Kulturbesitz wurden sie nach Westberlin zurückgebracht und unter Leopold Reidemeister als dem ersten Direktor in Westberlin in der Orangerie im Schloß Charlottenburg ausgestellt. Mit bedeutenden Erwerbungen für eine in der Nachkriegszeit neugegründete städtische »Galerie des 20. Jahrhunderts« vereint, bezogen diese im Westen aufbewahrten Bestände der Nationalgalerie 1968 ein neues Gebäude. Entworfen von Mies van der Rohe, der 1937 von Berlin in die Vereinigten Staaten hatte emigrieren müssen, erhielt dieses Gebäude am Tiergarten in Westberlin den Namen »Neue Nationalgalerie« (Abb. 32). Mies van der Rohe hat in diesem seinem letzten Bau, wohl eines der großartigsten Museumsgebäude des 20. Jahrhunderts, seine amerikanischen Erfahrungen mit der Berliner Tradition des hoch aufgesockelten Museumstempels in der Nachfolge Schinkels und Stülers verbunden zu einer anspielungsreichen Paraphrase auf die Alte Nationalgalerie.

In diesem Glastempel Mies van der Rohes wurden die klassische Moderne und die Kunst der Gegenwart mit Vorrang präsentiert. In beiden Bereichen herrschte im Nachkriegsdeutschland der größte Nachholbedarf an Information. Mit Werner Haftmann wurde dafür einer der ausgewiesensten Kenner zur Kunst der Moderne gewonnen. Mit einer Legende gewordenen Mon-

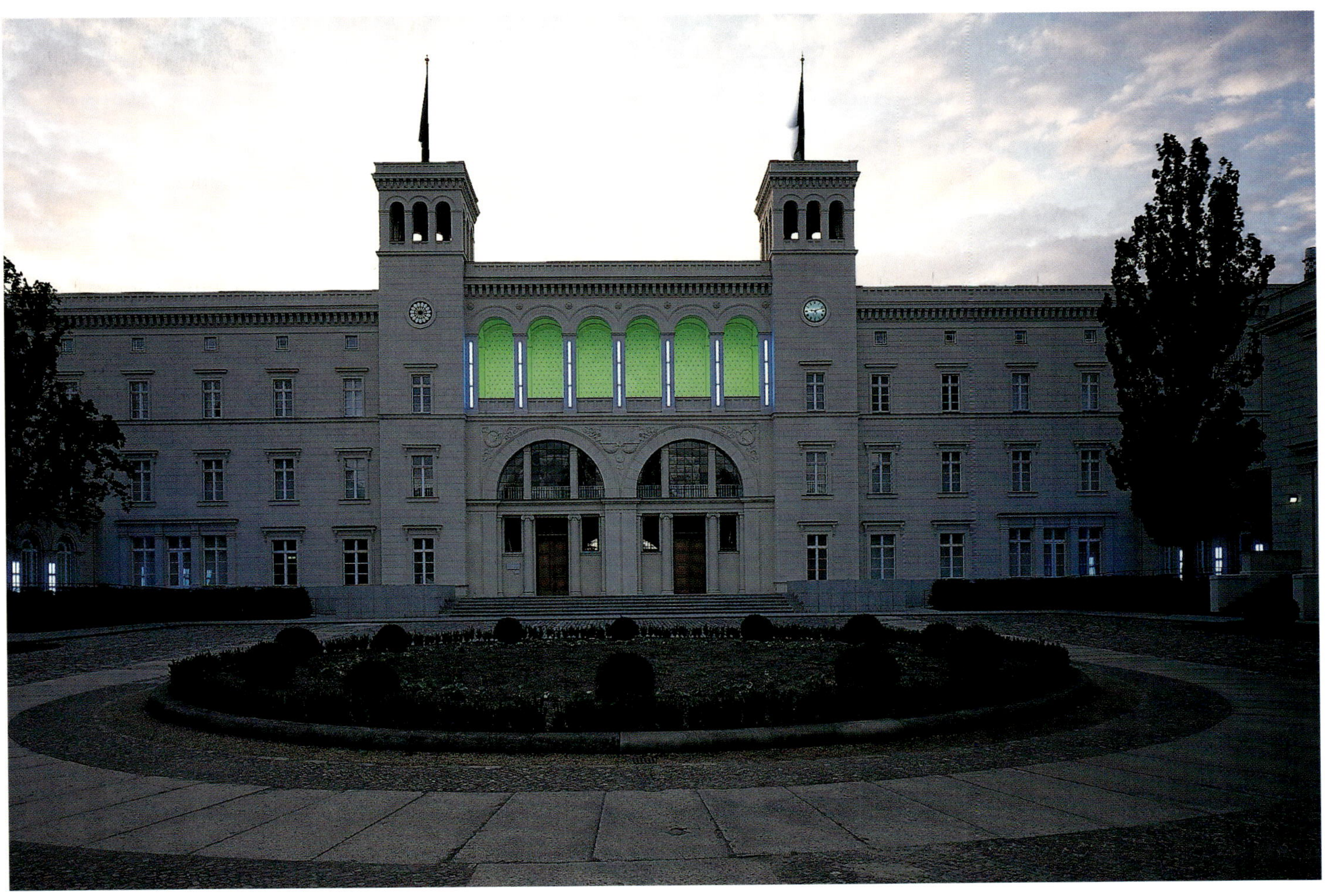

33 Hamburger Bahnhof - Museum für Gegenwart (eröffnet 1996), Eingangsfassade mit Neoninstallation von Dan Flavin. Fotografie: Jens Ziehe, um 1997

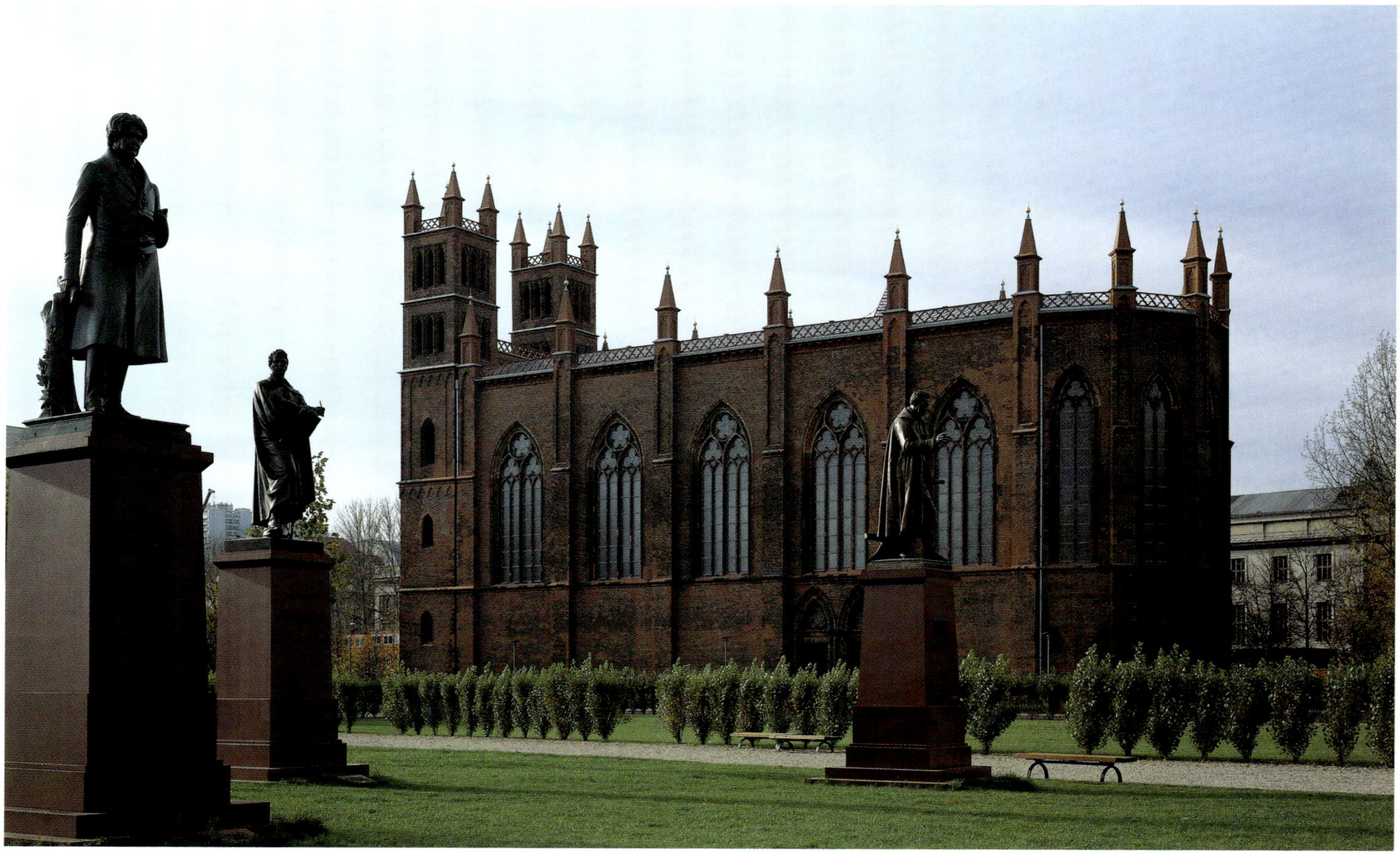

34 Friedrichswerdersche Kirche, seit 1987 Skulpturenmuseum der Nationalgalerie mit Werken Schadows und seiner Schüler, Außenansicht nach Südost.
Fotografie: Andres Kilger, 2000

drian-Ausstellung eröffnete er Mies van der Rohes gläsernen Tempel der Moderne. Wichtige Ausstellungen und bedeutende Erwerbungen im Bereich der klassischen Moderne sind Werner Haftmann zu danken, dessen Wirken nicht zuletzt auch als Autor zahlreicher vielgelesener Bücher zur Kunst und Kultur der Moderne der Nationalgalerie im Westen wieder eine internationale Ausstrahlung verlieh.

Unter Dieter Honisch als Haftmanns Nachfolger wendete sich der Blick von der klassischen Moderne verstärkt auf die zeitgenössische Kunst. An die Stelle von Frankreich und Italien traten bei Dieter Honisch Amerika und die Kunst Osteuropas ins Blickfeld. Seine Erwerbungen amerikanischer Farbfeldmalerei, seine Vorliebe für international ausgreifende Strömungen wie Zero, Konzeptkunst und Arte povera, die Fülle der von ihm verantworteten wichtigen Ausstellungen und seine aus der Bauhaustradition erwachsene Vorliebe der Öffnung des Museums für die Nachbarkünste wie Architektur, Theater und Musik haben die Nationalgalerie in Westberlin zu einem wichtigen Ort des internationalen Kunstgeschehens werden lassen. Unentbehrlich war dabei der von ihm nach Justis Vorbild wiederbegründete Verein der Freunde der Nationalgalerie. Unter seinem ersten und bisher einzigen Vorsitzenden Peter Raue gelangten wichtigste Ausstellungen in die Nationalgalerie, und nur mit Hilfe seines Vereins konnte Dieter Honisch so wichtige Erwerbungen wie den monumentalen Barnett Newmann (S. 209) oder den Kauf der »Kriegskrüppel« von Otto Dix (S. 186) realisieren. Beide Werke, aber auch viele Ausstellungen unter der Regie von Dieter Honisch, ließen die Diskussion um die Kunst und die Rolle der Nationalgalerie wieder zu einer lebhaften öffentlichen Debatte in Berlin werden.

Nach einer weitsichtigen Vorgabe wurde Mies van der Rohes neues Gebäude am Tiergarten inschriftlich als »Neue Nationalgalerie« bezeichnet. Daran wird erneut deutlich, wie sehr sich deutsche Geschichte am Beispiel der Nationalgalerie als Museumsgeschichte zu artikulieren vermag. Denn die Bezeichnung »Neue Nationalgalerie« für das von Mies van der Rohe im Geiste Schinkels und Stülers entworfene Gebäude im Westteil Berlins war ja nach der Teilung Deutschlands nichts anderes als das Bekenntnis Westdeutschlands zu Berlin als neuerlicher Hauptstadt eines zukünftig vereinten Deutschland.

Was damals als rivalisierende Verdoppelung erschienen sein mag, macht heute, nach der Wiedervereinigung Deutschlands im Jahr 1990 und der 1992 erfolgten Vereinigung der Staatlichen Museen zu Berlin im Ost- und Westteil der Stadt, das Glück und den Reichtum dieser Bundesrepublik als Kulturnation aus: die doppelte Nationalgalerie, zwei Häuser aus einem Geist, die sich nun eine gemeinsame Sammlung teilen. Die Nationalgalerie auf der Museumsinsel, nun als die Alte Nationalgalerie bezeichnet, beherbergt die Bilder und Skulpturen des 19. Jahrhunderts, beginnend mit der Goethezeit und endend kurz nach 1900. Die Kunst des 20. Jahrhunderts, mit Munch und dem deutschen Expressionismus am Beginn, wird am Kulturforum gegenüber dem Potsdamer Platz in Mies van der Rohes Neuer Nationalgalerie gezeigt. Einige wenige Künstler wie Beckmann und Corinth hängen in beiden Nationalgalerien: mit

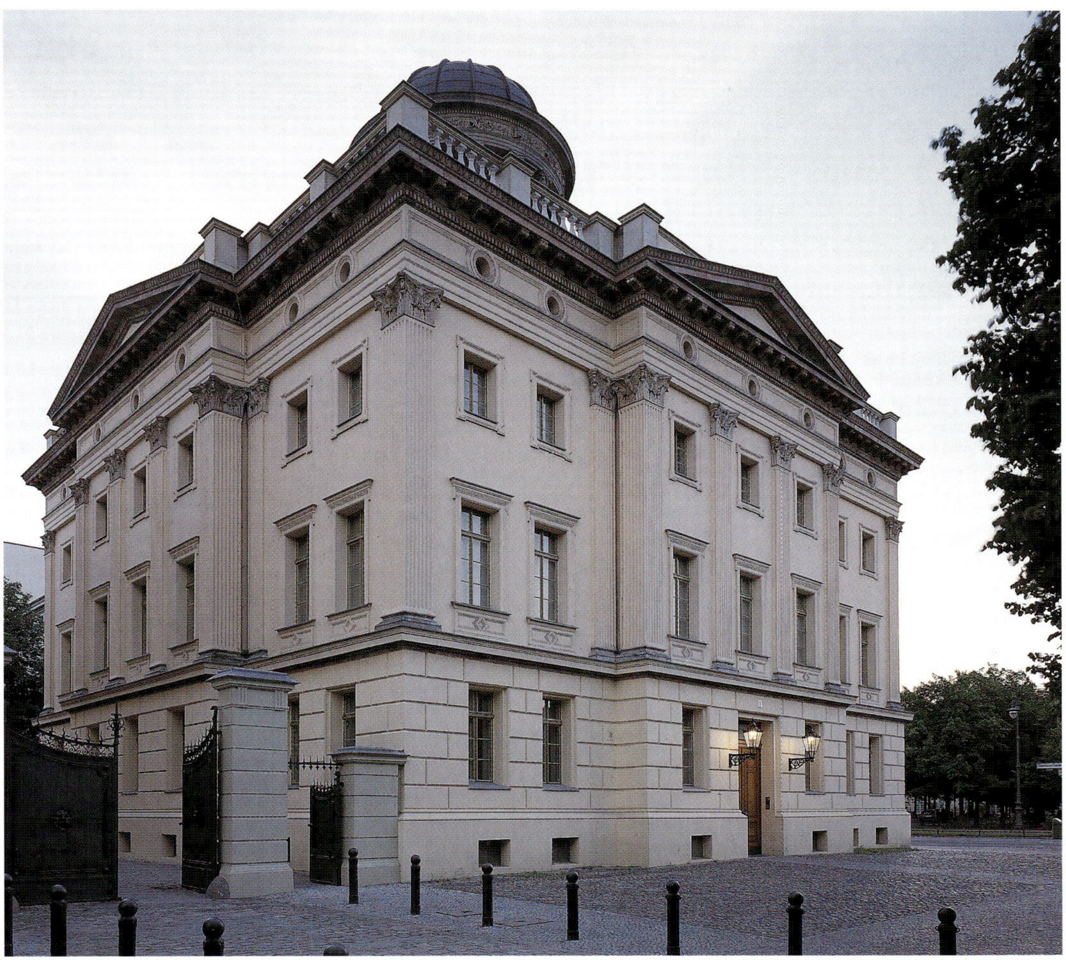

35 Sammlung Berggruen – Picasso und seine Zeit (eröffnet 1996), westlicher Stülerbau, gegenüber Schloß Charlottenburg, Eingangsfassade. Fotografie: Jens Ziehe, 1997

ihrem Frühwerk in der Alten Nationalgalerie, mit ihrem späteren Werk in der Neuen Nationalgalerie.

Die Tradition des Kronprinzen-Palais als »Museum der Gegenwart« für die ganz zeitgenössische Kunst wurde seit 1996 durch die maßgebliche und höchst verdienstvolle Initiative von Wolf-Dieter Dube als dem damaligen Generaldirektor in dem von Josef Kleihues umgebauten »Hamburger Bahnhof« (Abb. 33) fortgeführt. Als erster Berliner Kopfbahnhof einst nicht weniger aus dem Geist Schinkels und Stülers errichtet, liegt er in der Berliner Stadtlandschaft genau in der Mitte zwischen Alter und Neuer Nationalgalerie. Er zeigt in wechselnder Präsentation die Bestände aller Staatlichen Museen zu den Künsten nach 1980. Im Zentrum steht die berühmte Sammlung von Erich Marx mit großen Werkkomplexen von Beuys, Kiefer, Warhol, Rauschenberg, Lichtenstein und Twombly. Ferner werden im Hamburger Bahnhof die Wechselausstellungen aktuellster Kunst veranstaltet mit einer merklichen Konzentration auf dem von Beuys programmatisch beförderten »offenen Kunstbegriff«. Er ermöglicht dem Hamburger Bahnhof als Museum für Gegenwart in der Nachfolge von Justis einstigem Kronprinzen-Palais alle nur möglichen Ausgriffe auf die ganze Vielfalt der Künste, Wissenschaften und Moden.

So wie die Neue Nationalgalerie im Hamburger Bahnhof als ihrem Museum für Gegenwart eine Dependance hat, ebenso besitzt auch die Alte Nationalgalerie in Schinkels Friedrichswerderscher Kirche ein einzigartiges Raumgebilde klassizistischer Neogotik (Abb. 34) für ihre musealen Zwecke. In Schinkels Friedrichswerderscher Kirche werden auch zukünftig die überaus reichen Bestände der Nationalgalerie an Berliner Skulptur in der Nachfolge Schadows gezeigt.

Aufgelöst wurde hingegen die Galerie der Romantik im Schloß Charlottenburg. Viele der dort seit 1986 versammelten Meisterwerke von Caspar David Friedrich, Schinkel und Blechen sind nun nach der vollendeten Generalsanierung in der neuen Alten Nationalgalerie zu sehen. Möglich wurde dies durch neugewonnene Räume im dritten Obergeschoß der Alten Nationalgalerie. Es war Wolf-Dieter Dube, der in seiner Funktion als Generaldirektor und als dritter entschiedener Kunsthistoriker-Architekt nach Justi und Hanfstaengl für die Nationalgalerie in Einklang mit der Denkmalpflege den Wunsch durchsetzte, über der von Hanfstaengl abgesenkten Lichtdecke in den einstigen Cornelius-Sälen veritable Decken einzuziehen. Mit den so neugewonnenen Räumen wurde das dritte Obergeschoß der Alten Nationalgalerie erstmals insgesamt für die Präsentation der Sammlung nutzbar. Erst mit dieser baulichen Maßnahme, so darf man sagen, ist die Verwandlung der Alten Nationalgalerie vom einstigen Auslagebäude zu einem wirklichen Museumsgebäude tatsächlich abgeschlossen.

Mit ihrer Wiedereröffnung im Dezember 2001 darf die neue Alte Nationalgalerie, genau 125 Jahre nach ihrer Eröffnung 1876, als eine der wohl bedeutendsten deutschen Sammlungen zur Kunst des 19. Jahrhunderts in einem in seiner Pracht völlig wiederhergestellten Museumsgebäude des 19. Jahrhunderts gelten. Diese völlige Entsprechung zwischen Haus und Sammlung macht die Alte Nationalgalerie so einzigartig. Die restaurierte Nationalgalerie in ihrem Jubiläumsjahr ist zugleich das erste nach dem Zweiten Weltkrieg wieder vollständig sanierte

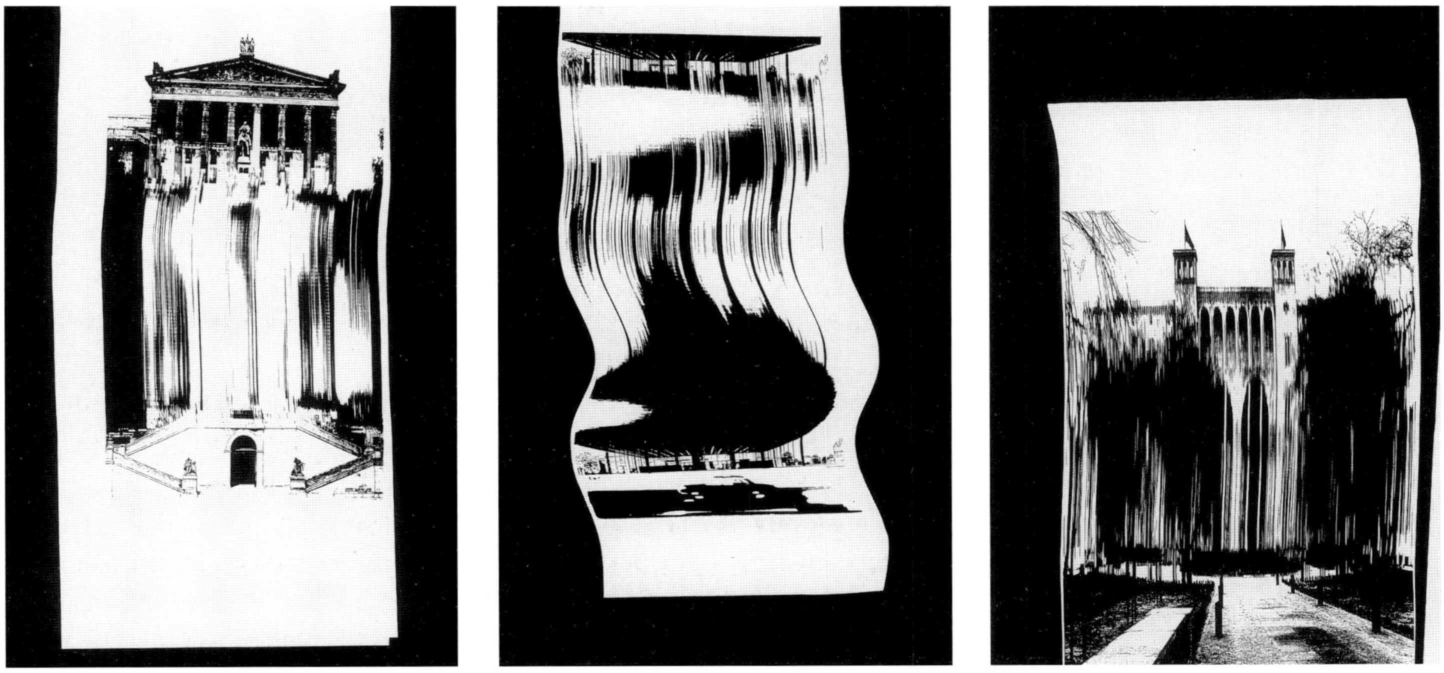

36 Sigmar Polke, Alte Nationalgalerie (a), Neue Nationalgalerie (b), Hamburger Bahnhof (c), jeweils Fotokopie, 1997, Privatbesitz

Museumsgebäude auf der Berliner Museumsinsel. All dies geschieht zum Zeitpunkt der Rückkehr der Regierung des wiedervereinten Deutschland nach Berlin als neuer alter Hauptstadt. Die Wiederherstellung der Einheit der Nation und die Wiederherstellung der Nationalgalerie, damit liefert die Berliner Museumsinsel erneut die großen symbolischen Gesten der Kultur für die politische Geschichte in Deutschland. Denn die einstigen Museen des Staates Preußen, die heute vom Bund und allen Ländern finanziert werden, sind als größte nationale Kultureinrichtung zugleich das Muster deutschen Kulturföderalismus. Erstmals gilt deshalb nun auch für die Berliner Nationalgalerie, was die National Gallery in London immer schon zur Erläuterung ihres Namens stolz vermerkte: »the Collection of the Nation«. Im Falle der Berliner Nationalgalerie ist es die Sammlung der Nation zur Kunst des 19. Jahrhunderts.

Ein schönes Beispiel für solch nationales Sammeln mit internationaler Ausrichtung ist im Bereich der Nationalgalerie die Sammlung von Heinz Berggruen im Stülerbau gegenüber Schloß Charlottenburg (Abb. 35). Nach fünfjähriger Präsentation in der National Gallery in London hat Heinz Berggruen seine Sammlung, verlockt durch Wolf-Dieter Dubes Angebot des Stülerbaues als zukünftigen Ausstellungsort, als langfristige Leihgabe unter der Obhut der Nationalgalerie seiner Vaterstadt zur Verfügung gestellt. Unmittelbar jetzt, im 125. Jubiläumsjahr der Nationalgalerie, ist es durch eine einzigartige Anstrengung von seiten des Bundes und des Landes Berlin gelungen, die Sammlung »Picasso und seine Zeit« von Heinz Berggruen dauerhaft für Berlin zu sichern. Was die Nationalgalerie durch den Bildersturm der Nationalsozialisten eingebüßt hat, hat durch Heinz Berggruen, durch die Rückkehr dieses in Paris und den Vereinigten Staaten international agierenden Sammlers in seine Geburtsstadt Berlin, wieder strahlende Anschaulichkeit gewonnen. Erneut hat die Inschrift der Alten Nationalgalerie »Der Deutschen Kunst 1871« damit die alte versöhnliche Interpretation Tschudis zurückerhalten: Was der deutschen Kunst förderlich ist, was im internationalen Austausch an Kunst entstanden und mit Hilfe kosmopolitisch gesonnener Gönner erworben werden konnte, ist in der Berliner Nationalgalerie und ihren Häusern zum Vergnügen und zur Belehrung aller versammelt. Jener Auftrag, dem sich einst Preußen in seiner größten Not selbst verschrieben hat, in den Berliner Museen die Kunst der ganzen Welt zu sammeln, hat nun am Beginn des 21. Jahrhunderts fraglos seine Entsprechung in der Berliner Nationalgalerie. Dank ihrer großzügigen Gönner, dank ihres so tätigen Vereins der Freunde hat sie das Nationale von Anfang an ins Europäische und schließlich ins Internationale geweitet. Die Nationalgalerie reflektiert mit dieser Weiterung des Blickes auch die veränderte Mentalität eines wiedervereinten modernen Deutschland, das weit mehr Kulturföderalismus kennt als verengende Identitätsstiftung durch einseitige Leitbilder. Sigmar Polkes ironische Behandlung der drei großen Häuser der Nationalgalerie und ihrer pathetischen Würdeformeln (Abb. 36a, b und c) liefert dazu den anschaulichen Beleg.

[1] Zum Problem deutscher Kunst vgl. Hans Belting, Die Deutschen und ihre Kunst. Ein schwieriges Problem, München 1992; ferner Hans Belting, Moderne und deutsche Identität im Widerstreit. Ein Rückblick in der deutschen Nationalgalerie, in: Belting, Identität im Zweifel. Ansichten der deutschen Kunst, Köln 1999, S. 117 ff.; Werner Hofmann, Wie deutsch ist die deutsche Kunst? Eine Streitschrift, Leipzig 1999. Zur Berliner Nationalgalerie vgl. Paul Ortwin Rave, Die Geschichte der Nationalgalerie Berlin, Berlin 1968; Dieter Honisch, Die Nationalgalerie, Berlin, Recklinghausen 1979; Françoise Forster-Hahn, Weihestätte der Kunst oder Wahrzeichen einer neuen Nation? Die Nationalgalerie(n) in Berlin 1848-1968, in: Berliner Museen, Geschichte und Zukunft, hrsg. vom Zentralinstitut für Kunstgeschichte München, München 1994, S. 155 ff.; Françoise Forster-Hahn, Shrine of Art or Signature of a New Nation? The National Gallery (ies) in Berlin, 1848-1968, in: Gwendolyn Wright, The Formation of National Collections of Art and Archeology, Studies in the History Art 47, Washington 1996, S. 79 ff.; Claudia Rückert und Sven Kuhrau (Hrsg.), »Der Deutschen Kunst...«. Nationalgalerie und Nationale Identität 1876-1998, Leipzig, 1998.

[2] Vgl. Claude Keisch, Die Sammlung Wagener. Aus der Vorgeschichte der Nationalgalerie, Ausst.Kat. Staatliche Museen zu Berlin, Nationalgalerie 1976.

[3] Peter Burian, Das Germanische Nationalmuseum und die deutsche Nation, in: Bernward Deneke und Rainer Kahsnitz, Das Germanische Nationalmuseum Nürnberg 1852-1977, München 1978, S. 127 ff.

[4] Thomas W. Gaehtgens, Die Berliner Museumsinsel im Deutschen Kaiserreich, München 1992; Thomas W. Gaehtgens, The Museum Island in Berlin, in: Gwendolyn Wright (Anm. 1), S. 53 ff.; Peter-Klaus Schuster, Berliner Museumspläne, in: Masterplan Museumsinsel Berlin. Ein europäisches Projekt, hrsg. von Andres Lepik, Berlin 2000, S. 11ff.

[5] Wolf Lepenies, The End of »German Culture«, The Tanner Lectures on Human Values 1999, Harvard University 1999.

[6] Vgl. Hartmut Dorgerloh, Die Nationalgalerie. Zur Geschichte des Gebäudes auf der Museumsinsel 1841-1970, Berlin 1999; Bernhard Maaz, Die Alte Nationalgalerie. Geschichte, Bau und Umbau, Berlin 2001.

[7] Zu Geyers Fries in der Nationalgalerie vgl. Peter Bloch, Josephine Hildebrand, Figurenfriese - Zwei Beispiele, in: Ethos und Pathos. Die Berliner Bildhauerschule 1786-1914, hrsg. von Peter Bloch et al., Berlin 1990, S. 225 ff. Vgl. ferner Moritz Wullen, Die Deutschen sind im Treppenhaus. Der Fries Otto Geyers in der Alten Nationalgalerie, Berlin 2001 (= Reihe »Nationalgalerie« Bd. 1).

[8] Bernhard Maaz, Alexander Calandrellis Reiterstandbild Friedrich Wilhelms IV. an der Nationalgalerie, in: Jahrbuch der Berliner Museen, N.F. Bd. 36, 1994, S. 199 ff.

[9] Frank Büttner, Die Cornelius-Verehrung. Die Cartons von Peter Carnelius in der Alten Nationalgalerie, in: Museumsjournal, IV, 15. Jg., Okt. 2001, S. 19 ff.

[10] Zu Fontane und der Nationalgalerie vgl. Peter-Klaus Schuster, Hugo von Tschudi und der Kampf um die Moderne, in: Johann Georg Prinz von Hohenzollern und Peter-Klaus Schuster (Hrsg.), Manet bis van Gogh. Hugo von Tschudi und der Kampf um die Moderne, Ausst.Kat. Nationalgalerie Berlin und Neue Pinakothek München, 1996, S. 25.

[11] Peter-Klaus Schuster, National - International: Zu einer historischen Kontroverse um die Berliner Nationalgalerie, in: Marie-Louise von Plessen, Die Nation und ihre Museen, Frankfurt/Main 1992, S. 210 ff.

[12] Vgl. Johann Georg Prinz von Hohenzollern und Peter-Klaus Schuster (Hrsg.), Manet bis van Gogh, Hugo von Tschudi und der Kampf um die Moderne, Ausst.Kat. Nationalgalerie Berlin und Neue Pinakothek München, 1996.

[13] Zur Nationalgalerie als ein »lieu de mémoire« für die Geschichte der Kunst des 20. Jahrhunderts, siehe Thomas W. Gaehtgens, Die Museumsinsel, in: Deutsche Erinnerungsorte. Bd. 2, München 2002.

[14] Alfred Hentzen, Die Berliner National-Galerie im Bildersturm, Köln/Berlin, 1971; Ausst. Kat. Das Schicksal einer Sammlung. Die neue Abteilung der Nationalgalerie im ehemaligen Kronprinzen-Palais, Nationalgalerie Berlin (Ost), 1986.

Die Nationalgalerie und ihre Stifter

Thomas W. Gaehtgens

I.

Die Nationalgalerie ist zwar im Jahre 1861 gegründet worden, der Beschluß des preußischen Königs zur Errichtung des Bauwerks hatte aber eine längere Vorgeschichte.[1] Mindestens zwei Elemente bestimmten die Konzeption des Museums und ihren ideellen Gehalt: Zum einen lagen die Voraussetzungen in dem alle deutschen Länder ergreifenden Patriotismus, der sich in der Folge der Befreiungskriege in eine Bewegung zur Einigung der Nation steigerte. Zum anderen trug die Verbürgerlichung in der ersten Hälfte des 19. Jahrhunderts entscheidend dazu bei, der Kunst im gesellschaftlichen Leben eine sinnstiftende Rolle zuzuweisen. Die Museumsgründungen in dieser Epoche waren eine Konsequenz des Bildungsbedürfnisses und der Selbstdarstellung des deutschen Bürgertums.

Seit den Befreiungskriegen war das Gefühl der Zusammengehörigkeit in den deutschen Ländern gegenüber dem Gegner Napoleon gewachsen. Aber nicht nur mit der Waffe in der Hand zogen die Deutschen gegen den Feind zu Felde, auch durch die Kunst brachten sie ihre Überzeugung, eine Nation bilden zu wollen, sichtbar zum Ausdruck. Der bayerische König Ludwig I. entsprach der allgemeinen Begeisterung für die Nation mit der Stiftung der Walhalla bei Regensburg (Abb. 1). Dieses Nationaldenkmal, als dorische Tempelanlage malerisch hoch über der Donau gelegen, war kein Museum im strengen Sinne. Aber in seinem Inneren finden sich die Büsten der »Grands hommes«, die den Besucher an die politischen, militärischen und geistigen Leistungen der Deutschen erinnern konnten. In Preußen waren die Pläne zu einem Nationaldom, für den Schinkel Entwürfe in gotischen Formen vorgelegt hatte (Abb. 2), aus Kostengründen nicht realisiert worden.[2]

Denkmäler zur Erinnerung an die glorreichen Siege über den Eroberer entstanden in allen deutschen Ländern. Sie waren Zeichen einer gemeinsamen Gesinnung. Deutschland sollte sich aus seiner Kleinstaaterei befreien, so konnte man überall hören, und endlich eine Nation bilden.

Der politische Prozeß der Vereinigung zog sich bekanntlich noch lange hin. Nach der Revolution von 1848 gelang in der Frankfurter Paulskirche der erste parlamentarische Versuch, die Deutschen zu einer gemeinsamen Verfassung zu verpflichten. Dies war ein wichtiger Schritt auf dem Weg der Einigung, aber das Ziel war keineswegs erreicht.

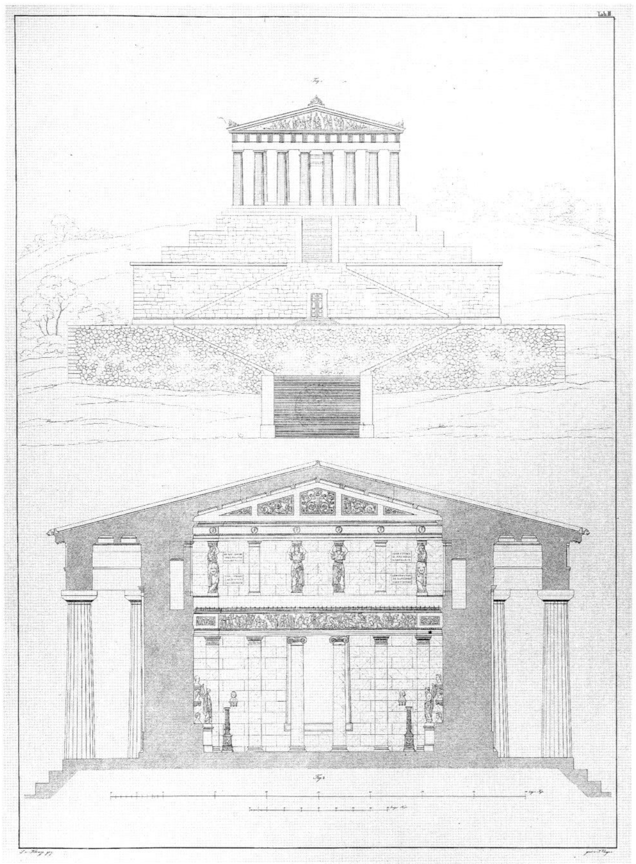

1 Leo von Klenze, Walhalla bei Regensburg, Aufriß und Schnitt, Kupferstich aus: »Sammlung architectonischer Entwürfe«, München, 1830–1847, Staatliche Museen zu Berlin, Kunstbibliothek

Der Nationalgedanke hatte auch die Künstler erfaßt. Lange vor der Entscheidung des preußischen Königs über die Errichtung des Museums im Zentrum von Berlin war von den Künstlern die Initiative ausgegangen, eine »National-Galerie« zu schaffen, die allein der deutschen Kunst gewidmet sein sollte.[3] Den unterbreiteten Vorschlägen, denen keine unmittelbare Folge beschieden war, lag ein patriotisches Engagement zugrunde. Dabei soll jedoch nicht übersehen werden, daß auch konkrete wirtschaftliche Interessen mit der geplanten Einrichtung verbunden waren. Die Künstler erhofften sich von einer solchen Galerie, die vornehmlich der zeitgenössischen Kunst gewidmet werden sollte, Aufträge und allgemeine Anerkennung. Der Vorschlag wurde aus dem Kreis des Vereins der Düsseldorfer Künstler unterbreitet, die sich zur Organisation von Ausstellungen für eine wachsende, an Kunst interessierte Öffentlichkeit zusammengeschlossen hatten. Ihr Antrag an die Versammlung der Paulskirche bezeichnete einen kulturhistorisch entscheidenden Wendepunkt. Indem sich die Künstler an die Abgeordneten in Frankfurt wandten, dokumentierten sie, daß sie nun vom Staat eine Förderung erwarteten, die vorher ein Privileg fürstlichen Mäzenatentums gewesen war.

Obwohl die Anfrage der Düsseldorfer Künstler keine unmittelbare Folge zeigte, war doch der Gedanke einer nationalen Kunsteinrichtung entstanden und ausgesprochen. An verschiedenen Orten, allerdings mit veränderter Bestimmung, wurden erste Projekte von Nationalmuseen verwirklicht. Als Stiftung eines Sammlers, des Freiherrn von Aufseß, entstand seit 1852 in Nürnberg das Germanische Nationalmuseum, dem 1855 das – freilich regional verankerte – Bayerische Nationalmuseum in München folgte. Deren Ziel war, sogenannte vaterländische Sammlungen zu vereinen und der Öffentlichkeit zugänglich zu machen. Die Museen sollten durch die Anschauung der historischen Objekte zu staatlichem Selbstbewußtsein beitragen. So konnten die gemeinsamen Wurzeln und die alle Deutschen verbindende Kultur veranschaulicht werden – eine Grundlage für die Bildung der Nation.

Die Walhalla, das Germanische Nationalmuseum, das Bayerische Nationalmuseum und die verschiedenen in Deutschland in Erinnerung an die Freiheitskriege errichteten Nationaldenkmäler dokumentierten den allgemeinen Wunsch der Nationenbildung und förderten diesen Gedanken gleichzeitig. Wie diese Nation im einzelnen gebildet werden sollte, klein- oder großdeutsch, blieb eine offene und intensiv debattierte Frage. Auch über den Inhalt einer Nationalgalerie bestanden eher unscharfe Vorstellungen. Sollte sie eine der zeitgenössischen Kunst gewidmete Einrichtung werden? Oder sollten historische Ereignisse illustriert und sogenannte vaterländische Themen dort ausgestellt werden? Oder sollte die Geschichte der deutschen Kunst in ihren großen Leistungen dort versammelt werden? Alle diese Möglichkeiten wurden diskutiert, ohne daß eine allgemeine Übereinstimmung gefunden worden wäre. Für die Erfüllung der patriotischen Aufgabe konnten die verschiedensten Konzepte sinnvoll erscheinen.

Neben dem politisch-patriotischen Anspruch muß die Vorgeschichte der Nationalgalerie jedoch auch aus einer sozialgeschichtlichen Perspektive betrachtet werden. An der Entstehung der Galerie hatte das Bürgertum, ausgehend von den Ideen der Revolution von 1848, einen entscheidenden Anteil. Zugleich hatte auch der preußische König Wilhelm IV. seinen Anteil daran. Dem Romantiker auf dem Thron, wie er genannt wurde, lag die Förderung der Künste besonders am Herzen. Von früher Jugend an hatte er sich mit Architektur beschäftigt, eine große Anzahl von eigenhändigen architektonischen Entwürfen angefertigt und im Jahre 1841, auf Vorschläge des Generaldirektors der Museen Ignaz von Olfers reagierend, bestimmt, daß die Museumsinsel in Berlin zu einer Freistätte für die Künste und Wissenschaften gestaltet werden sollte. Im Grunde spricht somit alles dafür, die Nationalgalerie auf der Museumsinsel als die Krönung einer mäzenatischen Geste des Königs zu interpretieren.

Eine solche Deutung aber wäre verfehlt. Mit dem zunehmenden Einfluß des Bürgertums in der Gesellschaft des 19. Jahrhunderts aufgrund wachsender wirtschaftlicher Leistungen vergrößerte sich auch dessen politischer Einfluß. Gerade im kulturellen Bereich entdeckte das Bürgertum Ausdrucksmöglichkeiten der eigenen Identität und der Demonstration seiner bedeutender werdenden Rolle in Staat und Gesellschaft. In Literatur und Musik, aber auch durch Aufträge an Maler und Bildhauer trug es erheblich zur Förderung der Künste bei.

Die Entstehung der Museen, wie die der Oper, entsprach einem Prozeß der Verbürgerlichung. Der Kunst-, Musik- und Literaturbetrieb, der sich seit dem 18. Jahrhundert herausbildete und im frühen 19. verstärkte, ging nicht mehr von der Hofgesellschaft aus, sondern wurde von den Bürgern getragen. Kultur war nicht mehr nur eine Nebenbeschäftigung, sondern entfaltete sich als eine Möglichkeit, das eigene Selbstverständnis als tragende, gebildete Schicht zu artikulieren. Kunst, Literatur, Musik und auch die Wissenschaften waren keine Nebensache im Bildungshaushalt des Bürgertums, sondern eine Selbstverständlichkeit im täglichen Leben. Die in Ausstellungen zu Markte getragene Kunst fand in den Bürgern die Rezipienten. In der Nachfolge der Fürsten übernahmen die Bürger die Rolle der Mäzene.[4]

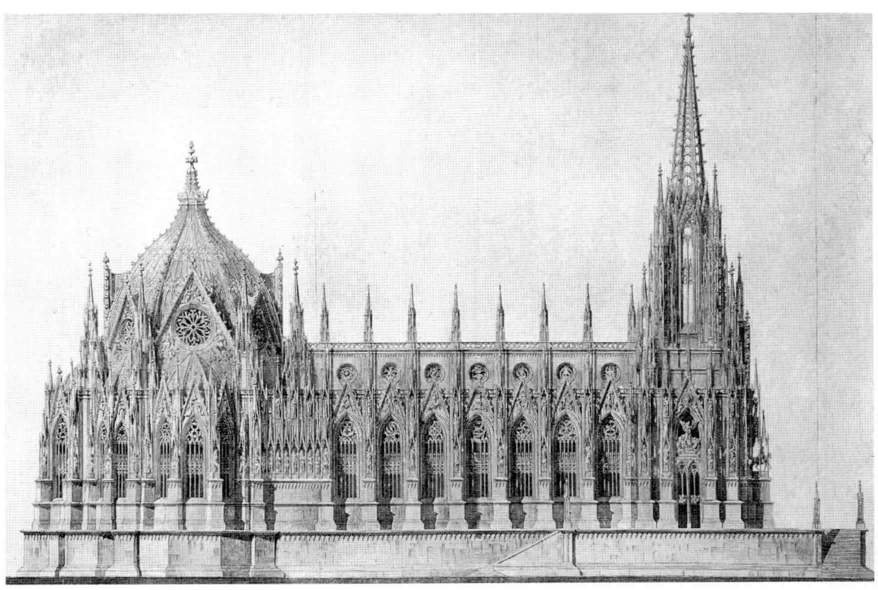

1 Karl Friedrich Schinkel, Entwurf zu einem Dom als Denkmal für die Befreiungskriege, Seitenansicht, Feder aquarelliert, 1814/15, Staatliche Museen zu Berlin, Kupferstichkabinett

In diesem Zusammenhang ist es aufschlußreich zu sehen, daß in Berlin der Gedanke, eine Nationalgalerie zu gründen, seit den Befreiungskriegen nicht aufgegeben worden war, sondern stetig weiter diskutiert wurde. Es gründete sich sogar ein »Verein zur Begründung einer Nationalgalerie«. Diese Bezeichnung wurde jedoch von Friedrich Wilhelm III. im Jahre 1837 als nicht

»angemessen« angesehen. Die Satzung des Vereins wurde mit der Begründung abgelehnt, wenn ein »so ganzheitlicher Name« im Titel geführt werde, müsse die staatliche Protektion gegeben sein. Deutlich zeigt sich, daß eine Initiative der Bürger für ein solches Unternehmen nicht akzeptiert werden konnte, diese vielmehr vom König ausgehen müsse.[5] Der Anspruch der Bürger wurde von König und Staat noch als Eingriff in die eigenen Hoheitsrechte angesehen.

Die Diskussion über eine zu errichtende Nationalgalerie ließ aber nicht nach. Auch dann nicht, als Friedrich Wilhelm IV. im Schloß Bellevue, das er 1843 erworben hatte, eine Sammlung deutscher Malerei unterbringen ließ, von der manche meinten, sie könne bereits als die Galerie vaterländischer Kunst gelten. Franz Kuglers kunstpolitische Programmschrift »Über die Kunst als Gegenstand der Staatsverwaltung« aus dem Jahre 1847 enthielt ebenfalls die Forderung, Berlin benötige eine Nationalgalerie.[6] Seine Vorschläge wurden in dem vieldiskutierten Beitrag »Zur Gründung einer National-Gallerie in Berlin« von Friedrich Förster in der Vossischen Zeitung vom 2. Juni 1850 erneuert. Vor dem Hintergrund dieser Diskussion ist die mäzenatische Tat zu sehen, die zur Konkretisierung des langgehegten Wunsches führte.

II.

Die Sammlung des Konsuls Joachim Heinrich Wilhelm Wagener (1782–1861), die den unmittelbaren Anlaß zur Gründung der Berliner Nationalgalerie bot, war eine Bürgersammlung par excellence. Der Berliner Speditionskaufmann und Bankier vermachte seine Kunstwerke testamentarisch dem damaligen Kronprinzen, dem späteren König Wilhelm I. von Preußen. Er verfügte dabei, daß seine Sammlung »ungetrennt erhalten, und daß sie hier in Berlin in einem geeigneten Lokale aufgestellt und allen Künstlern und Kunstfreunden stets zugänglich gemacht werde ...«.[7] Wilhelm nahm die großherzige Stiftung an und verfügte: »Zugleich aber will Ich, den von dem patriotischen Stifter in seinem letzten Willen ausgesprochenen Gedanken zu dem Meinigen machend, daß mit dieser Sammlung der Grund zu einer vaterländischen Galerie von Werken neuerer Künstler gelegt werde ...«.[8] Der König machte sich also den Wunsch des Mäzens zu eigen und nahm, durch das Legat in Zugzwang gebracht, die Aufgabe, eine Galerie einzurichten, als eine staatliche Verpflichtung an. Er tat sogar noch ein übriges, indem er selbst einige Gemälde zur Erweiterung der Wagenerschen Sammlung zur Verfügung stellte. Am 19. März folgte die Königin Augusta diesem Vorbild und gab ein Gemälde mit einem »hervorragenden Moment der preussischen Geschichte« für die Galerie in Auftrag.[9] Mit dieser Bestimmung suchte sie allerdings der Politisierung des Unternehmens Vorschub zu leisten.

Mit den 262 Gemälden der Sammlung Wagener war ein Grundstock für die zu errichtende Galerie gelegt. Es handelte sich nicht durchweg um Meisterwerke, aber mit herausragenden Stücken von Caspar David Friedrich, Karl Friedrich Schinkel und Karl Blechen waren hier wichtige Werke versammelt. Die Sammlung war nicht ausschließlich auf deutsche Malerei beschränkt, sondern umfaßte auch Gemälde französischer Meister.[10]

Mit der mäzenatischen Tat des Konsuls Wagener war ein langdiskutiertes Projekt endlich zur Entscheidungsreife gelangt. Die Stiftung eines Bürgers vermochte es, die Behörden zu bewegen, nach den finanziellen Mitteln zu suchen, mit denen die notwendige Institution Gestalt annehmen konnte. Bürger und staatliche Verwaltung wirkten somit bei der Entstehung der Nationalgalerie Hand in Hand. Zwar sollte es noch eine geraume Zeit dauern, bis die Pläne für den Bau vollendet, der Bauplatz ausgesucht und das Gebäude errichtet wurden, doch die Weichen waren gestellt.[11] In der Zwischenzeit diente das Akademiegebäude als vorläufiger Ort für die Präsentation der Sammlung.

Mit der königlichen Willenserklärung waren einige Entscheidungen gefallen, andere blieben offen. Für jedermann war nun die Bereitschaft erkennbar, mit der der König in Preußen sich der Aufgabe widmete, die Nationalgalerie zu erbauen und sie weiter zu fördern. Preußen übernahm damit ein nationales kulturelles Engagement. Unklar blieb, welche Kunstwerke die zu errichtende Nationalgalerie erhalten und fördern sollte. Die Sammlung sollte »vaterländisch« sein. Waren mit diesem nicht eindeutigen Begriff alle ausländischen Kunstwerke ausgeschlossen? Dann hätte man einen nicht unerheblichen Teil der Sammlung Wagener gar nicht annehmen dürfen. Unklar blieb auch, welchen Zeitraum die Sammlung umfassen sollte. Übereinstimmung scheint darüber bestanden zu haben, daß sie sich der zeitgenössischen Kunst widmen würde. Manche Werke aus dem Eigentum des Konsuls waren jedoch bereits zwei Generationen zuvor entstanden – ein Widerspruch, der niemals aufgehoben wurde und bis heute die Geschichte des Museums prägt.

Als die Nationalgalerie im Jahre 1876 als Bauwerk vollendet, eingerichtet und feierlich eröffnet wurde, stand ihr im Deutschen Kaiserreich eine Geschichte des inneren Konfliktes bevor. Bürger und Staat vertraten unterschiedliche Vorstellungen von ihrer Aufgabe. Die Konflikte wurden häufig öffentlich und lautstark ausgetragen. Wenn auch das Bürgertum als eine kulturell und politisch einheitliche Gruppierung über einen längeren Zeitraum kaum zu fassen ist und sich die kunstpolitischen Vorstellungen der Herrscher und ihrer Regierungen im Laufe der Jahre gewandelt haben, bestand dennoch der Staat, wie bereits der Streit um den Begriff deutlich machte, auf der Lenkung und der Bestimmung der Kunstpolitik und drängte künstlerische Ansichten, die nicht in sein Programm paßten, machtvoll zurück. Kernpunkt des Streits, der unter der doktrinären kunstpolitischen Anschauung Wilhelms II. seinen Höhepunkt finden sollte, war die sich entfaltende Moderne um 1900 und die Forderung, auch ausländische Werke in die Nationalgalerie aufzunehmen.

Ein kleines, aber anschauliches Detail vermag den Anspruch des Staates auf Kontrolle der Nationalgalerie zu vergegenwärtigen. Kaum war das Haus eröffnet und auf der Inschrift im Fries des Giebels das Datum der Fertigstellung »MDCCCLXXV« eingemeißelt, entschied man sich für eine Änderung. Es wurde nun die V in eine I verwandelt und damit an das Jahr 1871 erinnert. Der Nationalgalerie wurde ein politisches Ereignis, der Sieg über Frankreich und die Proklamierung des preußischen Königs zum deutschen Kaiser, als Gründungsdatum zugewiesen.[12] Mit dieser Umdeutung, bei der das Jahr der Vollendung des Baus durch das eines zurückliegenden politischen Ereignisses ersetzt wurde, wird offenbar, in welchem Sinne König und Regierung das Gebäude zu nutzen gedachten.

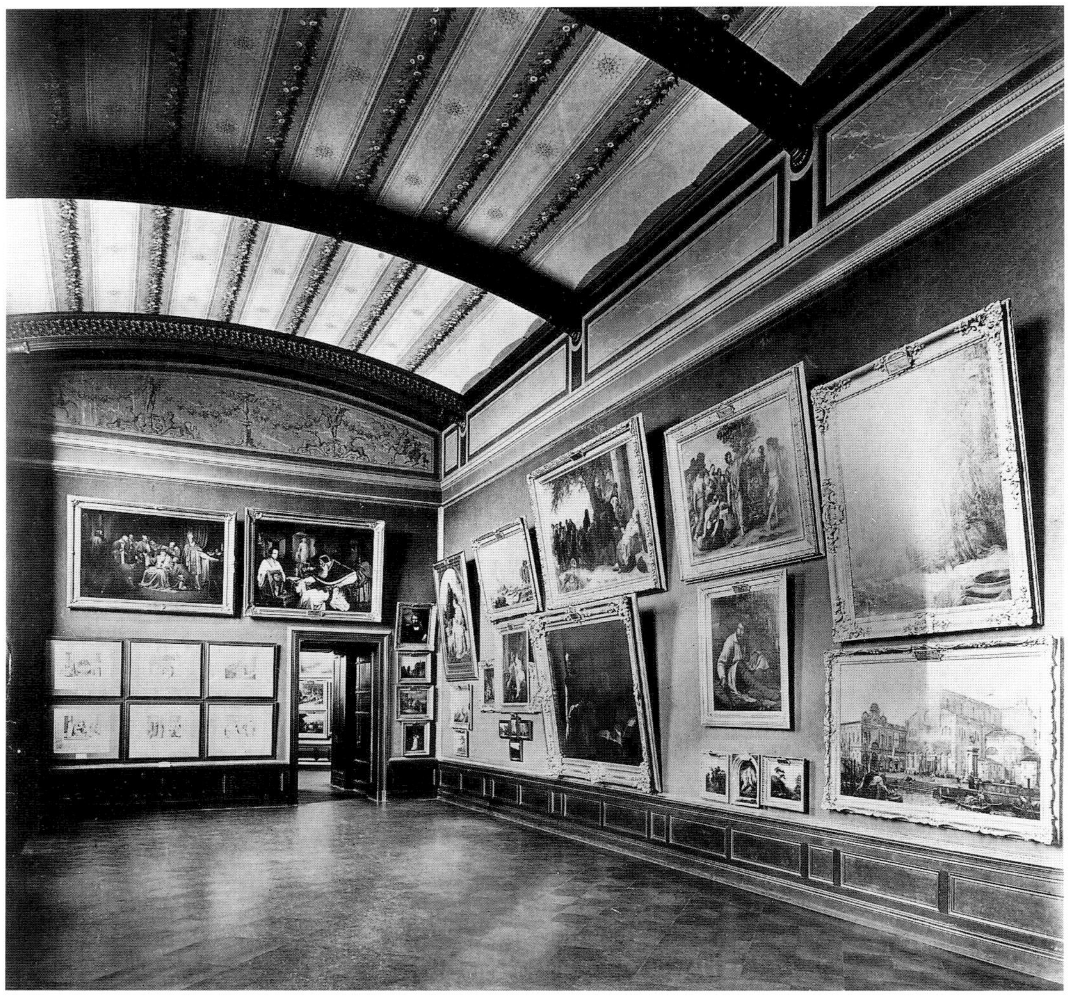

3 Nationalgalerie, Ausstellungssaal im dritten Geschoss mit Gemälden aus der Sammlung Wagener, Aufnahme 1879

Der erste, 1874 ernannte Direktor Max Jordan wurde in seiner Erwerbungspolitik erheblich durch die Landeskunstkommission kontrolliert. In ihr bestimmten zwar eine Reihe von Künstlern die Beschlüsse, diese nutzten das Gremium allerdings eher, um sich gegenseitig Aufträge zukommen zu lassen. Auch zeigten sich die Vertreter gegenüber neueren Kunstbestrebungen keineswegs aufgeschlossen, zumal dann nicht, wenn diese aus dem Ausland kamen.

Die Nationalgalerie bot sich daher in den beiden ersten Jahrzehnten ihrer Fertigstellung als eine Inszenierung der deutschen, insbesondere der preußischen Kulturpolitik dar. Seit den 1860er Jahren waren großformatige Schlachtengemälde in Auftrag gegeben worden. Nach dem Vorbild der »Galeries nationales« in Versailles sollte auch die Nationalgalerie einen Eindruck von den bedeutenden historischen Ereignissen und ihrem Höhepunkt, der Gründung des Kaiserreiches unter preußischer Führung, vermitteln.[13] Die Sammlung Wagener (Abb. 3), die Peter Cornelius gewidmeten Räume und die Fresken der Casa Bartholdy (Abb. 4) umrahmten damit eine politisch-propagandistische Installation.[14]

III.

Erst mit der Berufung von Hugo von Tschudi zum Direktor der Nationalgalerie im Jahre 1896 veränderten sich das Konzept und die Einrichtung. Die von ihm veranlaßte Neugestaltung der Räume und seine Ankaufspolitik waren allerdings nur gegen größte Widerstände durchzusetzen. Tschudi gelang ein grundlegender Durchbruch, der die Nationalgalerie in kleinen, aber konsequenten Schritten zu einer Institution machte, in der die Kunst, und nur die Kunst, im Zentrum der Ausstellung stand. Allerdings wurde er auch Opfer seiner eigenen Überzeugung und hatte sein Amt im Jahre 1909 zu verlassen. Seine Gegner, insbesondere der Kaiser und mit ihm Anton von Werner, der eine den Hofmalern des Ancien Régime entsprechende Stellung einnahm, waren stärker. Unüberbrückbare Gegensätze in den Kunstauffassungen und das Ränkespiel der Intrigen brachten Tschudi zu Fall.

Über Tschudis Neueinrichtung der Nationalgalerie, der die propagandistischen Historien zum Opfer fielen, sind wir nach wichtigen Forschungen der letzten Jahrzehnte gut informiert [15] Nach der Aufarbeitung der einschlägigen Quellen kann mit einiger Sicherheit nachgezeichnet werden, wie sich Hugo von Tschudi der wohlhabenden Bürger versicherte, ihm bei den Erwerbungen beizustehen, wenn Kaiser und Verwaltung die notwendigen finanziellen Mittel verweigerten. Dem Vorbild Wilhelm Bodes folgend, der sich einen Kreis von Sammlern und Mäzenen aufgebaut und im 1897 gegründeten Kaiser-Friedrich-Museums-Verein verbunden hatte[16], war es auch Tschudi nur möglich, mit Hilfe von Stiftern sein Programm der Erneuerung der Bestände durchzusetzen.

Tschudi erkannte sehr bald, daß die Nationalgalerie zu einem modernen, die neuesten Kunstströmungen repräsentierenden Museum umgestaltet werden mußte. Da er die wegweisenden Entwicklungen innerhalb Europas vor allem in Frankreich erkannte, suchte er die Sammlung mit Werken des Realismus und Impressionismus französischer Provenienz zu erweitern. Aber gerade in diesem Bestreben fand er seine Gegner. Der Widerstand bildete sich einerseits, weil die neuen ästhetischen Herausforderungen, die vor allem der französische Impres-

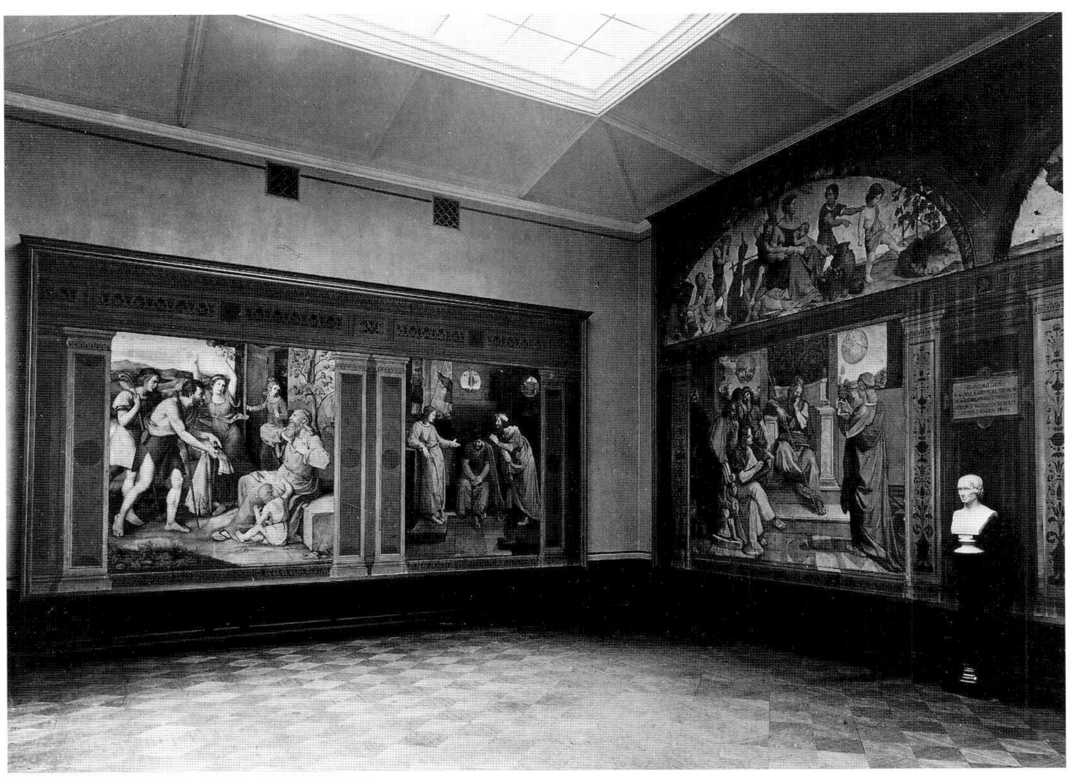

4 Erste Anordnung der Fresken aus der Casa Bartholdy in der Nationalgalerie, Aufnahme 1935/36

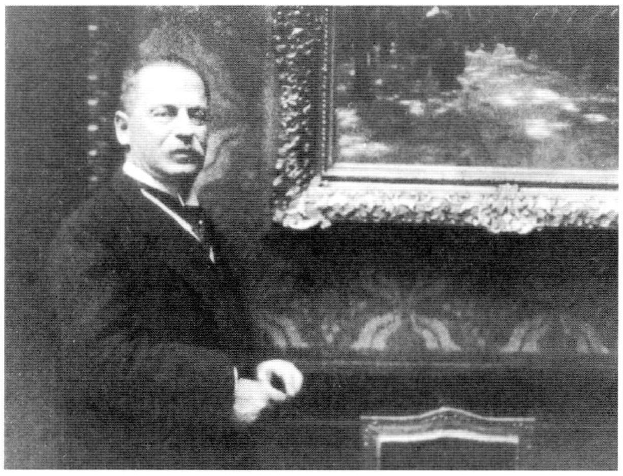

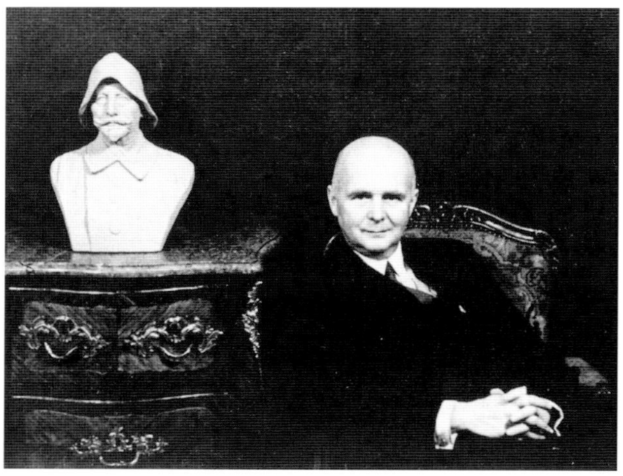

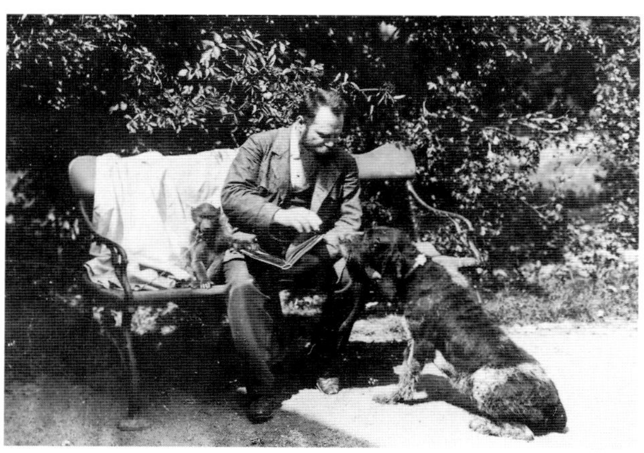

sionismus darbot, abgelehnt wurden. Andererseits opponierte man gegen die Aufnahme der französischen Kunst, weil die Nationalgalerie als eine rein nationale Einrichtung bewahrt werden sollte. Schon gar nicht wollte man Werke des als »Erbfeind« betrachteten Nachbarlandes zulassen.

Da Tschudi keineswegs unabhängig über Erwerbungen entscheiden konnte, sondern der Kaiser selbst, der von seinen Kenntnissen der Geschichte der Kunst und seinem Urteilsvermögen nachdrücklich überzeugt war, sich die Angebote stets vorstellen ließ, geriet die Modernisierung zu einem höchst schwierigen, Tschudi oft verletzenden, ja demütigenden Unternehmen.

Wenn die Nationalgalerie unter Hugo von Tschudi trotz der fast unüberwindlichen Schwierigkeiten zu einem modernen Museum mit europäischer Ausstrahlung umgestaltet werden konnte, gelang dies nur mit Hilfe einer kleinen Zahl von Sammlern und Mäzenen. Ihr Engagement für die Moderne, wie sie vornehmlich von Frankreich aus die europäischen Länder beeinflußte, entwickelte sich vor dem Hintergrund der Secessionen, in denen sich die Künstler zusammenschlossen, die neue Wege suchten. Tschudi hielt engen Kontakt zur Berliner Vereinigung der modernen Künstler, besonders zu Liebermann, mit dem er gelegentlich nach Paris reiste, um Gemälde für die Nationalgalerie aufzuspüren.

Um 1900 besaß Berlin allerdings auch eine wirtschaftliche und geistige Elite, die sich für den Museumsdirektor zur Realisierung seiner Pläne gewinnen ließ. Einflußreiche und vermögende Industrielle, Juristen, Wissenschaftler, Bankiers bildeten ein Großbürgertum, das sich in verschiedenen Bereichen mäzenatisch engagierte. Häufig waren es jüdische Persönlichkeiten, denen die Möglichkeit verweigert war, in die politischen und gesellschaftlichen Ebenen der höheren Verwaltung und des Militärs aufzusteigen, die sich im sozialen und künstlerischen Bereich engagierten. Carl und Felicie Bernstein sowie Eduard Arnhold (Abb. 5) und viele andere waren als Sammler wie als Mäzene herausragende Förderer der Moderne in der Nationalgalerie.

Trotz des Unverständnisses, das Wilhelm II. und sein Hofmaler Anton von Werner der Moderne entgegenbrachten, gelang es, eine Reihe von Meisterwerken für die Nationalgalerie zu erwerben, die noch heute zu ihrem Ruhm beitragen. Nicht der Staat, sondern einzelne Bürger förderten das Museum und ermöglichten durch Stiftungen die Erwerbung vor allem von Gemälden der französischen Impressionisten. Karl Eduard von der Heydt (Abb. 6) schenkte Monets »Vétheuil an der Seine«, Eduard Arnhold, Ernst und Robert von Mendelssohn (Abb. 7) und Henry Oppenheim finanzierten Manets »Im Wintergarten« (S. 145). Schon 1897 gelangte

5 Der Kunstsammler Eduard Arnhold vor Max Liebermanns »Altmännerhaus in Amsterdam« (1880)

6 Karl Eduard von der Heydt; Bankier, Kunstsammler und Mäzen. Fotografie: Erich Salomon, um 1930

7 Der Bankier und Kunstmäzen Robert von Mendelssohn in seinem Garten. Foto: Ullstein

ein Werk von Paul Cézanne in die Nationalgalerie, die »Mühle bei Pontoise« (S. 151)., geschenkt von anonymen Stiftern. Hugo von Tschudi gelangen insgesamt 125 Erwerbungen, die meisten wurden mit Hilfe von Stiftern erworben.[17]

IV.

Auf den Spuren Tschudis gründete sein Nachfolger Ludwig Justi im Jahre 1929 den »Verein der Freunde der National-Galerie«. Die finanziellen Mittel, die der Staat in der Weimarer Zeit zur Verfügung stellen konnte, genügten bei weitem nicht, in der Nationalgalerie die zeitgenössische Kunst auf eine überzeugende Weise zu sammeln. Justi stand nach dem Ersten Weltkrieg und der Novemberrevolution vor der Schwierigkeit, dem Museum eine Gestalt zu geben, die nach dem Zusammenbruch das Publikum noch überzeugen konnte. Forderte auf der einen Seite nun die Secession endlich eine repräsentative Darstellung ihrer künstlerischen Bestrebungen, brachen die Jüngeren mit allen konventionellen ästhetischen Gewohnheiten. Expressionismus und Dada traten auf den Plan. Justi kommt das große Verdienst zu, den neuerlichen modernen Stilrichtungen gerecht geworden zu sein, ohne den Impressionismus deutscher oder französischer Provenienz vernachlässigt zu haben. Neben dem Gebäude auf der Museumsinsel richtete er eine Galerie für zeitgenössische Kunst im Kronprinzen-Palais ein, ein mutiges Unternehmen und ein Modell für alle nachfolgenden Gründungen, die sich der zeitgenössischen Kunst widmen sollten.[18] Alfred H. Barrs Pläne für das Museum of Modern Art in New York wurden durch das Kronprinzen-Palais mit seiner neuen und modernen Konzeption angeregt.

Für die Sammlung der zeitgenössischen Kunst des Expressionismus, Kubismus oder Konstruktivismus, die die Secession unter ihrem Präsidenten Max Liebermann keineswegs förderte, sondern vehement ablehnte, war jedoch nur ein geringes Budget vorhanden. Mäzene für ein solches Engagement zu finden, schien aber um so schwieriger, als die Künstler in ihren ideellen und ästhetischen Vorstellungen mit der Welt der Großbourgeoisie bewußt brachen. Der Impressionismus galt für Kirchner, Heckel, Schmidt-Rottluff und für alle Künstler des Dada als angepaßter und antiquierter Stil. Die jungen Künstler kämpften gegen den Materialismus der Gründerzeit, den sie als Ursache des Weltkrieges ansahen.

Allerdings fand Justi bei Sammlern Unterstützung. So wußte er in Ermangelung eines angemessenen Ankaufsetats Dauerleihgaben für das Kronprinzen-Palais zu erhalten.[19] Nach der Gründung des Freundeskreises, der unter der Leitung von Eduard von der Heydt stand, gelangen ihm zudem einige bedeutende Erwerbungen für seine neue Abteilung zeitgenössischer deutscher und ausländischer Kunst.

Justi hatte bei den modernsten Stilrichtungen dem Expressionismus in seinen Erwerbungen nach dem Ersten Weltkrieg den Vorzug gegeben. Insbesondere die Werke von Munch und van Gogh, aber auch die der von ihnen beeinflußten jüngeren deutschen Maler, Kirchner, Schmidt-Rottluff, Heckel und Mueller, standen in seinen Augen für eine deutsche bzw. germanische Tradition. Die finanzielle Möglichkeit, auch international zu akquirieren, hatte der Museumsdirektor in der Weimarer Zeit nicht. Auch um diesem Defizit abzuhelfen, sprangen die Freunde

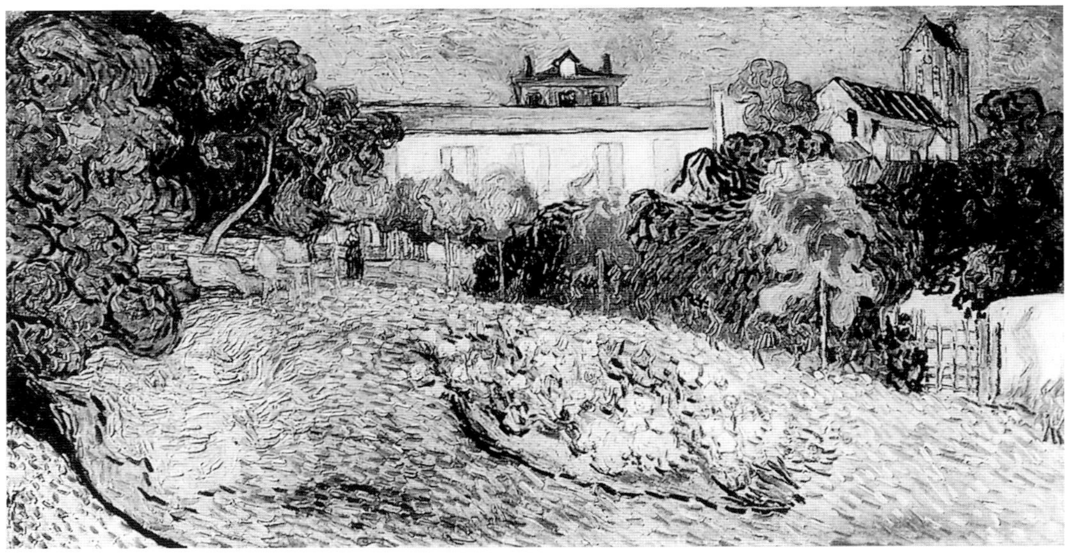

8 Vincent van Gogh, Der Garten Daubignys, 1890, Öl auf Leinwand, Hiroshima Museum of Art, Hiroshima (für die Nationalgalerie 1929 erworben mit Unterstützung des Vereins der Freunde der Nationalgalerie. 1937 beschlagnahmt, 1940 von Hermann Göring annektiert)

der Nationalgalerie ein. Fast die Hälfte der in den Jahren 1929 bis 1940 von den Vereinsmitgliedern erworbenen Kunstwerke stammten von ausländischen Malern.[20] Auf diese Weise gelangten Gemälde von Dufy, Braque und Picasso in die Nationalgalerie.

Die finanziellen Voraussetzungen für die Erweiterung der Nationalgalerie waren in den wirtschaftlich schweren Zeiten der Weimarer Republik höchst ungünstig.[21] Für Neuankäufe standen einige Jahre lang gar keine Mittel zur Verfügung. Justi suchte daher mit seiner Initiative einen Kreis von wohlhabenden Sammlern anzusprechen, die nicht nur bereit waren, die notwendigen Summen bereitzustellen, sondern sich auch der Moderne gegenüber aufgeschlossen zeigten. In einem Aufsatz bestätigte Justi diese beiden Zielsetzungen: »Die Unterstützung der Galerie durch den Verein hat nun nicht nur den Sinn, die von der Behörde gegebenen Mittel zu vermehren, wie bei Sammlungen alter Kunst. Es kommt vielmehr die eigentümliche Aufgabe einer öffentlichen Sammlung gegenwärtiger Kunst in Betracht.«[22]

Justis Bestreben war es keineswegs, einen großen Kunstverein mit vielen Mitgliedern, die zum Teil nur einen kleinen Beitrag hätten entrichten können, zu gründen. Diese Form des kollektiven Mäzenatentums, wie sie an anderen Orten der Weimarer Republik entstanden ist, entsprach nicht seiner Überzeugung. Die Förderung der zeitgenössischen Kunst wollte er nicht demokratischen Mehrheitsentscheidungen in einem Verein unterworfen sehen, sondern er konnte sich nur einen kleinen elitären Kreis Gleichgesinnter vorstellen, die ihn bei seinen Vorstellungen des Ausbaus der Abteilung im Kronprinzen-Palais begleiteten. Von den etwa 70 Mitgliedern waren die meisten im Bankgewerbe oder in der Industrie tätig, einige in eigenen Unternehmen oder Verlagshäusern, nur wenige waren Anwälte oder Beamte – viele von ihnen waren jüdischer Konfession.[23] In dieser Gruppe von Förderern setzte sich unter der Leitung von Eduard von der Heydt noch die Tradition der großbürgerlichen Elite, die die Museen in der Kaiserzeit gefördert hatte, fort. Für ihr Engagement war jedoch, wie auch für den Kreis um Wilhelm Bode, entscheidend, daß viele von ihnen, wie von der Heydt, Rudolf von Simolin, Hermann Lange, Fritz Hess, Heinrich Stinnes und andere, eigene Sammlungen aufbauten. Justi konnte also mit ihnen für sein Museum Mäzene gewinnen, die auch in ihrem privaten Lebensbereich die Kunst der Moderne zu integrieren und zu propagieren suchten.

Justis Freundeskreis verhalf der Nationalgalerie somit zu einer inhaltlichen Neuorientierung. Mußte Hugo von Tschudi noch gegen die kaiserliche Kunstauffassung und ihre unzeitgemäßen akademischen Normen ankämpfen, stand der Direktor der Nationalgalerie in der Weimarer Republik vor ganz anderen Problemen. Es wäre jedoch zu oberflächlich geurteilt, wollte man die Förderung der Freunde der Nationalgalerie auf ihren finanziellen Beitrag reduzieren. Nachdem, wie Andrea Meyer darlegte, die »Nationalgalerie weitgehend aus der Repräsentationspflicht der Hohenzollern« entlassen war, mußte und vermochte Justi ihr auch eine neue inhaltliche Orientierung zu geben.[24] Wenn er selbst dabei den Akzent auf den deutschen Expressionismus legte, den er als Ausdruck des deutschen Nationalcharakters schätzte, und damit im Grunde noch die vaterländische Tradition betonte, beeinflußten die kosmopolitischen Freunde der Einrichtung Justi stark. Trotz seiner Bevorzugung des Expressionismus, den er als reinen Ausdruck des deutschen Nationalcharakters erachtete, öffnete er der abstrakten und konstruktivistischen Kunst – von ihm selbst mit dem Klischee der »französischen Leichtigkeit« belegt – die Tore der Nationalgalerie (Abb. 9).

Die Freunde scheinen ihn nicht unerheblich zu einer Ausweitung der Sammlungen in einem europäischen Sinn angeregt zu haben. In seinen Memoiren beschreibt er: »Das Kaufen wurde völlig frei einem kleinen Ausschuß überlassen, der aus den beiden ausgezeichneten Sammlern und Kennern neuer Kunst, von der Heydt und von Simolin, und mir bestand.« Er erinnerte sich »mit besonderer Freude eines gemeinsamen Aufenthaltes in Paris«, bei dem der Direktor und seine Förderer sehr preiswert Werke von Picasso und Gris erwerben konnten.[25] Auf den Freundeskreis geht auch der Kauf des »Gartens von Daubigny« von van Gogh (Abb. 8) zurück, den Maler, den er mit Munch als »den großen germanischen Begründer der jüngeren Kunst« bezeichnete.[26]

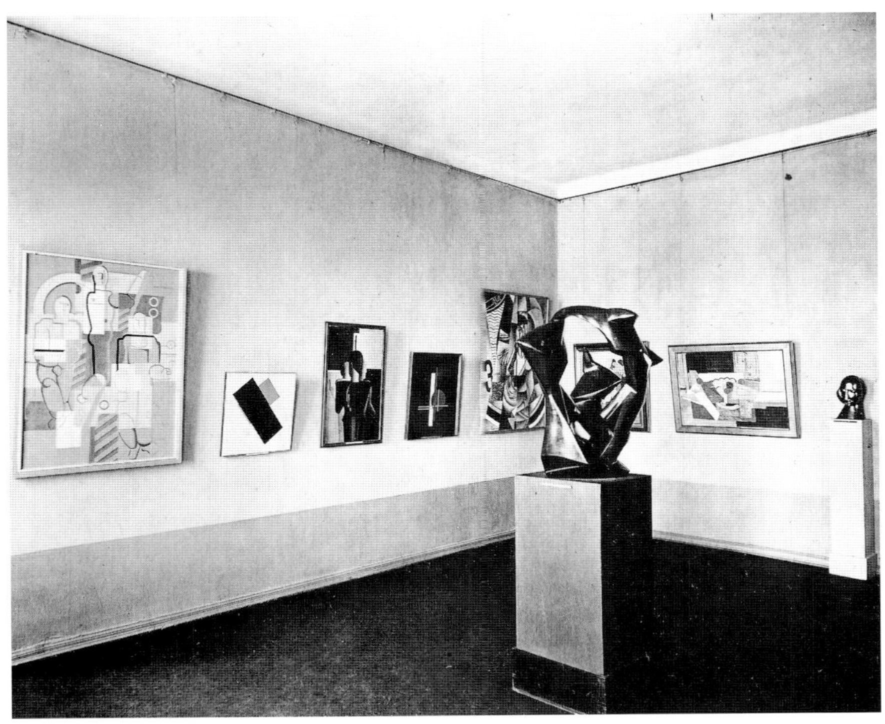

9 Kronprinzen-Palais, Neue Abteilung der Nationalgalerie, Ausstellungsraum mit Werken von Baumeister, Schlemmer, Moholy-Nagy, Belling u. a.; Aufnahme 1930

Die Erwerbungen der Freunde der Nationalgalerie wurden keineswegs nur mit öffentlicher Zustimmung aufgenommen. Gerade der Preis für das Gemälde van Goghs löste heftige Kritik aus, zumal in diesen Jahren Fälschungen nach Werken des Meisters in Umlauf gebracht worden waren. Kein Geringerer als Liebermann, der gegen Justis Museumspolitik nachhaltig und schonungslos zu Felde zog und sich dabei mit seinen Kollegen des Reichsverbands bildender Künstler Deutschlands einig wußte, warf dem Museumsdirektor »mangelnde Warenkenntnis« vor.[27] Diese und ähnliche Vorgänge bewirkten, daß von Regierungsseite auch den Förderkreisen der Museen die Empfehlung gegeben wurde, »bei künstlerischen Ankäufen grundsätzlich die lebenden Künstler zu berücksichtigen, um auf diese Weise alle nur irgend verfügbaren Mittel der Erhaltung lebendiger deutscher Kultur« widmen zu können.[28]

Die nationalsozialistische Presse wußte solche Vorgänge durch verzerrte oder gefälschte Berichterstattung für ihre Ziele zu nutzen. Justi wurde 1933 aus dem Amt entfernt. Der Verein bestand fort und konnte seine Förderaktivität sogar noch bis 1937 fortführen, ohne der erst allmählich sich entwickelnden nationalsozialistischen Kunstpolitik vollständig unterworfen zu sein. Allerdings war das Ende abzusehen. Nachdem bereits seit 1933 auch Werke, die die Freunde erworben hatten, aus der Galerie entfernt worden waren, war es eine Frage der Zeit, daß der Freundeskreis zu einer Auflösung gezwungen wurde. Nachdem das Kronprinzen-Palais 1937 von den Machthabern geschlossen worden war, wurden die im Eigentum der Freunde befindlichen Werke zunächst in einer Bank deponiert. 1939 entschloß sich der vom Ministerium für Volksaufklärung und Propaganda eingesetzte Vorstand – Eduard von der Heydt hatte sich in die Schweiz zurückgezogen –, die Werke zu verkaufen.

V.

Diesen Aderlaß hat die Nationalgalerie bis heute nicht überwinden können, obwohl unter ihrem Direktor Dieter Honisch der Verein der Freunde der Nationalgalerie im Jahre 1977 mit Peter Raue als Vorsitzendem zu neuem Leben erweckt werden konnte (Abb. 10). Der Verein knüpfte allerdings nicht mehr an die Form der elitären Gemeinschaft der Weimarer Republik an, sondern entfaltete sich im Sinne der wirtschaftlichen und gesellschaftlichen Bedingungen der Nachkriegszeit als ein Kunstverein mit vielen Mitgliedern. Dieter Honisch definierte die finanzielle Förderung des Museums keineswegs als ausschließliche Aufgabe des Vereins, sondern suchte nach einer »geistigen Anteilnahme« der Mitglieder, von denen er eine Vermittlungsrolle in der Förderung zeitgenössischer Kunst erhoffte.[29] In diesem Sinn hat der wiederbegründete Verein nicht unerheblich zu Erwerbungen von Werken der amerikanischen Kunst, des Nouveau Réalisme, des Informel und der Art Brut beigetragen. Die Erweiterung der Bestände sowie die Unterstützung von Ausstellungen durch den Verein, die nicht selten in eigener Trägerschaft durchgeführt wurden, ließen die Nationalgalerie in Berlin wieder zu einem der lebendigsten Museen zeitgenössischer Kunst in der Bundesrepublik werden.

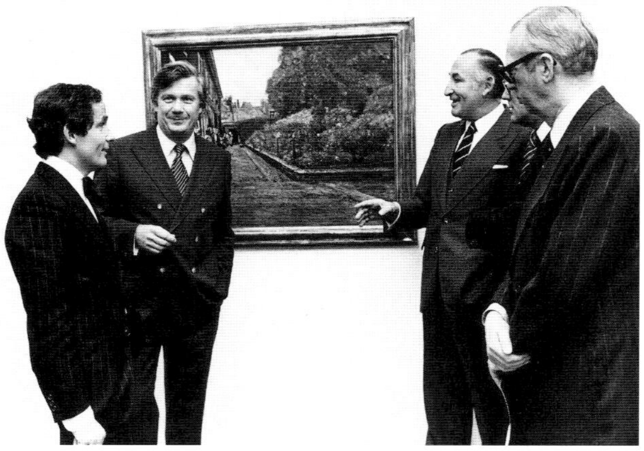

10 Empfang anläßlich der Übergabe von Max Liebermanns »Stevenstift in Leiden«, angekauft durch den Verein der Freunde der Nationalgalerie. Links Peter Raue und Dieter Honisch. Fotografie: Ingeborg Lommatzsch, 1978

Die ungewöhnlich fruchtbare Tätigkeit dieses Fördervereins, nicht zuletzt dank der Ausstrahlung und Überzeugungskraft des Vorsitzenden, war darauf ausgerichtet, die Arbeit seines Vorgängers in der Weimarer Republik mit demselben Ziel fortzuführen. So wurden auf der einen Seite die größten Anstrengungen unternommen, der zeitgenössischen internationalen Moderne die Tore der Nationalgalerie zu öffnen, wie auf der anderen Seite Erwerbungen ermöglicht, die die Verluste der nationalsozialistischen Epoche mindern halfen. Spektakuläre Erwerbungen, wie die des großformatigen, heftige Diskussionen auslösenden Gemäldes von Barnett Newman, »Who's Afraid of Red, Yellow and Blue IV«, 1969/70 (S. 209) lösten vergleichbare Auseinandersetzungen aus wie der Ankauf des Daubigny-Gartens von van Gogh im Jahre 1929. Dem

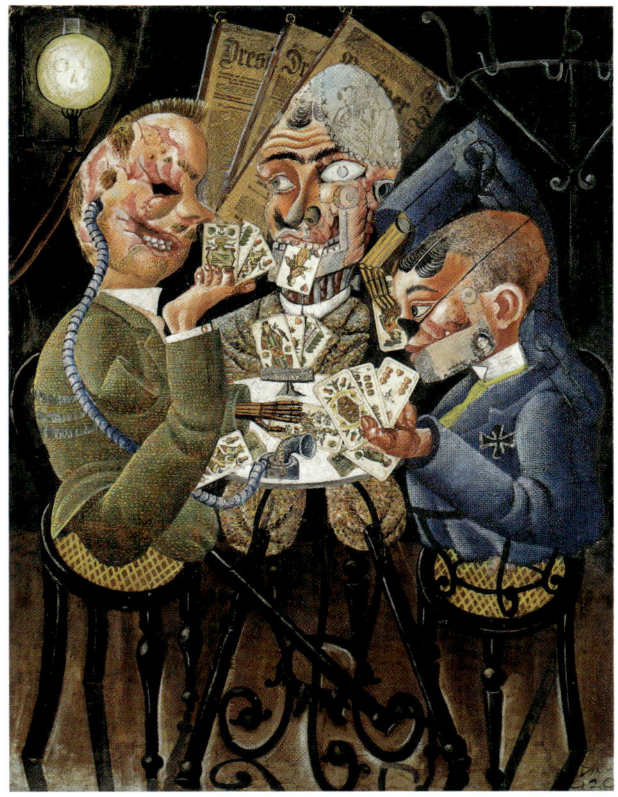

11 Otto Dix, Die Skatspieler, Öl auf Leinwand, 1920, Staatliche Museen zu Berlin, Nationalgalerie

Einsatz der Freunde der Nationalgalerie ist auch der Kauf der »Skatspieler« von Otto Dix (Abb. 11) von 1920 zu verdanken. Auch diese eindrucksvolle Erwerbung gelang erst nach einer aufsehenerregenden Spendenaktion.

Die Freunde der Nationalgalerie, die sich wohl zu dem heute finanzkräftigsten und publikumswirksamsten Freundeskreis eines Museums in der Bundesrepublik entwickelt haben, beschränken sich jedoch nach wie vor in ihrer Tätigkeit nicht nur auf die Erwerbung von Kunstwerken, sondern richten ihre Aufmerksamkeit auch auf die Propagierung der Moderne. Mit der Unterstützung von Ausstellungen und Katalogen, gelegentlich auch wissenschaftlichen Publikationen bietet der Verein heute geradezu ein Beispiel dafür, wie kollektives Mäzenatentum eine staatliche Institution begleiten sollte. Im Verein der Freunde der Nationalgalerie fanden und finden sich nach wie vor auch die Sammler der zeitgenössischen Kunst deren Engagement nicht selten durch den Verein erst geweckt wurde, zusammen. Sie bilden ein herausragendes Potential für den Ausbau der Nationalgalerie, insbesondere für die der Kunst der letzten Jahrzehnte gewidmete Dependance im Hamburger Bahnhof.

Den Bürgersinn als Voraussetzung für den verantwortlichen Umgang mit der Kunst zu entwickeln, hatte bereits der Konsul Wagener durch seine Stiftung an den Kronprinzen beabsichtigt. Die Nationalgalerie hat es im Laufe der Geschichte in seiner Nachfolge immer wieder verstanden, die Mitwirkung der Bürger herauszufordern. Die Geschichte der Nationalgalerie kann ohne den Anteil der Beteiligung der Förderer an ihrer Entfaltung nicht verstanden werden. Letztlich ist dieser Umstand ein Beleg für die Lebendigkeit dieser Institution über 150 Jahre und durch verschiedene Gesellschaftsformen hinweg sowie ein Zeugnis für ihre Verankerung im Bewußtsein der Bürger bis heute. Dem Begriff Nationalgalerie kommt allerdings in unserer Gegenwart nicht mehr die eingeschränkte Bedeutung zu, die er im 19. Jahrhundert besaß. Das Museum wird vielmehr als eine der ersten, international anerkannten Ausstellungsstätten der Kunst seit dem 19. Jahrhundert bis zur Gegenwart angesehen. Von dieser Institution werden richtungweisende Ausstellungen und bei Anschaffungen Orientierungshilfe in der unübersichtlich gewordenen Kunstszene der Gegenwart erwartet. Auf diesem Wege sollte es der Nationalgalerie und ihren fördernden Freunden auch in Zukunft gelingen, bei den Bürgern Anteilnahme zu gewinnen und die Stiftertätigkeit als Tradition lebendig zu erhalten.

[1] Vgl. hierzu vor allem Hartmut Dorgerloh, Die Nationalgalerie in Berlin, Zur Geschichte des Gebäudes auf der Museumsinsel 1841–1970, Die Bauwerke und Kunstdenkmäler von Berlin, Beiheft 13, Berlin 1999.

[2] Unmittelbar nach den Befreiungskriegen entstand bereits der Gedanke, eine Nationalgalerie zu errichten, die vermutlich als eine Art Schlachtengalerie mit Darstellungen der deutschen Siege ausgestattet werden sollte. Vgl. Dorgerloh (Anm. 1), S. 36.

[3] Paul Ortwin Rave, Die Sammlung des Konsuls Wagener als Kern der National-Galerie, in: Eine Gabe der Freunde für Carl Georg Heise zum 28.VI.1950, hrsg. von Erich Meyer, Berlin 1950, S. 202–212; Die Nationalgalerie und ihre Stifter, Ausstellung zum Hundertjährigen Bestehen der Nationalgalerie, Orangerie Schloß Charlottenburg, Berlin 1961; Thomas W.

Gaehtgens, Die Berliner Museumsinsel im Deutschen Kaiserreich. Zur Kulturpolitik der Museen in der wilhelminischen Epoche, München 1992, S. 72-79.

4 Vgl. Thomas W. Gaehtgens, Der Bürger als Mäzen, hrsg. von der gemeinsamen Kommission der Nordrhein-Westfälischen Akademie der Wissenschaften und der Gerda Henkel Stiftung, Opladen 1998; Wolfgang J. Mommsen, Kultur als Instrument der Legitimation bürgerlicher Hegemonie im Nationalstaat, in: »Der Deutschen Kunst…«, Nationalgalerie und nationale Identität 1876-1998, hrsg. von Claudia Rückert und Sven Kuhrau, Berlin 1998, S. 15-29; Manuel Frey, Macht und Moral des Schenkens. Staat und bürgerlicher Mäzene vom späten 18. Jahrhundert bis zur Gegenwart (Bürgerlichkeit, Wertewandel, Mäzenatentum, hrsg. von Thomas W. Gaehtgens, Jürgen Kocka und Reinhard Rürup, Bd. 4), Berlin 1999.

5 Vgl. hierzu Dorgerloh (Anm. 1), S. 39-40.

6 Leonore Koschnick, Franz Kugler (1808-1858) als Kunstkritiker und Kulturkritiker, Diss. Berlin, 1958, S. 183.

7 Zitiert nach Gustav Friedrich Waagen, Verzeichnis der Gemälde-Sammlung des Königl. Schwedischen und Norwegischen Consuls J.H.W. Wagener zu Berlin, Berlin 1850, zweite erweiterte Ausgabe 1873, S. IV; Gaehtgens 1998, S. 10f.

8 Waagen (Anm. 7), S. VIII; Wolfgang Hütt, Zur Gründungsgeschichte der Nationalgalerie in Berlin, in: Kunstwissenschaftliche Beiträge 7/80, 1980, S. 1.

9 Waagen (Anm. 7),, S. IX.

10 Vgl. Claude Keisch, Die Sammlung Wagener, Aus der Vorgeschichte der National-Galerie, Ausstellungskat., Staatliche Museen zu Berlin, National-Galerie, 1976; vgl. auch Eberhard Roters, Die Nationalgalerie und ihre Stifter. Mäzenatentum und staatliche Förderung in Dialog und Widerspruch, in: Mäzenatentum in Berlin. Bürgersinn und kulturelle Kompetenz unter sich verändernden Bedingungen. Berlin/New York 1993, S. 73-98, S. 74-80.

11 Zur Baugeschichte ausführlich und gründlich Dorgerloh (Anm. 1).

12 Ibid., S. 103.

13 Thomas W. Gaehtgens, Versailles als Nationaldenkmal, Die Galerie des Batailles im Musée historique von Louis-Philippe, Berlin 1985.

14 Françoise Forster-Hahn, Shrine of Art or Signature of a New Nation? The National Gallery (ies) in Berlin, 1848-1968, in: The Formation of National Collections of Art and Archaeology, Studies in the History of Art, 47, Center for Advanced Study in the Visual Arts, National Gallery of Art, Washington 1996, S. 79-99; dies., Museum moderner Kunst oder Symbol einer neuen Nation? Zur Gründungsgeschichte der Berliner Nationalgalerie, in: »Der deutschen Kunst…« (Anm. 4), S. 30-43.

15 Vor allem Barbara Paul, Hugo von Tschudi und die moderne französische Kunst im Deutschen Kaiserreich (Berliner Schriften zur Kunst, Bd. 4), Mainz 1993, und Manet bis van Gogh, Hugo von Tschudi und der Kampf um die Moderne, hrsg. von Johann Georg Prinz von Hohenzollern und Peter-Klaus Schuster, Ausstellungskat., Nationalgalerie, Staatliche Museen zu Berlin, Neue Pinakothek, Bayerische Staatsgemäldesammlungen, München, München/New York 1996.

16 Vgl. Peter Bloch und Henning Bock, Der Kaiser-Friedrich-Museums-Verein, in: Bode. Museumsdirektor und Mäzen, hrsg. vom Kaiser-Friedrichs-Museums-Verein, Berlin 1995, S. 91-98; 100 Jahre Mäzenatentum. Die Kunstwerke des Kaiser-Friedrich-Museums-Vereins Berlin, hrsg. vom Kaiser-Friedrich-Museums-Verein, Berlin 1997.

17 Vgl. die ausführliche Liste bei Paul (Anm. 15), S. 347ff.

18 Vgl. dazu jüngst Kurt Winkler, Tradition und Zeitgenossenschaft. Zu Ludwig Justis Memoiren, in: Ludwig Justi, Werden-Wirken-Wissen, Lebenserinnerungen aus fünf Jahrzehnten, hrsg. von Thomas W . Gaehtgens und Kurt Winkler, bearb. und komm. von Kurt Winkler, Tanja Baensch unter Mitarbeit von Tanja Moormann (Quellenschriften zur deutschen Kunstgeschichte vom Klassizismus bis zur Gegenwart, Bd. 5), Berlin 2000, Bd. 1) S. 1-12; s. auch ders., Ludwig Justis Konzept des Gegenwartsmuseums zwischen Avantgarde und nationaler Repräsentation, in: »Der Deutschen Kunst…« (Anm. 4), S. 61-81.

19 S. den Überblick der Leihgaben bei Annegret Janda, Die Gemälde und Bildwerke der Expressionisten im ehemaligen Kronprinzen-Palais, in: Das Schicksal einer Sammlung. Aufbau und Zerstörung der Neuen Abteilung der Nationalgalerie im ehemaligen Kronprinzenpalais Unter den Linden 1918-1945, hrsg. von der Neuen Gesellschaft für bildende Kunst und den Staatlichen Museen zu Berlin, Ausstellungskat., Berlin 1988, S. 30-32.

20 Vgl. Jörn Grabowski, Der Verein der Freunde der National-Galerie 1929-1945, in: Verein der Freunde der Nationalgalerie, Berlin 1992, Heft 7, S. 6-13, 14-23. Hierzu vor allem Andrea Meyer, In guter Gesellschaft, Der Verein der Freunde der Nationalgalerie Berlin von 1929 bis heute (Bürgerlichkeit, Wertewandel, Mäzenatentum, hrsg. von Thomas W. Gaehtgens, Jürgen Kocka und Reinhard Rürup, Bd. 3), Berlin 1998, S. 72.

21 Vgl. z.B. Vernon L. Lidtke, Museen und die zeitgenössische Kunst in der Weimarer Republik, in: Sammler, Stifter und Museen. Kunstförderung in Deutschland im 19. und 20. Jahrhundert, hrsg. von Ekkehard Mai und Peter Paret unter Mitwirkung von Ingrid Severin, Köln/Weimar/Wien 1993, S. 213-238.

22 Ludwig Justi, Die Ankäufe des Vereins Freunde der National-Galerie, in: Museum der Gegenwart, Zeitschrift der deutschen Museen für neuere Kunst, Jg. I, 1930-31, S. 17; vgl. auch Meyer (Anm. 20), S. 29.

23 Zu den jüdischen Stiftern der Nationalgalerie seit Tschudi vgl. Cella-Margaretha Girardet, Jüdische Mäzene für die Preußischen Museen zu Berlin. Eine Studie zum Mäzenatentum im Deutschen Kaiserreich und in der Weimarer Republik (Monographien zur Wissenschaft des Judentums, Bd. 3), Egelsbach/Frankfurt a.M./Washington 1997, S. 64-81.

24 Meyer (Anm. 20), S. 63.

25 Ibid., S. 76; Ludwig Justi, Werden-Wirken-Wissen (Anm. 18), S. 470.

26 Justi, Werden-Wirken-Wissen (Anm. 18), S. 470.

27 Meyer (Anm. 20), S. 90f.

28 Empfehlung des Innenministers von Gayl, Antwort auf die Eingabe an die Reichsregierung, in: Kunst und Wirtschaft, Jg. 13, 1932, Heft 7, S. 115; Meyer (Anm. 20), S. 92.

29 Meyer (Anm. 20), S. 139.

STANDORTE

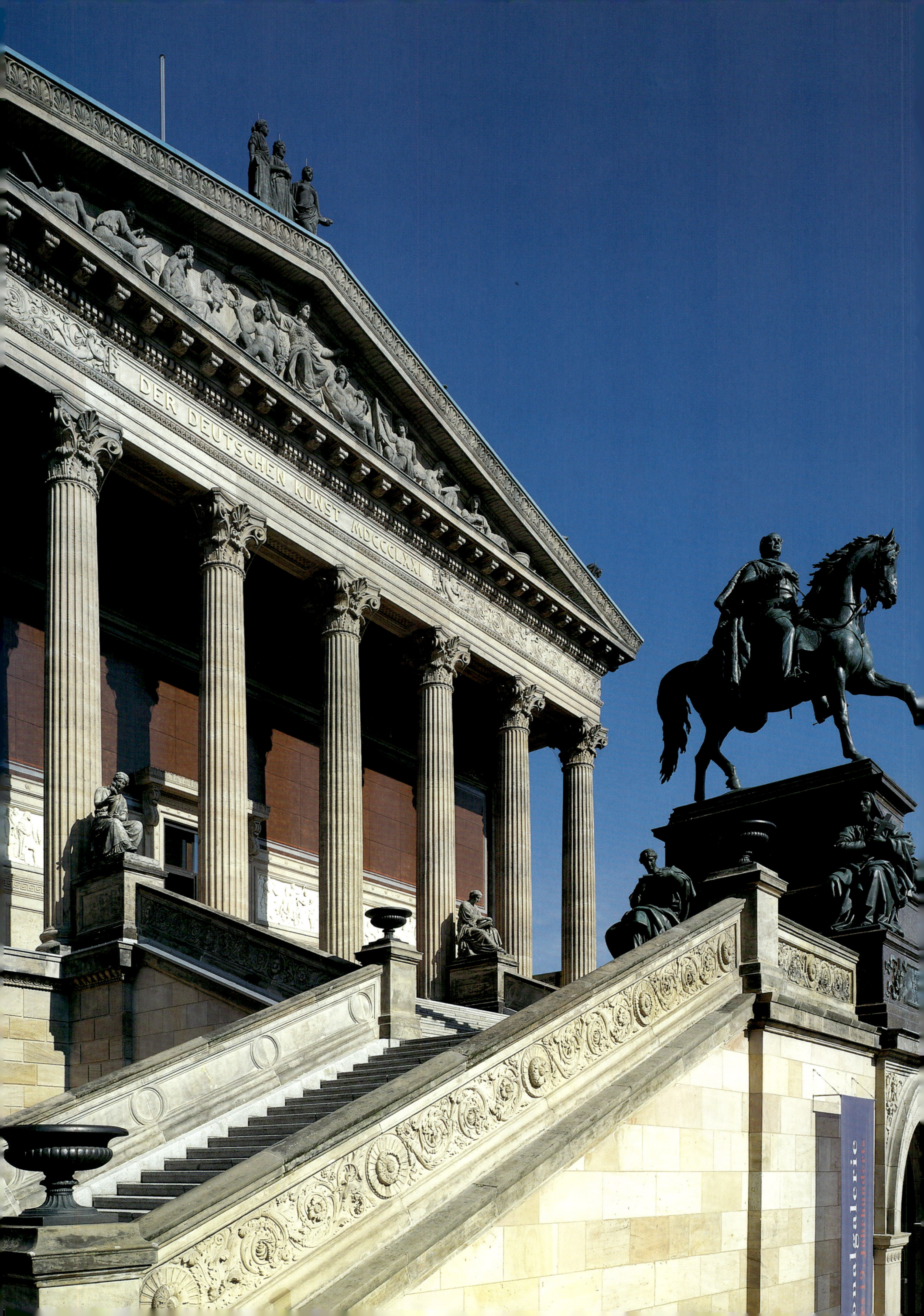
DER DEUTSCHEN KUNST MDCCCLXXI

ALTE NATIONALGALERIE

Bernhard Maaz

1876, in einem Jahrzehnt starken nationalen Selbstgefühls errichtet, war die von August Friedrich Stüler entworfene Nationalgalerie Museumsbau und Monument in einem. Es bestand auf der einen Seite die Notwendigkeit adäquater Präsentation der Kunstwerke, auf der anderen Seite jedoch auch der Wunsch Friedrich Wilhelms IV. nach tempelartiger Inszenierung und wirkungsvoller Dominanz. Dies waren von Anfang an widerstrebende Ziele: Präsentation von Kunst und Repräsentation von kulturpolitischer Autorität. Die aus diesem Konflikt erwachsene Vielgestaltigkeit der sehr unterschiedlich dimensionierten und proportionierten Ausstellungsräume, der verschiedenen Lichtführungen und Dekore erzeugte schließlich den besonderen Reiz des Gebäudes. Heute unterscheidet sich die Alte Nationalgalerie grundlegend von so vielen zeitgleich entstandenen Museen, in denen die systematische Rationalität funktionaler Bauten dominiert und in denen sich die seit Schinkel typisierte Museumsbauweise klar und rein ausspricht. Die anfängliche Kritik an der Nationalgalerie wich im Laufe der Jahre: Mehrere Umbauten führten zur immer besseren Nutzbarkeit als Museum.

Da die Alte Nationalgalerie seit dem ersten grundlegenden Umbau vor dem Ersten Weltkrieg noch mehrfach in einzelnen Raumbereichen oder ganzen Raumgruppen umgestaltet, dann vor allem aber während des Zweiten Weltkrieges stark beschädigt und anschließend – wiederum partiell modifiziert – rekonstruiert wurde, spiegelt das Gebäude heute die Wechselfälle der Historie und eine komplizierte Baugeschichte wider: von gründerzeitlicher Prachtentfaltung über die reduzierten und versachlichten Formen der 1930er Jahre hin zu den kargen Mitteln des Nachkriegsaufbaus und zu der sehr noblen und zugleich kühlen Formensprache der Architektur von heute.

Auch nach der Grundinstandsetzung in den Jahren von 1998 bis 2001 wurden diese Spuren der wechselvollen Vergangenheit nicht verwischt: Verluste, Fehlstellen, Ergänzungen, Rekonstruktionen und mannigfaltig Erhaltenes stehen dergestalt nebeneinander, daß der bauhistorisch Interessierte sie zwar klar voneinander zu scheiden vermag, sie sich aber dennoch in einen harmonischen Gesamteindruck einordnen. Zentrales Anliegen war stets die Einrichtung der Nationalgalerie für eine angemessene, lichtgünstige und sichere Präsentation von Kunstwerken. Die Werke sollten konservatorisch sorgfältig geschützt sein, und dem Besucher sollte ein Optimum an Service und Klima geboten werden.

Über eine Zeitspanne von 125 Jahren blieb das Museum nahezu unverändert der Kunst des 19. Jahrhunderts vorbehalten. Die Entstehungszeit des Gebäudes und der darin ausgestellten Kunstwerke sind miteinander identisch, das heißt, die ursprüngliche Zweckbestimmung gilt noch heute. Viele andere Museen haben hingegen längst ihre Inhalte – und nicht nur die Präsentationsformen – so stark gewandelt, daß man sich kaum mehr an die Ursprünge erinnert

Freilich haben sich die Maßstäbe gewandelt, nach denen darüber geurteilt wird, was die günstigsten ästhetischen Bedingungen für die Kunstwerke sind: starkfarbige, gemusterte Stoffe oder weiße, neutrale Wände oder monochrom-zurückhaltende Bespannungen auf der Museumswand? Ebenso gewandelt haben sich beispielsweise die Erwartungen an Art und Umfang der Beschriftungen, an die Gestalt von Skulpturensockeln oder an die Lichtführung und Möblierung. All solche Veränderungen in der Museumsinszenierung – und seien sie noch so zurückhaltend – haben durchschlagende Konsequenzen auf die Gestaltung der Ausstellungsräume.

Museen unterliegen in all ihren Details dauerndem Wandel. Schon der Vergleich mehrerer Ansichten eines einzigen Raumes in der Nationalgalerie bezeugt dies: Zunächst waren die sogenannten Cornelius-Säle als hohe Räume für die Präsentation der Kartons von Peter von Cornelius errichtet, dann wurden diese aufgrund eines gravierenden Konzeptwandels zugunsten von großformatigen Historienbildern verdeckt, schließlich wurden die Räume zugunsten einer kühlen lichten Atmosphäre im Geiste der Neuen Sachlichkeit umgestaltet und mittels einer eingezogenen Glasdecke auf die halbe Raumhöhe reduziert. Nach den Kriegsschäden war die originale Ausstattung samt der Wandmalerei fast ganz verloren. Der Wiederaufbau und die veränderten Nutzungsabsichten führten zu erneuten Veränderungen, etwa durch abgeschrägte Raumecken. All dies spiegelt sich in den nunmehr errichteten Sälen, in denen sich allerdings hinter den vorgeblendeten Wänden auch noch die unabdingbare Technik wie etwa die Klima- und Sicherheitsanlagen befindet.

Geht der Museumsbesucher durch die drei Ausstellungsetagen der Alten Nationalgalerie, so erschließt sich ihm nicht nur die Kunst zwischen Französischer Revolution und Erstem Weltkrieg, zwischen frühem Klassizismus und reifem Impressionismus, sondern er findet auch eine erstaunliche Spannbreite verschiedenster

Säulenvorhalle und Freitreppe mit Reiterstandbild Friedrich Wilhelms IV. (Bildhauer: Alexander Calandrelli). Fotografie: Christian Gahl, 2001

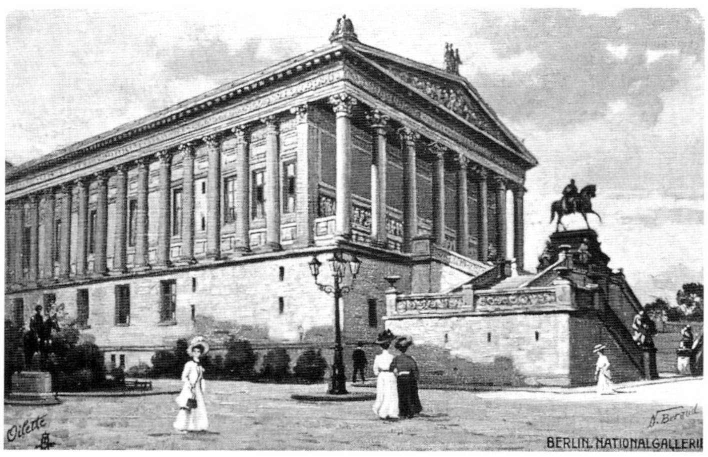

Die Nationalgalerie, Postkarte, um 1900

Museumsräume. Im ersten Ausstellungsgeschoß empfängt ihn die Pracht des farb- und materialreichen preußischen Spätklassizismus; Marmor und Gold, Stucco lustro und Zink, figürliche Wandmalereien und ornamentale Mettlacher Fußbodenfliesen erzeugen in der Querhalle, die für die Aufstellung von Skulpturen genutzt wird und den Zustand von 1876 spiegelt, ein Bild höchster Kostbarkeit. Wendet man sich von hier den übrigen Räumen zu, so nimmt man kaum wahr, daß diese aus der ersten Umbauphase (1911–14), also aus deutlich späterer Zeit stammen und ihrerseits ein denkmalwürdiges Zeugnis gestalterischer Ideen im Museumsbau sind. Die charmantesten Bereiche finden sich in der Apsis, wo bei jenem Umbau kleine ovale Räume mit schwungvollen Wandführungen und schlichtem Ornament entstanden, die den Jugendstil anklingen lassen.

Im mittleren Ausstellungsgeschoß, das sich um die beiden, einst zweigeschossigen Cornelius-Säle legt, mischen sich Ursprungssubstanz, Veränderungen und Neufassungen. Die Raumproportionen wechseln hier zwischen weiten Sälen und schmalen hohen Kabinetten. Auch die Beleuchtungsverhältnisse sind unterschiedlich, da die beiden repräsentativen Mittelsäle infolge der eingezogenen tragenden Decken eine fein gerasterte, optisch leichte Kunstlichtdecke haben, doch herrscht in den umliegenden

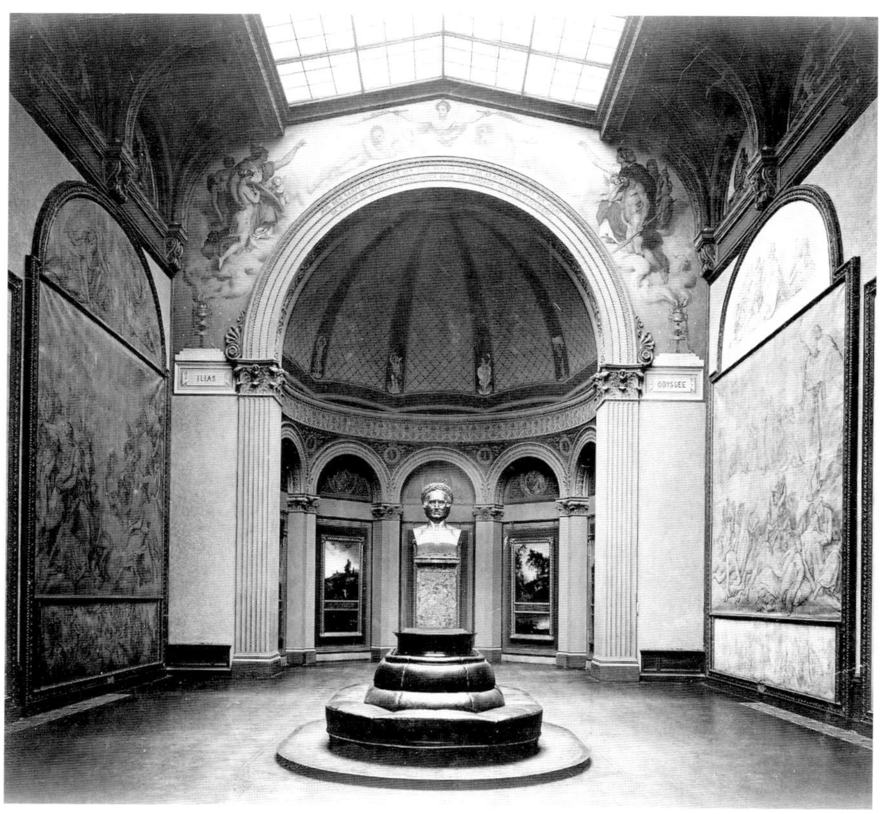

Zweiter Cornelius-Saal im Hauptgeschoß, 1917, und nach den Zerstörungen im Zweiten Weltkrieg, 1948

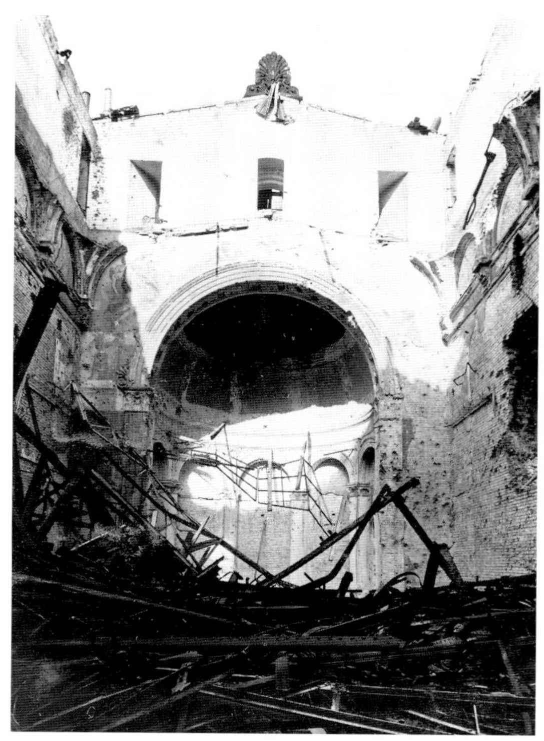

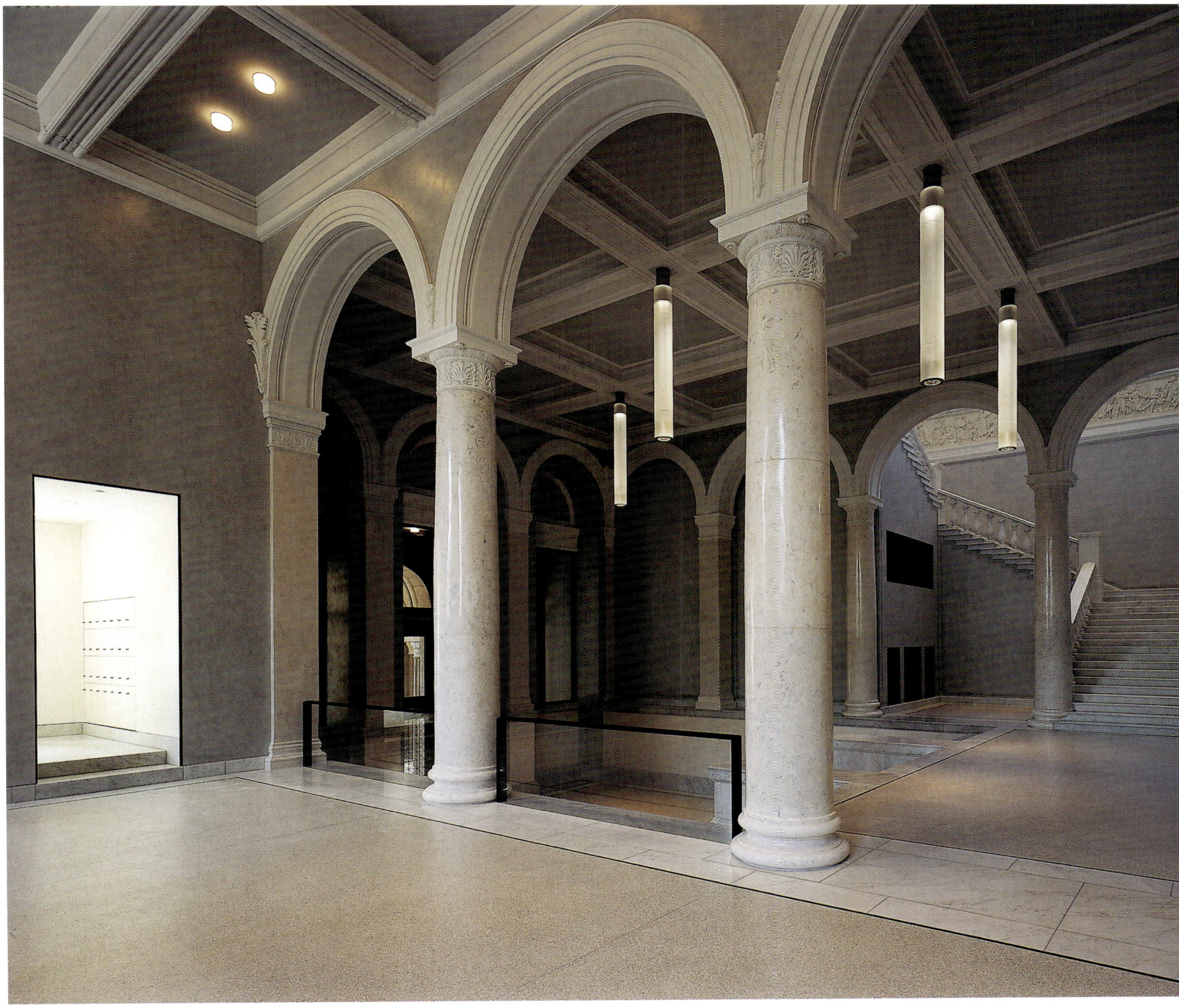

Hauptfoyer. Fotografie: Andres Kilger, 2001

Räumen natürliches Seitenlicht, das die wechselnden Beleuchtungsverhältnisse im Außenbereich erkennen läßt und somit eine angenehme Lebendigkeit bewahrt.

Die dritte Etage schließlich, die durch die kriegsbedingte Zerstörung des Daches sehr gelitten hatte, weist nur noch in dem separaten Raum der Casa Bartholdy Teile der ursprünglichen Gestaltung auf. Hier gibt es noch eine alte Deckenkonstruktion, die ganz der feingliedrigen und leichten Architektur des späten Klassizismus verpflichtet ist. Die anschließenden Räume wurden jetzt sachlich und klar neugestaltet, so daß das Oberlicht, welches das Tageslicht nutzt und mit Kunstlicht unterstützt wird, hier voll zur Geltung kommen kann.

Die beiden großzügigen Mittelsäle mit ihren sanft geschwungenen Decken aber, die auf verborgen darüberliegende, denkmalgeschützte Konstruktionselemente aus dem 19. Jahrhundert (von Borsig) Rücksicht nehmen und einige alte, dekorativ reizvolle Elemente aufweisen, sind der grandiose Haupt- und Zugewinn des jüngsten Umbaues. Hier lagen früher ungenutzte Lufträume, die allenfalls dazu dienten, das Tageslicht in die tiefer liegenden Säle zu leiten. In diesen Sälen sind die Werke Caspar David Friedrichs

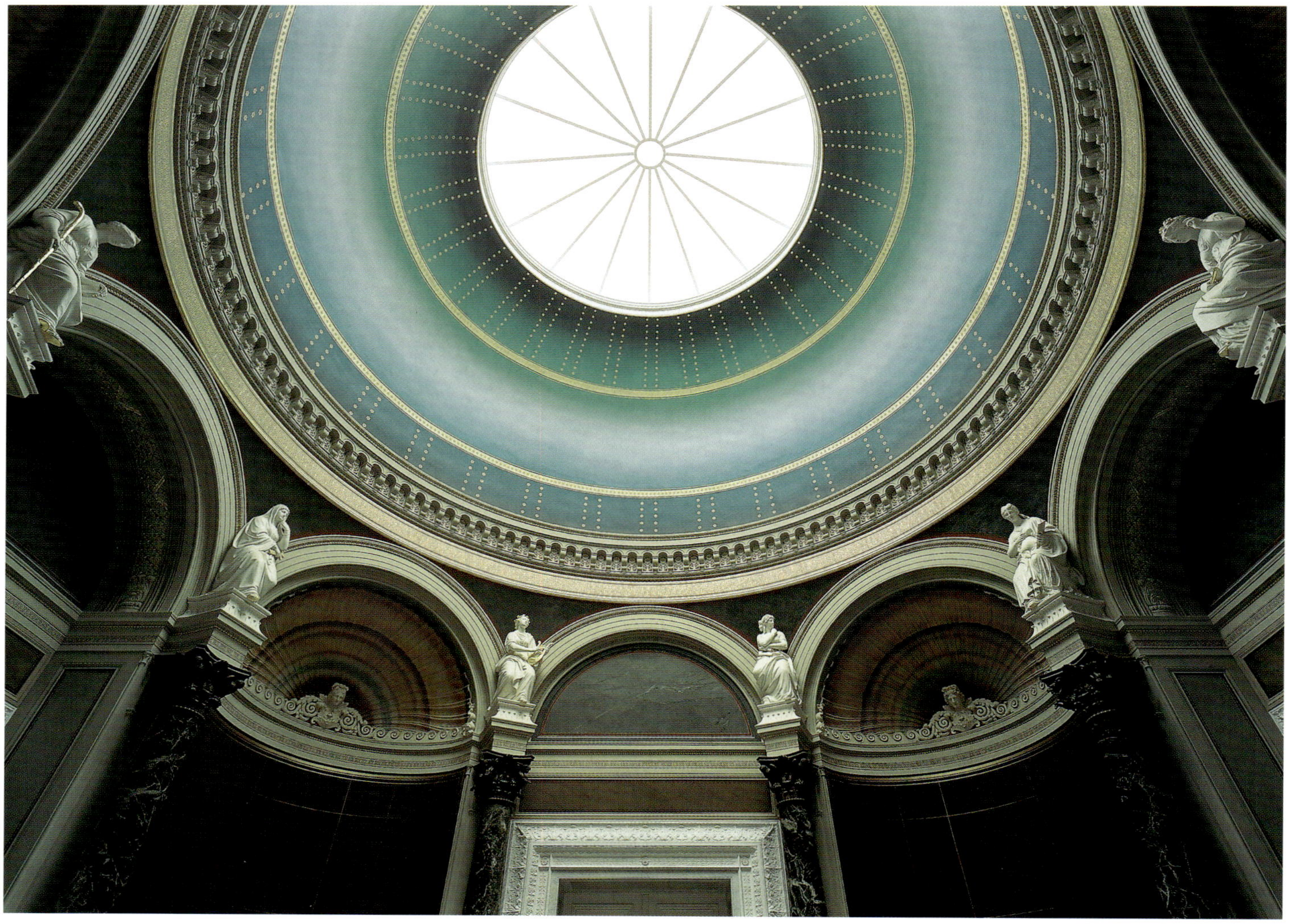

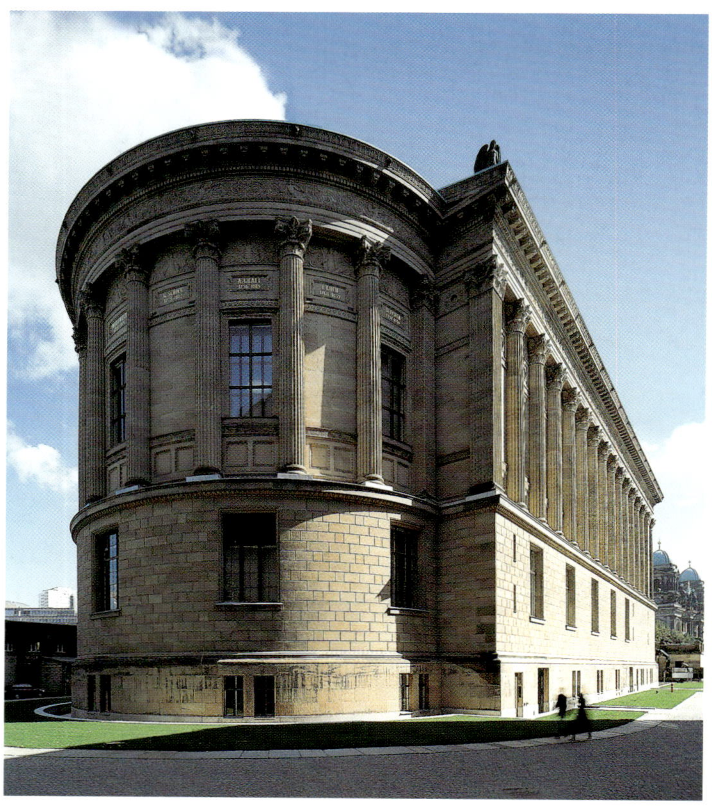

Kuppel im Innenraum. Fotografie: Andres Kilger, 2001

Nordfassade mit Apsis und Westfassade. Fotografie: Christian Gahl, 2001

und Schinkels ausgestellt, Ikonen der deutschen Kunstgeschichte. Ebenso bedeutend sind die Wandbilder der Casa Bartholdy sowie Schadows großes Grabmal des Grafen Alexander von der Mark und Anselm Feuerbachs »Gastmahl des Platon«, die beide im Treppenhaus plaziert sind.

So schließt sich im lichtdurchfluteten, von allen späteren Einbauten befreiten Treppenhaus der Rundgang durch diese Sammlung von herausragender Größe und von reicher Vielfalt: Anspruchsvolle Monumentalformate finden im Gebäude der Nationalgalerie ebenso ihren Platz wie mittelformatige Galeriebilder oder biedermeierlich-bürgerliche Kleinstformate. Für kolossale Skulpturengruppen bietet das Museum ebenso geeignete Bereiche wie für kleine Statuetten. Und mit zwei innenliegenden Kabinetten (im ersten und zweiten Ausstellungsgeschoß) ist auch für die schwierige Präsentation von lichtempfindlichen Zeichnungen oder Druckgrafiken gesorgt. So ist das Gebäude der Nationalgalerie das ideale Schatzhaus für die Vielfalt einer ganzen Epoche.

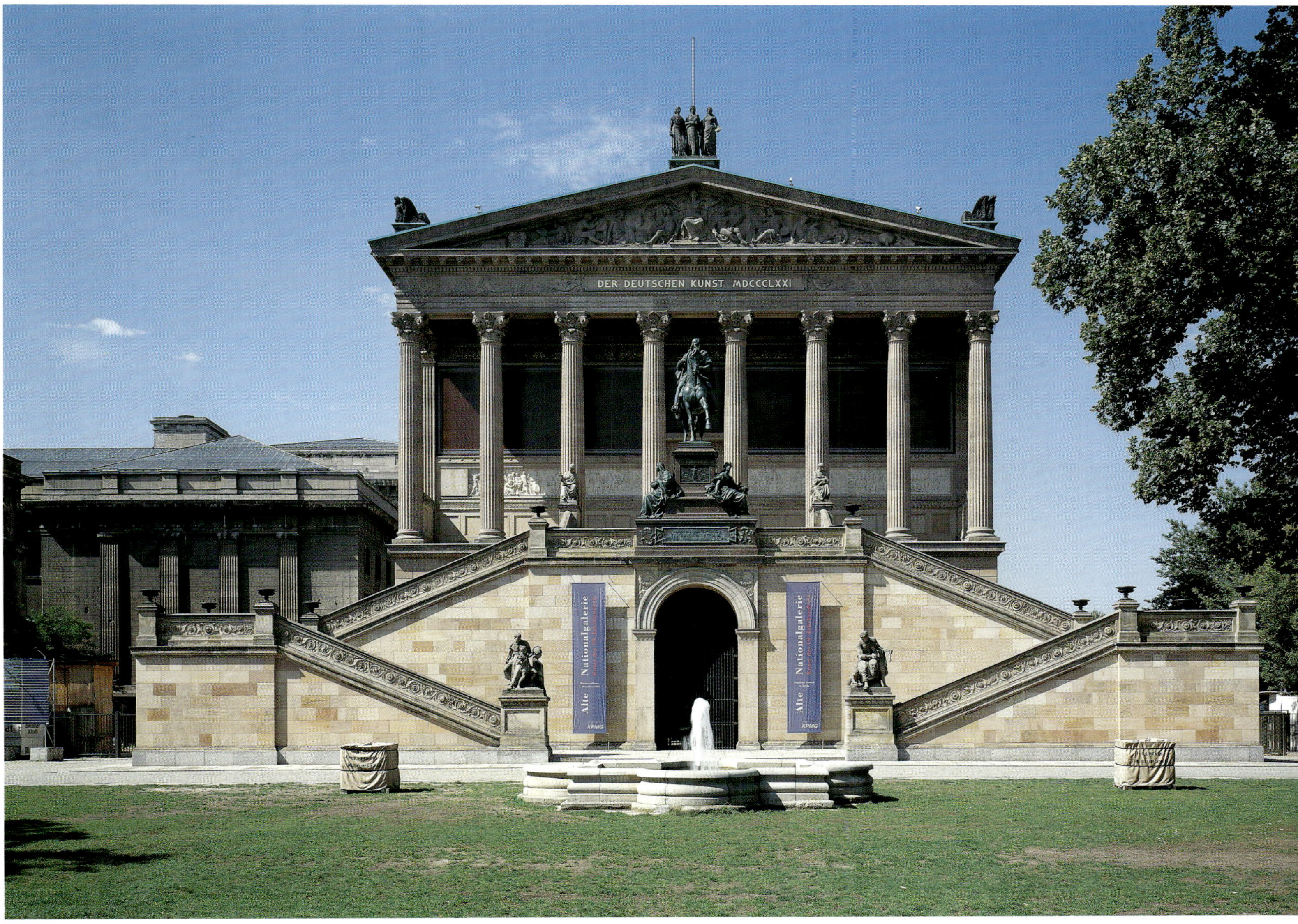

Eingangsfassade mit Säulenvorhalle und Freitreppe. Fotografie: Christian Gahl, 2001

Der Ausblick aus dem Treppenhaus hinaus in die Stadt bringt in Erinnerung, in welch dichtem Zentrum, in welchem geistigen Kosmos man sich im 19. Jahrhundert befand und noch heute befindet: gegenüber das Stadtschloß als Sitz der Macht und das Alte Museum als Sitz der Musen und der reinen Geisteswelten, seitlich der Dom als Sitz des Geistlichen, westlich das Zeughaus als Sitz militärischer Potenz, und östlich die Börse, wie zum Zeichen, daß auch das hohe Reich der Kunst auf Geld nicht ganz verzichten kann.

Daß die neu eingebrachte, auf die Freitreppe hinausführende Glastür für diesen imaginären und faktischen Überblick über die Vielfalt der Welt geschaffen ist (und nicht nur für verbesserte Lichtverhältnisse), daß die historische Holztür aber zugleich erhalten blieb, das beschreibt das Vorgehen bei der Umgestaltung von 1998 bis 2001: Schichten und Funktionen lagern sich übereinander; alte Ausblicke und neue Einblicke bereichern sich wechselseitig – die Alte Nationalgalerie pulsiert wieder als eine Herzkammer im Zentrum der Stadt.

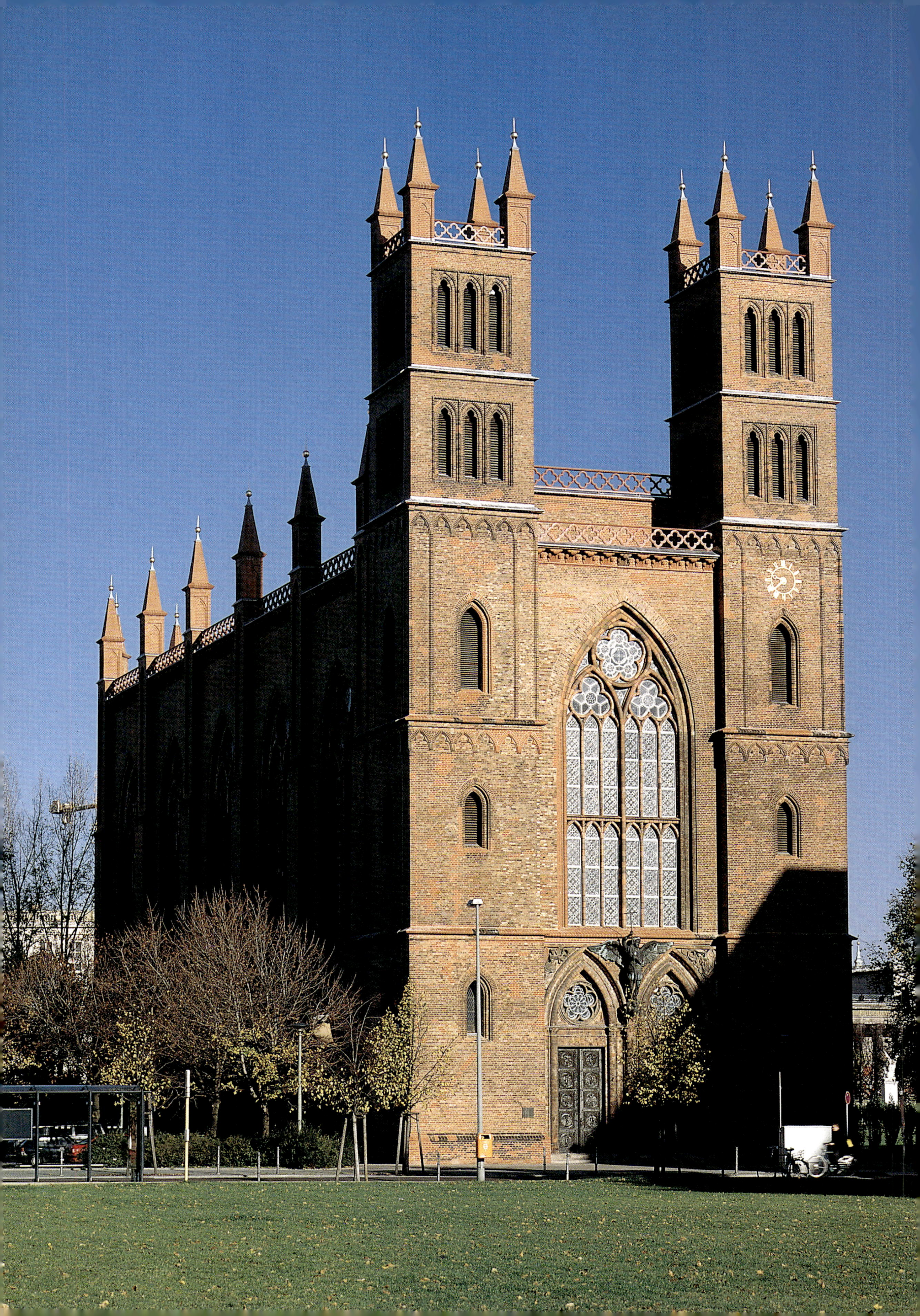

FRIEDRICHSWERDERSCHE KIRCHE

Brigitte Schmitz

Die Friedrichswerdersche Kirche am Werderschen Markt zeigt einen bedeutenden Teil des umfangreichen Skulpturenbestandes der Nationalgalerie. Ursprünglich als reines Gotteshaus genutzt, wurde das restaurierte Kirchengebäude am 15. September 1987 als Filiale der Nationalgalerie eröffnet. Nachdem der Vorgängerbau der ehemaligen Doppelkirche um 1800 baufällig geworden war, hatte Karl Friedrich Schinkel zwischen 1824 und 1830 das sakrale Bauwerk im neogotischen Stil auf den Grundmauern des Vorgängerbaus errichtet. Er folgte dabei den Anregungen von Friedrich Wilhelm IV., auch wenn aus Platzgründen auf die Gestaltungen eines großen mittelalterlichen Domes verzichtet werden mußte.

Die Friedrichswerdersche Kirche – die erste neugotische Kirche Berlins – folgt im Außenbau dem Typ einer englischen Kapelle. Zwischen den Strebepfeilern oberhalb eines Gesimses liegen die großen Maßwerkfenster. Der gut gegliederte Baukörper mit der Doppelturmfassade war auf den ehemaligen Werderschen Markt ausgerichtet. Der Innenbau, dabei den Stil mittelalterlicher Gotik aufgreifend, wurde von Schinkel schlicht gehalten. Unter dem Druck der Sparsamkeit erfolgte statt der Sandsteinverblendungen nur eine Imitationsmalerei auf Putz: Die gesamten Wände des Innenraumes erhielten einen sandsteinimitierenden Quaderanstrich. Am 10. Juli 1831 erfolgte die feierliche Einweihung der Friedrichswerderschen Kirche.

Kurz vor Ende des Zweiten Weltkrieges stark beschädigt, wurde die Ruine in den 1950er Jahren notdürftig vermauert. Erst im Hinblick auf den 200. Geburtstag von Karl Friedrich Schinkel beschloß man im Herbst 1979 die Sanierung der Friedrichswerderschen Kirche. Der Backsteinbau galt schon damals als ein Meisterwerk des berühmten Architekten, so daß er nicht durch falsche Sanierungsmaßnahmen beeinträchtigt werden durfte. Zwischen 1981 und 1986 erfolgten die erheblichen Restaurierungs- und ergänzenden Rekonstruktionsarbeiten unter Berücksichtigung der originalen Baupläne: So stellte man unter anderem die großen Turmfenster, die Putzmalereien sowie die Orgelempore wieder her. Die während des Krieges ausgelagerten einzigartigen Chorfensterverglasungen, die im Winter 1982 in den Kellergewölben des Berliner Doms aufgefunden worden waren, setzte man in diesem Zusammenhang wieder ein. Vor allem Holzkanzel, originale Chorfenster und Altarmensa erinnern noch heute an die einstige sakrale Nutzung des Gebäudes.

Erst nach Beendigung der Sanierungsarbeiten durch die Denkmalpflege wurde die Einrichtung eines Schinkel-Museums beschlossen. Museale Erfordernisse, wie die Klärung von Statik- und Beleuchtungsfragen, klimatische Belange und die Einrichtung von Arbeitsräumen für Museumsmitarbeiter, waren jedoch vorab in der Bauphase nicht berücksichtigt worden. Außerdem erschwerten die denkmalpflegerischen Vorgaben eine museale Nutzung des 1986 an die Nationalgalerie übergebenen Kirchengebäudes. Aus konservatorischen Gründen kamen auch keine Gemälde und Zeichnungen für eine dauerhafte Ausstellung in Frage. Oberstes Gebot bei der Einrichtung der Museumskirche 1986/87 und auch bei ihrer Neueinrichtung 1998 blieb stets die Bewahrung des überwältigenden Raumeindrucks in der von Karl Friedrich Schinkel inzenierten Gesamtwirkung. Skulpturen und Reliefs aus Schinkels Zeit – von der Nationalgalerie behutsam für die Ausstellung im Kirchenschiff ausgewählt – bewahren den sakralen Charakter des nun museal genutzten Kirchengebäudes. Vitrinen mit klassizistischer Kleinplastik, die die Skulpturenschau 1998 vergrößerten, befinden sich auf der ehemaligen Orgelempore. Reliefs klassizistischer Bildhauer fügen sich unterhalb der Holzemporen nahtlos in die wunderschöne Arkadenarchitektur ein. Der Emporenumgang beherbergt Dokumentationsausstellungen über Leben und Werk Karl Friedrich Schinkels sowie zur Bau- und Restaurierungsgeschichte des Gotteshauses. 1997/98 entfernte man auch die wuchtigen Kronleuchter. Dem heutigen Museumsbesucher ist nun ein ungestörter Blick ins Kirchenschiff bis zu den – je nach Tageszeit – in herrlichen Farben leuchtenden Glasfenstern des Chores vergönnt.

Ausnahmslos Spitzenwerke klassizistischer Bildhauerkunst sind im Kirchenschiff ausgestellt. Das Glanzlicht der Ausstellung ist ohne Zweifel das von Johann Gottfried Schadow 1795 geschaffene Originalmodell zum Doppelstandbild für die Prinzessinnen Luise und Friederike von Preußen. Das Hohelied weiblicher Anmut zieht alle Blicke der Besucher auf sich. Einige Bildwerke nehmen direkten Bezug auf das Schaffen Karl Friedrich Schinkels und betonen seine Universalität, so zum Beispiel die von ihm für den Teesalon der Kronprinzlichen Wohnung im Berliner Schloß entworfenen mythologischen Wandfiguren sowie die Terrakottareliefs, die der Architekt als figurale Bilderfolge für die Fassadengestaltung seiner zwischen 1832 und 1836 errichteten Bauakademie am Werderschen Markt entwarf.

Friedrichswerdersche Kirche, seit 1987 Schinkelmuseum der Nationalgalerie, Außenansicht nach Südost. Fotografie: Andres Kilger, 2000

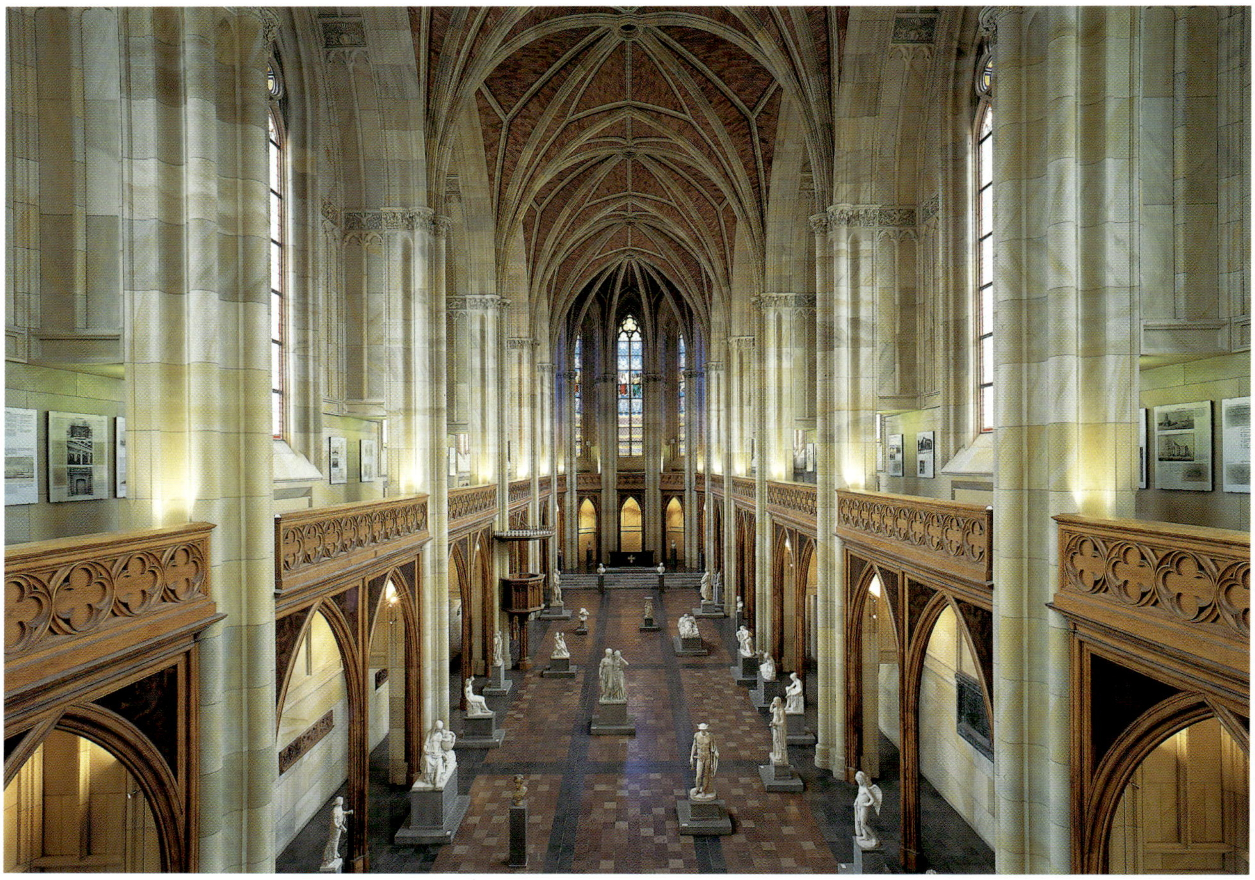

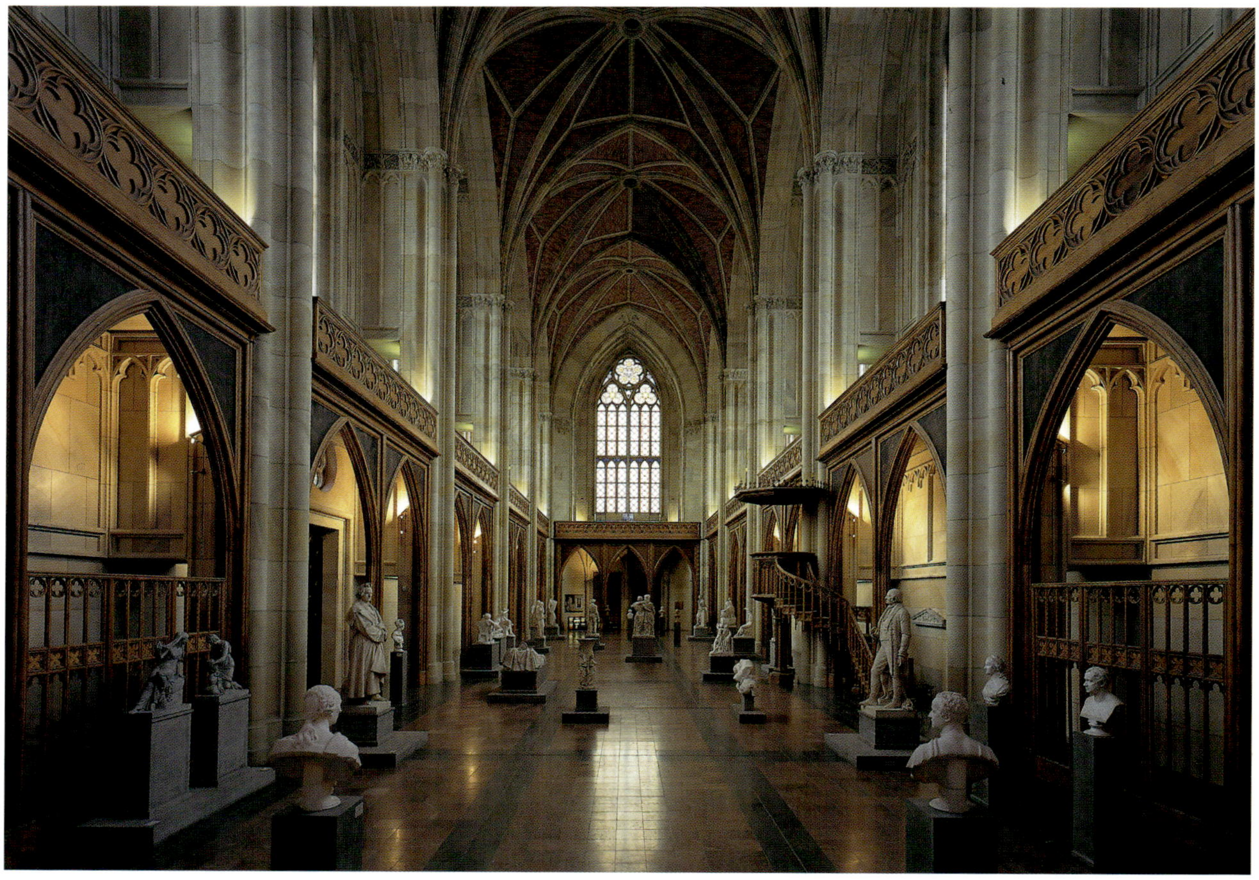

Innenraum, Blick zum Chor (oben) und Blick nach Süden (unten). Fotografien: Andres Kilger, 2000

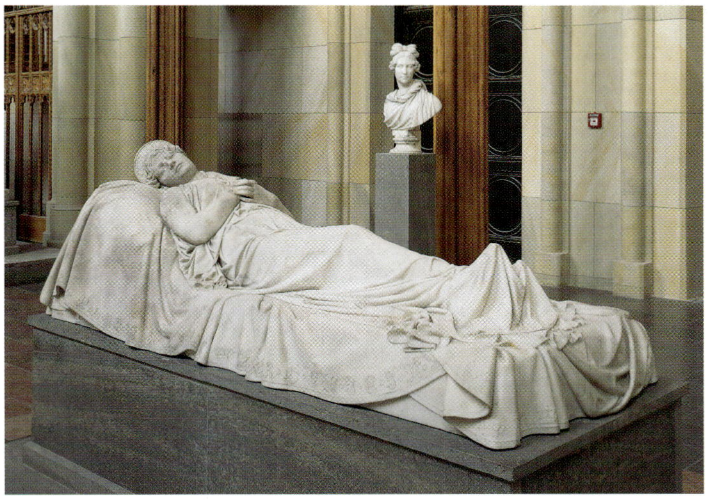

Christian Daniel Rauch, Sarkophag der Königin Luise von Preußen, 1827, und Büste der Frau von Maltzahn, 1816/23. Fotografie: Andres Kilger, 2000

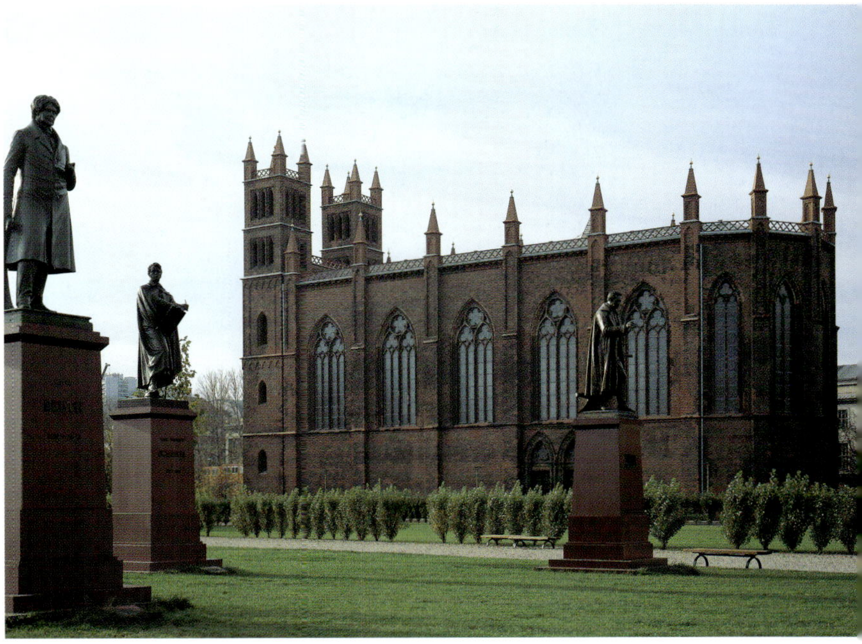

Außenansicht des Kirchenschiffs von Nordost, im Vordergrund Denkmäler von Schinkel, Beuth und Thaer (Bildhauer: Friedrich Drake). Fotografie: Andres Kilger, 2000

Diese einmalige Sammlung erlaubt erstmals einen Überblick über die autonome Entwicklung der Berliner Bildhauerschule des Klassizismus in einem Zeitraum von 1780 bis 1860: Johann Gottfried Schadows (1764–1850) Originalmodell der Prinzessinnengruppe verkörpert hierbei ihre Frühphase. Die durch die malerische Gesamtwirkung der barocken Bildhauerei noch verpflichtet erscheinende Skulptur löst sich bereits von der verspielten, unruhigen Formensprache der Rokokoplastik. Werke von Emil Wolff (1802–1879) und Ridolfo Schadow (1786–1822) repräsentieren die idealistische Richtung innerhalb der klassizistischen Bildhauerei, die jedoch keineswegs eine sklavische Antikennachahmung bedeutete. In den Skulpturen und Reliefs Christian Daniel Rauchs (1777–1857) begegnet dem Ausstellungsbesucher ein Vertreter der reifen Phase des Berliner Klassizismus. Über ein halbes Jahrhundert erstreckte sich die von Adel und Bürgertum gleichermaßen bei ihm in Auftrag gegebene beeindruckend umfangreiche Bildnisproduktion. Die etwas kühl wirkende Marmorbüste seines wichtigsten Auftraggebers, Friedrich Wilhelms III., findet sich hier ebenso wie das schwungvoll komponierte Bildnis der Frau von Maltzahn. Trotz aller Idealisierung ist immer das Bemühen Rauchs um genaue Charakteristik der Dargestellten spürbar. Die über den Tonoriginalen geformten Gipsausgüsse überarbeitete der Meister noch einmal höchstpersönlich. Büsten aus dem ehemaligen Rauch-Museum bereichern seit 1998 die Museumsschau.

Einen weiteren Glanzpunkt stellt die zweite Fassung des Sarkophages für die Königin Luise von Preußen (1818–1827) dar. Gegenüber der Erstfassung für das Mausoleum in Charlottenburg erscheint Luise hier viel gelöster und anmutiger. Rauch, als Vermittler zwischen Idealismus und Realismus, bereitete in späteren Jahren der realistischen Bildhauerkunst den Weg. Er entwickelte bei seinen Denkmälern den Typ der realistischen Figur mit zeitgenössischem Kostüm und porträthaften Zügen. Seine vielen Schüler, so auch Friedrich Drake (1805–1882), eiferten dem Meister nach – ebenso der Freund und Werkstattgenosse Christian Friedrich Tieck (1776–1851) mit seiner für die Vorhalle des Alten Museums bestimmten Schinkel-Statue (um 1850). Die Spätphase klassizistischer Skulptur setzte in Berlin nach 1840 ein. Es entstanden Figurenkompositionen, die durch zunehmende Bewegtheit im skulpturalen Aufbau und durch sinnlichere Modellierungen auffallen. In der Ausstellung wird jene Phase durch Theodor Kalides (1801–1863) »Bacchantin auf dem Panther« (1844–48) – heute nur noch als Torso erhalten – verdeutlicht: In ihrer wilden, urwüchsigen Bewegtheit, die für die 1840er Jahre ungewöhnlich war, steht die Figurengruppe für die formale Überwindung des Klassizismus.

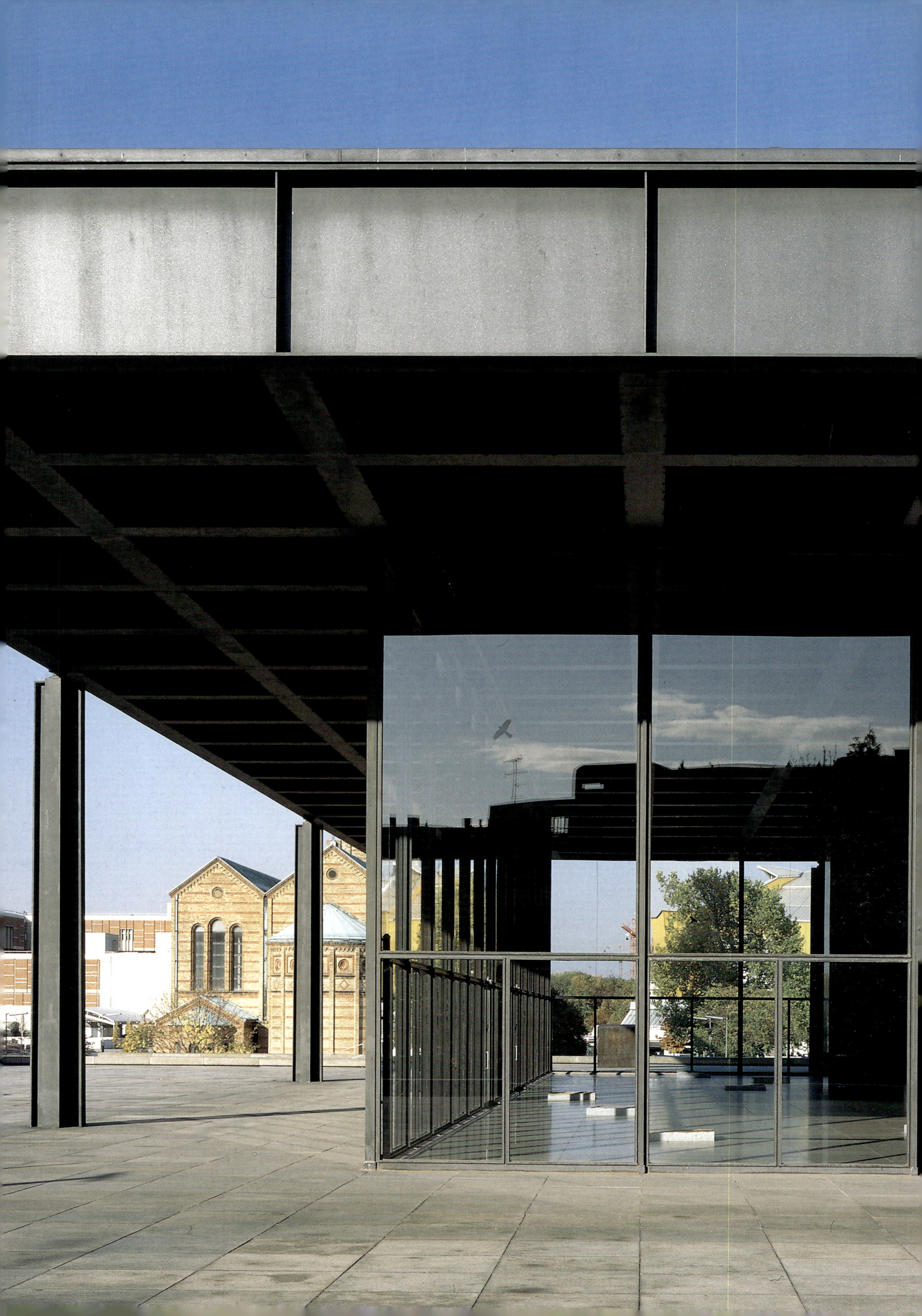

NEUE NATIONALGALERIE

Andres Lepik

In Erinnerung an die verlorengegangene Sammlung zeitgenössischer Kunst der Nationalgalerie im Kronprinzen-Palais beschloß der Magistrat von Groß-Berlin schon im November 1945 die Gründung einer städtischen Galerie des 20. Jahrhunderts; aus ihrer späteren Fusion mit den von den Kriegsauslagerungen nach Westberlin zurückgekehrten Beständen der Nationalgalerie ging die Sammlung der Neuen Nationalgalerie hervor. Als Leiter der neu eingerichteten Galerie des 20. Jahrhunderts wurde Adolf Jannasch eingesetzt, der sich in seiner Tätigkeit von dem inzwischen 70jährigen Ludwig Justi, dem ehemaligen Direktor der Nationalgalerie, beraten ließ. Ein bescheidener Ankaufsetat ermöglichte bereits in den 1940er Jahren den Erwerb von Kunstwerken, die bis 1949 im Staatsratssaal des Berliner Stadtschlosses präsentiert wurden. Mit Spaltung der Stadt im Jahre 1948 wurde auch dieser erste Bestand der Galerie aufgeteilt; die baldige Neubegründung der Galerie im Westen Berlins – wiederum unter der Leitung von Jannasch – ermöglichte jedoch die rasche Wiederaufnahme der Erwerbstätigkeit: Bedeutende Werke von Munch, Grosz, Dix und Beckmann gelangten in dieser Zeit in die Sammlung. Die Ankaufspolitik zielte einerseits darauf, bedeutende Werke der Vorkriegszeit nach Berlin zu bringen oder zurückzuholen, aber auch Arbeiten der sich wieder konstituierenden Kunstszene Berlins wurden gekauft. 1954 zog die Galerie des 20. Jahrhunderts in das ehemalige Landwehrkasino in der Jebensstraße.

1953 kehrten auch die Werke der 1948 aufgespaltenen Sammlung der Nationalgalerie aus den Sammellagern in Wiesbaden und Celle in den Westteil Berlins zurück und wurden provisorisch in Dahlem ausgestellt. Leopold Reidemeister übernahm 1957 das Amt des Generaldirektors der Berliner Museen und des Direktors der Nationalgalerie. In seiner Amtszeit fanden die nun in Westberlin aufbewahrten Werke der Nationalgalerie 1959 ihre erste Aufstellung in der Orangerie des Charlottenburger Schlosses. Der andere, in Ostberlin verbliebene Teil der Sammlung der Nationalgalerie kehrte zur gleichen Zeit auf die Museumsinsel zurück und wurde dort in den wiederhergestellten Räumen der Nationalgalerie präsentiert.

Mit dem städtebaulichen Entwurf eines »kulturellen Bandes« für Berlin, das vom Schloß Charlottenburg bis zur Museumsinsel reichen sollte, gab Hans Scharoun im Jahre 1957 den Anstoß für die Errichtung eines neuen Kulturforums am südlichen Tiergartenviertel. Dieses Quartier war vor dem Krieg von den Nationalsozialisten für die Planung von Albert Speers Nord-Süd-Achse von der historistischen Bebauung geräumt worden. Jetzt wurde für die freien Flächen eine Versammlung neuer Kulturbauten geplant. Den ersten Bau, die Philharmonie, realisierte Scharoun zwischen 1960 und 1963 am Nordrand des geplanten Forums. Nach 1961 mußte mit dem Mauerbau die Hoffnung, den Standort Museumsinsel auch für die Nationalgalerie bald wiedergewinnen zu können, bis auf weiteres aufgegeben werden. Der weitere Ausbau des Kulturforums gewann damit insgesamt den Anspruch eines zeitgenössischen Gegenentwurfs zur historischen Museumsinsel.

Schon 1961 gelang es Bausenator Schwedler und seinem Baudirektor Werner Düttmann, den 1938 nach Amerika ausgewanderten Ludwig Mies van der Rohe zu einem Besuch in Berlin zu bewegen. Ihm wurden mehrere mögliche Bauprojekte und Standorte zur Auswahl gestellt: eine Museumsplanung im Raum des Schlosses Charlottenburg, die Entwicklung eines universitären Forums in Dahlem oder der Entwurf eines Kulturzentrums an der Matthäikirche. Mies entschied sich für den Bau einer Galerie des 20. Jahrhunderts am Kulturforum. In den 1930er Jahren hatte Mies ganz in der Nähe, Am Karlsbad 24, sein Büro gehabt und von dort aus den ersten Teil seiner Karriere aufgebaut.

Mit Gründung der Stiftung Preußischer Kulturbesitz 1957 entstand die Idee, die bestehende Sammlung der städtischen Galerie des 20. Jahrhunderts im geplanten Bau einer »Neuen« Nationalgalerie gemeinsam mit den zurückgekehrten Beständen der Nationalgalerie zu verbinden und in dieser Vereinigung die Kräfte für den Aufbau einer Sammlung neuer Kunst in einer Institution zu bündeln. Als erster Direktor der Nationalgalerie wurde Werner Haftmann berufen. Er brachte in den folgenden Jahren mit seiner Ankaufs- und Ausstellungspolitik die Nationalgalerie wieder auf ein internationales Niveau.

Da Mies van der Rohe bereits sehr krank war, als er das Bauprojekt übernahm, stand der Planungsprozeß von Anfang an unter hohem zeitlichem Druck. Mit intensiver Unterstützung von politischer Seite gelang es, die Neue Nationalgalerie bis 1968 fertigzustellen. Für Mies bedeutete der Auftrag in mehrfacher Hinsicht die Erfüllung einer beinah lebenslangen Entwicklungsperspektive. Er hatte zwar schon in den zwanziger Jahren in Berlin Villen für Kunstsammler gebaut, doch während seiner ganzen weiteren Karriere keinen eigenständigen Museumsbau realisieren können. In seinem letzten, noch zu Lebzeiten realisierten Projekt, dem er sich

Obere Halle, Ansicht von der Terrasse, im Hintergrund die Matthäikirche (Architekt: Friedrich August Stüler) am Kulturforum. Fotografie: Stefan Müller, 1999

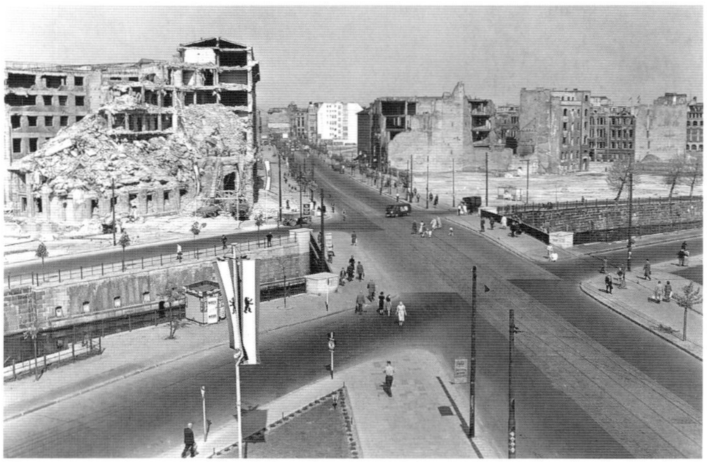

Blick auf die Potsdamer Brücke über den Landwehrkanal nach den Zerstörungen im Zweiten Weltkrieg, 1952

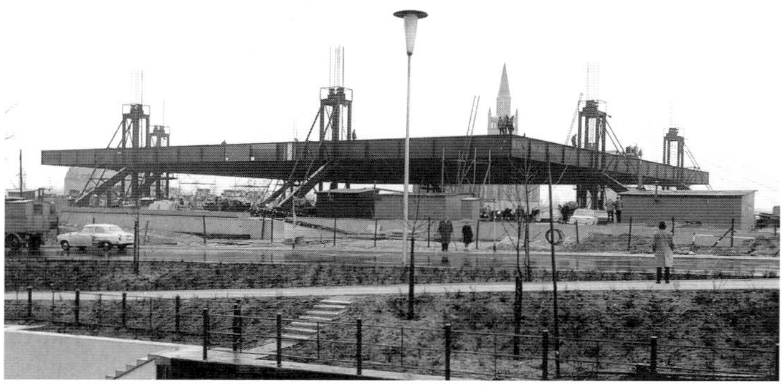

Die Stahldachkonstruktion wird mit Hilfe von hydraulischen Pressen angehoben, 1967

mit großer Aufmerksamkeit widmete, zog er die Summe seiner Erfahrungen. Die Idee großer, allseits freier Räume, deren Begrenzung gegenüber ihrem Umfeld beinahe aufgehoben ist, war für Mies seit den zwanziger Jahren ein Leitmotiv seiner Planungen. In der Neuen Nationalgalerie brachte er die Idee eines leicht über dem Boden erhobenen, allseits verglasten Raumes in monumentaler Größe und Reinform zur Realisierung. Zwei kurz zuvor entstandene, aber nicht ausgeführte Projekte, einmal das Projekt eines Museums für die Sammlung Schäfer in Schweinfurt, zum anderen den Entwurf für das Verwaltungsgebäude von Bacardi in Kuba, griff er darin noch einmal auf und steigerte seine Raumideen zu einer noch höheren, absoluten Form.

Das Alte Museum von Schinkel mag für Mies die Meßlatte seiner eigenen Ansprüche an die neue Entwicklung eines Museumsbaus gewesen sein. Er legte jedoch Wert darauf, daß Architektur stets der Ausdruck des »raumgefaßten Zeitwillens« sei und somit mußte auch der Bau der Neuen Nationalgalerie eine Antwort auf die Gegenwart finden und über die eigene Zeit hinaus verweisen. Zweifellos galt das Hauptinteresse von Mies der oberen Halle, der perfekten Durchgestaltung dieses gläsernen Pavillons. Seine konstruktive Einzigartigkeit – es war seinerzeit die größte freitragende Stahlkonstruktion in Europa – wird bewußt und doch mit Zurückhaltung zur Schau gestellt. Kein vergleichbarer Raum dieser Dimension, vollkommener Proportion und nahezu absoluter Ausschaltung aller funktionaler Details ist je wieder gebaut worden.

Am 15. September 1968 wurde die Neue Nationalgalerie feierlich eröffnet. Die erste Ausstellung in der oberen Halle galt Piet Mondrian, die ständige Sammlung zeigte Werke von der Romantik bis zur Gegenwart. Ab 1975 übernahm Dieter Honisch die Leitung der Neuen Nationalgalerie, setzte den Anspruch Haftmanns an die Sammlung erfolgreich fort und prägte neue Profile. Die erfolgreiche Wiederbegründung des Vereins der Freunde der Nationalgalerie im Jahre 1977 ist eines der bedeutenden Verdienste Honischs. Mit dem Verein war ein Instrument geschaffen, um bedeutende Ankäufe, gelegentlich auch Rückkäufe von Bildern, die vor 1937 im Besitz der Nationalgalerie waren und durch die Aktion »Entartete Kunst« veräußert wurden, zu realisieren. Einer der spektakulärsten Ankäufe unter Honisch war 1982 der Erwerb von Barnett Newmans »Who's Afraid of Red, Yellow and Blue«. Mit Hilfe der Freunde der Nationalgalerie konnte auch 1995 das Gemälde »Die Skatspieler« von Otto Dix in einer einmaligen Anstrengung erworben werden. Schenkungen wie Teile der Cobra-Sammlung von Otto van de Loo stellten weitere bedeutende Ergänzungen dar.

Die obere Halle der Neuen Nationalgalerie, anfangs von manchen als für Kunstausstellungen unbespielbar bezeichnet, wurde in den ersten zwei Jahrzehnten allzu oft mit kläglichen Stellwand-

Treppenhalle mit Verkaufsstand im Untergeschoß. Fotografie: Reinhard Friedrich, 1968

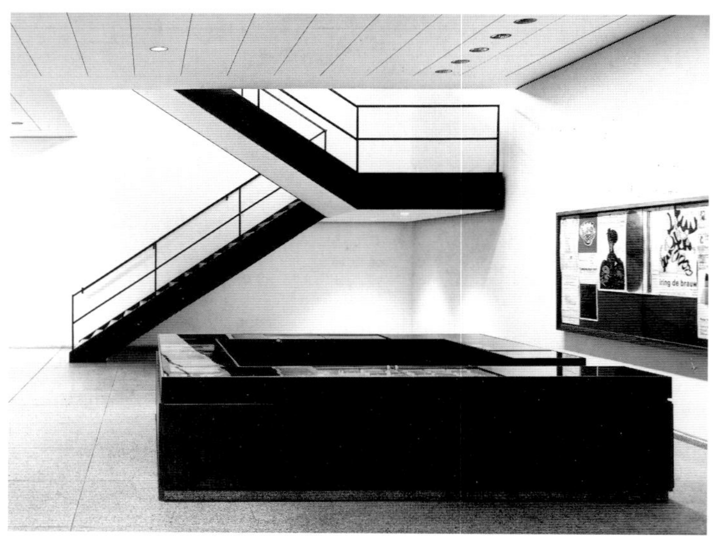

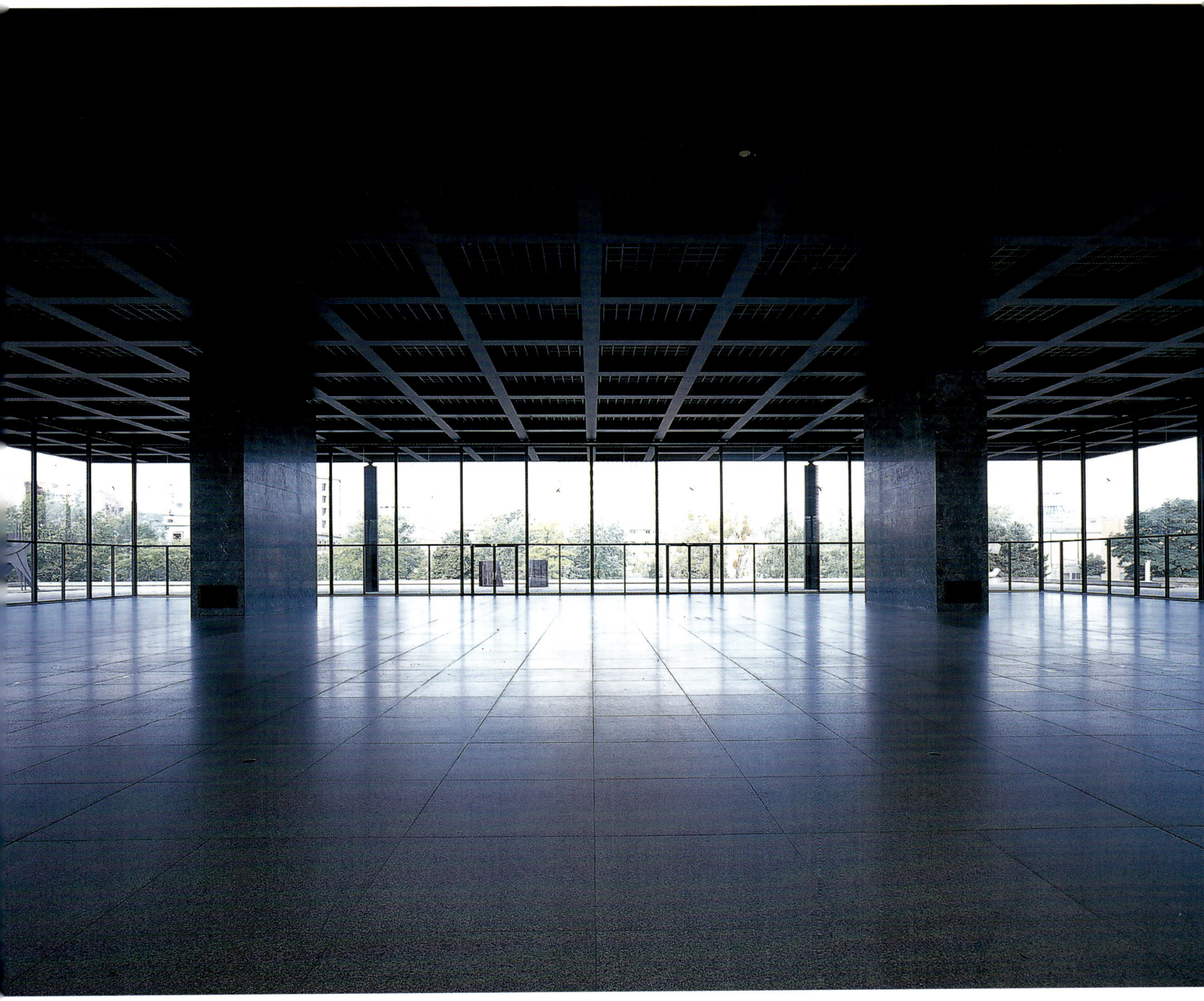

Innenansicht der oberen Halle. Fotografie: Roman März, 1999

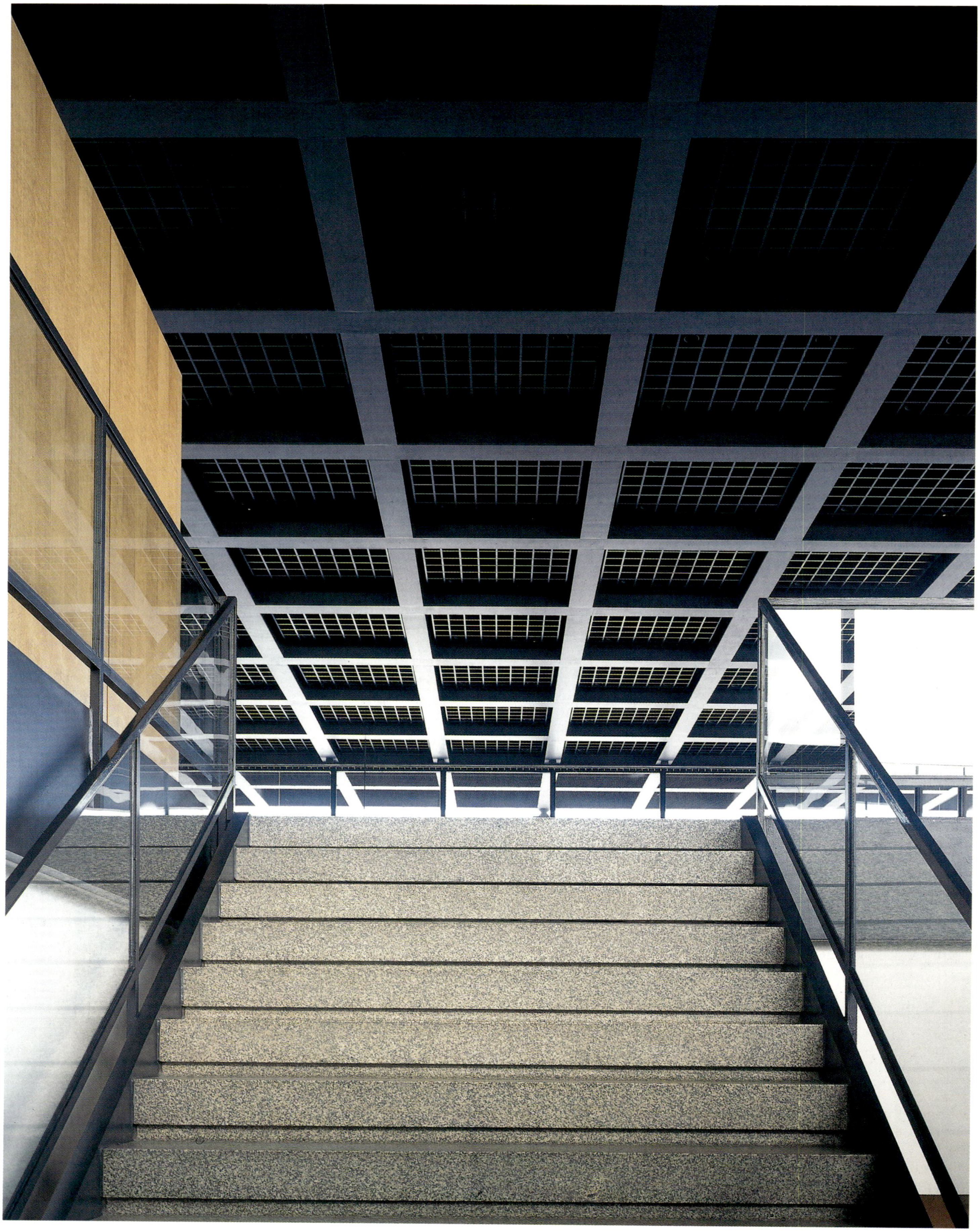

Treppenaufgang zur oberen Halle mit Kassettendecke. Fotografie: Christian Gahl, 1998

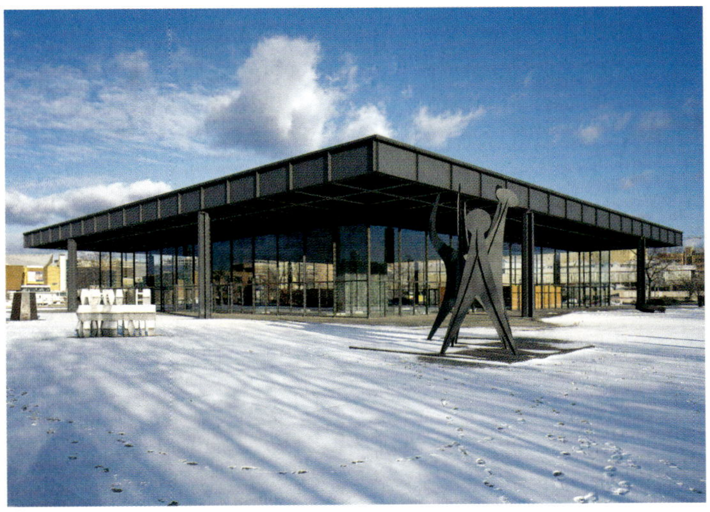

Blick von der Terrasse auf die obere Halle, im Vordergrund »Têtes et queue«, 1965, von Alexander Calder. Fotografie: Christian Gahl, 1998

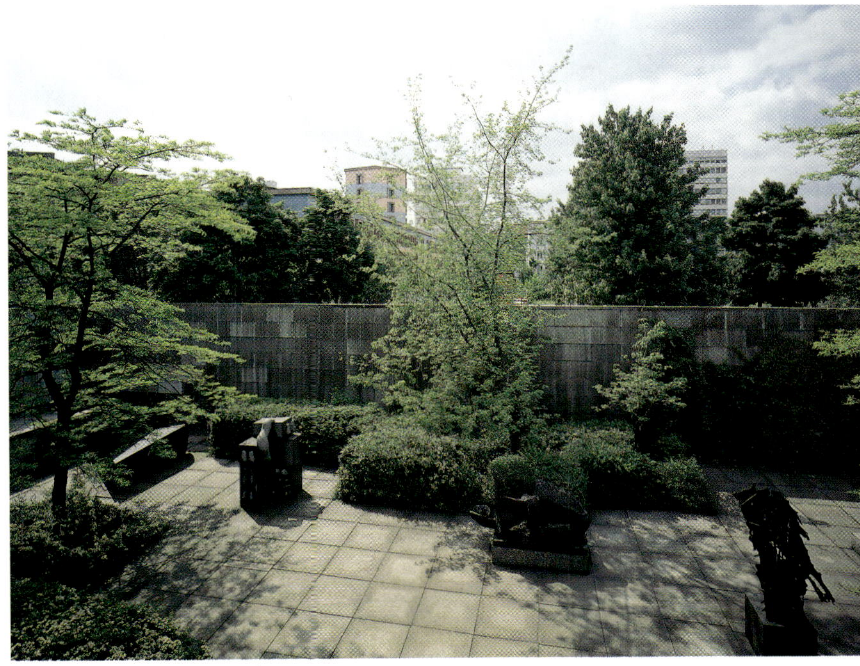

Blick in den Skulpturengarten. Fotografie: Gerhard Murza, 1994

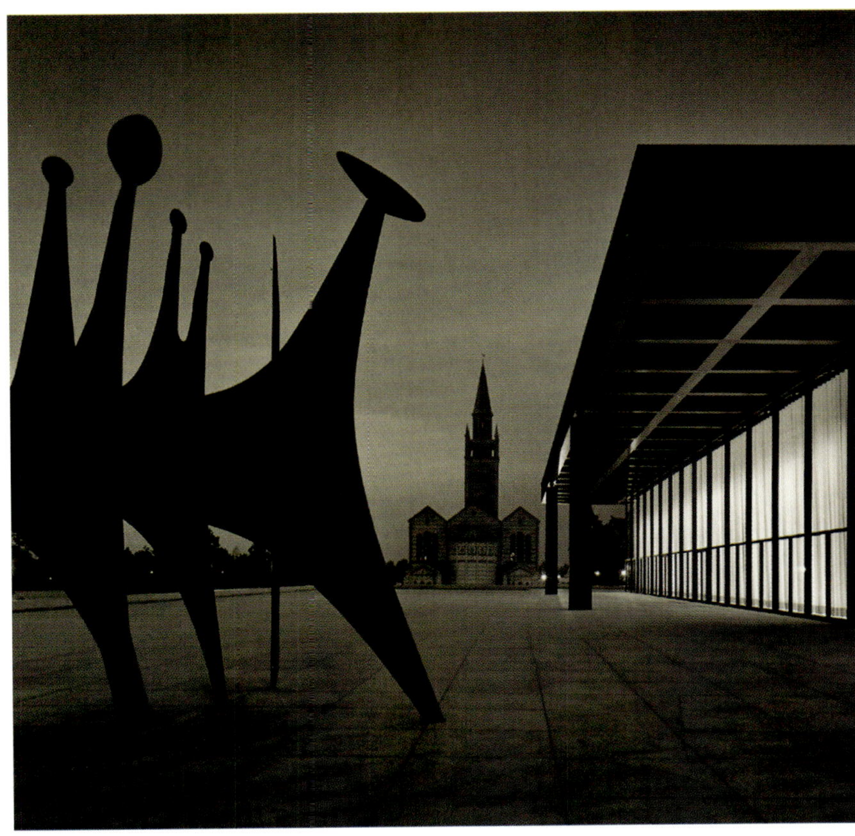

Obere Halle bei Nacht, Blick von der Terrasse. Fotografie: Christian Gahl, 1998

systemen verbaut, um hier Hängeflächen für die Präsentation zu gewinnen. Die Vorhänge vor den großen Glaswänden, von Mies nur mit größtem Widerstand als konservatorische Notwendigkeiten zugestanden, blieben über lange Zeit auch dann geschlossen, wenn es nicht notwendig war. Erst im Lauf der Zeit wurde die Halle in ihrer Klarheit, Offenheit und Weite als Herausforderung für raumgreifende und raumbezogene Künstler und Präsentationen entdeckt. Gegen Ende der 1990er Jahre zeigte sich – mit Installationen von Ulrich Rückriem (1998/99) bis hin zu Jenny Holzer (2001) – in aller Deutlichkeit, daß der äußerste Anspruch der Architektur Mies van der Rohes auch ein unbestechlicher Prüfstein für die darin gezeigte Kunst ist.

Dieter Honisch stellte sich der Aufgabe, als Direktor der Neuen Nationalgalerie nach 1991 die Vereinigung der Sammlungsbestände der Nationalgalerie in Ost und West voranzubringen und darüber hinaus die in dieser Zeit hinzuwachsenden Abteilungen – die Sammlung Berggruen wie auch den Hamburger Bahnhof – mit einzurichten. 1997 löste ihn Peter-Klaus Schuster, zuvor bereits von 1994 bis 1997 Direktor der Alten Nationalgalerie, als Direktor der Nationalgalerie ab. Nach einjähriger Tätigkeit in München übernahm Peter-Klaus Schuster 1999 die Doppelaufgabe des Generaldirektors der vereinigten 17 Staatlichen Museen zu Berlin und des Direktors der Nationalgalerie. Mit der Ausstellung »Das XX. Jahrhundert. Ein Jahrhundert Kunst in Deutschland«, die sich auf die Häuser Altes Museum, Neue Nationalgalerie, Hamburger Bahnhof und Kunstbibliothek verteilte, führte Schuster im Jahre 1999/2000 erstmals die wechselseitige Durchdringung der Sammlungsteile der auf mehrere Häuser verteilten Nationalgalerie in ihrer Gesamtheit vor.

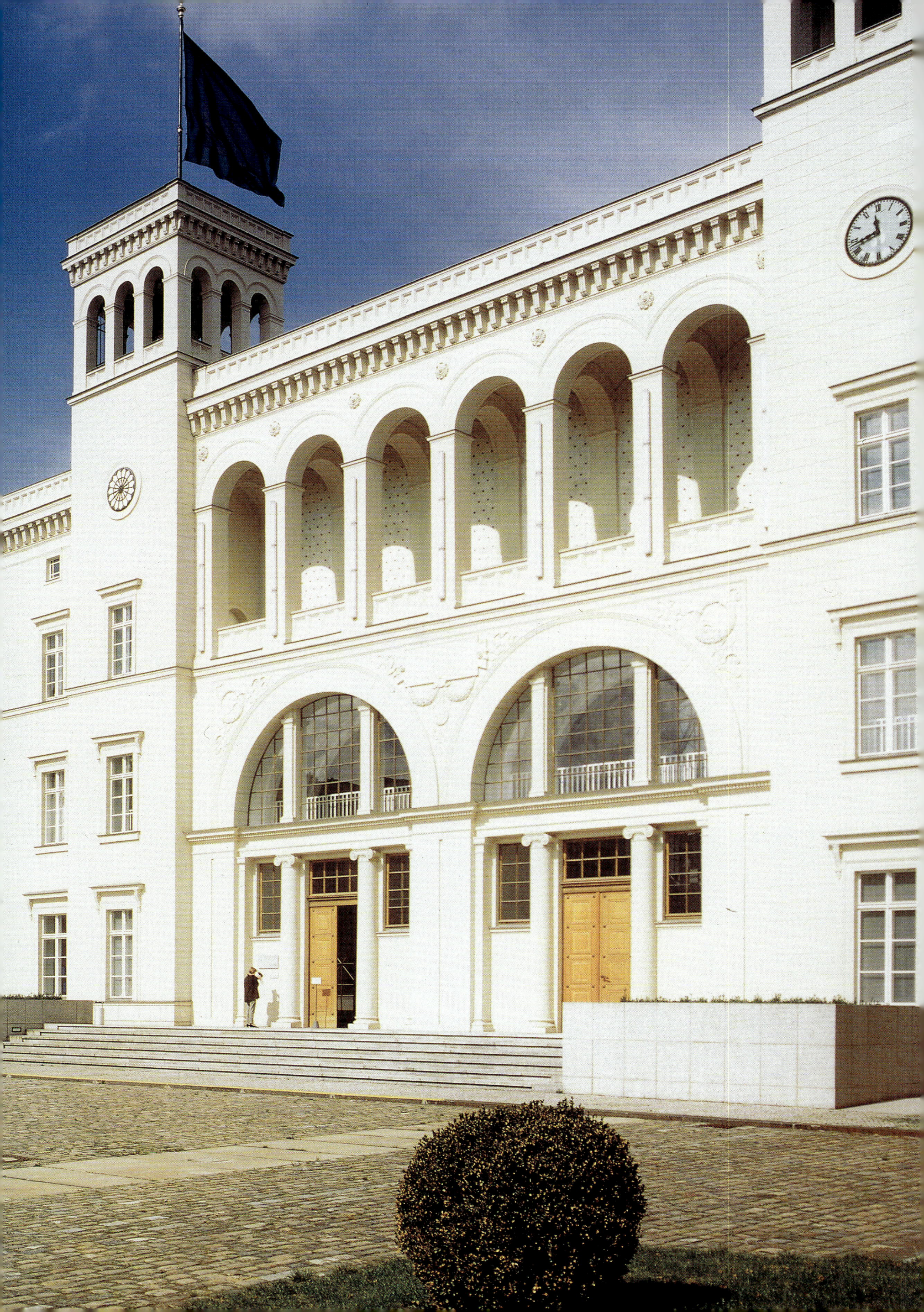

HAMBURGER BAHNHOF

MUSEUM FÜR GEGENWART

Eugen Blume

Das Mitte des 19. Jahrhunderts entstandene, ab 1906 als Museum für Verkehr und Bau genutzte Gebäude wurde von dem Architekten Josef Paul Kleihues umgebaut, der im Sinne seiner »kritischen Rekonstruktion« die ehemals stark ornamentierten, gründerzeitlichen Räume in sachliche Ausstellungshallen verwandelte. Im November 1996 eröffnete die Nationalgalerie mit der Sammlung Marx das neugestaltete Haus mit Hauptwerken aus beiden Sammlungen, wobei Erich Marx in Würdigung seines Lebenswerkes als Sammler die größere Ausstellungsfläche zugestanden wurde. Von Anbeginn wurde das Museum für Gegenwart als ein lebendiges Haus mit wechselnden Präsentationen – insbesondere auch von Teilen der Sammlungen des Kupferstichkabinetts, der Kunstbibliothek, der Nationalgalerie und des Kunstgewerbemuseums der Staatlichen Museen – verstanden. Für dieses interdisziplinäre, den Erfordernissen gegenwärtiger Kunst angemessene Konzept bilden vor allem die Bestände der Sammlung Marx eine hervorragende Basis, die mit den in Deutschland einmaligen Werkgruppen von Joseph Beuys, Andy Warhol, Cy Twombly, Robert Rauschenberg und Anselm Kiefer die internationale Moderne des späten 20. Jahrhunderts auf ganz besondere Weise erlebbar werden lassen.

Die im Untergeschoß des Westflügels aufgestellten großen Skulpturen von Joseph Beuys, der maßgeblich an der Entwicklung eines neuen Werk- und Kunstbegriffs gearbeitet hat, vermitteln auf beeindruckende Weise den gesamten Kosmos seiner Ideenwelt. In dem von der Nationalgalerie 1977 erworbenen Environment »Richtkräfte«, das sich ideal mit den Werken aus der Sammlung Marx verbindet, sind seine auf 100 Tafeln niedergeschriebenen Vorstellungen von einer neuen Gesellschaft als soziale Plastik gleichsam in einem geheimen Archiv vereint. Im Zentrum des Raumes lagern die großen Segmente der Skulptur »Unschlitt/Tallow« von 1977, davor die Eisenteile der autobiographischen Erinnerungsskulptur »Straßenbahnhaltestelle« von 1976 und das mehrteilige, überwiegend aus 21 Basaltstelen bestehende Werk »Das Ende des 20. Jahrhunderts«, um nur einige der zahlreichen plastischen Arbeiten von Joseph Beuys zu nennen. Nicht weniger bedeutend ist der »Secret block for a secret person in Ireland«, ein aus 456 Blättern bestehendes Zeichnungskonvolut, das zu den wichtigsten Quellen der Werke von Beuys und zu den bedeutendsten zeichnerischen Arbeiten des 20. Jahrhunderts zählt.

Das Werk von Joseph Beuys wird ergänzt durch eine Sammlung von Filmen, die in dem Joseph Beuys Medien-Archiv dem Publikum zur Verfügung stehen. Das Archiv wurde am 5. November 1996 eröffnet mit der Uraufführung eines von Nam June Paik initiierten Videodiptychons über die einstündige Performance »Coyote III« in Tokyo 1984 und mit einer Joseph Beuys zum sechzigsten Geburtstag gewidmeten Partitur von John Cage.

In der neu erbauten Ostgalerie des Hamburger Bahnhofs ist es gelungen, die »Combine Paintings« von Robert Rauschenberg, die skripturale Malerei von Cy Twombly, die aus der Comic-Zeichnung abgeleitete Pop-Malerei von Roy Lichtenstein und die aufregenden Erfindungen von Andy Warhol zu einer Grande Galerie der späten amerikanischen Malerei nach dem sogenannten abstrakten Expressionismus zu vereinen.

In der großen, im Stile der Industriearchitektur des 19. Jahrhunderts erbauten Haupthalle begegnen sich die größten raumgreifenden Werke der Sammlung der Nationalgalerie und der Sammlung Marx: die gewaltige, eine überdimensionale Bibliothek aus Bleibüchern darstellende »Volkszählung« von Anselm Kiefer, der 1996 für diesen Raum aus grünem Schiefer geschaffene »Berlin Circle« des englischen Land Art-Künstlers Richard Long, der aus weißen Zementsteinen hoch aufgemauerte »Cube without a Corner« von Sol LeWitt, eines der größten Iglus von Mario Merz als gläsernes Gebäude für die verrinnende, in Zahlen und Wasser symbolisierte Zeit und die radikal auf ihre eigenen Maß- und Materialverhältnisse begrenzten minimalistischen Skulpturen von Donald Judd.

Die Hinwendung des Sammlers Erich Marx zur jüngeren amerikanischen und europäischen Kunst zeigen unter anderem Werke von Bruce Nauman, wobei beispielsweise in der »Animal Pyramid« von 1989 – einer kritischen Auseinandersetzung mit gesellschaftspolitischen Themen – die Nähe zu den sozialplastischen Werken von Joseph Beuys spürbar ist. Die Werke von Julian Schnabel, Jean-Michel Basquiat, Ross Bleckner, Peter Halley, die neuen interdisziplinären Konzepte der den Pop-Künstlern nachfolgenden Generation um Jeff Koons und Matthew Barney, aber auch der Fotokünstlerin Cindy Sherman dokumentieren in eindrucksvollen Beispielen die Fortentwicklung der amerikanischen Kunst. Zudem hat Marx den melancholischen Realismus der italienischen Transavanguardia mit Sandro Chia, Francesco Clemente und Enzo Cucchi in wichtigen Werkgruppen sowie auch die sogenannte Neue Wilde Malerei deutscher Künstler mit Werken von Rainer Fetting in sein Sammlungskonzept einbezogen.

Vorhof und Eingangsfassade mit Neoninstallationen von Dan Flavin, 1996. Fotografie: Christoph Köster, 1997

Die Grundidee des Hauses ist langfristig gesehen der Versuch, den Entwicklungen der Kunst seit den frühen 1960er Jahren auch institutionell nachzufolgen. Der sich in dieser Zeit herausbildende – am vehementesten von Joseph Beuys vorgetragene – erweiterte Kunstbegriff mußte auf die tradierten Ordnungen der Institution Museum verändernd einwirken. Gerade zu Beginn des 21. Jahrhunderts stellt sich wiederum die Frage, welcher Gestalt ein Museum der Gegenwart nachfolgen muß. Es bleibt, um der Konvention Museum gerecht werden zu können, die Aufgabe, die historischen Entwicklungen jenseits des Zeitgeschmacks in gültigen Beispielen zu sammeln und auszustellen.

Für den Hamburger Bahnhof beginnt die Gegenwart in den 60er Jahren des 20. Jahrhunderts, einer Zeit, in der sich die von Marcel Duchamp gegen 1911 entwickelte Vorstellung einer intellektualisierten, auf geistigen Konzepten beruhenden Kunst in unterschiedlichen Gestalten auszubreiten begann. Das wichtigste Kennzeichen dieser Kunst ist die Aufhebung aller Grenzen. Die radikale Erweiterung künstlerischen Handelns erfolgt nicht nur auf dem Gebiet der verwandten Gattungen, Musik, Theater, Literatur und Film, sondern auch in den bildnerischen Operationen auf dem Feld der Geistes- und Naturwissenschaften. Keine deutsche Sammlung vermag die Entwicklung des sogenannten Environments mit einer vergleichbaren Zahl von Werken zu dokumentieren wie die Nationalgalerie. Sie erwarb im Laufe der Zeit insgesamt fünfzehn Künstlerräume von Jannis Kounellis, Wolf Vostell, Bob Wilson, Rebecca Horn, Reinhard Mucha, Raimund Kummer, Bogomir Ecker, Edward Kienholz, Nikolaus Lang, Martin Rosz, Lothar Baumgarten, Johan Grimonprez, Bill Viola, John Cage, Rolf Julius und Marcel Broodthaers.

Besonders die Erwerbungen für den Raum »Le Corbeau et le Renard« des belgischen Künstlers Marcel Broodthaers ermöglichen die anschauliche Ausbreitung des innerhalb der Künstler-

Blick in die Ausstellung »Joseph Beuys Editionen« im Westflügel. Fotografie: Roman März, 1999

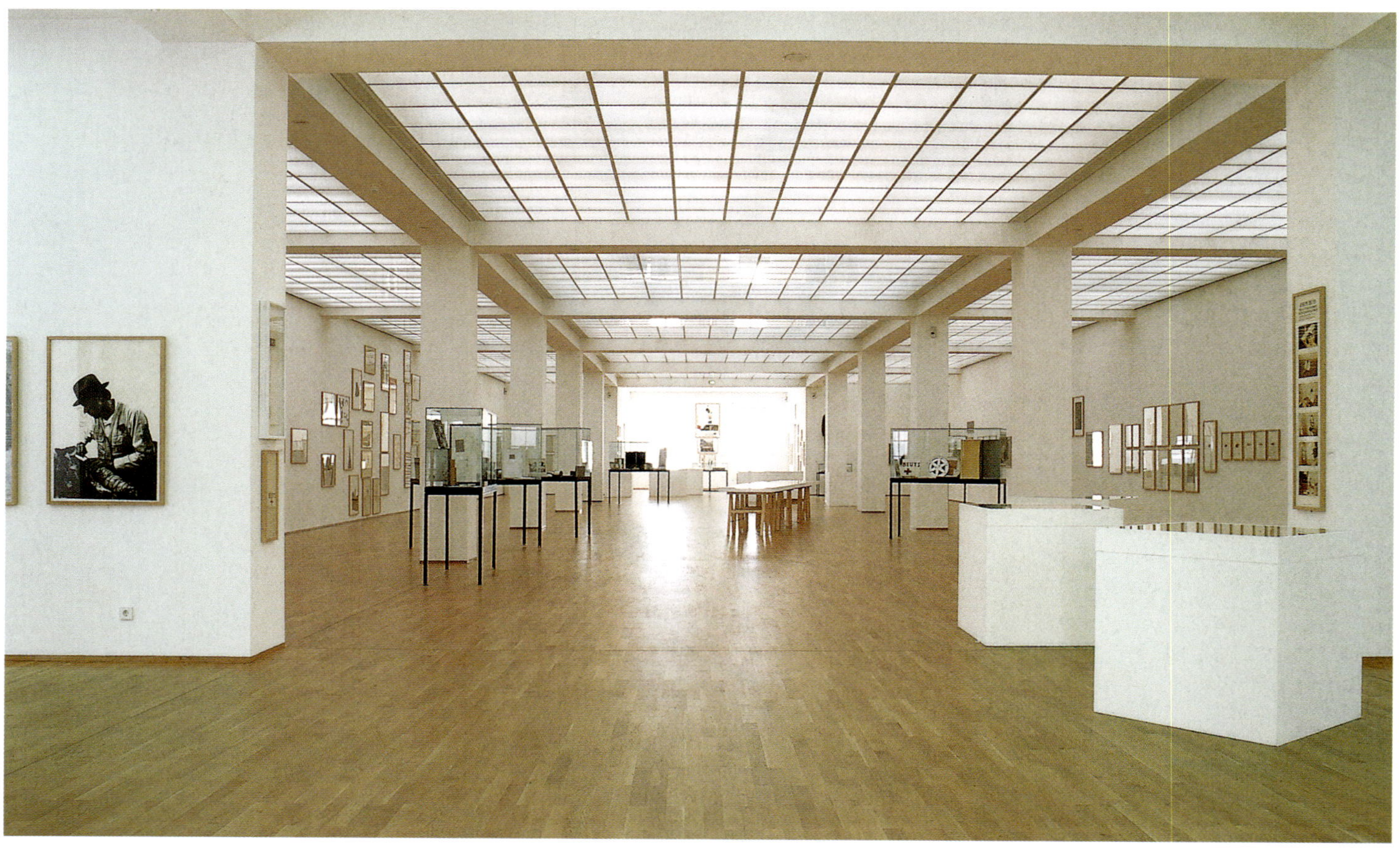

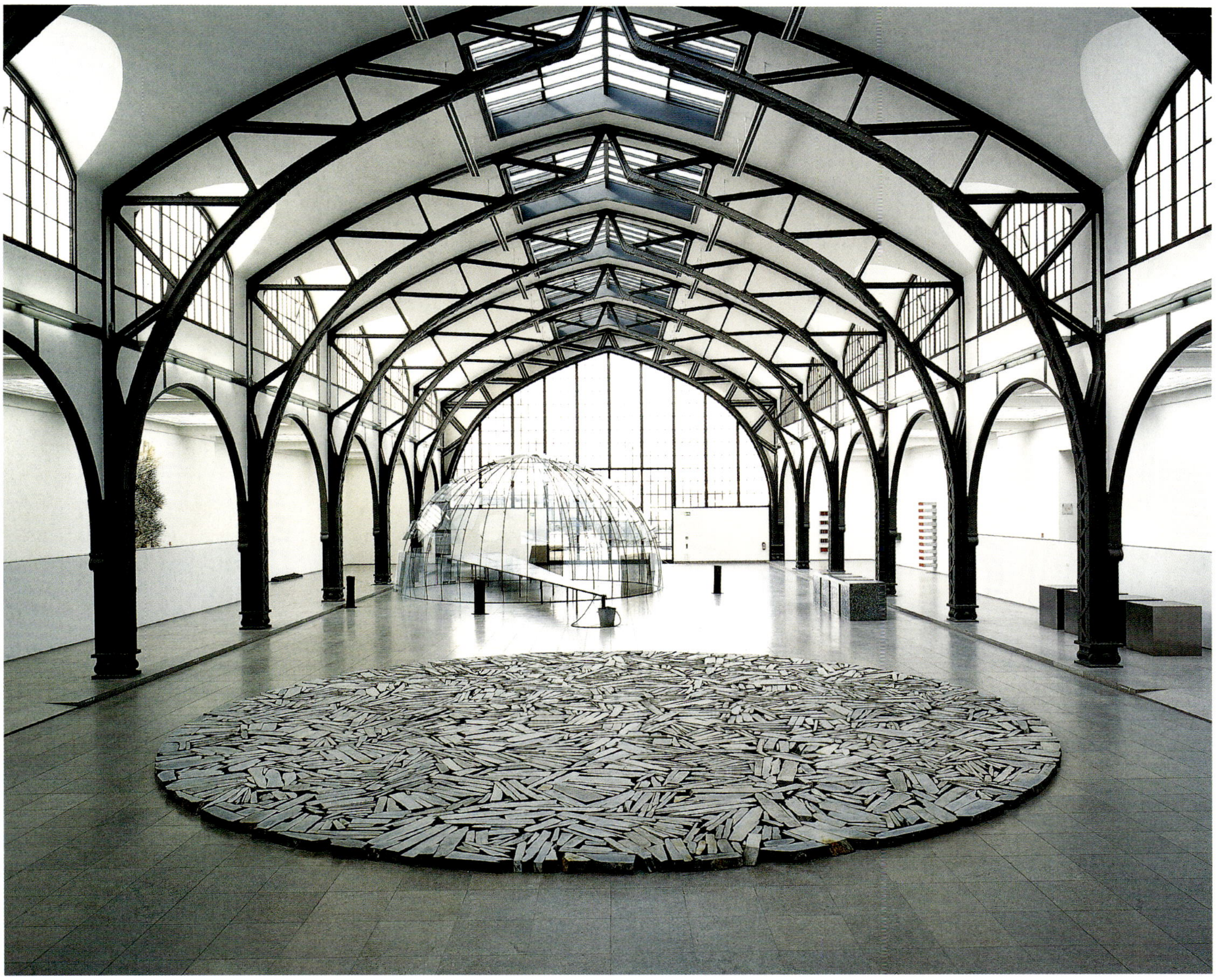

Große Halle mit »Berlin Circle«, 1996, von Richard Long und »Goccia d'Acqua«, 1987, von Mario Merz. Fotografie: Jens Ziehe, 1997

schaft geführten Diskurses über künstlerische Bewegungsformen. Broodthaers zählt zu den wichtigsten Konzeptkünstlern in der zweiten Hälfte des 20. Jahrhunderts, der sein aus der Dichtung und dem Film hergeleitetes poetisches Modell als eine streng in der Kunst verbleibende hermetische Form den ins Soziale und Politische hineinführenden Erweiterungsauffassungen von Joseph Beuys gegenüberstellte. Mit dem Raum um den Film »Le Corbeau et le Renard« ist es möglich, diesen Diskurs innerhalb der Museumspräsentation anschaulich werden zu lassen.

Mit der Erwerbung der Sammlung Marzona gelang es der Nationalgalerie 2001, weitere Lücken zu schließen. Der von Egidio Marzona aufgebauten Sammlung – dezidiert ausgerichtet auf die sogenannten ABC-Künste, Concept Art, Land Art, Minimal Art und Arte povera – ist ein Archiv zur Konzeptkunst zugehörig, das weltweit seinesgleichen sucht. Dieses Archiv ermöglicht es, im Sinne der Idee eines Museums für Gegenwart ein Forschungsarchiv »Erweiterter Kunstbegriff« aufzubauen, in das die bereits vorhandenen entsprechenden Archive, besonders die Videoarchive, einfließen.

Noch vor der Eröffnung des Hamburger Bahnhofs gelang es, mit Hilfe des Vereins der Freunde der Nationalgalerie, durch verschiedene Ankäufe von Videoarbeiten diese jüngere Kunstentwicklung an wichtigen Beispielen aufzuzeigen. Die Sammlung beinhaltet beispielsweise eine der bedeutendsten frühen meditativen Arbeiten des amerikanischen Videokünstlers Bill Viola, »He weeps for you« von 1976, und Gary Hills wichtige Arbeit »Crux« von 1983–87, aber auch Arbeiten deutscher Videokünstler wie Ulrike Rosenbach, Marcel Odenbach und Klaus vom Bruch. Ohne den Vater der Videokunst, den Koreaner Nam June Paik, ist die Entwicklung allerdings nicht schlüssig darstellbar. So ist es ein

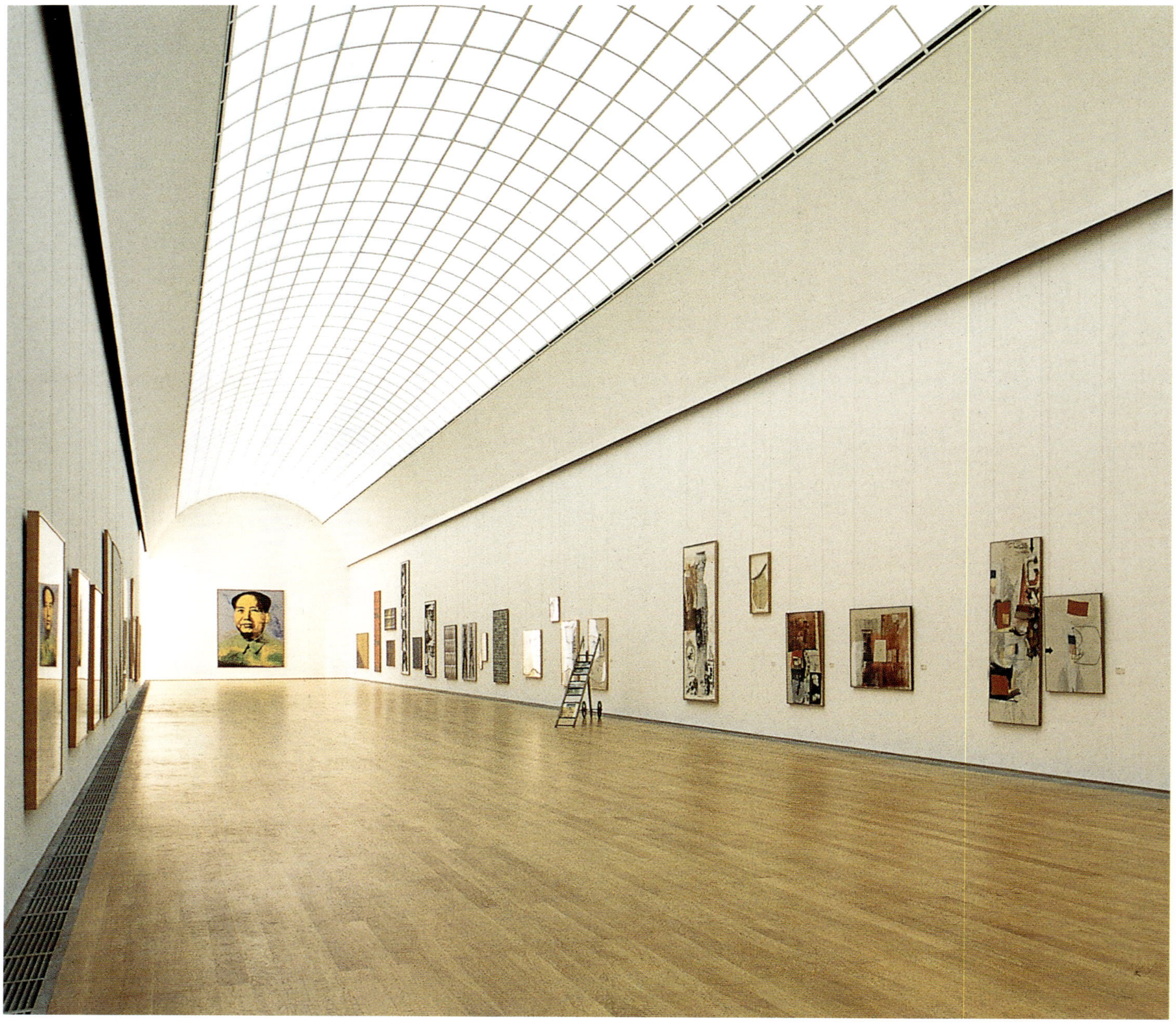

Ostgalerie mit Werken von Robert Rauschenberg und Andy Warhol. Fotografie: Jens Ziehe, 1997

besonders glücklicher Umstand, daß die Nationalgalerie wichtige Werke aus der ersten von Paik 1963 in Wuppertal inszenierten Ausstellung besitzt. Durch die Schenkung Steiner, einer umfangreichen Sammlung von Videofilmen aus den siebziger Jahren mit zwölf der wichtigsten 35mm-Filme des belgischen Künstlers Marcel Broodthaers und den Hauptwerken des Filmemachers Hans Jürgen Syberberg, hat sich die mit den Filmen von Joseph Beuys begonnene Sammlung von Künstlerfilmen beachtenswert erweitert.

Auch die Klangskulptur, eine seit John Cages Erweiterung des Musikbegriffs zunehmend wichtige Möglichkeit der Verbindung

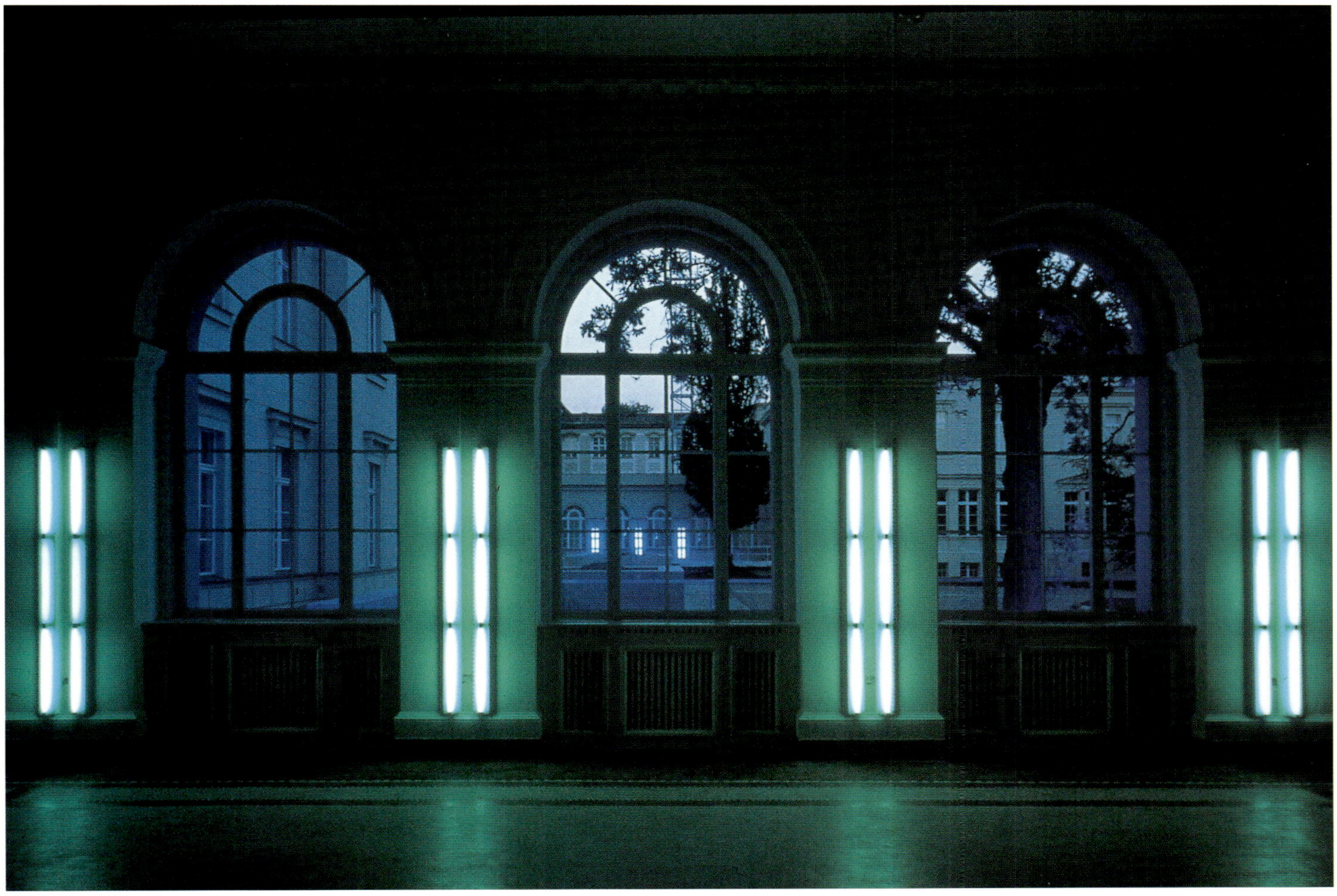

Fensterfront im Seitenflügel mit fluoreszierender Neoninstallation von Dan Flavin, 1996. Fotografie: Jens Ziehe, 1997

von Musik und Bildender Kunst, wird in der Sammlung der Nationalgalerie zunächst durch drei Künstler vertreten: Bernhard Leitner, Christina Kubisch und Rolf Julius. Dieses »Crossing« von Musik und Bildender Kunst ist auch das Anliegen einer Konzertreihe, die in Zusammenarbeit mit anderen Kultureinrichtungen wie dem DAAD, der Musikbiennale oder den Berliner Festspielen sehr erfolgreich Kompositionen von Dieter Schnebel, John Cage, Morton Feldman, Terry Riley und anderen Klangkünstlern präsentiert.

Neben der Präsentation der Sammlungsbestände sowie interdisziplinären Veranstaltungen und Symposien sind es vor allem Sonderausstellungen zur zeitgenössischen Kunst, die dem Haus seine Lebendigkeit verleihen. Im Frühjahr 2000 eröffnete das Museum für Gegenwart unter der Bezeichnung »WerkRaum.« eine permanente Reihe mit Projekten zeitgenössischer Künstler. Dabei geht es nicht um eine retrospektive Hinwendung mit aufwendigen Inszenierungen und Drucksachen, sondern um den experimentellen Charakter, mitunter um das Wagnis einer Erstveröffentlichung eines noch ungesicherten Versuchs. Im engen Zusammenhang mit dem »WerkRaum.« steht die dank der Ferdinand-Möller-Stiftung begonnene Reihe »Künstlerreden«, die es international bekannten Künstlern ermöglicht, ihre Projekte einem interessierten Publikum sprachlich nahezubringen. Die verschiedenen Programmlinien des Hauses verbinden sich zunehmend zu einem lebendigen Museumsorganismus, der seinem Namen »Museum für Gegenwart« in einem sich stetig wandelnden und fortschreitenden Sinne gerecht wird.

Eingangsfassade an der Invalidenstraße. Fotografie: Reinhard Friedrich, 1998

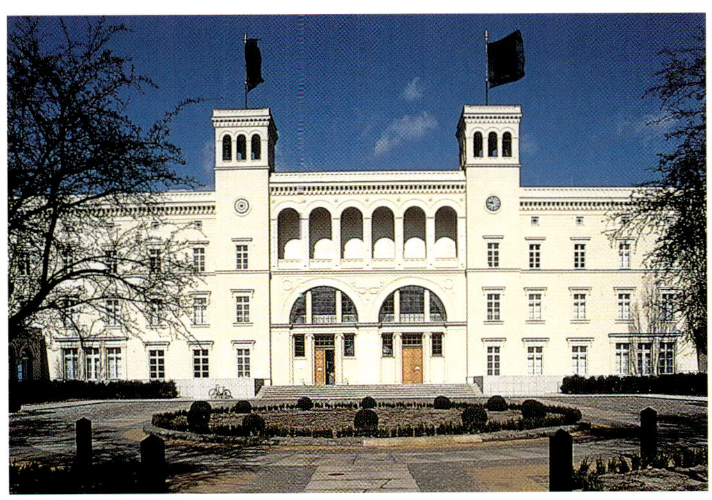

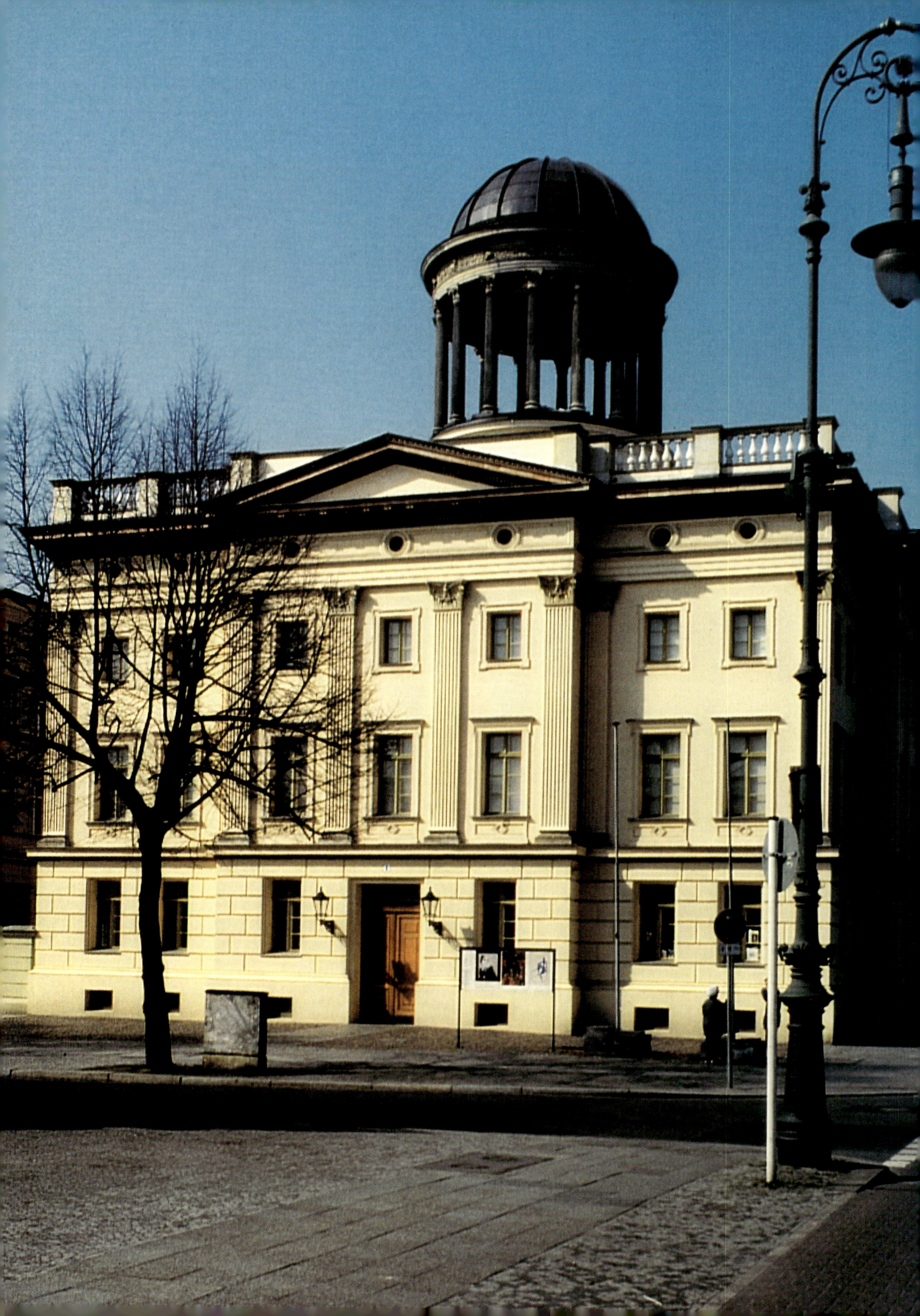

SAMMLUNG BERGGRUEN

PICASSO UND SEINE ZEIT

Hans Jürgen Papies

In Berlin wurde am 6. September 1996 die Privatsammlung klassischer europäischer Moderne des gebürtigen Berliners und Pariser Kunsthändlers Heinz Berggruen der Öffentlichkeit unter der Bezeichnung »Picasso und seine Zeit – Die Sammlung Berggruen« zugänglich gemacht. Bei dem vorausgegangenen Festakt in der Orangerie des Schlosses Charlottenburg, in Anwesenheit des damaligen Bundespräsidenten Roman Herzog, sagte Heinz Berggruen: »Gewiß ist der heutige Tag ein sehr aufregender für mich. [...] Ich bin von Berlin 1936 mit 22 Jahren weggegangen, weil es hier keine Zukunft für mich gab. Mit genau zehn Mark in der Tasche – zehn Mark, das war alles, was eine diabolische Diktatur zugestand – kehrte ich meinem Heimatland den Rücken, und jetzt, sechzig Jahre später, bin ich wieder da. [...] Zur Freude von uns allen, wie ich hoffe, fülle ich ein kleines Museum mit vielen Schätzen der klassischen Kunst unseres Jahrhunderts.«

Eingerichtet wurde diese Privatsammlung klassischer Moderne in Berlin in einem der beiden klassizistischen Zwillingsbauten gegenüber dem barocken Königsschloß Charlottenburg. Der Hohenzollern-Regent Friedrich Wilhelm IV., seit 1840 preußischer König, residierte regelmäßig in diesem Schloß. 1844 beauftragte er den Schinkel-Schüler Friedrich August Stüler mit dem Entwurf zweier markanter Gebäude, mit dem Ziel, den Blick auf die dem Schloß gegenüberliegenden Stallgebäude auf der Südseite des Spandauer Dammes zu verdecken. Die beiden Bauten waren für die Nutzung als Offizierskasernen der Gardes du Corps vorgesehen, zugleich aber sollten sie auch städtebauliche Akzente am Beginn der Schloßstraße setzen.

Stüler entwarf als Pendants dreigeschossige Bauten auf quadratischem Grundriß. Die Fassadengliederung ist auf allen Seiten gleich: Über gequadertem Sockelgeschoß werden die beiden Obergeschosse durch korinthische Pilaster und den von Dreiecksgiebeln überfangenen Mittelrisaliten gegliedert. Einer Anregung Friedrich Wilhelms IV. folgend, wurde jedem der von einer Balustrade eingefaßten Dächer eine von Säulen getragene Kuppel, ein Monopteros, aufgesetzt, wodurch sich eine architektonische Beziehung zur Schloßkuppel ergibt. Ausgeführt werden konnten die Bauten erst in den Jahren 1851 bis 1859.

Nach der Novemberrevolution von 1918 und dem Ende der Monarchie dienten die Gebäude Einrichtungen der Polizei. Im Zweiten Weltkrieg wurden beide Häuser erheblich beschädigt, ihre Wiederherstellung in den Jahren 1953 bis 1958 erfolgte im Inneren in vereinfachten Formen und moderner Bautechnologie. 1960 fanden im westlichen der beiden »Stüler-Bauten« die Objekte der Antiken-Sammlung der Berliner Staatlichen Museen, soweit sie nach Berlin-West verlagert worden waren, eine Aufstellung; 1966/67 wurde im östlichen Bau das Ägyptische Museum eingerichtet. Da es nach der Wiedervereinigung des östlichen und des westlichen Teils der Staatlichen Museen zu Berlin feststand, daß diese beiden Sammlungen auf die Berliner Museumsinsel zurückkehren würden, konnte der damalige Generaldirektor Wolf-Dieter Dube in seinen Gesprächen mit Heinz Berggruen eines der Häuser als Heimstatt für die Sammlung Berggruen in Aussicht stellen.

Die in mehr als vierzigjähriger Sammlungstätigkeit gewachsene Berggruen-Kollektion war 1988 in Genf ausgestellt worden und hatte erst dabei ihre überragende Bedeutung als Sammlung offenbart. Danach stand sie von 1991 bis 1996 der National Gallery in London als befristete Leihgabe zur Verfügung, wobei ihre Werke zunächst in separaten Räumlichkeiten, sodann in die dortigen Bestände integriert zu sehen waren. Die Möglichkeit, seine Sammlung in Berlin in einem eigens dafür bereitgestellten Haus mit adäquaten Räumen präsentieren zu können, hat sicherlich den Ausschlag für die Entscheidung Heinz Berggruens zugunsten seiner Geburtsstadt Berlin gegeben. Im Jahr 1995 wurde mit der Stiftung Preußischer Kulturbesitz ein Vertrag abgeschlossen, der für die Sammlung Berggruen eine Verweildauer von zehn Jahren im Rahmen der Staatlichen Museen zu Berlin vorsah. Nach einem beschränkt ausgeschriebenen Wettbewerb erhielt im Mai 1995 das Architektenbüro Heinz Hilmer, Christoph Sattler und Thomas Albrecht den Auftrag zur baulichen Vorbereitung des Hauses auf die neue Funktion.

Bei der Neugestaltung des Hauses wurde die Grundstruktur unverändert belassen oder sogar erst wieder hergestellt. Die Abfolge der Ausstellungsräume ergibt sich aus dem klar gegliederten Grundriß: Innerhalb eines Quadrates sind vier größere, rechteckige Räume nach dem Schema eines griechischen Kreuzes angeordnet, in dessen Achsenkreuz vier kleinere, quadratische Eckräume eingeschoben sind. Im Kern des Grundrisses verbindet ein zur Rotunde ausgebildetes Treppenhaus die drei Ausstellungsetagen miteinander. Der elegante Schwung der nach der Kriegszerstörung in moderner Bauweise errichteten Spannbetontreppe – den am Treppenrand ein in einer Voute geführtes Lichtband noch unterstreicht – lenkt den Blick des Besuchers in diesem

Eingangsfassade des Berggruen-Hauses in der ehemaligen Gardekaserne von Friedrich August Stüler. Fotografie: Hans-Martin Sewcz, 2000

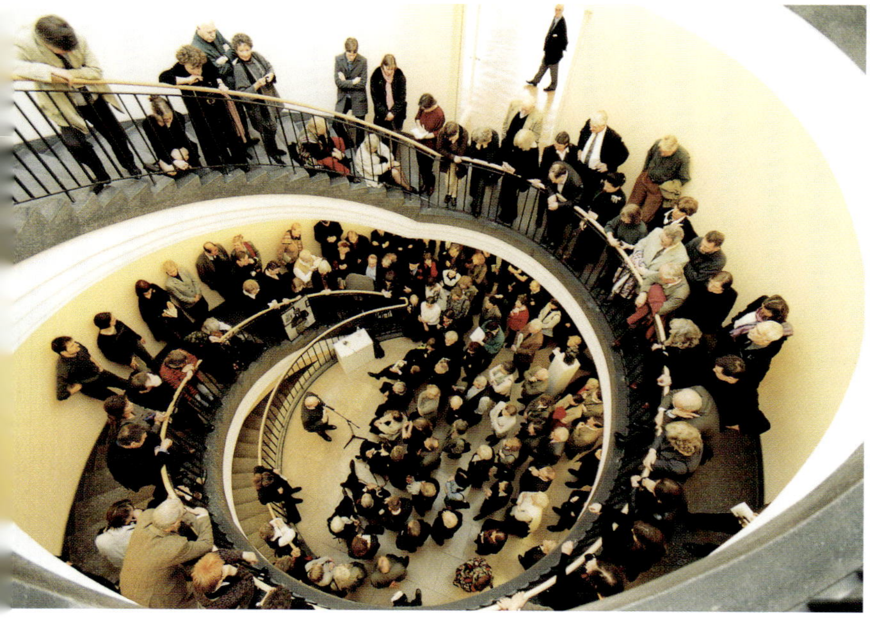

Blick vom Obergeschoß in die Rotunde während einer Buchvorstellung am 1. April 2000. Fotografie: Gezett

Raum geradezu suggestiv in die Höhe zu einer auf Säulen stehenden, nach außen sich öffnenden Kuppel. Das hereinbrechende Tageslicht vollführt in dem hohen runden Raum ein beeindruckendes Lichtspiel.

Die Ausstellungsräume sind von einer schnörkellosen Geradlinigkeit, die allein auf die uneingeschränkte Wirkung der Kunstwerke ausgerichtet ist. Architektonisch bestimmend im Ausstellungsbereich ist – von wenigen zwangsläufigen Einschränkungen abgesehen – die von Stüler vorgegebene reine Raumkubatur. Heinz Berggruen selbst hat die Ausstellungsräume als geradezu »maßgeschneidert« für seine Sammlung bezeichnet. Auch die Besucher des »Berggruen-Hauses« äußern sich beeindruckt, nicht nur von der hohen Qualität der einzelnen Werke in der Sammlung, sondern auch von ihrem fein abgestimmten Zusammenklang in einem Ambiente von vornehmer Schlichtheit. Die Sammlung Berggruen besteht überwiegend aus Unikaten (nur wenige, exquisite Druckgrafiken wie Picassos »Minotauromachie« sind hier zu finden) und in der Mehrzahl aus klein- und mittelformatigen Arbeiten auf Papier.

Matisse-Raum im Erdgeschoß. Fotografie: Jens Ziehe, 2001

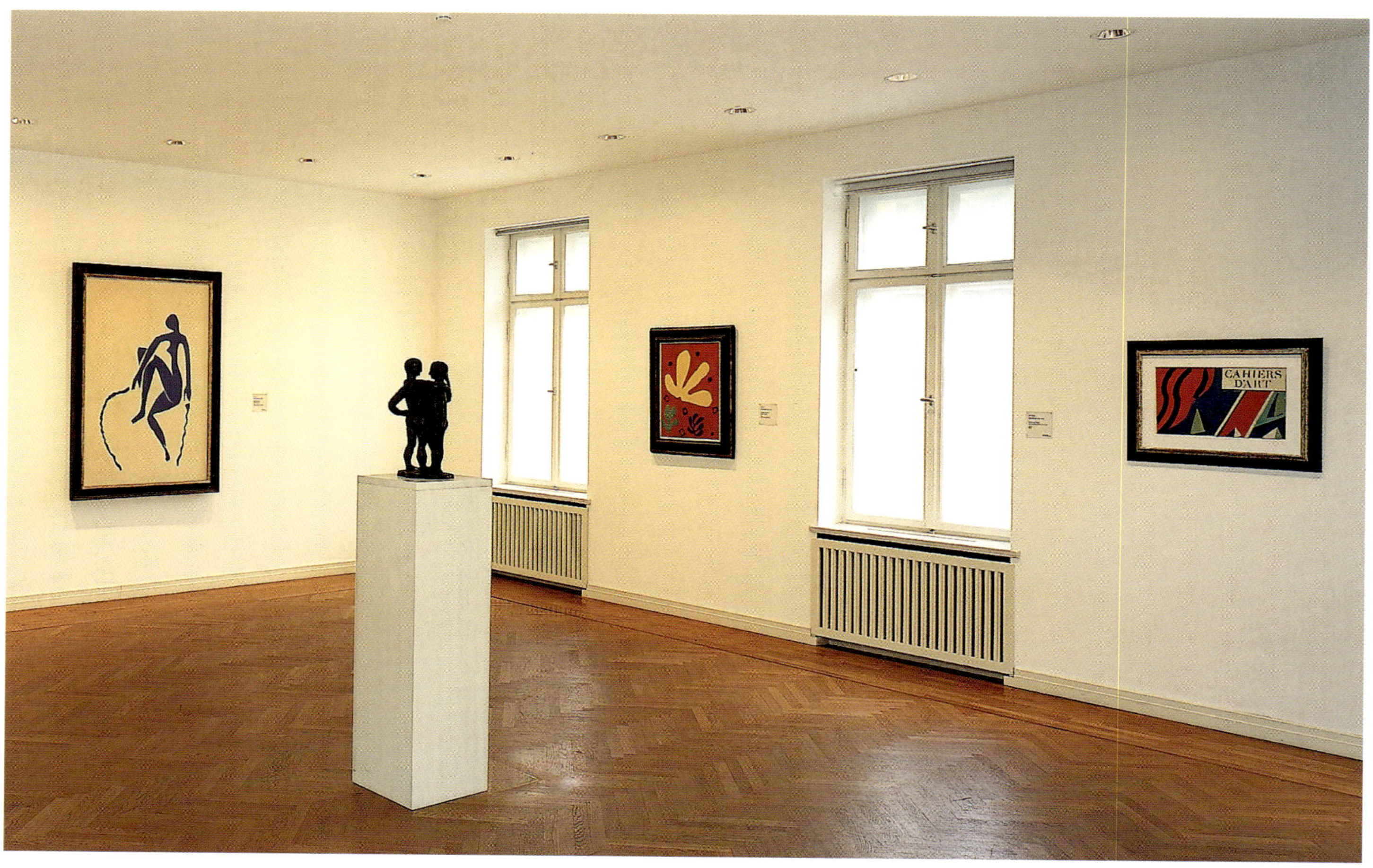

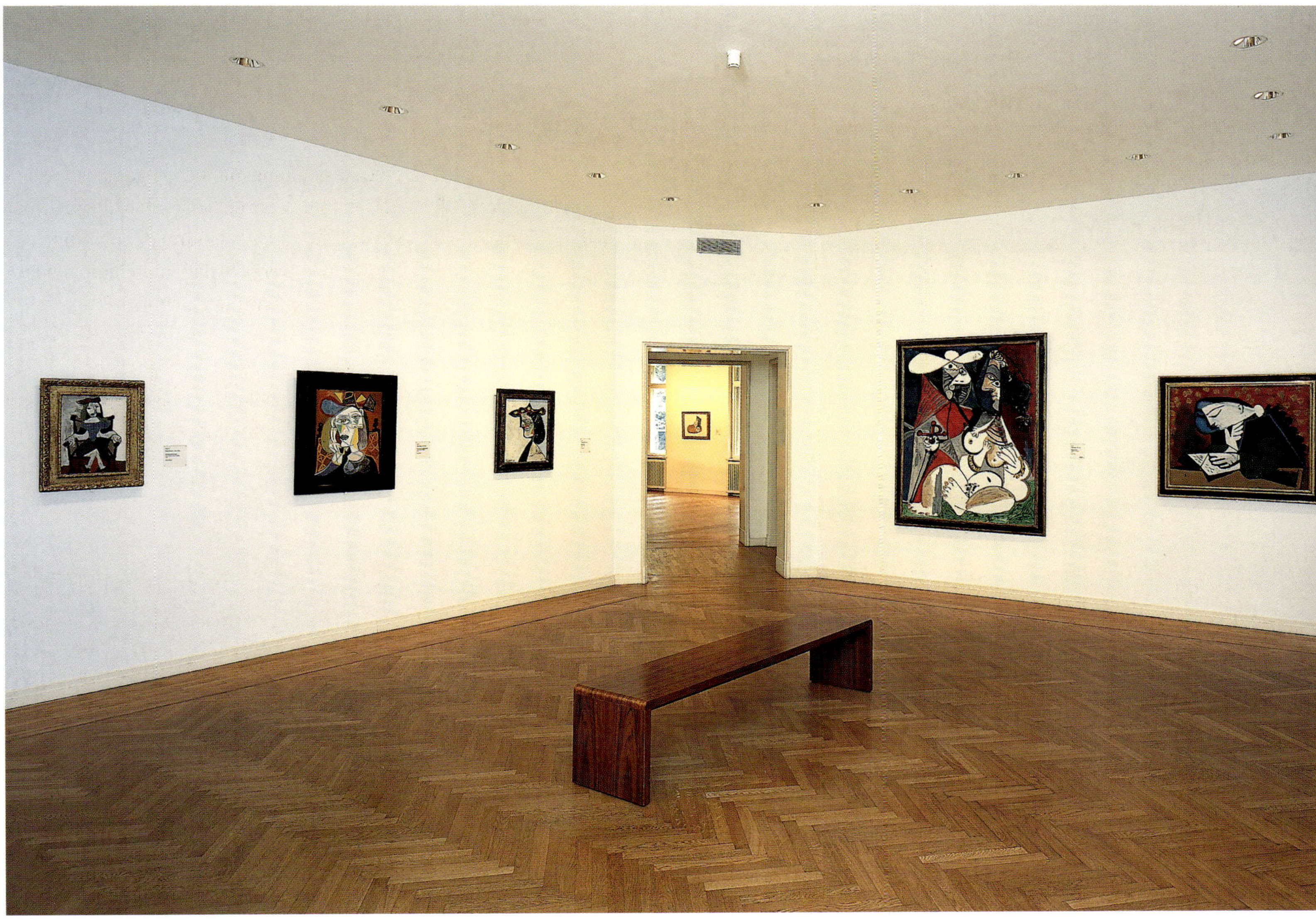

Picasso-Raum im Mittelgeschoß. Fotografie: Jens Ziehe, 2001

Dem kommen die vorgegebenen Ausstellungsräume, die fast Wohnraumcharakter haben, sehr entgegen. Am deutlichsten für jeden nachvollziehbar wird dies im zweiten Obergeschoß, wo die Räume mit einer relativ niedrigen Deckenhöhe einen intimen und mithin geradezu idealen Resonanzboden für die kleinformatigeren Arbeiten auf Papier von Paul Klee bilden. Doch auch im ersten Obergeschoß mit seiner höheren Raumdecke finden die Gemälde, Zeichnungen und Plastiken von Picasso und die Gemälde von Braque einen vorzüglichen Wirkungsraum.

Bei der Ersteinrichtung der Sammlung Berggruen im Berliner Haus standen 113 Werke zur Verfügung. Dabei bildeten 69 Arbeiten von Pablo Picasso und 27 Werke von Paul Klee die beiden tragenden Säulen der Sammlung. Sie wurden ergänzt durch vier Arbeiten von Paul Cézanne und zwei von Vincent van Gogh, sodann von zwei Gemälden von Georges Braque aus der kubistischen Zeit, einer Plastik von Henri Laurens und drei Plastiken von Alberto Giacometti sowie fünf Objekten afrikanischer Stammeskunst. Überraschenderweise kamen in den nächsten vier Jahren

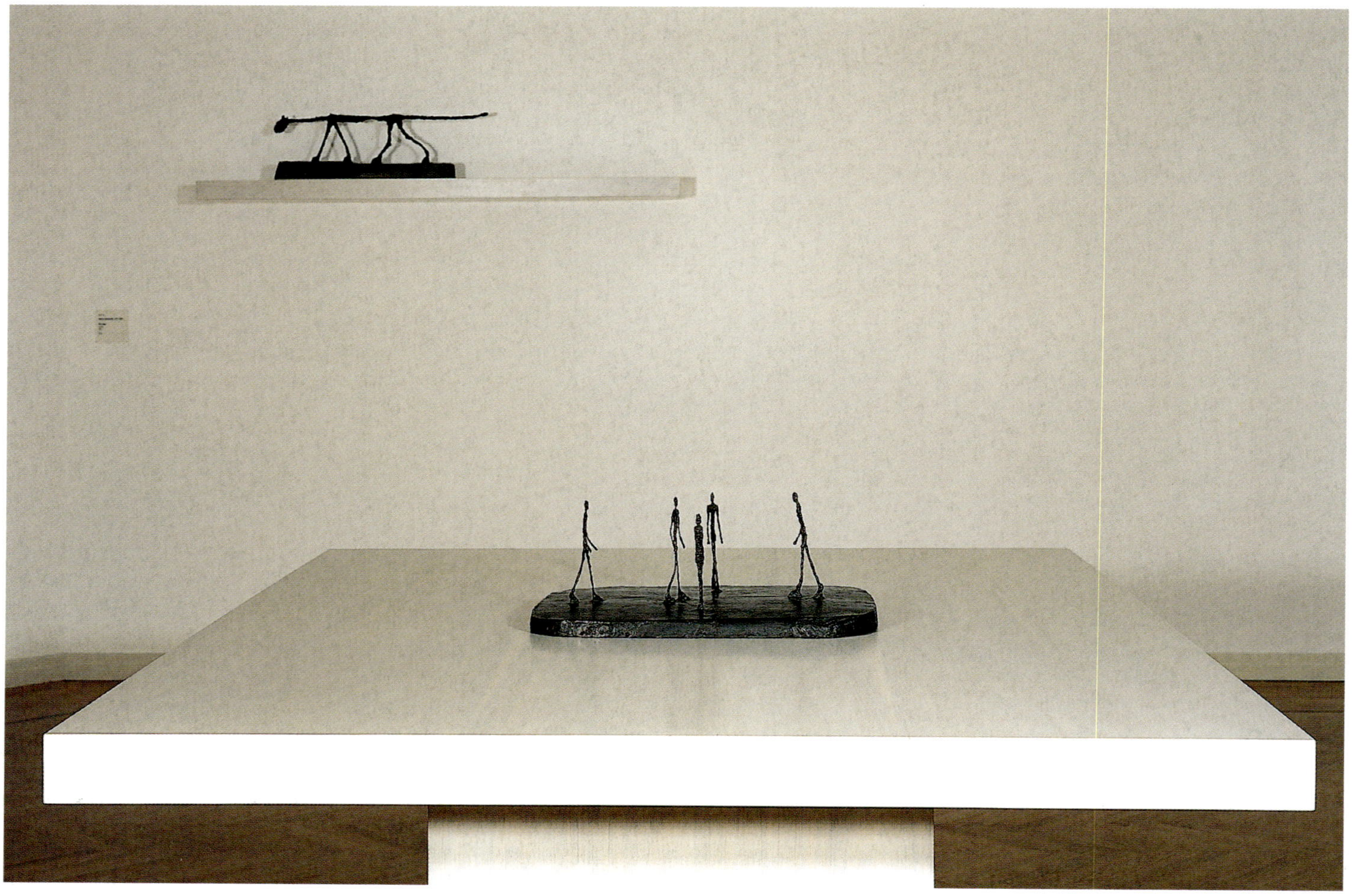

Ausstellungsraum im Obergeschoß mit »Der Platz II«, 1948/49, und »Die Katze«, 1951, von Alberto Giacometti. Fotografie: Dietmar Katz, 1998

bis zur Übereignung der Sammlung rund 60 Werke hinzu: Arbeiten von Picasso und Klee, sowie – als jüngste Erwerbungen – auch 14 Werke von Matisse.

Je länger Heinz Berggruen erleben durfte, mit welch anhaltender Begeisterung die Besucher seine wunderbare Sammlung in dem »maßgeschneiderten« Ambiente annahmen, um so mehr reifte in ihm die Überzeugung, in dem Gesamtkunstwerk »Berggruen-Haus« letztlich auch sein »Lebenswerk« zu sehen. So entschloß er sich im Jahre 2000, einen bedeutenden Teil seiner Sammlung an die Stiftung Preußischer Kulturbesitz abzugeben. Bei der Vertragsunterzeichnung am 21. Dezember 2000 sagte Bundeskanzler Gerhard Schröder: »Die Übereignung Ihrer Sammlung an die Stiftung Preußischer Kulturbesitz bedeutet aber vor allem – und das ist mir der wichtigste Aspekt – ein über die noble Geste hinausweisendes Zeichen der Versöhnung und des Vertrauens in das heutige Deutschland, mit allen seinen Seiten, wenn Sie, der einst aus Deutschland vertriebene Weltbürger Heinz Berggruen, dadurch und nun endgültig jene Lücken schließen, die nicht zuletzt eine faschistische Kulturpolitik, Krieg und Zerstörung den Berliner Sammlungen der heutigen Stiftung Preußischer Kulturbesitz zugefügt haben. Dafür, verehrter Herr Berggruen, gebührt Ihnen und Ihrer Familie unser tief empfundener Dank.«

Blick in die Rotunde mit Kuppel. Fotografie: Hans-Martin Sewcz, 2000

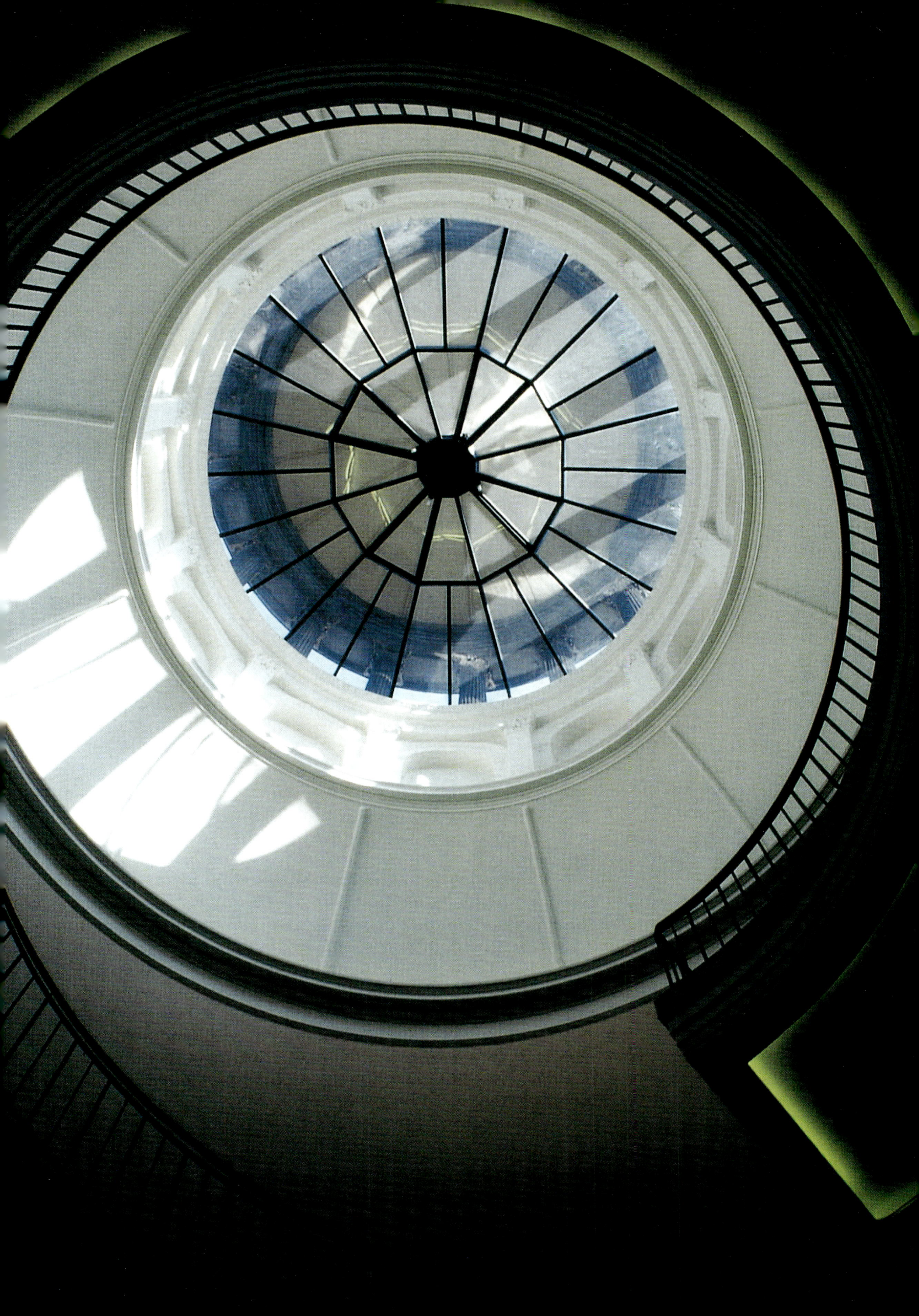

MEISTERWERKE

ALTE NATIONALGALERIE

UND FRIEDRICHSWERDERSCHE KIRCHE

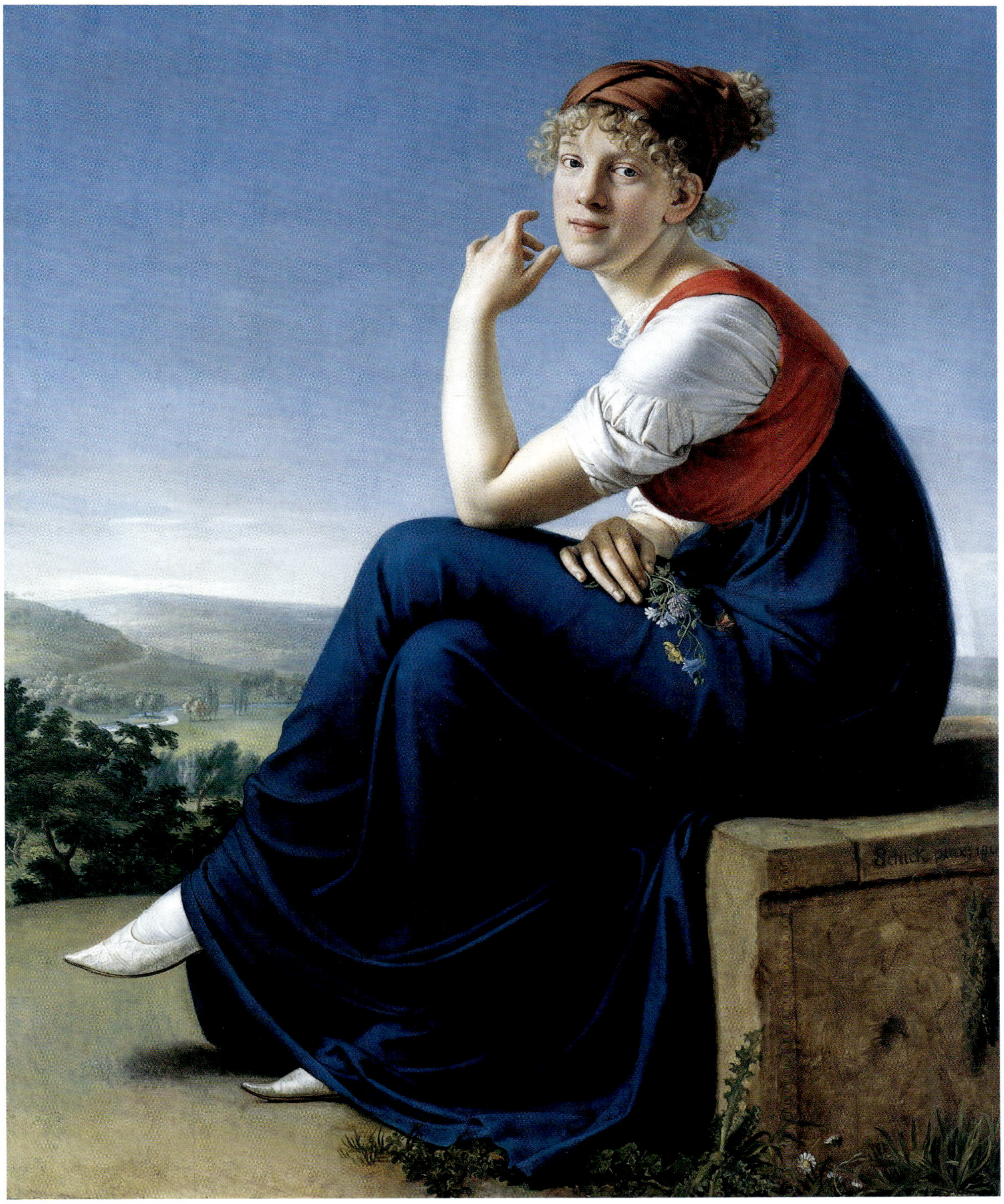

Bildnis der Heinrike Dannecker, 1802

Öl auf Leinwand
119 × 100 cm
Bezeichnet unten rechts: Schick pinx: 1802
Inv. A II 840
1934 erworben von Frau E. Graubner, Frankfurt/Main

Nach seiner Rückkehr aus Paris begann Gottlieb Schick am Porträt der jungen Frau seines verehrten Lehrers Johann Heinrich Dannecker zu arbeiten. Der unbefangene, offene Blick der Heinrike Dannecker korrespondiert mit ihrer unkonventionellen Pose und bezeugt neues weibliches Selbstbewußtsein. Nicht zufällig weist der Farbklang ihrer Bekleidung in Rot, Weiß und Blau auf die französische Trikolore. Über den Ausblick in ein fernes Flußtal wächst die Figur frei hinaus, eingespannt in eine Umriß- und Binnenkontur voll Schönheit und Eleganz. Lebensvoll hat Schick die Individualität erfaßt und ins Allgemeingültige erhoben. Sein Streben, die klassische Norm als Ideal im Leben aufgehen zu lassen, erreicht in diesem Bildnis einen überzeugenden Höhepunkt. *BV*

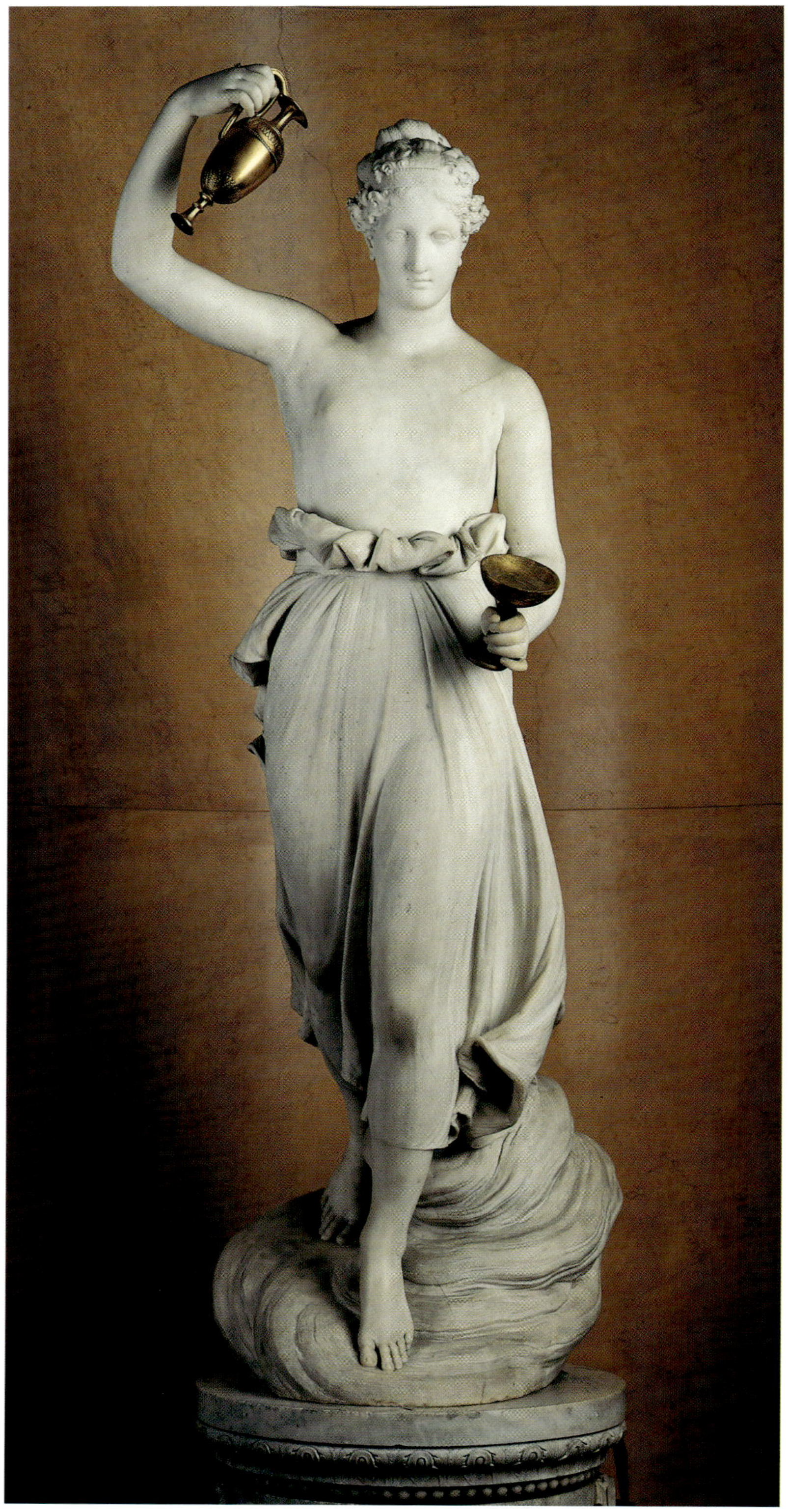

Hebe, 1796

Marmor
160 × 65 × 85 cm
Bezeichnet rechts an der Plinthe: B (seitenverkehrt)
Inv. B I 31
1825 ersteigert für den König von Preußen; 1878 von der Generalverwaltung der Königlichen Museen überwiesen

Antonio Canovas »Hebe« wurde bereits 1825 für die Königlichen Museen erworben und im Alten Museum als kostbarer, anspruchsvoller Abschluß des archäologisch-kunsthistorischen Rundgangs von der Antike bis in die Gegenwart Schinkels, Humboldts und Friedrich Wilhelms III. plaziert: Antike Götter und moderne Kunstpflege begegneten sich in diesem Hauptwerk des Bildhauers, der seinerzeit als einer der geschätztesten Künstler Europas galt. Hebe, die Mundschenkin der Götter und eine Verkörperung des Ideals ewiger Jugend und weiblicher Anmut, schwebt von den Wolken herab. Gestaltet ist sie im Geist des aufkommenden Klassizismus, doch spürt man deutlich den Nachklang des sinnlichen Spätrokoko.
BM

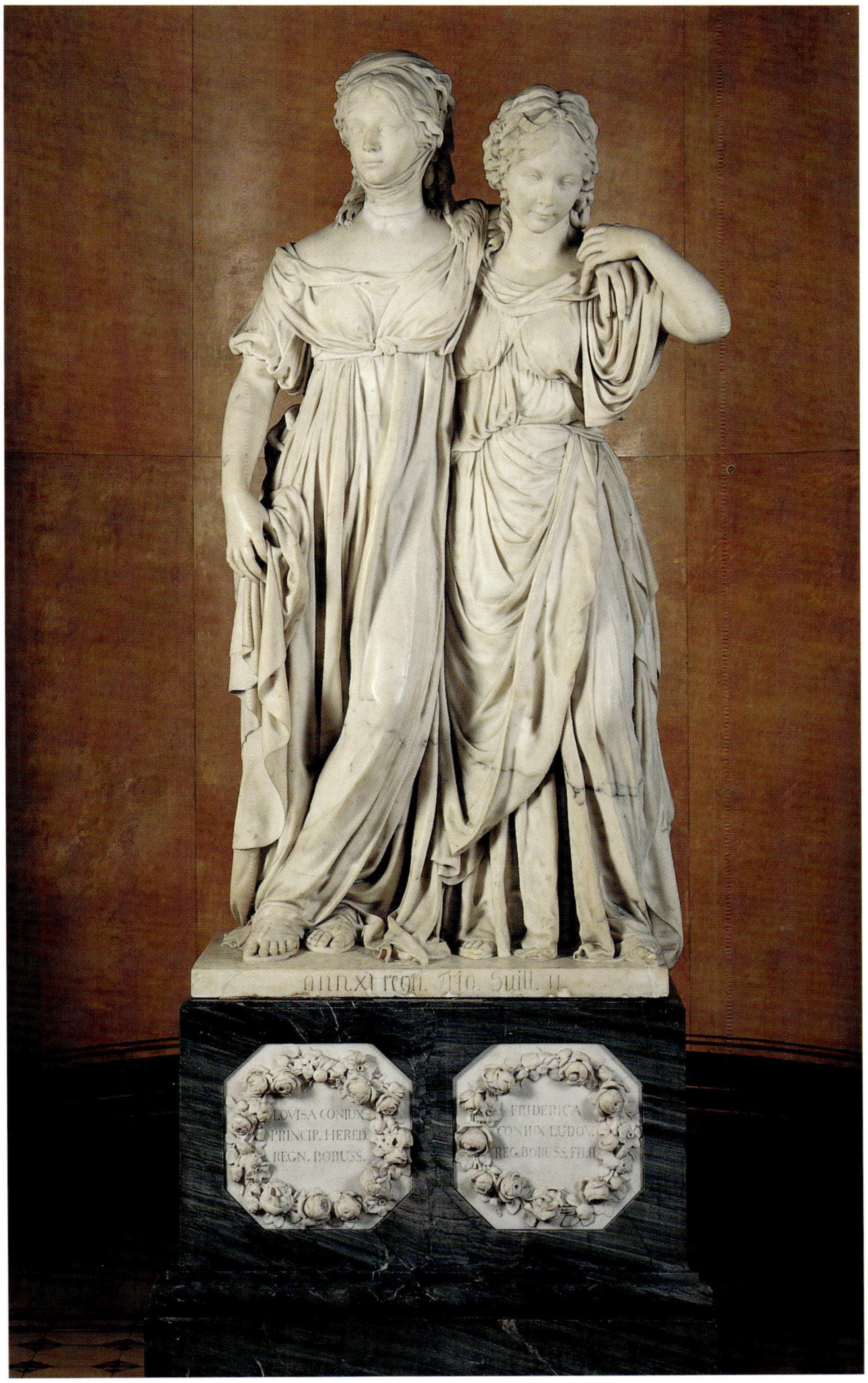

Doppelstandbild der Prinzessinnen Luise und Friederike von Preußen, 1795–97

Marmor
174 × 94 × 59 cm
Inv. B II 34
1949 aus dem Berliner Stadtschloß

Nahezu voraussetzungslos taucht die sogenannte Prinzessinnengruppe, das lebensgroße, in Marmor gemeißelte Doppelstandbild der Prinzessinnen-Schwestern Luise und Friederike von Preußen, am Firmament der Kunst um 1800 auf. Alle Versuche, Vorbilder zu benennen, bleiben fragwürdig angesichts der so frappierend originären Schöpfung, die – was es so nie zuvor gab – zwei junge Frauen ganz ohne besondere Verdienste, bloß ihrer anmutigen Schönheit wegen porträtiert. Obgleich der Bildhauer und sein einflußreicher Mentor, der Akademie-Kurator Friedrich Anton Freiherr von Hannes, beim preußischen König Friedrich Wilhelm II. die Bestellung der Marmorausführung bewirken konnten, blieb die Marmorfassung dann lange der Öffentlichkeit verborgen. Im 20. Jahrhundert im Berliner Stadtschloß aufgestellt, gelangte sie 1949 nach dessen Zerstörung in die Nationalgalerie. *BM*

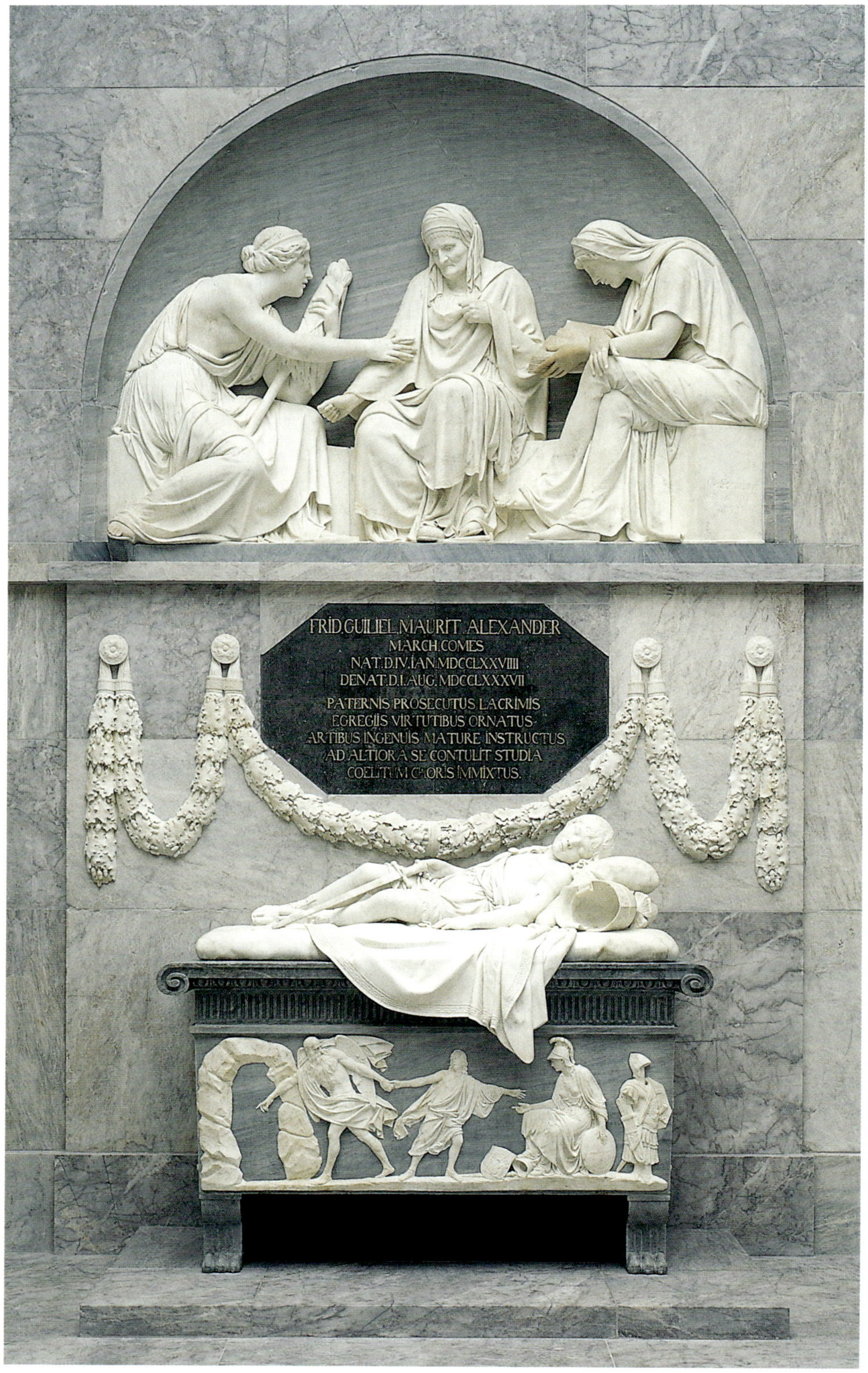

Grabmal des Grafen Alexander von der Mark, 1788–90

Marmor
623 × 370 × 240 cm
Dauerleihgabe der evangelischen Kirchengemeinde Friedrichswerder zu Berlin

Das 1790 im Auftrag Friedrich Wilhelms II. für dessen illegitimen Sohn Alexander von Schadow geschaffene Grabmal zählt zu den Hauptwerken des Klassizismus. Mit diesem Werk, das sich in der ehemaligen Dorotheenstädtischen Kirche befand, begann der bildhauerische Durchbruch des Künstlers. Die wiederentdeckte antike Vorstellung vom Tod als Schlaf wurde von ihm hier eindrucksvoll ins Bildhafte umgesetzt. Bei aller Idealisierung ist es doch die Lebendigkeit und Naturnähe des Werkes, die es zu einem der schönsten Grabdenkmäler des europäischen Klassizismus erheben. Nach dem Abriß der zerstörten Kirche kam das Grabmal in die Nationalgalerie, wo es seit den 1950er Jahren nur in einzelnen Teilen ausgestellt war. Seine architektonische Gesamtrekonstruktion erfolgte 2001, unter Verwendung aller Originalteile. *BS*

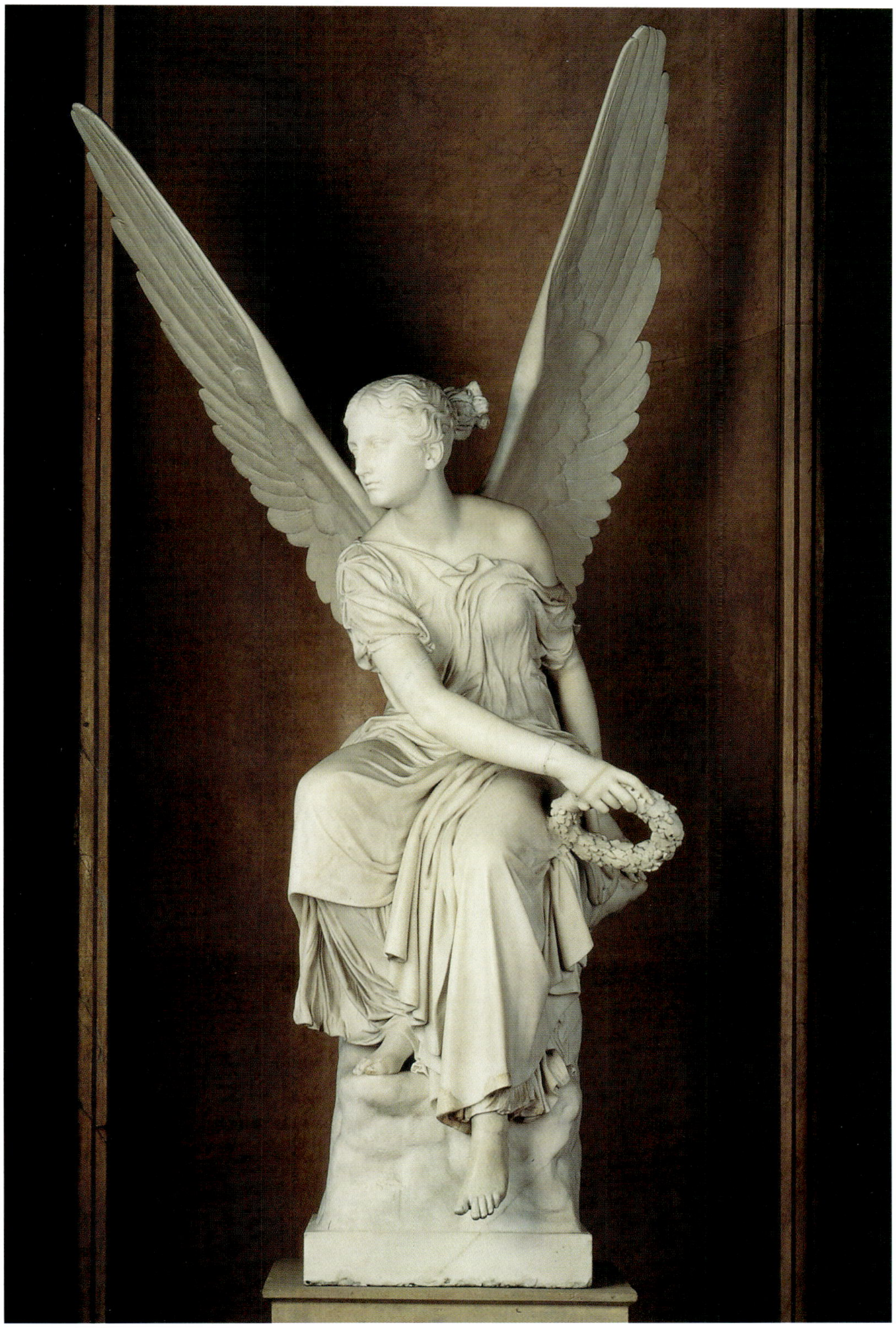

Sitzende kranzwerfende Viktoria, 1838–45

Marmor
223 × 106 × 90 cm (mit Flügel)
Inv. B I 644
1951 aus dem Berliner Stadtschloß

Die schöne Siegesgöttin ist eine eigenhändige Replik Rauchs von der vierten Viktoria-Statue, die der Bildhauer 1834–41 für die Walhalla bei Regensburg ausführte. Als Friedrich Wilhelm IV. – noch im Jahr seiner Thronbesteigung – bei dem Bildhauer in der Werkstatt jene fertige Walhalla-Statue sah, gab er sofort ihre Replik in Auftrag. Am 18. Januar 1845 wurde die lebensgroße Statue auf Geheiß des Monarchen in der Mittelnische des Weißen Saales im Berliner Stadtschloß aufgestellt. An diesem repräsentativen Ort sollte sie die militärische Stärke Preußens versinnbildlichen. Das Werk blieb dort bis zur Zerstörung des Schlosses. Seit 1951 steht die zu den bedeutendsten Meisterwerken des Klassizismus zählende Statue in der Nationalgalerie. *BS*

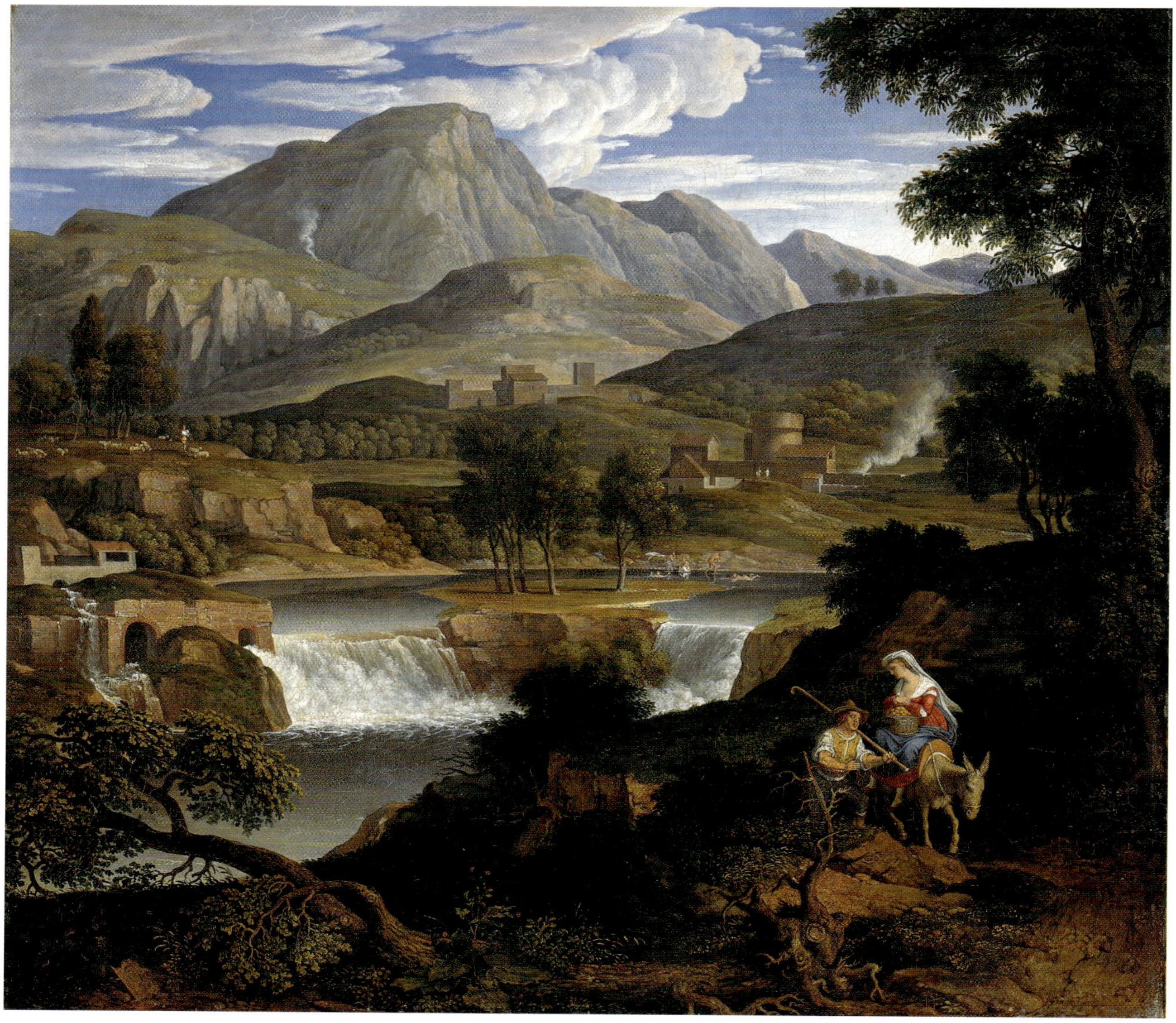

Wasserfälle bei Subiaco, 1812–13

Öl auf Leinwand
58 × 68 cm
Bezeichnet unten links: G. Koch fece 1813
Inv. A I 407
1887 Vermächtnis von Max Jordan, Berlin

»Im Vereine mit Asmus Jacob Carstens Wiedererwecker der deutschen Kunst« las man auf Kochs Grabstein in Rom, und dieser Ruhm blieb dem Erneuerer der klassischen »heroischen Landschaft« aus romantischem Geist in allen kunstgeschichtlichen Büchern des 19. Jahrhunderts. Zu keinem Zeitpunkt war er vergessen, und so waren die »Wasserfälle bei Subiaco« schon der zweite Ankauf eines seiner Werke (dem nur drei Jahre später die Schenkung eines dritten folgte). Max Jordan, der Direktor der Nationalgalerie, entnahm das Bild seiner eigenen Sammlung. Er mag es in seinen italienisch orientierten Jugendjahren gekauft haben. *CK*

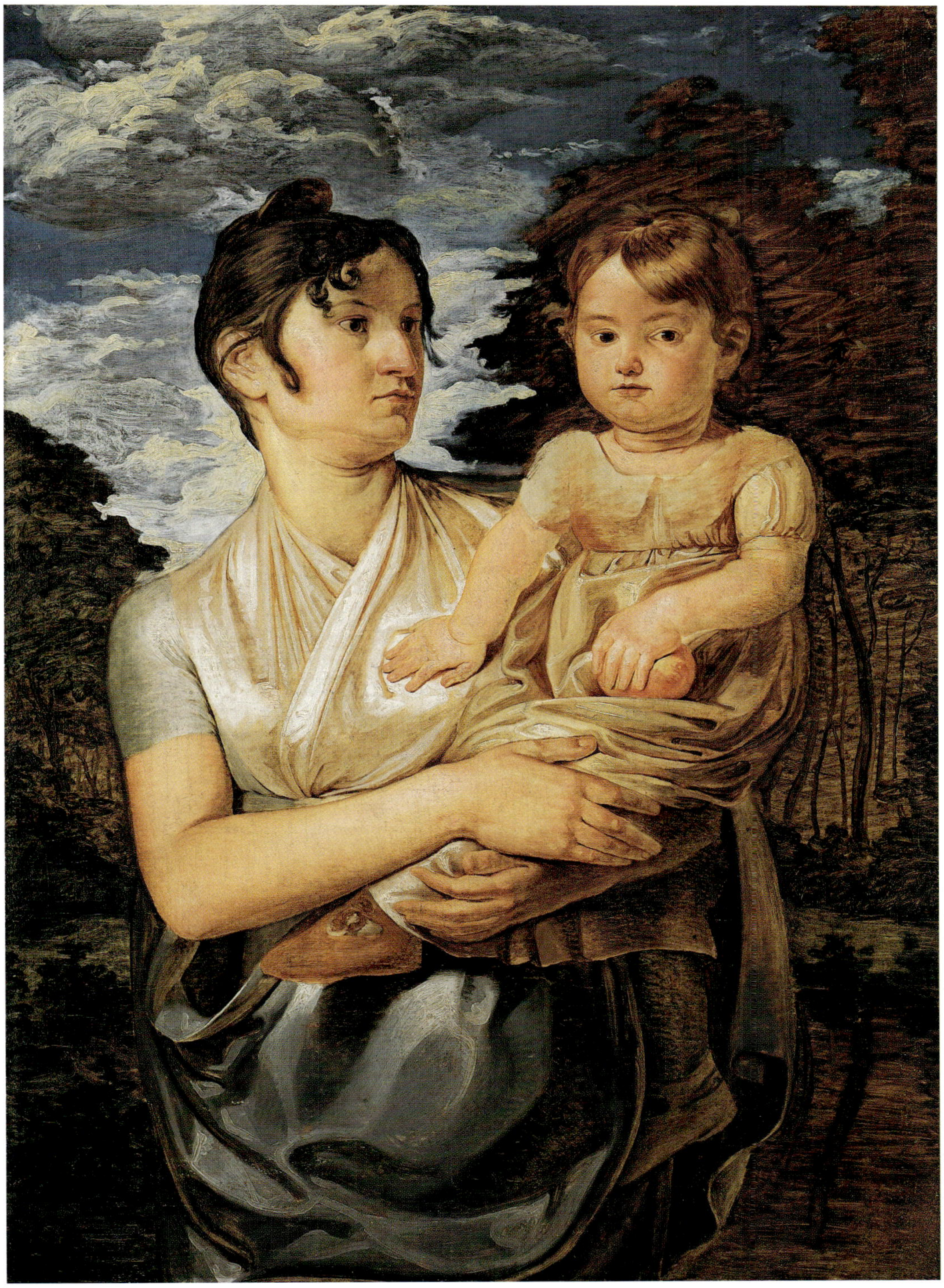

Frau und Söhnchen des Künstlers, 1807

Öl auf Leinwand
97 × 73 cm
Inv. A II 755
1932 Geschenk von Frau Felicie Runge, Berlin

Drei Jahre nach der Hochzeit Philipp Otto Runges mit Pauline Bassenge (1785–1881) malte der Künstler 1807 dieses Porträt. Das nicht ganz vollendete Gemälde schuf Runge in Wolgast, wo ein Jahr zuvor auch das große Bildnis der Eltern (Hamburger Kunsthalle) entstanden war. Pauline, den zweijährigen Sohn Otto Sigismund im Arm, strahlt Würde und eine gewisse Strenge aus. Zur Entstehungszeit des Bildes beschäftigte sich Runge intensiv mit altdeutscher Kunst. Bei der Komposition orientierte er sich offensichtlich am Stil spätgotischer Madonnenbilder und -skulpturen. Das Gemälde fand sich zusammengerollt auf dem Speicher eines Urenkels Runges und wurde der Nationalgalerie 1932 von Frau Felicie Runge geschenkt. *BV*

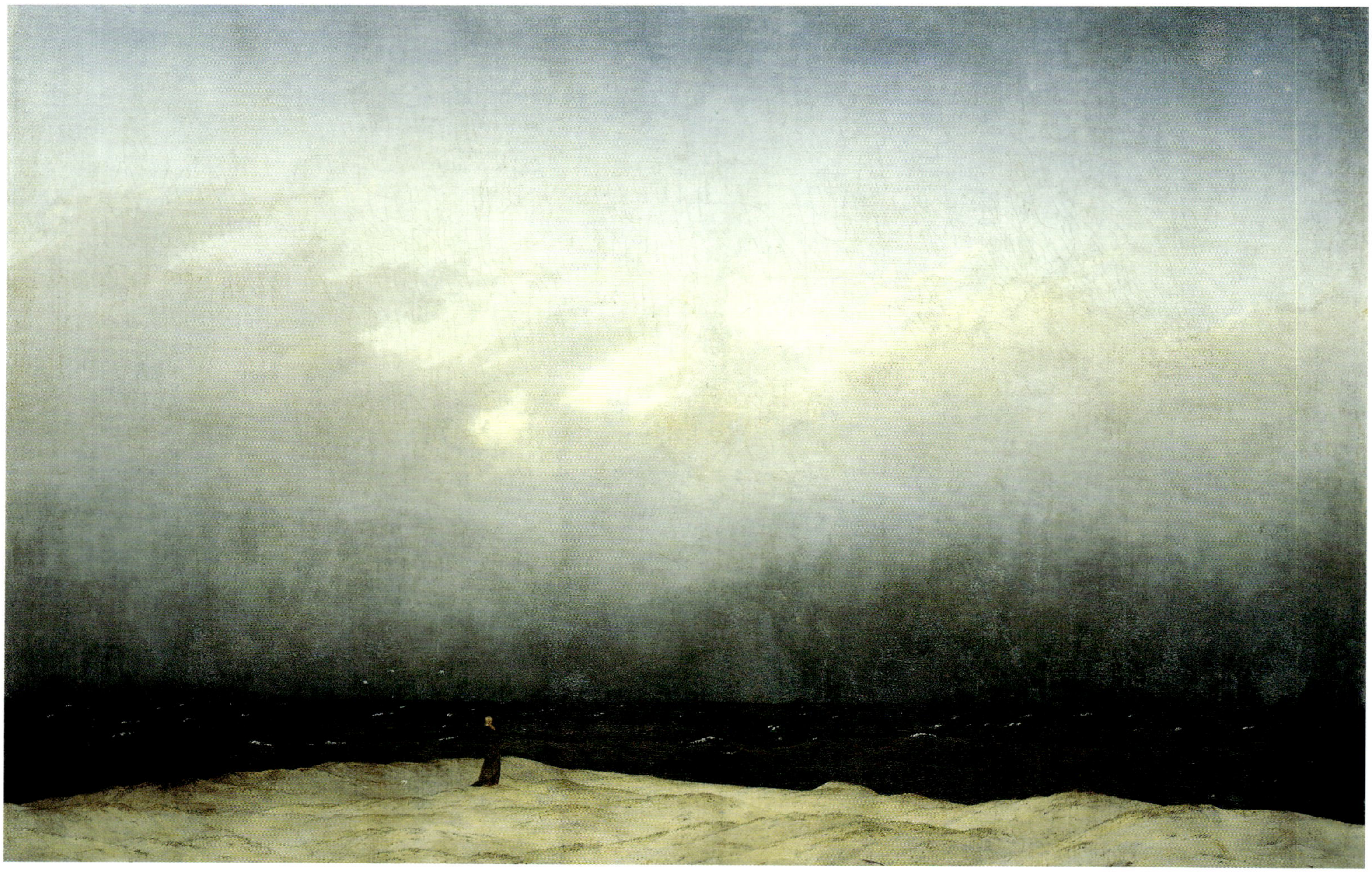

Der Mönch am Meer, 1808–10

Öl auf Leinwand
110 × 171,5 cm
Inv. NG 9/85
Aus dem Berliner Stadtschloß

Zwei Jahre arbeitete Caspar David Friedrich an diesem Bild, das sein berühmtestes werden sollte. Mehrfache Veränderungen und Übermalungen bewirkten eine ungewöhnliche Abstraktion und unvergleichliche Radikalität der Komposition. Friedrich setzte die klassischen Perspektivregeln außer Kraft und gliederte das Bild horizontal in Land, Meer und Himmel. Bloßen Hauptes steht ein Mönch am Ufer, Möwen umflattern ihn. Neben dem Menschen sind sie die einzigen Lebewesen. Vor dem Einsamen liegt in bleierner Schwärze das unermeßlich weite Meer. Der Bildraum wirkt wie ein Abgrund, es gibt keine Begrenzung, keinen Halt. 1810 wurde das Bild gemeinsam mit seinem Gegenstück »Abtei im Eichwald« auf der Berliner Akademie-Ausstellung gezeigt und dort von König Friedrich Wilhelm III. erworben. *BV*

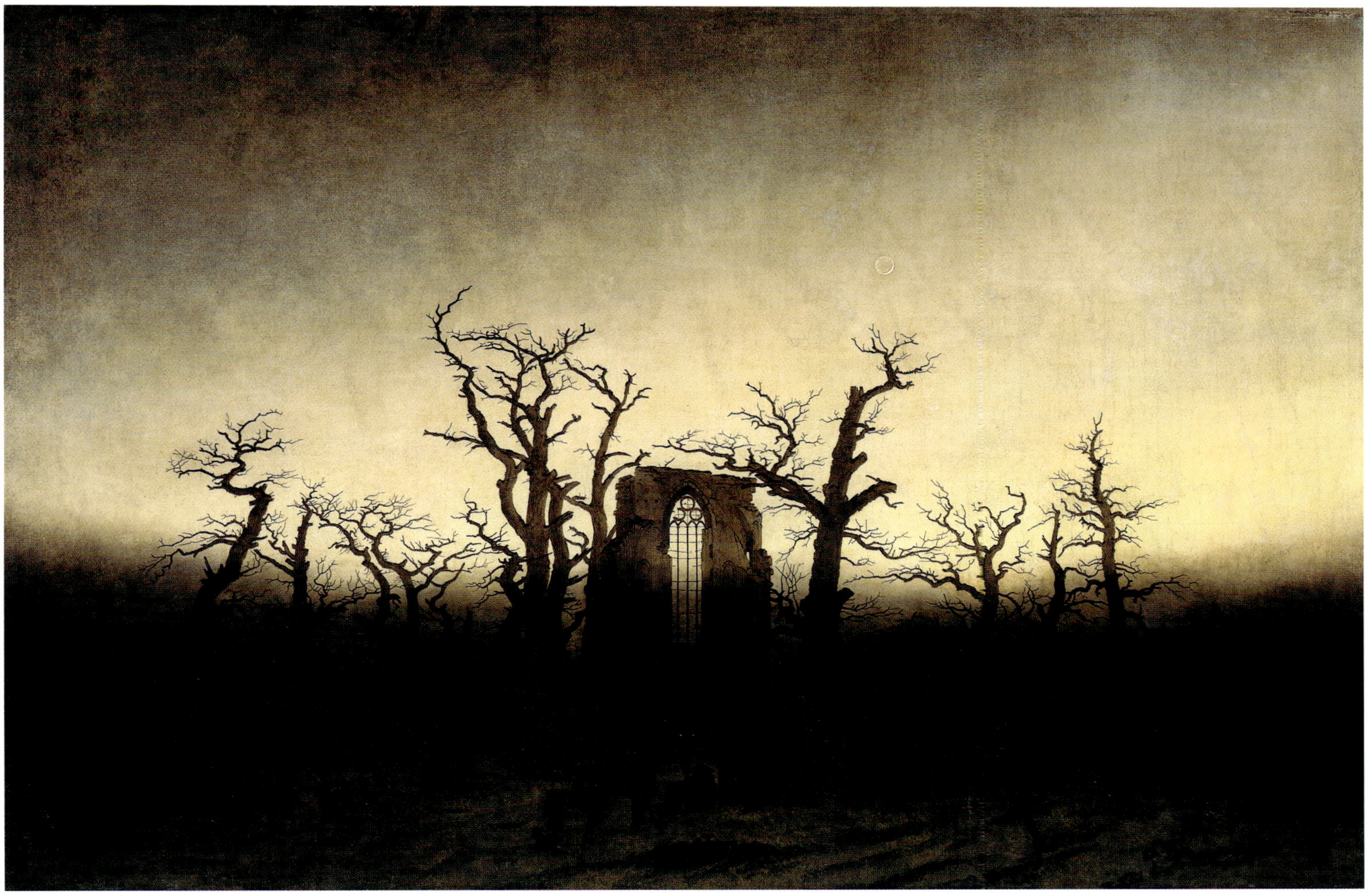

Abtei im Eichwald, 1809–10

Öl auf Leinwand
110,4 × 171 cm
Inv. NG 8/85
Aus dem Berliner Stadtschloß

»Abtei im Eichwald« schuf Friedrich als Pendant zu »Mönch am Meer«. Die rätselhafte Entrücktheit und formale Radikalität der Bilder ließ sie zu Schlüsselwerken der Romantik werden. Im »Mönch am Meer« steht der Mensch, verloren in apokalyptischer Einsamkeit, der Unendlichkeit der Natur, des Kosmos gegenüber. Er meditiert über das Leben und dessen Grenze. Im Gegenstück hat sich das Tor des Todes geöffnet. Mönche schreiten durch ein Gräberfeld, sie tragen einen Sarg in eine verlassene gotische Ruine, um am Kreuz die Totenmesse zu halten. Kahle Eichbäume greifen wie mit klagender Gebärde in den vom ersten Morgenlicht erleuchteten Himmel. Für Carl Gustav Carus, den Malerfreund Friedrichs, war dieses Bild »vielleicht das tiefsinnigste poetische Kunstwerk aller neuern Landschaftsmalerei«. *BV*

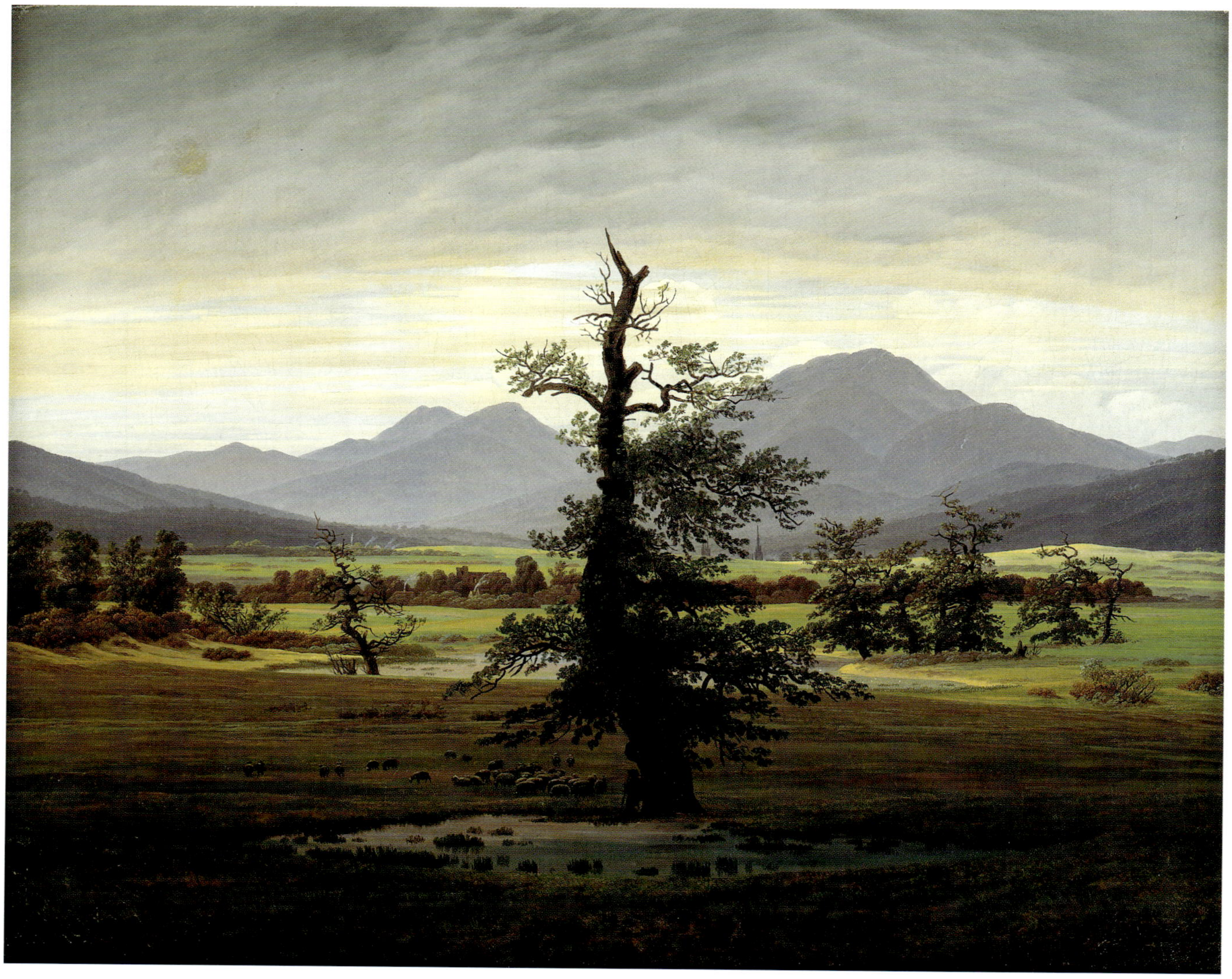

Der einsame Baum, 1822

Öl auf Leinwand
55 × 71 cm
Inv. W.S. 52
1861 Vermächtnis von Konsul Wagener, Berlin

Der Berliner Bankier Joachim Heinrich Wagener, dessen Kunstsammlung die Berliner Nationalgalerie begründen sollte, bestellte im Jahre 1822 bei Caspar David Friedrich ein Tageszeiten-Diptychon. Als Bild des Morgens entstand »Der einsame Baum«. Friedrich hat die weite Ebene einer Wiesenlandschaft mit Weihern, Baumgruppen und Dörfern dargestellt, die sich bis an den Rand eines Gebirges erstreckt. Wie ein Monument ragt in der Mitte der Komposition eine stattliche Eiche auf. An einem Tümpel stehend, in dem sich der Himmel spiegelt, bietet sie einem Hirten Schutz. Als Naturzeichen verkörpert die Eiche in diesem Bild Lebenskraft und Stärke. Ihr mächtiger Stamm hat Wind und Wetter standgehalten, an der Spitze des Baumriesen sind die Äste jedoch bereits abgestorben. *BV*

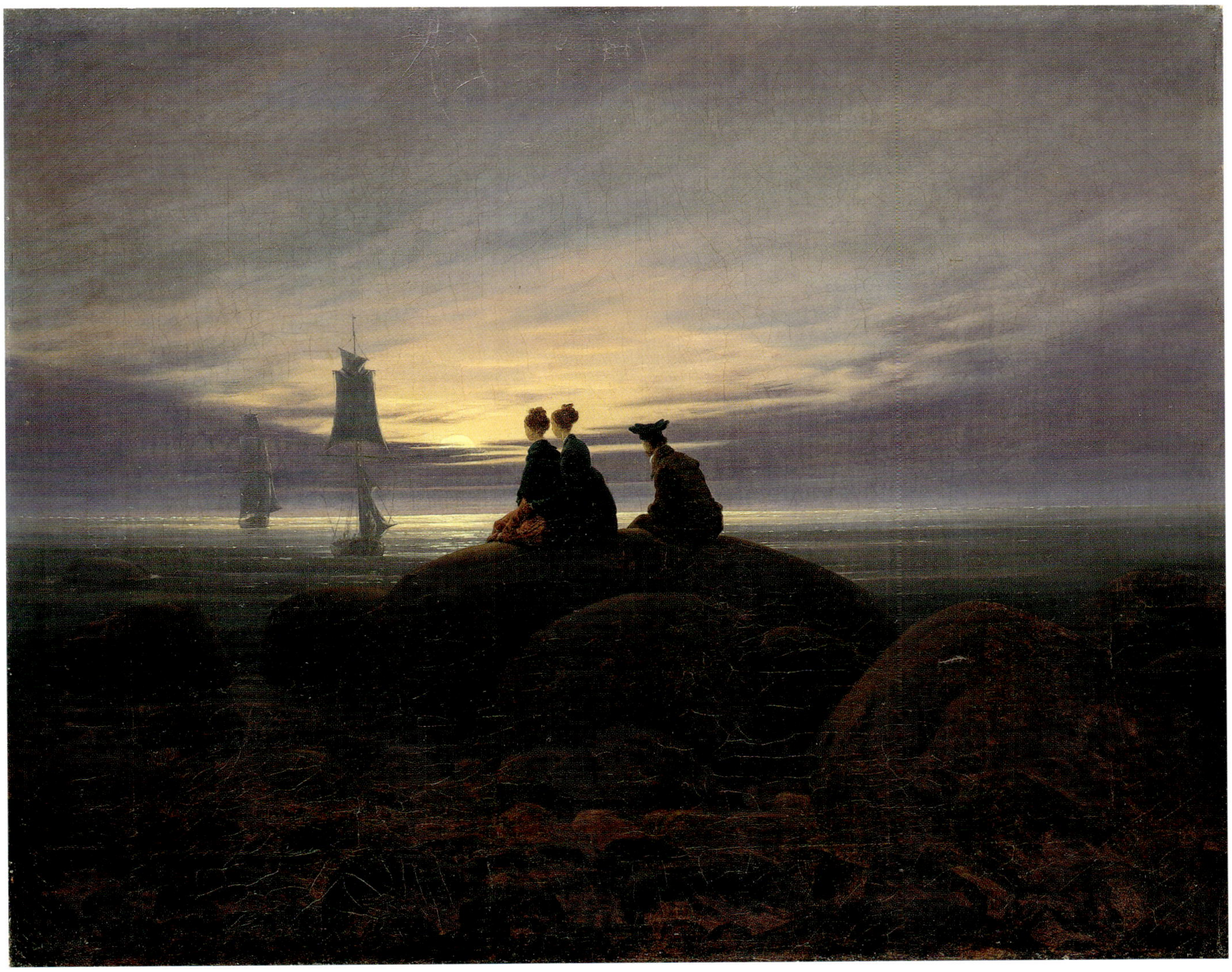

Mondaufgang am Meer, 1822

Öl auf Leinwand
55 × 71 cm
Inv. W.S. 53
1861 Vermächtnis von Konsul Wagener, Berlin

Tages- und Jahreszeitenzyklen besaßen im geistigen Kosmos Caspar David Friedrichs einen besonderen Stellenwert. Wie auch andere Künstler der Romantik verknüpfte er mit dem Thema des Zeitenwandels eigene Erfahrungen der Lebensentwicklung zwischen Geburt und Tod. Als Abendbild seines Tageszeiten-Diptychons malte Friedrich »Mondaufgang am Meer«. Zwei Frauen und ein Mann haben sich auf wuchtigem Felsgestein am Ufer niedergelassen und schauen in die nächtliche Ferne. Von dem Gemälde geht eine tröstliche Stimmung aus, die sich durch die Geborgenheit der drei Gestalten in wärmender Gemeinschaft und durch die heimkehrenden Schiffe vermittelt. Zugleich aber wird die Unermeßlichkeit des Universums spürbar. *BV*

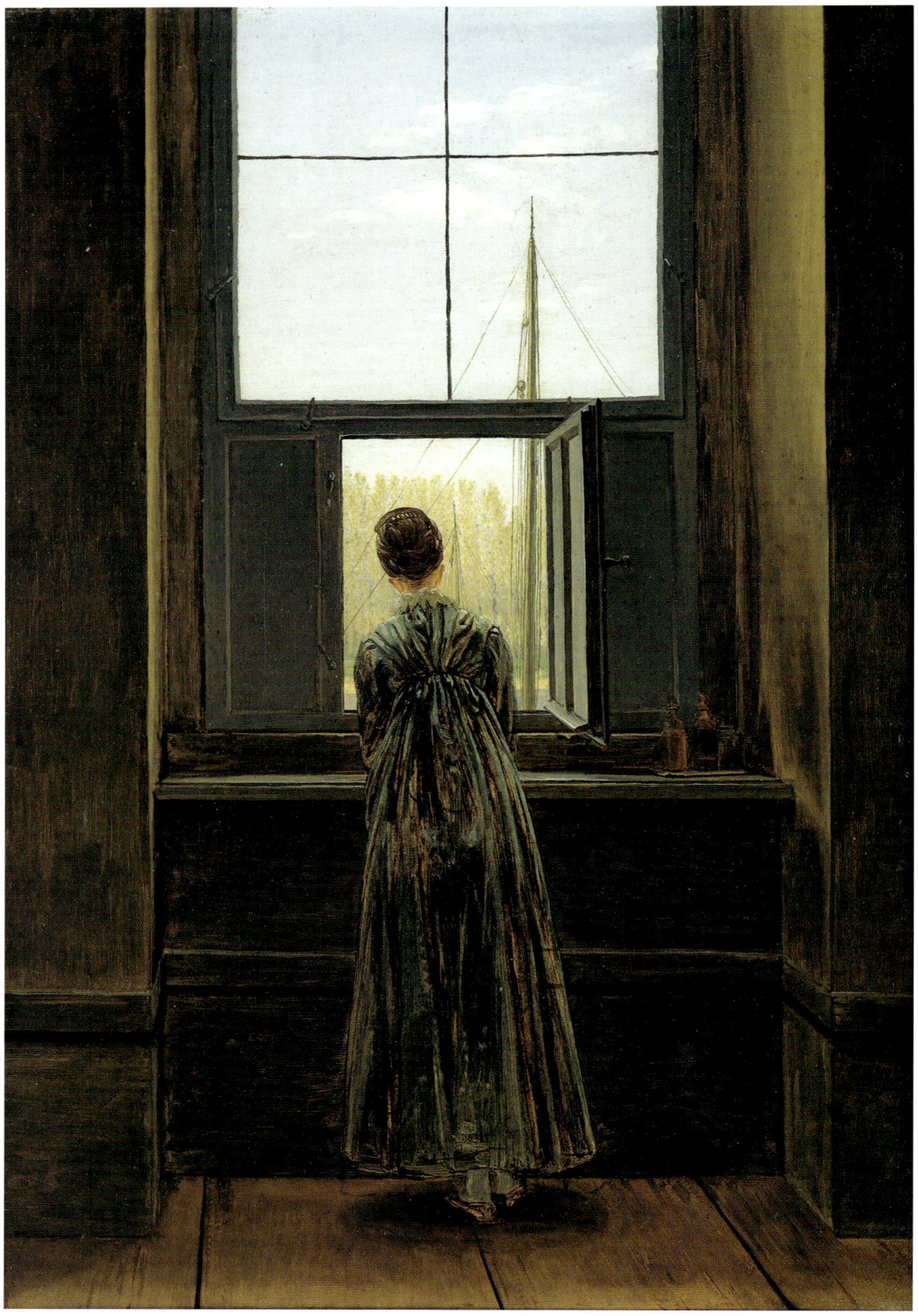

Frau am Fenster, 1822

Öl auf Leinwand
44 × 37 cm
Inv. A I 918
1906 erworben von der Familie des Künstlers in Greifswald

Am Fenster eines kargen Raumes steht eine junge Frau. Vom Betrachter abgewandt, blickt sie hinaus ins Freie. Es ist die Frau des Künstlers, Caroline Friedrich geb. Bommer (1793–1847), die aus dem Atelier des Künstlers zum gegenüberliegenden Elbufer schaut. 1822, vier Jahre nach seiner Heirat, schuf Friedrich dieses kleinformatige Gemälde. Mit dem Fenstermotiv griff er ein beliebtes Sujet der Romantik auf, das Innen und Außen, Nähe und Ferne verknüpft und Sehnsucht aus irdischer Befangenheit heraus nach Unbegrenztem beschwört. 1906, anläßlich der Jahrhundertausstellung in der Nationalgalerie Berlin, auf der Friedrich mit mehr als 30 Gemälden vertreten war, wurde auch dieses Werk des Künstlers neu entdeckt. *BV*

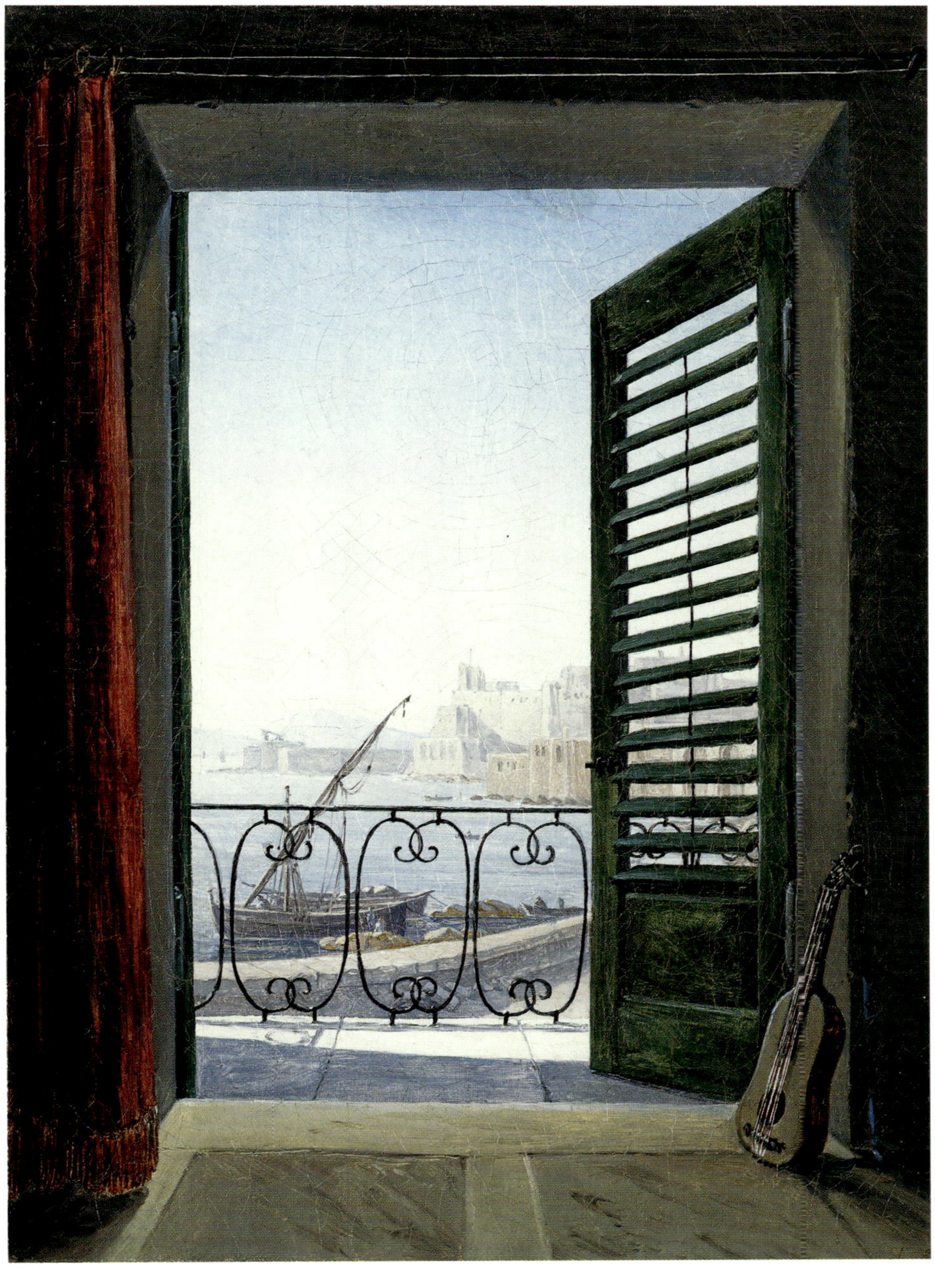

Balkonzimmer mit Ausblick auf den Golf von Neapel, um 1829/30

Öl auf Leinwand
28,4 × 21,3 cm
Inv. FNG 59/92
1992 erworben durch den Verein der Freunde der Nationalgalerie

Einer der größten Universalgeister seiner Zeit, ein hoch angesehener Mediziner, aber auch ein bedeutender Anthropologe und Naturphilosoph, hinterließ Carus zudem ein umfangreiches malerisches Werk, das nicht nur das Vorbild seiner Freunde Caspar David Friedrich und Johan Claussen Dahl erkennen läßt, sondern auch eine eigene Aufmerksamkeit für Naturphänomene. Die Nationalgalerie nahm sich seiner spät an und konnte lange dem »Pilger im Felsental«, einer romantischen Komposition im Geiste Friedrichs, nichts an die Seite stellen. 1992 kam dieses kleine Bild hinzu, Niederschlag einer Italienreise, das ohne Figuren auskommt und auf den Kontrast von Innen und Außen setzt, von Schatten und Licht, Nähe und Ferne, geometrischer Abstraktion und alltäglichem Menschenleben. *CK*

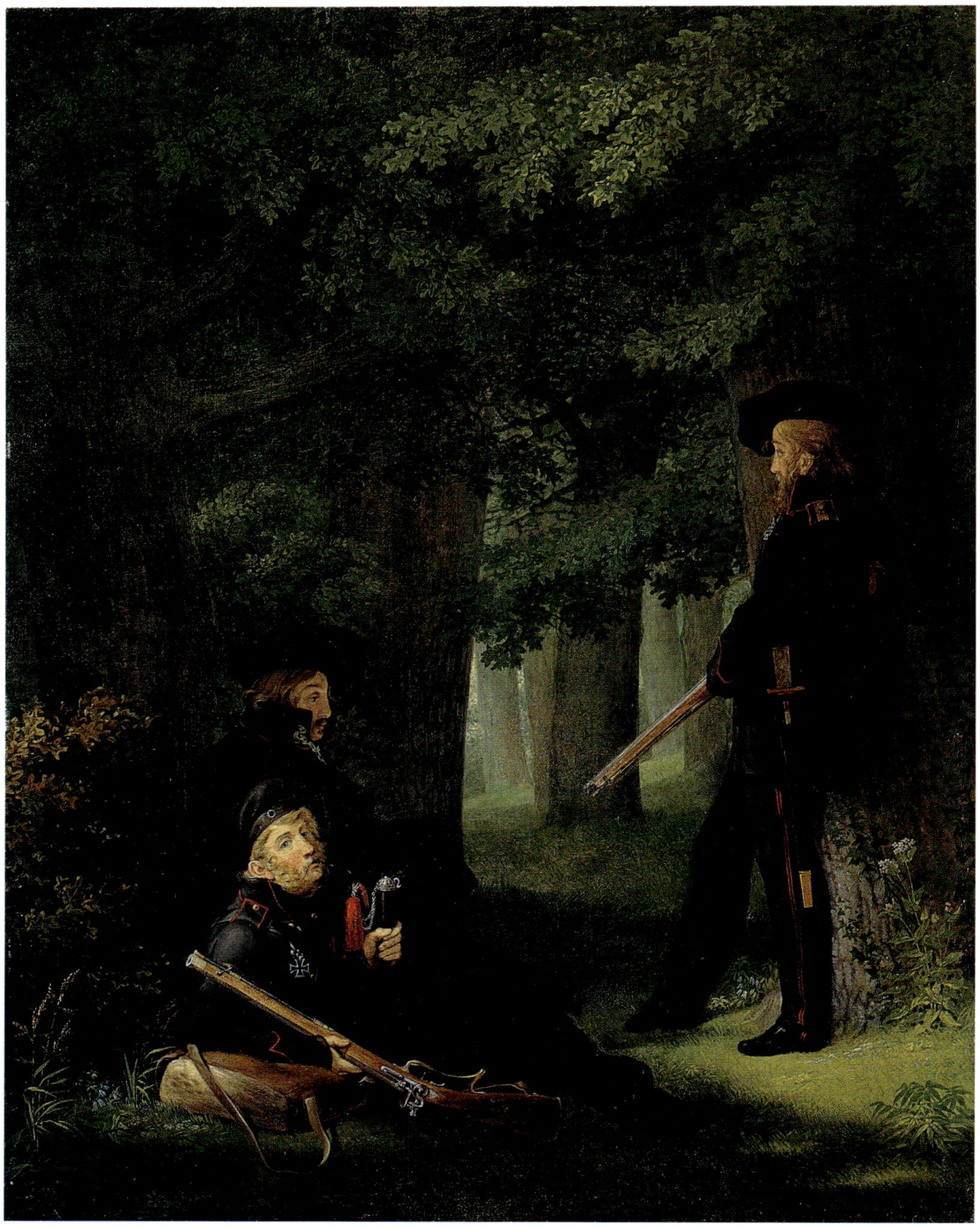

Theodor Körner, Friedrich Friesen und Heinrich Hartmann auf Vorposten, 1815

Öl auf Leinwand
46 × 35 cm
Bezeichnet links unten: GK 15
Inv. A II 327
1921 erworben

Zu diesem Gedenkbild für drei gefallene Kameraden des Malers, der 1813 in das Lützower Corps eingetreten war, gehört als Gegenstück die Darstellung eines kranzwindenden Mädchens, gleichfalls in einem Eichenhain. Dieses Diptychon der geistigen und patriotischen Brüderschaft blieb bis zu seinem Ankauf für die Nationalgalerie in Privatbesitz. In den zwanziger Jahren des 20. Jahrhunderts nahm man es noch im Sinne schlichter Genremalerei wahr und bestritt ausdrücklich den symbolischen Aspekt. Heute aber gilt es zu Recht als ein Schlüsselbild der deutschen Romantik zwischen neu erwachtem Nationalgefühl, Innerlichkeit und Naturnähe. Der Maler stand Caspar David Friedrich nahe. *CK*

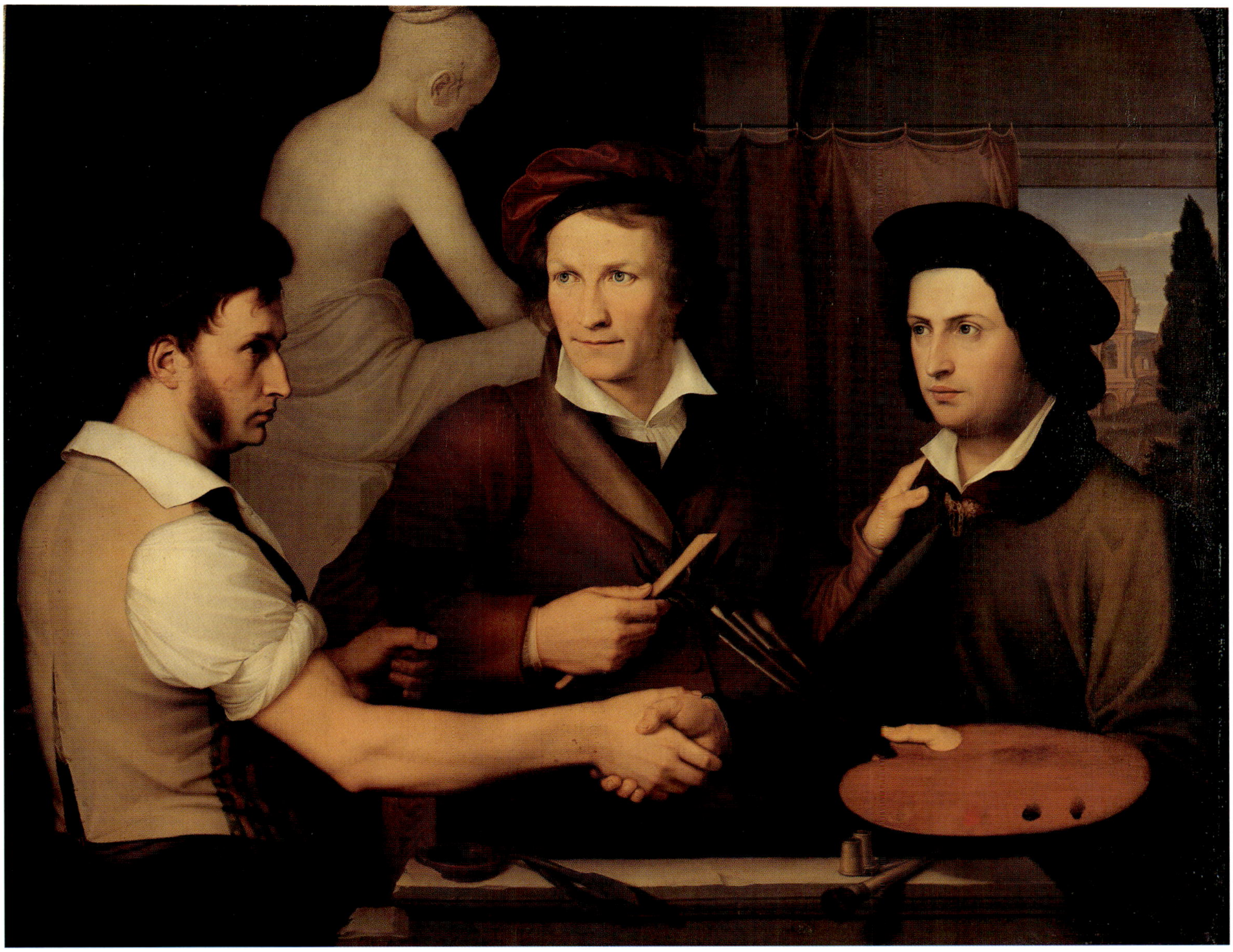

Selbstbildnis mit dem Bruder Ridolfo Schadow und Thorvaldsen, 1815–16

Öl auf Leinwand
91 × 118 cm
Inv. A I 325
1882 erworben aus dem Besitz der Fürstin Hohenzollern

Auf einer denkwürdigen Ausstellung in Rom 1819, auf der sich zum ersten Mal die jungen Nazarener der Öffentlichkeit vorstellten, sah man auch dieses Bild, das mit einer Feierlichkeit, die sich in der Statuarik der Haltungen wie in der auffälligen Geometrie der Komposition äußert, Künstlerfreundschaft und Zusammenwirken der Künste programmatisch inszeniert; denn wie Wilhelm Schadow die Malerei vertritt, so sein Bruder, dessen Werkstatt den Hintergrund bildet, die Bildhauerkunst und Thorvaldsen, dessen Reliefs man besonders bewunderte, die beide überschirmende Zeichenkunst. Alle drei Künstler sind in der Nationalgalerie vertreten. *CK*

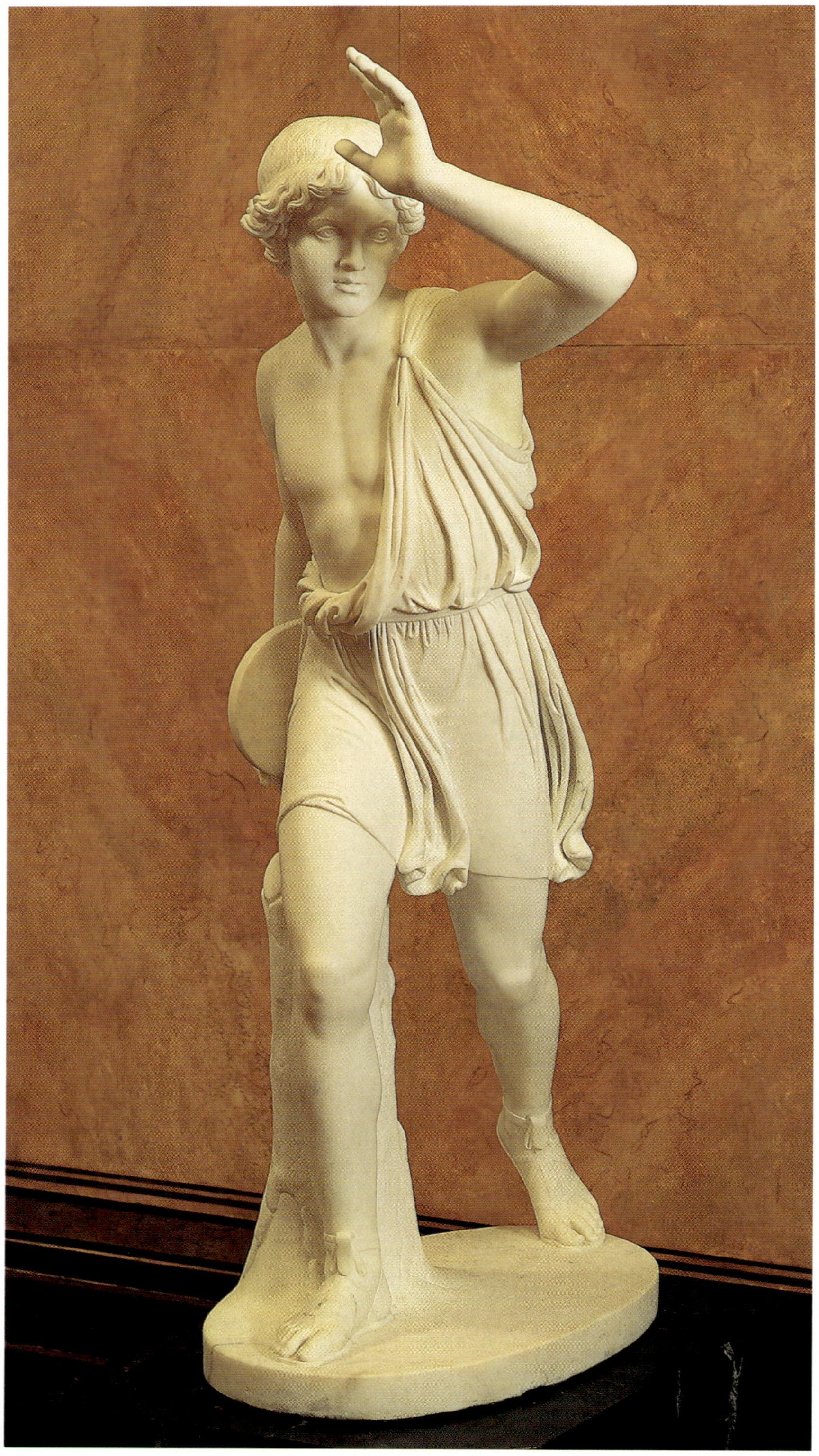

Diskuswerfer, 1820–21

Marmor
149 × 73 × 97 cm
Bezeichnet links auf der Plinthe: Rudolph Schadow fecit. Romae 1821
Inv. SKG 7/88
1988 erworben durch die Skulpturengalerie aus dem englischen Kunsthandel; 1994 in die Alte Nationalgalerie übernommen

Mit Umsicht und Souveränität erforschte und sammelte Peter Bloch als Direktor der Skulpturensammlung im ehemaligen Westberlin die Plastik des 19. Jahrhunderts und holte sie aus der Vergessenheit, während die Neue Nationalgalerie ihr Interesse auf die Malerei, vor allem aber auf die Kunst des 20. Jahrhunderts richtete. Zu Blochs bedeutendsten Erwerbungen gehört Ridolfo Schadows »Diskuswerfer«, eine zur Entstehungszeit gerühmte, dann nach England verkaufte, nach rund 160 Jahren auf den Kunstmarkt zurückgekehrte Figur. Sie geht thematisch auf die antike Skulptur zurück, namentlich auf Myron, und ist damit eine typische Schöpfung des Klassizismus. *BM*

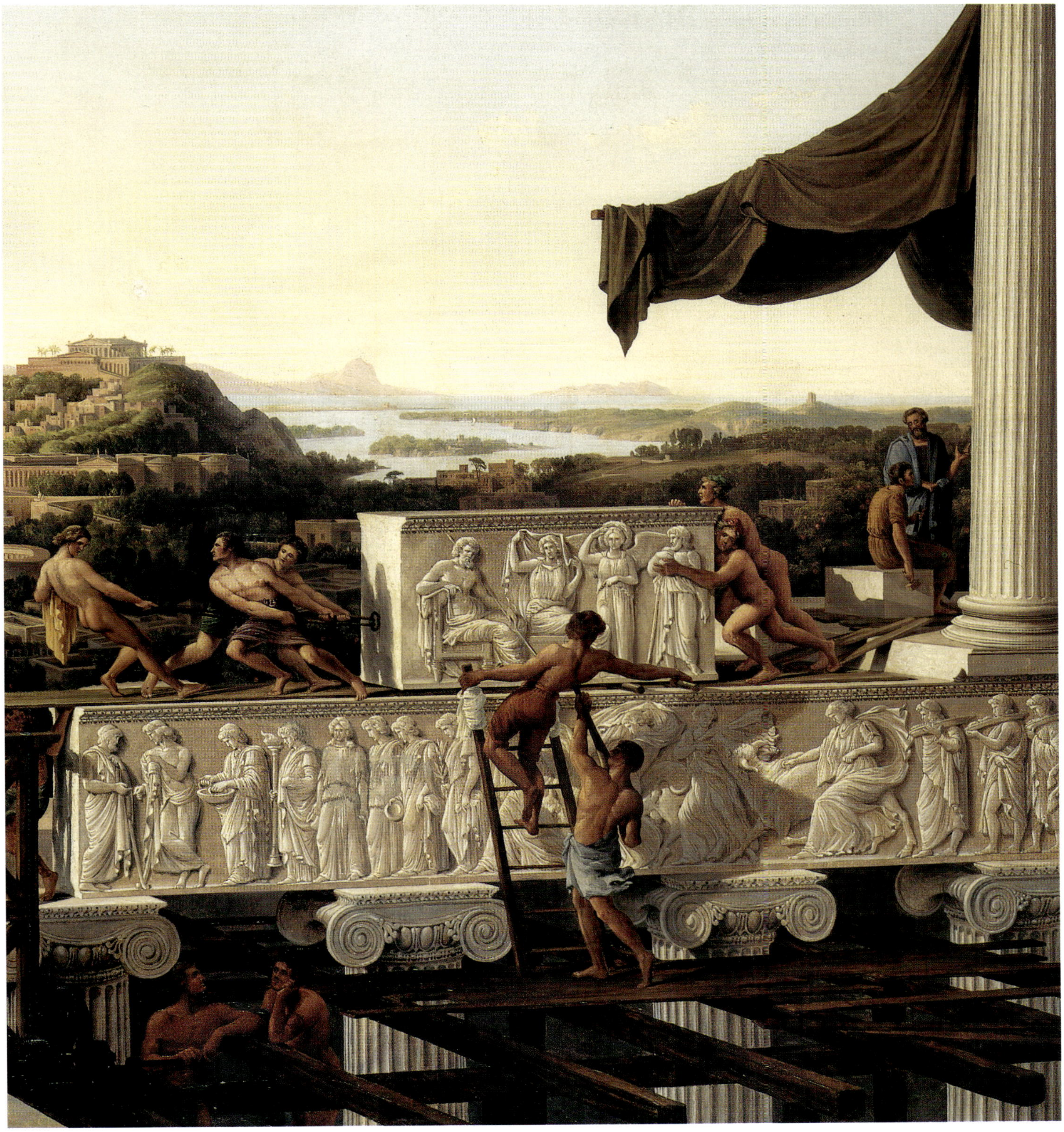

Blick in Griechenlands Blüte, 1825 [Detail]

(Kopie von Wilhelm Ahlborn, 1836)
Öl auf Leinwand
94 × 235 cm
Bezeichnet unten links: Ahlborn nach Schinkel. 1836.
Inv. NG 2/54
1954 erworben durch Ankauf von Frau Unruh, Moosrain/Tegernsee

Schinkel setzte in »Griechenlands Blüte« seine Idee einer Landschaftsmalerei um, in der Natur und kultivierende Tätigkeit des Menschen in Einklang stehen und die gemeinschaftstiftende Wirkung einer großen Bauaufgabe dargestellt ist: Nackte Heroen errichten vor dem Hintergrund einer idealen griechischen Stadtlandschaft einen ionischen Tempel. Für Schinkel war der Bau eines Tempels Bekrönung und Symbol einer geordneten Gemeinschaft, einer verbesserten Weltordnung. Die Stadt Berlin erwarb das Bild als Hochzeitsgeschenk für Prinzessin Luise, jüngste Tochter König Friedrich Wilhelms III. Das Original Schinkels ist seit dem Zweiten Weltkrieg verschollen. Es wurde mehrfach kopiert, unter anderem von Wilhelm Ahlborn (1796–1857) *BV*

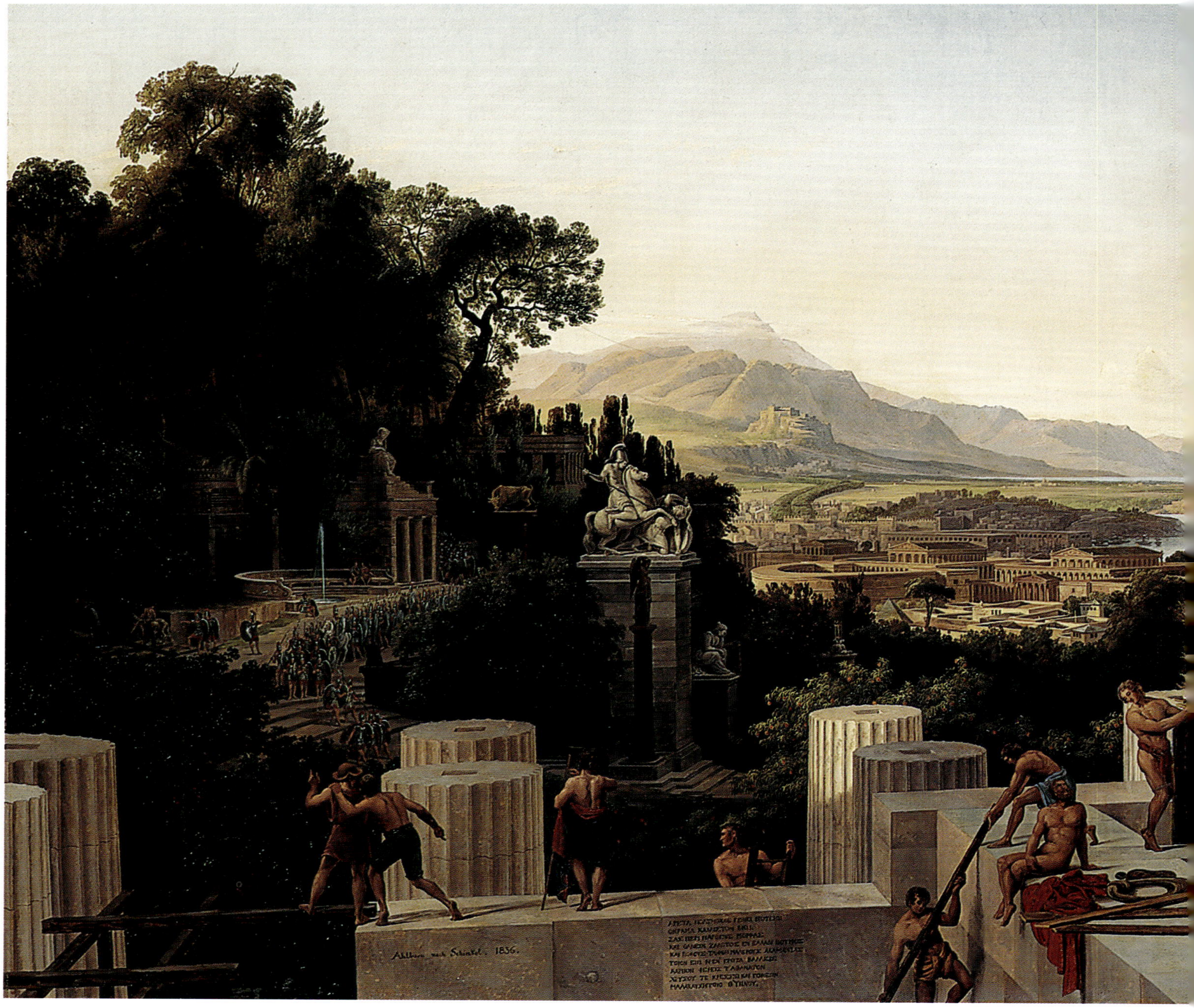

Blick in Griechenlands Blüte, 1825

(Kopie von Wilhelm Ahlborn, 1836)

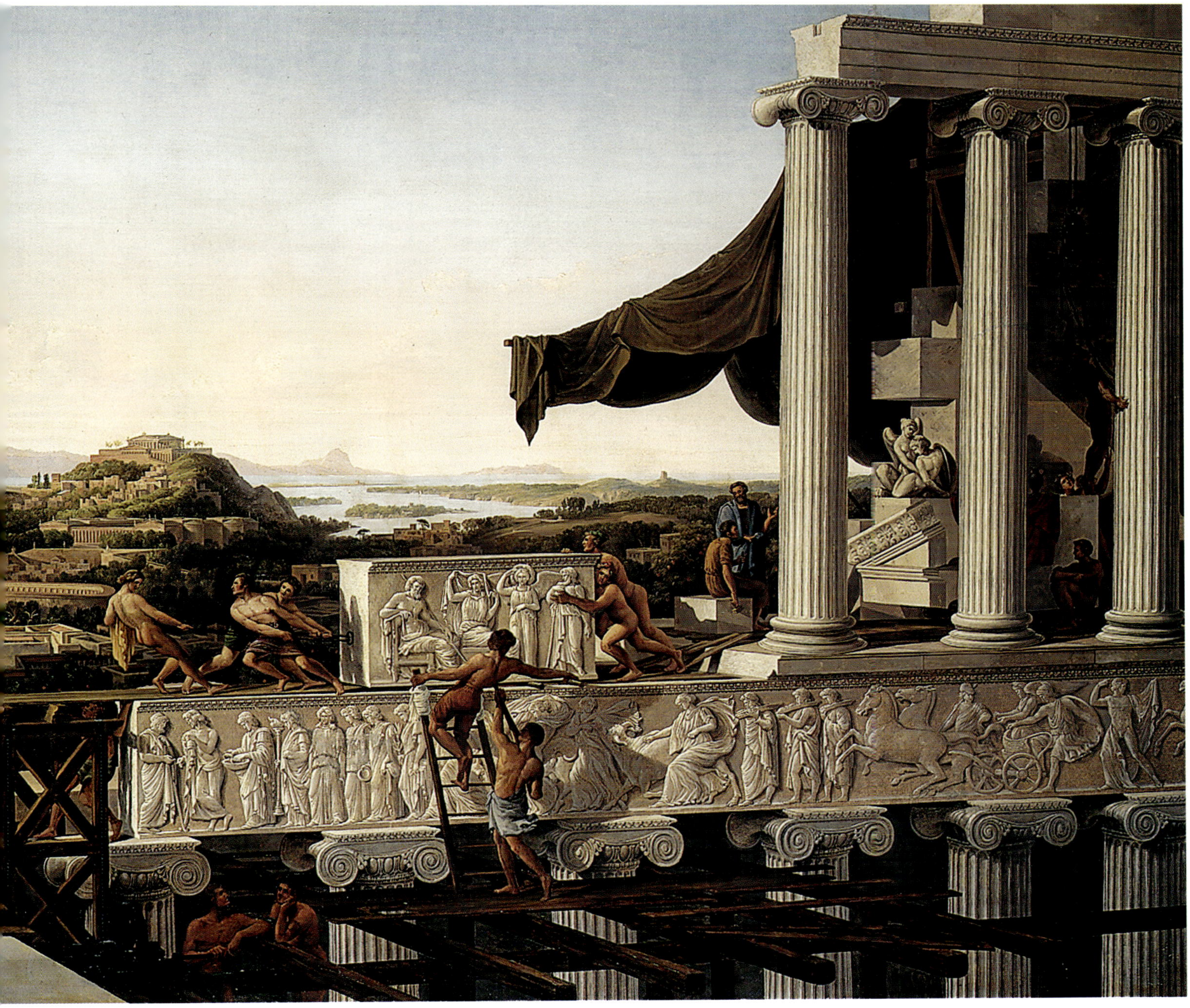

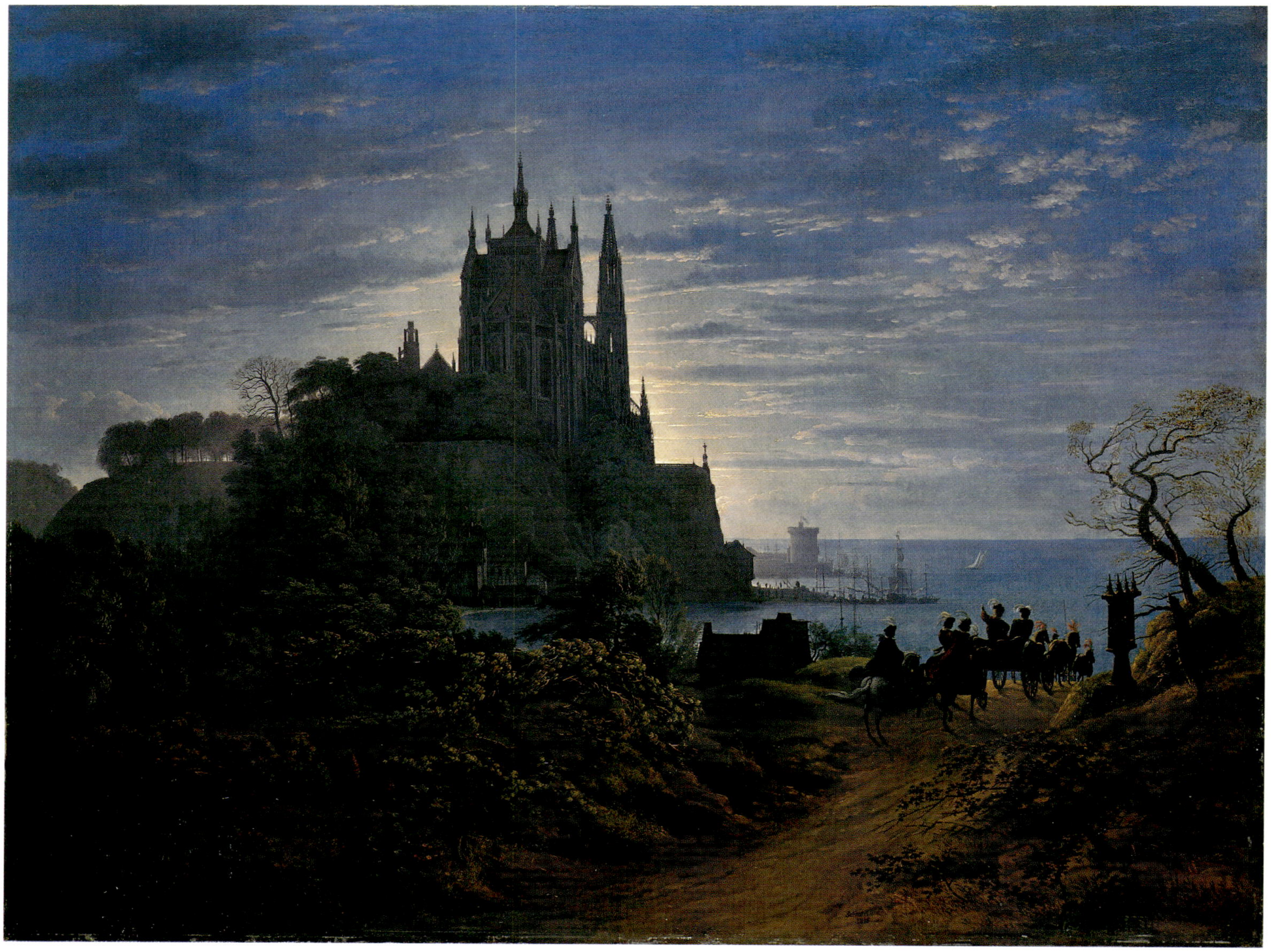

Gotische Kirche auf einem Felsen am Meer, 1815

Öl auf Leinwand
72 × 98 cm
Bezeichnet Mitte unten: Schinkel. inv. 1815
Inv. W.S. 200
1861 Vermächtnis von Konsul Wagener, Berlin

Über dem Felsen am Wasser erhebt sich majestätisch eine Kathedrale, als sei sie dem Gestein entwachsen. Die tiefstehende Sonne bleibt hinter dem filigranen Gebilde der gotischen Kirche verborgen, ihr Licht umstrahlt verheißungsvoll das Gotteshaus. Schinkels Gemälde spiegelt die politische und geistige Situation in Deutschland nach dem Zusammenbruch des Alten Reiches und während der Napoleonischen Fremdherrschaft. Die Romantiker erhoben das deutsche Mittelalter zum Ideal nationaler Einheit und Stärke und zum Wunschbild für die eigene Gegenwart. Schinkel malte dieses Bild wohl im Auftrag des Berliner Bankiers Joachim Heinrich Wagener, der mit dem Erwerb des Gemäldes im Entstehungsjahr 1815 seine Sammeltätigkeit begann. *BV*

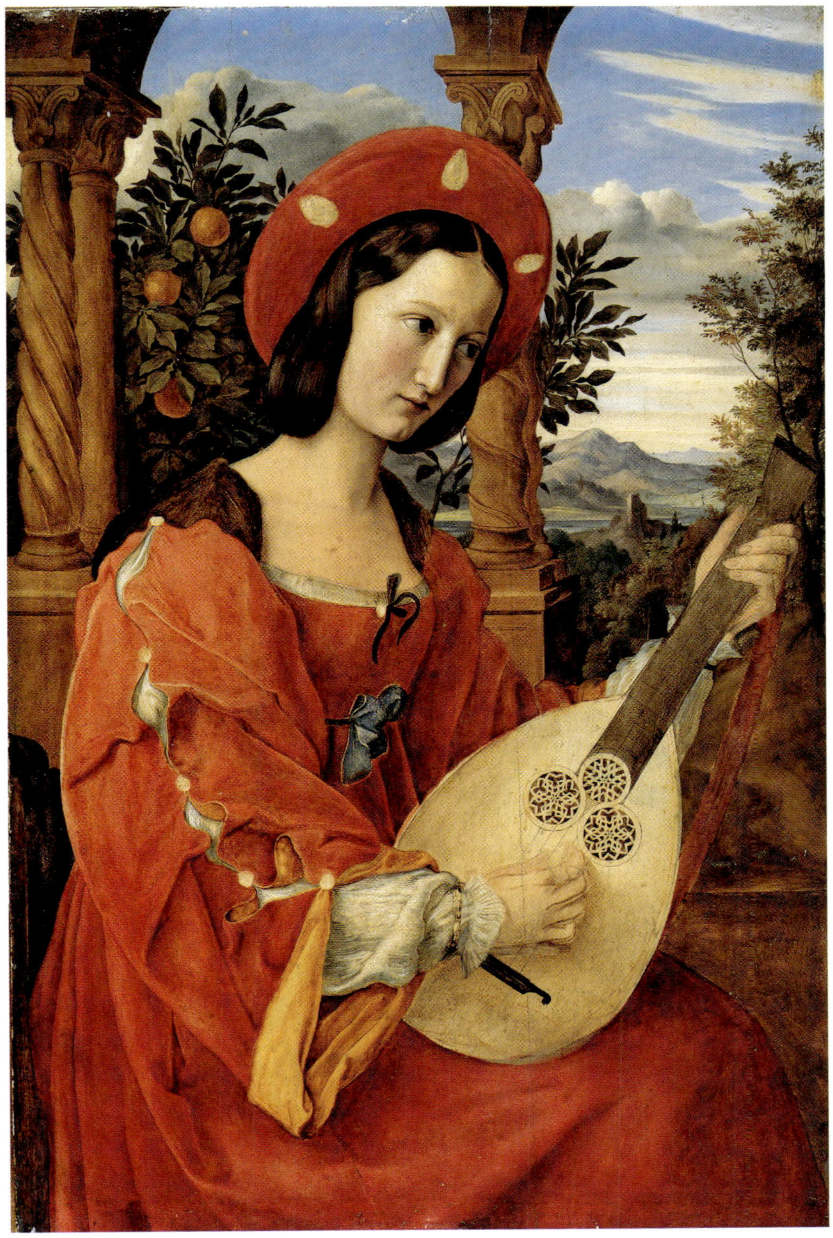

Bildnis der Clara Bianca von Quandt, 1820

Öl auf Holz
37 × 26 cm
Inv. A II 361
1922 erworben von der Galerie Heinemann, München

Clara Bianca von Quandt und ihr Ehemann, der Leipziger Kaufmann und Kunstsammler Johann Gottlob von Quandt, hielten sich während ihrer Hochzeitsreise mehrere Monate in Rom auf. Dort beauftragte man den mit ihnen befreundeten Maler Julius Schnorr von Carolsfeld, das Porträt der Clara Bianca zu malen. In italienischer Renaissancetracht sitzt die junge Frau, Laute spielend, in einer mittelalterlichen Bogenhalle. Der Orangenbaum und die Gebirgslandschaft mit Kastell beschwören ein ideales Italien, so wie die Dargestellte über ihre individuellen Züge hinaus zum Idealtypus der jungen musischen Frau erhoben wird. Auf Quandts Wunsch hin entlehnte der Maler die Komposition dem damals Raffael zugeschriebenen Bildnis der Johanna von Aragonien, welches im Palazzo Doria Pamphili hing (heute Musée du Louvre, Paris). *BV*

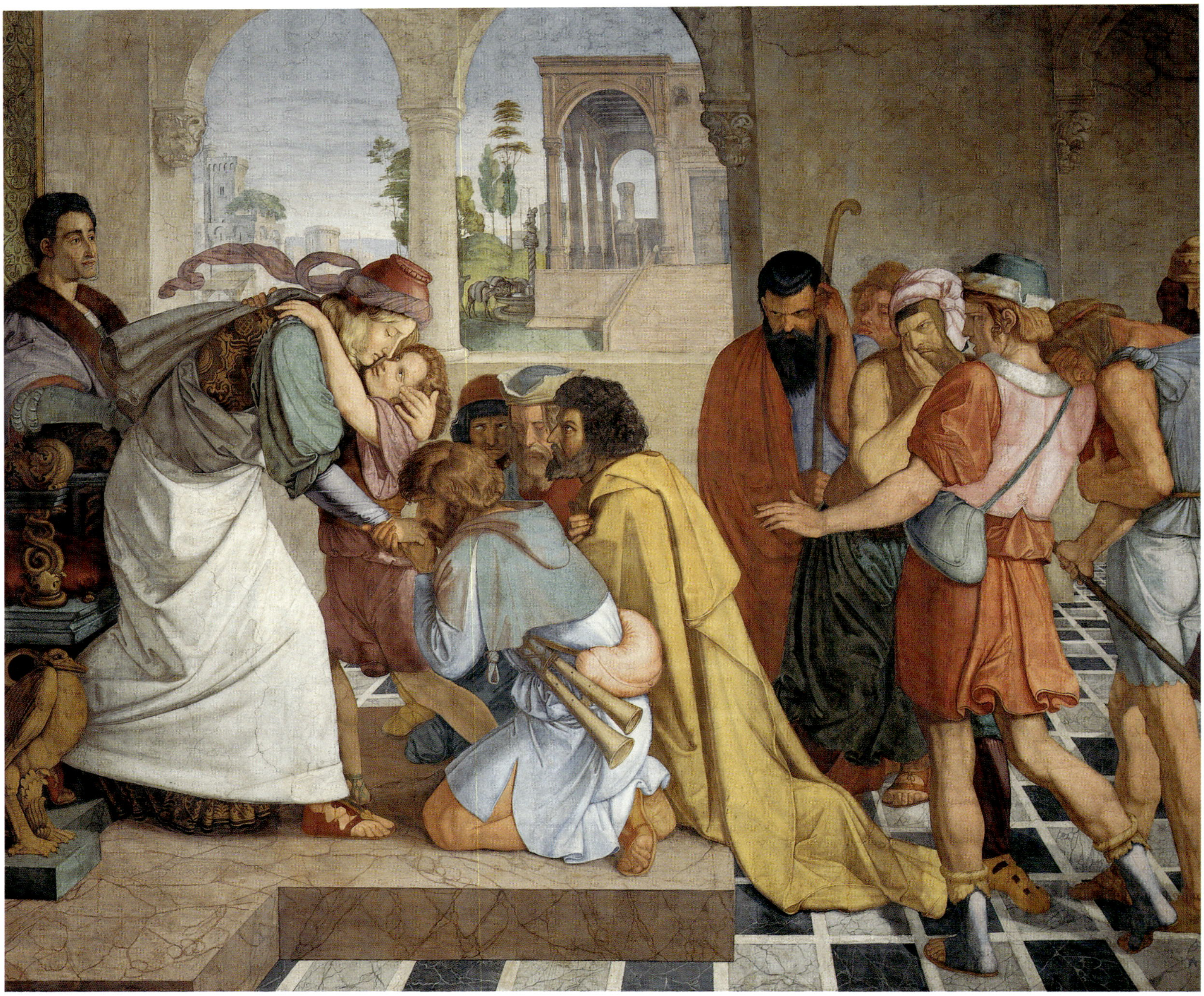

Joseph gibt sich zu erkennen, 1816–17

Fresko auf Putz (Casa Bartholdy)
236 × 290 cm
Bezeichnet oben Mitte: P. CORNELI
Inv. A I 419
1887 aus Rom in die Nationalgalerie überführt

Die neue Blüte des öffentlichen Freskos in Deutschland wurde in Rom durch einen Privatauftrag vorbereitet: Der preußische Generalkonsul Jakob Salomon Bartholdy ließ einen Raum in seiner Wohnung von vier jungen Malern aus dem romantischen Kreis der Nazarener mit einem Bilderzyklus zur alttestamentlichen Josephsgeschichte ausmalen. Siebzig Jahre später wurden die Fresken von der Wand abgeschält und als Denkmal nationaler Kunst in der Nationalgalerie eingebaut. Nach dem Zweiten Weltkrieg zweimal gründlich restauriert, wurden sie nach der Rekonstruktion der Alten Nationalgalerie in neuer Weise dargeboten. Nicht mehr verborgen sind die hölzernen Einfassungen, die sie beim Verlassen ihres ursprünglichen Anbringungsortes erhalten haben. *CK*

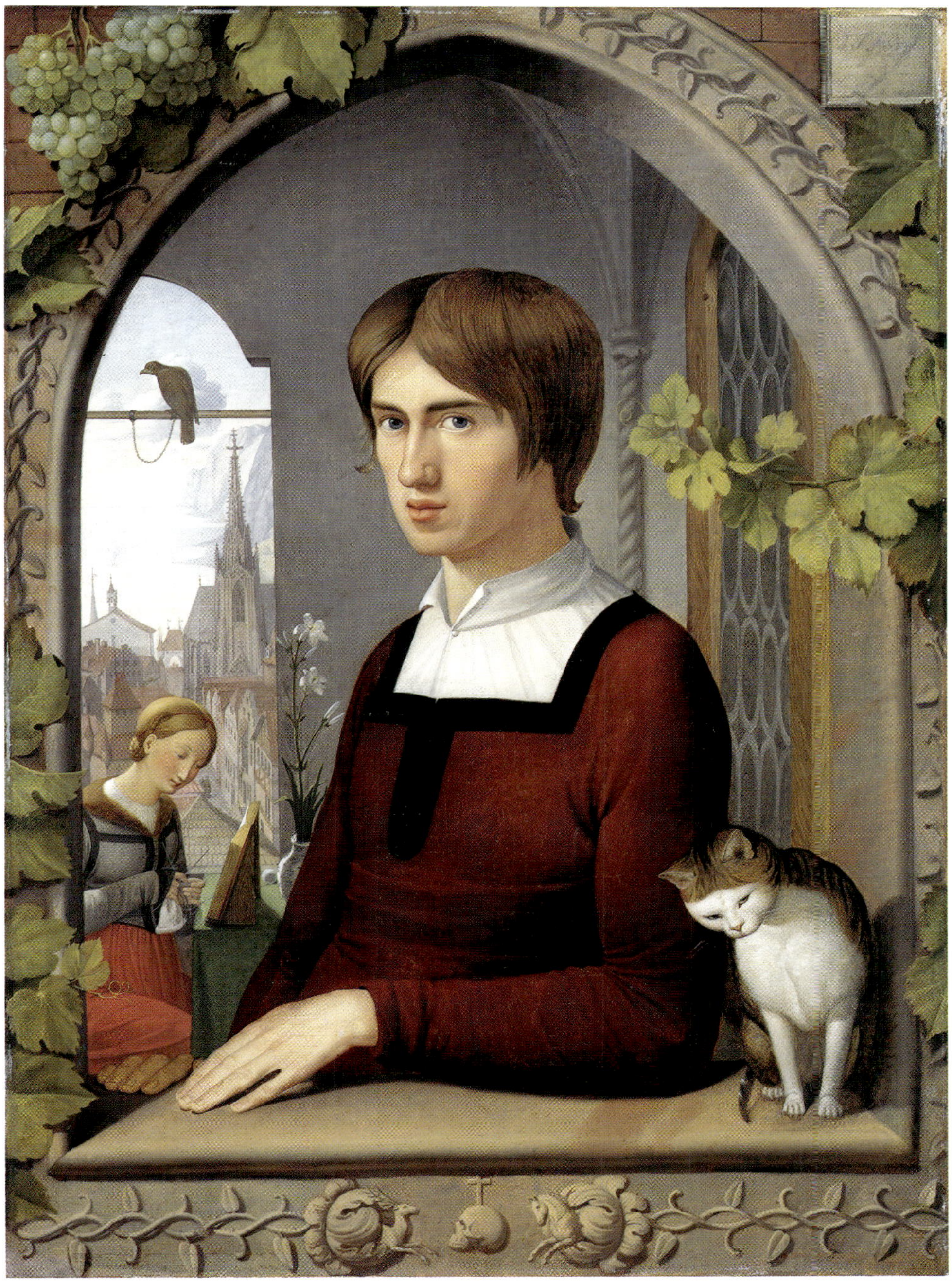

Porträt des Malers Franz Pforr, um 1810/65

Öl auf Leinwand
62 × 47 cm
Inv. A II 381
1887 erworben von dem Maler Carl Hoffmann d. J.

Im selben Jahr, als die Fresken der Casa Bartholdy, an denen Overbeck maßgeblich beteiligt war, in der Nationalgalerie aufgebaut wurden, kam dieses Porträt des Freundes und neben Overbeck zweiten Begründers des Lukasbundes hinzu, das die innige Verbindung der beiden thematisiert. Indem es den jungen Franz Pforr (1788–1812) in ein idealisiertes Mittelalter versetzt, spielt es symbolreich auf einen auch in Briefen und Texten ausgesponnenen gemeinsamen Traum von religiös bestimmter Lebensführung und Kunstübung an. Keine zwei Jahre nach seiner Entstehung starb Pforr. Overbeck behielt das Bild sein ganzes Leben hindurch und scheint es kurz vor seinem Tod noch einmal übergangen zu haben. Die Nationalgalerie kaufte es aus seinem Nachlaß. *CK*

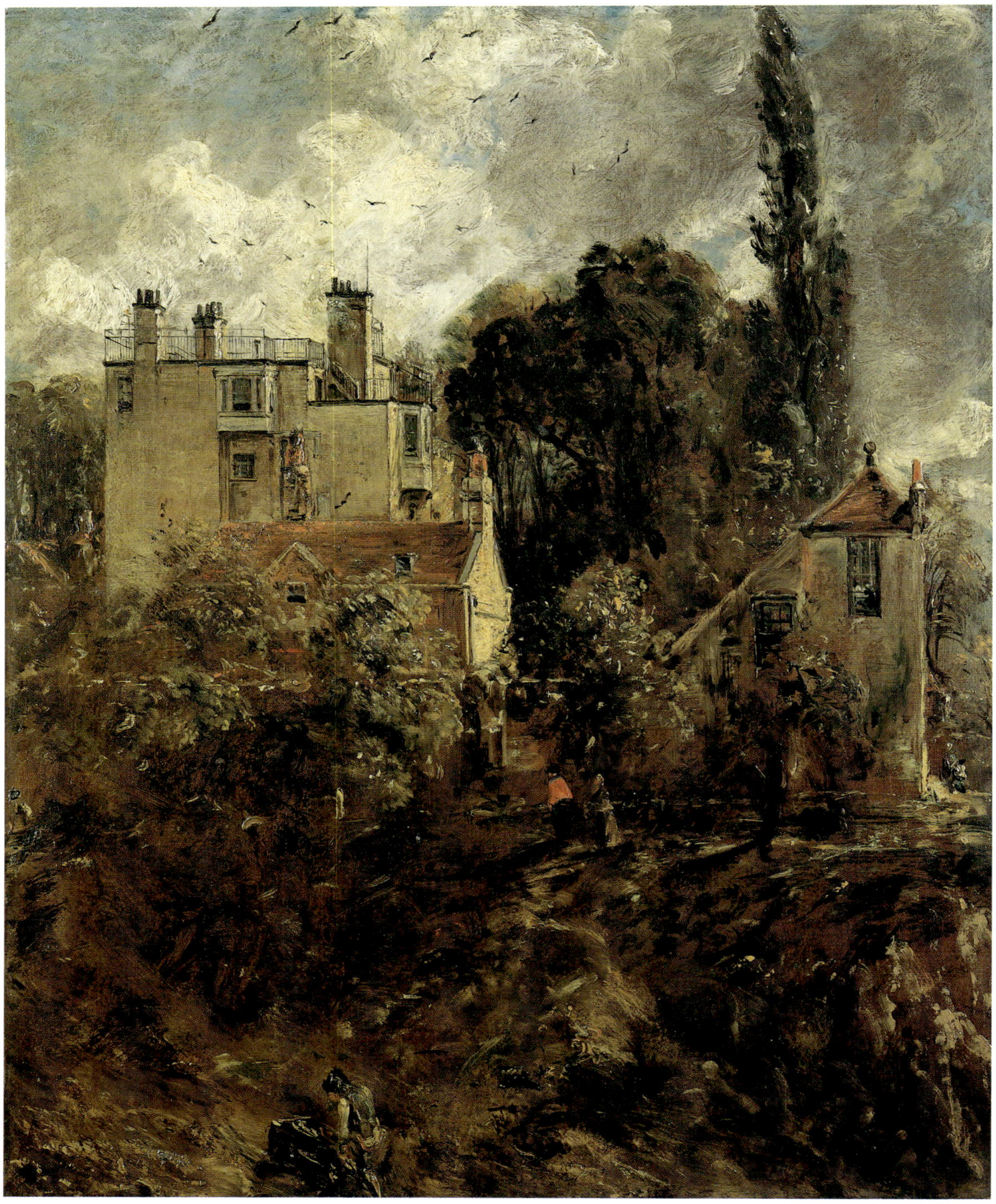

Das Haus des Admirals in Hampstead, um 1821/22

Öl auf Leinwand
60 × 50 cm
Inv. A I 850
1905 Geschenk von Generalkonsul Paul Freiherr von Merling, Berlin

Vom schiffsförmigen Obergeschoß seines Hauses pflegte Admiral Matthew Barton Kanonenschüsse abzufeuern. Doch erst lange nach seinem Tod wohnte Constable in einem Hause gegenüber, von wo aus er dieses Motiv dreimal malte. In Berlin stellte man schon 1839 zwei Bilder von Constable aus, die für den jungen Menzel wegweisend wurden. Fast sechzig Jahre später erinnerte sich dieser noch daran. Doch für Constables höchst modernen Stimmungs- und Freilichtrealismus gab es, ähnlich wie für den Menzels, eine größere Öffentlichkeit erst wieder gegen 1900. *CK*

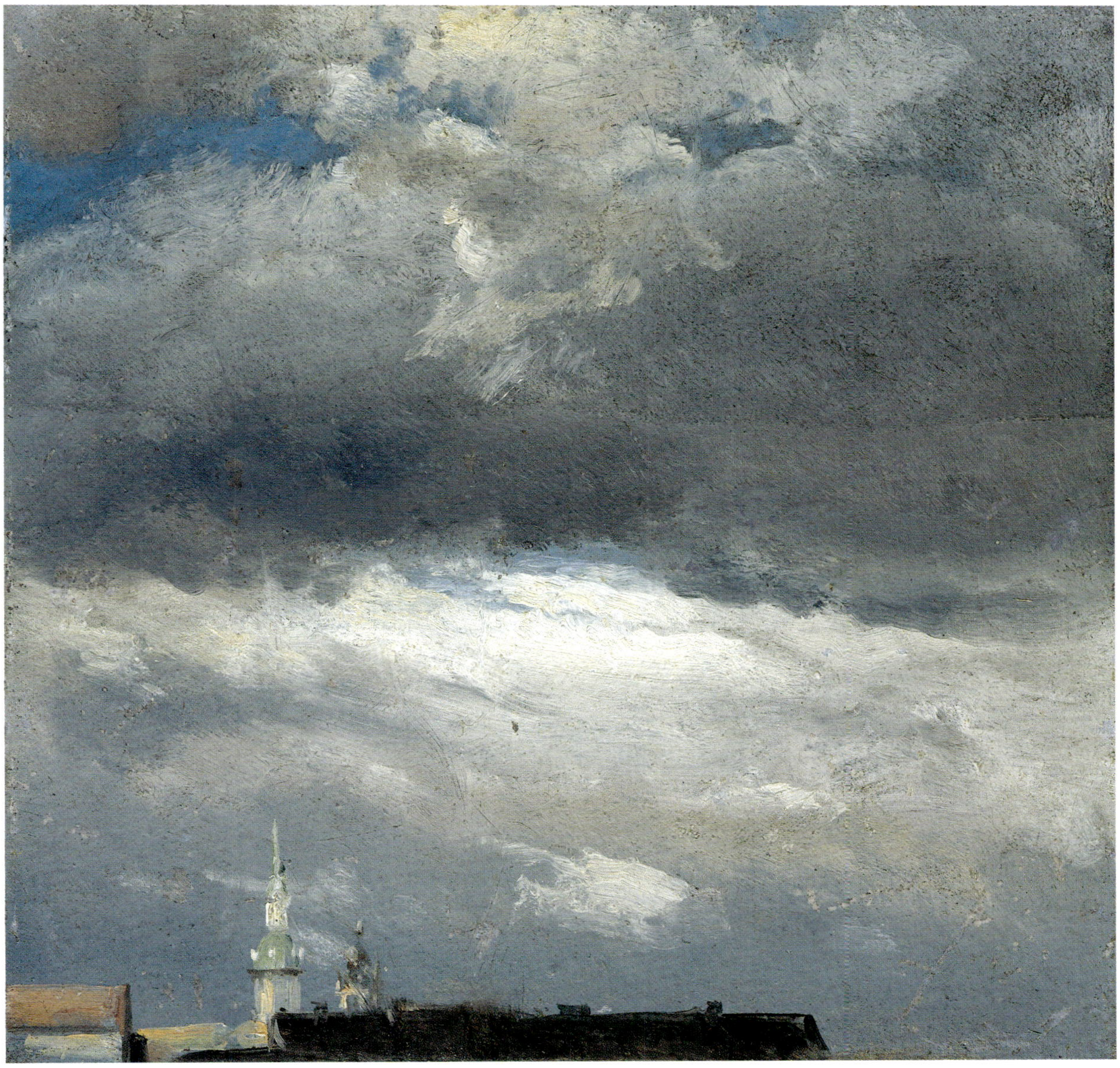

Gewitterwolken über dem Schloßturm von Dresden, um 1825

Öl auf Papier auf Pappe
21 × 22 cm
Inv. A II 91
1911 Geschenk von Ludwig Justi

Der Norweger Johan Christian Claussen Dahl kam 1818 nach Dresden, lebte dort ab 1820 für zwanzig Jahre in Haus- und Arbeitsgemeinschaft mit Caspar David Friedrich und war mit Carl Gustav Carus und Friedrich Tieck befreundet. Auf seiner Italienreise 1820–21 hatte sich Dahl eine spontane, skizzierende Malweise angeeignet und erprobte sie nach seiner Rückkehr an einer Serie von Wolkenstudien. In einer ungewöhnlich sicheren, freien Pinselschrift hielt Dahl über schmalen Landschaftsstreifen, Baumwipfeln oder Türmen atmosphärische Erscheinungen und flüchtige Himmelsphänomene fest. Mit unvoreingenommener Naturbeobachtung und in gewagten Bildausschnitten schuf Dahl Arbeiten, die die europäische Freilichtmalerei wesentlich bereicherten. *BV*

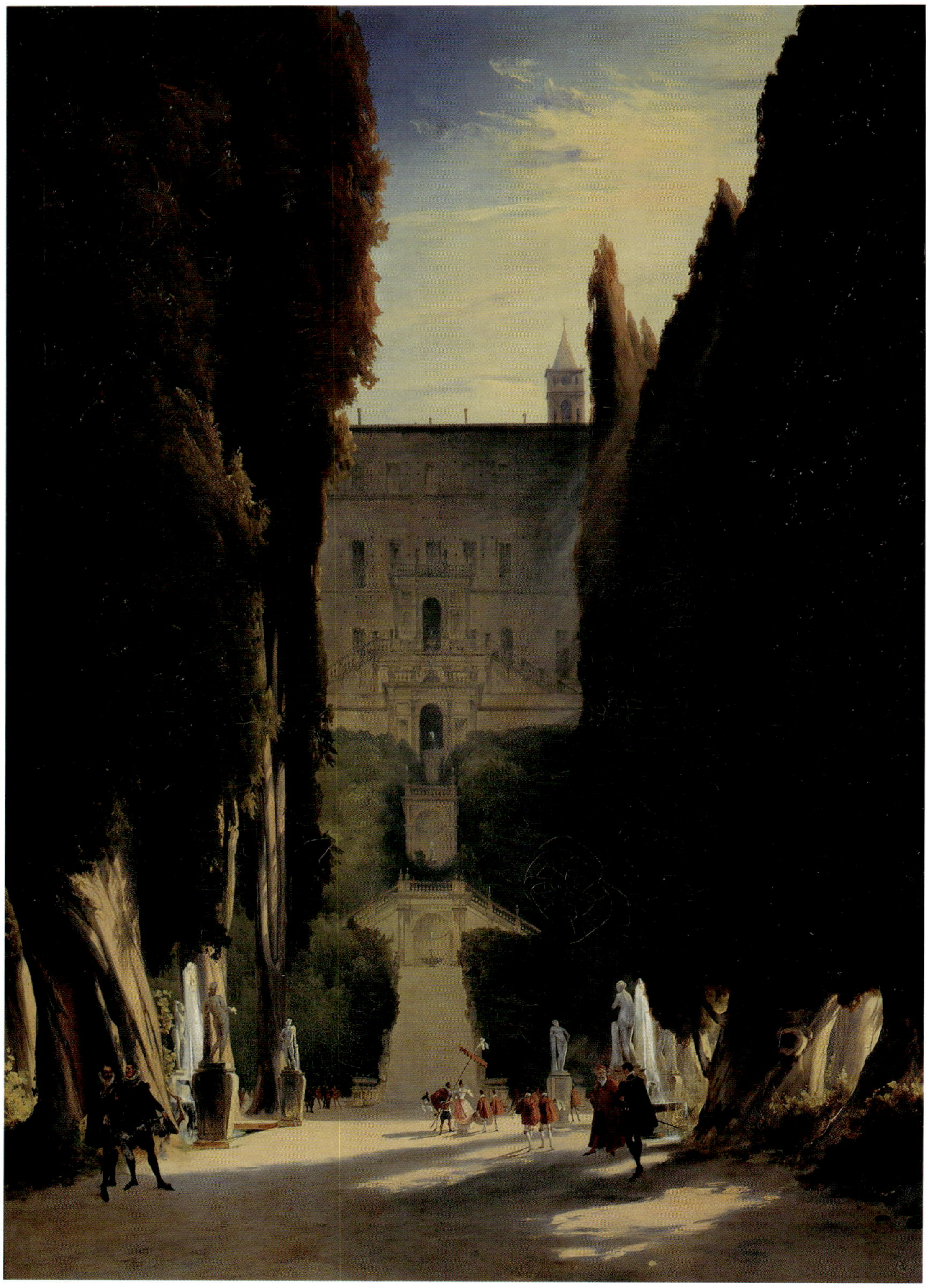

Park der Villa d'Este in Tivoli, um 1831/32

Öl auf Leinwand
127,5 × 94 cm
Inv. A II 463
1958 aus dem Berliner Stadtschloß

Als eine der berühmtesten Sehenswürdigkeiten in der Umgebung Roms war die im 16. Jahrhundert erbaute Villa d'Este für viele Italienreisende ein bedeutender Anziehungspunkt. Auch Carl Blechen ließ sich von den anmutigen Wasserspielen und uralten Zypressen im Park der Villa inspirieren. Zurückgreifend auf seine Erfahrungen als Theatermaler hat Blechen nach der Rückkehr aus Italien in diesem Gemälde die Monumentalität der Architektur und Vegetation spannungsvoll inszeniert. Zwischen den Bäumen fällt Licht in zarten Dunstschleiern ein, Figuren in spanischer Hoftracht wandeln wie auf einer Bühne zwischen Sonnenfluten und dunklen Schatten. Blechen stellte sein Gemälde 1832 auf der Berliner Akademie-Ausstellung aus, wo es Friedrich Wilhelm III. von Preußen erwarb. *BV*

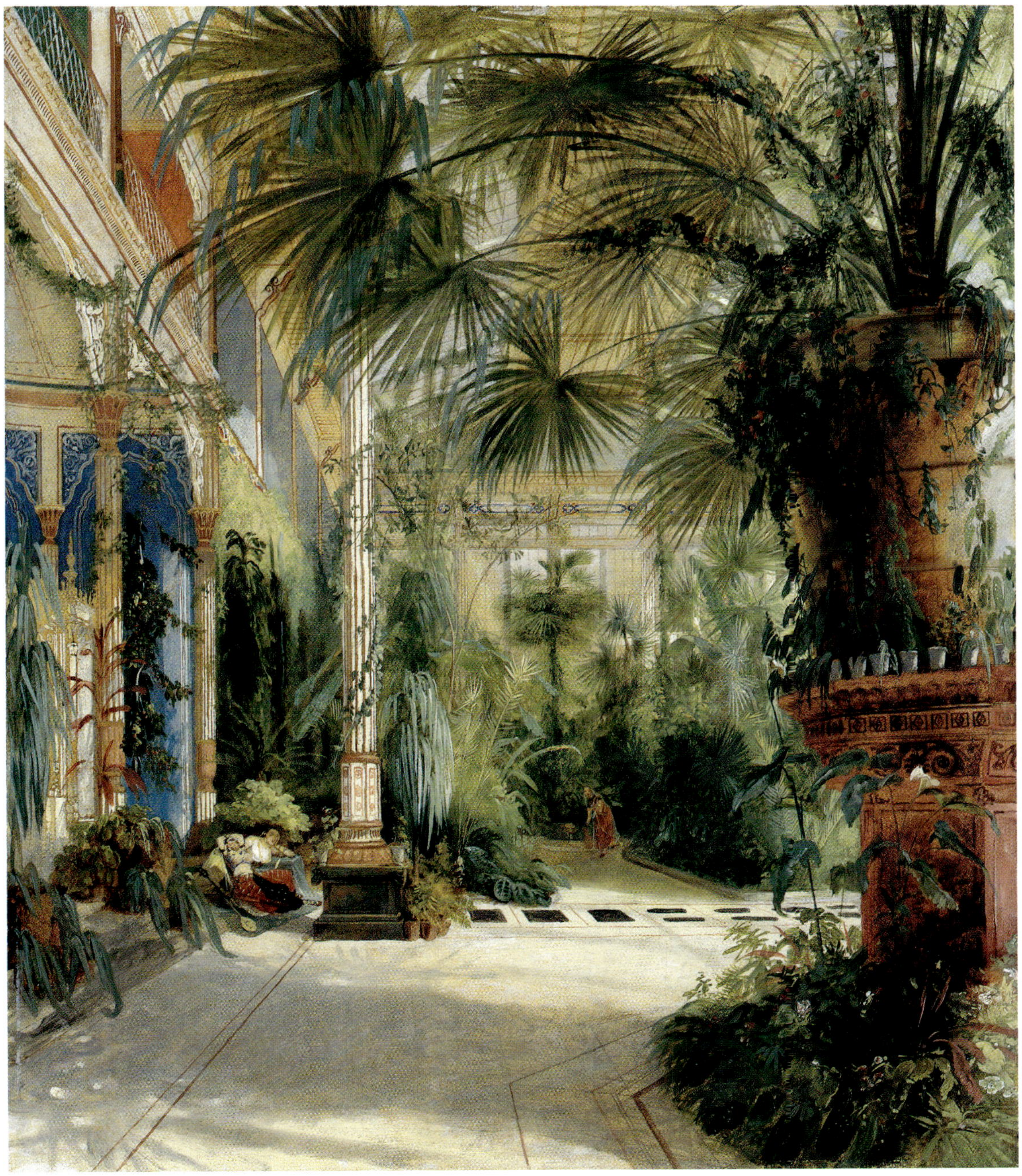

Das Innere des Palmenhauses, 1832

Öl auf Papier auf Leinwand
64 × 56 cm
Inv. A I 617
1898 erworben bei der Versteigerung der Sammlung Karl Ludwig Kuhtz

Auf Empfehlung Alexander von Humboldts kaufte Friedrich Wilhelm III. die Pariser Palmensammlung Foulchiron, für die er nach Plänen Karl Friedrich Schinkels ein Palmenhaus auf der Pfaueninsel bei Potsdam errichten ließ, in welches Teile einer indischen Pagode eingefügt wurden. Das 1831 vollendete Bauwerk ist 1880 durch Feuer zerstört worden. Der König bat Carl Blechen um zwei Gemälde des Palmenhauses, die er seiner Tochter Charlotte zu schenken gedachte. Neben zahlreichen Zeichnungen schuf Blechen diese Vorstudie des sonnendurchfluteten gläsernen Raumes. Darin lagern Odalisken unter dem üppigen Grün tropischer Pflanzen und bestärken den Zauber des Orients, der von den filigranen indischen Architekturelementen ausgeht. *BV*

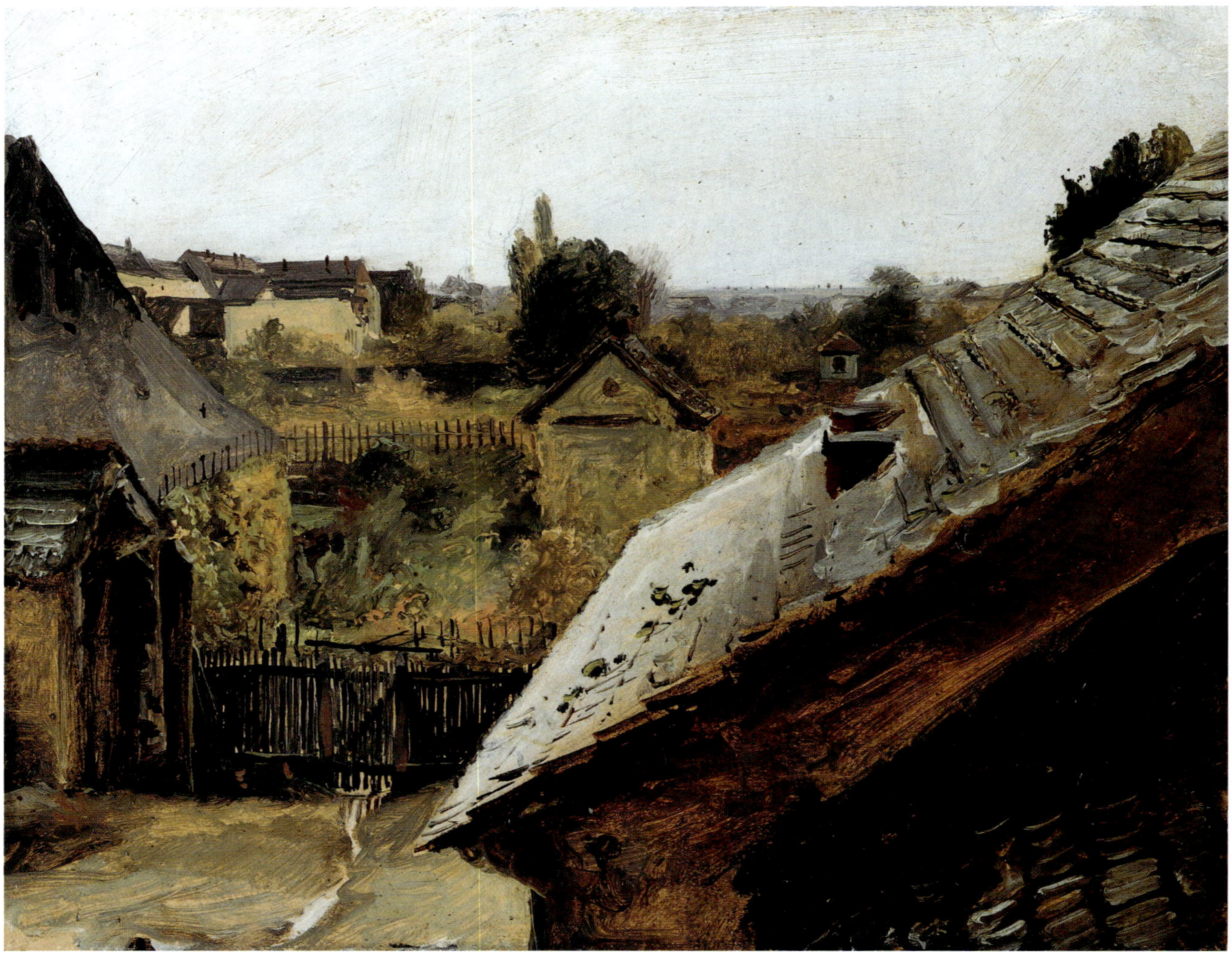

Blick auf Dächer und Gärten, um 1835

Öl auf Papier auf Pappe
20 × 26 cm
Inv. A I 319
1881 erworben mit sechs weiteren Werken des Künstlers aus der Sammlung des Kammergerichtsreferendars Frick, Berlin

Mit diesem kleinformatigen Bild aus seiner letzten Schaffensperiode hielt Carl Blechen die Aussicht aus seiner Berliner Wohnung in der Kochstraße fest. In das von einfachen Handwerkern bewohnte Stadtgebiet war der Künstler 1832 gezogen. Der wie zufällig wirkende Bildausschnitt gewährt eine unspektakuläre Sicht auf die ärmlichen Gebäude der Nachbarschaft. Vorbei an der regenfeuchten Dachschräge wird das Auge in die sich bis zum Horizont erstreckenden Gärten geführt. Mit expressiv bewegtem Pinsel sind malerische Klänge von Grün, Ocker und Umbra unter weißgrauem Himmel gegeben. Ludwig Justi würdigte Blechens Werk 1932 in seiner Publikation zur Sammlung der Nationalgalerie »Von Runge bis Thoma« als Entdeckung: »Ein Winkel der Natur, gesehen durch ein Temperament.«
BV

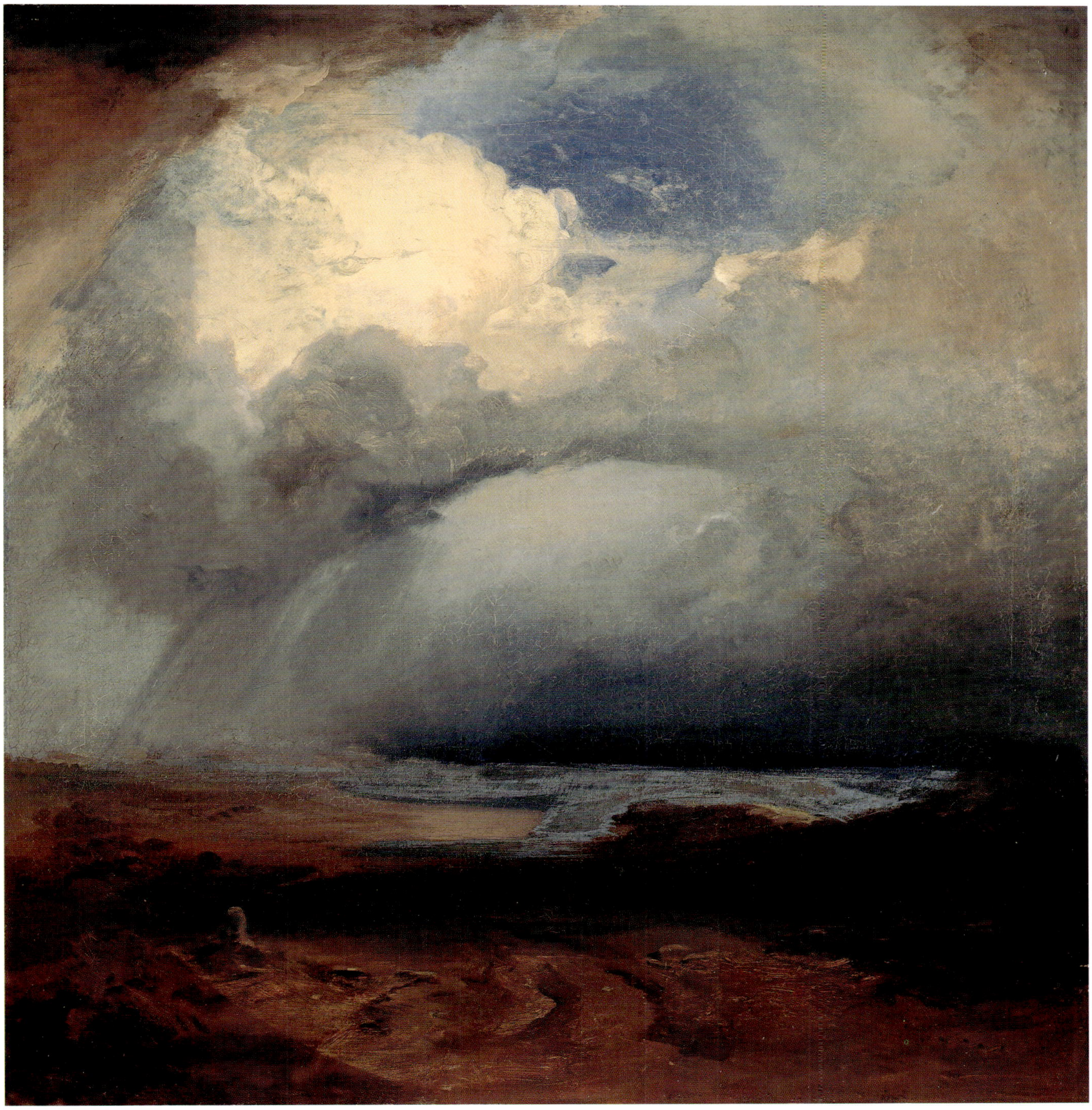

Schlachtfeld bei Marathon, 1849

Öl auf Leinwand
91 × 90,5 cm
Inv. A I 209
1875 erworben von der Kunsthandlung H. O. Miethke, Wien

Als einer der herausragenden deutschen Landschaftsmaler des 19. Jahrhunderts spielte Rottmann eine bedeutende Rolle für die Weiterentwicklung der klassizistisch-idealistischen Landschaftsdarstellung. Im Auftrag König Ludwigs I. reiste er mehrmals nach Italien und Griechenland und wurde 1841 Hofmaler. Sein Name steht fortan in Verbindung mit Landschaftsbildern aus Oberbayern, Tirol, Italien und Griechenland. In seinem Spätwerk steigerte er die Weiträumigkeit, tektonische Bildform und das Kolorit ins Grandiose. Das zu den letzten Werken gehörende Gemälde wiederholt zwar das Fresko »Marathon« von 1848, doch wird hier das historische Ereignis von 490 v. Chr. nicht einmal mehr angedeutet. Bereits die Entwürfe von 1841 steigern das Geschehen ins Kosmische. Der Bestand seiner Werke in der Nationalgalerie wird mit diesem bedeutenden späten Werk abgerundet. *KH*

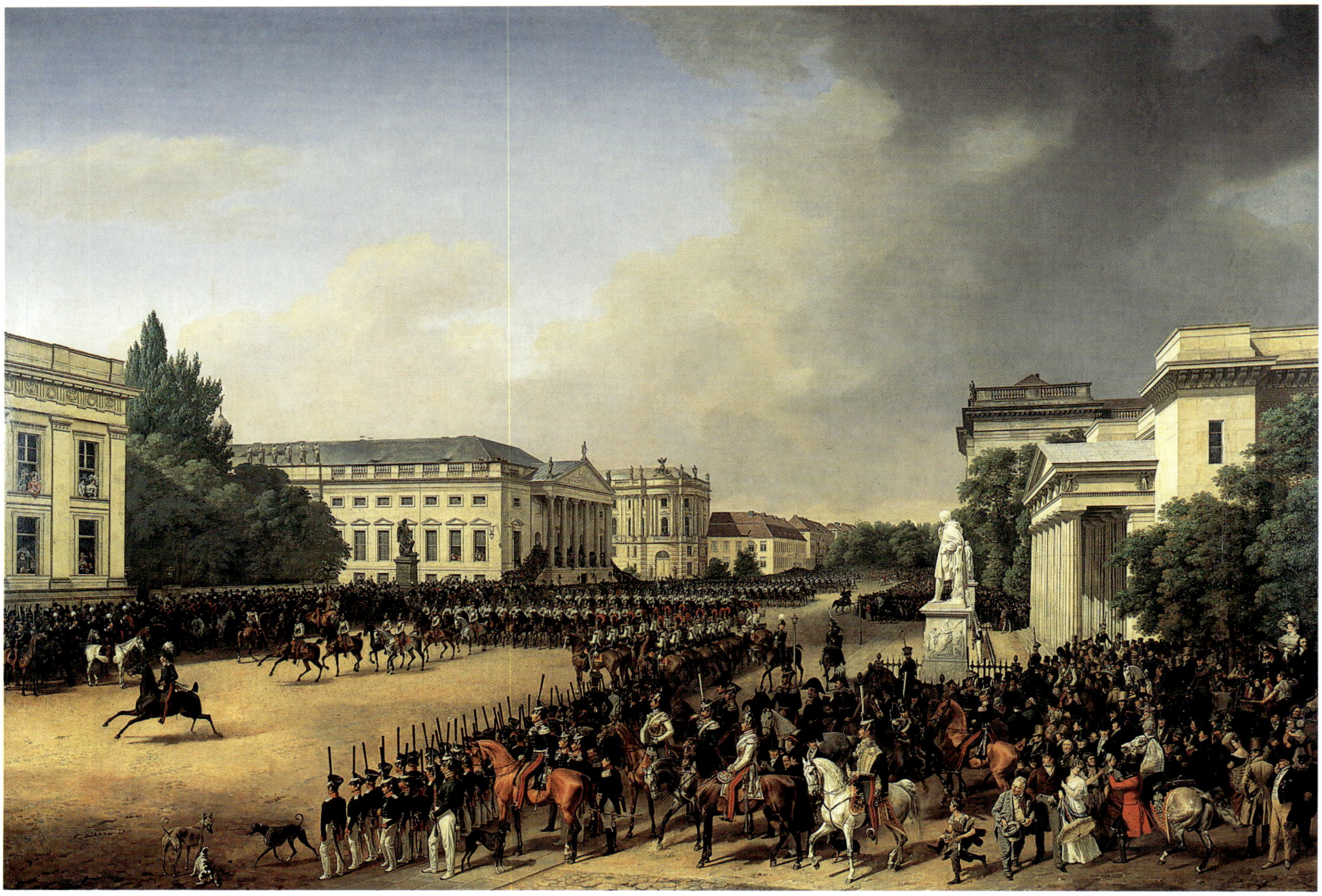

Parade auf dem Opernplatz in Berlin, 1824–30

Öl auf Leinwand
249 × 374 cm
Inv. A II 648
1922 in der Nationalgalerie ausgestellt; seit 1928 inventarisiert

Krügers Bild ist eine kleine Enzyklopädie des frühbiedermeierlichen Berlin. Den Aufmarsch eines Reiterregiments in feiertäglicher Tadellosigkeit, Sonnenreflexe auf Metall und Pferdefell, viele Porträts, die heute noch wiedererkannt werden – darunter Paganini, die berühmte Sängerin Henriette Sontag, der junge Maler zu Pferde – und nicht minder berühmte Namenlose wie der Berliner Schusterjunge: all das zeigt Krügers erstes Paradebild, auf dem die königlichen Hauptpersonen zugunsten der bürgerlichen Zuschauer weit in den Hintergrund versetzt sind. Auf Bestellung des Zaren Nikolaus I., des Schwagers des preußischen Königs, gemalt, hing es lange in St. Petersburg. Auf Betreiben Ludwig Justis erbat Wilhelm II. es zurück und empfing es als Freundschaftsgeschenk Nikolaus' II. – wenige Monate vor dem Kriegsausbruch 1914. Eine Übergabe an die Nationalgalerie, die Justi schon 1918 anmahnte, glückte erst 1922 und ein Ankauf von der Krone erst mehrere Jahre später. *CK*

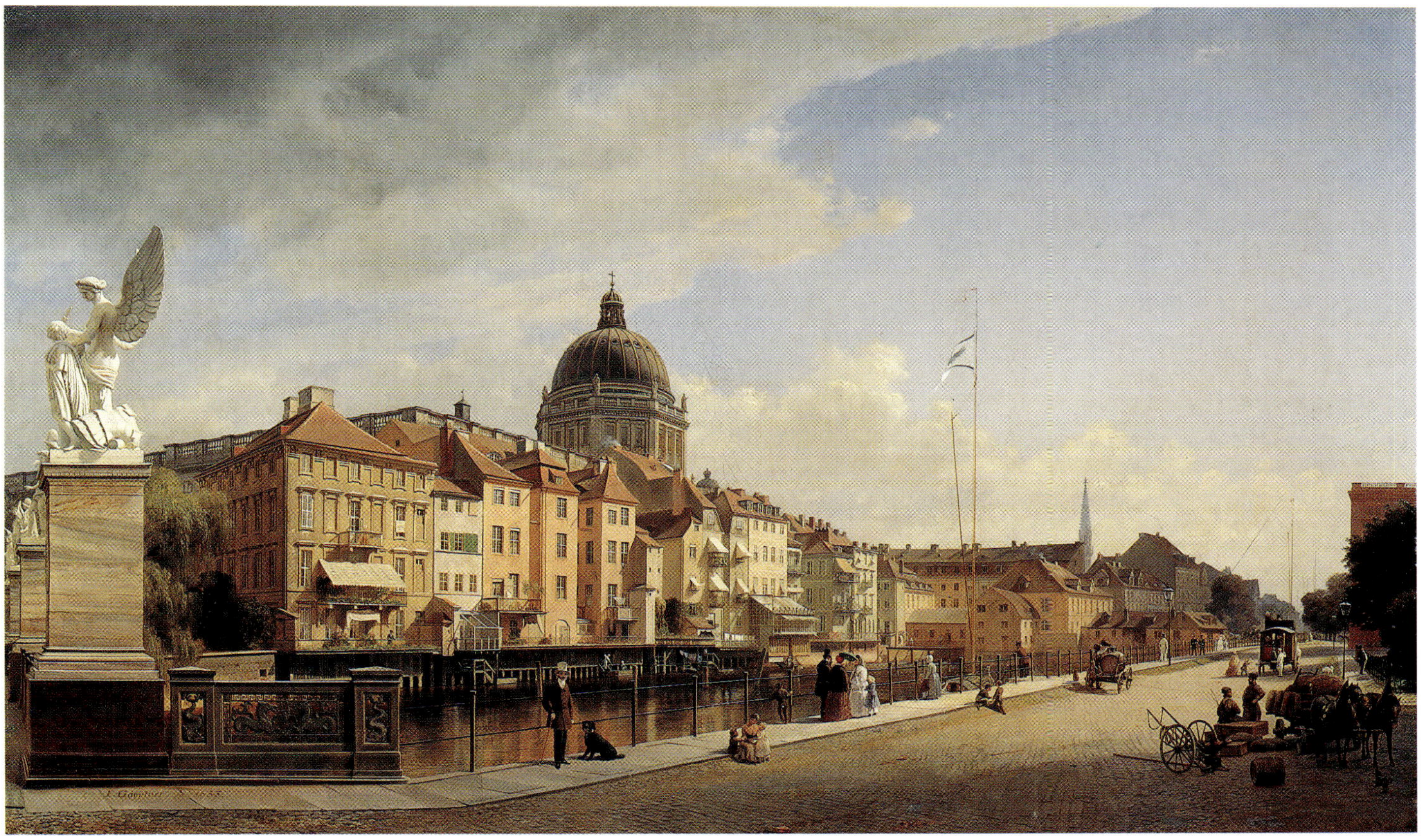

Ansicht der Rückfront der Häuser an der Schloßfreiheit, 1855

Öl auf Leinwand
57 × 96 cm
Bezeichnet unten links: E. Gaertner. fec 1855.
Inv. NG 7/93; FNG 66/93; FV 209
1993 erworben durch den Verein der Freunde der Nationalgalerie

Im Jahre 1678 verlangte der Magistrat des Berliner Stadtteiles Friedrichswerder vergeblich die Gerichtsbarkeit über die prächtigen Bürgerhäuser westlich des Schlosses. Seither trug diese an der Spree liegende Straße den Namen »Schloßfreiheit«. In der wilhelminischen Ära mußte die Straße den Repräsentationsansprüchen des Kaiserhauses weichen, wurde abgerissen und an ihrer Stelle 1896 das Kaiser-Wilhelm-Denkmal errichtet. Eduard Gaertner gibt in seinem Gemälde eine Ansicht Berliner Architektur wieder und gewährt zugleich Einsicht in das Leben der Bewohner. Mit Blick über den Schleusenkanal der Spree ist die Rückseite der Schloßfreiheit mit Balkonen und Wintergärten dargestellt. Über der Idylle bürgerlichen Alltags erhebt sich die Pracht des Schlosses in Gestalt der von August Wilhelm Stüler neu errichteten Schloßkuppel. *BV*

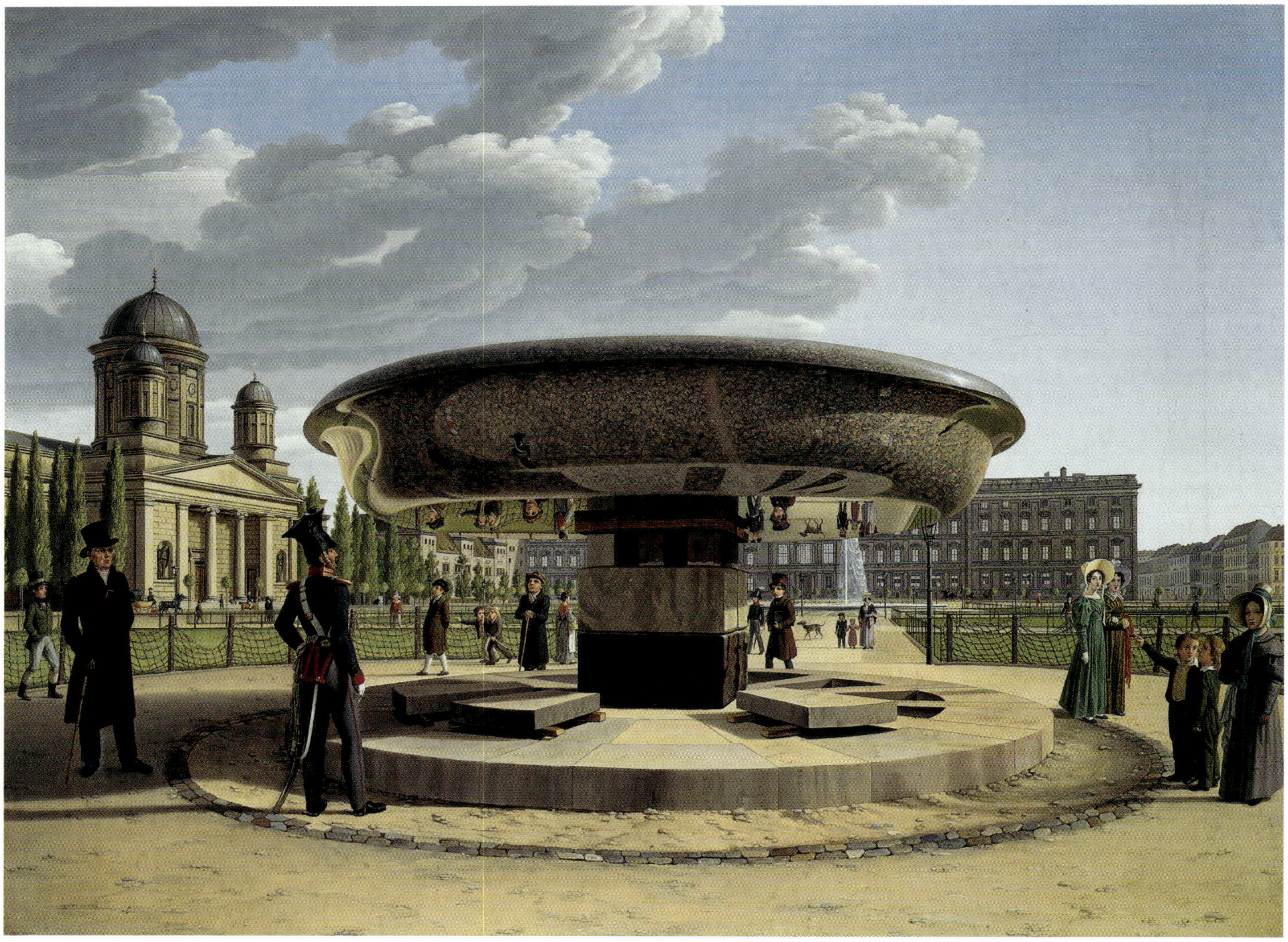

Die Granitschale im Berliner Lustgarten, 1831

Öl auf Leinwand
66 × 89 cm
Inv. A I 843
1905 Geschenk von Kommerzienrat L. Bialon, Berlin

1832 zeigte Hummel auf der Berliner Akademie-Ausstellung seinen dreiteiligen Gemäldezyklus zu einer seinerzeit herausragenden ingenieurtechnischen Leistung: das Schleifen, Wenden und schließlich das Aufstellen der großen Granitschale im Lustgarten vor dem Alten Museum. Ursprünglich war die Granitschale für die Rotunde des Alten Museums gedacht. Der Findling aus den Rauenschen Bergen bei Fürstenwalde erwies sich jedoch als zu groß. Im Gemälde demonstriert Hummel sein besonderes Interesse an optischen Phänomenen. Wie eine Sammellinse nimmt die polierte Außenwand der Schale das Licht des sonnigen Tages in Spiegelbildern der Umgebung auf. *BV*

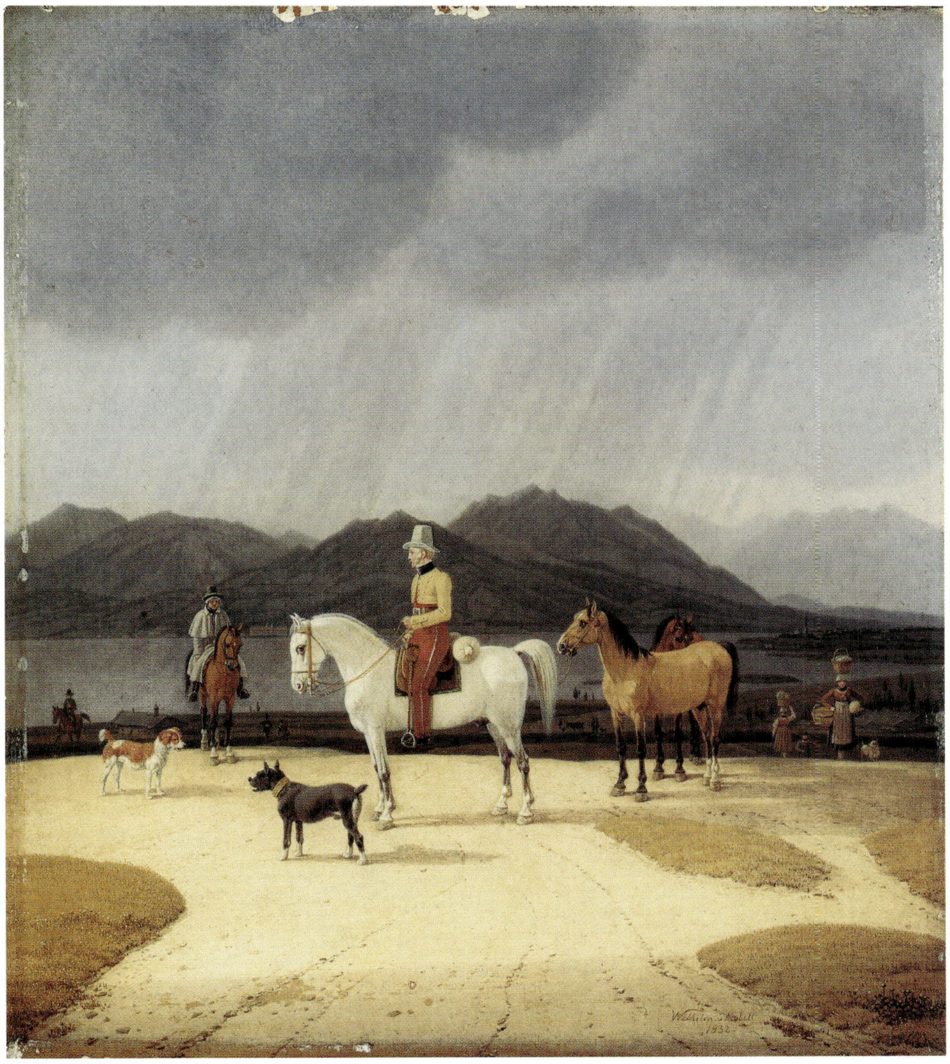

Reiter am Tegernsee, 1832

Öl auf Eichenholz
28,2 × 26,3 cm
Bezeichnet unten rechts: Wilhelm v. Kobell 1832.
Inv. A II 609
1928 erworben aus der Fürstlichen Gemäldesammlung Donaueschingen

Erst fünf Jahre vor dem Ankauf dieses Bildes, eines der für Kobell charakteristischen »Begegnungsbilder« mit ihren rätselhaft stillen Konfigurationen von Reitern und Bäuerinnen unter hohem Himmel, war die erste Monographie über den Münchner Maler erschienen. Er gehörte zu jenen, die die Jahrhundertausstellung der Nationalgalerie 1906 als Vorläufer einer impressionistischen Lichtmalerei der Vergessenheit entrissen hatte. *CK*

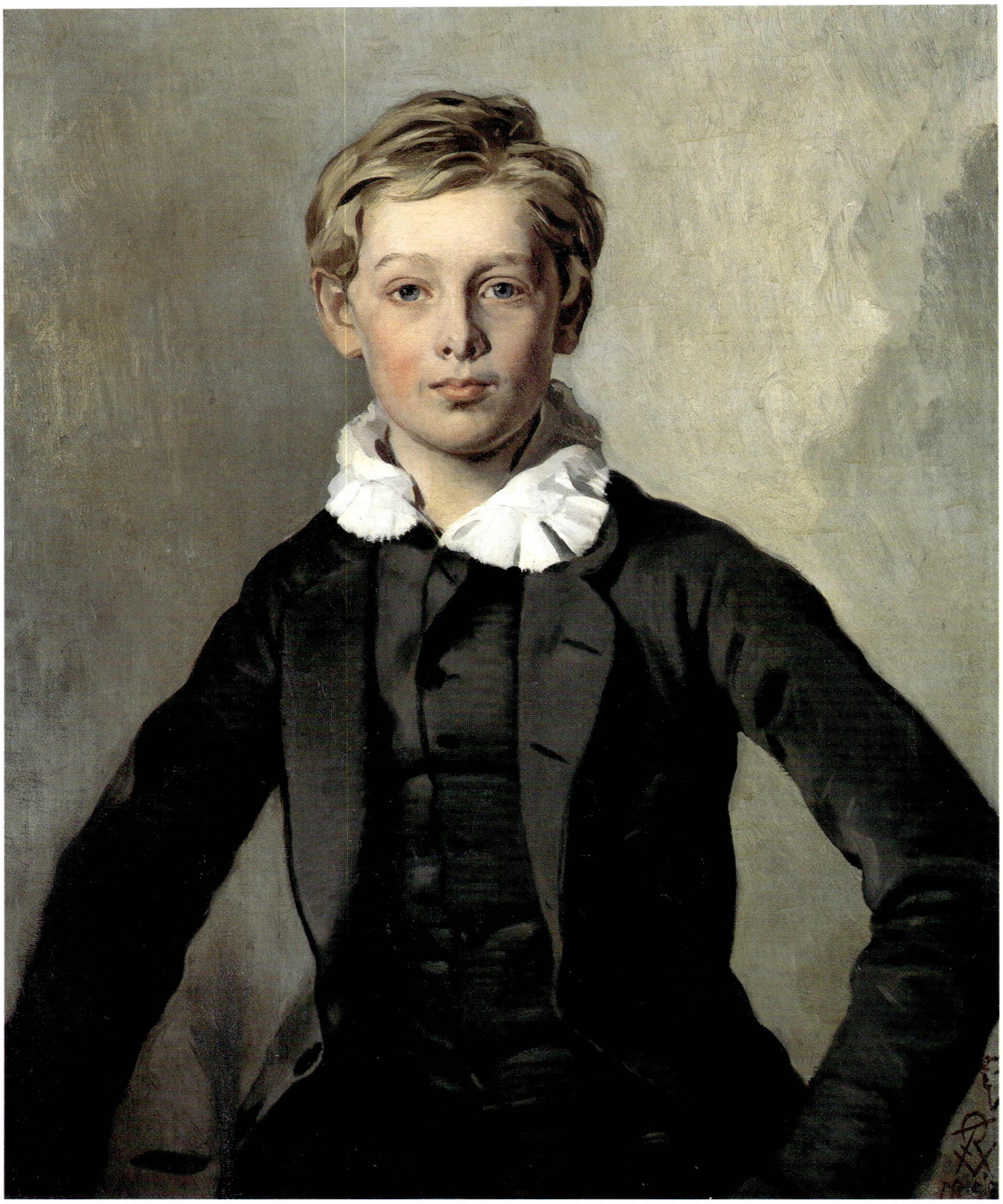

Porträt des Grafen Haubold von Einsiedel, 1855

Öl auf Leinwand
73,3 × 61,9 cm
Bezeichnet unten rechts: FvR. 1855
Inv. A I 956
1906 erworben von Adolf Graf von Einsiedel, Milkel bei Bautzen

Der adlige Maler, der für seine Standesgenossen Porträts und Jagdszenen malte und sich dem offiziellen Kunstbetrieb entzog, starb arm und vergessen in einer Mansardenwohnung. Auch die Gemäldegalerie seiner Wahlheimatstadt Dresden besaß noch keines seiner Werke, als die Nationalgalerie aus dem Besitz der sächsischen Familie von Einsiedel das Porträt des frühverstorbenen Grafen Haubold von Einsiedel (1844–1868) kaufte, dessen malerische Freiheit und dessen noble Farbkultur stets an Manet erinnerte. Nur ein Jahr darauf war Rayski auf der Jahrhundertausstellung 1906 mit zwanzig Werken vertreten. *CK*

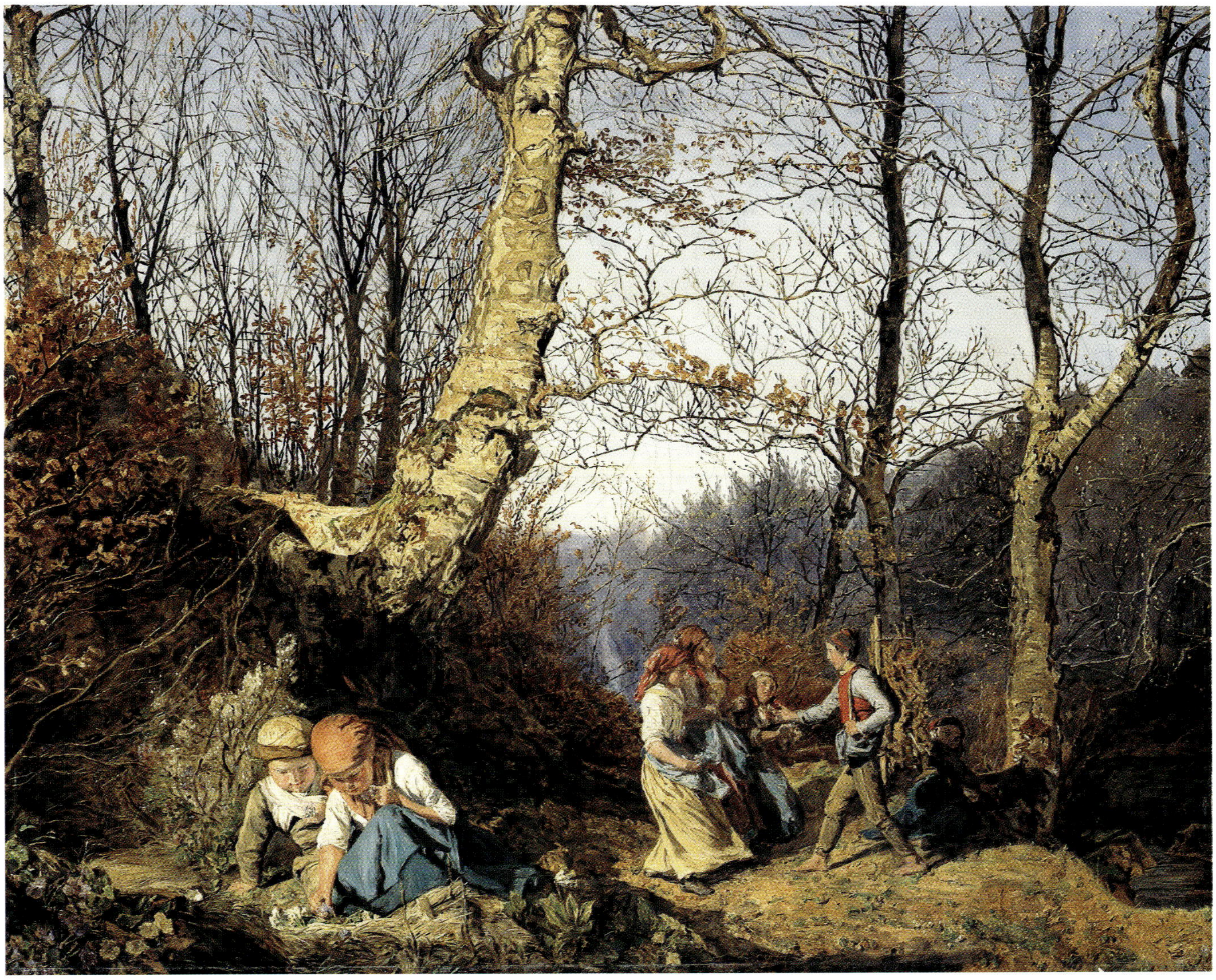

Vorfrühling im Wiener Wald, 1864

Öl auf Leinwand
42 × 54 cm
Bezeichnet Mitte unten: Waldmüller 1864
Inv. A I 866
1905 erworben von der Kunsthandlung Friedrich Schwarz, Wien

Die Jahrhundertausstellung von 1906 in der Nationalgalerie bot auch die Gelegenheit zu einer Neubewertung des Wiener Malers. Nach dem Ankauf eines figurenreichen Genrebildes 1897 wandte sich die Nationalgalerie bezeichnenderweise seinen Landschaften zu, von denen zwischen 1904 und 1906 drei gekauft wurden. Der mit feinstem Empfinden für die Veränderungen in der Natur und ihren Lichtstimmungen gemalte »Vorfrühling im Wiener Wald« – Landschaft und Genrebild in einem – gehört zu seinen spätesten Arbeiten. *CK*

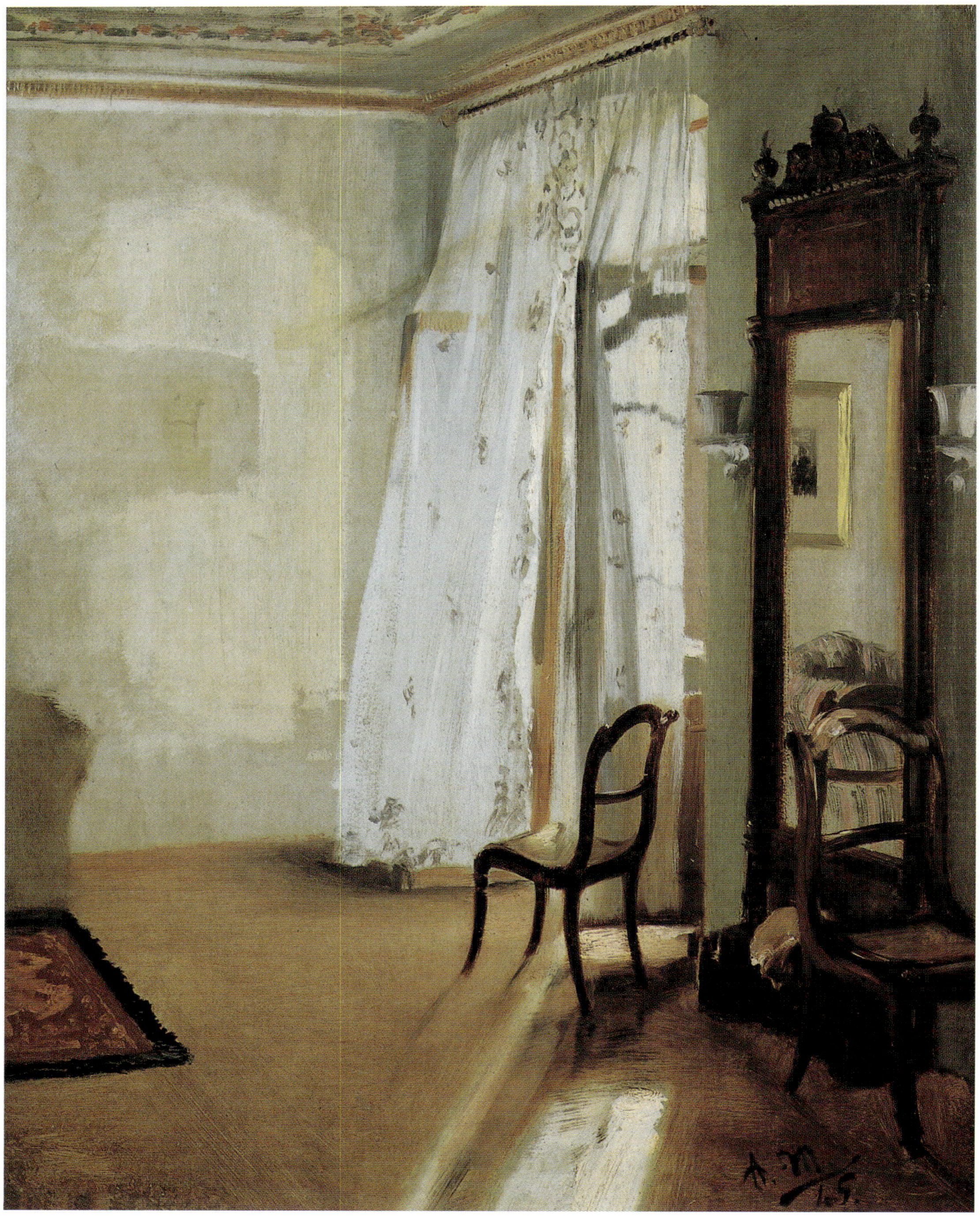

Das Balkonzimmer, 1845

Öl auf Pappe
58 × 47 cm
Bezeichnet unten rechts: A.M. – 45.
Inv. A I 744
1903 erworben aus dem Besitz des Künstlers

Den »Wundern« dieser Kunst könne »das plumpe Wort« nicht gerecht werden, meinte Hugo von Tschudi. Der Einzug dieses kleinen Bildes in die Nationalgalerie im Januar 1903 läutete die sensationelle Neuentdeckung des »jungen Menzel« ein: der offiziell gewordene »Maler Friedrichs des Großen« begann zurückzutreten hinter dem Freilichtmaler, der rein atmosphärische Werte, ohne erzählende Beifügung, mit einem Minimum an Gegenständen, ohne Bindung an eine Kompositionsästhetik, unmittelbar in Farbe umsetzte. Das kleine Werk des 29jährigen, eines der ersten einer Reihe kleiner Stadtlandschaften und Innenraumbilder, die bis 1848 entstanden, gilt seither als Inbegriff der Kunst Menzels. *CK*

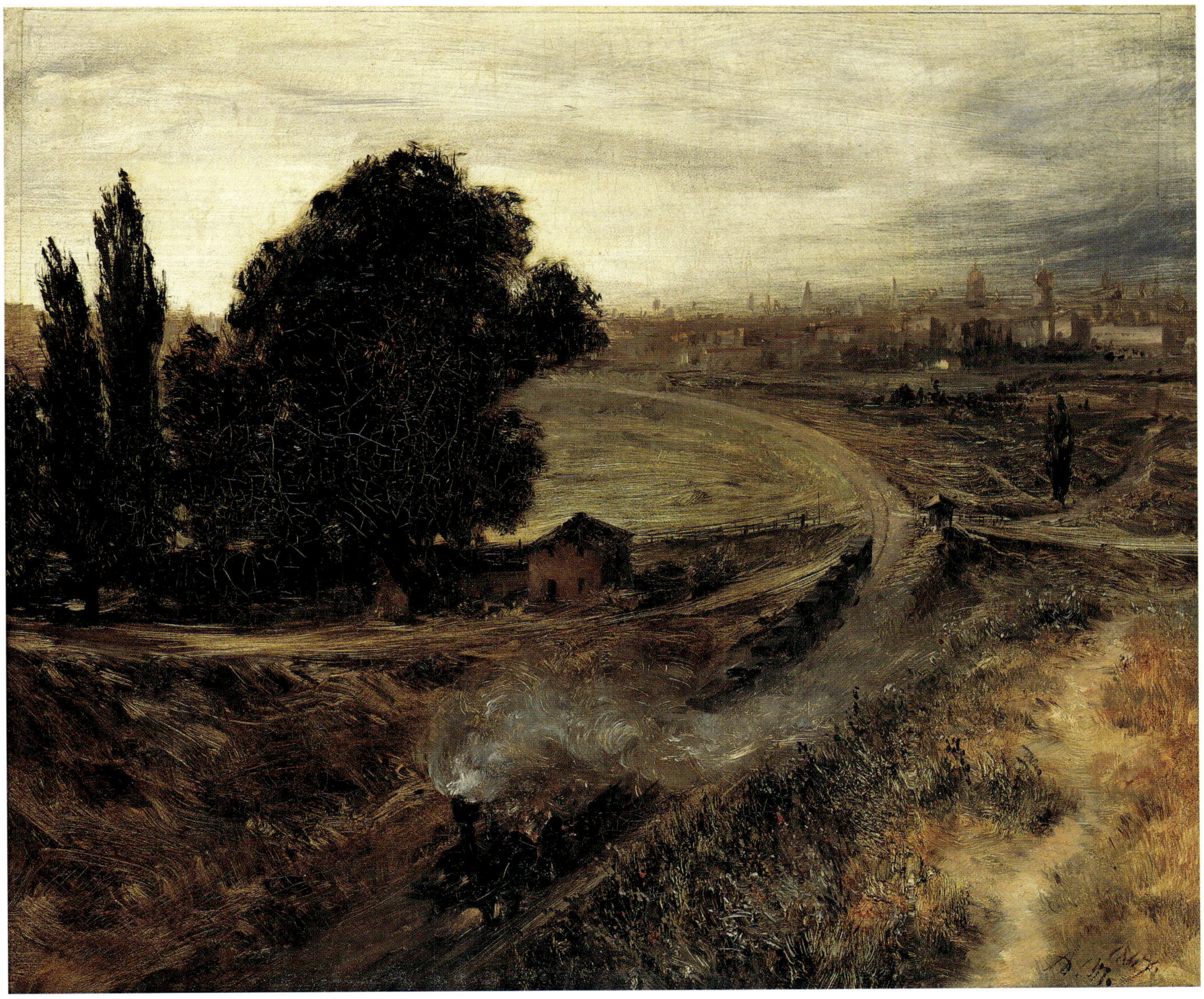

Die Berlin-Potsdamer Eisenbahn, 1847

Öl auf Leinwand
42 × 52 cm
Bezeichnet unten rechts: A.M. 1847.
Inv. A I 643
1899 erworben von der Kunsthandlung R. Wagner (Hermann Pächter), Berlin

Das erste unter den frühen Bildern Menzels, die die Nationalgalerie nicht als Vorarbeit oder »Studie« kaufte, war »Die Berlin-Potsdamer Eisenbahn«, die zuvor dem vertrautesten Freund des Malers, dem Potsdamer Militärarzt Wilhelm Puhlmann, gehört hatte. Für alle Veränderungen des Lebens aufgeschlossen, gehört Menzel zu den ersten, die das neue Verkehrsmittel als einen kunstwürdigen Gegenstand wahrnahmen; doch weit über die technische Neuheit hinaus steht im Vordergrund seines Interesses die Verwandlung der Landschaft durch den weitgeschwungenen Schienenstrang und die Geschwindigkeit des Zuges. Auf seine Weise ist auch dieses Bild ein Bekenntnis zum »Heroismus des modernen Lebens«. *CK*

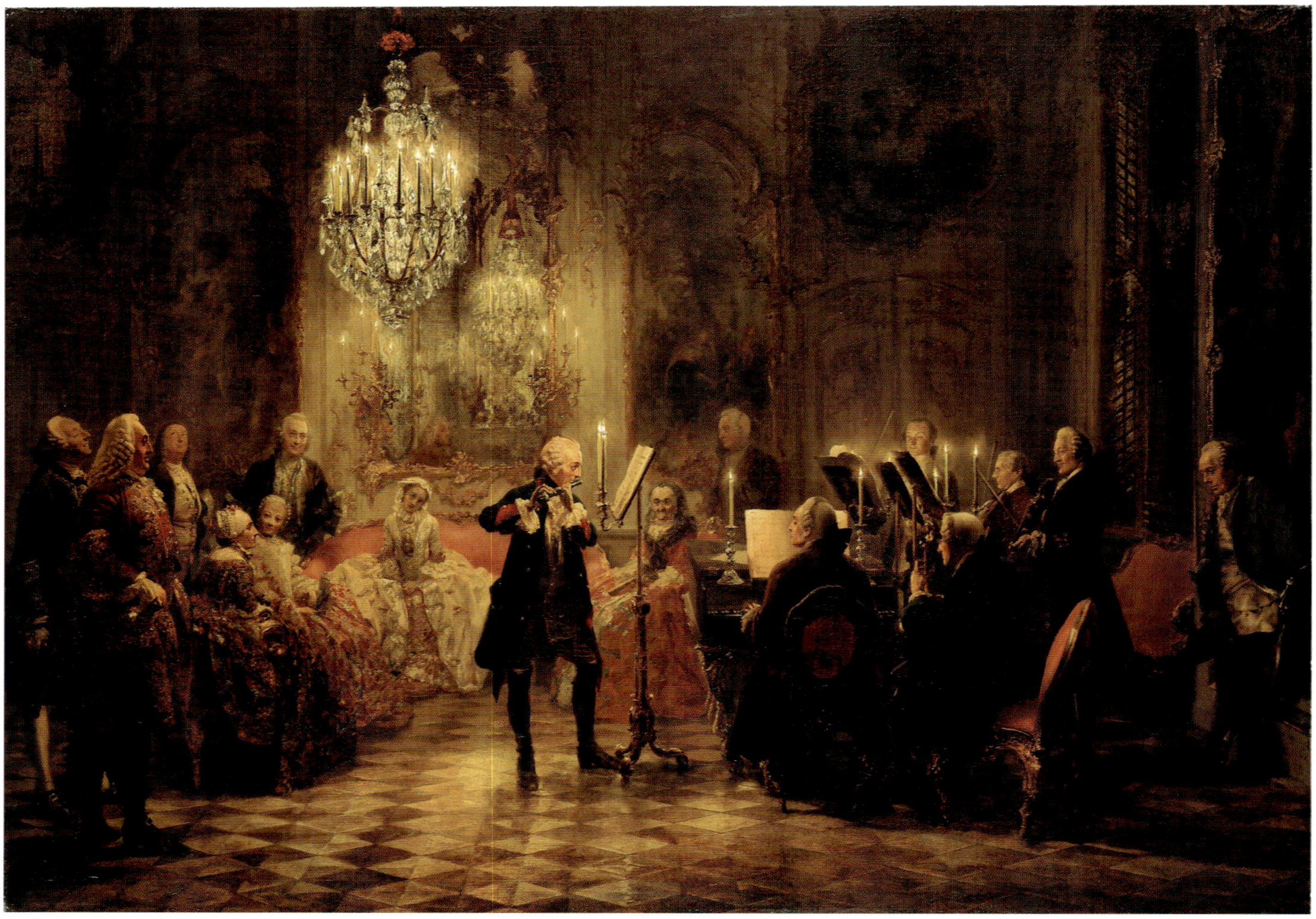

Flötenkonzert Friedrichs des Großen in Sanssouci, 1850–52

Öl auf Leinwand
142 × 205 cm
Bezeichnet unten rechts: Adolph Menzel Berlin 1852
Inv. A I 206
1875 erworben aus der Sammlung des Bankiers Magnus Herrmann, Berlin

1848 konzipierte Menzel die ersten Bilder eines Zyklus zum Leben Friedrichs des Großen, der ihn bis in die 1860er Jahre in Anspruch nahm. Für das »Flötenkonzert« hatte er in dem Potsdamer Zuckerfabrikanten Jacobs einen Besteller, und das Bild, das den Preußenkönig als musisch schöpferischen Privatmann zwischen Gleichgesinnten im Zauberschein von Kerzen, Lüstern und Spiegeln zeigt, war im Unterschied zu den späteren Friedrich-Bildern ein unbestrittener Erfolg. Die Nationalgalerie kaufte es zwei Tage nach dem »Eisenwalzwerk«, ein halbes Jahr vor ihrer Eröffnung; zwei Jahre zuvor hatte sie bereits die »Tafelrunde Friedrichs des Großen in Sanssouci« erworben, die seit 1945 verschollen geblieben ist. *CK*

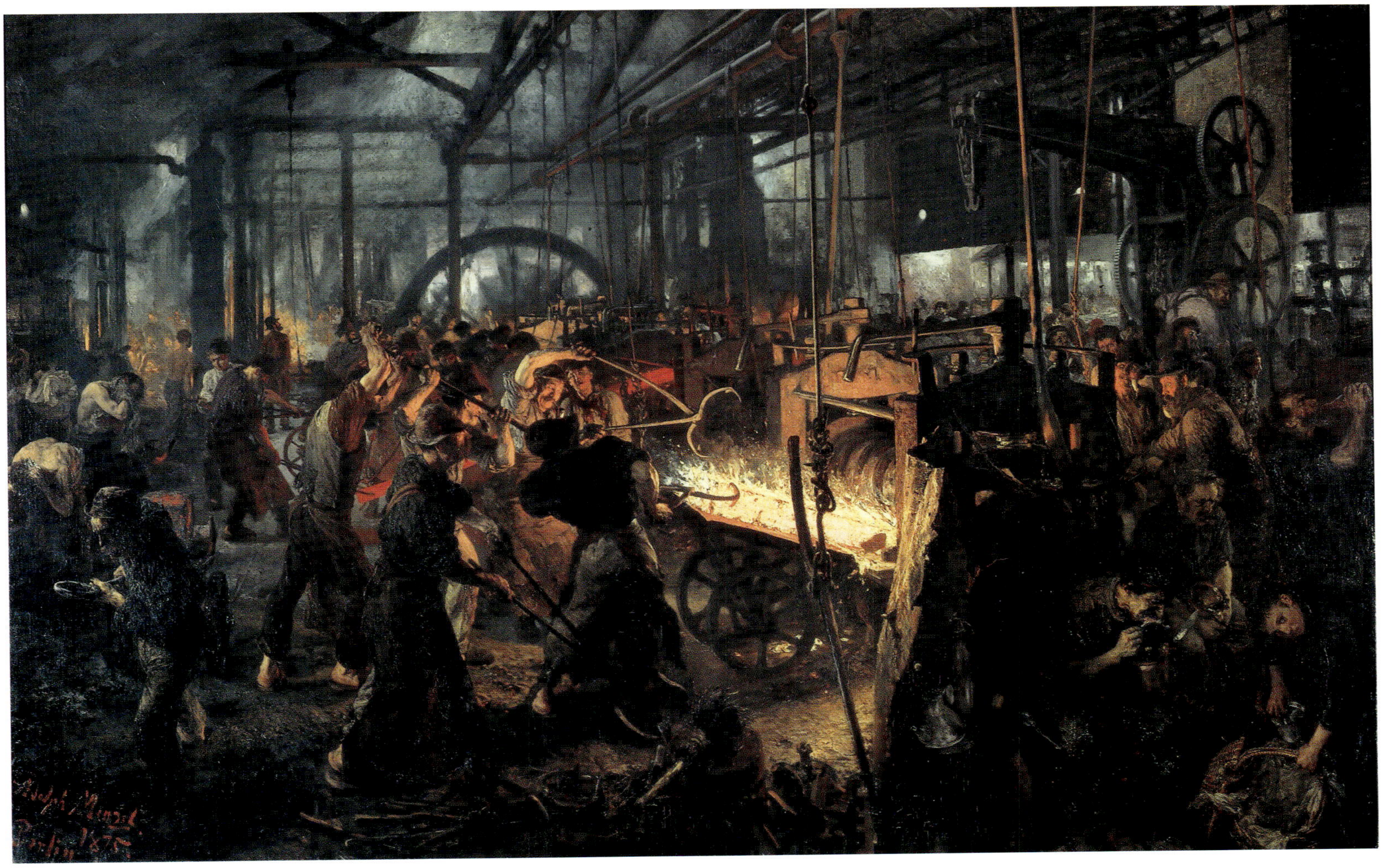

Das Eisenwalzwerk (auch: Moderne Cyklopen), 1872–75

Öl auf Leinwand
158 × 254 cm
Bezeichnet unten links: Adolph Menzel. Berlin 1875.
Inv. A I 201
1875 erworben aus der Sammlung des Bankiers Adolf von Liebermann, Berlin

Innerhalb von Menzels staunenswert vielseitigem Œuvre bildet das »Eisenwalzwerk« einen eigenen Bezirk. In dreijähriger Vorbereitungszeit wurde mit Hilfe zahlreicher Bleistiftstudien der auch im internationalen Vergleich weitgehend neue Gegenstand – das Innere eines modernen Industriewerkes mit den in eine komplexe Technologie eingebundenen Menschen – erkundet. Der Besteller – der aller Wahrscheinlichkeit nach bereits ein fertiges Bildkonzept vorgefunden hatte – war der Bankier Adolf von Liebermann, ein Onkel Max Liebermanns, der aber, finanziell bedrängt, das Bild schon wenige Monate nach seiner Fertigstellung für den dreifachen Preis an die Nationalgalerie weitergab. Damals war der sechzigjährige Künstler schon berühmt, und das allein in Paris zweimal ausgestellte »Eisenwalzwerk« stärkte seinen internationalen Ruf noch. *CK*

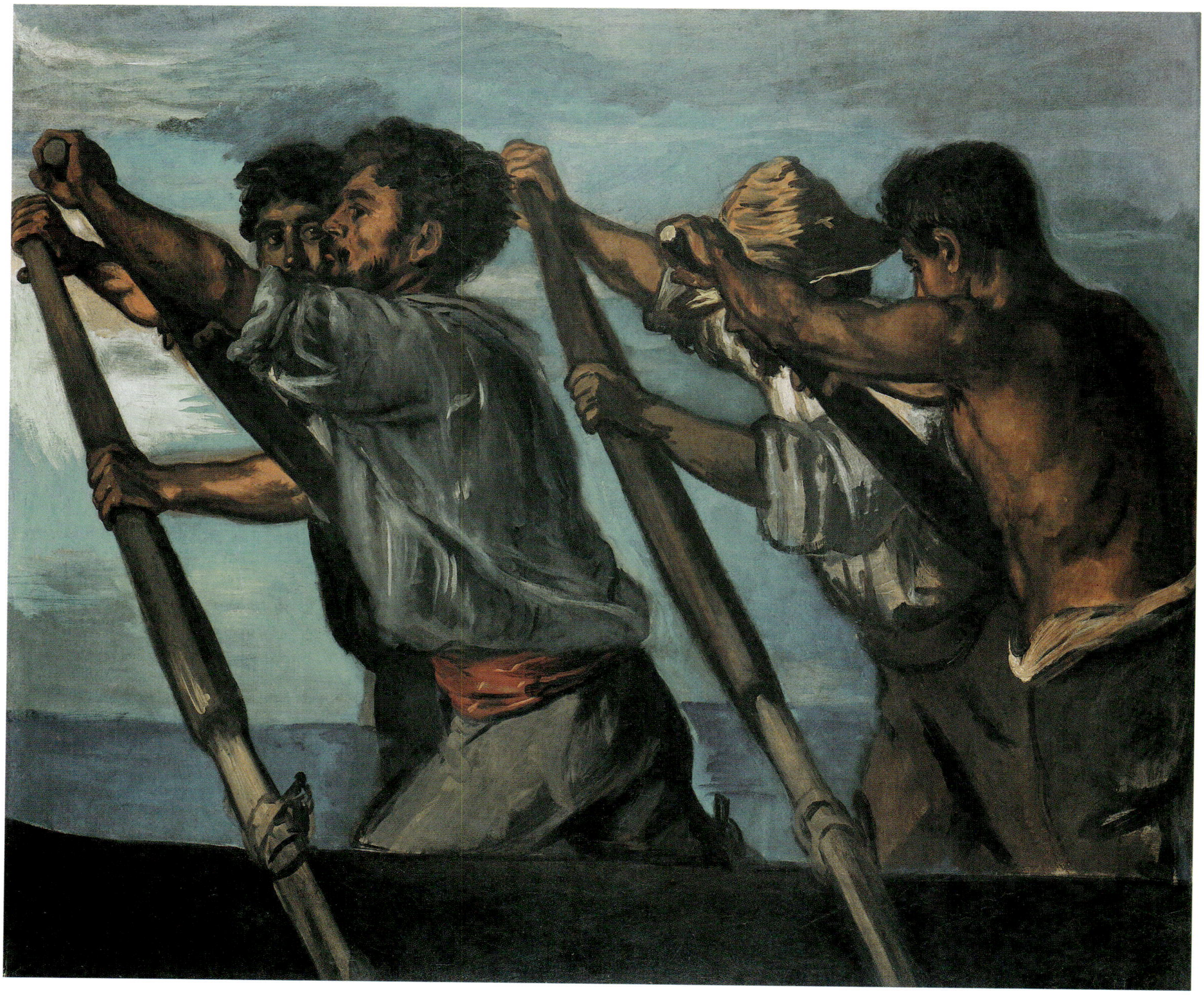

Die Ruderer, 1873

Öl auf Leinwand
136 × 166,5 cm
Inv. A I 1024
1907 Geschenk von Adolf von Hildebrand, München

Wie im Fall der Fresken aus der Casa Bartholdy ging der einzige Auftrag dieser Art, den Hans von Marées je empfing, von einer Privatperson aus: In einer neugegründeten deutschen Forschungsstation für Meereskunde bei Neapel sollte er einen Saal ausmalen. Entgegen der Tradition, die für Fresken Themen aus Mythologie, Religion oder Geschichte verlangt, schildern diese nur das Leben an der umgebenden Küste. Eine ganze monumentale Wand ist den Ruderern vor hohem Himmel gewidmet, zu dem dieses Bild eine Ausschnittstudie ist. Fünf solcher Studien besitzt die Nationalgalerie. Sie wurden ihr von dem Bildhauer Adolf von Hildebrand geschenkt, der an der Dekoration des Saales mitgearbeitet hatte. *CK*

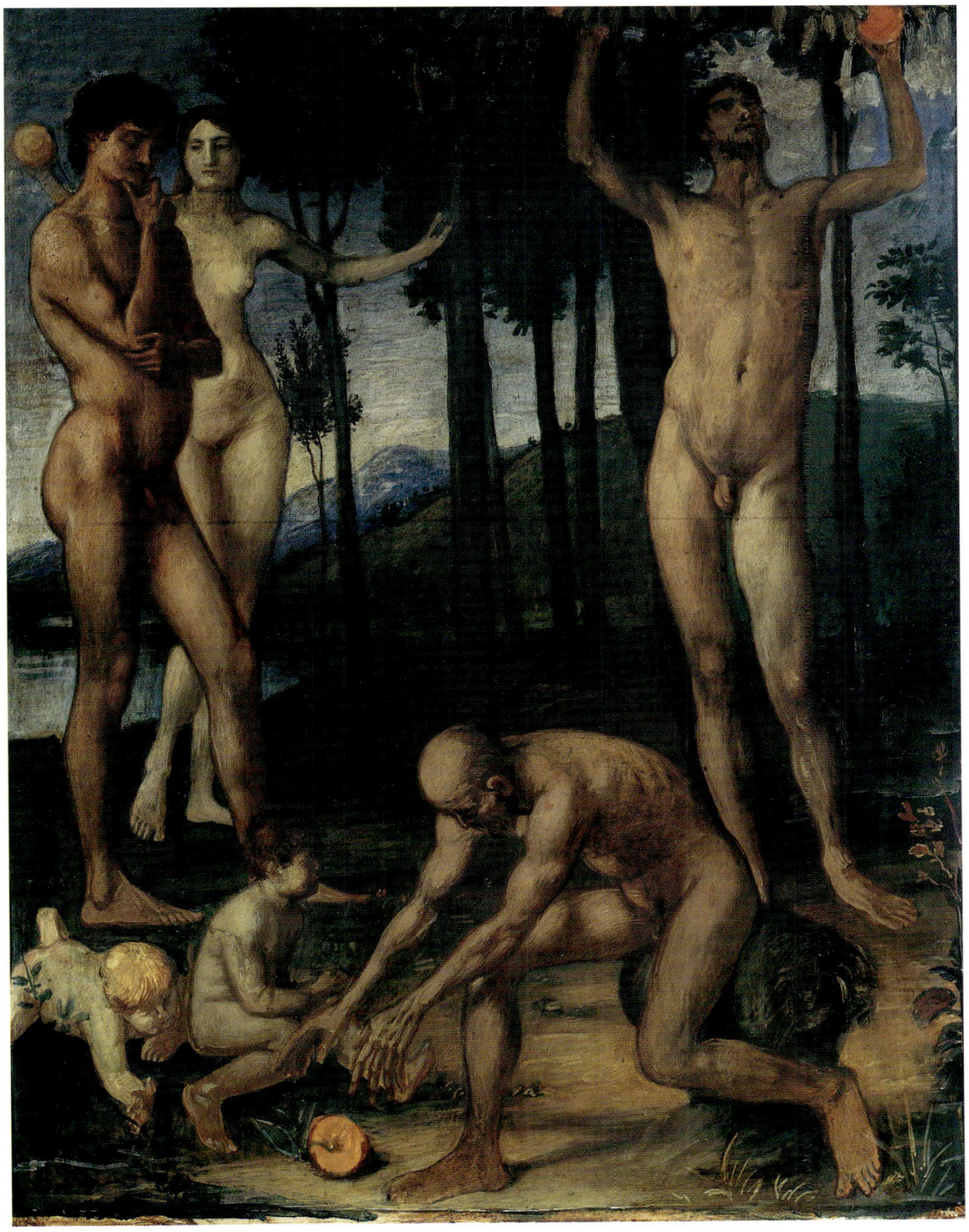

Die Lebensalter, 1877/78

Öl und Eitempera auf Holz
98 × 78 cm
Inv. A I 768
1903 erworben aus der Sammlung Conrad Fiedler, München und Parthenkirchen

Das über mehrere Jahre hin ausgearbeitete Bild war ein Hochzeitsgeschenk des Künstlers an seinen Mäzen, den Kunsttheoretiker Conrad Fiedler, der – mit Marées' Entwicklung gut vertraut – darin »Ende und [...] Ausgangspunkt einer ganzen Reihe von Vorstellungen« erkannte. Das abendlich gestimmte Beisammensein von Figuren, die sich zwanglos zur Allegorie der Menschenalter zusammenfügen, hat Marées in der Tat mehrfach variiert, und auch die Orangen sind ein Leitmotiv seiner Malerei, die das Leben selbst zum Thema hat und darum nichts Greifbares erzählen muß. *CK*

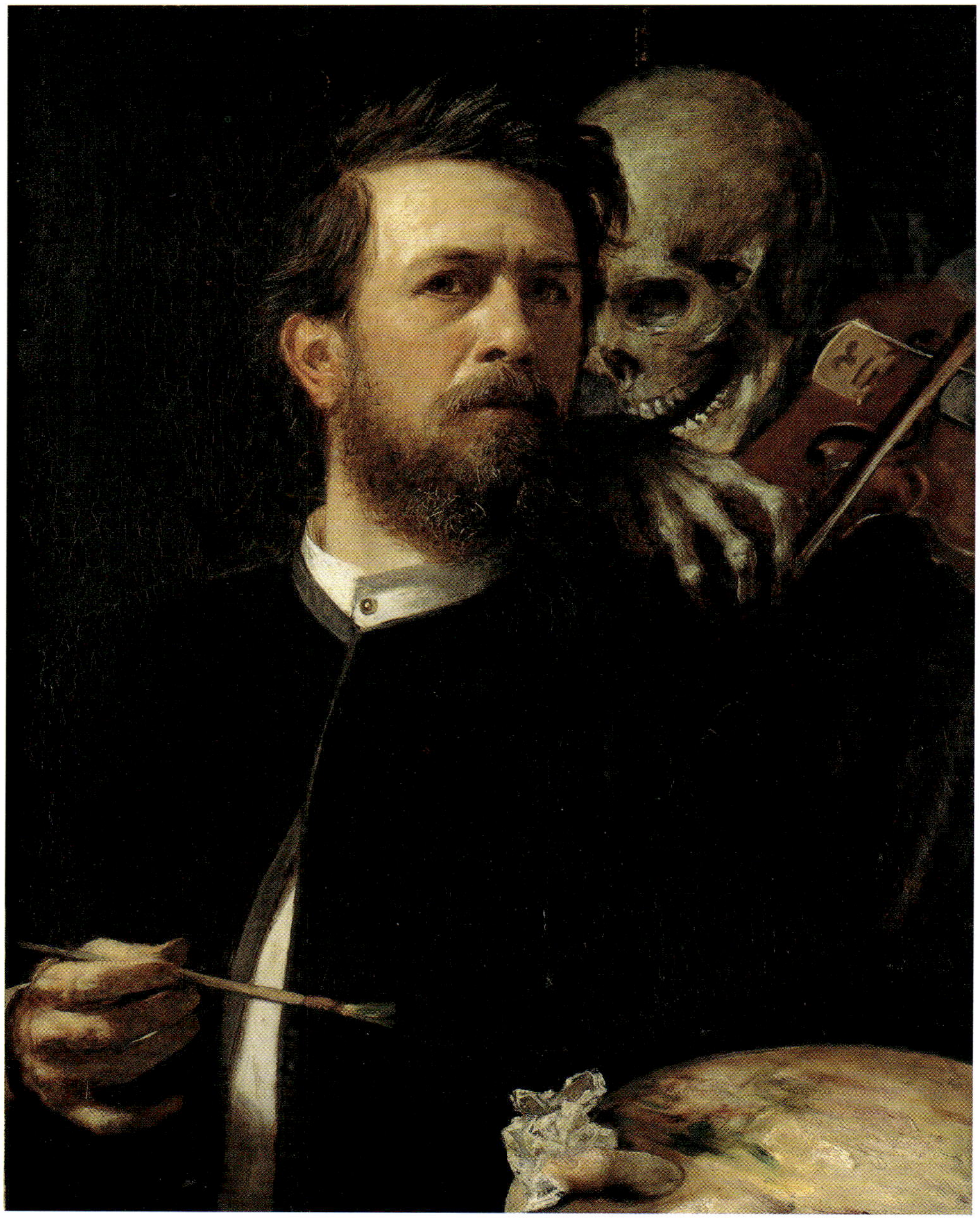

Selbstbildnis mit fiedelndem Tod, 1872

Öl auf Leinwand
75 × 61 cm
Bezeichnet oben links: A. Böcklin pin./1872
Inv. A I 633
1898 erworben aus der Sammlung La Roche-Ringwald, Basel

Böcklin gestaltete bevorzugt mythologische Szenen und symbolische Themen, die oftmals in Phantasie- und Traumlandschaften eingebettet sind. Das Thema des in München entstandenen Gemäldes war Böcklin aus Totentanz-Darstellungen Hans Holbeins vertraut. Hier erschrickt der Maler jedoch nicht über das Auftreten des Todes, sondern lauscht dessen Melodie, die ihn zum Innehalten auffordert und als Moment der Inspiration gelten kann. So wird aus dem Pathos des Memento mori ein Memento vivere. Der Tod verwandelt sich hier zur Muse des Künstlers. Anregend wirkte das Bild auf Künstler wie Hans Thoma und Lovis Corinth, die zu ähnlichen Selbstdarstellungen gelangten. *KH*

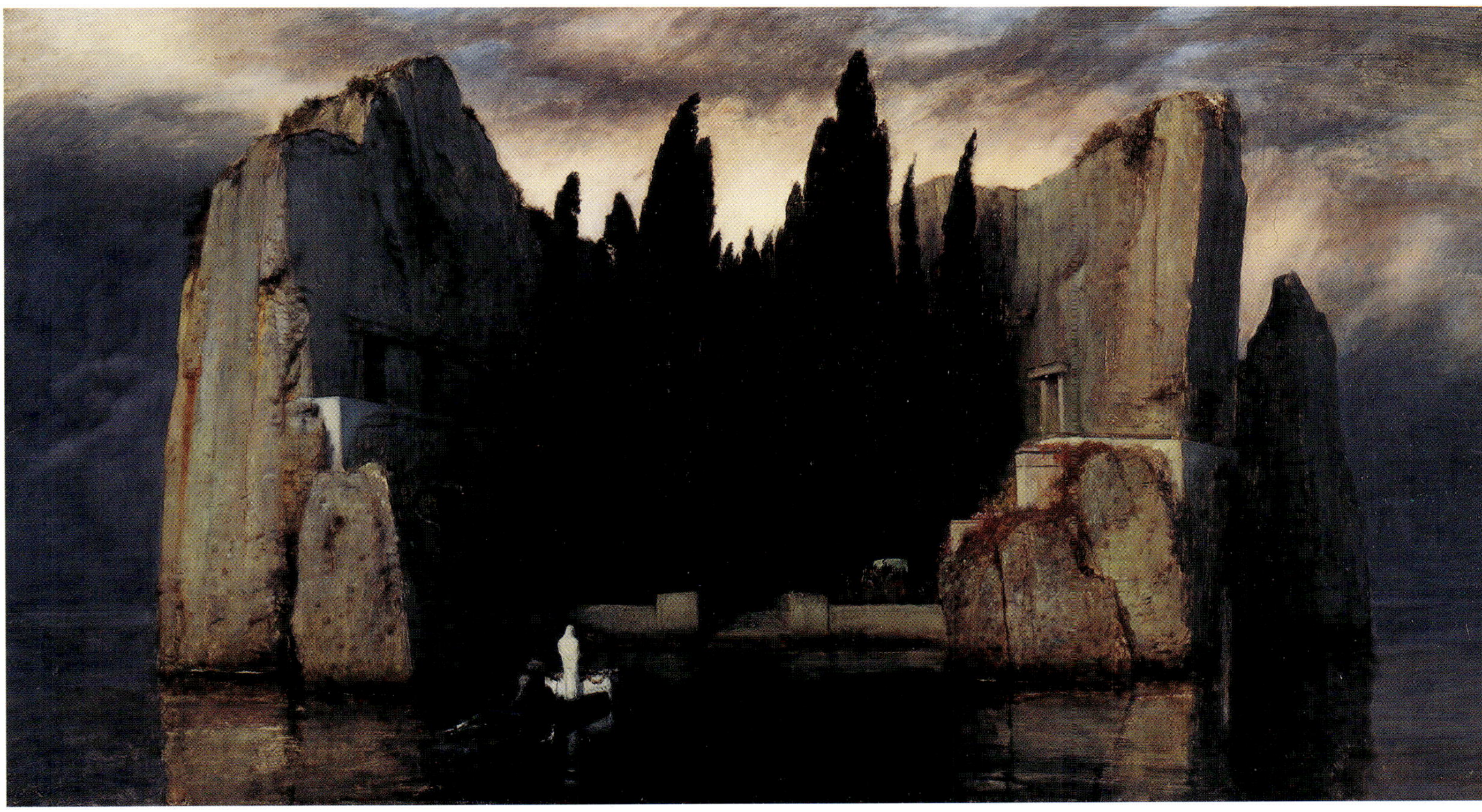

Die Toteninsel, 1883

Öl auf Holz
80 × 150 cm
Bezeichnet rechts auf dem Felsen: AB
Inv. NG 2/80
1980 erworben aus Sondermitteln der Stiftung Preußischer Kulturbesitz

In der Spätphase von Böcklins künstlerischem Schaffen entstanden häufig düster-visionäre Werke. Dieses Gemälde ist die dritte und bedeutendste von insgesamt fünf Fassungen. Das Werk gehört zu den beliebtesten Bilderfindungen des Künstlers, der hier wenige Motive zu einer eindrucksvollen Stimmungsformel zusammenfügt. Die dem Betrachter vertrauten einzelnen Motive werden zu einem Weltanschauungsbild verdichtet. Hier spiegelt sich das Lebensgefühl einer ganzen Epoche wieder, so daß »Die Toteninsel« zu einem Identifikationsbild des Fin de siècle werden konnte. *KH*

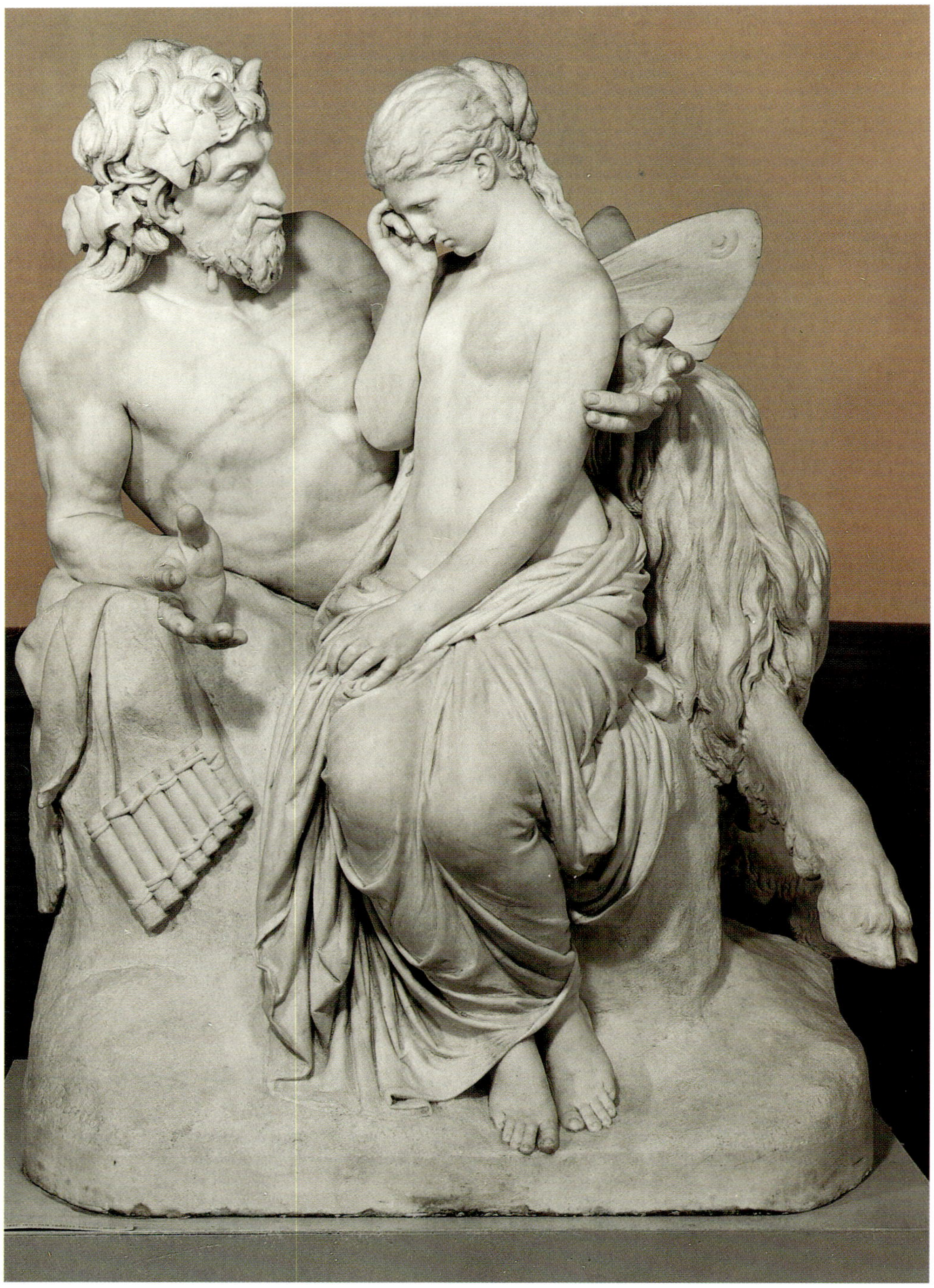

Pan tröstet Psyche, 1857–58

Marmor
132 × 101 × 67 cm
Bezeichnet unten links: R. Begas
Inv. B II 119
1934 übernommen von Frau Geheimrat Alice Woog, Berlin

In keiner Sammlung ist Reinhold Begas, der bedeutendste und kreativste Bildhauer des wilhelminischen Neubarock in Preußen, auch nur annähernd so reich und vielseitig vertreten wie in der Nationalgalerie. Begas war aber nicht nur der verehrte Kaiserbildner, nicht nur ein begabter Bildhauer für die höchst repräsentative offizielle Denkmalkunst, sondern auch und besonders in seinen frühen Jahren ein Schöpfer humorvoller, leichtlebig aufgefaßter Skulpturengruppen, in denen die antike Mythologie auf so heitere wie sinnliche Weise ins Leben seiner Zeit übersetzt wird. So ist Psyche ein Mädchen seiner Gegenwart, der die ganz bizarre Begegnung mit dem antiken Naturgott Pan widerfährt. *BM*

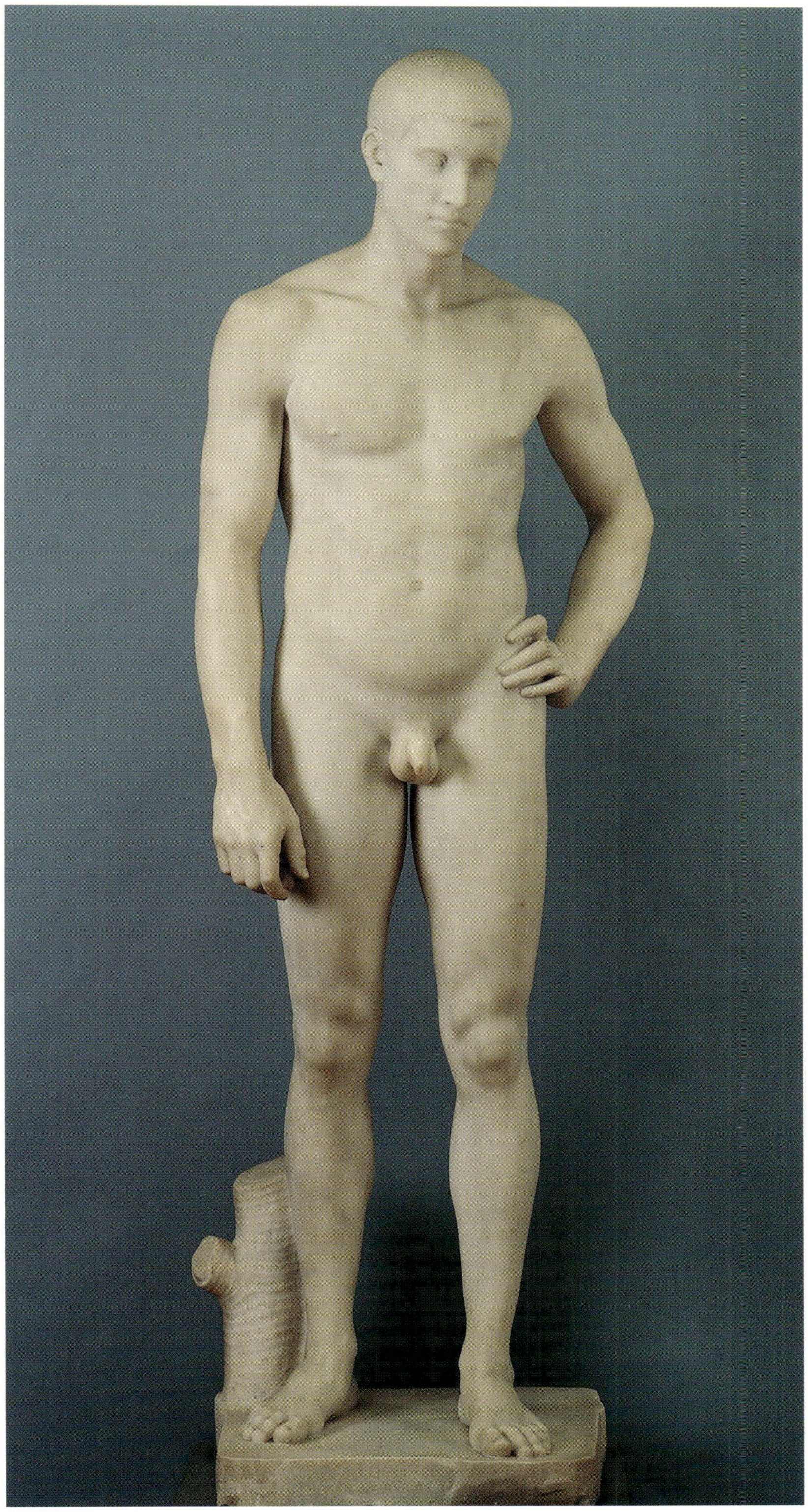

Stehender junger Mann, 1881–84

Marmor
183 × 67 × 48 cm
Bezeichnet hinten auf der Plinthe: A. Hildebrand./1884.
Inv. B I 44
1884 erworben aus Mitteln des Kiss'schen Stiftungsfonds

Max Jordan, der erste hauptamtliche Direktor, erwarb nicht nur gemäß Sammlungsauftrag Werke preußischer Künstler für die Berliner Nationalgalerie, sondern er ließ seine Blicke aufgeschlossen und unvoreingenommen weithin kreisen. In einer Zeit, da Genremotive und Historiendarstellungen Hochkonjunktur feierten, kaufte er mit Hildebrands lebensgroßem »Stehenden Mann« ein Werk, das rein und ungetrübt wie kaum ein anderes die hohen Ideale der Deutschrömer, des Künstlerkreises um Hans von Marées, verkörpert: die formale statuarische Klarheit macht die Figur zum Abbild ungetrübtesten elementaren menschlichen Seins und somit zum stillen Gegenbild der florierenden Industrialisierung im Zeitalter der Gründerjahre. *BM*

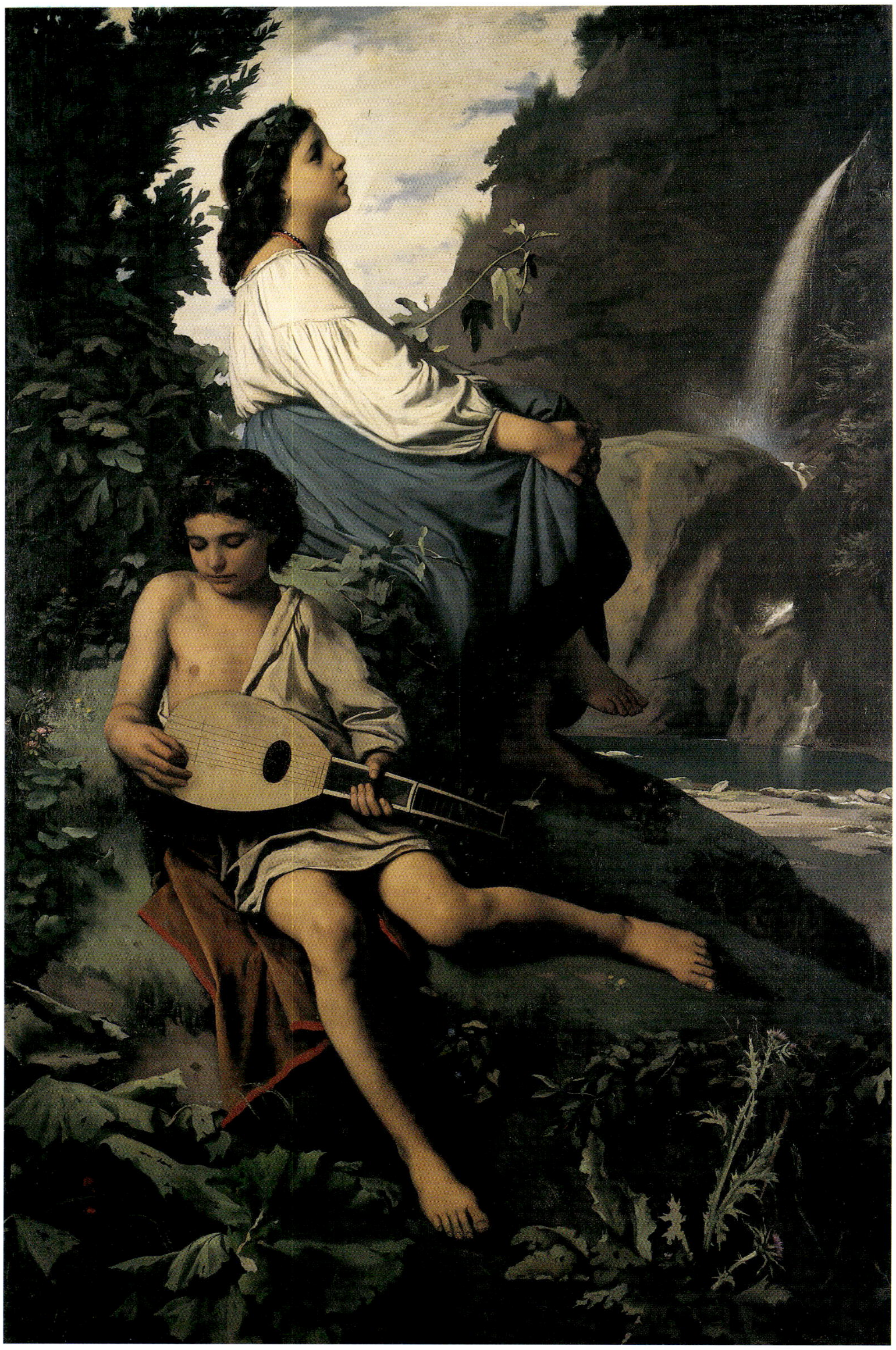

Ricordo di Tivoli, 1866–67

Öl auf Leinwand
194 × 131 cm
Bezeichnet unten links: A. Feuerbach 67
Inv. A I 732
1902 erworben aus der Sammlung Conrad Fiedler,
München und Parthenkirchen

Als der Kunstsammler und Mäzen Conrad Fiedler den ehrgeizigen Feuerbach in Rom kennenlernte, arbeitete dieser bereits an dem großen idyllischen Bild, das er, eine zwei Jahre ältere Komposition variierend, vervollkommnete. Im Jahr darauf kaufte es Fiedler, aus dessen Nachlaß die Nationalgalerie 1902 und 1903 auch zahlreiche andere Bilder, unter anderem von Hans von Marées, Arnold Böcklin und Hans Thoma, erwarb. *CK*

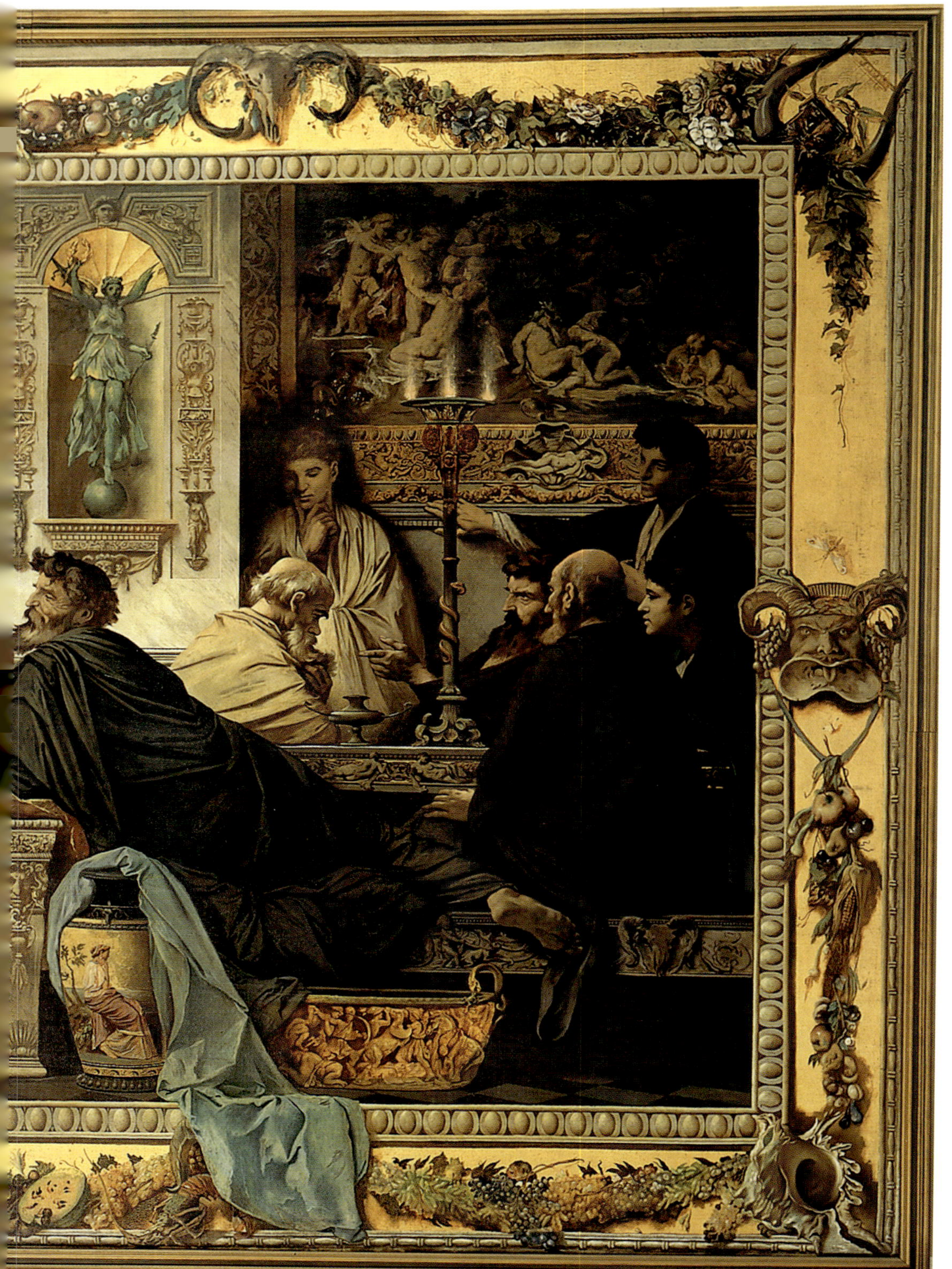

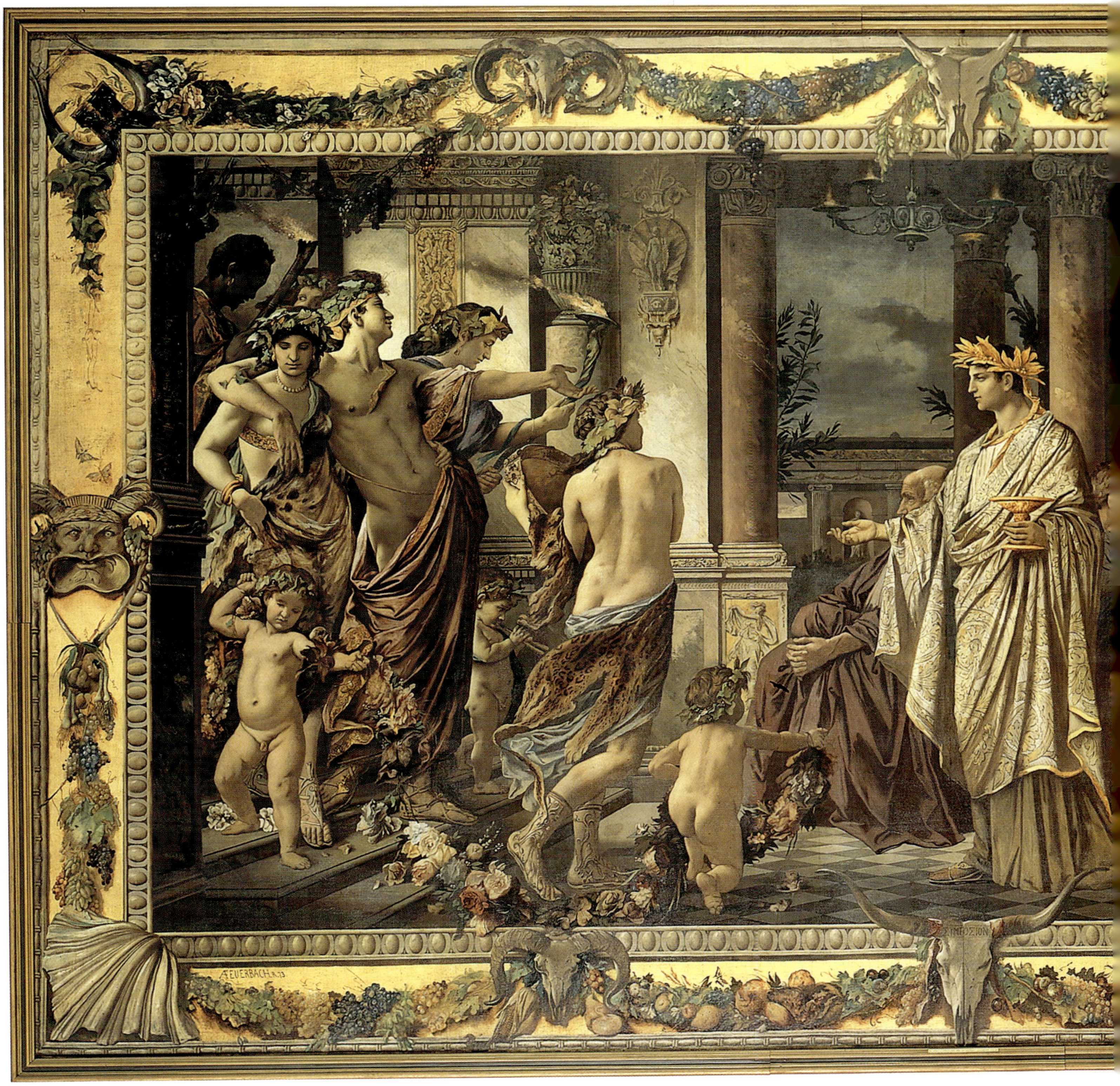

Das Gastmahl, 1871–74 (2. Fassung)

Öl auf Leinwand
400 × 750 cm
Bezeichnet unten links: AFEUERBACH.R.73
Inv. A I 279
1878 erworben

Die kulturphilosophische Komposition nach einem in Platons »Gastmahl« vorgefundenen Sujet, die in ihren unterschiedlichen Stufen Feuerbachs Phantasie fast zwanzig Jahre beschäftigte, setzt die Antithese von Geistestiefe und Sinnengenuß in Szene und drückt den Wunsch nach ihrer Versöhnung aus. Die zweite, nach der dekorativen wie nach der symbolischen Richtung hin bereicherte Fassung mit ihren zahlreichen Anspielungen auf den Dionysoskult und auf das Schicksal des Künstlers selbst, erwarb die Nationalgalerie auf Anraten Conrad Fiedlers noch zu Feuerbachs Lebzeiten. Dessen Heroisierung sollte erst später einsetzen, vorerst blieb seine Kunst umstritten. Seither hat das »Gastmahl«, mit wenigen Unterbrechungen, stets im monumentalen Treppenhaus gehangen, das zur gleichen Zeit konzipiert und realisiert wurde. *CK*

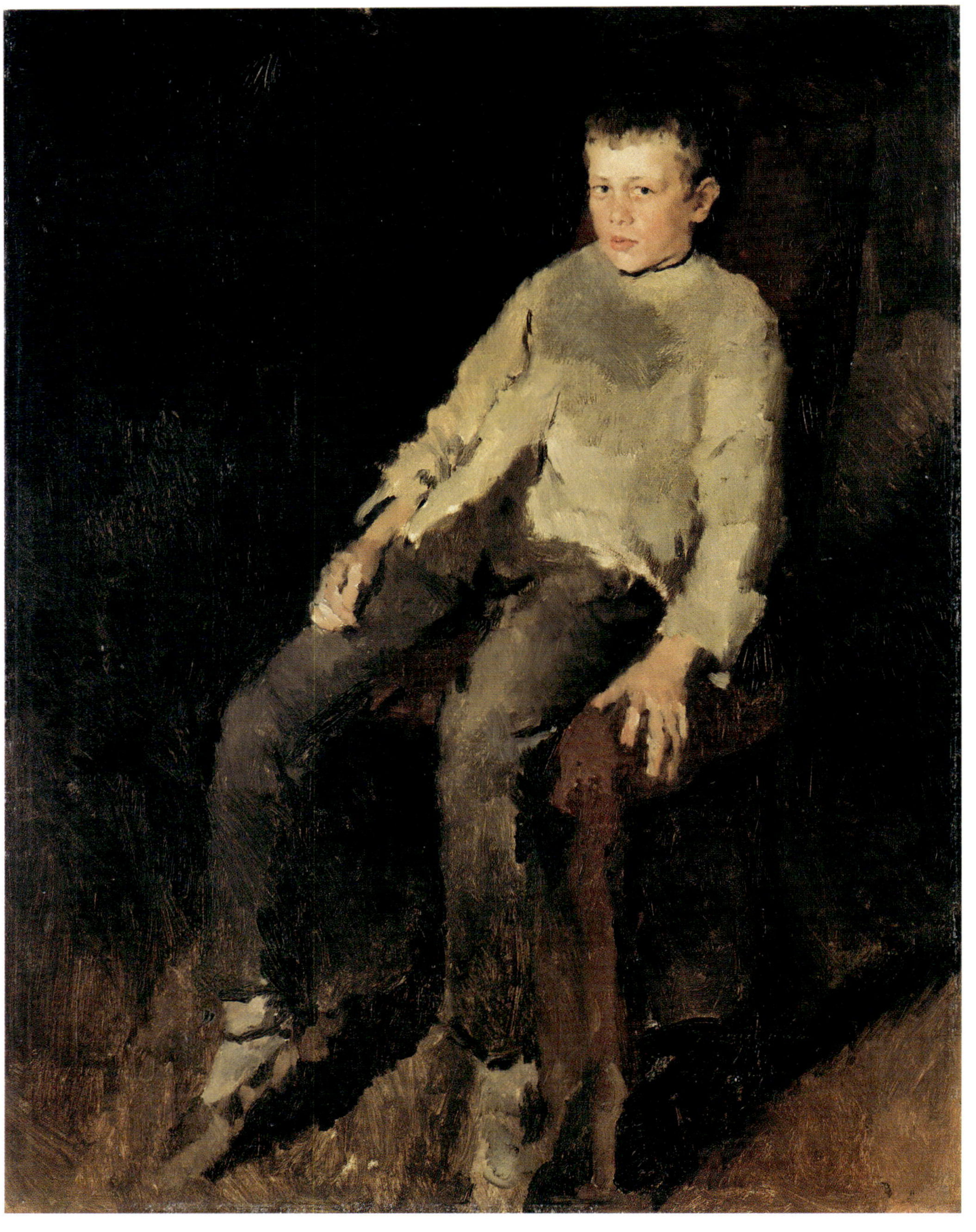

Bauernjunge, 1876/77

Öl auf Leinwand
83 × 68 cm
Inv. A I 727
1902 erworben von der Kunsthandlung David Heinemann, München

Das Motiv ist unspektakulär: ein schmächtiger Junge auf viel zu geräumigem Stuhl. Unklar bleibt, ob das Bild unvollendet blieb oder als Ölstudie angelegt wurde. Leibl ging es in jedem Fall allein um den Menschen in seiner äußeren Erscheinung. Er vermied erzählende Gestik: »Ich male den Menschen so wie er ist, da ist die Seele ohnehin dabei.« Tatsächlich hat Leibl das ungelenk Labile, Verletzliche dieses Jungen meisterhaft zur Darstellung gebracht. *AW*

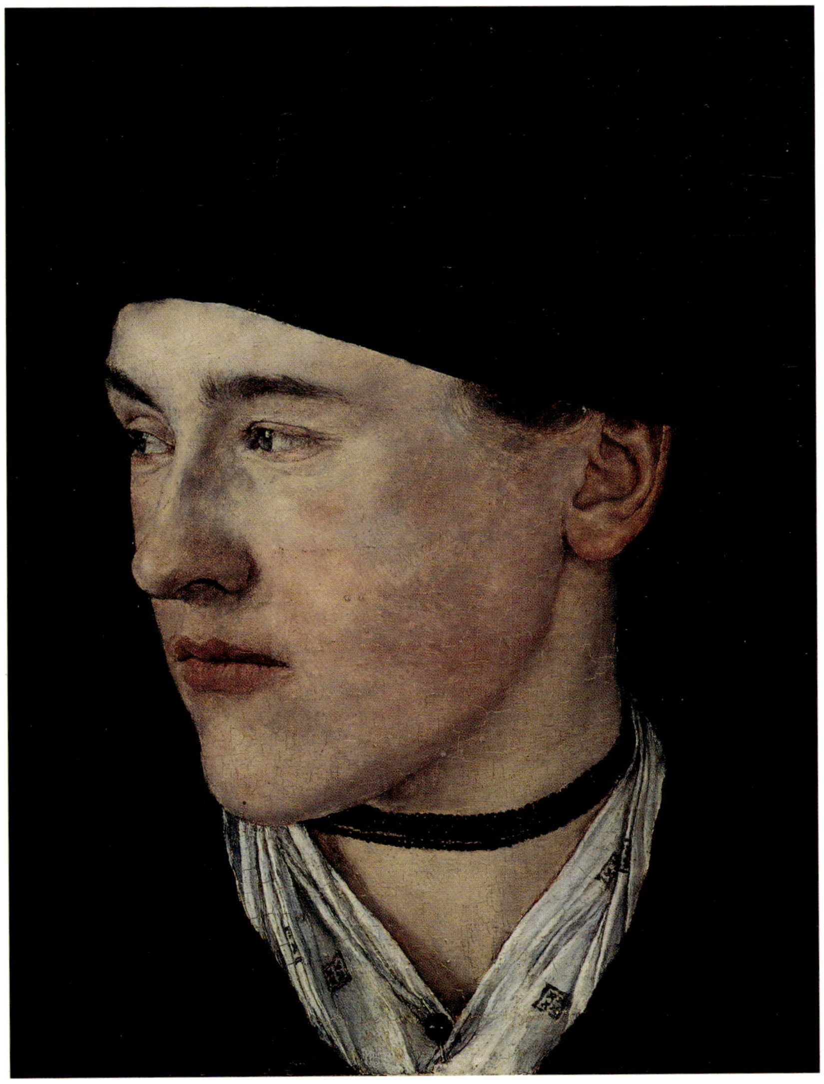

Dachauerin (Mädchen mit schwarzem Kopftuch), 1879

Öl auf Holz
20 × 16 cm
Bezeichnet oben links: W. Leibl 79.
Inv. A I 953
1906 Vermächtnis von Helene Kühn, Berlin

Leibl gilt als einer der bedeutendsten Vertreter des deutschen Realismus im 19. Jahrhundert. Bereits zu seiner Münchener Studienzeit bildete sich um ihn der als »Leibl-Kreis« bekannte Zirkel befreundeter Maler. Mit Akribie komponierte und vollendete Leibl in altmeisterlicher Manier auch die kleinsten Details seiner Bilder, wobei er mit seiner leidenschaftslosen, aber genauen Schilderung den Betrachter in das Geschehen einbezieht. In Opposition zur offiziellen Kunstauffassung zog er sich 1873 in entlegene Dörfer zurück und fand dort zur Themenreihe seiner Bauern- und Jägerbilder und zu einer helleren Farbpalette. Das Bauernmädchen, eines von drei Versionen desselben Modells, entstand auf dem Höhepunkt seines Schaffens. Der Künstler selbst bezeichnete die Arbeit als das Beste, was er bis dahin hervorgebracht hatte. *KH*

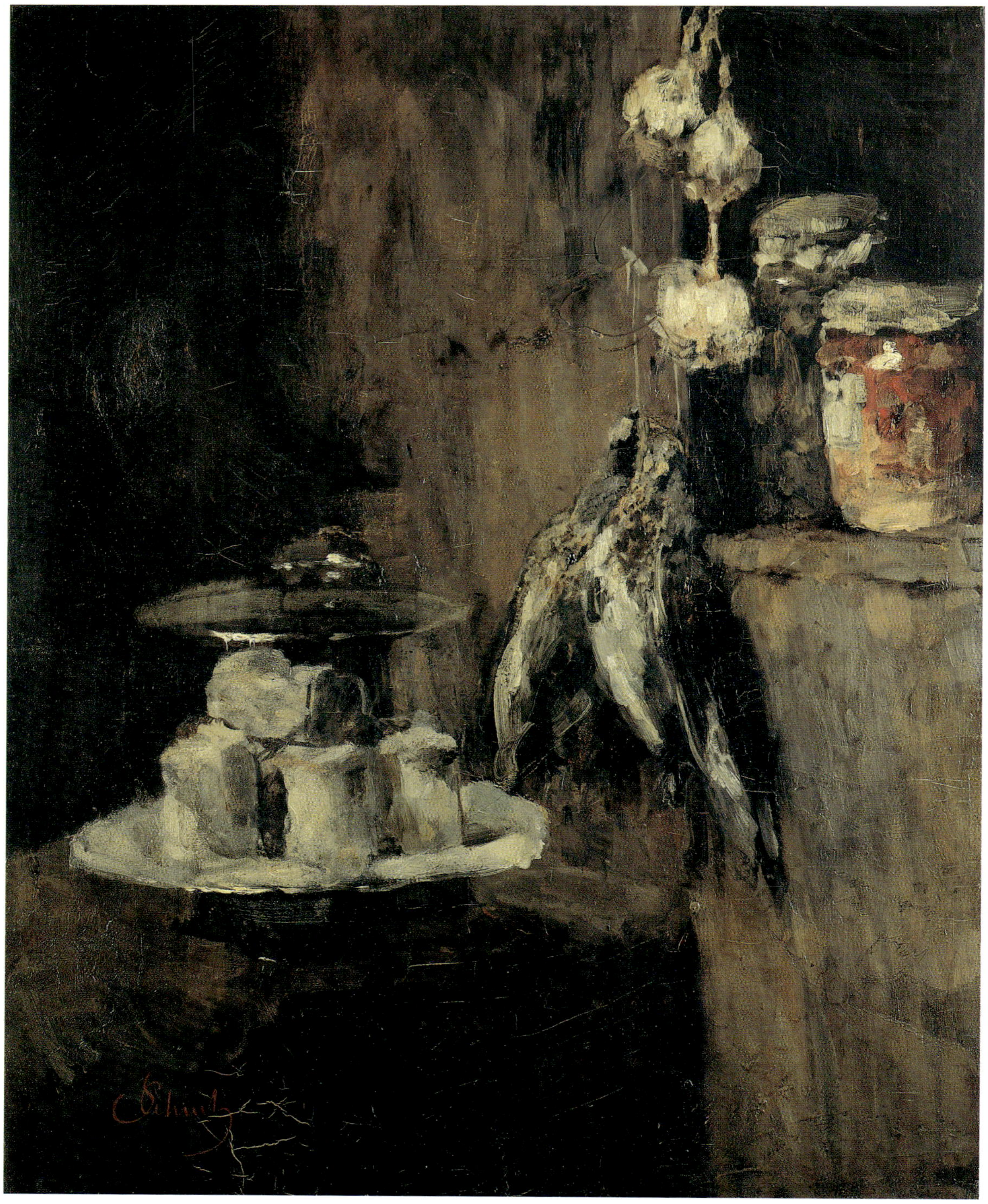

Stilleben mit Rebhühnern und Käseglocke, um 1885/89

Öl auf Leinwand
76 × 63 cm
Bezeichnet unten links: CSchuch
Inv. A I 1010
1907 erworben von der Kunsthandlung Eduard Schulte, Berlin

Als ein Wegbereiter des deutschen Impressionismus erlangte Schuch 1906 in der Jahrhundertausstellung posthum Anerkennung. Nach seiner Ausbildung in Wien, kam er in München in Kontakt zum »Leibl-Kreis« und avancierte binnen kurzer Zeit zu einem seiner wichtigsten Vertreter. Ab 1876 schuf er vor allem großzügig aufgefaßte, mit wenigen Gegenständen versehene Stilleben. Nach einem Parisaufenthalt von 1882–94 intensivierte sich unter dem Einfluß Claude Monets und Gustave Courbets die aus Farbwerten aufgebaute Bildkomposition. Auch in diesem Stilleben lösen sich aus dem reich nuancierten, dunklen Hintergrund die aus Lichtflecken aufgebauten Gegenstände, ohne dabei impressionistisch zu verschwimmen. *KH*

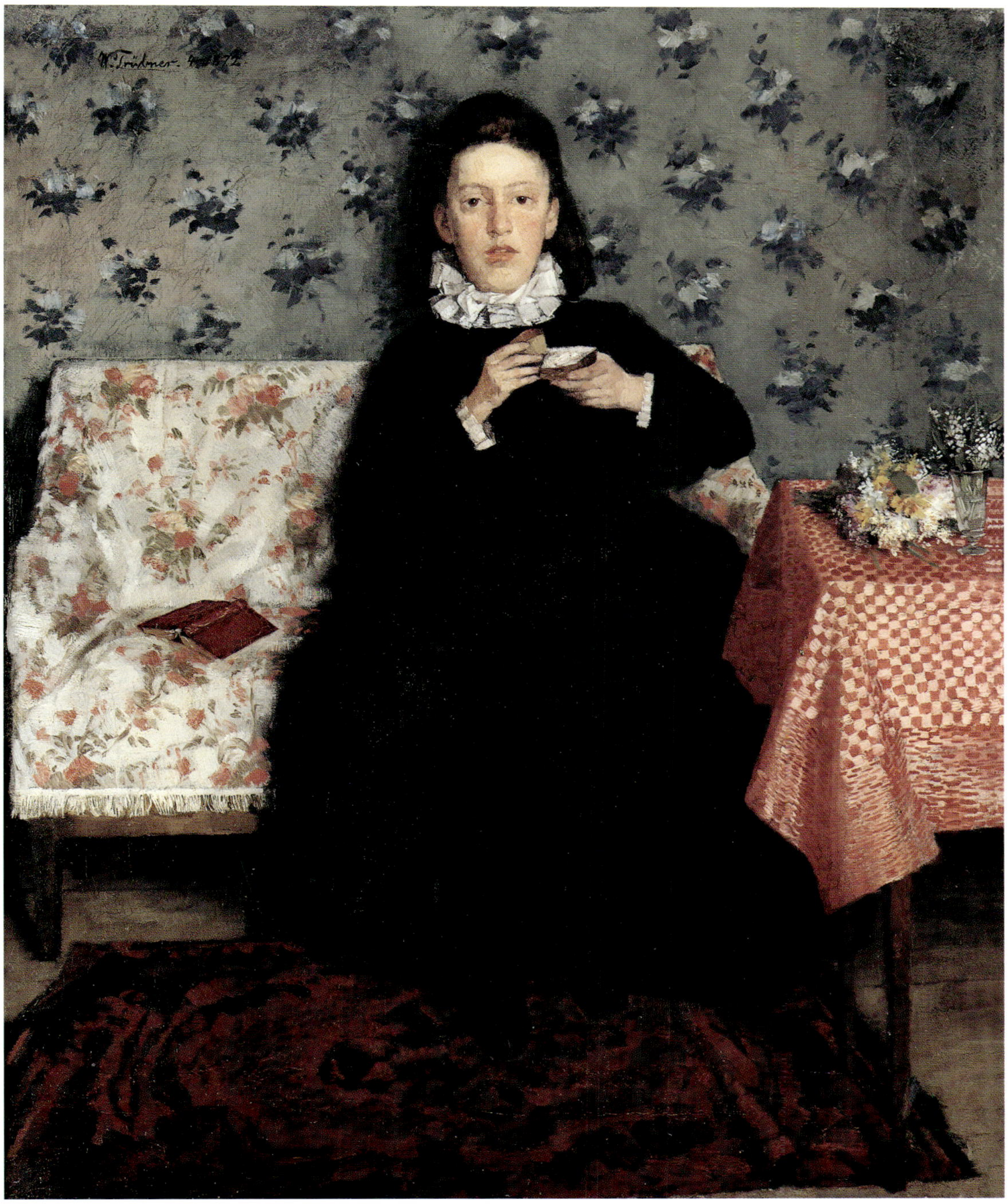

Auf dem Kanapee, 1872

Öl auf Leinwand
52 × 45 cm
Bezeichnet oben links: W. Trübner. 4.1872
Inv. A I 645
1899 erworben vom Künstler

Durch den Münchner »Leibl-Kreis« beeinflußt, steht Trübner für eine antiakademische Haltung und für die Suche nach Neuem und Lebendigem. In diesem Frühwerk des Künstlers ist noch der Einfluß verschiedener Strömungen zu spüren, etwa die holländische Malerei des 17. Jahrhunderts, der Malstil Gustave Courbets und Edouard Manets sowie die altmeisterliche Manier der Leibl-Schule. Sein Werk kennzeichnet ein sicherer Sinn für Farbe, für die Wahrheit der Form und die Vereinfachung der Gestaltung – allein deren optimaler Zusammenführung galt das Ziel des jungen Künstlers. Gleich einem Stilleben ist das Bild arrangiert, während vielerlei fein nuancierte Farben und Muster das dunkle, flächig wirkende Kleid im Zentrum des Gemäldes umfangen. *KH*

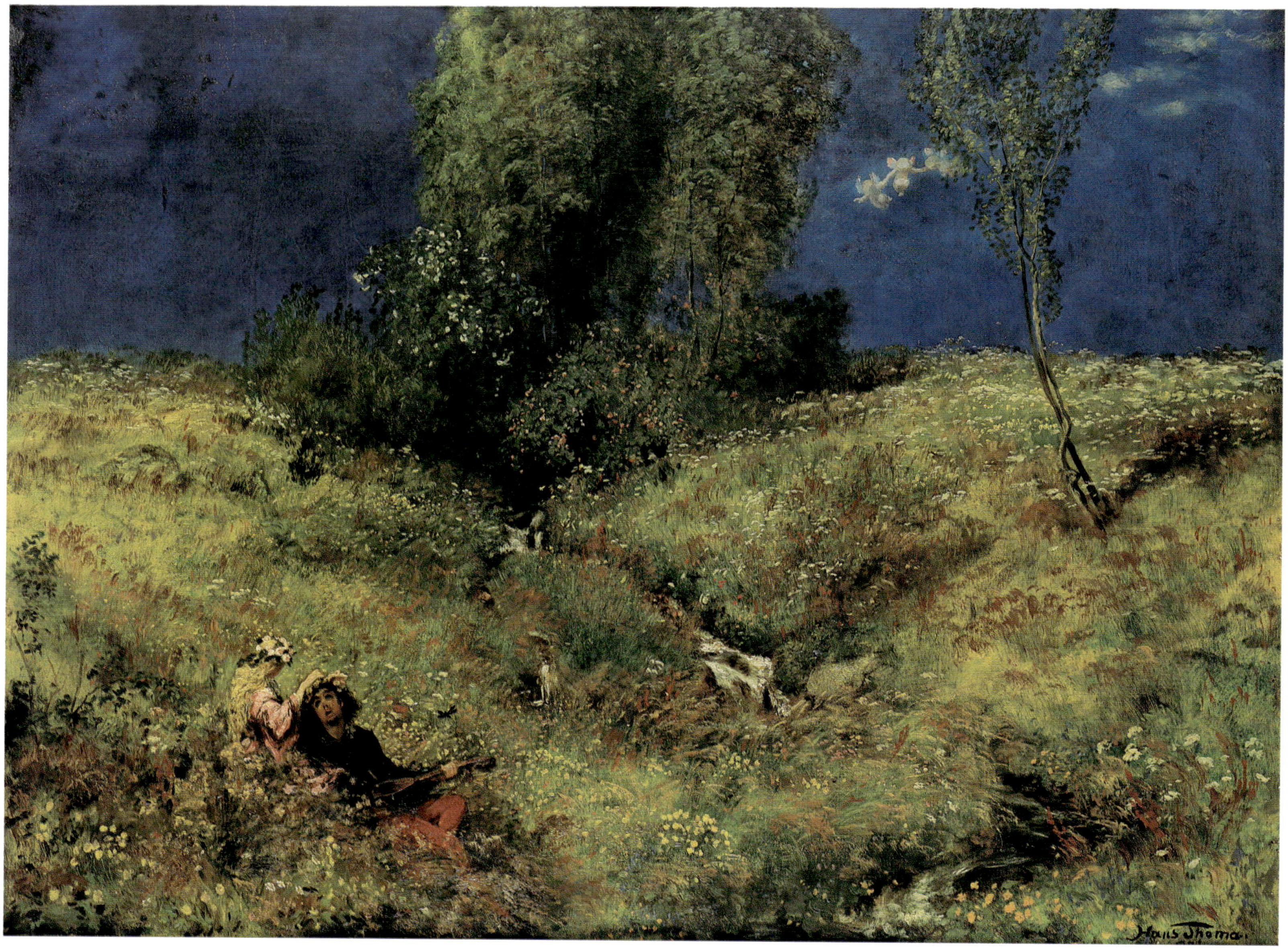

Sommer, 1872

Öl auf Leinwand
76 × 104 cm
Bezeichnet unten rechts: Hans Thoma./ 1872.
Inv. A II 510
1926 erworben von Johannes Noll, Frankfurt/Main

Nach seinem Kunststudium in Karlsruhe lebte Thoma von 1870 bis 1899 in München, wo er eine enge Beziehung zu Arnold Böcklin und zum »Leibl-Kreis« pflegte. Beeinflußt durch die bereits anerkannte Kunst Böcklins, modifizierte er dessen Motive und übersetzte sie in seine eigene künstlerische Sprache. Statt der üblichen Landbevölkerung zeigt Thoma ein im Gras musizierendes Paar in Renaissancekleidung. Die durch Farb- und Lichteffekte bestimmte Atmosphäre wird unterstrichen durch das ins Übernatürliche gesteigerte satte Blau des Himmels und die drei schwebenden, wie zu Sommerwölkchen verdichteten Amoretten. *KH*

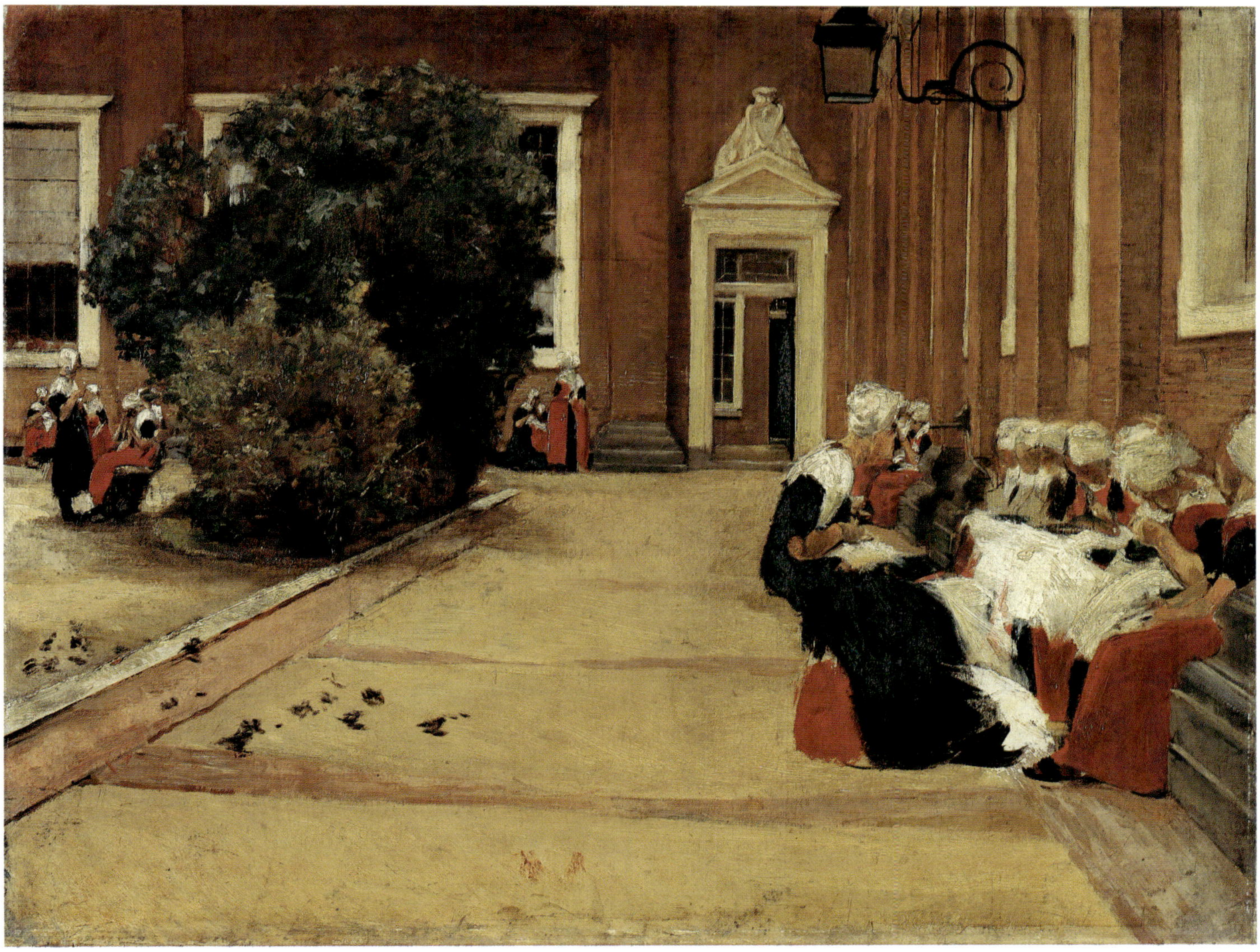

Amsterdamer Waisenmädchen, 1876

Öl auf Leinwand
67 × 89,5 cm
Inv. A II 387
1923 erworben im Tausch

Seine erste Hollandreise unternahm Liebermann 1876 während seines Aufenthalts in Paris (1873–78). Hier fand er das soziale, kulturelle und landschaftliche Umfeld für sein Kunstschaffen. Inspiriert durch Frans Hals, wandte sich Liebermann bald dem Sujet der Alten- und Waisenheime zu, was sich in mehreren Studien vom Hof des Städtischen Bürgerwaisenhauses niederschlug. Später führte Liebermann anhand seiner Skizzen und Studien ein großes Gemälde dieses Motives aus. Von den 21 Werken Liebermanns in der Nationalgalerie ist dieses eines der frühesten und wurde von Ludwig Justi im Tausch erworben. *KH*

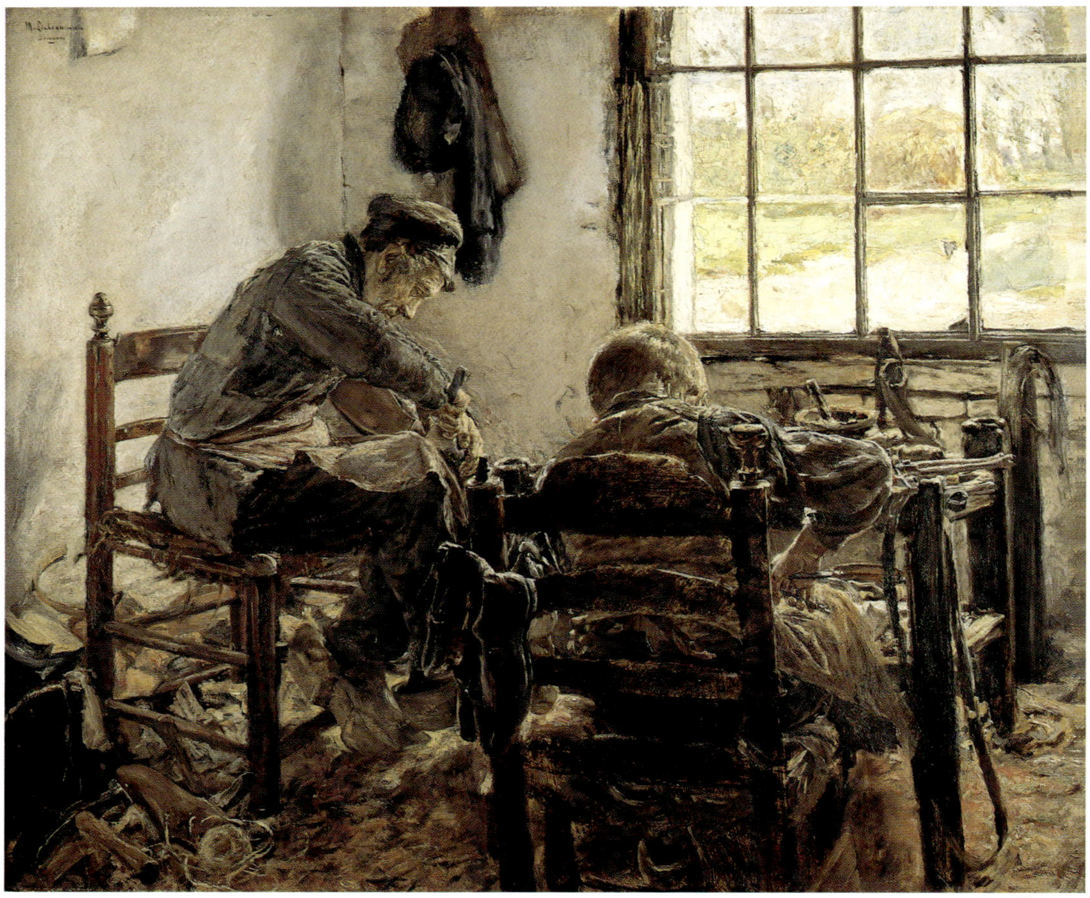

Schusterwerkstatt, 1881

Öl auf Holz
64 × 80 cm
Bezeichnet oben links: M. Liebermann/Dongen
Inv. A I 644
1899 erworben von der Kunsthandlung Paul Cassirer

Zwischen 1878 und 1884 lebte Liebermann in München, reiste aber weiterhin jährlich nach Holland. Das Motiv der Schusterwerkstatt entdeckte der Künstler während eines Sommeraufenthaltes im holländischen Dongen. Das Gemälde machte unter den Münchner Künstlerkollegen Furore – Lenbach bezeichnete es als das beste deutsche Genrebild. 1882 zur großen Pariser Kunstausstellung eingereicht, wurde es von dem Impressionistensammler Jean-Baptiste Faure erworben, der früher als andere in diesem Bild die ab 1880 behutsam einsetzende Hinwendung zum Impressionismus erkannte. *KH*

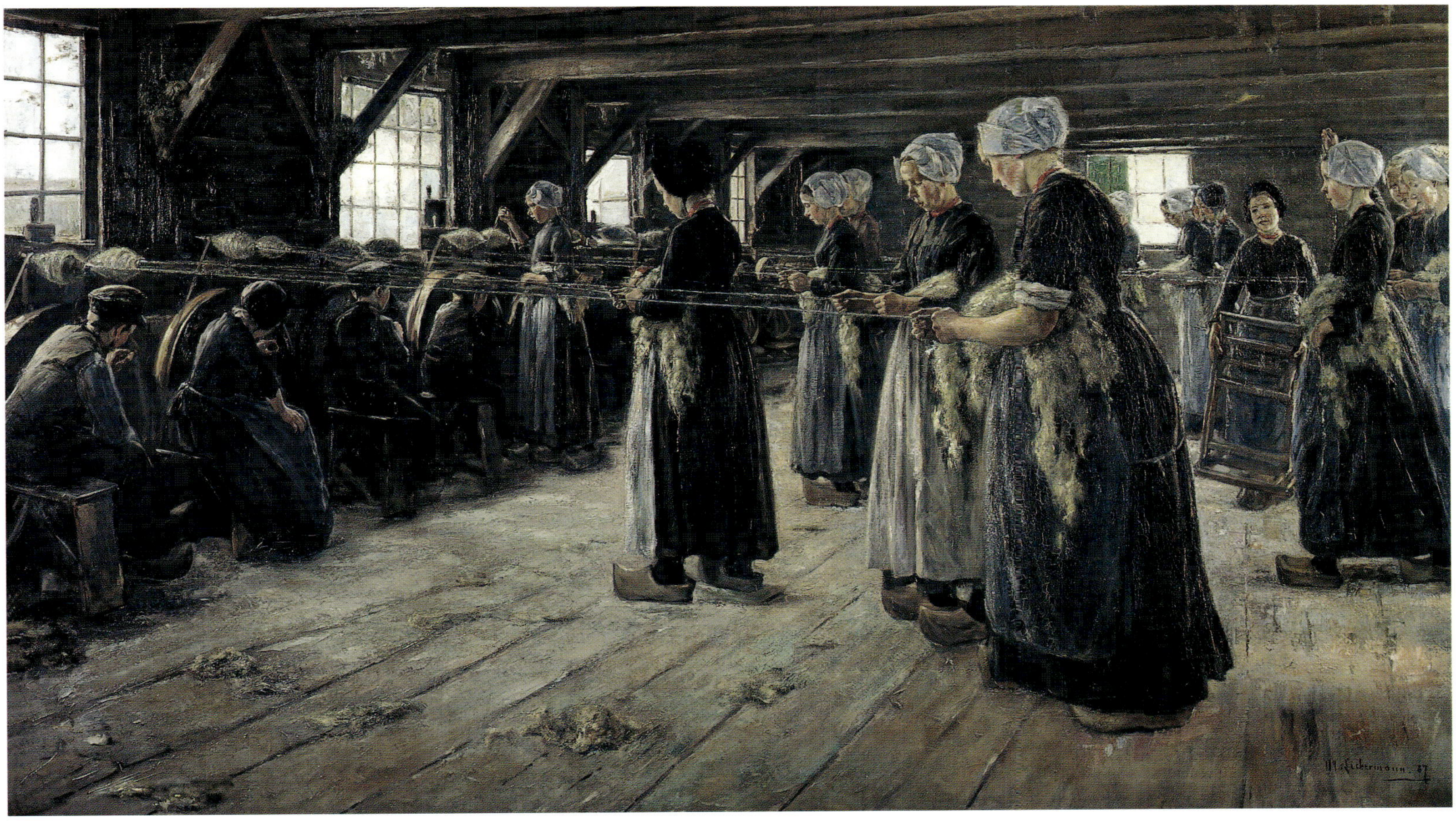

Flachsscheuer in Laren, 1887

Öl auf Leinwand
135 × 232 cm
Bezeichnet unten rechts: M. Liebermann. 87
Inv. A I 431
1888 Geschenk des Künstlers

Seit Beginn seines Schaffens stießen Liebermanns Wahl von Motiven aus der Arbeitswelt und ihre prosaische Ausdeutung in deutschen Kreisen auf große Kritik. Diese verschärfte sich ab 1880 durch Liebermanns Hinwendung zu Stilelementen des französischen Impressionismus, galt Frankreich doch als Erbfeind. Einige Jahre später sollte Liebermann zusammen mit Max Slevogt und Lovis Corinth zum bedeutendsten Vertreter des Berliner Impressionismus werden. Richard Muther fühlte sich bei diesem Werk an die Gemälde großer alter Meister erinnert: »Das ist kein Bild, das ist eine Schöpfung.« Zusammen mit etlichen Vorstudien bildete das Werk damit den Ausgangspunkt für eine umfassende Liebermann-Sammlung. Darüber hinaus war es aber vor allem das erste seiner Gemälde, das in ein Museum gelangte. *KH*

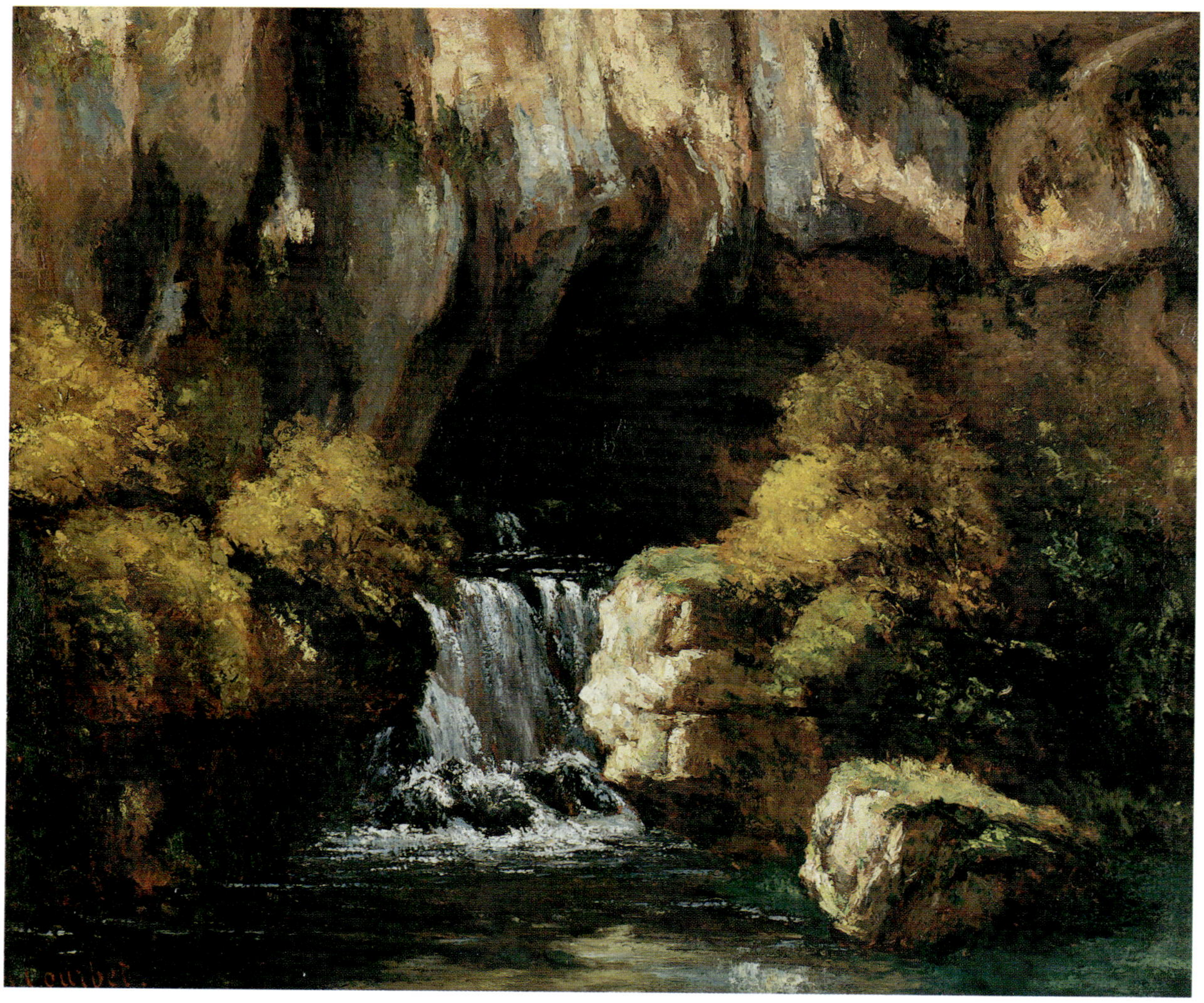

Die Quelle des Lison, um 1864

Öl auf Leinwand
65,5 × 80,5 cm
Bezeichnet unten links: G. Courbet.
Inv. NG 11/69
1969 Geschenk von Dr. Eduard von Schwartzkoppen, Berliner Handelsgesellschaft, Frankfurt/Main

Während die Kunst des Autodidakten Courbet vor allem im deutschen Ausland sehr geschätzt wurde, reagierte das französische Publikum eher reserviert. Seine Landschaften und Bildnisse entstanden nicht aus einer intellektuellen Analyse heraus, sondern basierten auf einer ursprünglichen Verbundenheit mit der Natur. Unverfälschte Direktheit, kraftvolle Ausdrucksweise und ungewöhnliche Techniken charakterisieren Courbets künstlerisches Schaffen. Von seinen insgesamt 13 Quellgrotten-Bildern ist dieses das malerisch freieste, vielleicht auch späteste und hinsichtlich der Lokalität das am stärksten abstrahierte. Außergewöhnlich ist auch der sich von allen bekannten Versionen unterscheidende Bildausschnitt, der den für Landschaftsbilder ansonsten unerläßlichen Himmel über der Felswand gänzlich ausschließt. *KH*

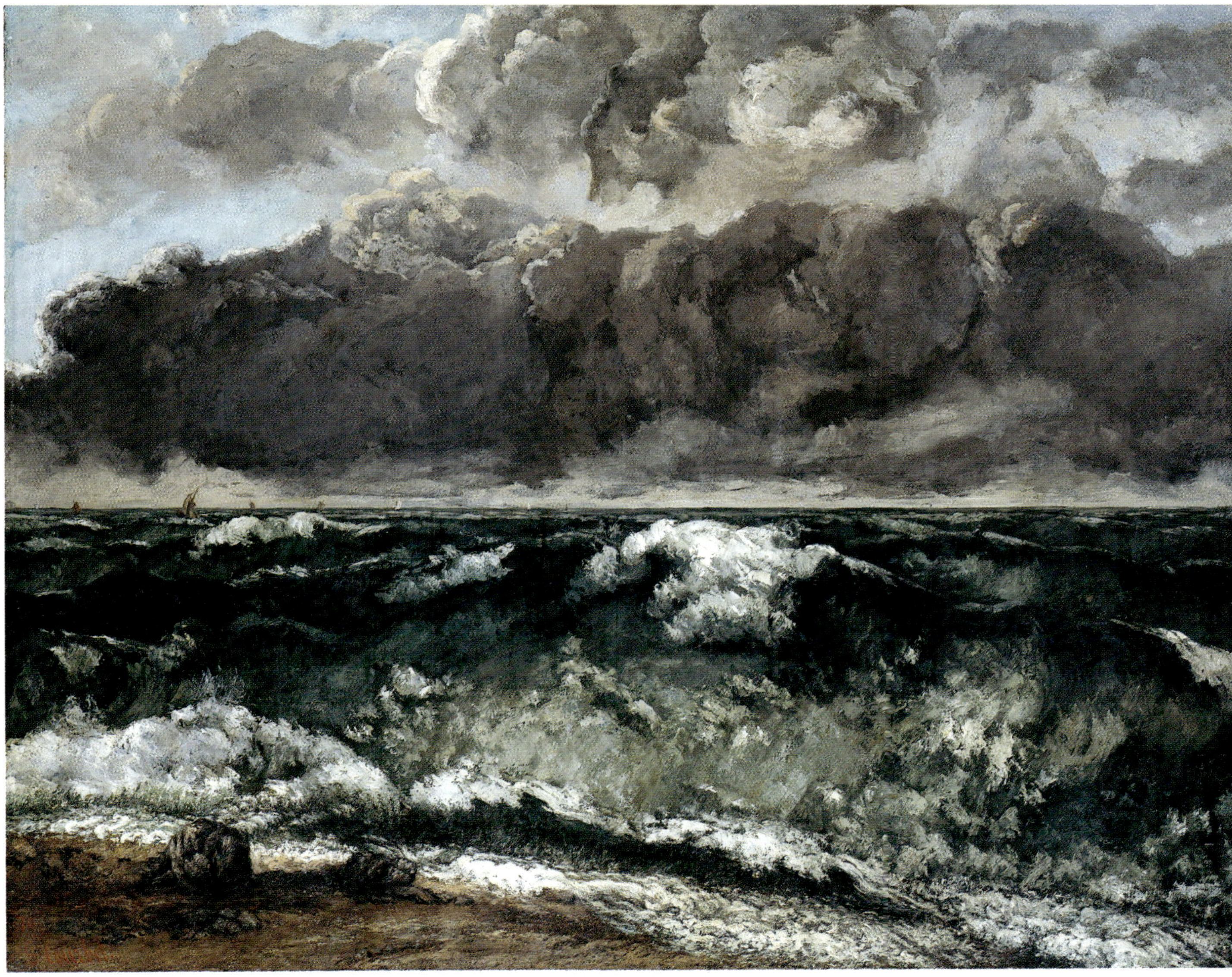

Die Welle, 1869/70

Öl auf Leinwand
112 × 144 cm
Bezeichnet unten links: 70. G. Courbet.
Inv. A I 967
1906 Geschenk von Guido Fürst Henckell von Donnersmarck, Berlin

Unter den zahlreichen Varianten des Motivs einer aus der Nähe gesehenen stürmischen See ist die Berliner Fassung, neben der des Louvre, die eindrucksvollste. Ausdrücklich auf sie soll sich Cézanne bezogen haben, als er von »einem der Wunder des Jahrhunderts« sprach: »Der ganze Saal riecht nach Wasserstaub.« Ein Wunder ist diese Fassung mit ihrer Reduktion des Motivs auf Wellen und Wolken, mit der Reduktion der Malerei auf die Dynamik der mit dem Spachtel aufgetragenen, nahezu monochromen Farbpaste, wirklich. Courbet war in Deutschland seit seinen Aufenthalten in München und Frankfurt berühmt. In der Nationalgalerie erschließt »Die Welle« sinnfällig die Wurzeln der impressionistischen Malerei. *CK*

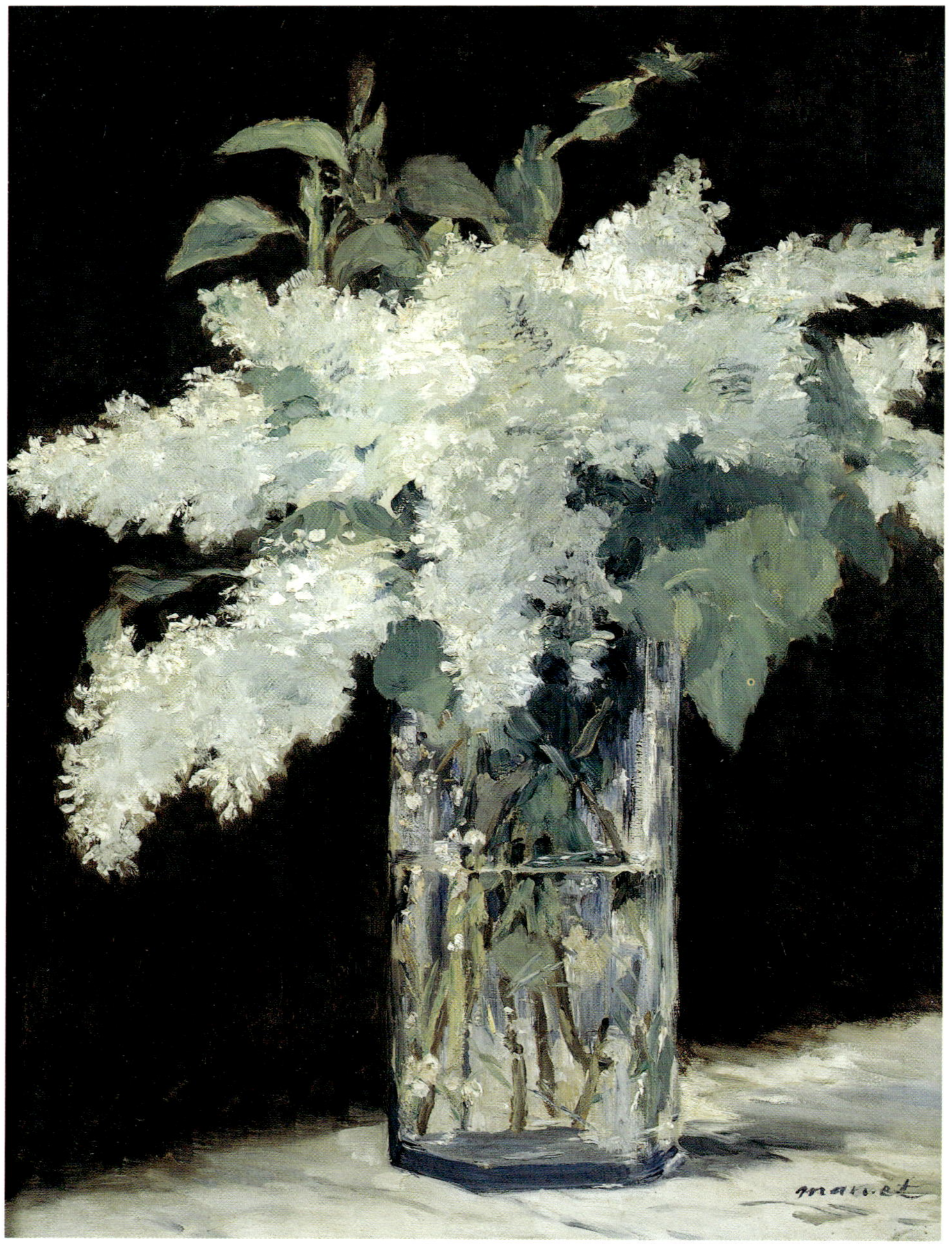

Der Fliederstrauß, um 1882

Öl auf Leinwand
54 × 42 cm
Bezeichnet unten rechts: manet
Inv. A II 379
1908 Vermächtnis von Félicie Bernstein, Berlin

Das von Hugo von Tschudi bewunderte Bild eines Fliederstraußes gehörte zu der Sammlung von Bildern französischer Impressionisten des Ehepaares Bernstein und kann als Auslöser für Tschudis Verständnis dieser Malerei gelten. Manets Gespür für Farbharmonien hatte um die Entstehungszeit dieses Werkes seinen Höhepunkt erreicht. In seinen letzten beiden Lebensjahren entstanden vor allem Stilleben – Blumen und Früchte, die nach kurzer Pracht vergehen. Die meist vor neutralen Hintergrund gesetzten Motive sind von fragiler Schönheit und können, in Anbetracht der fortschreitenden Krankheit und des nahenden Todes des Malers, als Symbole der Vergänglichkeit gedeutet werden. *KH*

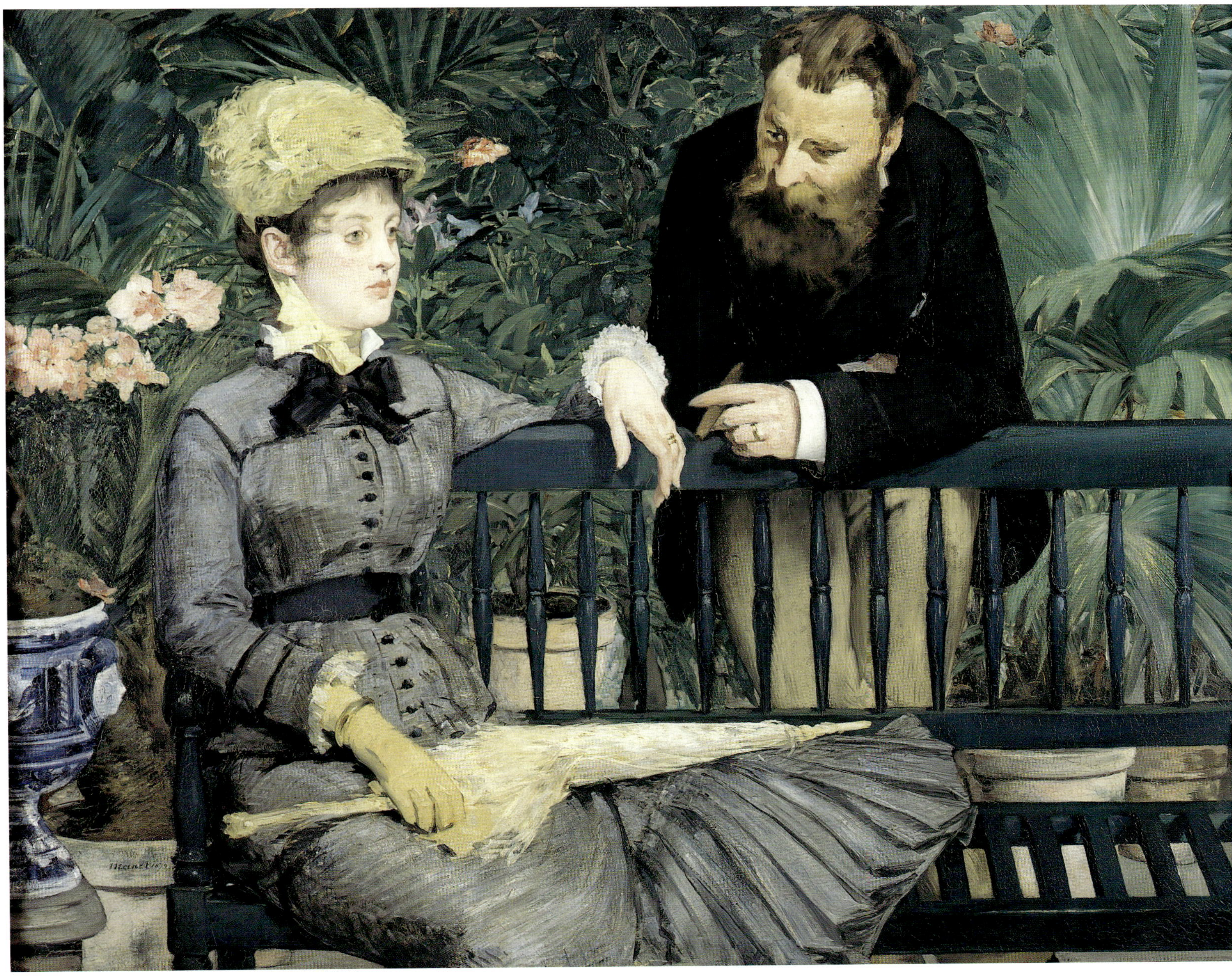

Im Wintergarten, 1878–79

Öl auf Leinwand
115 × 150 cm
Bezeichnet unten links: Manet 1879
Inv. A I 550
1896 Geschenk der Berliner Kunstfreunde (Eduard Arnhold, Ernst und Robert von Mendelsohn, Hugo Oppenheim)

Manet gilt als einer der Wegbereiter der modernen Kunst, kämpfte jedoch zunächst vergeblich um die Anerkennung seiner fortschrittlichen Malerei durch den konservativ-akademischen Salon. Ab 1870 bevorzugte er der Lebenswelt entnommene Themen, die er wie zufällig aufgriff und im Eindruck des Augenblickes festhielt. Nachdem seine berühmte »Nana« vom Salon zurückgewiesen wurde, hatte er mit diesem Bild den ersehnten Erfolg. Der Ankauf durch die Nationalgalerie leitete die Neubelebung der Sammlung ein und bildete in der Ausstellung der Neuerwerbungen 1896 den Höhepunkt. Wie in vielen seiner Bilder, wird auch hier, eingebettet in eine erotische Atmosphäre, die Entfremdung der Menschen zum eigentlichen Thema gemacht. *KH*

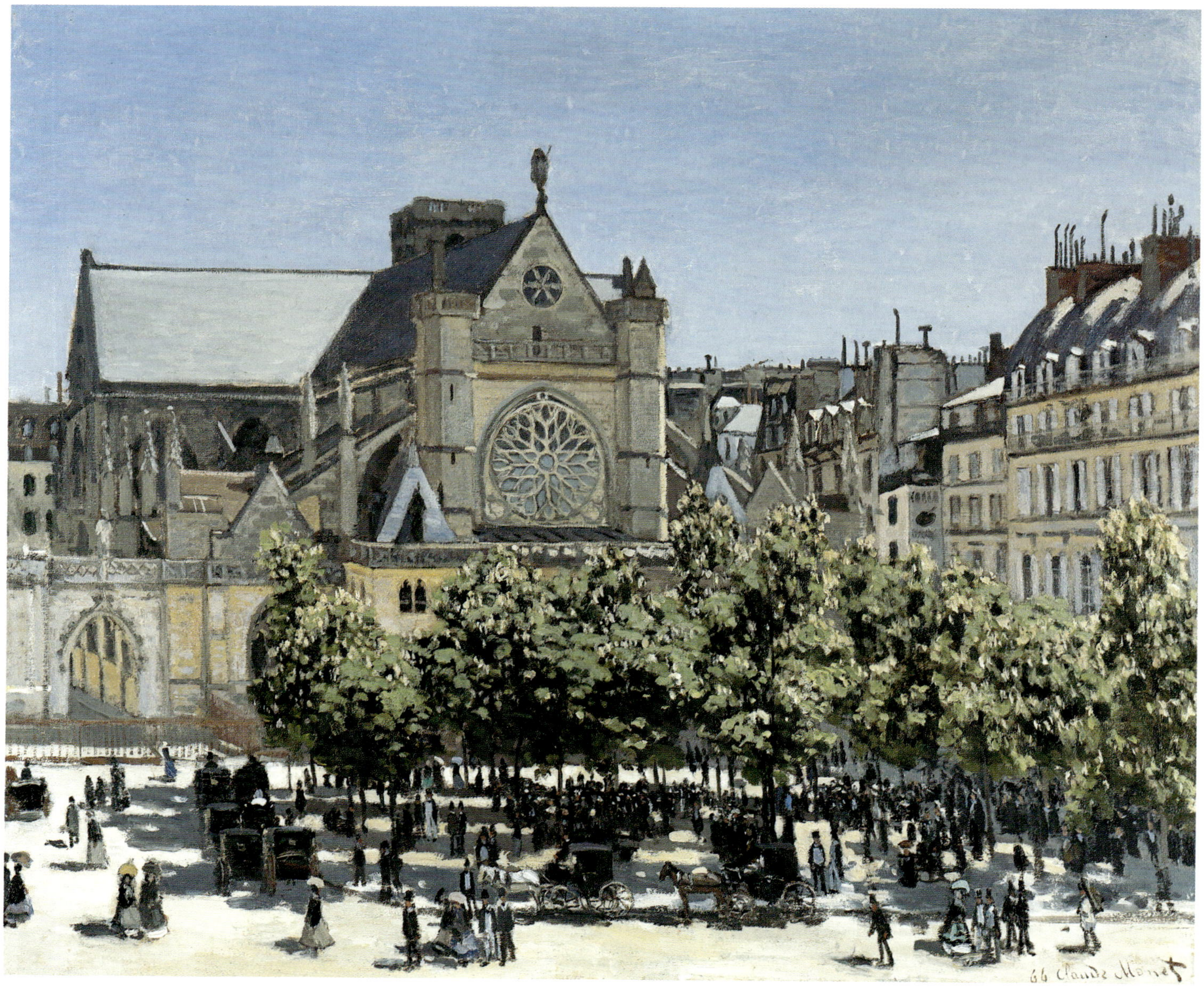

St. Germain l'Auxerrois, 1867

Öl auf Leinwand
79 × 98 cm
Bezeichnet (nachträglich) unten rechts: 66 Claude Monet
Inv. A I 984
1906 Geschenk von Karl Hagen und Karl Steinbart, Berlin

Im Frühjahr 1867 entstand dieses Frühwerk des Impressionismus, das die Stadtlandschaft in ihrer von Licht- und Schattenreflexen bestimmten atmosphärischen Erscheinung wiedergibt. Festgehalten ist der von den Kolonnaden des Louvre aus zu sehende Platz vor der spätgotischen Kirche St. Germain l'Auxerrois, eine von insgesamt drei Stadtansichten von diesem Standpunkt. Die Ausschnitthaftigkeit, Zufälligkeit des Sujets und die flüchtig, mit wenigen Pinselstrichen erfaßte, eilende und damit anonyme Menschenmenge führte zur Zurückweisung durch den Salon. *KH*

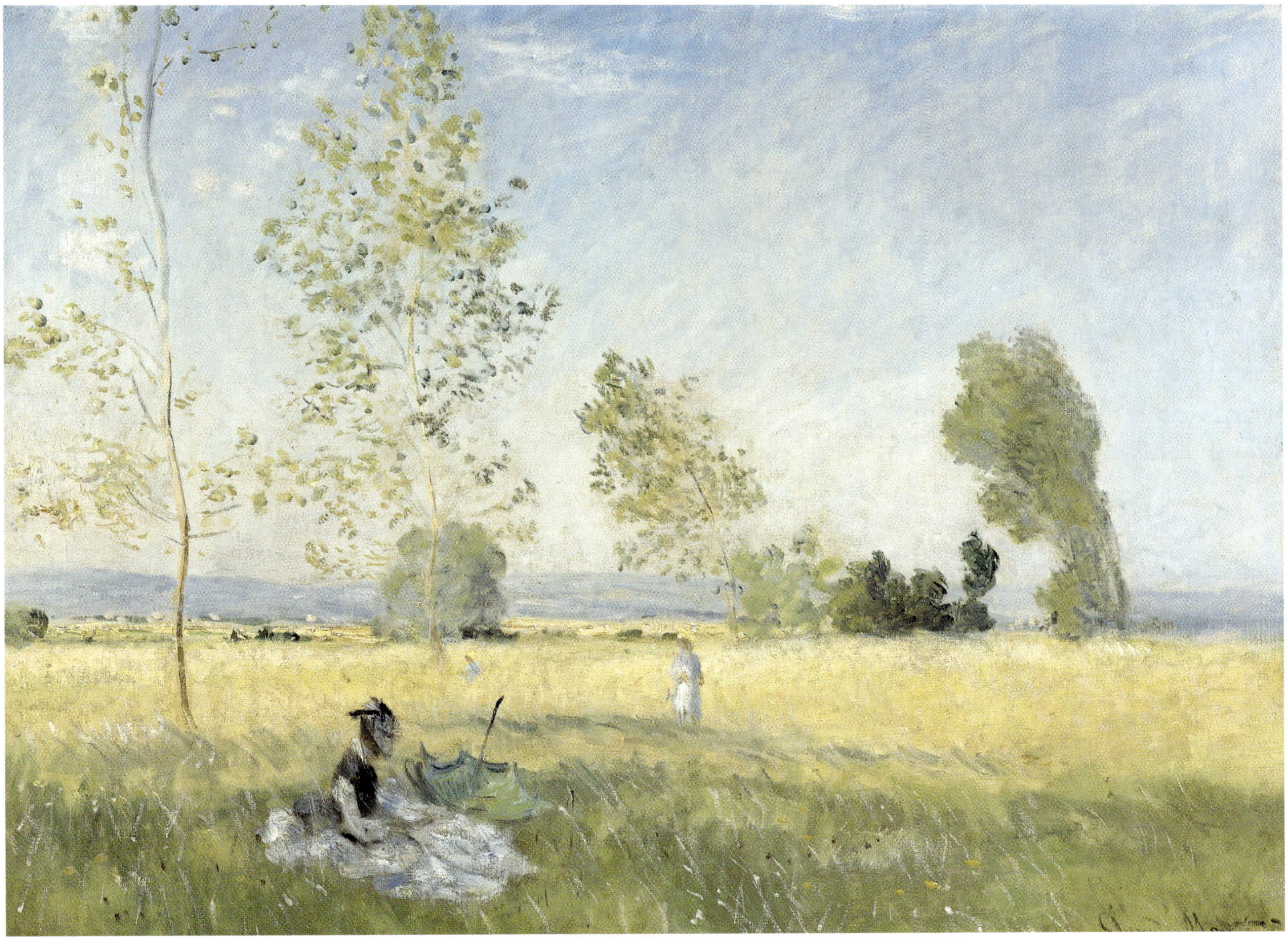

Sommer, 1874

Öl auf Leinwand
57 × 80 cm
Bezeichnet unten rechts: Claude Monet 74
Inv. A I 1013
1907 Geschenk von Karl Hagen und Karl Steinbart, Berlin

Claude Monet, dem wichtigsten Vertreter des französischen Impressionismus, kommt erst ab 1890 die erhoffte offizielle Anerkennung zu. 1874 verbrachte Monet den Sommer zusammen mit Auguste Renoir und Edouard Manet in Argenteuil an der Seine, um seinen künstlerischen Stil zur vollen Entfaltung zu bringen. Das hier entstandene Gemälde gilt heute als ein Programmbild des Impressionismus. Der kurze, aber zarte und dünne Pinselduktus steht ganz im Einklang mit der hellen Farbpalette, so daß die atmosphärische Stimmung eines Sommertages im Grünen überzeugend vermittelt wird, wobei die in die flirrende Wiese gesetzten Figuren kaum optische Präsenz besitzen. *KH*

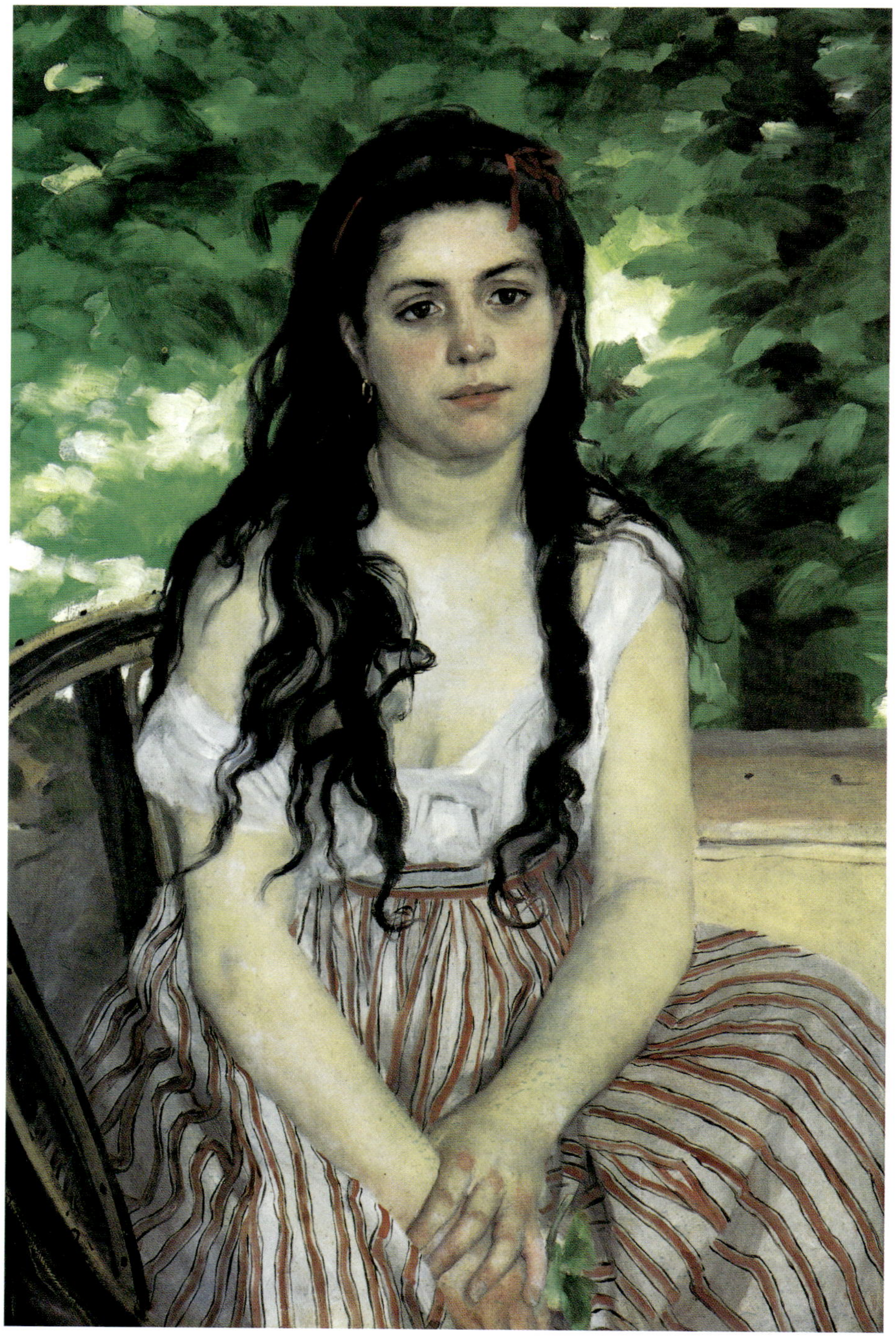

Im Sommer, 1868

Öl auf Leinwand
85 × 59 cm
Bezeichnet unten links: A. Renoir
Inv. A I 1014
1907 Geschenk von Mathilde Kappel, Berlin

Im Pariser Salon von 1869 stellte Renoir dieses Porträt seiner damaligen Geliebten Lise Tréhot (1848–1922) unter dem Titel »Im Sommer, eine Studie« aus, um die impressionistische Behandlung des Blattwerks zu rechtfertigen. Ein Vergleich mit Monets zwei Jahre früher entstandenen »Frauen im Garten« zeigt, wie sehr Renoir hier noch der konturenbetonten Ateliermalerei, vor allem seines Vorbildes Courbet, verhaftet ist. Nach dem »Nachmittag der Kinder in Wargemont« war dies das zweite Gemälde Renoirs, das Tschudi für die Nationalgalerie erwarb. *EF*

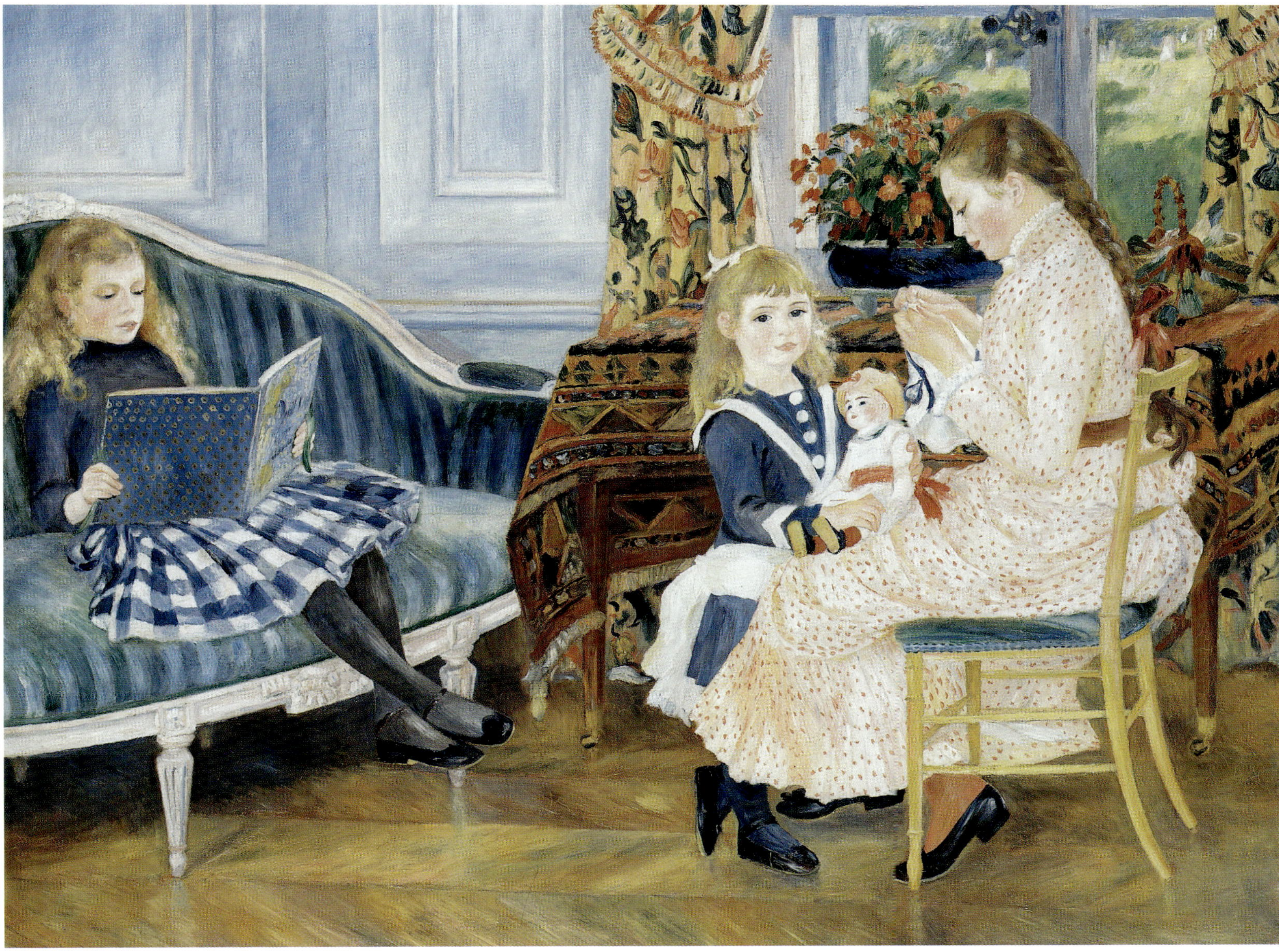

Der Nachmittag der Kinder in Wargemont, 1884

Öl auf Leinwand
127 × 173 cm
Bezeichnet Mitte rechts: RENOiR. 84.
Inv. A I 969
1906 Geschenk von Karl Hagen, Berlin

Porträtaufträge aus den Kreisen des Pariser Großbürgertums waren für den aus kleinbürgerlichen Verhältnissen stammenden Renoir von existentieller Wichtigkeit. Für dieses Gruppenbild suchte er die Bankiers- und Diplomatenfamilie Bérard in ihrem Schloß Wargemont bei Dieppe auf. Renoir verzichtete auf eine repräsentative Anordnung der Dargestellten – die Töchter der Bérards sind mit sich selbst beschäftigt und posieren nicht. Mit diesem scheinbar objektiven Blick auf die Wirklichkeit trug Renoir zur Erneuerung der Gattung des Auftragsporträts bei. Das Bild entstand während seiner klassizistischen Periode, in der er sich von der lockeren, impressionistischen Malweise abwandte und einen konturenbetonten Stil entwickelte. Tschuci erwarb dieses Hauptwerk Renoirs bereits kurz nach der Versteigerung der Sammlung Bérard. *EF*

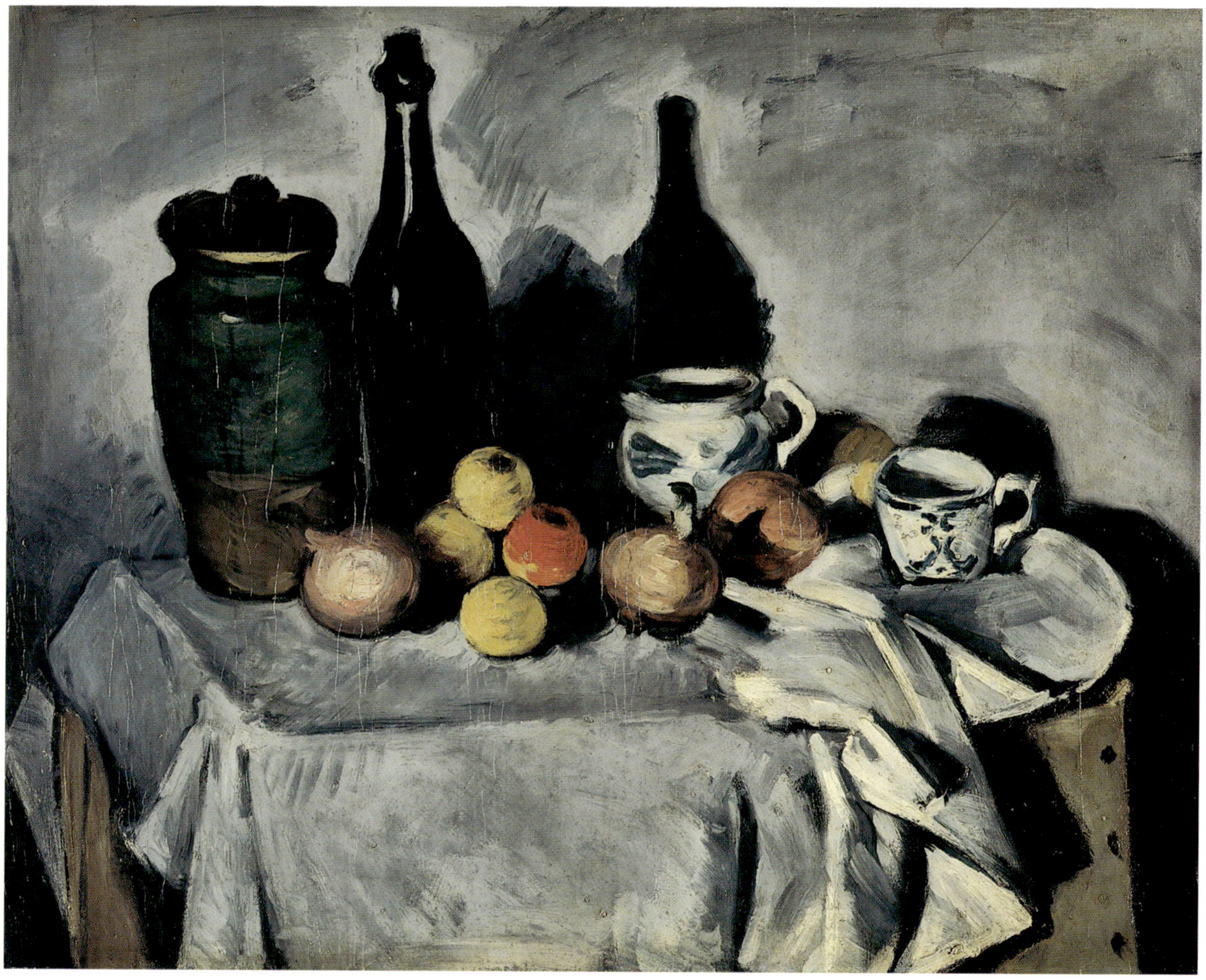

Stilleben mit Früchten und Geschirr, um 1869/71

Öl auf Leinwand
64,5 × 81,5 cm
Inv. A I 964
1906 Stiftung von Eduard Arnhold, Berlin

Über Ambroise Vollard, der das Bild 1899 ausstellte, und Paul Cassirer gelangte dieses Stilleben 1906 dank einer Stiftung des großen Sammlers und Mäzens Eduard Arnhold in die Nationalgalerie, in der sich mit diesem nun das dritte Cézanne-Bild befand, deren Entstehungszeit jeweils um etwa zehn Jahre auseinanderliegt. Das Stilleben ist beispielhaft für die rüde, finstere Kompositions- und Malweise der frühen Jahre Cézannes. Schwere Schatten – die er später stets vermeiden wird – bestimmen es, nur die Früchte leuchten in reinen Farben. Im Hintergrund des viel späteren Bildes eines Rauchers (St. Petersburg) erkennt man unser Stillleben, ohne Keilrahmen an die Atelierwand genagelt. *CK*

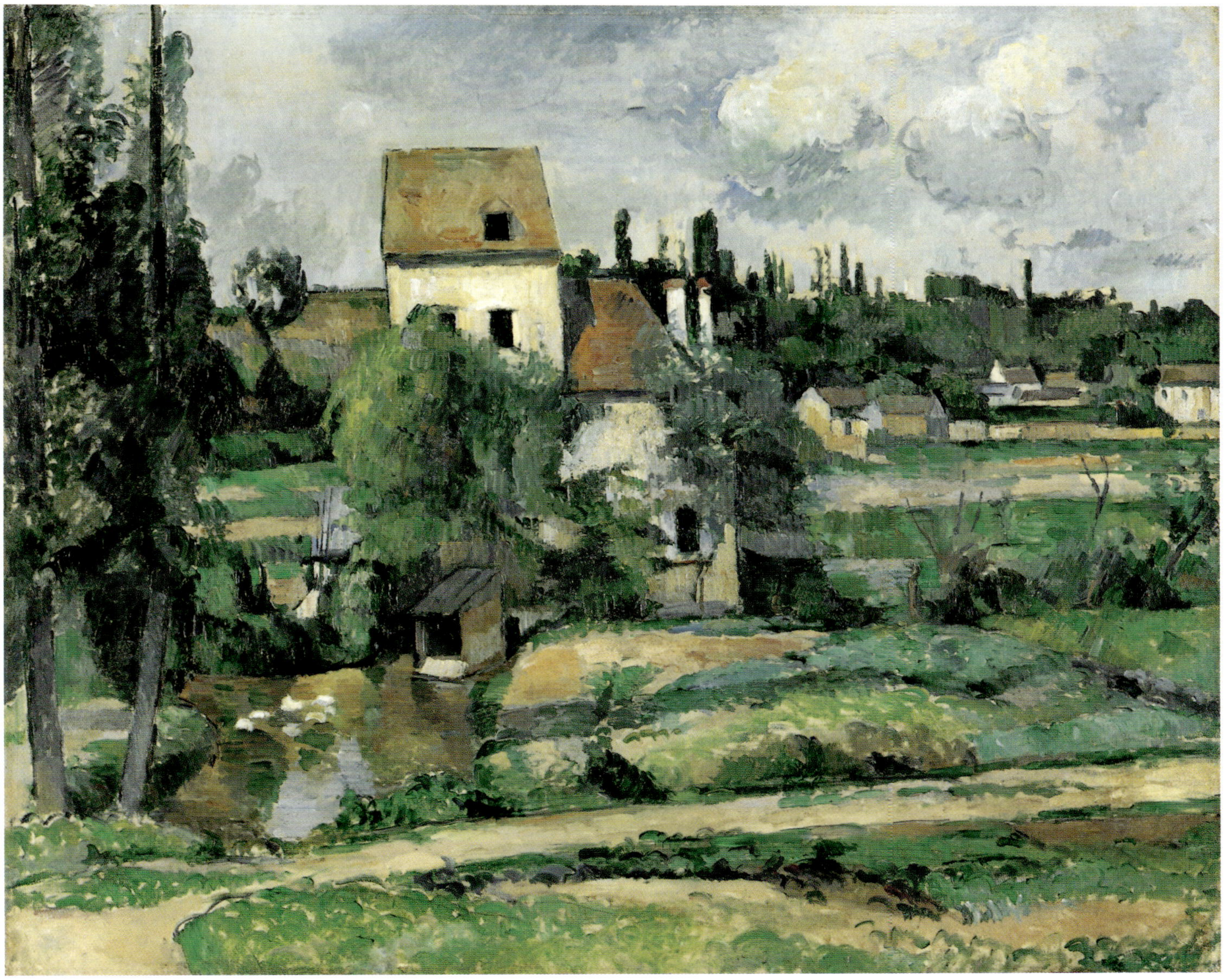

Die Mühle an der Couleuvre bei Pontoise, um 1881

Öl auf Leinwand
73,5 × 91,5 cm
Inv. A I 606
1897 erworben von Paul Durand-Ruel, Paris, als Geschenk des Händlers Wilhelm Staudt, Berlin

Dieses berühmte Zeugnis der »klassischen« Periode der Malerei Cézannes und eines seiner wenigen sicher datierbaren Bilder entstand in Pontoise, in der Nähe Camille Pissarros, den Cézanne bis in seine späten Jahre verehrte. Das prekäre Gleichgewicht einer augenfälligen, aber leicht schwankenden Geometrie der Kompositionslinien, eines klar strukturierten und dennoch offenen, dünnen Farbauftrags erlaubt das Werk als ein Werdendes wahrzunehmen. Sein erster Besitzer war der Farbenhändler und Künstlerfreund Julien Tanguy. Als Hugo von Tschudi es 1897 kaufte, gelangte zum ersten Mal ein Bild von Cézanne in eine öffentliche Sammlung, und diese Tat wurde auch in Paris kommentiert. *CK*

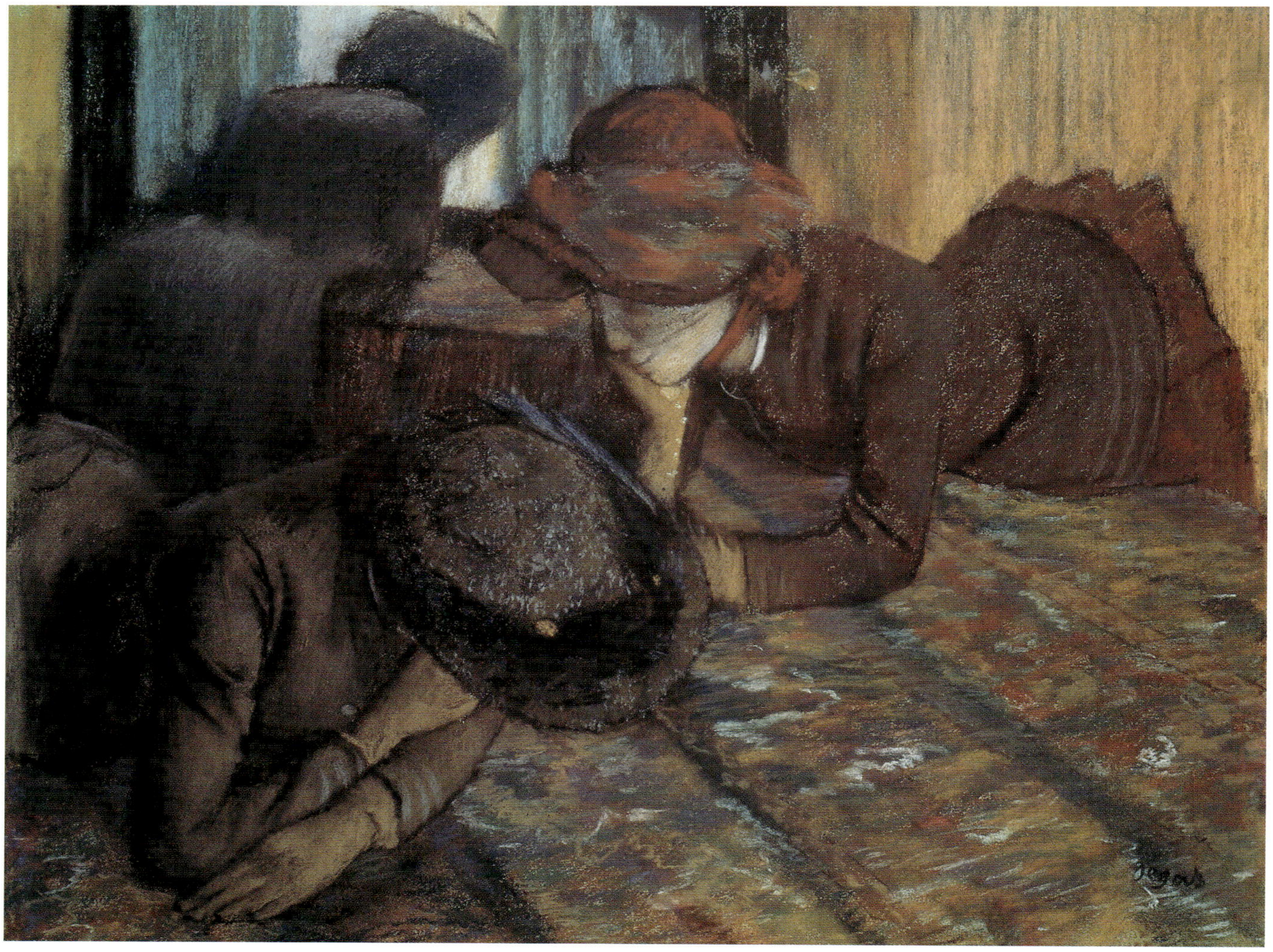

Unterhaltung, um 1882

Pastell auf Pappe
65 × 86 cm
Bezeichnet unten rechts: Degas
Inv. A I 552
1896 erworben von Paul Durand-Ruel, Paris, als Geschenk von Oskar Huldschinsky, Berlin

Dieses Pastell kam mit zahlreichen weiteren ersten Ankäufen von Hugo von Tschudi 1896 in die Nationalgalerie. »Der Titel ist nicht ohne ironischen Beigeschmack«, meinte Tschudi, denn gerade das Auseinanderstreben, das Ausbleiben aller Kommunikation kennzeichnet diese aus unterschiedlichen Richtungen in das Bildfeld hereinragenden Figuren. Ihre Gesichter sind nicht erkennbar, sogar ihre Hände durch die Handschuhe anonymisiert. Die ineinander verwobenen, vielerorts mit Estompe und Pinsel verwischten Striche der roten, blauen, grünen Pastellkreiden glühen und schillern im geheimnisvollen Dämmern des engen Raumes. *CK*

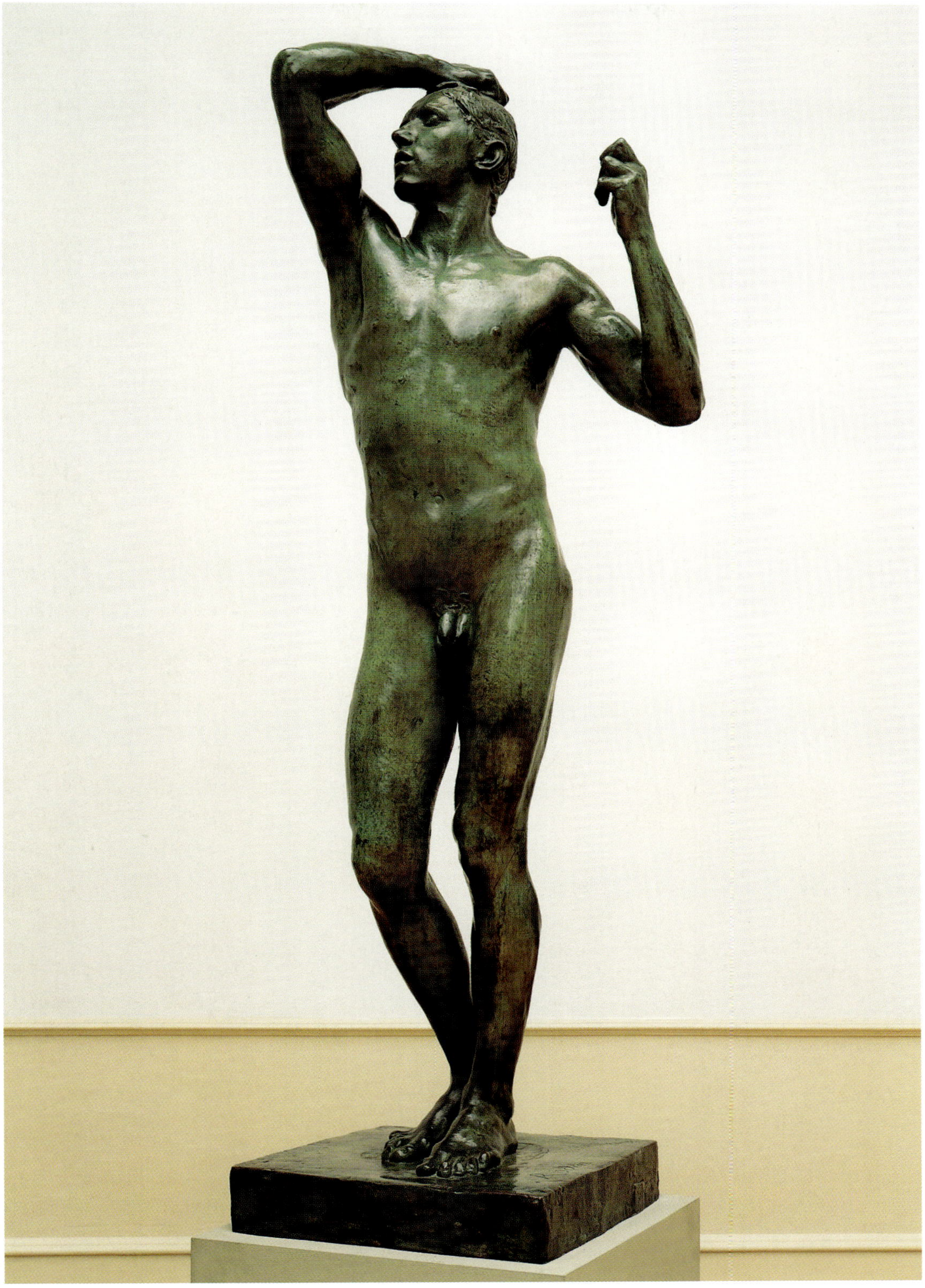

Das Eherne Zeitalter, 1875/76

Bronze
181 × 66 × 52 cm
Bezeichnet rechts auf der Plinthe: Rodin
Inv. B I 197
1903 erworben vom Künstler, Paris, als Geschenk von Karl von Wesendonck, Berlin

Obgleich mittlerweile in wohl 150 Exemplaren weltweit verbreitet, hat Rodins »Ehernes Zeitalter« in der Nationalgalerie an Bedeutung nicht verloren: Es handelt sich um einen der frühesten Güsse, versehen mit einer besonders kostbaren, nuancenreichen farbigen Patina. Dieser Guß wurde erworben unter Hugo von Tschudi, dem weltläufigen Direktor der Galerie, der – gleich Georg Treu in Dresden – der modernen französischen und belgischen Plastik mit hohem Engagement früh schon Eingang in die deutschen Museen gewährte, als die offizielle Kunst noch am wilhelminischen Neubarock festhielt. *BM*

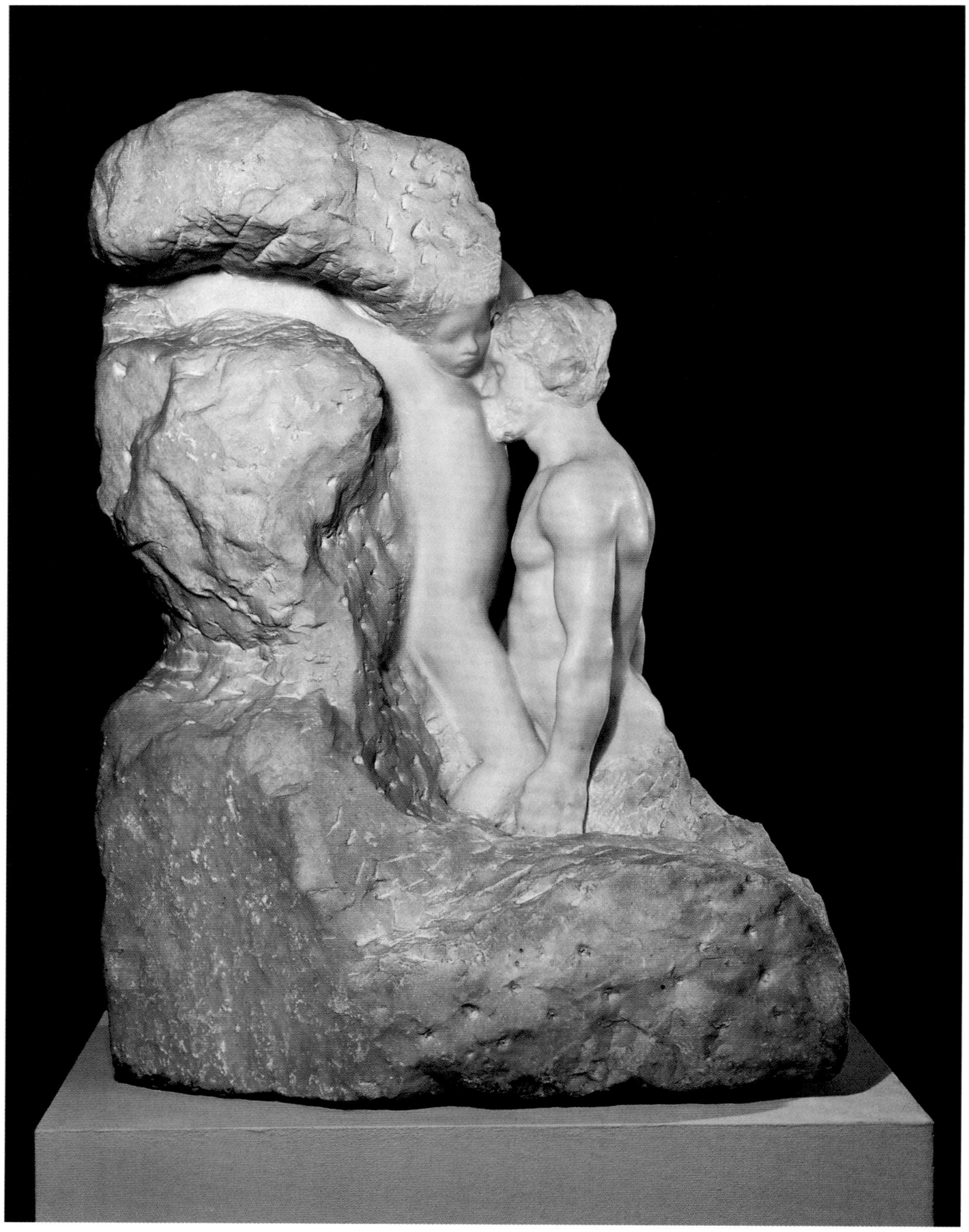

Der Mensch und sein Gedanke, 1899–1900

Marmor
77 × 46 × 55 cm
Inv. B I 158
1901 Vermächtnis von Bankier Felix Koenigs, Berlin

Im Jahre 1900 auf der Pariser Weltausstellung innerhalb der großen und vielfältigen Rodin-Retrospektive präsentiert, von dem aufgeschlossenen Privatsammler Felix Koenigs erworben (der zu den engagiertesten Sammlern der Moderne schlechthin gehörte) und dann schon bald aus seinem Nachlaß der Nationalgalerie zugefallen, wird dieser höchst sensibel bearbeitete, in großen Partien aber in der Bosse stehengebliebene Marmor mitsamt all seiner vielfältigen Ausdeutbarkeit seither als ein Höhepunkt der Skulpturenbestände im Umfeld der französischen Impressionisten gehütet: Metapher des Schöpferischen, des Fragilen, des Unbestimmt-Schwebenden, der ewigwährenden, nie endenden Annäherung.
BM

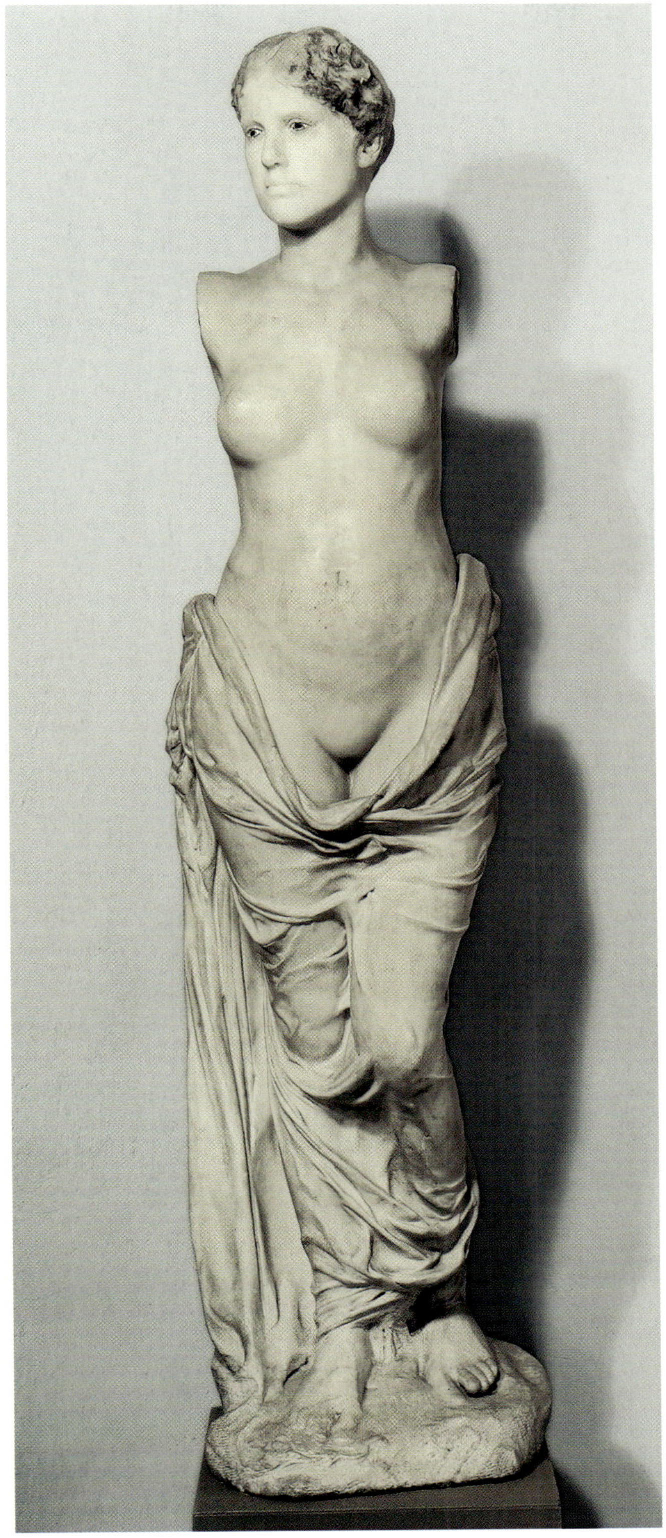

Amphitrite, 1895–98

Marmor
178 × 47 × 42 cm
Bezeichnet hinten auf der Plinthe: MK
Inv. B I 159
1901 Stiftung der Erben des Bankiers Felix Koenigs, Berlin

Als Maler war Max Klinger bereits anerkannt und als Graphiker gefeiert, als er sich mit der Skulptur, vor allem der farbigen und polylithen, zu befassen begann. Die kühle, erhabene »Amphitrite« zeigt Klinger aber nicht nur als einen Bildhauer von hoher Finesse (wie man es etwa von seinem Leipziger Beethoven-Denkmal kennt), sondern auch als einen kühnen Experimentator, der, ganz im Gefolge Rodins, das Thema des Torso in die deutsche Plastik hereinträgt. Tönungen, Torsierung, Steinkombination fließen in dieser Statue zusammen, die ganz der modernen Skulptur zugehört und die ein unterkühltes »fatales« Frauenbild evoziert, wie es dem Fin de siècle entsprach. *BM*

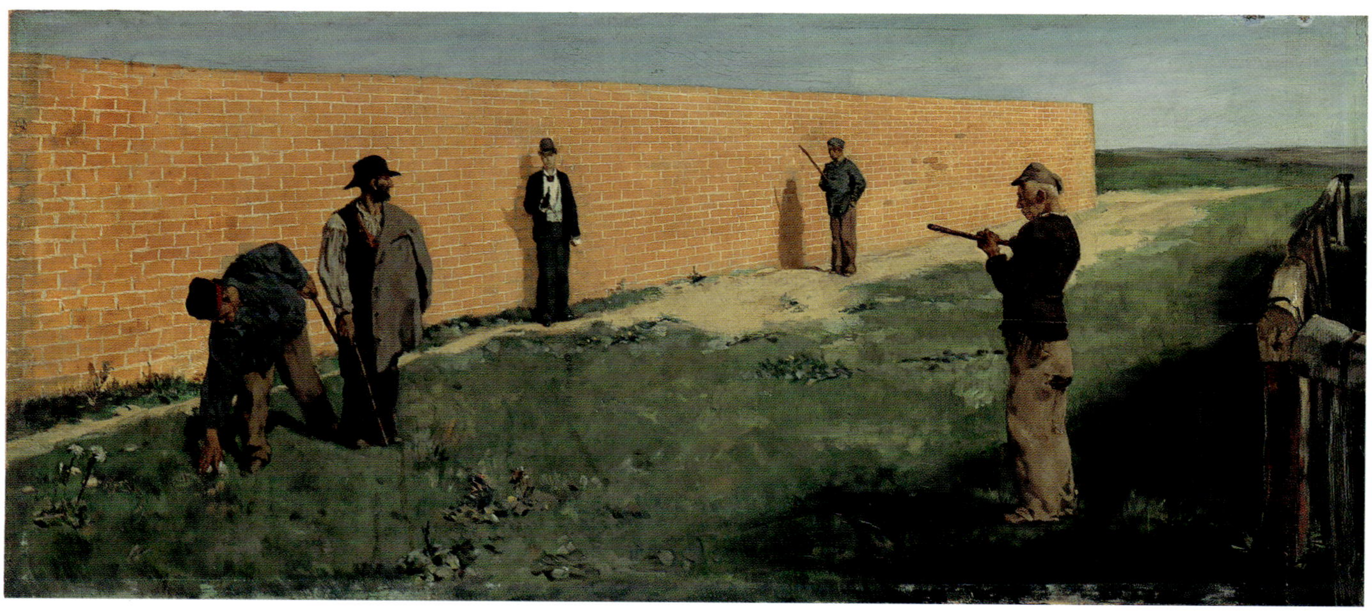

Spaziergänger (auch: Der Überfall), 1878

Öl auf Holz
37 × 86 cm
Bezeichnet unten rechts: MKlinger
Inv. A II 818
1934 erworben

Anders als Adolph Menzel, an dessen Bilder der unansehnlich chaotischen Vorstadtlandschaft der frühreife, genialische 21jährige Klinger anschließt, wird der Raum zum »Milieu«: an das einförmige Wiesenland – reizvoll nur für das Auge eines Bauunternehmers – schließt in schreiendem Orange-Grün-Kontrast eine kahle Mauer an, vor der sich ein Überfall vorbereitet: mit Knüppeln bewaffnete Ganoven bedrohen einen mit einem modernen Revolver Bewaffneten. Auf der überbreiten Bildfläche erzeugen die Abstände zwischen den Gestalten hohe Spannung – keine Bewegung, nur Abwarten, keine Atmosphäre, die Zeit scheint erstarrt. Die triviale Szene aus dem Alltag der Unterwelt bedrängt wie ein Angsttraum. Das Bild wurde sehr spät angekauft. Ein früher erworbener Zyklus dekorativer Gemälde von Max Klinger wurde durch den Zweiten Weltkrieg dezimiert.
CK

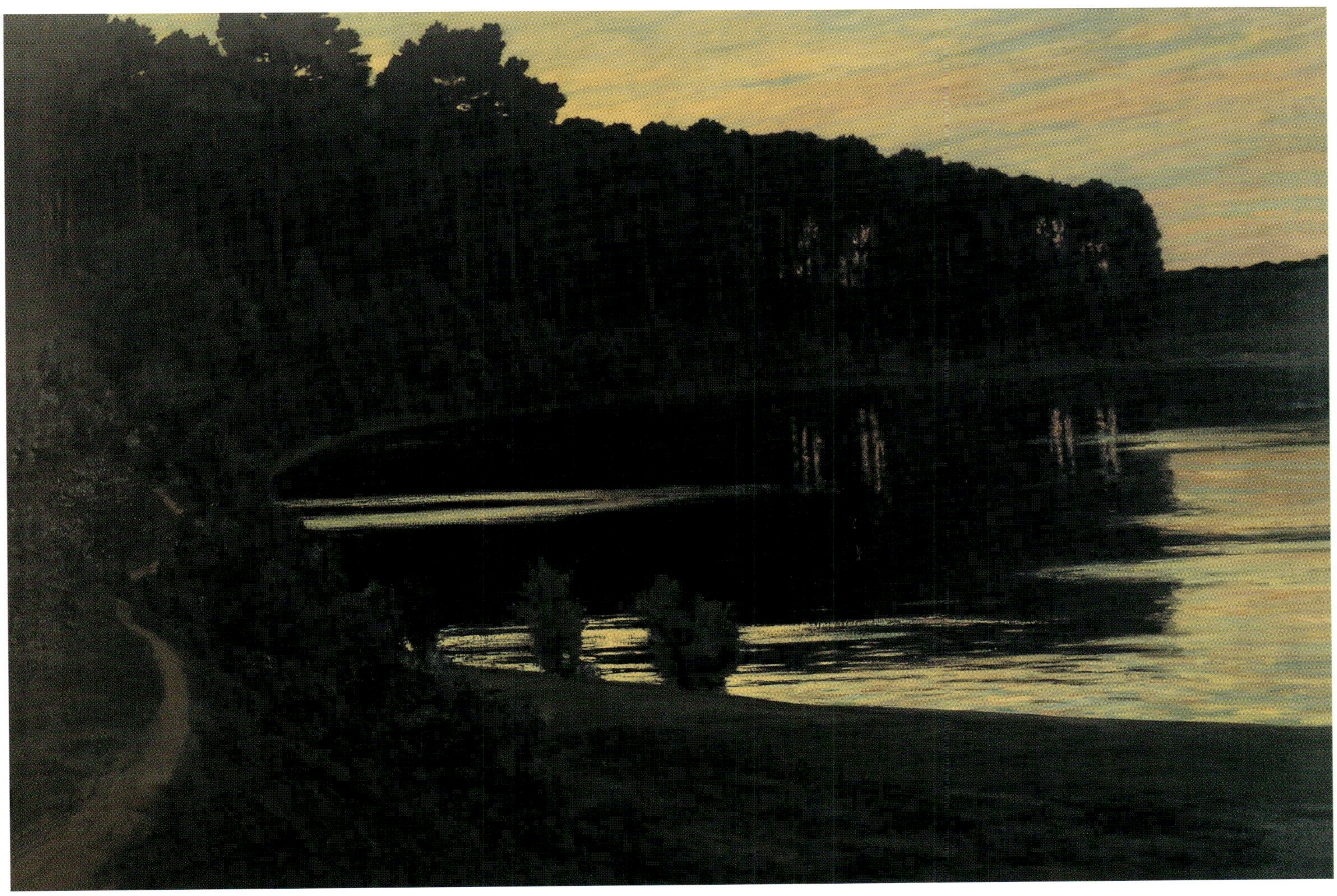

Grunewaldsee, 1895

Öl auf Leinwand
167 × 252 cm
Bezeichnet unten rechts: W. Leistikow
Inv. A I 622
1898 Geschenk von Richard Israel, Schulzendorf/Berlin

Leistikows künstlerische Entwicklung verlief von der traditionsgebundenen Landschaftsmalerei über die Reduktion von Ausschmückungen bis hin zu umrißhaften, auf Formen und Linien reduzierten, stilisierten Darstellungen, ohne dabei jemals auf das Motiv der Landschaft zu verzichten. Das der Nationalgalerie geschenkte, umstrittene Bild des Grunewaldsees wurde von Kaiser Wilhelm II. aufgrund des Dekorativ-Stilisierten abgelehnt. Aufbau und Linienführung gehen auf den japanischen Holzschnitt zurück und bewirken die Steigerung zu einer großen Landschaft, die über das Abbild des topographischen Ortes hinausführt. Der »Grunewaldsee« zeigt die besten Möglichkeiten des Malers. *KH*

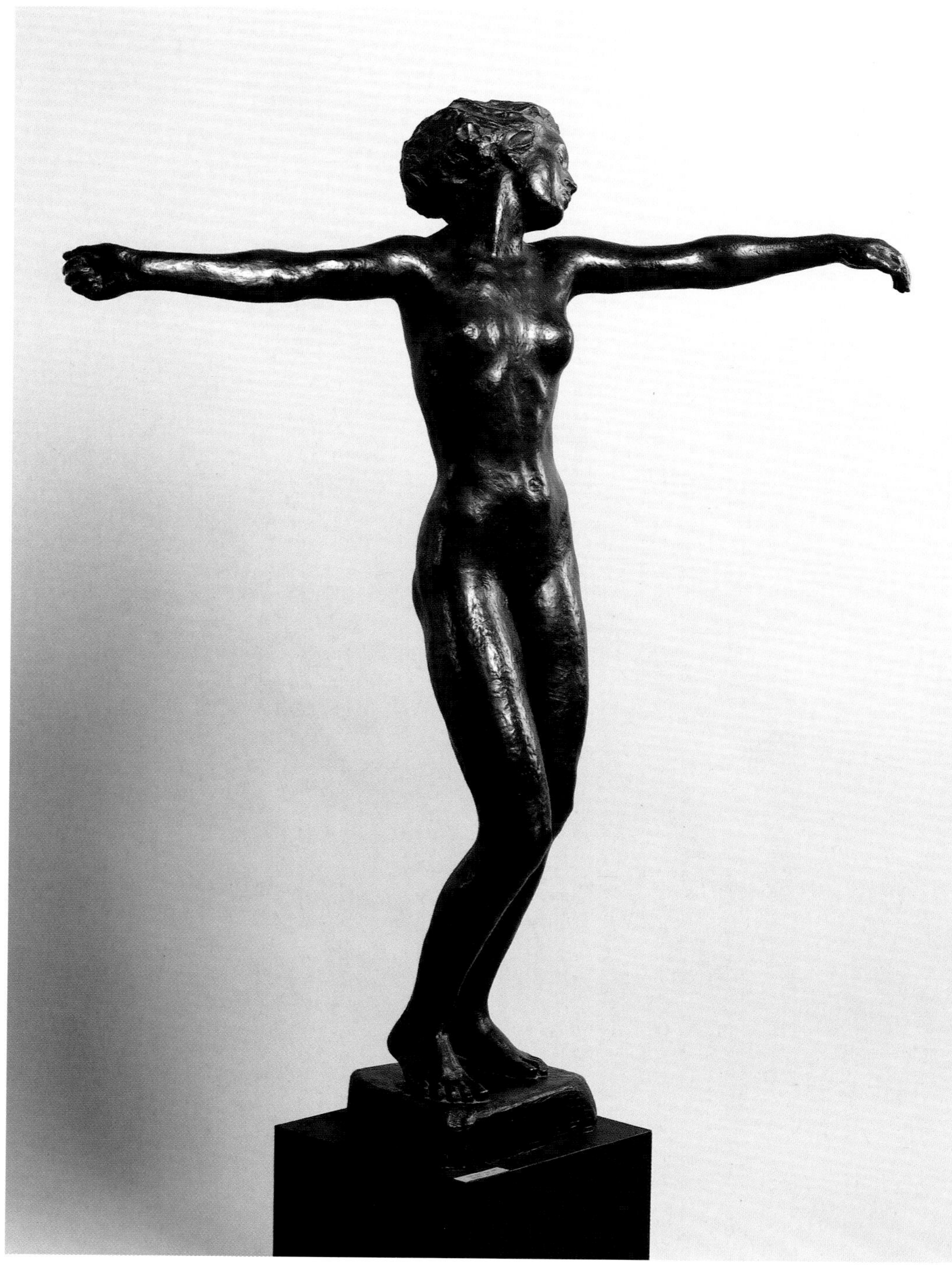

Tänzerin, 1911/12

Bronze
154 × 127 × 88 cm
Bezeichnet hinten auf der Plinthe: GK
Inv. B I 317
1912 erworben vom Künstler

Nachdem Hugo von Tschudi aufgrund seiner kühnen Erwerbungen französischer Kunst mit Kaiser Wilhelm II. und der offiziellen Kunstpolitik kollidiert war und nach München gewechselt hatte, folgte ihm im Direktorenamt Ludwig Justi, der Sproß einer alten und angesehenen Gelehrtenfamilie. Politisch klug, konzentrierte dieser sich zunächst auf die deutsche Kunst und mit sicherem Qualitätsgefühl wählte er als eines der ersten Bildwerke zum Ankauf die anmutig rotierende, mehr schwebende als tanzende Figur vom jungen Georg Kolbe, in welcher Durchgeistigung, Musikalität und Immaterialität alle diesseitige Körperlichkeit übertönen. *BM*

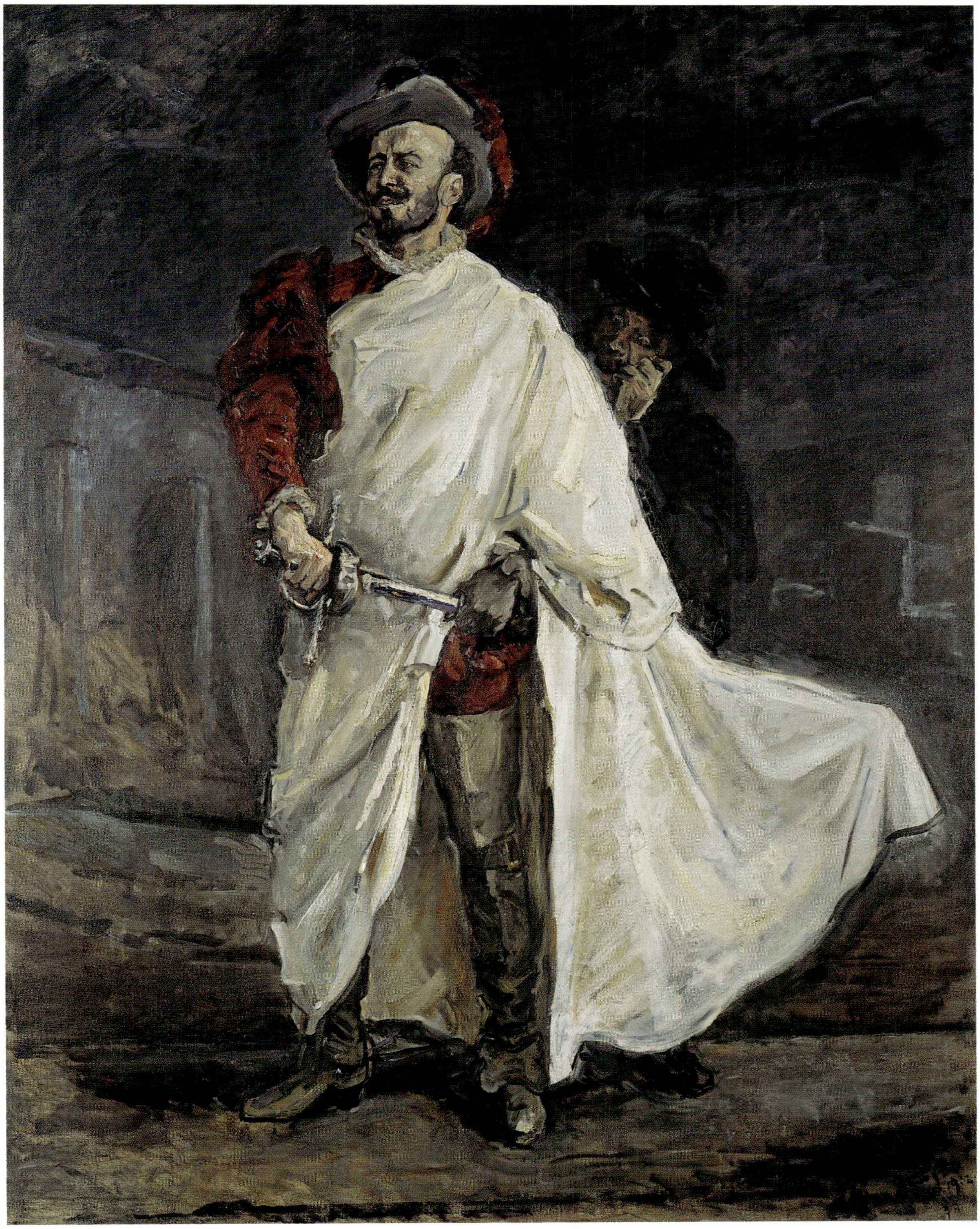

Der Sänger Francisco d'Andrade als Don Giovanni in Mozarts Oper (auch: Der rote d'Andrade), 1912

Öl auf Leinwand
210 × 170 cm
Bezeichnet unten rechts: Slevogt 1912
Inv. A II 36
1913 erworben vom Künstler

Während das Frühwerk des Künstlers den Einfluß Wilhelm Leibls und Wilhelm Trübners zeigt, dominiert die Werke der Jahrhundertwende neben starker Leuchtkraft ein freier, skizzenhafter Malstil. 1901 siedelte Slevogt nach Berlin über, wo er zusammen mit Max Liebermann und Lovis Corinth zum Hauptvertreter des deutschen Impressionismus avancierte. Wesentliche Impulse erhielt Slevogt durch seine musischen Interessen und durch die Freundschaft zum portugiesischen Sänger Francisco d'Andrade. Vor diesem Rollenporträt des Sängers entstanden 1902 und 1903 zwei weitere Fassungen. Nach Ludwig Justis Empfinden war dieses allerdings das Beste der bis dahin entstandenen Werke. Mit diesem Ankauf gelang es Justi, die Sammlung um ein Werk zu bereichern, mit dem der Nationalgalerie der Anschluß an die Moderne gelang. *KH*

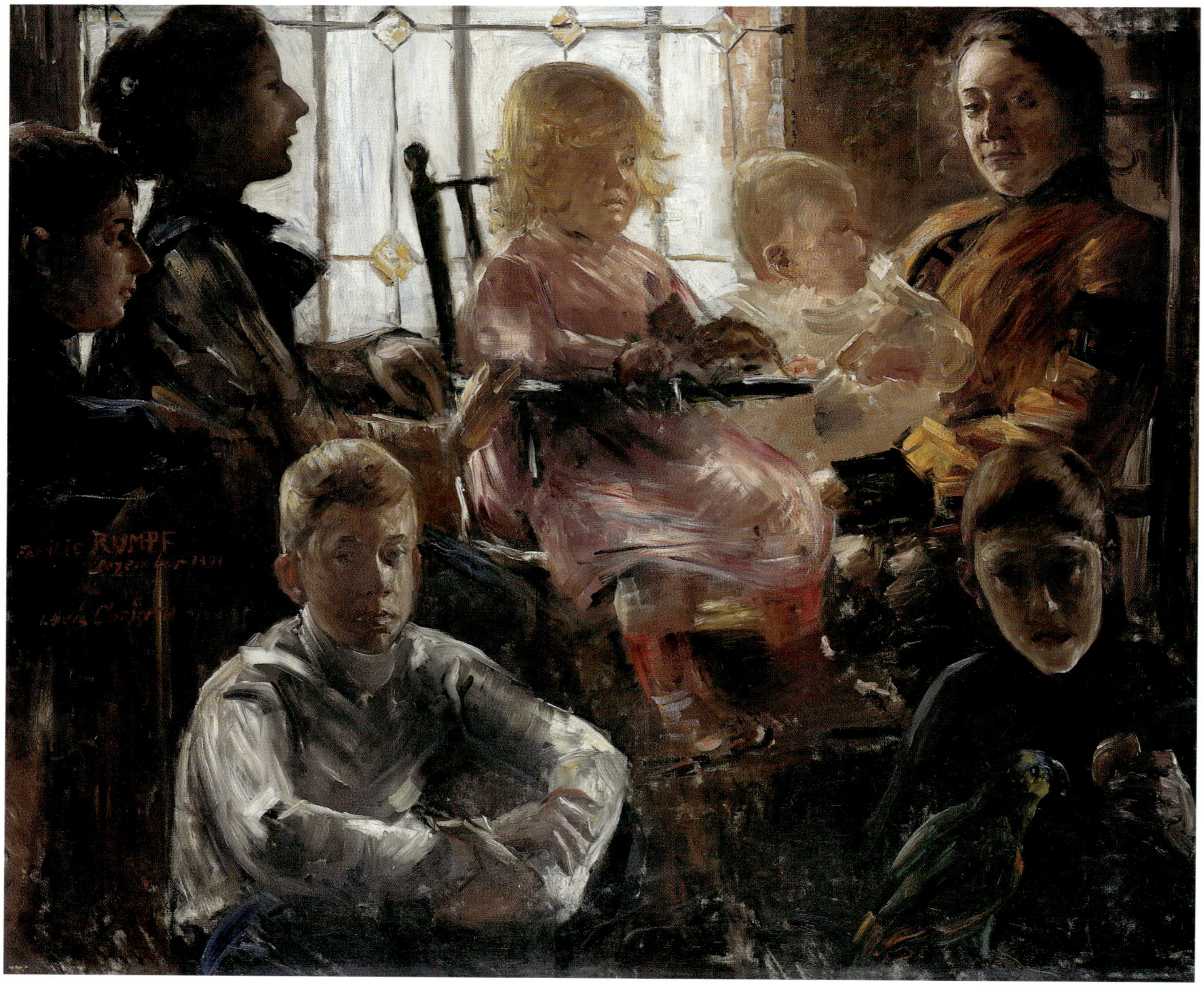

Familie Rumpf, 1901

Öl auf Leinwand
113 × 140 cm
Bezeichnet Mitte links: Familie Rumpf Dezember 1901 Lovis Corinth pinx
Inv. A II 596
1927 erworben von der Familie Fritz Rumpf

1901 zog Corinth nach Berlin, wurde Mitglied der Berliner Secession, kam in Kontakt zu Max Liebermann und Max Slevogt und gelangte unter deren Einfluß zu einer impressionistischen Malweise. Über Walter Leistikow lernte er den Landschafts- und Architekturmaler Fritz Rumpf kennen. Das Bildnis von dessen Familie gehört unter den zahlreichen Gruppenbildern Corinths um 1900 insofern zu den bedeutendsten, als die Figuren besonders klug arrangiert, ihre Gesichter nuancenreich ins Licht gesetzt sind. Den Effekt des Gegenlichtes hatte der Künstler in einem früheren Porträt erprobt, er gelangte in diesem Werk aber zu einer facettenreichen und damit meisterhaften Lösung. *KH*

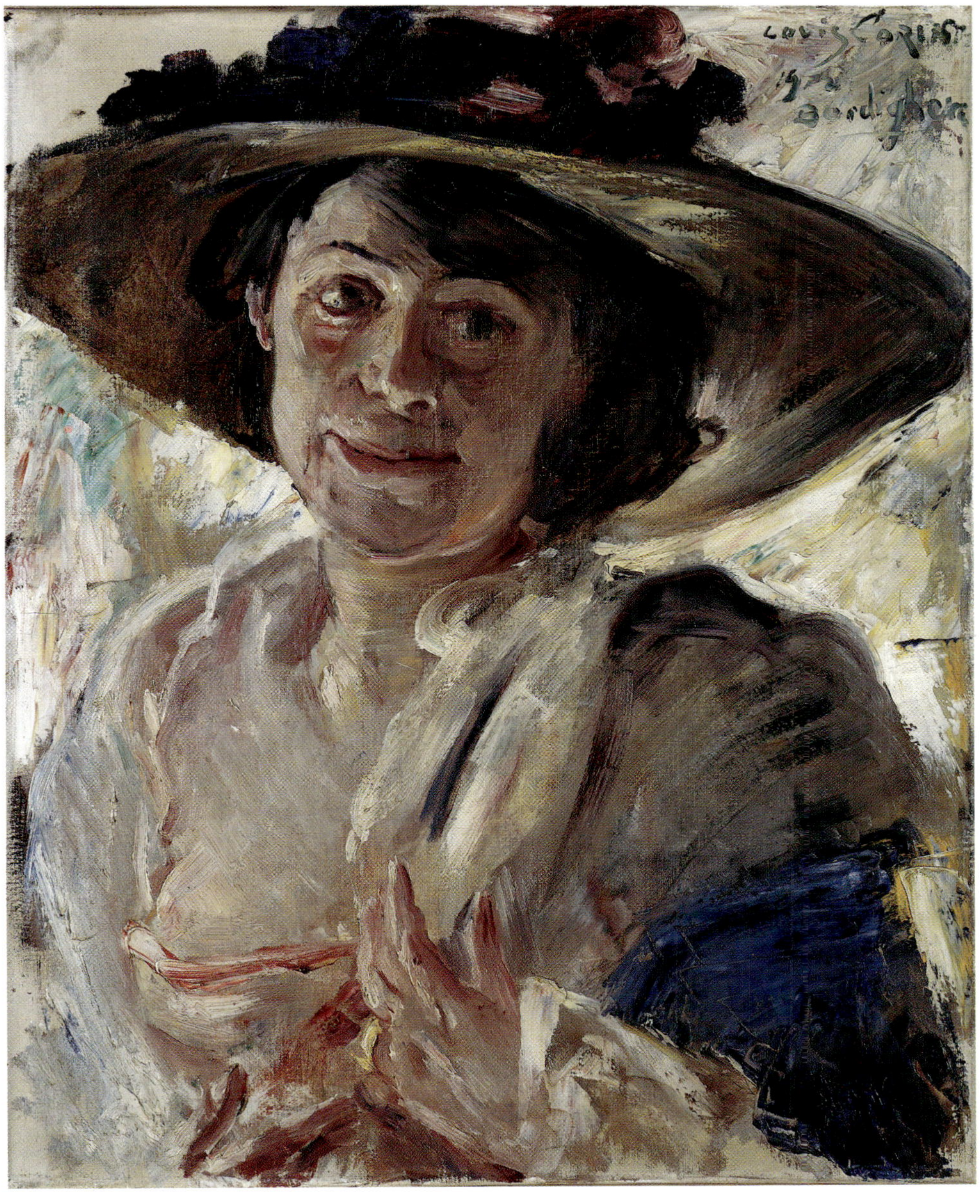

Frau mit Rosenhut, 1912

Öl auf Leinwand
60 × 50 cm
Bezeichnet oben rechts: Lovis Corinth/ 1912/ Bordighera
Inv. A II 1033
1952 erworben von der Kunsthandlung Klever, Berlin

Im Frühjahr 1912 reiste Corinth mit seiner Frau und ehemaligen Schülerin Charlotte Berend-Corinth an die italienische Riviera. Noch während dieses Erholungsaufenthaltes entstand das Bildnis als eines der ersten nach seinem Schlaganfall im Dezember 1911. Eindrücklich demonstriert es den neu gefaßten Arbeitsmut, der den Künstler nach Wochen der Arbeitsunfähigkeit nun wieder ergriffen hatte. Der schnell gesetzte, breite, ausdrucksstarke Pinselstrich und die rokokohaft helle Farbpalette unterstreichen die neu erlangte positive Arbeits- und Lebenshaltung. Wie in einem Freudenrausch vollendete Corinth das Bildnis seiner Frau in nur zwei Tagen. Es leitete die neue, expressive Schaffensphase seines Spätwerkes ein. *KH*

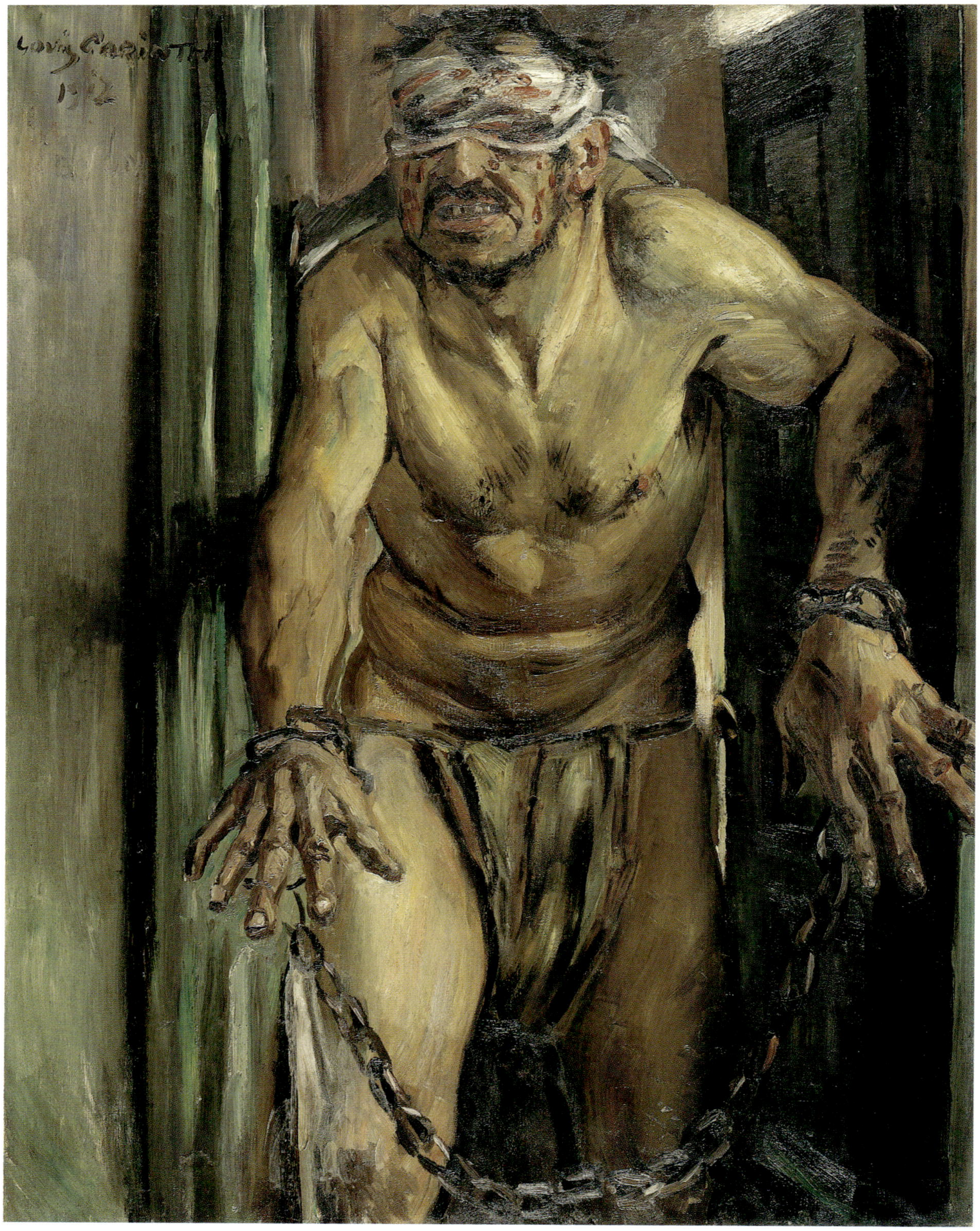

Der geblendete Simson, 1912

Öl auf Leinwand
130 × 105 cm
Bezeichnet oben links: Lovis Corinth/ 1912
Inv. A III 668
1980 erworben aus Londoner Privatbesitz; seit 1958 Leihgabe in der Nationalgalerie Berlin (Ost)

Entstanden zuvor Selbstbildnisse wie »Der Sieger« 1910 und »Fahnenträger« von 1911, die die Stärke und Unverletzbarkeit des Dargestellten hervorheben, zerstörte der erlittene Schlaganfall zunächst jegliches Selbstgefühl des Künstlers. Die Gestalt des noch mit übernatürlichen Kräften versehenen, aber seines Augenlichtes beraubten Simson wird zur stellvertretenden, symbolisch behafteten Figur der demütigenden Situation Corinths. Im Sommer 1912 entstanden, symbolisiert sie wütende Verzweiflung und Aufbegehren. Das Bild bildet einerseits das pathetische Gegenstück zu »Frau mit Rosenhut«, versteht sich andererseits als erste Vorarbeit zum lichten, vergeistigten »Ecce Homo« des Jahres 1925. *KH*

Kleine Sterbeszene, 1906

Öl auf Leinwand
110 × 71 cm
Bezeichnet oben rechts: HBSL/06 (Herr Beckmann seiner Liebsten)
Inv. B 53/25
1952 erworben von der Galerie Meta Nierendorf, Berlin

Von der Unfaßbarkeit des Todes reglos erstarrt, haben sich die Trauernden im Vorraum eingefunden, fahl, beziehungslos, in dunkle Gewänder gekleidet. Das Totenbett steht in der angrenzenden Kammer, nur dort gibt es Klagegesten. Im Jahr 1906 starb Beckmanns Mutter. Max Beckmann kehrt mit dem Bildpaar »Geburt« und »Tod« (1936/37) in der Neuen Nationalgalerie zu den Grundfragen der menschlichen Existenz zurück, dort jedoch mit weit moderneren Mitteln. Symbolhaft kündet die Sterbeszene vom Ende des 19. Jahrhunderts. *BM*

NEUE NATIONALGALERIE

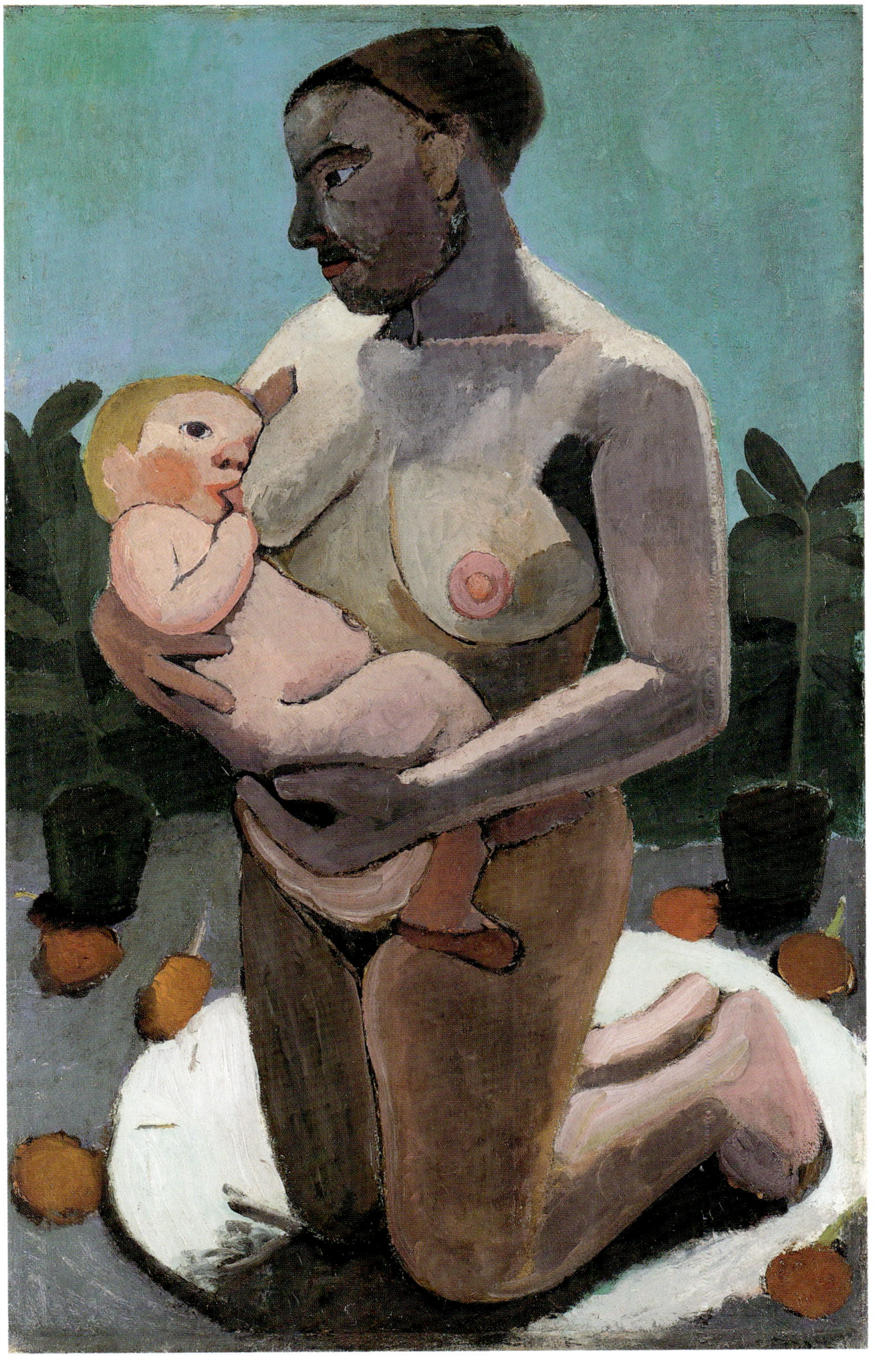

Kniende Mutter mit Kind, 1907

Öltempera auf Leinwand
113 × 74 cm
Inv. NG 7/85
1985 erworben von Dr. Ludwig Roselius, Bremen, aus Sondermitteln der Stiftung Preußischer Kulturbesitz

Die elementare Darstellung entstand als eines der letzten Bilder im Pariser Atelier der Künstlerin im Jahr ihrer eigenen Mutterschaft. Sie starb kurz nach der Geburt ihres einzigen Kindes. In der symbolistischen Auffassung, dem südlichen Klang des Kolorits und in der Formvereinfachung scheint das Vorbild Gauguins auf, von dessen Werk die Worpsweder Malerin 1906 in der Pariser Gedächtnisausstellung des »Salon d'Automne« tief beeindruckt war. Carl Georg Heise, Hamburg, erwarb das Bild im Entstehungsjahr und veräußerte es an die Sammlung Ludwig Roselius, Bremen. *FW*

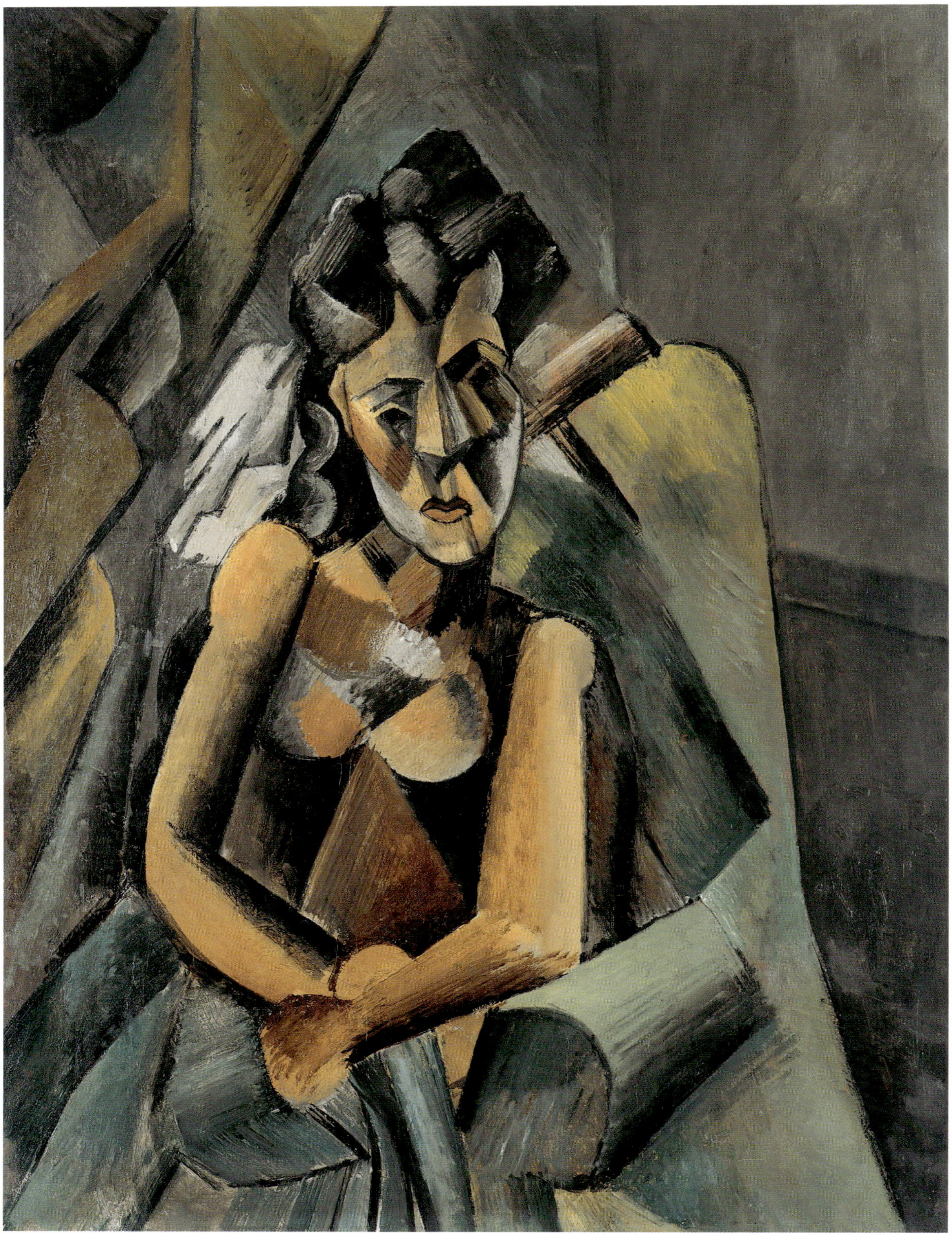

Femme assise dans un fauteuil/Sitzende Frau, 1909

Öl auf Leinwand
100 × 80 cm
Inv. NG 1/80
1980 erworben von der Industriekredit AG, Zürich

Eine Röntgenaufnahme deckte die erste Fassung des Gemäldes auf: ein Porträt von Picassos erster Lebensgefährtin, Fernande Olivier, auf dem auch die zu frühe Datierung des Gemäldes basierte. Als Zeugnis einer reiferen Entwicklungsstufe des analytischen Kubismus entstand es jedoch erst im Herbst 1909. Es zeigt Stilelemente, die erst nach Picassos Sommeraufenthalt in Nordspanien das folgende Œuvre prägten. Auch die Ikonographie bestätigt diese Einordnung, sprechen doch die Darstellung des Sessels und des Hintergrundes für die Umgebung der Wohnung, die Picasso erst nach seiner Reise bezog. Als Meisterwerk des Kubismus ergänzt das Bild einen kleinen Frauenkopf und den Bestand an späteren Werken des Künstlers in der Sammlung. *KH*

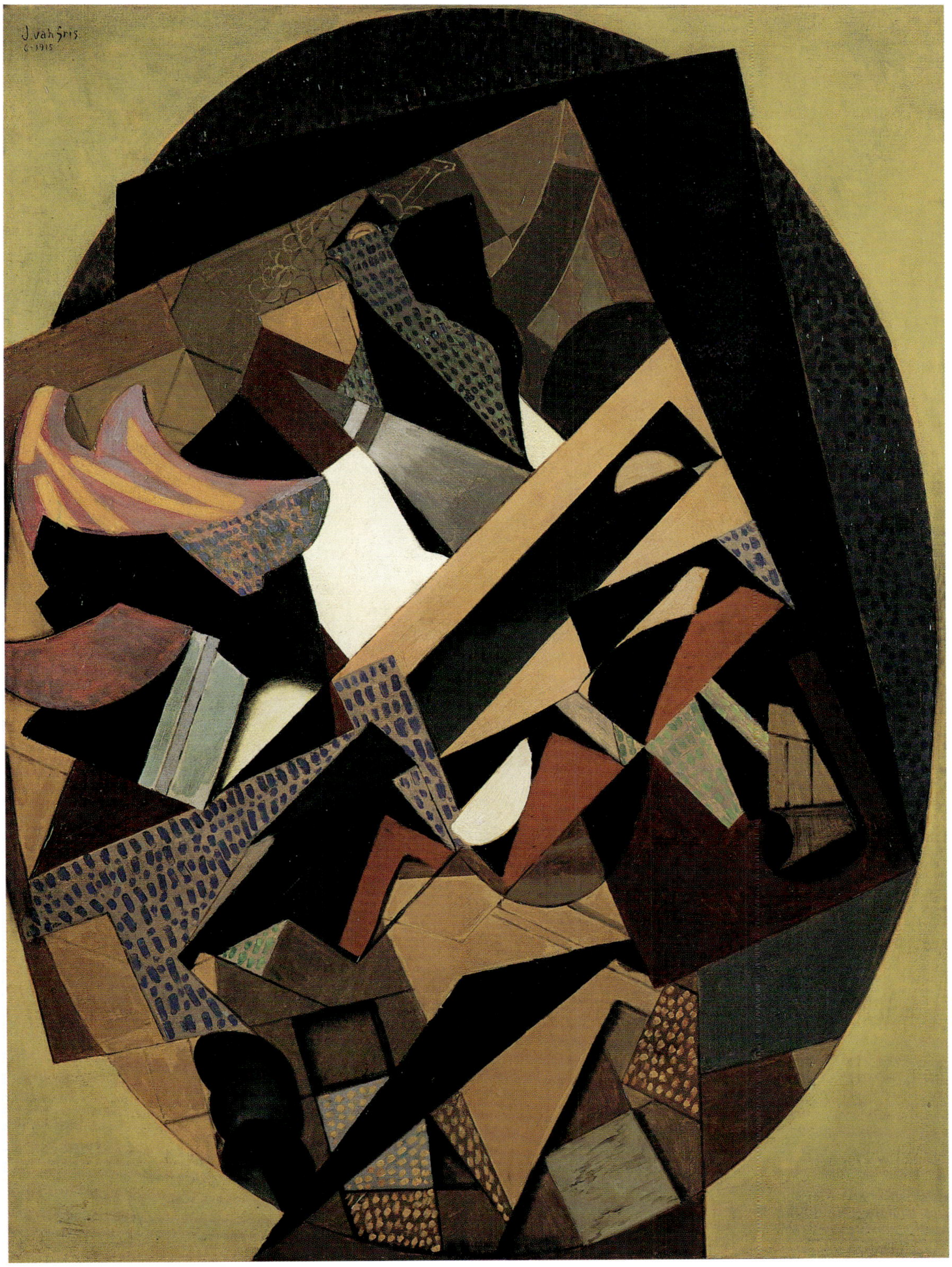

Stilleben, 1915

Öl auf Leinwand
116 × 90 cm
Bezeichnet oben links: Juan Gris/ 6-1915
Inv. B 903
1968 erworben von der Galerie Grosshennig, Düsseldorf, aus Mitteln der Stiftung Deutsche Klassenlotterie Berlin

Ab 1911 schuf Gris unter dem Einfluß von Pablo Picasso und Georges Braque seine ersten kubistischen Bilder. Eine Wendemarke im Gesamtwerk des Künstlers setzt eine Reihe von Stilleben des Jahres 1915, von denen dieses nicht nur das im Format größte, sondern auch das mit der größten Dynamik ist. Kein anderes Werk kommt der flächenbezogenen Abstraktion näher: Fruchtschale, Karaffe, Glas und Tischplatte verbinden sich zu einem nicht aufzulösenden Bildganzen. Die Gegenstände verlieren ihren festen Stand, wirbeln über die Fläche und wirken wie eine gemalte Collage. Durch Werner Haftmann konnte eine Lücke der Sammlung mit dem bedeutendsten Werk dieser Reihe geschlossen und der Bestand später mit weiteren Werken ausgebaut werden. *KH*

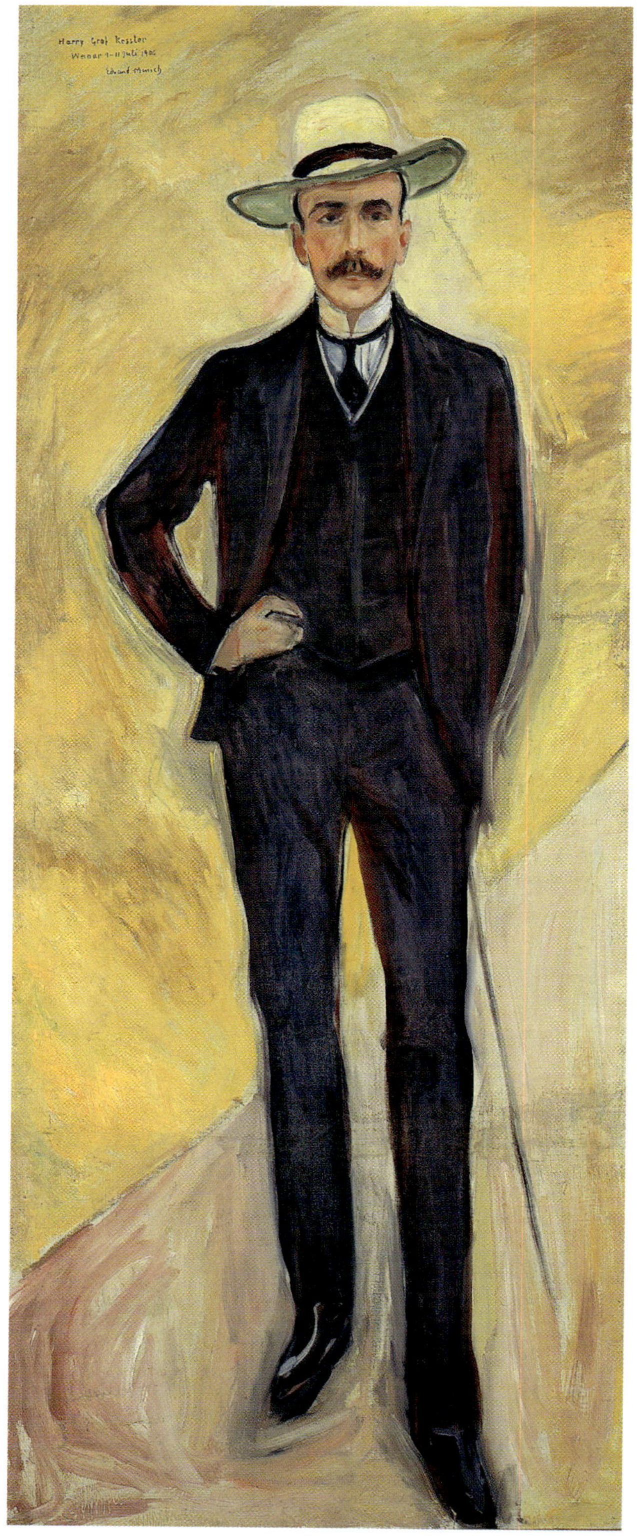

Harry Graf Kessler, 1906

Öl auf Leinwand
200 × 84 cm
Bezeichnet oben links.: Harry Graf Kessler/ Weimar 9-11/ 1906/ Edvard Munch
Inv. B 50
1950 erworben von Asta von Friedrichs, Berlin

Seit ihrer ersten Begegnung 1895 in Berlin hat Harry Graf Kessler (1868–1937) die Kunst des Norwegers Edvard Munch gefördert. Während seiner Amtszeit als Direktor des Großherzoglichen Museums für Kunst und Gewerbe in Weimar, während der er sich kompromißlos für die Kunst der Avantgarde einsetzte, entstand in einem Atelier der Akademie das Porträt des Grafen als graziler Flaneur im geistigen Feld Europas. Das Bildnis befand sich bis in die 1930er Jahre im Besitz von Kessler und dessen Schwester Wilhelmina de Michel-Duroc, Marquise de Brion, danach in der Sammlung Herbert Kurz, Meerane. 1950 erwarb Adolf Jannasch das Bild für die »Galerie des 20. Jahrhunderts«; seit 1968 befindet es sich in der Sammlung der Neuen Nationalgalerie. *RM*

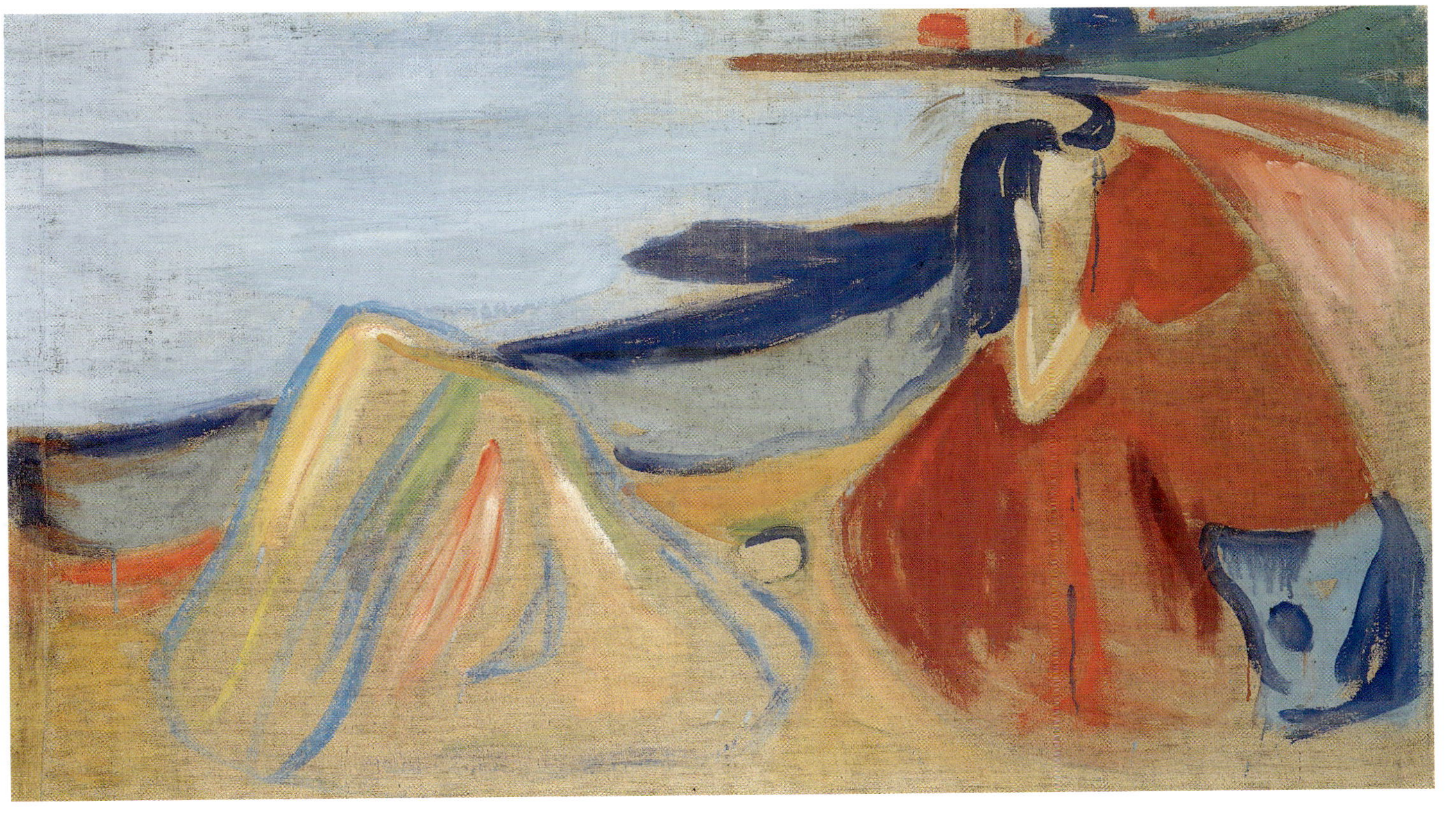

Melancholie (auch: Trauer), 1906–07

Tafel aus dem Reinhardt-Fries
Tempera auf Leinwand
87 × 156 cm
Inv. NG 2/97; FV 269
1930 erworben (Inv. A II 700); 1997 rückerworben aus Mitteln der Stiftung Preußischer Kulturbesitz, der KulturStiftung der Länder und des Ernst von Siemens-Kunstfonds, München

Das Bild gehört zu den 12 Tafeln, die Edvard Munch 1906/07 im Auftrag von Max Reinhardt für den »Bohnensaal« der Kammerspiele in der Schumannstraße schuf. Der Zyklus wurde 1912 während des Umbaues der Kammerspiele aufgelöst und 1914 an diverse Sammler verkauft. 1930 erwarb Ludwig Justi die »Melancholie« von Curt Glaser in Berlin. Das Bild wurde noch nach Schließung der oberen Etage (1936) im Kronprinzen-Palais ausgestellt, 1937 als »entartet« beschlagnahmt, von Hermann Göring annektiert und durch seinen Agenten Angerer nach Norwegen verkauft. 1997 konnte die »Melancholie« aus einer kanadischen Privatsammlung für die Nationalgalerie zurückerworben werden. Diese besitzt heute zehn Tafeln, die beiden anderen befinden sich in der Hamburger Kunsthalle (»Mädchen am Meer«) und im Museum Folkwang (»Die Einsamen/Sommernacht«) in Essen. *RM*

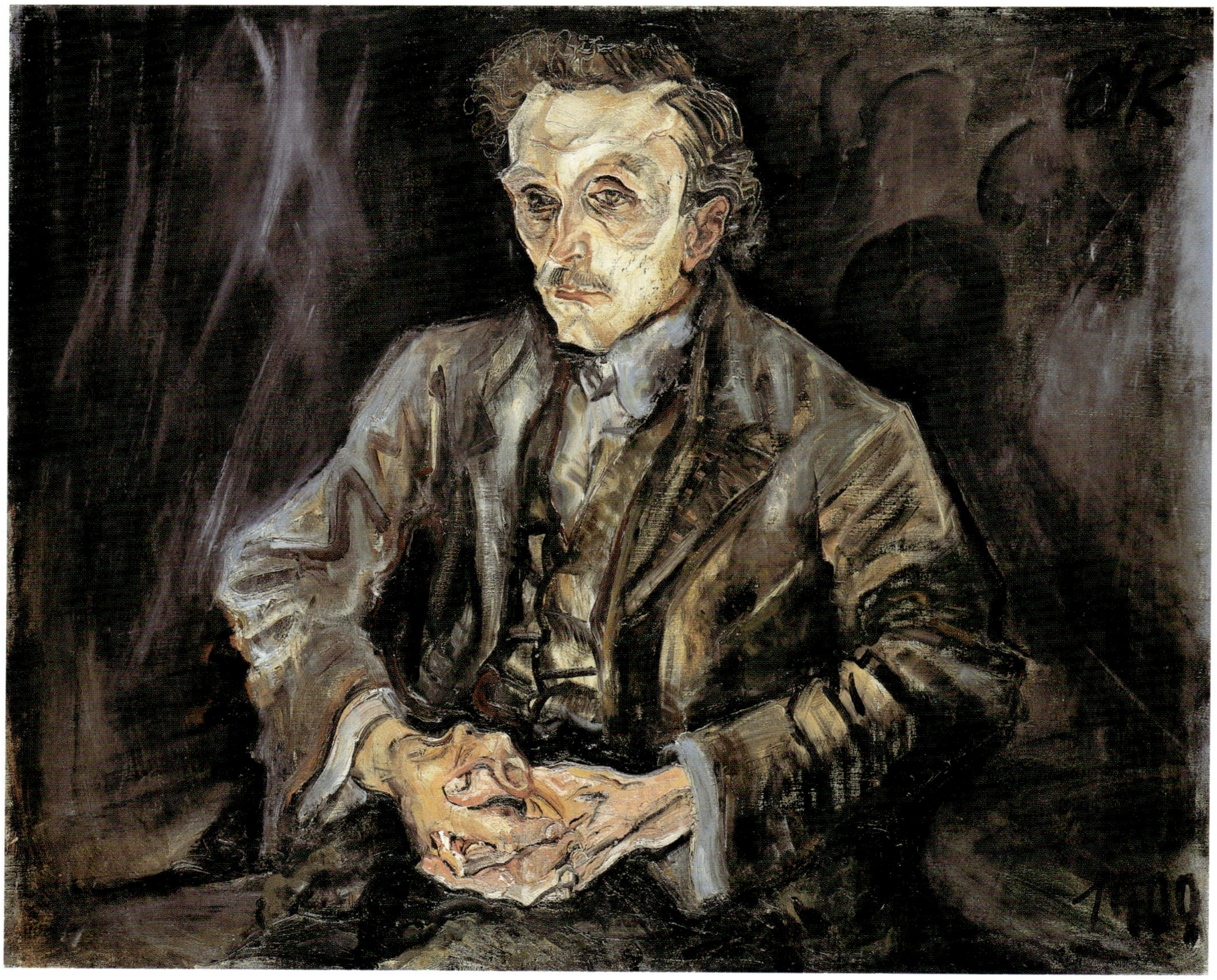

Der Wiener Baumeister Adolf Loos, 1909

Öl auf Leinwand
74 × 91 cm
Bezeichnet oben rechts: OK; bezeichnet unten rechts: 1909
Inv. A II 448
1925 erworben von der Galerie Ernst Arnold, Dresden

Der Pionier der modernen Architektur Adolf Loos war seit der »Kunstschau« 1909 in Wien mit Kokoschka befreundet und überredete seine Freunde aus dem Café Central, sich von Kokoschka porträtieren zu lassen. Er erwarb die Bildnisse, so die Dargestellten sie nicht selber wünschten. In der für ihn seit 1907 charakteristischen nervösen Manier, das Innere nach außen kehrend, malte Kokoschka das Bildnis des Architekten im Oktober 1909 in dessen nach eigenen Entwürfen gestalteter Wiener Wohnung. Als Entgelt erhielt Kokoschka einen neuen Anzug. Von der Galerie Arnold, Dresden, wohin es aus dem Besitz von Adolf Loos über Kommission der Neuen Galerie Otto Nierensteins, Wien, gelangt war, erwarb Ludwig Justi das Porträt für das Kronprinzen-Palais. 1942 im Keller des Reichsbankgebäudes, 1944 im Flakturm Zoo, 1945 in der Grube Kaiseroda bei Merkers ausgelagert, befand es sich danach in Treuhandverwaltung des Kultusministeriums Hessen, Wiesbaden, und wurde um 1957 nach Berlin (West) zurückgeführt. *FW*

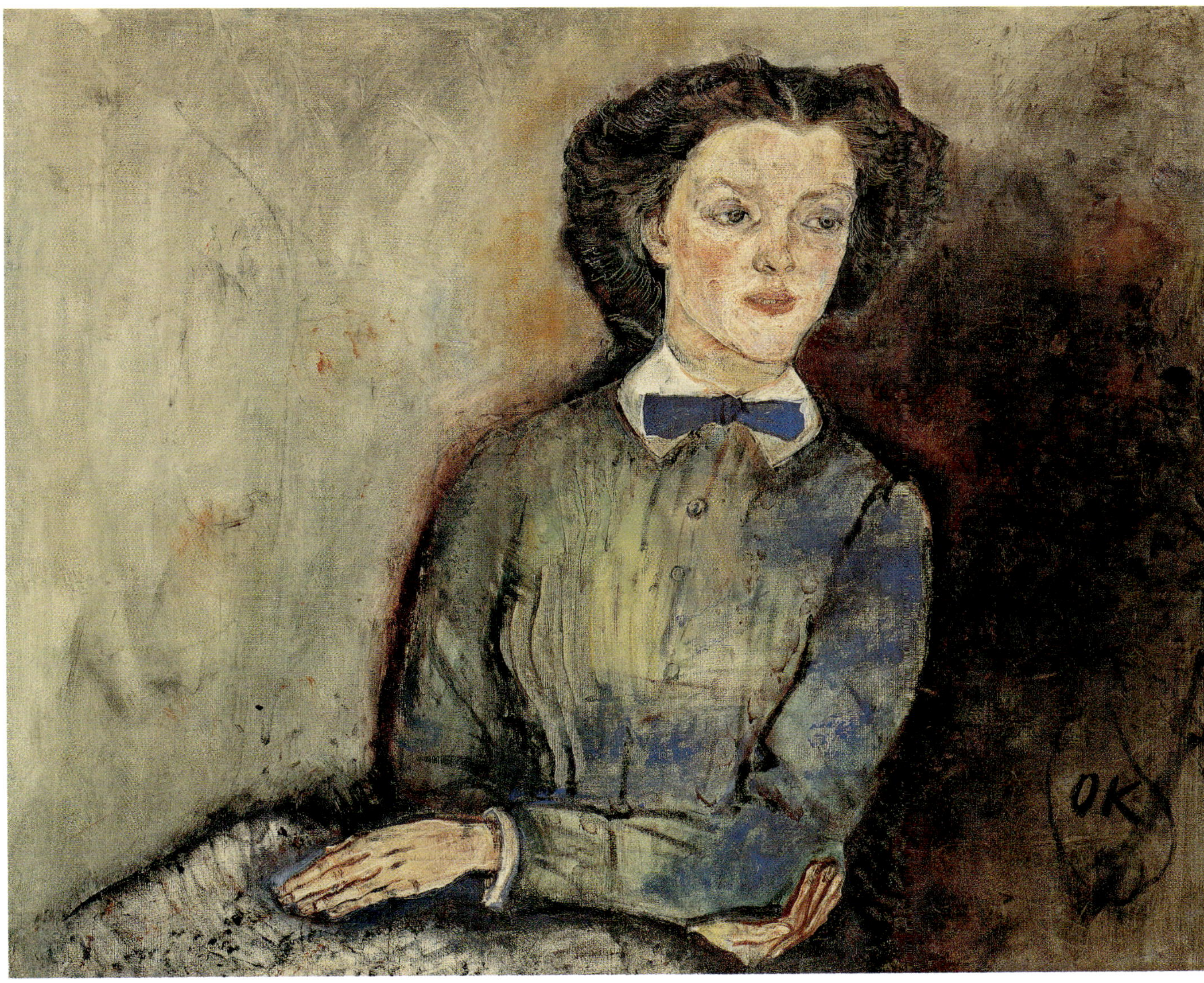

Porträt Bessie Loos, 1910

Öl auf Leinwand
72 × 91 cm
Bezeichnet unten rechts: OK
Inv. NG 22/71
1926 erworben von der Galerie Paul Cassirer, Berlin, aus dem Besitz von Adolf Loos (Inv. A II 527); 1971 rückerworben

Dargestellt ist die englische Tänzerin Elisabeth Bruce (1886 London–1921 London) im Alter von 23 Jahren, die Kokoschka auf Wunsch von Adolf Loos während ihres Aufenthaltes im Lungensanatorium Mont Blanc besuchte und malte. Sie lebte seit 1905 mit Adolf Loos zusammen, nahm seinen Namen an und galt de facto als dessen zweite Gattin. Das zerbrechliche, von Krankheit gezeichnete Wesen der 23jährigen übersetzte der Maler mit dem »Röntgenblick« in transparente Bildlichkeit. Ludwig Justi kaufte das Bildnis für die Sammlung der Expressionisten im Kronprinzen-Palais an. Nach Auslagerung 1943 in der Reichsbank und 1944 im Flakturm Friedrichshain galt es seit 1945 als verschollen und wurde 1971 über die Galerie Parke-Bernet, New York, aus Privatbesitz in den USA durch Vermittlung von Paul Rewald zurückerworben. *FW*

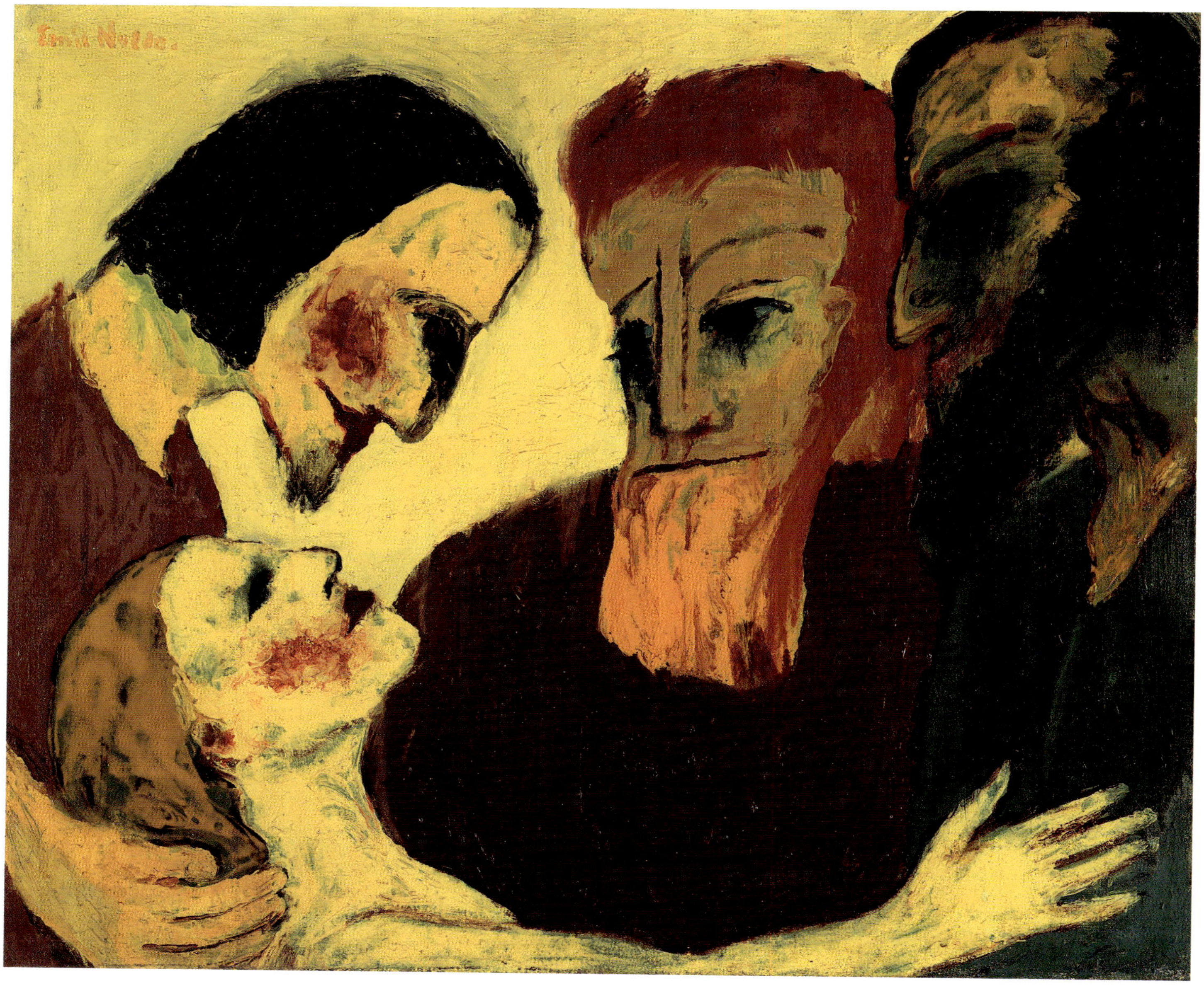

Die Sünderin (auch: Christus und die Sünderin), 1926

Öl auf Leinwand
86 × 106 cm
Bezeichnet oben links: Emil Nolde
Inv. NG 1/99; FNG 84/99; B 1370
1929 (Inv. A II 683) erworben; 1999 rückerworben aus Mitteln des Vereins der Freunde der Nationalgalerie und der Stiftung Deutsche Klassenlotterie Berlin

Vorbereitet durch die Radierung »Christus und die Sünderin« (1911), malte Emil Nolde das Gemälde wahrscheinlich im Herbst 1926 in seinem Berliner Atelier in der Tauentzienstrasse 8. Nolde zeigt eine freie Paraphrase der neutestamentarischen Legende, in der Christus, der Pharisäer als sein Gegenspieler und die Dirne Maria Magdalena die Hauptdarsteller sind. »Die Sünderin« ist das erste Gemälde Emil Noldes, das Ludwig Justi sehr spät, erst 1929, für die Sammlung der Expressionisten im Kronprinzen-Palais erwarb. Mit der Ausstellung »Entartete Kunst« wanderte das Bild 1937/38 als »Hexenspuk« und »Teufelsfratze« bis nach Salzburg. 1939 erwarb es Noldes Freund Hans Fehr auf der Auktion der Galerie Fischer in Luzern, viele Jahre später gelangte »Die Sünderin« in eine rheinische Privatsammlung. 1999 konnte das Bild in der Galerie Kornfeld, Bern, auf der Auktion »Moderne Kunst Teil I« ersteigert werden und damit in den Sammlungsbestand zurückkehren. *RM*

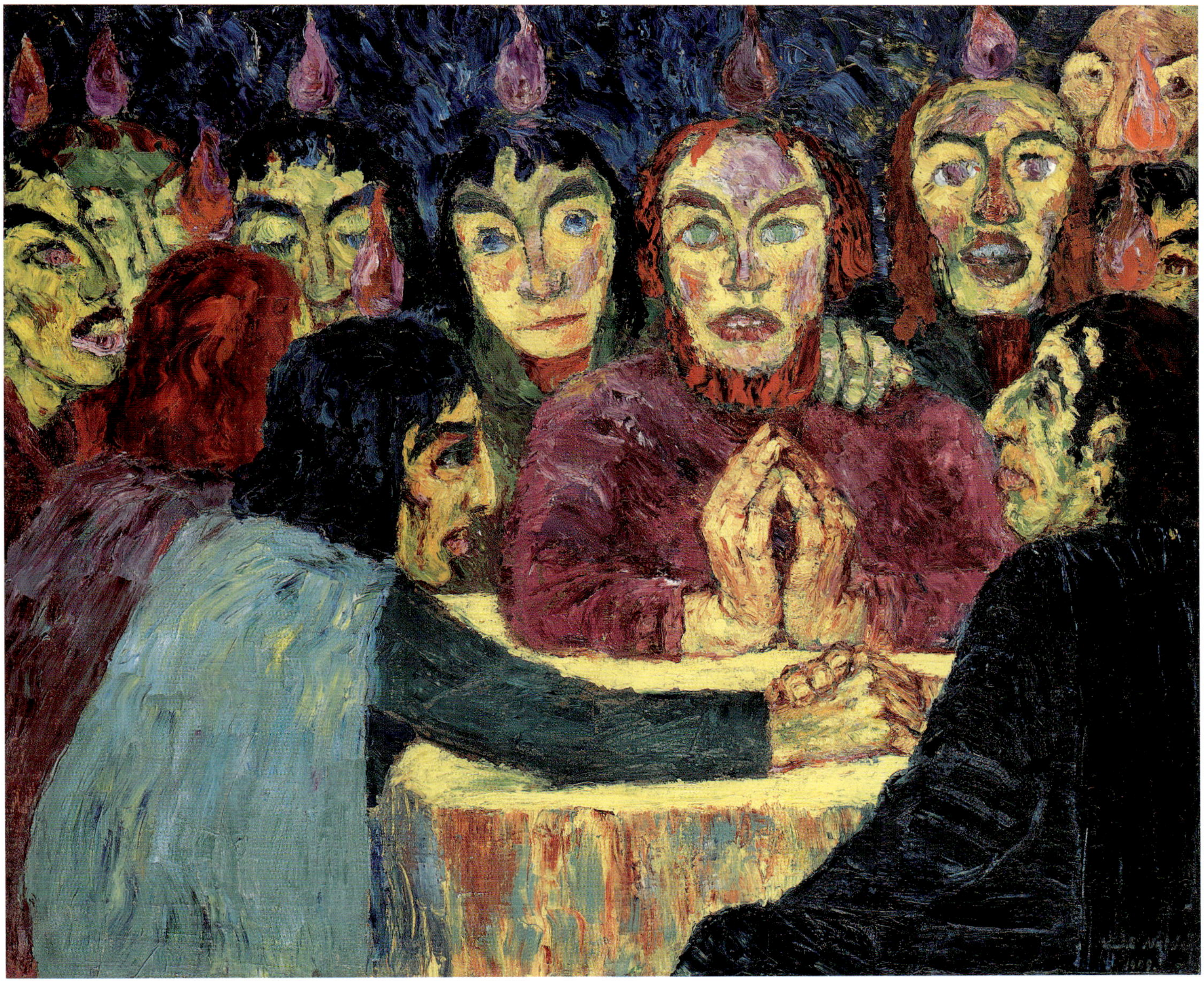

Pfingsten, 1909

Öl auf Leinwand
87 × 107 cm
Bezeichnet unten rechts: Emil Nolde. 1909
Inv. NG 7/74
1974 erworben aus der Sammlung Hans Fehr

Im Sommer 1909 malte Emil Nolde im Fischerdorf Ruttebüll/Nordsee seine ersten Bilder mit religiöser Thematik, das »Abendmahl« (Statens Museum für Kunst, Kopenhagen), die »Verspottung Christi« (Brücke-Museum, Berlin) und das Gemälde »Pfingsten«, mit denen der Maler nach der Bibel und in Erinnerung an mittelalterliche Darstellungen »die Wende vom optisch äußerlichen Reiz zum empfundenen inneren Wert« vollzog. Emil Noldes Credo: »Mit welch einer Wucht ist in meinem Pfingstbild die Idee verkörpert, dass eine Gemeinschaft leidenschaftlicher Männer bereit ist, jeden Augenblick für die erkannte Wahrheit in den Tod zu gehen.« Das Gemälde wurde 1910 von der Jury der »Berliner Secession« zurückgewiesen, Anlaß für Nolde und die jüngeren Expressionisten, aus Protest die »Neue Secession« unter dem Vorsitz von Max Pechstein und Georg Tappert zu gründen. Das Pfingstbild erwarb Werner Haftmann 1974 aus der Sammlung von Noldes Freund Hans Fehr für die Nationalgalerie Berlin (West). *RM*

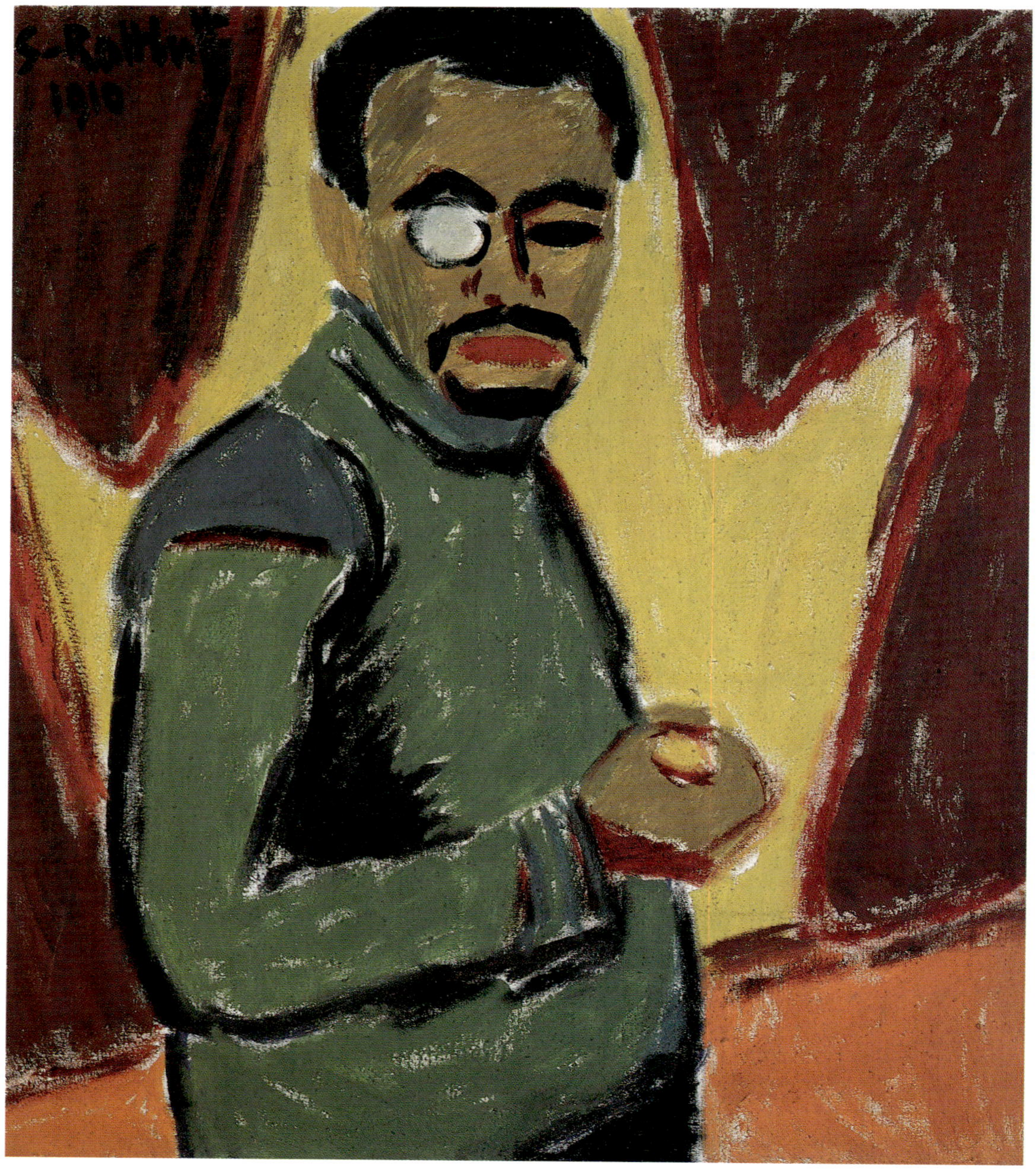

Selbstbildnis mit Einglas, 1910

Öl auf Leinwand
84 × 76,5 cm
Bezeichnet oben links: S-Rottluff/ 1910
Inv. NG 25/61
1961 Geschenk von Frau Maria Möller-Garny, Köln

Um 1910 greift Schmidt-Rottluff das Thema des Einzelbildnisses auf. Sein Selbstbildnis als 26jähriger, in dem Beobachtung und Vision des Künstlers in einen intensiven Dialog mit dem Betrachter treten, gehört zu den frühesten und ausdrucksstärksten Arbeiten dieses Genres in seinem Werk. Das Gemälde ist ein Geschenk von Frau Maria Möller-Garny, Köln (Galerie Ferdinand Möller) an die Nationalgalerie. 1937 wurde es in der Galerie Moritzburg/Halle, dort seit 1924 aus der Sammlung Ludwig und Rosy Fischer, als »entartet« beschlagnahmt und auf der Münchner Ausstellung gezeigt. In Luzern auf der Auktion Fischer 1939 unverkäuflich, erstand es später die Galerie Ferdinand Möller. *FW*

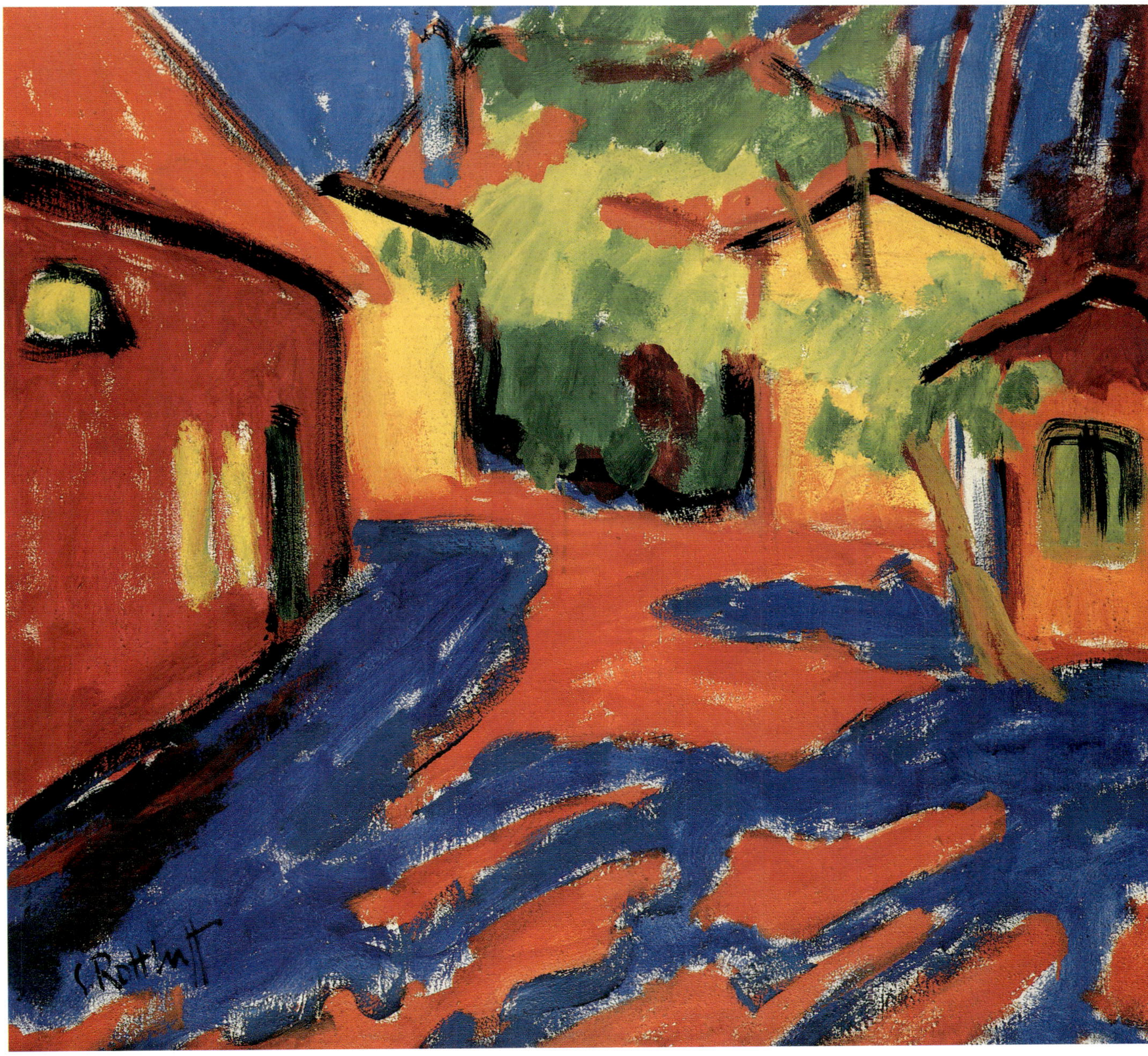

Gutshof in Dangast (Grambergsche Häuser), 1910

Öl auf Leinwand
86,5 × 94,5 cm
Bezeichnet unten links: S. Rottluff
Inv. NG B 86a
1953 erworben von der Galerie Matthiesen, Berlin

Von 1907 bis 1910 verbrachte Schmidt-Rottluff die Sommerzeit mit Erich Heckel an der Ostsee in Dangast. In einem für beide Freunde der »Brücke« produktiven und sehr anregenden Malsommer des Jahres 1910 entwarf der Kraftvollste der Gemeinschaft in glühenden Farben das alltäglich-schlichte Sujet eines brütenden Sommertages. Dargestellt ist nicht das Gutshaus, sondern das Alte Kurhaus, das heute noch existiert. Über die Berliner Sammlungen Robert Graetz und Meirowski gelangte das Bild in die Galerie Matthiesen, Berlin, von der es für die »Galerie des 20. Jahrhunderts« als Nr. 198 erworben wurde. *FW*

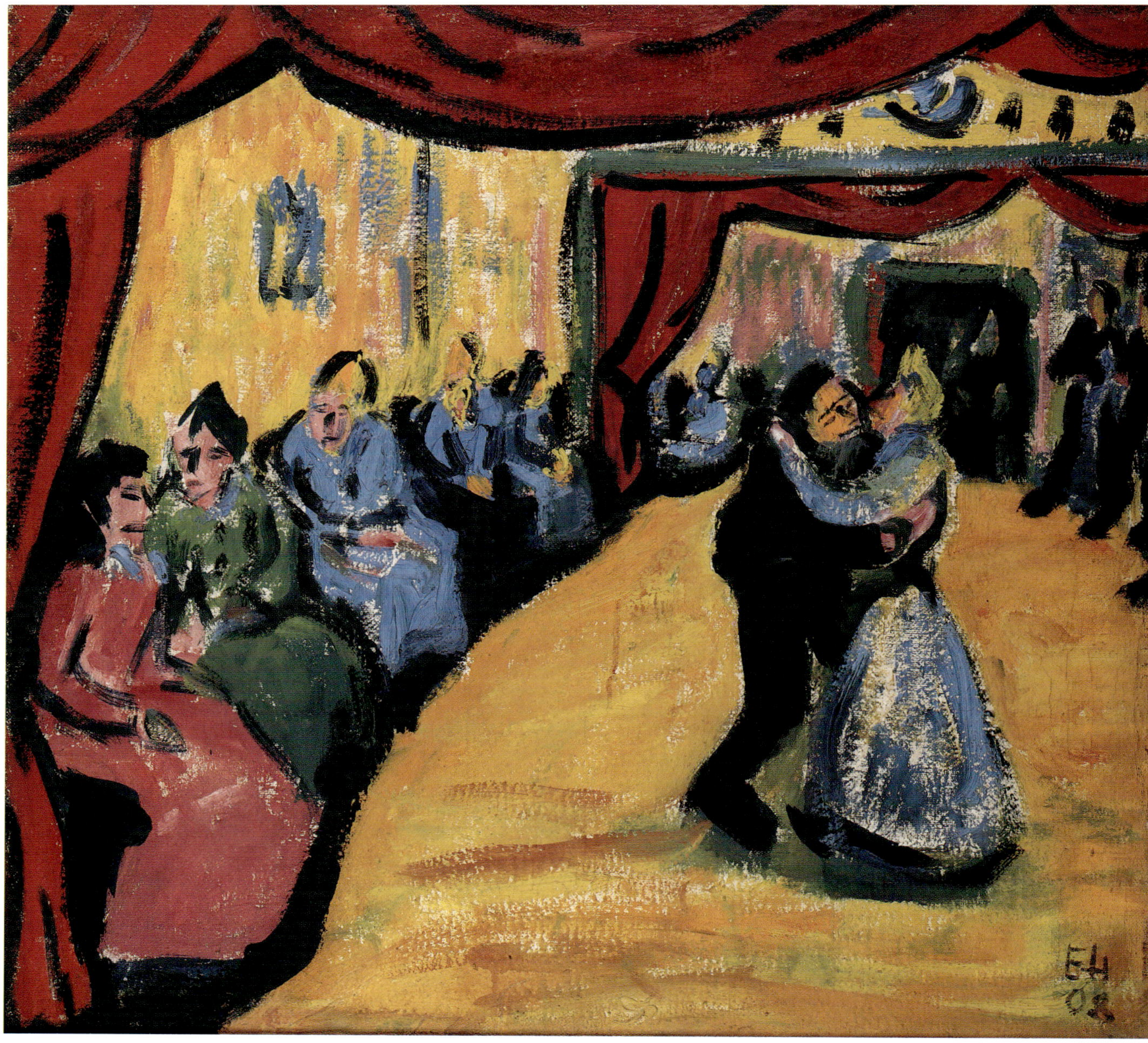

Dorftanz (Dangast), 1908

Öl auf Leinwand
67 × 74 cm
Bezeichnet unten rechts: EH 08
Inv. NG 31/61
1961 erworben aus Mitteln der Stiftung Deutsche Klassenlotterie Berlin

In der Nähe von Dangast, wo Heckel von 1907 bis 1910 die Sommermonate mit Schmidt-Rottluff verbrachte, entstand die für den gemeinsamen »Brücke«-Stil dieser Jahre charakteristische, Wesenhaftes bis an die Grenzen zur Karikatur verknappende Szenerie eines Tanzabends im Dorfkrug bei Krake/Dangaster Moor. Schwungvolle Konturen umfassen die Flächen leuchtender Farben. Den tiefen Raum des bühnenartig dekorierten Tanzbodens begrenzt großzügig ein doppelter Vorhang. Zum Takt des Tanzes wiederholen sich die einfachen Formen und die drei Primärfarben Rot, Blau, Gelb, die besänftigendes Grün begleitet. *FW*

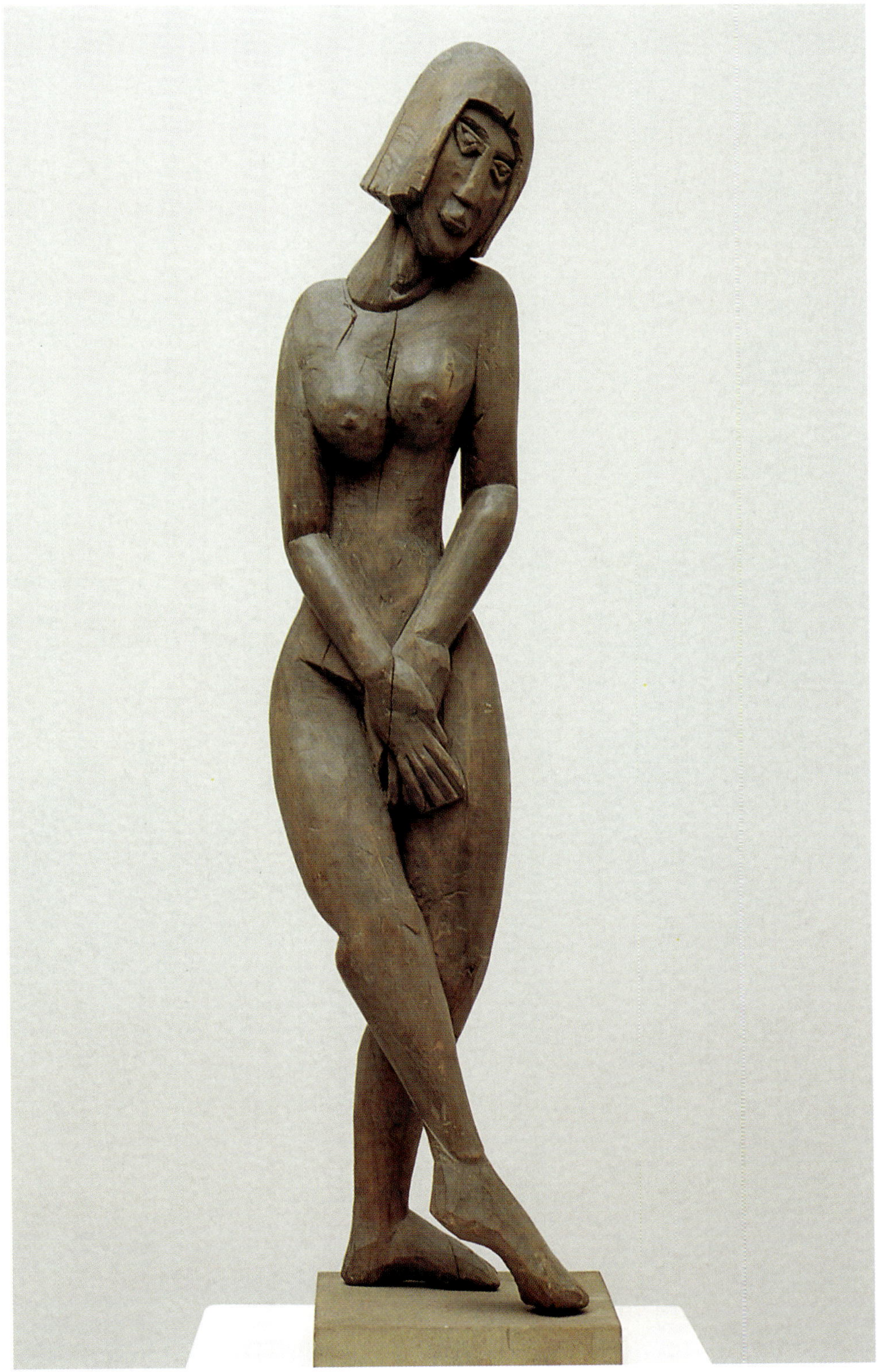

Stehende, 1912

Erlenholz
98 × 23 × 18 cm
Inv. B III 118
1931 Geschenk von Sabine Lepsius aus dem Nachlaß ihres Bruders Botho Graef, Jena

Nach seinem Umzug von Dresden nach Berlin Ende 1911 lernte Kirchner die Tänzerin Erna Schilling kennen, die Modell für diese archaisierend-expressive Figur stand. 1931 wurde das Werk von Sabine Lepsius der Nationalgalerie übergeben als eine aus dem Nachlaß ihres Bruders und Kirchner-Freundes Botho Graef stammende Arbeit. Nach 1945 in der Nationalgalerie (Ost) bewahrt und in der ständigen Sammlung ausgestellt, war bei dieser Skulptur lange Zeit nicht klar, ob tatsächlich Kirchner oder einer seiner Schüler der Schöpfer gewesen ist. Erst 1984, als ein im Katalog der Ausstellung »Skulptur des Expressionismus« veröffentlichtes Foto Kirchners Berliner Atelier mit dieser Arbeit zeigte, konnte die Skulptur eindeutig Kirchner zugewiesen werden. *FJ*

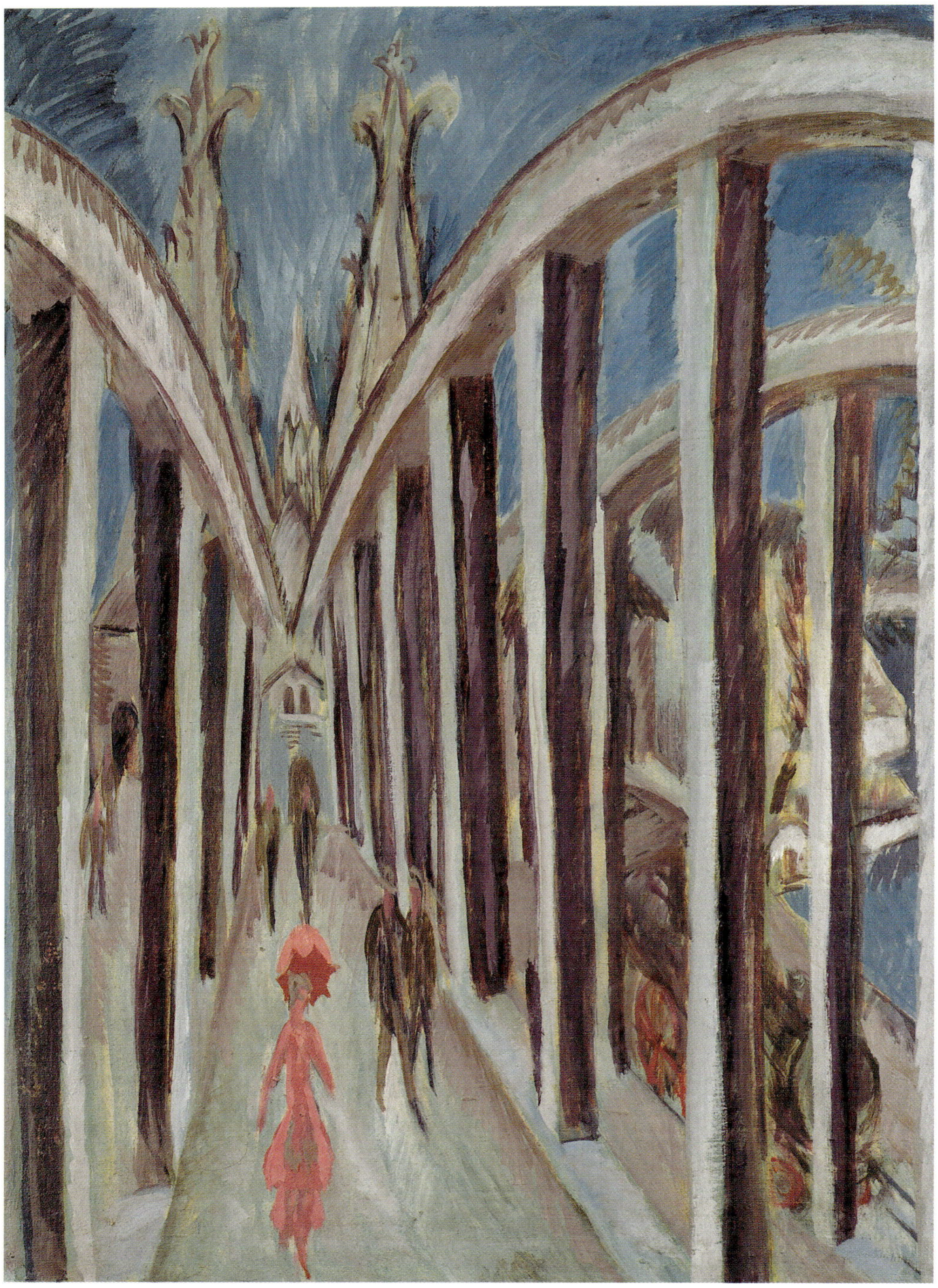

Rheinbrücke in Köln, 1914

Öl auf Leinwand
120,5 × 91 cm
Bezeichnet unten rechts: E. L. Kirchner (von Erna Schillings Hand)
Inv. A II 319
1920 erworben vom Künstler

Das Gemälde basiert auf Skizzen, die während Kirchners Aufenthalt im Mai und Juni 1914 anläßlich der »Internationalen Werkbund-Ausstellung« in Köln entstanden. Das Bild mit der 1911 eingeweihten Hohenzollernbrücke und dem Blick auf den Kölner Dom gehört zu Kirchners Hauptwerken des Großstadtexpressionismus. Kirchner faszinierte die raumtiefe Kontrapunktik und Labilität von moderner Stahlkonstruktion und gotischer Turmkrönung, die er mit der futuristisch aufgefaßten Gegenbewegung der heranbrausenden Lokomotive in Beziehung setzte. 1920 durch Ludwig Justi vom Künstler erworben und im Kronprinzen-Palais ausgestellt, entging das Bild nur der Aktion »Entartete Kunst«, weil es nicht auf der Beschlagnahmeliste stand und zudem vom Volontär Wolfgang Schöne versteckt wurde. Während des Krieges wurde die »Rheinbrücke in Köln« 1943 in der Reichsbank und 1944 im Flakturm Zoo ausgelagert. Das Gemälde kehrte 1945 in das Stammhaus der Nationalgalerie auf der Museumsinsel zurück. *RM*

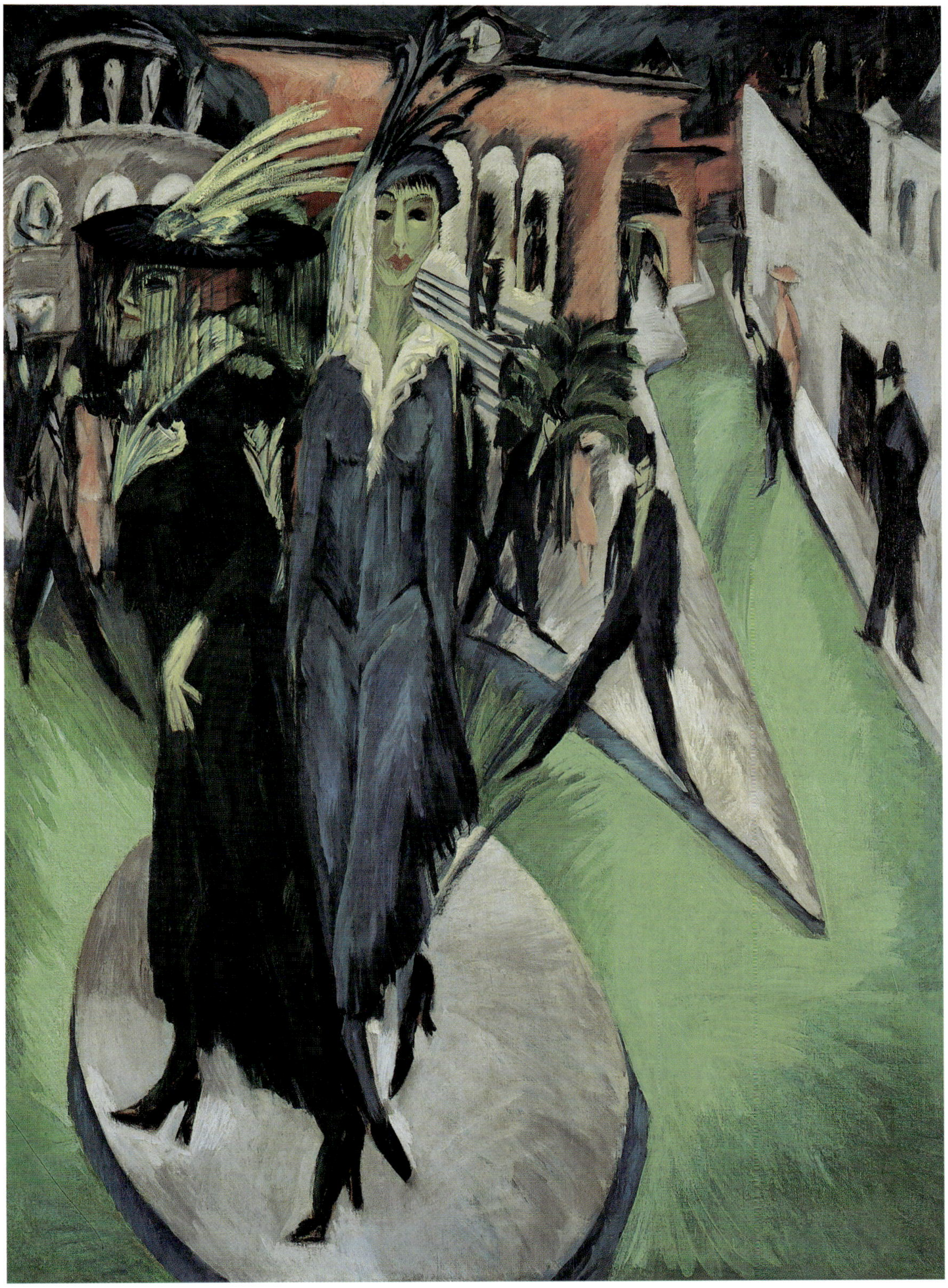

Potsdamer Platz, 1914

Öl auf Leinwand
200 × 150 cm
Bezeichnet Mitte unten: EL Kirchner (leicht übermalt am Rondell)
Inv. NG 7/99
1999 erworben aus Mitteln der Stiftung Preußischer Kulturbesitz, der KulturStiftung der Länder, der Kultur-Stiftung der Deutschen Bank, des Ernst von Siemens-Kunstfonds, München, und der Bundesregierung; seit 1987 als Leihgabe in der Neuen Nationalgalerie

Als erster europäischer Künstler thematisierte Kirchner die Straßenprostitution in paradigmatischer Weise. Hinter den nahezu lebensgroßen Kokotten auf der »Verkehrsinsel« vor den Freiern ragt mit dem »Haus Vaterland« und dem Potsdamer Bahnhof die aperspektivische Kulisse des Potsdamer Platzes im wilhelminischen Berlin auf. Kriegsjahr 1914: der Potsdamer Platz ist mit seiner abschüssigen Ebene als apokalyptisches Bildmenetekel hart am Abgrund der verhängnisvollen Zeit in Szene gesetzt. Das grandiose Gemälde, das in der Privatsammlung von Hermann Lange (Krefeld) alle Fährnisse von »Entarteter Kunst« und Zweitem Weltkrieg überstand, befand sich seit 1987 als Leihgabe aus Privatbesitz in der Neuen Nationalgalerie. 1999 konnte der »Potsdamer Platz« dank des Engagements von Generaldirektor Wolf-Dieter Dube mit Unterstützung zahlreicher Sponsoren vom Verein »Pro Humanitate et Arte« für die Nationalgalerie der Staatlichen Museen zu Berlin erworben werden. *RM*

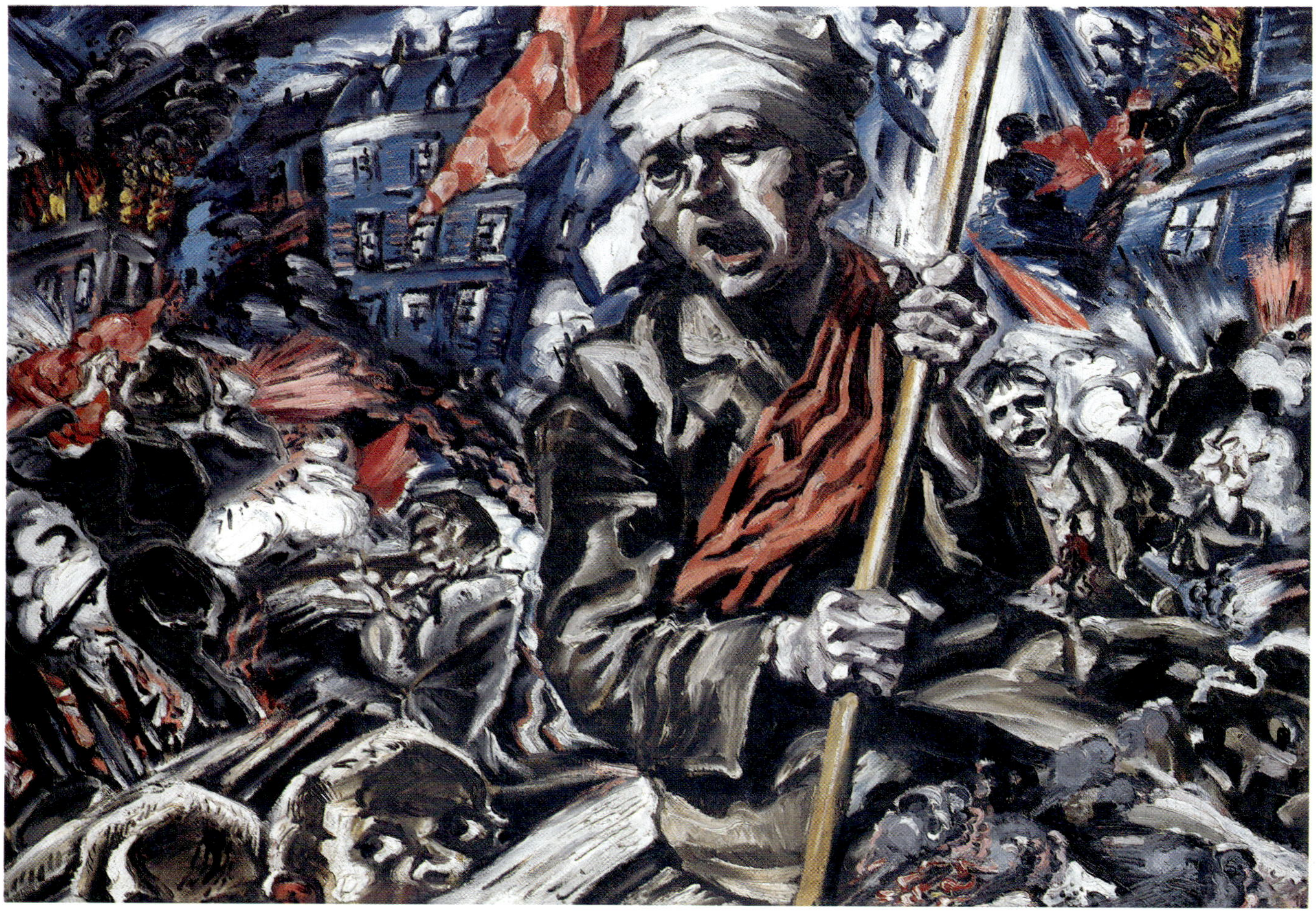

Revolution (Barrikadenkampf), um 1912/13

Öl auf Leinwand
80 × 116 cm
Auf der Rückseite:
Apokalyptische Landschaft, um 1912/13
Technik und Maße wie oben
Inv. NG 61/61
1961 erworben von der Galerie Großhennig, Düsseldorf

Am Vorabend des Ersten Weltkrieges lebte der »Pathetiker« Meidner in der Dachkammer eines fünfstöckigen Mietshauses in Berlin-Friedenau in nervöser Ekstase, »denn in jenen Tagen warf zähnefletschend das große Weltgewitter schon seine grellgelben Schatten [...]. Ich malte Tag und Nacht meine Bedrängnisse mir vom Leibe, Jüngste Gerichte, Weltuntergänge, Totenschädelgehänge...« (L. Meidner). Diese zumeist vor Weltkrieg und Novemberrevolution entstandenen Visionen, seit Paul Cassirers Ausstellung 1918 »Apokalyptische Landschaften« genannt, bilden das Kernstück des deutschen Großstadtexpressionismus. Die beidseitig bemalte Leinwand symbolisiert den Doppelaspekt der Apokalypse: totale Vernichtung des Alten und radikale Erneuerung der Gesellschaft. In der Figur des Fahnenträgers, in Komposition und Farbgebung des »Barrikadenkampfes« bekennt sich Meidner zu den Idealen der französischen Revolution frei nach dem Gemälde »Die Freiheit führt das Volk« (1830) von Eugène Delacroix. *FW*

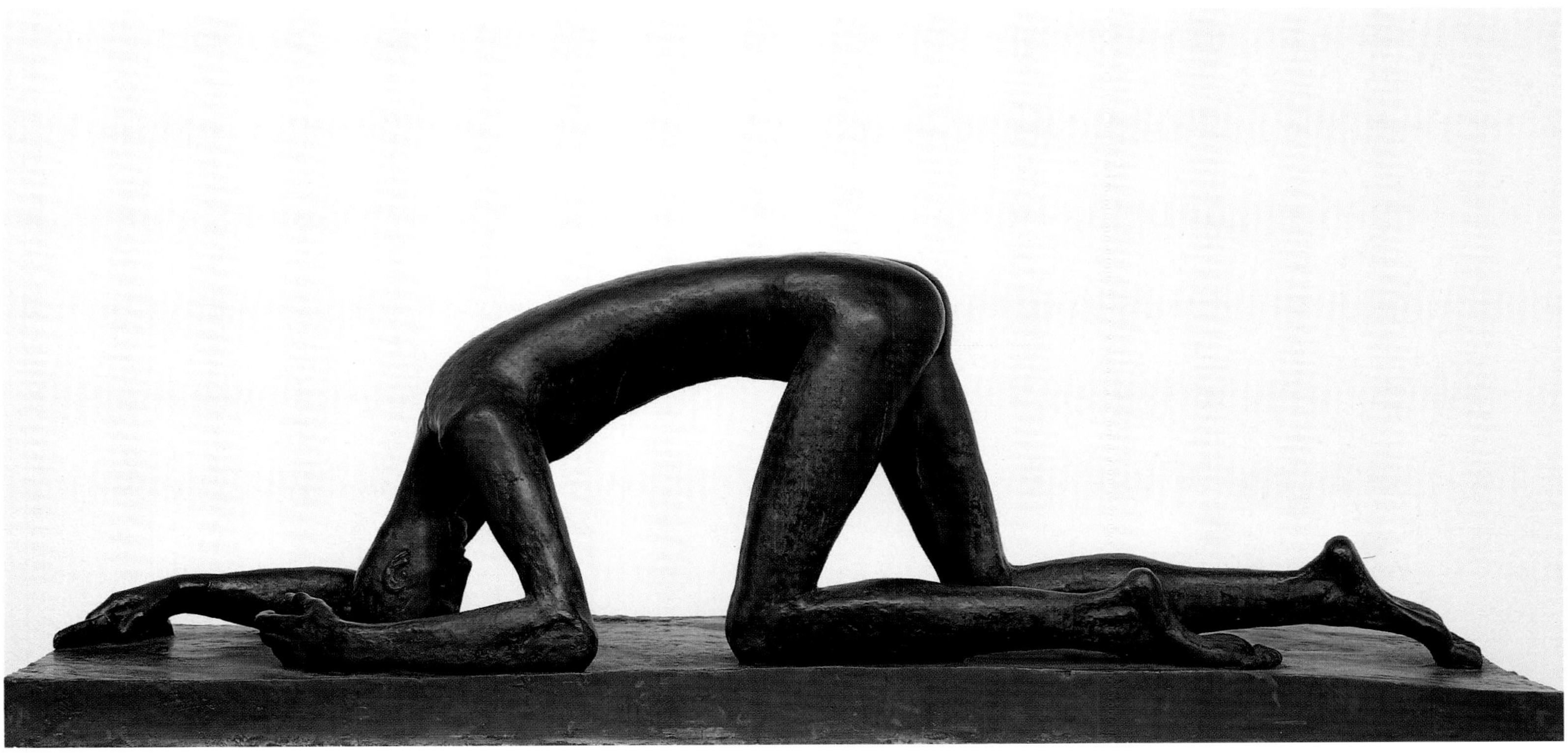

Der Gestürzte, 1915–16

Bronze
77 × 239 × 83 cm
Bezeichnet links hinten auf der Plinthe: W. LEHMBRUCK
Inv. NG 5/79
1979 erworben von Guido Lehmbruck, Leinfelden-Oberaichen;
seit 1969 als Leihgabe in der Neuen Nationalgalerie

»Der Gestürzte« entstand in einer Zeit, als Lehmbruck die Kriegsgeschehnisse, die er durch seinen zeitweiligen Dienst als Sanitäter und Kriegsmaler unmittelbar erlebt hatte, tief erschütterten. Er formte diese Erfahrungen in der Gestalt eines niedergeworfenen und um letzten Halt ringenden Mannes, dessen klarer tektonischer Aufbau wie eine Brücke zwischen Leben und Tod gespannt ist. Lehmbruck stellte das in Zement aufgebaute Werk, zu dem ihm der Maler Arthur Degner als Modell diente, erstmals im Frühjahr 1916 in der »Freien Berliner Secession« unter dem Titel »Sterbender Krieger« aus – begleitet von heftiger Kritik, aber auch von Fürsprache, etwa durch Paul Westheim. Die Duisburger Ausschreibung für eine Siegfried-Gestalt zur Ehrung der Gefallenen des Krieges mag auch ein Motiv für die Entstehung des Werks gewesen sein. Einer der späteren Bronzegüsse vom Sohn Guido Lehmbruck – seit 1969 als Leihgabe in der Neuen Nationalgalerie – konnte 1979 erworben werden. *FJ*

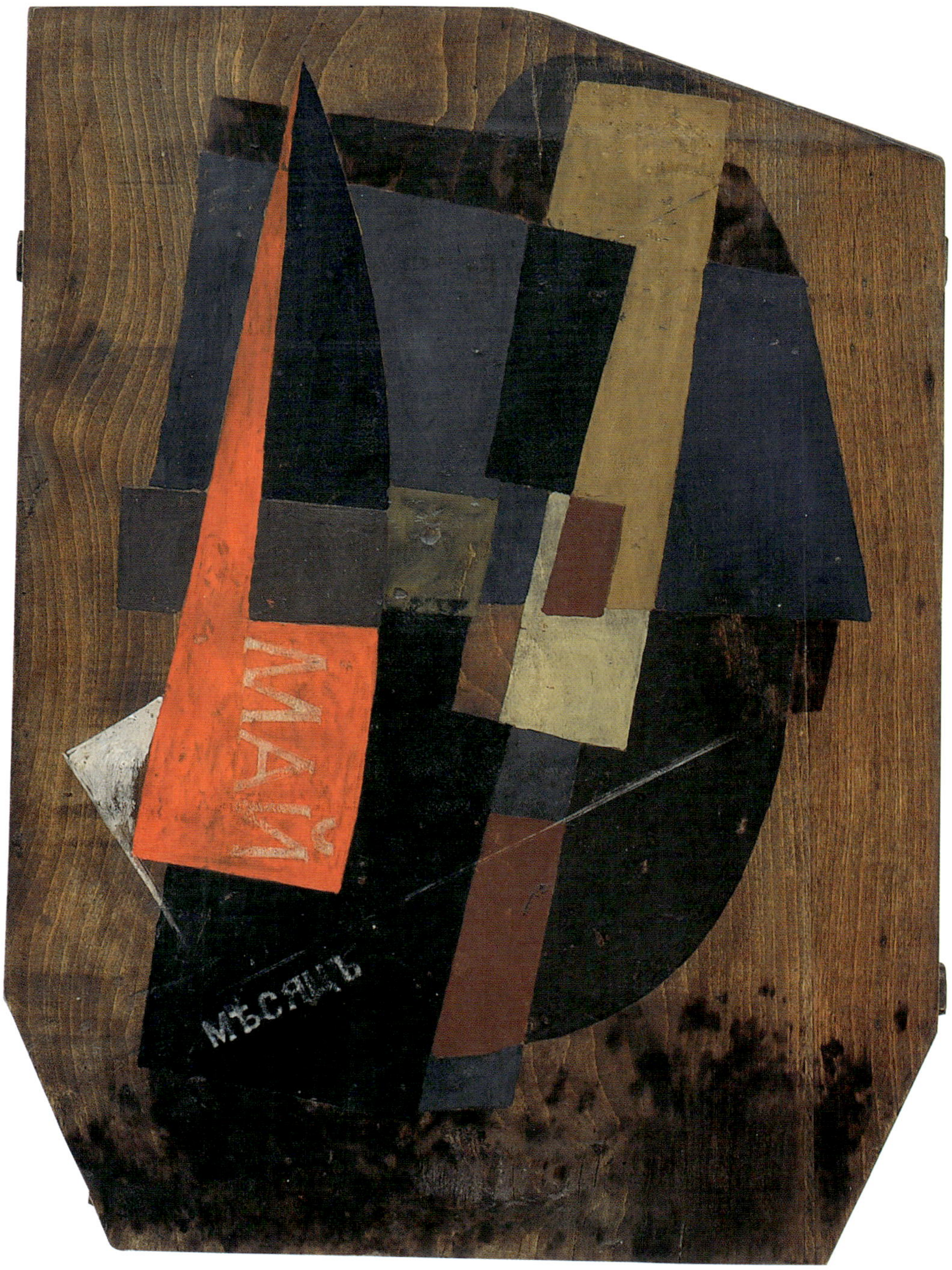

Komposition (Monat Mai), 1916

Tempera, Öl und Gouache auf Holz
52 × 39 cm
Inv. B 1100
1978 erworben von der Galerie R. Nürnberg, aus Mitteln der Stiftung Deutsche Klassenlotterie Berlin

Durch Werke Picassos inspiriert, suchte Tatlin Alternativen zum Kubismus und zum traditionellen Bildbegriff. In diesem einzigen außerhalb Rußlands befindlichen Gemälde realisierte der führende Mitbegründer des russischen Konstruktivismus den Wunsch, das Bild als konkretes räumliches Objekt erscheinen zu lassen. Materialität, Farbe und Objektträger nehmen die Illusion der kontinuierlichen Fläche und greifen damit die Idealität des Tafelbildes an. Durch die Grundierung mit Fischfett, eine Technik der russischen Ikonenmalerei, die nur noch Tatlin angewandt hat, bleibt die Holzmaserung sichtbar. *KH*

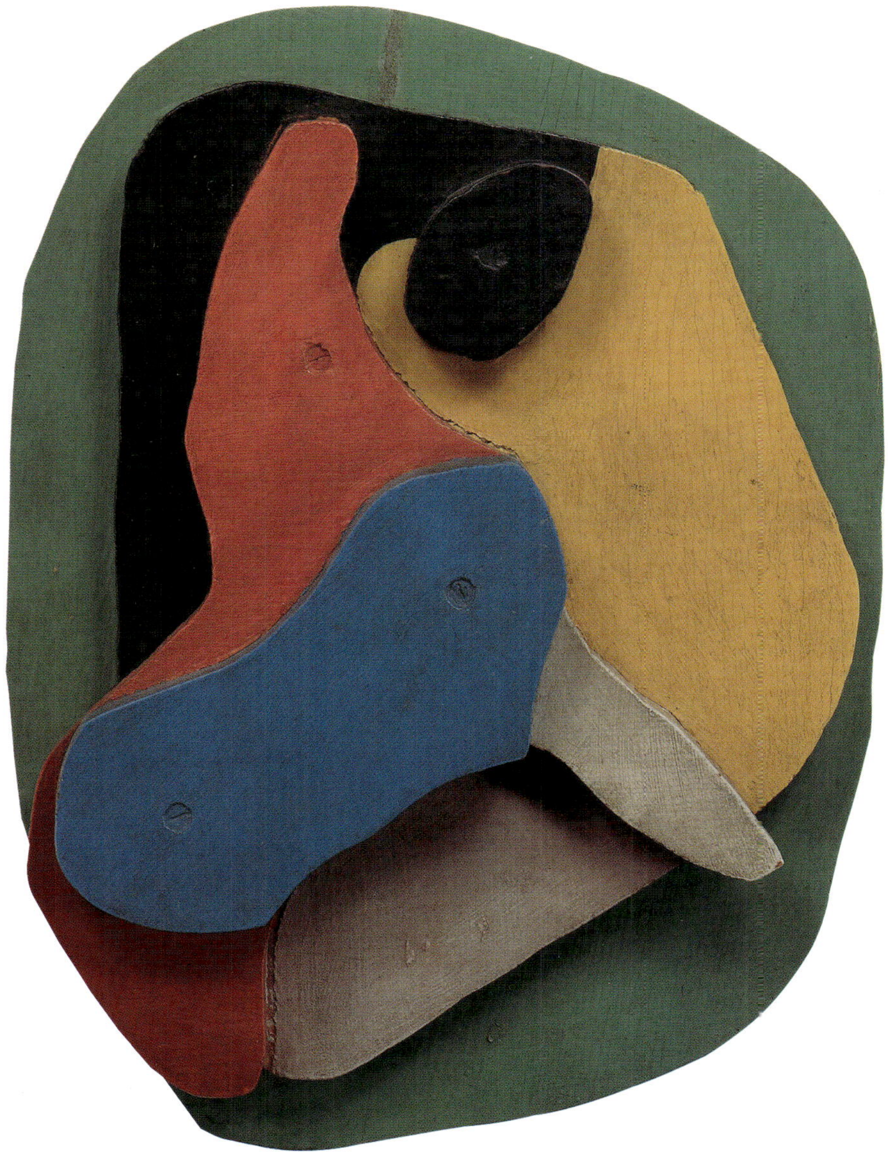

Konkretes Relief, 1916/23

Holz, bemalt
27,7 × 21,4 × 7 cm
Inv. FNG 5/79
1979 erworben aus dem Nachlaß Hannah Höch, Berlin, durch den Verein der Freunde der Nationalgalerie; seit 1954 Dauerleihgabe in der Galerie des 20. Jahrhunderts

Der Elsässer Arp gehörte 1916 in Zürich zu den Mitbegründern der Dada-Bewegung und später zum Kreis der Surrealisten in Paris. Er hat verschiedene Einflüsse auf eine sehr eigene, poetische Weise verarbeitet und eine von organischer Grundform und sensibler Ausgewogenheit getragene Kunstsprache entwickelt. Seine frühen Reliefs, in denen die Sculpto-Malerei Archipenkos nachwirkt, sind ganz von einer scheinbar spielerischen Ordnung des Zufälligen und vom fließenden Wechsel zwischen Figur und Grund bestimmt. Das »Konkrete Relief« stammt aus dem Nachlaß von Hannah Höch, die Arp seit den frühen Dada-Zeiten kannte und die es von 1954 bis 1975 der Galerie des 20. Jahrhunderts als Dauerleihgabe überließ. *FJ*

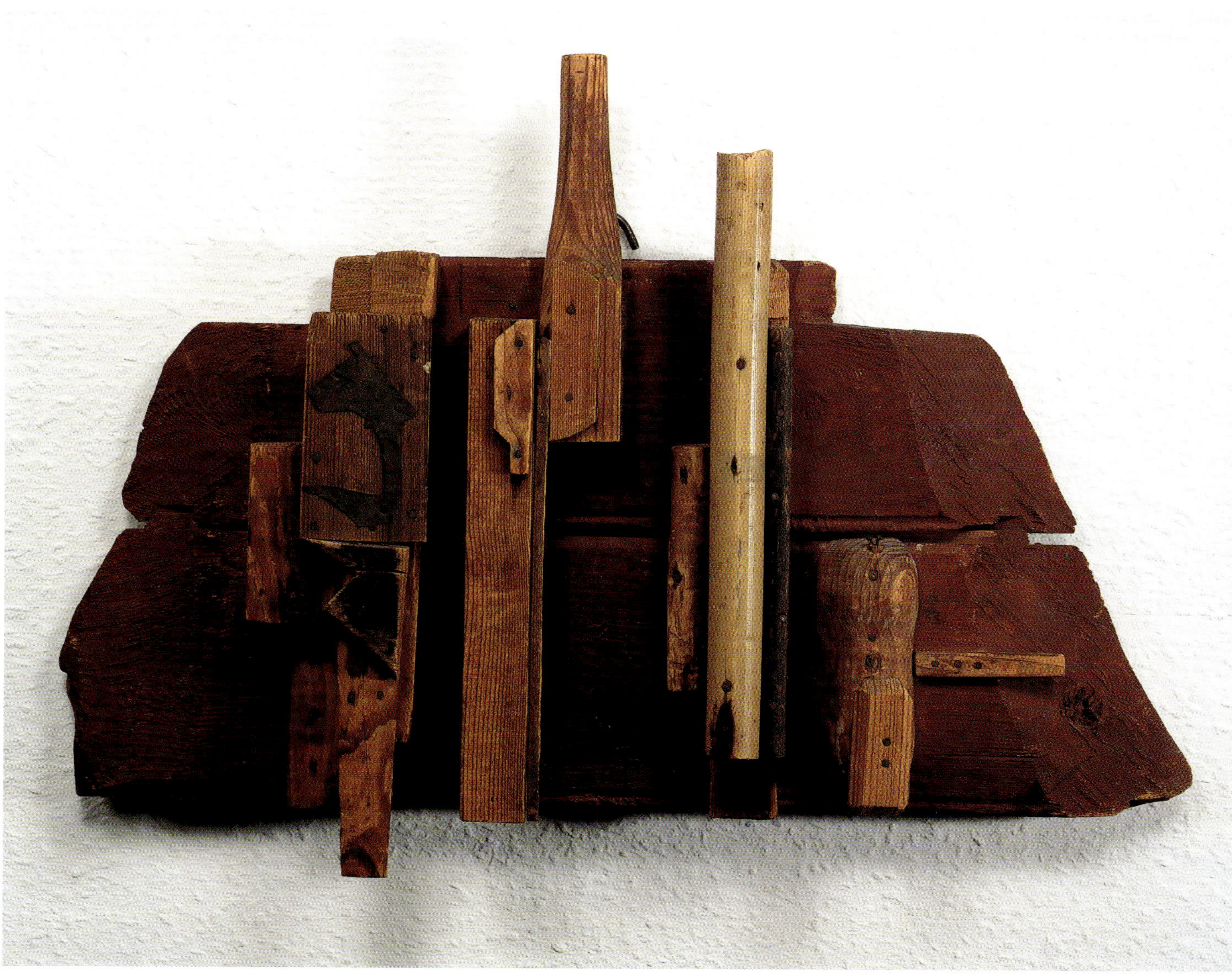

Die breite Schmurchel, 1923

Holz, montiert, beschlagen, bemalt
36 × 56 × 12 cm
Inv. FNG 7/79
1979 erworben aus dem Nachlaß Hannah Höch, Berlin, durch den Verein der Freunde der Nationalgalerie

Das Werk gehört zu den wenigen erhaltenen Relief-Assemblagen des Dadaisten und Merz-Künstlers Kurt Schwitters. Vermutlich ist dieses aus unterschiedlichen Abfallhölzern montierte Werk 1923 bei einem Ostseeaufenthalt auf der Insel Rügen entstanden. 1946 schreibt Schwitters: »1923 verbrachte ich zwei Wochen mit Arp und Hannah Höch in Sellin, wo ich mit Arp gemeinsam ein Gedicht schuf. Wir machten auch Bilder mit Treibholzstücken aus dem Meer.« Diese ästhetische Aufbereitung von Fundstücken und die Verarbeitung »armer Materialien« führte trotz des betont spielerischen Umgangs mit solchen Restbeständen zu abstrakten Kompositionen von ausgewogener Strenge. 1979 konnte das Relief aus dem Nachlaß von Hannah Höch erworben werden. *FJ*

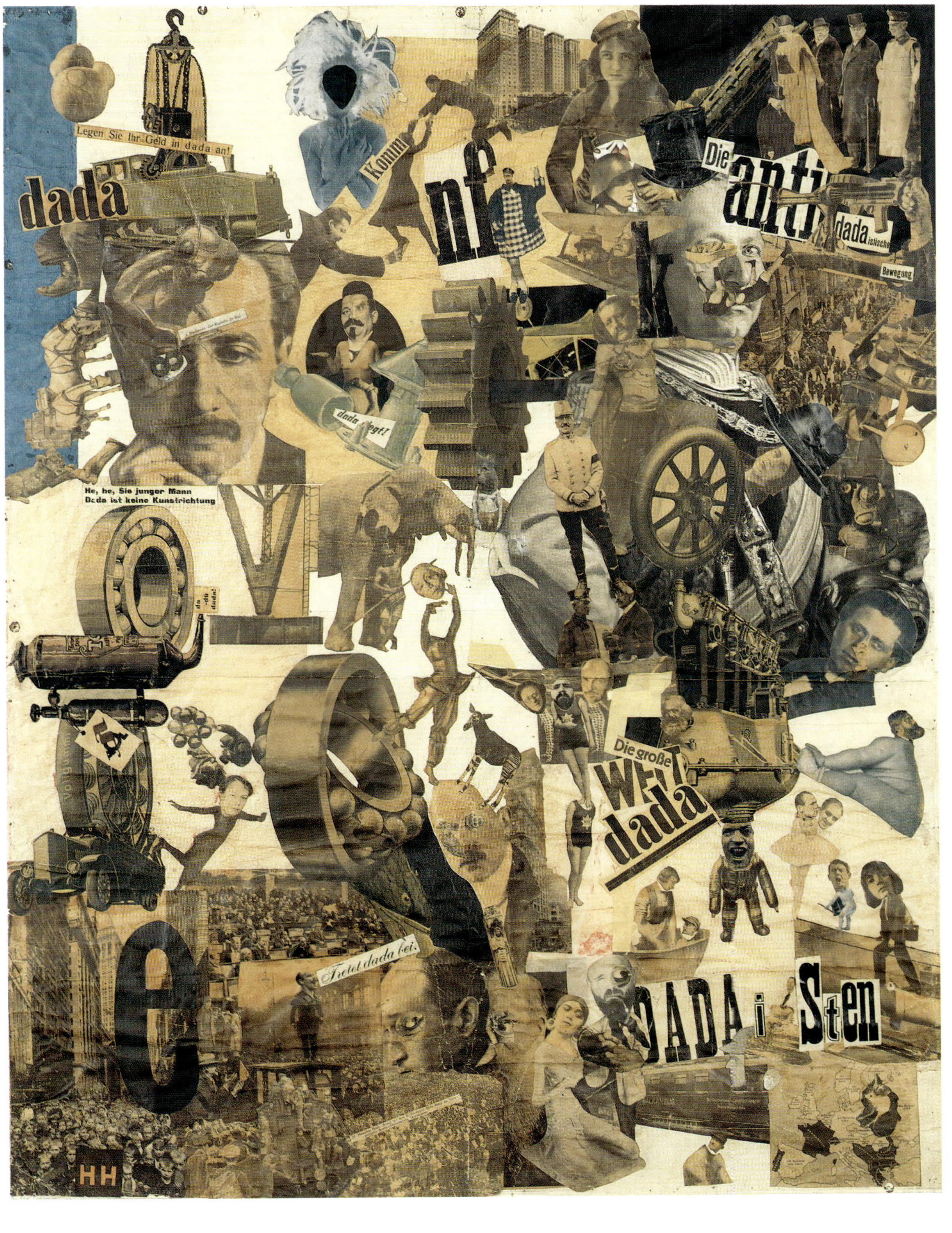

Schnitt mit dem Küchenmesser Dada durch die letzte Weimarer Bierbauch-Kulturepoche Deutschlands, 1919/20

Collage
114 × 90 cm
Bezeichnet unten links: HH
Inv. NG 57/61
1961 erworben von der Galerie Nierendorf aus Spendenmitteln der BASF

Die großformatige Collage aus Fotofragmenten und Schlagzeilen aus Tageszeitungen und Illustrierten stand als eines der Hauptwerke des Berliner Dadaismus im Blickfeld der »Ersten Internationalen Dada-Messe« 1920 bei Dr. Otto Burchard in Berlin. Hannah Höchs Klebebild bietet mit seinen mehr als 50 Personen aus Politik und Wirtschaft, Kultur und Wissenschaft einen satirischen Querschnitt durch die futuristisch »durchdrehende« Nachkriegsgesellschaft in der Weimarer Republik, die ins Leere und in die Sinnlosigkeit abzugleiten drohte. Raoul Hausmann: »Wozu Geist haben in einer Zeit, die mechanisch weiterläuft.« Der »Schnitt mit dem Küchenmesser Dada […]« ist die fundamentale Inkunabel für die gesellschaftskritische, politische Collage und Fotomontage im Berliner Dadaismus, sie wurde noch zu Lebzeiten der Künstlerin in der Amtszeit von Leopold Reidemeister von der Galerie Nierendorf in Berlin erworben. *RM*

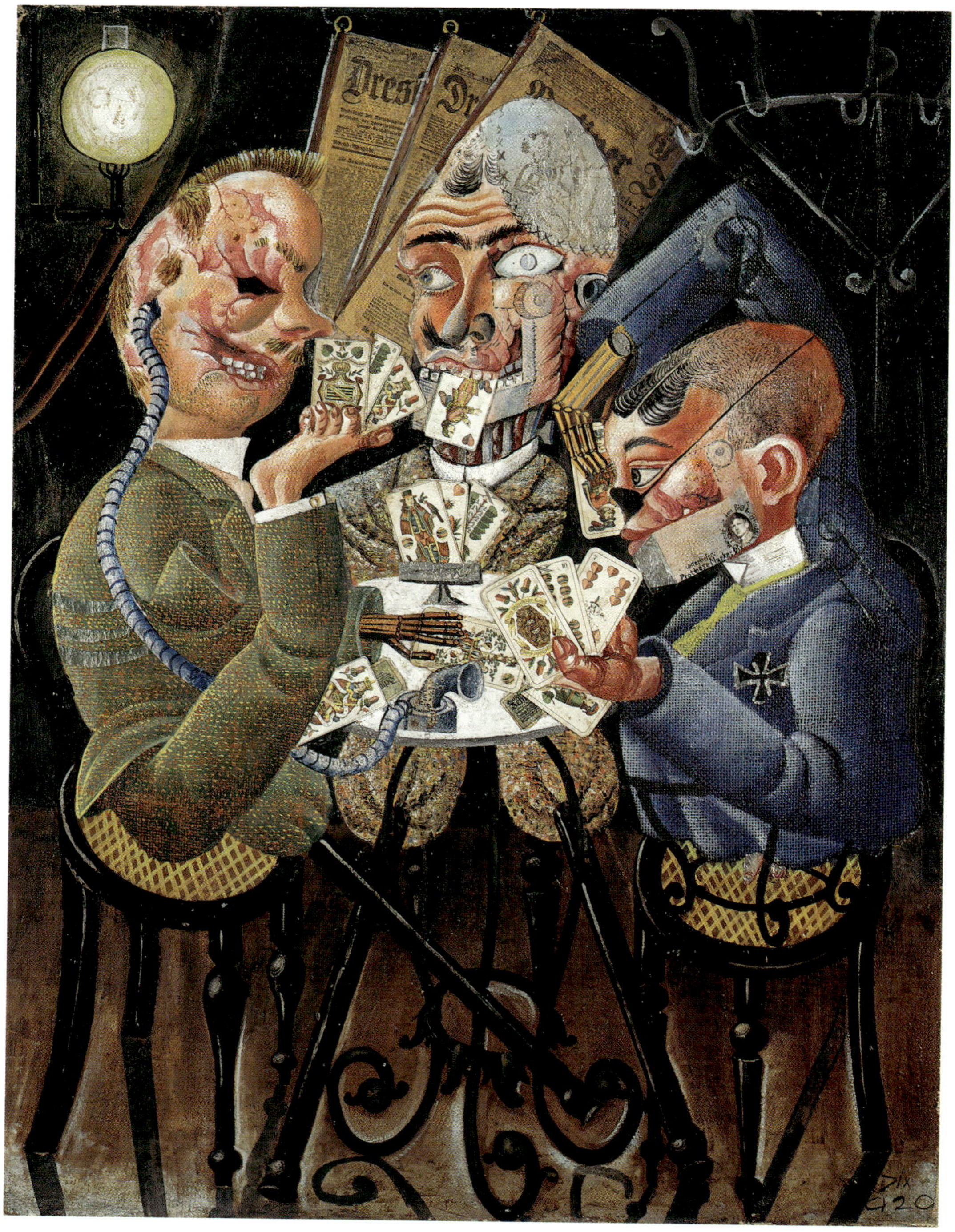

Die Skatspieler, 1920

Öl und Collage auf Leinwand
110 × 87 cm
Bezeichnet unten rechts: Dix/ 1920
Inv. FNG 74/95; B 1358
1995 erworben aus Mitteln des Vereins der Freunde der Nationalgalerie und des Landes Berlin (aus Mitteln der Stiftung Deutsche Klassenlotterie Berlin)

Das Bild entstand Anfang Mai 1920 nach dem Erlebnis kartenspielender Kriegskrüppel in einem Dresdener Kaffeehaus (Kompositionsvorzeichnung: Privatsammlung, New York). Die grotesken Krüppel des »Skatklubs ehemaliger 342er« demonstrieren mit hirnverbrannter Arroganz und Heldenpose, fanatischer Selbstzerstörungswut und Sexgier das Weiterleben des wilhelminischen Militarismus in der Republik von Weimar. Das collagierte Bild gehört in die dadaistische Reihe der im Frühjahr 1920 in Dresden entstandenen vier Kriegskrüppel-Darstellungen von Dix, von denen zwei weitere in der Galerie der Stadt Stuttgart (»Prager Straße«) und in der Staatsgalerie Stuttgart (»Der Streichholzhändler I«) erhalten geblieben sind. »Die Skatspieler« konnten 1995 dank einer beispiellosen von Peter Raue und Dieter Honisch initiierten Spendenaktion des Vereins der Freunde der Nationalgalerie und aus Zuwendungen zahlreicher Kunstfreunde sowie aus Mitteln der Deutschen Klassenlotterie Berlin erworben werden. *RM*

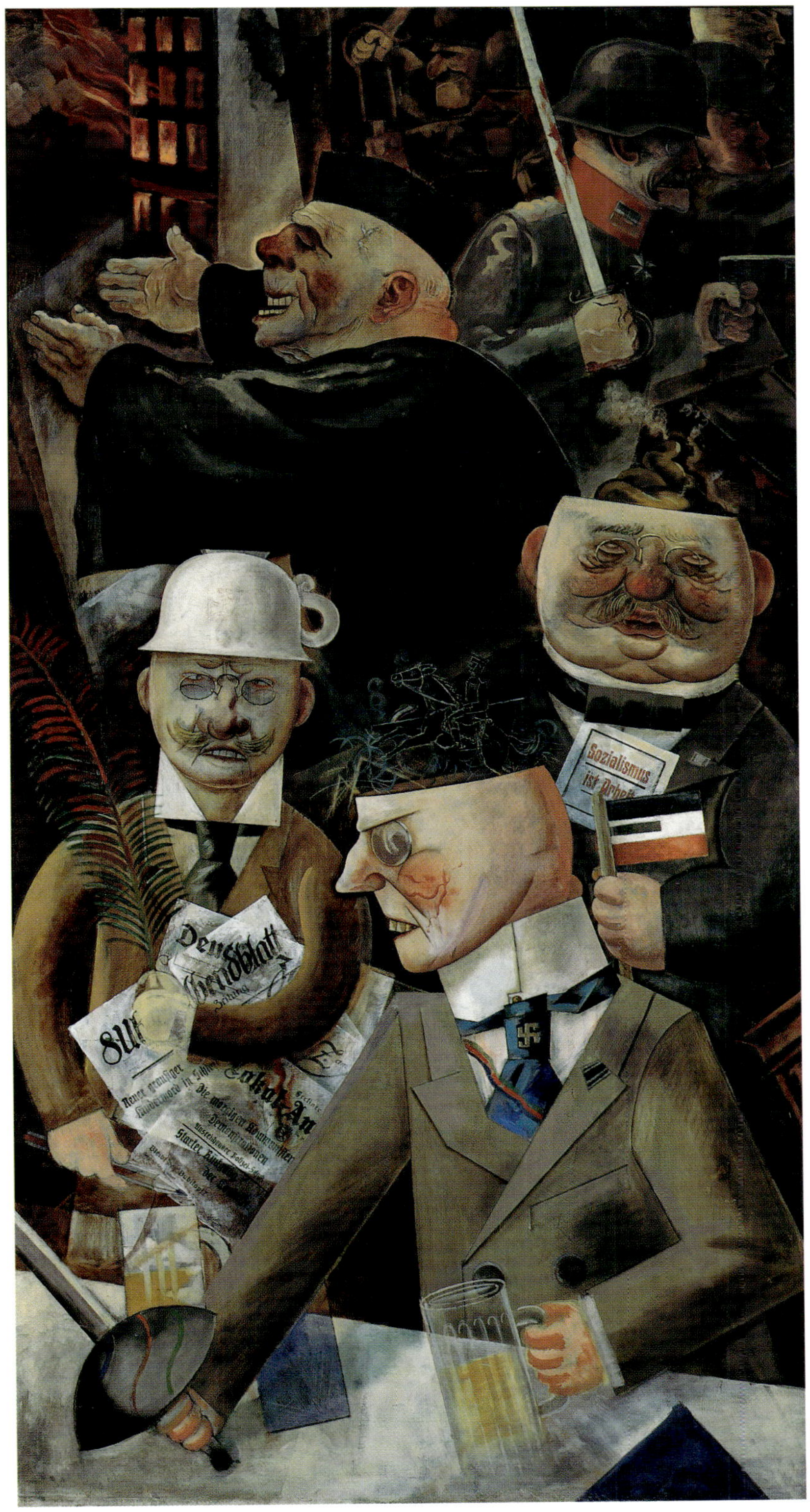

Stützen der Gesellschaft, 1926

Öl auf Leinwand
200 × 108 cm
Inv. NG 4/58
1958 erworben von der Galerie Meta Nierendorf, Berlin

In Anspielung auf Henrik Ibsens gleichnamiges Drama figurieren in den »Stützen der Gesellschaft« von George Grosz die satirisch typisierten Repräsentanten der Staatshierarchie in der Weimarer Republik: der Jurist mit dem Hakenkreuz an der Krawatte als »Ostlandreiter«, der Pressezar Alfred Hugenberg mit dem Nachttopf als Zeichen beschränkter geistiger Haftung, der opportune Parlamentarier, der die Kacke der Beschwichtungslosung »Sozialisierung ist Arbeit« am Dampfen hält und der versoffene Militärseelsorger Mit seiner »Modernen Historienmalerei« zog Grosz das Resümee seiner zeitkritisch-moralistischen Kunst in der Nachfolge von Daumier und Hogarth. Nach der Emigration von George Grosz Anfang 1933 in die USA verblieb das zusammengerollte Gemälde bei seinem Schwager Otto Schmalhausen in Berlin. Ironie der Zeitgeschichte, daß im Haus Savignyplatz 5 die SS ein Büro unterhielt, die beste »Schutzstaffel« für das brisante Bild. Leopold Reidemeister erwarb das grandiose Politmenetekel 1958 aus der Grosz-Ausstellung der Galerie Nierendorf für die Nationalgalerie Berlin (West). *RM*

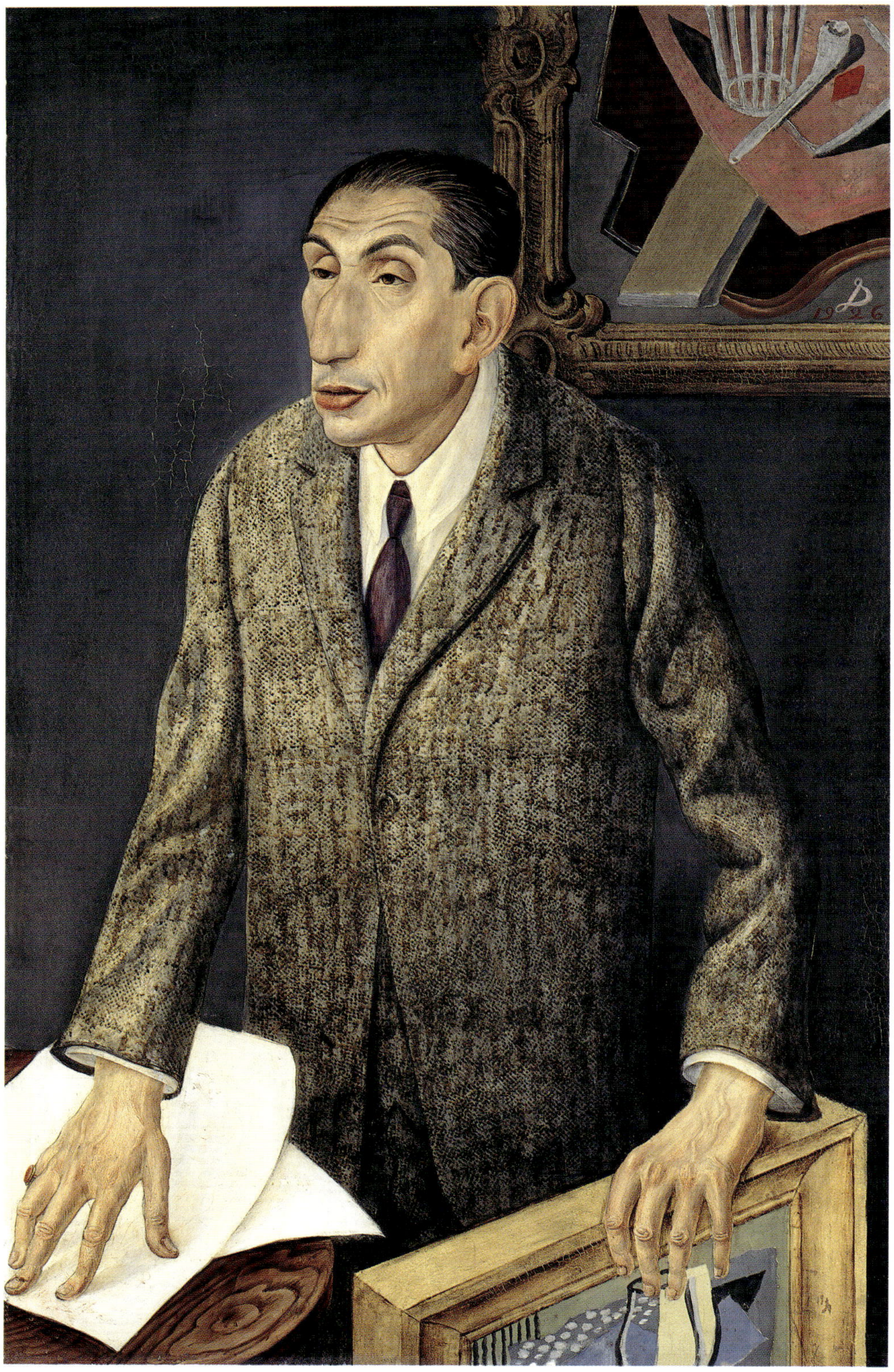

Der Kunsthändler Alfred Flechtheim, 1926

Öl auf Holz
120 × 80 cm
Bezeichnet oben rechts: D 1926
Inv. NG 46/61
1961 erworben von der Galerie Nierendorf, Berlin, aus Mitteln der Stiftung Deutsche Klassenlotterie Berlin

Alfred Flechtheim eröffnete 1922 seine Zweigniederlassung in Berlin, in seinem Haus am Lützow-Ufer 13 vertrat er vor allem die modernen Franzosen Braque, Gris und Matisse sowie Picasso, aber auch die deutschen Maler Beckmann, Grosz, Hofer und Klee. Otto Dix kannte Flechtheim bereits seit dessen Düsseldorfer Zeit. Nach mehreren Skizzen hat er ihn 1926 in der Rolle des auf Kundschaft lauernden jüdischen Kunsthändlers porträtiert – eine Physiognomie »mit Spürnase«, hart an der Grenze zur Karikatur und Ausdruck auch einer gewissen, gegenseitigen Antipathie. 1924 schrieb Karl Nierendorf, der Kunsthändler von Dix in Berlin, die bissige Zeile: »Flechtheim schimpft mal wieder, nennt Dich ›Forzenmaler‹ & erzählt überall, dass Deine Bilder stinken. Er schwärmt wieder von seinen Franzosen & führt Dich immer als deutsches Gegenbeispiel an.« *RM*

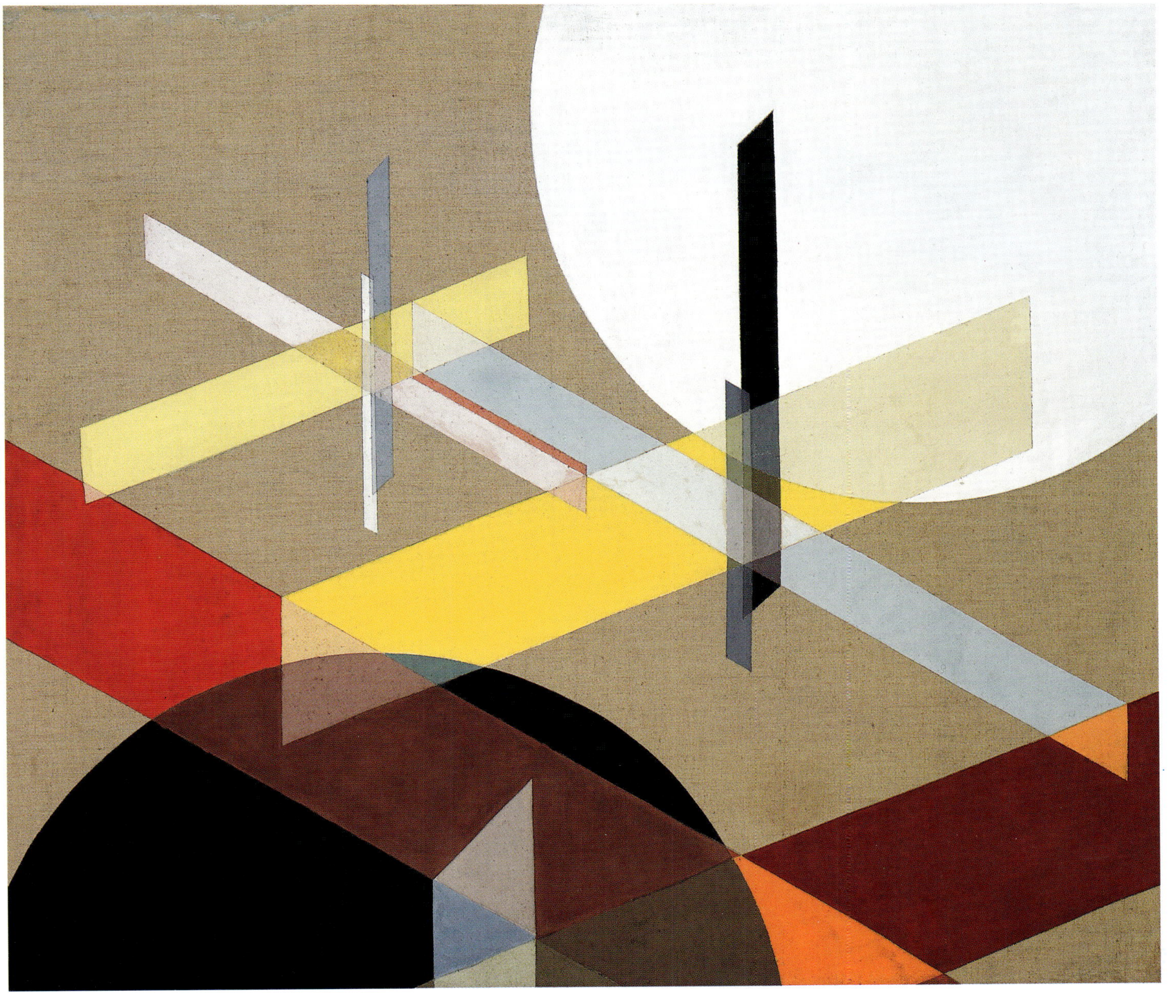

Komposition Z VIII, 1924

Leimfarbe auf Leinwand
114 × 132 cm
Inv. NG 5/59
1959 erworben vom Kunstkabinett Dr. Klihm, München

Die Idee von der Synthese der Künste und einer lichterfüllten Glasarchitektur hat das 1919 gegründete Staatliche Bauhaus in Weimar in der Tradition der Bauhütte des gotischen Mittelalters und der Romantik wieder aufgegriffen und zu neuen, funktionalistischen Lösungen im 20. Jahrhundert geführt. Angeregt durch die Schriften von Paul Scheerbart, Bruno Tauts Glashaus und die utopischen Entwürfe des Architektenkreises »Die gläserne Kette« begann der Ungar Moholy-Nagy 1922 am Bauhaus eine Bildserie mit dem Buchstaben Z. Bilder dieser imaginären, gläsernen Architektur in einem Ordnungsgefüge aus geometrischen Elementen entstanden bis 1924. Die »Komposition Z VIII« ist somit der Modellfall für das Anliegen des Konstruktivisten Moholy-Nagy, »durch spiegelung und reflexe« zur »überwindung der fläche nicht zur plastik, sondern zum raum hin« zu gelangen. *RM*

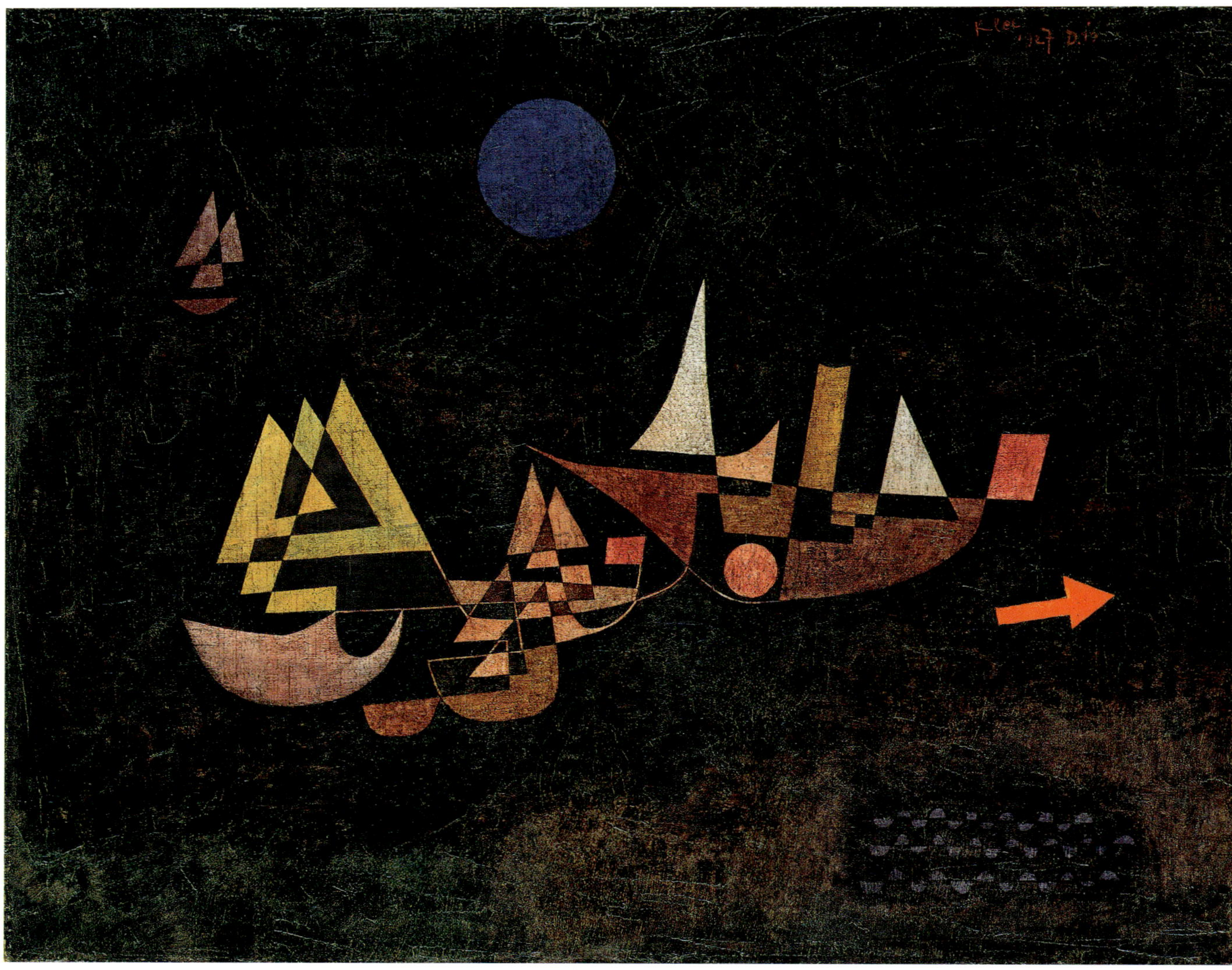

Abfahrt der Schiffe, 1927

Öl und Tusche auf Leinwand
50,2 × 64,4 cm
Bezeichnet oben rechts: Klee/1927 D. 10
Inv. NG 22/67
1967 erworben von der Galerie Michael Hertz, Bremen

Der Schweizer Paul Klee, anfänglich der Kunst des Blauen Reiter nahestehend, war 1920 bis 1931 als Meister am Staatlichen Bauhaus in Weimar und Dessau tätig. In romantischer Tradition malten er und Lyonel Feininger auratische Marinebilder in der Nachfolge von Caspar David Friedrich mit modernen Bildchiffren einer kosmologisch orientierten Symbolik. Bei Klee weist das raumzeitliche Richtungssymbol des roten Pfeiles den Schiffen den Weg vom Irdischen zum Kosmischen und aus der Gegenwart in eine offene, unwägbare Zukunft. Das Schiff erscheint als Sinnbild des Lebens und Unterwegsgestalt, als Wegzeichen für die Abfahrt und die Wiederkehr der Schiffe im Hafen. Menschliches Dasein erweitert sich so zum unbegrenzten Lebenskreis. Die Provenienz dieses beispielhaften Gemäldes spricht für dessen Güte: Familie Klee – Galerie Alfred Flechtheim, Berlin – Edward Warburg, New York – Galerie Heinz Berggruen, Paris. *RM*

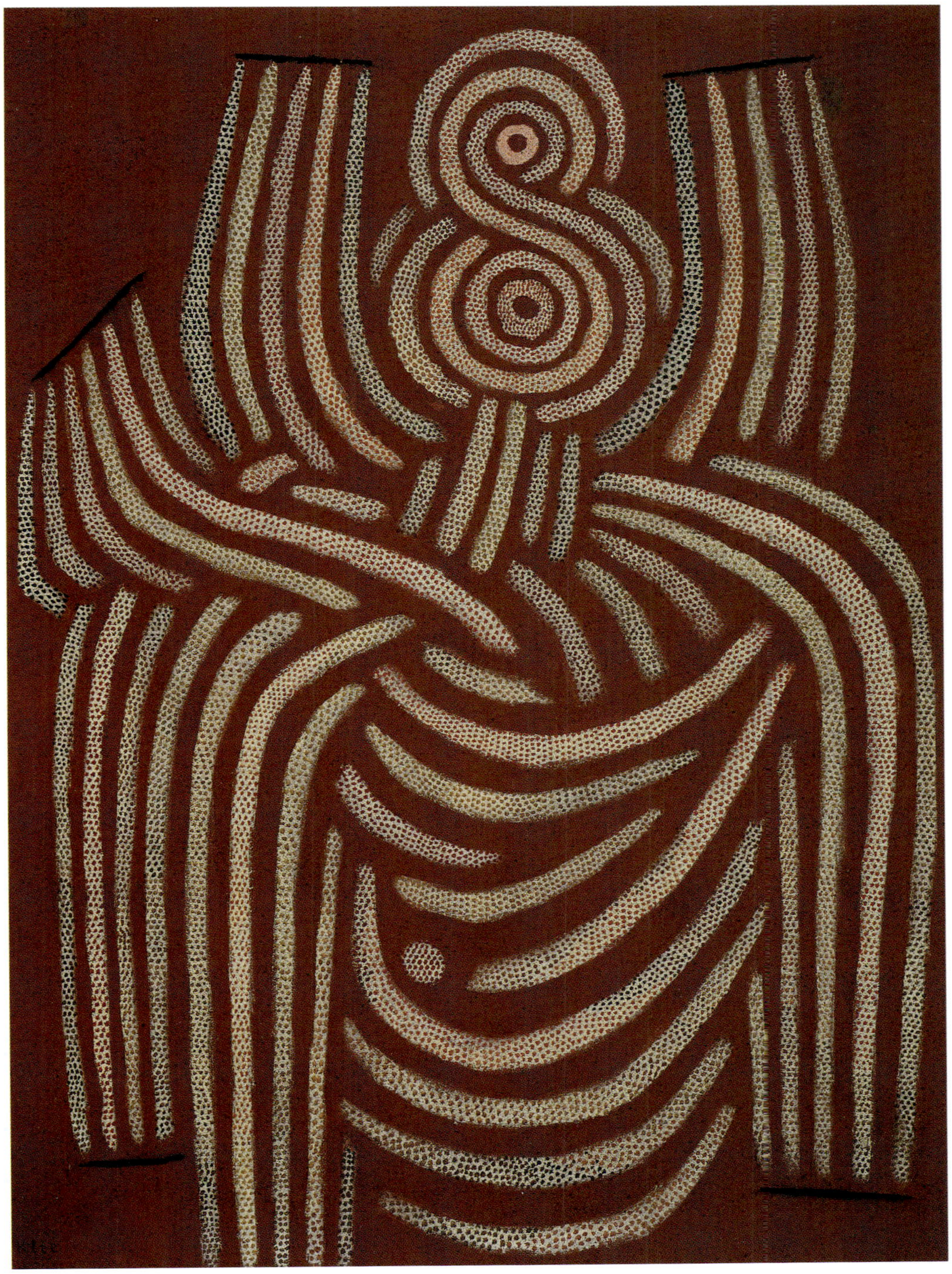

Umfangen (The Embrace), 1932

Öl und Sand auf Leinwand
83,4 × 67,3 cm
Bezeichnet unten links: Klee
Inv. FV 150
1991 Leihgabe aus Privatbesitz

Zwei imaginäre Körper aus Schlingpflanzen (oder gedrehten Seilen) vereinigen sich im Kleeschen Sinne des urbildlichen Wachstums in der Natur zu einem rund gebildeten, organischen »Gewächs«. Die mit Sand aufgemischten Formen sind zu einem »Gesicht« und zu einer durchaus auflösbaren Gebärde zusammengewachsen, die Vieldeutigkeit der Physiognomie ist dabei gewahrt, »das unkörperlich Figurale braucht keinen Halt. Es schwebt. Wo? Wie? […] Innerhalb des metamorphotischen Vorganges wird eine neue Realität […] erzeugt. Wir überschreiten auf diesem Gebiet eine Grenze der Wirklichkeit. Es ist kein Nach- oder Abbilden, eher ein Abändern und Neubilden« (Paul Klee). Das in Düsseldorf entstandene Bild gehört in die Reihe der variantenreichen »Verschlingung von Körpern« in Paul Klees Malerei. Ludwig Mies van der Rohe erwarb »Umfangen« 1941 von der Karl Nierendorf Gallery in New York. Seit 1991 befindet sich das Bild als Leihgabe der Familie in der Neuen Nationalgalerie. *RM*

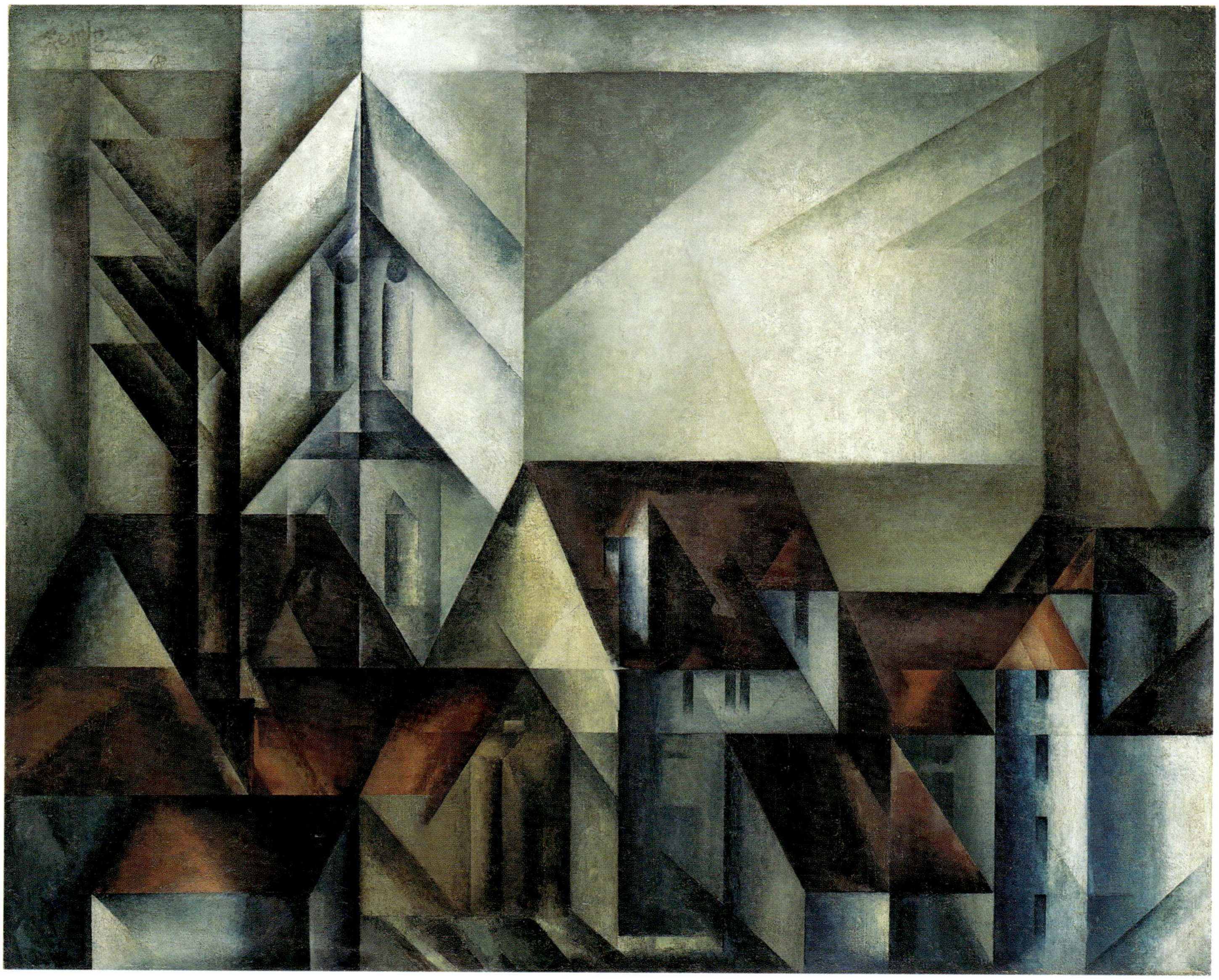

Teltow II, 1918

Öl auf Leinwand
101 × 126 cm
Bezeichnet oben links: Feininger
Inv. 1052
1921 erworben vom Künstler im Tausch gegen »Vollersroda III« (Inv. A II 332)

Nach zahlreichen »Natur-Notizen« im märkischen Teltow entstand das Gemälde »Teltow II« (erste Fassung 1912; verschollen) als eines der Hauptwerke des »monumentalen Stils« von Feininger der Jahre 1914 bis 1918. Hinter den Dachfirsten ragt der Turm der von Schinkel erbauten Stadtkirche St. Andreas auf. Das im Geist von Schinkels »himmelanstrebender« Neugotik und der strengen, kontrapunktischen Kunst der Fuge von Johann Sebastian Bach gemalte Bild ist ein prismatisches Monument der Stille und Selbstbesinnung. Das Gemälde hatte eine äußerst wechselvolle Geschichte: 1921 erwarb es Ludwig Justi vom Künstler für die Expressionisten-Sammlung im Kronprinzen-Palais; 1937/38 wurde das beschlagnahmte Bild in der Münchner und Berliner Ausstellung »Entartete Kunst« gezeigt; seit 1940 in Kommission beim Kunsthändler Bernhard A. Boehmer in Güstrow, wurde es dort 1945 von der sowjetischen Armee eingezogen, 1947 dem Magistrat von Groß-Berlin und 1949 der Nationalgalerie auf der Museumsinsel zurückgegeben. *RM*

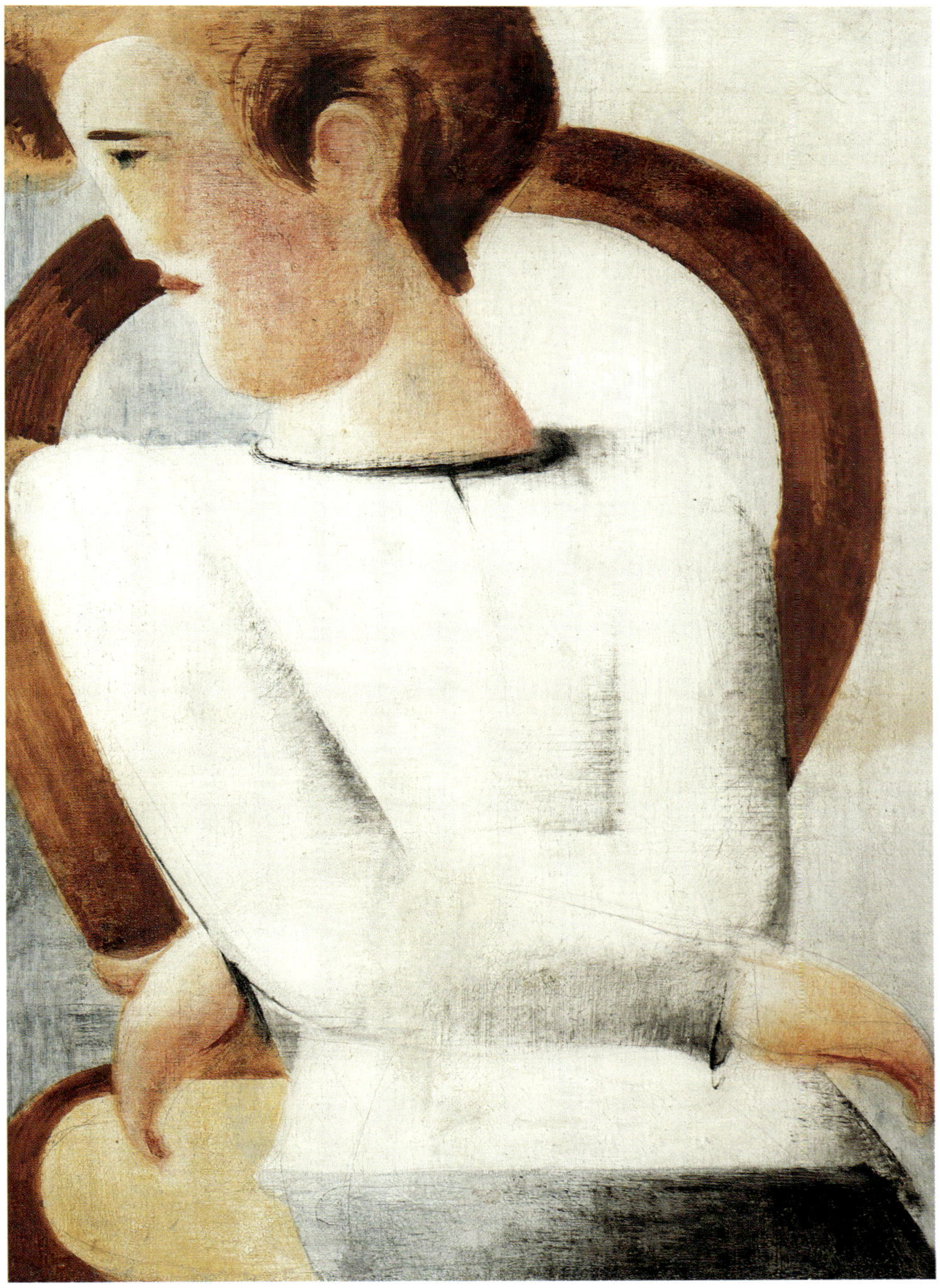

Weißer Jüngling, 1930

Öl auf Leinwand
60 × 45,5 cm
Inv. A III 251
1951 Geschenk des Magistrats von Groß-Berlin
(Galerie des 20. Jahrhunderts) an die Nationalgalerie Berlin (Ost)

Den weißen Jüngling im Profil, auf einem geschweiften Stuhl sitzend, hat Oskar Schlemmer 1930 in Breslau gemalt und am 12. Februar in seinem Atelier an der dortigen Akademie vollendet, wo er als Professor tätig war. Die meditativ anmutende Figur hat der »Idealist der Form« als »Umrißmensch« linear-geometrisch aus seinen figurativen Lithografien und Zeichnungen der 1920er Jahre entwickelt. Als »helles Bild« mit »ganz lichten Lasuren« steht das Werk in engem Zusammenhang mit Schlemmers Wandbildern für das Museum Folkwang in Essen. Der weiße Jüngling bildet damit als idealtypische Einzelfigur den harmonischen Kontrapunkt zu den statuarischen, mehrfigurigen Kompositionen in Oskar Schlemmers Kunst der »metaphysischen Perspektive« zu Beginn der 1930er Jahre. *RM*

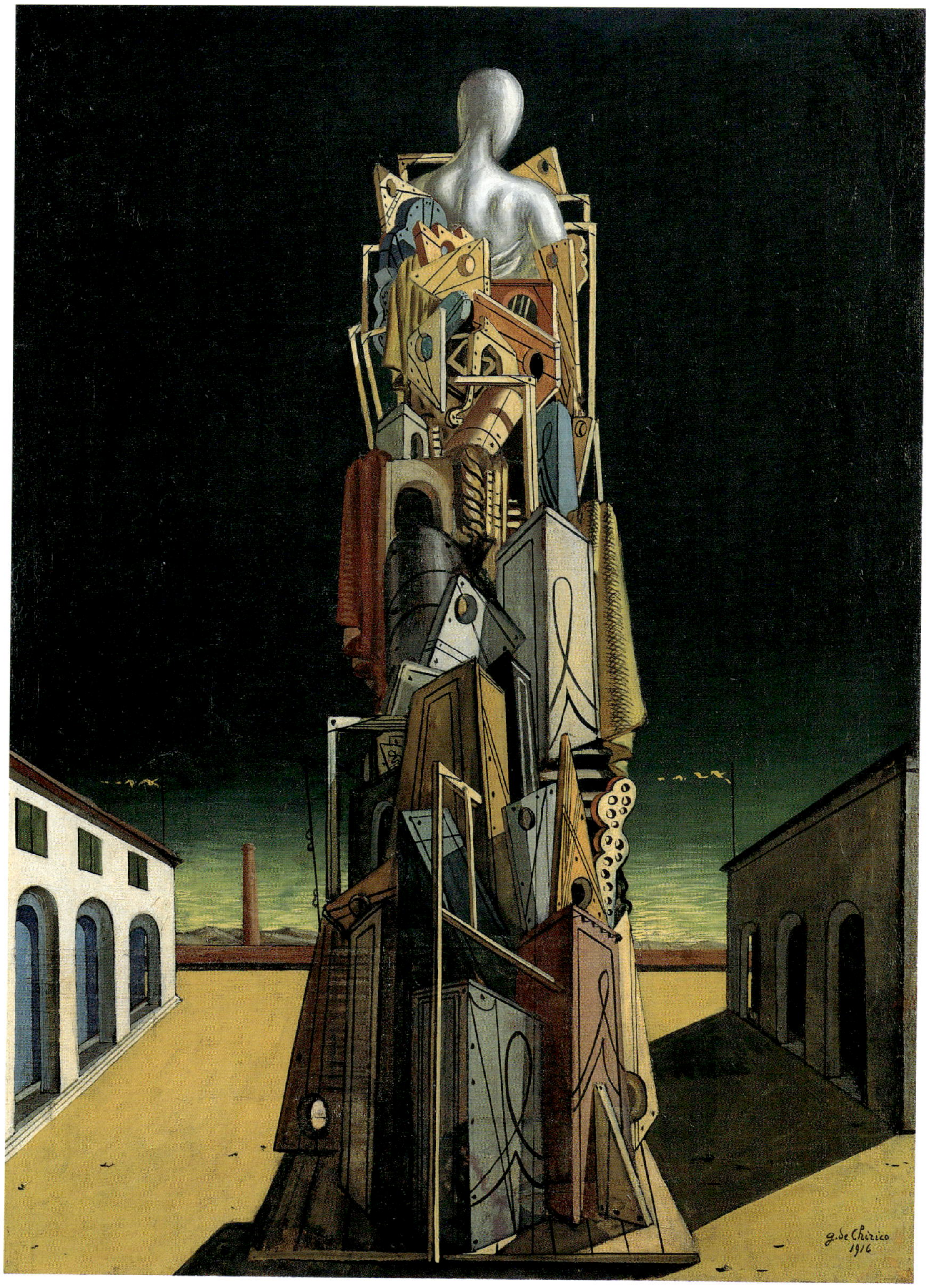

Il grande metafisico/Der große Metaphysiker, um 1924/26

Öl auf Leinwand
110 × 80 cm
Bezeichnet unten rechts: G. de Chirico/1916 (vordatiert)
Inv. B 777
1965 erworben durch die Deutsche Gesellschaft für bildende Kunst e. V. (Berliner Kunstverein) mit Zuwendungen der Stiftung Deutsche Klassenlotterie Berlin

Giorgio de Chirico, der zusammen mit Carlo Carrà und Giorgio Morandi nach 1913 die italienische Kunstbewegung der Pittura metafisica begründete, datierte dieses Gemälde auf 1916, obwohl es erst Mitte der 20er Jahre entstand. Damals kündigte sich im Werk de Chiricos das Ende einer Schaffensperiode an, in der – u. a. durch Arnold Böcklin und Max Klinger beeinflußt – die surreale Raummagie italienischer Plätze und die ins Absurde gesteigerte Verfremdung der Dingwelt dramatisch ins Bild gesetzt wurde. Dieses Werk war zunächst im Besitz verschiedener italienischer Privatsammlungen, bevor es in die Sammlung der Nationalgalerie Berlin (West) gelangte. *FJ*

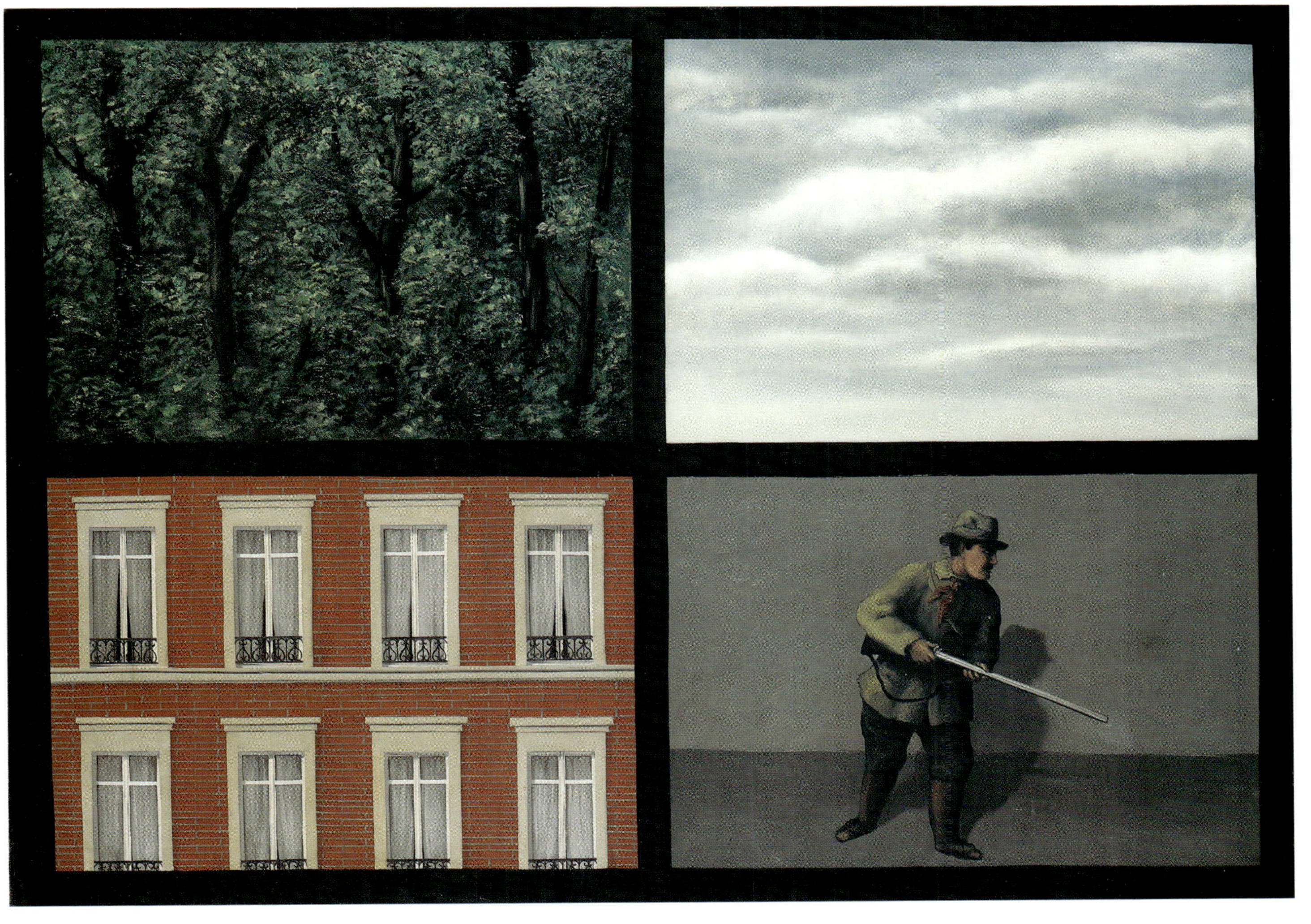

L'idée fixe/Die fixe Idee, 1928

Öl auf Leinwand
81 × 116 cm
Bezeichnet oben links: Magritte
Inv. NG 12/75
1975 erworben von Marlborough International Fine Art, Vaduz

Von 1927 bis 1930 entwickelte René Magritte in enger Verbindung zum Pariser Kreis um André Breton seine surrealistische Bildsprache fort, deren paradoxe Gegenüberstellung alltäglich vertrauter Gegenstände das Rätselhafte und Wunderbare der Wirklichkeit sichtbar macht. Die Undeutbarkeit der Motive ist beabsichtigt, nur wenige weisen auf wirklich Geschehenes hin. Im Kontext von Wald und Himmel erscheint die Figur des Jägers ganz natürlich, doch vor der kahlen, grauen Wand und neben der Hausfassade nimmt er bedrohliche Züge an. Mit diesem Werk besitzt die Nationalgalerie ein Programmbild des französischen Surrealismus. *KH*

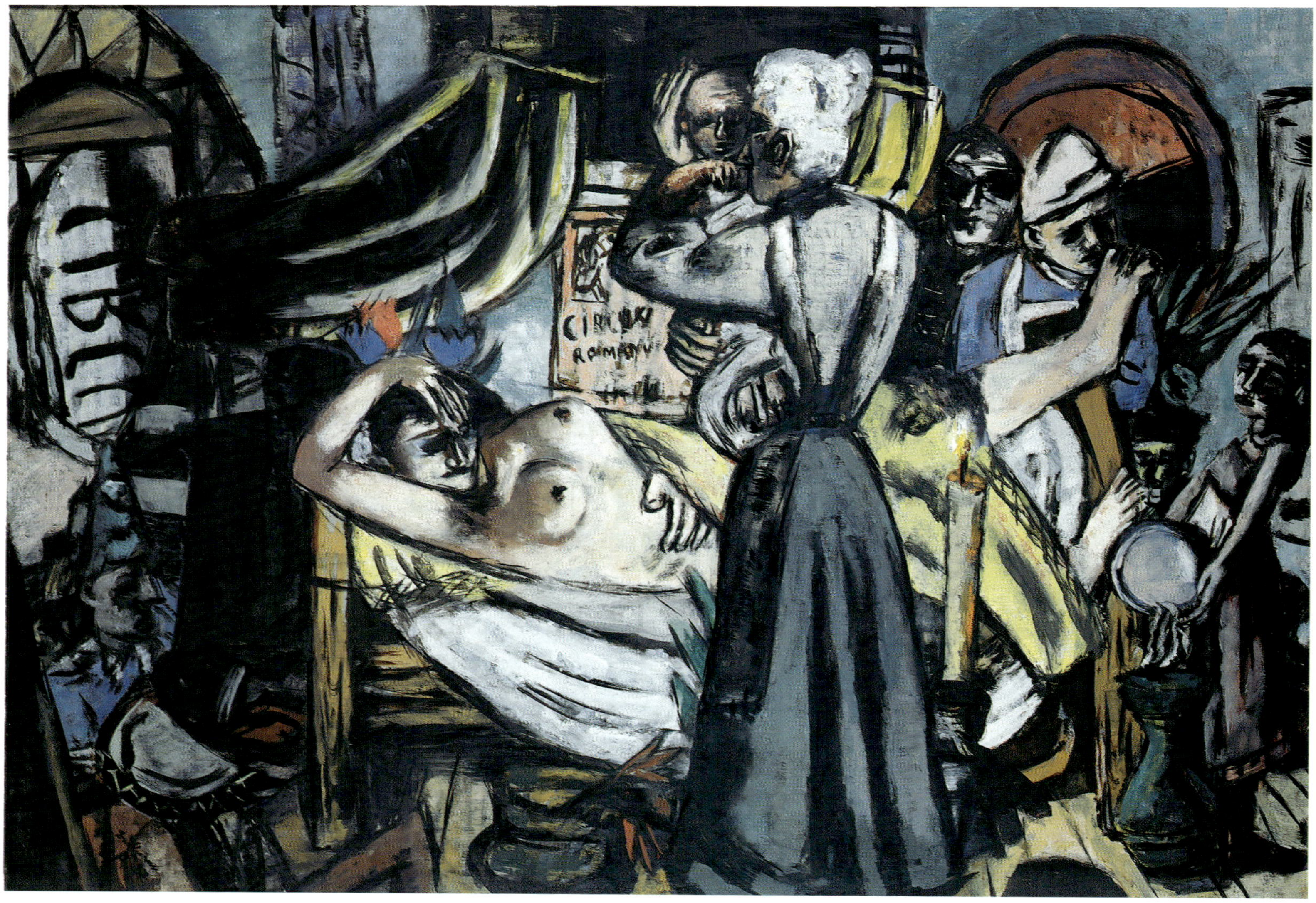

Geburt, 1937

Öl auf Leinwand
121 × 176,5 cm
Bezeichnet unten links: Beckmann / A 37
Inv. B 65
1951 erworben von der Galerie Curt Valentin, New York

Beckmann, dessen Werk zwischen frühen Einflüssen des Impressionismus, späterem expressionistischen Ausdruckswillen und Neuer Sachlichkeit schwer einzuordnen ist, wandte sich gegen die radikalen Formerneuerungsversuche seiner Zeitgenossen und orientierte sich an Elementen einer sehr persönlichen Mythologie. Die Faszination der Bilder eines der bedeutendsten deutschen Künstler liegt in der Verdichtung der dargestellten Ereignisse, im Ineinanderfließen von Gegenwart, Vergangenheit und Zukunft. In seinen Bildern wandelt Beckmann die Wirklichkeit zu mythischen Chiffren um. Unmittelbar nach seiner Emigration nach Amsterdam entstand das Werk, in dem die lebenspendende Mutter, das Kind und die Personifikation des Todes für den ewigen Kreislauf von Werden und Vergehen stehen. *KH*

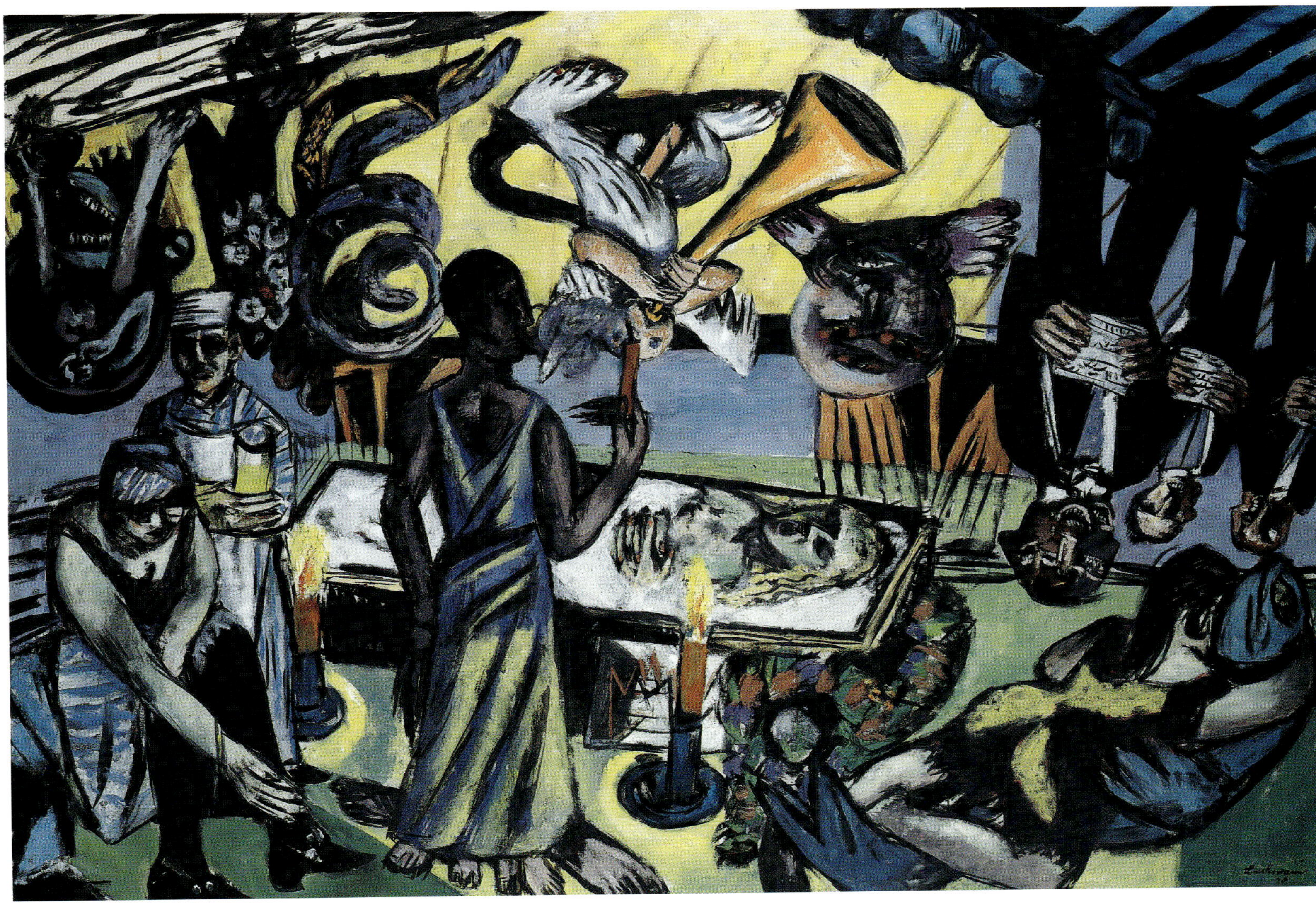

Tod, 1938

Öl auf Leinwand
121 × 176,5 cm
Bezeichnet unten rechts: Beckmann A 38
Inv. B 80
1952 erworben von der Galerie Curt Valentin, New York

Das Werk entstand, so die mündliche Überlieferung, im Amsterdamer Exil und in Reaktion auf den Freitod des Ma erkollegen Ernst Ludwig Kirchner. Es zeigt, nach der anglo-indischen Theosophie und ihrer Vorstellung vom Karma-Loka, den ersten Zustand nach dem Sterben, der zu einer Wiederverkörperung führen soll. Zusammen mit dem ebenfalls von Adolf Jannasch erworbenen Gemälde »Geburt« war diese Arbeit der entscheidende Ausgangspunkt für weitere Ankäufe aus dem Œuvre des Künstlers für die Sammlung der Nationalgalerie. *KH*

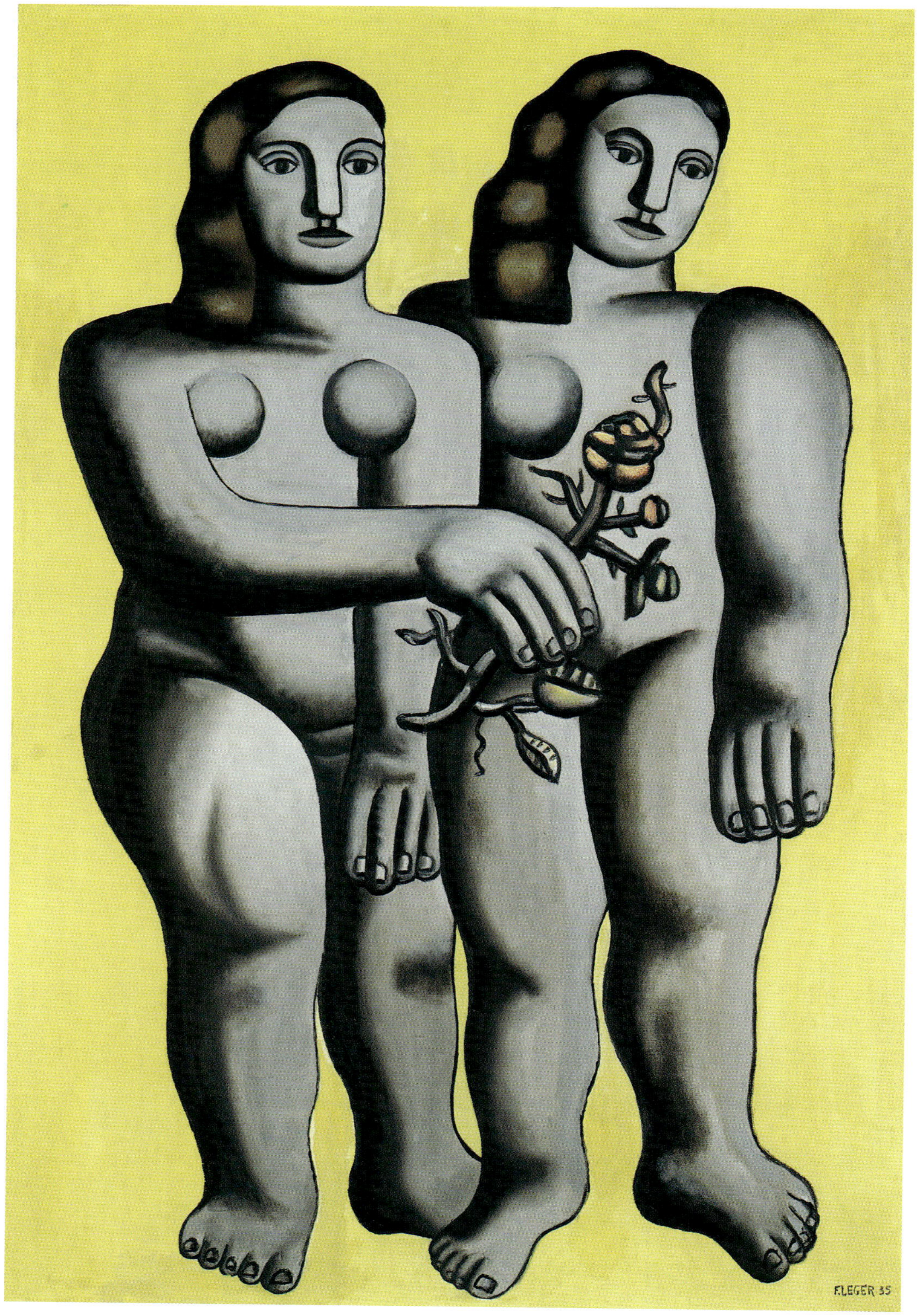

Zwei Schwestern, 1935

Öl auf Leinwand
162 × 114 cm
Bezeichnet unten rechts: F.LEGER 35
Inv. NG 3/79
1979 erworben aus der Sammlung Stephan Hahn, New York, aus Sondermitteln der Stiftung Preußischer Kulturbesitz

Léger entwickelte aus seiner frühen Sonderform des Kubismus und seiner mechanisch-konstruktiven Schaffensphase ein monumentales, doch zugleich innerlich verhaltenes Menschenbild. Die »Zwei Schwestern« manifestieren den ersten neuen Figurentypus und bilden infolgedessen den Ausgangspunkt eines neuen Werkkomplexes. Als Doppel-Eva, durch das Schicksal als mütterliche Urgemeinschaft miteinander verbunden, sind die Figuren von ungewöhnlicher Festigkeit an den Hintergrund gebunden. Der seltene Farbklang – graue Figur vor leuchtend zitronengelbem Hintergrund – geht nicht auf unmittelbare Vorgänger wie den Kubismus oder die Neue Sachlichkeit zurück, sondern findet seinen Ursprung in der italienischen Malerei des 14. Jahrhunderts. *KH*

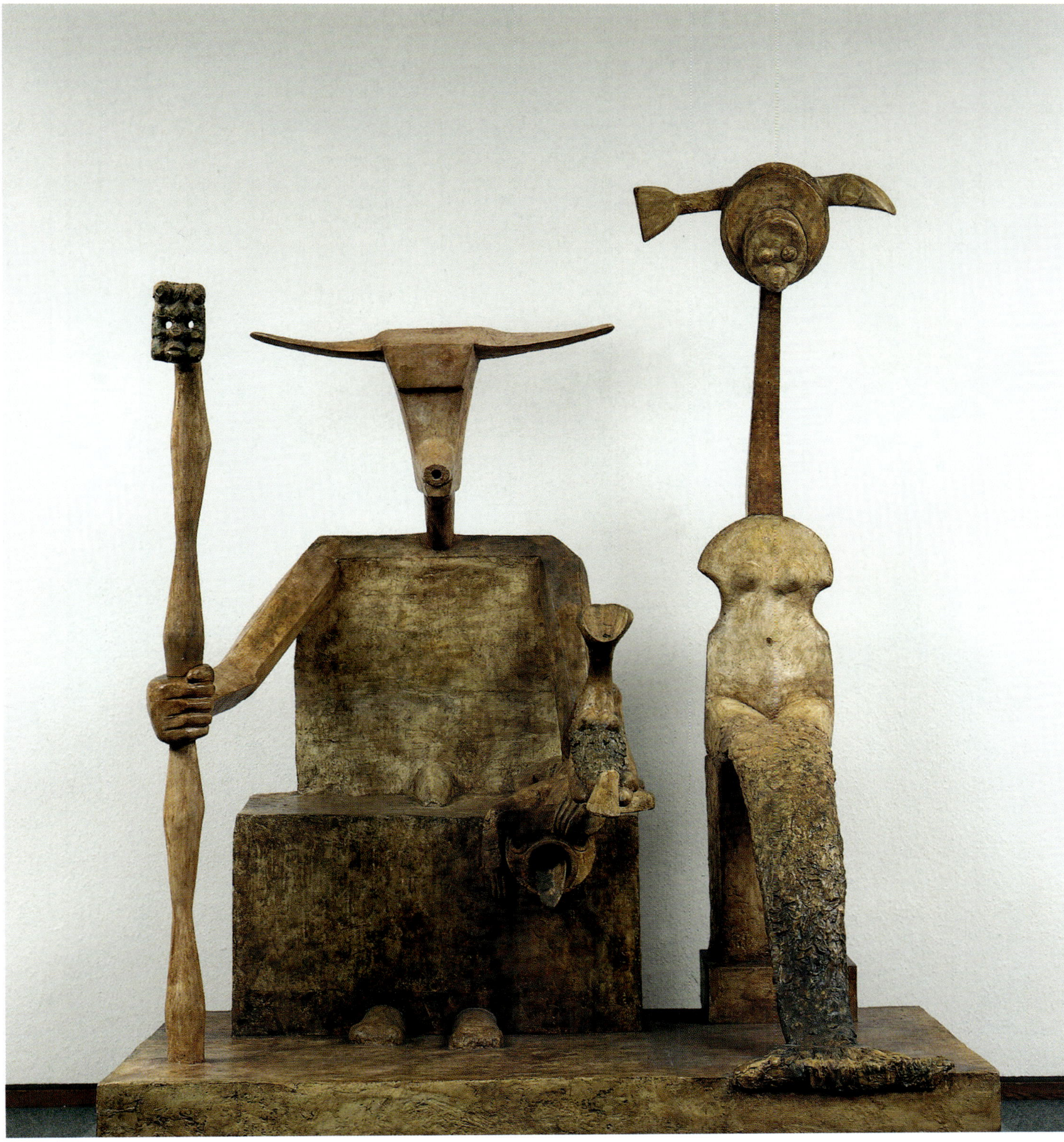

Capricorne, 1964

Gips, getönt
247 × 219 × 155 cm
Inv. NG 5/73
1973 Geschenk vom Künstler

Im Dezember 1972 schrieb Max Ernst an Werner Haftmann: »[...] ich hoffe, der Nationalgalerie in Berlin eine kleine Freude bereiten zu können [...] die Originalgipsformen fuer die Skulptur Capricorn befinden sich noch immer in der Fonderie Susse in Arcueil.« Im Februar 1973 trafen die Gipsteile in Berlin ein, wurden von der Gipsformerei der Museen aufbereitet und im Herbst 1973 in der Halle der Neuen Nationalgalerie aufgestellt. 1946 war Max Ernst mit seiner Frau, der Malerin Dorothea Tanning, nach Sedona (Arizona) übergesiedelt und hatte dort seit 1947 auf dem Steinbockhügel inmitten der Grand Canyons das Monument eines Königspaares – Steinbock, Meerjungfrau und Fischjunges – aus Zement, Eisen und anderen Materialien errichtet. 1953 nach Frankreich zurückgekehrt, baute er die Skulptur 1961 ab und nahm eine Gipsform, die er 1962 leicht überarbeitete und in Bronze gießen ließ. Fünf der originalen Zementteile befinden sich heute in der Sammlung Ulla und Heiner Fietzsch; der Nationalgalerie übereignete Max Ernst 1979 zusätzlich einen der späteren Bronzegüsse. *FJ*

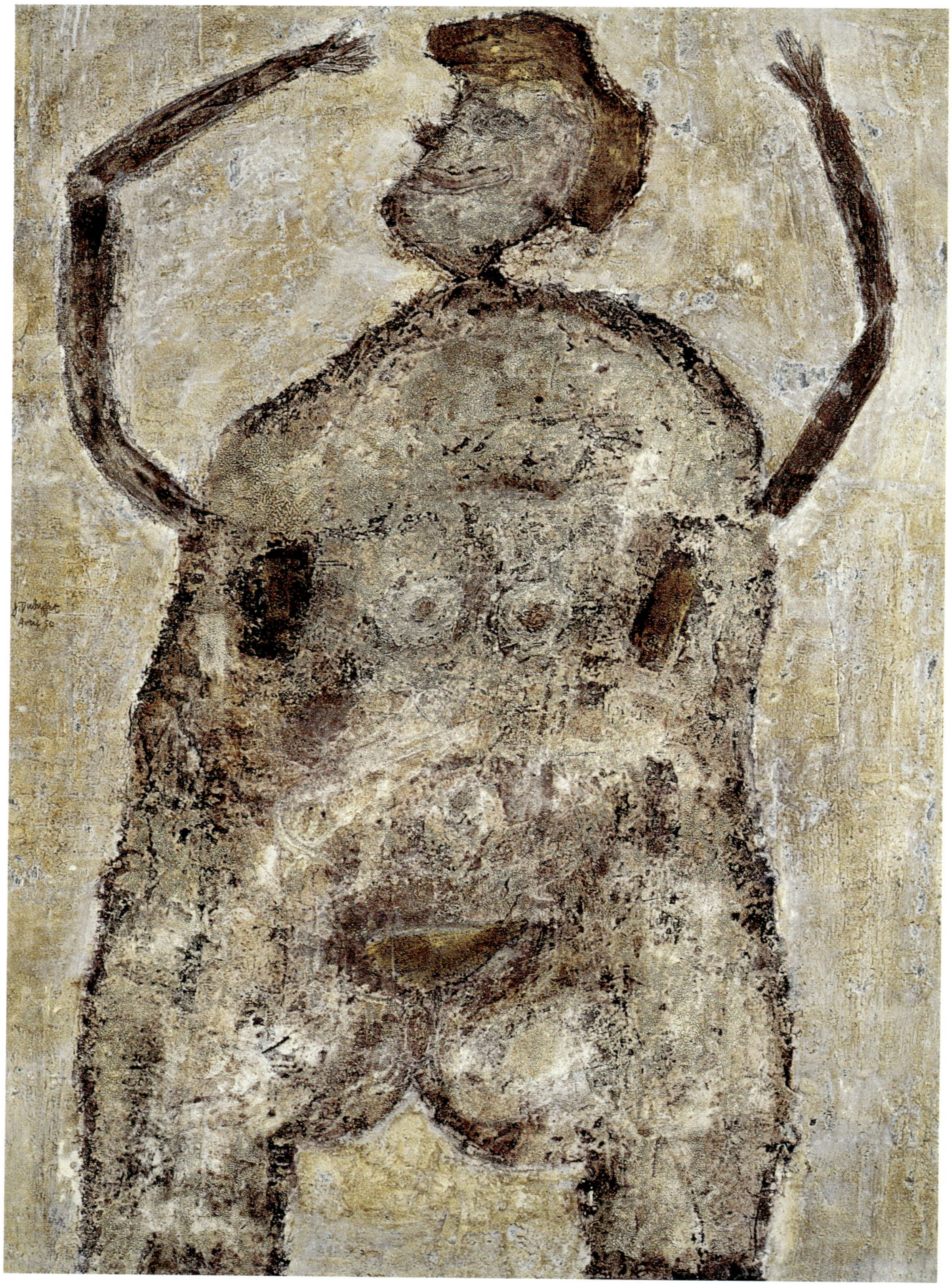

L'Oursonne/Die Bärin, 1950

Öl auf Leinwand
116 × 89 cm
Bezeichnet Mitte links: J. Dubuffet/Avril 50
Inv. NG 7/88; B 1332; FV 208
1988 erworben von der Galerie Beyeler, Basel, aus Mitteln der Stiftung Preußischer Kulturbesitz und der Stiftung Deutsche Klassenlotterie Berlin

Dieses Gemälde gehört zu der Serie »Corps de dames« (Frauenkörper), die zwischen April 1950 und Februar 1951 entstand und wohl zu den stärksten Werkgruppen Dubuffets zu zählen ist. In naiv-drastischer Ausdrucksform weitet er den Körper zur animalisch aufgeladenen Landschaft, die von skurriler Deformation und organischer Durchdringung gleichermaßen geprägt wird. »Meine Absicht war es, daß die Zeichnung dem Körper keine endgültige Form verleihen sollte [...] Ich liebte es, in diesem weiblichen Körper in sehr brutaler Form gegenüber zustellen: das Allgemeingültige und Spezielle, das Subjektive und das Objektive, das Metaphysische und das Trivial-Groteske.« »Die Bärin« wurde zuerst von der Pierre Matisse Gallery, New York, erworben und gelangte dann über zwei Privatsammlungen in New York und Paris in den Besitz der Galerie Beyeler, von der sie für die Sammlung der Nationalgalerie Berlin (West) erworben wurde. *FJ*

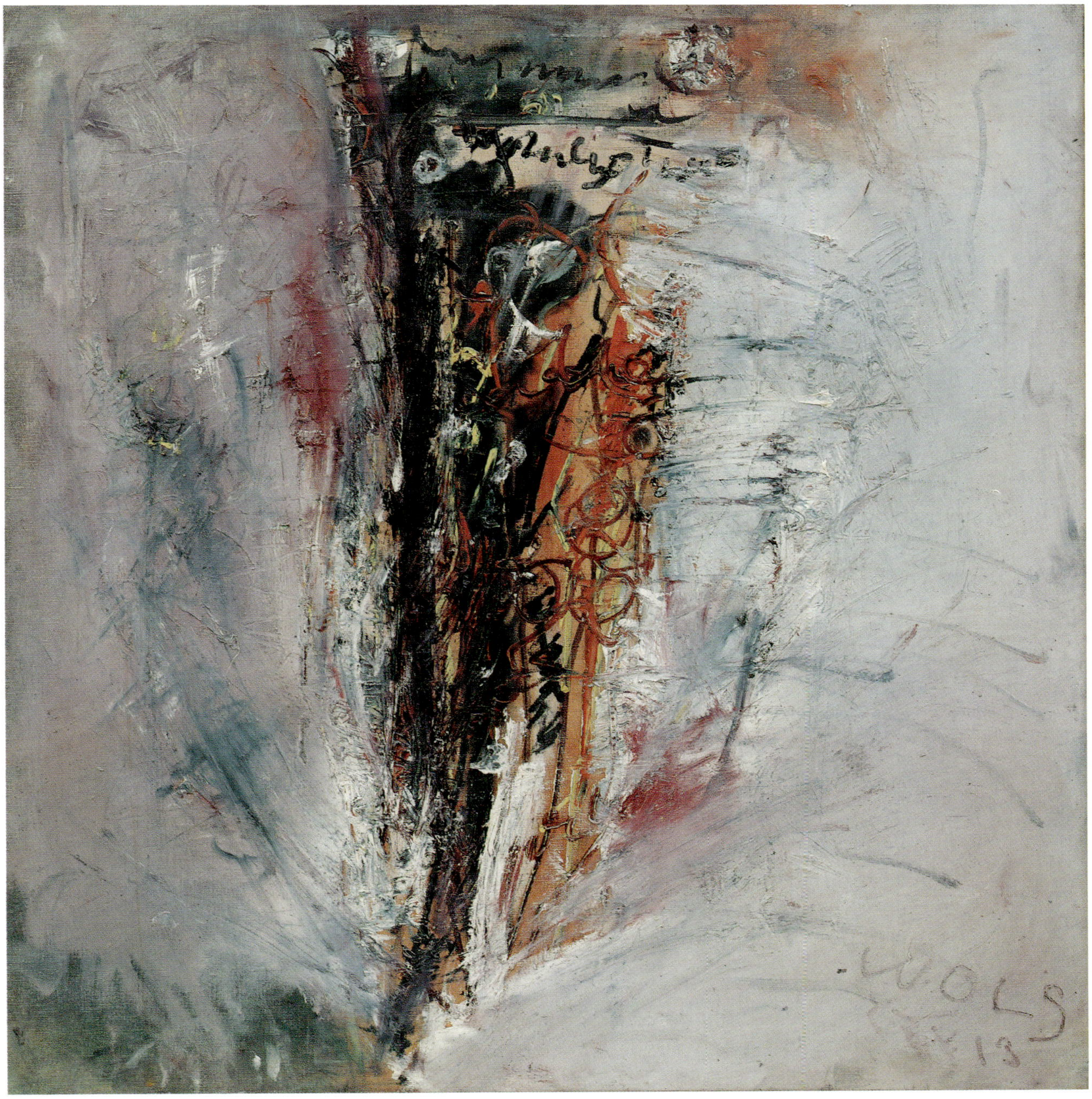

Peinture, 1946/47

Öl auf Leinwand
80 × 80 cm
Bez. rechts unten: wols/27.5.13
1972 erworben von der Galerie Beyeler, Basel,
aus Mitteln der Stiftung Deutscher Klassenlotterie, Berlin

Wols, der seit 1932 in Frankreich und Spanien als Fotograf und Zeichner ein bewegtes Schicksal durchlebt hatte, schuf sein malerisches Werk erst Ende der 40er Jahre. Der Pariser Kunsthändler René Drouin hatte ihm 1946 Farbe und Leinwand zur Verfügung gestellt, die es Wols ermöglichten, seine gestalterischen Situationen auch in die festere Bildmaterie umzusetzen. So entstanden in einer intensiven ersten Malphase Ende 1946/Anfang 1947 über 40 Gemälde. In »Peinture«, das als eines seiner Hauptwerke gilt und in das er rechts unten sein Geburtsdatum eingeschrieben hat, wird seine von eruptiven Energieausbrüchen und zugleich äußerst malerischer Sensitivität geprägte gestische Handschrift besonders spürbar. Aus der Spannung von flackernder Bewegung und verdämmernder Ruhe entwickelt er seine vegetativ-organischen Gestaltzeichen, die bald wesentlichen Einfluß auf die Herausbildung des deutschen Informel haben sollten. *FJ*

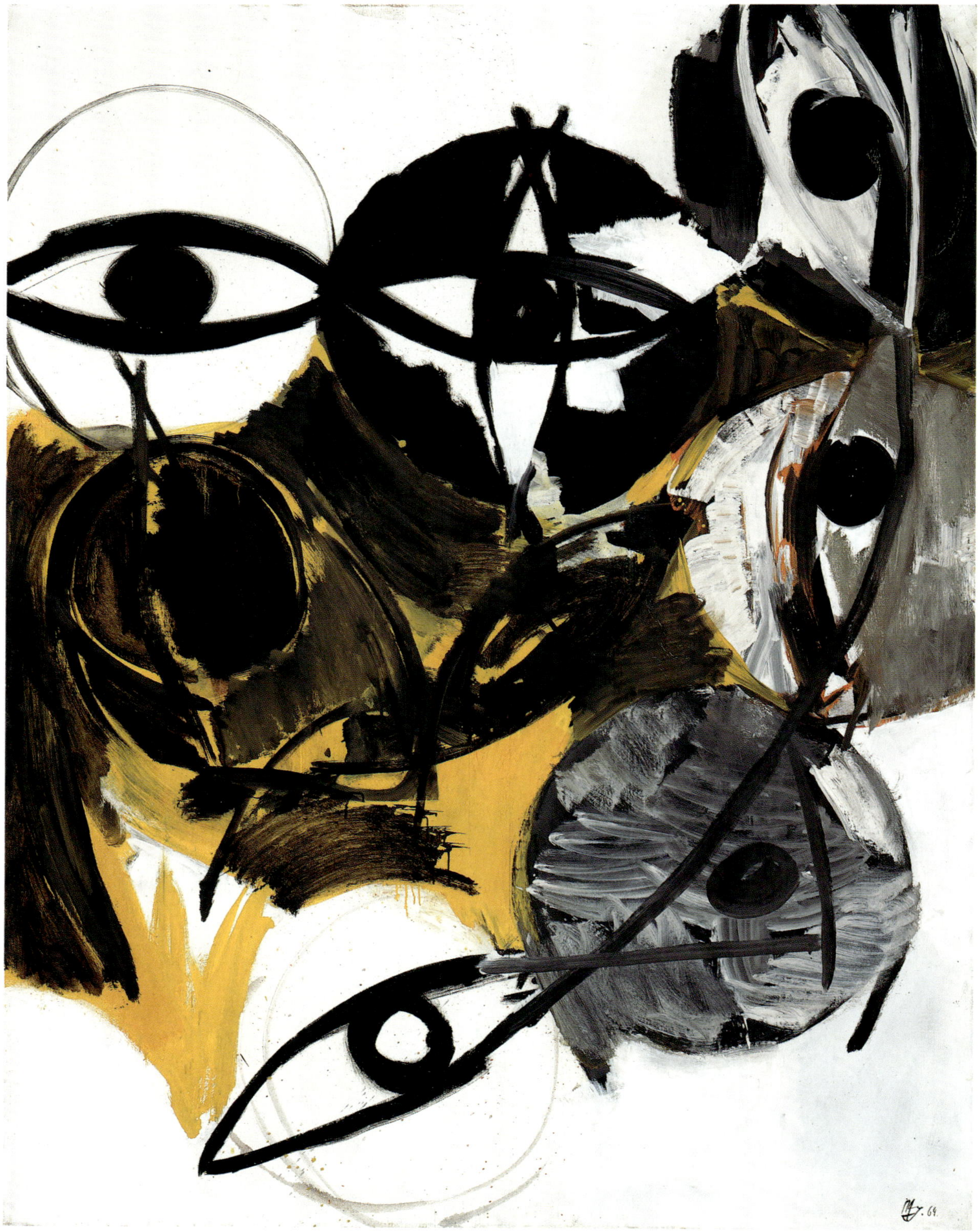

Grau und Olivgrün, 1964

Öl auf Leinwand
200 × 160 cm
Bezeichnet unten rechts: Nay. 64.
Inv. 1/76
1976 Geschenk von Elisabeth Nay, Köln

Ernst Wilhelm Nays frühe figurative Malerei entfernte sich nach dem Krieg immer deutlicher vom Gegenstand hin zur Abstraktion und reinen Farbe. Ab 1950 mündete sein Schaffen in rein flächigen Abstraktionen, wobei Farbtöne gleich Klangformationen rhythmisch gegeneinandergesetzt sind. 1955 setzte Nays bedeutendste und umfangreichste Werkphase der »Scheiben«-Bilder ein, deren Bildflächen nur aus der Farbe gestaltet wurden. Aus den Strukturen jener Bilder entwickelten sich ab 1963 die »Augen«-Bilder. Durch Werner Haftmann gelangten zahlreiche bedeutende Werke aller Schaffensphasen – insgesamt sind es zwölf Arbeiten – in die Sammlung. *KH*

Aru 5, 1955

Öl auf Leinwand auf Hartfaser
185 × 130 cm
Bezeichnet unten links: Baumeister 1.55
Inv. NG 4/79
1979 erworben von den Erben des Künstlers

Als Protagonist der abstrakten Malerei der Nachkriegszeit definierte Willi Baumeister Abstraktion als die zeitgemäße Ausdrucksform. Formen, Linien und Farben sind miteinander verzahnt und rhythmisiert, um zu Ordnung und Harmonie zu gelangen. Das in seinem Todesjahr entstandene Werk ist einem der letzten großen Werkzyklen, »Aru«, zugehörig dessen 24 Varianten bis 1955 entstanden. Die Arbeiten des letzten Lebensjahrzehnts kennzeichnen große, zunächst dominierende schwarze Flächen, die erst allmählich als tiefdunkles Nichts erfahrbar werden. Hell und Dunkel, Sein und Nichts, Gegenwart und Vergangenheit gehen eine fragile Balance ein. Von insgesamt acht Werken in der Sammlung bildet »Aru 5« den Abschluß eines Querschnitts durch das Gesamtœuvre. *KH*

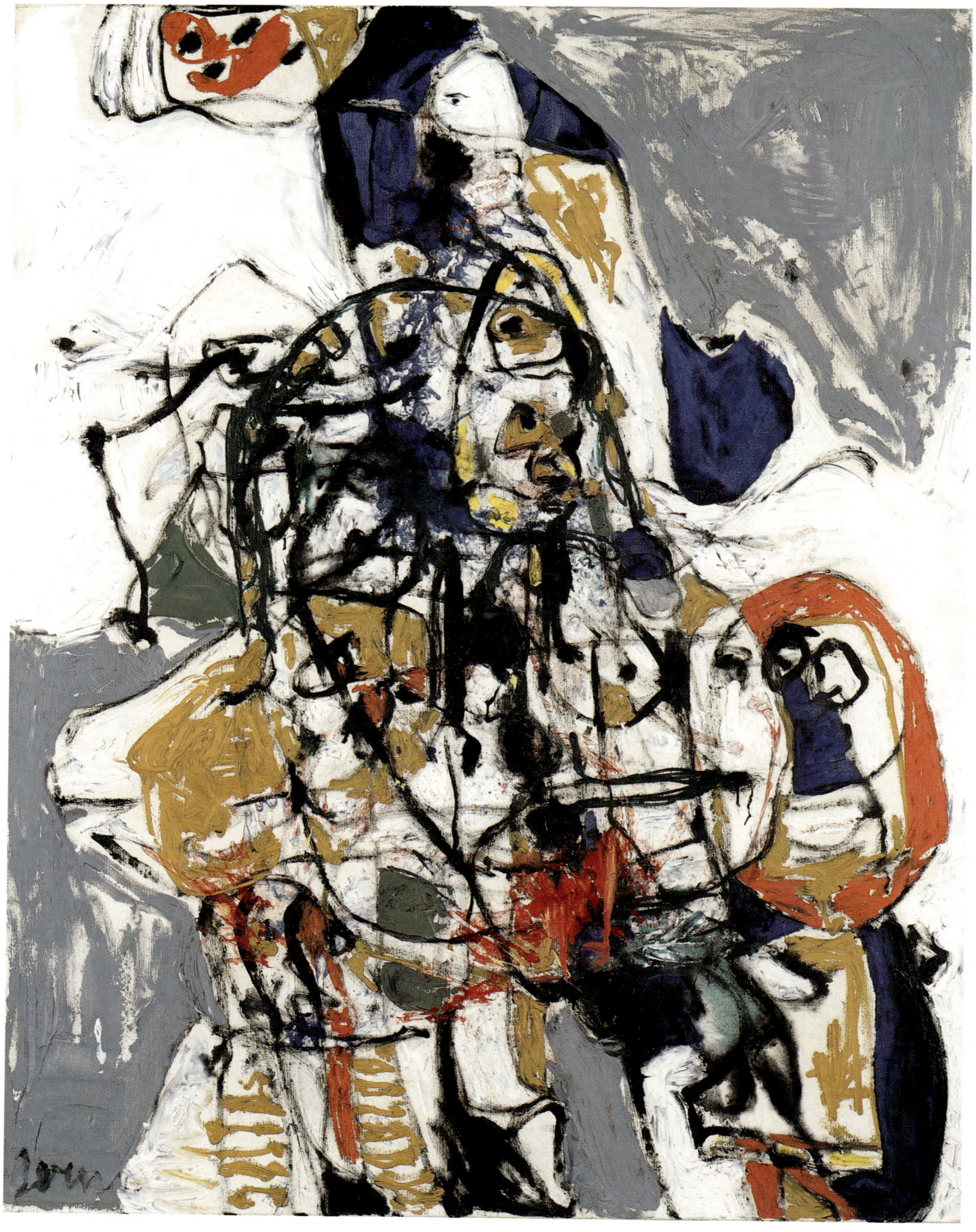

Ballet immobile/Das starre Ballett, 1957

Öl auf Leinwand
162 × 130 cm
Bezeichnet unten links: Jorn
Inv. NG 29/91
Erworben 1991 durch die Schenkung Otto van de Loo, München

Der dänische Maler, Zeichner, Grafiker, Keramiker, Bildhauer und Kunstschriftsteller Asger Jorn war Initiator der Gruppe Cobra, die zwischen 1948 und 1951 bestand. Ihre bewußte Hinwendung zu archaischen Kulturen, zur Volkskunst, zu Kinderzeichnungen, Sgraffiti oder selbst zum Kitsch als unmittelbaren Gestaltäußerungen des Menschen hat auch Jorns gleichermaßen ausdrucksstarkes wie sensitives Schaffen bestimmt. Dabei spielten für ihn die Mythen- und Sagenwelt des Nordens, die Zwischenbereiche zwischen Realität und Phantasie eine wesentliche Rolle. Jorn, der seit 1957 mit dem Galeristen und Sammler Otto van de Loo befreundet war, ging es um eine Verwandlung des Figurativen in eine imaginäre Bedeutungsebene hinein. So erscheint das »Ballet immobile« als eine verschwebende Balance von verwirrender Verstrickung und gelöster Entbindung der grotesken Körperteile und freien Spurenelemente – eingebunden in den leuchtend-atmosphärischen Klang der Bildstrukturen. *FJ*

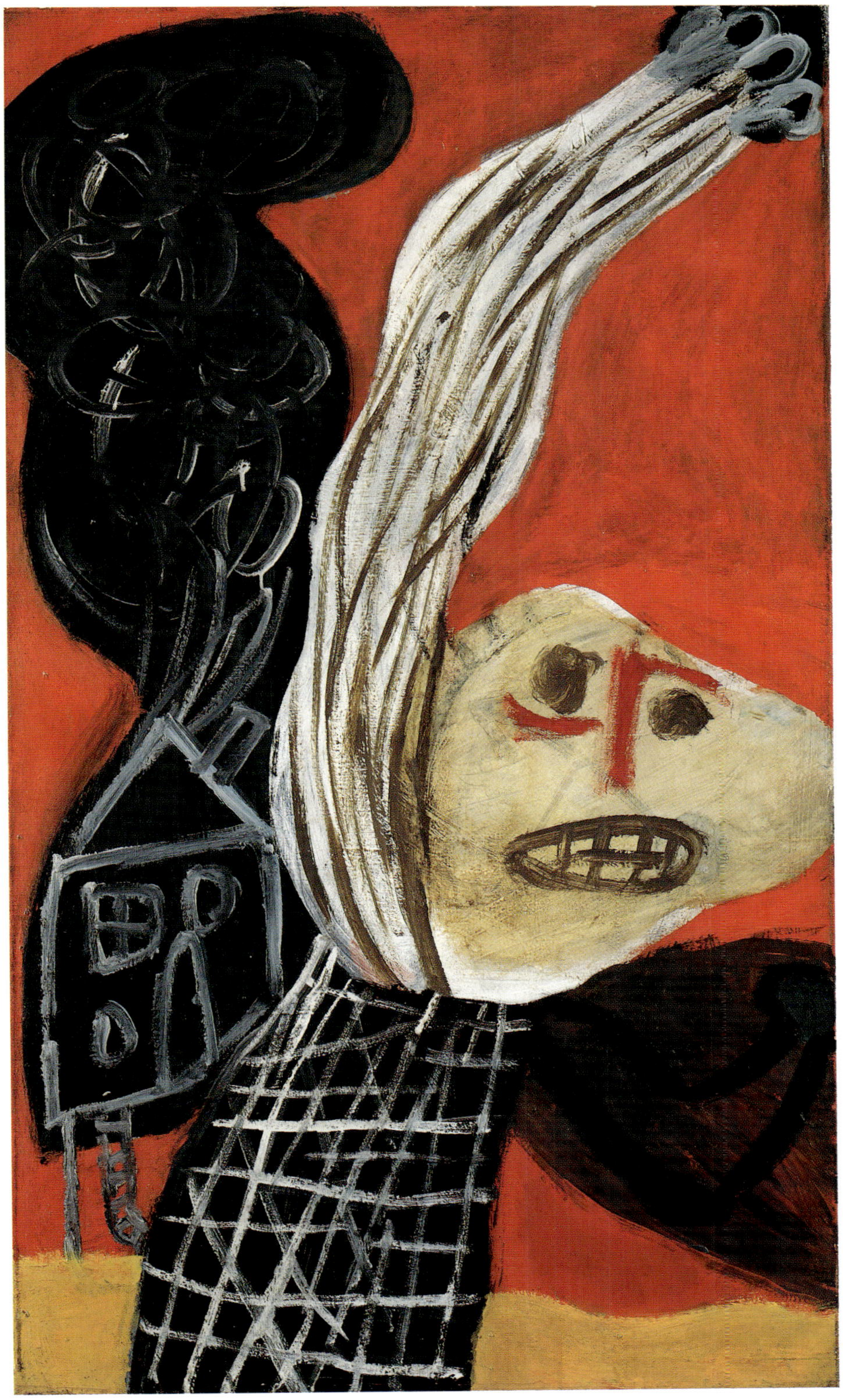

La Guerre / De oorlog I, 1950

Öl auf Leinwand
99,5 × 60 cm
Nicht bezeichnet
Inv. NG 15/91
Erworben 1991 durch die Schenkung Otto van de Loo, München

Constant gehörte im November 1948 zu den Mitbegründern der Gruppe Cobra, in der sich holländische, belgische, dänische und französische Künstler zusammenschlossen. Ihr Anliegen galt einer Kunst, die aktiv gesellschaftliche Veränderungen befördern und mit allgemein verständlichen Formen die ursprüngliche Kreativität des Menschen aktivieren wollte. Deshalb arbeiteten diese Künstler in einer Zeit, in der die abstrakte Kunst immer stärker an Dominanz gewann, bewußt mit gegenständlichen Gestaltungsmitteln, die von Bezügen zum Expressionismus, Surrealismus und zur Naivität der Kinderzeichnung getragen wurden. Für Constant gab 1949 eine Reise durch das kriegszerstörte Deutschland den Anstoß, eine Reihe von Werken zum Thema »Krieg« zu schaffen, die zwischen 1950 und 1952 entstanden. Mit einfachen, ausdrucksstarken Formzeichen bündelt er das grausame Geschehen zu verknappter Eindringlichkeit. *FJ*

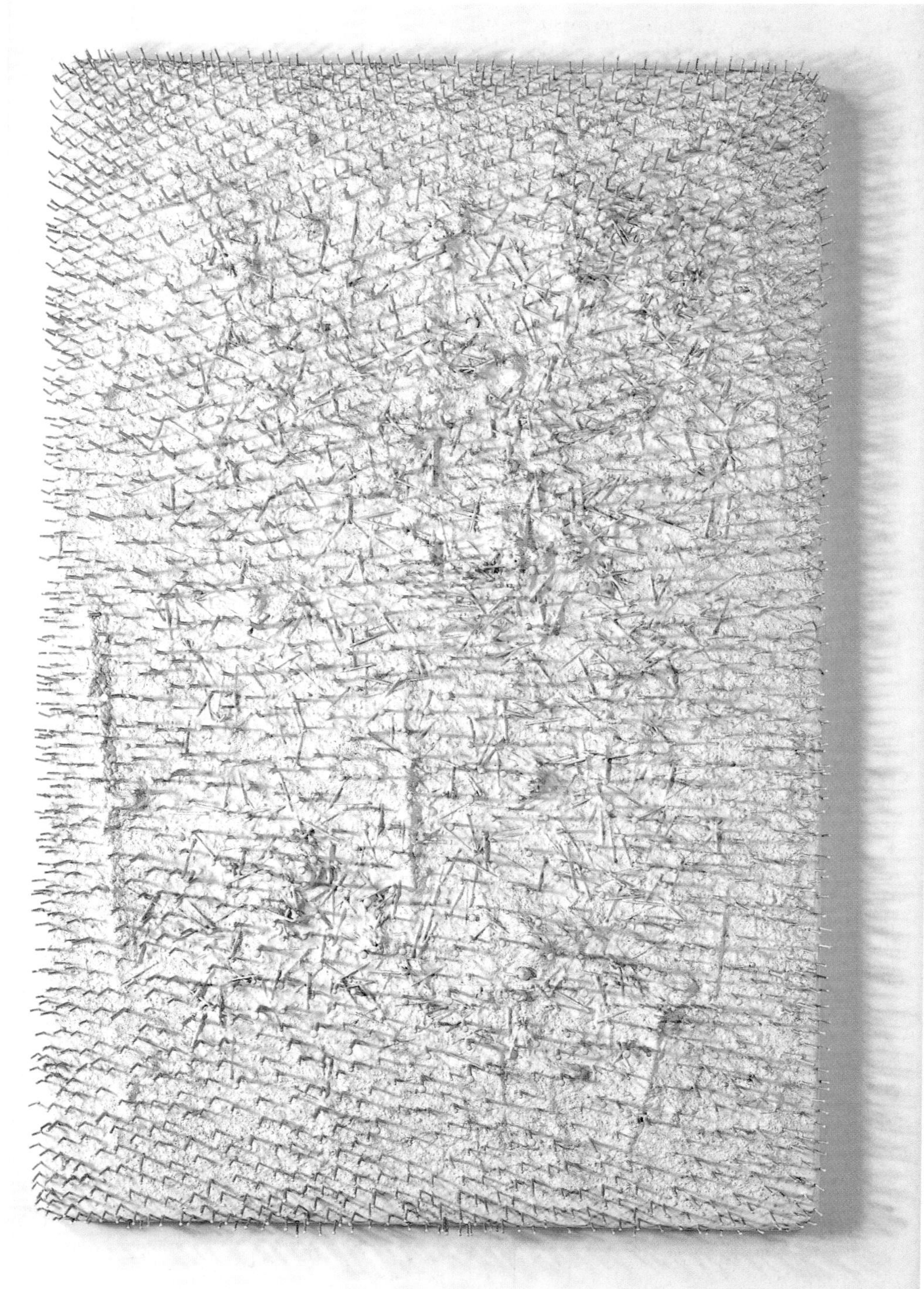

Informelle Struktur, 1957

Nägel und Gips auf Leinwand auf Holz
100 × 70 cm
Inv. NG 121/85
1985 erworben vom Künstler

In einem ersten weiß-monochromen und gleichmäßig übernagelten Feld sind schräg von außen und zu den Bildrändern drängend zahllose Nägel in den Bildgrund geschlagen. Die Nägel im Bildinneren sind zum Teil umgeschlagen und rufen ein sehr differenziertes, aber variables Licht-Schatten-Spiel hervor. Durch den Einfall des Lichts bilden die weißen Nägel Schattenverbände und Reihungen von Lichtreflexen. Ihre Richtung deutet Bewegung und Dynamik an. Der Nagel – als Sprachmedium des Künstlers – dient der Verräumlichung von Bildstruktur und ihrer Konkretisierung. Die in der Sammlung zusammengeführten sechs Arbeiten des Künstlers geben einen Überblick über dessen Werk von den frühen Jahren bis zur Gegenwart. *KH*

IKB 49, 1960

Farbpuder auf Leinwand auf Sperrholz
195 × 140 cm
Inv. B 1084
1977 erworben aus dem Nachlaß des Künstlers aus Mitteln der Stiftung Deutsche Klassenlotterie Berlin

Yves Klein, eine Hauptfigur des Nouveau Réalisme, hatte die blaue Leere und spirituelle Tiefe des Himmels zu seiner künstlerischen Vision erklärt. Von seinen 200 monochrom, mit patentiertem »International Klein Blue« gefaßten Werken zählt »IKB 49« zu den größten Formaten. In ihrer Homogenität entzieht sich die Farbe jeder gegenständlichen Interpretation. Die Farbe selbst wird zum Medium einer fast kosmischen Raumerfahrung. In der Sammlung der Nationalgalerie bildet »IKB 49« ein ebenbürtiges Gegengewicht zu den monumentalen Formaten der amerikanischen Farbfeldmalerei. *KH*

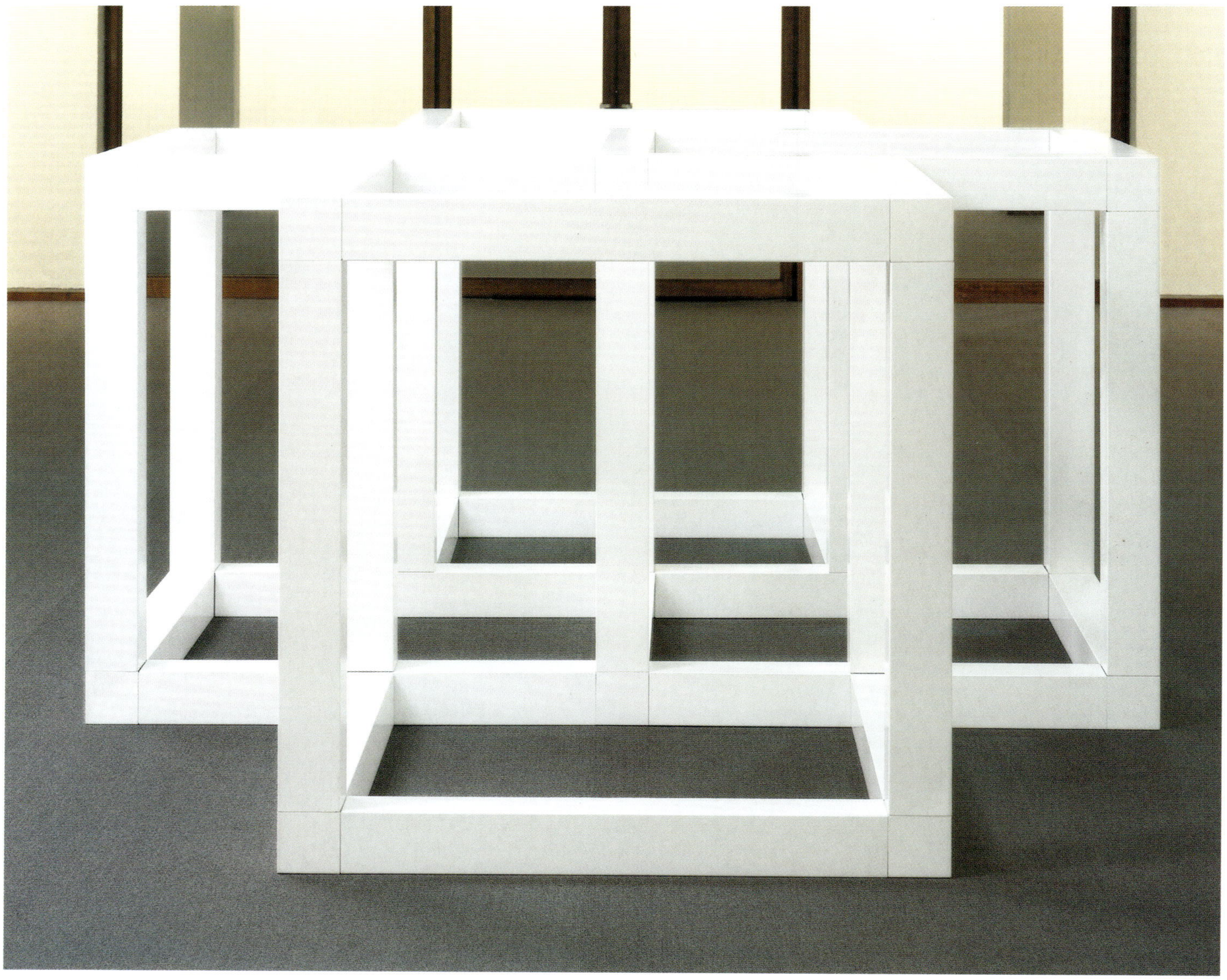

Modular Cube/Modularer Würfel, 1970

Email, Stahl, montiert
160 × 365 × 450 cm
Inv. B 1156
1982 erworben aus Mitteln der Stiftung Deutsche Klassenlotterie Berlin

Der amerikanische Konzept- und Minimal-Künstler Sol LeWitt bezeichnet seine seit 1966 entstandenen offenen Würfelformen als »Strukturen«. Er verweist damit auf eine über die Gestalt des einzelnen Werkes hinausgehende Programmatik: Diese geometrischen, gestängeartig zusammengefügten Raumobjekte werden jeweils als ein in sich geschlossenes, objektiviertes System begriffen, das – auch in seinen möglichen Variationen – wie ein Wahrnehmungsraster der Realität gegenübergestellt wird. Das Berliner Werk, das 1981 in der Neuen Nationalgalerie aufgestellt und ein Jahr später von der Galerie Konrad Fischer in Düsseldorf erworben wurde, besteht aus vier gleichen Würfeln, deren Verknüpfung die Spannungen unterschiedlicher Raumgliederungen zur Anschauung bringt. *FJ*

Who's Afraid of Red, Yellow and Blue IV/ Wer hat Angst vor Rot, Gelb und Blau IV, 1969/70

Acryl auf Leinwand
274,3 × 604,5 cm
Inv. NG 5/82; FNG 40/82
1982 erworben von Annalee Newman aus Mitteln der Stiftung und des Vereins der Freunde der Nationalgalerie

Das letzte Werk des wichtigsten Vertreters der amerikanischen Farbfeldmalerei gehört zu einem vierteiligen Zyklus. Seit 1948 beschränkte Newman sich auf die Ausdruckskraft der Linie und Fläche. Den Sinn der Malerei sah er darin, das Erleben des Erhabenen zu ermöglichen. Die Farbflächen umschließen den Betrachter auf drei Raumebenen. Die Konfrontation mit großen monochromen Flächen läßt keine Rückkoppelung an vertraute Vorstellungen zu, sondern verweist den Betrachter auf sich selbst als Betrachtenden: das Bild als Meditationsobjekt zur selbstvergessenen Versenkung. Der Ankauf dieses bedeutenden Werkes der Moderne verdankt sich dem besonderen Engagement von Dieter Honisch. In dem für die Nationalgalerie so entscheidenden Sammlungskonzept eines europäisch-amerikanischen Dialogs hat »Who's Afraid of Red, Yellow and Blue IV« bis heute einen unschätzbaren Stellenwert. *KH*

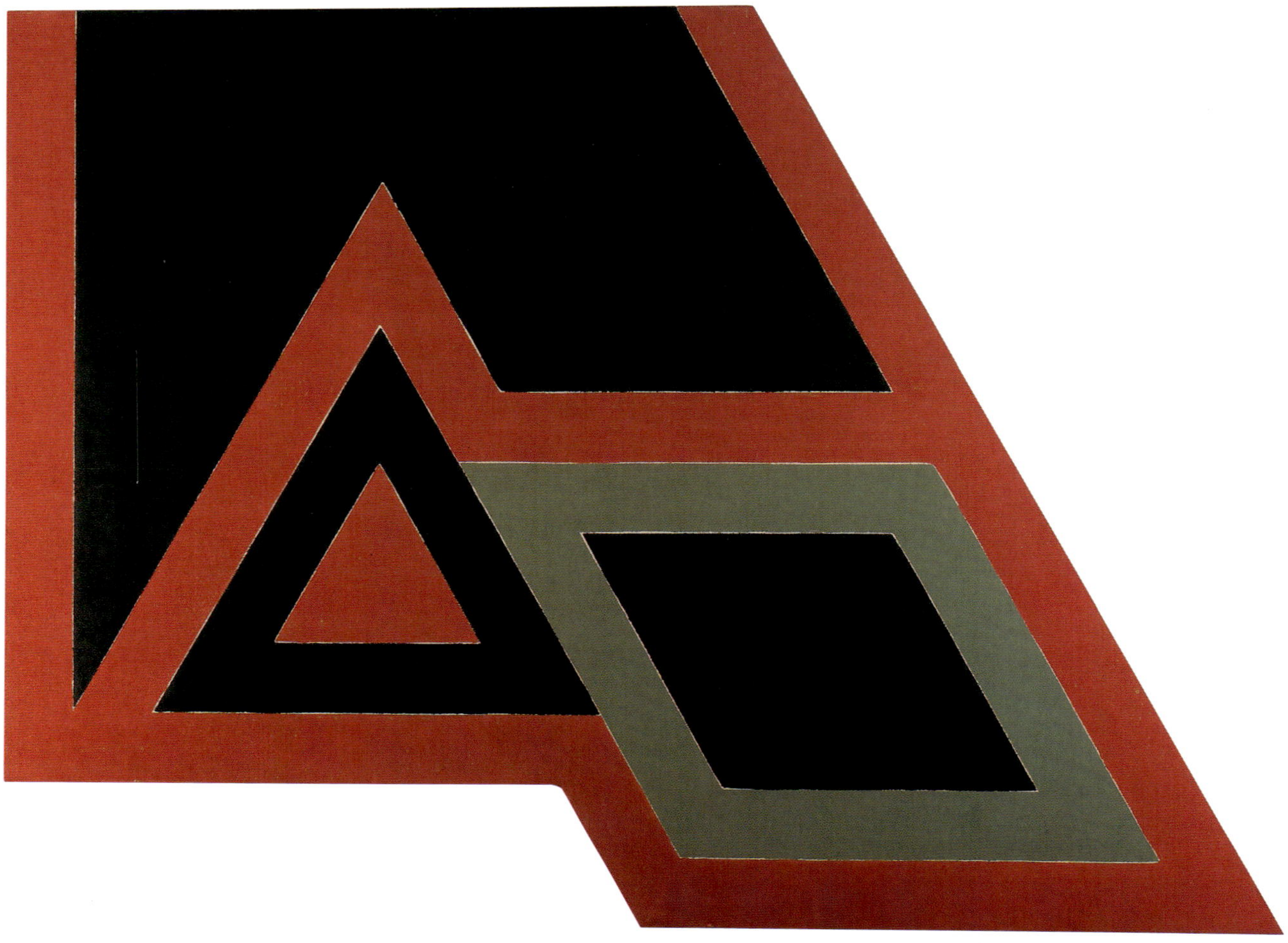

Sanbornville I, 1966

Fluoreszierende Alkydharz- und Epoxidfarbe auf Leinwand
264 × 371 × 10 cm
Inv. B 1063
1975 erworben von der Galerie m, konkrete Kunst, Bochum, aus Mitteln der Stiftung Deutsche Klassenlotterie Berlin

Zwischen 1965 bis 1967 entwickelte Stella die »shaped canvases« (geformte Leinwände): das Bildformat wird nicht nur dem Umfang, sondern auch der Gestalt der Bildelemente angepaßt. Die Entstehungsgeschichte dieser Idee reicht bis in die Renaissance zurück. Vor allem in der Landschaftsmalerei wurden Ausblicke durch Bäume oder Felsen häufig als Rundformat (»Tondo«) gefaßt. Bei Frank Stella erhält diese Identität von Bildstruktur und Bildformat eine ungleich radikalere Konsequenz. Die Bildelemente scheinen das Bild zu sprengen, die Kunst gewinnt eine explosive Wirkungsgewalt. *MW*

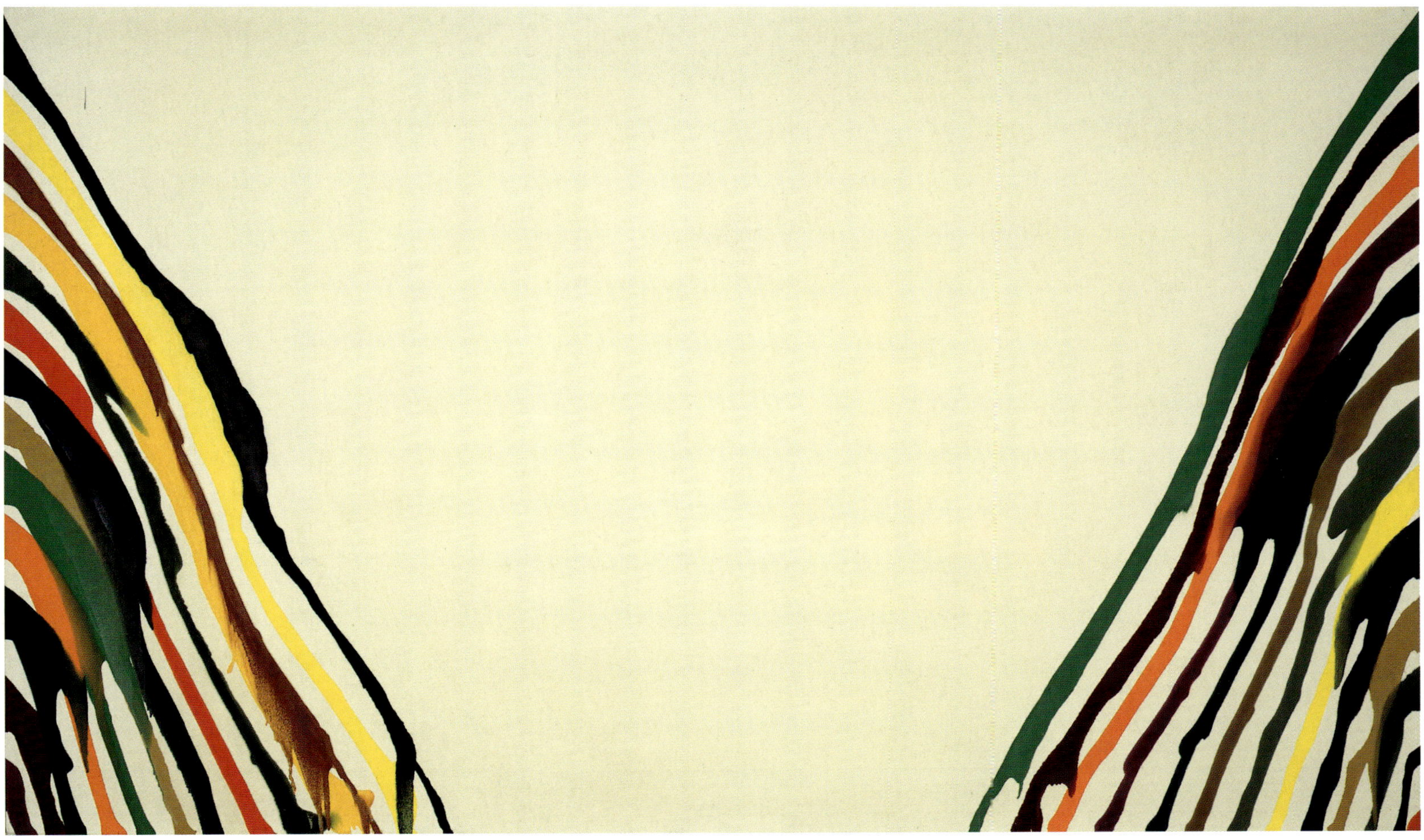

Beta Zeta, 1960–61

Acryl auf Leinwand
255 × 439 cm
Inv. FNG 58/91
1991 erworben von der Galerie Neuendorf, Frankfurt/Main, durch den Verein der Freunde der Nationalgalerie

Als einer der Hauptvertreter der Post-Painterly Abstraction begann Louis seit 1952 mit neuen Materialien und Techniken zu experimentieren, insbesondere mit fließender, die Leinwand tränkender Farbe. Von 1960 bis 1961 entstand die 150 Arbeiten umfassende Werkgruppe der »Unfurleds«, von denen er nur zwei betitelte. Für die Serie nutze er eine besonders stark fließende, 1960 speziell für ihn hergestellte Acrylfarbe. So konnten die kräftigen Farben in parallelen, voneinander getrennten Bahnen, entweder von den Ecken unter Aussparung der Mitte, oder vom Zentrum ausgehend, verlaufen. Die Farbstreifen werden von den Kanten überschnitten, wodurch sie imaginär über den Bildrand hinaus weiterlaufen.
KH

Tafraoute, 1965

Öl auf Leinwand
250 × 270 cm
Inv. B 1247
1984 erworben vom Künstler aus Mitteln der Stiftung Deutsche Klassenlotterie Berlin

Die deutsche Kunst der 1950er Jahre wurde vorrangig durch die von Spontaneität und Farbreduktion gekennzeichnete Informelle Kunst bestimmt. Geiger, der auf die Tradition des Bauhauses und die amerikanische Farbfeldmalerei der 1960er Jahre zurückgriff, bevorzugte große Farbflächen. In Deutschland übernahm er damit die Position eines Vorreiters und schuf – von einem elementaren Landschaftserlebnis ausgehend – bereits sehr früh große vibrierende Farbflächen mit fein nuancierten Übergängen. Die Farbe entkörperlicht Farbgrund und Farbträger und wird freigesetzt als pures Licht. *KH*

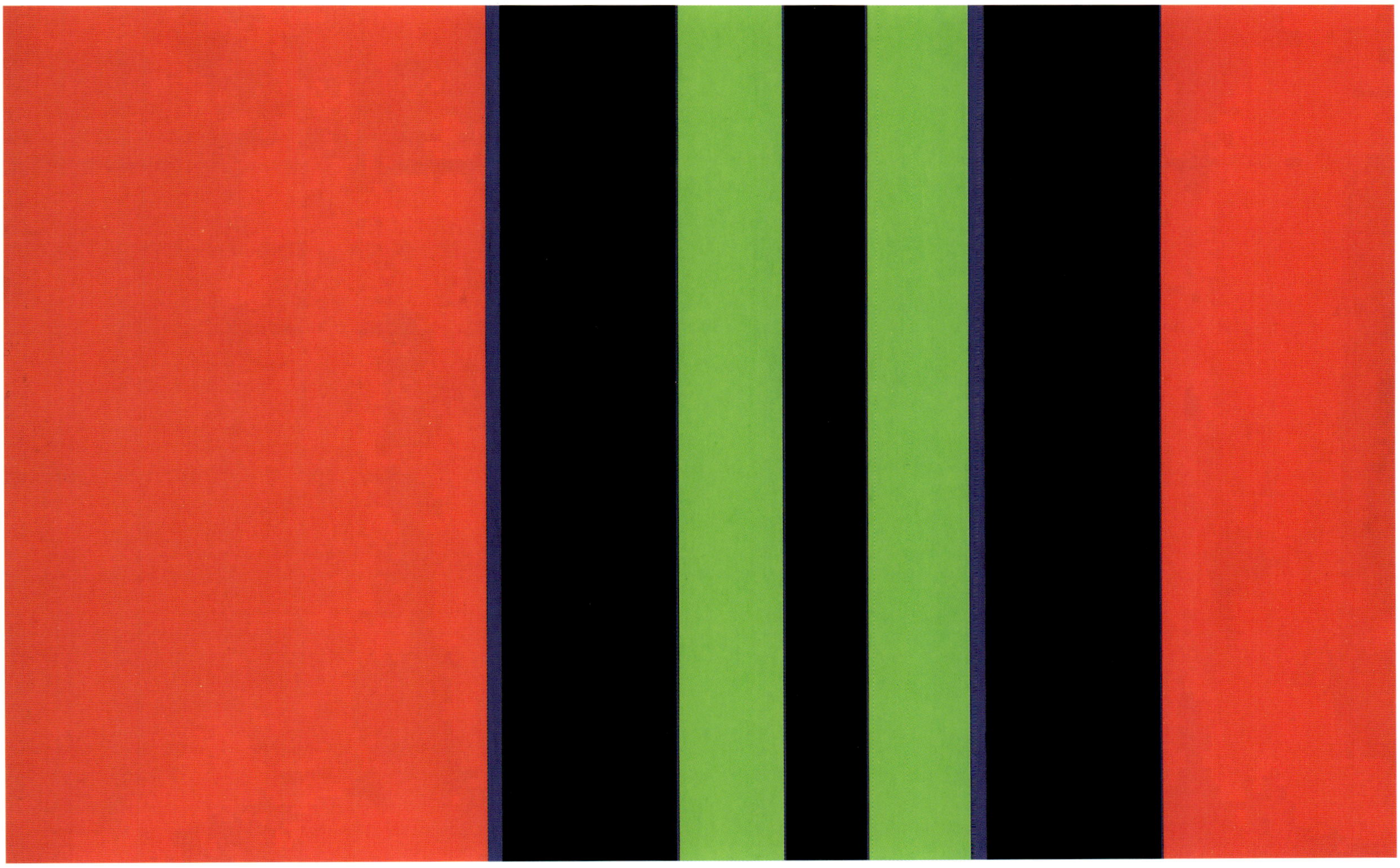

Lichtgrundiertes Dunkel (Forderung), 1976

Acryl auf Leinwand
195 × 308 cm
Inv. FNG 17/82
1982 Stiftung des Künstlers an den Verein der Freunde der Nationalgalerie (Hommage an Barnett Newman)

Günter Fruhtrunk war in seinen Anfängen der strengen Geometrie des Bauhaus verpflichtet. In den 1960er Jahren gewinnt die Farbe jedoch zunehmend an Bedeutung; sie wird zum ordnungssprengenden Irritationsmoment. In »Lichtgrundiertes Dunkel (Forderung)« bewirkt die asymmetrische Reihung von Intervallen eine dynamische Wechselwirkung, gesteigert durch die Austauschbarkeit von Figur und Grund oder Positiv und Negativ. Als »Hommage« stiftete der Künstler dieses Werk anläßlich der Erwerbung von Barnett Newmans Bild »Who's Afraid of Red, Yellow and Blue IV« 1982 der Nationalgalerie, womit die Sammlung von insgesamt sieben Arbeiten Fruhtrunks um eine weitere ergänzt wurde. *KH*

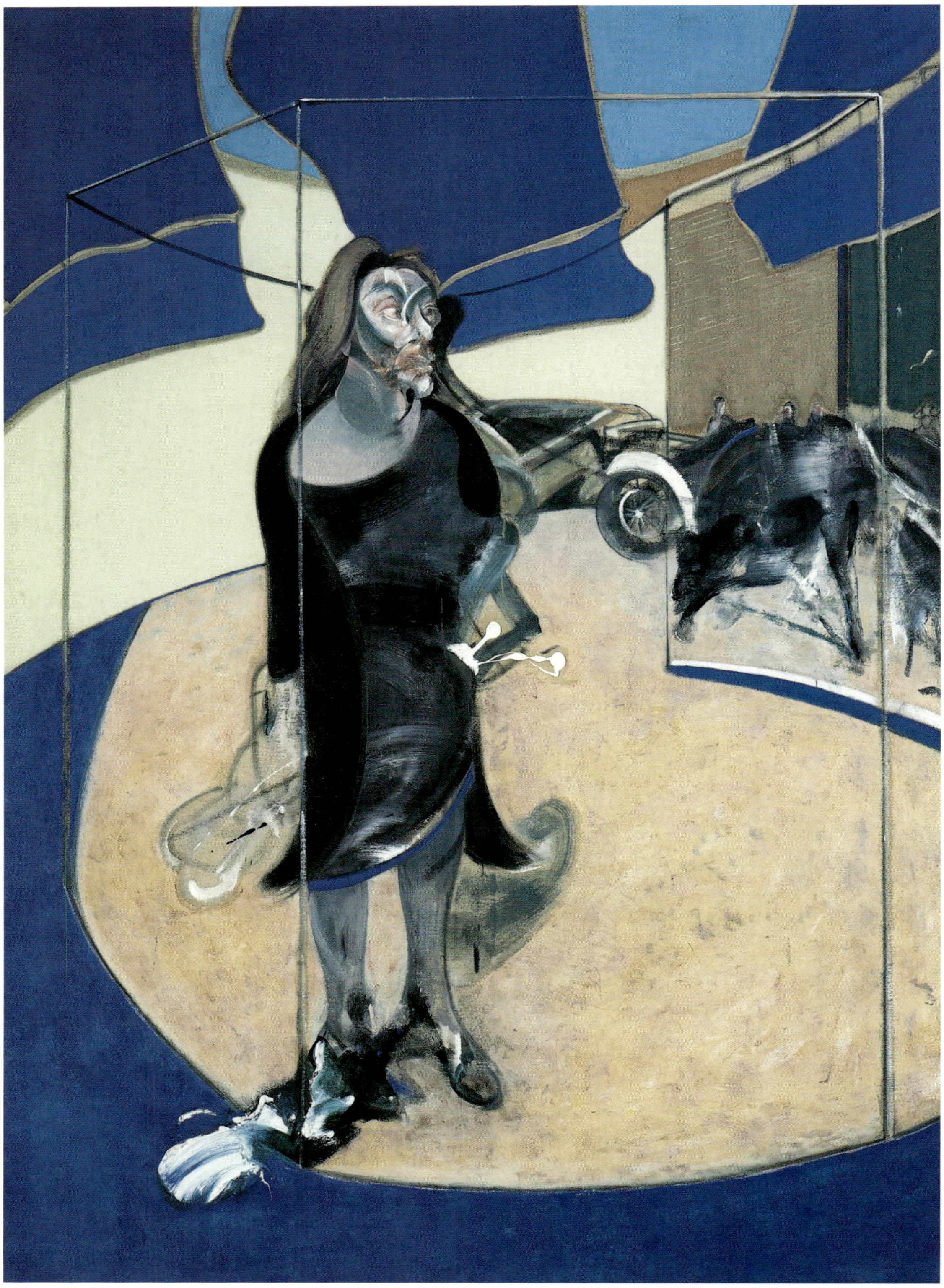

Portrait of Isabel Rawsthorne Standing in a Street of Soho/Porträt der Isabel Rawsthorne, in einer Straße in Soho stehend, 1967

Öl auf Leinwand
198 × 147 cm
Inv. B 897
1967 erworben durch die Deutsche Gesellschaft für bildende Kunst e. V. (Berliner Kunstverein) mit Zuwendungen der Stiftung Deutsche Klassenlotterie Berlin

Francis Bacon hat immer wieder seine Freunde als Akteure seines zerrissenen Welttheaters ins Bild geholt – überwiegend nicht nach dem lebenden Modell, sondern nach Fotos gemalt. »Ich möchte den Gegenstand weit über seine Entstehung hinaus entstellen, in der Entstellung aber ihn zurückbringen auf eine Aufzeichnung seiner Erscheinung«, sagte er 1966. So sind zwischen 1965 und 1970 auch mehr als zwanzig Porträts der Malerin Isabel Rawsthorne entstanden, die – in Paris lange Jahre mit Alberto Giacometti bekannt – zum unmittelbaren Freundeskreis Bacons gehörte. Mit ihrer unverstellten und vitalen Lebenshaltung hat sie Bacon zu heftig bewegten Szenerien animiert, in denen der zwanghafte Bezug zwischen Mensch und Zivilisation dramatisch ins Bild gesetzt wird. Über die Marlborough Fine Arts Ltd., London, kam das Gemälde 1967 in die Nationalgalerie Berlin (West). *FJ*

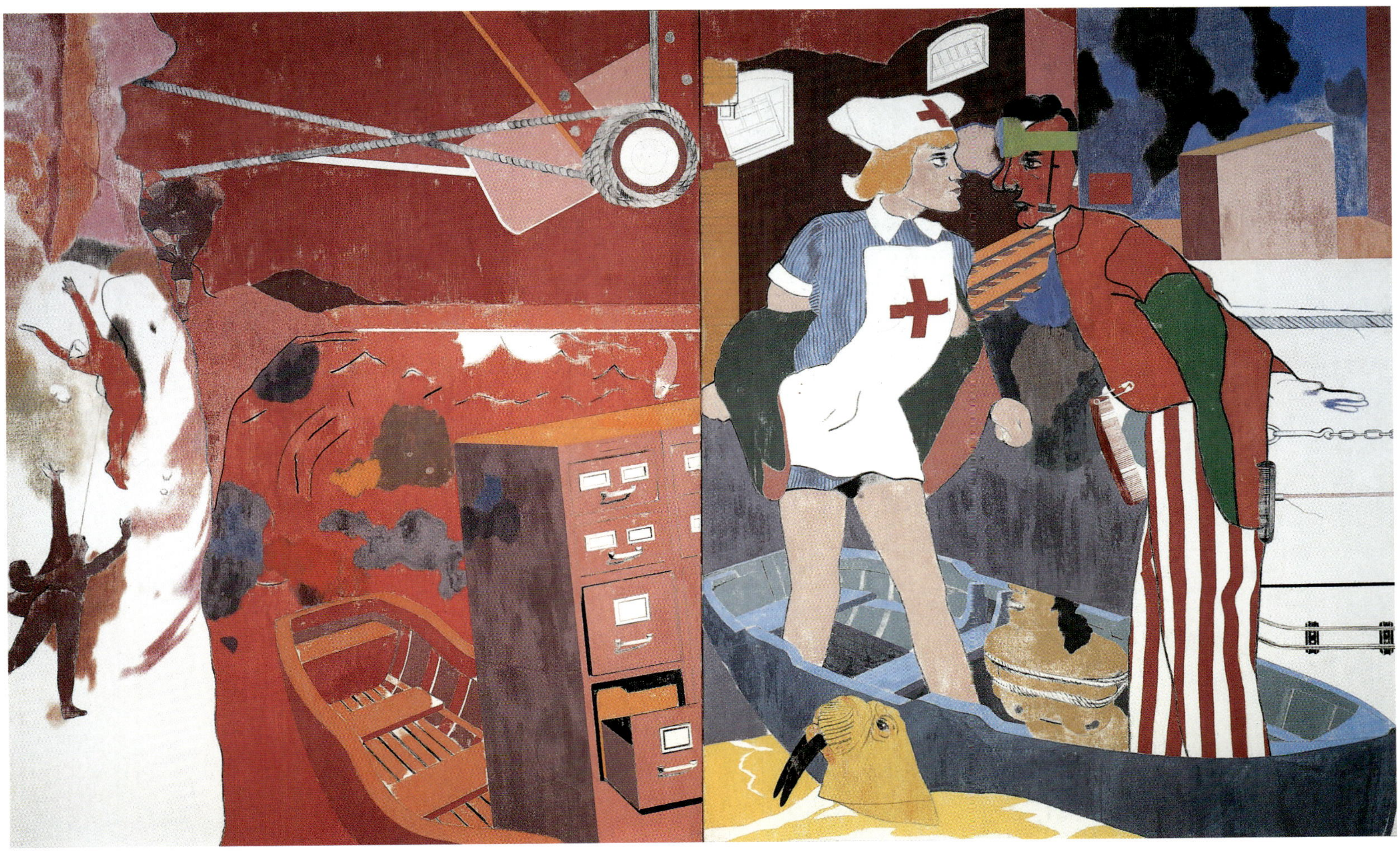

Erie Shore, 1966

Öl auf Leinwand
183 × 305 cm
Inv. NG 27/68
1968 erworben von der Marlborough Fine Arts Ltd., London

Der amerikanische Maler Ronald B. Kitaj, der überwiegend in England lebt und dort Anfang der 1960er Jahre wie David Hockney oder Allen Jones zur aufstrebenden Szene junger englischer Künstler gehörte, verbindet die Form der Pop Art mit einer durchaus gesellschaftskritischen Haltung. In dem Diptychon »Erie Shore« wird die Zerstörung der Natur durch die Industrie am heimatlichen Eriesee zum Bildgegenstand. Die collageartige Stückung, der kontrastreiche Wechsel zwischen den Bildpartien und die karikierende Übersteigerung führen zu einer ausdrucksbetonten, unruhig-bewegten Gesamtwirkung. *FJ*

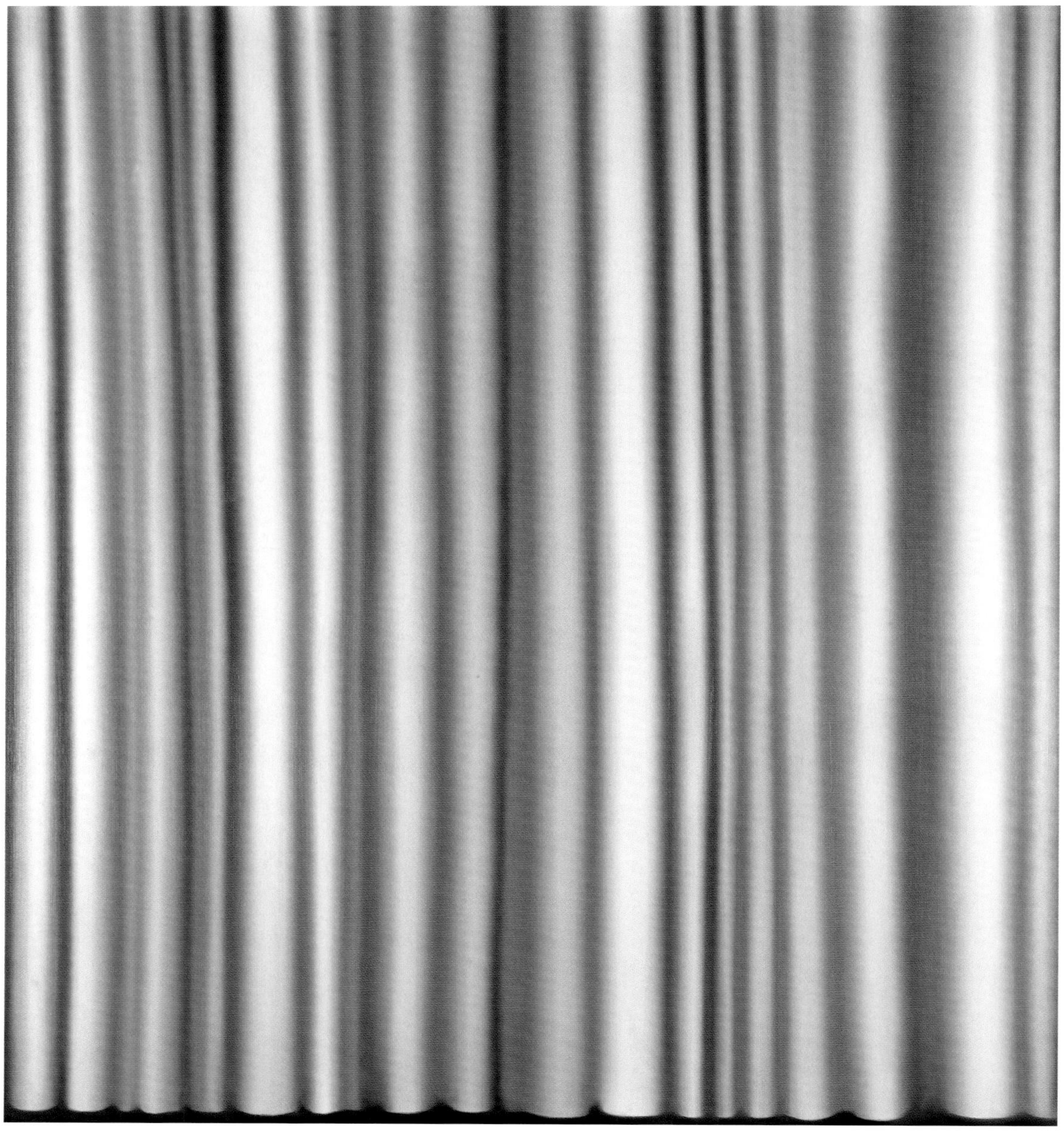

Vorhang III (Hell), 1965

Öl auf Leinwand
200 × 195 cm
Inv. B 1062
1975 erworben von der Galerie Reinhard Onnasch, Köln, aus Mitteln der Stiftung Deutsche Klassenlotterie Berlin

Als Auseinandersetzung mit der Realität im Bild spielte die Fotografie bei Gerhard Richter von Anbeginn eine große Rolle. Die sprichwörtliche fotografische Präzision wird jedoch in ihr verwaschenes Gegenteil verkehrt; die Gegenstände verschwimmen im Licht. Richter findet gleichsam zu den ethymologischen Wurzeln des Begriffes Foto-Grafie zurück. Tatsächlich sind seine Werke Licht-Malereien. Pinselstriche und andere Spuren handwerklicher Arbeit sind fast vollständig getilgt. Auch der »Vorhang« hat durch die virtuose Hand des Künstlers die materielle Stofflichkeit eines wirklichen Vorhangs längst verloren; er ist sublimiert zu purem Licht. *KH*

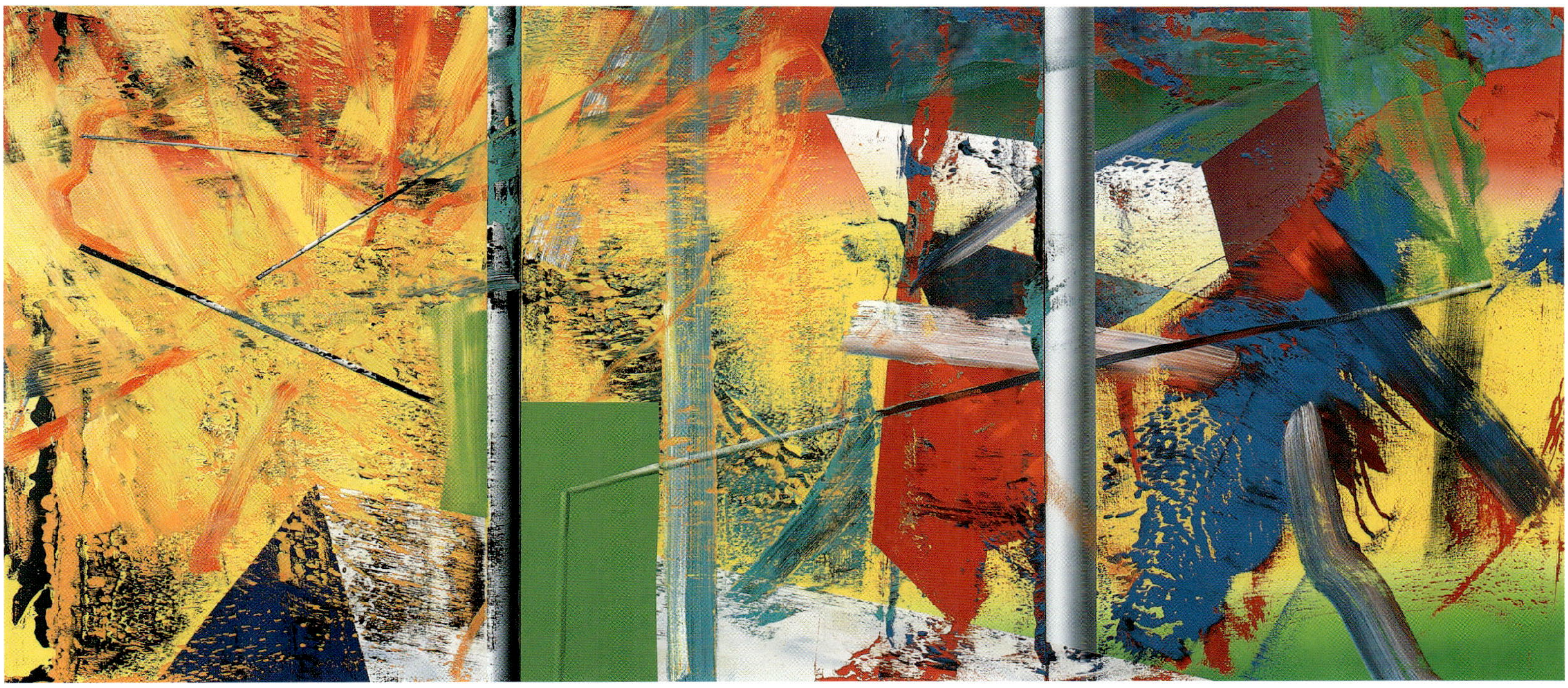

Atelier, 1985

Öl auf Leinwand
3 Tafeln je 260 × 200 cm
Inv. NG 71/85
1985 erworben vom Künstler

Seit 1983 beherrschen abstrakte, gespachtelte Farbexplosionen das Œuvre des Künstlers, die für die Entwicklung der deutschen Kunst einen bedeutenden Akzent setzen und mit denen er an die gestisch-expressive Malerei der Nachkriegszeit anschließt. Geplante Spontaneität unter Nutzung aller Möglichkeiten des Farbauftrags und der Farbbearbeitung kennzeichnen das Werk. Farben bilden Räume und Durchblicke in den Ort des künstlerischen Geschehens, das »Röhrenmotiv« der »Vorhang«-Serie wird in diesem Bild aufgegriffen, das so eine sinnvolle Ergänzung innerhalb des Werkbestandes der Nationalgalerie darstellt. *KH*

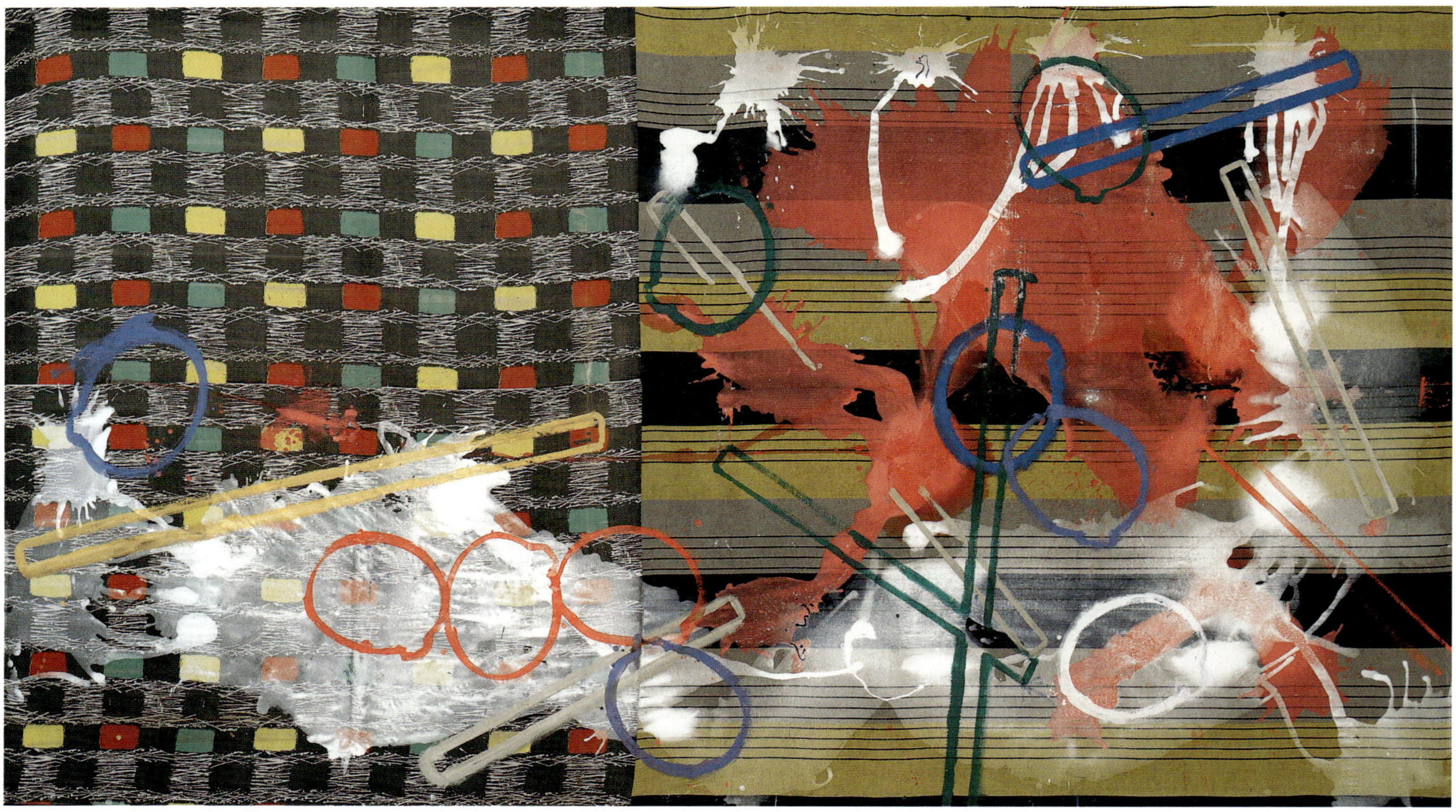

Manöverschaden, 1986

Dispersionsfarbe auf Dekostoff
210 × 380 cm
Inv. B 1352
1994 erworben von der Galerie Schmela, Düsseldorf, aus Mitteln der Stiftung Deutsche Klassenlotterie Berlin

Die Wurzeln von Polkes Kunst liegen in den frühen 1960er Jahren in Düsseldorf, wo er zusammen mit Gerhard Richter den »Kapitalistischen Realismus« propagierte, mit dem die aus der DDR übergesiedelten Künstler Distanz zur Pop Art wie auch zum Sozialistischen Realismus signalisieren wollten. Polkes Kunst ist ungewöhnlich: Er experimentiert mit giftigen Farben und ungewöhnlichen Lacken und ihren (Langzeit-)Wirkungen und verwendet Bildträger wie gemusterte Dekorstoffe, Anzugstoffe, Sackleinen, Filz oder Wolldecken. Emotionale, gestische spontane Figurationen entstehen, wobei nicht das Motiv, sondern die Metamorphose während des Entstehungsprozesses auf trivialen Malgründen wichtig ist. *KH*

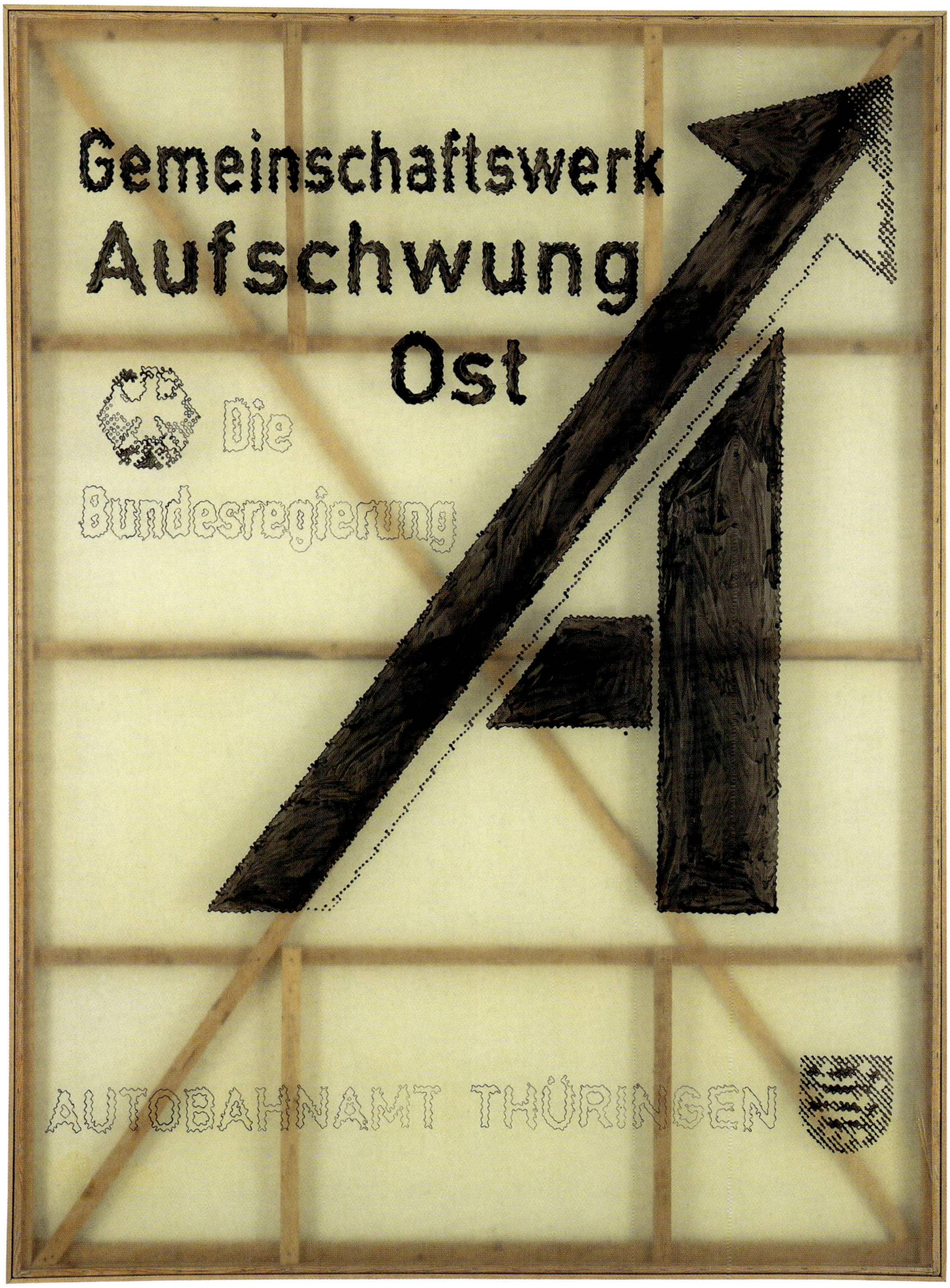

Gemeinschaftswerk Aufschwung Ost, 1991

Kunstharzlack und Kunststoffsiegel auf Polyestergewebe
300 × 225 cm
Inv. B 1364
1998 Geschenk vom Künstler

Viele Bilder Polkes lassen sich als Kommentar zur Gegenwart lesen. Rationales und Irrationales, Ironie und Magie verbinden sich in diesem wesentlichen Werk mit Zeitgeist, pointensicherem Einfallsreichtum und gestalterischer Kraft. Ironisch und bissig zeigt Polke das auf, worüber sich der Betrachter oftmals (hinweg-)täuscht oder was er nicht wahrhaben will. Kurz nach der Wiedervereinigung der beiden deutschen Staaten entstand dieses großformatige Werk. Der Kontrast zwischen der positivistischen Aussage der Worte in Kombination mit dem diagonal nach oben ausgerichteten Pfeil – wie eine statistische Hochkonjunkturlinie – und dem membranartigen, höchst fragil erscheinenden Bildgrund könnte kaum größer sein. Unbeantwortet bleibt, ob den Aufschwung im Osten der Westen bedingte oder der Westen durch den Aufschwung im Osten eine wirtschaftliche Stärkung erhielt. *KH*

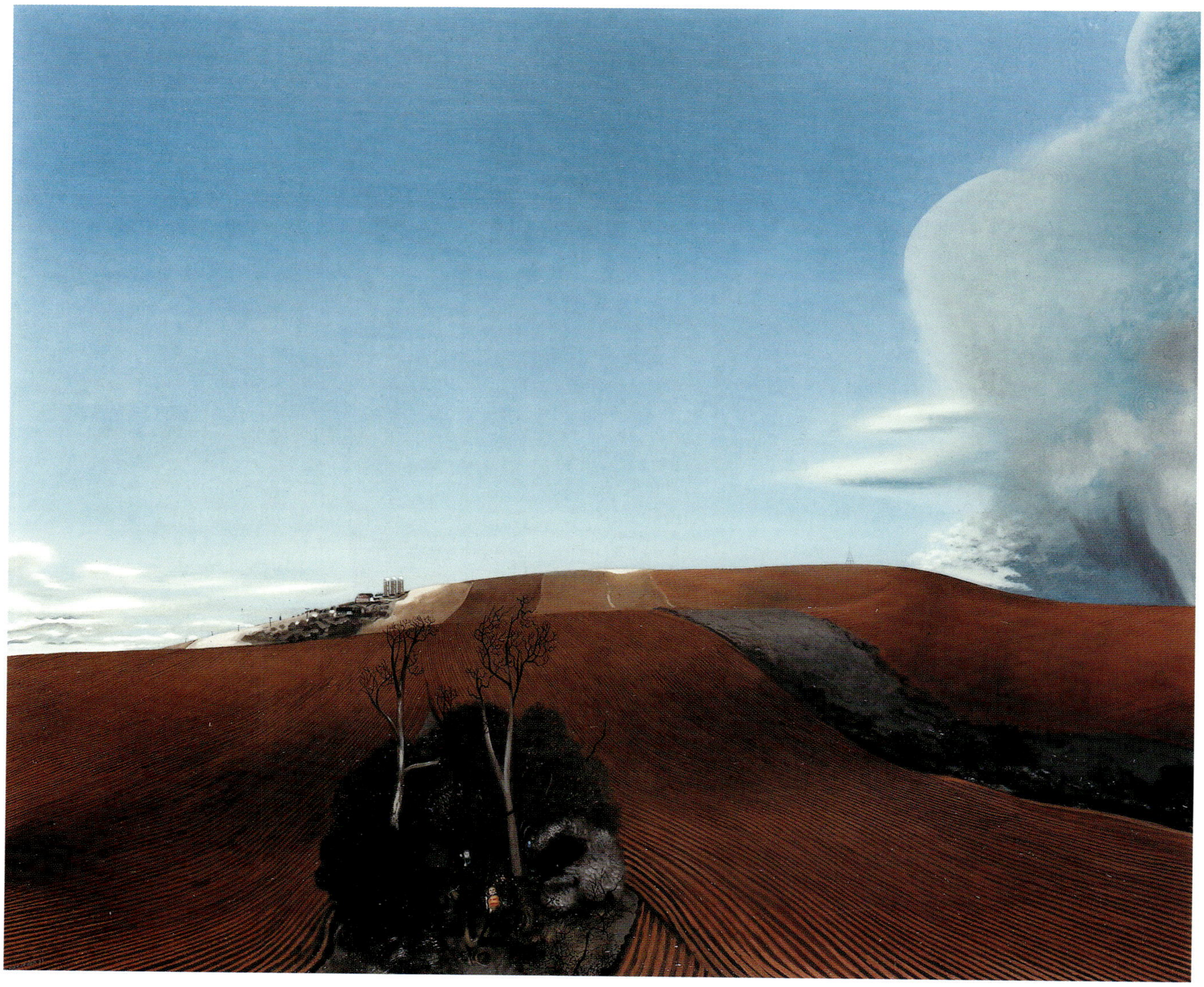

Ein weites Feld, 1973

Öl auf Hartfaser
105 × 128,5 cm
Bezeichnet unten links: W. MATTHEUER 73
Inv. A IV 309
1974 erworben vom Künstler

Bereits in den 1960er Jahren erregte Mattheuer zunehmend Aufsehen durch sein Vermögen, in Bildern von erstaunlicher sinnlicher Prägnanz auf Widersprüche und Konflikte der gesellschaftlichen Entwicklung zu reagieren. Die Nationalgalerie erwarb zuerst 1967 mit der »Bratsker Landschaft«, später mit »Horizont«, »Ein weites Feld« und »Die Ausgezeichnete« wichtige Facetten seines künstlerischen Diskurses. Dinglich konkret und suggestiv in der Farbe ist diese Bildwelt, in der das einfach Schöne und das bohrend Fragwürdige dicht beieinander liegen. *MT*

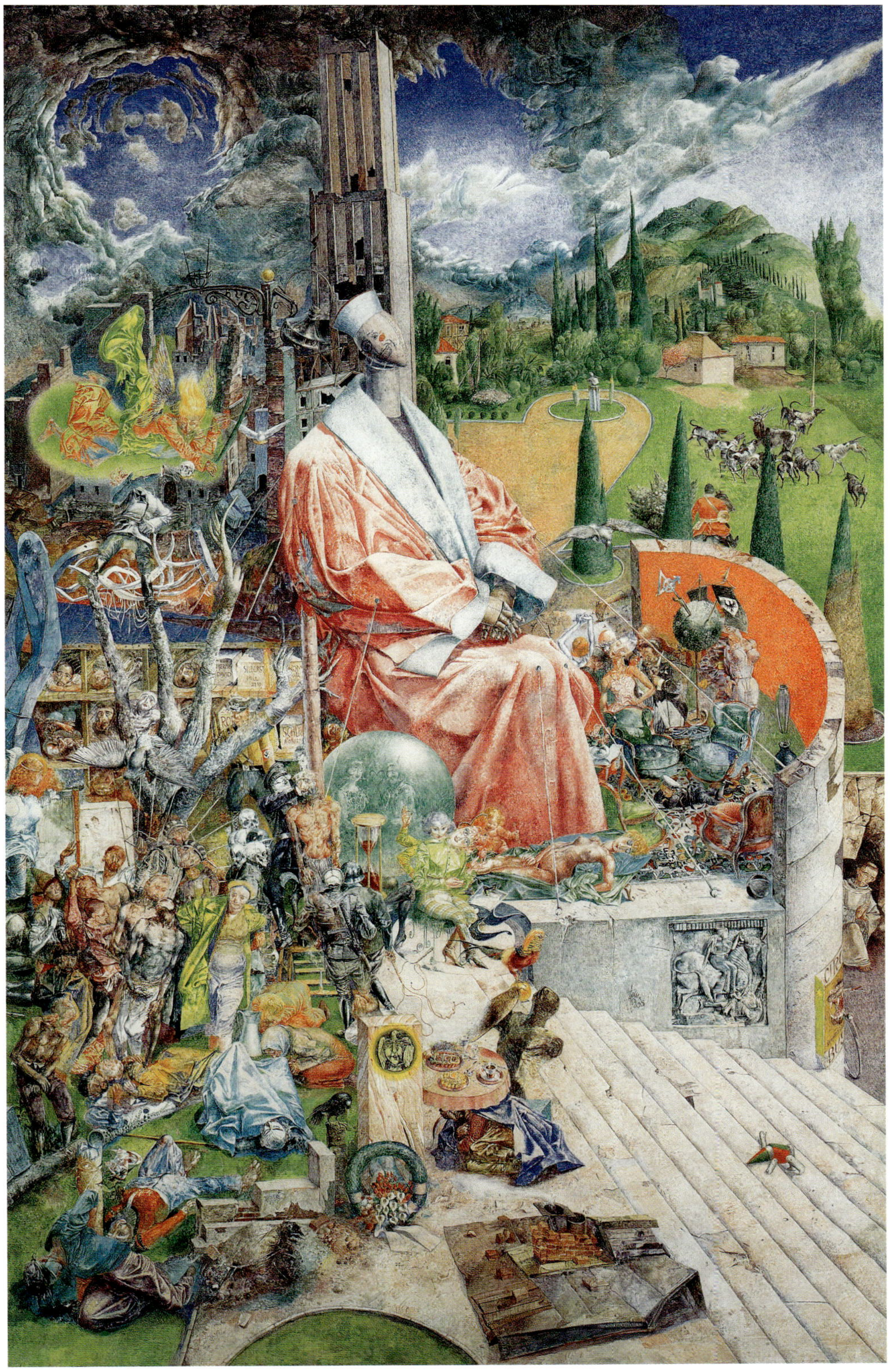

Lebenserinnerungen des Dr. jur. Schulze (III), 1965

Tempera auf Leinwand auf Holz
188 × 121 cm
Bezeichnet unten rechts: Tübke 1965
Inv. A IV 581
1987 erworben als Übereignung des Rates des Bezirkes Leipzig (aus Mitteln des Kulturfonds der DDR); ausgestellt in der Nationalgalerie seit 1965

In einer Folge von insgesamt elf Fassungen dieses Themas hat Tübke von 1965 bis 1967 die Psyche eines nationalsozialistischen Henkers reflektiert. Die vorliegende dritte Fassung wurde unmittelbar nach ihrem Debüt auf der Leipziger Kunstausstellung von der Nationalgalerie als Leihgabe erbeten, wo sie seit Sommer 1965 – der Neueröffnung des Alten Museums – fast ständig zu sehen war. Der hohe intellektuelle Anspruch und die bildnerische Stringenz dieses »schrill, wider den Strich« (Tübke) gemalten Werkes machten es für die Sammlung der Nationalgalerie unentbehrlich. *MT*

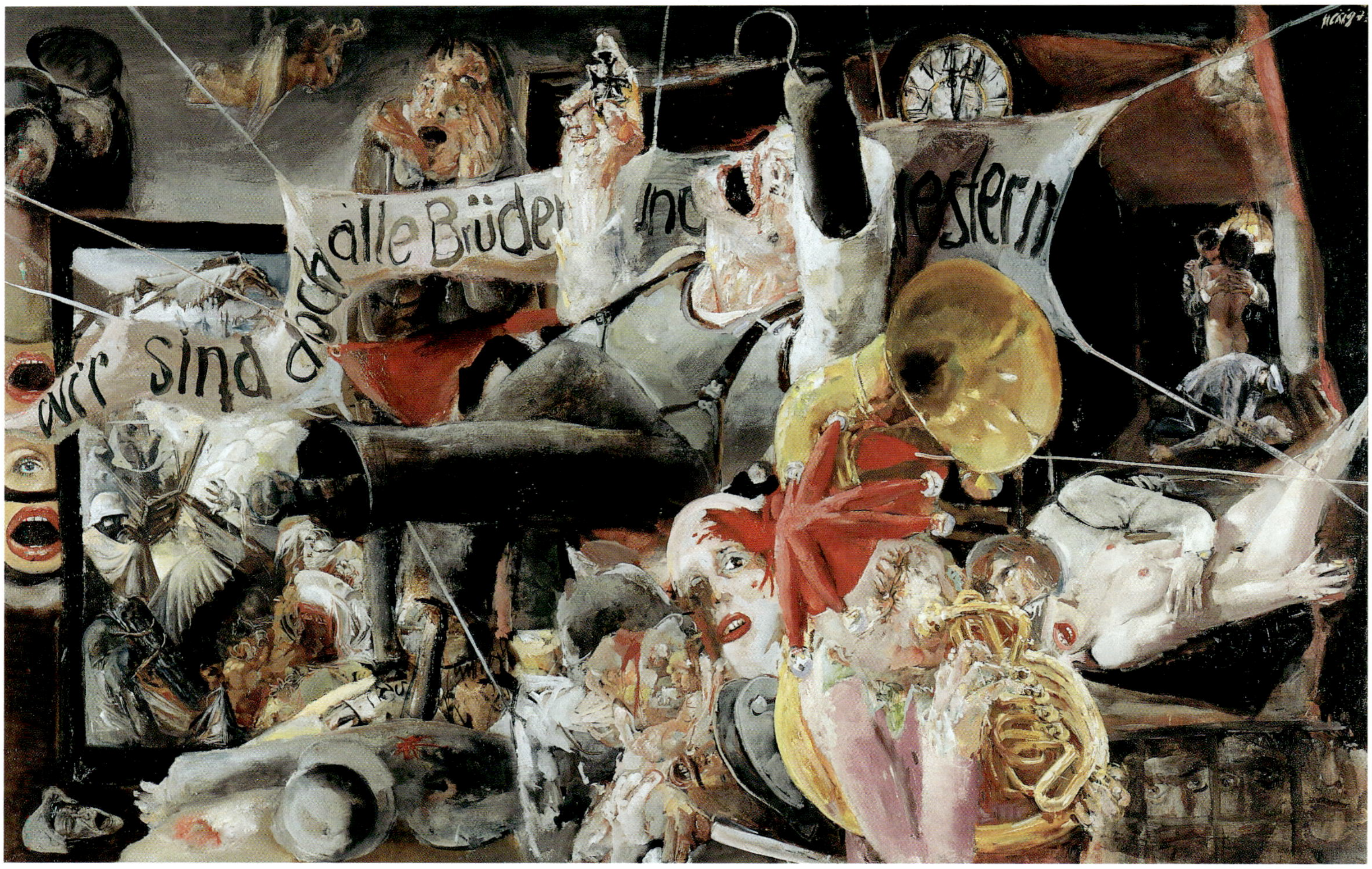

Beharrlichkeit des Vergessens, 1977

Öl auf Leinwand
151 × 242 cm
Bezeichnet oben rechts: Heisig 77
Inv. A IV 367
1979 erworben vom Künstler aus Mitteln des Kulturfonds der DDR

Der Zweite Weltkrieg und seine Folgen beschäftigte Heisig immer wieder in seinen aufgewühlten Kompositionen, die durch ihr kaleidoskophaft reiches Assoziationsspektrum und ihr malerisches Furioso gleichermaßen zur Auseinandersetzung provozieren. Hier sind widersprüchlichste, teils bizarre Techniken der »Vergangenheitsbewältigung« in alptraumhafter Bedrängnis konfrontiert. Dynamik, Dramatik, Dialektik sind Kennzeichen für Heisigs bildnerisches Verfahren, das auch in seinem sichtlich vitalen Genuß am malerischen Vorgang bahnbrechend war. *MT*

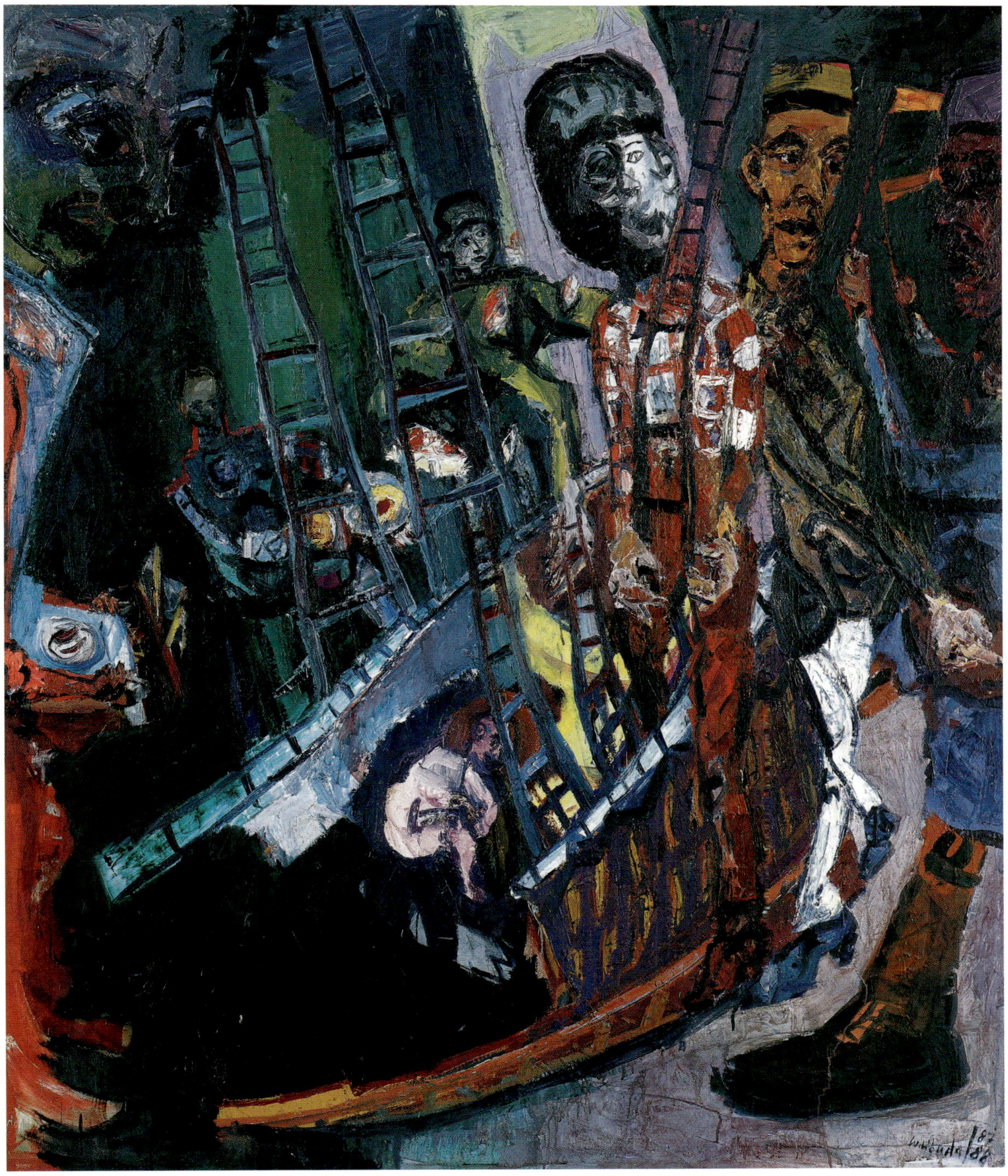

Die Schleuse, 1987/88

Öl auf Leinwand
200 × 175 cm
Bezeichnet unten rechts: W. Libuda 87/88
Inv. A IV 572
1987 erworben vom Künstler über den Staatlichen Kunsthandel der DDR (Studio-Galerie Berlin) aus Mitteln des Kulturfonds der DDR

Libuda gehört bereits zur zweiten Nachfolgegeneration jenes Künstlerkreises, aus dem (recht mißverständlich ›Leipziger Schule‹ genannt) lange Zeit die innovativsten Beiträge zur »Weite und Vielfalt« der ostdeutschen Kunstszene gekommen waren. Wie sein Lehrer Heisig hat auch Libuda markante Motive in immer neuen Anläufen umkreist und ins Bild gebracht als Nachhall und Widerschein des Alltäglichen: ambivalente Erlebnisse und Konflikte einer Generation, die den Aufbruch in eine andere Expressivität wagte. *MT*

HAMBURGER BAHNHOF

MUSEUM FÜR GEGENWART

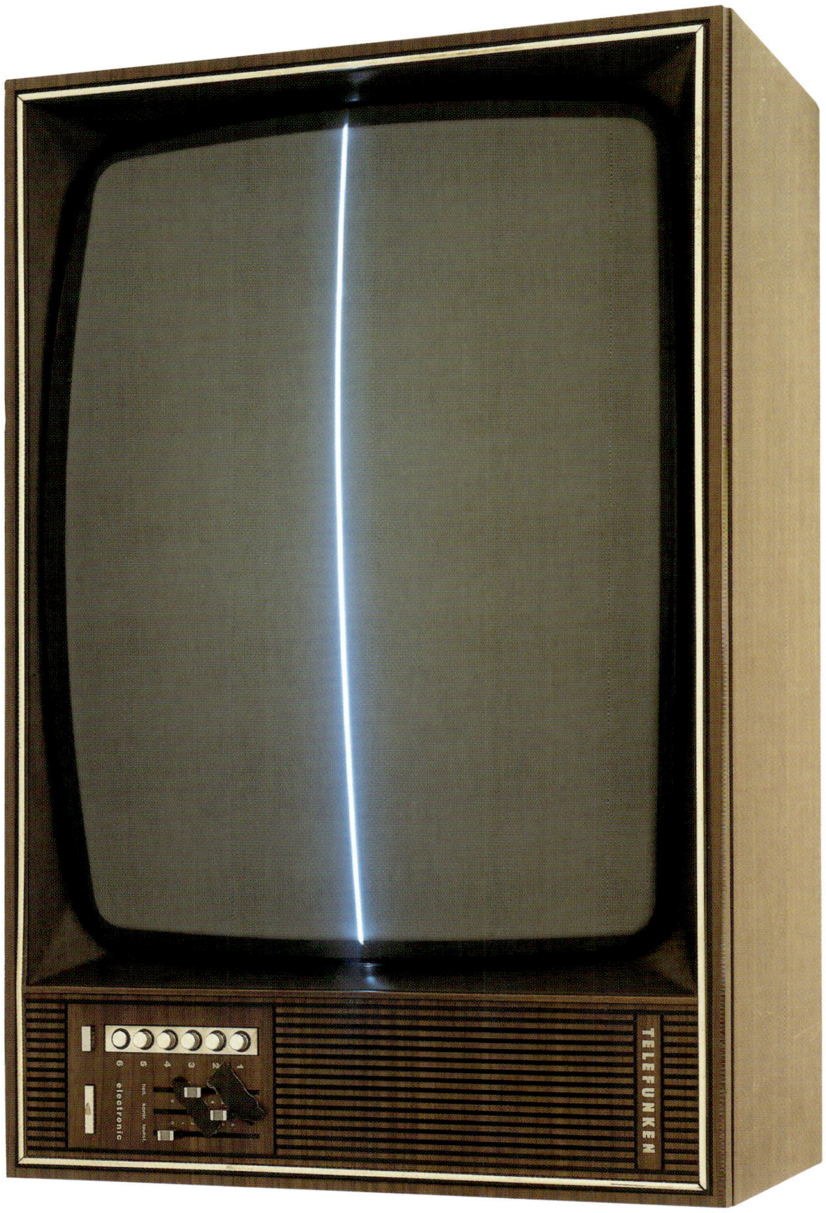

Zen for TV, 1963/1990

Monitor
67,5 × 47,5 × 18,5 cm
Inv. NG 1/93
1993 Geschenk des Künstlers

Für eine Sammlung des 20. und 21. Jahrhunderts ist die in den 1960er Jahren entstandene Videokunst ein unverzichtbarer Gegenstand. Der Vater dieser Strömung, Nam June Paik, hat für die Nationalgalerie drei Monitorarbeiten aus seiner spektakulären ersten Ausstellung »Exposition of Music-Electronic Television« 1963 in der Galerie Parnass in Wuppertal als Remake fabriziert, die in beeindruckender Weise den radikalen, künstlerischen Umgang mit dem relativ jungen elektronischen Medium Fernsehen zeigen. Mit der Videoskulptur »Zen for TV«, die das elektronisch übertragene Bild auf eine Linie reduziert, meldete Paik schon früh Zweifel an der Progressivität der Informationsgesellschaft an. Er stellt der rational nicht wirklich faßbaren Informationsmenge, die in einen geistigen Leerlauf führt, die »Leere« der Meditation gegenüber. *EB*

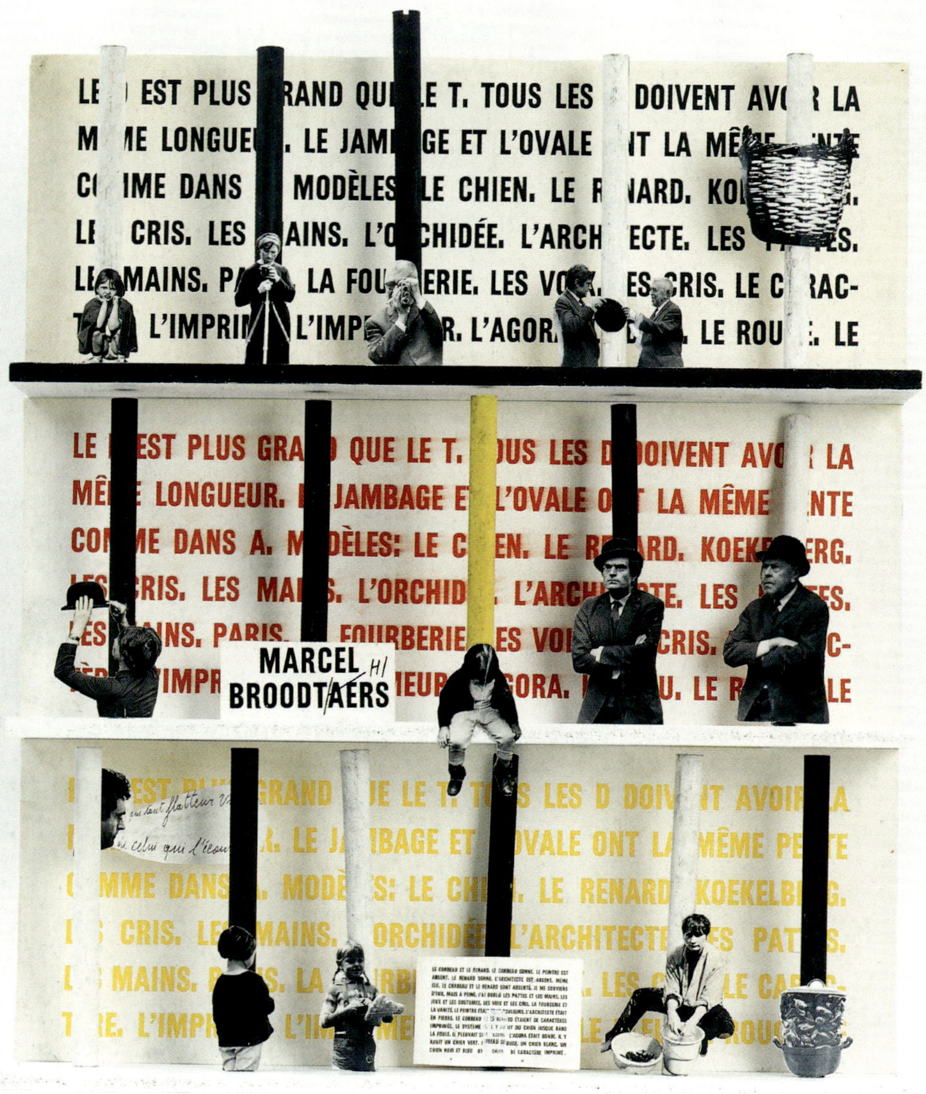

Le Corbeau et le Renard / Der Rabe und der Fuchs, 1967–72

Werkgruppe, im wesentlichen bestehend aus den Editionen I und II, erschienen 1967 und 1972, mit verschiedenen gedruckten Textparaphrasen, Collagen, Leinwänden und dem 16-mm-Film »Le Corbeau et le Renard«, Text-Etagere, Figurinen und im Film verwendeten Objekten, bemalter Leinwand
Inv. NG 3/00; FNG 88/00; B 1372–1374
1999 erworben aus Mitteln der Stiftung Deutsche Klassenlotterie Berlin, des Vereins der Freunde der Nationalgalerie und der Stiftung Preußischer Kulturbesitz

Broodthaers, dessen Werk sich auf verschiedene Zeitströmungen wie Nouveau Réalisme, Pop Art, Konzept- und Aktionskunst, aber auch auf ältere Strömungen wie den französischen Symbolismus oder den Surrealismus von René Magritte bezieht und nur schwer einzuordnen ist, hat eine eigenständige, oftmals hermetisch-poetische Bildsprache entwickelt. Er zählt zu den großen, vom philosophischen Diskurs der 1960er und 1970er Jahre geprägten, frankophil ausgerichteten Einzelgängern der europäischen Avantgarde. Strukturalismus und Zeichentheorie finden ebenso Eingang in sein Werk wie die Bildsprache des frühen Stummfilms, der für ihn in idealer Weise Text und Bild vereint. »Le Corbeau et le Renard« erzählt innerhalb der Broodthaersschen Werkentwicklung den Übergang vom Objekt zum Film und diskutiert die Frage nach der Rolle des Künstlers und der Funktion von Kunst als moralischem »Lehrgedicht«. Broodthaers verteidigt den nahezu autistisch arbeitenden, in seiner Poesie unverständlichen Bildraum des Künstlers als ein innerhalb der Gesellschaft unverzichtbares Energiefeld. *EB*

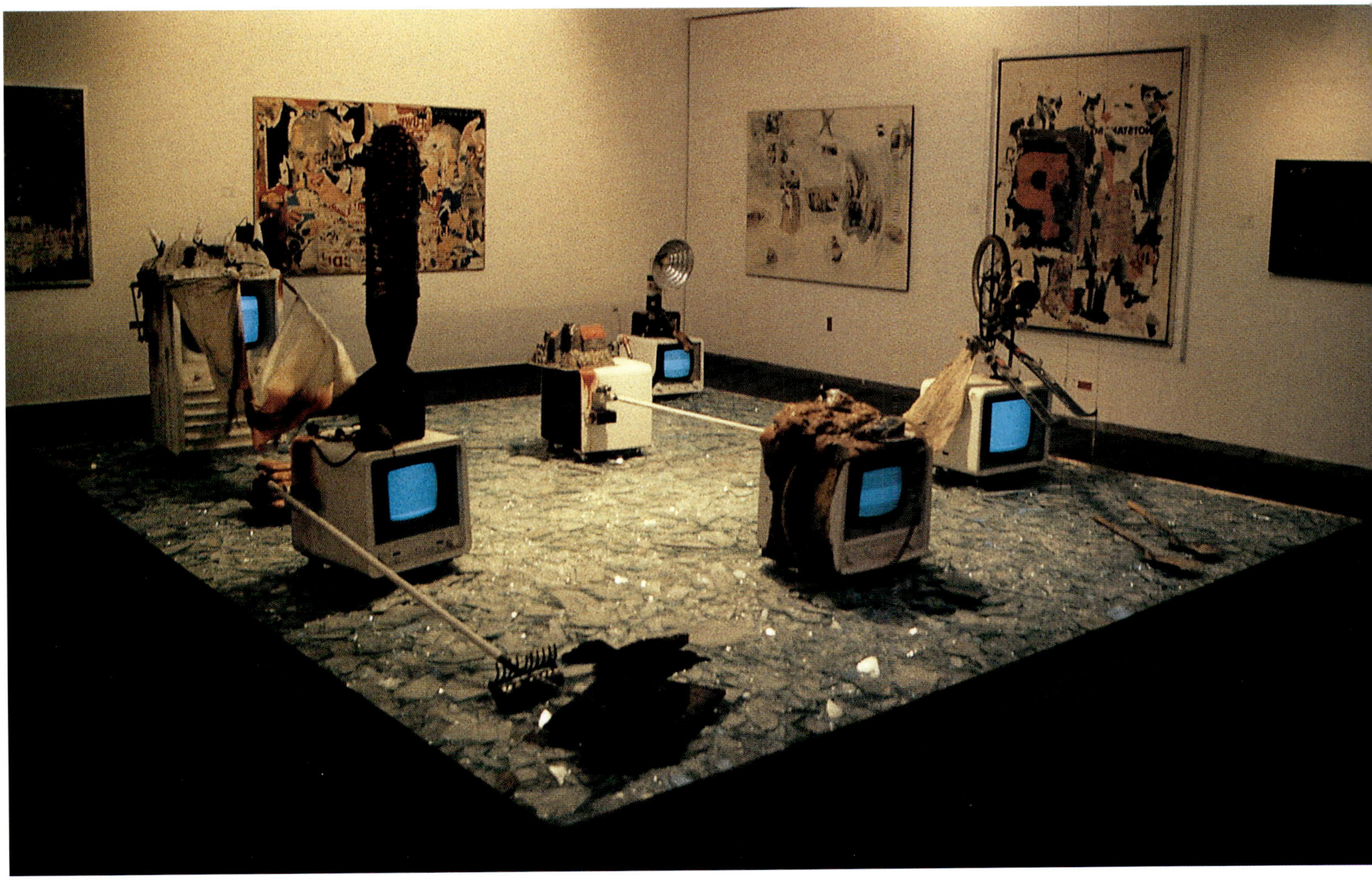

Elektronischer dé-coll/age Happening Raum E.d.H.R, 1968–82

Glas, Monitore, Elektronik, Motoren, Mixed Media
170 × 700 × 1500 cm
Inv. B 1220
1983 erworben vom Künstler aus Mitteln der Stiftung Deutsche Klassenlotterie Berlin; seit 1996 im Hamburger Bahnhof

Wolf Vostell, einer der wichtigsten deutschen Fluxus-Aktivisten, entdeckte für sich in besonderer Weise das Prinzip Collage als eine Möglichkeit, der in vielerlei Hinsicht gespaltenen Welt ein Bild zu geben. Dem in Berlin ansässigen Happening-Künstler und zeitweiligen Weggefährten von Joseph Beuys galt es innerhalb der Sammlung des Museums für Gegenwart im Hamburger Bahnhof mit einem raumgreifenden Werk einen wichtigen Platz zuzugestehen. Der 1968 auf der Biennale in Venedig gezeigte Happening-Raum impliziert eine für Vostell typische, provokatorische Haltung, die den Besucher über einen Bewegungsmelder in die geschnittenen und inflationär ausgebreiteten Medienbilder und destruktiven Bewegungsformen im Sinne des Happenings als Mitspieler einbindet. Historisch gesehen, beziehen sich diese Bilder auf den Vietnamkrieg und erzeugen darüber hinaus gegenüber allen destruktiven Verläufen eine kritische Distanz. *EB*

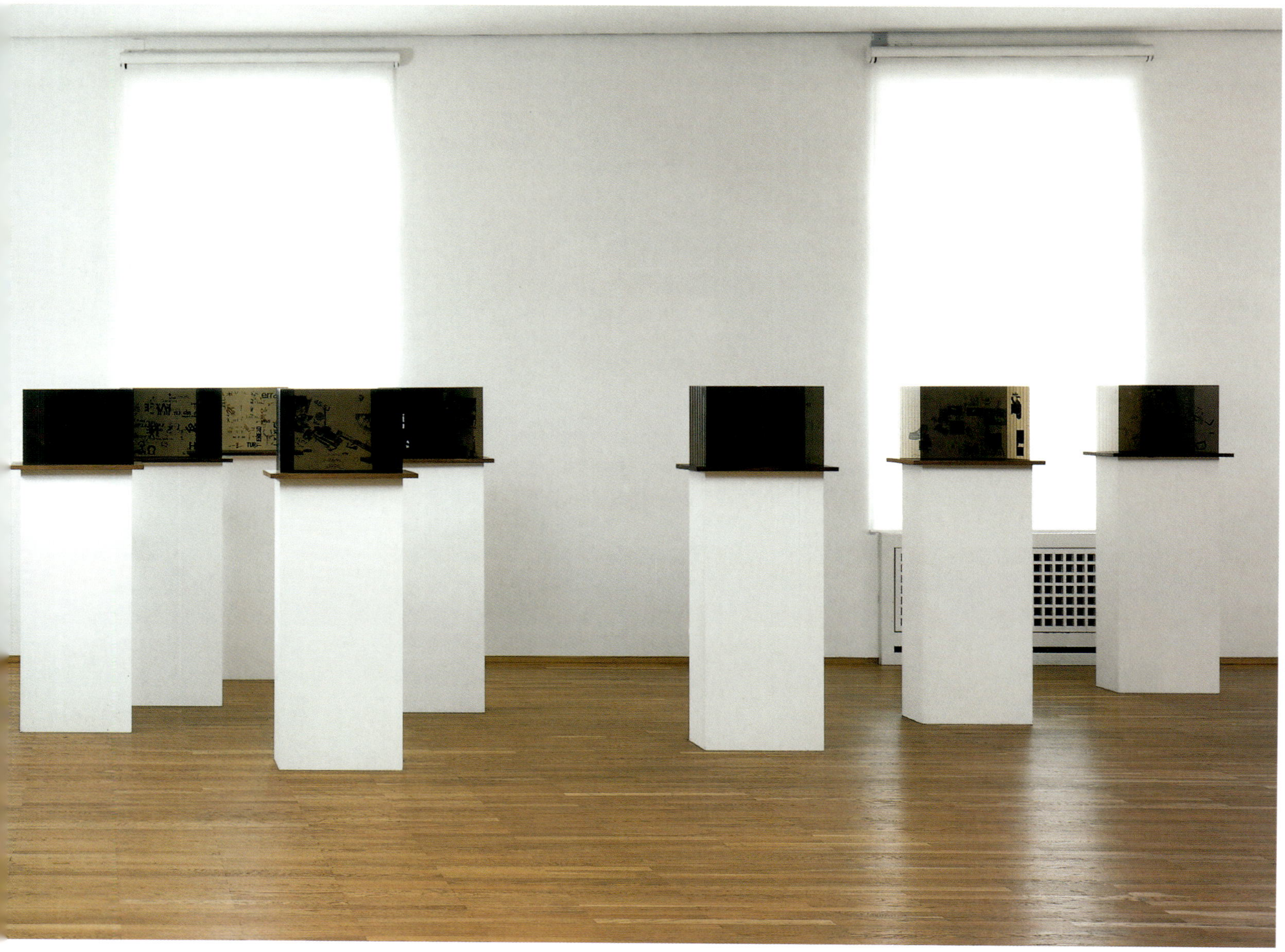

Not wanting to say anything about Marcel/ Nichts über Marcel sagen wollend, 1969

Plexigramme I-VIII
8 Siebdrucke auf Plexischeiben, Basis Walnußholz
Je 36,5 × 60,9 × 36,8 cm
Lithografien A und B
Lithografien auf schwarzem Papier, 70 × 100 cm
(Leihgabe Kupferstichkabinett, Staatliche Museen zu Berlin)
Inv. NG 8/92–11/92; NG 2/96–5/96
1992 und 1996 erworben von Carl Solway Gallery, Cincinnati/Ohio, aus Mitteln der Stiftung Renée Sintenis

Das Präsentationskonzept der Nationalgalerie im Hamburger Bahnhof legte nahe, John Cage neben dem älteren Marcel Duchamp, Joseph Beuys und Marcel Broodthaers als einen der wichtigsten Pioniere eines erweiterten Kunstbegriffs auszustellen. Als Komponist hatte Cage den artifiziellen Klangraum Alltagsgeräuschen geöffnet und somit das Entstehen von Klangskulpturen ermöglicht. Mit der vorliegenden Raumarbeit konnte eine der wichtigsten, anläßlich des Todes von Marcel Duchamp entstandenen bildnerischen Arbeiten von Cage erworben werden. Auf die Bildgestaltung wendete Cage wie in seinen Musikstücken eine indeterminierte, dem Zufall verpflichtete Kompositionsmethode an. Mit Hilfe des I-Ging legte er nicht nur die Auswahl von Wort- und Bildfragmenten aus diversen Lexika fest, sondern auch deren Anordnung auf dem Bildträger. *EB*

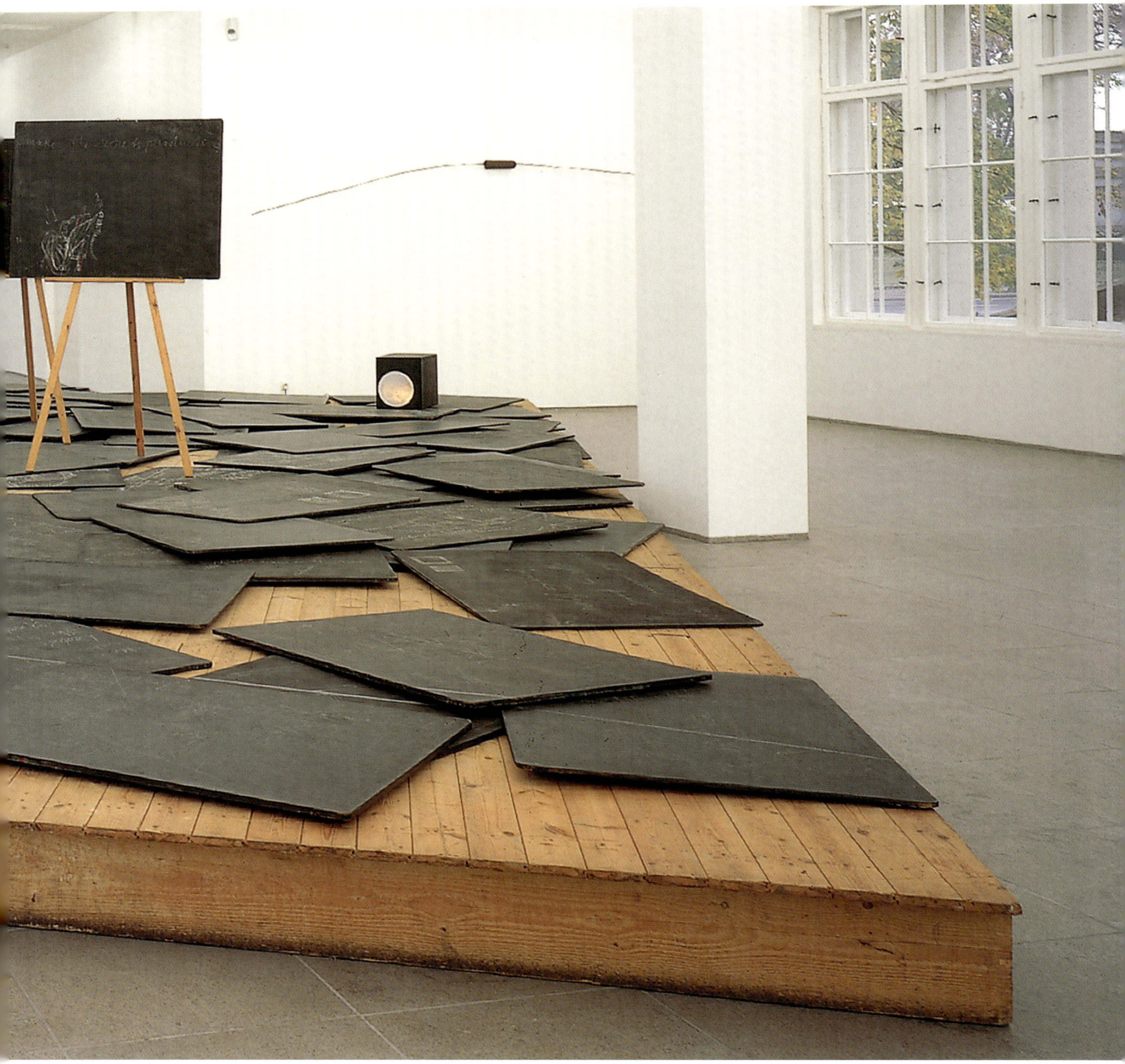

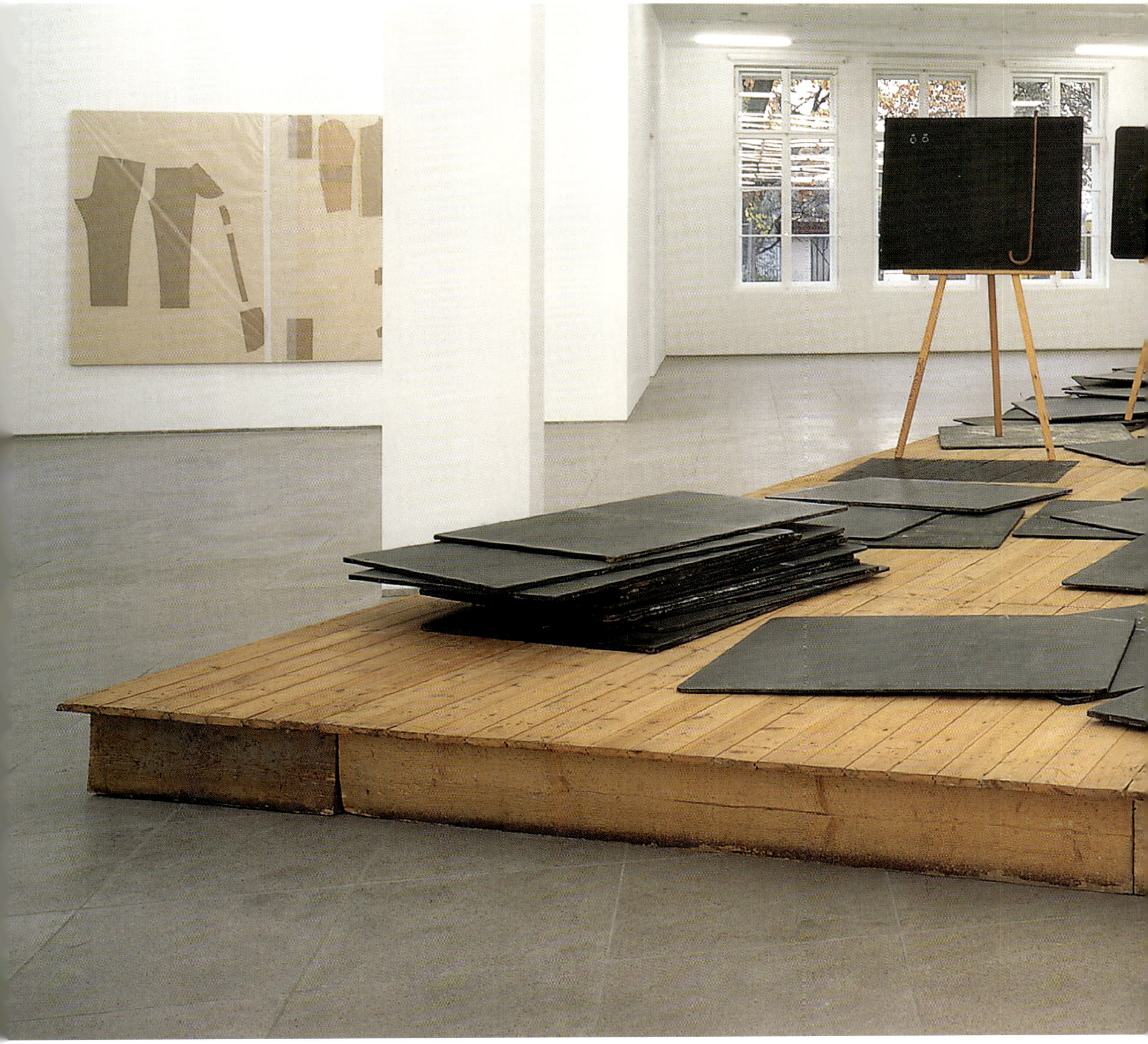

Richtkräfte (für eine bessere Gesellschaft), 1974/77

100 Holztafeln, 3 Staffeleien, 1 Spazierstock, 1 Lichtkasten mit Fotografie
228,5 × 1186 × 521 cm
Inv. B 1079
1976 erworben von der Galerie René Block, Berlin, aus Mitteln des Landes Berlin

Seit den 1960er Jahren bis zu seinem Tode war Beuys daran interessiert, mit Hilfe der Kunst »eine bessere Form des Denkens, Fühlens und Wollens« zu entwickeln Beredtes Zeugnis dieser »Spracharbeit« legen die zahlreichen Tafelzeichnungen ab, die in Werken wie den »Richtkräften« zu imaginären Archiven zusammengeführt sind. Die »Richtkräfte« entstanden 1974 im Zusammenhang mit einer Ausstellung im Institute of Contemporary Arts (ICA) in London, während deren Dauer Beuys Seminare über seine gesellschaftlichen Theorien veranstaltete, diese durch Kreidezeichnungen auf Holztafeln veranschaulichte und die Tafeln anschließend zu Boden warf, um ihnen eine notwendige »Erdung« zu geben. Beuys hat das Werk in seiner heutigen Gestalt eigenhändig 1976 im unteren Foyer der Neuen Nationalgalerie in einer mit dem Kompaß ausgeloteten Ost/West-Achse aufgebaut. *EB*

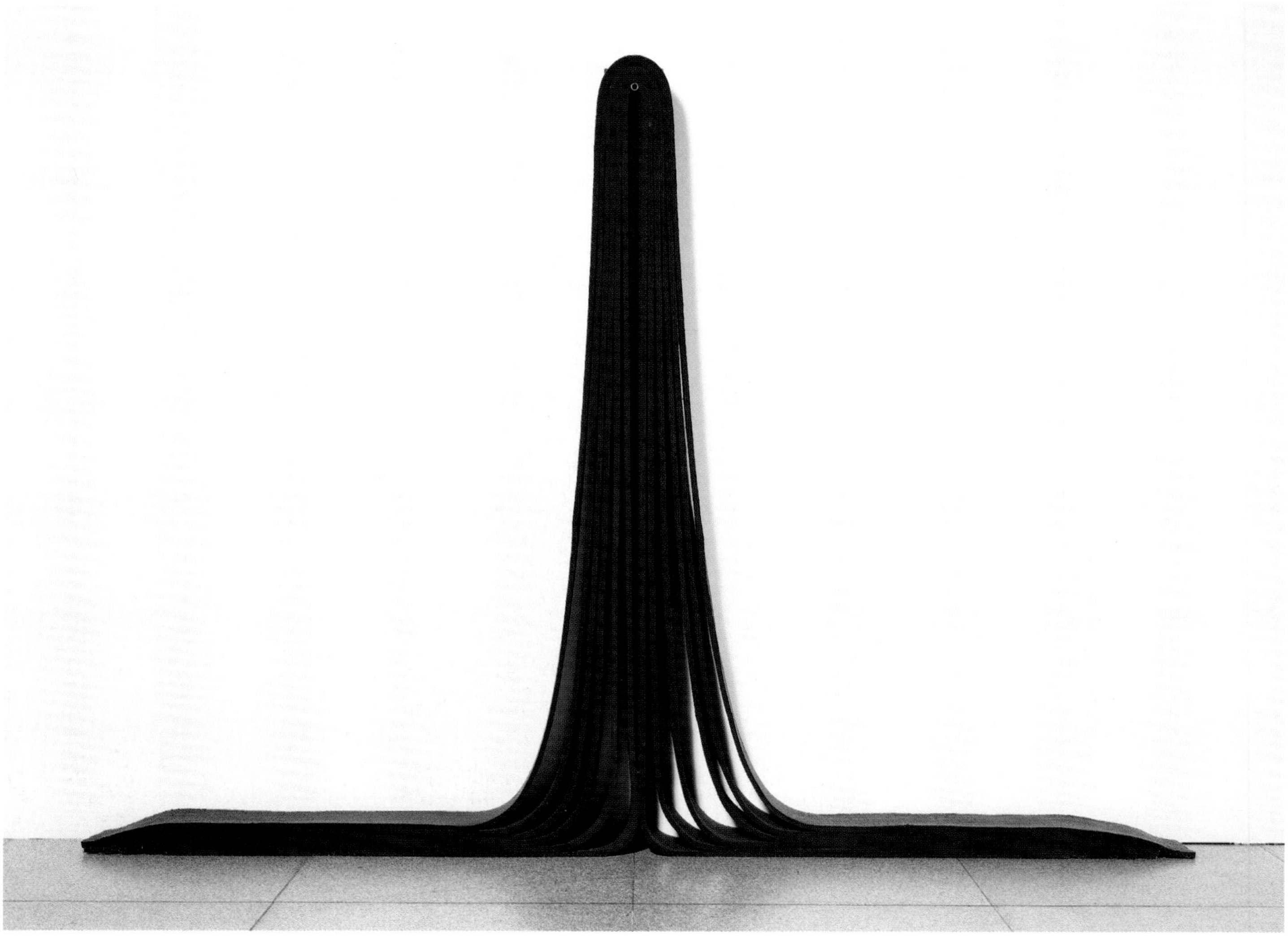

Felt-Piece (Six Strips)/Filzstück (Sechs Streifen), 1970

Filz
280 × 400 × 30 cm
Inv. B 1157
1982 erworben von der Galerie Heiner Hepper, Düsseldorf, aus Mitteln der Stiftung Deutsche Klassenlotterie

Neben einer umfangreichen Werkgruppe von Donald Judd in der Sammlung Marx, mehreren Arbeiten von Dan Flavin in beiden Sammlungen und zwei großen Skulpturen von Sol LeWitt bildet das »Felt-Piece« von Robert Morris ein weiteres Werk innerhalb der Arbeiten der sogenannten Minimal Art. Im Laufe der Entwicklung ist dieser Begriff von allen unter dieser Bezeichnung gefaßten Künstlern geleugnet worden. Minimal Art steht für eine Haltung, die ausschließlich die Ordnung des Materials betonte und von jeglicher metaphorischer Bedeutung radikal Abstand nahm. »Felt-Piece« will nichts anderes sein als das im Titel benannte Filzstück. Der Betrachter sollte seinen Sinnengenuß lediglich aus der weichen Geschmeidigkeit der über ein in der Wand angebrachtes Rohr fallenden Filzbahnen erlangen. Die einfache Bewegung unterbindet jegliche anderweitige Assoziation und führt den Blick und die Empfindung immer wieder puristisch zurück auf das Material. *EB*

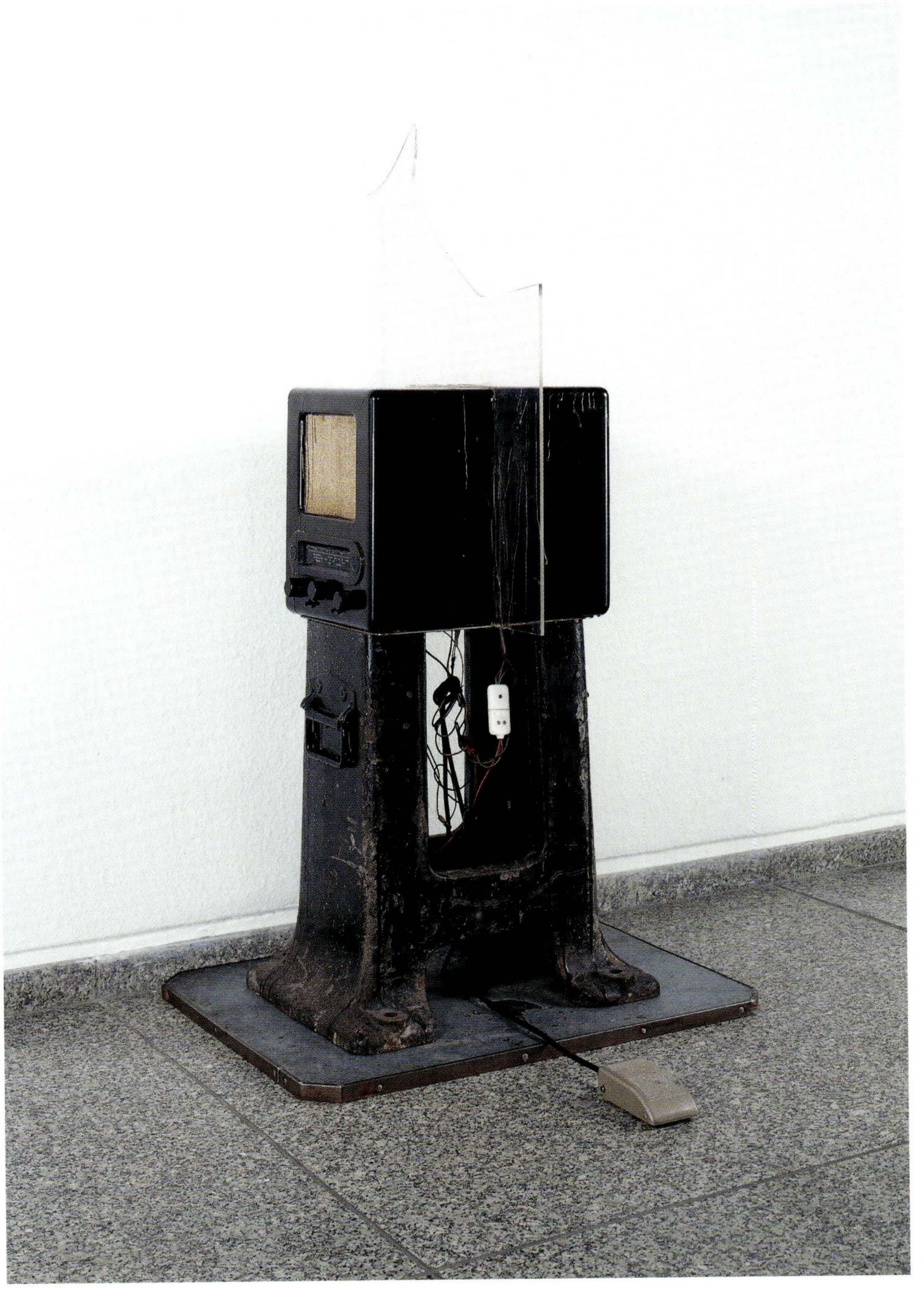

Volksempfängers, 1975–77

Mixed Media, Maße variieren nach Aufbau
Inv. B 1071
1976 und 1977 erworben aus Mitteln des Landes Berlin

»Volksempfängers«, eines der wichtigen sich auf die deutsche Geschichte beziehenden Environments des Amerikaners Kienholz, der bis zu seinem Tode die Wintermonate in Berlin verbrachte, nahm seinen Ausgang von zwei jener als »Goebbelsschnauzen« bezeichneten Radioapparate, die, massenhaft produziert, der suggestiv-akustischen Verbreitung von Hitlerreden dienten. Kienholz hat in insgesamt neunzehn Materialassemblagen und wechselnden Zusammenstellungen dieses Sprachrohr des Dritten Reiches untersucht. Die Radioapparate nehmen in seinen Materialassoziationen männlich-antropoide Züge an, denen er in Waschbrettern mit weiblichen Körperfragmenten weibliche Gegenstücke hinzugesellte. Den massenmedialen Klangapparaturen gab Kienholz diverse Klangcollagen aus Hitlerreden und Wagnerstücken bei, die der Besucher durch Fußpedale selbst abrufen kann. *EB*

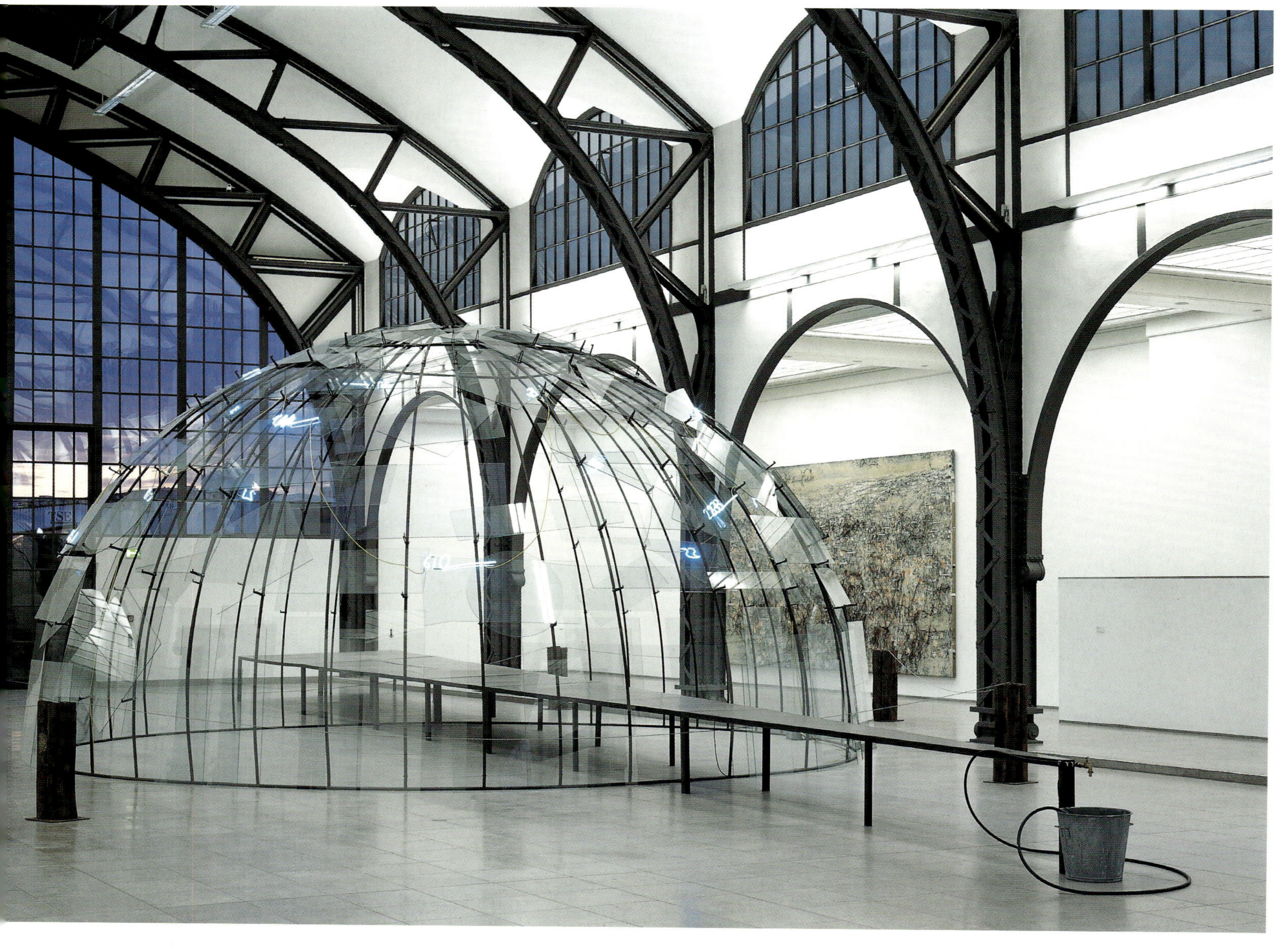

La Goccia d'Acqua/Der Wassertropfen, 1987

Metallröhren, Glas, Neonzahlen
445 × 1200 × 2640 cm
Inv. 10/94
1994 erworben von Wimbourne Investment S.A., Lugano;
Seit 1996 im Hamburger Bahnhof

Mario Merz gehört zur ersten Generation der in den 1960er Jahren in Italien entwickelten Arte povera, die im Hamburger Bahnhof mit Hauptwerken vertreten ist. Unter Verwendung »armer« Materialien setzt er sich assoziativ mit italienischer Kulturgeschichte auseinander und reflektiert mit poetischer Kritik die Errungenschaften der Zivilisation. Seit 1968 arbeitet Merz mit dem Iglu, der Urzelle menschlicher Behausung, den er zunächst aus Lehm, Reisig und Lederplatten fertigte, bevor er sich dem kühleren, hermetischen Glas zuwandte. Eng damit verbunden ist die seit dem Mittelalter bekannte Fibonacci-Zahlenreihe mit der unendlichen Folge 1:2:3:5:8:13..., die in immer neuer Kombination mit dem geschriebenen Wort den transparenten Raum durchzieht und eine Idee des unaufhaltsamen Wachstums vermittelt. Die Geräusche des tropfenden Wassers am Ende des pfeilförmigen Metalltisches bringen Bewegung und verheißen neues Leben. *NH*

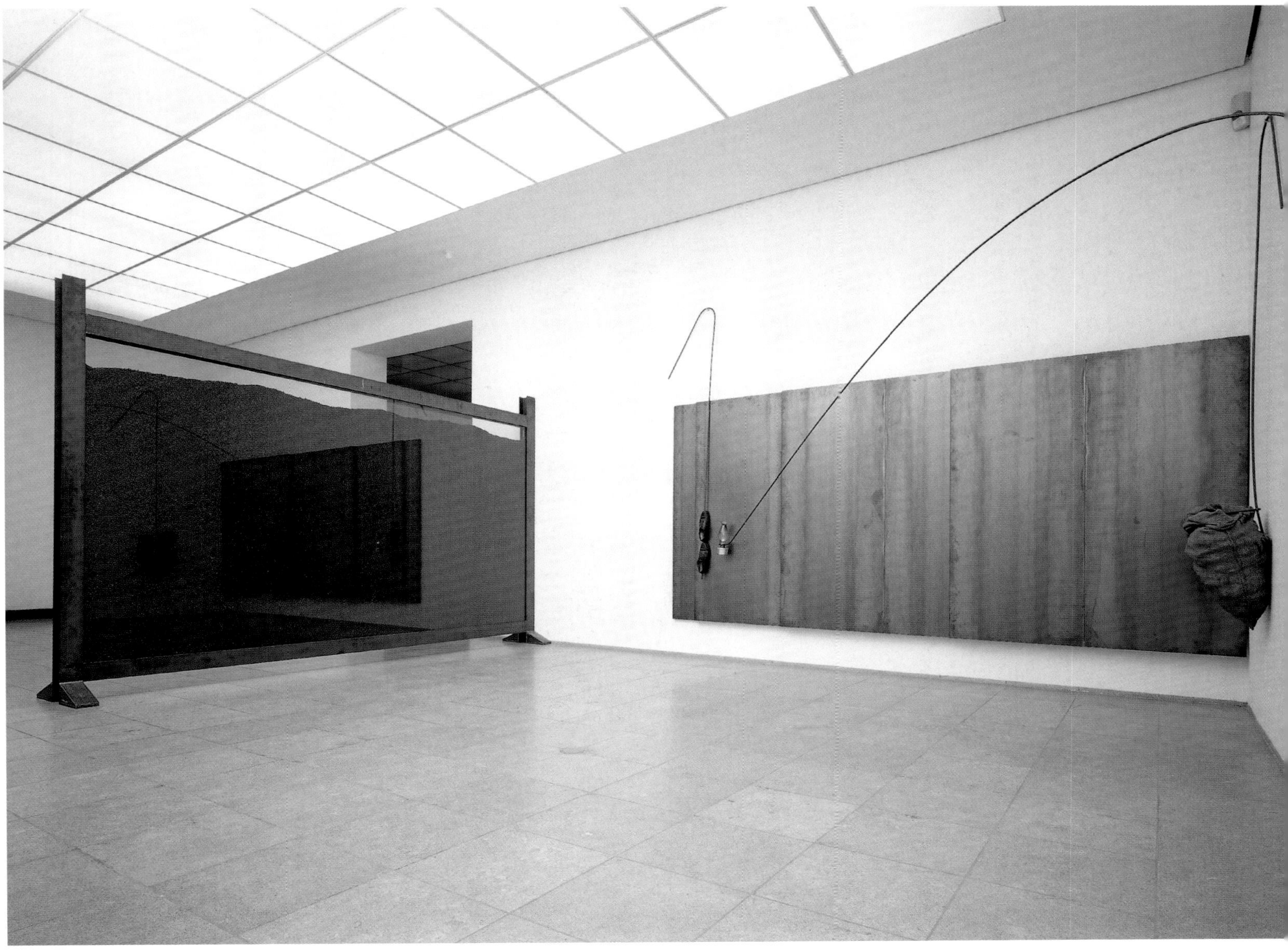

Senza titolo/Ohne Titel, 1989

Kaffeewand, Stahlwand, Öllampe, Kohlesack, Metallplatten, Schuhe
300 × 720 × 600 cm
Inv. NG 9/90; B 1333
1990 erworben von der Galerie Piece Unique, Paris, aus Mitteln der Stiftung Deutsche Klassenlotterie Berlin und der Stiftung Preußischer Kulturbesitz; seit 1996 im Hamburger Bahnhof

In dem 1989 entstandenen Werk kombiniert Kounellis eine Kaffeemauer, vier Stahlplatten, einen Kohlesack, eine Petroleumlampe und die eigenen getragenen Schuhe zu einem symbolträchtigen Ensemble. Wenn die Stahlplatten das Bett als Ort der Zeugung assoziieren, der Kaffee im Sinne von Lebensenergie interpretiert wird und die Kohle den Tod in Erinnerung ruft, dann fügen sich diese Elemente zum Symbol des Lebens und seiner zeitlichen Begrenzung. In Ergänzung dazu sind die ausgetretenen Schuhe zu verstehen, die in Verbindung mit dem zur friedlichen Flamme domestizierten Feuer auf die Abwesenheit des Künstlers verweisen. Bei Kounellis darf das Feuer auch als Reminiszenz des Lichtgottes Apoll gelten, der in seinem Werk vielfach präsent ist. *NH*

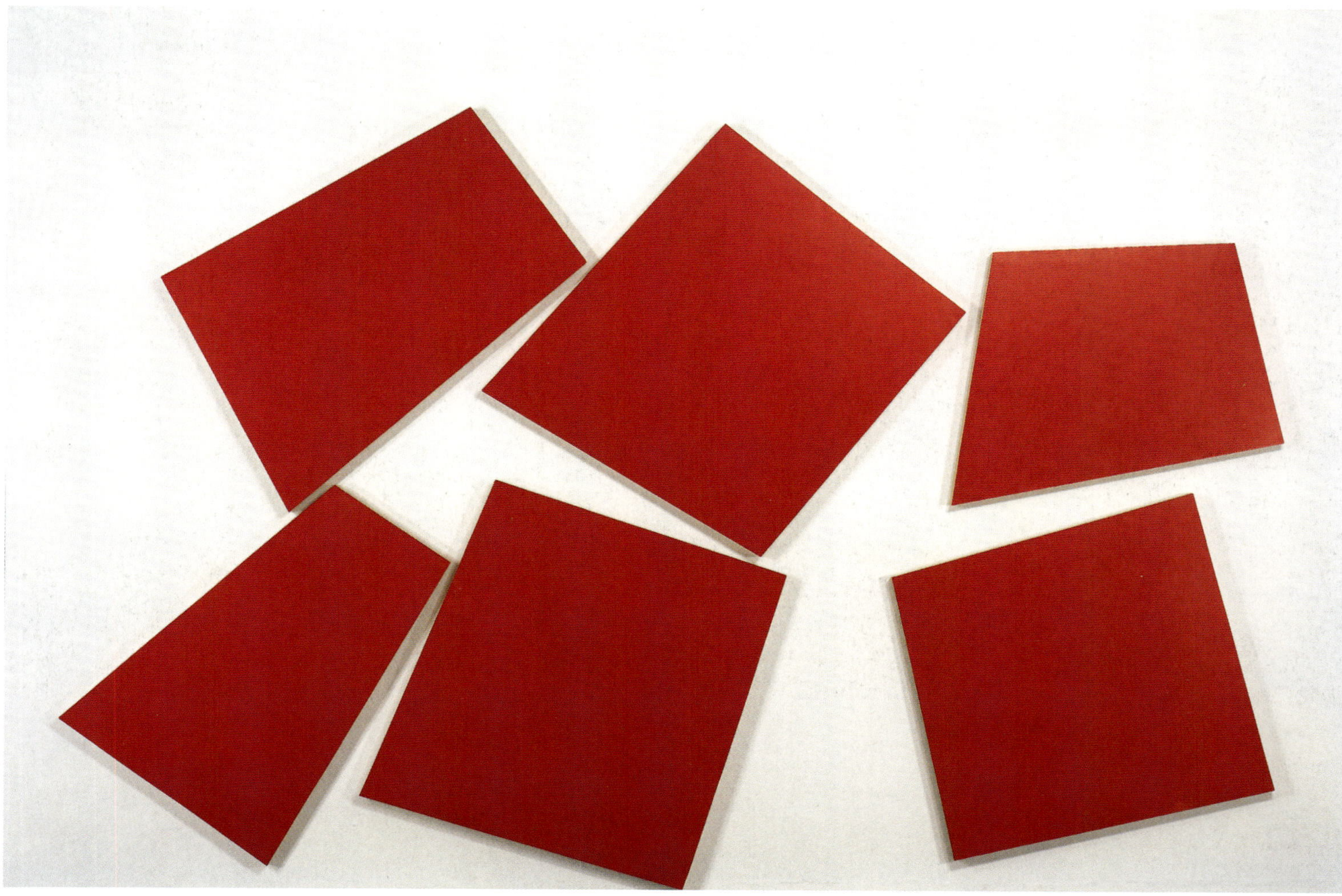

Konstellation S. Cadmiumrot, 1975–85

Öl auf Sperrholz (sechsteilig)
257 × 403 cm
Inv. NG 53/85
1985 erworben von der Galerie Andre, Berlin;
seit 1996 im Hamburger Bahnhof

Der Hamburger Bahnhof ist gemeinsam mit dem Hessischen Landesmuseum in Darmstadt und der Sammlung Schloß Moyland der bedeutendste Standort der Kunstwerke von Joseph Beuys. Von seinen Schülern an der Düsseldorfer Kunstakademie ist Imi Knoebel der Künstler, der sich durch seinen minimalistischen Stil am weitesten von seinem Lehrer entfernt hat. Knoebel arbeitet grundsätzlich in Bildserien. Die sechsteilige »Konstellation S. Cadmiumrot« gehört zu der Gruppe großformatiger Environments mit farbig ausgesägten, rechteckig zugeschnittenen Sperrholztafeln, mit denen er das Problem des Zusammenwirkens und -wachsens von einfachen Formen auslotet, um eine Antwort auf die Frage nach dem gültigen Bild zu formulieren. *NH*

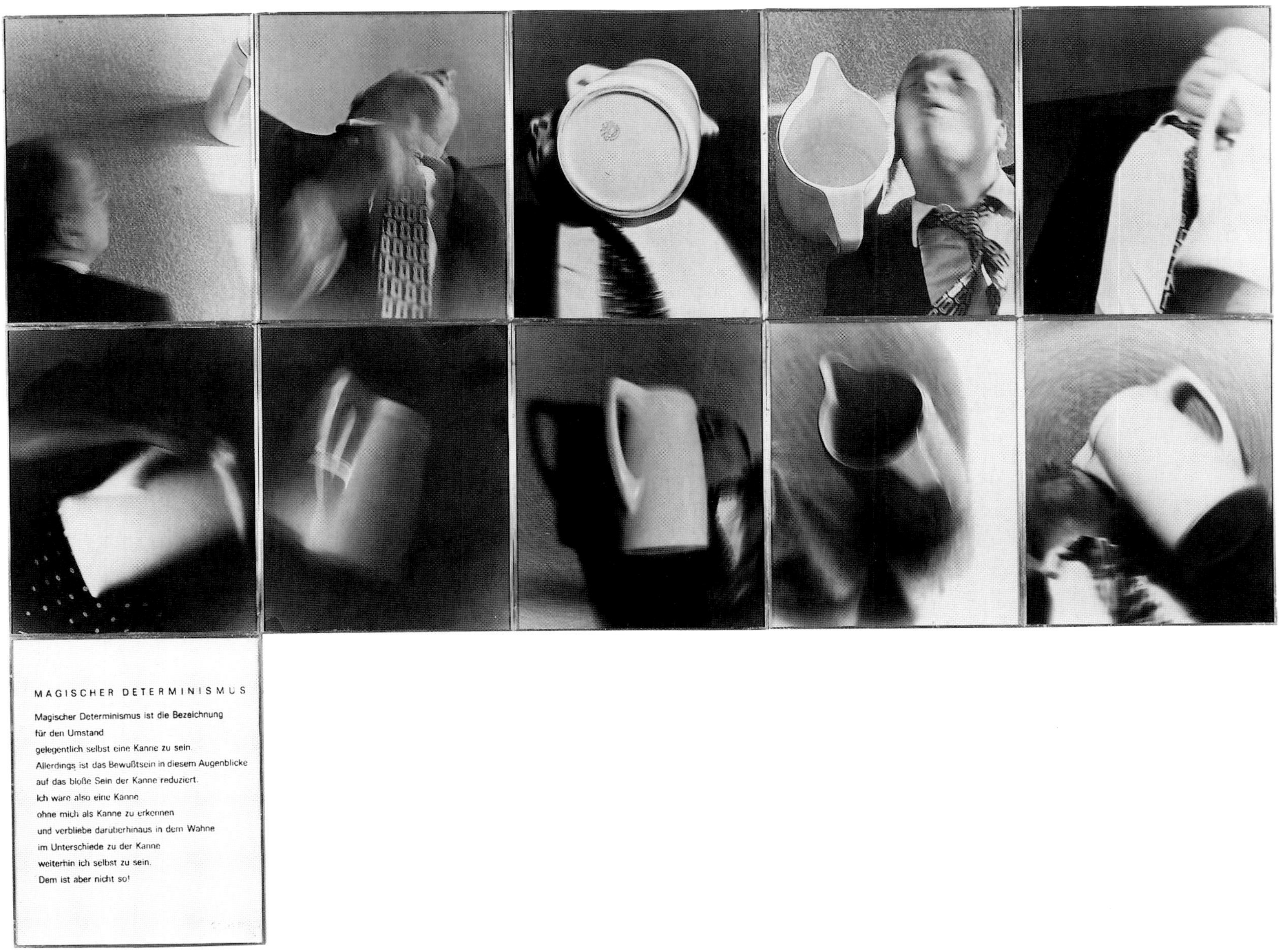

Magischer Determinismus, 1976

11 Fotografien
Je 50 x 60 cm
Inv. NG 59/85
Erworben 1985 aus dem Kunsthandel

In den fotografischen Bildwelten von Bernhard Blume wird nicht nur der Aufstand der alltäglichen, den gewöhnlichen Kleinbürgerinterieurs entnommenen Dinge inszeniert, sondern auch eine philosophische Dimension angesprochen. Diese von Blume als »Symphase« bezeichnete, philosophisch intendierte Bildbühne fragt nach der Wahrnehmbarkeit der uns umgebenden Dingwelt, nach ihrer möglicherweise nur geistig konstruierten Anwesenheit. Blume versucht dieser aus dem deutschen Idealismus herkommenden Fragestellung einen »poetisch-parodistischen« Auftritt zu verschaffen. Die Bildfolge »Magischer Determinismus« simuliert das Eigenleben einer Porzellankanne, die nicht nur selbst aus den üblichen Kräfteverhältnissen entlassen, sondern auch ihr menschliches Gegenüber zu attackieren scheint. Neben dieser magischen Szenerie stehen das raffinierte Spiel der fotografischen Mittel, die formale Flächenaufteilung, die ausbalancierten Grauwerte und die Unschärferelationen. *EB*

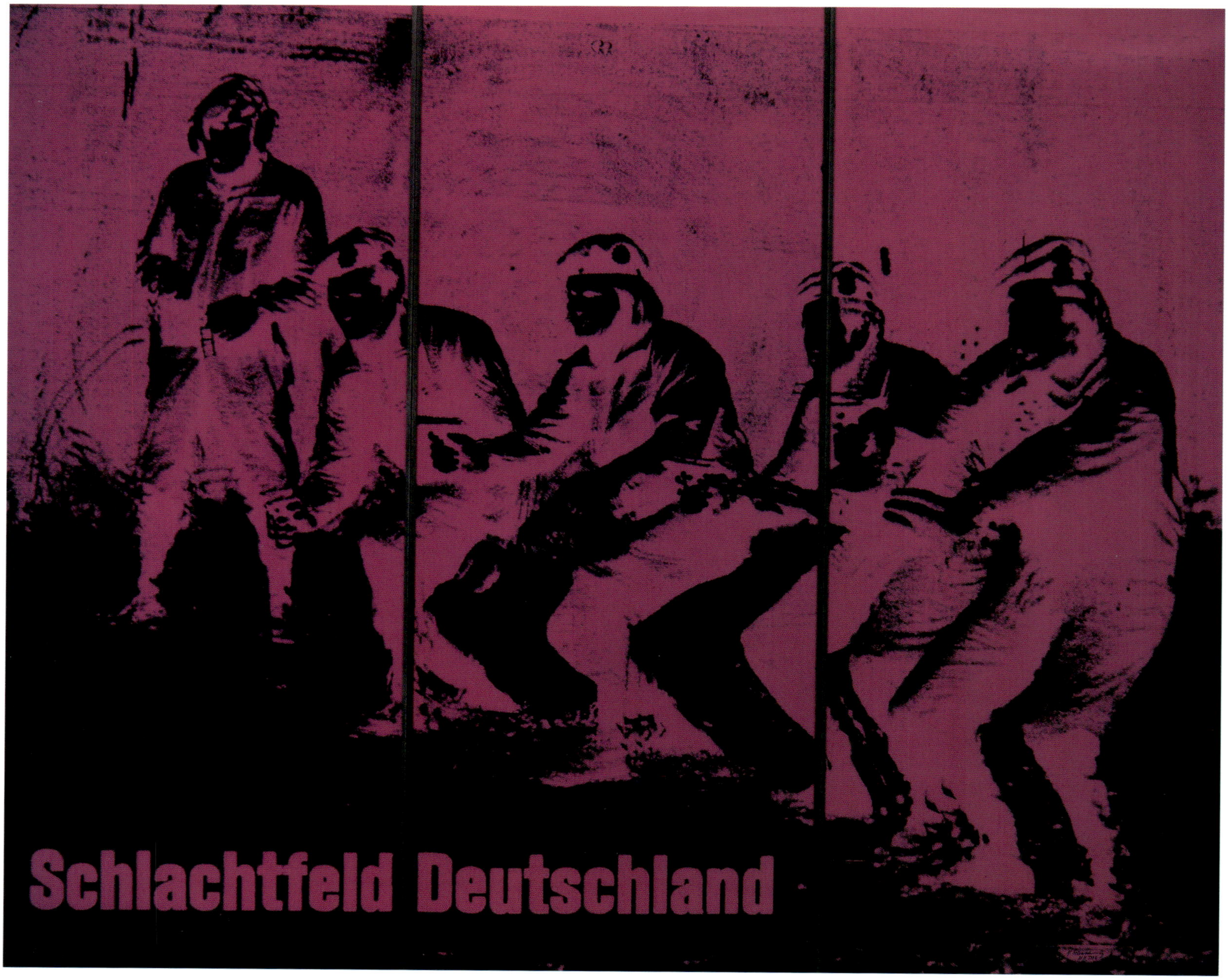

Schlachtfeld Deutschland XI/78, 1978

Farbfotografie, Acryl, Holz, Stahl (dreiteilig)
300 × 375 cm
Inv. B 1351
1993 erworben von der Künstlerin aus Mitteln der Künstlerförderung der Senatsverwaltung für Wissenschaft, Forschung und Kultur, Referat Bildende Kunst, Berlin; seit 1996 im Hamburger Bahnhof

Die Fotografien von Katharina Sieverding entlarven und überführen den Schuldigen; sie entdecken und bezeichnen den Tatort; sie sagen die Wahrheit und fügen dem Dossier der Wissensdaten Tatsachen hinzu; sie tragen zur Vergangenheitsbewältigung bei. Die Farbfotografie »Schlachtfeld Deutschland XI« entstand im Zusammenhang mit der Werkgruppe »Kontinentalkern«, die Ideen des Eurasien-Gedankens von Joseph Beuys aufgreift und ihre Aktualität herauskristallisiert, indem sie die Verbindung mit Themen wie Kernkraft, Industrialisierung und die Bedrohung durch Krieg herstellt. Mit »Schlachtfeld Deutschland XI« hat die Nationalgalerie ein Werk erworben, das unmißverständlich die latente und reale Gefährdung des Menschen vor Augen führt. *NH*

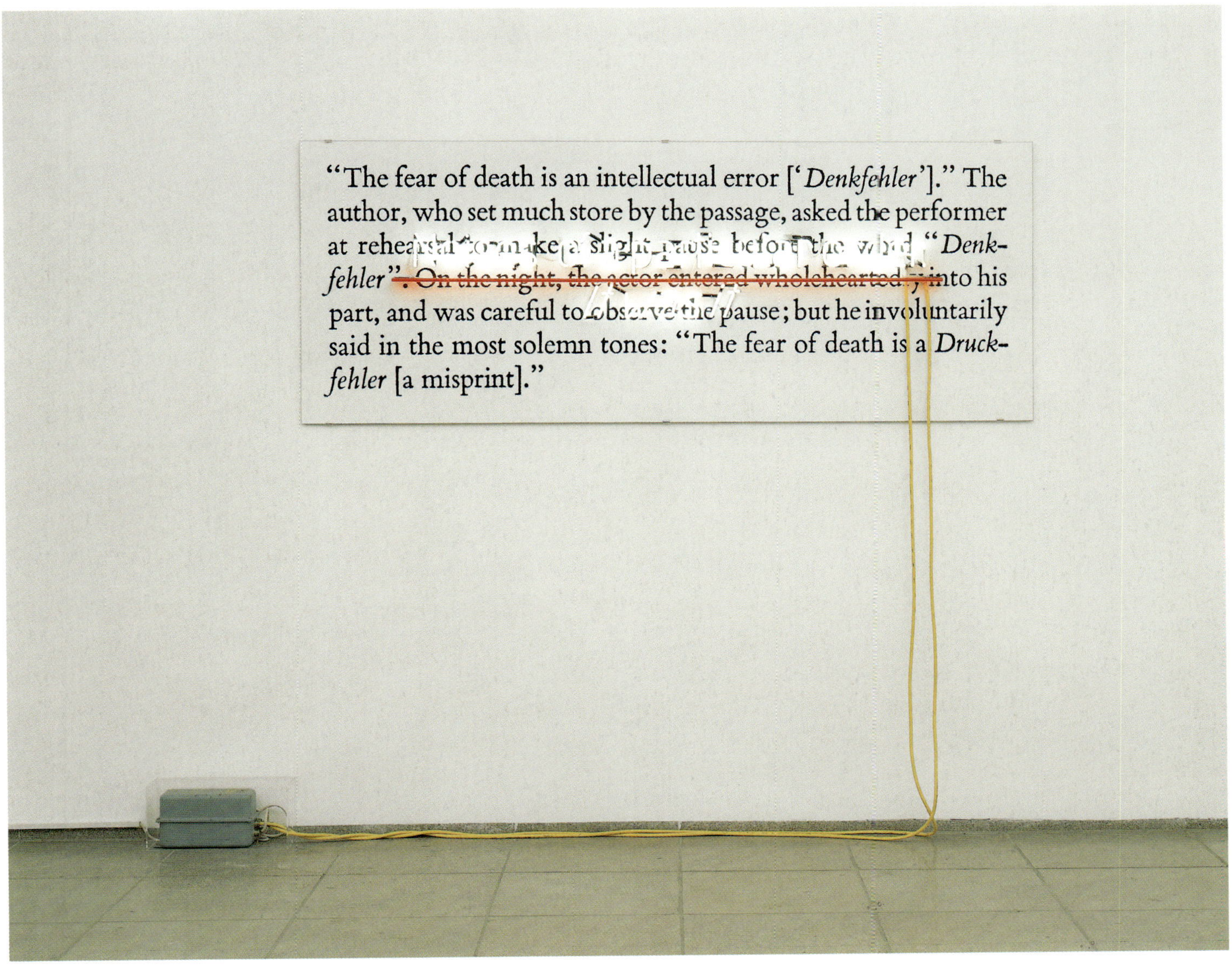

It was it No. 5, 1986

Textfotografie, aufgesetzte Neonschrift
81 × 214 cm
Inv. B 1330
1988 erworben von der Galerie Anselm Dreher, Berlin

Zu Beginn der 1960er Jahre ist eine künstlerische Position entstanden, die mit dem Begriff der »Concept Art«/Konzept-Kunst beschrieben wird. Für Joseph Kosuth als einem ihrer Begründer ist das Wesen der Kunst bestimmt durch die Idee, die durch Sprache ausgedrückt wird. »It was it No. 5« ist ein Beispiel für die Dematerialisierung durch Sprache, da es ausschließlich aus übereinandergelegten Schriften besteht. Die Pointe der zitierten Passage aus Freuds »Psychopathologie des Alltagslebens« ist die Verwechslung, die ein Schauspieler beim Rezitieren des Satzes »Die Furcht vor dem Tode ist ein Denkfehler« begeht und statt des letzten Wortes »Druckfehler« sagt. Für Freud ist eine solche Fehlleistung nicht zufällig, sondern durch bestimmte Vorgänge des Unterbewußten determiniert. In Kosuths Arbeit geschieht dies durch das Überschreiben in Neon. Das zeitlich Spätere überlagert das Frühere, verändert es, löscht es jedoch nicht aus. *NH*

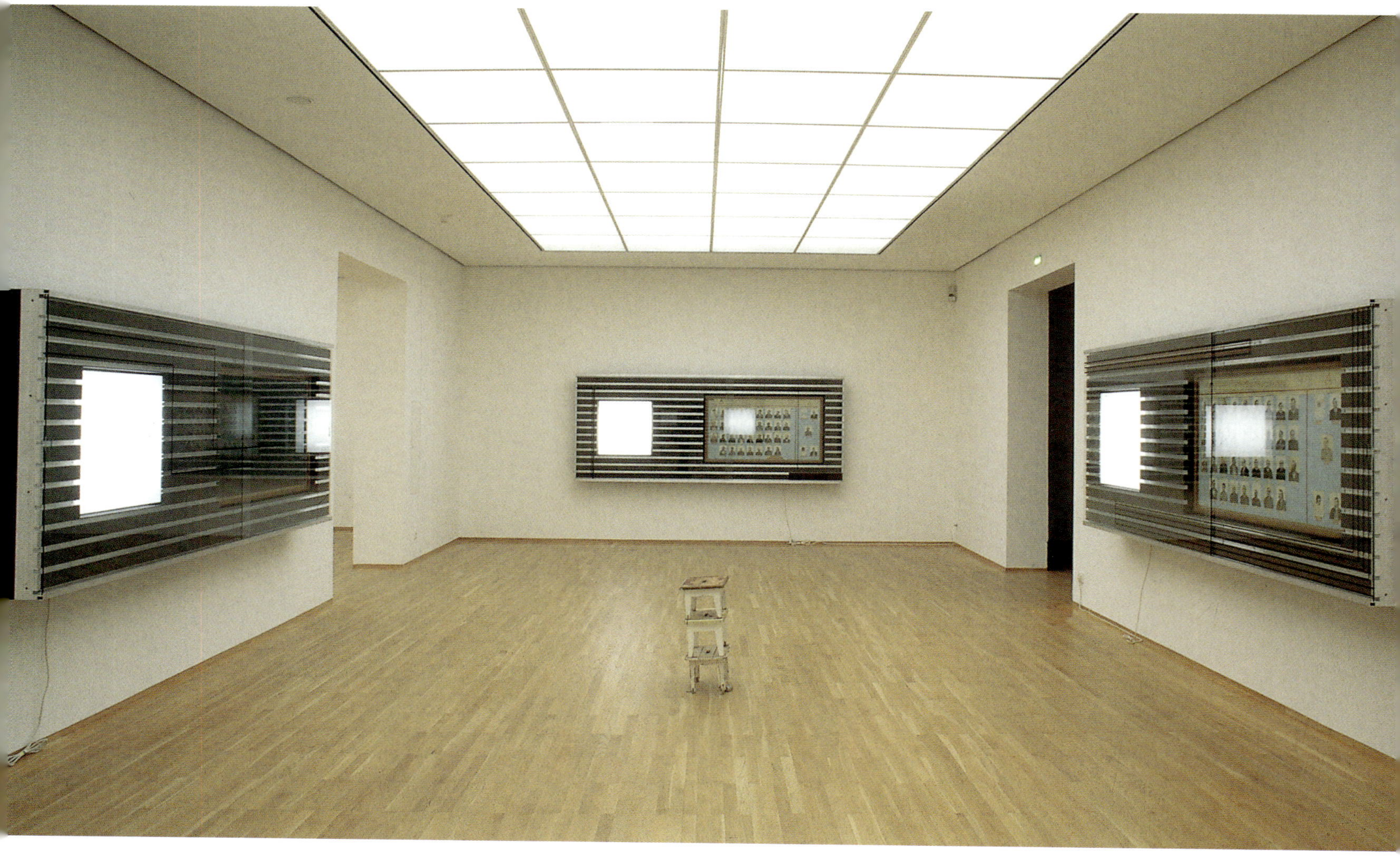

Dokumente I-IV, 1992
Dokument I/Goslar
Dokument II/Lehrte
Dokument III/Oppeln
Dokument IV/Stryck
Dokument Greven (Zusatzdokument)

1 Skulptur, 4 Wandobjekte
Je 135 × 340 × 26,5 cm
Inv. B 1361
1996 erworben von der Galerie Max Hetzler, Berlin, aus Mitteln der Stiftung Deutsche Klassenlotterie Berlin

Der für die documenta IX in Kassel entworfene Raum zeigt vier Schaukästen mit ähnlicher Materialstruktur von übereinanderliegenden, horizontal eingelassenen, umseitig mit Filz bespannten Aluminiumprofilen. Jeweils links ist eine quadratische Leuchte und rechts eine Schautafel mit den Porträts der Kandidaten des Betriebsratswahlkampfs der Rheinstahlgießerei AG in Oberkassel integriert. In den materialaufwendigen Elementen seiner Rauminszenierung, die in seltsam beunruhigender Weise mit den Alltagsgesichtern der Arbeiter kontrastieren, sind deutliche Zeichen einer kritischen Auseinandersetzung mit dem Kunst- und Museumsbetrieb verborgen. Der elitäre Rückzug einer reinen Museumskunst führt zu einer nicht mehr zu überwindenden Distanz zwischen dem eingeweihten Personal des Kunstbetriebs und einer unbeteiligt bleibenden Mehrheit. Insofern ist die Wahl zum Betriebsrat auch als Paraphrase auf die Demokratisierung der Rezeptionsprozesse zu verstehen. *EB*

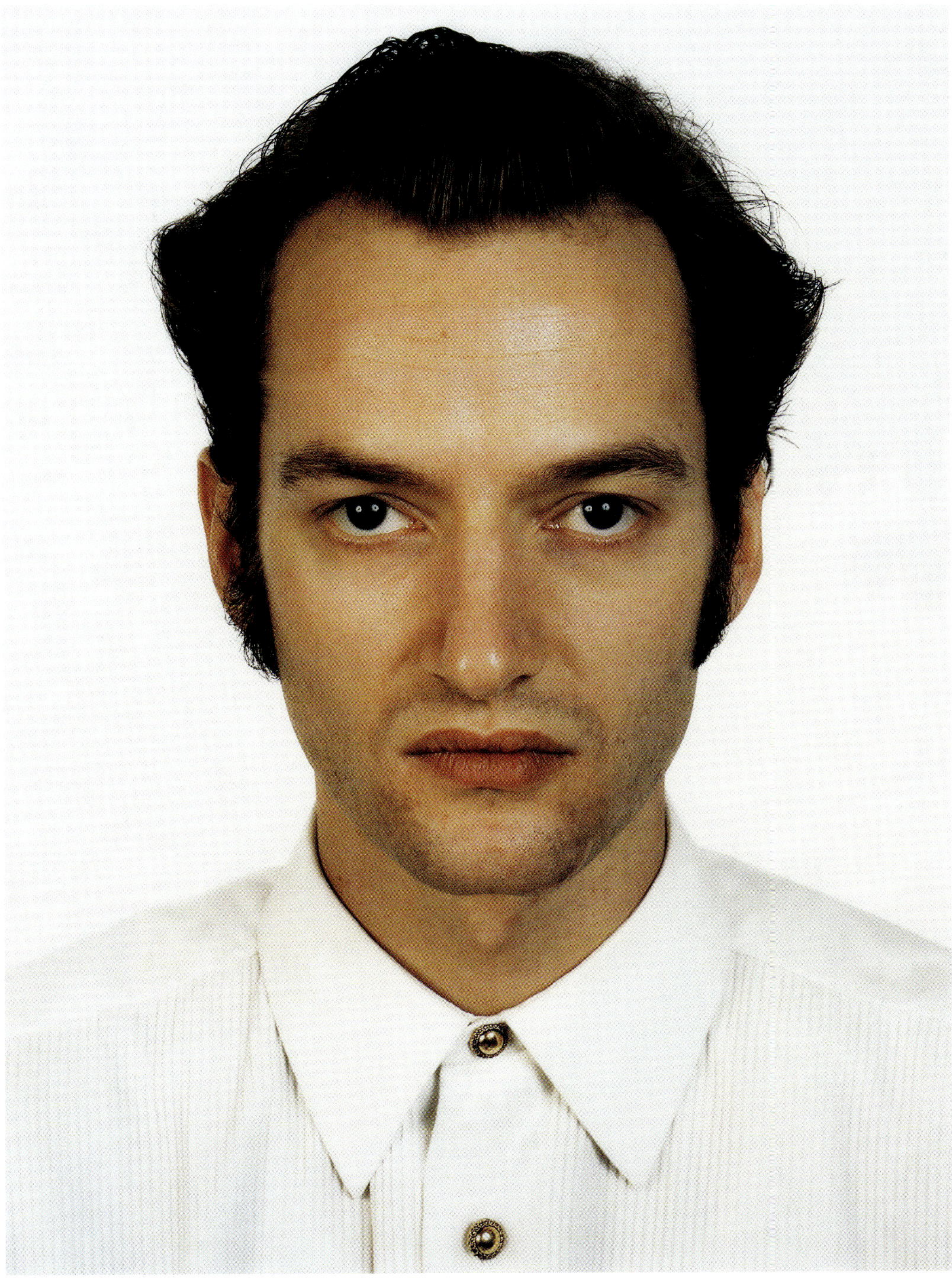

Porträt (Lukas Duwenhögger), 1986

C-Print
178 × 136,5 cm
Inv. B 1339
1992 erworben von der Galerie Nikolaus Sonne, Berlin, aus Mitteln der Stiftung Deutsche Klassenlotterie Berlin

Gelassen und ernst blicken die großformatigen Porträtköpfe in den Fotografien von Thomas Ruff durch den Betrachter hindurch. Die konzentrierte Ruhe des Gesichtsausdrucks galt der technischen Apparatur der Kamera. Mit ihr hat Lukas Duwenhögger bei der Aufnahme kommuniziert, jetzt geht sein Blick ins Leere und scheint den Betrachter zu ignorieren. Abgelichtet sind Menschen aus der Umgebung des Künstlers, Freunde aus der Düsseldorfer Kunstszene, die durch ihre natürliche Erscheinung vertraut wirken. Die strikte Frontalität und gnadenlose Nähe der Dargestellten, die nicht das leiseste Anzeichen emotionaler Regung offenbaren, schaffen gleichzeitig Distanz. Als Vertreter der Becher-Schule bilden die Werke von Ruff, Struth, Gursky und Sieverding ein ausdrucksstarkes Ensemble zeitgenössischer Fotografie im Hamburger Bahnhof. *NH*

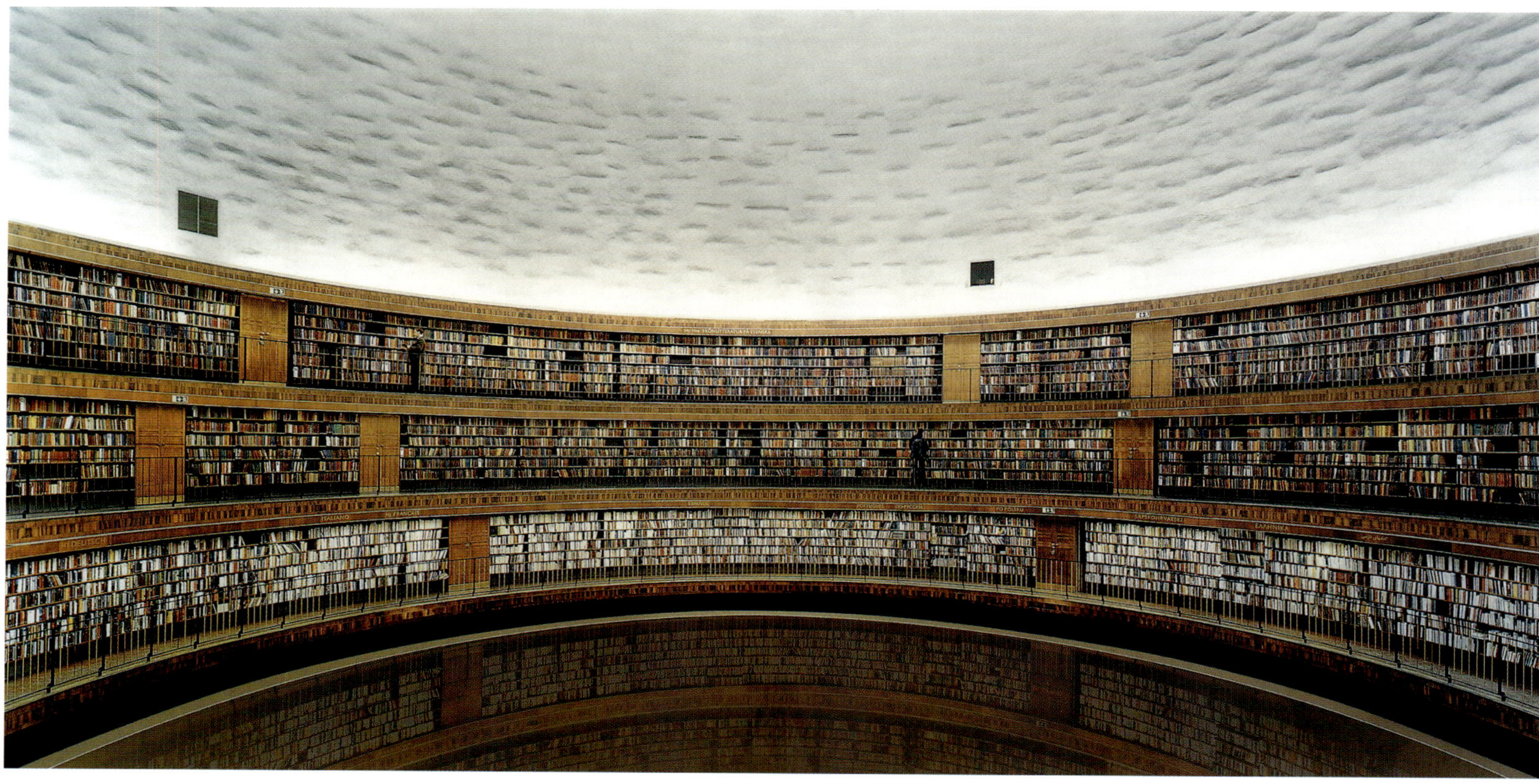

Bibliothek, 1999

C-Print
205 × 405 cm
Inv. NG 57/99; B 1371
2000 erworben von der Galerie Mai 36, Zürich, aus Mitteln der Stiftung Deutsche Klassenlotterie Berlin und der Stiftung Preußischer Kulturbesitz

Mit der Erwerbung der großformatigen Fotoarbeit eines der wichtigsten Schüler der Fotografen Bernd und Hilla Becher in Düsseldorf wurden die Bestände zur bildmäßigen Fotografie der 1990er Jahre im Hamburger Bahnhof glücklich erweitert. Es ist der Blick in ein Pantheon, welches durch seine Konvention und Gestalt das, was immer es zu ehren wünscht, bereits ins Ewige rückt. Das Bild der Bibliothek von Andreas Gursky ist, obwohl es eine konkrete Bibliothek zeigt, ein Archetypus – es ist das Bild der Bibliothek schlechthin. Gursky ist es zweifellos gelungen, dem in unserem Jahrhundert geprägten Begriff der »Gutenberg-Galaxis« ein Bild zu verschaffen. Das Buch selbst wird in dieser fast ins Abstrakte hinein getriebenen Bildidee in Frage gestellt. Wenn die Zukunft des Buches nur mehr bibliomanen Versuchungen und der bloßen Thesaurierung gehört, dann ist dieses Bild auch ein Abschied. *EB*

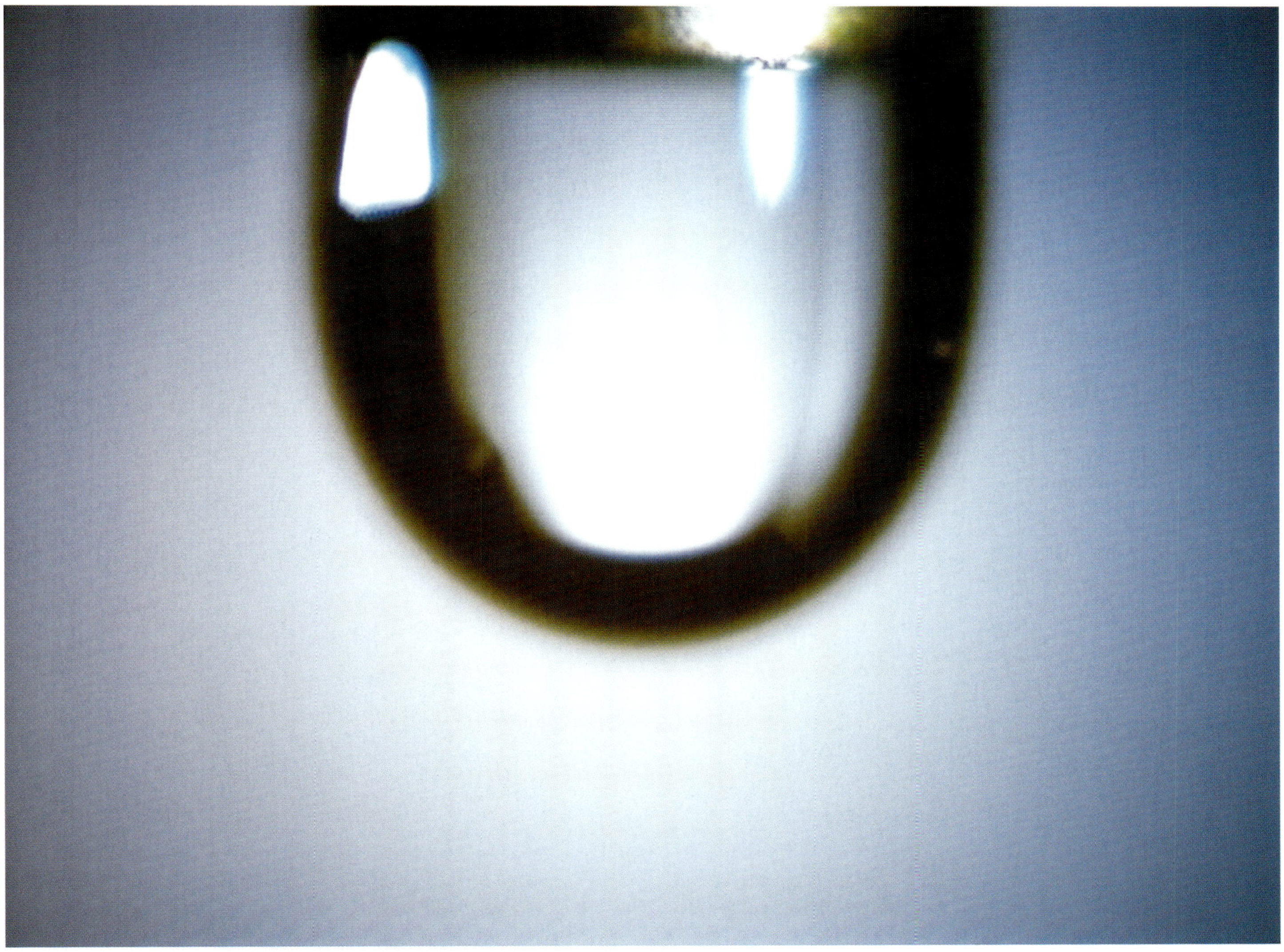

He weeps for you/Er weint für dich, 1976

Video-Klanginstallation
Kamera, Projektor, Trommel, Leinwand
Maße je nach Installation
Inv. FNG 69/93
1993 erworben vom Künstler durch den Verein der Freunde der Nationalgalerie

Mit Blick auf die Sammlung des bald zu eröffnenden Hamburger Bahnhofs erwarb die Nationalgalerie mit dieser frühen Arbeit von Bill Viola, die zum ersten Mal auf der documenta 6 in Kassel zu sehen war, ein in seiner strengen Reduktion beeindruckend tieflotendes Werk des Künstlers. Der durch den Wassertropfen hindurch mit Hilfe einer Kamera auf eine ihm gegenüberliegende Leinwand groß projizierte Betrachter fällt mit dem langsam größer (wachsenden) Tropfen auf eine am Boden liegende Trommel, um dort mit einem dumpfen Ton ins Nichts zu verspritzen. Viola schildert in diesem metaphorisch gedachten Ablauf das Mysterium unserer Existenz und die nur kurze Dauer der menschlichen Individualbiographie. Die Arbeit spielt aber auch auf das Enthaltensein von allem in allem an, auf die sich auch im Detail repräsentierende Ganzheit aller Lebensvorgänge. *EB*

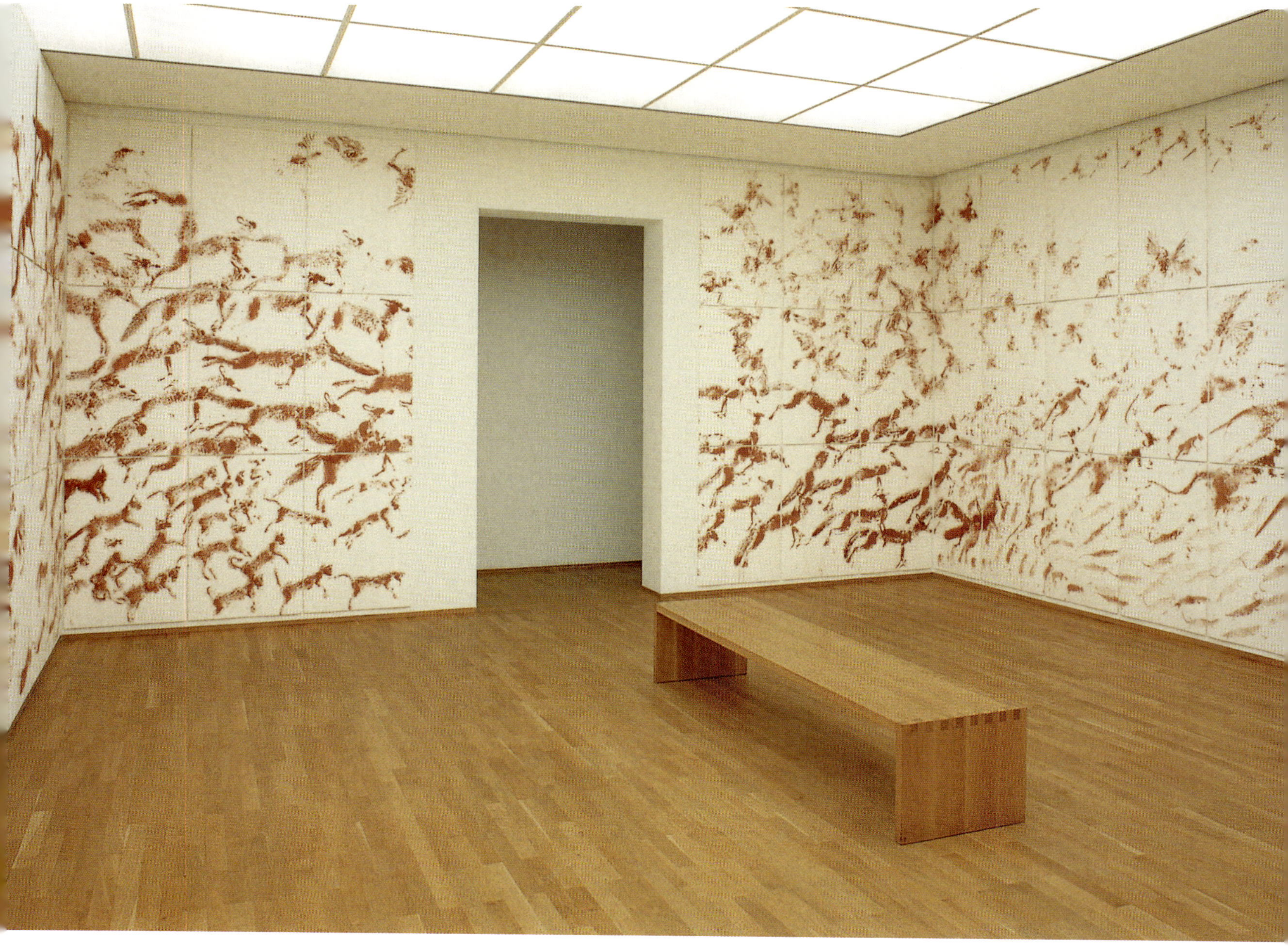

Roadkill/Straßenmord, 1999

Naturabdruck in Öl auf Papier, 126 Blätter
Je 111,5 × 76 cm
Inv. FNG 87/00
2000 erworben vom Künstler durch den Verein der Freunde der Nationalgalerie

Auf überwiegend extrovertierte künstlerische Tendenzen in den 1960er Jahren folgte eine Rückwendung zum Privaten, zum Gedächtnis an die eigene oder fremde Vergangenheit. Rekonstruktion und Dokumentation lösen die Kunst im Präsenz ab. In diesem Kontext steht die Arbeit »Roadkill« von Nikolaus Lang, der sich auf den Straßen des australischen Hinterlandes auf Spurensuche nach Kadavern von Känguruhs, Füchsen und Schlangen begeben hat. Die toten Tiere besprühte er mit ocker-rotem Eisenoxid und warf sie auf feste Papiere. Auf diese Weise entstand ein Fries, das die Tiere laufend und springend auf ihrer vergeblichen Flucht zu neuem Leben erweckt. Im Sinne eines Memento mori ist »Roadkill« als Mahnung an die Grenzen des unbedenklich wachsenden Eingriffs des Menschen in die Natur zu verstehen. *NH*

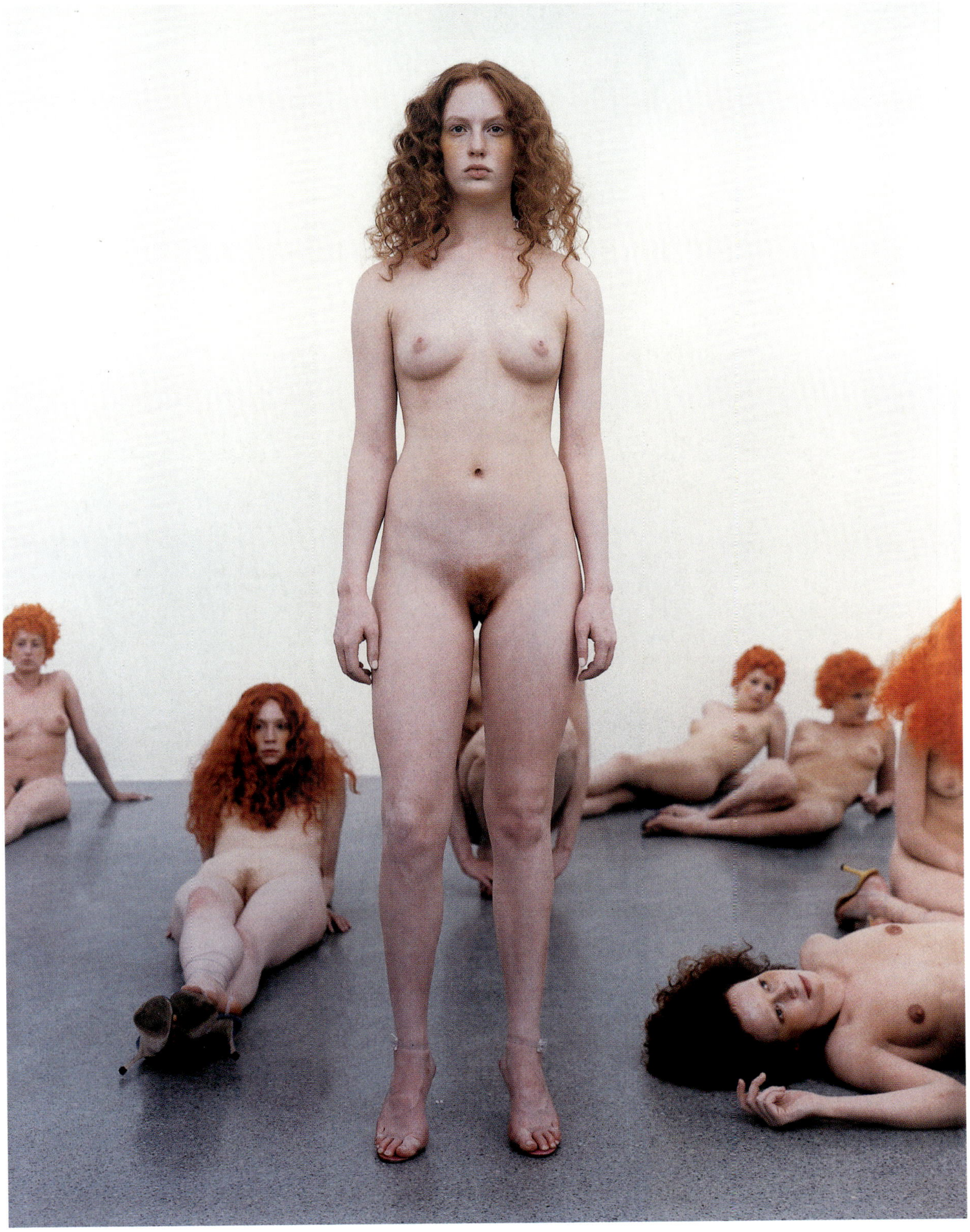

VB 43.008. TE, 2000

Digital C-Type Print
185,4 × 231,2 cm
Inv. B 1376
2000 erworben aus Mitteln der Stiftung Deutsche Klassenlotterie Berlin

Bekannt geworden ist Vanessa Beecroft 1998 mit einer aufsehenerregenden Performance im Guggenheim Museum in New York. Zwanzig gleich aussehende, für die Kamera geschminkte Models bevölkerten zweieinhalb Stunden lang die Rotunde des Museums – fünfzehn in straßbesetzten Gucci-Bikinis und hochhakigen Schuhen, fünf lediglich in geschnürten Sandalen. Die Frauen waren angewiesen, weder zu sprechen noch Augenkontakt mit dem ausschließlich auf Einladung zugelassenen Publikum aufzunehmen. Beecroft dienen die Frauen als Werkzeug, Material und Katalysator zur Aktivierung sozialer Beziehungen zwischen Kunst und Besuchern, die erregt und fasziniert reagieren und gleichzeitig irritiert zurückweichen. Mit dieser Erwerbung ist es der Nationalgalerie gelungen, ihre Sammlung großformatiger, figurativer Farbfotografien um ein wichtiges Werk zu erweitern. *NH*

SAMMLUNG BERGGRUEN

PICASSO UND SEINE ZEIT

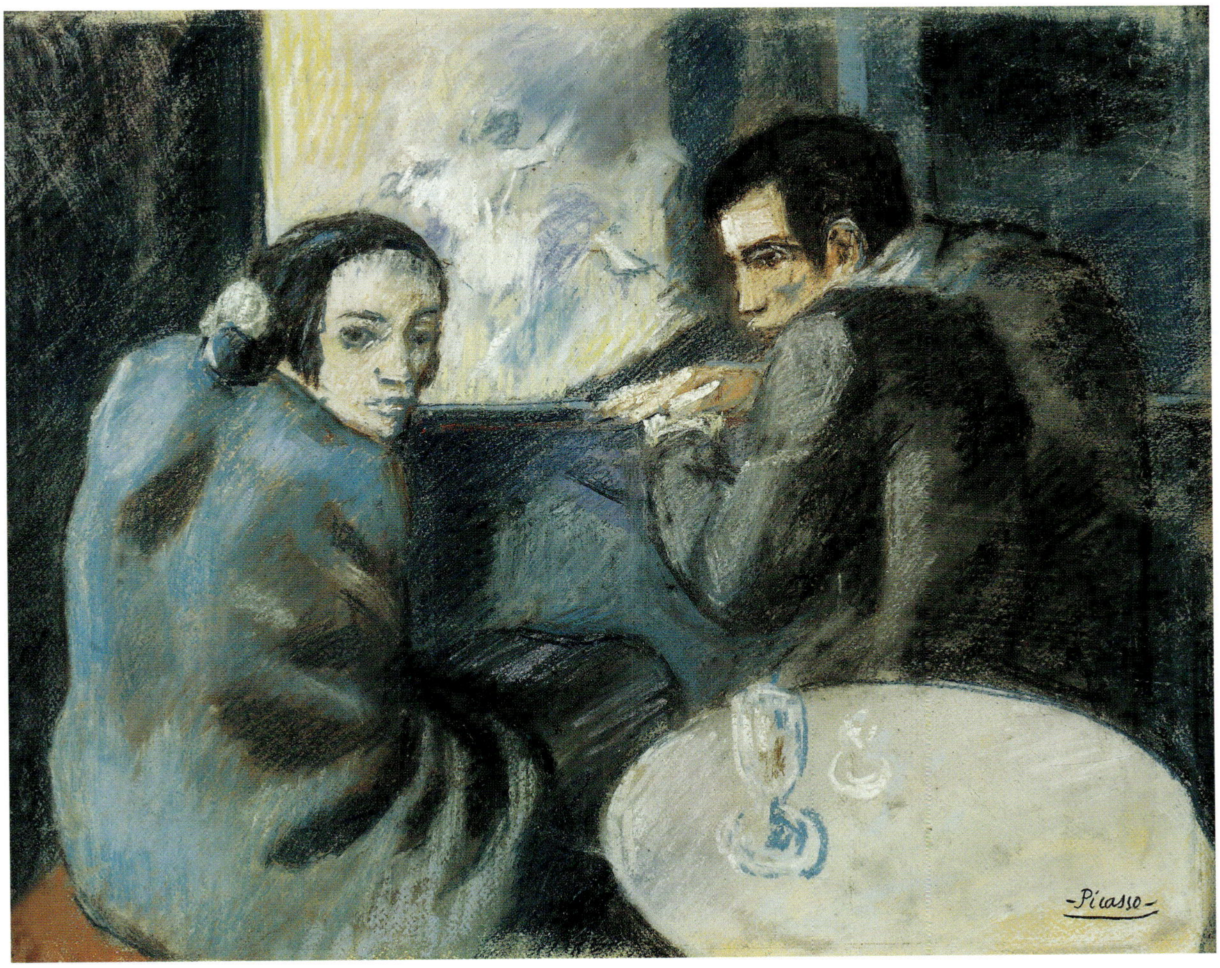

Im Kaffeehaus, 1902

Pastell auf Karton
31 × 40 cm
Bezeichnet unten rechts: Picasso
1969 erworben für die Sammlung Berggruen (Nr. 8) von Lee A. Ault, New York

Der Spanier Pablo Picasso lebte vom Jahr 1900 an überwiegend in Paris. Doch in den ersten Jahren kehrte er wiederholt für einige Zeit in das Wohnhaus der Eltern in Barcelona zurück. Bei einem solchen Aufenthalt im Jahre 1902 entstand auch das eher kleinformatige Pastell »Im Kaffeehaus«. In der Sammlung Berggruen ist es – abgesehen von einem Studienblatt des 16jährigen Picasso – das früheste in der langen Reihe von Arbeiten dieses Künstlers. Es ist ein charakteristisches Werk der Blauen Periode, dieser ersten Phase der stilistischen Entwicklung seiner Kunst. Für Picasso selbst war diese Arbeit immerhin so bedeutsam, daß er sie noch im gleichen Jahr in seine zweite größere Ausstellung in Paris einbezog.
HJP

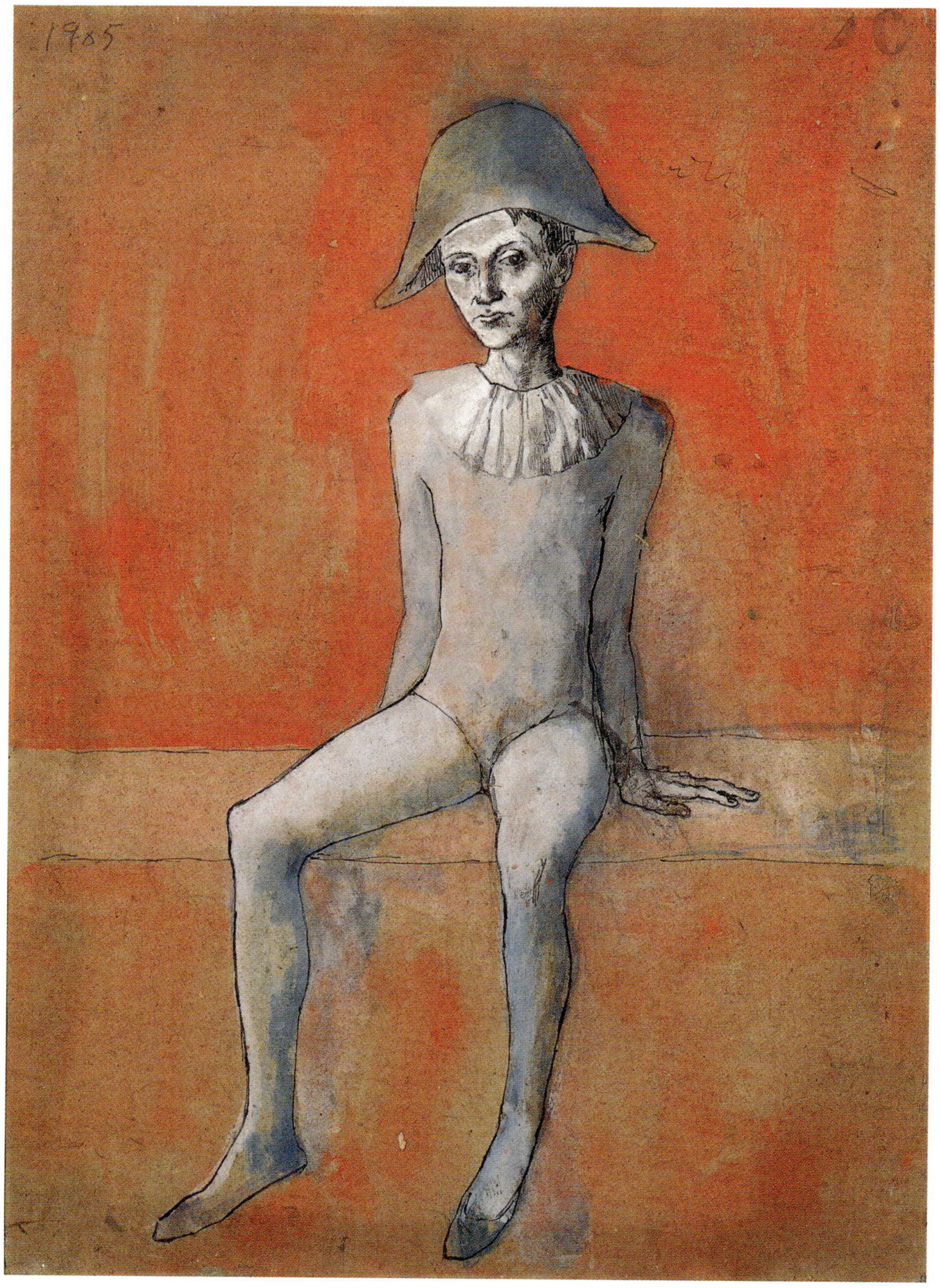

Sitzender Harlekin, 1905

Aquarell und Tusche auf Papier
57,2 × 41,2 cm
Bezeichnet oben rechts: 1905
1995 erworben für die Sammlung Berggruen (Nr. 10) aus dem Nachlaß des Kunsthändlers Ambroise Vollard, Paris

Das Aquarell »Sitzender Harlekin« ist ohne Zweifel eine der besonderen Kostbarkeiten in der Sammlung Berggruen. Es entstand zu Beginn der Rosa Periode, im Jahre 1905, in dem Picasso sich wiederholt mit Motiven der Zirkuswelt beschäftigte und diese schließlich auch in dem Hauptwerk »Die Familie der Gaukler« zusammenfaßte (das großformatige Gemälde wurde übrigens im Herbst 1930 der Berliner Nationalgalerie zum Kauf für 130.000 RM angeboten). In diesem Umfeld ist das Aquarell als eine eigenständig durchgeführte Arbeit entstanden. Im Mai 1905 als Illustration eines Aufsatzes von Guillaume Apollinaire über Picasso in der Zeitschrift »La Plume« abgebildet, gelangte es danach in den Besitz des ersten Kunsthändlers von Picasso, Ambroise Vollard, und wurde im Original erst wieder in den 90er Jahren öffentlich bekannt. *HJP*

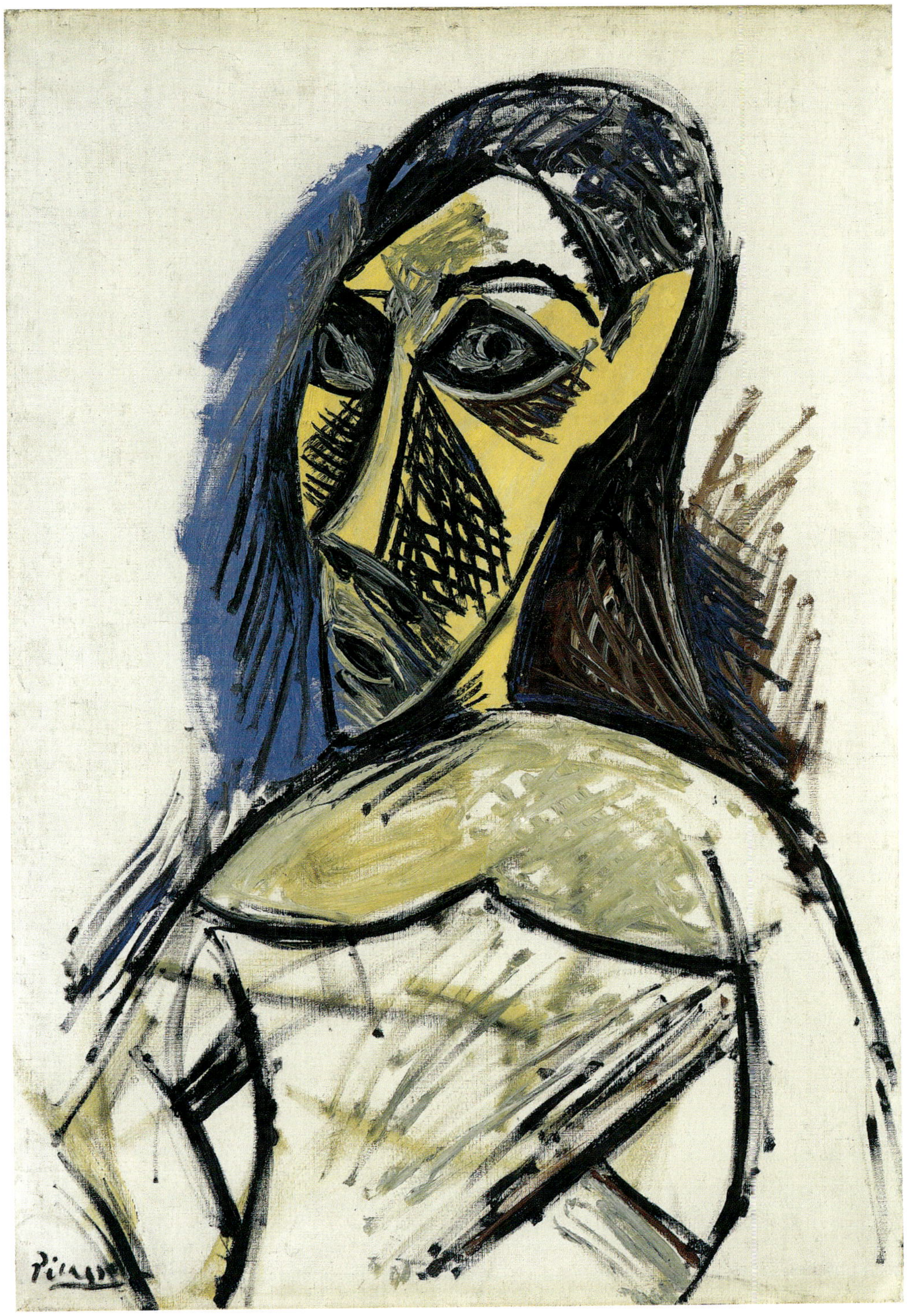

Weiblicher Akt [Studie für »Les Demoiselles d'Avignon«], 1907

Öl auf Leinwand
81 × 60 cm
Bezeichnet unten links: Picasso
1957 erworben für die Sammlung Berggruen (Nr. 16) von Pierre Gaut, Paris

In seinem künstlerischen Schaffen während des ersten Jahrzehnts in Paris gelangte Picasso im Jahr 1907 zu einem zwar kurzzeitigen, doch exzeptionellen Neuansatz in seiner Malerei: Er stellte sich die Aufgabe, ein großformatiges Gruppenbild mit weiblichen Akten zu schaffen und legte es unter dem Titel »Die Fräulein von Avignon« als eine Bordellszene an. In zahlreichen Studien – darunter auch die ebenfalls zur Sammlung Berggruen gehörige Zeichnung »Zigarette drehender Matrose« (Nr. 15) – bereitete er das Gemälde vor. Wie diese Studie eines weiblichen Aktes für die rechte stehende Figur des Bildes zeigt, ließ er sich dabei auch von den etwa 40 Fotografien afrikanischer Menschen, die er besaß, sowie von afrikanischer Kunst inspirieren. So vollzog Picasso den vollständigen Bruch mit den formalen und ästhetischen Vorstellungen des 19. Jahrhunderts. *HJP*

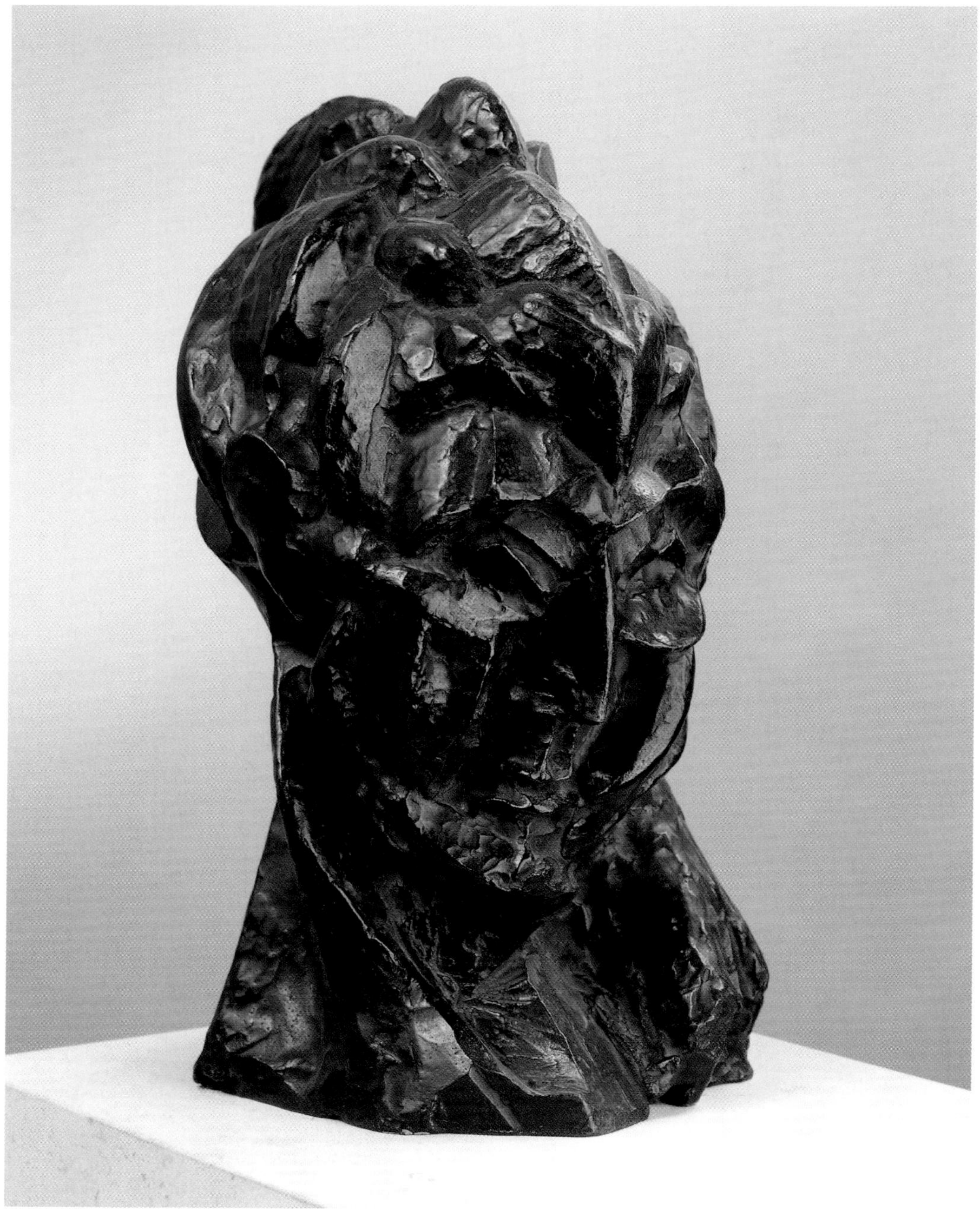

Frauenkopf (Fernande), 1909

Bronze
42 × 23 × 23 cm
Erworben für die Sammlung Berggruen (Nr. 18) aus der vom Kunsthändler Heinz Berggruen, Paris, 1959/60 edierten zweiten Guß-Serie von 9 Exemplaren

Die zunächst als Zwischenmodell in Gips geschaffene Plastik, den Kopf von Picassos damaliger Lebensgefährtin Fernande Olivier darstellend, ist im Jahr 1909 entstanden. In diesem Jahr entwickelte Picasso mit Georges Braque den auf Kunstauffassungen von Paul Cézanne fußenden Kubismus. Die Geometrisierung natürlicher Formen zeigt sich besonders deutlich in dieser ersten Plastik im kubistischen Stil. Doch zugleich ist die Plastik auch ein Beispiel für Berggruens kunsthändlerisches Wirken: Nachdem Picasso schon Ambroise Vollard ermöglicht hatte, von dem Gips einige Bronzeexemplare zu gießen, erhielt auch Heinz Berggruen die Zustimmung zu einer zweiten, auf neun Güsse limitierten Auflage, die er 1959/60 edierte. *HJP*

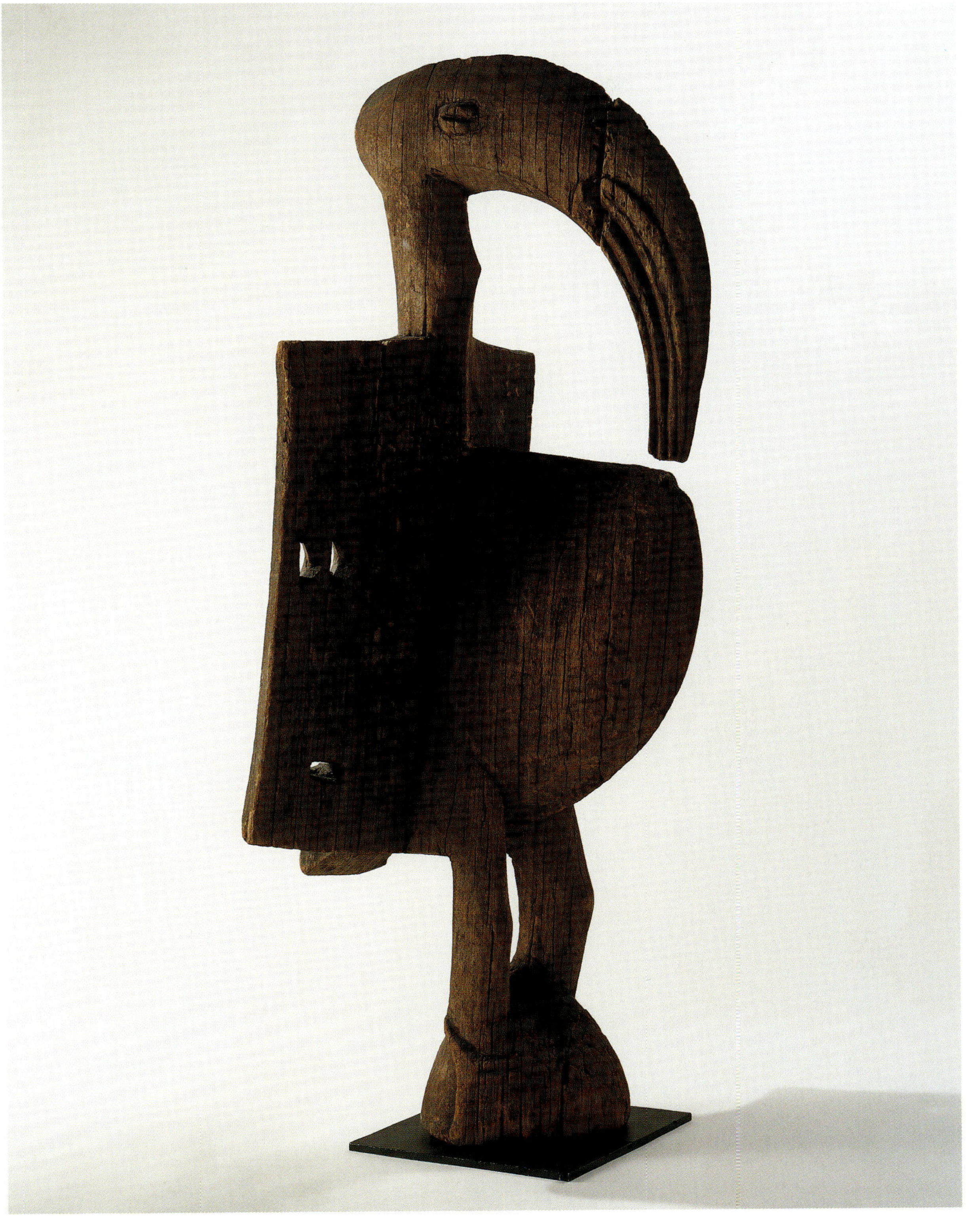

Großer Kalao-Pogada-Vogel, 19./20. Jh.

Holz
149 × 57 × 64,5 cm
1977 erworben für die Sammlung Berggruen (Nr. 113) über das Auktionshaus Drouot, Paris; aus dem Nachlaß des Kunsthändlers Pierre Loeb, Paris

Es mag überraschen, in einer so streng auf wenige europäische Künstler der klassischen Moderne orientierten Sammlung auch fünf Objekte vorzufinden, die offenbar aus einem ganz anderen nämlich dem afrikanischen Kulturkreis stammen. Die Erklärung ist, daß diese Objekte im Berggruen-Haus in einen Kontext zu der von Picasso 1907 geschaffenen Studie zum großformatigen Gemälde »Les Demoiselles d'Avignon« gestellt wurden. Es kann angenommen werden, daß Picasso in jener Zeit, als er an dem Gemälde arbeitete, etwa 40 zeitgenössische Postkarten mit Fotografien afrikanischer Frauen besaß und wohl auch Objekte afrikanischer Stammeskunst. So erkennt man, unter welchem Einfluß die rechte der beiden Frauen in dem Gemälde entstand. *HJP*

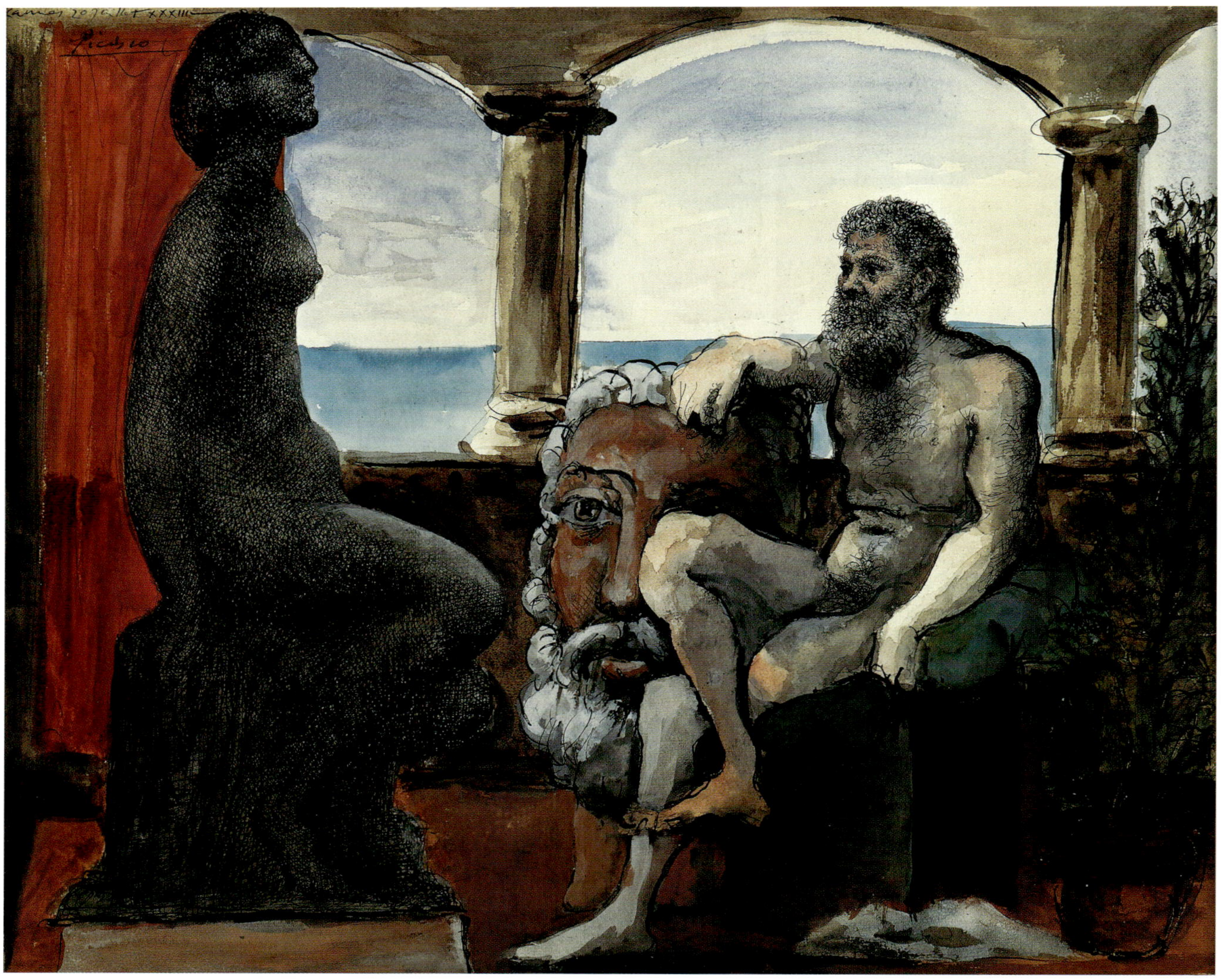

Der Bildhauer und sein Werk, 1933

Aquarell, Gouache und Tusche auf Papier
39,5 × 50 cm
Bezeichnet oben links: Cannes 20 juillet XXXIII/Picasso
1979 erworben für die Sammlung Berggruen (Nr. 49) auf einer Sotheby's-Auktion aus dem Nachlaß des Kunsthändlers Paul Rosenberg, Paris/New York

Im Jahr 1930 erhielt Picasso von seinem ersten Kunsthändler in Paris, Ambroise Vollard, den Auftrag, eine Folge von Radierungen zum Thema »Maler und Modell« zu schaffen. Bis 1937 entstanden so rund 100 Arbeiten, die sich zur Hälfte auf das Thema »Bildhauer und Modell« beziehen. Diese Folge ist in die Kunstgeschichte als »Suite Vollard« eingegangen. In diesem Umfeld entstand 1933 auch dieses Aquarell. In ihm bekennt sich Picasso zur unerschöpflichen Inspirationsquelle antiker Kunst: Der Bildhauer – und damit meint Picasso auch sich selbst – stützt sich mit dem rechten Arm auf die antike Plastik eines Zeuskopfes und schaut gleichzeitig auf das Werk links, dessen Kopf stark an die Skulpturen Picassos dieser Jahre erinnert. *HJP*

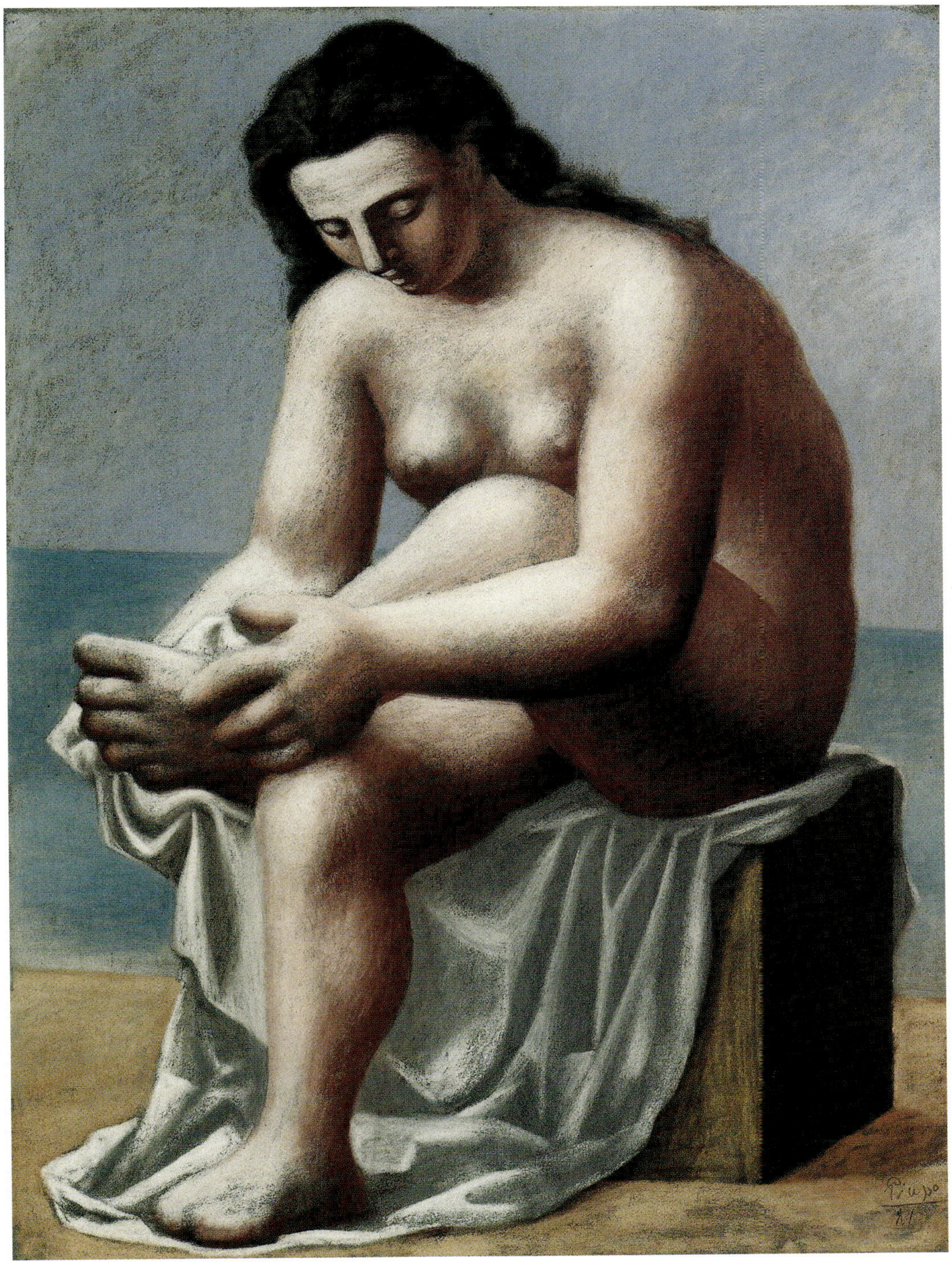

Sitzender Akt, sich den Fuß trocknend, 1921

Pastell auf Papier
66 × 50,8 cm
Bezeichnet unten rechts: Picasso / 21
1979 erworben für die Sammlung Berggruen (Nr. 39) auf einer Sotheby's-Auktion aus dem Nachlaß des Kunsthändlers Paul Rosenberg, Paris/New York

Picasso hat sich in seinem Schaffen oft von kunstgeschichtlichen Vorbildern inspirieren lassen, sie aber auf eigene Weise interpretiert. Auch dieses großartige Pastell macht dies deutlich: Motivisch bezieht sich Picasso hier auf das Gemälde einer »Badenden« von Auguste Renoir, das seinerseits das antike Motiv des »Dornausziehers« reflektiert. Stilistisch übernimmt er eine »klassische« Formsprache, die er jedoch – durch Monumentalisierung der Hände und der Füße – so verfremdet, daß man nur bedingt von einem Neoklassizismus sprechen möchte. Diese Sprache setzt im Schaffen Picassos 1914 ein und findet in der ersten Hälfte der 20er Jahre ihre prägnanteste Ausformung. *HJP*

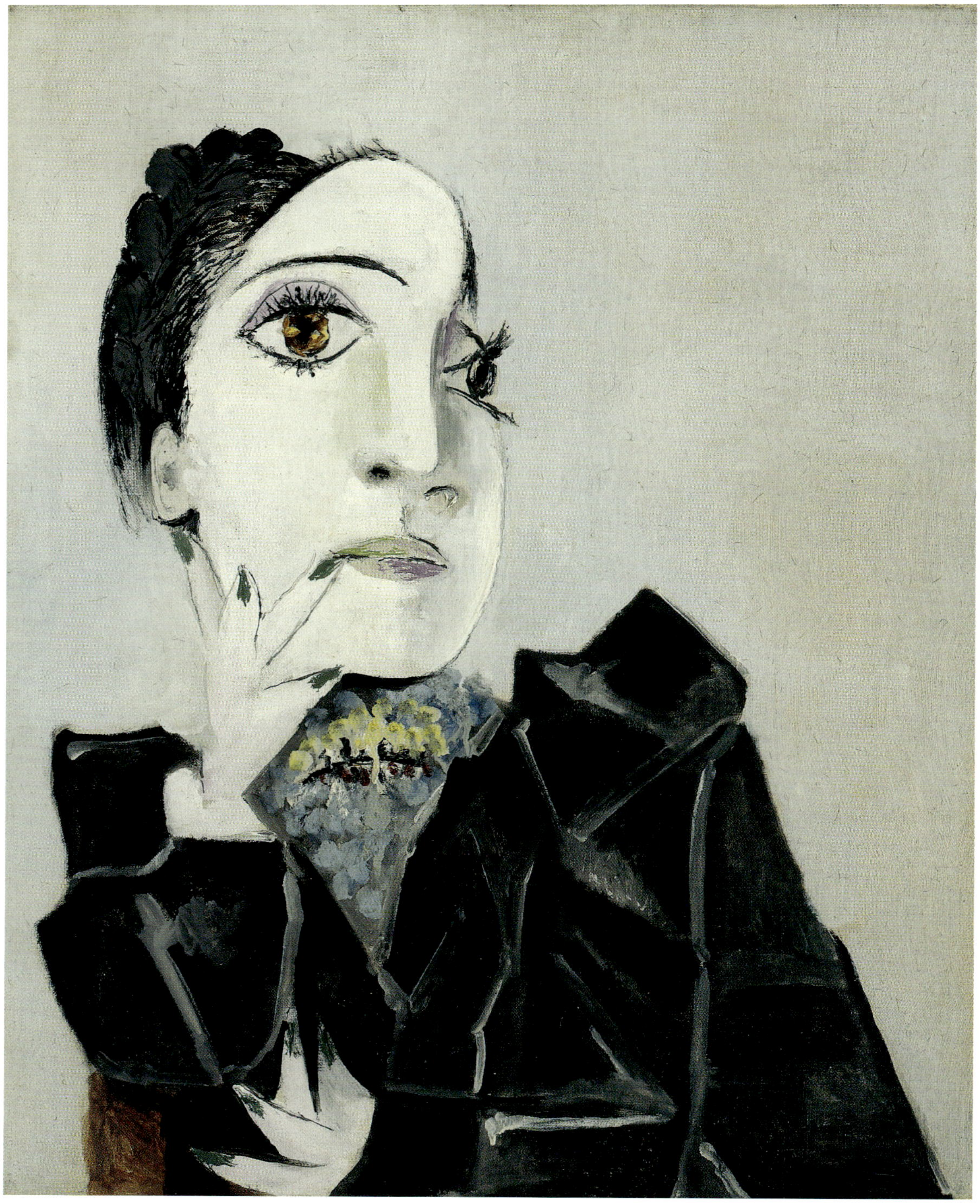

Dora Maar mit grünen Fingernägeln, 1936

Öl auf Leinwand
65 × 54 cm
1998 erworben für die Sammlung Berggruen (Nr. 136) auf der Dora-Maar-Nachlaß-Auktion in Paris

Picasso hatte sich 1934 von seiner ersten Ehefrau, Olga Kokhlova, getrennt. Ein Jahr später wurde ihm von seiner jugendlichen Geliebten Marie-Thérèse Walter die Tochter Maja geboren. Anfang 1936 lernte er Dora Maar kennen. Sie war eine Frau von klassischer Schönheit und hoher Intelligenz, die zu dieser Zeit im Kreis der Surrealisten als Fotografin arbeitete. Picasso war schon bei der ersten Begegnung von ihr fasziniert. Doch verging immerhin fast ein halbes Jahr, ehe er die ersten Gemälde von ihr schuf, darunter auch dieses Porträt. Das Gemälde verblieb bis zu ihrem Tod im Jahr 1997 im Besitz von Dora Maar und konnte schließlich auf der Nachlaß-Auktion in Paris für die Sammlung Berggruen erworben werden. *HJP*

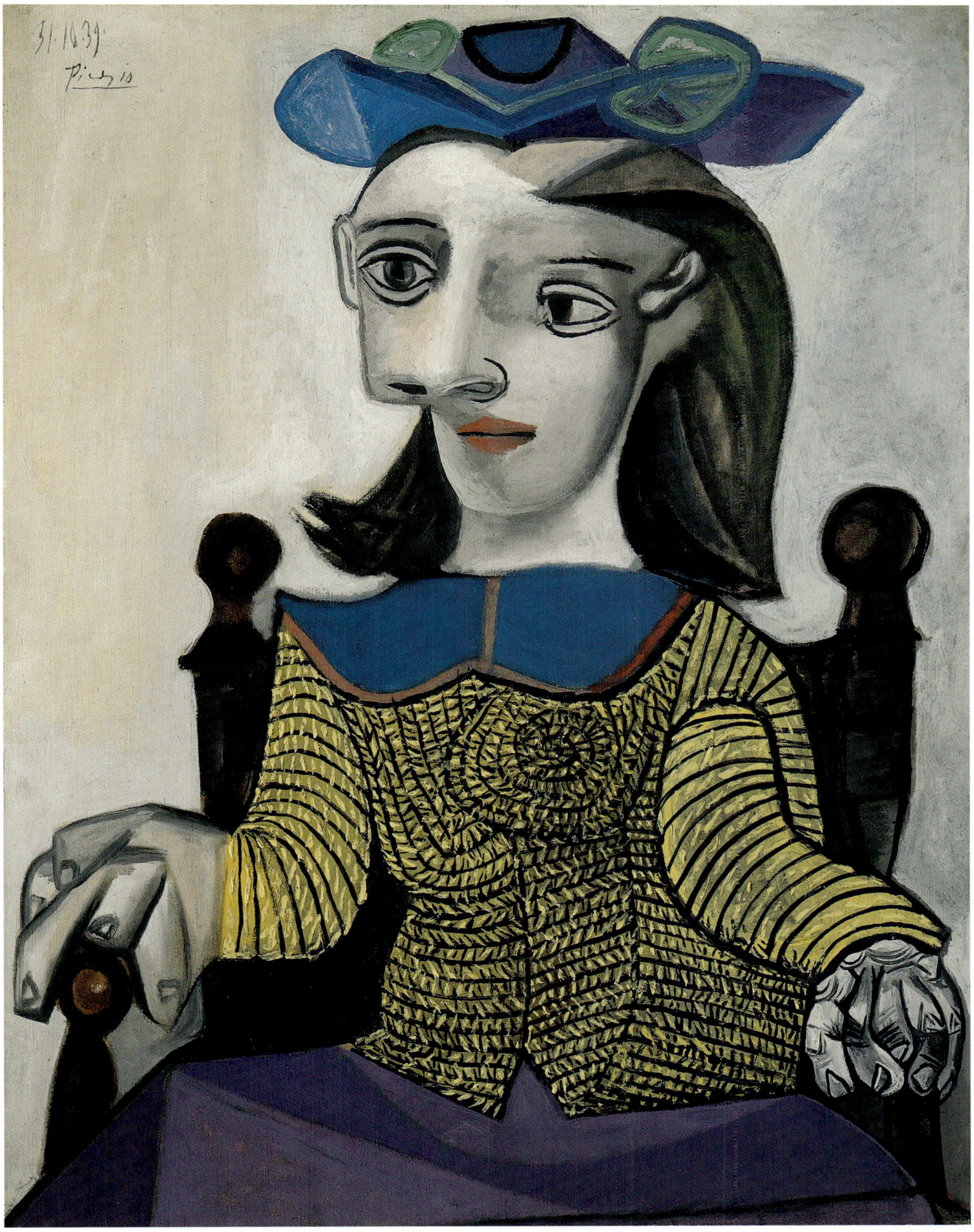

Der gelbe Pullover, 1939

Öl auf Leinwand

81 × 65 cm

Bezeichnet oben links: 31.10.39/Picasso

1959 erworben für die Sammlung Berggruen (Nr.61) bei dem Kunsthändler Paul Rosenberg, New York

Das Gemälde hat Heinz Berggruen noch von Paul Rosenberg selbst erworben, der zwischen den beiden Weltkriegen einer der bedeutendsten Kunsthändler Picassos in Paris war und der dann nach New York emigrieren mußte. Das Porträt zeigt Dora Maar in leichter Untersicht, hoheitsvoll auf ihrem Stuhl sitzend. Die stärkere formale Stilisierung unterscheidet das Bild von dem drei Jahre zuvor entstandenen zweiten Porträt in der Sammlung. Picasso greift hier auf das kubistische Prinzip der Gleichzeitigkeit zweier Ansichten der Dargestellten zurück, die einmal im Dreiviertelprofil und zum anderen en face gezeigt wird. In Berlin ist das Porträt zu einer Art Leitbild für die Sammlung Berggruen geworden. *HJP*

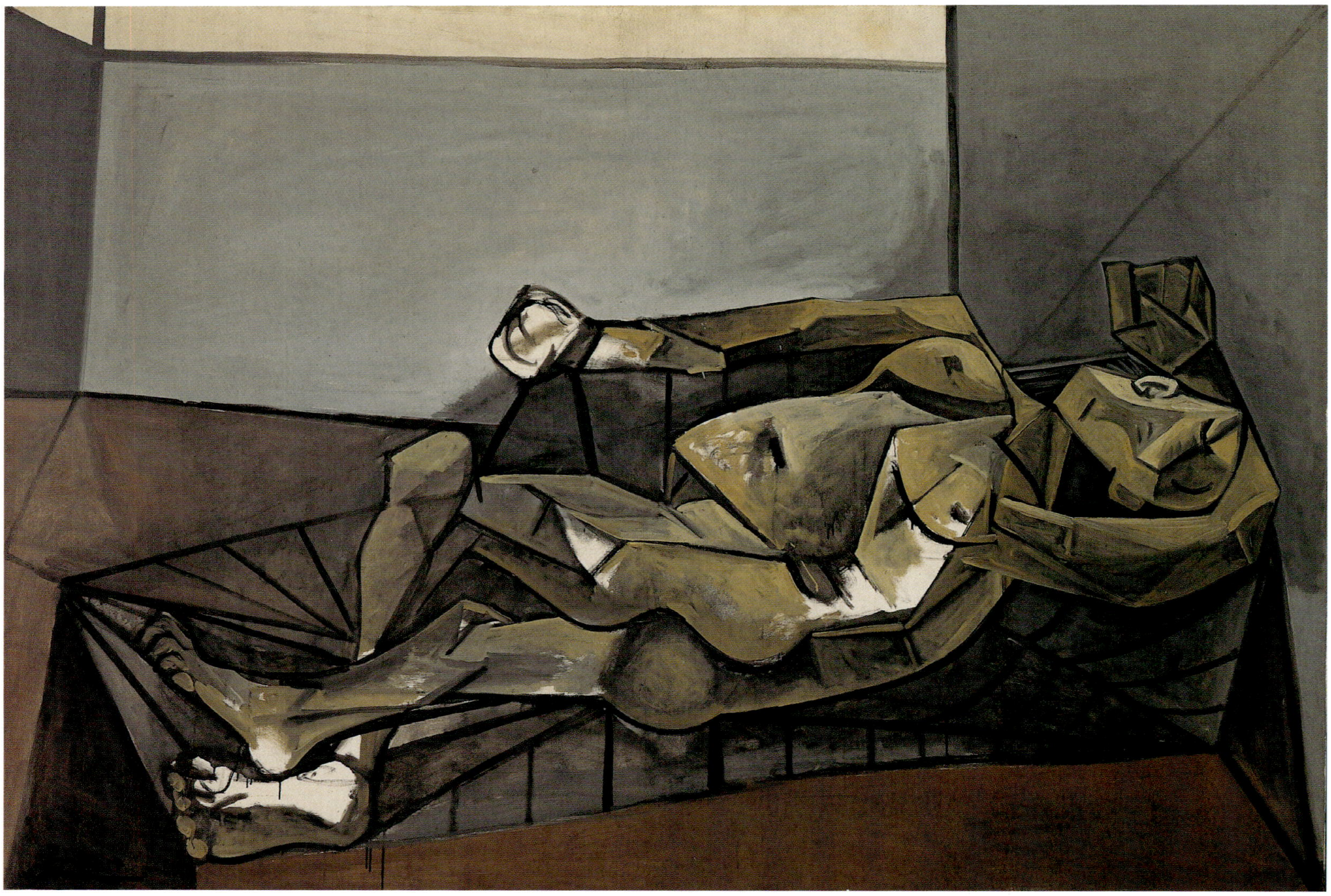

Liegender Akt, 1942

Öl auf Leinwand
129,5 × 195 cm
Bezeichnet unten links: Picasso
1997 erworben für die Sammlung Berggruen (Nr. 117) auf der Christie's-Auktion »Die Sammlung Victor und Sally Ganz« in New York

Das Gemälde ist nicht zu vergleichen mit der harmonischen Schönheit der »Schlummernden Venus« von Giorgione oder der prickelnden Erotik der »Nackten Maja« von Goya. Es entstand 1942 unter den Bedingungen der deutschen Wehrmachtsbesetzung von Paris, von der Picasso und Dora Maar psychisch stark belastet waren. So erscheint Dora Maar, das Model für diesen »Liegenden Akt«, wie versteinert, wie geworfen in eine enge, hohe Gefängniszelle, nur am oberen Bildrand bleibt ein heller Hoffnungsstreif. Entstanden ist damit eines der eindrucksvollsten Antikriegsbilder, die Picasso in jenen Jahren geschaffen hat. *HJP*

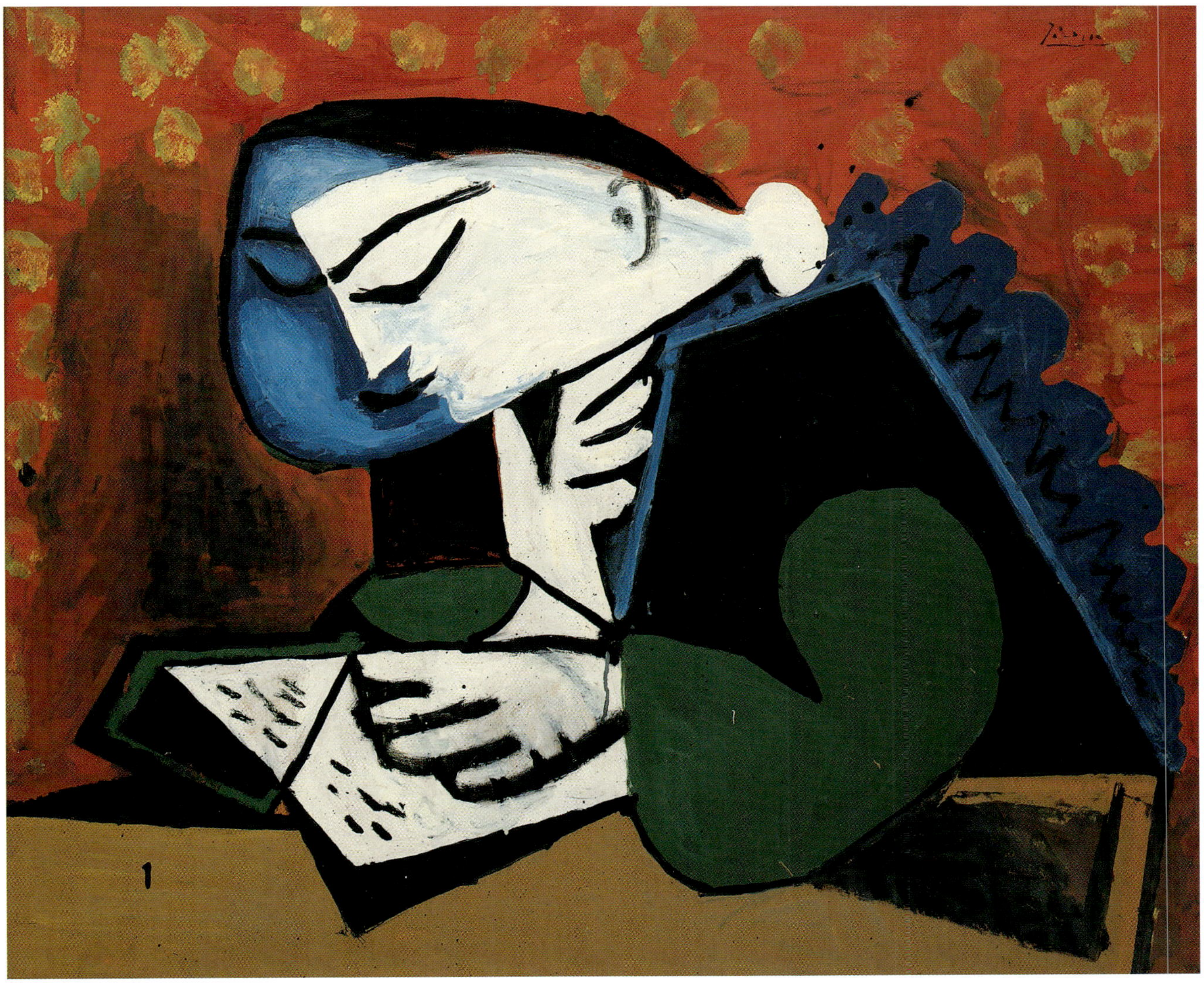

Die Lektüre, 1953

Öl auf Holz
81 × 100 cm
Bezeichnet oben rechts: Picasso
1996 erworben für die Sammlung Berggruen (Nr. 68) von der Kunsthandlung Artemis, London

Das Bild einer Lesenden steht in einer langen Reihe, die Picasso von diesem Motiv geschaffen hat. Das Gesicht seiner damaligen Lebensgefährtin Françoise Gilot, von der er sich noch im gleichen Jahr trennte, erscheint hier – dem kubistischen Prinzip der Gleichzeitigkeit mehrerer Ansichten folgend – zum einen als taghelles Profil und zum anderen in der nachtblauen Ansicht als En face. Dieses Gemälde steht in der Sammlung Berggruen für den Beginn des Spätwerkes von Picasso. *HJP*

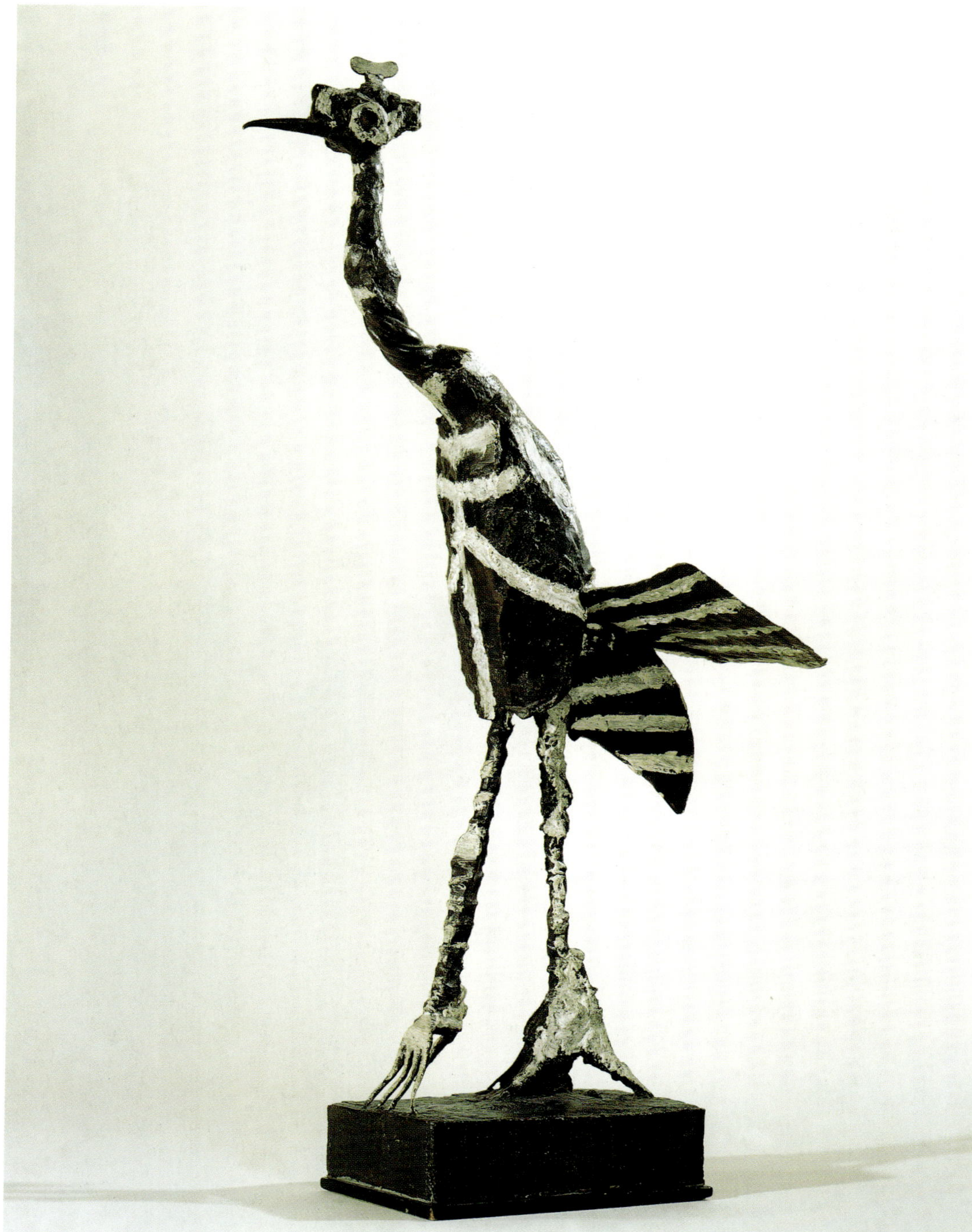

Der Kranich, 1952

Bronze, bemalt
74 × 44 × 27 cm
1975 erworben für die Sammlung Berggruen (Nr. 67) von Harold Diamond, New York

Eine unbrauchbar gewordene, weggeworfene Schaufel, die Picasso, wie Françoise Gilot berichtet, bei einem Spaziergang am Wegesrand fand, war der Ausgangspunkt für die Entstehung dieser Plastik. Im weiteren wurde sie zum Schwanz und Rücken des Kranichs umgedeutet und in einem – von Picasso jahrzehntelang so praktizierten – Montageverfahren mit anderen Fundstücken kombiniert: einem Gasabsperrventil für den Kopf, einem Stück Henkel eines Weidenkorbes, zwei Eßgabeln für die Füße. Durch den Abguß in Bronze erfolgte eine Vereinheitlichung des Materials zugunsten eines Gesamtbildes, wobei jeder der vier Güsse durch eine andere Bemalung einen Unikatcharakter erhielt. *HJP*

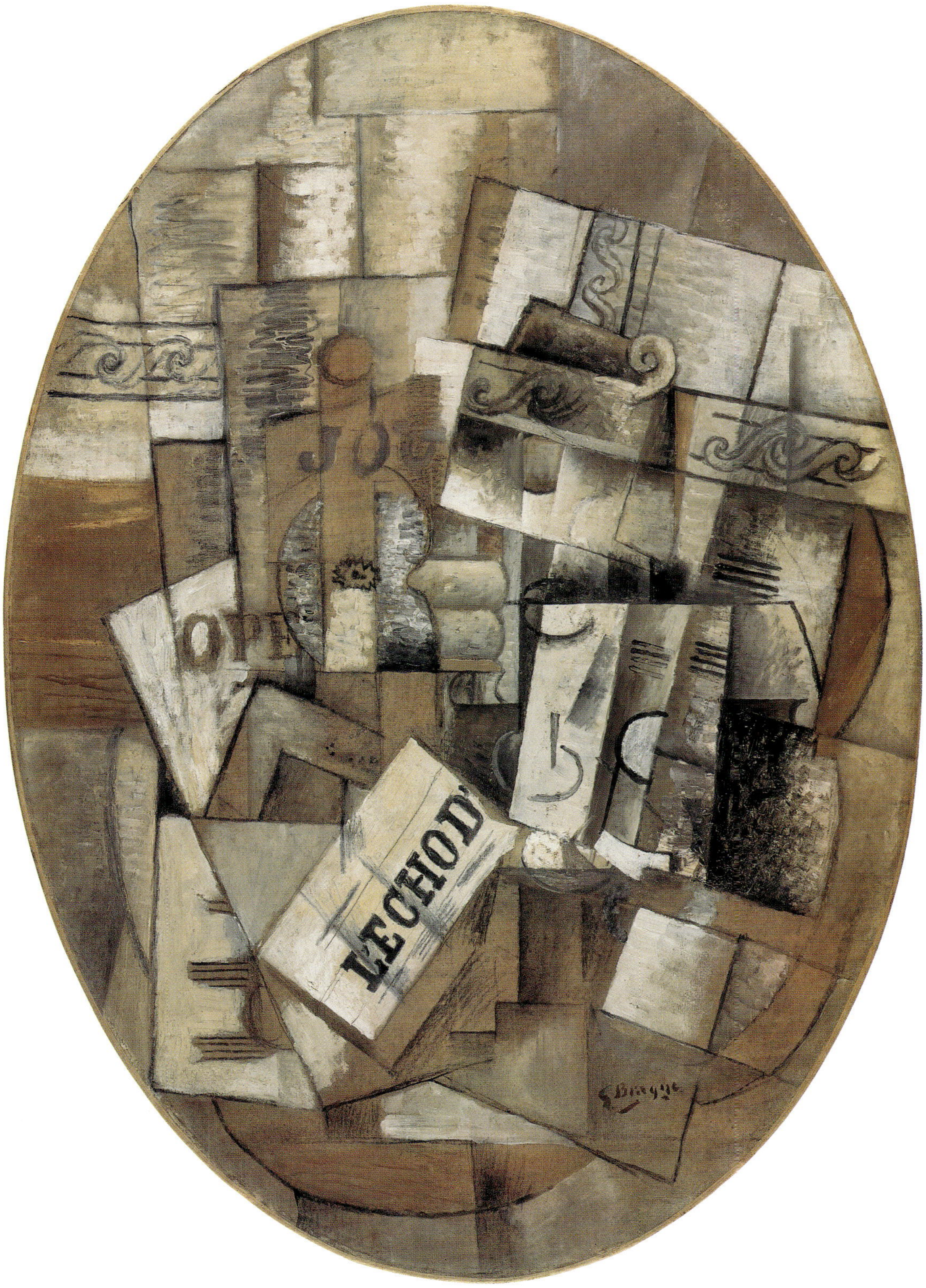

Stilleben mit Glas und Zeitung, 1913

Kohle, schwarze Kreide und Öl auf Leinwand
98,7 × 72,5 cm
Bezeichnet unten rechts: G Braque
1970 erworben für die Sammlung Berggruen (Nr. 76) von der Acquavella Gallery, New York

In kaum einem anderen deutschen Kunstmuseum wird der Kubismus, wie er in den Jahren zwischen 1909 und 1914 von Pablo Picasso und dem fast gleichaltrigen französischen Maler Georges Braque entwickelt wurde, so durch exemplarische Werke dokumentiert wie im Berliner Berggruen-Haus. Während die erste, bis 1912 reichende Phase, die einen »analytischen« Kubismus hervorbrachte, vornehmlich durch Werke von Picasso belegt ist, wird die zweite Phase, bei der man vom »synthetischen« Kubismus spricht, durch zwei Gemälde von Braque veranschaulicht. Für die Bedeutung dieses im Herbst 1913 entstandenen »Stillebens« spricht allein schon die Reihe seiner namhaften Vorbesitzer: Daniel Henry Kahnweiler, Paris; André Breton, Paris; Earl Horter, Philadelphia; Douglas Cooper, Argilliers. *HJP*

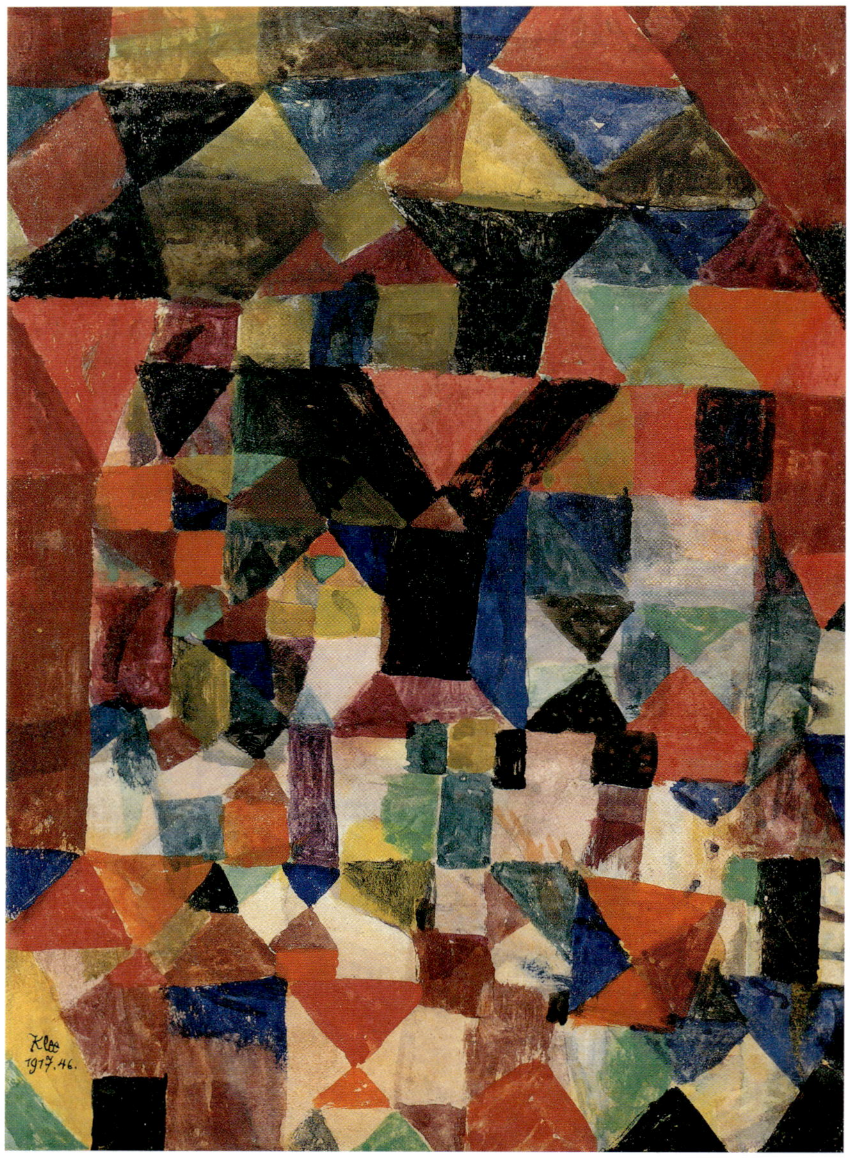

Stadtartiger Aufbau, 1917

Aquarell und Bleistift auf Karton
31,5 × 23,3 cm
Bezeichnet unten links: Klee 1917. 46
1998 erworben für die Sammlung Berggruen (Nr. 140) auf der Christie's-Auktion, London

Als Paul Klee Anfang des Jahres 1917 dieses auch »Stadt Inneres« benannte Aquarell schuf, war er bereits 37 Jahre alt und wurde dennoch zum Militärdienst im Ersten Weltkrieg verpflichtet. In seinem Werkkatalog notierte er: »Stadt Inneres als kl. Tafelbild gefirnistes Aquarell/Pappe«. Nun bildet das Aquarell den glanzvollen Auftakt der 51 Arbeiten umfassenden Klee-Kollektion im Berliner Berggruen-Haus. Es gehört in die Reihe »stadtartiger« Aquarelle und Ölbilder, bei denen als solche erkennbare architektonische Elemente einen polyphonen Teppich bilden; als weitere Werke dieser Art in der Sammlung können genannt werden: »Blauer Berg« (1919), »Traum-Stadt« (1921) und »Nördlicher Ort« (1923). *HJP*

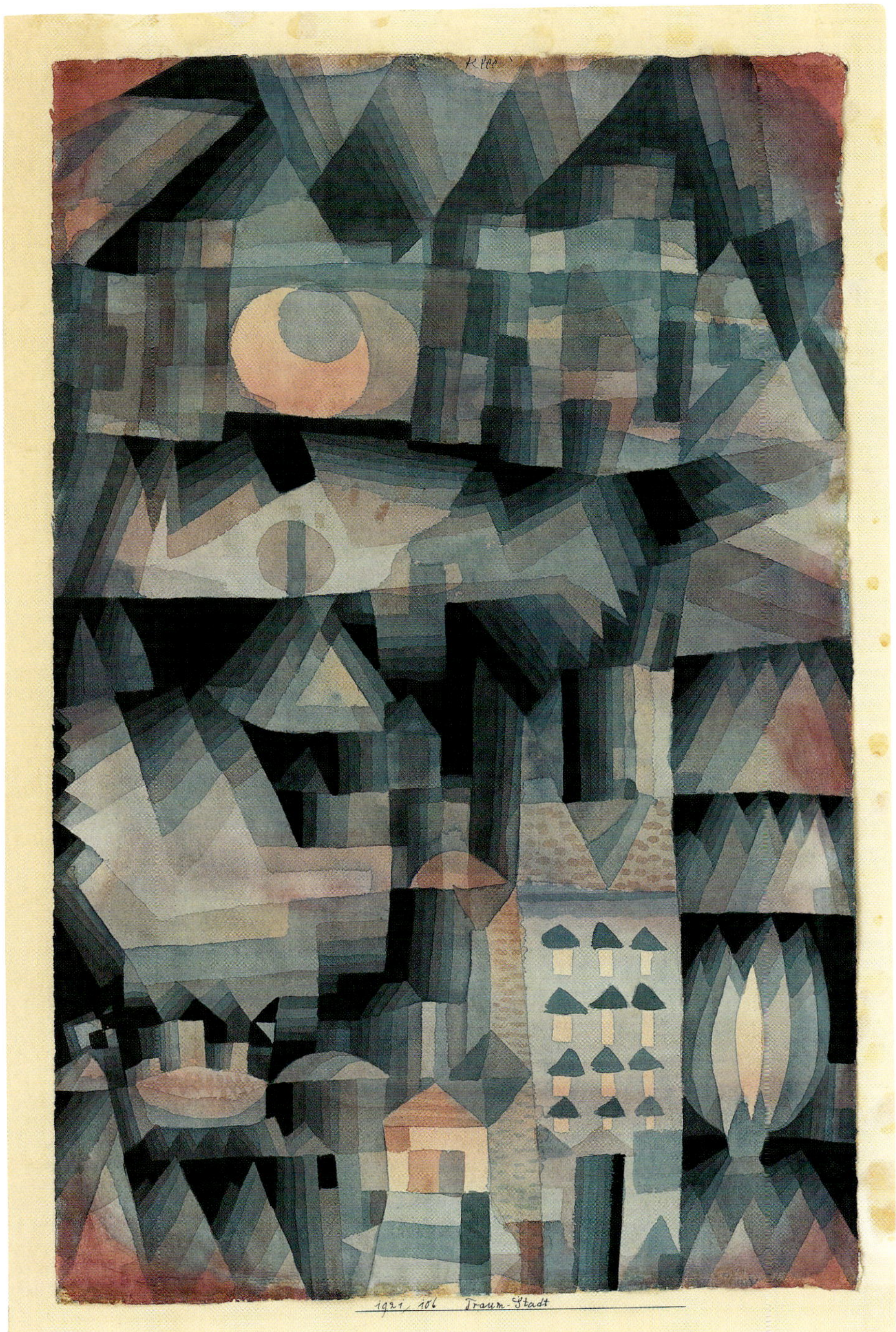

Traum-Stadt, 1921

Aquarell und Wasserfarbe auf Papier auf Karton, mit Silberpapier eingefaßt
47,5 × 31 cm
Bezeichnet Mitte unten: Klee; auf dem Karton: 1921, *106* Traum-Stadt
1993 erworben für die Sammlung Berggruen (Nr. 91) von M. Martino, Lugano

An das Bauhaus Weimar berufen, begann Paul Klee im Januar 1921 mit seiner Lehrtätigkeit, die er dort und am Bauhaus Dessau ein ganzes Jahrzehnt lang ausübte. Heinz Berggruen schätzt besonders die Werke Klees aus dieser Bauhaus-Zeit, weshalb sie denn auch sowohl in seiner ersten wie seiner zweiten Klee-Kollektion einen breiten Raum einnehmen. Von dem gleich zu Beginn der Bauhaus-Phase entstandenen Aquarell »Traum-Stadt« sagte er einmal, es gehöre zu seinen »Lieblingsbildern«. Und tatsächlich ist es ein Hauptwerk dieser Schaffenszeit Klees. Zunächst im Besitz des Schloßmuseums Weimar und 1937 als »entartet« beschlagnahmt, gelangte es über verschiedene internationale Zwischenstationen 1993 ein zweites Mal in die Sammlung Berggruen und erscheint nun hier als ein Kronjuwel. *HJP*

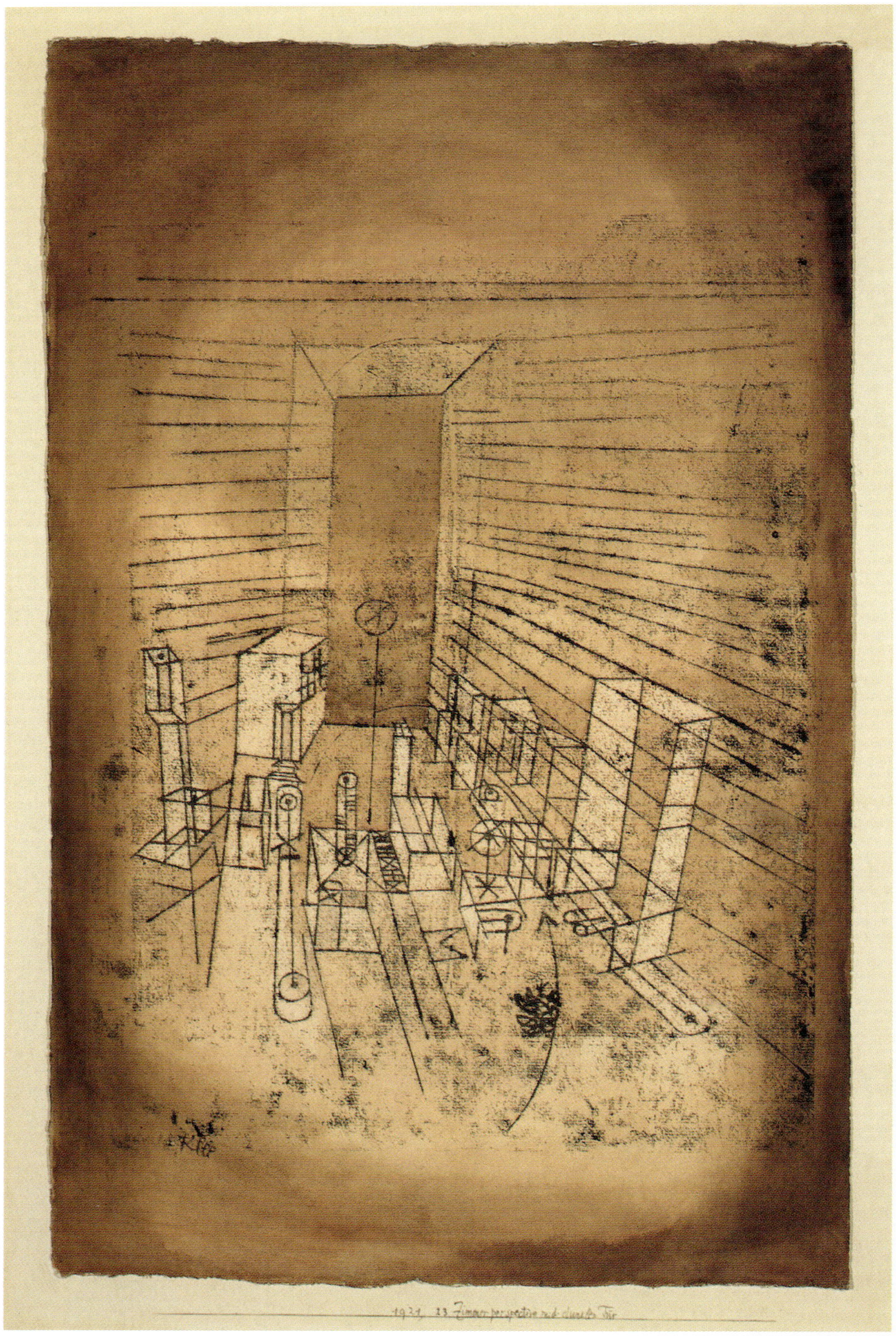

Zimmerperspektive m.[it] d.[er] dunklen Tür, 1921

Ölfarbezeichnung und Aquarell auf Papier auf Karton
48 × 31,5 cm
Bezeichnet unten links: Klee; auf dem Karton: 1921/*23* Zimmerperspective m. d. dunklen Tür
1994 erworben für die Sammlung Berggruen (Nr. 89) von der Kunsthandlung Wittrock, Düsseldorf

»Mit Klee fing alles an«, hat Heinz Berggruen einmal gesagt. Tatsächlich war seine erste Erwerbung überhaupt ein Aquarell von Paul Klee mit dem Titel »Perspektivspuk« (1920), das er 1940, also in der Zeit des Exils in den USA, von einem gleichfalls emigrierten Deutschen spontan kaufte, weil die irritierend »falsch« gezeichnete Perspektive des Raumes ihn stark an die entfremdete Welt Franz Kafkas erinnerte, von dem er gerade einiges für die von dem Verleger James Laughlin herausgegebene Zeitschrift »New Direction« übersetzt hatte. Da jenes Aquarell zum Konvolut seiner ersten, 1984 dem Metropolitan Museum of Art in New York geschenkten Klee-Sammlung gehört, kann und soll unser nur ein Jahr später entstandenes, doch größerformatiges Aquarell eine Vorstellung von Berggruens erster Erwerbung vermitteln. *HJP*

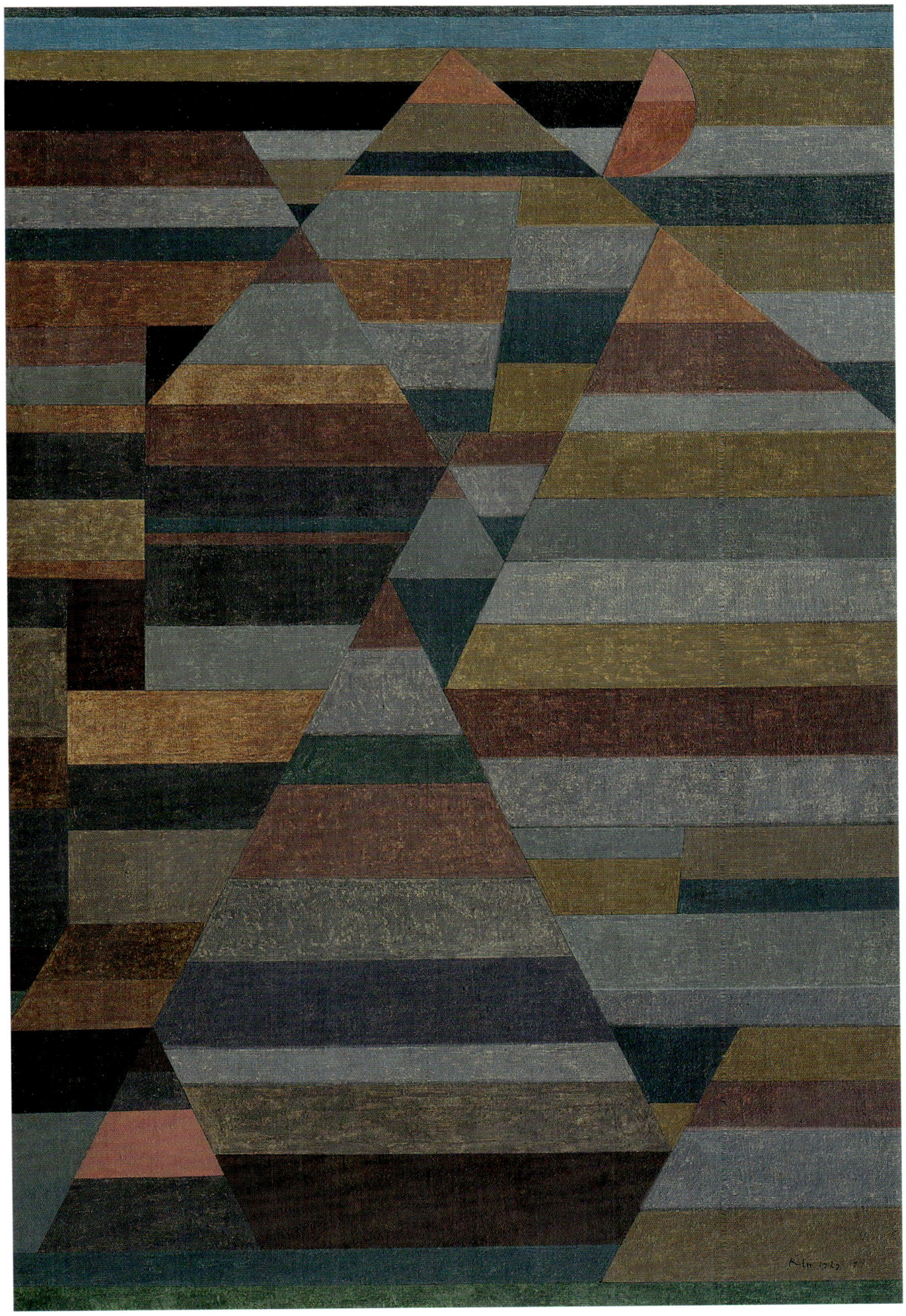

Nekropolis, 1929

Öl auf Sperrholz
63 × 44 cm
Bezeichnet unten rechts: Klee 1929, 91 (S1)
1999 erworben für die Sammlung Berggruen (Nr. 162) aus japanischem Privatbesitz

Paul Klee hat, gemessen an der großen Zahl seiner Arbeiten auf Papier, nur relativ wenige Ölgemälde geschaffen. Als das Berliner Berggruen-Haus im September 1996 eröffnet wurde, befanden sich denn auch unter den zunächst 27 Klee-Werken nur zwei Ölgemälde, die zudem noch kleineren Formats sind. In den folgenden vier Jahren wuchs diese Klee-Kollektion auf fast die doppelte Anzahl, wobei nun aber neben zwei kleineren Gemälden auch zwei größerformatige Tafeln für die Sammlung Berggruen hinzugewonnen werden konnten: »Die klassische Küste« und »Nekropolis«. Letztere ist offenbar die Reflexion eines Besuches der Pyramiden von Gize während einer Ägyptenreise, die Klee im Dezember 1928 und Januar 1929 unternahm. *HJP*

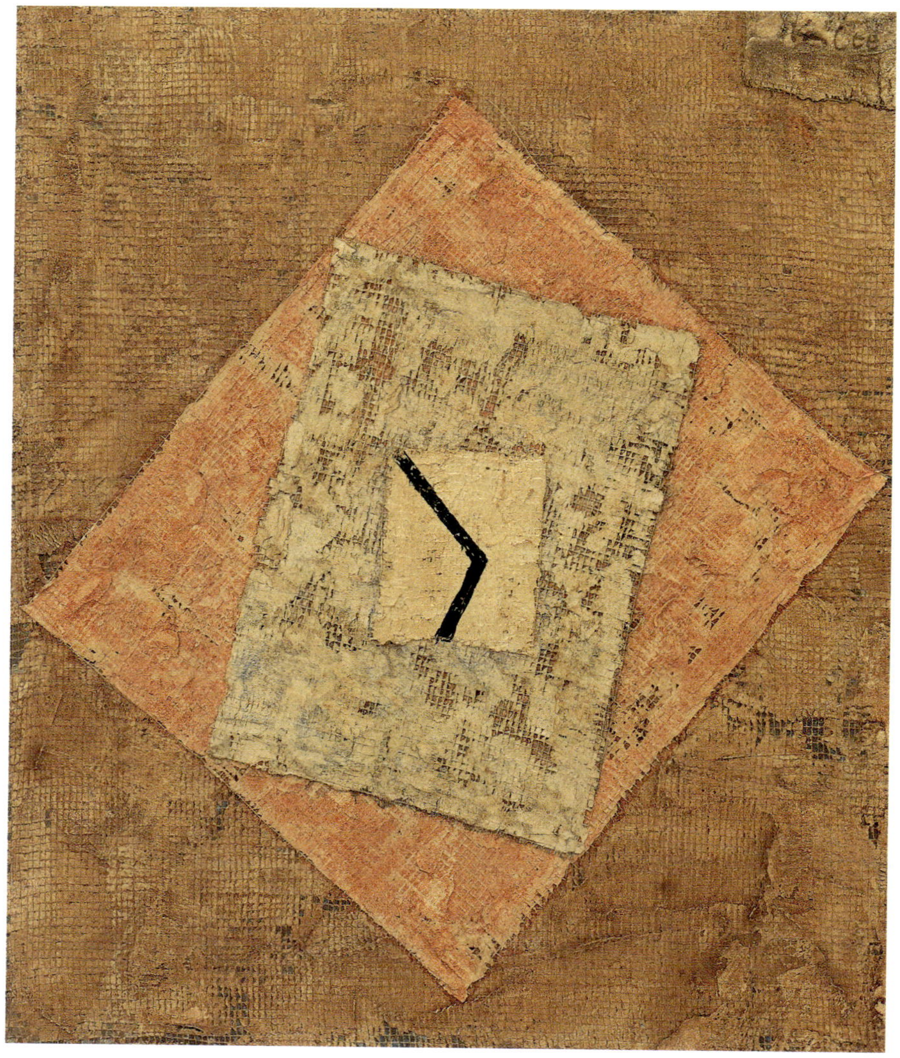

Die Zeit, 1933

Aquarell und Pinsel in Tusche auf Gipsgrundierung auf mehrfach übereinandergelegten Gazestücken auf grundierter Baumwolle auf Sperrholz, rückseitig Aquarell auf grundierter Baumwolle auf Sperrholz
25,5 × 21,6 cm
Bezeichnet oben rechts: Klee
1996 erworben für die Sammlung Berggruen (Nr. 106) aus dem Nachlaß von Felix Klee, Bern

Nach zweijähriger, recht glücklicher Lehrtätigkeit an der Düsseldorfer Akademie als Professor für Malerei wurde Paul Klee dort 1933, jenem Jahr, in dem mit Adolf Hitler der deutsche Faschismus an die Macht kam, fristlos entlassen, da er nun als »entarteter Künstler« galt. Ende jenes Jahres emigrierte er mit seiner Frau Lily in seinen Schweizer Geburtsort Bern. Die kleine Tafel, ein vorzügliches Beispiel einer Kleeschen Materialcollage, reflektiert Persönliches wie auch Gesellschaftliches zum Thema dieser Zeit: Über mehreren rechteckigen, diagonal versetzten Gazestücken, gewissermaßen Zeitebenen, wird die jüngste und mithin noch am wenigsten ausgedehnte von einem unheilvollen schwarzen Pfeil durchpflügt. *HJP*

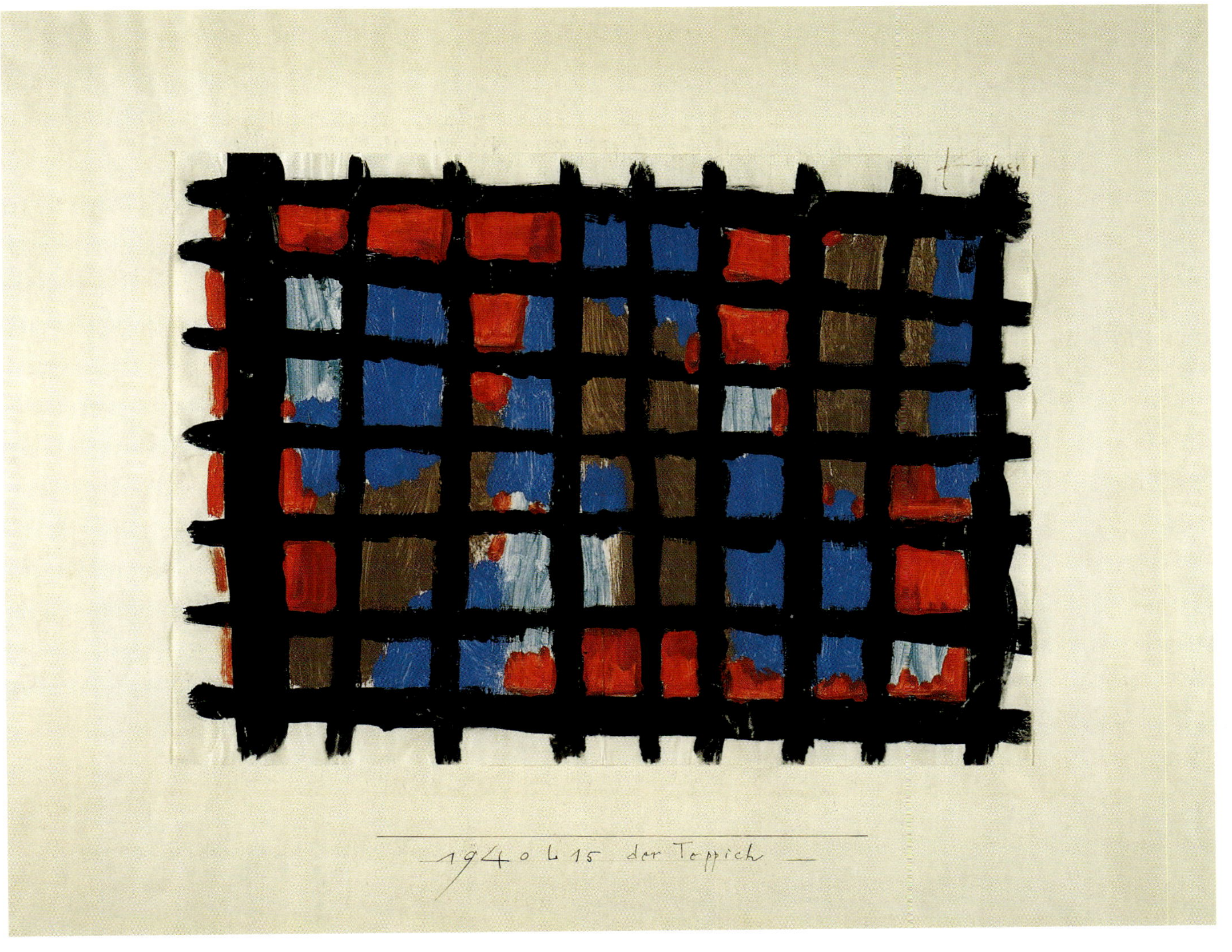

Der Teppich, 1940

Kleisterfarben auf Papier mit Leimtupfen auf Karton, Randleisten auf dem Karton unten mit Tinte
29,5 × 41,7 cm
Bezeichnet oben rechts: Klee; auf dem Karton: 1940 L15 der Teppich
1996 erworben für die Sammlung Berggruen (Nr.108) aus dem Nachlaß von Felix Klee, Bern

In der Reihe der mehr als 50 Werke von Paul Klee in der Sammlung Berggruen wird mit dem »Teppich« der Schlußpunkt gesetzt. Die Arbeit ist im Jahr 1940 entstanden, dem Todesjahr des 60jährigen Klee. Vorausgegangen war das mehrjährige Leiden an der unaufhaltsamen Hautkrankheit Sklerodermie. Klee ahnte, was ihm bevorstand; in einem zu Beginn dieses Jahres geschriebenen Brief heißt es: »Natürlich komme ich nicht von ungefähr ins tragische Geleis, viele meiner Blätter weisen darauf hin und sagen: es ist an der Zeit.« So könnte man auch in diesem Werk ein bildnerisches Gleichnis für seine persönliche Situation sehen: Über den bunten Teppich des Lebens hat sich das schwarze Gitter des Todes gelegt.
HJP

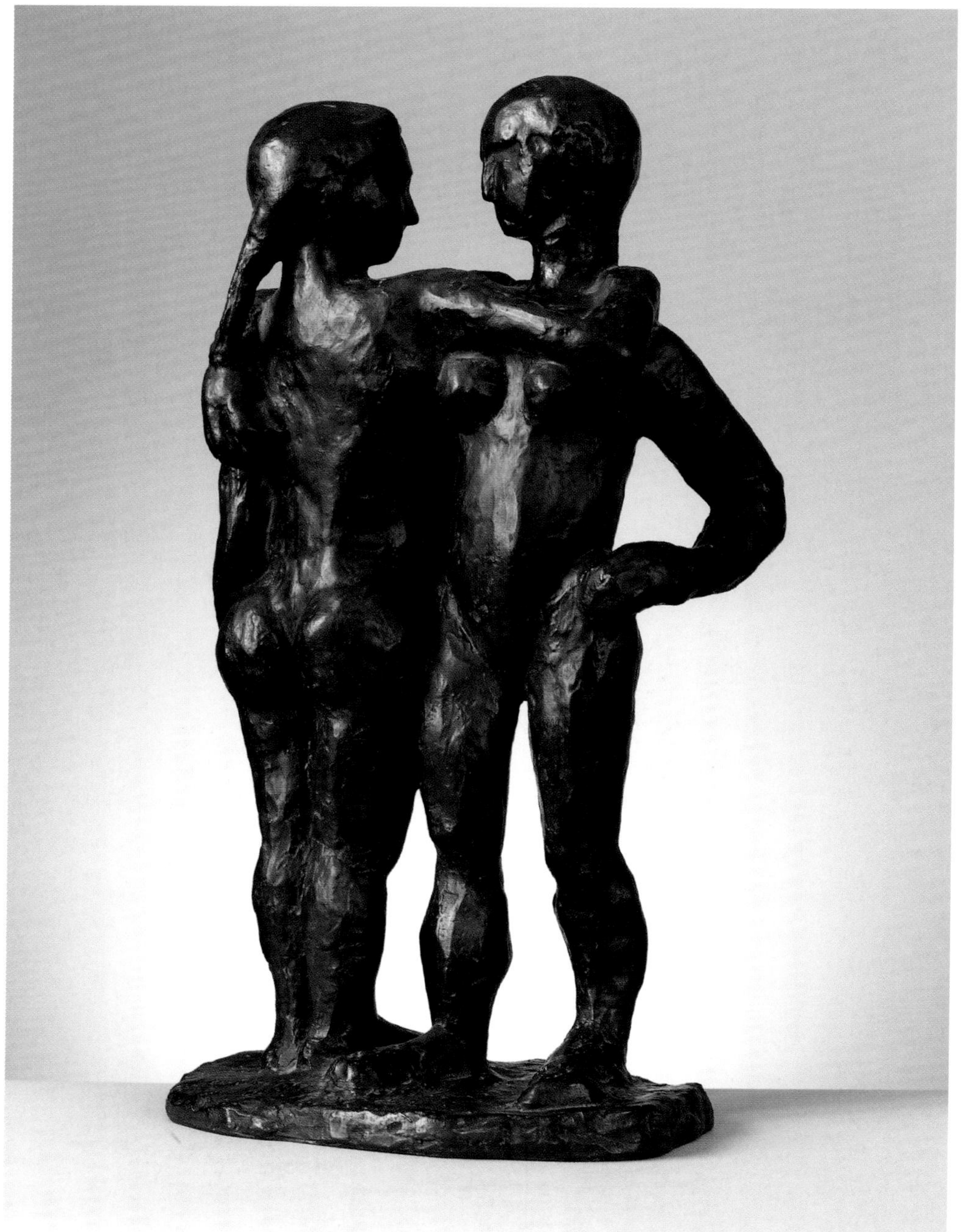

Zwei junge Frauen, 1907–08

Bronze
46,5 × 25,8 × 18,3 cm
Bezeichnet auf der Plinthe: Henri Matisse 10
1999 erworben für die Sammlung Berggruen (Nr. 166) von der Familie des Künstlers

Der französische Maler Henri Matisse begann um 1900, etwa 30jährig, auch Plastiken zu erarbeiten. Er hatte bereits mehr als drei Dutzend Einzelfiguren geschaffen, als er 1907 erstmals eine Gruppenplastik aufzubauen begann, bei der er zwei junge Frauen einander gegenüberstellte. Obschon als Rundplastik entwickelt, besitzt sie doch unverkennbar in der Rückenfigur mit Zopf und deren Gegenüber eine Hauptansicht. Das mag darauf zurückzuführen sein, daß Matisse nicht nach einem lebenden Modell, sondern nach einem Zeitschriftenfoto arbeitete, das zwei Frauen in derselben Haltung zeigt. Er gab der Plastik den Titel »Deux Nègresses«, doch handelt es sich bei den Dargestellten um Tuareg-Frauen, weshalb sie hier den Titel »Zwei junge Frauen« tragen. *HJP*

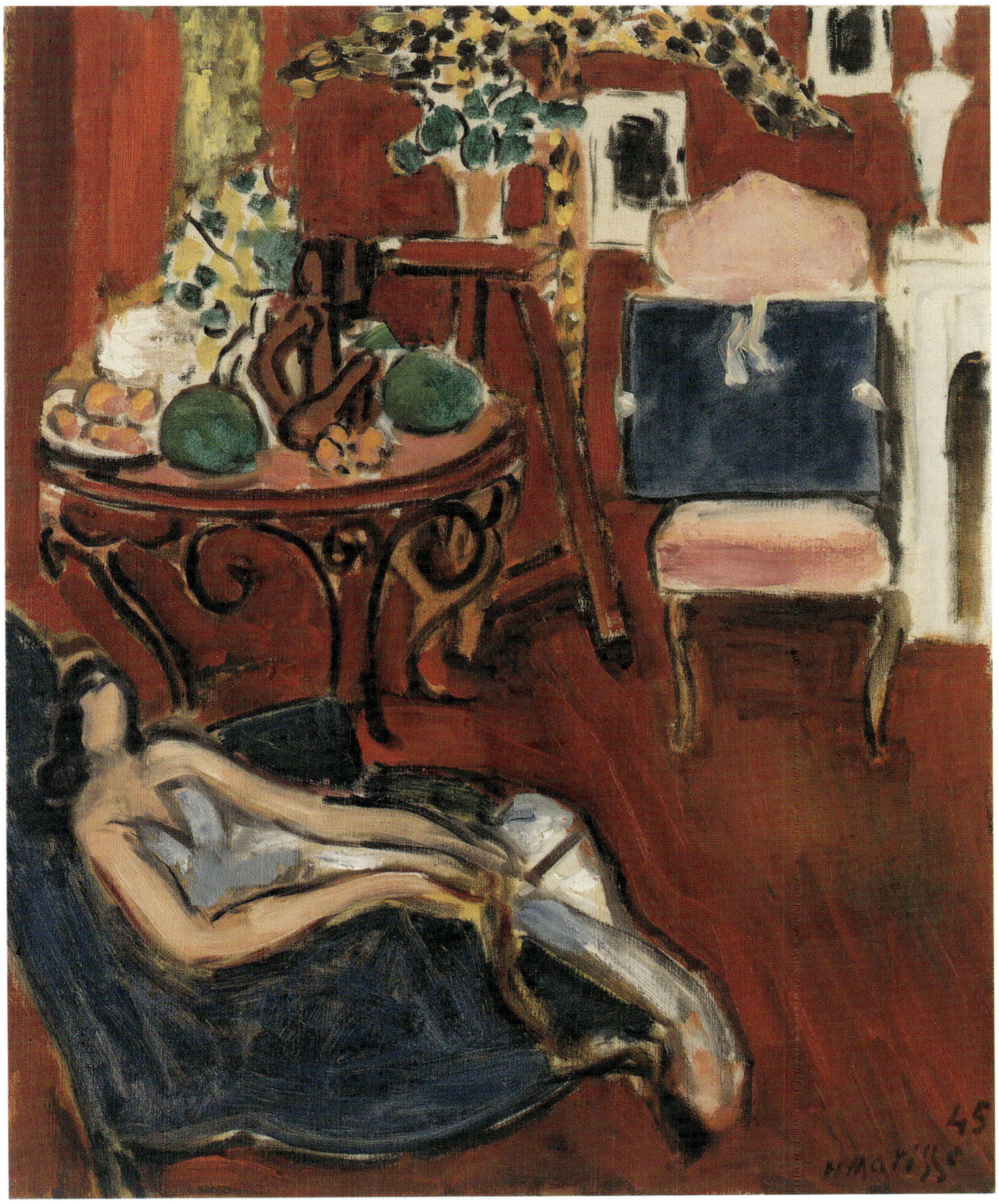

Die blaue Zeichenmappe, 1945

Öl auf Leinwand
55,3 × 46,7 cm
Bezeichnet unten rechts: H Matisse 45
1999 erworben für die Sammlung Berggruen (Nr. 168) von der Kunsthandlung Mitchell-Innes & Nash, New York

Den Grundstock der Sammlung Berggruen bilden heute im wesentlichen die drei Werkgruppen von Picasso, Klee und Matisse. Letzterer war bis 1988 in der Sammlung mit immerhin 13 Arbeiten vertreten, die dann jedoch gegen ein Gemälde von Vincent van Gogh eingetauscht wurden. Bei Eröffnung des Berliner Berggruen-Hauses im September 1996 fehlte Matisse noch gänzlich. Wenn die Sammlung heute wieder über vierzehn Arbeiten von diesem Künstler – darunter drei Gemälde, vier Papierschnitte, fünf Zeichnungen und zwei Plastiken – verfügen kann, so kommt das schon einem Wunder nahe. Dabei bildet das reife Gemälde »Die Blaue Zeichenmappe« den Glanzpunkt dieser Kollektion. *HJP*

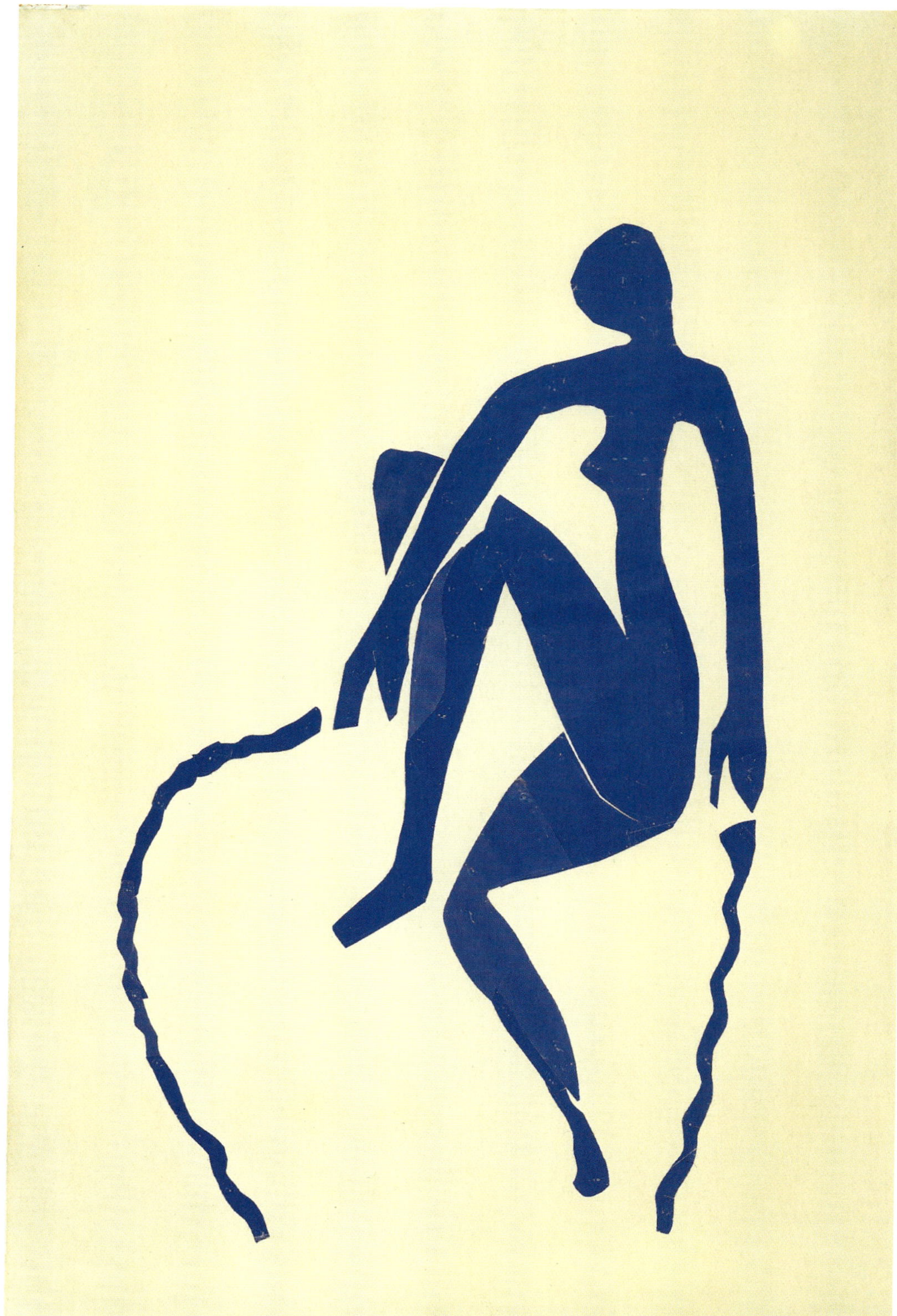

Die Seilspringerin, 1952

Gouache découpée in Blau auf Papier
145 × 98 cm
1998 erworben für die Sammlung Berggruen (Nr. 149) von der Familie des Künstlers

Das Verfahren des Papierschnitts hatte Matisse erstmals 1936 für den Entwurf eines Zeitschriftenumschlags angewendet. Er besann sich darauf, als ihm nach einer schweren Darmoperation im Jahre 1941 längeres Stehen an der Staffelei immer wieder schwerfiel. In dieser Situation ließ er sich handgerechte Kartonbögen mit Gouache einstreichen, aus denen er, im Bett oder Rollstuhl sitzend, mit einer großen Schere verschiedenste Formen ausschnitt, die dann auf einen Bildträger montiert wurden. So entstand eine reiche Ernte dieses Spätwerkes. 1952 schuf der damals 82jährige Matisse in einer Folge weiblicher Akte in Blau auch die »Seilspringerin«. Berggruen hat 1953 als erster eine Auswahl von Papierschnitten in seiner Galerie ausgestellt, es wurde für ihn ein großer geschäftlicher Erfolg. *HJP*

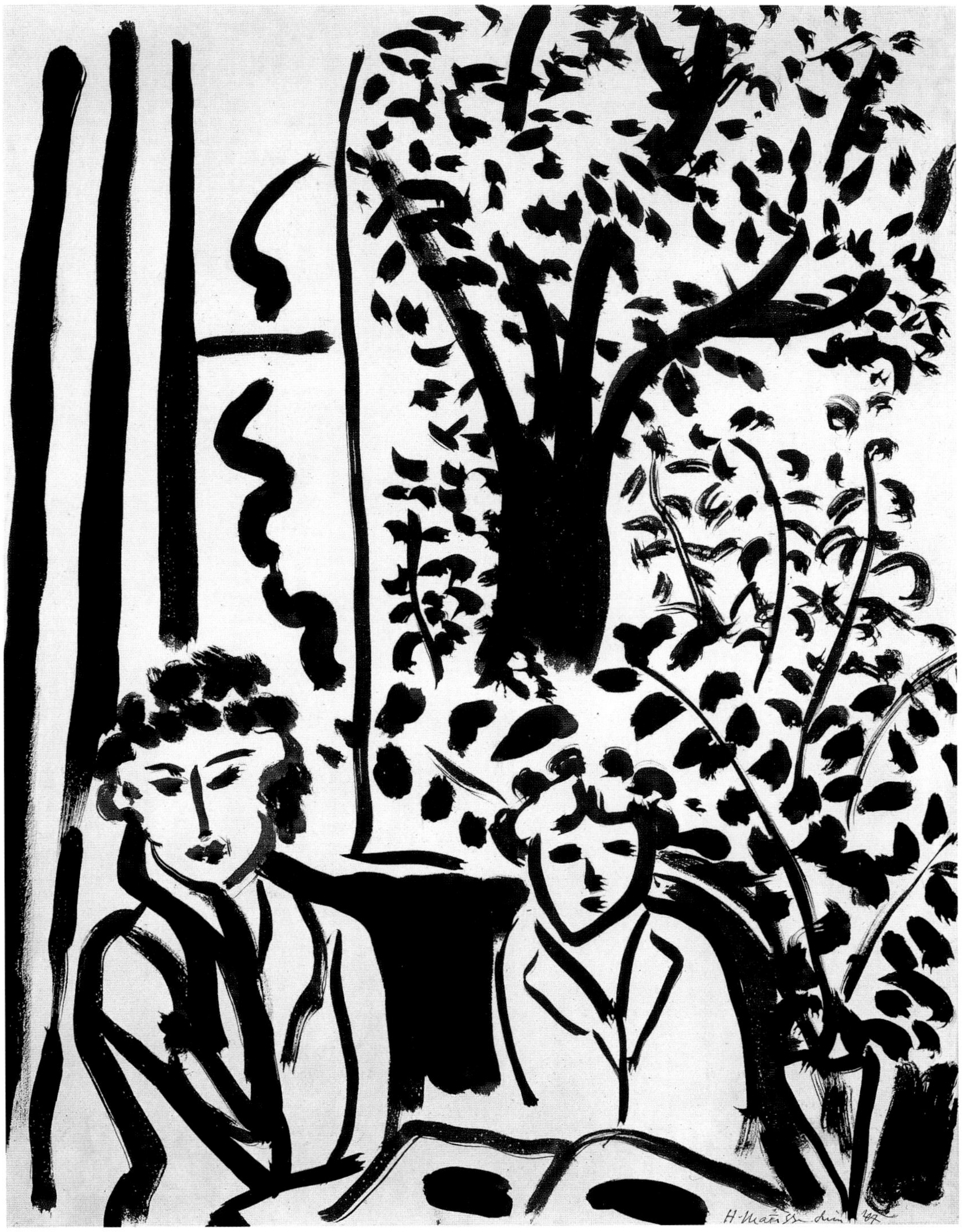

Die erfüllte Stille der Häuser, 1947

Tusche auf Papier
61,5 × 48,5 cm
Bezeichnet unten rechts: H – Matisse Juin 47
1997 erworben für die Sammlung Berggruen (Nr. 129) von der Acquavella Gallery, New York

Bevor sich Henri Matisse in seinen letzten Lebensjahren ausschließlich den Papierschnitten und dabei insbesondere den Arbeiten für die Rosenkranz-Kapelle in Vence zuwandte, schuf er in den Nachkriegsjahren bis 1948 neben einigen Gemälden auch eine ganze Reihe größerformatiger Tuschzeichnungen. Unsere im Juni 1947 entstandene Zeichnung bezieht sich ebenso wie eine ähnliche Arbeit (mit einer Widmung für Ida Chagall) und ein Gemälde auf einen Vers des Gedichtes »Matisse Parle« von Louis Aragon in dessen Roman zu Henri Matisse. Das Blatt lebt ganz von der großen Geste der Pinselführung in Schwarz auf Weiß. *HJP*

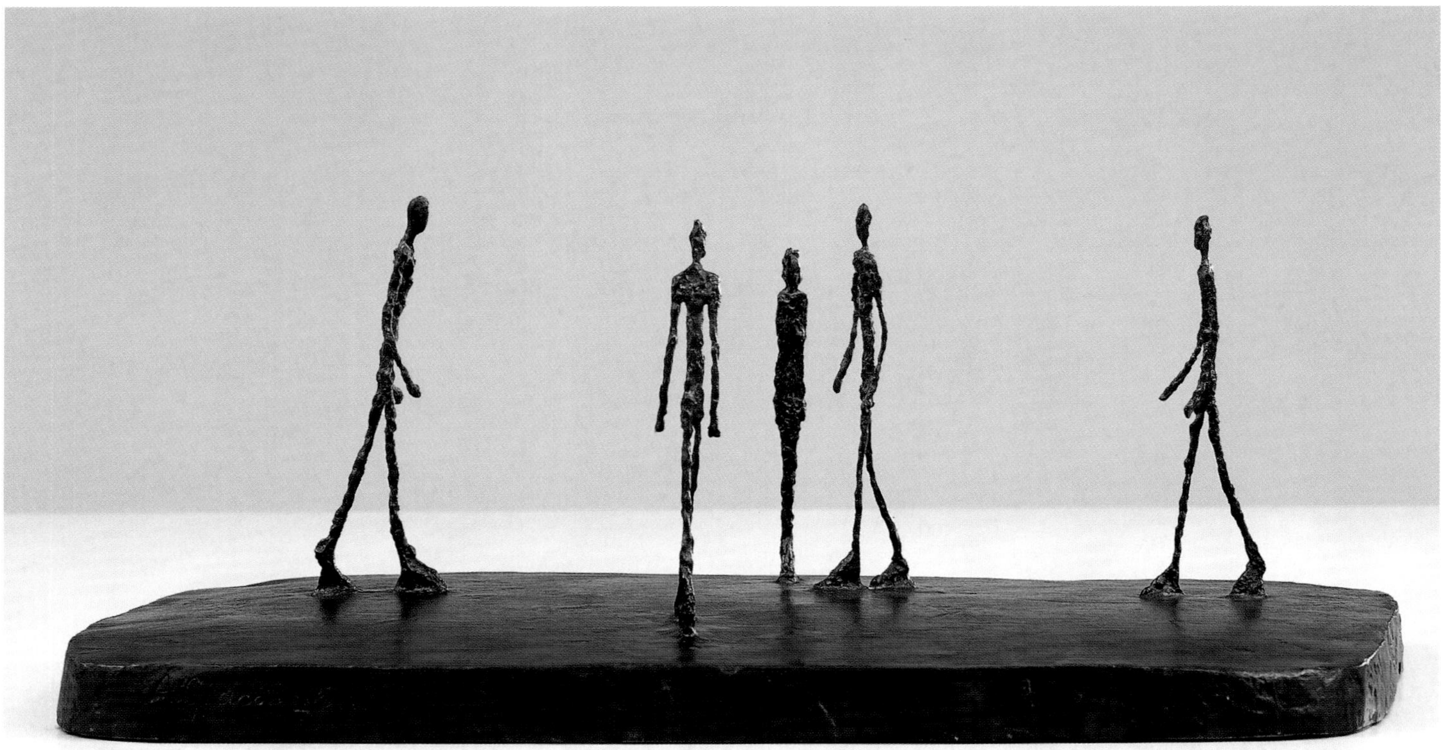

Der Platz II, 1947/48

Bronze
63,5 × 43,5 × 23 cm
Bezeichnet am Sockel vorne links: A. Giacometti 2/6; seitlich: Gießer-Stempel Alexis Rudier
1986 erworben für die Sammlung Berggruen (Nr. 79) von Ted Ashley, New York (Vorbesitzer Pierre Matisse und Nelson Rockefeller, New York)

Heinz Berggruen hat den gebürtigen Schweizer Alberto Giacometti, der nach dem Zweiten Weltkrieg zusammen mit dem Bruder Diego in seinem Pariser Atelier arbeitete, persönlich gekannt und sein Schaffen sehr geschätzt. So war denn auch zeitweise eine größere Anzahl plastischer Arbeiten und Zeichnungen in der Sammlung Berggruen vertreten. Doch auch die drei in der Berliner Sammlung noch verbliebenen Bronzen geben ein charakteristisches Bild von der Kunst Giacomettis. Dabei ist die 1947/48 entstandene Plastik »Der Platz II« die wohl bedeutungsvollste unter ihnen: In ihr wird die Polarität zwischen männlichen Schreitenden und weiblicher Stehenden thematisiert. *HJP*

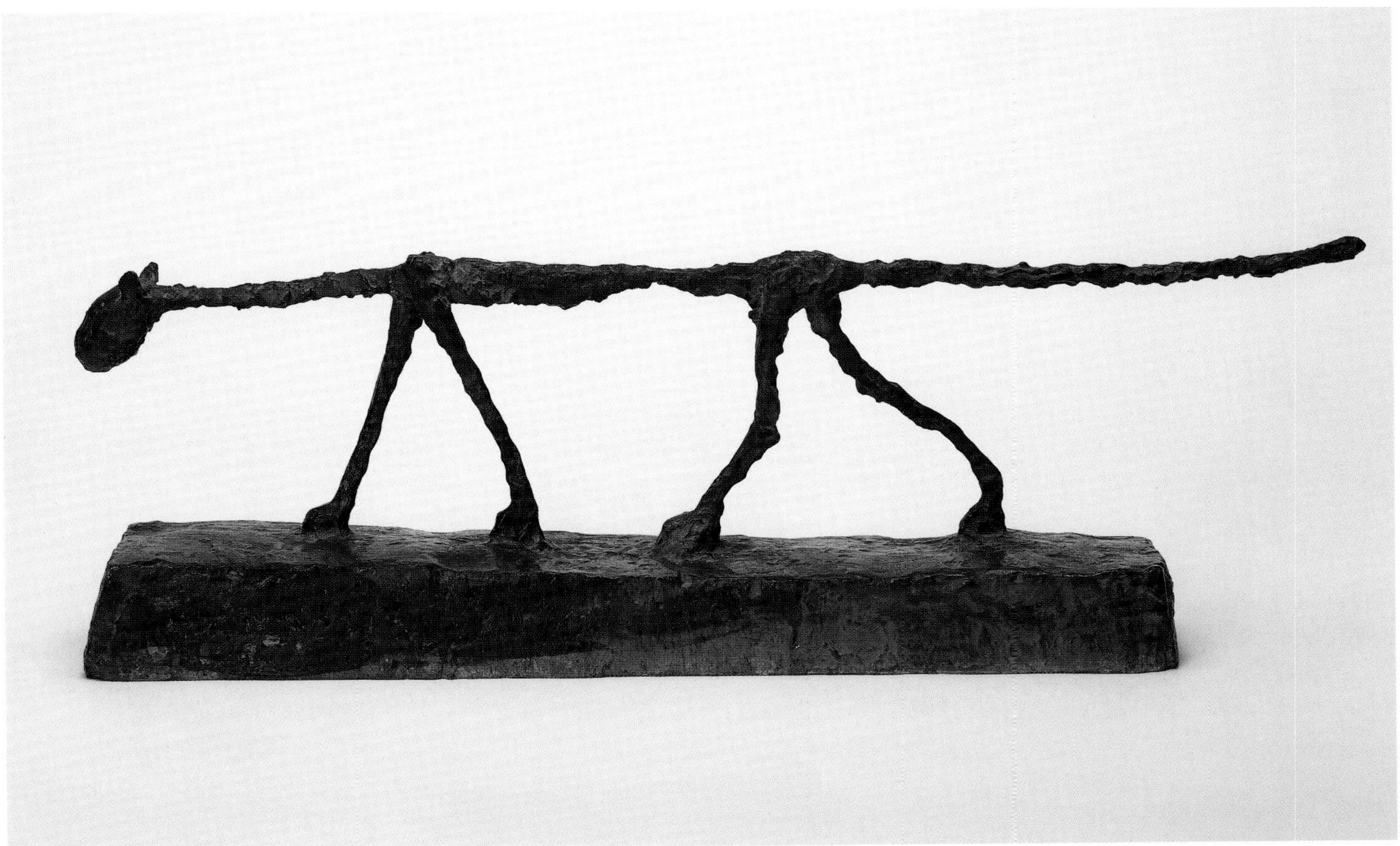

Die Katze, 1951

Bronze
81 × 13 × 25 cm
1983 erworben für die Sammlung Berggruen (Nr. 80) von der Kunsthandlung Eugene V. Thaw, New York

Für Giacometti war vornehmlich der Mensch Gegenstand seines plastischen Schaffens. Tierdarstellungen wie die Anfang der 50er Jahre entstandenen Arbeiten »Der Hund«, »Zwei Pferde« und »Die Katze« sind eher die Ausnahme. Bei Entstehung der letzteren hatte Giacometti offenbar eine leibhaftige Katze vor Augen. Seinem Biographen James Lord erzählte er einmal, er habe die Katze seines Bruders Diego »so oft gesehen, wenn sie morgens, bevor ich aufstand, durch das Schlafzimmer zu meinem Bett kam, dass ich eine genaue Vorstellung von ihr hatte. Ich mußte die Katze nur machen. Aber allenfalls der Kopf kann eine gewisse Lebenstreue beanspruchen, denn wenn sie zu meinem Bett kam, sah ich sie immer von vorn.« *HJP*

SAMMLUNG MARX

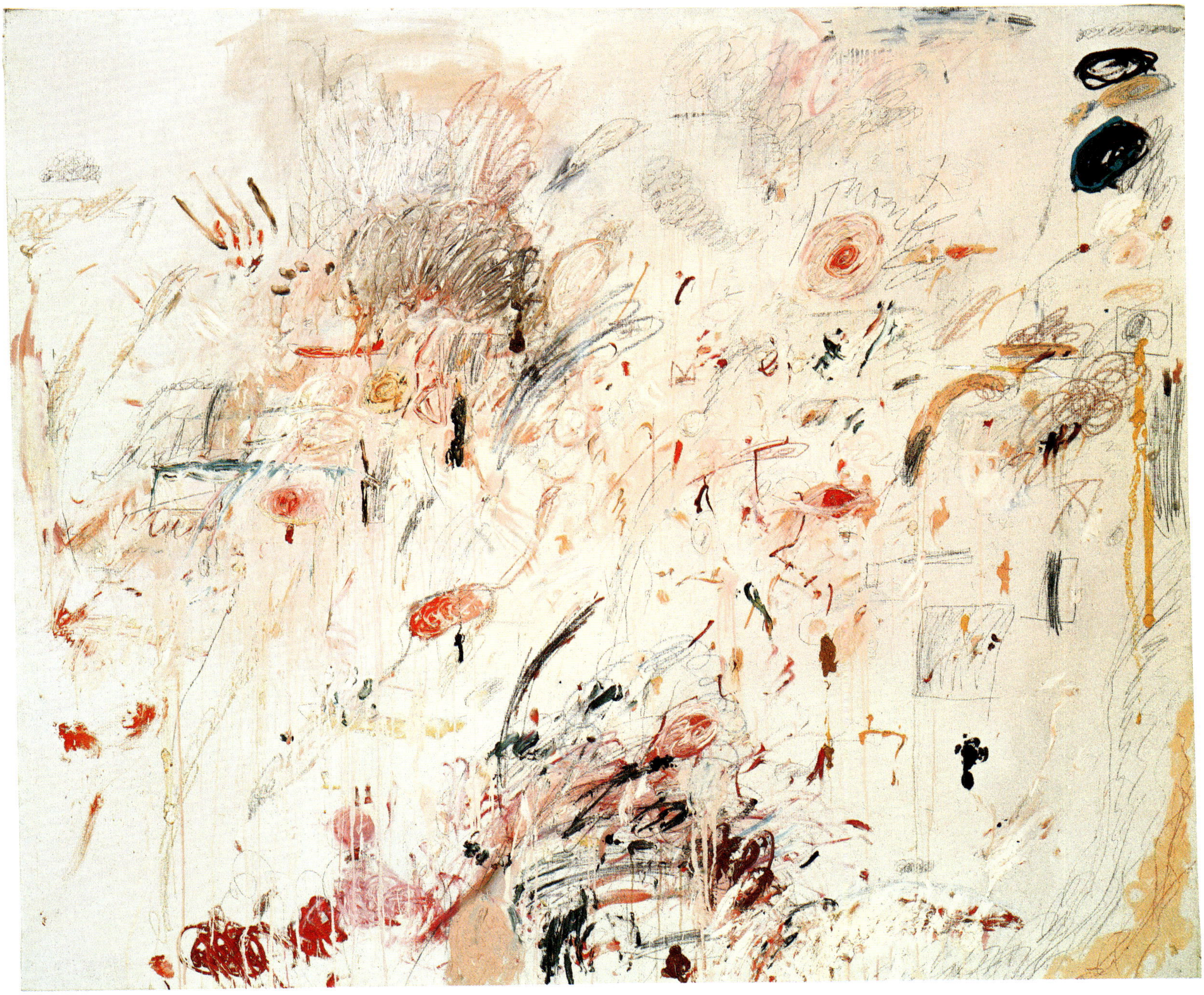

Empire of Flora/Reich der Flora, 1961

Ölfarbe, Wachsstift, Bleistift, Farbstift auf Leinwand
200 × 242 cm
Bezeichnet oben rechts: Cy Twombly
1978 erworben von der Sammlung Adler, Lugano

Cy Twombly ist unter den amerikanischen Künstlern der Generation nach dem Abstrakten Expressionismus und den Farbdokumentationen Barnett Newmans derjenige, der in der Malerei den radikalsten Schritt vollzog. Er entwickelte für seine großformatigen Gemälde eine skulpturale Bildsprache, ein aus Worten, Linien, Schraffuren und Farbflächen bestehendes System, dessen Zeichenhaftigkeit stets beides ist, ein Beschreiben und Auslöschen, ein Sichtbarmachen und gleichzeitiges Verhüllen. Seine Themen bezog Twombly vorwiegend aus den klassischen Mythen in der Überlieferung der griechischen Dichter, deren Figuren, wie etwa die Göttin »Flora« und der Dichter »Thyrsis«, in seinen Formulierungen wieder lebendig werden. *NH*

Thyrsis, 1977

Ölfarbe, Wachskreide, Bleistift, Kohlestift auf Leinwand
300 × 198 cm, 300 × 412 cm, 300 × 198 cm
1980 erworben vom Künstler

Das dreiteilige Gemälde »Thyrsis« bezieht sich auf die erste Idylle des Dichters Theokrit, in der Thyrsis von einem Hirten gebeten wird, das Lied von der entsagungsvollen Liebe Daphnes zu singen. Das Bild, das in seiner Dreiteilung dem antiken Erzählschema folgt, beginnt auf der linken Tafel mit der Nennung von vierzehn in der Idylle auftretenden Personen, setzt sich auf dem zentralen Bild mit dem Anfang und dem Refrain des Liedes fort, bis es auf der rechten Tafel mit dem Dank an Thyrsis endet. Das Thema des Triptychons ist weniger die literarische Geschichte, als vielmehr die künstlerische Darstellungsform der Stimme, die im Mittelfeld anhebt und rechts, ihr Echo findend, ausklingt. *NH*

I AM THYRSIS OF ETNA
blessed with a tuneful voice

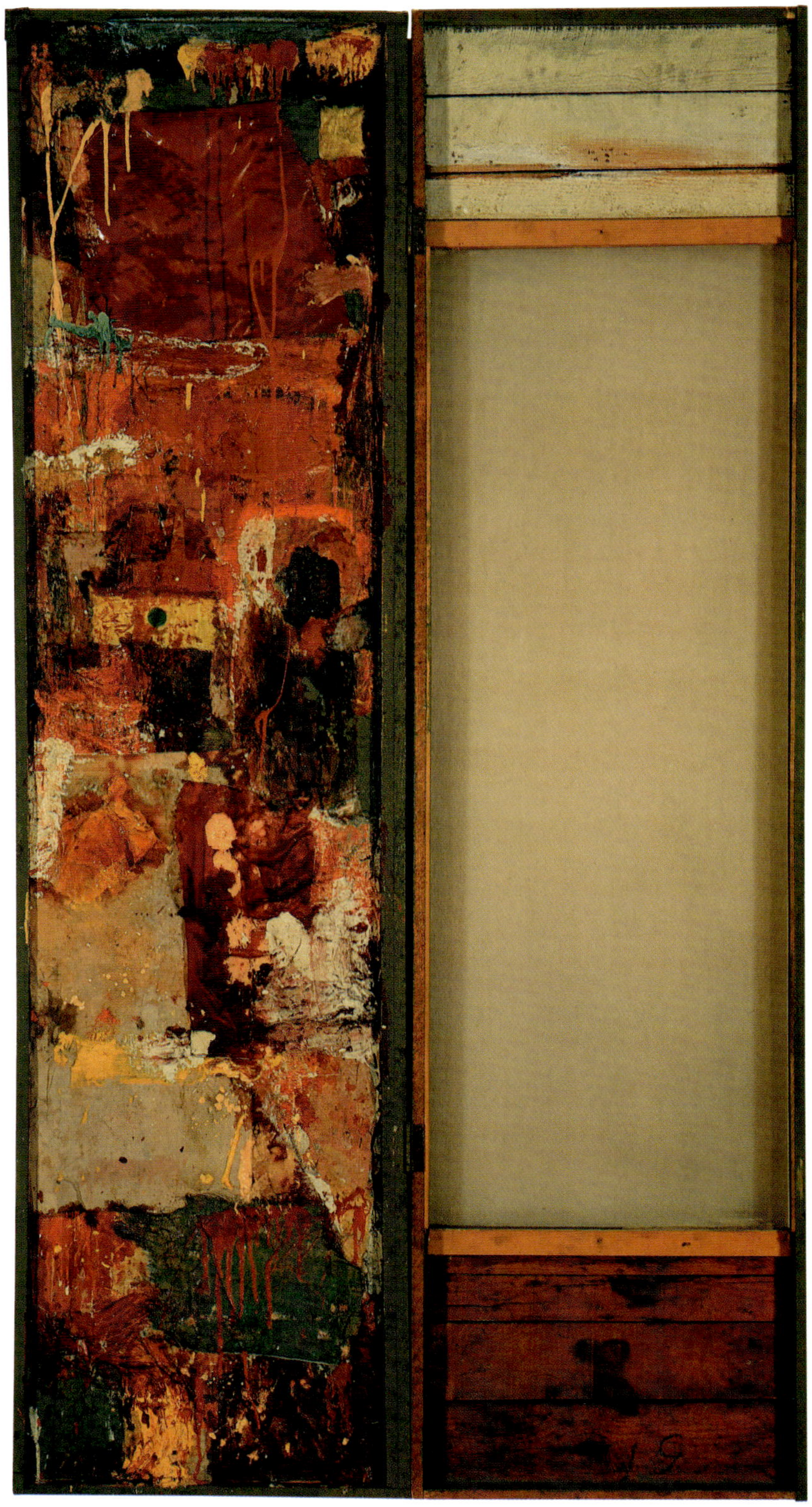

Pink Door/Rosa Tür, 1954

Combine Painting; Öl, Collage (Stoffe, Papier) auf Baumwollgewebe, Türrahmen, Gaze, Tür
230 × 121 cm
1979 erworben von Leo Castelli, New York

In der künstlerischen Entwicklung Rauschenbergs kommt dem Werk »Pink Door« eine zentrale Bedeutung zu. Kompositorisch reflektiert es durch die vertikale Zweiteilung und die Gegenüberstellung von unterschiedlich bearbeiteten Flächen noch die Serie der »Black Paintings«, thematisch ist es das erste seiner »Combine Paintings«. Als »Combine« bezeichnete er freistehende Konstruktionen, meist gebrauchte Gegenstände, die er mit Zeitungsausschnitten zu tagespolitischen Ereignissen und Fotos beklebte und übermalte. Sie sind bestimmt von dem Bestreben, Kunst und Leben miteinander zu verbinden und das Zeitbewußtsein zu schärfen. *NH*

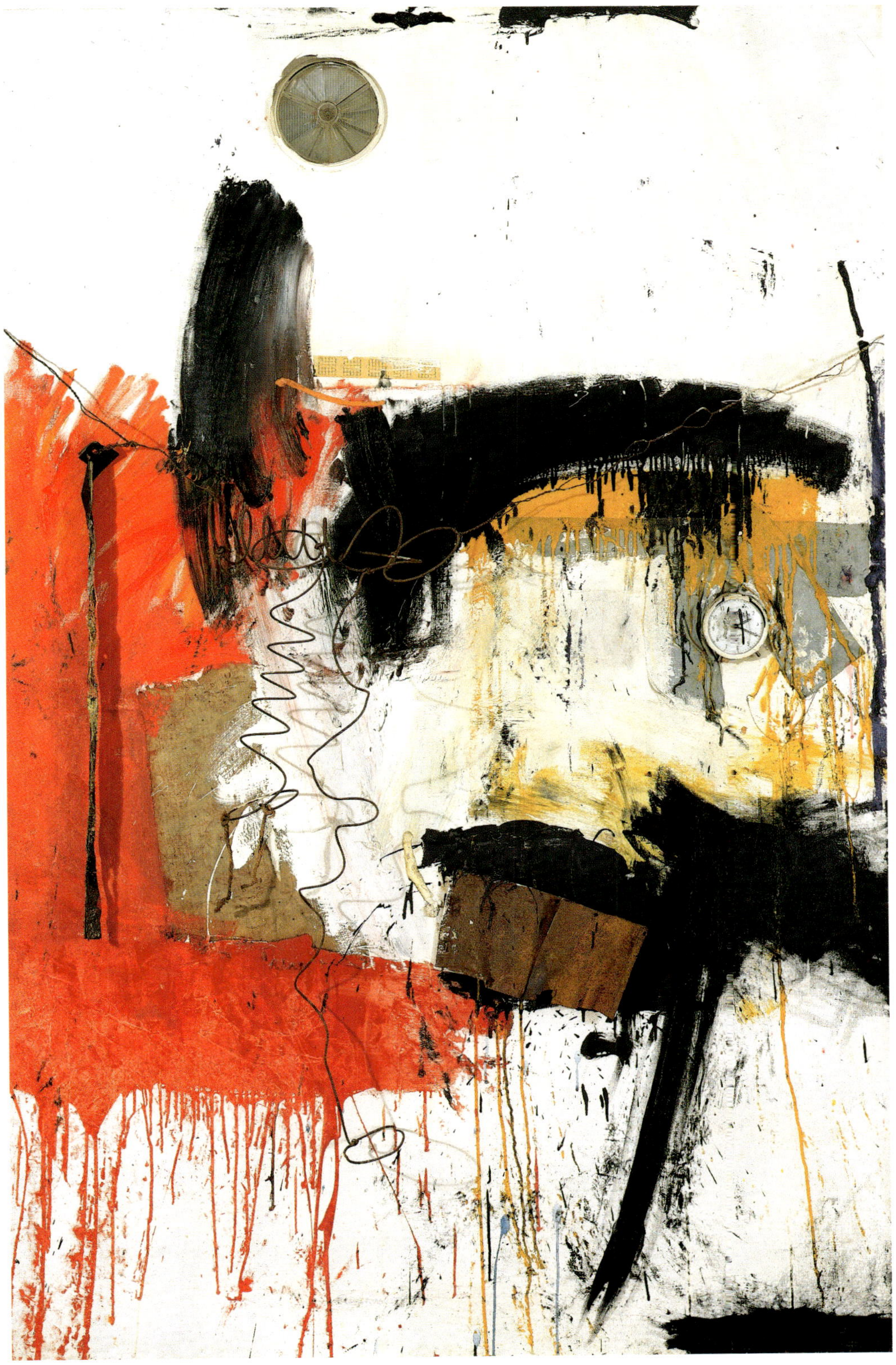

First Time Painting, 1961

Combined Painting; Öl, Stofftapete, Papier, Segeltuch, Ventilator, Weckuhr, Eisenblech, Sprungfedern, Klebeband, Schnur auf Leinwand
195 × 130 × 22,5 cm
1985 erworben von der Sammlung Ströher, Darmstadt

»First Time Painting« entstand während einer Bühnenperformance 1961 in der Amerikanischen Botschaft in Paris. An der Aktion beteiligten sich David Tudor, Niki de Saint-Phalle, Jean Tinguely, Jasper Johns und Robert Rauschenberg. Abgewandt vom Auditorium und nur hörbar über ein Mikrophon ließ Rauschenberg dieses Gemälde entstehen. »First Time Painting« ist ein ausgesprochenes Zeitbild, weil der kreative Prozeß an einen Wecker gekoppelt war, den er zu Beginn an die Leinwand montiert hatte und der die Arbeitszeit vorgab. Gearbeitet wurde vom Einstellen der Uhr bis zum Klingeln, dem Signal für den Auftritt eines Portiers, der mit Rauschenberg das Bild von der Bühne trug. *NH*

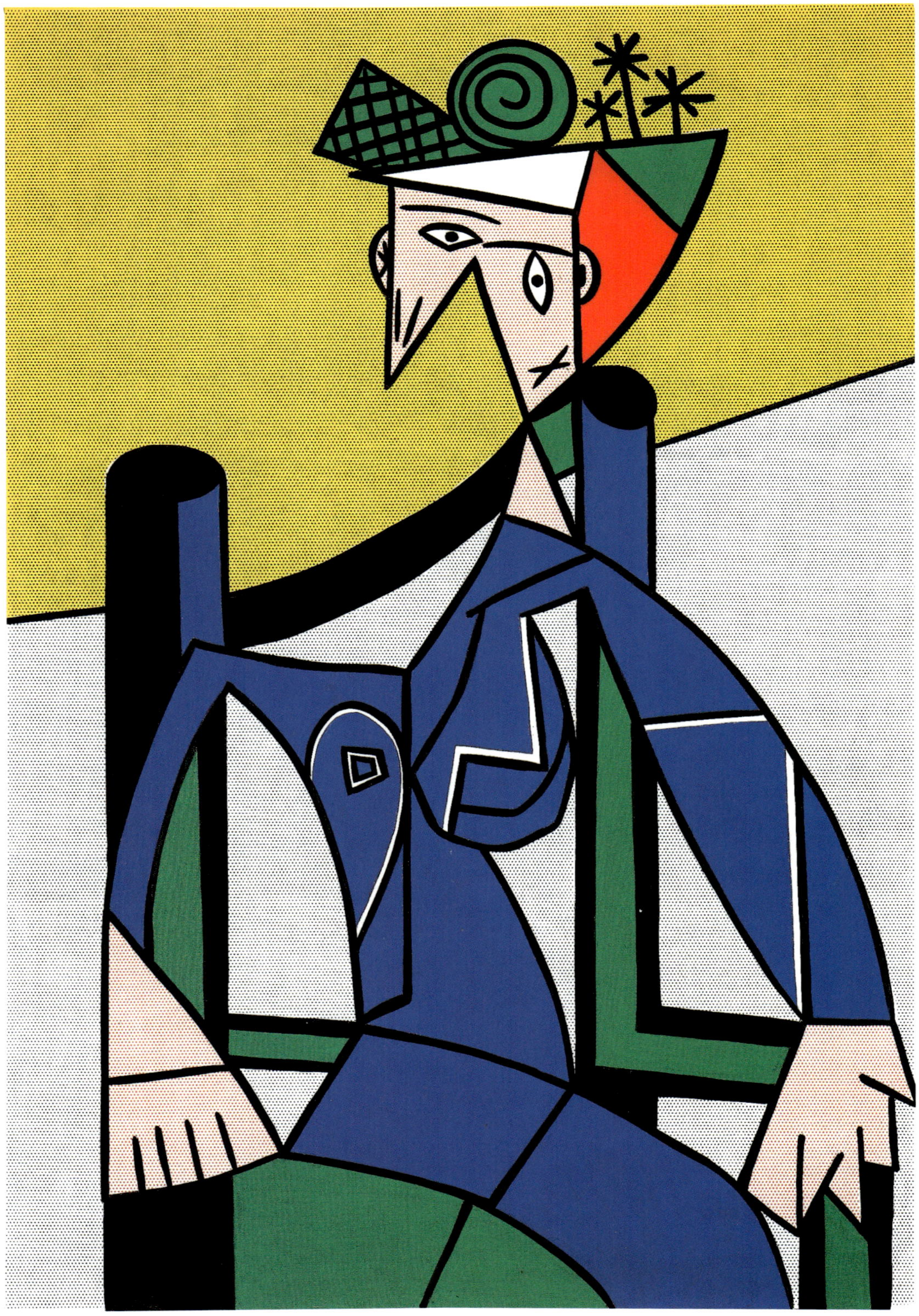

Femme dans un fauteuil/Sitzende Frau, 1963

Ölfarbe, Magna auf Leinwand
172,7 × 122 cm
1984 erworben von Thomas Ammann, Zürich

»Femme dans un fauteuil« gehört zu Lichtensteins überwiegend in den 1960er Jahren entstandenen Gemälden, die sich mit Werken von Henry Moore, Hans Arp und besonders Pablo Picasso auseinandersetzen. Für das früheste der fünf sich im Besitz der Sammlung Marx befindlichen Gemälde übernahm Lichtenstein aus Picassos »Femme assise dans un fauteuil« von 1943 das lineare Grundgerüst, das er teils mit leuchtenden Farben, teils mit Punktraster ausfüllte. Aus der klaren Linienführung, der strengen Bildstruktur und dem ausgewogenen Gleichgewichtsempfinden des Vorbildes gelingt Lichtenstein die Übersetzung in seine eigenwillige, aus der Vereinfachung von Comiczeichnungen entwickelte Bildsprache. *NH*

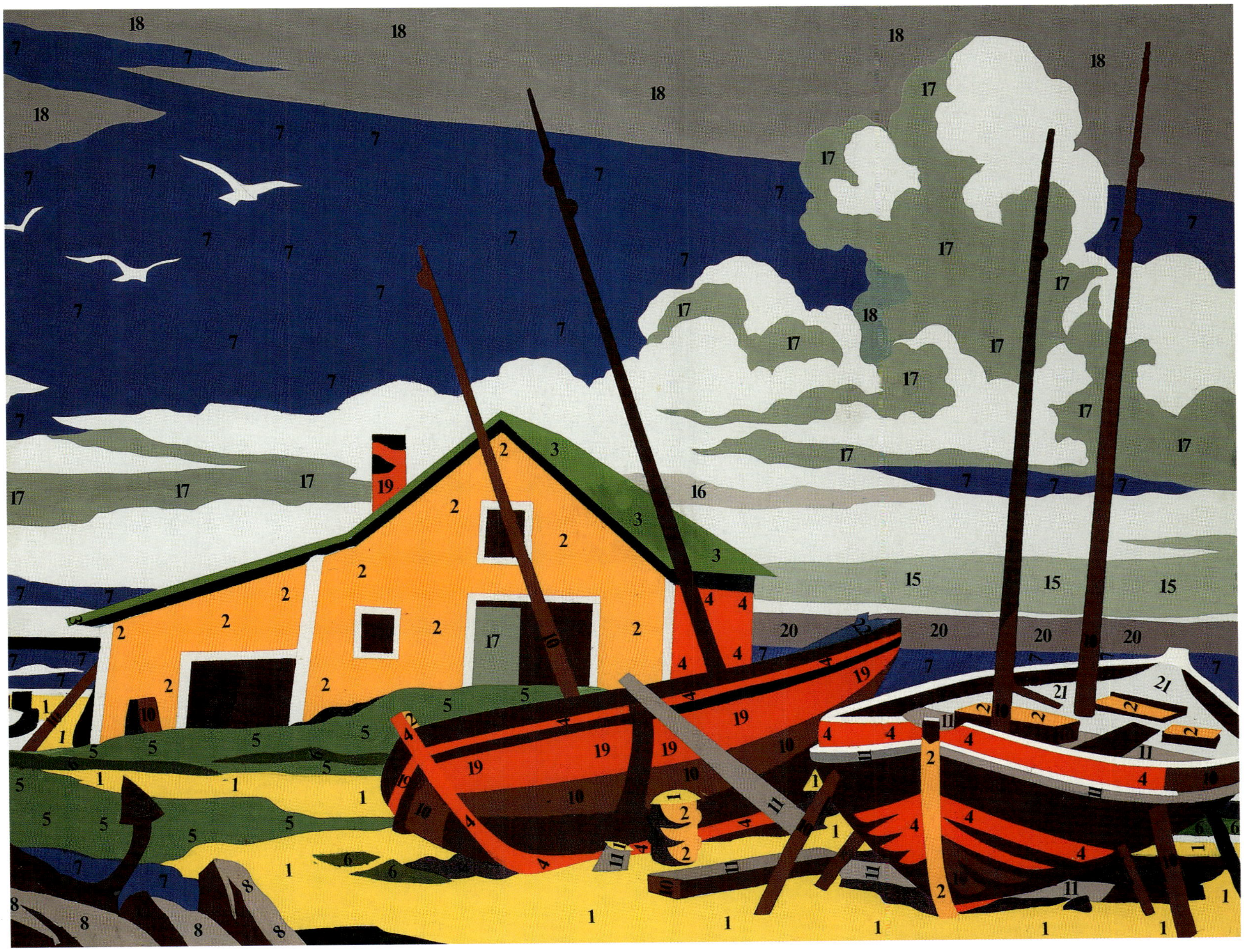

Do It Yourself (Seascape), 1962

Acryl, Bleistift, Abreibeziffern auf Leinwand
139 × 183 cm
1976 erworben von Leo Castelli, New York

»Do It Yourself (Seascape)« gehört zu einer 1962 entstandenen Serie von insgesamt fünf Bildern, in denen Warhol den Glaubenssatz von der schrittweisen Erneuerung als überkommene, ästhetische Position ironisiert. Aus den Vorlagen eines Malsets für Sonntagsmaler mit Farbschlüsseln für die auszumalenden Flächen, an die er sich nicht hält, ist ein Bild entstanden, das durch den stupiden Nachvollzug eines belanglosen Motivs nicht nur die Aura des Originals hinterfragt, sondern mehr noch das Ende des vom Künstler in mühevollem Prozeß entworfenen und gemalten Bildes zelebriert. »Do It Yourself (Seascape)« ist das erste von Erich Marx 1976 in New York erworbene Gemälde und zugleich eines der Schlüsselbilder in seiner Sammlung. *NH*

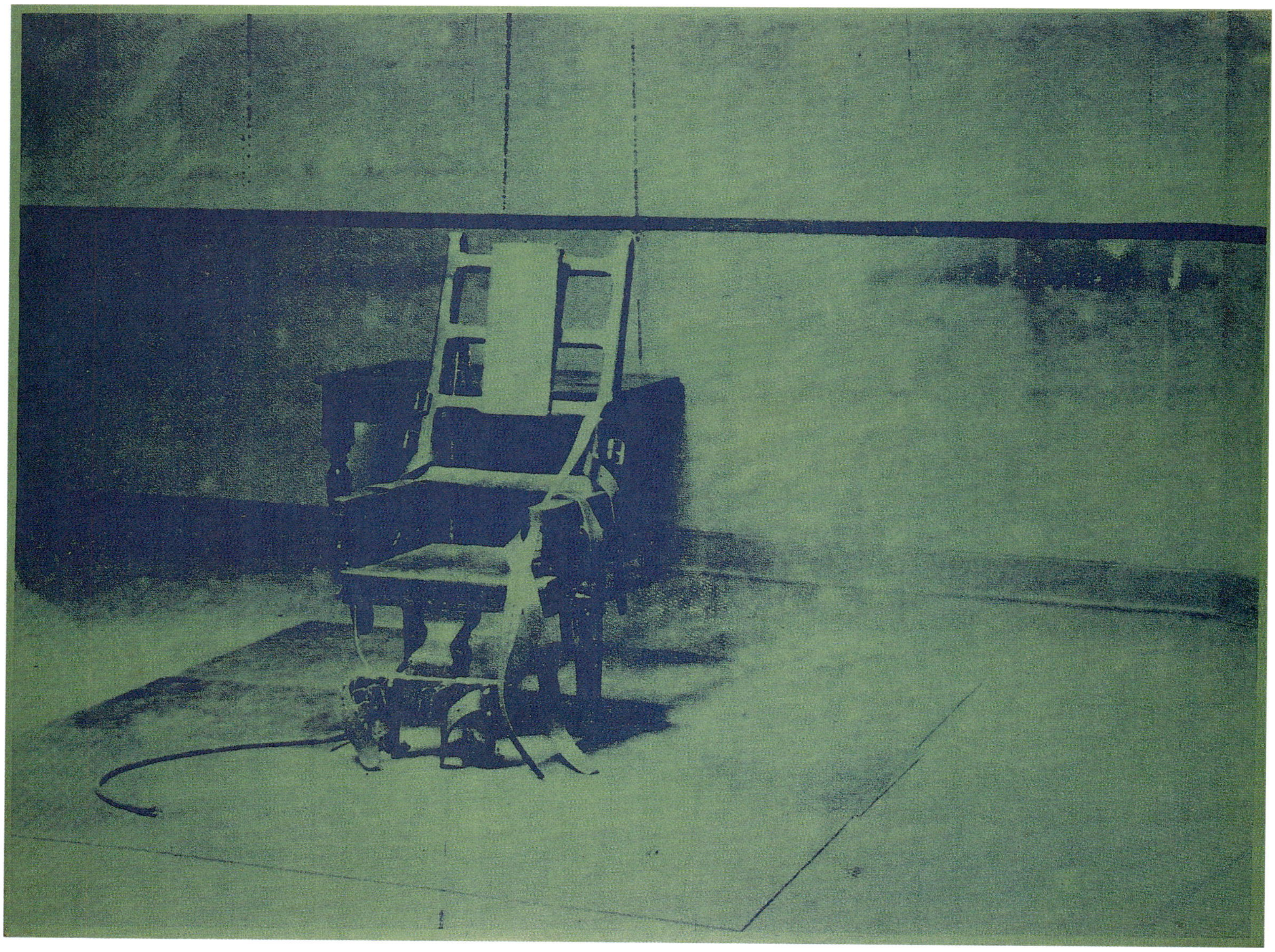

Big Electric Chair/Großer elektrischer Stuhl, 1967

Siebdruck auf Acrylfarbe auf Leinwand
137,5 × 185,5 cm
1981 erworben von Leo Castelli, New York

Nach einer kunsthistorischen Betrachtung über die Bedeutung von Warhols Werk im Kontext seiner Zeit sind es die Unglücks- und Todesbilder, in denen er als Chronist seine Glaubhaftigkeit gewinnt und der Künstler Warhol die Welt erklärt. In dieser Serie kommt den Bildern, die einen elektrischen Stuhl im Hinrichtungsraum zeigen, eine besondere Bedeutung zu. Auf dem Höhepunkt der Diskussion um die Todesstrafe in den amerikanischen Massenmedien Anfang der 1960er Jahre repräsentiert »Big Electric Chair« den anonymen institutionalisierten Tod. In der erzwungenen Ruhe des Delinquenten, verlassen und scheinbar unberührt, wird er bei Warhol zur Metapher für eine grausame Vergeltungssucht. Die vielfache Reproduktion des Motivs spiegelt die zahlreichen Todesurteile der 1960er Jahre wider und weist auf den ebenso beliebig reproduzierbaren Tod. *NH*

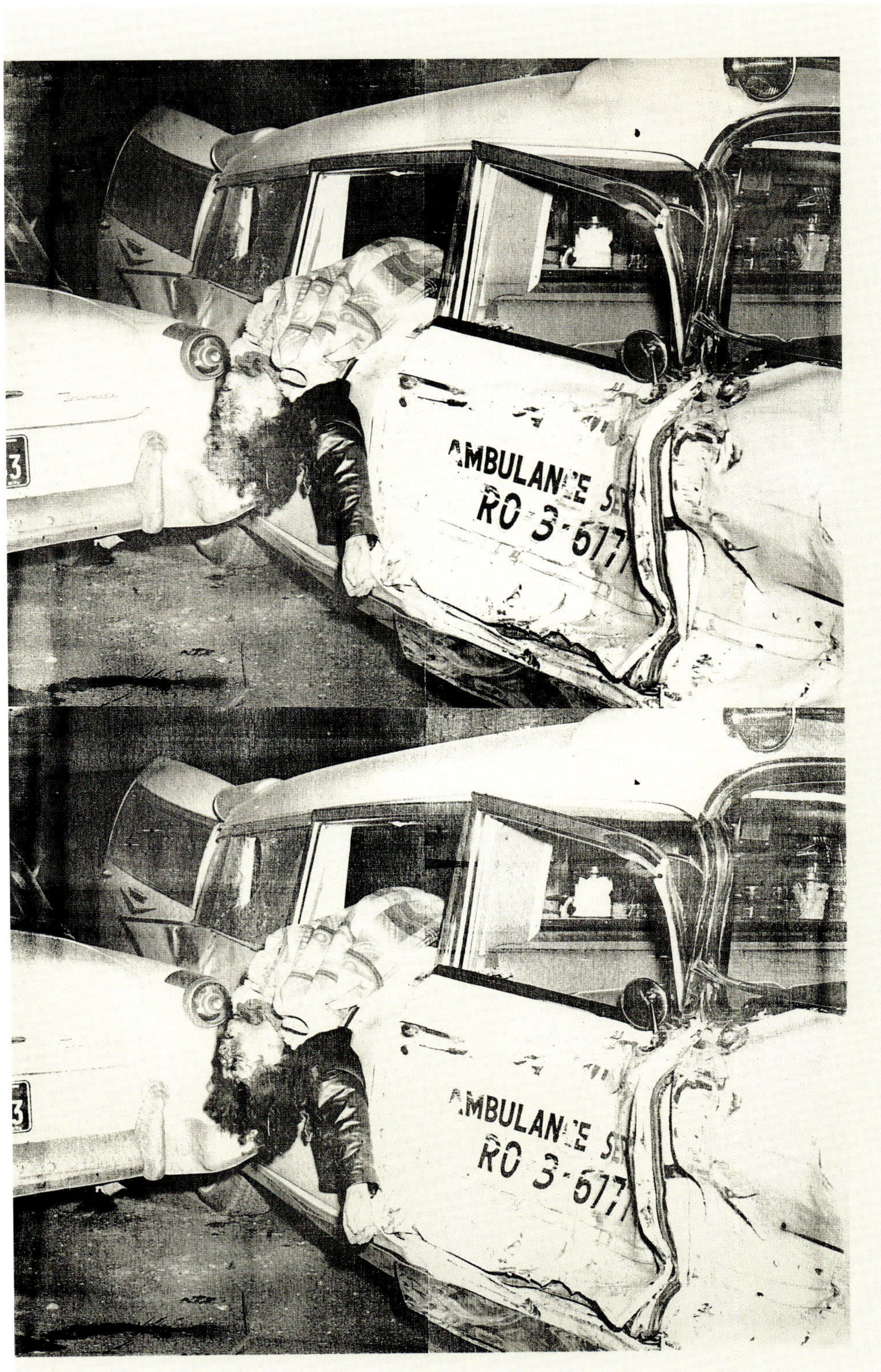

Ambulance Disaster/Krankenwagen Desaster, 1963

Siebdruck auf Acrylfarbe auf Leinwand
315 × 203 cm
1980 erworben vom Künstler

»Ambulance Disaster« markierte nach »129 Die in Jet (Plane Crash)« den Beginn von Warhols Serie von Todes- und Katastrophenbildern. Als Bildvorlage wählte er die Pressefotos der Tageszeitungen, die in reißerischer Aufmachung die Sensationslust der Leser an Autounfällen und Flugzeugabstürzen, Selbstmorden und Lebensmittelvergiftungen bedienten. Die Verdopplung des Reportagefotos »Ambulance Disaster« deutet nicht nur die Massenhaftigkeit dieser Unfälle an, sondern dokumentiert auch die 100.000fache Reproduktion dieser Bilder in den Printmedien, mit denen Warhol die Gewöhnung und Gleichgültigkeit der Gesellschaft gegenüber Gewaltdarstellungen aufdeckt und verurteilt. *NH*

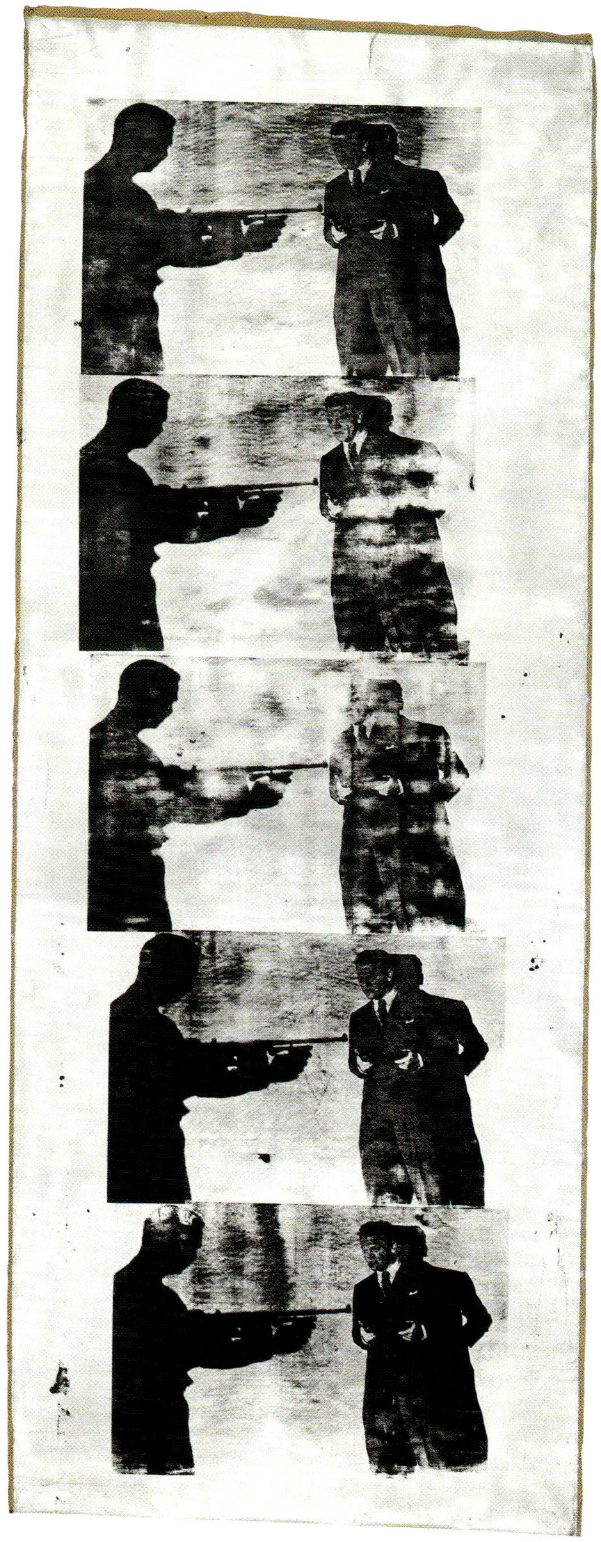

Cagney, 1962

Siebdruck auf Aluminiumfarbe (silver paint) auf Leinwand
520 × 208 cm
1981 erworben vom Künstler

Seit etwa 1962 verwendete Warhol für seine Werke nur noch fotografische Vorlagen, deren Wirkung er durch Ausschnitte, Vergrößerungen, Vervielfachungen und durch Farbigkeit unterstützte. Der wichtigste Bearbeitungsmodus war die Umsetzung für den Siebdruck, in dem er jenen mechanischen Herstellungsprozeß für sich entdeckte, der als kommerzielles Reproduktionsverfahren alle Spuren von Subjektivität verbannte. Für »Cagney« diente Warhol ein Standfoto aus dem Film »Public Enemy« von 1931 als Vorbild, das den Schauspieler James Cagney im Augenblick eines Angriffes zeigt. Durch die Vervielfachung des Einzelbildes entwickelte er ein Bewegungsmotiv, das auch an die Phasenbilder einer filmischen Sequenz erinnert. *NH*

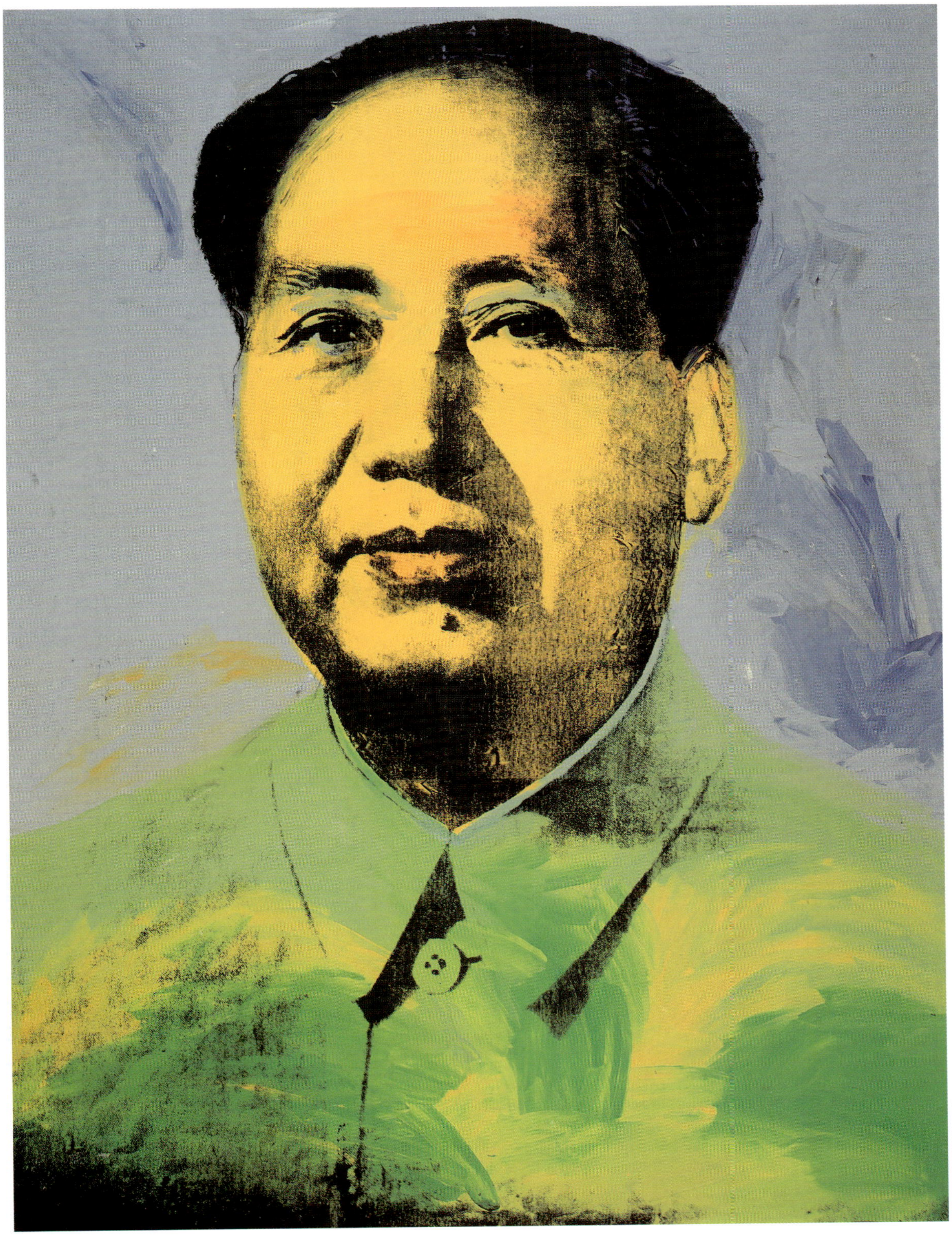

Mao, 1973

Siebdruck auf Acrylfarbe auf Leinwand
448,3 × 346,1 cm
1990 erworben von Thomas Ammann, Zürich

Von den insgesamt 22 Werken von Andy Warhol in der Sammlung Marx ist das Bild des kommunistischen Führers Mao ein Hauptwerk. Als fotografische Vorlage diente ihm das offizielle Konterfei Mao Tse-Tungs aus dessen weltweit verbreiteter roter Bibel. Durch die Monumentalisierung, die grelle Farbigkeit und die technische Herstellung erscheint der Vorsitzende der kommunistischen Partei eingefügt in den Kontext westlicher Superstars von Marilyn Monroe, Elvis Presley bis zu Mick Jagger. »Mao« war 1973 eines der ersten Tafelbilder, in denen Warhol den malerischen Momenten, einer freien Pinselführung und Zeichnung, wieder einen größeren Stellenwert gegenüber dem gedruckten Bild einräumte. *NH*

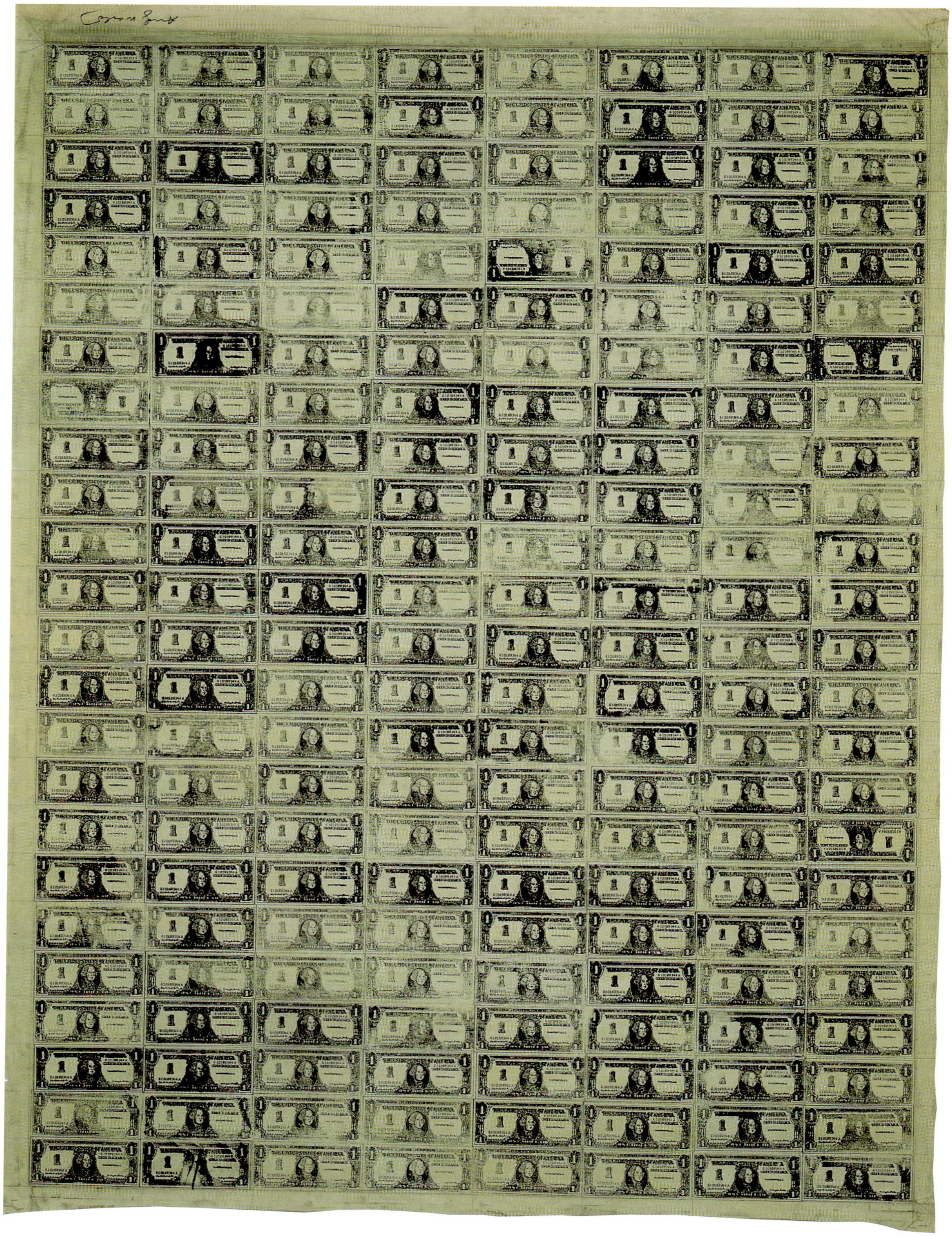

192 One Dollar Bills/192 Ein-Dollar-Scheine, 1963

Siebdruck, Bleistift auf Acrylfarbe auf Leinwand
249 × 189 cm
1981 erworben vom Künstler

Die Wiederholung des Bildmotivs und die deutliche Artikulierung des drucktechnischen Zustandekommens sind Mittel, die für Warhols Bildkonzeption grundlegend sind. In der Stereotypie der sich stets wiederholenden Abbildung des »One Dollar Bill« verliert die Vorlage ihren dokumentarischen Wert: Die Wirklichkeit der Vorlage ist nicht mehr die Wirklichkeit des abgebildeten Geldscheins, der eine Eigenrealität im Bild erlangt. Durch diese bildnerische Operation wird die Wirklichkeit der Dollarnoten auf Distanz gebracht. Erst mit einem Abstand der Reflexion wird auch die beliebige Reproduktion des begehrten »One Dollar Bill« manifest. *NH*

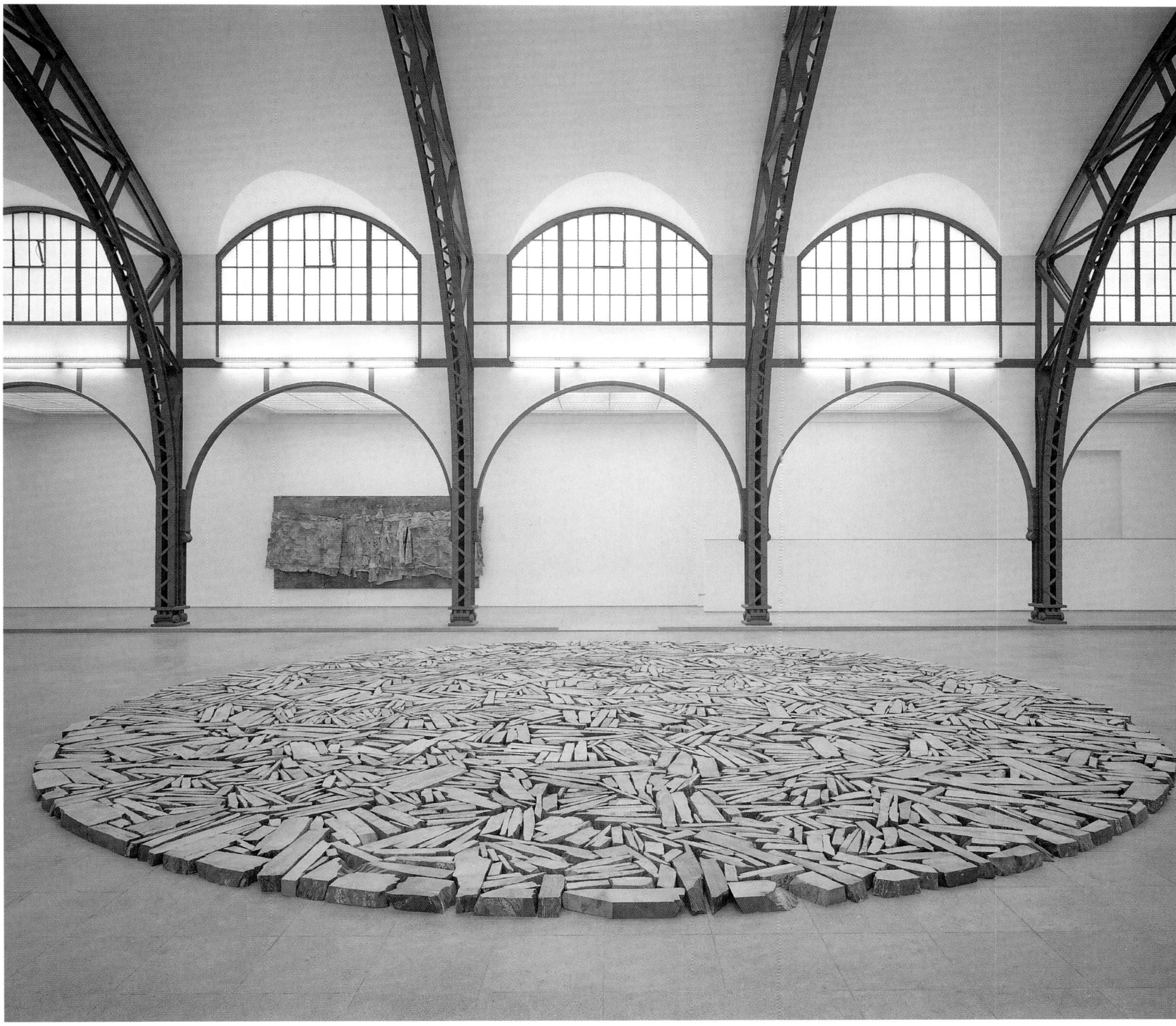

Berlin Circle, 1996

Schiefer
Durchmesser 1245 cm
1995 erworben von Anthony d'Offay, London

Im heutigen Kunstbetrieb zählt Richard Long zu den Künstlern der Land Art, die gegen Ende der 1960er Jahre durch die unmittelbare Auseinandersetzung mit Landschaft, mit Erdformationen, Witterungserscheinungen und Erosion als realem Material, eine enorme Expansion der Kunst bewirkten. Vergleichbar mit den aufwendigen Erdbewegungen von Robert Smithson, entwickelt Long seine Kunstwerke auf Wanderungen durch unbewohnte und schwer zugängliche Gegenden. »Berlin-Circle« ist nach einer Reise durch die Mongolei entstanden und stellt keine Skulptur im herkömmlichen Sinn dar. Sie ist ein Ort meditativen Verweilens und gleichzeitig ein Environment reiner Anschauung. »Berlin-Circle« wurde anläßlich der Eröffnung des Hamburger Bahnhofs im November 1996 als Mittelpunkt der Historischen Halle entworfen. *NH*

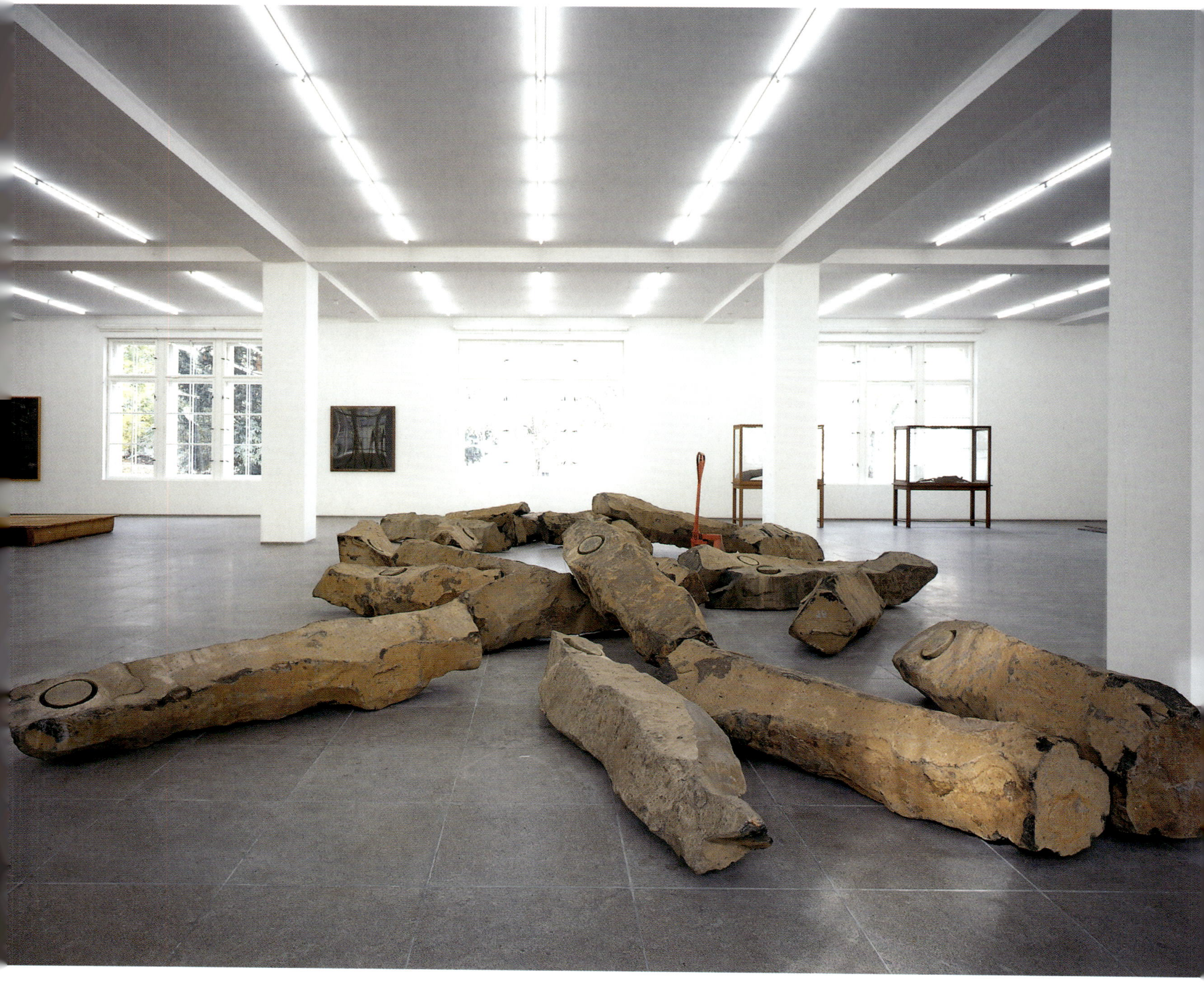

Das Ende des 20. Jahrhunderts, 1982–83, (1. Fassung)

21 Basaltstelen, Filz, Tonerde, Steinbock, Brechstange
Maße variieren nach Aufbau
Numerierung der Basaltstelen von 1–21
1985 erworben vom Künstler

Die Skulptur steht im engen Zusammenhang mit einer der letzten großen Arbeiten für die documenta 7 1982 in Kassel. Die mehrteilige Arbeit öffnet gedanklich das 20. Jahrhundert in zwei Richtungen, zurück in den vorgeschichtlichen Raum und in die Zukunft. Die Steine zeugen von dem von Menschen vorgenommenen Eingriff in die Natur, dessen letztendliche Gestalt sich noch nicht zeigt. Beuys zeigt die Gefahren des destruktiven Elements ebenso, wie die produktive Seite dieser Entwicklung. In die herausgebrochenen Stelen hat Beuys einen mit Ton und Filz ummantelten Kegel eingesetzt, der das heilende, das notwendige Geistige in der Materie verkörpert. Die mehrteilige Arbeit gehört zu den ökologisch gedachten, transitorischen Werken. *EB*

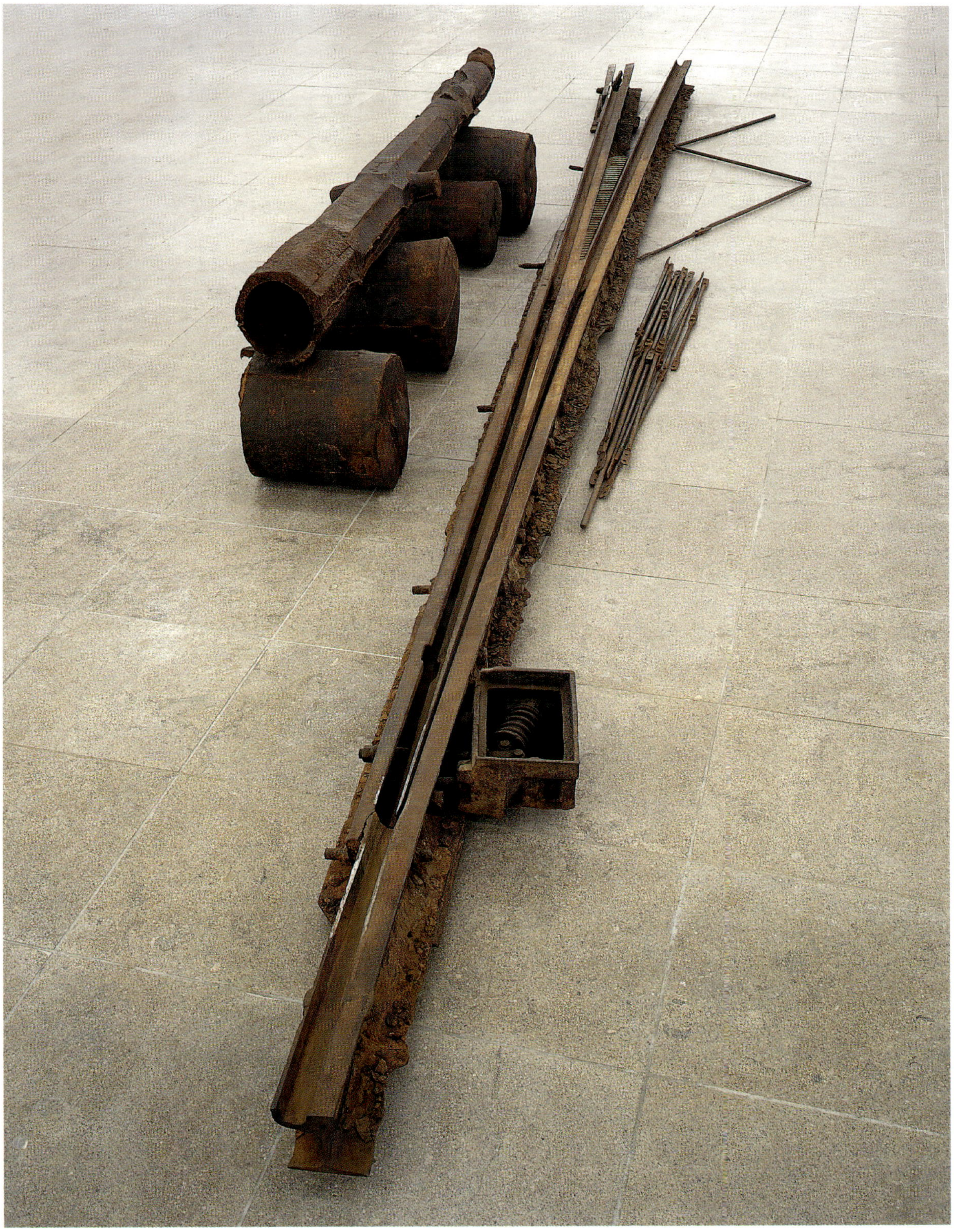

Straßenbahnhaltestelle (A Monument to the Future), 1976, (2. Fassung)

29 Teile aus Eisen: Feldschlange, 4 Zylinder, Straßenbahnschiene (Weiche), 22 Bohrgestänge, 1 Bohrkurbel
837 × 246 × 74 cm
1977 erworben vom Künstler

Nachdem Erich Marx 1976 die beeindruckende Skulptur »Straßenbahnhaltestelle« im deutschen Pavillon der Biennale von Venedig gesehen hatte, erwarb er die zweite Fassung. Beuys rekonstruierte einen Ort aus seiner Klever Kindheit, indem er das archaisch anmutende Sinnbild für den Antagonismus von Materialität und Spiritualität schuf. Während die Hauptpartie der Skulptur, eine Feldschlange mit einem daraus herauswachsenden Kopf, in Venedig mementohaft aufrecht gestanden hatte, legte Beuys danach eine horizontale Anordnung fest. Er ersetzte die gebogene Eisenbahnschiene der ersten Fassung durch ein Weichenstück, um die beiden den menschlichen Lebensweg bestimmenden Kräfte zu verdeutlichen. *FZ*

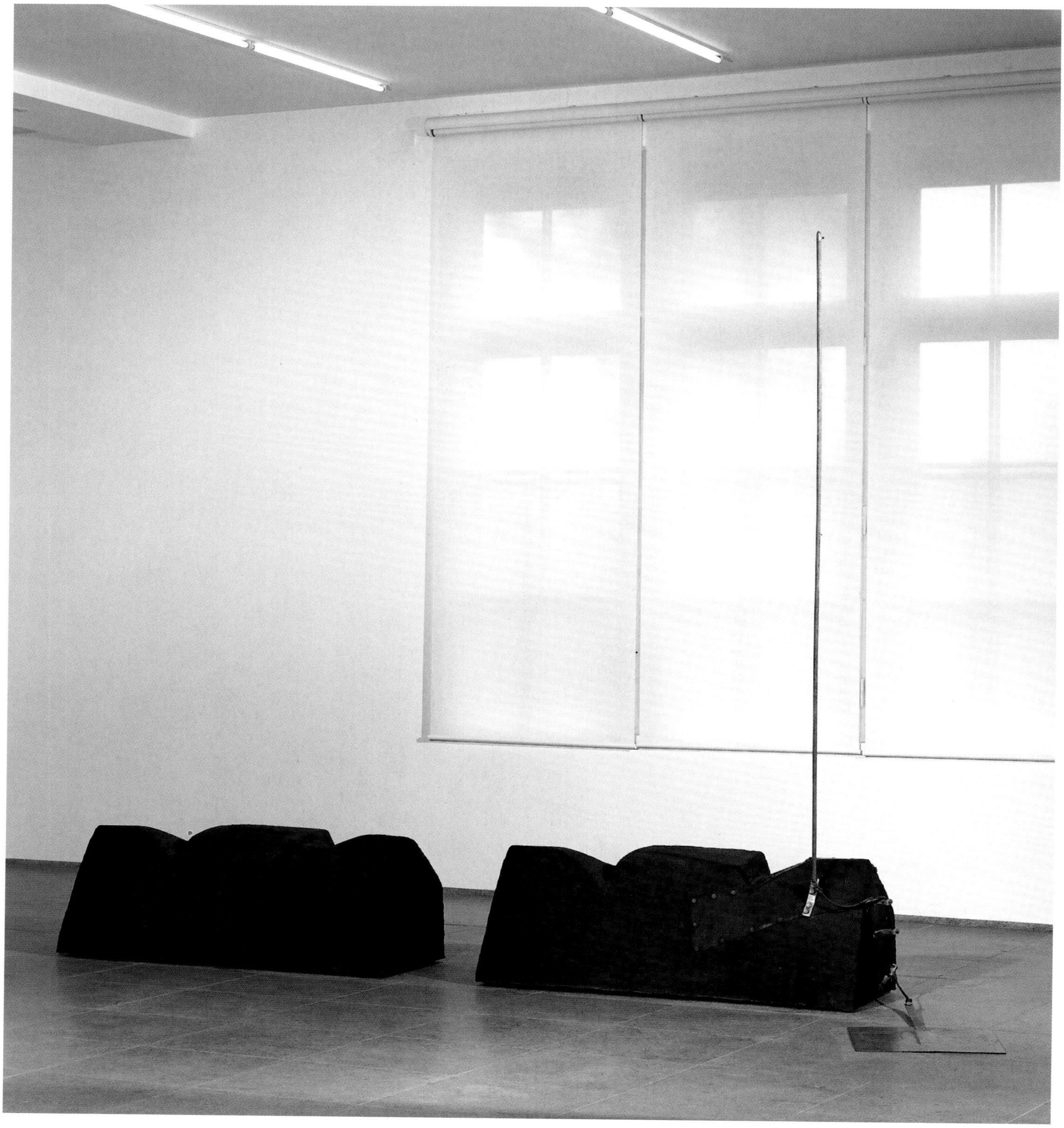

Doppelfond, 1954

Eisen, Kupfer, Zink, Stahl, Aluminium, Messing
450 × 135 × 300 cm
1977 erworben von Privatsammlung, Rheinland

Die Suche nach dem Ausdruck des Spirituellen in der Materie beziehungsweise die Oszillation zwischen den Daseinsebenen sind grundlegende Fragestellungen bei Joseph Beuys. Die beiden von einer früheren Arbeit, einem Grabkreuz, abgenommenen Eisenkörper der Skulptur »Doppelfond« stellen ein Verbindungsstück zwischen der materiellen und geistigen Wirklichkeit dar. Eine schwerelos in den Himmel ragende »Antenne« wirkt der erdverbundenen Materialität der Eisenkörper und der Erdungsplatte entgegen. Beuys hat in seiner Kunst die Symbolik des Kreuzes ergründet und entwickelt hier eine Art Transformator daraus, der die Energieflüsse von Materie und Geist, Rationalität und Intuition lenkt. *FZ*

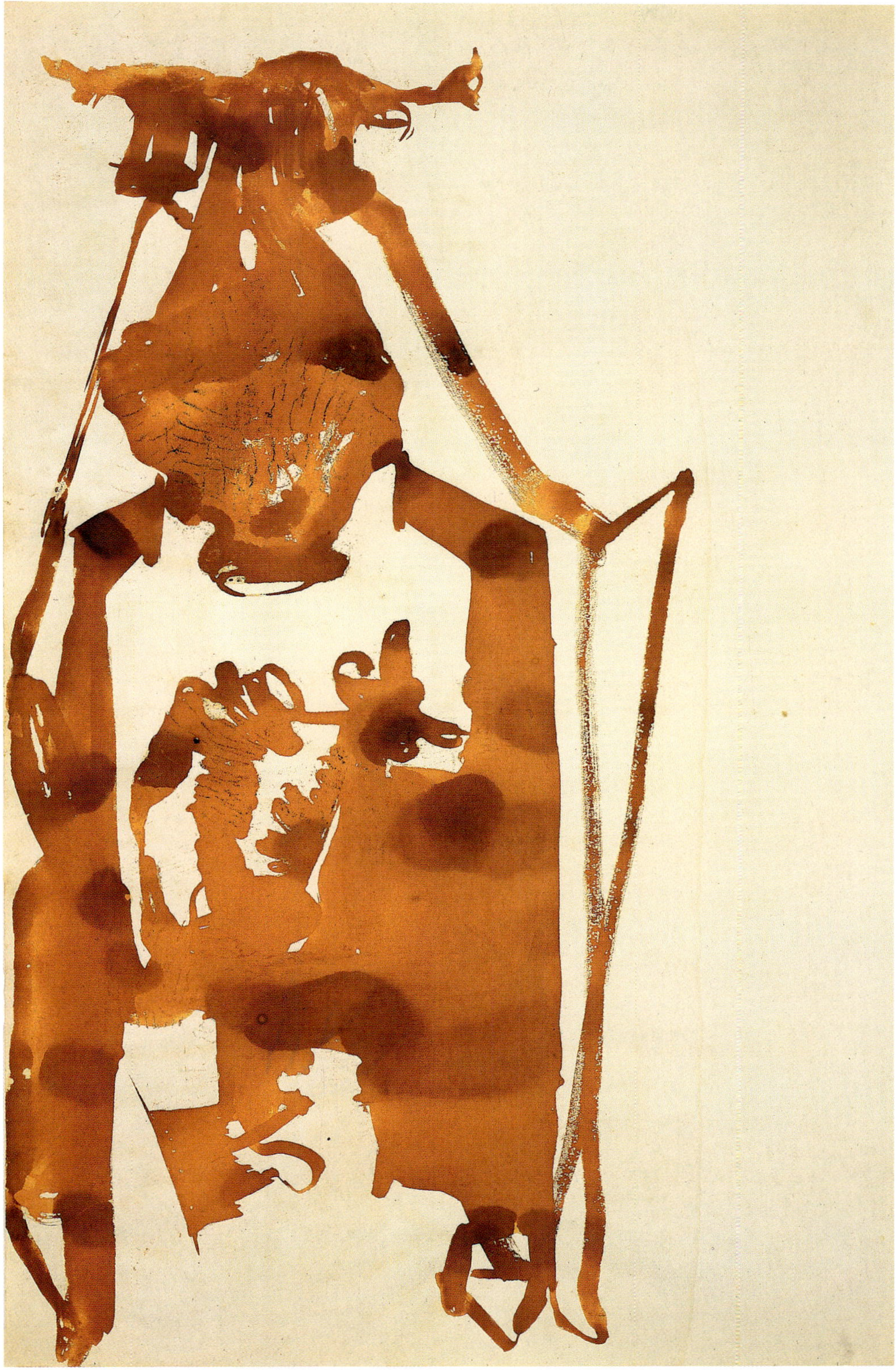

________ ?, 1952

Zeichnung aus:

The secret block for a secret person in Ireland/ Der geheime Block für eine geheime Person in Irland, 1945–76

Zeichnungszyklus, 456 Zeichnungen, Mischtechnik
Maße variieren nach Werken und Aufbau
1978 erworben vom Künstler

Den besonderen Stellenwert in der Sammlung Marx erlangen die Werke von Joseph Beuys nicht durch ihren suggestiv humanistischen Charakter allein. Beuys war ein wichtiger Gesprächspartner für den Sammler, dem er in Diskussionen immer neue Facetten der Kunst und der Kunstbetrachtung eröffnete. Ähnlich verhielt es sich mit der Einstellung zum eigenen Schaffen: »The Secret block for a secret person in Ireland«, der heute 456 Zeichnungen umfaßt, ist ein Zyklus, den Beuys über Jahrzehnte hinweg zusammengestellt hat, aus dem er immer wieder Blätter herausnahm und hinzufügte, den er – einem Mandala gleich – geistig immer neu ordnete. 1974 begleitete er die Ausstellung dieser Arbeit durch England und durch beide Teile von Irland und hielt zahlreiche Vorträge vor einem Publikum, das er aufgrund des politischen Hintergrunds und der mythisch-religiösen Prägung des Landes für besonders empfänglich hielt. *FZ*

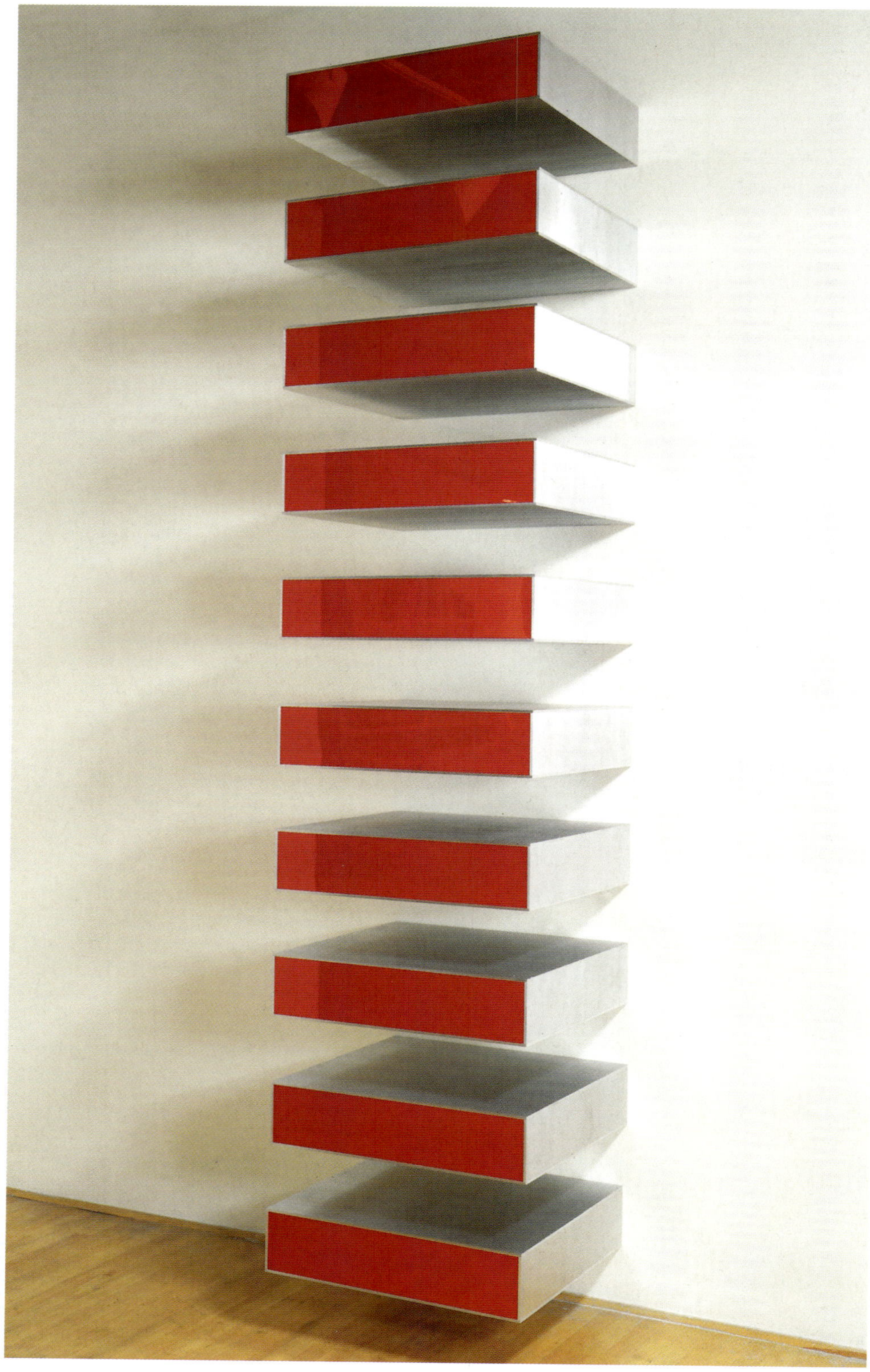

Ohne Titel, 1985

Aluminium, Plexiglas, 10teilig, je 15,2 × 68,6 × 61 cm
(Installationsmaß: 288,8 × 68,6 × 61 cm)
Bezeichnung mit einem Schlagstempel in allen Teilen: JUDD 85-8; 1 OF 10 PARTS WORK EXECUTED BY LIPPIN COTT INC. NEW HAVEN. CONN.
1985 erworben von Gagosian Gallery, New York

Als eine entgegengesetzte Strömung zur Objektkunst entstehen Anfang der 1960er Jahre Werke, für die der Philosoph Richard Wollheim 1965 den Begriff der Minimal Art prägte. An die Stelle von Differenzierung und Farbigkeit treten Gegenstände von größter Einfachheit und Klarheit, deren Wirkung auf die Bedingungen von Blickpunkt und Lichtverhältnissen zurückgeführt ist. Als ein Hauptvertreter der Minimal Art entwarf Donald Judd geometrische Objekte, Boxen aus Stahl, Aluminium und Plexiglas, die in präzise festgelegten Abständen auf dem Boden oder an der Wand aneinandergereiht sind. Sowohl bei den Wandstücken als auch bei den Bodenobjekten ist für ihn die Ein- oder Aufsicht entscheidend, die nicht nur das Ganze ins Auge faßt, sondern auch den Unterschied von innen durch außen wahrnehmen läßt. *NH*

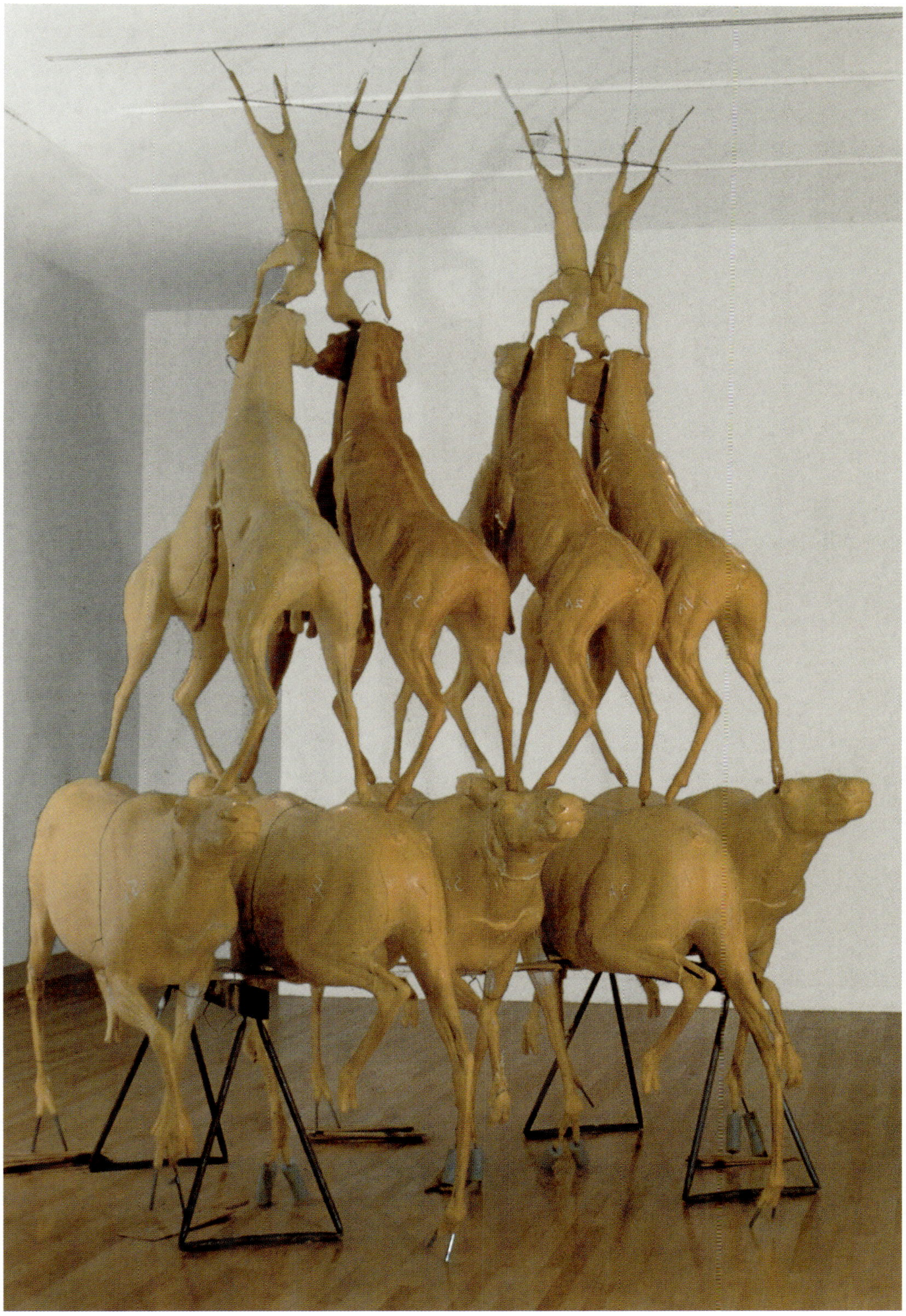

Animal Pyramid/Tierpyramide, 1989

Hartschaum, Eisen, Holz, Draht
366 × 213,5 × 244 cm
1990 erworben von Leo Castelli, New York

Seit 1965 erhebt Bruce Nauman Körper zum Instrument für Erkundungen über die Kunst und die Identität des Künstlers. Abgüsse von Knien, Armen und Händen führen Befindlichkeiten vor und zeugen von seinen Experimenten mit Körper- und Raumerfahrung. Mit »Animal Pyramid« knüpfte Nauman an diese frühen Arbeiten mit Gußformen an, auch wenn er seit Beginn der 1980er Jahre Tierpräparaturen, industriell gefertigte Attrappen, verwendet. Fünf Rentiere bilden hier eine untere Ebene, darauf sind acht Hirsche gestellt und vier Füchse bilden den Kopf der Pyramide. Mit Draht aneinander gekettet, wehrlos und verletzt, ohne Augen, Ohren und Läufe scheinen sie sich ein letztes Mal aufbäumend zur Wehr zu setzen. *NH*

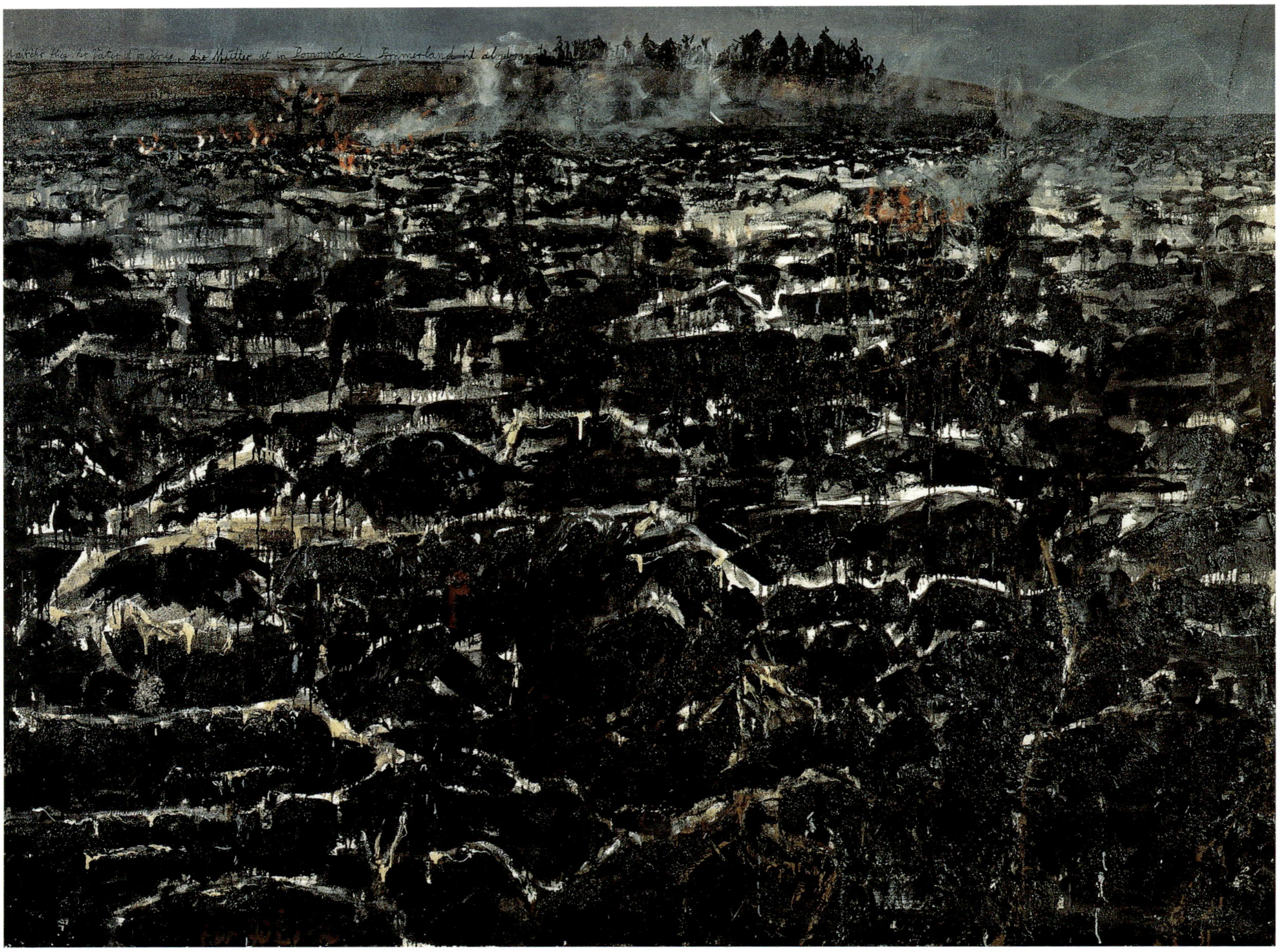

Maikäfer flieg, 1974

Ölfarbe auf Rupfen
220 × 300 cm
1990 erworben von der Saatchi Collection, London

Anselm Kiefers Kunst ist in den frühen Jahren bestimmt von der Auseinandersetzung mit der Vergangenheit Deutschlands. Vor diesem Hintergrund entstehen seit 1970 magisch-beschwörende Landschaftsbilder, die er in Verbindung zur Poesie und Literatur deutscher Geistesgrößen setzt. Das Gemälde »Maikäfer flieg« zitiert das bekannte Volkslied, dessen Textzeile »abgebranntes Pommernland« auch auf die Strategie der »verbrannten Erde« beim Rückzug der deutschen Wehrmacht bezogen werden darf. Durch die aufgebrochene Bildstruktur und die dunkle Farbigkeit läßt es ein Bild des zerstörten Nachkriegsdeutschlands entstehen. *NH*

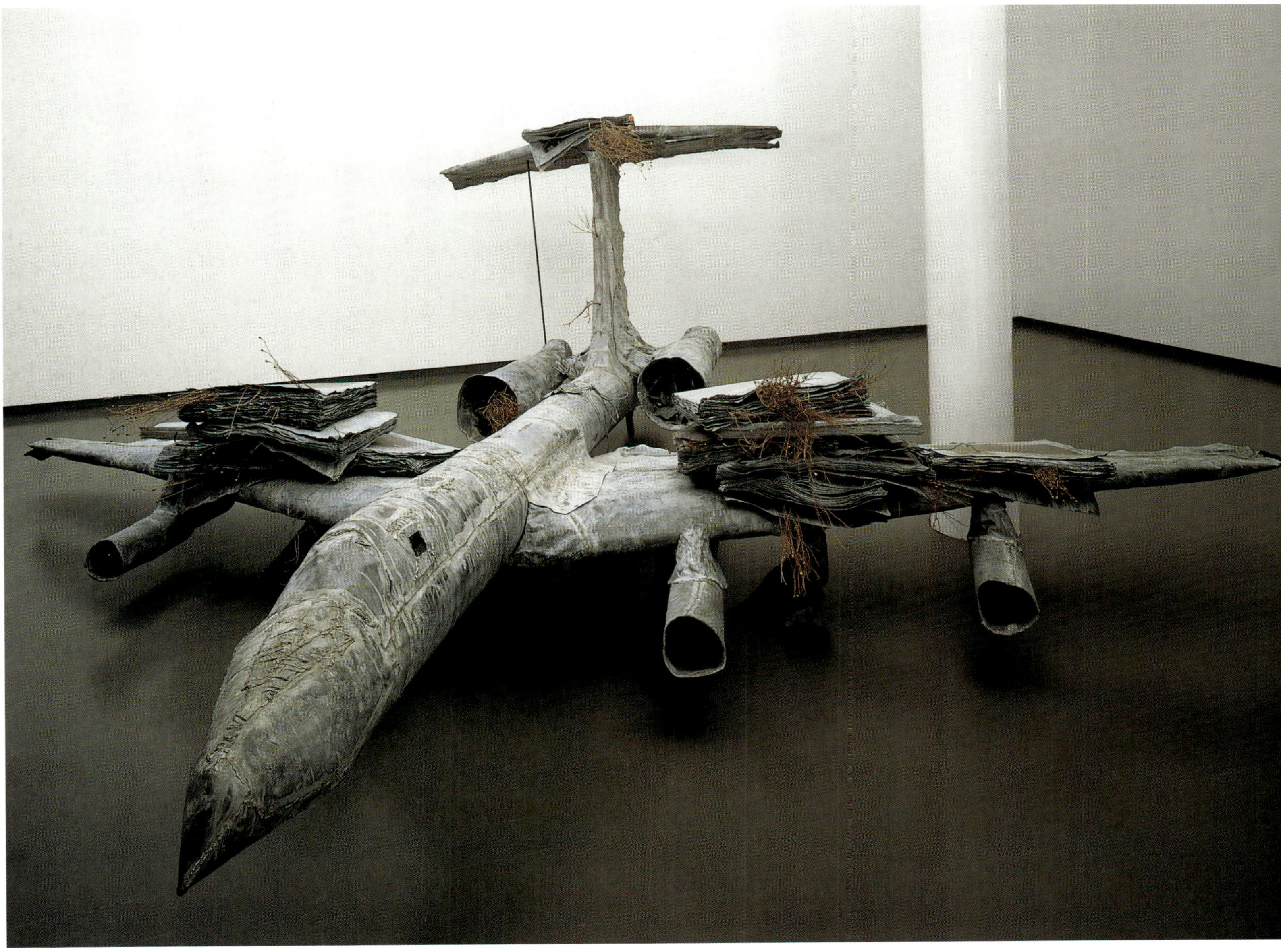

Mohn und Gedächtnis, 1989

Blei, Glas, Mohn, Eisen
230 × 650 × 630 cm
1989 erworben vom Künstler

Mit vorwiegend in Blei ausgeführten Bildobjekten und Skulpturen richtet Kiefer seinen Blick von der deutschen auf die Menschheitsgeschichte. Den entscheidenden Anstoß gab hierzu die Beschäftigung mit dem Dichter Paul Celan, dessen Gedichtband »Mohn und Gedächtnis« der Skulptur ihren Titel gab. Das Flugzeug trägt auf seinen Flügeln große Bleifolianten, in denen getrockneter Mohn steckt. Der Mohn kontrastiert nicht nur durch seine filigrane Struktur mit der Geschlossenheit der Bücher, auch seine Funktion als Rauschmittel steht im Gegensatz zu den Sinnbildern der Erinnerung. Die Gedichte von Celan, ihre Frage nach dem Woher und Wohin und ihr Kreisen um Erinnern und Vergessen, vermögen eine Brücke zu schlagen zu der Vorstellung Kiefers, mit den Künsten die Schwere der Materie und ihre Zerstörung aufzuheben. *NH*

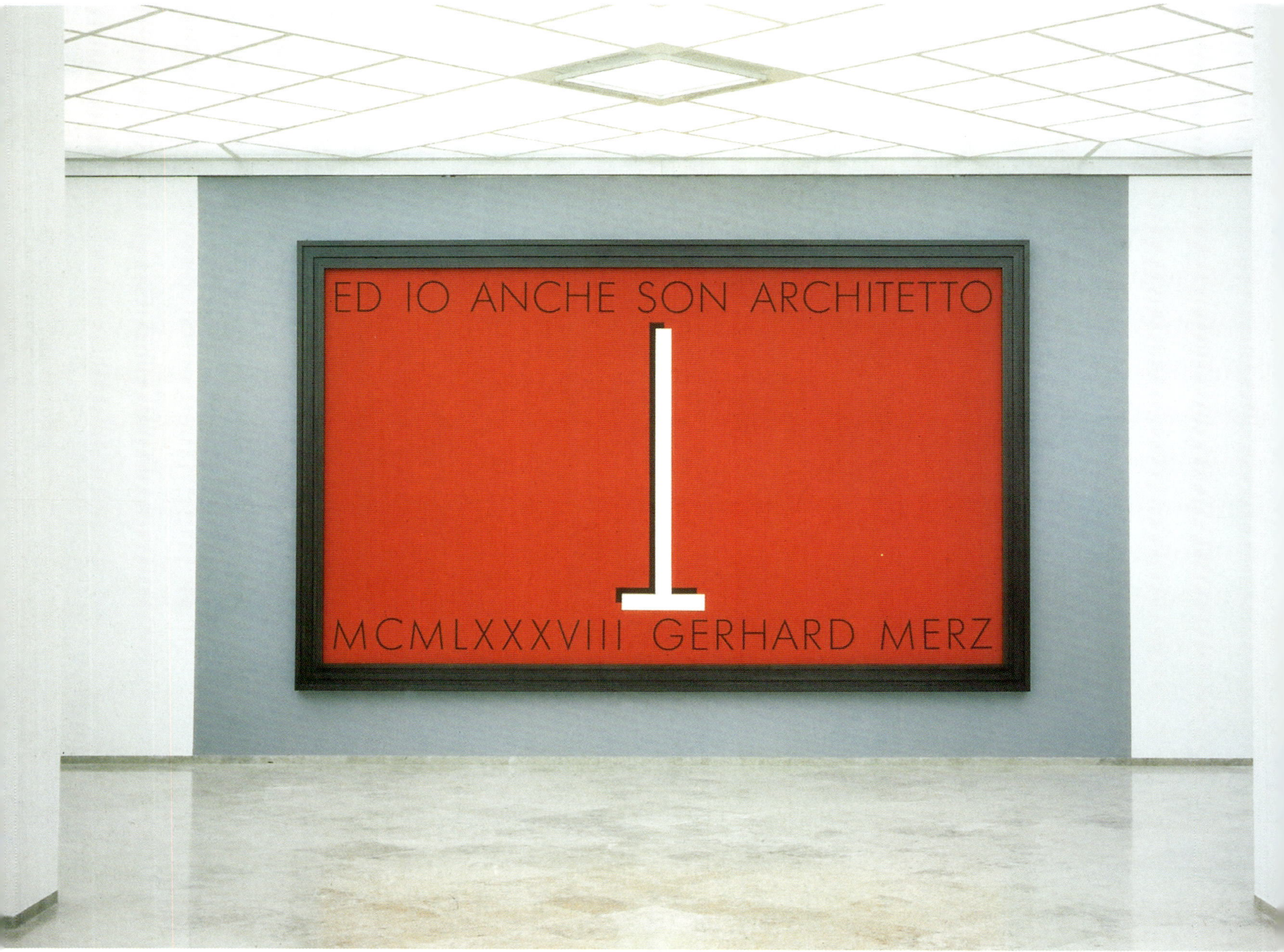

**Ed io anche son Architetto/
Auch ich bin ein Architekt, 1988**

Pigment auf Leinwand
320 × 530 cm
1988 erworben vom Künstler

Für den Künstler Gerhard Merz ist die Beschäftigung mit den Prinzipien der Architektur nicht nur ein ikonographisches Thema. Sein Interesse gilt sowohl dem technischen und konstruktiven Verfahren des Bauens als auch der Verbildlichung von Architektur. Ausgangspunkt seiner künstlerischen Arbeit ist die Vorstellung, daß die Moderne nur mit den Mitteln der Architekten fortzuführen ist. Durch die Kombination der Begriffe Architektur und Malerei begründete er die mit »Archipittura« betitelte Strömung, deren bedeutendstes Werk das Gemälde »ED IO ANCHE SON ARCHITETTO« aus der Sammlung Marx ist. Die Inschrift paraphrasiert den Ausspruch »Ed io anche son pittore« (»Auch ich bin ein Maler«) des französischen Revolutionsarchitekten Etienne Boullée. Für Merz formuliert diese Behauptung das Selbstverständnis, daß die Malerei gleichfalls Bedeutungsräume und geistige Architekturen schafft. *NH*

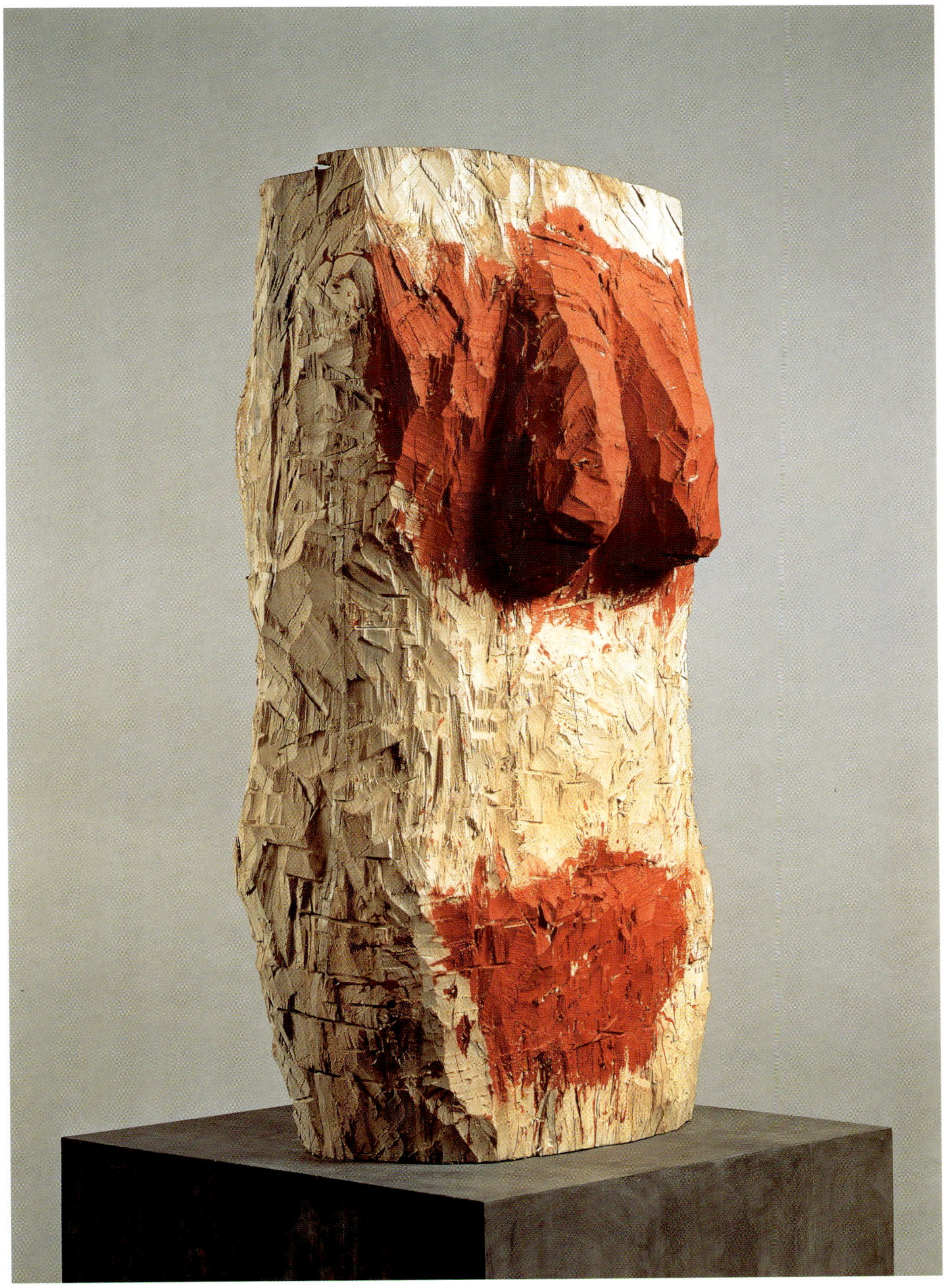

Torso, 1993

Lindenholz, Dispersionsfarbe
155 × 77 × 79 cm
1994 erworben von der Pace Gallery, New York

Georg Baselitz hatte schon zu Beginn seiner Schaffenszeit mit dem traditionsreichen Medium des Holzschnitts gearbeitet und wandte sich 1979/80 auch skulpturalen Arbeiten mit Holz zu. In der Auseinandersetzung mit den Holzplastiken von Kirchner sowie mit afrikanischer und ozeanischer Stammeskunst entwickelt er einen skulpturalen Stil, der die Eigenschaften des Materials, das Zersplittern und Zerfasern des Holzes, auf besondere Weise respektiert. Mit erschreckend groben Schlägen ist der »Torso« aus dem Stamm gehauen. Brust und Scham sind mit roter Farbe bemalt, die zur Betonung des Geschlechts dient und durch die Assoziation mit Blut die Verletzung des Menschen evoziert. *NH*

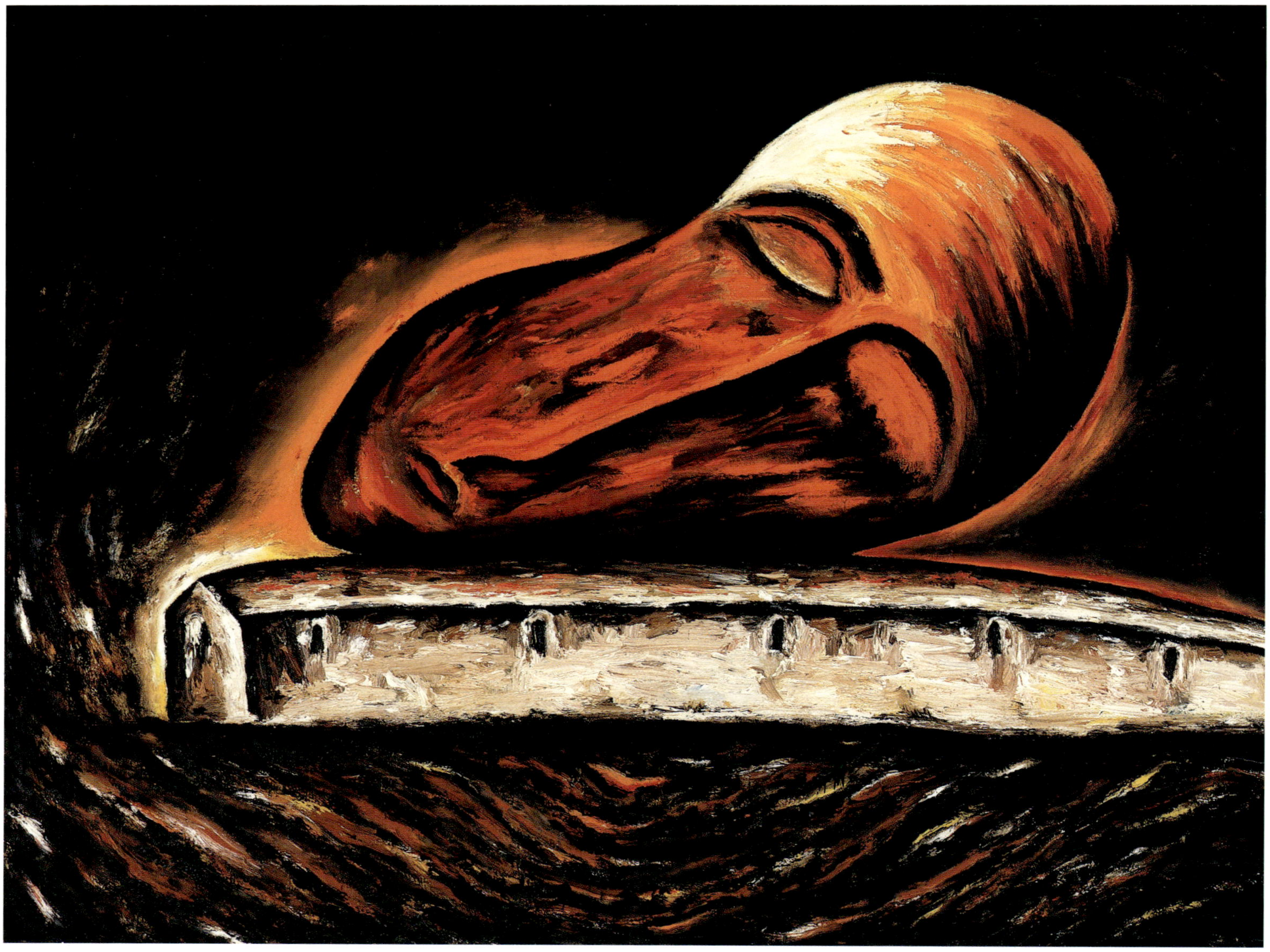

Quadro Tonto/Einfältiges Bild, 1982

Öl auf Leinwand
280 × 360 cm
1983 erworben von Gian Enzo Sperone, Turin

»A New Spirit in Painting« war der Titel einer Ausstellung, die 1981 in der Royal Academy of Arts in London gezeigt wurde und zum Forum des internationalen Wiederauflebens der Malerei avancierte. Während Markus Lüpertz und Rainer Fetting die deutsche Seite vertraten, repräsentierten Sandro Chia, Mimmo Paladino und Enzo Cucchi die italienische Malerei, für deren künstlerische Richtung sich die Bezeichnung Transavanguardia durchgesetzt hat. Cucchis Malerei ist episch angelegt und führt in die entlegenden Gefilde zwischen Leben und Tod. So gesehen ist »Quadro Tonto« ein programmatisches Werk, das mit dem Bild eines zur blicklosen Maske mutierten, überdimensionalen Kopfes von der Ohnmacht des Menschen gegenüber der naturentfremdeten, technokratischen Welt spricht.
NH

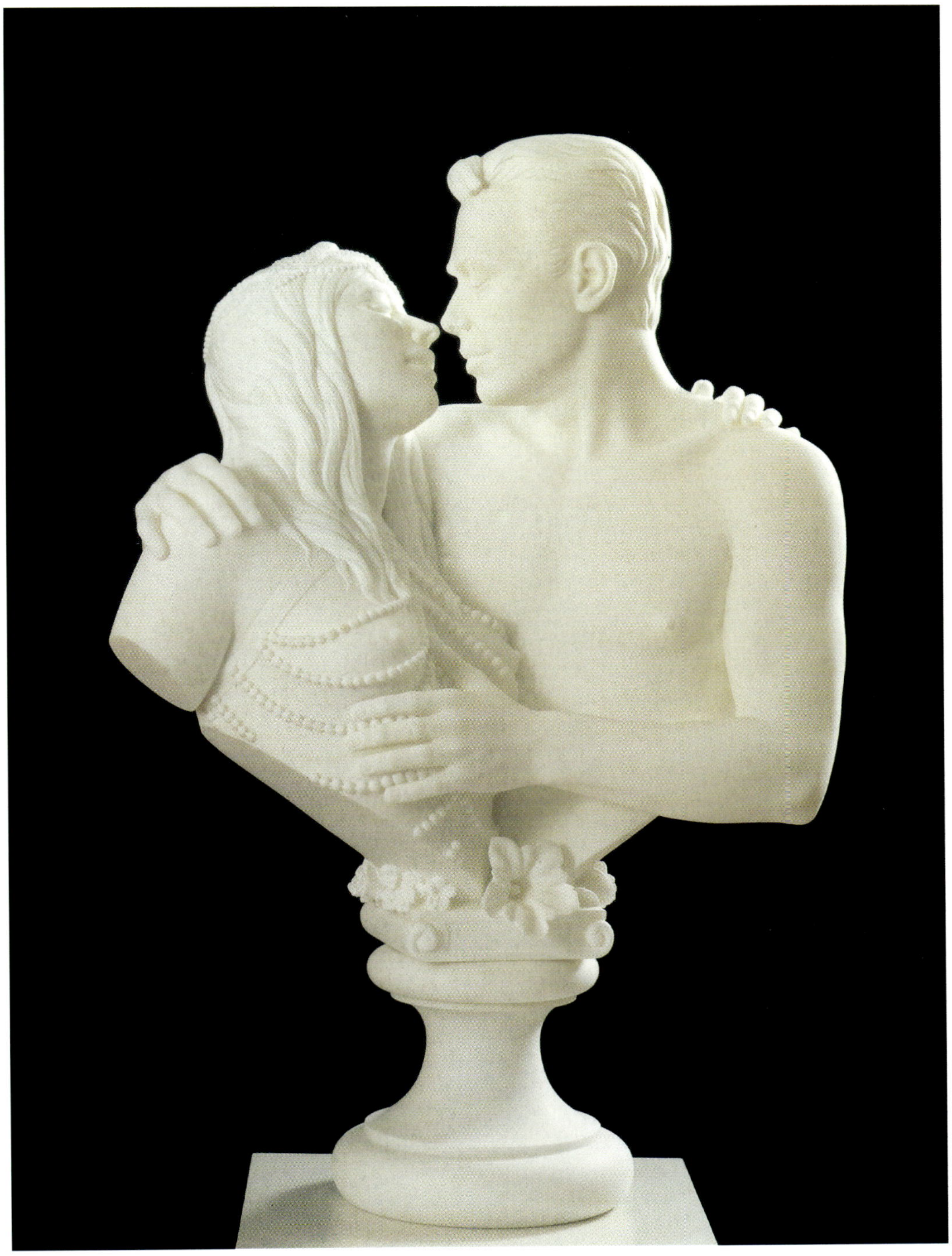

Bourgeois Bust (Jeff und Ilona), 1991

Marmor
113 × 71,1 × 53,3 cm
1994 erworben vom Künstler

Schon die ersten Auftritte von Jeff Koons in der New Yorker Kunstwelt gegen Ende der 70er Jahre waren angelegt, das Publikum zu irritieren. Die Künstlichkeit als offensichtliche Strategie seiner Werke ist Programm und gleichzeitig Provokation. Die Büste »Jeff und Ilona« ist das Abbild des Künstlers und seiner damaligen Lebensgefährtin Ilona Staller, la Cicciolina. Beide repräsentieren reine Kunstfiguren, die weniger einer wirklichkeitsgetreuen Darstellung entsprechen als vielmehr Idealbildern in der verspielten Bildsprache des Rokoko. Koons greift in seinen Werken auf die künstliche Lebenswelt der westlichen Gesellschaft zurück, paraphrasiert sie und entlarvt so die psychologischen Strategien und das Kalkül ihrer Vermarktung. *NH*

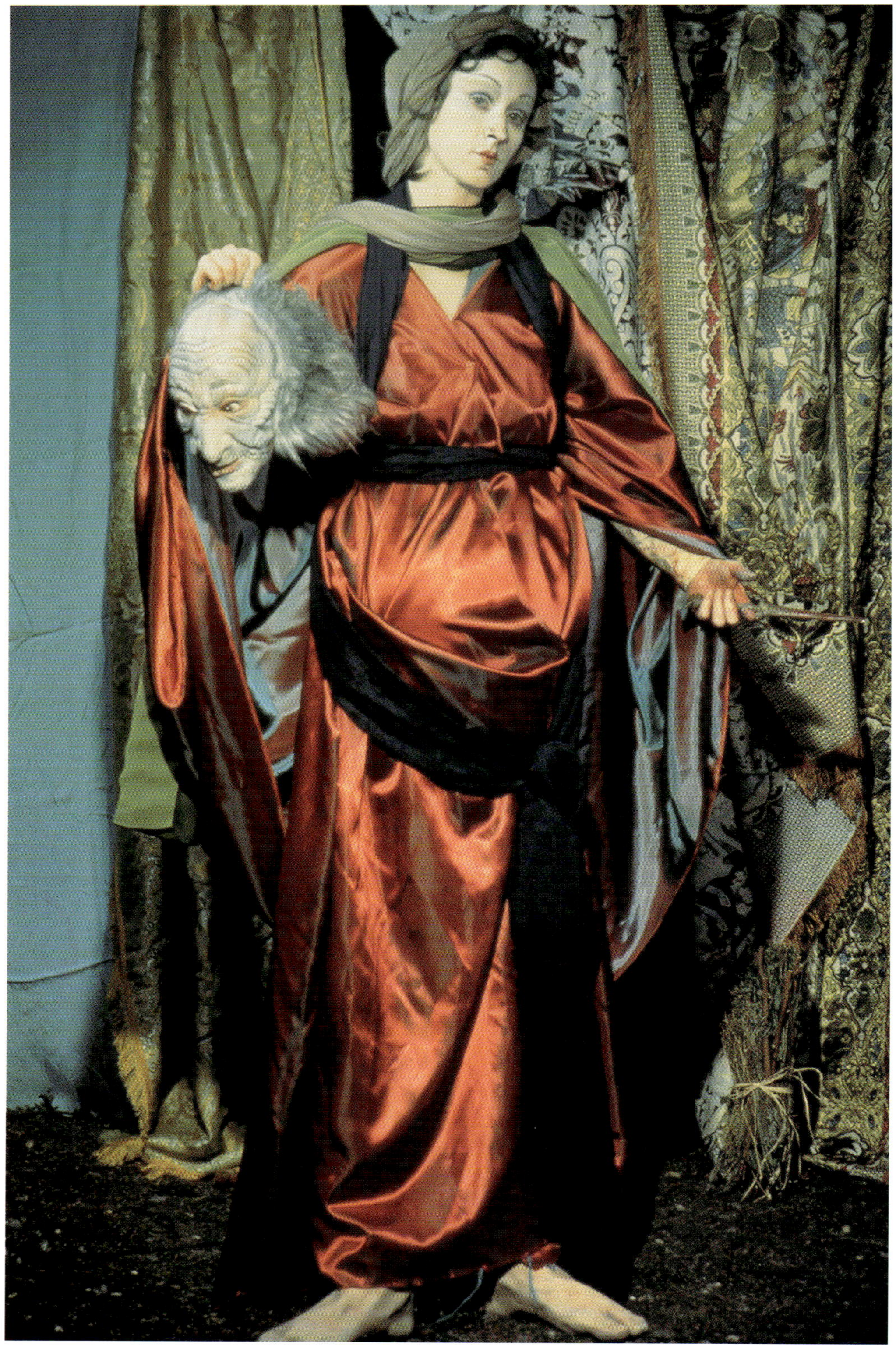

Untitled # 228 (History Portrait), 1990

Farbfotografie, 208 × 122 cm
Signatur, Bezeichnung, Datierung verso oben Mitte
Exemplar 4/6
1966 erworben von Metro Pictures, New York
Sammlung Erich Marx

Nach den »Fairy Tales-Pictures« entstehen die »History Portraits« (1988-1990), großformatige Farbfotografien, die versuchen, den figurativen Gestus altmeisterlicher Gemälde nachzustellen. Wenn Cindy Sherman in »Untitled # 228« von 1990 eine Judith zeigt, mit dem blutverschmierten Messer in der einen und dem Kopf des Holofernes in der anderen Hand, entzaubert sie die Bildwelten, denen sie nachspürt, auf eine brutale Weise. In Wahrheit sind die »History Portaits« keine Auseinandersetzung mit der Malerei, der sie nur die Kostüme entlehnt, sondern mit der Erfindung des Bildes. Shermans Diskurs bezieht sich bewußt auf das Vor-Bild, auf den der Fotografie verwandten altmeisterlichen Naturalismus. In der Ambivalenz zwischen »gefälschten« Originalen und »echter« Fotografie hinterfragt und ironisiert sie die von einem falschen Pathos getragenen oberflächlichen Rezeptionsweisen. *EB*

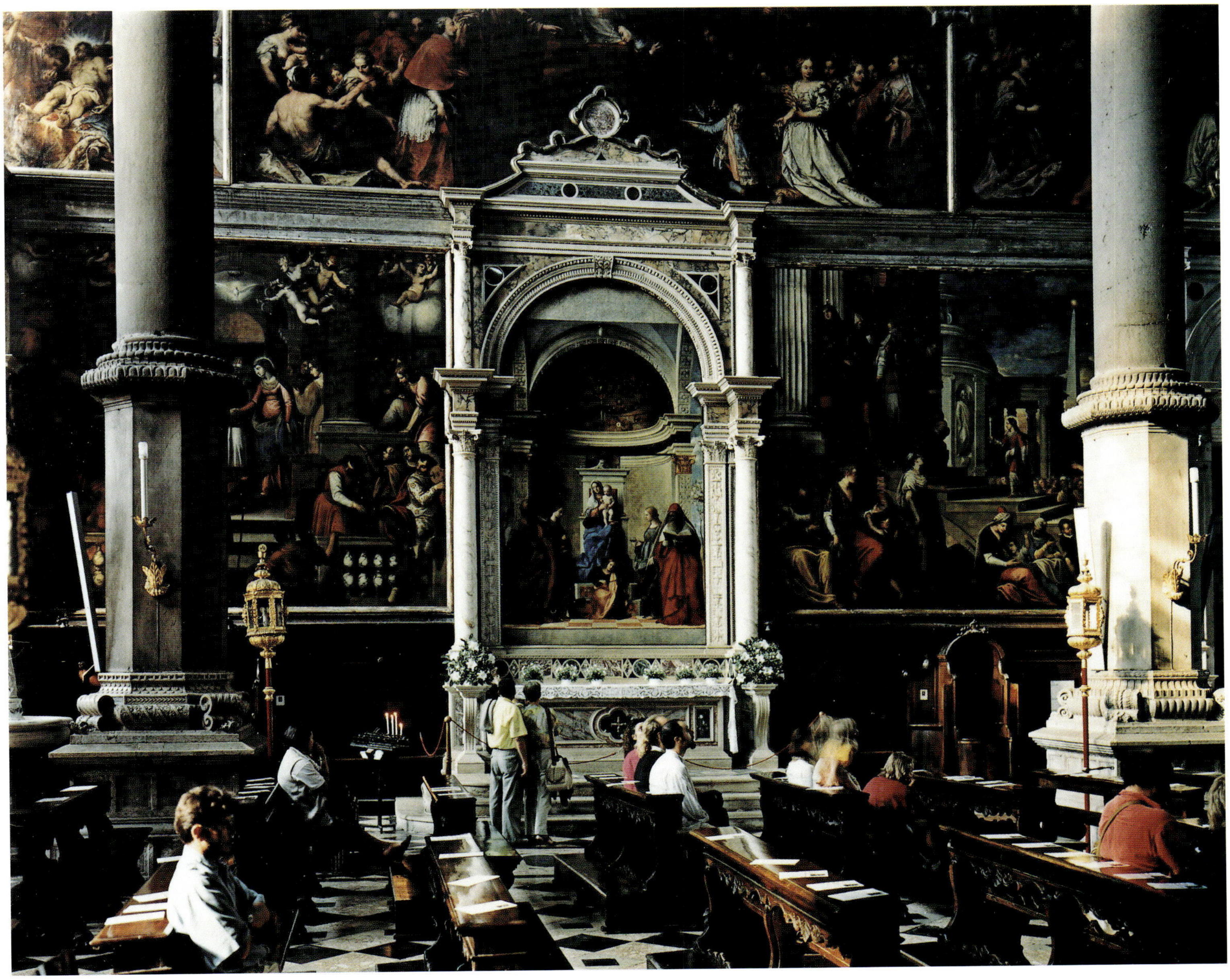

San Zaccaria, 1995

Farbfotografie
185 × 233,5 cm
Erworben von der Galerie Hetzle, Berlin

Von den zahlreichen Schülern der Fotografen Bernd und Hilla Becher sind mit Gursky und Struth zwei bedeutende Künstler in der Sammlung von Erich Marx vertreten. Auch wenn Struth mit großformatiger, farbiger Fotografie arbeitet, steht er durch die Wahl von überwiegend Architekturmotiven, strengen Kompositionen mit vertikaler Linienführung und gleichmäßiger Ausleuchtung der Aufnahmen seinen ehemaligen Lehrern besonders nahe. Das Foto des Innenraumes der venezianischen Kirche San Zaccaria irritiert durch seine intensive Farbigkeit, die Präsenz des Dargestellten und durch das Spiel mit den verschiedenen Bildebenen. In einem Museum für moderne und zeitgenössische Kunst bilden »San Zaccaria« und die ebenso zur Sammlung Marx gehörende Fotografie »Musée du Louvre« einen reizvollen Kontrast. *NH*

DIREKTOREN

Nationalgalerie vor 1945

Eduard Daege, Historienmaler und Direktor der Akademie der Künste, nimmt bis zu seinem Ruhestand 1875 Verwaltungsaufgaben der Sammlung wahr und wird 1869 kommissarischer Direktor der Nationalgalerie.

1874–1895	**Max Heinrich Jordan**
1896–1908	**Hugo von Tschudi**
1909–1933	**Ludwig Justi**
1933	**Alois J. Schardt** (kommissarischer Direktor)
1934–1937	**Eberhard Hanfstaengl**
1937	**Karl Kurt Eberlein** (als kommissarischer Direktor benannt, ohne sein Amt anzutreten)
1937–1945	**Paul Ortwin Rave** (stellvertretender Direktor)

22. März 1861
Eröffnung der »Wagenerschen und National-Galerie« im Obergeschoß der Akademie der Künste, Unter den Linden

21. März 1876
Eröffnung des Stammhauses der Nationalgalerie

1896
Von 1896 bis 1909 wurde die bis dahin und auch danach wieder eigenständige Nationalgalerie der Generaldirektion der Museen unterstellt

1937
Die Nationalgalerie wird ohne eigenen Direktor dem Generaldirektor der Staatlichen Museen unterstellt

Nationalgalerie in Berlin (West)

1957–1964	**Leopold Reidemeister** (gleichzeitig Generaldirektor der Staatlichen Museen Berlin)
1965–1966	**Stephan Waetzoldt** (leitet als Generaldirektor der Staatlichen Museen Berlin auch kommissarisch die Nationalgalerie)
1967–1974	**Werner Haftmann**
1974–1975	**Wieland Schmied** (kommissarischer Direktor)
1975–(1997)	**Dieter Honisch**

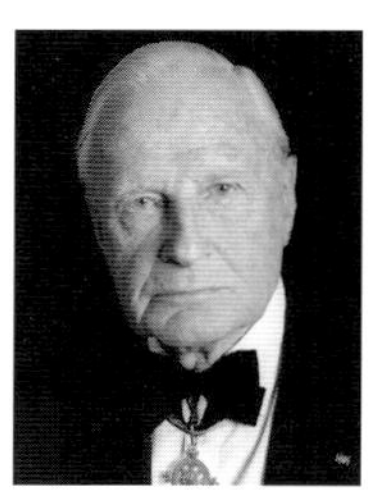
Leopold Reidemeister

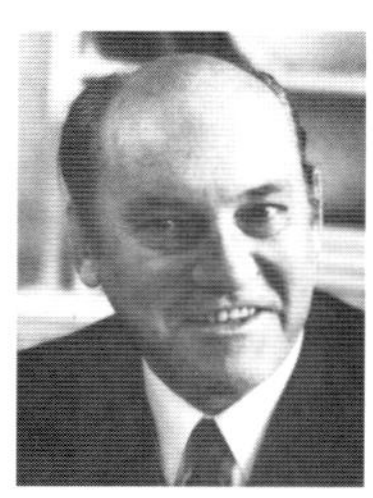
Stephan Waetzoldt

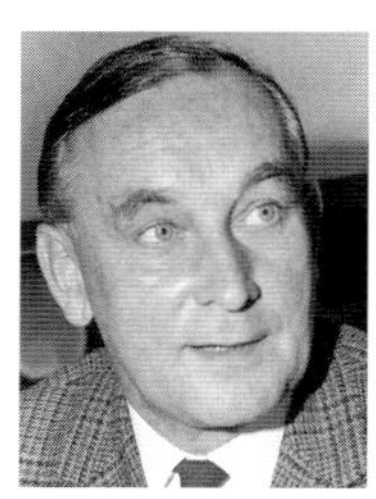
Werner Haftmann

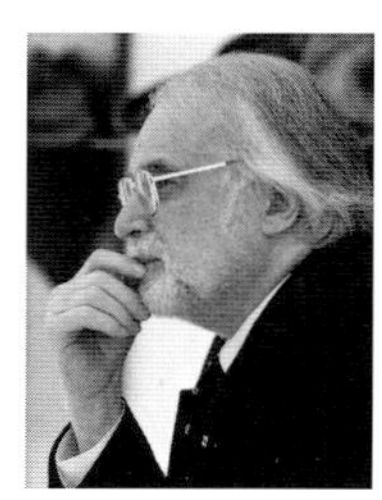
Wieland Schmied

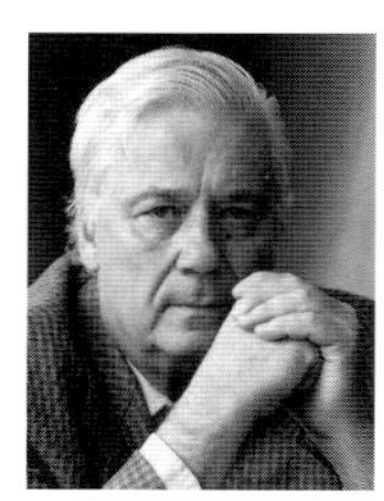
Dieter Honisch

West

1949
Die Galerie des 20. Jahrhunderts wird unter der Leitung von Adolf Jannasch in Berlin (West) fortgeführt. Erwerb wesentlicher Werke der modernen Kunst

25. Juli 1957
Verabschiedung des Gesetzes zur Errichtung der Stiftung Preußischer Kulturbesitz, damit Wiederbegründung der Nationalgalerie in Berlin (West)

25. September 1961
Die Stiftung Preußischer Kulturbesitz nimmt offiziell ihre Tätigkeit auf

15. September 1968
Eröffnung der Neuen Nationalgalerie, erweitert um die Bestände der Galerie des 20. Jahrhunderts

3. Oktober 1990
Die Staatlichen Museen zu Berlin (Ost) werden Teil der Stiftung Preußischer Kulturbesitz

1. Januar 1992
Zusammenführung der Museen und beider Nationalgalerien

2. Dezember 2001
Wiedereröffnung der Alten Nationalgalerie mit der Sammlung der Kunst des 19. Jahrhunderts

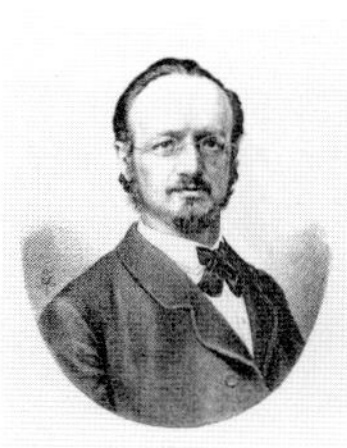
Max Jordan

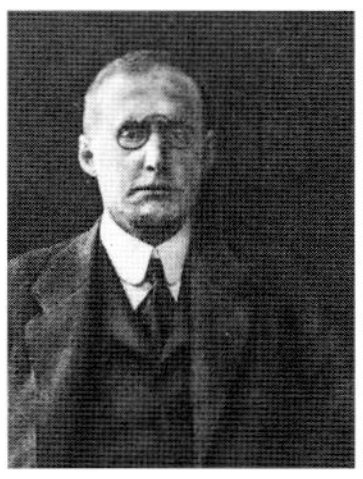
Hugo von Tschudi

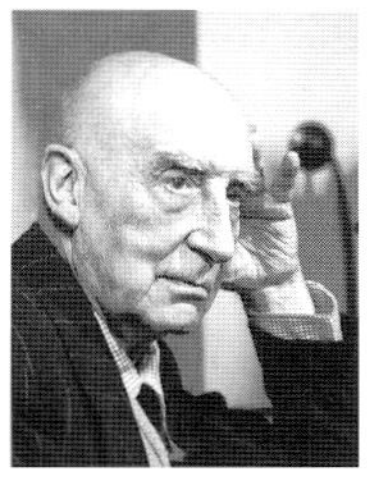
Ludwig Justi

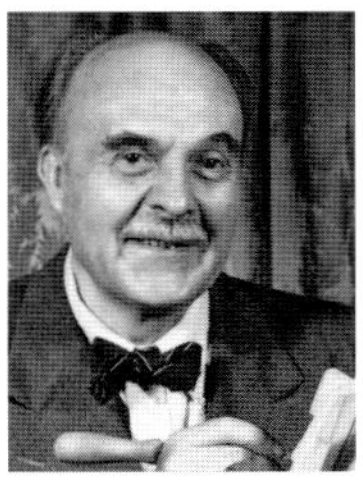
Alois J. Schardt

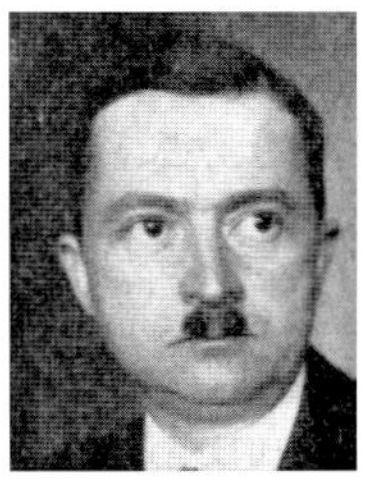
Eberhard Hanfstaengl

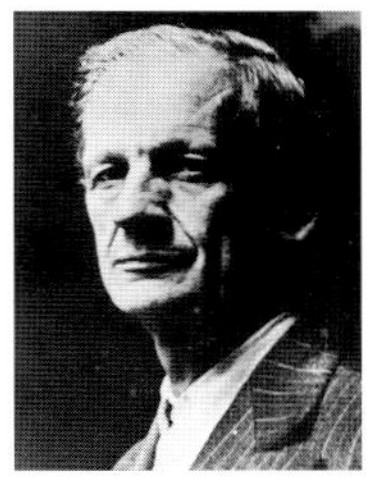
Paul Ortwin Rave

Nationalgalerie in Berlin (Ost)

1946	**Ludwig Justi** wird als Generaldirektor der Staatlichen Museen zu Berlin berufen und behält dieses Amt bis zu seinem Tod 1957.
1945–1950	**Paul Ortwin Rave**
1950–1957	**Ludwig Justi** (gleichzeitig Generaldirektor der Staatlichen Museen zu Berlin)
1957–1966	**Vera-Maria Ruthenberg** (kommissarische Leiterin)
1966–1975	**Willi Geismeier**
1975–1983	**Eberhard Bartke** (seit 1976 gleichzeitig Generaldirektor der Staatlichen Museen zu Berlin)
1983–1985	**Willi Geismeier**
1985–1986	**Christine Hoffmeister** (kommissarische Leiterin)
1986–1991	**Peter Betthausen**

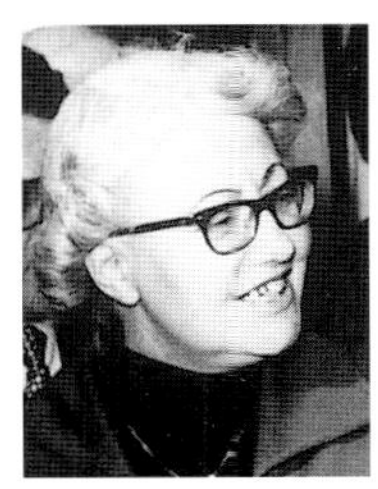
Vera-Maria Ruthenberg

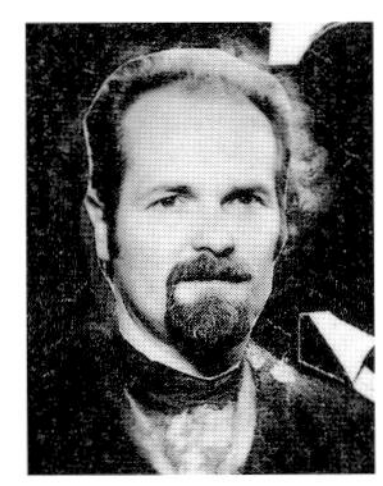
Willi Geismeier

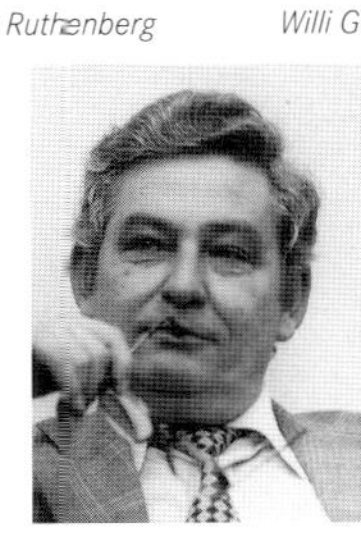
Eberhard Bartke

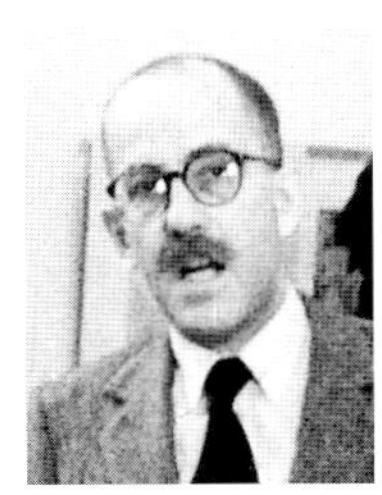
Peter Betthausen

Die wiedervereinte Nationalgalerie

(1975)–1997	**Dieter Honisch**
1997–1998	**Peter-Klaus Schuster**
1998–1999	**Angela Schneider** (kommissarische Leiterin)
seit 1999	**Peter-Klaus Schuster** (gleichzeitig Generaldirektor der Staatlichen Museen zu Berlin)

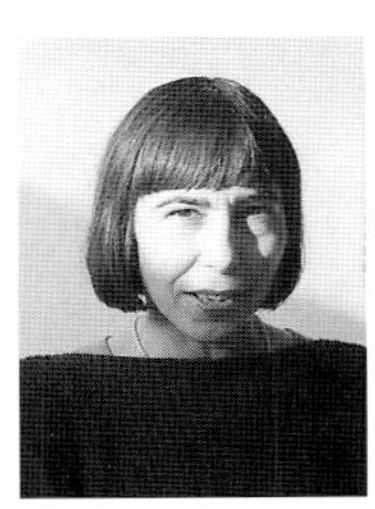
Angela Schneider

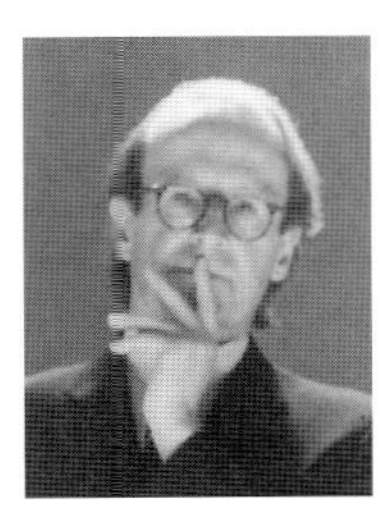
Peter-Klaus Schuster

GLOSSAR

Altes Museum

Das Alte Museum wurde zwischen 1823 und 1830 nach Plänen Karl Friedrich Schinkels errichtet und war das erste öffentliche Museumsgebäude in Preußen: Seit der Eröffnung am 3. August 1830 wurden hier die Gemälde Alter Meister und Skulpturen der Antike gezeigt. Seine Gründungsidee beruht auf ersten Plänen von Alois Hirt 1796/97 und auf der Konzeption Wilhelm von Humboldts von 1809, aber erst Schinkel verwirklichte das geplante Museum an einem der exponiertesten Standorte der Stadt. Diese städtebauliche Situation war von hoher Bedeutung: Gegenüber dem Stadtschloß, flankiert vom Dom im Osten und dem Zeughaus im Westen, erhielt die Kunst im Alten Museum einen außerordentlich repräsentativen Auftritt. Die breit gelagerte, in Form einer Säulenvorhalle gestaltete Front zum Lustgarten signalisiert weithin die Öffnung dieser neuen Bildungseinrichtung für die Allgemeinheit. Schinkels Altes Museum gehört neben seiner Neuen Wache zu den bedeutendsten Bauten des Klassizismus in Berlin und ist als Bautyp bis ins 20. Jahrhundert hinein beispielhaft geblieben; noch in der > **Neuen Nationalgalerie** von > **Mies van der Rohe** finden sich deutliche Bezüge.

Im > **Zweiten Weltkrieg** stark zerstört, wurde die Bausubstanz des Alten Museums nach 1951 schrittweise gesichert, aber erst nach 1958 standen größere Geldmittel für den Wiederaufbau zur Verfügung. Da die alte Gestaltung der Innenräume nahezu völlig verloren war, führte man im Inneren eine freiere Grundrißgestaltung aus, verzichtete auf die Säu-

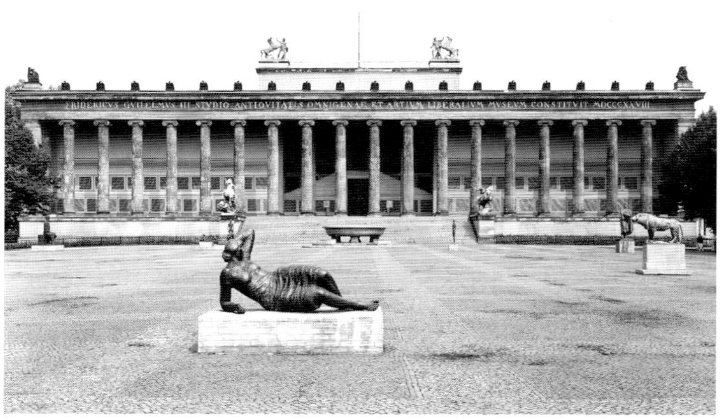

Altes Museum, Eingangsfassade Am Lustgarten, 1988. Die Skulpturen wurden anläßlich der Ausstellung »Kunst in Berlin 1648-1987« 1987 auf dem Platz installiert.

len und ließ im Nordsaal eine neue Treppe einziehen. Nach seiner Wiederherstellung wurde das Alte Museum 1966 mit der Ausstellung »Deutsche Kunst im 19. und 20. Jahrhundert« eröffnet, vorbereitet von der Nationalgalerie (Ost). Danach wurde im Obergeschoß bis zur Wiedervereinigung die ständige Sammlung »Kunst der DDR« (> **DDR-Kunst**) aus den Beständen der Nationalgalerie (Ost) und deren seit 1972 veranstaltete Ausstellungsreihe > **»Das Studio«** gezeigt. Im unteren Hauptgeschoß fanden wechselnde Ausstellungen der Staatlichen Museen und des im Hause fest etablierten Zentrums für Kunstausstellungen der DDR statt.

Nach 1998 erfolgte im Zuge erster Sanierungsarbeiten der Rückbau der neu eingezogenen Treppe, und im Hauptausstellungsgeschoß wurde nach Plänen der Architektin Agata Torricella die Sammlung griechischer Antike neu eingerichtet. Das Obergeschoß wird weiterhin für Wechselausstellungen der Staatlichen Museen genutzt – so war hier 1999 »Die Gewalt der Kunst« als Teil der Ausstellung »Das XX. Jahrhundert. Ein Jahrhundert Kunst in Deutschland« der Nationalgalerie zu sehen. Ab 2006 soll das Alte Museum durch das Architekturbüro Heinz Hilmer, Christoph Sattler und Thomas Albrecht im Rahmen der Gesamtplanung für den Masterplan > **Museumsinsel** umgebaut werden. *AL*

Alte Nationalgalerie

Schon der Begriff transportiert Geschichte: Erst seit kurzem, seit den 1990er Jahren, hat sich für das erste Gebäude der > **Nationalgalerie**, das die Architekten > **Friedrich August Stüler** und > **Johann Heinrich Strack** bis 1876 auf der > **Museumsinsel** errichteten, die deskriptive und zugleich nobilitierende Bezeichnung »Alte Nationalgalerie« eingebürgert, wohingegen der Bau von > **Mies van der Rohe**, die > **Neue Nationalgalerie**, von Beginn an als solche, als eine neue Galerie, bezeichnet wurde. So wurzelt der differenzierend erweiterte Name des Gebäudes, das ursprünglich »die Nationalgalerie« schlechthin war, in den Wendungen der Nachkriegsgeschichte.

Der Bau zentriert die Museumsinsel anspruchsvoll und pathetisch. Er wurde in Form eines hoch aufragenden antikisierenden Tempels errichtet und mit einem rötlichen, einheimischen Sandstein verkleidet: gebaute Antikensehnsucht und materialisierter Patriotismus greifen ineinander. Die vorgelagerte, weitläufige Freitreppe wurde einige Jahre nach der Eröffnung der Galerie mit dem im Stadtbild weithin wirksamen bronzenen Reiterstandbild > **Friedrich Wilhelms IV.** von Alexander Calandrelli versehen.

Schon während der Erbauungszeit wurde das Museum durch den umfangreich integrierten bauplastischen Schmuck und durch die umlaufenden Inschriften vielgestaltig, sinn- und beziehungsvoll bereichert: In vieler Hinsicht demonstriert der äußere Bauschmuck, daß es sich um einen Hort der bildenden Künste in Deutschland handeln sollte. Im Inneren sind die Akzente etwas anders gesetzt; hier spielt die Kulturgeschichte der deutschen Nation eine zentrale Rolle, namentlich im vielfigurig-epischen Fries des Treppenhauses.

Der Museumsfunktion wurde das Gebäude anfänglich nicht vollauf gerecht; die > **Beleuchtung** war trotz mannigfaltiger Oberlichtsäle ungenügend; die Räume waren teilweise überaus eng auf eine bestimmte Präsentation abgestimmt und ließen sich dadurch nicht mehr variabel nutzen. Daher schreibt sich die Geschichte der Alten Nationalgalerie auch als eine Geschichte von Nutzungsveränderungen und Umbauten: Immer wieder wurde der Museumsbau adaptiert, und manche dieser Veränderungen – etwa die Einbauten von 1911–14 im ersten Ausstellungsgeschoß – haben inzwischen ihrerseits Denkmalwert erhalten.

Heute bietet die Alte Nationalgalerie ein architektonisch vielschichtiges Bild: Das weiträumige und in auflockernder Asymmetrie gestaltete lichte Treppenhaus, das im > **Zweiten Weltkrieg** durch eine Bombe gravierend zerstört wurde, ist in vereinfachter Gestalt wieder aufgebaut. Die erste Ausstellungsetage prangt mit der historischen Querhalle samt ihren Ausmalungen, wartet mit den unter > **Ludwig Justi** umgestalteten, intimer proportionierten Kabinetten auf und birgt im nördlichen Bereich zwei jüngere Räume für Großformate und Grafik. Das Mittelgeschoß empfängt den Besucher mit einem Kuppelsaal, dessen polychrome Pracht aufgrund von restauratorischen Befunden zu großen Teilen rekonstruiert wurde, und führt in die beiden zentralen Säle, die in ihrer frappanten Größe an mehrere Umbauphasen erinnern, während die Räume des Umgangs teils vereinfacht, teils detaillierter die Gestaltung der Erbauungszeit repetieren und helles Seitenlicht empfangen. Das dritte Ausstellungsgeschoß, das

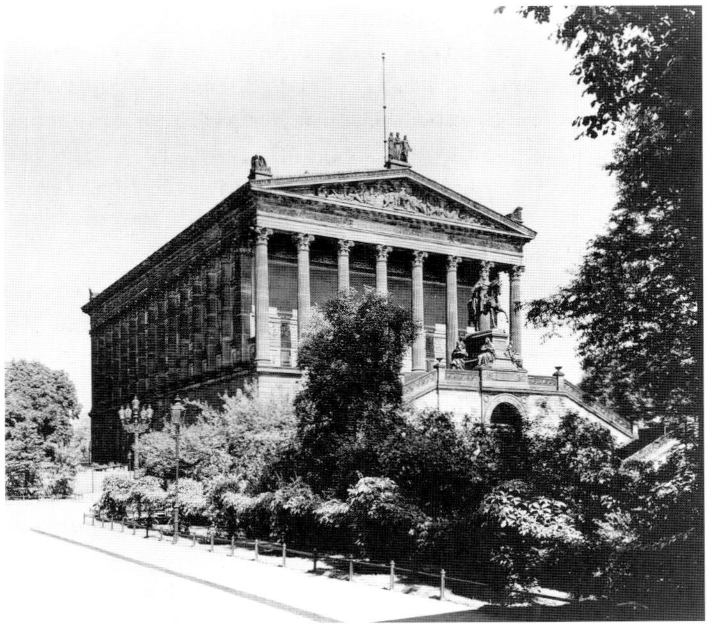

Alte Nationalgalerie, Außenansicht, um 1930

sich durch Oberlicht auszeichnet, gibt sich schließlich sachlicher und moderner, zumal durch den Zweiten Weltkrieg hier die Originalsubstanz nahezu restlos verlorenging.

In der Alten Nationalgalerie werden künftig Gemälde und Skulpturen aus der Zeit von der Französischen Revolution bis zum > **Ersten Weltkrieg**, also vom Zeitalter der Empfindsamkeit und vom frühen Klassizismus bis zum künstlerischen Sieg der Secessionisten und zum Aufkeimen des > **Expressionismus** gezeigt. *BM*

Archiv

Nachdem bereits 1830 und 1930 wiederholt Versuche gescheitert waren, ein Archiv auf der > **Museumsinsel** einzurichten, gelang es erst in der Wiederaufbauphase der Museen, Anfang der 1960er Jahre, eine zentrale Einrichtung zu schaffen, die sich der Sicherung des Archivgutes der Sammlungen der > **Staatlichen Museen zu Berlin** widmen konnte. Parallel zu diesen Bemühungen wurde 1962 auch für die > **Nationalgalerie** ein eigenes Archiv eingerichtet, das vorerst im Stammhaus untergebracht war. Hier befanden sich neben der alten Registratur vor allem jene Schriftgutbestände der Nationalgalerie, die, in verschiedenen Kellerräumen und Nebengelassen deponiert, die Zeit des > **Zweiten Weltkrieges** mit nur geringfügigen Verlusten überdauert hatten. Nach Wiedererrichtung des > **Alten Museums** bezog das Archiv der Nationalgalerie 1966 zwei Räume im Erdgeschoß des Hauses, die zugleich als Arbeits- wie auch als Benutzerraum eingerichtet wurden. Von dieser Zeit an wurde das Archiv unter der Leitung von Annegret Janda als Abteilung der Nationalgalerie geführt. Mit der Einrichtung eines zentralen, für alle Museen und Sammlungen zuständigen Archivs wurde 1987 neben dem Bauarchiv der Museen auch das Archiv der Nationalgalerie umgesetzt. Heute können an Werktagen die Archivbestände der Nationalgalerie im Zentralarchiv der Staatlichen Museen zu Berlin auf der Museumsinsel eingesehen werden.

Mit der Eröffnung des Büros der Nationalgalerie 1874 setzt die Überlieferung des Schriftgutes ein. Bis zur historischen Zäsur 1945 war ein Bestand mit 2064 Akteneinheiten erwachsen. Neben diesem Altbestand führt das Archiv auch das jüngere Schriftgut der Galerie ab 1945 und organisiert kontinuierlich Schriftgutübernahmen aus der > **Alten Nationalgalerie** wie der > **Neuen Nationalgalerie**. Dieser Bestand ist zur Zeit auf rund 1400 Einheiten angewachsen, so daß mit rund 3500 Akteneinheiten die Geschichte der Nationalgalerie in allen Phasen überliefert ist. Die erhaltenen Postjournale (1874–1949) und ein Index für die Jahre 1914–49 ermöglichen darüber hinaus den lückenlosen Zugang zu allen im Büro der Nationalgalerie registrierten Briefeingängen. Die Ordnung der Akten erfolgt nach Sachgruppen, die in sich chronologisch gegliedert sind. Überliefert sind 63 Aktenreihen, darunter Leihnahmen und Leihgaben, Bauangelegenheiten, Sonderausstellungen, Ankauf von Kunstwerken mit den Beratungen der > **Landeskunstkommission**, Angebote von Gemälden, Bildwerken und Handzeichnungen sowie die Versicherung fremder Kunstsachen, dabei die schriftlichen Überlieferungen zur Aktion > **»Entartete Kunst«**. Vorhanden sind weiter Schriftgutbestände über der Galerie zugedachte > **Schenkungen**, > **Vermächtnisse** und > **Stiftungen**, über die Aufstellung von Kunstwerken sowie Akten der Dependancen der Galerie wie der > **Bildnis-Sammlung** in der Schinkelschen > **Bauakademie**, der Sammlung der Moderne im ehemaligen > **Kronprinzen-Palais**, des > **Rauch-Museums** in der > **Orangerie** des Charlottenburger Schlosses und des > **Schinkel-Museums** mit der Sammlung Beuth im > **Prinzessinnen-Palais** Unter den Linden. Es gehören dazu die Akten zu Vereins- und Personalangelegenheiten bis hin zu der mit 680 Akteneinheiten umfangreichsten Sachgruppe, den Künstlerspezialakten (> **Künstler**). Ergänzt werden die historischen Bestände durch Schriftgut-Teilnachlässe des Baumeisters Karl Friedrich Schinkel, der Bildhauer Johann Gottfried Schadow und Christian Daniel Rauch, der Maler Anselm Feuerbach, Adolph Menzel und Heinrich Vogeler. Dazu gehört der mit Künstlern geführte Schriftwechsel des Sammlers und Gründers der Nationalgalerie, des Konsuls > **Joachim Heinrich Wilhelm Wagener**. Die Briefsammlung der Nationalgalerie, beginnend mit dem auslaufenden 18. Jahrhundert, und eine Fotosammlung mit historischen Gebäude- und Raumaufnahmen ab 1880 gewähren vielfältige Einblicke in die Geschichte der Nationalgalerie. Eine seit 1905 geführte Künstlerdokumentation mit zur Zeit fast 20000 Namen zur Kunst des 19. und 20. Jahrhunderts bereichert die Bestände des Archivs ebenso wie die Spezialsammlung zur Sammlung der Moderne im ehemaligen Kronprinzen-Palais und zur Aktion »Entartete Kunst«. Weiteres Schriftgut zur Frühgeschichte der Nationalgalerie, insbesondere zur Wagenerschen Gemäldesammlung, zur Gründung der Nationalgalerie, zu > **Erwerbungen** und Bauangelegenheiten befinden sich in den Archiven der Stiftung Archiv der Akademie der Künste und im Geheimen Staatsarchiv Preußischer Kulturbesitz. *JG*

Arnhold, Eduard (1849–1925)

Eduard Arnhold war eine der eindrucksvollsten Figuren aus der Glanzzeit der Privatsammlungen um 1900, zugleich ein Förderer aller Berliner Museen und namentlich der > **Nationalgalerie**. Der Großindustrielle, geboren 1849 in Dessau, war ein halbes Jahrhundert hindurch Inhaber der großen Kohlenhandlung Cäsar Wollheim, die vor allem die Kohle Oberschlesiens verarbeitete. Arnholds Wirkungskreis erstreckte sich auf unterschiedliche Unternehmen und Banken; 1913 wurde er schließlich Mitglied des Preußischen Herrenhauses. Sein mäzenatisches Interesse dehnte sich zwar bis in Wissenschaft und Technik aus – er unterstützte u.a. Zeppelin und Haeckel – doch im Zentrum standen die Künste. Er war Schatzmeister des Kunsthistorischen Instituts in Florenz, dessen Gründung er ebenso gefördert hatte wie die der Villa Massimo in Rom, und er finan-

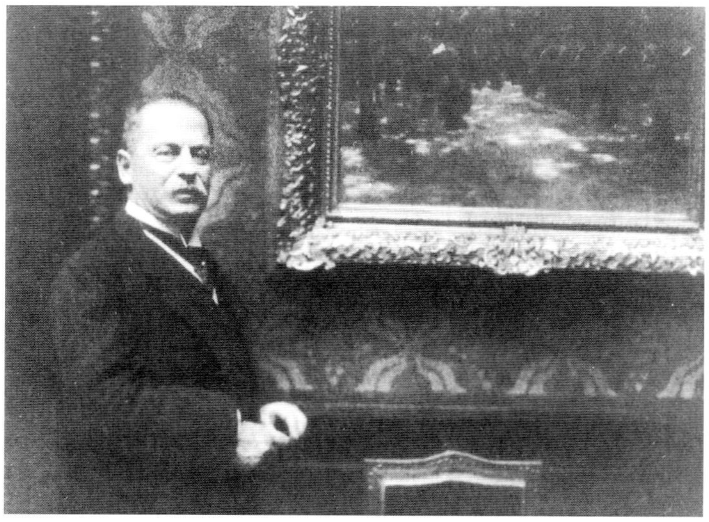

Eduard Arnhold vor Max Liebermanns »Altmännerhaus in Amsterdam« (1880)

zierte Grabungen und Ausstellungen: Durch ihn wurde die > **Jahrhundertausstellung** der Nationalgalerie 1906 finanziell gesichert. Seine Sammlung, die er zeitweise öffentlich zugänglich machte, nannte > **Hugo von Tschudi** »die künstlerisch wertvollste Privatsammlung moderner Kunst in Deutschland«. Sie konzentrierte sich auf zeitgenössische deutsche und französische Bilder, zählte aber auch vereinzelte Werke Alter Meister. Begonnen hatte er mit Werken der Düsseldorfer Schule, doch sein Interesse verlagerte sich bald auf Böcklin, Marées, Menzel, Klinger, Leibl, Liebermann und andere Secessions-Künstler (> **Berliner Secession**). Dem Kauf eines Monet-Bildes (im Jahr von Tschudis Amtsantritt und auf Empfehlung Tschudis) folgten weitere, so daß schließlich fast 20 Meisterwerke aller französischen Impressionisten zusammenkamen, darunter mehrere berühmte Bilder von Edouard Manet, so »L'Artiste« und »Le bon Bock«. Arnhold war jüdischer Herkunft; nach dem Tod seiner Witwe brachten die Erben die Bilder außer Reichweite der Nationalsozialisten, konnten sie aber nicht als Sammlung zusammenhalten. Arnhold unterstützte wichtige Ankäufe Tschudis und stiftete teilweise oder ganz Manets »Im Wintergarten« und »Landhaus in Rueil«, Paul Cézannes frühes »Stillleben mit Früchten und Geschirr«, Hans von Marées' Studien zu den Neapeler Fresken und Max Liebermanns »Landhaus in Hilversum«. Während andere Freunde Tschudis sich von dessen Nachfolger > **Ludwig Justi** zurückzogen, nahm Arnhold 1911 die Berufung in die > **Sachverständigenkommission** für die Ankäufe der Nationalgalerie an und zog sich erst 1920 zurück, als Justis Interesse für die Expressionisten immer deutlicher wurde. 1925 verstarb Eduard Arnhold in Neuhaus/Schliersee. *CK*

Arolsen, Bad

> Rauch-Museum

Aufsicht

Die interimistische Aufstellung der Sammlung > **Wagener** in der oberen Etage des Königlichen Akademiegebäudes Unter den Linden (am heutigen Standort der Staatsbibliothek) erforderte auch die Sicherung der ausgestellten Gemälde durch Aufsichtspersonal. Zu den ersten Aufsehern der »vaterländischen National-Galerie« zählten > **Künstler.** Auf Antrag der Akademie der Künste genehmigte der > **Kultusminister**, daß dem Porträtmaler Wilhelm Krüger und dem Landschaftsmaler Ferdinand Otto ab September 1864 die Beaufsichtigung der Wagenerschen Sammlung unter Oberaufsicht der Akademie der Künste bis auf weiteres übertragen wurde. Während der > **Öffnungszeiten** hatten die Aufseher ständig in den Sammlungsräumen anwesend zu sein, die Kunstwerke zu beaufsichtigen und den Besuchern Auskunft zu erteilen. Damit waren jene Aufgaben der Aufsichten definiert, die sich auch im Verlauf der Jahre grundsätzlich nicht verändern sollten. Im ersten Statut für das Königliche Museum aus dem

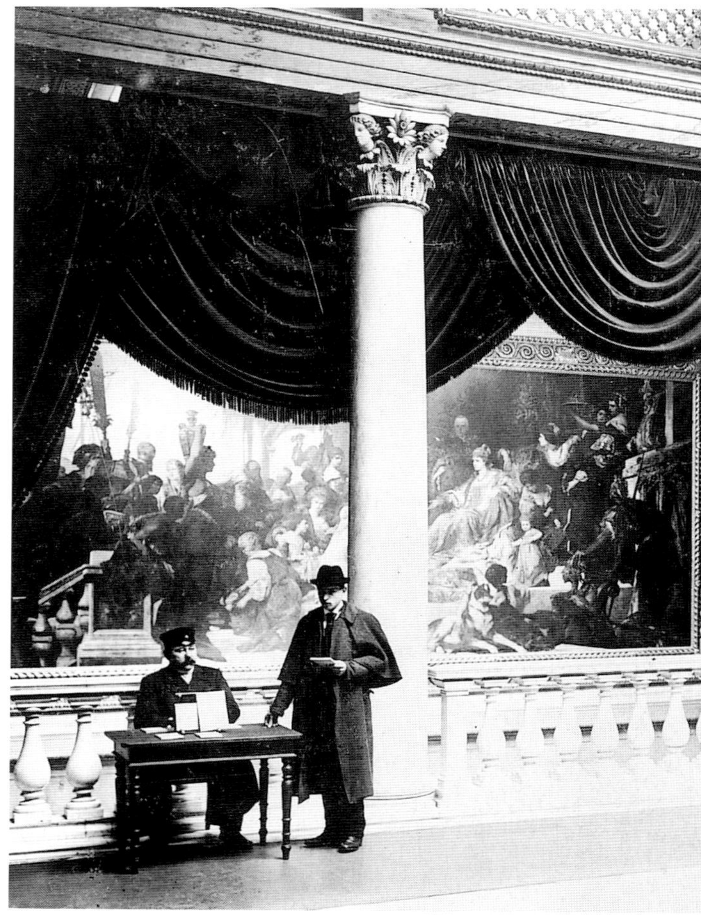

Aufsicht beim Katalogverkauf, Vorsaal des 3. Obergeschosses der Alten Nationalgalerie, um 1897

Jahr 1835 werden Galerie-Diener erster und zweiter Klasse als Beamte der Königlichen Museen genannt, zu deren Aufgaben neben dem Transport der Kunstwerke innerhalb des Gebäudes und deren Aufstellung in der Abteilung auch die Aufsicht über das Publikum oblag. Eine Dienstordnung legte frühzeitig die Aufgabenbereiche für Galerie-Diener fest, zu der auch das vorsichtige Reinigen und Abstauben der Kunstgegenstände gehörte. Mit dem Anstieg der Besucherzahlen im Verlauf des frühen 20. Jahrhunderts veränderten sich auch die Anforderungen an die Aufsichtsbeamten. Konnte Wilhelm Waetzoldt, Generaldirektor der Museen, aus dem Gutachten eines Sanitätsrates aus dem Jahr 1923 über die Museumsaufseher von »auf dem Rücken verschränkten Armen« und »einem geringen Kalorienbedarf« zitieren, wuchsen mit zunehmender Popularität der Museen auch die Anforderungen an die Museumsbeamten. Hatte ein Aufseher vor dem > **Ersten Weltkrieg** maximal zwei Schausäle zu beaufsichtigen, waren es um 1930 bereits sechs oder sieben Säle. Hinzu kam der Verkauf von Drucksachen an Informationsständen in den einzelnen Etagen der

Galerie. Ein bedeutender Prozentsatz der Beamten waren Kriegsversehrte, die in den Museen ihr Auskommen fanden. Erst nachdem ein Museumsaufseher fünf bis sechs Jahre anstrengenden Nachtdienst versehen und sich als zuverlässig gezeigt hatte, rückte er in den eigentlichen Aufsichtsdienst vor. Der direkte Vorgesetzte des Museumsaufsehers war der Oberaufseher, dem bis zu zehn Beamte unterstanden. Bei Oberaufsehern handelte es sich in der Regel um langgediente Museumsbeamte, die, außer einer zwölfjährigen Militärdienstzeit, nicht weniger als 25 Jahre im Museumsdienst absolviert hatten. Zu ihren Obliegenheiten gehörte auch die Regelung des Kopistenbetriebes sowie das Bereitstellen von Kunstgegenständen für die wissenschaftliche Arbeit. *JG*

Auftragswesen

Die Geschichte des Auftragswesens der > **Nationalgalerie** ist keine kontinuierliche. Aufträge wurden mit abnehmender Tendenz im 19. und dann erst wieder Mitte des 20. Jahrhunderts vergeben. Der Bankier > **Joachim Heinrich Wilhelm Wagener**, der Gründer der Nationalgalerie, hatte vielfach mit Aufträgen gearbeitet, und der erste Direktor > **Max Jordan** setzte diese Praxis fort. Maße und Gegenstand der beauftragten Werke orientierten sich dabei an bekannten Arbeiten: Franz von Defregger wurde 1876 gebeten, als Pendant zum »Letzten Aufgebot« in der österreichischen Galerie Wien einen »Heimkehrenden Landsturm« zu malen – ein Auftrag aus politischem Interesse. Arnold Böcklin erhielt 1878, nach mehreren gescheiterten Ankaufsversuchen, den Auftrag zu dem später von Jordan so betitelten Gemälde »Die Gefilde der Seligen«. Jordan hoffte, über die vorausgehenden Verhandlungen sowohl ein der Kunstkommission zusagendes Motiv zu finden, als auch auf die Bildgestaltung Einfluß zu nehmen. Die weitaus meisten Aufträge im 19. Jahrhundert aber betrafen Bildnisse; hier ging es deutlich um den Dargestellten, weniger um den ausgewählten Maler. 1880 entstand im Auftrag der Nationalgalerie der erste »Bismarck« von Franz von Lenbach (Kriegsverlust), dem so viele folgen sollten. 1881 malte Ludwig Knaus die Bildnisse von Helmholtz und von Mommsen. Ziel dieser Porträt-Aufträge war, in der Nationalgalerie eine Galerie von Bildnissen hervorragender Männer – insbesondere auch der Träger des Ordens pour le mérite - anzulegen. Ein großer Teil der in dieser Zeit entstandenen Porträts wurde ab 1913 in der > **Bildnis-Sammlung** in der Bauakademie, der ersten Dependance der Nationalgalerie, ausgestellt. Über direkte Aufträge hinaus konnte die Malerschaft im 19. Jahrhundert damit rechnen, daß die Museen auf den jährlichen Kunstausstellungen für ihren Bestand Bilder erwerben würden (> **Erwerbungen**). Der 1911 von dem Maler Carl Vinnen initiierte »Protest deutscher Künstler« gegen eine angebliche Bevorzugung und Überbezahlung französischer Kunst war somit ein Protest gegen die nochmalige Verschlechterung des Auftragswesens (> **Künstler**).

Im 20. Jahrhundert standen die Aufträge meist in Beziehung zur Architektur und Bestimmung der einzelnen Häuser der Nationalgalerie. So beauftragte > **Werner Haftmann**, der erste Direktor der > **Neuen Nationalgalerie**, 1969 den amerikanischen Maler Sam Francis mit einem großformatigen Gemälde für die Glashalle des eben eröffneten Baus von > **Mies van der Rohe**. Es entstand »Berlin Red«: Frei schwebend in der nach allen Seiten transparenten Halle aufgehängt, repräsentierte es mit seiner offenen Bildstruktur wenige Jahre nach dem Mauerbau die westliche Idee der Freiheit.

Anläßlich der Eröffnung des > **Hamburger Bahnhofs** als Museum für Gegenwart am 1. November 1996 beauftragte man den amerikanischen

Sam Francis, Berlin Red, 1969/79, Staatliche Museen zu Berlin, Nationalgalerie. Auftragswerk für die obere Halle der Neuen Nationalgalerie. Fotografie: Roman März, 2001

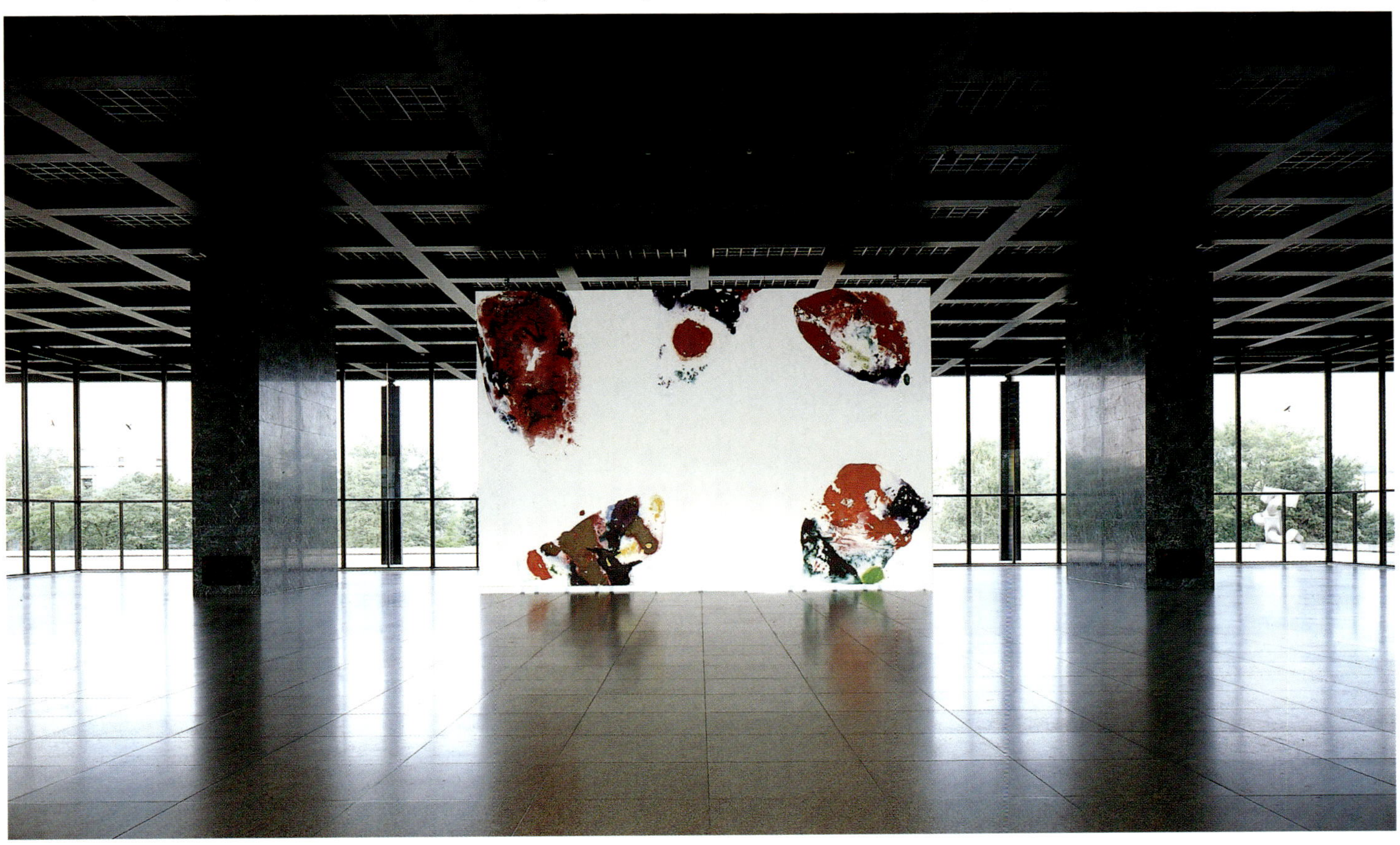

Lichtkünstler Dan Flavin mit einer architekturbezogenen Arbeit, die die Umwandlung des ehemaligen Bahnhofs in ein Museum für zeitgenössische Kunst schon von weitem sichtbar machen sollte. Flavin markierte die Fassade und die Übergänge zu den Ehrenhofflügeln mit blauen und grünen Leuchtstoffröhren. Ebenfalls zur Eröffnung malte Gerhard Merz das Treppenhaus in leuchtendem Rot aus und plazierte Fahnen auf den Türmen des Hamburger Bahnhofs. Für die Ausstellung »Das XX. Jahrhundert. Ein Jahrhundert Kunst in Deutschland« wurden 1999 Lothar Baumgarten und Nikolaus Lang mit der Gestaltung zweier Räume beauftragt. Baumgarten bedeckte die Wände der Rampenaufgänge des Hamburger Bahnhofs mit nichtssagenden Füll- und Übergangswörtern, in denen die Hilflosigkeit bei der Beschreibung der Welt am Ende des 20. Jahrhunderts zum Ausdruck kommt. Der > **Verein der Freunde der Nationalgalerie-Neu** entschloß sich bei der Begehung der so präzise auf die Situation und den Kontext des Hauses bezogenen Arbeit zum Ankauf. Nikolaus Lang, ein Künstler der »Spurensicherung«, schuf mit einem Fries aus Abdrücken von auf den Straßen Australiens überfahrenen Tieren ein modernes Memento mori. In Gegenreaktion auf die allgemeine Entpolitisierung der Gegenwartskunst kaufte der Hamburger Bahnhof diese gesellschaftskritische Arbeit an. *AW/EF*

Auslagerungen

Im Juni 1935 forderte das > **Kultusministerium** den Direktor der > **Nationalgalerie**, > **Eberhard Hanfstaengl**, auf, einen Maßnahmeplan für den Fall »einer kriegerischen Verwicklung« zu entwerfen. Daraufhin skizzierte Hanfstaengl grundsätzliche Sicherungsmaßnahmen, die insbesondere die Bergung der Kunstwerke vor Luftangriffen betrafen und durch die Frage einer Verteilung des Risikos bestimmt waren. Unter der Annahme, daß bei drohender Kriegsgefahr die Rettung aller Kunstobjekte unmöglich sei, orientierte sich Hanfstaengl auf den Abtransport »nur der allerwichtigsten Objekte«. Einerseits plante er die Verlegung des Kunstgutes an einen möglichst ungefährdeten Ort in der Umgebung Berlins, am sichersten auf dem Wasserwege, andererseits hielt er eine geschützte Unterbringung für eine beschränkte Anzahl von Objekten in unmittelbarer Nähe der Museen für möglich, wofür ein bombensicherer Unterstand hätte gebaut werden müssen. Ein derartiger »Kunstbunker«, den auch der Generaldirektor der Museen, Otto Kümmel, im Kultusministerium mehrmals angemahnt hatte, wurde jedoch nie errichtet.

Ausgelagerte Gemälde der Nationalgalerie und Kisten der Kunstbibliothek in der Saline Grasleben, August 1945, nach dem Brand.

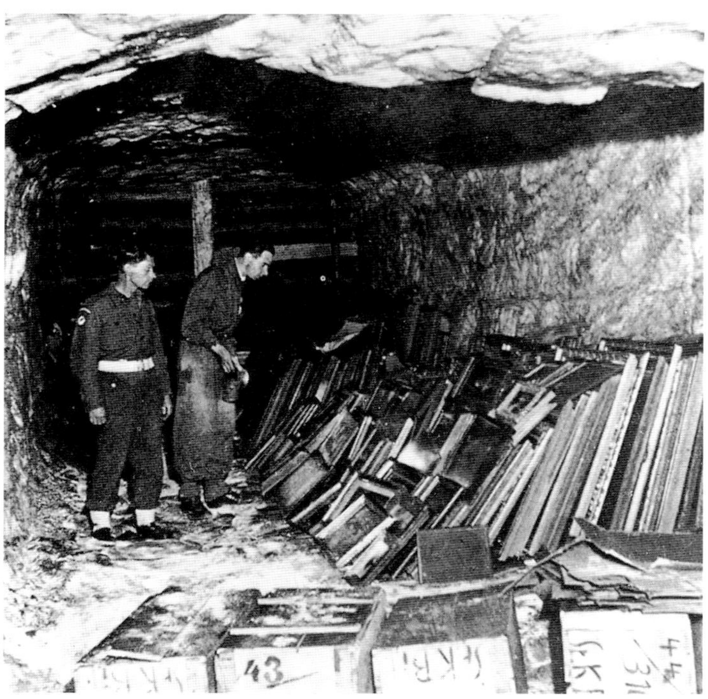

Mit Kriegsbeginn wurde die Nationalgalerie für die Öffentlichkeit geschlossen und die wertvollsten Kunstwerke in als sicher geltende Häuserkeller gebracht, wo sie vorerst verblieben. Mit der Intensivierung des Luftkrieges begann die Suche nach weiteren Bergungsmöglichkeiten. Im Januar 1941 wurden der Nationalgalerie im Neubau der Reichsbank vier getrennt liegende Gelasse in dem ersten und zweiten Tiefenkeller zugewiesen, in denen Gemälde, Bildwerke und Zeichnungen untergestellt wurden. Die zunehmende Häufigkeit der Luftangriffe und die Zuspitzung der politischen Lage veranlaßte eine Suche nach weiteren Bergungsmöglichkeiten. Nach Fertigstellung der Berliner > **Flaktürme** wurden die Kunstbestände der Museen dorthin umgelagert. Nach einem Bombentreffer in der Reichsbank im August 1944 und dem daraus resultierenden Wasserschaden wurden die Gemälde und Bildwerke des > **Schinkel-Museums** in den Flakturm am Zoo überführt. Die schweren Luftangriffe auf Berlin, die auch die Gebäude der > **Museumsinsel** stark beschädigt hatten, forcierten die Suche nach Bergungsstätten außerhalb der Stadt; bald wurde eine Verlagerung der Kunstschätze in die stillgelegten Salzbergwerke Mitteldeutschlands unumgänglich. Im März 1945 begannen Bergungsaktionen in die Kali-Bergwerke im Werragebiet. Von der Nationalgalerie gingen zwei Transporte mit 400 Gemälden ersten und zweiten Ranges aus dem Flakturm im Friedrichshain nach Merkers, wo sie am 17. April 1945 durch amerikanische Truppen geborgen und nach Wiesbaden verbracht wurden. Zur gleichen Zeit erfolgte ein Transport von 226 Gemälden der Nationalgalerie aus dem Flakturm am Zoo in das Bergwerk Grasleben im Harz. Hier sicherten englische Truppen die Kunstwerke und verbrachten sie in das Herzog Anton Ulrich-Museum nach Braunschweig. Die noch im Flakturm am Zoo befindlichen Gemälde sowie ein Teil der Handzeichnungen wurden im Sommer 1945 von russischen Truppen geborgen und nach dem Osten verbracht. Dazu gehörten auch 100 Gemälde aus dem Flakturm im Friedrichshain. *JG*

Barr Jr., Alfred Hamilton (1902–1981)

Der in Detroit geborene Kunsthistoriker und Museumsdirektor Alfred H. Barr schlug nach seinem Studium der Kunstgeschichte an der Princeton University zunächst eine akademische Laufbahn ein: Er arbeitete und lehrte an verschiedenen amerikanischen Universitäten, u.a. Harvard, Princeton oder dem Wellesley College. 1929 wurde er beauftragt, das Museum of Modern Art in New York zu gründen. Hier konnte Barr seine Vorstellung von einem ganzheitlichen Museum verwirklichen, welches nicht nur Malerei, Skulptur und Grafik, sondern auch Architektur, Design, Fotografie und Film des 20. Jahrhunderts präsentierte. Entscheidende Anregungen für dieses Museumskonzept erhielt Barr 1927 bei der Besichtigung des Bauhaus in Dessau. Während weiterer Reisen nach Europa, zumeist nach Deutschland und Italien, traf er u.a. auch > **Ludwig Justi**. Das von Justi geleitete > **Kronprinzen-Palais** als das erste europäische Museum für zeitgenössische Kunst war ebenfalls eine wichtige Inspirationsquelle für Barr, besonders hinsichtlich der Präsentation der Sammlung. Der Kontakt zwischen Justi und Barr wurde während der Amerika-Reisen Justis noch intensiviert; so konnte Alfred H. Barr 1930 als einziges nicht deutschsprachiges korrespondierendes Mitglied der Museumszeitschrift > **Museum der Gegenwart** gewonnen werden.

Die Eröffnungsausstellung des MoMA 1929 zeigte Werke von Paul Cézanne, Paul Gauguin, Georges Seurat und Vincent van Gogh. 1931 fand die erste umfassende Ausstellung deutscher Kunst des 20. Jahrhunderts statt, gefolgt von weiteren in den USA beispiellosen Ausstellungen, wie der ersten Retrospektive Edward Hoppers (1932), der Ausstellung »Cubism and Abstract Art« (1936) oder »Fantastic Art, Dada, Surrealism« (1936/37). Weiterhin konnte Barr einige der wichtigsten Werke der Klassischen Moderne, u. a. 1939 »Les Demoiselles d'Avignon« von Pablo Picasso, erwerben.

Um sich mehr seinen Forschungen widmen zu können, gab Barr 1943 seine Stellung als Direktor des MoMA auf, nahm jedoch weiterhin als wissenschaftlicher Leiter des Museums (1947–67) starken Einfluß auf Ankäufe und Ausstellungen. Zu den Publikationen Barrs gehören »What is modern Painting« (1943), »Picasso: Fifty Years of His Art« (1946) und »Matisse: His Art and His Public« (1951). Alfred H. Barr starb 1981 in Salisbury, Connecticut. *UK*

Bartke, Eberhard (1926–1990)

Von 1975 bis 1983 war Eberhard Bartke Direktor der > **Nationalgalerie** in Berlin (Ost), seit 1976 auch Generaldirektor der > **Staatlichen Museen zu Berlin**. Am 18. Februar 1926 als drittes von fünf Kindern des Dekorationsmalers Ernst Bartke und seiner Ehefrau Charlotte in Berlin geboren, kam er mit 18 Jahren – noch kurz vor Kriegsende – an die Ostfront. Nach nur

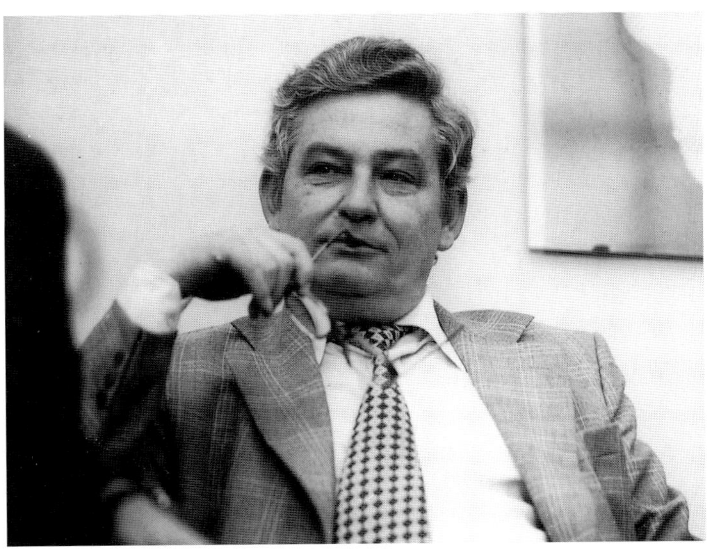

Eberhard Bartke

drei Wochen Fronteinsatz, bei dem er sein rechtes Bein verlor, und anschließender russischer Kriegsgefangenschaft studierte Eberhard Bartke 1946 an der Kunsthochschule Berlin-Weißensee zunächst Metallgestaltung, dann Kunstgeschichte und Kunsttheorie. Als SED-Kader wurde er zu einem vierjährigen Studium an die Akademie für Gesellschaftswissenschaften beim ZK der KPdSU in Moskau delegiert, wo er 1958 seine kunsthistorische Promotion in russischer Sprache abschloß. 1961 war er als Dozent am ZK-Institut tätig. Nach ideologischen Meinungsverschiedenheiten in kulturpolitischen Fragen folgten Parteistrafe und Entlasssung. Der nachmalige Kulturminister Hans Bentzien berief ihn dennoch 1962 zum wissenschaftlichen Mitarbeiter in der Abteilung Denkmalpflege. 1975 wurde Eberhard Bartke Direktor der Nationalgalerie, ein Jahr später Generaldirektor der Staatlichen Museen zu Berlin (Ost). Während seiner Amtszeit mußte Bartke den Spagat zwischen staatlich bestimmter kulturpolitischer Zielsetzung und machbaren, qualitätvollen Ausstellungen und Ankäufen vollziehen. Es gelang ihm jedoch, eine Vielzahl von Ausstellungen aus dem westlichen Ausland nach Berlin zu holen und umgekehrt auch wichtige Ausstellungen in das westliche Ausland zu vermitteln, wie die Schinkel-Ausstellung, die 1981 in Hamburg gezeigt wurde. Unter Bartkes Ägide fanden wichtige monographische Ausstellungen in der Nationalgalerie statt, u. a. zu Auguste Rodin (1979), Harald Metzkes (1977/78), »Revolution und Realismus« (1978/79), Wieland Förster (1980), »Der amerikanische Impressionismus« (1982) aus dem Smithsonian Institute, Washington D.C., und »Von Courbet bis Cézanne. Französische Malerei 1848–1886« (1982) der Réunion des Musées Nationaux in Frankreich zählen mit zu den bedeutendsten Ausstellungen dieser Zeit. Unter seinem Direktorat wurde zudem ein Teil der Sammlung > **Ludwig** 1977 nach Berlin (Ost) gebracht und bis zum Jahr 1991 im Alten Museum gezeigt. Nach einem schweren Herzinfarkt schied Eberhard Bartke im September 1983 aus seinem Doppelamt aus. Er starb am 17. November 1990 in Berlin-Müggelheim. *BS*

Bauakademie

Nachdem Karl Friedrich Schinkel 1830 Leiter der Oberbaudeputation geworden war und der Leiter des neu gegründeten Gewerbeinstituts, sein Freund Peter Christian Wilhelm Beuth, 1831 zum Direktor der Bauschule ernannt wurde, entstand der Plan für ein eigenes Gebäude der Allgemeinen Bauschule. Zwischen 1831 und 1836 errichtete man nach den Plänen des großen Architekten »die Bauakademie«. Das rote Backsteingebäude am (damaligen) Schinkelplatz 6 gegenüber der Schloßfreiheit stellt die letzte große Arbeit Schinkels dar. Hier konnte der Architekt Inhalte und Formen selbst bestimmen. Der würfelförmige Bau wurde Vorbild für nachfolgende Architekten. Nach Schinkels Tod verfügte > **Friedrich Wilhelm IV.** 1842 den Ankauf des gesamten Nachlasses – einschließlich der Sammlung der Gipsabgüsse antiker Bildwerke – auf Staatskosten und dessen Unterbringung in einem Teil der ehemaligen Dienstwohnung Schinkels im zweiten Obergeschoß der Bauakademie. Aus Behörden und Institutionen wurden Pläne in > **Schinkels-Museum** überführt. Das war die Geburtsstunde für das erste europäische Personalmuseum. 1853 wurde die wiederum vom Staat erworbene Kunstsammlung Beuths hinzugefügt. Der Name änderte sich in »Beuth-Schinkel-Museum«. Nach dem Tod von Schinkels Witwe, die lebenslanges Wohnrecht in der Bauakademie genoß, zog 1862 Direktor Friedrich Grund in die ehemalige Schinkelwohnung ein. 1873 wurde im Zuge von Umbaumaßnahmen das Museum ins Erdgeschoß verlagert. Ab 1884 stand das Haus leer, da die Sammlungen des Museums in die neugebaute Technische Hochschule nach Charlottenburg verbracht wurden. Von 1888 bis 1902 befand sich die Sammlung Königlicher Musikinstrumente in einem Raum im zweiten Obergeschoß. > **Ludwig Justi**, seit 1909 Direktor der > **Nationalgalerie**, setzte sich schon 1910 für eine Dependance-Nutzung des Hauses als Stätte einer Porträt-Galerie ein. 1913 wurde im Zuge der Neuordnung der an chronischer Raumnot leidenden Nationalgalerie ihre erste Nebenabteilung, die nationale > **Bildnis-Sammlung** (Gemälde, Grafik und Skulpturen) in neun Räumen des Mittelgeschosses der Bauakademie untergebracht. Überwiegend Porträts der

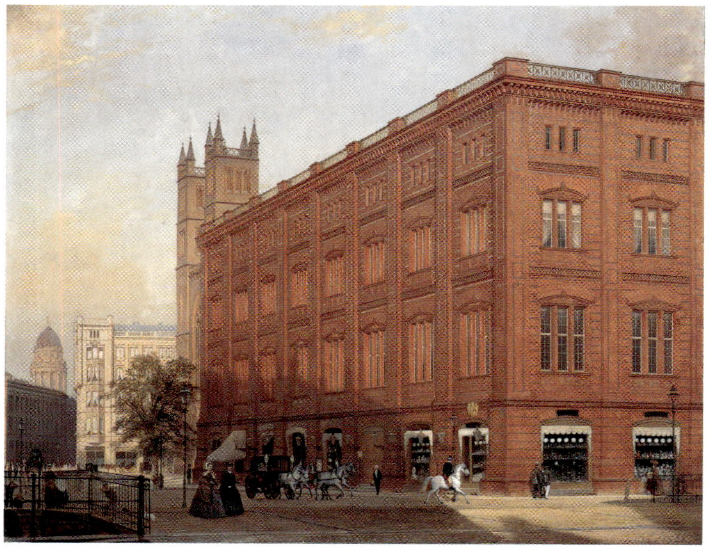

Eduard Gaertner, Die Bauakademie, 1868, Staatliche Museen zu Berlin, Nationalgalerie. Im Hintergrund die Türme der Friedrichswerderschen Kirche.

Hohenzollern, Feldherren, Wissenschaftler und Künstler waren dort bis zur Entlassung Justis durch die Nationalsozialisten zu sehen. > **Paul Ortwin Rave** bewirkte 1933 die Rückführung der Bestände des Beuth-Schinkel-Museums, diese konnten jedoch nicht mehr in der Bauakademie gezeigt werden. Der im > **Zweiten Weltkrieg** nicht gänzlich zerstörte Backsteinbau – seine Bausubstanz war noch gut erhalten – sollte nach ersten Plänen restauriert werden. Aus stadtplanerischen Gründen erfolgte jedoch 1961–62 der Abriß. Ein Wiederaufbau der Schinkelschen Bauakademie am alten Standort ist geplant. *BS*

Beleuchtung

Als 1876 die > **Alte Nationalgalerie** dem Publikum zugänglich gemacht wurde, verfügte das Gebäude über keinerlei künstliche Beleuchtung. Mit dem Verzicht auf Kunstlicht und der Beschränkung auf die Ausnutzung des Tageslichtes hatte man gleichzeitig den bekannten Risiken einer Gasbeleuchtung vorgebeugt. Die Technik der elektrischen Beleuchtung hingegen steckte damals noch in den Kinderschuhen. Unter diesen Umständen war es konsequent (wenngleich undemokratisch), daß das Museum nur von 10 bis 14 Uhr geöffnet wurde; dies sind die Stunden des günstigsten Lichteinfalls.

Gleichwohl barg das Gebäude mit den zahlreichen Räumen, in denen der eintretende Besucher vom Gegenlicht der Fensterfront geblendet wurde, und mit etlichen Sälen, in deren Raumtiefe das Tageslicht nicht hinreichend gelangte, erhebliche Probleme hinsichtlich der angemessenen Präsentation von Kunstwerken. So führten die unausgewogenen Lichtverhältnisse schon im frühen 20. Jahrhundert zur Umgestaltung der ersten Etage. Doch auch damals verzichtete man auf den Einbau elektrischer Beleuchtung. Diese wurde erst Mitte des 20. Jahrhunderts installiert, zunächst in Gestalt von Lichtkästen an den Decken und von Lampenreihen über den Staubdecken.

Modernere Museumsbauten wie die > **Neue Nationalgalerie** sind standardmäßig mit elektrischer Beleuchtung ausgestattet; Kunstlicht- oder Tageslichtdecken, Fluter, Spots, sogenannte Wallwasher und eine allgemeine Grundbeleuchtung lassen sich heute beliebig kombinieren. Ihr Einsatz folgt sowohl technischen als auch ästhetischen Aspekten, doch je mehr Wärmeeintrag durch Lampen (oder durch direkte Sonneneinstrahlung) in einem Gebäude zu verzeichnen ist, desto dringlicher wird eine systematische > **Klimatisierung**. So beeinflussen die herrschenden Erwartungshaltungen an die maximale Beleuchtung von Kunstwerken zwangsläufig die technische Ausstattung eines Museums.

Im 19. Jahrhundert nutzte man zur manuellen Regulierung der Lichtverhältnisse sowohl Sonnensegel unter- als auch oberhalb der Staubdecken; auch Vorhänge oder Rollos waren üblich. Für die Künstler, insbesondere für Bildhauer, war die Plazierung ihrer Werke im optimalen Licht ein entscheidender Faktor für deren Wirkung; zuweilen kämpften sie dafür, daß der Direktor ihre Skulpturen in Fensternähe, also in guter Beleuchtung aufstellen möge, um so die »Lesbarkeit« der plastischen Form zu sichern und der Störung durch Schlagschatten vorzubeugen. Doch auch die Lichtverhältnisse bei der Präsentation eines Gemäldes beeinflussen dessen Wahrnehmung: Wird das Bild zu hell beleuchtet, wirkt es undifferenziert wie ein Plakat und verliert seine Tiefe; wird es zu schwach beleuchtet, sind manche Details nicht hinreichend erkennbar, und zeigt der Firnis zu viele Lichtreflexe, so ist wiederum die Darstellung auf dem Gemälde nicht mehr richtig lesbar.

Das Lichtkonzept unterliegt – ebenso wie die farbige Gestaltung der Ausstellungswände – generell einem relativ raschen Geschmackswechsel

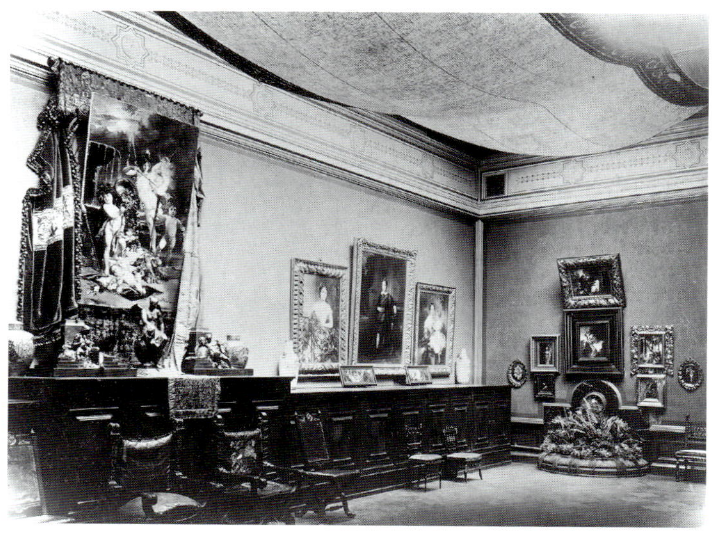

Blick in die Ausstellung »Gustav Richter« im 3. Obergeschoß der Alten Nationalgalerie, 1884

und der subjektiven Empfindung. Während manche Kunsthistoriker maximale Helligkeit oder schlaglichtartige Erhellungen einzelner Hauptwerke bevorzugen, wünschen andere wieder stimmungsvolleres Halbdunkel, tageszeitliche Lichtschwankungen gemäß dem jeweiligen Sonnenstand oder aber ein homogenes Grundlicht, dem sich das menschliche Auge anzupassen vermag. *BM*

Berggruen, Heinz (geboren 1914)

Heinz Berggruen wurde als Sohn einer Kaufmannsfamilie in Berlin geboren. Im Herbst 1932 begann er sein Studium der Literatur und Sprachen an der Berliner Universität Unter den Linden, das er, im Frühjahr 1933 unterbrochen, an den südfranzösischen Universitäten in Grenoble und Toulouse als Magister zum Abschluß brachte. 1935 nach Berlin zurückgekehrt, war er für kurze Zeit journalistisch für die »Frankfurter Zeitung«

tätig. Die Gewährung eines einjährigen Stipendiums an der Berkeley University nahm er zum Anlaß, 1936 in die USA zu emigrieren. Im weiteren folgte seiner Arbeit als Kunstkritiker für die Zeitung »San Francisco Chronicle« eine Tätigkeit als Mitarbeiter des San Francisco Museum of Art. 1940 erstand er in Chicago sein erstes Kunstwerk, ein Aquarell von Paul Klee. Mit der US-amerikanischen Armee kam er im > **Zweiten Weltkrieg** in Europa als Sergeant zum Einsatz. Nach 1945 wurde er zunächst Mitherausgeber der Kulturzeitschrift »Heute« in München und 1947 kurzzeitig amerikanischer Mitarbeiter der UNESCO in Paris. Ein Jahr später begann er in Paris als > **Kunsthändler**; die schon bald in der Rue de l'Université eröffnete Galerie führte er bis 1980 unter seinem Namen. Ab 1950 wurde er einer der bedeutendsten Kunsthändler von Pablo Picasso. Zu seinen hervorragenden Angeboten und Ausstellungen gehörten auch die zum Werk von Paul Klee, Henri Matisse, Georges Braque, Marc Chagall, Fernand Léger, Kurt Schwitters und anderen. Aus seiner Arbeit als Verleger sei die Herausgabe des zweibändigen Werkverzeichnisses von Juan Gris hervorgehoben. Für seine Verdienste um die moderne Kunst wurde er 1971 von Staatspräsident Georges Pompidou in die französische Ehrenlegion aufgenommen; 1986 wurde er zum Offizier und 2000 zum Commandeur der Ehrenlegion berufen.

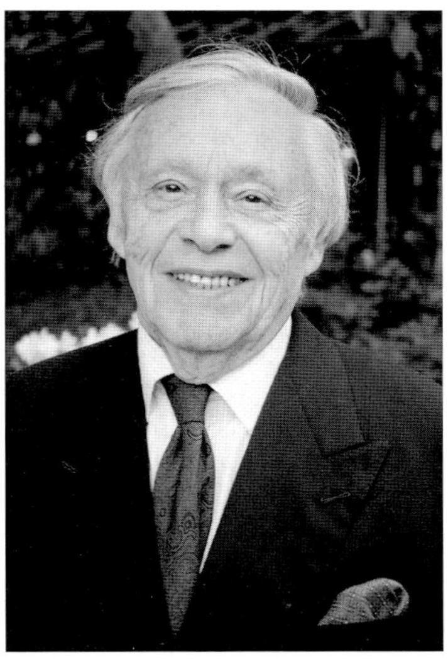

Heinz Berggruen
Fotografie: Mary-Ellen von Schacky-Schultz

Seit 1980 widmet sich Heinz Berggruen vornehmlich seiner in den 1950er Jahren begonnenen Sammlung klassischer europäischer Moderne. Zunächst ein breiteres Spektrum von Kunst abdeckend, konzentrierte er sich zunehmend auf die drei Werkgruppen von Pablo Picasso, Paul Klee und Henri Matisse, die schließlich nur noch durch einzelne Werke von Georges Braque, Henri Laurens, Alberto Giacometti und einige Objekte afrikanischer Stammeskunst ergänzt werden. Charakteristisch für seine Sammlung ist auch, daß sie fast nur Unikate (also kaum Druckgrafik) enthält. Berggruens erste Klee-Sammlung, die 90 Werke umfaßte, übereignete er 1984 dem Metropolitan Museum of Art in New York. Die Sammlung Berggruen war erstmals 1988 öffentlich im Musée d'art et d'histoire in Genf zu sehen. Danach stand sie von 1991 bis 1996 der National Gallery, London, zur Verfügung.

Seit September 1996 wird die Sammlung Berggruen – als eine zunächst auf zehn Jahre befristete Leihgabe – in einem eigenen Gebäude im westlichen Stüler-Bau in Charlottenburg im Rahmen der > **Staatlichen Museen zu Berlin** gezeigt. Die Sammlung bestand zum Zeitpunkt der Eröffnung aus 113 Werken, wobei 69 Arbeiten von Picasso und 27 Werke von Paul Klee die beiden tragenden Säulen der Sammlung bildeten. Im Verlauf der nächsten vier Jahre wurde sie von Heinz Berggruen um rund 60 Werke erweitert, so daß sie nun von Picasso 85, von Klee 51 und von Matisse 14 Werke umfaßt. Von der anhaltenden Besucher-Resonanz tief berührt, entschloß sich Heinz Berggruen, seine Sammlung der > **Stiftung Preußischer Kulturbesitz** zu übereignen. Am 21. Dezember 2000 wurde in Anwesenheit des Bundeskanzlers Gerhard Schröder und des Regierenden Bürgermeisters von Berlin Eberhard Diepgen der Vertrag unterzeichnet. Dabei mußten für Erbschaftsverpflichtungen von Heinz Berggruen staatlicherseits ein finanzieller Betrag, der jedoch weit unter dem Sammungswert lag, bereitgestellt und die bis dahin in der Sammlung vertretenen Werke von Paul Cézanne und Vincent van Gogh herausgenommen werden.

Berggruen wurde 1997 in Berlin mit der Ehrenprofessur und dem großen Verdienstkreuz des Verdienstordens der Bundesrepublik Deutschland ausgezeichnet. Die Bayerische Akademie der Schönen Künste ernannte ihn 1998 zu ihrem Ehrenmitglied. 1999 erhielt er den Nationalpreis der Deutschen Nationalstiftung. Und 2000 verlieh ihm die Hochschule der Künste Berlin den akademischen Grad eines Ehrendoktors. Seine Lebenserinnerungen wurden 1996 unter dem Titel »Hauptweg und Nebenwege« veröffentlicht. Bis in die jüngste Zeit hinein ist er immer wieder auch als Feuilletonist hervorgetreten. *HJF*

Berliner Secession

Nach dem Vorbild der Pariser und Münchner Secessionen bildeten sich auch in Berlin am Ende des 19. Jahrhunderts Abspaltungen von den etablierten Künstlerverbänden. Der Verein Berliner Künstler und die Kunstakademie vertraten als staats- und kaisernahe Institutionen die Interessen einer breiten Künstlerschaft und veranstalteten offizielle Ausstellungen. Erste Sezessionen davon entstanden bereits 1892 durch die »Gruppe der XI« und die »Freie Künstlervereinigung«. Sie waren die Vorläufer der Berliner Secession, die sich am 2. Mai 1898 gründete und zu deren Vorsitzendem Max Liebermann gewählt wurde. Im Vorstand der zunächst 65 Mitglieder zählenden Vereinigung waren Walter Leistikow, der wesentlich die Tätigkeiten der Secession vorantrieb, sowie der einflußreiche Kunsthändler > **Paul Cassirer** und sein Vetter Bruno, der jedoch nach Streitigkeiten 1901 zurücktrat. 1901 verstärkten die aus München nach Berlin übersiedelten Künstler Max Slevogt und Lovis Corinth die Bedeutung Berlins als Kunststadt und die Rolle der Secession beträchtlich.

Seit ihrer Gründung veranstaltete auch die Berliner Secession Ausstellungen als Gegengewicht zu den offiziellen Salons – sie gehörten bald zu den wichtigsten Kunstereignissen in Deutschland. Bereits 1899 wurde in einem eilends errichteten Ausstellungshaus in der Kantstraße die erste Jahresausstellung gezeigt; 1904 wurde ein neues Gebäude am Kurfürstendamm bezogen. Im Unterschied zu den offiziellen Ausstellungen strebte man nicht danach, eine große Anzahl von Bildern zu zeigen, sondern stellte wenige, ausgewählte Künstler vor; auschlaggebend sollten allein künstlerische Qualität und Individualität sein. Seit 1904 entstanden die Ausstellungen in enger Zusammenarbeit mit dem »Deutschen Künstlerbund«, zu dem sich die deutschen Secessionen 1903 in Weimar zusammengeschlossen hatten. Ausgestellt wurden überwiegend die bis dahin nur wenig anerkannten Werke der naturalistisch-impressionistischen Kunst aus Deutschland und dem Ausland (> **Impressionismus**), insbesondere Frankreich, später auch Bilder der Symbolisten, Postimpressionisten und Expressionisten (> **Expressionismus**). Entgegen der vom Kaiser geförder-

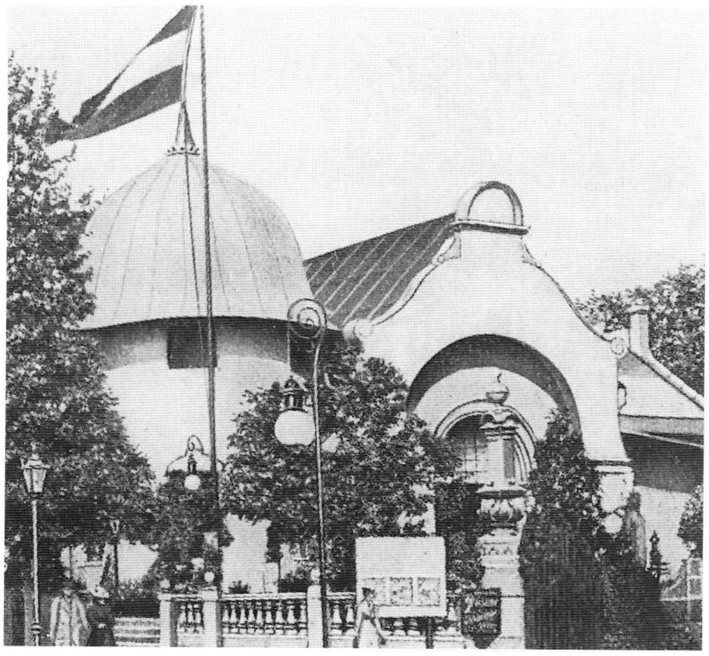

Erstes Gebäude der Berliner Secession am Kurfürstendamm

ten akademischen und nationalen Kunst vertrat die Secession eine kosmopolitische, autonome Kunstauffassung.

Damit deckten sich ihre Ziele mit denen des Direktors der > **Nationalgalerie** > **Hugo von Tschudi**. Persönliche Verbindungen zwischen Secession auf der einen und Nationalgalerie und Tschudi auf der anderen Seite knüpfte insbesondere Paul Cassirer, der als Kunsthändler auch für die Nationalgalerie bedeutsam war, sowie der mit Tschudi befreundete Max Liebermann. Bereits zu Beginn der Secession half Tschudi, Geld für den Bau des Ausstellungsgebäudes aufzutreiben. Er unterstützte die Secession sowohl ideell als auch durch Leihgaben, erwarb Bilder der Secessions-Künstler und zeigte wie die Secession – nationalistischen Anfeindungen zum Trotz – Werke der französischen Impressionisten. Eine besondere Verbindung zwischen der Nationalgalerie und der Secession stellt auch das Bild »Grunewaldsee« von Walter Leistikow dar, das einst Anlaß zur Gründung der Secession gegeben hatte. Der Rittergutsbesitzer Richard Israel erwarb das Bild sofort nach der Ablehnung und stiftete es der Nationalgalerie. Mit dem Weggang Tschudis nach München verlor die Berliner Secession einen wichtigen Verbündeten. Sein Nachfolger, > **Ludwig Justi**, stand in gespanntem Verhältnis zu der Künstlervereinigung, insbesondere zu Liebermann und Cassirer. Die Kunst der Secessions-Künstler unterstützte er dagegen durch Ankäufe und Ausstellungen.

Zur Krise innerhalb der Secession kam es, als 1910 Bilder von 27 jüngeren Künstlern abgelehnt wurden. Unter Max Pechsteins Führung verließen diese Künstler die Berliner Secession und gründeten die »Neue Secession«. Max Liebermann trat wenig später vom Vorsitz zurück, sein Nachfolger wurde Lovis Corinth. 1913 kam es zu einer abermaligen Abspaltung eines großen Teils der Mitglieder, die die »Freie Secession« gründeten. *RL*

Betthausen, Peter (geboren 1941)

Am 27. Juni 1941 wurde Peter Betthausen in Harzgerode (Harz) geboren. 1971 promovierte er an der Humboldt-Universität zu Berlin über »Hypothesen zu einer kunstwissenschaftlichen Stiltheorie« und habilitierte sich dort 1986 mit einer Arbeit über »Künstlergemeinschaften der deutschen Romantik«. Zwischen 1966 und 1986 lehrte Betthausen an den Universitäten in Leipzig und Berlin. Von 1974 bis 1986 war er Mitarbeiter am Institut für Ästhetik und Kunstwissenschaften der Akademie der Wissenschaften der DDR in Berlin. 1986 wurde er Direktor der > **Nationalgalerie** in Berlin (Ost). Während seiner Amtszeit bis Januar 1991 richtete die Nationalgalerie Ausstellungen zur Kunst des 19. und 20 Jahrhunderts aus, u.a. zu: »Kunst in Berlin 1648 bis 1987« (1987), »Wolfgang Mattheuer« (1988), »Mensch-Figur-Raum. Werke deutscher Bildhauer des 20. Jahrhunderts« (1988), »Wilhelm Lehmbruck« (1988), »Zeichnungen der Kopenhagener Schule des 18. und 19. Jahrhunderts« (1989), »Konturen-Werke seit 1949 geborener Künstler der DDR« (1989), »Werner Tübke« (1989) und »Bernhard Heisig« (1990; > **DDR-Kunst**). Als Direktor der Nationalgalerie war Betthausen zunehmend an der Förderung musealer Kontakte zwischen der DDR und dem europäischen Ausland interessiert. So wurden unter seiner Ägide zahlreiche Ausstellungen von Mitarbeitern der Nationalgalerie für andere Orte konzipiert und dort präsentiert, wie z. B. »The Romantic Spirit. German Drawings 1780-1850« in der Pierpont Morgan Library in New York (1988/89), »Von Caspar David Friedrich bis Adolph Menzel. Aquarelle und Zeichnungen der Romantik« im Kunstforum Wien (1990) sowie »Adolph Menzel 1815-1905. Master Drawings from East Berlin« (1990/91), eine > **Wanderausstellung**, die in verschiedenen Orten in der USA gezeigt wurde. Als Spezialist für Kunst des 19. Jahrhunderts publizierte Betthausen u.a. über Anton Graff (1973), Arnold Böcklin (1975), Philipp Otto Runge (1980), Karl Friedrich Schinkel (1983), die Präraffaeliten (1989) und über die Nationalgalerie auf der Museumsinsel (1990); er war Mitautor der »Europäischen Kunstgeschichte in Daten« (1984) und des »Metzler Kunsthistoriker Lexikons« (1999). Peter Betthausen lebt als freier Kunsthistoriker in Berlin. *BV*

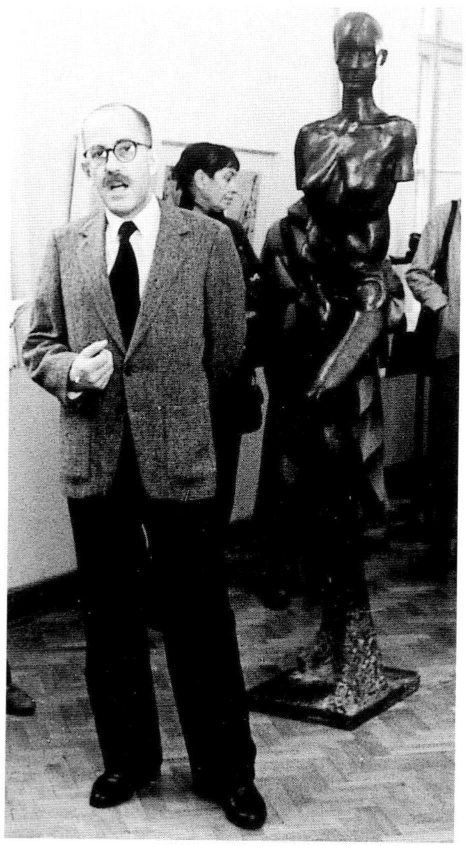

Peter Betthausen bei der Studioausstellung »Ideenplastik« im Alten Museum, 1988

Beuys, Joseph (1921–1986)

Der 1921 in Krefeld geborene und in Kleve am Niederrhein aufgewachsene Beuys war ganz und gar geprägt von der kulturellen und geologischen Eigenart dieser Landschaft nahe der niederländischen Grenze, auf die er sich wiederholt in seinem späteren Werk in einer, die rein autobiographische Absicht transzendierenden Weise bezog. Der hier heimische Katholizismus mit seinem Hang zur performativen Liturgie und öffentlichen Zurschaustellung des Glaubens beeindruckte den jungen Beuys ebenso wie die freiheitliche und gestaltende Denkweise der Klever Fürsten. Aber auch hier beheimatete Freigeister, wie der während der Französischen Revolution hingerichtete klevische Baron Anacharsis (Jean Baptist) Cloots, erregten sein Interesse.

Beuys meldete sich freiwillig zur Luftwaffe. Die unterschiedlichen Erfahrungen verschiedener Ausbildungsstätten, von Erfurt bis Italien, mündeten in direkte Kriegserfahrungen und schließlich in den traumatischen Absturz seines Kampfflugzeuges auf der Krim. Nach dem Krieg entschied sich Beuys zunächst, einen seinen noch während des Krieges begonnenen naturwissenschaftlichen Studien entsprechenden Beruf zu ergreifen, ehe er beschloß, an der Kunstakademie Düsseldorf bei Joseph Enselin und schließlich bei Ewald Mataré Bildhauerei zu studieren. Private Konflikte, gepaart mit dem Bewußtwerden des Ausmaßes der unmittelbaren deutschen Vergangenheit, führten Beuys in eine tiefe seelische Krise und eine absolute, selbstgewählte Isolation, aus der er wie durch ein Initiationserlebnis gestärkt hervorging. Im Anschluß an diese selbstauferlegte Prüfung begann er, seine von genialischen Ideen und von nicht gekannter Radikalität gekennzeichnete Biographie bewußt zu gestalten. Beuys fühlte sich als Fortsetzer einer von unterschiedlichen Personen betriebenen geistigen Erneuerung, allen voran des genialen Geistesarbeiters Rudolf Steiner, der ihm in einem Tagtraum den Staffelstab überreichte. In Zusammenarbeit mit international agierenden Fluxus-Künstlern, an deren Veranstaltungen Beuys mit geheimnisvollen, hermetisch geschlossenen, sich offenbar auf christliche Metaphorik beziehenden Aktionen teilnahm, gelang ihm eine vielbeachtete Veröffentlichung seiner auf die Kunst bezogenen Erweiterungsgedanken. Beuys kritisierte den antibürgerlichen, nur destruktiven Gestus der Fluxus-Künstler und forderte dazu auf, den Kunstbegriff durch radikale Erweiterung zu verschärfen. 1964 beschloß Beuys anläßlich einer Fluxus-Aktion in Aachen, seine Biographie als Werklauf zu verfassen, also keinen Unterschied zwischen dem Menschen und dem Künstler Beuys zuzulassen, was nichts weniger bedeutete, als die eigene Biographie öffentlich als exemplarischen Versuch einer über die Kunst erlangten Selbstbefreiung zu leben. Beuys versuchte zunächst, in seiner Eigenschaft als Akademielehrer an der Düsseldorfer Kunstakademie, seinen Studenten die Ideen des erweiterten Kunstbegriffes und seiner plastischen Theorie zu vermitteln. Schließlich scheiterte er an der Überschreitung des für ihn absurden Numerus clausus und wurde von dem damaligen zuständigen Minister Johannes Rau aus dem Lehrdienst entlassen. Beuys entwickelte wegweisende Werkgruppen und Initiativen, war Teilnehmer zahlreicher Ausstellungen und trat in Kassel seit der documenta III mit seinem erweiterten Werkbegriff bis hin zu der sozial und ökologisch ausgerichteten Skulptur »7000 Eichen« auf der documenta 7 in Erscheinung. Gemäß seiner Vorstellung von der Gesellschaft als sozialer Plastik war Beuys Gründer einer Freien Internationalen Universität (F.I.U.) und Mitbegründer der Bewegung der Grünen. Die > **Nationalgalerie** erwarb 1977 seine Raumarbeit »Richtkräfte«, die er im unteren Foyer, ausgerichtet auf die Ost-West-Achse, als ein Störelement, eine bereits über das Museum hinausweisende Skulptur aufbaute. Nach dem Aufbau diskutierte Beuys etwa drei Stunden mit dem Publikum über seine von der Kunst aus entwickelten Gesellschaftsideen. Beuys starb am 23. Januar 1986, wenige Tage nach der Verleihung des Lehmbruck-Preises. *EB*

Beuys-Medien-Archiv

> **Joseph-Beuys-Medien-Archiv**

Bibliotheken

Eine Bibliothek zu eigenen Forschungszwecken wurde mit dem ersten Kunsthistoriker als Direktor, > **Max Jordan**, ab 1874 aufgebaut. Sie entwickelte sich zur größten Spezialbibliothek des 19. Jahrhunderts. Nach 1918, unter > **Ludwig Justi**, fand die Bibliothek einen neuen Standort im > **Kronprinzen-Palais**. Aufgrund der Zerstörung des Gebäudes 1940 wurden die Bestände zwar in den Kellerräumen der > **Bauakademie** geschützt; durch einen Bombentreffer 1945 nahmen einige Bücher allerdings auch dort Schaden oder wurden vernichtet; insgesamt waren > **Kriegsverluste** und -schäden jedoch gering. Nach dem Krieg wurde der Bestand der > **Alten Nationalgalerie** mit von der Zentralbibliothek der Staatlichen Museen zu Berlin (Ost) verwaltet. In Mies van der Rohes Bau der > **Neuen Nationalgalerie** in Berlin (West) entstand eine neue Bibliothek für die Kunst des 19. und 20. Jahrhunderts. Mit der > **Wiedervereinigung** wurden die Bibliotheksbestände zusammengeführt und auf die inhaltlichen Gebiete der Häuser verteilt. Die Bibliothek des > **Hamburger Bahnhofs** entwickelte sich aus den Beständen der Neuen Nationalgalerie. Die größte der drei Bibliotheken ist die des Stammhauses, der Alten Nationalgalerie, die in ihrem Bestand die besonderen Interessen der Mitarbeiter über die Zeiten spiegelt. So entstand um 1900 eine Sammlung von Schriften zur japanischen Kunst und Kultur. Stark vertreten sind theoretische Schriften, und auch die Kunst- und Kulturkämpfe des frühen 20. Jahrhunderts sind anhand der Schriften der einstigen Gegner gut nachvollziehbar. Alle drei Bibliotheken, die vornehmlich von Kustoden betreut werden, unterstehen heute der Kunstbibliothek der Staatlichen Museen zu Berlin. Als Handbibliotheken sind sie vor allem für die Mitarbeiter bestimmt, können nach Anmeldung jedoch auch von Besuchern genutzt werden. *RL*

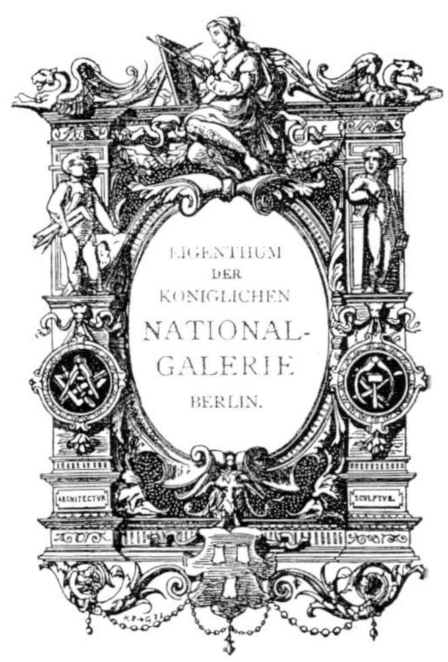

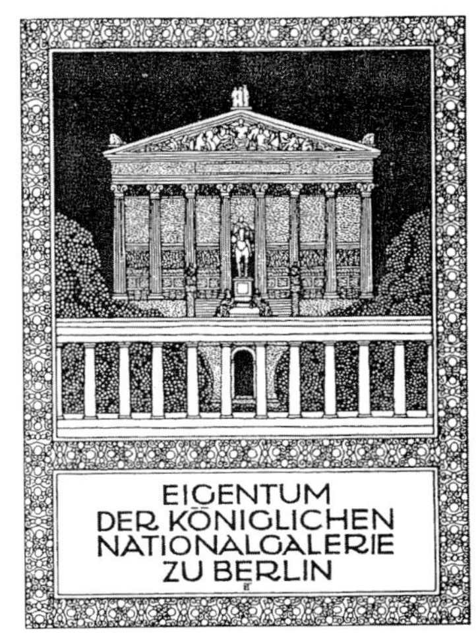

Exlibris der Königlichen Nationalgalerie, vor 1910 (links) und nach 1910 (rechts)

Bildnis-Sammlung

Am 21. März 1910 legte > **Ludwig Justi** dem > **Kultusministerium** eine Denkschrift unter dem Titel »Die Zukunft der National-Galerie« vor, deren zentrales Anliegen die Beseitigung der Raumnot der Galerie durch grundlegende Umstrukturierung der Sammlungsbestände war. Neben der Abgabe einiger Historiengemälde an das Zeughaus schlug Justi u. a. auch die Bildung einer eigenen Porträt-Sammlung vor. Unter Wiederaufnahme der alten Streitfrage, ob die > **Nationalgalerie** eine Sammlung »vaterländischer« Geschichte oder vielmehr ein Kunstmuseum sein sollte, plädierte Justi dafür, die Werke ihres Kunstwertes und nicht ihres geschichtlichen Inhaltes wegen auszustellen. Damit war der Weg frei für das Herauslösen von Bildnissen aus der Schausammlung des Hauses. Als Ausstellungsort für die geplante Bildnis-Sammlung favorisierte Justi das dreigeschossige Gebäude der alten > **Bauakademie**. Deutschlands Staats- und Geistesgeschichte wollte Justi in den Bereichen Politik, Kriegswesen, Wissenschaft und Kultur bildlich dargestellt wissen. Dafür setzte er die Sammlung auf ungefähr 1200 Bildnisdarstellungen an, mußte jedoch seine Pläne entscheidend zurücknehmen, da er zu seiner Enttäuschung nicht das erhoffte gesamte Gebäude, sondern nur die Räume im Mittelgeschoß zur Nutzung erhielt.

Die Ausstellung selbst stellte der langjährige Mitarbeiter der Nationalgalerie, > **Hans Mackowsky**, zusammen. Sie wurde zum Regierungsjubiläum > **Wilhelms II.** am 11. Juni 1913 in dessen Anwesenheit eröffnet.

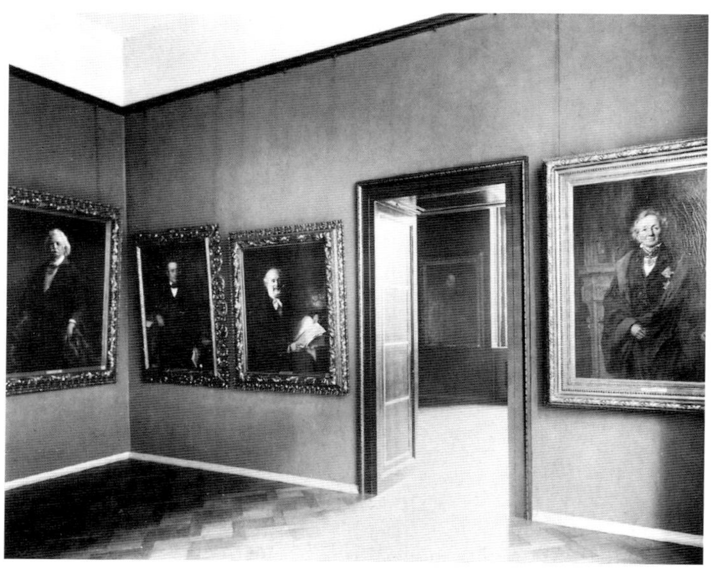

Bildnis-Sammlung in der Bauakademie, Raumansicht, um 1913

Der Kaiser, als einziger Lebender mit einem Bildnis vertreten, galt gewissermaßen als Schirmherr dieser ersten Nebenabteilung der Nationalgalerie. Die Sammlung umfaßte insgesamt neun Ausstellungsräume im ersten Obergeschoß der Bauakademie auf der nordöstlichen, dem Schloß zugewandten Seite. Die Auswahl erstreckte sich vorwiegend auf das deutsche Kulturgebiet. Dabei nahmen Persönlichkeiten des Berliner Lebens – ein Ergebnis der praktizierten Ankaufspolitik der vorangegangenen 30 Jahre – eine bevorzugte Stellung ein. Obwohl auch immer versucht worden war, die Bildnisse günstig zueinander zu stellen und eine geschlossene Gesamtwirkung innerhalb der Räume zu erhalten, erfolgte die Anordnung vorwiegend nach außerkünstlerischen Aspekten, nach der »Zeit« oder nach der »Art des Ruhmes«. Den »Ruhmesreigen« eröffnete das überlebensgroße Standbild Friedrichs II. aus strahlendem, hell bronziertem Gips von Johann Gottfried Schadow. Der folgende achteckige Raum, mit einer nach einem Schinkelschen Entwurf nachgestalteten Decke versehen, war als eine Art Ehrentempel dem preußischen Königshaus gewidmet. An der einzigen Präsentationsfläche hing zentral das Bildnis Wilhelms II. von Max Koner, umgeben von den Marmorbüsten seiner Großeltern, der Kaiserin Augusta und Wilhelm I. Der nächste, wesentlich schlichter gehaltene Raum war den Mitgliedern der Akademie der Wissenschaften vorbehalten; neben den Physikern Helmholtz und Weber waren hier auch die Historiker Mommsen, Droysen und Ranke sowie der Archäologe Curtius und der Ägyptologe Lepsius vertreten. Der folgende, etwas größere und reich ausgestattete Saal war ein langgestreckter Eckraum mit Ausblick nach Nordosten auf die Schloßfreiheit, der die Bildnisse der Generale und Feldmarschälle der Kriege von 1866 und 1870/71 präsentierte. Von den 13 hier ausgestellten Werken entstanden allein elf als Auftragswerke (> **Auftragswesen**), was selbst wohlmeinende zeitgenössische Kritiker zu der Feststellung veranlaßte, daß dies »ihrer künstlerischen Ausführung nicht zugute gekommen« sei.

Der verbleibende, größere Teil der Sammlung – mit Schwerpunkt auf der Bildniskunst des bürgerlichen 19. Jahrhunderts – folgte dann mehr musealen und künstlerischen Aspekten. Der durch die Aufstellung von weißen Büsten und Zeichnungen vor blauem Grund hervorstechende vierte Raum zeigte vorwiegend Bildnisse von Dichtern, Gelehrten, Diplomaten und Technikern. Die folgenden zwei Räume waren vollständig dem Thema des Künstlerbildnisses vorbehalten: Raum fünf vereinigte Künstler aus der zweiten Hälfte des 19. Jahrhunderts, darunter die Maler Adolph Menzel, Ludwig Knaus und Ludwig Richter sowie die Sängerin Jenny Lind und den Dichter Ferdinand Freiligrath. Es schloß sich mit 25 meist kleinformatigen grafischen Arbeiten der Raum mit Künstlerbildnissen der »Romantischen Zeit« des frühen 19. Jahrhunderts an. Dazu gehörten ein Bildnis des Malers Carl Blechen, eine Büste des Direktors der Berliner Singakademie, Karl Friedrich Zelter, sowie die gezeichneten Porträts von Franz Liszt und Clara Schumann. Ihren Höhepunkt erreichte die Bildnis-Sammlung in dem großen, quadratischen Saal am Ende der Raumflucht, der, als das »Zeitalter Goethes« überschrieben, mit 31 Kunstwerken die Jahre 1770 bis 1850 umriß. Die durch eine Säule akzentuierte Mitte beherrschte das idealisiert-jugendliche Bildnis Goethes von Martin Klauer. Der abschließende Eckraum war den Persönlichkeiten der älteren Geschichte von der Reformation über die Zeit des Dreißigjährigen Krieges bis in das Zeitalter der Aufklärung gewidmet. Diese Galerie mit ihren insgesamt 145 Bildnissen sah > **Ludwig Justi** durchaus als einen Ort, der dem »empfänglichen Besucher gewiß eine wertvolle Stunde bereiten« wird. Aber angesichts des ursprünglich auf mehr als 1000 Stücke angelegten Projektes mußte sie unvollständig und mehr zufällig bleiben.

Es folgte eine den Zeitläuften entsprechende Um- und Neugestaltung der Bildnis-Sammlung, beeinflußt vom verlorenen > **Ersten Weltkrieg**, der Revolution und der Errichtung der Weimarer Republik. Die Bildnisse der Hohenzollern und die seinerzeit im Staatsauftrag hergestellten Generalsbildnisse wurden bis auf wenige Ausnahmen aus der Galerie entfernt und deponiert. Verstärkt wurden nun den Ausstellungsräumen einzelne Kulturgebiete zugeordnet, indem zum Beispiel Vertreter der Wissenschaft, der Dichtung und der Kunst je einen Saal erhielten. Nach einer längeren Phase der Neuordnung wurde die Bildnis-Sammlung am 29. Juni 1929 der Öffentlichkeit übergeben. Nach diesem erneuten Auftakt verblieb der Sammlung nicht mehr viel Zeit, denn auch die Ereignisse des Jahres 1933 beeinträchtigten die Bildnis-Sammlung erheblich. Nach Absetzung Ludwig Justis übernahm > **Alois Schardt** kurzfristig die Leitung der Nationalgalerie. Er ließ die Bildnis-Sammlung abbauen, da er die Räume für die Aufnahme der Bestände des > **Schinkel-Museums** benötigte. Auch unter der Leitung von > **Eberhard Hanfstaengl** blieb die Bildnis-Sammlung geschlossen. Nur eine anläßlich der Olympischen Spiele 1936 in Berlin veranstaltete Ausstellung »Große Deutsche in Bildnissen ihrer Zeit« ließ noch einmal den Gedanken an die alte Bildnis-Galerie aufkommen. Gemeinsam mit anderen Sammlungen der Berliner Museen präsentierte die Nationalgalerie im ehemaligen > **Kronprinzen-Palais** Bildnisse aus vergangenen Epochen. Aber auch diese Ausstellung erfuhr keine Weiterführung. Es gelang nicht, die Diskussion über eine mögliche Wiederaufnahme der alten Bildnis-Sammlung zu forcieren. Zuletzt plante die Nationalgalerie 1937 - aus Anlaß der 700-Jahrfeier der Stadt Berlin - die Bildnis-Sammlung im ehemaligen Kronprinzen-Palais wieder als Dauerausstellung zu eröffnen. Am 22. September 1937 erstattet > **Paul Ortwin Rave** dem Kultusminister Bericht, daß die Ausstellung »vollkommen fertig zur Eröffnung aufgebaut« sei. Als sie dennoch auf Weisung des Ministers nicht eröffnet wird, scheitert somit ein letzter Versuch zur Wiederbelebung der Bildnis-Sammlung und zum Erhalt des ehemaligen Kronprinzen-Palais für die Museen. *JG*

Bolz, Lothar (1903–1986)

Seit 1929 Mitglied der KPD, war er bis 1933 als Rechtsanwalt in Breslau tätig. Bei Machtergreifung durch die deutschen Nationalsozialisten aus der Anwaltskammer ausgeschlossen, emigrierte er 1935 in die Sowjetunion. Hier war er wissenschaftlich tätig. 1943 wurde er Mitbegründer des »Nationalkomitee Freies Deutschland«. Bolz kehrte 1948 nach Deutschland - in dessen östliche Besatzungszone - zurück. Noch im gleichen Jahr wurde er hier Mitbegründer und dann langjähriger Vorsitzender der National-Demokratischen Partei Deutschlands. In der Regierung der 1949 entstandenen DDR übernahm er bis 1967 hochrangige Ministerämter (u.a. 1953-65 Außenminister).

Als Kunstsammler wahrte Lothar Bolz zeit seines Lebens die Anonymität. Die Konturen seiner Privatsammlung zeichneten sich erst nach und nach durch Ausstellungen einzelner Sammlungskomplexe ab, bei denen als Herkunft immer nur angegeben wurde: »aus einer Berliner Privatsammlung«. Das Hauptkonvolut seiner Sammlung, für das er während der Emigration das Fundament gelegt hatte und das letztlich über 17000 Blatt russischer Druckgrafik des 19. und 20. Jahrhunderts umfaßte, wurde erstmals 1965 in einer Auswahl des Dresdner Kupferstich-Kabinetts gezeigt und von einem handbuchartigen Katalog begleitet; 1967 gelangte die Ausstellung in erweiterter Fassung auch nach Berlin (Ost). Ein Jahrzehnt später, 1977/78, wurde dort erneut eine Auswahl mit Werken von 130 russischen und sowjetischen Künstlern präsentiert, nachdem sie zuvor in der Kunsthalle Nürnberg gezeigt worden war. Schließlich erfolgte 1983 die Schenkung des gesamten Hauptkonvoluts russischer Druckgrafik an das Kupferstichkabinett der > **Staatlichen Museen zu Berlin** (Ost). Ein zweiter Sammlungsbereich wurde 1978 durch eine Ausstellung von rund 150 russischen Ikonen des 17., 18. und 19. Jahrhunderts in der Frühchristlich-Byzantinischen Sammlung der Berliner Museen bekannt. Und anläßlich des 80. Geburtstages des Sammlers 1983 gab die Ausstellung »Mit Feder, Stift und Pinsel auf Papier« im Berliner Kupferstichkabinett auch einen Einblick in eine seit 1956 unter gesamteuropäischem Aspekt entstandene Sammlung von 800 > **Zeichnungen**, Aquarellen und Pastellen des 19. und 20. Jahrhunderts.

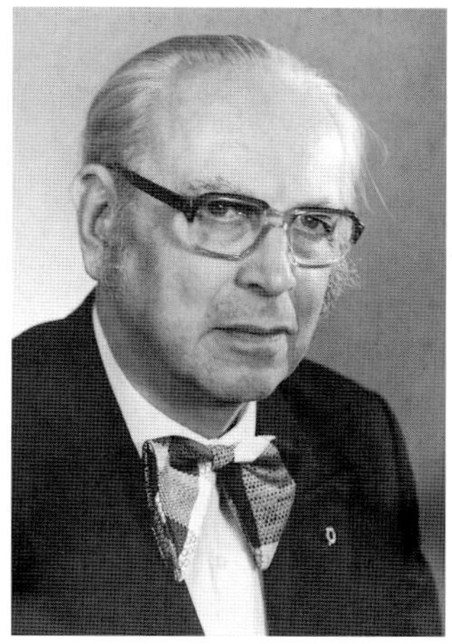

Lothar Bolz, 1974

Nicht zuletzt die > **Nationalgalerie** konnte seit 1979 durch die unbefristete Leihgabe von rund 50 ausgewählten Gemälden und sieben Skulpturen osteuropäischer Künstler des 20. Jahrhunderts ein reichliches Jahrzehnt lang einen im eigenen Bestand kaum vertretenen Sammlungsbereich präsent machen. In den Kabinetten des Apsiskranzes im Hauptgeschoß des Stammhauses ausgestellt, bildeten dabei die russischen Künstler den Schwerpunkt, wobei Vertreter der frühen russischen Avantgarde ebenso gezeigt wurden wie zeitgenössische Werke »offizieller« wie auch »inoffizieller« Künstler. *HJP*

Brauner, Lothar (1932–2001)

Lothar Brauner war einer der langjährigen Kustoden der > **Alten Nationalgalerie**. Am 8. Januar 1932 in Luckau geboren und an der Berliner Humboldt-Universität bei Richard Hamann ausgebildet, war er zuerst in der Ausstellungsabteilung der Akademie der Künste unter deren Präsidenten Otto Nagel tätig, seit 1960 aber und bis 1997 an der (Alten) Nationalgalerie auf der > **Museumsinsel**, an deren Neugestaltung er mitarbeitete - unter Einschluß der 1958 aus der UdSSR zurückgekehrten Werke. Er stellte 1961 die neuen > **Erwerbungen** seit 1945 aus, war an Ausstel-

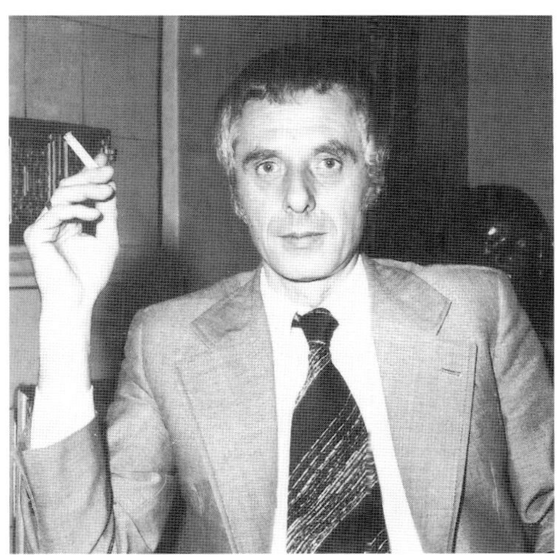

Lothar Brauner, um 1980

lungen wie »Anton Graff« (1963) und »Johann Gottfried Schadow« (1964) ebenso beteiligt wie an > **Vera-Maria Ruthenbergs** programmatischer Ausstellung »Von Delacroix bis Picasso« (1965), zu der Sammlungen mehrerer Länder beitrugen. Daneben prägten seine Tätigkeit zunächst sowohl

Ausstellungen der älteren, damals in der DDR lebenden > **Künstler** (Gustav Seitz, Waldemar Grzimek, Otto Herbig, Otto Niemeyer-Holstein) wie die Recherchen über > **Kriegsverluste** der > **Nationalgalerie** und Fragen der Restitution von »herrenlosen« Werken aus Privatbesitz, die lange vor 1989 eingeleitet wurde, und die erfolgreiche Bemühung, Kunstwerke vor dem Zugriff der »Kunst und Antiquitäten Import und Export GmbH« zu retten. Leitmotiv seiner Arbeit jedoch war die »reine Malerei«. Die Beschäftigung mit dem Werk Carl Blechens mündete in einer vielbeachteten Ausstellung (1973) und befruchtete 1990 noch die große Blechen-Ausstellung der > **Neuen Nationalgalerie.** Sein forscherisches Interesse an > **Impressionismus** und > **Berliner Secession** war noch anhaltender: Die wichtigsten Etappen sind »Malerei der deutschen Impressionisten« (1976), »Robert Sterl« (1983) und die Beteiligung an der Corinth-Retrospektive 1996. Seit 1981 war er Abteilungsleiter für die Sammlungen des 19. Jahrhunderts auf der Museumsinsel, und zwischen 1991 und 1992 nahm er kommissarisch die Leitung des »Stammhauses« auf der Museumsinsel insgesamt wahr, dessen Zusammenführung mit der Neuen Nationalgalerie er mitgestaltete. Er starb am 17. Oktober 2001 in Berlin. *CK*

Casa Bartholdy

Einer verdienstvollen Initiative des preußischen Generalkonsuls in Rom, Jacob Salomon Bartholdy, ist die Entstehung der Fresken der Casa Bartholdy zu danken. Junge deutsche, der Gemeinschaft der Lukasbrüder angehörende Künstler erhielten von dem Gesandten 1816 ihren ersten Fresko-Auftrag. Bartholdy beschloß, auf eigene Kosten den Festsaal seiner Wohnung im Palazzo Zuccari, an der Piazza della Trinità dei Monti oberhalb der Spanischen Treppe gelegen (heute Sitz der Bibliotheca Hertziana), ausmalen zu lassen.

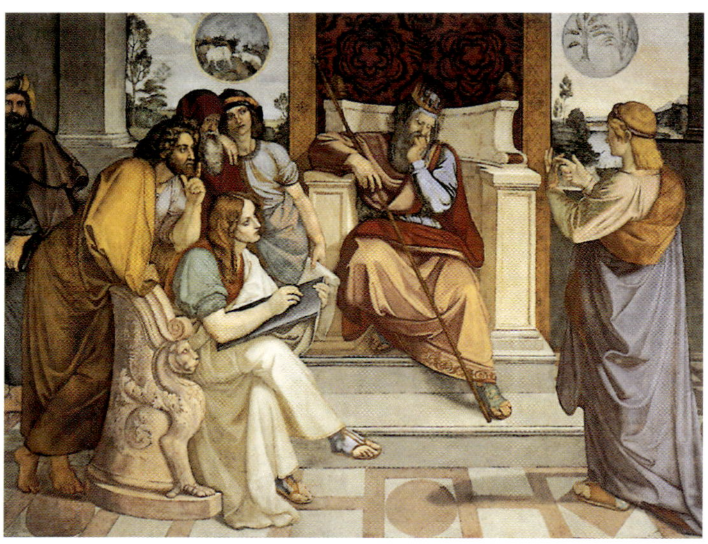

Peter Cornelius, Joseph deutet die Träume des Pharao, 1816/17, Staatliche Museen zu Berlin, Nationalgalerie. Fresko in der Casa Bartholdy.

Die damals in Rom ansässigen deutschen Künstler waren anfangs weder in der Stadt bekannt, noch kannten sie sich untereinander. Die Lukasbrüder hatten sich hier zusammengefunden, um den romantischen Traum gemeinschaftlichen Arbeitens zu verwirklichen. Mit einem klaren, ausdrucksstarken, an den Meistern der Frührenaissance orientierten Stil erstrebten sie eine Erneuerung der Kunst in christlich-nationalem Sinne.

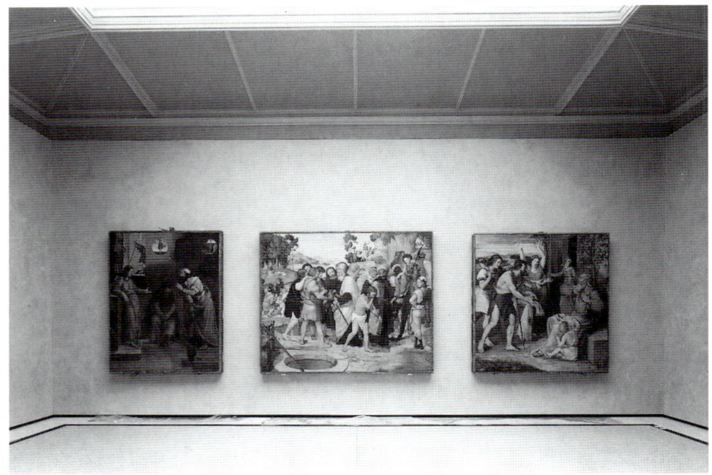

Neuaufhängung der Casa Bartholdy im Obergeschoß der Alten Nationalgalerie, Raumansicht, 2001

Im Lauf der Zeit vergrößerte sich ihr Kreis und wurde unter dem Namen »i Nazareni« bekannt. Peter von Cornelius, seit 1811 Mitglied des Lukasbundes, trug neue Ideen öffentlichen Wirksamwerdens in die Gemeinschaft, indem er die Wiedereinführung der Fresko-Malerei nach Vorbildern von Giotto bis zum »göttlichen Raffael« als einen dem »Geist der Nation« angemessenen künstlerischen Ausdruck propagierte.

Bartholdy beauftragte zunächst die preußischen Staatsangehörigen Peter von Cornelius, Wilhelm Schadow und Philipp Veit, wenig später kam Friedrich Overbeck, Bürger der Hansestadt Lübeck, hinzu. Zum Thema der Fresken wählten die Künstler die Josephsgeschichte aus dem Ersten Buch Mose im Alten Testament. Am 5. Mai 1816 beschrieb Overbeck die Verteilung der einzelnen Bilder. Cornelius malte »Joseph deutet die Träume des Pharao« und »Die Wiedererkennung Josephs«, Schadow »Die Klage Jacobs um Joseph« und »Joseph im Kerker«, Overbeck »Verkauf Josephs« und die »Sieben mageren Jahre« sowie Veit »Joseph und Potiphars Weib« und die »Sieben fetten Jahre«. Im Juli wurden die ersten Entwurfszeichnungen fertig, Anfang September vollendete Veit sein erstes Fresko. Vermutlich hat es über ein Jahr gedauert, den Zyklus fertigzustellen; manche Nacharbeiten und Seccoübermalungen der in der Fresco-Technik bis dahin ungeübten Künstler werden sich bis 1818 hingezogen haben.

Nach Fertigstellung berichtete Bartholdy an den preußischen Staatskanzler von Hardenberg: »So viele Aufopferung es mich gekostet, mehr als die Hälfte meines Gehaltes darauf zu verwenden, diesen braven jungen Männern Gelegenheit zu verschaffen, sich einen Namen zu machen, so sehr sehe ich mich dadurch belohnt, daß ihr Werk gelungen und selbst der Nation zur Ehre gereicht«. Er ließ die Künstler Skizzen der Fresken anfertigen, die er dem preußischen König sandte, um ihn von den Fähigkeiten der jungen Maler in Rom zu überzeugen (heute in der > **Nationalgalerie**). Die Fresken in Bartholdys Haus konnte jeder Interessierte besichtigen, rasch erlangten sie Berühmtheit: »Ich gestehe«, schrieb > **Athanasius Graf Raczynski** 1841, »daß ich nie ohne die innigste Andacht dieses Zimmer habe betreten können. Mir war jedesmal [...] als stünde ich vor der Krippe, aus der das in Armuth geborene, aber an heiligem Geiste reiche Kind, die neue deutsche Kunst, mit lebensvollem Auge mich ansah.«

Nach dem frühen Tod Bartholdys 1825 waren die Fresken zunehmend gefährdet; man hatte die Räume der ehemaligen Wohnung des Gesandten verschiedenen Mietern überlassen. Unter > **Friedrich Wilhelm IV.** wurden erste Anstrengungen unternommen, die Bilder zu erwerben. Nach jahrelangen Verhandlungen wurde 1885 der Freskospezialist Stefano Bardini von Kaiser Wilhelm I. beauftragt, die Wandgemälde abzulösen. Bardini sicherte zunächst die Fresken bildseitig, legte sie dann mitsamt der Mauer nieder und trug das Mauerwerk rückseitig bis auf den Freskenputz ab. Danach goß er auf die Rückseiten leimenden Mörtel und befestigte die Fresken auf mobilen kassettierten Trägergerüsten (> **Restaurierung**). Im Oktober 1887 wurden die Fresken aufrecht stehend mit der Eisenbahn direkt von Rom nach Berlin gebracht. Ihr guter Erhaltungszustand gestattete bereits im folgenden Jahr eine Präsentation in der Nationalgalerie. *BV*

Cassirer, Paul (1871–1926)

Nach einem Kunstgeschichtsstudium in München übersiedelte Paul Cassirer 1898 nach Berlin, wo er noch im selben Jahr, zusammen mit seinem Cousin Bruno Cassirer (1872–1941), in der Victoriastraße 35 in Berlin-Tiergarten den Kunstsalon Cassirer eröffnete. Die neuen Galerieräume stattete Henry van de Velde aus. Bereits ein Jahr später wurden Paul und Bruno Cassirer die ersten Geschäftsführer der > **Berliner Secession** sowie finanzielle Partner des neu zu errichtenden Secessions-Gebäudes. Durch die Ausstellungspolitik Paul Cassirers gewann die Secession in ihren ersten Jahren internationale Ausstrahlung – zum Ärger des konservativen Lagers der deutschen Intellektuellen. In dem der Galerie angegliederten

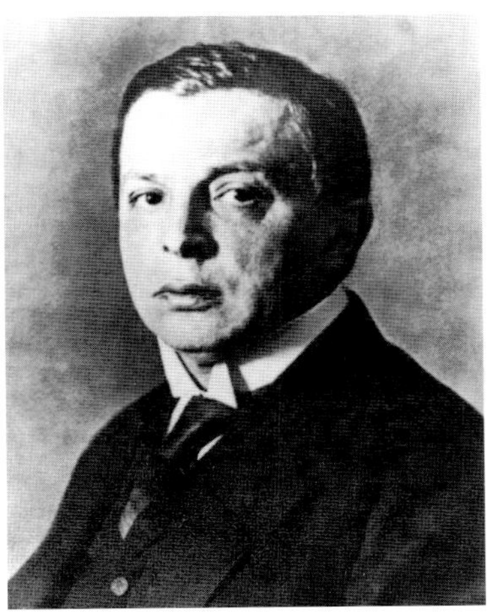

Paul Cassirer

Verlag erschienen u.a. Publikationen der drei bedeutendsten Museumsdirektoren Deutschlands: > **Hugo von Tschudi**, Wilhelm von Bode und Alfred Lichtwark (> **Jahrhundertausstellung**). Die Trennung 1901 führte zu einer Aufteilung, bei der Paul die Galerie und Bruno Cassirer den Verlag weiterführte.

Paul Cassirers Galerie präsentierte von Anfang an vor allem die zu der Zeit in Deutschland wenig beachteten oder noch nicht bekannten Werke der französischen Impressionisten und Postimpressionisten – genannt seien hier Ausstellungen von Auguste Renoir 1901, Maurice Denis 1902/02, Henri-Edmond Cross 1903 und Henri Matisse 1908/09 – sowie der Schule von Barbizon und der Berliner Secession. Paul Cassirer bewies bei seiner Tätigkeit nicht nur Pioniergeist in seiner Hinwendung zum französischen und deutschen > **Impressionismus**, sondern galt auch als einer der aktivsten Mäzene seiner Zeit. Er unterstützte Künstler wie August Gaul, Ernst Barlach, Oskar Kokoschka, Wilhelm Lehmbruck und Georg Kolbe. In seinem Salon trafen sich die Künstler der Berliner Avantgarde wie Max Liebermann, Lovis Corinth, Max Slevogt, August Gaul und Louis Tuaillon. In vielen Fällen diente der Kunstsalon Paul Cassirers Hugo von Tschudi als Bezugsquelle für seine Ankäufe für die > **Nationalgalerie**. Oftmals gingen auch Kunstwerke aus Pariser Galerien über Paul Cassirer, der offenbar die Berliner Vertretung der Galerie Durand-Ruel übernahm, die die französischen Impressionisten vertrat und Tschudi von seinen Paris-Besuchen vertraut war. So befinden sich aus dieser Verbindung von vorausschauendem Kunsthändler und klugem Museumsdirektor noch heute Werke von Edouard Manet, Auguste Renoir und Paul Cézanne in der Sammlung der Nationalgalerie, wenngleich der Großteil jener erstklassigen Werke des Impressionismus und Spätimpressionismus im Zuge der sogenannten Tschudi-Affäre mit seinem Amtsantritt als Generaldirektor in die Staatsgalerie in München wechselten, wo sie sich noch heute befinden. Aufgrund seiner für den allgemeinen Geschmack radikalen Kunst nahm Cassirer die Rolle eines neuen Typus des Kunsthändlers ein: Er avancierte binnen kurzer Zeit zum Manager, Propagandisten, Ideenträger und Politiker in einer Person. »Der große Zerbrecher der deutschen Fossilität aber, der Einpeitscher einer blind und kunstdumm gewordenen Generation, der praktische Prophet der neuen Kunst war Paul Cassirer« (Peter Paret). *KH*

Cornelius, Peter von (1783–1867)

Peter von Cornelius war bereits international berühmt und arbeitete teils in Rom, teils in Berlin an den letzten seiner spätnazarenischen religiösen Kompositionen für den niemals realisierten Camposanto beim Berliner Dom, als die Erwerbung seiner Kartons – Vorzeichnungen der Fresken in endgültiger Größe – für die > **Nationalgalerie** beschlossen wurde. Damit sollte der Mangel an Kunstwerken idealistischer Richtungen in der Sammlung > **Wagener** ausgeglichen werden. Nachdem eine breite Auswahl seiner älteren und jüngsten Kartons Ende 1859 in Berlin, später auch in Paris und Brüssel, und die Camposanto-Kartons noch einmal 1864 am Ort der künftigen Fresken gezeigt worden waren, wurde eine repräsentative und dauerhafte Präsentation dieser Großwerke erörtert. Als der Haushaltsausschuß des > **Preußischen Landtages** über den Bauetat für die Nationalgalerie zu beschließen hatte, wurde die Aufstellung der Cornelius-Kartons zur Bedingung gemacht. Zunächst war nur von den Kartons zum Camposanto die Rede, die dem Staat bereits gehörten; erst 1867, nach dem Tod des Künstlers, wurden die mythologischen Kartons für Göttersaal und Heroensaal der Münchner Glyptothek hinzugekauft, was die Gesamtzahl auf 71 brachte. Ihnen widmete man die beiden Hauptsäle in der Mittelachse des Mittelgeschosses, die auch durch ihre besondere Höhe ausgezeichnet waren. Die Wanddekorationen wurden auf die in mehreren Reihen gehängten Kartons abgestimmt. Ihren Namen haben die Cornelius-Säle bis heute behalten. Doch mit der Zeit sank der Stern dieser konservativen Linien- und Ideenkunst: 1907 wurde der erste, 1923 der zweite Cornelius-Saal aufgelöst. Seit 1992/1993 wird jedoch wieder ständig eine Auswahl aus den Glyptothek-Fresken im dritten Geschoß präsentiert – in der Nähe der beiden farbigen Cornelius-Arbeiten aus der > **Casa Bartholdy**. *CK*

Daege, Wilhelm Eduard (1805–1883)

Als Direktor der Königlich Preußischen Akademie der Künste (1861–74) war der Berliner Historienmaler und Zeichner Daege zugleich auch mit der Führung der Direktorialgeschäfte und Verwaltung der »Wagenerschen und National-Galerie« (> **Wagener**) betraut, die am 22. März 1861 provisorisch in den Räumen der Akademie der Künste Unter den Linden eröffnet worden war. In der Übergangsphase, bis zur Berufung > **Max Jordans** am

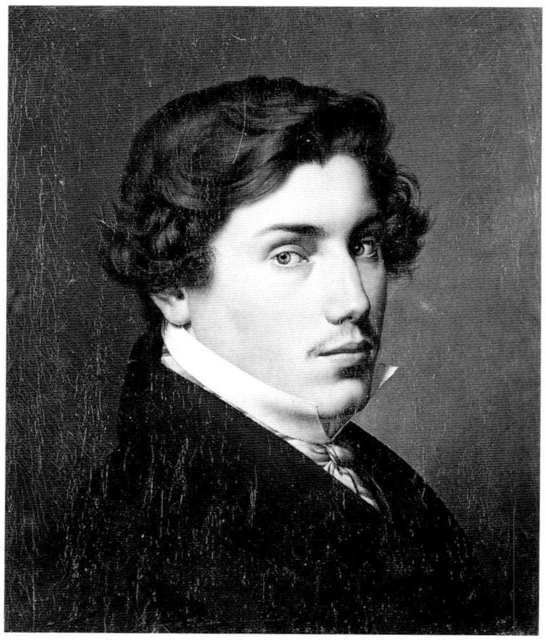

Wilhelm Eduard Daege, Selbstbildnis, 1826, Staatliche Museen zu Berlin, Nationalgalerie

1. Juli 1874, standen Daege der Maler und Aufseher Funke und nach dessen Tod 1871 die Maler Franz Wagner und Fritz Frick als > **Kustoden** zur Seite (> **Künstler**). 1869 wurde Daege auch offiziell zum kommissarischen Direktor der »Wagenerschen und National-Galerie« ernannt. In dieser Funktion oblag Daege zwar die Verantwortung für administrative Geschäfte und somit die Verwahrung der Galerie, jedoch nicht für die Erweiterung der Sammlungsbestände. Lediglich als Mitglied der »Commission zur Berathung über die Verwendung des Fonds für Zwecke der bildenden Kunst« (> **Landeskunstkommission**), die im September 1862 durch das > **Kultusministerium** gegründet worden war, hatte Daege auch Einfluß auf die Ankaufs- und Auftragspolitik der aufzubauenden > **Nationalgalerie**.

Während seiner Amtszeit wuchsen die Gemäldebestände von 262 auf 391 Bilder, ergänzt um 85 Kartons und 16 Plastiken. Bedingt durch die Übernahme zahlreicher Verwaltungs-, Gutachter- und Lehrfunktionen blieb Daege in seiner späten Arbeitsphase kaum noch Zeit für eigenes künstlerisches Schaffen. Der am 10. April 1805 geborene Sohn eines Seidenknopfmachers hatte seit 1820 an der Berliner Akademie unter Niedlich, Hummel und Wach studiert und sich nach einem halbjährigen (1832/33) Italienaufenthalt als Maler religiöser und literarischer Historienbilder in Berlin etabliert. Am 28. März 1835 als »Geschichtsmaler« zum ordentlichen Mitglied der Königlich Preußischen Akademie der Künste berufen, engagierte sich Daege seit 1835 auch im wissenschaftlichen Kunstverein. Als Zeichenlehrer der Prinzessin Augusta, der Gattin des späteren Kaisers Wilhelm I., erhielt Daege Zugang zum Herrscherhaus, was seiner Karriere förderlich war. 1838 Lehrer, 1840 Professor der Akademie der Künste, erhielt er 1844 den Auftrag zum Entwurf der vom König gestifteten Glasfenster des Magdeburger Domes. 1852 auf Lebenszeit zum Senatsmitglied der Akademie der Künste gewählt und 1861 zu deren Direktor berufen, verlagerte sich der Schwerpunkt seines Wirkens bis zu seiner Versetzung in den Ruhestand (1875) immer mehr vom künstlerischen auf den kulturpolitischen Bereich. In den Sammlungsbeständen der Nationalgalerie befinden sich drei Gemälde des Malers, der am 6. Juni 1883 in Berlin starb. *GHV*

Dauerleihgaben

Es ist allgemeine Praxis, daß sich Museen in ihren Schausammlungen durch Leihgaben unterstützen oder die Hilfe von privaten Sammlern und anderen Institutionen suchen, denn in sehr vielen Fällen können historisch entstandene Lücken nicht mehr durch Neuerwerbungen geschlossen werden. In der > **Nationalgalerie** sind etwa Werke von Ferdinand Hodler, Wilhelm Lehmbruck, Paul Gauguin, Camille Claudel, Maurice Denis, Pablo Picasso – um nur einige zu nennen – wichtige Akzente als Dauerleihgaben aus dem Kunsthaus Zürich, der Ernst von Siemens-Stiftung, der Letter-Stiftung in Köln, der Stiftung Thaxan in Vaduz, dem Kulturkreis der deutschen Wirtschaft im Bundesverband der deutschen Industrie e.V., dem Johannes Molzahn Zentrum Kassel, der Ernst Barlach Stiftung Güstrow, dem Land Berlin und vielen anderen Institutionen.

Einen ganz besonderen Stellenwert haben private Sammler (die in vielen Fällen ungenannt bleiben möchten), deren oft kostbarste Stücke seit Jahren in der Nationalgalerie zu sehen sind. Prominente Sammler sind > **Heinz Berggruen** und > **Erich Marx,** deren eindrucksvolle Kollektionen Glanzlichter der jüngeren Kunstgeschichte in die Berliner Museumslandschaft eingebracht haben. In einigen glücklichen Fällen ist es gelungen, langjährige wichtige Leihgaben aus privatem Besitz für die Nationalgalerie zu gewinnen, zuletzt 2001 die Sammlung Berggruen »Picasso und seine Zeit«. 1999 war es Ernst Ludwig Kirchners »Potsdamer Platz«, der seit 1987 als Dauerleihgabe in der > **Neuen Nationalgalerie** zu sehen war. 1997 konnte das Bildnis »Sonja« von Christian Schad erworben werden und 1979 – nach zehn Jahren Leihgabe – »Der Gestürzte« von Lehmbruck. Die Nationalgalerie in Berlin (Ost) zeigte seit 1958 Lovis Corinths »Der geblendete Simson« als Leihgabe aus Londoner Privatbesitz, 1980 wurde der Ankauf möglich (> **Erwerbungen**). Andere Werke sind testamentarisch in den Sammlungsbestand übergegangen (> **Vermächtnisse**).

Unter den gegenwärtig rund 70 Dauerleihgaben in der Nationalgalerie befinden sich außerdem Kunstwerke, die von der Bundesrepublik Deutschland – teilweise aus altem Reichsbesitz – überwiesen wurden sowie Stücke aus Künstlerbesitz (Kollwitz, Radziwill, Seitz, Rückriem), die in den Ausstellungen immer wieder wichtige Akzente setzen.

Andererseits hat auch die Nationalgalerie seit langem sehr viele Werke aus ihrem reichen Fundus auf Dauer an andere Orte verliehen. Innerhalb der Stiftung selbst sind es etwa die Gemäldegalerie, das Museum Europäischer Kulturen, die Staatsbibliothek und zahlreiche Diensträume. Außerhalb Berlins befinden sich – teilweise seit Jahrzehnten – hochrangige Werke der Nationalgalerie im Kunstmuseum Düsseldorf, im Kulturgeschichtlichen Museum Osnabrück, im Angermuseum Erfurt, im Schleswig-Holsteinischen Landesmuseum Schloß Gottorf, im Germanischen Nationalmuseum Nürnberg, im Museum für Kunst- und Kulturgeschichte Dortmund, im Brücke-Museum Berlin, im Museum Ostdeutsche Galerie Regensburg, im Schloß Branitz in Cottbus, in der Barkenhoff-Stiftung Worpswede und in anderen namhaften Sammlungen. Eine beträchtliche Anzahl von Bildern der Nationalgalerie schmückt überdies die Repräsentationsräume von Bundesbehörden und Botschaften in aller Welt. Großformatigen Skulpturen begegnet man nicht nur im Berliner Stadtraum (Zoologischer Garten, Europacenter), sondern auch in Parkanlagen von Bad Pyrmont bis Hamburg.

Mit dem Amtsantritt von > **Ludwig Justi** hatte 1911 eine strukturelle Neuordnung der Sammlungen begonnen, wodurch zahlreiche Werke an andere Standorte verlagert wurden: Schlachtenbilder kamen ins Zeughaus, Marinebilder nach Wilhelmshaven, viele Werke auch in Provinzmuseen oder staatliche Behörden und Auslandsvertretungen. Im »Verzeichnis der Gemälde und Bildwerke in der National-Galerie zu Berlin« von 1934 war erstmals eine ganze Reihe der wichtigsten Leihgaben an andere Orte genannt (66 Gemälde, 29 Bildwerke). Eine Liste von 1939 zählte insgesamt 1560 Stücke (darunter auch Aquarelle und Zeichnungen) an 151 verschiedenen Stellen, von denen viele später im > **Zweiten Weltkrieg** verlorengingen (> **Kriegsverluste**). *MT*

DDR-Kunst

Die Grundausrichtung der ostdeutschen Kunst lag – etwas anders als im Westteil Deutschlands – weitgehend in einer betonten Hinwendung zur figurativen Gestaltung. Das entsprach dem inneren Anliegen vieler Künstler, für die die Auseinandersetzung mit der Realität die eigentliche künstlerische Herausforderung bildete. In diese Haltung spielten die Traditionen des französischen Realismus des 19. Jahrhunderts, des deutschen > **Expressionismus** und der sozialkritischen Kunst der 1920er Jahre, aber

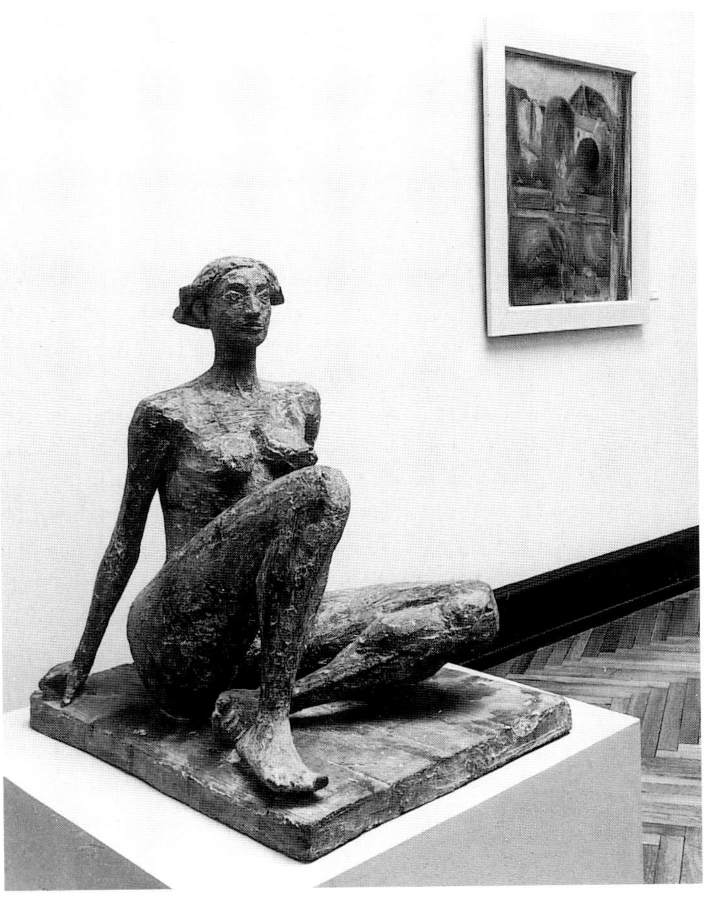

Jenny Mucchi-Wiegmann, Das Jahr 1965, 1965, und Christa Böhme, Landschaft, 1971, beide aus der Sammlung der Nationalgalerie. Aufnahme 1991. Fotografie: Karin März

ebenso die gegenstandsbezogene europäische Moderne hinein, die vor allem durch Picasso gegenwärtig war. Die Weiterführung dieses gleichermaßen sensitiven wie expressiven Realismus stand schon bald in einem Spannungsfeld zwischen einem offiziell eingeforderten Sozialistischen Realismus sowjetischer Prägung und einer zunehmend abstrakt ausgerichteten Kunst der westlichen Welt und war – auch im Sinne einer Bewahrung – vor allem nach innen zu behaupten.

Deshalb kam der 1950 auf Initiative von Arnold Zweig wiederbegründeten Deutschen Akademie der Künste zu Berlin eine besondere Bedeutung für die ostdeutsche Kunstlandschaft zu, denn Künstlerpersönlichkeiten wie Bertolt Brecht, Anna Seghers, Paul Dessau, Otto Nagel, Heinrich Ehmsen, Fritz Cremer, Gustav Seitz vertraten einen humanistischen Kulturbegriff, der zuweilen ein wichtiges Korrektiv gegenüber staatlich vorgegebenen Richtlinien darstellte. Die Akademie hat zugleich durch ihre Meisterschüler-Ausbildung viel zu einer überregionalen Kunsthaltung beigetragen.

Die Kunst in der DDR wurde über drei Generationen hinweg weitgehend durch vier Kunstzentren und deren traditionsreiche Kunsthochschulen geprägt: In Dresden, Berlin, Leipzig und Halle/Saale entwickelten sich durchaus unterschiedliche Auffassungen, die auch das jeweilige Umfeld beeinflußten. Dresden führte mit den Malern der älteren Generation wie Hans Grundig, Wilhelm Lachnit, Bernhard Kretzschmar, Theodor Rosenhauer, Hans Jüchser, Wilhelm Rudolph, Curt Querner eine betont malerische Haltung weiter, die von Kuehl und Sterl, Kokoschka und Dix gleichermaßen beeinflußt war. Diese ausgesprochen sensitive Farbkultur wurde auch für viele junge Künstler richtungweisend. Einzelgänger wie Hermann Glöckner, Willy Wolff und Albert Wigand ragten mit freien, montagehaften Kompositionen moderner Prägung heraus, während später Künstlerkreise um Strawalde und Max Uhlig Anregungen aus der europäischen Moderne bezogen und damit ausdrucksbetontere Haltungen verkörperten.

In Berlin bestimmte zunächst eine stärker thematisch ausgerichtete Kunst das Kunstgeschehen mit den expressiven Figurationen von Horst Strempel und Heinrich Ehmsen, den schweren Milieustudien von Otto Nagel und Gabriele Mucchi, die später bei Nuria Quevedo eine Fortsetzung fanden, oder den stärker dekorativ gehaltenen Szenerien von Max Lingner und Bert Heller. Aber schon die nachfolgende Generation – vielfach Meisterschüler der Akademie, später als »Berliner Schule« bezeichnet – mit Malern wie Harald Metzkes, Manfred Böttcher, Ernst Schroeder, Hans Vent, Christa und Lothar Böhme Klaus Roenspieß und Wolfgang Leber, wandte sich in einer Art Verweigerungshaltung betont den einfachen Sujets wie dem Akt, dem Porträt, dem Stilleben oder der Landschaft zu, um mit sensitiver Farbmodulatur und plastischer Intensität das Reale als erlebtes Sinnbild aufzubereiten. 1975 brachte es Harald Metzkes auf die Formel: »Mein Programm hat nur zwei Punkte: Natur und Auge.«

Vor allem Leipzig setzte nach 1960 – mit der Hochschule für Grafik und Buchkunst als Mittelpunkt – ganz eigene, aufsehenerregende Akzente. Es ist schon bemerkenswert, wenn Wolfgang Mattheuer 1976 feststellt: »Er, der sozialistische Realist, darf weder der wohltuenden Wahrheit das Primat geben noch der schmerzenden Wahrheit ausweichen [...]. Denn verschwiegene Wahrheiten werden giftig.« Seine Problembilder wie »Die Ausgezeichnete« von 1973/74 im Besitz der > **Nationalgalerie**, die den sozialistischen Alltag hinterfragen, gehörten in der DDR zu den Anstößen, die breite Diskussionen auslösten. Die sogenannte »Leipziger Schule«, die vor allem durch Werner Tübke, Wolfgang Mattheuer und deren Schüler Volker Stelzmann, Arno Rink, Ulrich Hachulla, Uwe Pfeifer sowie durch Bernhard Heisig repräsentiert wurde, behandelte vorrangig historische und gesellschaftlich aktuelle Themen mit offensiver Vehemenz. Tübke und Mattheuer artikulierten mit veristischer Dingakribie und unterkühlter Formensprache, während Heisig mit expressiver Dramatik seine szenischen Montagen ins Bild setzte. Dieser vitale Gestus wurde von seinen Schülern wie Hartwig Ebersbach, Walter Libuda und Hubertus Giebe ausgebaut und führte in den 1980er Jahren zu einer »neuen Expressivität«, die die ostdeutsche Kunstszene insgesamt erfaßte. Der rigorose Aufbruch der Jüngeren, zu denen auch Angela Hampel in Dresden und Trak Wendisch in

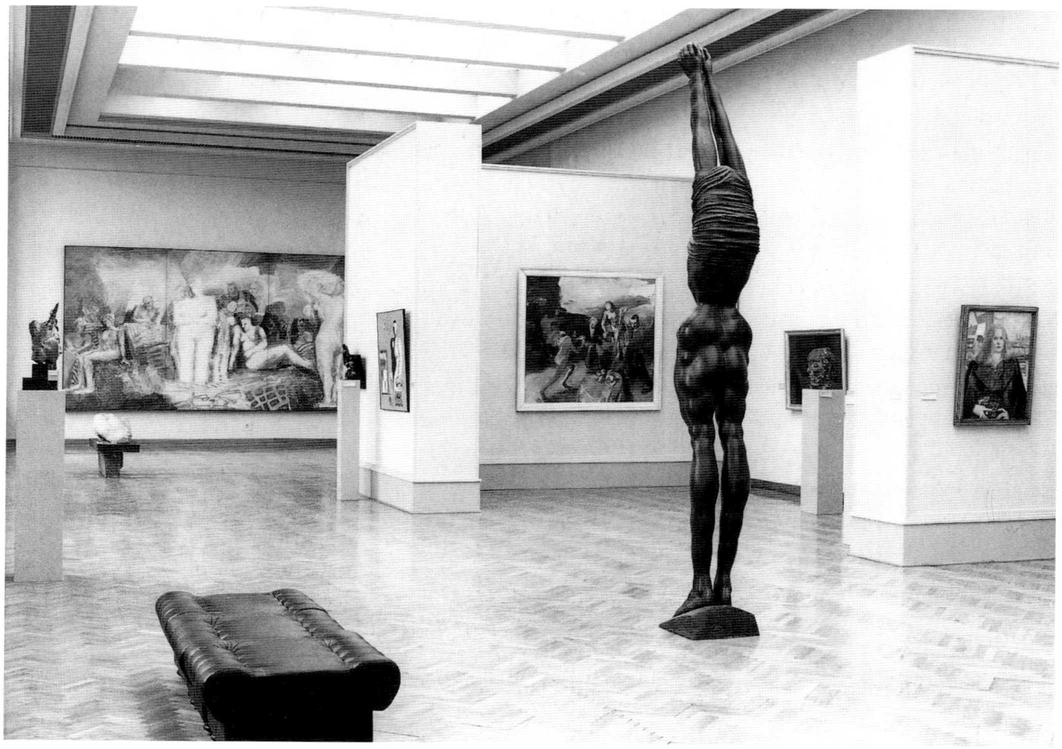

Ständige Sammlung »Kunst der DDR« der Nationalgalerie (Ost) im Alten Museum, 1986, mit Gemälden von Vent, Metzkes, Peuker und Skulptur von Förster. Fotografie: Heinz Korff

Berlin gehörten, entlud sich als suggestive kraftvolle Emotionalität, die vehement eine individuelle Selbstbestimmung einforderte.

Halle blieb sehr stark mit der Ausstrahlung der Hochschule Burg Giebichenstein und ihren vorrangig formgestaltenden Aufgaben verbunden. Das führte – etwa bei Erwin Hahs, Herbert Kitzel, Lothar Zitzmann und Otto Möhwald – zu einer betont zeichenhaften Malerei. Die poetische Naivität eines Albert Ebert und der sachliche Realismus eines Willi Sitte in den 1960er Jahren bildeten insofern Ausnahmen, die zugleich wichtige Zeugnisse Hallenser Kunst darstellen.

In der Skulptur der DDR gab es ähnliche Entwicklungen wie in der Malerei, wenngleich die Körperfigur stärker als verbindendes Moment erhalten blieb. Aber auch hier spielten fragmentierender Formaufbruch und existentielle Sinnbildhaftigkeit mehr und mehr eine tragende Rolle. Die Reihe wichtiger Namen reicht von den älteren Bildhauern wie Fritz Cremer, Gustav Seitz, Waldemar Grzimek, Theo Balden, Will Lammert, Heinrich Drake über die mittlere Generation mit Werner Stötzer, Wieland Förster, Baldur Schönfelder, Siegfried Krepp, Friedrich B. Henkel, Sabina Grzimek, Emerita Pansowová und Wieland Schmiedel bis zu den Jüngeren wie Rolf Biebl, Matthias Jackisch und Frank Seidel.

Die ostdeutsche Kunst seit 1945 war einer der Schwerpunkte der Sammel- und Ausstellungstätigkeit der Nationalgalerie in Berlin (Ost). Daß schon 1946 > **Ludwig Justi** Generaldirektor der > **Staatlichen Museen zu Berlin** (Ost) wurde, kann als Glücksfall angesehen werden. Sein Qualitätsgefühl kam in diesen schwierigen Umbruchzeiten auch der Sammlung zugute. Erst seit 1966, seit dem Amtsantritt von > **Willi Geismeier** als neuem Direktor (nach Justis Tod 1957 hatte die seit 1952 tätige > **Vera-Maria Ruthenberg** die kommissarische Leitung inne), kann von einer gezielten Ankaufspolitik gesprochen werden. Geismeier und seine Stellvertreterin, Liselotte Honigmann-Zinserling, ging es – unabhängig von kulturpolitischen Forderungen – um die künstlerische Qualität der zu erwerbenden Werke. Das führte in der Folge wiederholt zu Spannungen mit dem Ministerium für Kultur. Gerade die Gegenwartsabteilung wurde offiziell als »Flaggschiff« sozialistischer Kunstpolitik verstanden, andererseits aber setzte eine recht breite Kunstöffentlichkeit berechtigte Erwartungen in eine der künstlerischen Leistung verpflichtete Museumsarbeit. Die Ablösung Geismeiers und die Einsetzung von > **Eberhard Bartke** 1975 als Direktor der Nationalgalerie und seit 1976 auch als Generaldirektor der Museen sowie von Christine Hoffmeister als Stellvertreterin bedeuteten einen solchen befürchteten Eingriff durch das Ministerium, der aber glücklicherweise durch eine liberaler gewordene Haltung Bartkes keine gravierenden Veränderungen nach sich zog. Nach dem Ausscheiden Bartkes 1983 setzten Willi Geismeier – erneut Direktor – und seit 1986 > **Peter Betthausen** unter dem neuen Generaldirektor Günter Schade diese schwierig bleibende Gratwanderung zwischen den verschiedenen Fronten in bewährter Form fort.

Bald nach der Wiedereröffnung des > **Alten Museums** im Herbst 1966 wurde in der oberen Etage die ständige Sammlung der »Kunst der DDR« aufgebaut, die – 1986 auf Druck des Verbandes Bildender Künstler und der Kulturabteilung des ZK der SED noch einmal neu arrangiert – bis 1990 dort ihren Standort hatte. 1972 wurde > **Das Studio** im Alten Museum eingerichtet, das mit kleineren thematischen und monographischen Ausstellungen (u. a. Hermann Glöckner, 1977) bis 1990 wichtige Akzente setzen konnte.

Von besonderer Bedeutung waren große Retrospektiven für damals offiziell noch umstrittene Künstler wie Werner Stötzer (1977), Harald Metzkes (1977/78), Wieland Förster (1980), Dieter Goltzsche (1982, vom Kupferstichkabinett eingerichtet) und Gerhard Altenbourg (1987, vom Kupferstichkabinett eingerichtet). Sie stellten für die Gesamtgewichtung der DDR-Kunst einen notwendigen Ausgleich her. Denn die monographischen Ausstellungen für Willi Sitte (1972 und 1986), Fritz Cremer (1976), Wolfgang Mattheuer (1988), Werner Tübke (1989) und Bernhard Heisig (1990) hatten offiziell eine wesentlich stärkere Unterstützung.

Überblicksausstellungen wie »Weggefährten – Zeitgenossen« (1979, von Ursula und Günter Feist im Auftrag des Ministeriums eingerichtet),

»Alltag und Epoche« (1984, zusammen mit dem Verband Bildender Künstler), vor allem aber die in der Wendezeit inszenierten »Konturen – Werke seit 1949 geborener Künstler der DDR« (1989) waren bedeutsame Stationen im Sinne einer Sichtung des Gesamtbildes ostdeutscher Kunst.

Seit der Wende 1990 und seit dem Zusammenschluß der > **Nationalgalerien** in Berlin (Ost) und Berlin (West), die interessanterweise eine Reihe von Werken der DDR-Kunst selbst erworben hatte – so Arbeiten auf Papier von Tübke (1978), Altenbourg und Uhlig (1984), vier Tafeln von Glöckner (1982) und das Gemälde »Ardennenschlacht«, 1978/81, von Heisig (1984) –, sorgte die in Ostdeutschland entstandene Kunst überraschend für Gesprächsstoff. Die von > **Dieter Honisch** angeregte Dialog-Reihe zeigte seit 1990 in der > **Neuen Nationalgalerie** Ausstellungen ostdeutscher Künstler wie Hanns Schimansky, Frank Seidel, Lothar Böhme, Walter Libuda, Carsten Nicolai. Danach gelangten die Bestände in die Neue Nationalgalerie als Standort der Kunst des 20. Jahrhunderts, wo besonders bei der ersten Neueinrichtung 1993/94 eine größere Auswahl an DDR-Kunst im sogenannten »deutsch-deutschen Bilderstreit« heftige Diskussionen auslöste (> **Presse**). Die zwischen 1995 und 1997 in Papenburg, Schloß Cappenberg und Höxter/Corvey gezeigte > **Wanderausstellung** »Figur und Gegenstand. Malerei und Plastik in der Kunst der DDR aus der Sammlung der Nationalgalerie in Berlin« vermittelte noch einmal ein umfassendes Bild der ostdeutschen Kunst. *FJ*

Denkschriften

Das Verfassen von Denkschriften – heute aus der Mode gekommen – war lange Zeit innerhalb des akademischen und auch politischen Bereichs eine gern genutzte Möglichkeit, Probleme, Visionen, besondere Anliegen in einem anspruchsvollen Text niederzulegen. Dieser oftmals in gedruckter Fassung vorgelegte Text wurde bei den entsprechenden Adressaten mitunter vom Verfasser oder von entsprechenden Referenten vorgetragen.

Besonders > **Ludwig Justi** war ein Meister im Verfassen von Denkschriften, die in großer Zahl seine Schriften durchziehen. Die erste große, wirkungsvolle Denkschrift von Ludwig Justi ist der 1910, kurz nach seinem Amtsantritt als Direktor der > **Nationalgalerie** verfaßte und gedruckte 41seitige Aufsatz »Die Zukunft der National-Galerie«. Diese Denkschrift, die dem Kaiser > **Wilhelm II.** vorgetragen wurde, leitete das Kapitel der inhaltlichen und baulichen Veränderung der Nationalgalerie ein. Sie ist insofern besonders bedeutsam, als sie den Kaiser, der ihr in allen Punkten zustimmte, zu einer Änderung seiner persönlichen Auffassungen bewegte. Vor allem das Herauslösen der künstlerisch schwachen Schlachtenbilder und Marinen aus der Sammlung schuf Freiraum für qualitätvollere Kunstwerke (> **Historienmalerei**). Während des Krieges verfaßte Justi mehrere Denkschriften, die zu einem > **Reichskriegsmuseum** anregten und wurde daraufhin als Leutnant der Reserve im besonderen Auftrag mit der Organisation des Museums beauftragt. Neben seinem nationalen Interesse und seiner wirklichen Begeisterung für die »Kriegsarbeit« des Deutschen Volkes, handelte es sich um eine präventive Aktion, die die Überflutung der Nationalgalerie mit Kriegsbildern nach dem möglicherweise siegreichen Krieg verhindern sollte. Seine wichtige Denkschrift »Die National-Galerie und die moderne Kunst. Rückblick und Ausblick« von 1918 war Justis erste Bekundung zur neuen, unter dem Einfluß völlig gewandelter politischer und ökonomischer Verhältnisse stehenden Strategie der Nationalgalerie. Sie führte, durch die ausführlich beschriebene Raumnot der Nationalgalerie, letztendlich zur Gründung der Modernen Abteilung im > **Kronprinzen-Palais**. *EB*

Deutsche Kunst / »Der Deutschen Kunst MDCCCLXXI«

> **Nationalgalerie**

Deutscher Akademischer Austauschdienst (DAAD)

Das Berliner Künstlerprogramm des DAAD wurde 1965 als Fortsetzung des »Artists in Residence Program« der Ford Foundation gegründet. Künstler aus aller Welt, Literaten, Musiker, bildende Künstler und Filmemacher folgten und folgen der Einladung nach Berlin, um hier künstlerisch zu arbeiten. Ursprünglich in der Absicht ins Leben gerufen, das kulturelle Leben der seinerzeit isolierten Stadt zu erweitern und international zu vernetzen, gibt das Berliner Künstlerprogramm der Stadt bis heute entscheidende Impulse.

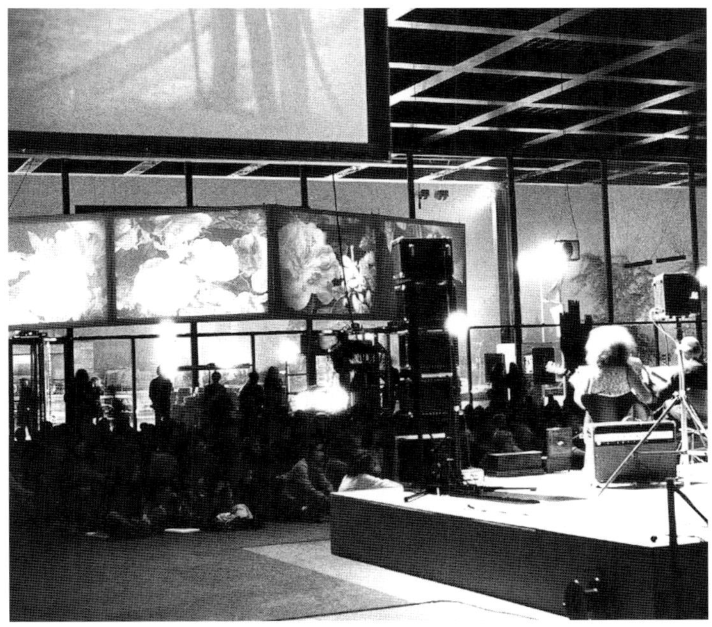

Metamusik Festival anläßlich der Berliner Festwochen 1974, Konzert in der oberen Halle der Neuen Nationalgalerie. Fotografie: Werner Bethsold

Eine Zusammenarbeit mit der > **Neuen Nationalgalerie** bot sich an. Sie erstreckt sich seit der ersten gemeinsamen Ausstellung von Shusaku Arakawa 1972 in unterschiedlich intensiver Form bis heute. Dabei fanden nicht nur Ausstellungen und Performances aus dem Bereich der bildenden Kunst statt, wie zum Beispiel zu Richard Hamilton 1974, Marcel Broodthaers 1975, Pistoletto 1978, Spagnulo 1981, Emmett Williams 1982, Francesco Torres 1988, sondern auch spektakuläre Musikveranstaltungen in der Oberen Halle. Dazu zählen die legendären, von Walter Bachauer organisierten Metamusik-Festivals 1 und 2 in den Jahren 1974 und 1976 (gemeinsam mit den Berliner Festspielen und dem Rias Berlin). Sie zogen eine weltweite Bilanz der zeitgenössischen Musik in Amerika, Europa und Asien und stellten zugleich Bezüge zur traditionellen Musik Asiens und Afrikas her. Damals waren Terry Riley, Steve Reich, Phil Glass, Morton Feldman, Toru Takemitsu und Mitsutaka Ishii, aber auch das Ensemble Salamat Ali Khan aus Pakistan, Sankha Chatterjee aus Indien und Trommelensemble aus Ghana zu hören.

In den 1990er Jahren haben die Gäste des DAAD vielfach eindrucksvolle Arbeiten für die Obere Halle der Neuen Nationalgalerie entworfen, unter ihnen Ernst Caramelle 1990, Matt Mullican 1995, Douglas Gordon 1999 und jüngst im Sommer 2001 Ann Veronica Janssens. *AS*

Deutsches Centrum für Photographie (DCP)

Das »Deutsche Centrum für Photographie an der Nationalgalerie und der Kunstbibliothek« entsteht als Koordinierungsstelle für eine Vielfalt von Aufgaben der > **Staatlichen Museen** zur Förderung der > **Fotografie**. Hierzu gehören die sukzessive wissenschaftliche Bearbeitung von Sammlungsbeständen und deren Präsentation in Ausstellungen, konservatorische und restauratorische Maßnahmen sowie eine auf aktuelle Kunsttendenzen bezogene Erwerbungspolitik.

Das Zentrum nutzt Ressourcen und Ausstellungsmöglichkeiten der > **Nationalgalerie** und der Kunstbibliothek. Für Forschungszwecke stehen ein Studiensaal sowie eine Fachbibliothek zur Verfügung.

Organisatorischer Sitz des »Deutschen Centrums für Photographie an der Nationalgalerie und der Kunstbibliothek« ist die Parey-Villa am Kulturforum. *CHK*

Diebstähle

Eine Plakat-Aktion vom Juni 2001 brachte einen 13 Jahre zurückliegenden Kunstdiebstahl in Erinnerung: Am 27. Mai 1988 war in der > **Neuen Nationalgalerie** aus der Lucian-Freud-Ausstellung (die zuvor in Washington, Paris und London gezeigt worden war) das »Portrait of Francis Bacon« aus dem Besitz der Tate Gallery gestohlen worden. Das 1952 entstandene kleine Bild (17,5 × 12,8 cm) war mit den Hängedrähten entwendet worden, so daß sein Fehlen auf den ersten Blick kaum bemerkt worden wäre. Seinerzeit mit 240 000 DM versichert, wurde nun für die Rückgabe des Bildes eine Prämie von 300 000 DM ausgesetzt; eine Reaktion ist nicht bekannt geworden.

Der spektakulärste Fall ereignete sich ein Jahr später in der > **Galerie der Romantik**: Am 3. September 1989 wurden dort zwei der populärsten Bilder von Carl Spitzweg während der regulären Öffnungszeiten gestohlen: »Der arme Poet« (1839, 36 × 44,7 cm, eine 1908 erworbene Replik nach der ersten Fassung in der Neuen Pinakothek München) und »Der Liebesbrief« (1845/46, 24 × 21 cm). Die Diebe – ein simulierter Rollstuhlfahrer und sein Partner – rissen die Bilder samt Verankerung aus der Wand, schlugen einen herbeieilenden Aufseher nieder und verschwanden durch die Parkanlagen des Schlosses Charlottenburg. Auch diese beiden Bilder sind seitdem verschollen. Bereits am 12. Dezember 1976 war »Der arme Poet« Gegenstand eines »Raubes« gewesen: Der Aktionskünstler Ulay hatte das Bild in einer, zusammen mit der Studiogalerie Mike Steiner vorbereiteten Aktion entführt und noch am selben Tag an die Neue Nationalgalerie zurückgegeben (nachdem es für kurze Zeit in der Wohnung einer türkischen Familie in Kreuzberg aufgehängt worden war). Ein 30-Minuten-Film dokumentierte die Aktion, bei der das Bild einige Beulen davontrug. Der künstlerische Anspruch dieses Spektakels ist damals einhellig zurückgewiesen worden als verantwortungslose Gefährdung von nationalem Kulturgut mit herostratischen Zügen.

Auch in früheren Jahren gab es gelegentlich Diebstähle aus den Ausstellungen der > **Nationalgalerie**. So wurde am 11. Mai 1918 ein kleines Mädchenbildnis aus der Sammlung Bernt Grönvold durch einen Serientäter entwendet, der weitere Berliner Museen heimsuchte und bald darauf gefaßt werden konnte. 1922 ist eine kleine bronzene »Diana« von Reinhard Felderhoff gestohlen worden, am 5. Februar 1923 die attraktive Bronzegruppe »Antilope mit Schlange« von Antoine Louis Barye; eine Zille-Statuette von August Kraus ging 1949 bei einem Leihnehmer verloren.

Die weitaus meisten Verluste durch Diebstahl gab es am Ende des > **Zweiten Weltkrieges** bei Plünderungen 1945 im Pergamonmuseum (17 Bilder) und in anderen Auslagerungsorten, besonders in den > **Flaktürmen** Zoo und Friedrichshain und im Tiefenkeller des neuen Reichsbankgebäudes (> **Kriegsverluste**). Nur zwei der aus dem Flakturm Friedrichshain 1945 verschwundenen Bilder wurden später aus Privatbesitz zurückgegeben (1971 Ludwig von Hofmann, 1987 Wilhelm Schirmer). Andere

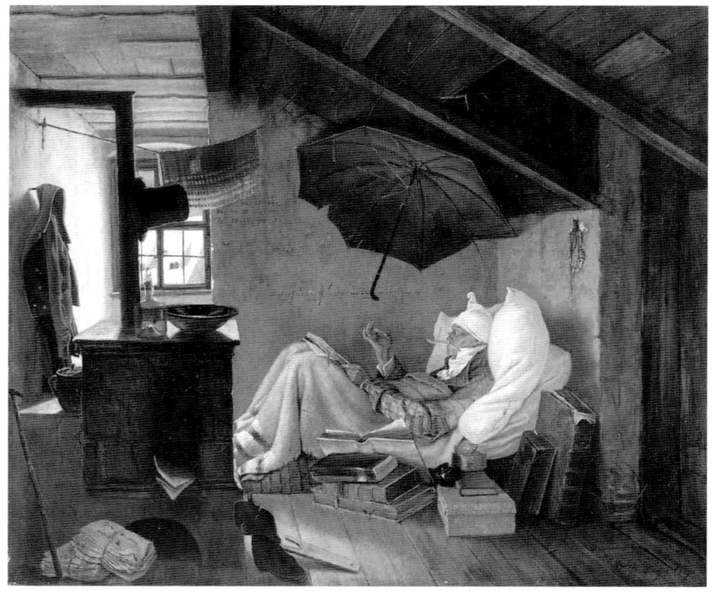

Karl Spitzweg, Der arme Poet, um 1839, Staatliche Museen zu Berlin,Nationalgalerie. Diebstahl 1989

bedeutende Werke – von Blechen, Böcklin, Koekkoek, Oehme, Menzel, Kokoschka – wurden dagegen zum Zeitwert zurückgekauft (> **Rückerwerbungen**). Von 49 weiteren Kunstwerken ist der heutige Standort bekannt; 21 davon befinden sich in anderen Museen, der Rest in deutschem, griechischem, amerikanischem und anderweitigem Privatbesitz. *MT*

Digitale Datenbank

Die > **Nationalgalerie** hat 1990 mit der elektronischen Erschließung ihrer umfangreichen Bestände begonnen. Den Anstoß gab ein Pilotprojekt »EDV-gestützte Katalogisierung in großen Museen« der Volkswagen-Stiftung (die seit 1976 solche zukunftsorientierten Konzepte fördert). Nach einer Ausschreibung wurden elf namhafte deutsche Museen mit sehr unterschiedlichen Sammlungsschwerpunkten in dieses Projekt aufgenommen, darunter die damals noch getrennten Nationalgalerien in Berlin (Ost) und (West) mit ihren Gemälden des 19. und 20. Jahrhunderts, sowie das Kupferstichkabinett Berlin (West) mit italienischen Zeichnungen des 14.–18. Jahrhunderts. Beide Institutionen sind seitdem an dem Projekt DISKUS beteiligt (Deutsches Informationssystem für Kunst- und Sozialgeschichte), das die Daten zahlreicher großer deutscher Museen, Bildarchive und Denkmalämter in einem Digitalen Verbundkatalog zusammenführt. Basis der Erfassung war das vom Bildarchiv Foto Marburg erarbeitete Regelwerk MIDAS (Marburger Informations-, Dokumentations- und Administrations-System), das während der Zusammenarbeit in den folgenden Jahren immer weiter verbessert und den Bedürfnissen der verschiedenen Sammlungen angepaßt werden konnte; es ist das ausgereifteste System zur Erfassung kunst- und kulturhistorischer Bestände. Nach Ablauf der Projektphase erschien 1996 die erste CD-ROM mit sämtlichen Gemälden der inzwischen wiedervereinigten Nationalgalerie.

1996 führte die > **Stiftung Preußischer Kulturbesitz** ein eigenes System MUSYS ein, das auf der Basis von MIDAS entwickelt und seither in verschiedenen Sammlungen eingesetzt wurde. 1999 publizierte die Nationalgalerie erstmals eine CD-ROM des Gesamtbestandes aller ihrer Häuser (einschließlich der > **Kriegsverluste**). Der permanent wachsende Datenpool ist im Intranet der > **Staatlichen Museen** allen vernetzten Institutionen in seinem aktuellen Zustand zugänglich und bietet damit umfangreiche Recherchemöglichkeiten, die durch die Anbindung des Allgemeinen Künstlerlexikons (AKL), des Systems ICONCLASS (für ikonographische Sachverhalte), zahlreicher Künstlerbiographien, Literaturnachweise, Ausstellungen, Bilddateien, Videos und durch den regelmäßigen Datenaustausch aller beteiligten Institutionen über das Bildarchiv Foto Marburg ständig erweitert werden.

Das > **Joseph-Beuys-Medien-Archiv** im > **Hamburger Bahnhof** ist eine weitere Form, kunsthistorische Dokumente in digitaler Form optimal zu erschließen. Dort sind den Besuchern bereits über 20 Stunden Videomaterial – Filme, TV-Sendungen, Diskussionen, Interviews, Aktionen von und mit > **Beuys** – auf dem Bildschirm zugänglich und können nach Bedarf über Schlagworte, Werktitel, Datierungen, beteiligte Personen und andere Suchmöglichkeiten aufgerufen und vorgeführt werden.

Die digitale Erschließung der Sammlungsbestände ist arbeitsintensiv und setzt die konsequente Anwendung wissenschaftlicher Standards und Normdateien voraus. Die so erstellten und gepflegten Datenbanken erlauben gleichzeitig aber eine neue Qualität und Variabilität der Recherche. Das Museumsmanagement kann bei allen operativen Vorgängen – vom Leihverkehr über Restaurierungsmaßnahmen, Transporte und Ausstellungsvorbereitungen, Beschriftungsschilder und Etiketten bis zur Erstellung von Druckerzeugnissen und Katalogen – auf diesen Datenpool zugreifen. Auch den Besuchern wird er in benutzerfreundlicher Weise zugänglich sein.

Eine Internet-Anbindung ist folgerichtig (bei Beständen wie der Nationalgalerie jedoch auch problematisch: die Werke von mehr als 700 Künstlern sind urheberrechtlich geschützt). Seit 1997 sind alle Einrichtungen der Staatlichen Museen zu Berlin auf ihrer Website weltweit mit aktuellen Informationen präsent (www.smb.spk-berlin.de). *MT*

Donop, Lionel von (1844–1912)

Der einem Braunschweiger Adelsgeschlecht entstammende, am 28. Juli 1844 in Detmold geborene Lionel von Donop war in der Anfangsphase der > **Nationalgalerie** als Direktorial-Assistent und erster > **Kustos** neben dem Direktor > **Max Jordan** der bedeutendste Kunsthistoriker, mit dem zusammen er den Ausbau und die Profilierung der Sammlung entscheidend vorantrieb. Nach dem Studium an den Universitäten Tübingen, Berlin und Göttingen, das er 1868 mit Promotion abschloß, sowie nach gymnasialer Lehrtätigkeit in Detmold (1868/69) und als Gouverneurslehrer des Prinzen Reuß-Köstritz in Gera (1870/71), war von Donop 1872–1874 als Kabinetts-Sekretär des Erbgroßherzogs Karl August von Sachsen-Weimar-Eisenach in Weimar tätig. Während dieser Zeit begann er mit Forschungen zu Buonaventura Genelli, die später von Teupser und Hans Ebert fortgesetzt wurden. Am 1. Oktober 1880 trat von Donop in die Dienste der Nationalgalerie ein. 1885 aufgestiegen zum Direktorial-Assistenten und 1888 ausgezeichnet mit dem Professorentitel, wirkte er an der Seite Jordans und später > **Tschudis**. In seinen Verantwortungsbereich fielen insbesondere die Erfassung und Aufarbeitung der 1878 neubegründeten Abteilung der > **Sammlung der Zeichnungen**, Aquarelle und Ölstudien, die, ausgesondert aus den Beständen des Kupferstichkabinetts, mit der Kunst der Zeichnung des 19. Jahrhunderts zur Ergänzung der Gemäldebestände bestimmt war. 1902 veröffentlichte von Donop den ersten Katalog der Handzeichnungen, Aquarelle und Ölstudien. Zwischen 1883 und 1895 führten die von ihm organisierten Sonderausstellungen des Nachlasses gerade verstorbener Künstler, wie zum Beispiel Eduard Bendemann, Eduard Biermann und Paul Graeb, zu deren Würdigung und zum Erwerb von Werken für die Sammlung der Nationalgalerie. Die Überführung der Fresken der > **Casa Bartholdy** in die Nationalgalerie begleitete von Donop 1889 mit einer ausführlichen Monographie. Bedeutsam ist von Donops Engagement für Menzel (Bestandskatalog 1895) und Blechen (Monographie 1908). 1908/09 den beurlaubten Direktor Tschudi vertretend, wurde er am 5. Juli 1909 zum ersten Fach-Kustoden der Nationalgalerie ernannt. Seine letzten Amtsjahre waren zunehmend durch Krankheit geprägt; am 26. November 1912 verstarb von Donop in Berlin. *GHV*

»Drittes Reich«

1933 – nach Kaiser Heinrich I. und Otto von Bismarck brach mit Adolf Hitler das »Dritte Reich« an, »diese höllischste Blamage einer zweitausendjährigen Geschichte« (Klaus Mann). Nach der Machtübernahme durch die Nationalsozialisten trug die gleichgeschaltete > **Presse** seit März 1933 verstärkt Angriffe gegen die Berliner Museen und ihren Generaldirektor Wilhelm Waetzoldt vor. Im Zentrum der gezielt vorgetragenen Verleumdun-

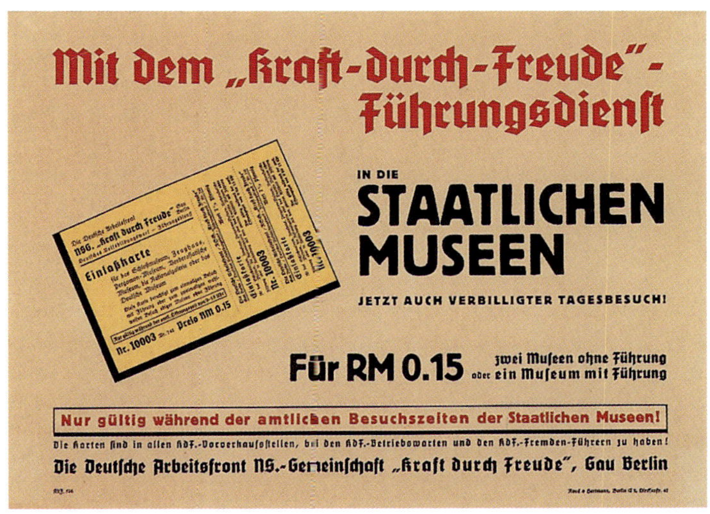

»Mit dem ›Kraft-durch-Freude‹-Führungsdienst in die Staatlichen Museen«, Plakat, um 1937, Staatliche Museen zu Berlin, Kunstbibliothek

gen stand jedoch der Direktor der > **Nationalgalerie**, > **Ludwig Justi**, weil er sich seit Jahren konsequent für die Sammlung moderner Kunst eingesetzt hatte. Wegen der Fortnahme eines Bismarck-Bildes von Lenbach war er bereits im August des Vorjahres zum »Bismarck-Schänder« gestempelt worden. Im März 1933 wurde er unter der Behauptung, in der Neuen Abteilung im > **Kronprinzen-Palais** seien »lediglich Juden anzutreffen«, so unsachlich wie bösartig als »kunstfremd und deutschfeindlich« diffamiert. Der Schreiber brachte sogar den Vorschlag ein, die ganze »Justische Kronprinzen-Palais-Sammlung« dem unlängst eröffneten Jüdischen Museum in der Oranienburger Straße zu schenken. Ferner sollte die neue Regierung eine Kommission bilden, welche die Bildergalerien einer »Durchsicht und Bereinigung« zu unterziehen hätte. Die Nationalsozialisten erzeugten eine

Pogromstimmung, die die Entlassungen und Degradierungen als wahre »Erlösungen« erscheinen ließen. Innerhalb kürzester Zeit wurden der Generaldirektor, eine Reihe von Direktoren der Museen und zum 1. Juli 1933 auch Ludwig Justi als Verfechter der heftig umstrittenen Moderne »beurlaubt«. Er wurde an die Kunstbibliothek der Berliner Museen, sein Mitarbeiter > **Ludwig Thormaehlen** an die Gemäldegalerie Kassel versetzt.

Justis Nachfolger als kommissarischer Leiter wurde noch 1933 > **Alois Schardt** aus dem Moritzburg-Museum in Halle an der Saale, dessen waghalsiger Versuch, eine »germanische Linie« deutsch-romantischer Kunst bei der Neuhängung der > **Expressionisten** im Kronprinzen-Palais durchzusetzen, schon nach kurzer Zeit zum Scheitern verurteilt war. Nach ihm übernahm der von der Städtischen Lenbach-Galerie aus München kommende > **Eberhard Hanfstaengl**, dessen Vetter Leo »Putzi« Hanfstaengl mit Adolf Hitler gut bekannt war, Anfang 1934 das Direktorat der Nationalgalerie. Er entschärfte die Sammlung der Expressionisten von ihren provokanten figürlichen Darstellungen, ersetzte sie durch unverfänglichere Landschaften und Stilleben und stellte jetzt die > **Erwerbungen** zur Kunst des 19. Jahrhunderts (Caspar David Friedrich, Georg Friedrich Kersting, Eduard Gaertner) in den Vordergrund.

In den Jahren 1934 und 1935 gingen vermehrt Ausstellungsersuche in der Nationalgalerie ein, zumeist von zweit- oder drittklassigen > **Künstlern**, die jetzt ihre Chance sahen, in dem »ersten Haus« ausstellen zu können. Konsequent lehnte Hanfstaengl diese Gesuche ab. Ferner wandte er sich erfolgreich gegen ein Mitspracherecht der Reichskammer der bildenden Künste bei der Veranstaltung von Ausstellungen der Museen. So gelang es ihm, die Nationalgalerie von nationalsozialistischer Kunst freizuhalten. An den Ministerialdirektor Wolf Meinhard von Staa im > **Kultusministerium**, dem die Nationalgalerie direkt unterstellt war, sandte er sein Resümee, in dem es hieß: »Wer tot ist, gehört zu uns, und wer das Licht der Sonne noch grüßt, mag von nun an im Garten des Propaganda-Ministeriums spazieren gehen. Wohl ihnen!«

Die Nationalgalerie beteiligte sich während des »Dritten Reichs« an der Ausstellungsreihe »Deutsche Kunst seit Dürer«, die durch das Außenamt der Staatlichen Museen in Zusammenarbeit mit dem Ministerium veranstaltet worden war. Von November 1934 bis Januar 1937 zeigten die Museen im > **Prinzessinnen-Palais** thematische Ausstellungen wie »Das Ereignisbild«, »Der Tanz in der Kunst» oder »Das Stilleben», die einen Gegenstand bis zur Gegenwart führten. Hanfstaengl präsentierte seitens der Nationalgalerie mit Arbeiten von Ernst Barlach, Wilhelm Lehmbruck, August Macke, Lovis Corinth, Erich Heckel (und anderen), Werke von Künstlern, die bereits mehrfach von den Nationalsozialisten als »entartet« diffamiert worden waren. Auch in der Ausstellung »Große Deutsche in Bildnissen ihrer Zeit« im ehemaligen Kronprinzen-Palais anläßlich der Olympischen Spiele 1936 in Berlin zeigte Hanfstaengl Werke längst diskreditierter und verfemter Künstler. In der Abteilung »Baumeister, Maler, Bildhauer« hingen neben Meistern wie Dürer, Cranach und Menzel auch Bildnisse von Hans von Marées und Corinth sowie Porträts von Lehmbruck und Franz Marc.

Mit diplomatischem Geschick konnte er die Schausammlung der Moderne im Kronprinzen-Palais noch bis zur Olympiade 1936 offen halten; kurz darauf, am 30. Oktober, wurde es auf Anordnung von Kultusminister Rust vorläufig geschlossen. Schon im März 1936 mußten die meisten der im Auktionshaus Max Perl, Berlin, beschlagnahmten Kunstwerke der Moderne auf Befehl der Geheimen Staatspolizei im Heizungskeller des Kronprinzen-Palais verbrannt werden, darunter Gemälde von Jankel Adler und Max Pechstein sowie Aquarelle und Zeichnungen von Otto Dix, Franz Radziwill und Magnus Zeller. Dem Direktor der Nationalgalerie war es zu danken, daß einige davon als »Zeitdokumente zur Aufbewahrung unter Sekretion« vor der Vernichtung bewahrt werden konnten.

Am 5. Juli 1937 wurde die moderne Sammlung im Kronprinzen-Palais endgültig geschlossen. Als wenige Tage später die Beschlagnahmeaktion > **»Entartete Kunst«** begann, widersetzte sich Hanfstaengl der Mitwirkung; er wurde beurlaubt und später in der Ruhestand versetzt. In den drei Durchgängen der Aktion »Entartete Kunst« verlor die Nationalgalerie 164 Bilder, 27 Plastiken und 326 Arbeiten auf Papier ihrer beispielhaften Sammlung zur Moderne. Noch während der Aktion übernahm > **Paul Ortwin Rave**, seit 1922 Justis Mitarbeiter, »wegen politischer Unzuverlässigkeit« nur als kommissarischer Leiter eingesetzt, die Geschicke der Nationalgalerie in den Jahren des Krieges. Es wurde kein neuer Direktor mehr eingesetzt, und die bislang autonome Nationalgalerie unterstand nun unmittelbar dem Generaldirektor der > **Staatlichen Museen zu Berlin**. Mit Ausbruch des > **Zweiten Weltkrieges** wurde das Stammgebäude auf der > **Museumsinsel** geschlossen, die Bestände wurden zunächst in die Depots der Reichsbank am Werderschen Markt (später Zentralkomitee der SED; heute Außenministerium der BRD) eingelagert und 1944 in die > **Flaktürme** Zoo und Friedrichshain verbracht (> **Auslagerungen**). Die > **Sammlung der Zeichnungen** der Nationalgalerie überdauerte den Krieg im Keller des Kronprinzen- Palais. *RM/JG*

»Entartete Kunst«

Seit längerem vorbereitet, erfolgte die Aktion »Entartete Kunst« gegen expressionistische, jüdische und linkspolitische Künstler während der Zeit des > **»Dritten Reichs«** in mehreren Schritten. Nachdem der Direktor > **Ludwig Justi** ohne Angabe von Gründen zum 1. Juli 1933 beurlaubt und später in die Kunstbibliothek versetzt, sein Nachfolger > **Alois Schardt** nach vierteljähriger Amtszeit abgelöst worden war, führte > **Eberhard Hanfstaengl** ab Dezember 1933 die Geschäfte. Am 30. Oktober 1936 wurde auf Anweisung des Reichserziehungsministers Bernhard Rust (> **Kultusministerium**) die Neue Abteilung im Obergeschoß des > **Kronprinzen-Palais** geschlossen, denn »was uns in diesem Kronprinzen-Palais als junge deutsche Kunst vorgeführt wird, sind Juden, nichts als Juden« (Deutsche Kulturwacht, April 1933). Am 3. November bereits wurden zwei Aquarelle von Paul Klee, drei Aquarelle von George Grosz und eine Skulptur von Oswald Herzog der Galerie für eine Antikomintern-Ausstellung im Deutschen Museum München entzogen. Nach Rücktritt des Präsidenten der Reichskammer für bildende Künste Eugen Hönig am 1. Dezember 1936 übernimmt der »Schamhaarmaler« Adolf Ziegler den Vorsitz. Die Weichen für den großen Rundumschlag sind gestellt. Mitte April 1937 erscheinen Wolf Willrich, »Maler«, und Dr. Walter Hansen, Zeichenlehrer, unter Umgehung des zuständigen Ministeriums mit einer Vollmacht des Propagandaministeriums und der Gestapo, um für die Münchner Ausstellung »Gebt mir 4 Jahre Zeit« ein Schaufenster mit »entarteter« Kunst zusammenzustellen. Sie nutzen die Abwesenheit Hanfstaengls und dringen in die Magazinräume des Kronprinzen-Palais ein. Am 30. Juni 1937 ermächtigt der Reichspropagandaminister Joseph Goebbels aufgrund einer ausdrücklichen Vollmacht des Führers den Reichskammerpräsidenten Ziegler, »die im deutschen Reichs-, Länder- und Kommunalbesitz befindlichen Werke deutscher Verfallskunst seit 1910 auf dem Gebiet der Malerei und Bildhauerei zum Zwecke einer Ausstellung auszuwählen und sicherzustellen.« Am 5. Juli wird das Kronprinzen-Palais gänzlich ge-

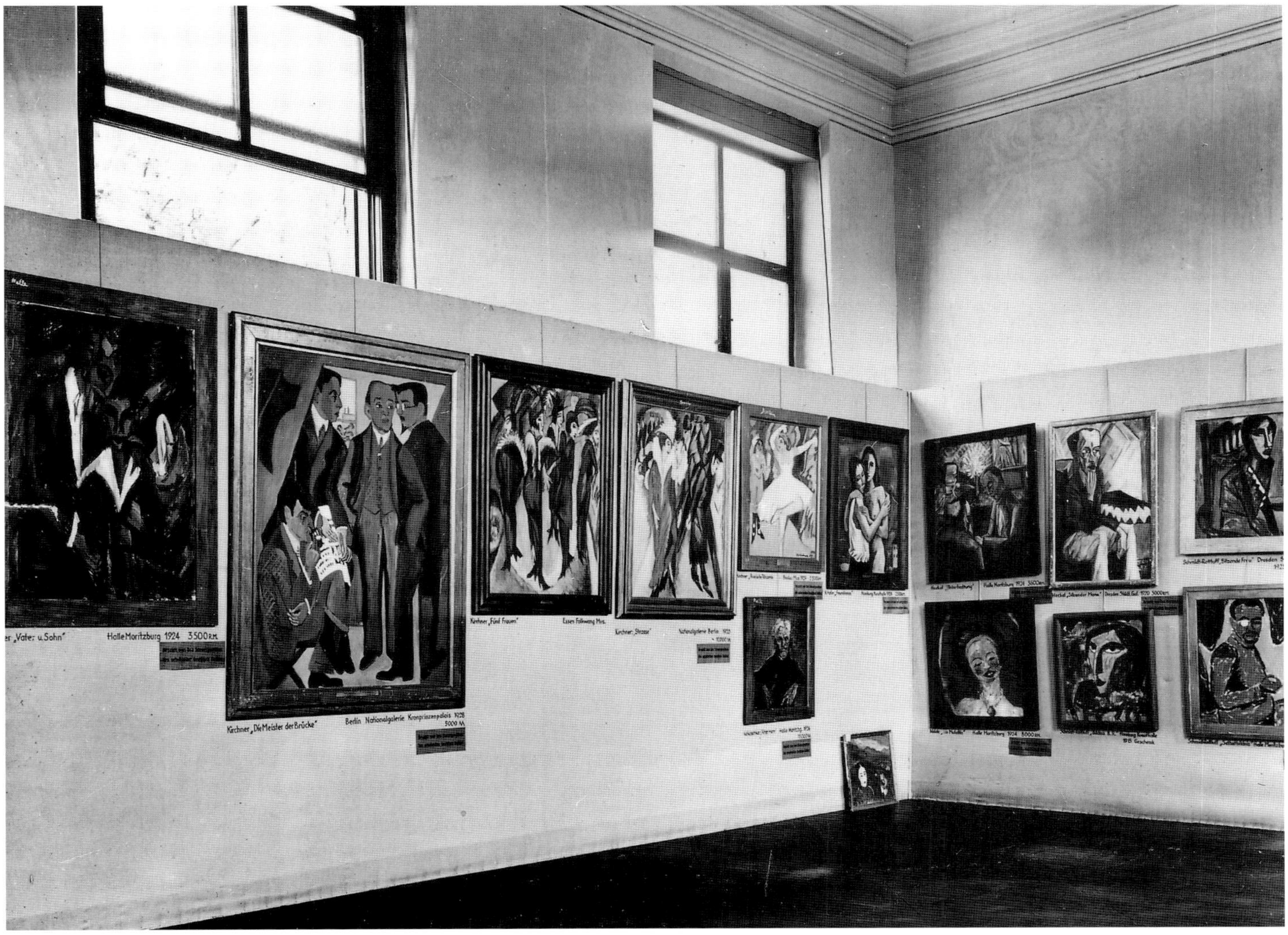

Blick in die Ausstellung »Entartete Kunst«, München, 1937. Raumansicht mit Werken von (u. a.) Ernst Ludwig Kirchner aus der Nationalgalerie Berlin

schlossen, am 7. Juli erscheint unter der Leitung von Ziegler ein Ausschuß mit vorbereiteten Listen, um die Ermächtigung Goebbels in die Tat umzusetzen. Hanfstaengl weigert sich, den Ausschuß zu empfangen. Zwischen 11 und 14 Uhr beschlagnahmt der Ausschuß bei Abwesenheit des Direktors in den Ausstellungs- und Magazinräumen des Kronprinzen-Palais und in der Handzeichnungssammlung 68 Gemälde von Schmidt-Rottluff, Kirchner, Pechstein, Nolde, Otto Mueller, Heckel, Marc und Macke, Beckmann, Kerschbaumer und Schrimpf sowie sieben Skulpturen von Lehmbruck, Belling, Mataré und zahlreiche Zeichnungen, einschließlich einer von Barlach. Die Gemälde von Kokoschka, zur Zeit auf einer Ausstellung in Wien und Genf, notiert man gesondert. Am 10. Juli geht ein Transport mit 59 Gemälden, vier Skulpturen und 52 Zeichnungen im Wert von 272 610 RM aus dem Besitz der Nationalgalerie nach München, Galeriebau Hofarkaden, wo am 19. Juli Ziegler die Ausstellung »Entartete Kunst« mit den Worten eröffnet: »Es hätten Eisenbahnzüge nicht gereicht, die deutschen Museen von diesem Schund auszuräumen. Das wird noch zu geschehen haben, und zwar in aller Kürze.« Vermehrt um die Werke der Künstler, deren Namen in der Deutschen Allgemeinen Zeitung vom 24. Juli 1937 veröffentlicht wurden, weist die Liste der beschlagnahmten Werke in diesem ersten Schritt 110 Gemälde, 26 Skulpturen und 633 Handzeichnungen aus. Nachdem Hanfstaengl und sein Mitarbeiter > **Alfred Hentzen** Ende Juli entlassen und > **Paul Ortwin Rave** zum kommissarischen Direktor ernannt worden war, erfolgt die von Ziegler angeordnete nächste Aktion.

Am 12., 13. und 16. August 1937 erscheint wiederum ein Ausschuß, der nun »ohne Rücksicht auf Rechtsform und Eigentumsverhältnisse« die Bestände überprüft, um die »Richtlinien des Führers mit unnachsichtiger Strenge [...] schnellstens durchzuführen« (Göring). Er sondert im Stammgebäude aus dem Bestand des Kronprinzen-Palais zunächst etwa 150 Werke aus, gibt aber am nächsten Tage eine größere Anzahl wieder frei, so die Werke von Ferdinand Hodler als »Auslandskunst« und die von Jean Paul Schmitz als nicht zur »Verfallskunst« gehörig. Diese sollen mit den ebenfalls beanstandeten Werken von Edvard Munch, Vincent van Gogh und Edgar Degas sowie neun Arbeiten italienischer Künstler für eine eigens zu bildende Galerie ausländischer Künstler im > **Prinzessinnen-Palais** zur Verfügung stehen. Beschlagnahmt werden insgesamt 435 Gemälde, Skulpturen, davon 189 Aquarelle und Zeichnungen sowie die Postkarten der »Brücke«-Künstler und zwölf Kartons von Else Lasker-Schüler, wovon wenige mit ausdrücklichem Ausstellungsverbot im Hause verbleiben, darunter Skulpturen von Barlach, Belling und Fiori. Auch Fremdbesitz und vom Ministerium untergestellte Werke verfallen dem Edikt. Über den Reichserziehungsminister ruft am 12. Oktober 1937 Reichskammerpräsident Ziegler die »Werke der Verfallskunst« ab, ausgenommen die neun italienischen, die bis auf weiteres zur Verfügung zu halten seien. 72 Gemälde, 24 Skulpturen und 251 Zeichnungen im Wert von 345 809 RM wurden von der Spedition Knauer am 14. Oktober in die Köpenicker Straße 24 transportiert. Davon gehen 13 Gemälde zur Auswechslung der Exponate nach München. Ihnen folgen 21 ausländische Gemälde und eine Skulptur zusammen im Wert von 547 100 RM am 6. und 25. November 1937 in die Köpenicker Straße. Etwa 700 Werke »international verwertbarer entarteter Kunst«, darunter Besitz der Nationalgalerie, versteigert die Galerie Fischer im Luzerner Grand Hotel National am 30. Juni 1939, nachdem der »Abschaum« von 1004 Gemälden und Skulpturen und 3825 Arbeiten auf Papier am 20. März 1939 auf dem Hof der Hauptfeuerwache Berlin verbrannt worden war. Habent sua fata tabulae. *FW*

Erster Weltkrieg

Kaiser > **Wilhelm II.** nach Kriegsausbruch zu > **Ludwig Justi**: »Ich habe mich gefreut, daß Ihre Neuordnung der National-Galerie so viel Beifall gefunden hat. [...] Na, mit der Kunst ist es ja einstweilen nichts. [...] Vielleicht bringen wir Ihnen etwas Schönes mit aus Paris.« Ludwig Justi, Leutnant der Reserve in Cottbus und nicht frontdiensttauglich, kümmerte sich in den Kriegsjahren vornehmlich um das Projekt eines > **Reichskriegsmuseums**. In der Verwaltung der > **Nationalgalerie** wurde er durch seine Assistenten Joseph Kern und > **Hans Mackowsky** vertreten. Justis Mitarbeiter Walter Kaesbach war in den Kriegsjahren als Zugführer eines Sanitätstrupps in der Krankensammelstelle in Ostende/Belgien stationiert und tat alles dafür, Künstler wie Beckmann, Heckel, Herbig, Kaus, Kerschbaumer und Nauen, die sich freiwillig als Krankenpfleger gemeldet hatten, mit Sanitätsaufgaben zu betrauen, um sie damit vom aktiven Kriegsdienst zu befreien.

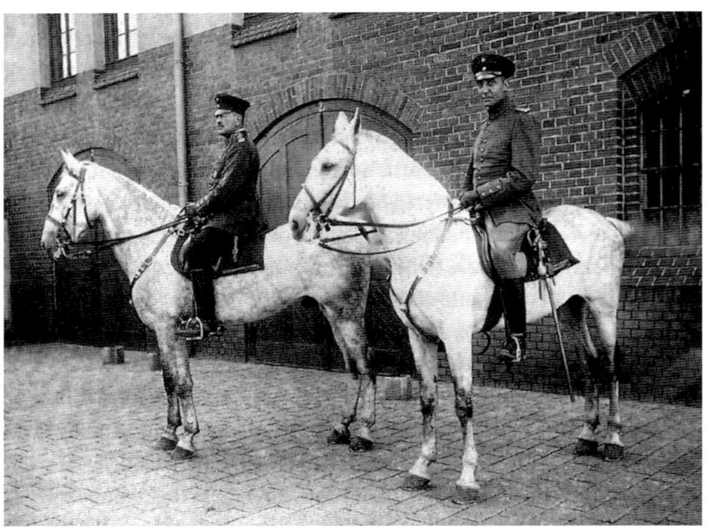

Ludwig Justi (rechts) als Leutnant der Reserve in Cottbus während des Ersten Weltkriegs

Ludwig Justi erinnerte sich in seinen Memoiren: »Sonntags kam ich, zuerst selten, später häufiger, auf Urlaub und behielt so wenigstens die Entscheidung über die Ankäufe. Die beiden letzten Jahre wohnte ich dann wieder in Berlin.« In den letzten Kriegsjahren hatte sich die Kontrolle seitens des Kaisers gelockert, die Überwachung der Neuerwerbungen übernahm nunmehr der Kultusminister. Das, was Justi mit der Erwerbung von Georg Kolbes »Tänzerin« und Max Slevogts »Der rote d'Andrade« vor 1914 als »Befreiung von der bisherigen Fesselung« begann, wurde in den Jahren des Krieges mit > **Erwerbungen** vor allem der Werke des deutschen > **Impressionismus** fortgesetzt: 1915 Max Liebermanns Bildnis »Emil Rathenau«, 1916 Lovis Corinths »Donna gravida« als erste (!) Erwerbung vom Künstler und Slevogts »Trabrennen«. Der Kultusminister genehmigte jetzt auch die Einrichtung eines Kabinetts mit Werken von Liebermann, das am 18. Januar 1918 in der Nationalgalerie eröffnet wurde. Liebermann an Gustav Pauli, Hamburg: »Der heutige Tag würde in früheren Jahren Epoche in meinem Leben gemacht haben [...] Wer hätte das (vor kurzem war jeder Ankauf verboten) für möglich gehalten?«

Gegen Kriegsende richtete Justi die Cornelius-Säle (> **Cornelius**) mit zeitgenössischer Kunst ein, im ersten Saal hingen Karl Hagemeisters große Wellenbilder, im zweiten die neu erworbenen Werke aus dem Kreis der > **Berliner Secession**. Mit Genugtuung resümierte er, »daß der alte, dicke Turm der Landes-Kunst-Kommission genommen« werden konnte und »der neue Ausschuß denkbar günstig zusammengesetzt« war, er lobte die zunehmende Konzilianz des Kaisers und des Kultusministers (> **Kultusministerium**) und schloß mit dem Fazit: »Mit den weiteren Erwerbungen stand die National-Galerie in der Berücksichtigung lebender Künstler nicht mehr hinter den anderen deutschen Galerien zurück.« *RM*

Erweiterter Kunstbegriff

Erst > **Joseph Beuys** hat explizit von einem Erweiterten Kunstbegriff als einer grundlegenden Vorstellung innerhalb seines künstlerischen Schaffens gesprochen. Diese gegenüber einer traditionellen, in den klassischen Techniken und Gattungen operierenden bildenden Kunst gedachte Erweiterungsvorstellung war aber immer schon treibendes Wollen der Kunstentwicklung. Der radikalste Ausbruchsversuch ist zweifellos seit 1911 Marcel Duchamp mit den ersten in München angestellten Überlegungen zu seinem »Großen Glas«, gelungen. Dieses bis heute schwer zu definierende Werk war im Grunde der Beginn der später so genannten Konzept-Kunst, einer stark vom Intellektualismus geprägten Kunstströmung. Das über viele Jahrzehnte und spektakuläre Kunstentwicklungen hinweg mit einer eigenen, wiederum konzeptuellen Veröffentlichungsökonomie vorgetragene Œuvre Duchamps ist für viele der eigentliche Ausgangspunkt für eigene Wege, selbst für den sich zunächst kritisch auf Duchamp beziehenden Beuys.

Die 1960er Jahre sind das große Jahrzehnt einer breiten und vielgestaltigen Bühne interdisziplinärer Erweiterungen aller Bild und Klangräume. So gewinnt der amerikanische Komponist und Klangkünstler John Cage in dieser Zeit ebenso Gehör wie der belgische Poet und bildende Künstler Marcel Broodthaers, die Fluxus- und Konzeptkünstler, Abspaltungen wie Minimal Art und Land Art, Performance Art und nicht zuletzt auch der bereits erwähnte Joseph Beuys. Beuys hat in der Zusammenarbeit mit den Fluxus-Künstlern, deren Festivals ihm eine Bühne für seine hermetischen Aktionen waren, eine Erweiterungsvorstellung entwickelt, die sich von der Kunst her auf alle Lebensvorgänge bezog. Sein universelles, eklektisches Gedankengebäude, das sich auf alle auf Erweiterung hin gedachte geistige Bewegungsformen bezog, ging von antiken philosophischen Vorstellungen, dem sogenannten Christusimpuls, den Vorstellungen der Mystiker und Rosenkreuzer, der deutschen Romantik, Rudolf Steiners Anthroposophie, anarchischen und sozialrevolutionären Elementen aus und führte bis hin zu den von den Grünen geführten ökologischen Reformbestrebungen. Beuys hatte seine grundlegende Erfahrung als Künstler – besonders als Bildhauer – und die sich permanent wiederholende Spannung zwischen dem anfänglich chaotisch Ungeformten und der strengen Form eines Werks unterschiedlichsten Materials, auf alle Bewegungen innerhalb der menschlichen Gesellschaft zu übertragen versucht. Beginnend beim Denken und Sprechen, der Geburt und Entfaltung der eigenen Person, bis hin zu sozialen und ökonomischen Prozessen. Entsprechend seiner plastischen Theorie sah er alle Lebensprozesse als plastische, das heißt als künstlerische Bewegungen, in die der Mensch dank seines Willens frei einzugreifen vermag. Beuys sah demzufolge diese neue, erweiterte Kunst als einzige Möglichkeit, gestaltend auf die Gesellschaft einzuwirken. Durch die Kunst hindurch sollten alle sozialen, politischen und ökonomischen Bewegungsformen erstmals eine freiheitliche Gestalt annehmen. Der von ihm geprägte Erweiterte Kunstbegriff erschien ihm als eine logische Konsequenz der bis dahin von der sogenannten Moderne oder Avantgarde entwickelten, allerdings interne Erweiterungen, die am Ende des 20. Jahrhunderts in einem belanglos-formalen Kreislauf zu scheitern drohten und lediglich die Rolle eines allgemein akzeptierten Unterhaltungsdesigns sowie eines ästhetischen Ausstattungsunternehmens der Großkonzerne zu spielen hatten. *EB*

Erwerbungen

Die jeweiligen Umstände, die zur Erwerbung oder – weiter gefaßt – zum Eingang eines Werkes in die Sammlung der > **Nationalgalerie** geführt haben, sind sehr unterschiedlicher Natur und ergeben in Gänze unter dem Aspekt der Provenienz ein sehr breites Spektrum. Dennoch lassen sich zwei Hauptgruppen unterscheiden, die beide ihren Anteil am heutigen Profil der Nationalgalerie haben: Die entscheidende Bedeutung kommt selbstverständlich der Gruppe von Werken zu, die zielgerichtet durch die jeweiligen Direktoren und ihre Kustoden erworben worden sind und die auch den überwiegenden Teil des Bestandes ausmachen.

Aber ein anderer, durchaus gewichtiger Teil ist durch Übereignungen, > **Schenkungen** oder Stiftungen und > **Vermächtnisse** in die Sammlung gelangt – wie die Sammlung > **Wagener**, die seinerzeit den Grundstock der Sammlung bildete und damit die Gründung der Nationalgalerie überhaupt erst ermöglichte. Immer wieder führten solche uneigennützigen Aktivitäten zu profilierenden Ergänzungen des Bestandes. Die lange Reihe dieser wichtigen Möglichkeiten des Zuwachses reicht von der Schenkung umfangreicher Sammlungsteile (etwa die Schenkung > **Otto van de Loo**, 1991) oder einzelner bedeutender Kunstwerke durch Privatpersonen (»Grunewaldsee«, 1895, von Walter Leistikow als Geschenk des Bankiers Richard Israel, 1898) und Künstler (so schenkte Max Ernst der Nationalgalerie 1972 den Originalgips seiner Skulptur »Capricorne«, 1948/64) bis zur Überlassung hochrangiger Künstlernachlässe (wie das Vermächtnis Magdalena Goldmann, aus dem Nachlaß Renée Sintenis, 1981).

Zu dieser Gruppe gehören aber auch solche Zugänge, die unabhängig von den Direktoren – und zuweilen auch gegen deren Willen – in die Sammlung überführt wurden. So ließ > **Wilhelm II.** das Historiengemälde »Kaiser Wilhelm der Siegreiche« von Ferdinand Keller 1890 in den Bestand eingliedern, ohne > **Max Jordan** zu befragen, und in der DDR übereignete das Ministerium für Kultur der Nationalgalerie eine Reihe von Werken, ohne daß sie den von den Museumsmitarbeitern aufgestellten Qualitätskriterien entsprochen hätten (> **DDR-Kunst**, > **Kultusministerium**).

Eine Art Zwischengruppe indes stellen jene erstrangigen Werke oder bedeutenden Privatsammlungen dar, für deren Erwerb der Nationalgalerie ganz bewußt der Vorrang eingeräumt wurde – wie das bei dem Gemälde »Sonja« von Christian Schad (1997) oder bei der seit 1996 gezeigten, außerordentlich wertvollen Sammlung »Picasso und seine Zeit« von > **Heinz Berggruen** der Fall war, die im Dezember 2000 durch Mittel des Bundes und der Stadt Berlin für eine weit unter dem Sammlungswert liegende Summe erworben werden konnte.

Vereinzelt sind durch die Nationalgalerie auch Aufträge (> **Auftragswesen**) vergeben worden: So bat > **Ludwig Justi** 1924 den Bildhauer Rudolf Belling um eine Übertragung seines 1919 in Gips entstandenen »Dreiklangs« in Holz, und er beauftragte Fritz Cremer 1950, von den 1947 für den Wiener Zentralfriedhof geschaffenen Steinskulpturen »Trauernde« und »Anklagende« eine Bronzefassung herzustellen. Auch das große Gemälde »Berlin Red«, 1969/70, von Sam Francis für die obere Halle der > **Neuen Nationalgalerie** geschaffen, ist als eine Zeichensetzung auf Wunsch > **Werner Haftmanns** entstanden.

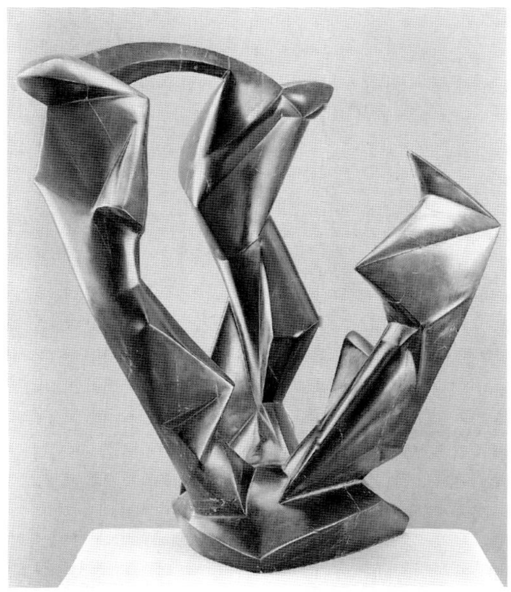

Rudolf Belling, Dreiklang, 1919–24, Staatliche Museen zu Berlin, Nationalgalerie. Auftragswerk; Ankauf 1924

Der größte Teil der Sammlung aber ist durch Kauf zusammengetragen worden. Bei diesen Ankäufen von Gemälden und Skulpturen, die direkt von den Künstlern oder aus Nachlässen, von Privatpersonen, Galerien, Ausstellungen oder von Auktionen erworben worden sind, spielten trotz mehr oder minder großer Ankaufsetats finanzielle Probleme sehr häufig eine Rolle. Deshalb kommt dem mäzenatischen Wirken der privaten, institutionellen oder öffentlichen Hand, das die Sammeltätigkeit der Nationalgalerie dankenswerterweise immer begleitet hat, eine sehr große Bedeutung zu. So sind etwa im letzten Viertel des 19. Jahrhunderts aus dem von Rohrschen Stiftungsfonds (1876–1901) und dem Kiss'schen Stiftungsfonds (seit 1876) Erwerbungen von Blechen, Liebermann, Menzel, Marées, Hildebrand und anderen bestritten oder seit 1981 aus dem Renée-Sintenis-Fonds Mittel für den Erwerb von Skulpturen zur Verfügung gestellt worden. Während der staatliche > **Kulturfonds der DDR** zusätzliche Gelder bewilligte, waren für die Ankaufstätigkeit der Neuen Nationalgalerie, deren Bestände 1967 mit den Erwerbungen der > **Galerie des 20. Jahrhunderts** zusammengeführt wurden, vor allem die > **Stiftung Deutsche Klassenlotterie** Berlin und seit 1977 besonders der > **Verein der Freunde der Nationalgalerie – Neu** ganz entscheidend.

Ohne diese und andere zusätzliche Gelder wären die Erwerbungen solcher bedeutender Werke wie »Who's Afraid of Red, Yellow and Blue IV« von Barnett Newman (1982), an der sich auch zahlreiche Künstler mit Werkspenden engagiert beteiligten, die »Ansicht der Rückfront der Häuser an der Schloßfreiheit« von Eduard Gaertner (1993), »Die Skatspieler« von Otto Dix (1995), »Der Potsdamer Platz« von Ernst Ludwig Kirchner

(1999) oder »Christus und die Sünderin« von Emil Nolde (> **Rückerwerbung**, 1999) nicht möglich gewesen.

Doch fast noch gravierender als diese finanziellen Nöte erwiesen sich wiederholt die Schwierigkeiten bei der ästhetischen Begründung der Entscheidung für ein bestimmtes Kunstwerk und der damit verbundenen, meist neue Wege aufzeigenden Kunstauffassung. Vieles hing vom Geschick und von der Diplomatie der einzelnen Direktoren ab, die Wichtiges erreichten, denen aber trotzdem nicht immer Erfolg beschieden war. Während Max Jordan, der sich vor allem um Carl Blechen, die Nazarener, Adolph Menzel, Max Liebermann und Arnold Böcklin verdient gemacht hat, in der damaligen > **Landeskunstkommission** offenbar keine größeren Probleme hatte, mußte > **Hugo von Tschudi** seinem »Kampf um die Moderne«, der besonders Werke so bedeutender französischer Künstler wie Edouard Manet, Camille Pissarro, Edgar Degas, Claude Monet, Paul Cézanne für die Nationalgalerie erbrachte, letztlich mit seiner Abberufung durch den Kaiser Tribut zollen. Auch Ludwig Justi, der seit 1919 in starkem Maße die deutschen Expressionisten (> **Expressionismus**) förderte, war immer wieder öffentlichen Angriffen ausgesetzt; 1933 wurde er von den Nationalsozialisten aus dem Amt entlassen.

Selbst unter demokratischen Bedingungen waren Neuankäufe mitunter heftig umstritten. So stieß > **Dieter Honisch** in weiten Kreisen der Öffentlichkeit und einem Teil der > **Presse** auf Unverständnis, als er 1981 Barnett Newmans Farbfeldtafel »Who's Afraid of Red, Yellow and Blue IV« von 1969/70 – heute ein Hauptwerk der modernen Kunst in der Neuen Nationalgalerie – erwerben wollte. Dank seiner konsequenten Beharrlichkeit ist ihm dies letztlich doch gelungen. *FJ*

Expressionismus

Als in Berlin um 1910 die ersten Bilder der deutschen Expressionisten zu sehen waren, soll der Kunsthändler > **Paul Cassirer,** angesichts eines Gemäldes von Max Pechstein befragt, ob dies noch > **Impressionismus** sei, geantwortet haben: »Nein, das ist Expressionismus.« Die »Gefühlslage« schien eindeutig: Expressionismus = Ausdruckskunst, die in romantischer Tradition vom Gefühl ausgeht und dafür moderne Mittel sucht. Als erste »Expressionisten« aber galten die französischen Fauves um Henri Matisse, die 1911 in der > **Berliner Secession** ausstellten und mit heftigem Pinselduktus, Rückkehr zur reinen, ungebrochenen Farbe, radikaler Formauflösung und der Aufhebung der Perspektive die neuen Werkcharakteristika der Avantgarde repräsentierten. Der Expressionismus in Deutschland hingegen, sofort als »Abwendung vom Impressionismus« begrüßt, nahm schon vor 1914 eine psychologische und soziale Wendung zu einem gefühlsbetonten »deutschen«, germanisch-nordischen Nationalstil innerhalb der europäischen Moderne an.

Die Sammler und Museumsleute dagegen hielten sich weniger an die unscharfen Begriffe »Expressionismus« und »Expressionisten« als vielmehr an den faszinierenden Formbestand der neuen, farbstarken Bilder. Bereits nach der Jahrhundertwende hatte Karl Ernst Osthaus die ersten Bilder von Emil Nolde und Christian Rohlfs für das Museum Folkwang in Hagen/Westfalen erworben und Max Sauerlandt 1913 Noldes »Abendmahl« für das Moritzburg-Museum in Halle an der Saale gekauft. Die Erwerbung wurde von Wilhelm von Bode, dem einflußreichen Generaldirektor der Berliner Museen, schärfstens attackiert, und auch > **Ludwig Justi** als Direktor der > **Nationalgalerie** hatte nach dem Scheitern > **Hugo von Tschudis** als vorsichtiger Lavierer im Windschatten des Kaisers allen Grund, sich in der Reichshauptstadt der ersten > **Erwerbungen** der Ex-

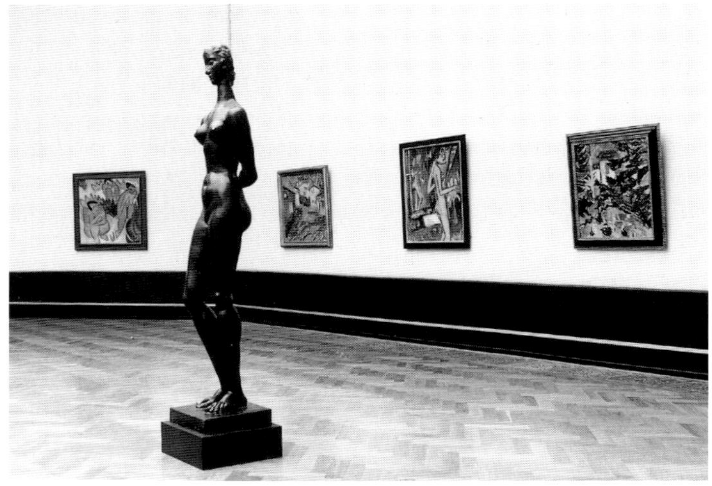

Blick in die Ausstellung »Kunst in Deutschland 1905–1937« in der Alten Nationalgalerie, 1992/93. Mit Werken aus der Expressionisten-Sammlung der Nationalgalerie. Fotografie: Karin März

pressionisten vorerst noch zu enthalten. Er setzte weniger auf spektakuläre Ankäufe als auf die grundlegende »Reinigung« und Neustrukturierung der Sammlung.

Erst in den Jahren des > **Ersten Weltkrieges** gelang es Justi, eine passable Kollektion der längst etablierten Berliner Impressionisten Lovis Corinth, Max Liebermann und Max Slevogt zusammenzubringen. Dabei hatte er früh schon mit Walter Kaesbach einen Assistenten an seiner Seite, der enge persönliche Kontakte zu den Expressionisten (Erich Heckel, Heinrich Nauen und Christian Rohlfs) unterhielt und der daraufhin von Justi beauftragt wurde, die Grundlagen für die »Galerie der Lebenden« im > **Kronprinzen-Palais** zu legen. Mit Meisterwerken von Ernst Barlach, Oskar Kokoschka und Wilhelm Lehmbruck wurde bereits 1919 das Profil der neuen Sammlung sichtbar, allen voran Franz Marcs »Der Turm der blauen Pferde«, das bis heute verschollene Symbol der Neuen Abteilung der Nationalgalerie. Justi, »der konservative Revolutionär« (Kurt Winkler), war in den 1920er Jahren nicht nur der institutionalisierte Kopf bei der Entstehung der einmaligen Expressionisten-Sammlung im Kronprinzen-Palais, sondern auch ein Meister im Umschiffen aller kunstpolitischen Klippen in der Kunstpolitik der Weimarer Republik. Doch auch Justis Kustoden Walter Kaesbach, > **Alfred Hentzen** und > **Ludwig Thormaehlen** kommt ein maßgeblicher Anteil am hohen Niveau der Expressionisten-Sammlung zu. Justis beispielhaftes Lebenswerk wurde durch die nationalsozialistische Aktion > **»Entartete Kunst«** nahezu gänzlich zerstört, nur wenige wichtige Werke überstanden den Bildersturm und die Wirren des Krieges, darunter Ernst Barlachs Relief »Die Verlassenen«, Rudolf Bellings »Dreiklang«, Lyonel Feiningers »Teltow II«, Ernst Ludwig Kirchners »Rheinbrücke in Köln« und Oskar Kokoschkas »Jagd«.

Im November 1945 beschloß der Magistrat von Groß-Berlin die Einrichtung einer > **Galerie des 20. Jahrhunderts**, die von Anbeginn mit der Idee von der Wiedergeburt des Kronprinzen-Palais verbunden war. Die treibenden Kräfte beim Erwerb der expressionistischen Werke waren > **Adolf Jannasch** und Ludwig Justi. Ein Teil der bis 1948 für die »Galerie des 20. Jahrhunderts« erworbenen Werke moderner Kunst (Otto Dix, »Altes Liebespaar«, 1923; Emil Nolde, »Papua-Jünglinge«, 1914) gelangte 1951 als »Schenkung des Magistrats von Groß-Berlin« auf die Museumsinsel in Berlin (Ost), Jahre später kamen Max Beckmanns Gemälde »Geburt« und »Tod« sowie Edvard Munchs »Harry Graf Kessler« anläßlich der Eröffnung des > **Mies van der Rohe**-Baues 1968 in die > **Neue Nationalgalerie** in

Berlin (West). Während der Amtszeit der Direktoren > **Leopold Reidemeister**, > **Werner Haftmann** und > **Dieter Honisch** konnten in der Neuen Nationalgalerie einige der empfindlichsten Lücken zum > **Expressionismus** durch neue > **Erwerbungen** und > **Rückerwerbungen** wieder geschlossen werden, wobei es jedoch nicht gelang, der Kunst des »Blauen Reiter« wieder einen angemessenen Platz zu verschaffen. Unvergessen sind Leopold Reidemeisters Ausstellungen jener Jahre, der »Triumph der Farbe – Die europäischen Fauves«, »Berlin – Ort der Freiheit für die Kunst« und »Der Sturm. Herwarth Walden und die Europäische Avantgarde« sowie Haftmanns »Hommage à Schönberg. Der Blaue Reiter und das Musikalische in der Malerei der Zeit«. Honisch hingegen orientierte sich mit monographischen Retrospektiven auf die exemplarischen Künstler im 20. Jahrhundert, so zum Werk von Ernst Ludwig Kirchner und Edvard Munch.

Unter dem ideologischen Verdikt des »Sozialistischen Realismus« und fehlender Valuta-Mittel war es, von einigen Ausnahmen (Otto Dix, Karl Schmidt-Rottluff) abgesehen, nahezu unmöglich, bedeutende Werke des Expressionismus für die Nationalgalerie in Berlin (Ost) zu erwerben. Bis in die 1960er Jahre hinein waren auch Sonderausstellungen zum Expressionismus durch kunstpolitische Indoktrination fast unmöglich gemacht geworden, die große Ausstellung »Expressionisten. Die Avantgarde in Deutschland 1905–1920« in der Nationalgalerie in Berlin (Ost) war 1986 zugleich auch ein Versuch der späten Ehrenrettung des Expressionismus gegen Ende der DDR. Nach der > **Wiedervereinigung** der Sammlungen zeigte die Ausstellung »Kunst in Deutschland 1905–1937« 1992 in der > **Alten Nationalgalerie** den wiedergewonnenen Reichtum, aber auch die unwiederbringlichen Verluste der Nationalgalerie. Die Krönung aller bisherigen Bemühungen zur Wiedergewinnung der Kunst der Klassischen Moderne für die Nationalgalerie gelang 1999 dank des Engagements von Wolf-Dieter Dube und der finanziellen Hilfe zahlreicher Sponsoren mit der Erwerbung von Ernst Ludwig Kirchners grandiosem Gemälde »Potsdamer Platz«. Diese Großstadt-Ikone des deutschen Expressionismus war 2001 der konzeptionelle Ausgangspunkt für die facettenreiche Ausstellung »Der Potsdamer Platz. Ernst Ludwig Kirchner und der Untergang Preußens« in der Neuen Nationalgalerie. *RM*

Fälschungen

Unter »Fälschung« versteht man betrügerische Nachbildung oder nachahmende Neuschöpfung eines Werkes der bildenden Kunst. Im Gegensatz zur Replik (eigenhändige Wiederholung eines Kunstwerkes durch dessen Schöpfer) oder zur > **Kopie** (Wiederholung oder Nachbildung eines Kunstwerkes durch eine andere Hand), ist die Fälschung zum Zweck der Täuschung in dem Bemühen hergestellt, sie als dem Œuvre eines Künstlers zugehörig erscheinen zu lassen und durch den Verkauf derselben Gewinn zu erzielen. Die > **Nationalgalerie** ist in ihrer langen Geschichte von solchen Täuschungen nur in geringem Maß betroffen gewesen. Durch Schenkung erwarb die Galerie 1903 mit dem Gemälde »Stiergefecht« einen vermeintlichen Francisco de Goya. Es stellte sich heraus, daß dieses Werk, das ein bevorzugtes Motiv der Goya-Nachahmer des 19. Jahrhunderts zum Gegenstand hatte, nicht von Goya, sondern von Eugenio Lucas d. Jüngeren stammte. Nachdem dieser von dem Erwerb durch die Nationalgalerie erfuhr, wandte er sich an Wilhelm von Bode und versuchte, ihn von seiner Autorschaft zu überzeugen, indem er aus dem Gedächtnis eine Replik anfertigte.

Großes Aufsehen verursachten dagegen in den 1920er Jahren die mehr als 30 gefälschten Gemälde Vincent van Goghs, die Otto Wacker auf dem Kunstmarkt in Umlauf gebracht hatte. Dies betraf indirekt auch die Nationalgalerie, da > **Ludwig Justi** zur gleichen Zeit mit Hilfe des > **Vereins der Freunde der Nationalgalerie – Alt** einen van Gogh, den »Garten Daubignys«, gekauft hatte und in Verdacht geriet, damit eine Fälschung erworben zu haben. In dem berüchtigten > **Wackerprozeß** trat Ludwig Justi als einer der Gutachter auf und konnte das Gericht von der Echtheit des Gemäldes der Nationalgalerie überzeugen.

Die Direktoren der Nationalgalerie wurden wiederholt als Kunstsachverständige zu Fälscherprozessen herangezogen. Im Mai 1938 trat > **Eberhard Hanfstaengl** im Prozeß wegen Fälschung von Gemälden Carl Spitzwegs als Gutachter auf. In den 1960er Jahren fälschte ein Meininger Kunstmaler mehrere Zeichnungen des Bildhauers und Grafikers Ernst Barlach und verkaufte diese unter Versicherung der Echtheit an Einrichtungen des Kunsthandels sowie an Privatpersonen. Die Nationalgalerie übernahm zu Dokumentationszwecken von der Staatsanwaltschaft des Bezirkes Suhl die gefälschten Zeichnungen, die heute im > **Archiv** aufbewahrt werden. *JG*

Flakturm

Angesichts der immer stärker werdenden Luftangriffe auf Berlin im > **Zweiten Weltkrieg** hatte Adolf Hitler im September 1940 angeordnet, in Parkanlagen Flaktürme zu errichten. Bereits im Sommer 1941 konnten die Bunker am Zoo, im Friedrichshain und im Humboldthain fertiggestellt werden. Diese Anlagen bestanden aus über 40 m hohen Türmen, einem Leitturm und einem Geschützturm mit mehreren Flakgeschützen zur Luft-

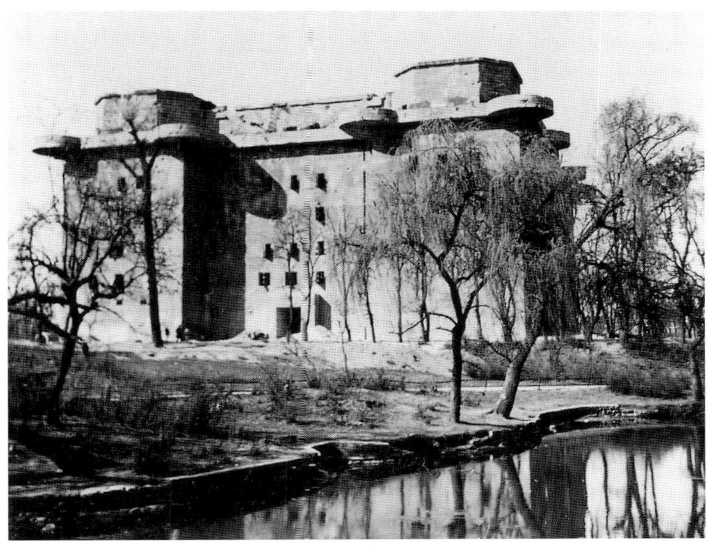

Flakbunker Friedrichshain, nach dem 8. Mai 1945

abwehr. Bei den Türmen, die den Museen zur > **Auslagerung** des Kunstgutes zugewiesen wurden, handelte es sich jeweils um den Leitturm am Zoo und den Leitturm im Friedrichshain. Aufgrund der hier zur Verfügung gestellten Räume (im Zoo 1500 m^2, im Friedrichshain 735 m^2), wurden die Flaktürme zu den Hauptbergungsorten für die Museumsgüter. Die zweckmäßige Einrichtung der Räume mit Stellagen erlaubte eine übersichtliche Anordnung der Bilder in Stapeln geordnet. Zusätzlich ließ man die Fensterluken vermauern, so daß die Bunker als relativ sicher galten. Im Flakturm am Zoo begann die Belegung durch die Museen im September 1941. Hierher verlagerte auch die > **Nationalgalerie** ihre noch auf der Insel befindlichen Gemälde ersten und zweiten Ranges sowie ihre wertvollen Handzeichnungen.

Mit Fortdauer des Krieges erfolgten unvermeidliche Umlagerungen des Kunstgutes. Die im Tiefenkeller der Reichsbank deponierten Gemälde der Nationalgalerie und Werke des > **Schinkel-Museums** mußten im Spätsommer 1944 wegen Bomben- und Wasserschadens in den Flakturm am Zoo überführt werden. Im Herbst 1944 beanspruchte die Berliner Gauleitung zusätzlich Räume im Flakturm am Zoo, um einen Gefechtsstand für die Verteidigung der Stadt einzurichten. Daraufhin mußten die Gemälde der Nationalgalerie aus dem Flakturm am Zoo in den Flakturm im Friedrichshain verlagert werden. Als sich im Februar 1945 die militärische Lage weiter verschlechterte, erfolgte die teilweise Evakuierung der Flaktürme. Soweit es noch bis zur Umzingelung der Stadt am 7. April 1945 möglich war, verließen insgesamt zehn Kunsttransporte aus den Flaktürmen Zoo und Friedrichshain die Stadt. Nach dem Ende der Kampfhandlungen am 2. Mai 1945 erfolgte die Übergabe der Flaktürme an die russischen Truppen. Die schwersten > **Kriegsverluste** entstanden den Museen durch mehrfache Brände im Flakturm Friedrichshain zwischen dem 5. und 6. sowie zwischen dem 14. und 18. Mai 1945. Die Brandursachen und das Schicksal der Kunstwerke, darunter mehr als 100 Werke der Nationalgalerie, sind bis heute ungeklärt. Am 7. Mai begann die sowjetische Besatzungsmacht mit dem Abtransport des nicht evakuierten Bergungsgutes aus dem Flakturm am Zoo, der durch ein alliiertes Abkommen über die Nachkriegsverwaltung Groß-Berlins zum britischen Sektor kommen würde. Im Flakturm Zoo befanden sich zu diesem Zeitpunkt noch umfangreiche Bestände der Museen, darunter Gemälde und Skulpturen der Nationalgalerie ersten Ranges. *JG*

Fotografie

Die Fotografie im Museum kann einerseits als autonome Kunst fungieren, andererseits als kunsthistorisches Hilfsmittel in der Forschung benutzt und als Reproduktion von Kunstwerken für das breitere Publikum genutzt werden. In der > **Nationalgalerie** wurde Fotografie seit dem ausgehenden 19. Jahrhundert primär zu Dokumentationszwecken gesammelt, also nicht unter dem Aspekt der künstlerischen Qualität des einzelnen Fotos, sondern unter dem Gesichtspunkt, daß Fotos (und andere Dokumente wie Drucke) über Kunstwerke oder auch über die Gestaltung von Museumsräumen, Werkensembles oder Ausstellungen Auskunft geben können. Der so sukzessiv angewachsene, durchaus heterogene Fotobestand der Nationalgalerie befindet sich heute im Zentralarchiv der Staatlichen Museen (> **Archiv**). Er umfaßt allerdings auch manche Werke bedeutender Fotografen, etwa Sach- und Raumaufnahmen von Waldemar Titzenthaler oder die höchst stimmungsvollen Aufnahmen nach Auguste Rodins Bildwerken von Eugène Druet und anderen.

Regelmäßig tritt die Fotografie als eigenständige Kunstform in der Nationalgalerie auf, in Sonderausstellungen sowie in der Dauerausstellung des > **Hamburger Bahnhofs**, etwa mit Werken von Druet bis zu Thomas Ruff, Thomas Struth und Klaus Rinke. Künftig soll hierfür primär das > **Deutsche Centrum für Photographie** zuständig sein; gleichwohl gehört Fotografie als künstlerisches Medium – wie auch die Videokunst – sowie als Dokument von Happenings und Performances, die sich aufgrund ihrer transitorischen Natur dem Zugriff des musealen Ewigkeitsanspruchs entziehen, in den Kontext der Sammlungen im Hamburger Bahnhof. *BM*

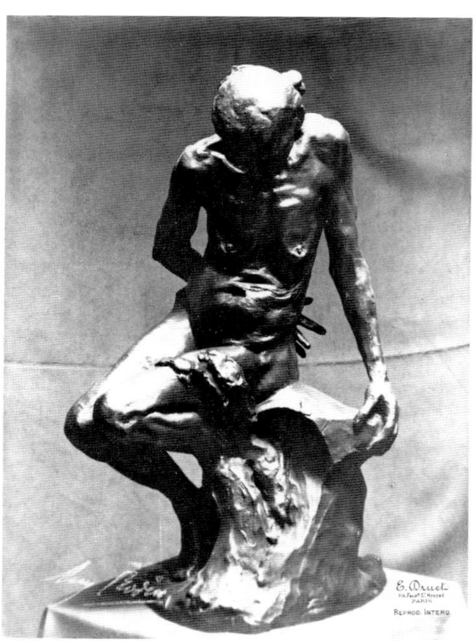

August Rodin, Einst die schöne Helmschmiedin, 1880-83, Staatliche Museen zu Berlin, Nationalgalerie. Aufnahme aus dem Jahr 1903. Fotografie: E. Druet

Friedrich Wilhelm IV.

Prinz Friedrich Wilhelm von Preußen, 1840–69 preußischer König, war der älteste Sohn des preußischen Königs Friedrich Wilhelm III. und seiner Gemahlin Königin Luise. Am 15. Oktober 1795 geboren, erzog man ihn zum Kronprinzen, der später einmal preußischer Monarch sein sollte: 1805 mußte er – an seinem 10. Geburtstag – in die preußische Armee eintreten. Nach der militärischen Niederlage Preußens gegenüber Napoleon floh der Kronprinz mit dem Rest der königlichen Familie nach Ostpreußen. Das bewußte Erleben des frühen Todes seiner Mutter 1810 hat ihn nachhaltig geprägt. An den Feldzügen gegen Napoleon nahm der Kronprinz 1813 und 1814 teil, so war er denn auch beim Einmarsch in Paris an der Seite seines Vaters und aller Verbündeter zu sehen. Unter seinen Geschwistern besaß Friedrich Wilhelm die größte künstlerische Begabung: In fast ausschließlich architektonischen Bildern lebte er seine teilweise auswuchernden Phantasien aus. Viele seiner Bauideen – wie etwa die Anlage des arkadischen Landsitzes Charlottenhof oder das Gebäude der > **Friedrichswerderschen Kirche** – wurden Ausgangspunkte für Projekte von Karl Friedrich Schinkel und dessen Schülern.

Im Sommer 1819 hatte sich der Kronprinz in die bayerische Prinzessin Elisabeth (1801–73) verliebt. Da sie jedoch katholisch war, durfte er sie zunächst nicht heiraten. Erst 1823 konnte die Hochzeit stattfinden; 1829 trat die Kronprinzessin schließlich zum evangelisch-reformierten Glauben über. Diese harmonische Ehe blieb aber kinderlos. 1825 hatte Friedrich Wilhelm III. dem Kronprinzen ein bäuerliches Anwesen bei Sanssouci geschenkt. Der Kronprinz und seine Frau erkoren Charlottenhof zu ihrem Lieblingssommersitz und ließen ihn durch Schinkel in arkadischer Heiterkeit gestalten. Italien, das Land seiner Träume, lernte der Kronprinz erst 1828 kennen. Seine lebenslange Italien-Faszination äußerte sich später in Bauprojekten, die Motive italienischer Renaissancearchitektur in die Landschaft der Mark Brandenburg zu übertragen suchten.

1840 übernahm Friedrich Wilhelm die Regentschaft und somit große politische Verantwortung. Stets schwankte der Monarch zwischen Neigung und Pflicht, oft lag ihm dabei die Kunst mehr am Herzen als die Politik. Bereits bei Abwesenheit seines Vaters hatte der Kronprinz direkt alle wichtigen Fragen, die das Kunst- und Baugeschehen betrafen, selbst entscheiden dürfen. So setzte er u. a. bei Schinkels Friedrichswerderschen

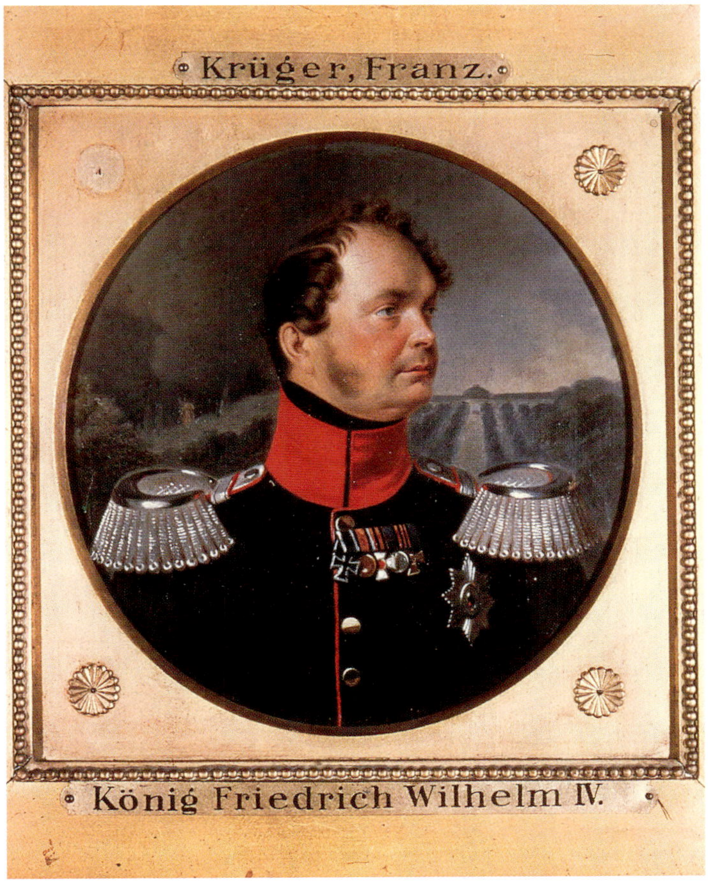

Franz Krüger, Friedrich Wilhelm IV., um 1845, Stiftung Preußische Schlösser und Gärten Berlin-Brandenburg

Kirche direkt den Gotischen Stil durch. Kurze Zeit nach seiner Thronbesteigung stellte Friedrich Wilhelm IV. die Museen unmittelbar unter seine Leitung. Noch als Kronprinz hatte Friedrich Wilhelm Karl Friedrich Schinkel mit dem Bau des > **Alten Museums** am Lustgarten beauftragt. Am 8. März 1841 bestimmte der Monarch nun per Kabinettsorder den weiteren Ausbau des gesamten Geländes der Spreeinsel zu einer »Freistätte für Kunst und Wissenschaft« (> **Wissenschaft**). Zahlreiche eigene Skizzen bezeugen die Beschäftigung des Königs mit den Bauten der > **Museumsinsel**. 1843–55 erfolgte der Bau des Neuen Museums. 1864–65 entwarf der Schinkel-Schüler > **Friedrich August Stüler** die > **Alte Nationalgalerie** als ein antikisierendes, tempelartig erhobenes Gebäude, womit er der von Friedrich Wilhelm formulierten Architekturidee folgte. Auch das später errichtete Bodemuseum entsprach noch den ursprünglichen Intentionen des verstorbenen Königs. Die lenkende Hand Friedrich Wilhelms IV. in allen Fragen der Baukunst wird bis heute besonders auf seiner Museumsinsel spürbar.

Am 31. Mai 1842 stiftete der Monarch – um verdiente Künstler und Gelehrte zu ehren – den Orden Pour le mérite der Friedensklasse. Die Aufnahme der jüdischen Musiker Felix Mendelssohn Bartholdy und Giacomo Meyerbeer in den Orden blieb damals in Preußen nicht unumstritten. Friedrich Wilhelm IV. ging damit einen wichtigen Schritt in Richtung der Integration jüdischer Mitbürger in Preußen. In den Revolutionsjahren trat der König gegen eine konstitutionelle Monarchie auf. Für ihn war die Monarchie, von Gottes Gnaden, ein romantisch-ideal gedachtes Königtum. Deshalb wies er auch die ihm von der Frankfurter Nationalversammlung angebotene gemeinsame deutsche Krone ab. Als ein solcher »Romantiker auf dem Throne« resignierte und erkrankte er angesichts der Ereignisse der Jahre 1848–50. Im Sommer 1858 erlitt er den ersten Schlaganfall; sein Bruder Wilhelm I. übernahm die Regentschaft. Friedrich Wilhelm IV. starb 1861 im Schloß Sanssouci. *BS*

Friedrichswerdersche Kirche

Dem Besucher leuchtet schon aus der Ferne ein roter Backsteinbau entgegen: die Friedrichswerdersche Kirche – der erste neogotische Sakralbau Berlins. Der > **Nationalgalerie**, die bereits vor dem > **Zweiten Weltkrieg** Teile ihrer Sammlung in räumlich nahe liegenden Dependancen präsentiert hatte, wurde 1986 das restaurierte Kirchengebäude zur musealen Nutzung übergeben. Karl Friedrich Schinkel hatte bis 1831 – unter Wiedereinführung einer gotischen Backsteinbauweise – die einschiffige, langgestreckte Kirche mit polygonalem Chorabschluß errichtet. Kronprinz > **Friedrich Wilhelm** griff mehrfach in die Planungsphase des Gebäudes ein. Der gut gegliederte Baukörper mit seinen großen Maßwerkfenstern und der Doppelturmfassade ist auf den ehemaligen Werderschen Markt ausgerichtet. Seit 1831 wurde das Gebäude als Kirche genutzt. Kurz vor Ende des Zweiten Weltkrieges schwer beschädigt, konnte die Friedrichswerdersche Kirche von 1981 bis 1987 umfassend – nach den Plänen Karl Friedrich Schinkels – von der Denkmalpflege der DDR wiederhergestellt werden. Sowohl in ihrer äußeren Erscheinung wie bei der Gestaltung des Innenraumes entsprach diese Restaurierung ganz den ursprünglichen Intentionen Schinkels. Bei der 1985 beschlossenen musealen Nutzung der Kirche sollten dort ursprünglich, unter der Ägide der Nationalgalerie, die verbliebenen Bestände des > **Schinkel-Museums** ihre Heimstatt finden. Die dazu notwendigen, mit einem Verbindungsgang zur Kirche geplanten Museumsanbauten wurden jedoch nicht ausgeführt, so daß die Schinkel-Bestände im Kupferstichkabinett sowie im Kunstgewerbemuseum verblieben.

Die ursprünglich aus konservatorischen Gründen schwierige museale Nutzung des Kirchengebäudes wurde stückweise überwunden, so daß am 15. September 1987 eine neue Dependance der Nationalgalerie in der Friedrichswerderschen Kirche eröffnet werden konnte: das Museum für klassizistische > **Skulptur**. Einfühlsam fügen sich die Statuen und Reliefs in den originalen Innenraum mit den großen, nach Schinkelschen Ent-

Das Schinkel-Museum in der Friedrichswerderschen Kirche, 1987

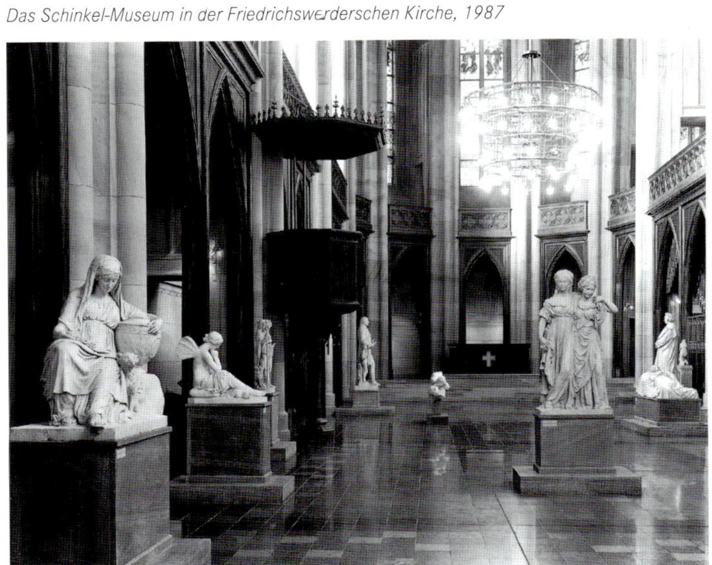

würfen ausgeführten Chorfenstern ein. Einige Bauteile, wie Altar-Mensa und Kanzel, lassen die frühere sakrale Nutzung erkennen. Mit der Ausstellung meisterhafter Skulpturen von Gottfried Schadow, Christian Daniel Rauch, Christian Friedrich Tieck und anderen klassizistischen Bildhauern, wird die eigenständige Entwicklung der Berliner Bilhauerei des Klassizismus von 1780 bis 1860 aufgezeigt. Auf den Emporen erfährt der Besucher der Dokumentationsausstellung – die Idee des Schinkel-Museums aufnehmend – eine Fülle zu Leben und Werk des großen Baumeisters und zur Baugeschichte der Friedrichswerderschen Kirche. Klassizistische Kleinplastiken auf der ehemaligen Orgelempore ergänzen die Skulpturenschau. Bei einer erneuten Restaurierung 1997–98 wurden die für die Originalarchitektur ungünstigen Kronleuchter entfernt. Im so entstandenen feierlichen Ambiente wird der Geist Schinkels ungestört erlebbar. *BS*

Führungen

Bereits 1887 regte > **Richard Schöne**, der damalige Generaldirektor der Königlichen Museen, das Verfassen allgemeinverständlicher Handbücher zu bestimmten Sammlungsgebieten an; wenig später stellte er in der Direktorenkonferenz »die Veranstaltung volkstümlicher Vorträge und Führungen der höheren Beamten durch ihre Sammlungen zur Erörterung. Er bemerkte dazu, dass schon viel erreicht sei, wenn den Besuchern das, was der Führer gedruckt enthalte, mündlich […] übermittelt werde. Im übrigen halte er die ganze Frage, wie Sammlungen der Museen dem Blickfeld

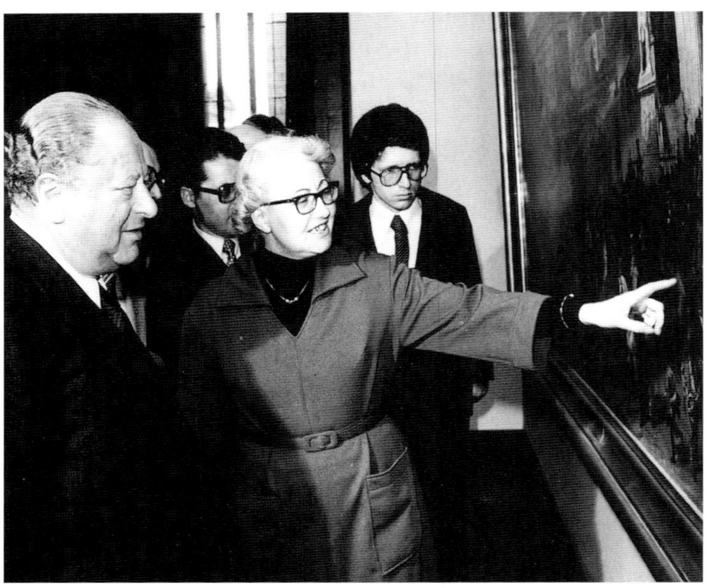

Besuch des Bundeskanzlers der Republik Österreich, Bruno Kreisky, in der Alten Nationalgalerie, 1978. Führung durch Vera Ruthenberg

und dem Verständnis der Handwerker und anderer Kreise mehr als bisher zugänglich gemacht werden könnten, für hervorragend wichtig und bitte die Herren, sich damit ferner zu beschäftigen. Die Anregungen wurden zuerst im Kunstgewerbemuseum in die Tat umgesetzt. Hier hielten 1888 und 1889 die Beamten des Museums die ersten Vorträge, versuchsweise mit anschließenden zweistündigen Führungen. […] Die übrigen Abteilungen nahmen die Führungen 1892 auf.« (Ludwig Pallat)

Auch wenn die > **Nationalgalerie** damals nicht unmittelbar dem Museumsverband angehörte, so ist doch anzunehmen, daß sie von ähnlichen Intentionen geleitet wurde, zumal ihr Direktor > **Max Jordan** schon zur Eröffnung der Nationalgalerie 1876 ein »Beschreibendes Verzeichnis der Kunstwerke der National-Galerie von Berlin« vorgelegt hatte, das in den folgenden Jahren immer wieder aufgelegt wurde und neben der eingehenden Behandlung der Werke auch mit ausführlichen Künstlerbiographien versehen war (> **Kataloge**). Schon damals entsprachen diese schriftlichen Führer dem Bedürfnis eines breiten Publikums nach Erläuterung der Werke und Werkzusammenhänge. Besonders > **Ludwig Justi** hat sich mit den 1919/20 herausgegebenen Führern zur > **Sammlung der Zeichnungen** und der Gemälde und seit Beginn der 1950er Jahre in Berlin (Ost) mit den bewußt einfach geschriebenen Begleitheften zur Ausstellungsfolge »Schule des Sehens« besonders verdient gemacht. Das kleine Handbuch zu lesen, so leitete Justi 1919 die »Deutsche Zeichenkunst im neunzehnten Jahrhundert« ein, »hat nur Sinn, wenn man dabei die Zeichnungen im Auge hat; seine Bestimmung ist erfüllt, wenn es dem Leser hilft, sich beim Betrachten der Blätter auf die so mannigfaltigen künstlerischen Absichten des vergangenen Jahrhunderts bis zur Gegenwart hin empfänglich einzustellen. Nur diese Voraussetzung kann der Führer zu schaffen versuchen, das künstlerische Erlebnis selbst ist die persönliche Angelegenheit des Betrachters.« Die Führer, die 1996 für die drei Häuser der Nationalgalerie erarbeitet wurden, sowie die vielfältigen Führungsblätter bilden heute ein wichtiges Begleitmaterial für eine informative, verständliche Erschließung der Sammlungen.

Aber auch mündliche Führungen gehören seit Ende des 19. Jahrhunderts zum öffentlichen Angebot der Nationalgalerie. Eine in den 1920er Jahren verfaßte Hausmitteilung zu »Richtlinien für Führungen in den Sammlungen« belegt die starke Nachfrage nach solchen unmittelbaren, vor den Kunstwerken selbst stattfindenden Begegnungen. Dies führte nach dem > **Zweiten Weltkrieg** in beiden Museumsverbänden zur Gründung eigenständiger museumspädagogischer Dienste. Anfang der 1960er Jahre wurde in Berlin (Ost) der »Führungsdienst« etabliert; in Berlin (West) gab es seit 1980 den »Pädagogischen Dienst«. Aus beiden ist der heutige »Besucher-Dienst« hervorgegangen, der nicht nur eine Vielzahl von Führungen bestreitet und die Kindergalerie betreut, sondern auch zahlreiche Programme für Schulen, für die Erwachsenenbildung und mediale Informationssysteme entwickelt und durchführt. Vor 1990 gehörten in beiden Nationalgalerien thematische Sonderführungen – vor allem durch die Kustoden selbst gehalten – zu einzelnen Sammlungsschwerpunkten zum guten Brauch der Kunstvermittlung für ein interessiertes Publikum, der auch nach der > **Wiedervereinigung** intensiv weitergeführt wurde. Die Begleitung der Besucher durch die ständigen Ausstellungen und vor allem durch die zahlreichen Sonderausstellungen wird heute durch ein festes, umfangreiches Führungsangebot gesichert, bei dem neben den Kustoden und Mitarbeitern des Besucher-Dienstes vor allem eine große Zahl von engagierten freien Mitarbeitern tätig sind. Von Vorträgen, Gesprächen mit Künstlern, Diskussionsrunden von Fachleuten bis hin zu Lesungen, Musik- und Schauspielaufführungen reicht das interessante Angebot an Veranstaltungen, die beispielsweise in der »Langen Nacht der Museen« zusätzlich eine Beziehung zwischen Kunst und Publikum vermitteln.

Die besondere Anziehungskraft der musealen Kunsträume wird nicht zuletzt darin deutlich, daß Besichtigungen der Sammlungen und Bauten der Nationalgalerie sehr häufig zum Besuchsprogramm für hochrangige Staatsgäste aus Politik und Wirtschaft gehören, die in sogenannten Protokollführungen meist von den Direktoren selbst begleitet und anschaulich mit nationalen und sammlungsspezifischen Traditionen und Entwicklungen vertraut gemacht werden. *FJ*

Galerie der Romantik

Die > **Nationalgalerie** in Berlin (West) eröffnete im November 1986 im Schloß Charlottenburg die »Galerie der Romantik«. Ihre bis dahin zu großen Teilen magazinierte Sammlung zur Malerei des Klassizismus und der Romantik wurde mit rund 150 Werken erstmals umfassend in neun Räumen im Erdgeschoß des Knobelsdorff-Flügels präsentiert. Zu den bedeutendsten Werken dieser Ausstellung gehörten 23 Gemälde von Caspar David Friedrich, 15 Ölbilder von Karl Friedrich Schinkel und 24 Werke von Carl Blechen. Für die »Galerie der Romantik« hatte man vier Gemälde Friedrichs, darunter die Meisterwerke »Der Mönch am Meer«, »Abtei im Eichwald« und »Morgen im Riesengebirge«, die zuvor als Leihgaben im Schinkel-Pavillon des Charlottenburger Schloßparks hingen, mit den Friedrich-Beständen aus der > **Neuen Nationalgalerie** vereinigt. Ergänzend kamen fünf Dauerleihgaben aus dem Besitz der Staatlichen Schlösser und Gärten sowie zwei Bilder aus Berliner Privatbesitz hinzu. Damit war in der Galerie der Romantik der weltweit größte Bestand an Bildern des Hauptmeisters der deutschen Romantik versammelt. Friedrichs Werke wurden durch die allegorischen Landschaften wie auch mittelalterlichen

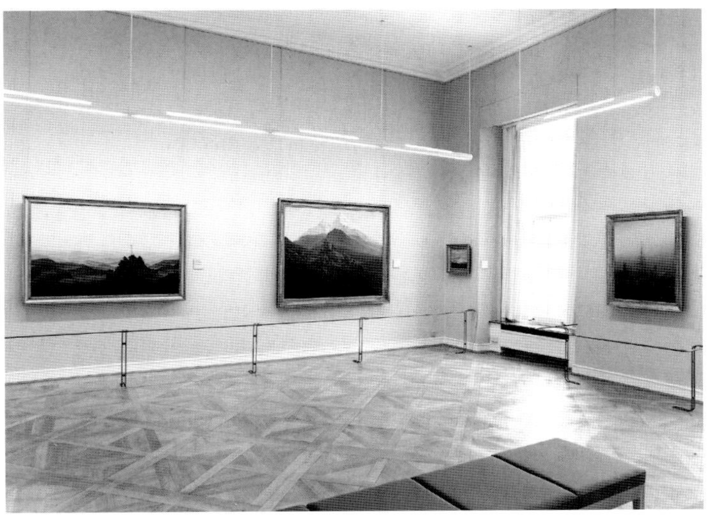

Galerie der Romantik, Caspar-David-Friedrich-Saal mit »Morgen im Riesengebirge«, »Watzmann«, »Nebel im Elbtal« und »Greifswalder Hafen«. Fotografie: Reinhard Friedrich

und antiken Architekturdarstellungen des großen Berliner Baumeisters Karl Friedrich Schinkel entschieden bereichert. Begonnen wurde der Rundgang mit der Malerei des Klassizismus. Gemälde von Josef Anton Koch, Franz Louis Catel und Carl Rottmann bezeugten die Italiensehnsucht der deutschen Künstler im ersten Drittel des 19. Jahrhunderts. Mit Gottlieb Schicks »Heinrike Dannecker« und Philipp Otto Runges »Frau und Söhnchen des Künstlers« waren herausragende Porträts aus der Umbruchzeit nach 1800 zu sehen. Auf die Räume, die Friedrich und Schinkel gewidmet waren, folgten Werke der in Rom tätigen Künstlergruppe der Nazarener. Abgeschlossen wurde die östliche Raumfolge durch zwei Kabinette mit Carl Blechens herausragendem malerischen Werk zwischen > **Romantik** und Realismus. Westlich des Vestibüls waren die Hauptmeister des Berliner Biedermeier untergebracht: Eduard Gaertner und Johann Erdmann Hummel, die mit großer Genauigkeit das Berlin der ersten Hälfte des 19. Jahrhunderts porträtierten, sowie Franz Krüger, der mit Pferde- und Jagddarstellungen bekannt geworden war. Carl Spitzweg war mit berühmten Frühwerken, den 1989 gestohlenen Bildern »Armer Poet« und »Liebesbrief« (> **Diebstähle**) und mit Landschaftsskizzen der späten Jahre vertreten. Eine größere Auswahl von Werken des Österreichers Ferdinand Georg Waldmüller beschloß den Rundgang. Die Einrichtung der Galerie der Romantik wurde von großem Publikumsinteresse begleitet und war über die Zeit ihres 15jährigen Bestehens hinweg ein wesentlicher Anziehungspunkt der Berliner Museumslandschaft. Im Zuge der Vorbereitungen zur Wiedereröffnung der > **Alten Nationalgalerie** am 2. Dezember 2001 wurde die Galerie der Romantik im Februar 2001 geschlossen. Ihre Bestände sind heute in der Alten Nationalgalerie zu sehen. *BV*

Galerie des 20. Jahrhunderts

Nur vier Monate nach dem Ende des > **Zweiten Weltkrieges**, Berlin lag in Trümmern, unternahm der 69jährige > **Ludwig Justi** den ersten Schritt. In einem am 7. September 1945 geführten Gespräch mit dem Leiter des Hauptreferats Museen und Denkmalpflege im Berliner Magistrat, Hermann Settegast, schlug er einen »Ausschuß für junge Kunst« vor. Doch ging es Justi dabei eigentlich um eine wieder zu erschaffende Galerie für die Kunst des 20. Jahrhunderts nach dem Vorbild des > **Kronprinzen-Palais**, wie er in einem später veröffentlichten Aufsatz über den »Aufbau der Museen« (Justi war inzwischen zum Generaldirektor der ehemaligen Staatlichen Museen berufen worden) klarstellte. Er fand in dem an jenem Gespräch beteiligten > **Adolf Jannasch** (1898–1984), einem leitenden Mitarbeiter in jenem Hauptreferat, zwar einen fachkompetenten Mitstreiter für sein Anliegen, jedoch wurden dessen Wirkungsmöglichkeiten vorerst überlagert von der Fülle alltäglicher Erfordernisse. Erst im November 1946 begannen (nachweisbare) Aktivitäten hinsichtlich einer »Galerie des 20. Jahrhunderts« (u.a. Gespräche mit Ferdinand Möller wegen dessen Besitzes expressionistischer Werke). Eine von Jannasch Anfang Februar 1947 ausgearbeitete und mit Justi abgestimmte Konzeption wurde mit einem Anschreiben vom 28. Februar 1947 beim Alliierten Kontrollrat eingereicht; darin waren Justi als Leiter der Galerie und Jannasch als sein Stellvertreter vorgesehen. Am 25. April 1947 tagte erstmals die Ankaufkommission (nach dem Modus: 3 Stadtverordnete von SPD, SED, CDU, 3 Kunsthistoriker, 3 Künstler; der Magistratsbeschluß vom 22. Oktober 1947 erweiterte den Kreis auf einen Vorsitzenden und 12 Mitglieder). Während Justi und Jannasch die Erwerbungen mehr unter dem Aspekt von »Meisterwerken«, insbesondere der Expressionisten, ins Auge fassen wollten, ließen sich andere Kommissionsmitglieder stärker von der derzeitigen sozialen Situation der Künstler leiten. Immerhin wuchs die Zahl der Erwerbungen, darunter auch bedeutendere, bis Sommer 1948 stetig auf rund 50 Gemälde, 20 Skulpturen und 100 Zeichnungen. Hatte sich bis dahin die Arbeit für die »Galerie des 20. Jahrhunderts« (für die zunächst auch Bezeichnungen wie »Galerie der Lebenden«, »Museum der Gegenwart« im Gespräch waren) im wesentlichen auf die Tätigkeit der Ankaufskommission konzentriert, so wurde schließlich in der Magistratssitzung vom 7. April 1948 auch die Schaffung einer »Galerie des 20. Jahrhunderts« selbst beschlossen. Nun wurden auch ernsthafter räumliche Möglichkeiten für eine Ausstellung ins Auge gefaßt (Staatsratssaal im Berliner Schloß). Doch wurde diese Entwicklung zeitweise unterbrochen, als es im Juni 1948 zur Währungsreform in Berlin (West) und im November 1948 zum »Stadthaus-Putsch« kam, in deren Folge sich der Magistrat in einen im Ostsektor und einen in den Westsektoren aufspaltete. Auch wenn sich im Zusammenhang damit der finanzielle Rahmen für > **Erwerbungen** veränderte und mehrere Mitglieder der Ankaufskommission sich nun für die Magistratsarbeit in Berlin (West) zur Verfügung stellten, bedeutete das nicht schon das Ende der »Galerie des 20. Jahrhunderts« in Berlin (Ost).

Eine neue beziehungsweise veränderte Ankaufskommission wurde hier durch Magistratsbeschluß vom 10. März 1949 gebildet. An die Stelle von Jannasch, der bis dahin sicherlich den Hauptteil der praktischen Arbeit geleistet hatte, trat Hans Baltschun. Auch in den verbleibenden zwei Jahren wurde noch eine Reihe bemerkenswerter Werke erworben. Im Oktober 1949, dem Zeitpunkt der Gründung der DDR, gab es im dortigen Magistrat sogar Überlegungen, die Galerie »als ein verwaltungsmäßig und auch räumlich von den ehem. Staatl. Museen zu trennendes rein städtisches Museum aufbauen« zu wollen. Doch als Anfang 1951 die Staatlichen Museen aus der Treuhandverwaltung des Magistrats entlassen und dem neu geschaffenen Volksbildungsministerium der DDR unterstellt wurden, war Justi einflußreich genug durchzusetzen, daß die für die »Galerie des 20. Jahrhunderts« erworbenen und in der > **Nationalgalerie** auf der > **Museumsinsel** aufbewahrten Kunstwerke durch Protokoll vom 12. 1. 1951 als »Schenkung des Magistrats« in der Nationalgalerie verbleiben konnten (ein kleinerer Teil wurde durch Protokoll vom 7. 6. 1951 dem städtischen Märkischen Museum übereignet).

Die Schaffung der »Galerie des 20. Jahrhunderts« in Berlin (West) seit 1949 kann nicht als eine geradlinige Fortsetzung der in Berlin (Ost) begonnenen und über eine kurze Wegstrecke auch realisierten »Galerie des 20. Jahrhunderts« gesehen werden, vielmehr bilden beide in sich relativ geschlossene Sammlungskomplexe. Zwar ergab sich eine gewisse personelle Kontinuität dadurch, daß Adolf Jannasch Anfang 1949 seine Tätigkeit im Magistrat (dem späteren Senat) von Berlin (West) fortsetzte und hier auch sogleich mit der Grundlegung für eine »Galerie des 20. Jahrhunderts« begann. Diese Kontinuität wurde noch dadurch verstärkt, daß auch einige andere Kommissionsmitglieder, die als solche schon in Berlin (Ost) tätig waren, nun auch in der am 2. März 1949 ins Leben gerufenen 13köpfigen Ankaufskommission mitwirkten (bemerkenswert, daß Carl Hofer anscheinend gleichzeitig in beiden Ankaufskommissionen vertreten war). Es fehlte hier jedoch jener Bestand an Kunstwerken, wie er inzwischen in Berlin (Ost) gewachsen war und von dessen Sammlungsstruktur man im weiteren hätte ausgehen können. Andererseits lag gerade darin die Chance, mit einer veränderten (beziehungsweise der ursprünglich von Justi und Jannasch ins Auge gefaßten) Erwerbungskonzeption eher eine dem Modellfall > **Kronprinzen-Palais** sich nähernde Sammlung aufbauen zu können. Unter den hier günstigeren, wenn auch keineswegs unbeschränkten finanziellen Möglichkeiten beim Zugang zum internationalen Kunstmarkt wurde sie denn auch soweit als möglich umgesetzt. So konnten schon im ersten Erwerbungsjahr neben einem frühkubistischen Werk von Pablo Picasso und rund zehn bedeutenden Gemälden deutscher Expressionisten auch exemplarische Werke der Plastik für die Galerie gewonnen werden. Jannasch schreibt aber auch (in einem 1968 publizierten Rückblick auf die Entwicklung der »Galerie des 20. Jahrhunderts«, auf den sich auch die folgende Darstellung stützt), daß schon bald die Preise für »erstklassige« Kunstwerke auf dem Kunstmarkt rapide in die Höhe schnellten, so daß trotz gestiegenen Etats die Erwerbungen zwangsläufig zurückgingen. Um so beeindruckender ist Umfang und Qualität der im Verlauf der nächsten eineinhalb Jahrzehnte, bis Mitte der 1960er Jahre, aufgebauten Sammlung. Schwerpunkte darin bilden die deutschen Expressionisten, allerdings mehr die der »Brücke«-Künstler als die des »Blauen Reiter«, die großen Einzelgänger im Umfeld des > **Expressionismus** wie Max Beckmann und Carl Hofer, die »Bauhaus«-Meister sowie namhafte Künstler der alten BRD und aus Berlin (West); in späterer Zeit kamen verstärkt auch Werke ausländischer Künstler hinzu.

Frühzeitig wurde auch nach Ausstellungsmöglichkeiten Ausschau gehalten. Bereits im Mai 1949 war durch Magistratsbeschluß festgelegt worden, das ehemalige Landwehrkasino in der Jebensstraße für die Kunstbibliothek wie auch für die »Galerie des 20. Jahrhunderts« umzubauen, doch konnten dort erst am 11. Dezember 1954 drei große Ausstellungsräume der Galerie eröffnet werden. Schon im Jahr zuvor war im dritten Quartal eine Ausstellung der Erwerbungen im Schloß Charlottenburg gezeigt worden; der bei dieser Gelegenheit erstmals herausgegebene Bestandskatalog umfaßte 111 Werke. Ein Jahr später führte der Nachtrag 31 Neuerwerbungen auf. Nachdem Mitte der 1950er Jahre Altbestände der Nationalgalerie nach Berlin (West) zurückgebracht und 1957 die übergeordnete > **Stiftung Preußischer Kulturbesitz** per Gesetz errichtet wurde, fand im weiteren bei Erwerbungen eine Abstimmung beider auf die Sammlung der Kunst des 20. Jahrhunderts ausgerichteten Institutionen statt. Anfang der 1960er Jahre reiften Überlegungen, im Tiergartenviertel einen Neubau für die städtische »Galerie des 20. Jahrhunderts« (deren Bestand bis zur vierten und letzten Auflage des Galeriekataloges 1964 auf 333 Werke angewachsen war) sowie für repräsentative Kunstausstellungen zu errichten. Für den Entwurf des Gebäudes konnte > **Mies van der Rohe** gewonnen werden. 1965, im Jahr der Grundsteinlegung, wurde beschlossen, daß die Stiftung Preußischer Kulturbesitz den Museumsneubau als Bauherr übernehmen und daß nach seiner Fertigstellung die Bestände der Nationalgalerie und der »Galerie des 20. Jahrhunderts« unter einem Dach vereint gezeigt werden sollen. Seit der Eröffnung der > **Neuen Nationalgalerie** 1968 wurden die Bestände beider Einrichtungen gemeinsam präsentiert, wobei die Werke aus der »Galerie des 20. Jahrhunderts« jedoch im Eigentum des Landes Berlin verblieben. Durch die Neuordnung der Bestände der Nationalgalerien in Berlin (West) und Berlin (Ost) 1993, bei der die Werke des 19. Jahrhunderts an die > **Alte Nationalgalerie** abgegeben wurden, wird nun entsprechend einer Wunschvorstellung aus dem Jahr 1946 in einem repräsentativen Gebäude in Berlin ausschließlich die Kunst des 20. Jahrhunderts präsentiert. *HJP*

Geismeier, Willi (geboren 1934)

Willi Geismeier, geboren am 4. April 1934, war Direktor der > **Nationalgalerie** auf der > **Museumsinsel** von April 1966 bis 1975 und 1983 bis 1985. Nach dem Studium in Jena und Berlin betreute er ab September 1959 zunächst die damals noch unmittelbar zur Galerie gehörige > **Sammlung der Zeichnungen**. Einen Schwerpunkt seiner Arbeit, neben der Dissertation über Caspar David Friedrich, zeigte schon die erste große Ausstellung »Deutsche Romantik. Gemälde und Zeichnungen« (mit Gottfried Riemann, 1965). Geismeiers erstes Direktorat begann mit einer programmatischen Ausstellung »Deutsche Kunst im 19. und 20. Jahrhundert« in zwei Geschossen des rekonstruierten > **Alten Museums**, der die Übernahme dieses Hauses für die Abteilung zeitgenössischer Kunst der DDR (> **DDR-Kunst**) folgte. Mit Energie, und dennoch nur mit wechselndem Erfolg, bemühte sich Geismeier, eine autonome und wissenschaftlich begründete Ankaufs- und Ausstellungspolitik der Galerie gegen die Einmischungen des Verbandes Bildender Künstler und des Ministeriums für Kultur zu verteidigen. Unter seiner Ägide gab es große kunsthistorische Ausstellungsthemen, die sich wie Teile eines lockeren, doch materialreichen Zyklus' zur Geschichte der deutschen Kunst der letzten zwei Jahrhunderte ausnehmen: so »Deutsche realistische Bildhauerkunst im XX. Jahrhundert«, 1968; »Stilkunst um 1900 in Deutschland«, 1972; »Realismus und Sachlichkeit. Aspekte deutscher Kunst 1919–1933«, 1974; daneben

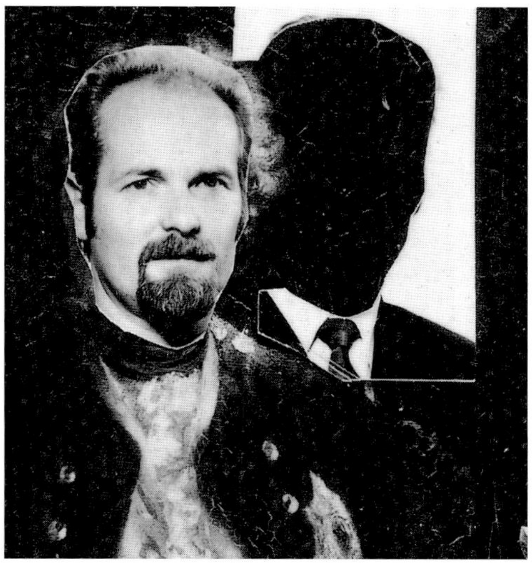

Willi Geismeier, auf einer collagierten Geburtstagskarte

monographische Darstellungen einzelner Künstler und seit 1972 die Serie der pointierten, vielseitigen > **»Studio«**-Ausstellungen. Die im > **»Dritten Reich«** zunichte gemachte Sammlung der deutschen Moderne wurde durch Neuerwerbungen von Werken des > **Expressionismus**, der Künstler des Bauhauses und der Neuen Sachlichkeit zumindest ansatzweise wieder aufgebaut, Werke der »proletarisch-revolutionären Kunst« der 1920er Jahre kamen hinzu. Doch das Gros der Neuzugänge waren Werke der jüngsten Kunst der DDR, wobei, dem kulturpolitischen Ansinnen des Tages oft widersprechend, der geistigen und ästhetischen Substanz Vorrang eingeräumt wurde. Auch spätere »Staatskünstler« wie Willi Sitte und Werner Tübke wurden von Geismeier in engem Zusammenwirken mit seinen Mitarbeitern zu einer Zeit verteidigt, als sie von den Kunstpolitikern scharf kritisiert wurden. Umgekehrt konnte Geismeier gemeinsam mit einer Anzahl anderer Mitglieder der SED an Museen der DDR die Zumutung abwehren, Museumsgut zum devisenbringenden Verkauf auf dem westlichen Markt freizugeben.

In der an Entlassungen und Rücktritten von Direktoren reichen Geschichte der Nationalgalerie markierte das Jahr 1975 einen neuerlichen »Höhepunkt«: Im Ergebnis sich verschärfender Konflikte mit dem Ministerium für Kultur (und zugleich um eine Personalunion von Direktor der Nationalgalerie und Generaldirektor der Museen zu ermöglichen, wie es unter > **Eberhard Bartke** der Fall war) wurde Geismeier abgelöst und mit einem Forschungsauftrag abgefunden. Er wandte sich wieder ganz dem 19. Jahrhundert zu – auf dem stets das Schwergewicht seines Publizierens lag – und veröffentlichte 1979 ein Buch über »Biedermeier« sowie 1984 über »Die Malerei der deutschen Romantiker« – jeweils weit ausgreifende synthetische Versuche. Geismeiers zweite Amtsperiode in den 1980er Jahren stand im Zeichen eines zu erarbeitenden Entwicklungskonzeptes für die Nationalgalerie. Nachdem sich die Einigung mit den übergeordneten Stellen als unmöglich erwiesen hatte, trat Geismeier zurück und übernahm ein Lehramt an der Humboldt-Universität. *CK*

Haftmann, Werner (1912–1999)

Als Werner Haftmann am 1. Januar 1967 die Leitung der > **Nationalgalerie** übernahm, fand er zwei Sammlungen vor, die diese ehemals berühmte, durch die Nationalsozialisten und den Krieg zerstörte Sammlung zur zeitgenössischen Kunst zu ersetzen suchten. Bereits im November 1945 wurde auf Initiative des Magistrats von Groß-Berlin die > **Galerie des 20. Jahrhunderts** gegründet, deren Bestände nun mit der seit 1959 langsam wieder wachsenden Sammlung der Nationalgalerie zusammengeführt werden sollten. Haftmanns Aufgabe war es, dieser äußerst rudimentären Sammlung ein intellektuelles Profil zu verleihen, sie in dem gerade entstehenden Bau > **Mies van der Rohes** einzurichten und sie in einen internationalen Kontext zu stellen. Dieser im Berlin der Studentenunruhen schwierigen Aufgabe ging er mit Leidenschaft und großem emotionalen Engagement nach, in Erinnerung an seine Besuche im legendären > **Kronprinzen-Palais,** die den Studenten der Kunstgeschichte entscheidend geprägt hatten.

Am 28. April 1912 in Glowno, damals Westpreußen, geboren, beendete er sein Studium in Göttingen und Berlin mit einer Dissertation zum italienischen Säulenmonument. Während der 1930er Jahre als Assistent am Kunsthistorischen Institut in Florenz verfolgte er neben seinen Studien zur italienischen Kunst der Renaissance vor allem die Entwicklung der modernen, zeitgenössischen Kunst. Diese Kenntnis der Klassischen Moderne, die den im nationalsozialistischen Deutschland Verbliebenen verwehrt war, bestimmte dann sein späteres berufliches Leben. 1954 erschien die bis heute einzigartige Übersicht zur »Malerei im 20. Jahrhundert«. 1955, 1959 und 1964 war er gemeinsam mit Arnold Bode für die

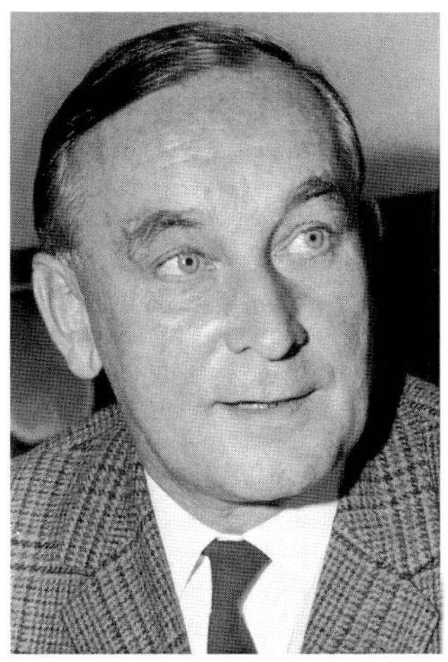

Werner Haftmann. Fotografie: Nina von Jaanson

documenta I, II und III verantwortlich. Hier wurde zum ersten Mal ein Überblick über die Klassische Moderne (1955), das Informel als die internationale Kunst der Nachkriegszeit (1959) und die aufkommende Pop Art (1964) gegeben.

Zweifellos fungierten die documenta I und II dann auch als ideelle Vorbilder für den Aufbau der Sammlung der Nationalgalerie, die unter den gegebenen Umständen kaum einlösbar waren. Dennoch gelangen Haftmann bedeutende > **Erwerbungen** im Bereich der Klassischen Moderne (Emil Nolde, »Pfingsten«, 1909; Paul Klee, »Abfahrt der Schiffe«, 1927, und »Architektur«, 1923) als auch der zeitgenössischen Kunst (Wols, Bacon, Lam, Manzoni, Uecker etc.) sowie bedeutende Ausstellungen (von Mondrian über Rothko, Matta, Wols bis hin zur Präsentation der Sammlung Ströher mit Warhol und Beuys).

Als Werner Haftmann am 30. April 1974 im Alter von 62 Jahren die Nationalgalerie verließ, um sich wieder seiner schriftstellerischen Arbeit zu widmen, hatte er sein Ziel erreicht. Die Nationalgalerie war, wenn auch im bescheidenen Maße im Vergleich zu ihrem ehemaligen Glanz, wieder in den internationalen Reigen der Museen zeitgenössischer Kunst aufgenommen. Am 29. Juli 1999 verstarb Haftmann in Waakirchen in Bayern. *AS*

Hamburger Bahnhof

Der Mitte des 19. Jahrhunderts als eine Endstelle der Linie Berlin-Hamburg errichtete Hamburger Bahnhof wurde am 12. Dezember 1846 mit der ersten, acht Stunden dauernden Fahrt eröffnet. Das dreigeschossige Hauptgebäude mit einer auffälligen, spätklassizistischen, von zwei Türmen gekrönten Fassade wurde von dem Architekten und Eisenbahnpionier Friedrich Neuhaus (1797-1876) entworfen. Die eingleisige Anlage hatte vor dem Empfangsgebäude eine Drehscheibe, auf der die Lokomotiven gewendet wurden. Der repräsentative Bau war Vorbild für alle späteren Bahnhofsbauten in Berlin, von denen der Hamburger Bahnhof als einziger erhalten geblieben ist. Die Eisenbahntechnik und der damit verbundene Schienenverkehr entwickelten sich am Ende des 19. und beginnenden 20. Jahrhunderts derart rapide, daß der Hamburger Bahnhof bereits 1884 geschlossen wurde und der 1871 gebaute Lehrter Bahnhof seine Funktion übernahm. Nach dem Abriß der Gleise nutzte man das Gebäude zu Büro- und Wohnzwecken. 1904 schließlich entschloß sich Berlin, den Hamburger Bahnhof zu einem Museum für Verkehr und Bau

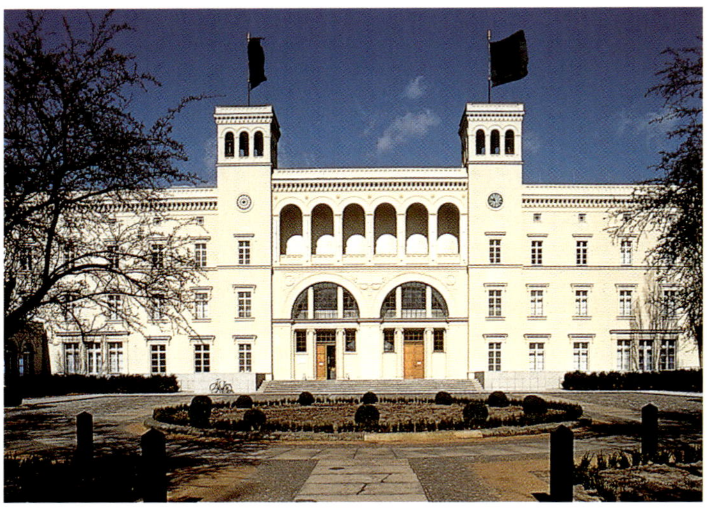

Hamburger Bahnhof - Museum für Gegenwart, Außenansicht

umzugestalten. Nach Plänen von Ernst Schwartz wurde anstelle des offenen Perrons eine 29 × 21 m große dreischiffige Eisenhalle gebaut, in den Jahren 1910-11 und 1914-16 kamen die beiden Ehrenhofflügel im Westen und Osten hinzu. Das Haus beherbergte eine der bedeutendsten Sammlungen zur europäischen Geschichte des Eisenbahnverkehrs und war bis in die 1940er Jahre ein vielbesuchtes Museum. 1943 wurde es nach schweren Bombentreffern bis auf weiteres geschlossen. Die Alliierten unterstellten alle Bahnhöfe, versehentlich auch den Hamburger Bahnhof, der Reichsbahndirektion (Ost) in der Sowjetischen Besatzungszone. Erst 1983, im Zusammenhang mit der Übernahme der westlichen S-Bahn durch den Senat in Berlin (West), wurde auch der Hamburger Bahnhof samt seiner Bestände ab dem 1. Februar 1984 der westlichen Verwaltung unterstellt.

1987 zur 750-Jahr-Feier Berlins wurde das Gebäude in Teilen von dem Architekten Winnetou Kampmann restauriert. In dieser Zeit fanden auch erste thematische Ausstellungen statt, die in der von Harald Szeemann 1988 inszenierten Ausstellung mit zeitgenössischer Kunst unter dem Titel »Zeitlos« ihren Höhepunkt fanden. Die Ausstellung bestärkte die Auffassung, den Hamburger Bahnhof zukünftig als Museum für zeitgenössische Kunst zu betreiben. 1988 einigten sich der Senat von Berlin und die > **Stiftung Preußischer Kulturbesitz**, dieses Projekt gemeinsam zu verwirklichen. Der Architekt > **Josef Paul Kleihues** wurde mit dem Umbau und dem Neubau zweier Seitengalerien beauftragt. Die Kosten übernahm das Land Berlin. Beide Seiten waren in einem starken Maß daran interessiert, eine der bedeutendsten deutschen Sammlungen, die Sammlung von > **Erich Marx**, in Berlin zu halten und ihr einen adäquaten Ausstellungsort zu geben. Unter dem Namen »Museum für Gegenwart« wurde es ab dem 1. November 1996 ein wesentlich der > **Nationalgalerie** zugehörendes, aber auch von allen Museen, die zeitgenössische Kunst sammeln, genutztes, interdisziplinär arbeitendes Haus. Sowohl die in ihrer Gestalt variierende Dauerpräsentation wie die Sonderausstellungen und zahlreichen Veranstaltungen tragen dem Titel des Hauses Rechnung. *EB*

Hanfstaengl, Eberhard (1886-1973)

Eberhard Hanfstaengl studierte Kunstgeschichte in München, Paris, Heidelberg und Wien. 1913 wurde er Assistent an den Bayerischen Staatsgemäldesammlungen, und 1925 erfolgte seine Berufung zum Direktor der Städtischen Kunstsammlungen München, in dessen Funktion er das Stadtmuseum im ehemaligen Zeughaus ausgestaltete und ferner das Haus Franz von Lenbachs zur »Städtischen Galerie« erweiterte.

Der Ruf nach Berlin erfolgte, nachdem ein halbes Jahr zuvor der langjährige Direktor, > **Ludwig Justi,** seines Amtes enthoben und an die Kunstbibliothek versetzt worden war und auch > **Alois Schardt** mit seiner Neuordnung der Sammlung der Moderne im ehemaligen > **Kronprinzen-Palais** durch das > **Kultusministerium** nicht bestätigt wurde. Am 21. November 1933 übernahm Eberhard Hanfstaengl das schwierig gewordene Amt und ging an die Neuordnung der Sammlung im ehemaligen Kronprinzen-Palais, die bereits drei Wochen später abgeschlossen werden konnte. Das Haus wurde daraufhin am 17. Dezember 1933 wieder eröffnet und für akzeptabel befunden, so daß die endgültige Bestallung Eberhard Hanfstaengls zum Direktor der > **Nationalgalerie** zum 1. Januar 1934 erfolgte.

Bei der Umgestaltung der Neuen Abteilung vermied er alle Zuspitzungen und magazinierte all jene Kunstwerke, die bisher den meisten Widerspruch bei den Kritikern hervorgerufen hatten. Er orientierte sich bei der Einrichtung der Schauräume auf den Erhalt der Sammlung als Ganzes. Da es vorwiegend um die deutsche Kunst ging, schien es ihm erlaubt, die Pariser Schule von Pablo Picasso, Georges Braque u. a. einstweilen aus dem Blickfeld zu nehmen. Vincent van Gogh und Edvard Munch blieben in der Ausstellung, ebenso die Italiener. Von Lovis Corinth und Max Slevogt wurde gleich die ganze Sammlung wieder gehängt, da diese Künstler noch nicht so stark angegriffen worden waren. Besonderen Wert legte er aber darauf, daß gerade die umstrittenen deutschen Künstler vertreten waren, nur war er in der Auswahl der Werke wesentlich vorsichtiger als sein Vorgänger. Von Paul Klee hing »Der goldene Fisch« und auch von Emil Nolde, Max Beckmann und Karl Schmidt-Rottluff wurden Werke gezeigt, aber keine figürlichen Bilder. Mit Ausnahme von Franz Marc und August Macke deponierte er die meisten Figurenbilder sowie die Werke der Abstrakten und stellte dafür vorwiegend unverfängliche Landschaften und Stilleben dieser Künstler aus.

In seinem Auftreten als Direktor der Nationalgalerie übte Hanfstaengl größte Zurückhaltung. Vorträge über das Kunstschaffen der Gegenwart oder der jüngsten Vergangenheit zu halten, lehnte er konsequent ab. Er fürchtete, selbst bei vorsichtiger Ausdrucksweise wieder den Anlaß zu Polemiken in der Öffentlichkeit zu bieten und vertrat die Ansicht, daß »den Herren in der Reichskulturkammer der ›Kunsthistoriker‹ immer etwas verdächtig ist.«

Während des > **»Dritten Reichs«** fanden mehrere von der Nationalgalerie organisierte thematische Ausstellungen im > **Prinzessinnen-Palais** statt, in denen auch als »entartet« diffamierte Künstler vertreten waren. Während der Olympia-Ausstellung setzte Hanfstaengl sich dafür ein, daß die Werke der Moderne weiterhin im Obergeschoß des ehemaligen Kronprinzen-Palais präsent blieben. Von Corinth bis Klee war hier alles zusammen ausgestellt und blieb über die gesamte Ausstellungsdauer hinweg zugänglich. Eine außerordentlich couragierte Einstellung, denn die Presseangriffe

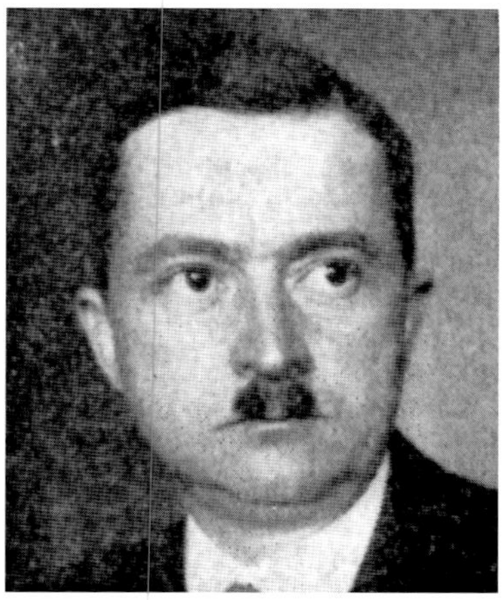

Eberhard Hanfstaengl, 1934

auf die Nationalgalerie blieben auch in dieser Zeit nicht aus. Trotz aller Zurückhaltung jedoch gelang es Eberhard Hanfstaengl nicht, die existentielle Bedrohung von der Galerie abzuwenden. Am 5. Juli 1937 wurde die endgültige Schließung der Sammlung der Moderne angewiesen, und nur zwei Tage darauf erfolgte der erste Rundgang der Beschlagnahmekommission unter der Leitung Adolf Zieglers in der Nationalgalerie. Nachdem sich Eberhard Hanfstaengl der Aktion > **»Entartete Kunst«** definitiv entzogen beziehungsweise verweigert hatte, wurde er am 26. Juli 1937 beurlaubt. Man stellte ihn kurzerhand vor die Alternative, entweder aus Gesundheitsgründen die Ruhestandsversetzung zu beantragen oder eine Disziplinaruntersuchung wegen politischer Unzuverlässigkeit mit dem Ziel der zwangsweisen Entlassung aus dem Amt auf sich zu nehmen. Am 22. Mai 1939 wurde Eberhard Hanfstaengl auf »seinen Antrag« hin zum 1. Oktober 1939 in den Ruhestand versetzt. Während der Jahre des > **Zweiten Weltkrieges** war Eberhard Hanfstaengl als Hauptlektor des Bruckmann-Verlages in München tätig; in den frühen Nachkriegsjahren übernahm er die Generaldirektion der Bayerischen Staatsgemälde-Sammlungen, die er bis 1953 innehatte. *JG*

Hentzen, Alfred (1903–1985)

Alfred Hentzen wurde am 12. Mai 1903 in Lennep im Rheinland geboren und war > **Ludwig Justis** jüngster Mitarbeiter. Er studierte Kunstgeschichte, Archäologie, Deutsche Literaturgeschichte von 1922 bis 1926 an den Universitäten in München, Bonn, Berlin und Leipzig und promovierte dort im Juli 1926 bei Wilhelm Pinder. > **Ludwig Thormaehlen** schreibt 1961 in seinen Erinnerungen bezogen auf die > **Nationalgalerie**: »Später wurde mit Erweiterung der Sammlung ein zweiter Hilfsarbeiter notwendig. Durch meinen Freund Kommerell wurde ich auf einen jungen Stuttgarter aufmerksam gemacht, einen der begabtesten Schüler im Münchner Seminar Heinrich Wölfflins, der gerade seine Doktorarbeit beendete, Ernst Holzinger. Auch er gefiel, aber er hatte sein Doktordiplom noch nicht in

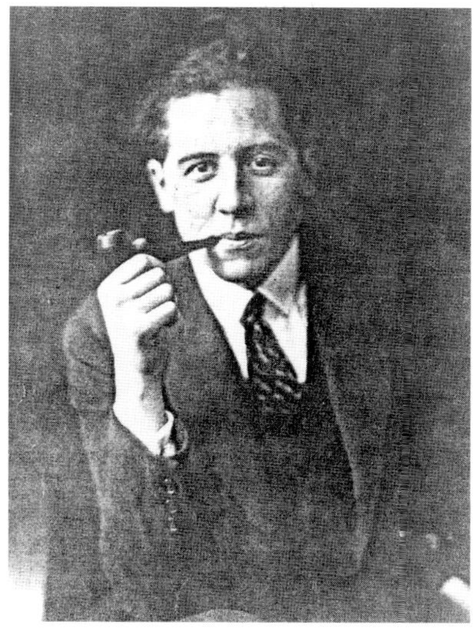

Alfred Hentzen, um 1930

der Hand. So wurde mit Alfred Hentzen, einem Rheinländer und jungen Pinder-Schüler, auf den > **Paul Ortwin Rave** aufmerksam gemacht hatte und der bereits einige Zeit am Museum in Magdeburg tätig war, ausgemacht, provisorisch für einige Monate die Stelle, die unbedingt besetzt werden mußte, einzunehmen, bis Holzinger die Bedingungen zu seiner Anstellung erfüllt haben würde. Aber Hentzen zeigte sich Justi so nützlich, daß er ihn zu bleiben veranlaßte.« Alfred Hentzen wurde 1927 als wissenschaftlicher Hilfsarbeiter eingestellt. 1930 übernahm er die Schriftleitung der neugegründeten Zeitschrift > **Museum der Gegenwart** und war auch Schriftführer des 1929 gegründeten > **Vereins der Freunde der Nationalgalerie – Alt**. 1934 verfaßte er das 1936 von den Nationalsozialisten verbotene Buch »Deutsche Bildhauer der Gegenwart«, in dem auch das bildhauerische Werk seines Kollegen Ludwig Thormaehlen gewürdigt wird. 1937 wurde er zum > **Kustos** ernannt und gleichzeitig mit dem Direktor der > **Nationalgalerie**, > **Eberhard Hanfstaengl**, beurlaubt. Von 1938 bis 1945 war er als Kustos an der Gemäldegalerie tätig. Hentzen hat sich besonders verdienstvoll im Kampf gegen die von völkischer Seite um den Ideologen Alfred Rosenberg unternommenen massiven Angriffe auf die Nationalgalerie, besonders auf Justi und die Moderne im > **Kronprinzen-Palais** hervorgetan. In zahlreichen Schriften hat er Justi und dessen Konzept verteidigt. Noch in dem Sammelband »Im Dienste der Kunst«, neu abgedruckte Schriften von Ludwig Justi, verteidigte er gemeinsam mit Paul Ortwin Rave und Ludwig Thormaehlen die Lebensleistung Justis in der Hoffnung auf dessen Wiedereinsetzung als Direktor der Nationalgalerie.

Seit 1947 war Hentzen Kustos der Kestner-Gesellschaft in Hannover, die am 17. Oktober 1948 mit einer Nolde-Ausstellung wieder in Erscheinung trat. Von 1955 bis 1969 war er Direktor der Hamburger Kunsthalle und bis 1962 Organisator von etwa 50 Ausstellungen im Hamburger Kunstverein. Er organisierte zahlreiche Ausstellungen im Ausland, war 1968 Kommissar des Deutschen Pavillons in Venedig und arbeitete an der documenta in Kassel mit. Am 10. Januar 1985 starb Alfred Hentzen in Hamburg. *EB*

Heydt, Eduard von der (1882–1964)

Der Sammler und Mäzen Eduard Freiherr von der Heydt entstammte einer kunstsinnigen Elberfelder Bankiersfamilie. Schon sein Vater August Freiherr von der Heydt (1851–1929) förderte den Aufbau des Städtischen Museums in Elberfeld und sammelte Gemälde von Paula Modersohn-

Becker, Emil Nolde und Christian Rohlfs. Von der Heydt setzte nach einem Studium der Rechtswissenschaften und der Nationalökonomie sowie der anschließenden Gründung mehrerer Banken in London (1909), Amsterdam (1920) und Berlin (1925) die engagierte Sammel- und Mäzenatentätigkeit der Familie fort. Er vertrat dabei die Einheit der Weltkulturen, sammelte afrikanische, chinesische und indische Kunst, die Malerei der französischen Impressionisten und der deutschen Expressionisten. 1929 erwarb Eduard von der Heydt das ehemalige Hotel Monte Verità in Ascona, wo er seine Kunstsammlung präsentierte und Vorträge zur modernen Kunst halten ließ. Zu seinen Gästen gehörte, neben Alfred Flechtheim, Wilhelm Hausenstein und > **Julius Meier-Graefe**, auch > **Ludwig Justi**, der Direktor der > **Nationalgalerie**.

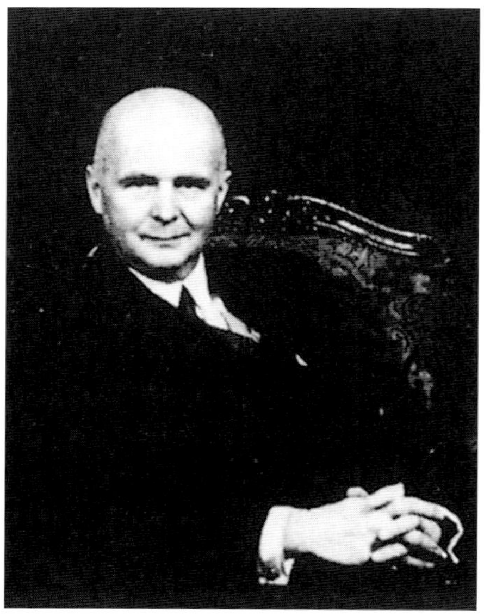

Eduard von der Heydt, um 1930. Fotografie: Erich Salomon

Eduard von der Heydt, »der feinsinnige, verständnisvolle Kunstsammler« (Justi), gehörte 1929 zu den Gründungsmitgliedern des > **Vereins der Freunde der Nationalgalerie – Alt** und war deren Vorsitzender bis 1937. In der Gründungsphase des Vereins half von der Heydt, der damals in Berlin lebte, Justi bei der Anwerbung weiterer Mitglieder; er setzte durch »sein kollektives Mäzenatentum ein Beispiel für andere Kunstfreunde« (Andrea Meyer). Wie die Gründungsmitglieder Alfred Hess (Erfurt) und Hermann Lange (Krefeld) sah auch Eduard von der Heydt den Schwerpunkt seiner Sammlungsaktivitäten in der deutschen und europäischen Gegenwartskunst. Unter seinem Vorsitz wurden in den 1920er und 1930er Jahren Gemälde von Georges Braque, Raoul Dufy, Lyonel Feininger, Vincent van Gogh, Juan Gris, Franz Lenk, László Moholy-Nagy, Edvard Munch und Pablo Picasso sowie Skulpturen von Ewald Mataré und Käthe Kollwitz erworben, die meisten davon gingen der Nationalgalerie durch die Aktion > **»Entartete Kunst«** verloren.

In jener Zeit saß von der Heydt im Aufsichtsrat mehrerer Gesellschaften (u. a. Gesellschaft für ostasiatische Kunst), war Begründer des China-Institutes und Berater des exilierten Kaisers > **Wilhelm II.** 1937 nahm er die Schweizer Staatsbürgerschaft an. Seine Sammlung außereuropäischer Kunst stiftete er 1941 der Stadt Zürich (Rietberg-Museum), die Sammlung der Klassischen Moderne ging an das Wuppertaler Museum, das seit 1961 den Namen der Familie »Von der Heydt« trägt. Eduard von der Heydts Urgroßvater August (1825–67) war Finanzminister unter > **Friedrich Wilhelm IV.**, seine Villa am Landwehrkanal ist heute Sitz des Präsidenten der > **Stiftung Preußischer Kulturbesitz**. *RM*

Historienmalerei

Vielen Kunstschriftstellern, Historikern und Philosophen des 19. Jahrhunderts galt die Historienmalerei als die edelste aller bildenden Künste. Sie erhielt innerhalb der »offiziellen« Kunst eine Leitbildfunktion, denn nur sie hielt man für geeignet, der Nation eine Vorstellung ihrer Größe und Bedeutung zu vermitteln. Besonders nach der Reichseinigung 1871 wurde verstärkt die These vertreten, daß der Krieg für die Künste als unerschöpfliche Quelle absolut unentbehrlich sei und der Historienmalerei die Aufgabe zufiele, die großen Momente der Geschichte, besonders der jüngsten preußischen Kriege, als »getreues Bild« vorzuführen.

Diesem apodiktisch deklarierten Auftrag an die Historienmalerei folgte eine Erwartungshaltung, der sich auch die > **Nationalgalerie** nicht zu entziehen vermochte. Mit ihrer Gründung verstand sich die Nationalgalerie als eine mit den Mitteln der Kunst gebildete Selbstdarstellung der Nation. In ihr wurden von Malern und Bildhauern des »eigenen Volkes«, von lebenden oder gerade verstorbenen Künstlern Werke gesammelt und zum Ruhm der Nation gezeigt. Im Zusammenhang mit den Planungen einer »vaterländischen Galerie« mit Fürsten- und Feldherrenbildnissen wurden auch historische Darstellungen der jüngsten preußisch-deutschen Kriege von 1864, 1866 und 1870/71 im Auftrag vergeben. Zwischen 1867 und 1895 lieferten Historienmaler wie Franz Adam, Georg Bleibtreu, Wilhelm Camphausen, Karl von Piloty, > **Anton von Werner** Porträts und zumeist großformatige Historien- und Schlachtengemälde. Unter der Leitung des ersten Direktors der Galerie, > **Max Jordan**, wurden diese Darstellungen der »vaterländischen« Geschichte vorwiegend in der unteren Etage, dem ersten Hauptgeschoß der Galerie, in die Schausammlung integriert. Sie befanden sich somit in einem exponierten Bereich des Hauses, der es dem Besucher ermöglichte, von allen Werken der Galerie zuerst jene als historisch bedeutsam empfundenen Gemälde von »politischem Gewicht« zu betrachten.

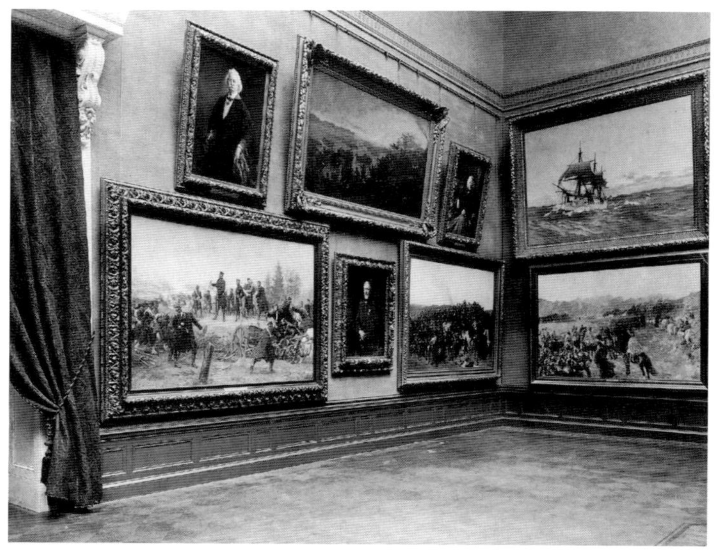

Historiengemälde im Cornelius-Saal der Alten Nationalgalerie, 1907

Jordans Amtsnachfolger, > **Hugo von Tschudi**, ließ diese Aufstellung 1896 grundlegend verändern, indem er konsequent alle Historiengemälde in das zweite Geschoß verwies. 1906 richtet Tschudi im Auftrag > **Wilhelms II.** den ersten Cornelius-Saal (> **Cornelius**) mit Porträts und Historienbildern ein. Es war ein Saal entstanden, der in doppelter Bilder-Reihung eine militärische Heldengalerie der preußischen Geschichte vorstellte, deren Darstellungen von den Befreiungskriegen bis zur Niederschlagung des sogenannten Boxeraufstandes durch preußische Truppen in China reichte. Zugleich nutzte Tschudi den Umbau des Cornelius-Saales zur Einrichtung eines kleinen > **Menzel-Museums**. Die großen Fridericus-Bilder von Menzel, darunter das »Flötenkonzert Friedrichs des Großen in Sanssouci«, »König Friedrichs II. Tafelrunde in Sanssouci« und die »Ansprache Friedrichs des Großen an seine Generale vor der Schlacht bei Leuthen« ließ er der besseren Lichtverhältnisse wegen auf die Nordostwand hängen. Zwei Aufsteller in der Mittelachse des Saales mit zahlreichen Ölstudien und Zeichnungen Menzels flankierten die Marmorbüste des Meisters von Reinhold Begas. An den anderen drei Wandseiten dominierten die historischen Schlachtenbilder das Bildprogramm und ließen den Cornelius-Saal zu einer »Ruhmeshalle« preußischer Geschichte erwachsen. Diese Einrichtung hatte keinen Bestand, da sie letztendlich den ästhetisch-künstlerischen Ansprüchen nicht genügte. Generaldirektor Wilhelm von Bode und selbst der Historienmaler Anton von Werner empfahlen den Abbau und die Wegnahme der Historiengemälde. Es blieb dem neuen Direktor der Nationalgalerie, > **Ludwig Justi**, vorbehalten, die als störend empfundenen Historienbilder an das Zeughaus abzugeben, denn für ihn waren Gemälde historischen Inhaltes nur dann ausstellungswürdig, wenn es ihr Kunstwert zuließ. *JG*

Honisch, Dieter (geboren 1932)

Dieter Honisch prägte maßgeblich die Sammlung der > **Neuen Nationalgalerie.** Bereits sein erster Ankauf als Direktor der Nationalgalerie 1975, »Sanbornville I« von Frank Stella, bildete den Anfang der in Deutschland einmaligen Sammlung amerikanischer Farbfeldmalerei. Nach dem Studium der Kunstgeschichte, Archäologie und Philosophie und der Promotion über Anton Raphael Mengs war Honisch 1960–75 Leiter des Westfälischen Kunstvereins in Münster, dann des Württembergischen Kunstvereins in Stuttgart und Kustos im Museum Folkwang in Essen. Honisch leistete dort Pionierarbeit durch die erste Präsentation von Werken der Farbfeldmalerei, Hard Edge, Arte povera und Conceptual Art in Deutschland sowie mit der Einrichtung eines Stipendiums für osteuropäische Künstler. Eine weitere verantwortungsvolle, zeitlich begrenzte Aufgabe übernahm er 1970 und 1972 als deutscher Kommissar der Biennale in Venedig. Seine langjährige Erfahrung, sein Engagement für neue Kunstströmungen und den Brückenschlag der Kunst zwischen Ost und West empfahlen Honisch in besonderem Maße als Direktor für Berlin. Als er im Juni 1975 die Leitung übernahm, war die Situation des Museums aufgrund der Verluste durch den > **Zweiten Weltkrieg** und die deutsche Teilung nach wie vor schwierig. Den Bestrebungen seines Vorgängers > **Werner Haftmann** folgend, widmete sich Honisch der Aufgabe, die Sammlungslücken zu füllen und das Haus an die zeitgenössische Kunst heranzuführen. In bewußter Abgrenzung zur Sammlung der Pop Art im Kölner Museum Ludwig konzentrierte er sich auf Zero, Arte povera und Hard Edge. Es gelang ihm, bedeutende und seinerzeit umstrittene Werke für die Sammlung zu erwerben, so allen voran Barnett Newmans letztes Gemälde »Who's Afraid of Red, Yellow and Blue IV«; Joseph Beuys' »Richtkräfte«; Yves Kleins »IKB 49« und Jannis Kounellis' »Senza titolo«. Gleichfalls war es sein Anliegen, die älteren Bestände zu ergänzen; hiervon sind Wladimir Tatlins »Komposition« (das einzige Werk des Künstlers in einem westeuropäischen Museum); Gustave Courbets »La Grève d'Etretat« und Pablo Picassos »Femme assise dans un fauteuil« hervorzuheben. Auch zeichnete Honisch für zahlreiche Ausstellungen verantwortlich, wie »New York in

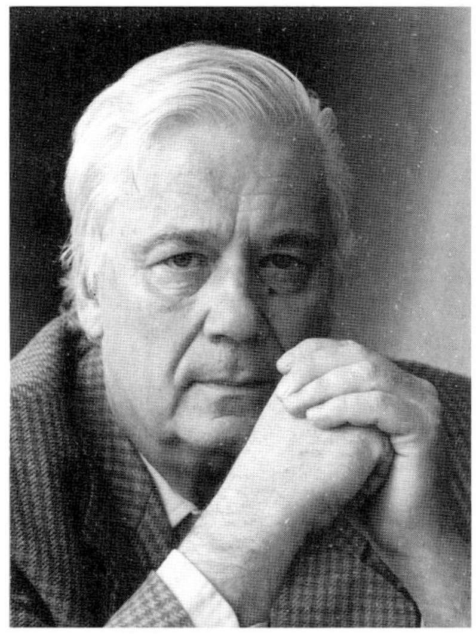

Dieter Honisch. Fotografie: Sören Stache

Europa«; »Kunst wird Material«; »1945–1985. Kunst in der Bundesrepublik Deutschland«; »Positionen heutiger Kunst«, und er regte die Retrospektiven zu Max Beckmann, Francis Bacon, Alberto Giacometti, Carl Blechen, Otto Dix, George Grosz und Pablo Picasso an. Entscheidend für die positive Entwicklung des Museums war die gemeinsame Intitiative von Honisch und Peter Raue zur Neugründung des > **Vereins der Freunde der Nationalgalerie – Neu** 1977. Die Eröffnung des > **Hamburger Bahnhofs** – Museum für Gegenwart in Berlin 1996 markierte den krönenden Höhepunkt seines Engagements für die > **Nationalgalerie**. Aus seinem Amt als Direktor der Nationalgalerie schied Honisch 1997 altersbedingt aus und lebt heute in Berlin und Ungarn. *KS*

Impressionismus

Die von Frankreich ausgehende Stilrichtung des Impressionismus wurde in Deutschland seit den 1890er Jahren intensiv von Künstlern, Kritikern und Kunsthistorikern rezipiert. Zum Inbegriff der neuen französischen Malerei wurde insbesondere Edouard Manet, weiterhin zählen Künstler wie Edgar Degas, Auguste Renoir, Claude Monet, Camille Pissarro und Paul Cézanne dazu. Als »deutsche Impressionisten« werden u.a. Max Liebermann, Lovis Corinth, Max Slevogt oder Fritz von Uhde bezeichnet, jedoch ist strittig, inwieweit der Begriff »Impressionismus« auf sie überhaupt anzuwenden ist. Zwar finden sich bei ihnen eine Auflockerung des Pinselstrichs, eine zunehmende Skizzenhaftigkeit der Malweise und ein besonderes Interesse an der Wiedergabe von Licht- und Luftphänomenen, jedoch übernahmen sie nicht die französischen Theorien des Farbdivisionismus und auch nicht die völlige Auflösung der Formen in Pinselstriche. Die Malerei dieser deutschen Künstler war nicht nur vom französischen Impressionismus beeinflußt, sondern stand ebenso in der Tradition der deutschen und holländischen Freilichtmalerei.

Die Kritiken spalteten sich bald in die Lager der Anhänger und Gegner der neuen Malerei. Die negativen Kritiken waren häufig deutschnational gefärbt, sie wandten sich nicht nur gegen die »unsaubere«, »geschmierte« Malweise und die Belanglosigkeit der Themen, sondern fürchteten auch eine »Vorherrschaft« der französischen Kunst. Antisemitische Untertöne mischten sich in die Äußerungen gegen Max Liebermann und den > **Kunsthändler** > **Paul Cassirer**, einen der wichtigsten Händler für die impressionistische Kunst in Deutschland. Der Begriff »Impressionismus« wurde zum Inbegriff für die nicht-offizielle, nicht vom Kaiser geförderte Kunst, die vorwiegend über den Kunsthandel, Publikationen und die Ausstellungen der > **Berliner Secessionen** Popularität erlangte.

Liberal gesinnte Kritiker wie > **Julius Meier-Graefe** oder Richard Muther, die häufig an den Schriften Emile Zolas orientiert waren, schätzten an der neuen Malweise vor allem die Individualität des Ausdrucks, die sie dem normierten Schönheitsbegriff der akademischen Malerei entgegensetzten. Eine Besonderheit der deutschen Rezeption bestand darin, dem Begriff »Impressionismus« eine über die Malerei hinausweisende Bedeutung zu geben. So wurde der Begriff für Richard Hamann in seinem Buch »Impressionismus in Leben und Kunst« (1907) zum Inbegriff einer Lebens- und Weltanschauung. Der Wölfflin-Schüler Werner Weisbach erklärte den Impressionismus zum »Formprinzip«, das vor allem Kulturen charakterisiert, die im Entstehen begriffen sind.

An der > **Nationalgalerie** war es vor allem > **Hugo von Tschudi**, der sich besonders für den Impressionismus einsetzte. Noch vor den französischen Museen zeigte er impressionistische Kunst. Gegen Widerstände von seiten der konservativen Kritik und des Kaisers gelangen ihm wichtige Erwerbungen, wie 1897 das Gemälde »Die Mühle an der Couleuvre bei Pontoise« von Paul Cézanne, das als erstes Bild des Künstlers in ein Museum gelangte. Zu nennen sind auch die späten Werke Edouard Manets, wie »Im Wintergarten« von 1879. Für Tschudi vollzog sich die Entwicklung der modernen Malerei vor allem auf dem Gebiet der Landschaftsmalerei, die auch bei der deutschen > **Jahrhundertausstellung** von 1906 den Schwerpunkt bildete. In der Entwicklung der deutschen Malerei erkennt Tschudi Parallelen zur französischen.

Um 1910 war der Impressionismus zu einer etablierten Kunstform geworden, er verlor mit dem Aufkommen des > **Expressionismus** an Aktualität und erreichte nach dem > **Zweiten Weltkrieg** wieder Popularität. *RL*

Inventarisierung

Inventarisierung bedeutet zum einen, in einem Verzeichnis den Nachweis über die Erwerbung eines Kunstwerkes für eine Sammlung schriftlich zu führen. In der Regel werden dazu der Name des Künstlers, der Werktitel, das Entstehungsjahr, Technik und Maße, der Vorbesitzer sowie die Modalitäten der Erwerbung (Preis, Schenkung) angegeben. In ähnlicher Weise wird auch der Nachweis über den Fremdbesitz (Leihnahmen, Werke aus unbekanntem Besitz) geführt. In den jeweiligen Verzeichnissen erhält das Werk eine fortlaufende Nummer oder die Nummer einer jedes Jahr neu beginnenden Zählung.

Die > **Nationalgalerie** hatte seit ihrer Gründungszeit im »Inventarium A« die Werke der Malerei und im »Inventarium B« die Bildhauerwerke aufgeführt. Die erste Eintragung in das A-Inventar erfolgte am 22. März 1861, während das B-Inventar erst mit einer Eintragung am 10. Juni 1865 beginnt. War ein Inventarbuch ausgefüllt, so erhielt das neue Verzeichnis zu der A- oder B-Kennzeichnung noch eine fortlaufende römische Zahl. Diese Praxis wurde auch in der Nationalgalerie auf der > **Museumsinsel** zu Zeiten der DDR fortgesetzt, so daß bis 1991 die Inventare A I–IV und B I–III entstanden sind. Eine Besonderheit enthalten allerdings das Inventarium »A III« und »B II«: Sie dienten zunächst dazu, Kunstwerke, die von den Oberpräsidenten und den Regierungspräsidenten des preußischen Staates zur eigenen Nutzung erworben wurden, hier zentral zu registrieren. Und ebenso enthielten sie die vom Preußischen Minister für Wissenschaft, Kunst und Volksbildung erworbenen Kunstwerke, die zwar bei der Nationalgalerie inventarisiert, jedoch anderen Einrichtungen zur Verwendung überwiesen wurden. Da solche Eintragungen nur bis etwa 1930 erfolgten, wurden sie später auch zur Inventarisierung von Werken im Besitz der Nationalgalerie genutzt.

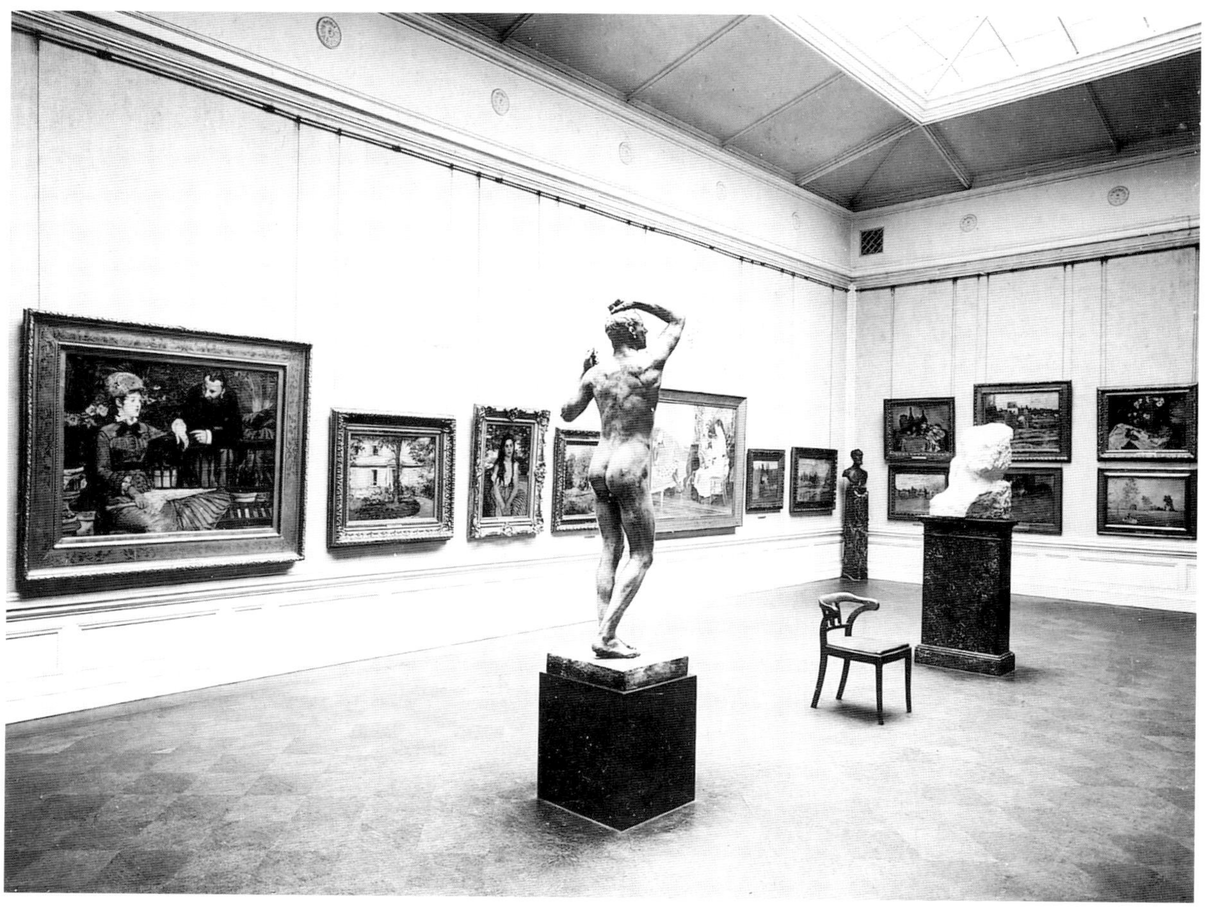

Werke der Impressionisten-Sammlung in der Alten Nationalgalerie, Raum 6 im 3. Obergeschoß, 1908

Die > **Neue Nationalgalerie** in Berlin (West) legte 1950 ein eigenes Inventar-Verzeichnis an. Es enthält im wesentlichen die gleichen Angaben wie die alten Inventarbücher, verwendet aber für die Numerierung nur innerhalb eines Jahres fortlaufende Zahlen (1/50-100/50; 1/51-100/51 usw.). Zudem werden alle Erwerbungen nur noch in ein Inventarbuch eingetragen. Da in der Gegenwartskunst die Grenzen zwischen den Gattungen ohnehin fließend sind, wird dieses Verfahren nunmehr – seit der > **Wiedervereinigung** der Nationalgalerien 1992 – für die Inventarisierung aller Erwerbungen der Nationalgalerie angewendet. Die in den Bestand der Nationalgalerie integrierten Kunstwerke aus dem Besitz des Landes Berlin (> **Galerie des 20. Jahrhunderts**) werden in einem eigenen Inventarverzeichnis des Berliner Senats geführt, ebenso die Kunstwerke im Besitz des > **Vereins der Freunde der Nationalgalerie – Neu**.

Zur Inventarisierung gehört aber auch eine entsprechende Kennzeichnung des Kunstwerkes selbst, in der Regel ein Aufkleber an unauffälliger Stelle, der neben Besitzerangaben und Inventarnummer zumeist noch Künstlernamen und Werktitel enthält. *HJP*

Jahrhundertausstellung

Die »Deutsche Jahrhundert-Ausstellung« 1906 in Berlin ist die bislang bedeutendste und wirkungsreichste Ausstellung der > **Nationalgalerie**. Gezeigt von Januar bis Mai 1906 in allen Räumen der Nationalgalerie und, für Arbeiten auf Papier, in vier Räumen des Neuen Museums, präsentierte sie mit über 2000 Bildern, mehr als 3000 Zeichnungen und einigen Plastiken deutsche Kunst von 1775 bis 1875. Mit Bedacht hatte man Abstand zum Kunststreit der Gegenwart gehalten, und doch griff diese Ausstellung mit der Setzung neuer Schwerpunkte, mit Neubewertungen, ja gleichsam Neuentdeckungen von Malern wie Caspar David Friedrich, Philipp Otto Runge und Carl Blechen, mit der Auswahl insgesamt, in die aktuellen ästhetischen Diskussionen und in den Streit um die Moderne tief ein. Dementsprechend wurde sie bereits im Vorfeld harsch angegriffen: Der Kaiser blieb der Eröffnung fern, und es gab eine Gegenausstellung von fast 750 Bildern innerhalb der Großen Berliner Kunstausstellung von 1906. Damals berühmte Maler wie Karl von Piloty, Hans Makart, Heinrich von Angeli fanden nur hier Würdigung.

Die »Deutsche Jahrhundert-Ausstellung« setzte einen Kanon, der die kunstgeschichtliche Rezeption der deutschen Malerei des 19. Jahrhunderts nachhaltig prägte und noch in der jetzigen Ausstellung der rekonstruierten Nationalgalerie bemerkbar ist. Die offizielle akademische Malerei, insbesondere die auf Themen orientierte Historienmalerei, Werke bei denen »nicht mehr drin als drauf ist«, wanderten zusehends ins Depot, Bilder wurden fortan nur noch ihrer rein malerischen Werte wegen erworben und ausgestellt, die Kunstentwicklung als eine zur reinen Malerei hin neu beschrieben.

Der Initiator des naheliegenden Planes einer Jahrhundertausstellung war Alfred Lichtwark (1852-1914), der Direktor der Hamburger Kunsthalle. Seit 1897 versuchte er > **Hugo von Tschudi** zur Mitarbeit zu gewinnen. Jedoch erst nach dem Besuch der französischen Centennale in Paris 1900, die ihn unbefriedigt ließ, entschied sich Tschudi zur Vorbereitung einer Centennale der deutschen Kunst nach seinem Sinn. Seine Kritik an der französischen Ausstellung wandelte sich zum Programm: Er wollte eine Beschränkung auf »die wirklich künstlerischen Persönlichkeiten, auf jene Meister, die für die Entwicklung der Kunst etwas zu bedeuten haben, auf die Verkannten, die spät Erkannten und auch die Ungekannten.« Lichtwark konnte seiner Kommission im August 1900 berichten, daß die Verhandlungen mit Tschudi zum Abschluß gekommen waren. »Tschudi hat sich erst gesträubt, dann war er lange Zeit lau, jetzt geht er fest hinein.« Zu den Hauptakteuren Lichtwark und Tschudi gesellten sich Woldemar von Seidlitz, aus der Generaldirektion der Königlichen Sammlungen in Dresden, später auch Franz von Reber von den Bayerischen Staatsgalerien. 1904 stieß der Kunstschriftsteller > **Julius Meier-Graefe** hinzu, der mit der Idee einer Jahrhundertausstellung der deutschen Kunst aus Paris zurückgekehrt war. Die Ausstellung wurde von etwa 150 Ausschußmit-

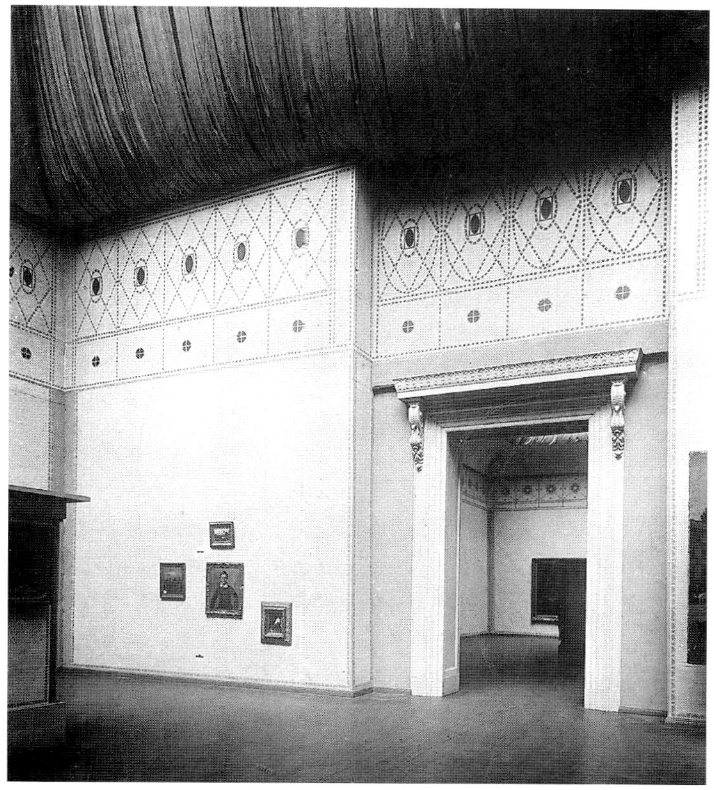

Blick in die »Deutsche Jahrhundert-Ausstellung« in der Alten Nationalgalerie, 1906. Raumgestaltung nach Entwürfen von Peter Behrens

gliedern, die Schlösser, Museen und Privatsammlungen durchforschten, und mit zahlreichen Regionalausstellungen im Sommer 1905 überaus aufwendig vorbereitet.

Mit der deutschen Centennale gab Tschudi in der Nationalgalerie, einem Haus mit einem offiziellen, geschichtsträchtigen Gepräge, der nichtoffiziellen Kunst des 19. Jahrhunderts breiten Raum. Für die Gestaltung von Ausstellung und Katalog gewannen die Veranstalter Peter Behrens: Die stoffbespannten Wände wurden hell überstrichen, zu hohe Decken abgehängt und die Räume mit einem zarten Empiremuster verziert. Die Ausstellung bedeutete eine Zäsur im Ausstellungswesen der Nationalgalerie. Fortan sollte das Äußere allein der Wirkung der Bilder dienen. Die Umbauten der Nachfolger > **Ludwig Justi** und > **Eberhard Hanfstaengl** folgten dieser Idee, auch ihnen ging es um die Schaffung von zurückhaltenden, die Wirkung der Kunstwerke nicht überstrahlenden Räume.

Nach der sehr erfolgreichen Schau erhielten Alfred Lichtwark von der Hamburger Kunsthalle und Hugo von Tschudi je 200 000 Mark Sondermittel für Ankäufe von Werken aus dieser Ausstellung. Es gab kleine Unstimmigkeiten, beide Häuser reflektierten auf die gleichen Bilder, der Kultusminister griff ein. Schließlich wurden Tschudi durch die > **Landeskunstkommission** 20 Werke bewilligt, darunter so wichtige Bilder wie

Wilhelm Leibls »Bürgermeister Klein«, Anselm Feuerbachs »Porträt der Stiefmutter«, Caspar David Friedrichs »Frau am Fenster« sowie Werke von Carl Blechen, Franz Krüger, Georg Friedrich Kersting, Wilhelm von Kobell, Louis Ferdinand von Rayski und Carl Spitzweg.

Am Ende des 20. Jahrhunderts blickte die Nationalgalerie 1999 erneut zurück auf die Kunst eines Jahrhunderts. In einer kritischen Retrospektive präsentierte sie nicht nur die deutsche, sondern auch die internationale Kunst in Deutschland: »Das XX. Jahrhundert. Ein Jahrhundert Kunst in Deutschland«. Über 600 Werke von 200 Künstlern der Klassischen Moderne und der zeitgenössischen Kunst wurden in einer essayistischen Trias von Rahmenthemen an drei Orten gezeigt: »Die Gewalt der Kunst« in Schinkels > **Altem Museum,** »Geist und Materie« in > **Mies van der Rohes** > **Neuer Nationalgalerie** und das Prinzip »Collage-Montage« im > **Hamburger Bahnhof**. Die von Peter-Klaus Schuster initiierten, von ihm und weiteren Kustoden kuratierten Ausstellungen waren ein von der > **Stiftung Deutsche Klassenlotterie** Berlin gefördertes, höchst erfolgreiches Gemeinschaftsunternehmen der Nationalgalerie, zusammen mit der Kunstbibliothek, dem Kupferstichkabinett und dem Kunstgewerbemuseum der > **Staatlichen Museen zu Berlin**. *AW*

Jannasch, Adolf (1898–1984)

> **Galerie des 20. Jahrhunderts**

Jazz in the Garden

Am 15. September 1968 wurde die > **Neue Nationalgalerie** bei strahlendem Spätsommerwetter eröffnet. Das Jazz-Konzert im Skulpturengarten trug entscheidend zu der heiteren Festtagsstimmung bei, und so entstand der Wunsch nach Fortsetzung der Konzerte. 1970 konnte nach dem Vorbild der Jazz-Veranstaltungen im Garten des Museum of Modern Art in New York die erste Saison von »Jazz in the Garden« unter der Leitung von R. Schulte Bahrenberg eröffnet werden. Bis 1978 jährlich, danach in unregelmäßiger Folge bis 1989/90 trat im Garten der Neuen Nationalgalerie die Crème der internationalen Jazz-Musik auf. Es begann mit der Gruppe des englischen Schlagzeugers John Stevens, dem Gitarristen Sonny Sharrock und der Sängerin Linda Sharrock. Dann folgten Phil Woods, Buddy Tate, Lester Bowie, Roscoe Mitchell, Joseph Jarman, die Berliner Mombasa-Gruppe mit dem Posaunisten Lou Blackburn, der vormals bei Duke Ellington gespielt hatte, die türkische Sängerin ÖZAY, der kubanische Saxophonist Paquito d'Rivera, der japanische Pianist Yosake Yamashita und andere. Daß der »Jazz in the Garden«, der anfänglich vom Senator für Wissenschaft und Kunst gefördert wurde, schließlich zum Bedauern vieler eingestellt werden mußte, hängt vor allem mit dem instabilen Berliner Wetter zusammen. Vielfach wurden die Konzerte in letzter Minute verlegt und die heitere Stimmung im Skulpturengarten, die so sehr an New York erinnerte, war anderenorts nicht reproduzierbar. *AS*

Jazz in the Garden, Konzert im Skulpturengarten der Neuen Nationalgalerie, 1972. Fotografie: Frank Roland-Beeneken

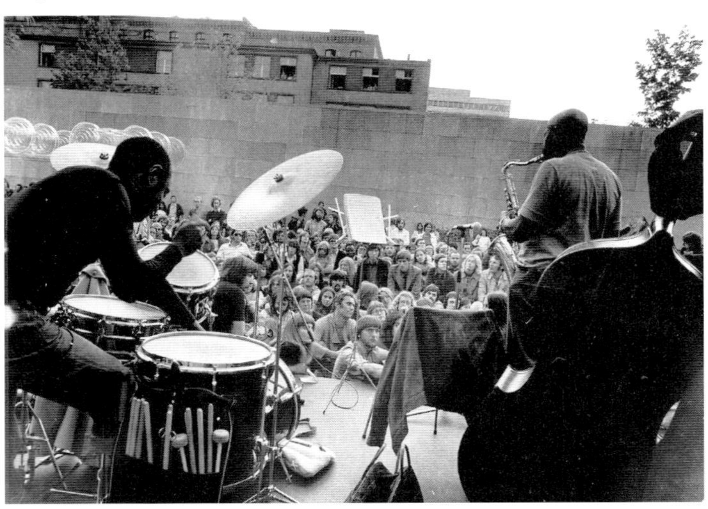

Jordan, Max Heinrich (1837–1906)

Mit der Ernennung Max Jordans zum Direktor der > **Nationalgalerie** am 1. Juli 1874 übernahm in Nachfolge des Historienmalers > **Wilhelm Eduard Daege** kein Künstler, sondern ein Kunsthistoriker die Leitung des

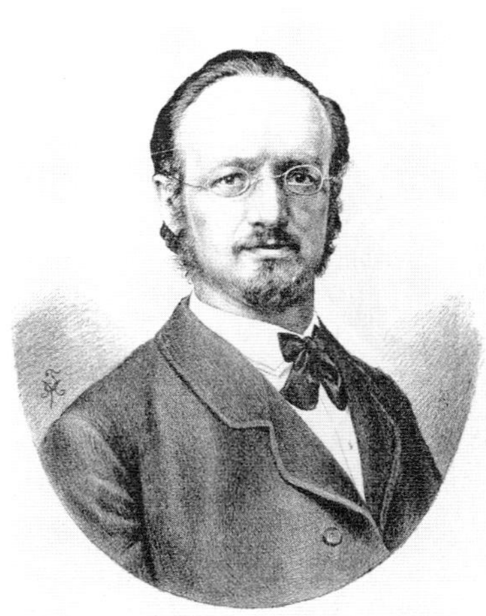

Unbekannter Künstler, Max Heinrich Jordan

Museums. Geboren am 19. Juni 1837 als dritter Sohn des Dresdner Kaufmanns und Schokoladenfabrikanten Gottfried Jordan, studierte Max Jordan von 1856–60 Geschichte an den Universitäten Jena, Berlin, Bonn und Leipzig. Auf Anregung seines Leipziger Lehrers Weiße widmete sich Jordan nach einem fünfmonatigen Studienaufenthalt in Italien (1861) zunehmend der Kunstgeschichte. Zurückgekehrt nach Leipzig, betätigte sich Jordan zunächst als Kunstjournalist. Als Direktor des Städtischen Museums Leipzig (1871) schuf Jordan mit der Habilitation (1871) und der Privatdozentur an der Universität Leipzig (1872) die Voraussetzung zur Berufung als Direktor der Nationalgalerie, deren Auf- und Ausbau nach modernen fachlichen Gesichtspunkten er zusammen mit den Direktorialassistenten Richard Dohme und > **Lionel von Donop** im 1876 neu eröffneten Gebäude auf der > **Museumsinsel** betrieb. Max Jordan richtete sein Hauptaugenmerk auf die Erweiterung der Sammlungsbestände jüngster deutscher Kunst und auf die Schließung der Lücken in der Kunst des frühen 19. Jahrhunderts. »Mit Blechen, Menzel und Feuerbach, [...] der > **Casa Bartholdy**, den Nazarenern [hat er] deutliche Schwerpunke gegeben und durch Böcklin und Liebermann entscheidende Weichen für die Zukunft [der Nationalgalerie] gestellt« (Honisch). Gleichzeitig begann er mit der Erarbeitung des ersten wissenschaftlichen Bestandskatalogs (1876), der bis 1906 in mehreren erweiterten Neuauflagen erschien. Verdienstvoll war Jordans Bemühen zur Förderung der Gegenwartskunst, indem er das Werk jüngst verstorbener Künstler in insgesamt 73 Ausstellungen der Öffentlichkeit nahe brachte und aus deren Nachlaß > **Erwerbungen** für die Nationalgalerie, besonders für die 1878 neubegründete Abteilung der Handzeichnungen, Aquarelle und Ölstudien, veranlaßte. 1883 organisierte Jordan die Übernahme und Präsentation der gräflichen Sammlung > **Raczynski** für die Dauer von 20 Jahren. Seitdem er am 29. April 1880 als Referent für Kunstangelegenheiten in das Königliche Ministerium der geistlichen, Unterrichts- und Medizinalangelegenheiten berufen worden war, blieb Jordan bis zu seinem Ausscheiden aus dem Staatsdienst am 1. Januar 1896 Direktor der Nationalgalerie im Nebenamt. Während seiner Amtszeit forderte Jordan mehrfach die Aufstockung der Ankaufsmittel für zeitgenössische Kunst, wobei ihm besonders am Erwerb von ausländischer junger Kunst gelegen war. Trotz seiner Mitgliedschaft in der einflußreichen > **Landeskunstkommission** war er hierbei jedoch immer wieder zu Kompromissen gezwungen. Mit der Herausgabe der Tagebücher seines Freundes Friedrich Preller d. J. (1904) und einer Monographie über den Historienmaler Friedrich Geselschap (1906) beschloß Jordan sein Lebenswerk. Er verstarb am 11. November 1906 in Berlin-Steglitz. *GHV*

Joseph-Beuys-Medien-Archiv

Die Sammlung, Archivierung und Katalogisierung sämtlicher Filme von, mit und über Joseph Beuys ist der erste Versuch, diesen Teil des umfangreichen Œuvres eines der wichtigsten Künstler in der zweiten Hälfte des 20. Jahrhunderts der Öffentlichkeit zugänglich zu machen. Dieses Arbeitsvorhaben wurde zu Beginn der 1990er Jahre zwischen der Nationalgalerie und der Familie des Künstlers, die den Nachlaß wissenschaftlich bearbeitet, mit dem Ziel beschlossen, ein digitales Joseph-Beuys-Medien-Archiv zu gründen, das sich als Teil des kritischen Œuvre-Verzeichnisses versteht. Voraussetzung war eine Recherche, die erstmals alles noch vorhandene, bekannte und unbekannte Filmmaterial weltweit zu erfassen versuchte. Dabei ergaben sich ca. 300 Stunden Material. Die verstreuten Filme sind überwiegend auf hochempfindlichem, in seinem Bestand gefährdetem Videomaterial gespeichert, dessen Verfall die geplante vollständige Digitalisierung entgegenwirken soll.

Joseph Beuys stand aufgrund seiner aus seinem erweiterten Kunstbegriff resultierenden spektakulären Öffentlichkeitsarbeit bereits sehr früh im Rampenlicht der Medien. Fast alle seiner späteren sozialpolitischen Aktionen sind filmisch dokumentiert. Als Quellenmaterial ersten Ranges haben diese Filme für die Kunstgeschichtsschreibung einen hohen Stellenwert. Sie führen auf einer authentischen, dicht an der Person Beuys gelagerten Weise in die komplexe Ideenwelt des Künstlers ein. Die > **Nationalgalerie** – die dank der Sammlung > **Erich Marx** neben dem Hessischen Landesmuseum in Darmstadt die größte Sammlung von Beuys-Werken besitzt – geht mit diesem Pilotprojekt einen ungewöhnlichen Weg zur Erschließung eines Werkes, das durch die ihm zugrunde liegende plastische Theorie alle Äußerungsformen des Künstlers in den Werkbegriff einschließt, so auch die Sprache, wie die gesamte, bewußt zeichenhaft gesetzte Gestalt von Beuys. Das Werk von Joseph Beuys, dessen Bedeutung weltweit außer Frage steht, stößt aufgrund seiner immanenten komplexen Denkstruktur und der ungewöhnlichen Materialästhetik in der Öffentlichkeit noch immer auf relatives Unverständnis. Die in Filmen und auf Tonbändern gespeicherten Reden von Beuys, sein eindringlicher, von ihm als plastischer Prozeß verstandener Sprachduktus, ist von einer Suggestion, die das Werk aus dieser an den Vortrag des Künstlers gebundenen Eigenheit heraus transparent erscheinen läßt.

Die Nationalgalerie hat ein interaktives Programm entwickelt, das im > **Hamburger Bahnhof** dem Besucher über die Eingabe von wichtigen, auf das Werk bezogenen Suchbegriffen einen »Dialog« mit dem Künstler ermöglicht. Beuys radikale politische Vorstellungen, seine immer wieder geforderte Erweiterung bestimmter Begriffe, wie etwa des Wissenschaftsbegriffs, gewinnen gerade am Übergang vom 20. zum 21. Jahrhundert eine besondere Aktualität, die im Joseph-Beuys-Medien-Archiv auf ungewöhnliche Weise studiert werden kann. Aus der engen, wissenschaftlichen Zusammenarbeit mit der Familie des Künstlers entstehen sukzessive Publikationen zu den einzelnen Filmen und Veröffentlichungen, wie die CD mit dem Musikstück »Joseph Beuys: Ja Ja Ja Ja Ja, Nee Nee Nee Nee Nee« von 1968. *EB*

Justi, Ludwig (1876–1957)

Der am 14. März 1876 in Marburg geborene Ludwig Justi entstammte einer bedeutenden hessischen Gelehrtenfamilie, die seit dem 12. Jahrhundert ununterbrochen nachweisbar war und die sich seit etwa zwei Jahrhunderten mit Kunst und Kunstgeschichte befaßte. Justis Vater, Ferdinand Justi, Professor für germanische Philologie, vergleichende Grammatik und orientalische Sprachen, war ein begeisterter Kunstliebhaber, dessen Bruder Carl Justi zu den bedeutendsten Kunstgelehrten in Deutschland zählte. Ludwig studierte Kunstgeschichte bei Paul Clemen in Bonn und bei Heinrich Wölfflin in Berlin und promovierte 1898 über »Jacopo de' Barbari und Albrecht Dürer«. Bereits 1901 habilitierte sich Justi mit der Schrift »Konstruierte Figuren und Köpfe unter den Werken Albrecht Dürers« und war Privatdozent bei Wölfflin an der Berliner Universität. Ab 1903 lehrte er an der Universität in Halle. 1907 erhielt Justi einen Ruf nach München als Generaldirektor der Königlich-Bayerischen Staatsgemäldesammlungen, und gleichzeitig bemühte sich Dresden um eine Berufung, als der Kulturminister Friedrich Schmidt-Ott in Berlin wissen ließ, daß Justi als Nachfolger Bodes im Gespräch war. Seit 1908 war aber auch, nach der Beurlaubung > **Hugo von Tschudis**, die Stelle des Direktors der »Vaterländischen Kunstsammlung« der > **Nationalgalerie** in Berlin, vakant. Unter dem Einfluß des > **Kultusministeriums** trat der erst 33jährige Justi in die Berufungsverhandlungen ein. Er war seit 1905 als erster Ständiger Sekretär der Akademie der Künste in Berlin tätig, hatte aber bereits 1900 als Volontär bei dem Direktor des Berliner Kupferstichkabinetts Friedrich Lippmann und bei Wilhelm von Bode erfahren können, was es heißt, einem Museum Weltgeltung zu verschaffen. Praktische Museumserfahrung in führender Position hatte Justi als Direktor des Städelschen Kunstinstituts in Frankfurt am Main zwischen 1904 und 1905 machen können.

Am 2. November 1909 wurde Justi zum neuen Direktor der Nationalgalerie ernannt. Trotz seines großen diplomatischen Geschicks und der Sympathie des Kaisers hatte Justi verschiedene Hemmnisse zu überwinden: zum einen die aus Tschudis mutiger Eigenmächtigkeit resultierende Kabinettsorder, nach der alle > **Erwerbungen** dem Kaiser vorzulegen waren, und zum anderen die reaktionäre > **Landeskunstkommission**. In seiner kurz nach Amtsantritt verfaßten, dem Kaiser verlesenen Denkschrift »Die Zukunft der National-Galerie« entwickelte Justi erste Pläne zur Umgestaltung, denen der Kaiser überwiegend zustimmte. 1911 gelang es ihm, die Landeskunstkommission aufzulösen und eine kleine Ankaufskommission nach seinen Vorstellungen einzusetzen. Mit der Überweisung der Schlachtengemälde an das Zeughaus, der Marinen an das neue Museum in Wilhelmshaven, dem Umbau der Nationalgalerie und dem Plan für einen Neubau für die Kunst nach 1879 auf dem Gelände des Zirkus Busch begann unter Justi die praktische und geistige Modernisierung der Nationalgalerie. Justi war es darüber hinaus gelungen, die Nationalgalerie wie vor 1896 aus dem Königlichen Museumsverband herauszulösen und direkt dem Kultusministerium zu unterstellen. Trotz dieser Fortschritte mußte er sich zunächst – wie Tschudi – auf ältere deutsche Kunst begrenzen. Erst 1912 gelang ihm der erste aufsehenerregende Ankauf neuerer Kunst: das Bildnis »Der Sänger Francisco d'Andrade als Don Giovanni in Mozarts Oper« (»Der rote d'Andrade«) von Max Slevogt. Nach Kriegsausbruch wurde Justi 1914 als Reserveleutnant mit dem Aufbau eines > **Reichskriegsmuseums** betraut, nachdem er in mehreren Denkschriften den Kaiser und die Heeresleitung von der Notwendigkeit überzeugt hatte. Während der Kriegsjahre war er ausschließlich mit dessen Organisation und mit der Schaffung der Voraussetzungen beschäftigt.

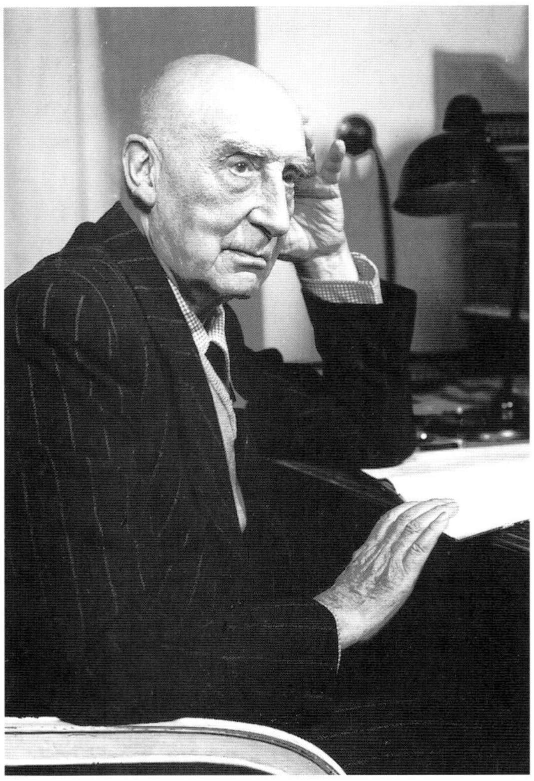

Ludwig Justi, nach 1950

1918 als Direktor der Nationalgalerie ins Zivilleben zurückgekehrt, stand er vor einer völlig neuen Situation: Mit der Abdankung des Kaisers fiel auch dessen Vetorecht, und Justi hatte freie Hand für eine Sammlung neuester Kunst. Für einen Neubau fehlte jedes Geld; so geriet schließlich das leerstehende > **Kronprinzen-Palais** ins Blickfeld. Als die Neue Abteilung der Nationalgalerie im ehemaligen Kronprinzen-Palais 1919 eröffnet wurde, begann eine neue Ära in der Geschichte der Museen Deutschlands: Zum ersten Mal gab es ein staatliches Museum für zeitgenössische Kunst.

In der ersten Fassung entwickelte Justi eine Folge von Sälen, die neben Max Liebermann, den französischen Impressionisten und Vincent van Gogh auch die jüngsten Strömungen wie die »Brücke«-Künstler, die Künstler des »Blauen Reiter« und Einzelgänger wie Oskar Kokoschka, Emil Nolde und Wilhelm Lehmbruck führten. Auch der > **Sammlung der Zeichnungen** wurde im neuen Haus ein öffentliches Domizil mit einem Studiensaal eingerichtet. Diese erste Galerie in Deutschland, die sich ausschließlich lebenden Künstlern widmen wollte, wurde 1929 für > **Alfred H. Barr Jr.** zum Vorbild für das Museum of Modern Art in New York. Justi sah die Gestaltung des Kronprinzen-Palais als lebendigen Prozeß, den er mit seinen Mitarbeitern beständig in der Diskussion hielt. Erst 1932 konnte er durch wichtige Ankäufe und Umordnungen in den Prozeß eintreten, der ihn zu einer spektakulären, neuen Präsentationsform führte, der Einrichtung von Räumen für lebende Künstler, die mit dem erst 1933 eingerichteten Saal für Max Beckmann ihren Höhepunkt erfuhren. In der von ihm initiierten Zeitschrift > **Museum der Gegenwart** (1930–33) versuchte Justi in Deutschland alle diejenigen Kräfte zu bündeln, die an einem ähnlichen Museumskonzept interessiert waren. Justi integrierte erstmals ein zeitgenössisches Ausstellungsprogramm in die Galerieräume eines Museums, das bis dahin ausschließlich kommerziellen Galerien vorbehalten war und entsprechende Kritik hervorrief. So zeigte er 1921 junge italienische Künstler aus dem Umkreis der Zeitschrift »Valori Plastici«, 1927 folgte die grandiose Ausstellung mit Werken von Edvard Munch. Insgesamt waren es bis 1933 fünfzig Sonderausstellungen, darunter die erste Museumsausstellung von Paul Klee.

Justis im wesentlichen national ausgerichtetes Programm war ganz im Sinne der nationalkonservativen Vorstellung von einer Führungsrolle deutscher Kultur gedacht. Einer der für das Programm wesentlichen Vertreter dieses idealen »Neuen Reiches« war Justis Stellvertreter > **Ludwig Thormaehlen**. Die nationalistischen Tendenzen wurden besonders von linken Kritikern und Künstlern scharf angegriffen. Schließlich traten zu Beginn der 1930er Jahre auch die völkischen Ideologen um Alfred Rosenberg mit schärfster Kritik hervor, die schließlich 1933, nach der politischen Machtübernahme durch die Nationalsozialisten, zur Amtsenthebung von Justi und seiner Versetzung in die Kunstbibliothek führte. Alle Versuche der Übergangsnachfolger > **Alois Schardt** und schließlich > **Eberhard Hanfstaengl** konnten jedoch die von Justi aufgebaute »Galerie der Lebenden« nicht retten. Noch bis 1936 versuchten Justis Mitarbeiter in zahlreichen Schriften seine Rehabilitierung zu erreichen. 1937 setzten sich die völkischen Kreise um Rosenberg endgültig durch, und das Kronprinzen-Palais wurde wie kein anderes deutsches Museum Opfer der Aktion > **»Entartete Kunst«**. Die einstmals vorbildliche Sammlung wurde restlos zerstreut. Alle Versuche, Justi anderweitig einzubinden, etwa als Ordinarius für Kunstgeschichte an der Universität Bonn oder als Direktor der Kunsthalle in Hamburg, scheiterten. Überraschend richtete Justi 1940 die Ausstellung »1813 bis 1815. Großdeutschlands Freiheitskampf« in der Nationalgalerie ein, die eindeutig propagandistischen Zwecken im Zusammenhang mit dem Angriff auf die Sowjetunion diente. Trotzdem ergeht am 7. März 1941 an alle Journalisten das Verbot, auf Justis 65. Geburtstag am 14. März öffentlich einzugehen.

Nach dem Ende des Krieges leitete Justi, durch den Berliner Magistrat berufen, ab 1946 als Generaldirektor der Staatlichen Museen zu Berlin den Wiederaufbau der > **Museumsinsel**. Nach seiner Vorstellung sollte das > **Alte Museum** in einer zusammenfassenden Schausammlung mit nur wenigen Werken aus allen Epochen dem Besucher einen ersten Überblick ermöglichen. 1955 zeigte Justi in einer Zwischenstation die aus der Sowjetunion zurückkehrenden Bestände der Dresdner Gemäldegalerie in der Nationalgalerie. Am 19. Oktober 1957 starb Ludwig Justi in Potsdam. Der Bildhauer Gustav Seitz nahm ihm die Totenmaske ab.

Als Nachfolgerin Justis wurde die bisherige Leiterin der Abteilung 19. Jahrhundert, > **Vera-Maria Ruthenberg**, in den Jahren 1957–66 mit der Wahrnehmung der Geschäfte der Nationalgalerie in Berlin (Ost) beauftragt. *EB*

Kasse

> **Öffnungszeiten**

Kataloge

Nach mehreren Katalogen der Sammlung > **Wagener** gab es zur feierlichen Eröffnung der > **Nationalgalerie** am 21. März 1876 ein nach neuesten Gesichtspunkten erstelltes Handbuch, das oftmals neu aufgelegte »Beschreibende Verzeichnis der Kunstwerke in der Königlichen National-Galerie zu Berlin.« Den auf dem kunstwissenschaftlichen Kongreß 1873 in Wien aufgestellten Grundsätzen folgend, gab es eine ausführliche Biographie, eine Beschreibung der dargestellten Szenen oder Personen, jedoch keine Wertungen und keine Beschreibung der Malerei selbst. Abbildungen enthielten nur wenige Prachtauflagen. Diese Art von Galerieführer wurde in Variationen bis in die 1920er Jahre beibehalten (> **Führungen**).

Die verschiedenen Übersichtskataloge, die > **Ludwig Justi** ab 1919 zur »Deuschen Zeichenkunst« und zur »Deutschen Malkunst«, jeweils für das 19. und für das 20. Jahrhundert erstellte, haben einen ganz anderen, einen kunstpädagogischen Ansatz, sie wollen nicht informieren, sondern Anleitung zu Genuß und Erkenntnis sein. Den ersten großen Ausstellungskatalog der Nationalgalerie verfaßte > **Julius Meier-Graefe** nach der Deutschen > **Jahrhundertausstellung,** Berlin 1906. Alle Exponate sind abgebildet, das entband ihn weitgehend der Beschreibung, aber auch historische und biographische Fakten sind kaum gegeben. Meier-Graefe beschrieb exzessiv die Farbgebung und machte damit deutlich, daß ihm in erster Linie die Malerei am Herzen lag. Ein Jahr zuvor hatte > **Hugo von Tschudi** anläßlich der Gedenkausstellung für Adolph Menzel ein illustriertes Werkverzeichnis verfaßt; gleiches erschien 1940 von > **Paul Ortwin Rave** für Carl Blechen, obwohl die dazugehörige Ausstellung wegen des Krieges nicht mehr stattfand. Auch das Thoma-Werk Ludwig Justis von 1922 war eine Frucht seiner Studien in Vorbereitung der Ausstellung.

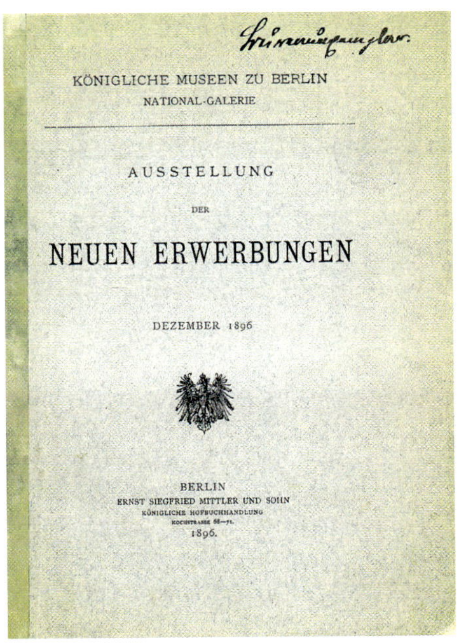

»Ausstellung der neuen Erwerbungen der Königlichen Museen zu Berlin«, Buchumschlag des Ausstellungskatalogs, 1896

Die Kataloge der Nationalgalerie nach dem > **Zweiten Weltkrieg** folgten den allgemeinen Moden und den jeweiligen finanziellen Verhältnissen im Ostteil oder im Westteil der Stadt. Generell wurden zunehmend alle ausgestellten Werke abgebildet und zunehmend farbig. Bei den Ausstellungskatalogen, oft für mehrere Stationen vorbereitet, richten sich Umfang und Ausstattung nach den prognostizierten Erwartungen der Ausstellungsbesucher. Die Tendenz ging lange zu immer umfangreicheren Katalogen, mit ausführlich, in mehrfacher Hinsicht kommentierten Exponaten und mehreren, das Thema der Ausstellung beleuchtenden Essays. Die Rolle der Bestandsverzeichnisse hat eine kontinuierlich in Überarbeitung befindliche CD-ROM übernommen (> **Digitale Datenbank**). *AW*

Kleihues, Josef Paul (geboren 1933)

Die Auseinandersetzung mit einer historischen Bausubstanz war für den an den Technischen Hochschulen in Stuttgart und Berlin ausgebildeten Architekten Josef Paul Kleihues bereits häufig Bestandteil in den Aufgabenstellungen seiner zahlreichen Museumsentwürfe. Der Respekt vor dem Vorhandenen, dessen Vermittlung mit dem Neuen und die Problematisierung des Verhältnisses von Alt und Neu sind Aspekte seiner Entwurfstätigkeit, die dezidiert aus dieser Auseinandersetzung hervorgehen.

1988 wurde Josef Paul Kleihues von der > **Stiftung Preußischer Kulturbesitz** und dem Berliner Senat beauftragt, einen Entwurf zum Umbau des 1845–47 erbauten ehemaligen Berliner Endbahnhofs der Berlin-Hamburger Eisenbahnstrecke zu einem Museum für zeitgenössische Kunst vorzulegen. Die Architektur des historischen Empfangsgebäudes und der 1905–06 entstandenen Ausstellungshalle des Museums für Verkehr und Bau sowie zweier zwischen 1910 und 1916 zur Invalidenstraße hin errichteten Seitengebäude stellten Herausforderungen für den Umbau dar. Kleihues antwortete hierauf mit einer Erweiterung um zwei Ausstellungshallen parallel zu der historischen Halle von 1905, womit er ein großzügiges und flexibel nutzbares Ensemble von Räumen schuf. Realisiert wurde 1996 die östliche Ausstellungshalle, mit der der > **Hamburger Bahnhof** - Museum für Gegenwart im selben Jahr eröffnete; die wünschenswerte Ergänzung durch das westliche Pendant steht derzeit noch aus. Kleihues' Analyse des Bauwerks zu Beginn seines Entwurfsprozesses hatte ergeben, daß die einzelnen vorhandenen Räume in voneinander unabhängigen Proportionen und geometrischen Verhältnissen entworfen waren. Diese autonome Maßordnung der Räume wurde von Kleihues zwar beibehalten, durch die Anordnung der Lichtdecken aber erstmals aufeinander bezogen. Die zwei großen Galerien, die Kleihues zur Erweiterung der Ausstellungsfläche und zur Aufnahme großer Formate von Andy Warhol, Robert Rauschenberg und Roy Lichtenstein entwarf, wurden beidseitig, aber in deutlichem Abstand zur vorhandenen Bausubstanz angeordnet. Dem Entwurf von Kleihues ist es zu verdanken, daß ein von seinem

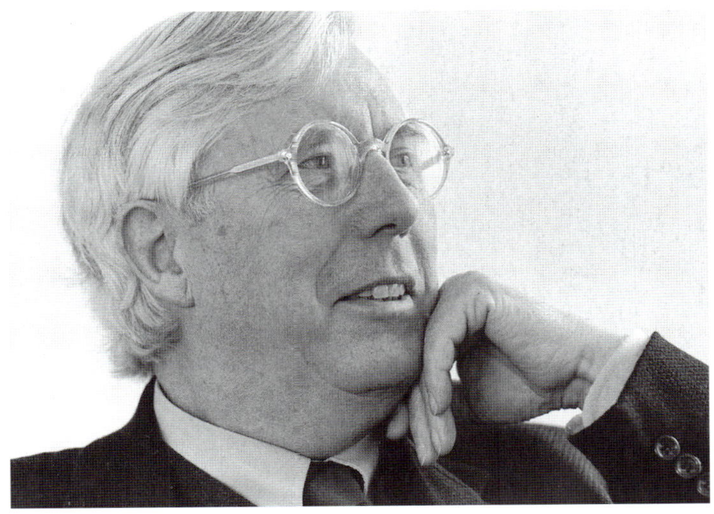

Josef Paul Kleihues

Konzept her einmaliges, sammlungsübergreifendes Museum für alle von Künstlern benutzten Medien entstanden ist.

Die Auseinandersetzung mit Museumsbauten hatte Kleihues bereits während seiner Studienzeit gesucht. Nach der Teilnahme an dem öffentlichen Wettbewerb für das Landesmuseum in Münster folgten 1972 der Wettbewerb um das neue Sprengel Museum in Hannover, 1985 die Erweiterung des Städelschen Kunstinstituts und 1988 die Ergänzung des Museums für Vor- und Frühgeschichte in Frankfurt sowie im selben Jahr die Rekonstruktion und der Umbau der Deichtorhallen in Hamburg. 1992 arbeitete Kleihues gleichzeitig am Hamburger Bahnhof und am Museum of Contemporary Art in Chicago. Er hat dies genutzt, um vielfältige Beziehungen zwischen beiden Museumsbauten herzustellen. Die Entwürfe weisen trotz ihrer Verschiedenheit gewisse Gemeinsamkeiten auf, die sich an erster Stelle mit den langgestreckten, tonnengedeckten Ausstellungsräumen und der Verwendung von Aluminium als Fassadenmaterial benennen lassen. *NH*

Klimatisierung

Das Raumklima in Museen wird durch mehrere Faktoren bestimmt. Neben der Temperatur spielt die relative Luftfeuchtigkeit eine entscheidende Rolle. Doch auch die Frischluftzufuhr muß gewährleistet werden, um den Aufenthalt für Besucher annehmbar zu gestalten und um etwaiger Schimmelbildung an Kunst und Gebäuden vorzubeugen. Während heutige Museumsbesucher (und die Aufsichten) Raumtemperaturen ab 20 °C erwarten, um sich wohlzufühlen, lag der akzeptable Wert um 1900 durchaus noch bei 16 °C. Für den optimalen Erhalt der Kunstwerke ist hingegen die relative Luftfeuchtigkeit maßgeblich, da organische Materialien bei

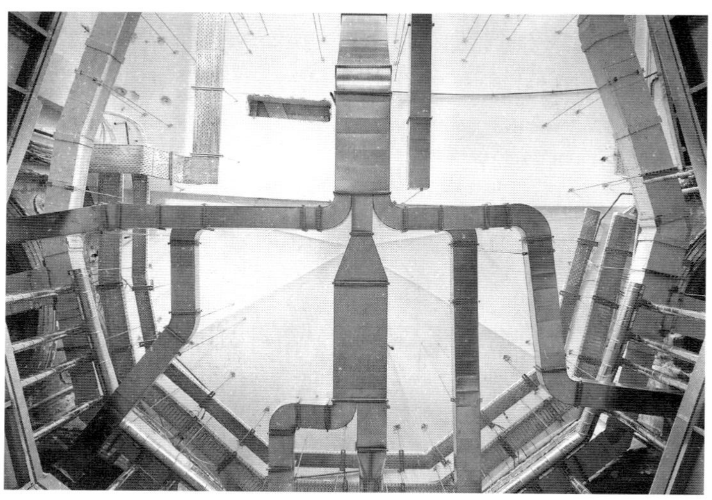

Klimaanlage der Alten Nationalgalerie, 1999. Fotografie: Andres Kilger

höheren Werten Wasser aus der Luft aufnehmen, was beispielsweise zum Abplatzen der Grundierung und der Malschicht von Holz oder zum Bauchen von Leinwandgemälden führen kann. Metallische Werkstoffe können hingegen bei zu hohen Werten korrodieren; Wachs droht bei zu hoher Temperatur weich zu werden.

Im 19. Jahrhundert beschränkte man sich – wie beim Bau der > **Alten Nationalgalerie** – auf die klassischen Klimatisierungskonzepte: Lüftungsschächte und -luken dienten der Zufuhr kühler Frischluft (im Sommer) oder dem Abzug zu warmer Raumluft. Sie konnten mechanisch abgeschottet werden, wenn etwa im Winter erwärmte Raumluft im Innenraum gehalten werden sollte. Sonnensegel oberhalb der Staubdecken reduzierten den durch direkte Sonneneinstrahlung auftretenden Wärmeeintrag.

Im Verlauf des 20. Jahrhunderts haben sich die Anforderungen an die Museumsklimatisierung radikal erhöht. Zugleich ging das Wissen von den einfachsten technischen, thermischen, physikalischen Möglichkeiten der Regulierung in dem Maße verloren, wie die Klimatisierung mittels moderner technischer Anlagen sich automatisieren und optimieren ließ. Gleichwohl bedeuten moderne Klimaanlagen, daß man einen extrem hohen Kosten-, Energie-, Wartungs- und Technikaufwand betreiben muß und daß selbst groß dimensionierte Anlagen bei zeitweiligem hohem Besucheraufkommen an ihre technischen Grenzen stoßen.

Die Klimatisierung der Alten Nationalgalerie erfolgt künftig nicht durch ein einzelnes, zentrales Gerät, sondern mittels dezentral aufgestellter Aggregate. Dies ermöglicht Klimaschächte mit geringerem Durchmesser, so daß die unsichtbar durch das Haus gezogenen Kanäle minder stark in die historische Bausubstanz eingreifen. Auch können die Einzelaggregate besser auf die Gegebenheiten in den jeweiligen Ausstellungsetagen reagieren. *BM*

Koenigs, Felix (1846–1900)

Felix Koenigs war Bankier und Kunstsammler in Berlin. Aus seiner Sammlung erhielt die > **Nationalgalerie** 1901 die nach > **Hugo von Tschudis** Urteil bedeutendste Stiftung, die ihr seit ihrem Bestehen gemacht worden war (> **Vermächtnisse**). Damit wuchs die Galerie nicht um ein einzelnes, sondern gleich um eine Anzahl wertvoller Werke, darunter Bilder von Giovanni Segantini (die große Symbollandschaft »Heimkehr zur Heimat«), Wilhelm Leibl, Arnold Böcklin, Anselm Feuerbach, Anders Zorn sowie Skulpturen von Auguste Rodin (»Der Mensch und sein Gedanke«) und Max Klinger (»Amphitrite«).

Koenigs, Sohn eines Kölner Industriellen, lebte seit 1865 in Berlin, wo er Teilhaber und später einer der Leiter des Bankhauses Delbrück, Leo & Co. wurde. Die Hauptstraße der Villenkolonie Grunewald trägt seinen – irreführend orthographierten – Namen, ebenso einer der Seen, weil er die Begründung des neuen Stadtteils maßgeblich mitfinanzierte. Er war mit vielen Künstlern befreundet, darunter die Architekten Paul Wallot und Franz Schwechten, der Bildhauer Adolf Brütt, der Maler Hans Olde; am folgenreichsten wurde aber seine lange Freundschaft mit Max Klinger, der sein Kunstverständnis am tiefsten geprägt haben soll und der noch sein Totenporträt radierte. Nach ersten, noch anspruchslosen Kunstkäufen war die Entscheidung für Giovanni Segantini (1888) sehr gewichtig: »Sie waren der erste«, schrieb ihm der Maler, »der es wagte, von dieser Kunst zu kaufen zu einer Zeit, in der ich für einen Phantasten und noch Schlimmeres galt.« Koenigs besaß schließlich drei Bilder von Segantini und dessen Büste von Paolo Troubetzkoy. Ohne daß er je einen französischen Impressionisten erworben hätte, geriet ein Museum mit ihm schon in einen kunstpolitischen Grenzbereich: Als er – zufällig im Augenblick der Krise im Herbst 1899 – der Nationalgalerie Max Klingers »Amphitrite«, einer der ersten Torsi der deutschen Plastik, als Leihgabe anbot, mußte Tschudi verzichten, »da wir bei der bekannten Abneigung des Kaisers gegen alles, was sich moderne Kunst nennt, jeden Anlaß, der auf eine Opposition gedeutet werden könnte, vermeiden müssen.« Koenigs' letzte Ankäufe galten Rodin: vier Bronzen und zwei Marmorarbeiten. Gleich danach starb er in Paris während der Weltausstellung von 1900.

Die Stiftung eines bedeutenden Teils der Hinterlassenschaft an die Nationalgalerie schien eine spontane Entscheidung der Erben gewesen zu

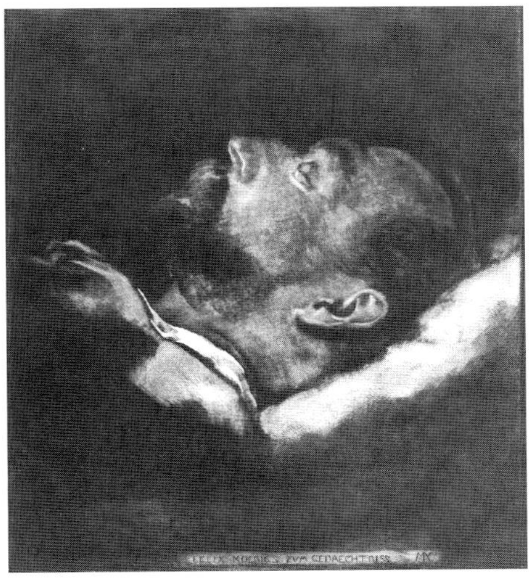

Max Klinger, Felix Koenigs auf dem Totenbett, 1901, Museum der bildenden Künste Leipzig

sein, an der Koenigs' Schwester Elise – selbst gelegentlich eine Stifterin der Museen – maßgeblich beteiligt war. Das Konvolut, bei dessen Zusammenstellung das Vetorecht des Kaisers zu berücksichtigen war, bestand aus 14 Bildern und 8 Skulpturen. Vor deren Übernahme wurde im Frühjahr 1901 ein großer Teil der Sammlung Koenigs ausgestellt: 104 von 142 Werken, unter Auslassung unter anderem zweier Klinger-Bilder »aus Rücksicht auf [die] Öffentlichkeit«. Die geschenkte Werkgruppe blieb lange im Obergeschoß der Nationalgalerie ausgestellt, zusammen mit Werken französischer Impressionisten. Nach dem > **Ersten Weltkrieg** zeigte man sie verkürzt im > **Kronprinzen-Palais.** 1932 gingen zehn Bilder und Skulpturen an die Familie zurück. *CK*

Kolonnaden

Die Architekturvisionen > **Friedrich Wilhelms IV.** für die Gestaltung einer Gruppe von Museums- und Universitätsbauten hinter dem > **Alten Museum,** die Ideen Schinkels für den Palast Orianda auf der Krim und auch die Pläne Leo von Klenzes für die Akropolis sahen gleichermaßen die Verbindung verschiedener antikisierender Tempelbauten und umlaufender Kolonnadengänge vor. Stets war beabsichtigt, die Tempelbauten in geradezu landschaftlich anmutender Weise zu arrangieren, nicht streng symmetrisch, sondern locker gruppiert: die Stadt als heiterer und freier Lebensraum. Es handelt sich allerdings bei der Idee der Kolonnadengänge nicht nur um eine wiederkehrende, nur formale Bauidee des deutschen Klassizismus, sondern um einen gleichsam philosophischen Topos: Nirgends wurde so konsequent wie auf der > **Museumsinsel** die Idee der Stoa Poikile, der offenen Wandelhalle für das philosophische Gespräch, verwirklicht. Schinkel hatte diesem Ideal bereits im zur Stadt hin geöffneten Treppenhaus des Alten Museums Gestalt gegeben; Kontemplation und Kunstbetrachtung, philosophische Lebens- und historische Weltbetrachtung greifen ineinander und beflügeln einander. In den die > **Alte Nationalgalerie** umlaufenden Kolonnaden mit ihren langen dorischen Säulengängen und ihren ruhegebenden Eck- und Mittelpavillons sollte ebendiese Bauidee als soziales und geistiges Modell verwirklicht werden. Die ursprüngliche Idee und Form wurde jedoch durch den Teilabriß der Kolonnaden während des Baues des Pergamonmuseums stark beeinträchtigt.

Alte Nationalgalerie, Blick auf die Kolonnaden vom Bauplatz des Pergamonmuseums, 1910

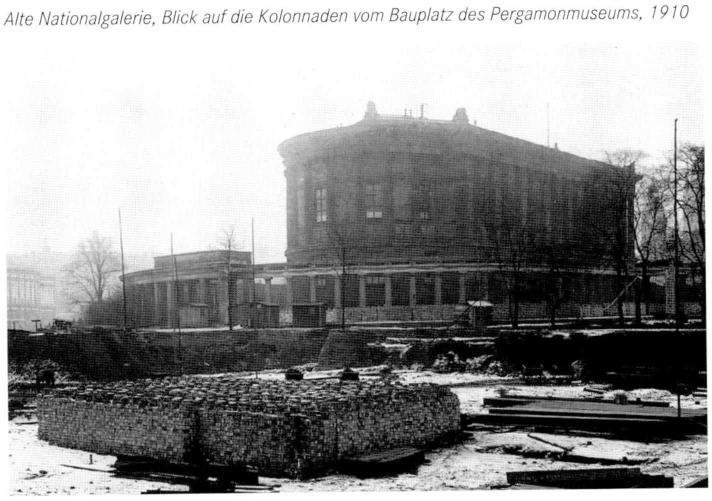

Die Kolonnaden haben allerdings auch städtebauliche und museale Funktionen, indem sie das Neue Museum und die > **Nationalgalerie** miteinander verbinden und einen geschützten, für die Aufstellung von Bildwerken geeigneten Innenhof einfassen sollen (> **Trinkhalle**). Ein Brunnenbecken in Vierpaßform mit Fontäne, innen mit einem beziehungsreichen Mosaik (mit Delphinen und Wasserpflanzen) ausgelegt, zentriert und ziert die Rasenfläche vor der Alten Nationalgalerie.

Stets waren im Kolonnadenhof > **Skulpturen** des 19. und frühen 20. Jahrhunderts plaziert. Wenngleich durch Verluste und Verkäufe manches früher hier aufgestellte Bildwerk nicht mehr vorhanden und durch Geschmackswandel vieles den heutigen Auffassungen nicht mehr gemäß erscheint, gibt es doch auch Fixpunkte in allen bisherigen Umgestaltungen: Neben August Gauls lebensgroßem »Löwen« hat vor allem Louis Tuaillons hehre reitende »Amazone« als formal souverän behandeltes Kunstwerk und als Sinnbild menschlicher Selbstdisziplin und tugendhafter Besonnenheit unverändert Bestand. Ihre secessionistische Strenge kontrastiert heute mit der neobarock bewegten Lebenslust in Reinhold Begas' »Centaur«. So stimmen die im Hof aufgestellten Bildwerke auf die vielfältige Sammlung der Alten Nationalgalerie ein, ein Präludium und ein Verweis auf die Skulpturen in dem Gebäude und auf die verschiedenen Stile. *BM*

Kopien/Kopisten

Die Kopie (lateinisch Coppia: »Fülle, Vorrat«) gilt allgemein als Nachbildung eines Kunstwerkes durch einen fremden Künstler. Sie ist daher zu unterscheiden von der Replik, bei der es sich um eine Wiederholung durch den Künstler selbst oder seine Werkstatt handelt. Um sie aber auch von einer > **Fälschung** unterscheiden zu können, von der behauptet wird, sie sei mit dem Original identisch, ist sie als Kopie entsprechend gekennzeichnet: durch abweichende Maße, Beschriftungen oder ähnliches. Eine Umsetzung in andere Techniken und Materialien gilt in gewissem Maß ebenfalls als Kopie, doch ist sie zu unterscheiden von Reproduktionen in grafischen Techniken (wie Kupferstich, Holzschnitt und modernen Druckverfahren).

Die Herstellung von Kopien hat eine lange, bis in die Antike zurückreichende Tradition. Jahrhundertelang diente sie der Vermittlung beziehungsweise Überlieferung des Aussehens eines exemplarischen Kunstwerkes an einem anderen Ort. Lange Zeit war es üblich – und das betraf auch noch die > **Nationalgalerie** –, daß sich (zumeist angehende) Künstler durch das Kopieren von Meisterwerken schulten. Kopien entstanden aber auch im Auftrag privater oder öffentlicher Käufer. Allerdings hat sich die Bedeutung des Kopierens im Lauf der Zeit verschoben. Der damalige Direktor der Nationalgalerie, > **Ludwig Justi**, beklagte sich in einem Brief

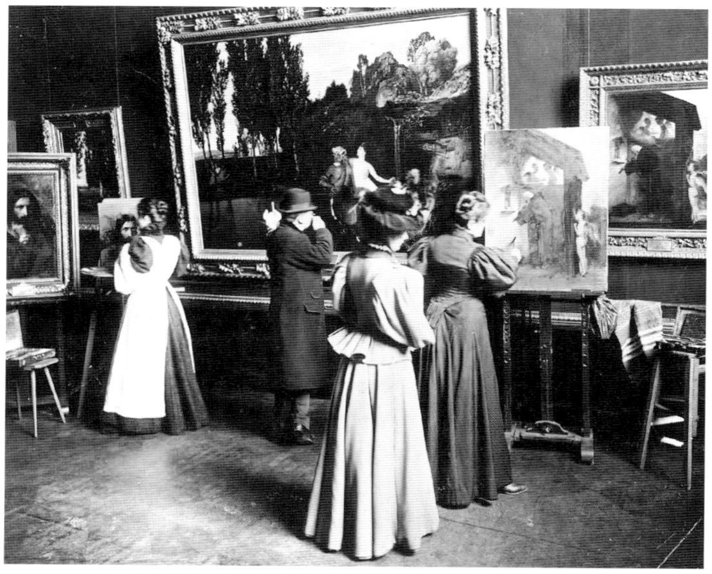

Kopistinnen in der Alten Nationalgalerie, 1. Kabinett, 3. Obergeschoß, 1897

vom 27. Mai 1918 an seinen vorgesetzten Minister noch: »Das Copieren in den Galerien ist ein Erwerbungszweig geworden.« Sarkastisch schlug er desweiteren vor, der Staat solle, anstatt öffentliche Gelder aufzuwenden, um Kopisten zu unterhalten, selbigen besser eine Rente aussetzen, »um sie von der Galerie fern zu halten« und fügte hinzu: »Mäzene, die Copien bestellen, sollten lieber Originale kaufen, sie würden sich selbst und der Kunst einen größeren Dienst damit leisten.« Dagegen gehören Kopisten heutzutage in der Nationalgalerie nur zu den gelegentlichen Randerscheinungen, am ehesten noch, wenn sie auftragsgemäß für eine historische Dokumentation eine Kopie erstellen.

Da sich die Nationalgalerie schon im Eröffnungsjahr ihres Stammhauses vor das Problem des Kopierens gestellt sah, erließ der erste Direktor, > **Max Jordan**, bereits am 1. Oktober 1876 eine »Ordnung für das Copieren in der Königlichen National-Galerie«. Die gedruckte Schrift enthält sieben Durchführungsbestimmungen, die u.a. besagen, daß der Kopist seine künstlerische Befähigung nachweisen muß und daß das Kopieren »in der Regel nur zu Studienzwecken gestattet« ist. Wer aber die Kopie kommerziell zu verwerten suche, habe das Reichsgesetz über den Schutz der Werke bildender Künste vom 9. Januar 1876 zu berücksichtigen, welches das Recht des Urhebers auch noch 30 Jahre nach dessen Tod schützte. > **Hugo von Tschudi** und Ludwig Justi behielten Jordans Kopier-Ordnung im wesentlichen bei. Als noch heute gültige Ergänzung wurde der Zeitraum für den Urheberrechtschutz auf 70 Jahre festgelegt, was auch bei der Verwertung von fotografischen Aufnahmen von originalen Kunstwerken zu berücksichtigen ist. *HJP*

Kriegsverluste

Obwohl die Berliner Museen mit Kriegsbeginn 1939 geschlossen und ihre Werke an geschützte Orte ausgelagert wurden (> **Auslagerungen**), hat die > **Nationalgalerie** eine große Anzahl kriegsbedingter Verluste zu beklagen. Relativ gering ist die Zahl der Werke, die bei Bombardements in Berlin selbst zugrunde gingen oder (bei größeren > **Skulpturen** und Beständen der > **Modell- und Abgußsammlung**) nur noch in Fragmenten erhalten sind. Einige Gemälde verbrannten mit der Restauratorenwerkstatt der Nationalgalerie. Andere Werke der Sammlung gingen im November 1943 mit dem Brand der > **Orangerie** des Charlottenburger Schlosses, der Zerstörung der Schinkelschen > **Bauakademie** am 3. Februar 1945 und des > **Kronprinzen-Palais** am 18. März 1945 verloren.

Bei dem größten Teil der Kriegsverluste handelt es sich jedoch um die Vielzahl jener verliehenen oder ausgelagerten Werke, die seit 1945 als verschollen gelten müssen (821 Gemälde und 133 Skulpturen). Neben Leihgaben in Regionalmuseen betrifft dies Hunderte von Bildern in staatlichen Behörden von Köln bis Königsberg. Hiervon wurde höchstwahrscheinlich der größte Teil vernichtet, wie die 33 Werke beim Oberpräsidenten in Hannover, dessen Dienstgebäude beim Bombenangriff in der Nacht zum 9. Oktober 1943 ausbrannte. Gleiches ist anzunehmen für Leihgaben bei einigen Behörden in Berlin, Köln, Magdeburg oder im Schloß Schwedt/Oder. Viele Auslagerungsorte wurden nachweislich von Militär und Zivilpersonen geplündert (> **Diebstähle**). Von 44 Gemälden und fünf Skulpturen ist inzwischen bekannt, daß sie sich heute in anderen Sammlungen befinden; nicht wenige ehemals verschollene Werke kamen überdies in den letzten Jahren aus privater Hand in die Nationalgalerie zurück (> **Rückerwerbungen**).

Zahlreiche repräsentative Werke befanden sich seit den 1920er Jahren in deutschen Botschaften und Generalkonsulaten von Ankara bis Helsinki. Zehn Bilder aus der Londoner Botschaft wurden 1945 versteigert (eines befindet sich heute als private Leihgabe im Kunstmuseum Bern, ein anderes kam 1992 als Geschenk der Erben in die Nationalgalerie zurück), einige Bilder aus Vertretungen in Dublin oder Tanger weiß man in Privatbesitz. Bei den meisten der an 151 Institutionen verliehenen Werke ist der Verbleib jedoch ungewiß.

Alle als Kriegsverlust verzeichneten Werke der Nationalgalerie sind in der »Dokumentation der Verluste« der Staatlichen Museen zu Berlin publiziert und dort – wie auch in der > **Digitalen Datenbank** – durch Abbildungen oder Bildbeschreibungen weitgehend identifizierbar. *MT*

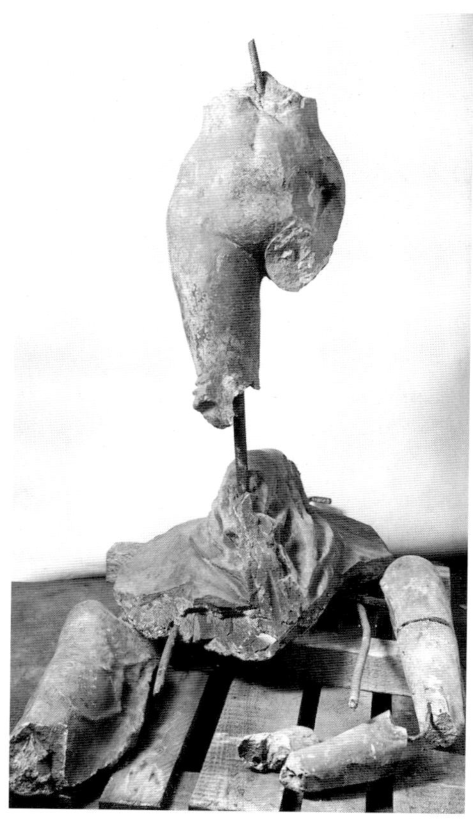

Wilhelm Lehmbruck, Die Kniende, Ateliermodell, 1911, Staatliche Museen zu Berlin, Nationalgalerie. 1937 der Aktion »Entartete Kunst« entgangen, 1945 durch Bomben zerstört.

Kronprinzen-Palais

Kabinettsekretär Johann Martitz ließ sich 1663 am Beginn der historischen Straße Unter den Linden 3 ein Wohnhaus errichten, das 1732 von Philipp Gerlach in ein barockes Stadtpalais für den Kronprinzen, den späteren König Friedrich II., umgebaut wurde. Im Auftrag Friedrich Wilhelms III. verband es Heinrich Gentz 1810/11 durch einen die Oberwallstraße überspannenden Bogen mit dem > **Prinzessinnen-Palais**. 1857 erfolgte schließlich ein erneuter grundlegender Umbau nach Plänen von > **Johann Heinrich Strack**, der ein weiteres Geschoß hinzufügte und dem Gebäude seine jetzige Gestalt mit dem kolossalen Säulenvorbau und der angeschlossenen Pergola verlieh.

Mit der Abdankung des deutschen Kaisers > **Wilhelm II.** am 9. November 1918 erlosch auch das über die > **Nationalgalerie** 1898 verhängte Vetorecht, das alle > **Erwerbungen** und Geschenke von der Zustimmung des Monarchen abhängig gemacht hatte. Unter der neuen sozialdemokratischen Regierung sah > **Ludwig Justi** endlich größere Möglichkeiten, auch die Kunst der jüngeren Generation für die Galerie zu erwerben. Da das Stammhaus überfüllt war, begann sich Justi nach einem geeigneten Gebäude umzusehen und reichte dem > **Kultusministerium** wie dem Finanzministerium entsprechende Vorlagen mit konzeptionellen Überlegungen für die Einrichtung einer neuen »Galerie der Lebenden« ein.

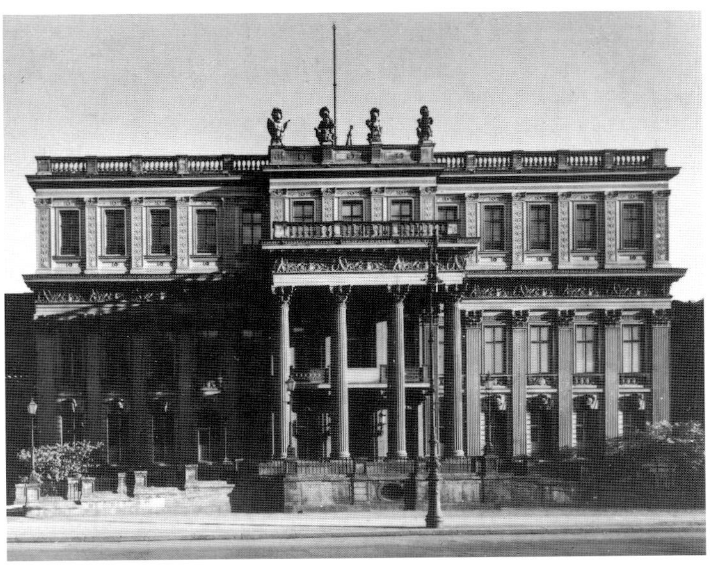

Kronprinzen-Palais, um 1930

Am 2. Juni 1919 genehmigte Finanzminister Albert Südekum Justis Antrag und überwies der Nationalgalerie das Gebäude zur Nutzung mit der Einschränkung, daß nur die drei Geschosse der Nordfront des Gebäudes der Galerie für ein halbes Jahr zur Verfügung gestellt werden konnten. Bis zur Klärung der Abfindung des ehemaligen preußischen Königshauses mußte der Nutzungsvertrag jährlich verlängert werden, was zur Folge hatte, daß in den ersten Jahren keine Umbauten vorgenommen werden konnten. Die endgültige Überweisung des ehemaligen Kronprinzen-Palais erfolgte erst 1927. Die Umbaupläne des Architekten Heinrich Tessenow wurden wegen der hohen Kosten für die Bauten auf der > **Museumsinsel** abgelehnt. Justi mußte sich mit sparsameren Veränderungen wie der Herausnahme der umfangreichen Holzeinbauten an den Fenstern und dem Abbau der überreichen Kamine und Spiegel begnügen. Besonders die Räume im oberen Geschoß blieben mit den schlichten Papiertapeten und den derben Holzdielen sehr einfach ausgestattet. Eine einfache funktionale Hängeleiste unter der Decke sowie ein ungefähr 30 cm breiter Farbsockel bildeten die einzige horizontale Gliederung der Wände. Aber gerade für die expressionistischen Werke erwiesen sich die puristisch gehaltenen Säle von großem Vorteil. Von aufwendiger und störender Innenarchitektur befreit, konnten sie sich hier frei entfalten.

Wegen seines begrenzten Ankaufsetats konnte Ludwig Justi nur vereinzelt Kunstwerke erwerben. Um dennoch einen repräsentativen Überblick über die Kunstströmungen der Zeit geben zu können, mußte er verstärkt mit Leihgaben arbeiten. Der damit verbundene Wechsel der Leihstücke führte zum ständigen Umhängen und zu der oft kritisierten »Hektik« innerhalb der ständigen Ausstellung, die Justi den Vorwurf der Konzeptlosigkeit einbrachte. Die im Obergeschoß eingerichteten Räume waren in der Regel einzelnen > **Künstlern** oder Künstlergruppen vorbehalten. Justi war immer bemüht, das Œuvre eines Künstlers durch mehrere Werke aus verschiedenen Schaffensperioden präsent zu machen. Es gab für Erich Heckel, Emil Nolde und Max Beckmann jeweils einen separaten Raum. Hinzu kam ein Saal mit Werken von Franz Marc und Wilhelm Lehmbruck sowie ein Saal mit Gemälden von Karl Schmidt-Rottluff und Ernst Ludwig Kirchner. In einem kleineren, rückwärts gelegenen Raum konzentrierte Justi Werke von Heinrich Campendonk, Wassily Kandinsky und eine ganze Kollektion von Paul Klee. Mit dieser »Experimentiergalerie« hatte die Nationalgalerie die seinerzeit beste und umfassendste Sammlung neuer deutscher Kunst zusammengeführt, die für andere Sammlungen in Deutschland wegweisend und vorbildhaft wirkte. Mit dem Machtantritt der Nationalsozialisten und Justis Entfernung aus dem Amt wurde diese Entwicklung abgebrochen. Versuche einer Neueinrichtung durch > **Alois Schardt** und später durch > **Eberhard Hanfstaengl** blieben letzten Endes erfolglos. Am 30. Oktober 1936 ordnete Kultusminister Rust die »vorläufige« Schließung an, die mit dem 5. Juli 1937 endgültig vollzogen wurde. *JG*

Kulturfonds der DDR

Dieser Fonds ist 1949 aus einer gemeinsamen Aktion des Bundesvorstandes des FDGB (Freier Deutscher Gewerkschaftsbund), des Deutschen Kulturbundes und der Verwaltung der Volksbildung hervorgegangen und begründet worden. Er wurde – mit dem Status einer juristischen Person ausgestattet – direkt dem Ministerium für Kultur der DDR (> **Kultusministerium**) unterstellt und war ein »staatlich verwalteter gesellschaftlicher Fonds zur Förderung der sozialistischen Kunst und Kultur der DDR«, der »schnell und unbürokratisch Einfluß auf bedeutende Aufgaben der Kulturentwicklung« (Kulturpolitisches Wörterbuch, Berlin 1970) nehmen sollte. Anfangs vor allem durch den sogenannten »Kulturzuschlag« von fünf Pfennig auf Eintrittspreise von Kulturveranstaltungen und zusätzliche Aufschläge auf Rundfunkgebühren und Schallplattenpreise finanziert, war der Kulturfonds u.a. für die Ankäufe der Museen von großer Bedeutung. Da auch der Ankaufsetat der > **Nationalgalerie** in Berlin (Ost) häufig nicht für die vorgesehenen > **Erwerbungen** ausreichte, bestand – meist gegen Ende des Jahres – die Möglichkeit, mit entsprechenden Anträgen durch den Generaldirektor über das Ministerium für Kultur eine Kostenübernahme durch den Kulturfonds zu erreichen. So wurden zwischen 1957 und 1990 allein im Bereich der Gegenwartskunst 113 Gemälde und 61 Skulpturen über Mittel des Kulturfonds erworben (> **DDR-Kunst**). Bei der Bewilligung der Gelder entschieden – zumindest seit den 1970er Jahren – allein die finanziellen Prioritäten. *FJ*

Kultusministerium

Das Kultusministerium ist die oberste Behörde für das Erziehungs- und Bildungswesen eines Landes und zuständig für die Beaufsichtigung, Leitung und Förderung aller geistigen Kulturmittel. Das »Ministerium der geistlichen, Unterrichts- und Medizinalangelegenheiten« wurde 1817 aus dem Ministerium des Innern abgezweigt. Es gliederte sich in vier Abteilungen: für geistliche Angelegenheiten, für das höhere und das niedere Schulwesen und für Medizinalangelegenheiten. Das Geschäftsvolumen der ersten Unterrichtsabteilung war derart angewachsen, daß 1907 ihre Dreiteilung in die Sektionen Hochschulwesen, höhere Schulen sowie Kunst und Wissenschaft erfolgte. Mit der Abtrennung der Abteilung für Medizinalangelegenheiten aus dem Verband des Ministeriums entstand im April 1911 das »Ministerium der geistlichen und Unterrichtsangelegenheiten« mit fünf Unterabteilungen für geistliche Angelegenheiten, Hochschulwesen, die höheren Schulen, Kunst und Wissenschaft und das Volksschulwesen. Infolge der gesellschaftspolitischen Umbrüche veränderte sich die Struktur des Kultusministeriums ständig. Aus dem 1919 gebildeten »Ministerium für Wissenschaft, Kunst und Volksbildung« wurde 1933 ein »Preußisches Ministerium für Wissenschaft, Kunst und Volksbildung«, um ab Mai 1934 im Verlauf der neuen »Reichsbildung« als »Reichs- und Preußisches Ministerium für Wissenschaft, Erziehung und Volksbildung« zu fungieren und 1938 darin aufzugehen.

Mit Ausnahme der Amtszeit > **Hugo von Tschudis** (1896–1908) unterstand die > **Nationalgalerie** bis 1937 direkt dem Kultusministerium. Alle das Museum betreffenden Angelegenheiten wie Bauvorhaben, Erwerbungen, Annahme von Geschenken oder > **Vermächtnissen** mußten beim Kultusminister beantragt oder zur Entscheidung vorgelegt werden. Der Direktor der Nationalgalerie wie auch die Mitglieder der > **Landeskunstkommission** besaßen nur ein Vorschlagsrecht. Der Kultusminister behielt sich in jedem Fall die Entscheidung vor. Zwischen den Museen und dem Kultusministerium bestanden vielfältige Beziehungen und Doppelfunktionen. > **Richard Schöne**, 1880–1905 Generaldirektor der Museen, war ab 1872 im Amt des Vortragenden Rates für Kunst im Kultusministerium tätig. Nach Übernahme der Generaldirektion der Museen schied er zwar aus dem allgemeinen Kunstreferat aus, behielt aber als Ministerialreferent weiterhin die Bearbeitung der Museumsangelegenheiten. Daraufhin übernahm der erste Direktor der Nationalgalerie > **Max Jordan** 1880 die Geschäfte des Kunstreferates im Kultusministerium zunächst im Nebenamt und einige Monate darauf sogar hauptamtlich als Vortragender Rat, so daß er die Nationalgalerie bis zu seiner Demissionierung Ende 1895 im Nebenamt leitete.

Ab 1933 war es für die Nationalgalerie von existentieller Bedeutung, daß sich der neue Kultusminister Bernhard Rust in Kunstfragen ganz auf seine Mitarbeiter verlassen konnte. Als Ministerialdirektor im Referat »Museen« arbeitete Wolf Meinhard von Staa, der an maßgebender Stelle saß und versuchte, den Ansturm zweit- und drittklassiger Kunstsachverständiger auf die Nationalgalerie einzudämmen. Mit ihm arbeitete als Ministerialreferent der Kunsthistoriker Hans Werner von Oppen, der die direkte Verbindung zur Nationalgalerie herstellte und Verständnis für die moderne Kunst aufbrachte. Nur durch diese personelle Abschirmung war es > **Eberhard Hanfstaengl** möglich, die Sammlung der Moderne im ehemaligen > **Kronprinzen-Palais** bis zur Aktion > **»Entartete Kunst«** geöffnet zu halten. 1937 erfolgte eine radikale Umbesetzung innerhalb des Kultusministeriums. Alle Mitarbeiter des Ministeriums, die den Museen gegenüber bisher eine zu nachgiebige Haltung eingenommen hatten, wurden aus ihren Positionen entfernt. Von Staa trat zurück, und von Oppen wurde zwangsweise beurlaubt. Der Nachfolger im Referat »Museen«, Graf von Baudissin, verfügte die sofortige Räumung des ehemaligen Kronprinzen-Palais. Nach der Beurlaubung Eberhard Hanfstaengls wurde ein neuer Direktor der Nationalgalerie nicht mehr berufen. Die Nationalgalerie verlor durch Weisung des Kultusministers vom 1. Oktober 1937 »mit sofortiger Wirkung« ihre Eigenständigkeit, indem sie der Generaldirektion der Museen unterstellt wurde.

Ab 1945 unterstanden die > **Staatlichen Museen** – und somit auch die Nationalgalerie – dem Magistrat von Groß-Berlin und zwischen 1951 und 1953 dem Ministerium für Volksbildung der DDR. Im Januar 1954 erfolgte die Übernahme der Staatlichen Museen zu Berlin durch das Ministerium für Kultur der DDR, das bis zur Wiedervereinigung Deutschlands die aufsichtsführende Behörde war. Da es in der Bundesrepublik Deutschland eine zentrale Kulturverwaltung wie das vormalige Kultusministerium nicht gibt und die Kulturangelegenheiten durch die Länder geregelt werden, unterstehen die Staatlichen Museen im Verbund der > **Stiftung Preußischer Kulturbesitz** dem Innenministerium der BRD. *JG*

Kunsthändler

Die Gründung der > **Nationalgalerie** erfolgte zeitgleich mit dem Aufsteigen Berlins zu einer der führenden Städte für den Kunsthandel, und so waren gerade in den ersten Jahrzehnten des 20. Jahrhunderts die Kontakte zu Kunsthändlern von besonderer Bedeutung. Aufgrund der Rolle, die der Kunsthandel bei der Entwicklung der »modernen«, von Kaiser und Staat unabhängigen Kunst spielte, bestand auch eine ideelle Affinität zwischen Museumsmitarbeitern und Händlern. Besonders galt dies für > **Hugo von Tschudi**, dessen Erwerbungen der französischen impressionistischen

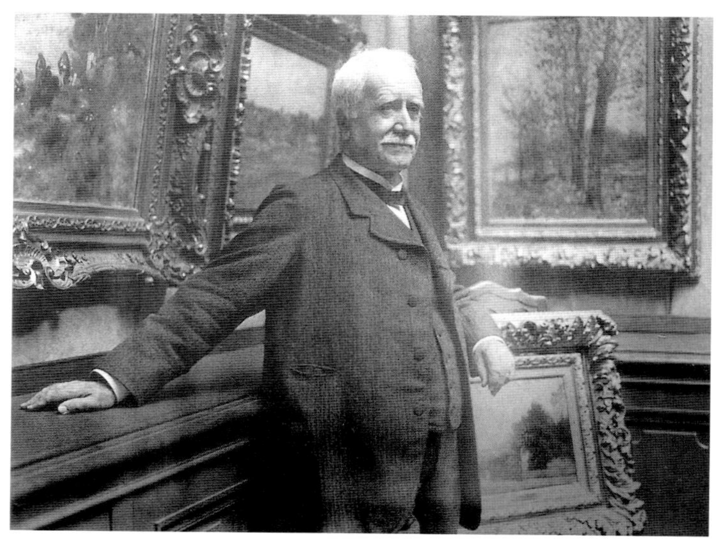

Paul Durand-Ruel in seiner Galerie in Paris, um 1910

Kunst häufig bei Pariser Galeristen, insbesondere bei der Galerie Durand-Ruel getätigt wurden. Hier erwarb er wichtige Gemälde von Paul Cézanne, Edgar Degas und Claude Monet. In Berlin war es vor allem > **Paul Cassirer**, über den Werke deutscher und französischer Künstler des > **Impressionismus** und der > **Berliner Secession** in die Nationalgalerie gelangten. Unter den Berliner Galeristen ist weiterhin Fritz Gurlitt zu nennen, bei dem u.a. Werke von Adolph Menzel, Arnold Böcklin oder Max Pechstein erworben wurden; viele Böcklin-Bilder, die Gurlitt verkaufte, wurden über Carl Steinbart vermittelt. Erwerbungen von Werken Menzels wurden außerdem bei Hermann Pächter getätigt. Von Eduard Schulte wurden vor allem im ersten Jahrzehnt des Jahrhunderts Werke von Künstlern wie Franz von Lenbach, Max Klinger, Reinhold Begas oder Carl Schuch erworben. Über die Galerie Heinemann in München gelangten Werke von Hans von Marées, Wilhelm Uhde, Wilhelm Leibl und Julius Schnorr von Carolsfeld in den Besitz der Nationalgalerie. Von der Galerie Flechtheim (Berlin und Düsseldorf) erstand die Nationalgalerie in den 1920er Jahren Werke von Künstlern wie Edgar Degas und Rudolf Belling.

Nach dem Krieg bildete sich in Berlin eine neue Generation von Kunsthändlern, der Schwerpunkt des Kunsthandels verlagerte sich jedoch ins Rheinland. Die Tradition des Berliner Kunsthandels verfolgte Wolfgang Gurlitt, der Sohn Fritz Gurlitts, von dem die Nationalgalerie auch Werke von Max Slevogt erwarb. In den 1960er Jahren verlegte Gurlitt seine Galerie nach München. Bedeutsam für die Erwerbungen der Nationalgalerie war seit den 1950er Jahren die Berliner Galerie Nierendorf, von der vorwiegend Werke von Künstlern der klassischen Moderne erworben wurden, ebenso wie von der Kunsthandlung Wolfgang Werner (Bremen-Berlin). Die Baseler Galerie Beyeler vermittelte bedeutende Gemälde u. a. von Edvard Munch, Wols und Oskar Kokoschka. Unter den rheinländischen Galeristen sind besonders Aenne Abels in Köln, Alexander von Bersworth und die Galerie Strehlow in Düsseldorf zu nennen sowie die Bochumer »Galerie m«. Wichtige Werke von Emil Nolde konnten bei Kornfeld in Bern erstanden werden. Unter den Londoner Galerien war es vor allem Marlborough Fine Art, von der Werke der Klassischen Moderne sowie der 1960er und 1970er Jahre in die Nationalgalerie gelangten.

Die zeitgenössische Kunst der 1970er bis 1990er Jahre wurde hauptsächlich bei Händlern wie Michael Werner, Köln, Galerie Springer, Galerie Brusberg (beide Berlin) oder Max Hetzler (Berlin und Hannover) erworben. Einen besonderen Stellenwert nimmt der Münchner Galerist > **Otto van de Loo** ein, von dem die Nationalgalerie seit den 1970er Jahren Werke gekauft hatte und der der Nationalgalerie 1991 eine umfangreiche Sammlung von Werken der COBRA-Gruppe und gestisch geprägter Malerei (Arnulf Rainer, Henri Michaux) schenkte. Für Erwerbungen zeitgenössischer Kunst der 1980er und 1990er Jahren ist etwa der Berliner Galerist Anselm Dreher zu nennen. *RL*

Künstler

Es versteht sich von selbst, daß für eine Galerie, die sich der Gegenwartskunst widmet, der in dieser Zeit tätige Künstler und seine Arbeit einen ganz wesentlichen Platz einnehmen. Allein die unmittelbar nach der Einweihung des Stammgebäudes der > **Nationalgalerie** 1876 einsetzende lange Reihe von Einzel- und Gruppenausstellungen, die bis heute ein unabdingbarer Bestandteil der Ausstellungstätigkeit sind, zeugt von der aufmerksamen Begleitung des jeweils zeitgenössischen Kunstschaffens. (Der 2000 vom > **Verein der Freunde der Nationalgalerie – Neu** gestiftete »Preis der Nationalgalerie für junge Kunst« unterstreicht in anderer Form dieses zentrale Anliegen.)

Es liegt aber auch nahe, daß eine von Kunsthistorikern nach bestimmten Haltungen und Qualitätskriterien geführte Sammlung aktueller Kunst zugleich Spannungen entstehen läßt. Die Künstler verstehen das Museum einerseits als Hort der Bewahrung und Pflege und schätzen die gezielt getroffene Auswahl, andererseits bezweifeln sie zuweilen die Fähigkeit zur Beurteilung der noch nicht von der Zeit sondierten, gerade im Atelier entstandenen Kunst. Auch die Bevorzugung von Kunstauffassungen anderer Künstlerkollegen kann Konflikte auslösen. Von Beginn an entfachte

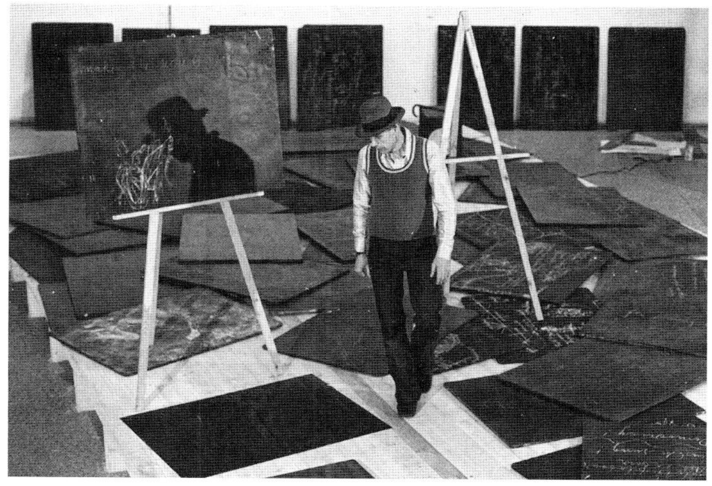

Joseph Beuys beim Aufbau seiner »Richtkräfte«, 1974–77, im unteren Foyer der Neuen Nationalgalerie im März 1977. Fotografie: Jürgen Müller-Schneck

sich an der Ankaufs- und Ausstellungstätigkeit der Nationalgalerie dieses ambivalente, weit gespannte Spektrum unterschiedlicher Ansichten, das von wohlwollender Fürsprache bis hin zu deutlichen Vorbehalten reicht.

Und doch waren es vor allem die Künstler, die sich lange vor der Gründung der Nationalgalerie für die Einrichtung einer solchen Institution eingesetzt haben: Schon 1844 traten Düsseldorfer Künstler für eine Kunsthalle mit Werken »vaterländischer Künstler« ein, und 1848 wurden von den Berliner, Düsseldorfer und Königsberger Akademien entsprechende Vorschläge erarbeitet, die in den folgenden Jahren immer wieder diskutiert wurden. Auch die erste Heimstatt der Nationalgalerie in der Akademie der Künste Unter den Linden wurde von Künstlern betreut, und diese waren lange Jahre in der > **Landeskunstkommission** für die > **Erwerbungen** der Nationalgalerie mitverantwortlich. Der unmittelbare Kontakt durch Atelierbesuche in Vorbereitung von Ankäufen oder Ausstellungen, hat seit dem Bestehen der Galerie bis heute zumeist ein in der Sache verbundenes, produktives Verhältnis zwischen Künstlern und Museumsleuten entstehen lassen

Immer wieder haben Künstlerpersönlichkeiten die Museumsleute auch unterstützt: Max Liebermann bestärkte > **Hugo von Tschudi** bei dessen Erwerbungen französischer Kunst, oder > **Ludwig Justi** berichtete später über die entscheidende Hilfe August Gauls 1919: »Da hing ›Der Turm der blauen Pferde‹ von Franz Marc – die meisten Mitglieder der neuen Kommission hatten ratlos davor gestanden, da sagte August Gaul, als bester Tierbildhauer Deutschlands gefeiert […], diese Pferde seien ausgezeichnet gekannt und gekonnt, es sei die Tragik des stummen Tieres darin, dies Meisterwerk müsse unbedingt gekauft werden – baß erstaunt über seine leidenschaftliche Fürsprache stimmten die anderen zu.« 1976 erwiesen viele Künstler > **Werner Haftmann** ihre Reverenz mit der Aktion »Freunde danken Werner Haftmann. Eine Ausstellung der Schenkungen an die Nationalgalerie«, und 1982 unterstützten 28 deutsche Künstler von Gerhard Richter bis zu Wolf Vostell mit der Stiftung eigener Werke den von > **Dieter Honisch** engagiert geführten Kampf um den Ankauf von Barnett Newmans »Who's Afraid of Red, Yellow and Blue IV«. Auch der Auftritt von > **Joseph Beuys** am 16. März 1977 im unteren Foyer der > **Neuen Nationalgalerie**, wo er seine »Richtkräfte« installiert und sich anschließend dem Publikumsgespräch gestellt hatte, bezeugt – als ein Höhepunkt der Galeriegeschichte – die enge Verbindung von Künstlern und Nationalgalerie. *FJ*

Künstlerräume

Denkt man an durchgestaltete, mittelalterliche oder barocke Kirchenräume oder an die Medici-Kapelle von Michelangelo, ist der Begriff Künstlerräume, frei verwendet, früher als im 20. Jahrhundert angesiedelt. Die sogenannten Environments, eine aus den Vorstellungen der Moderne entwickelte Möglichkeit, Kunstwerke präzise auf einen bestimmten Raum zu beziehen oder grundsätzlich als Raumskulptur zu sehen, sind in der zweiten Hälfte des 20. Jahrhunderts angesiedelt. Der > **Nationalgalerie** ist es gelungen, eine beachtliche Reihe von Künstlerräumen zu erwerben: 1976 die »Volksempfängers« von Edward Kienholz, 1977 »Richtkräfte« von > **Joseph Beuys**, 1983 den »Elektronischen dé-coll/age Happening Raum E.d.H.R.« von Wolf Vostell, 1990 Janis Kounellis' Raum »Senza titolo«, 1996 John Cages Hommage an Marcel Duchamp »Not wanting to say anything about Marcel« und Marcel Broodthaers »Le Corbeau et le Renard« 2000. Hinzu kommen Räume von Martin Rosz, Bob Wilson, Rebecca Horn, Reinhard Mucha, Raimund Kummer, Bill Viola und Johan Grimonprez. Aus der großen, 1999/2000 von der Nationalgalerie veranstalteten > **Jahrhundertausstellung** ist es gelungen, weitere Räume von Lothar Baumgarten, Bogomir Ecker und Nikolaus Lang zu erwerben. *EB*

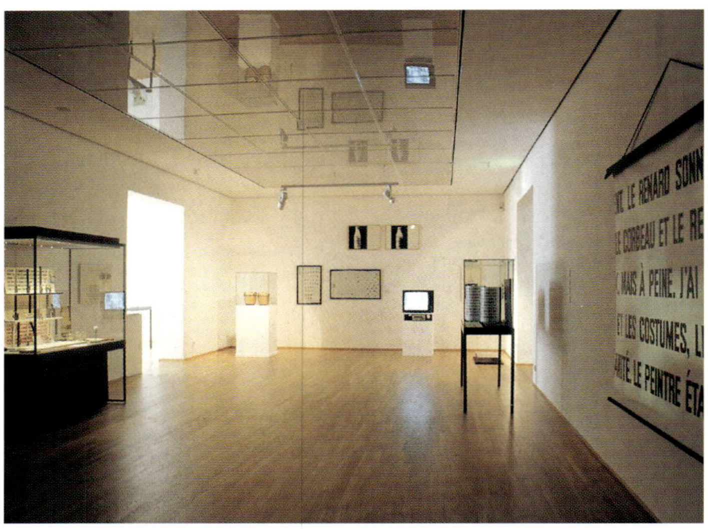

Marcel Broodthaers, Le Corbeau et le Renard, 1967–72, Staatliche Museen zu Berlin, Nationalgalerie. Künstlerraum im Hamburger Bahnhof - Museum für Gegenwart, 1. Obergeschoß.

Kustos

Der Begriff Kustos (lateinisch »Wächter«) dient zur Bezeichnung der leitenden wissenschaftlichen Museums- und Bibliotheksmitarbeiter einer Abteilung. An der > **Nationalgalerie** wurde die Stelle eines Fachkustos erstmals am 5. Juli 1909 eingerichtet und der damalige Direktorial-Assistent > **Lionel von Donop** in dieses Amt berufen. > **Max Jordan** hatte sich während seines Direktorats für die Berufung sachkundiger Fachwissenschaftler eingesetzt und die Entlassung der in der Museumsarbeit oft unzureichend kompetenten Maler-Kustoden veranlaßt. Mit der Ernennung von Donops zum Kustos wurde die vorher übliche Dienststellenbezeichnung Direktorial-Assistent zugunsten der eines Kustos aufgegeben.

In der DDR wurde seit Ende der 1960er Jahre der Titel »Kustos« für langjährige, verdienstvolle wissenschaftliche Mitarbeiter vergeben, die meist nicht in Leitungspositionen tätig waren. Diese Würdigung blieb nicht nur auf Wissenschaftler von Museen, darunter die > **Staatlichen Museen zu Berlin**, beschränkt, sondern galt auch anderen Sammlungseinrichtungen, etwa in Universitäten. In der > **Stiftung Preußischer Kulturbesitz** wurde dieser Titel nach der Vereinigung der Museen anerkannt, auch wenn Kustos zugleich die unterste Stufe der Beamtenlaufbahn von Wissenschaftlern der Museen bezeichnet, die nach einer nicht festgelegten Zeit die Ernennung zum Oberkustos und danach zum Hauptkustos erlangen können. *GHV*

Landeskunstkommission

Im September 1862 berief der preußische Kultusminister erstmals die »Commission zur Beratung über die Verwendung des Fonds für Kunstzwecke« ein. Diese Expertenkommission war dem > **Kultusministerium** beigeordnet und beriet den Minister über die Verwendung der zur Förderung der Kunst eingesetzten Mittel. Die Kommission wurde dominiert von den Professoren der preußischen Kunstakademien und den Vertretern der Künstlervereine, die allesamt den Ausschuß als ihre Interessenvertretung betrachteten und ihre eigenen Belange denen der > **Nationalgalerie** voranstellten. Das größte Hemmnis war die Verquickung von Landeskunstpflege und Museumspolitik. Der entscheidende Nachteil für die Nationalgalerie erwuchs durch die ungleiche Verteilung der Mittel. Aus dem jährlich zur Verfügung stehenden Kunstfonds kam nur der kleinere Teil der Galerie zugute. Die weitaus größeren Beträge wurden für staatliche Aufträge zur Ausgestaltung öffentlicher Gebäude oder Plätze verausgabt. Obwohl der Direktor der Nationalgalerie als ein führendes Mitglied der Landeskunstkommission fungierte und für die sinnvolle Verwendung der Mittel mit verantwortlich zeichnete, hatte er in dem Gremium keine herausgehobene Entscheidungsbefugnis. Wie alle Mitglieder besaß er Sitz und Stimme, aber kein Vetorecht.

Der Kultusminister berief die Kommission jährlich ein, die daraufhin in der Regel an drei bis vier aufeinanderfolgenden Tagen jeweils vor- und nachmittags verhandelte. Ein übers Jahr erstelltes »Verzeichnis der Beratungs-Gegenstände« faßte alle zur Entscheidung anstehenden Verhandlungsgegenstände in Kategorien A, B und C zusammen. In der Kategorie A: »Ausführung monumentaler Skulpturen und Gemälde« und »Beförderung des Kupferstichs« wurden die Aufträge für öffentliche Einrichtungen beraten. Erst danach folgten die Verhandlungen über die Ankäufe für die Königliche National-Galerie unter »B für Bildhauerwerke« und »C für Ölgemälde«. In einem tabellarischen »Verzeichnis der gefaßten Beschlüsse« wurden die Entscheidungen der Kommission zu den geförderten Projekten in den preußischen Provinzen und Städten und den verhandelten Erwerbungen an Bildhauerwerken und Gemälden zusammengefaßt. Der Direktor der Nationalgalerie konnte hier nur Vorschläge unterbreiten, selbst aber keine Entscheidungen herbeiführen. Er leitete das empfehlende Votum der Kommission zur Entscheidung an den Kultusminister, der in ausgewählten Fällen wiederum der Entscheidung des preußischen Herrschers Folge zu leisten verpflichtet war.

Erst > **Ludwig Justi** gelang es 1911 unter Androhung der Aufgabe seines Amtes als Direktor der Nationalgalerie und des in Aussicht gestellten Wechsels nach München, den Kaiser davon zu überzeugen, die alte Landeskunstkommission durch eine kleinere Kommission von Sachverständigen zu ersetzen. Die nach dem > **Ersten Weltkrieg** einberufene Sachverständigenkommission war in sich so heterogen zusammengesetzt, daß sie übereinkam, sich in Anbetracht der bestehenden Gegensätze der Anschauungen selbst aufzulösen. Nach dem Tag ihrer Unzulänglichkeitserklärung wurde die Kommission nicht wieder zu einer Sitzung geladen, und als ihre Berufungszeit abgelaufen war, wurde keine neue Kommission einberufen. Ludwig Justi erledigte im Einvernehmen mit dem Kultusministerium die Ankäufe bis zur Einberufung eines kleinen Sachverständigenbeirates 1927 selbständig. Dieser Beirat aus Künstlern, Kunstkennern, Kunstgelehrten und Kunstfreunden (acht Personen) bestand bis März 1933. Ein Jahr darauf bestimmte der Kultusminister, daß der nur noch aus vier Personen »arischer Abstammung« zu besetzende Beirat lediglich beratende Funktion hatte und anzuhören war. Danach entschied der Direktor der Nationalgalerie eigenständig über die Ankäufe wie auch über die Veräußerung »entbehrlicher Sammlungsgegenstände« – eine Abstimmung war nicht mehr vorgesehen. Die letzte Sitzung erfolgte am 11. März 1944. Ungeachtet der historischen Tatsachen wurde die mit dem 31. August 1944 ablaufende Amtszeit des Beirates um weitere drei Jahre, bis zum 31. August 1947, verlängert. *JG*

Lichtwark, Alfred (1852–1914)

> **Jahrhundertausstellung**

Ludwig, Peter (1925–1996) und Irene (geboren 1927)

Peter und Irene Ludwig lernten sich durch das gemeinsame Studium der Kunstgeschichte an der Universität Mainz kennen. Peter Ludwig, der einer einflußreichen Industriellenfamilie aus Koblenz entstammte, schloß das 1945 begonnene Studium 1950 mit einer Dissertation über das »Menschenbild Picassos« ab. 1951 heiratete er Irene Monheim, die aus einer angesehenen Aachener Unternehmerfamilie, dem traditionsreichen Schokoladenunternehmen Leonard Monheim, kam. Peter Ludwig trat 1951 in die Firma Leonard Monheim ein und wurde 1952 geschäftsführender Gesellschafter. Neben seiner erfolgreichen Tätigkeit in dem Familienunternehmen wirkte er in zahlreichen Aufsichtsgremien mit.

Peter und Irene Ludwig, die schon als Studenten mit dem Kunstsammeln begonnen hatten, betrieben diese Passion in den nachfolgenden Jahrzehnten in einem erheblichen Ausmaß. Dabei sammelten sie Kunst in der geschichtlichen Dimension von der Antike bis zur Gegenwart und ebenso in einer kontinentübergreifenden Dimension (Westeuropa, Osteuropa, Nordamerika, Süd- und Mittelamerika, Ostasien). Auch hinsichtlich der Kunstgattungen war das Sammlungsfeld weit ausgedehnt. Sie behielten die erworbenen Kunstschätze jedoch nicht im eigenen privaten Umfeld, sondern gaben schon frühzeitig ganze Werkblöcke als Dauerleihgaben oder Schenkungen an öffentliche Museen. Inzwischen befinden sich Werke der »Sammlung Ludwig, Aachen« in mehr als 20 Museen der Welt.

In den sechziger Jahren des 20. Jahrhunderts begannen Irene und Peter Ludwig sich besonders für amerikanische Kunst seit den fünfziger Jahren und schließlich für die zeitgenössische internationale Kunst zu engagieren. Dabei folgten sie weniger den Erwerbungskonventionen öffentlicher Kunstmuseen, vielmehr erschlossen sie manches neue Sammlungsfeld. Dabei kam es zu einer eindrucksvollen Sammlung anglo-amerikanischer Pop Art.

Weitere Schwerpunkte der Sammeltätigkeit des Ehepaares Ludwig sind die umfangreiche Picasso-Sammlung, die Werke der Russischen Avantgarde sowie die seinerzeit aktuelle Ostkunst, beispielsweise aus der ehemaligen DDR, der ehemaligen UdSSR und aus Osteuropa.

Im Zuge der guten wirtschaftlichen Beziehungen zur ehemaligen DDR konnten Peter und Irene Ludwig 1977 auch einen größeren Leihgabenblock mit Werken der anglo-amerikanischen Pop Art, der westeuropäischen Neuen Figuration sowie mit Arbeiten von Pablo Picasso in der > **Nationalgalerie** auf der > **Museumsinsel** in Berlin (Ost) installieren. Das Konvolut von zunächst 25 im > **Alten Museum** präsentierten Werken wurde im Verlauf der fast eineinhalb Jahrzehnte auf schließlich rund 50 Werke erweitert. Dieser Leihgabenkomplex des Ehepaares Ludwig in der Nationalgalerie in Berlin (Ost) stellte eine einmalige Position dar mit einem kaum überschätzbaren Informationswert innerhalb des gesamten Gebietes »sozialistischer« Länder. Mit der Wiedervereinigung der Nationalgalerie gingen die Werke 1991 an die Leihgeber zurück. *HJP*

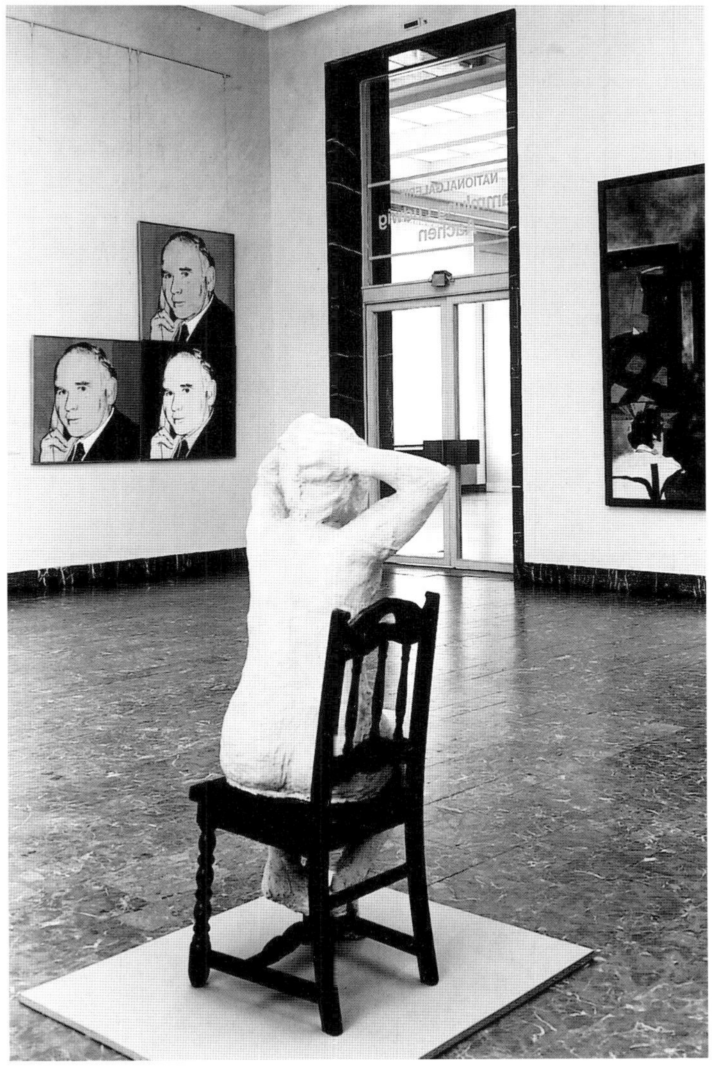
Blick in die Ausstellungsräume der »Sammlung Ludwig, Aachen« im Obergeschoß des Alten Museums, 1989. Links Andy Warhols Porträts von Peter Ludwig

Mackowsky, Hans (Karl Ludwig) (1871–1938)

Der am 19. November 1871 in Berlin geborene Kunsthistoriker und Mitarbeiter der > **Nationalgalerie** Hans Mackowsky promovierte 1894 über das Denkmal Friedrichs des Großen von Christian Daniel Rauch. 1896 begann er an den Königlichen Museen zu Berlin als Volontär und wurde anschließend als wissenschaftlicher Hilfsarbeiter an der Sammlung der christlichen Skulpturen und Gipsabgüsse angestellt. Mackowsky, der neben Werken zur alten Kunstgeschichte (beispielsweise über Michelangelo) vor allem zahlreiche Beiträge zur deutschen Kunst und Kultur der ersten

Hälfte des 19. Jahrhunderts veröffentlichte, arbeitete 1906 an der Deutschen > **Jahrhundertausstellung** mit. 1914 erhielt er eine Anstellung an der > **Nationalgalerie** als Direktorial-Assistent, später als > **Kustos** und Leiter der von > **Ludwig Justi** neu eingerichteten > **Bildnis-Sammlung,** die er 1929 neu ordnete. Von 1919-26 war er Direktor des > **Rauch-Museums,** wo sein besonderes Verdienst in der gründlichen Reinigung und > **Restaurierung** der > **Skulpturen** lag.

Neben seiner Tätigkeit an den Museen war die Laufbahn Mackowskys vor allem durch intensive wissenschaftliche Arbeit gekennzeichnet. 1908 wurde er Privatdozent mit dem Titel eines Professors an der Humboldt-Universität und der Lessing-Hochschule. Berühmt wurde Mackowsky vor allem durch seine Forschungen zu Johann Gottfried Schadow. 1909 richtete er an der Nationalgalerie eine Schadow-Ausstellung aus, weiterhin erarbeitete er ein Verzeichnis der Bildwerke Schadows, das jedoch erst nach dem Tod des Wissenschaftlers erscheinen konnte. Zusammen mit dem Verzeichnis der Grafik Schadows bilden Mackowskys Veröffentlichungen auch heute noch eine wichtige Grundlage der Schadow-Forschung. Mackowskys Schriften zeichnen sich durch eine eindringliche, lebendige Darstellung der Kunstwerke und Künstler wie auch des gesellschaftlichen und politischen Umfelds aus. Die Kunstbibliothek der > **Staatlichen Museen zu Berlin** besitzt einen großen Teil des Nachlasses von Hans Mackowsky. *RL*

Magazinierung

Die Unterscheidung zwischen einer Schausammlung und Magazinen, wie sie heute in jedem Museum selbstverständlich ist, war bei Eröffnung der > **Nationalgalerie** 1876 nicht vorgesehen. Das stetige Anwachsen der Bestände und namentlich das Hinzukommen zahlreicher Großformate konnte zunächst aufgefangen werden, zumal viel freier Umraum damals noch entbehrlich schien, um ein Werk erlebbar zu machen. Erst als alle Reserven in den Ausstellungsräumen aufgebraucht waren begann man, veränderten Qualitätsvorstellungen entsprechend, Bilder in den Beamtenzimmern unterzubringen und zunehmend auch an Behörden und entfernte Botschaften auszuleihen – eine Praxis, die im > **Zweiten Weltkrieg** viele > **Kriegsverluste** mit sich brachte. Zusätzlich wurden Neben- und Abstellräume genutzt, aus denen später durch bessere Ausstattung die Magazine erwachsen sollten. Um 1900 war selbst die Sammlung > **Wagener**, entgegen den Bestimmungen des Stifters, nicht mehr vollständig ausgestellt. 1910 hing nur noch die Hälfte der Bilder (und ein Siebtel der Kartons) in den Ausstellungsräumen. Daß fast 200 Bilder der Sammlung > **Raczynski**, die 20 Jahre lang in der Nationalgalerie zu Gast gewesen waren, 1903 nach Posen gingen, hatte nur vorübergehend etwas Platz geschaffen; schon mehr, daß 1911 eine Anzahl großer Schlachtenbilder (> **Historienmalerei**) dem Zeughaus überwiesen wurde und die Gründung der > **Bildnis-Sammlung** einen weiteren umfangreichen Bestand ausgliederte. Doch parallel dazu scheinen die Nebenräume immer unentbehrlicher geworden zu sein. Bilder wurden senkrecht zu »Stapeln« zusammengefaßt, die man numerieren konnte. Regalartige Gestelle waren die erste und bis lange nach dem Zweiten Weltkrieg einzige Ausstattung dieser Räume.

Erst in den 1960er Jahren gelang es, in die drei großen Räume im Sockelgeschoß der > **Alten Nationalgalerie**, die als Bilderdepot dienten, und im > **Alten Museum** (mitgenutzt von der Nationalgalerie) Drahtgitter-Schiebewände einzubauen; in > **Mies van der Rohes** Bau der > **Neuen Nationalgalerie** waren sie von vornherein vorgesehen, doch die wachsenden Formate der zeitgenössischen Kunst brachten auch diese bald an die Grenze ihrer Kapazität. Auch die neueste Dependance, der > **Hamburger Bahnhof**, besitzt Magazine, die, ihrer häufig wechselnden Beanspruchung und der Vielfalt und Fragilität der neuen Materialgattungen gemäß, immer neu angepaßt werden müssen, wobei die Klimawerte die gleichen sein müssen wie in den Ausstellungsräumen. Vielseitige Anpassung ist auch die Forderung an Skulpturendepots: Kleine Stücke können in Regalen untergebracht werden, größere in einem rationellen Hintereinander, das aber die Zugänglichkeit einzelner > **Skulpturen** nicht immer gewährleistet. Im größten der Skulpturendepots sind Steine und Bronzen in stapelbaren Containern verpackt.

Existenz und Inhalt der Magazine aber deuten auf ein Problem hin: Museen erhalten und vermehren ihre Sammlungen, ohne sie gleichzeitig zu lichten – dies gehört zu den ehernen Voraussetzungen ihrer Tätigkeit und erhält ihnen somit einen historischen Hintergrund. Selbst in der > **Sammlung der Zeichnungen** mit ihren kaum noch überschaubaren Beständen, die > **Ludwig Justi** einem größeren Publikum einfacher zugänglich machen wollte, entstand die Trennung von »Schausammlung« und »Vorrat«. Das Wort »Vorrat« war weise gewählt, denn manch neobarocke Skulptur, manch historisierendes Gemälde wird heute wieder aufmerksamer betrachtet. Auch > **Erwerbungen**, die einer gewandelten Ästhetik nicht mehr genügen wollen, bleiben als Gegenstand der kunst-(und museums-) geschichtlichen Befragung, die auch eine Selbstbefragung ist, unentbehrlich und bedürfen konservatorischer Fürsorge. Doch eben dieses Lebensprinzip der Museen ist auch die Quelle praktischer Schwierigkeiten. *CK*

Marx, Erich (geboren 1921)

Der Unternehmer und Sammler Erich Marx wurde am 24. April 1921 in Brombach bei Lörrach geboren. Nach dem > **Zweiten Weltkrieg**, er war 1939 bis 1945 Soldat bei der Luftwaffe, studierte Erich Marx 1946–49 Rechtswissenschaften in Freiburg im Breisgau und in Basel. 1949 legte er die erste und 1954 die zweite juristische Staatsprüfung ab, 1953 erfolgte die Promotion. Von 1954 bis 1956 war Erich Marx Leiter der Rechts- und Steuerabteilung beim Burda Druck und Verlag in Offenburg und 1957 Assistent bei dem Verleger Kurt Ganske in Herrenburg. 1963 bis 1966 war er Geschäftsführer der Tochtergesellschaften des Jahreszeitenverlages Rhenania-Druck und Verlag in Koblenz sowie des Rheinischen Merkur in Köln und schließlich 1963 bis 1966 Generalbevollmächtigter der Verlagsgesellschaft Madsack & Co. (Hannoversche Allgemeine Zeitung). 1967 gründete er eine eigene Bauträgergesellschaft in Berlin für privaten und sozialen Wohnungsbau. Ab 1971 wird das Schwergewicht der gesellschaftlichen Tätigkeit auf den Bau und den Betrieb von Rehabilitationskliniken, Akut-Krankenhäusern und Hotels in Deutschland verlegt. Die von der Unternehmungsgruppe Dr. Marx gebaute, finanzierte und betriebene Klinik für Tumorbiologie, ein der Universitätsklinik Freiburg angegliedertes Institut, ist die einzige private Klinik in Europa, in der Forschung und Klinikbetrieb unter einem Dach integriert sind.

Schon früh hat sich Erich Marx für Kunst interessiert und begonnen, eine eigene Sammlung aufzubauen. Neben seiner Tätigkeit als Unternehmer hat er sich folgerichtig in zahlreichen Gremien zur Förderung von Kunst und Kultur betätigt. So ist er im Vorstand des > **Vereins der Freunde der Nationalgalerie – Neu** und Gründungsmitglied und stellvertretender Vorsitzender des Vereins zur Förderung des Israel-Museums in Jerusalem, Mitglied des Busch-Reisinger-Museums in Harvard und Mitglied

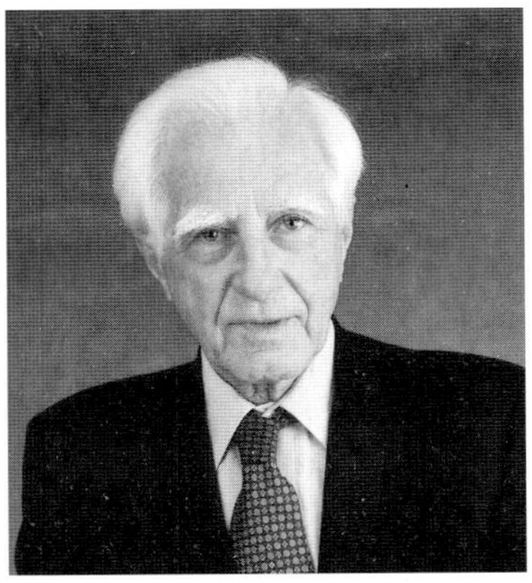

Erich Marx

des International Council des Museum of Modern Art, New York. Durch intensives Studium zeitgenössischer Kunst erarbeitete sich Marx ein sicheres Auge für Qualität, was zu einer konzeptionellen Verschärfung seines Sammelinteresses führte. Der Ankauf eines Bildes von Cy Twombly 1974 war ein erstes Indiz dieser neuen Sicht, die durch den in dieser Zeit gewonnenen Kurator und Kenner der internationalen Kunstentwicklung, Heiner Bastian, gestärkt wurde. In wenigen Jahren entstand eine der wichtigsten Sammlungen zur Kunst von Künstlern, die mehr oder weniger der Generation von Erich Marx angehörten, allen voran > **Joseph Beuys**, Andy Warhol, Robert Rauschenberg, Cy Twombly, Roy Lichtenstein, Donald Judd und der jüngere Anselm Kiefer, die alle mit beeindrukkenden Werkgruppen vertreten sind.

Nach einer langen Zeit großzügiger Dauerleihgaben in wichtigen deutschen Museen gelang es schließlich mit der Umgestaltung des > **Hamburger Bahnhofs** zu einem Museum für Gegenwart, dieser großartigen Sammlung eine dauerhafte Heimstadt unter der Obhut der > **Nationalgalerie** zu geben. Mit dem im November 1996 eröffneten Museum für Gegenwart erfüllte sich für den Sammler Erich Marx ein langgehegter Traum. Auch wenn seine Sammlung nun einen sicheren Hort erreicht hat, erwirbt Marx weiterhin und in letzter Zeit besonders Werke jüngerer Künstler. *EB*

Marzona, Egidio (geboren 1944)

Egidio Marzona lebt und arbeitet in Bielefeld und Villa de Verzegnis in Italien. Er hat sich lange verlegerisch betätigt und vor allem kunstwissenschaftliche Bände über das Bauhaus und ein Verzeichnis der Veröffentlichungen des berühmten Carl Hegemann-Verlages herausgegeben. Von daher stammt sein leidenschaftliches Interesse für Druckerzeugnisse und Ephemeriden. Über die Freundschaft zu Konrad Fischer, einem der bedeutendsten Galeristen nach dem Krieg, entwickelte sich bei Egidio Marzona bereits in den 1970er Jahren eine leidenschaftliche Hinwendung zur Concept Art, Land Art, Minimal Art und Arte povera.

Die von Egidio Marzona auf einem hohen intellektuellen Niveau zusammengetragene Sammlung von Kunstwerken dieser Strömungen hat aus unserer Sicht nahezu den Charakter einer Idealsammlung, wie sie ein Museum bei freier Auswahl zusammenstellen würde. Sie ist kunsthistorisch gedacht, entbehrt aber nicht einer poetischen Sicht auf die gesammelten Werke. Marzona hat in seiner Erwerbungsstrategie versucht, den jeweiligen Charakter der künstlerischen Ausdrucksformen in qualitativ hochstehenden, sich aufeinander beziehenden Werken zu dokumentieren. Die – weil in gewisser Weise dem Intellektualismus und offenen Denkformen verpflichtet – sogenannten ABC-Künste zählen zu einem der schwierigsten Kapitel innerhalb der neueren Kunstgeschichte, das in einem musealen Zusammenhang zu dokumentieren und wirkungsstark auszustellen, neue Formen erfordert, die nicht allein auf das Werk im engeren Sinn rechnen können. Das von Marzona folgerichtig erarbeitete und nahezu vollständige Archiv zur Konzeptkunst ermöglicht einem Museum, seine Präsentationsformen entsprechend zu erweitern.

Der Auftrag des > **Hamburger Bahnhofs** – Museum für Gegenwart, die wichtigen Strömungen seit 1960 zu zeigen, erfüllte sich mit der Sammlung Marzona, bezogen auf die 1960er und 1970er Jahre, auf hohem Niveau. Sie ist das »missing link« zwischen eigenen Beständen und der Sammlung > **Erich Marx**. Das großartige Marzona-Archiv soll durch die Verbindung mit vorhandenen Archiven, wie dem > **Joseph-Beuys-Medien-Archiv**, dem Videoarchiv Mike Steiner, dem Fluxus Archiv Sohm und der begonnenen Sammlung von Künstlerfilmen zu einem weltweit seinesgleichen suchenden Forschungsarchiv zum > **Erweiterten Kunstbegriff** führen. Dieses Archiv, oder besser Labor, bietet ein Modul für die engere Zusammenarbeit mit den Akademien, die verstärkt durch wissenschaftliche Arbeiten aus dem akademischen Bereich dieses Archiv begleiten können. *EB*

Meier-Graefe, Julius (1867–1935)

Julius Meier-Graefe wurde als Sohn einer Unternehmerfamilie im rumänischen Resita geboren. Er sollte wie sein Vater Ingenieur werden, gab aber nach einer Parisreise dieses Studium auf und übersiedelte 1890 nach Berlin, wo er geisteswissenschaftliche Vorlesungen hörte und engen Kontakt zur Berliner Bohème bekam, dem sogenannten Ferkel-Kreis, eine Gruppe Berliner Künstler und Intellektueller, die sich in der Weinstube

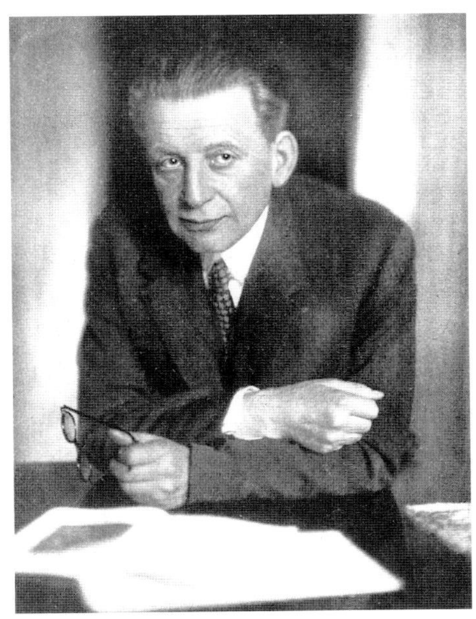

Julius Meier-Graefe

»Schwarzes Ferkel«, Wilhelmstraße/Ecke Unter den Linden, regelmäßig traf. 1894 erschien sein erster Essay über Edvard Munch. Mit > **Paul Cassirer**, Harry Graf Kessler, Eberhard von Bodenhausen, Wilhelm von Bode, Max Liebermann und anderen gründete er »Pan«, eine Zeitschrift, mit der er sich für die ausländische Kunst einsetzte, sowie 1897 die »Dekorative Kunst«. Bis 1913 schrieb er Kunstberichte und -rezensionen für Zeitschriften wie »Die Zukunft«, »Kunst und Künstler« und »Die Insel«. Zwischen 1899 und 1903 führte er in Paris, wo er besonders den französischen > **Impressionismus** für sich entdeckte, die Jugendstilgalerie »La Maison

Moderne«. Diese Tätigkeit brachte ihm in Kürze den Ruf des besten Kenners und damit auch publizistischen Vorkämpfers der französischen Kunst des 19. Jahrhunderts ein. > **Hugo von Tschudi**, seit 1896 Direktor der > **Nationalgalerie**, wurde sein Verbündeter im Kampf für die Kunst der Gegenwart. Zwei Jahre nach Tschudis Amtsantritt würdigte Meier-Graefe dessen Leistung der Umgestaltung der Nationalgalerie, regte aber auch den Ankauf weiterer französischer Werke an. An der XVI. Ausstellung der Wiener Secession, »Entwicklung des Impressionismus in Malerei und Plastik«, 1903 in Wien, wirkte er maßgeblich beratend mit.

Nach dem Erscheinen seiner »Entwicklungsgeschichte der modernen Kunst« 1904, die auch von zahlreichen zeitgenössischen Künstlern gelesen wurde, lebte er wieder in Berlin. Um sich in Deutschland einzuführen, initiierte er dort 1906 die > **Jahrhundertausstellung** und wirkte an dem Projekt als Berater von Tschudi und dem Direktor der Hamburger Kunsthalle, Alfred Lichtwark, mit. Die große Retrospektive der besten Werke deutscher Kunst sollte, »neben dem Guten auch das bewährte Miserable« (Meier-Graefe) zeigen, wobei es ihm auf die Klärung der Werte ankam, beziehungsweise darauf, »wie eigentlich die Nationalgalerie aussehen müßte« (Tschudi). Durch das Mitwirken mehrerer Sachverständiger wurde die Ausstellung zum Kompromiß einer modern empfundenen Ästhetik und einer »gerechten« Historie. Die »Übersicht der Kräfte« des 19. Jahrhunderts war in politischer und künstlerischer Hinsicht bedeutsam und brachte die Stärkung des nationalen Selbstbewußtseins mit sich. In seinen Schriften äußerte Meier-Graefe zugleich Ideen zur Reorganisation der Museen und zu deren neuer Verbindung mit der Kunstgeschichte: »Eine neue Gruppierung, nicht mehr nach Ländern oder Jahrhunderten [...], willkürlichen Begriffen, sondern nach Werken, nach den Tendenzen der Werke [...]. Vermeer-Chardin-Corot.« Hierin war er mit Tschudi einig, stand aber in starkem Gegensatz zu Wilhelm von Bode, der die Kombination der Gattungen präferierte.

Die moderne Kunst des frühen 20. Jahrhunderts, die mit den Wertvorstellungen seines Kunstverständnisses nicht übereinstimmte, lehnte Meier-Graefe entschieden ab und mußte ihre kritische Beurteilung seinen jüngeren Nachfolgern überlassen. Carl Einstein, der führende Kopf jener jungen Generation, warf ihm 1923 »tatsächliche Unkenntnis heutiger Kunst« vor. *KH*

Menzel-Museum

Adolph Menzel (1815–1905) war schon bei Eröffnung der > **Nationalgalerie** mit seinen Gemälden »König Friedrichs II. Tafelrunde in Sanssouci«, »Flötenkonzert Friedrichs des Großen in Sanssouci« und »Das Eisenwalzwerk« eindringlich vertreten; der vielseitige Direktor > **Max Jordan** hatte bald nach seinem Eintreffen in Berlin eine Verbindung zu dem Künstler aufgenommen, die niemals abreißen sollte und sich in Ankäufen – seit 1880 auch umfangreicher Konvolute von Zeichnungen – ebenso wie in einer monumentalen Publikation »Das Werk Adolph Menzels« (1890–95) niederschlug. Doch erst 1899 wurde mit der »Berlin-Potsdamer Eisenbahn« ein Frühwerk hinzugefügt, 1903 mit dem »Balkonzimmer« das Hauptbild der als vorimpressionistisch wahrgenommenen Frühphase. Unmittelbar nach seinem Tod wurde das gesamte zugängliche Werk eiligst in einer monumentalen Gedächtnisausstellung in der Nationalgalerie (5700 Nummern) zusammengefaßt. Damals lebte im Umfeld des Kaisers der Gedanke eines Künstlermuseums wieder auf, der sich schon zu Menzels Lebzeiten gelegentlich angedeutet hatte: Die Sammlung der Nationalgalerie, als Grundstock, sollte ergänzt werden durch eine Auswahl aus dem Nachlaß und den Ankauf wichtiger Werke aus Privatbesitz. Die Meinungsverschiedenheiten auf höchster Ebene über diesen Plan, von dem die Öffentlichkeit bereits Anfang April 1905 unterrichtet wurde, gaben dem Generaldirektor der Museen, > **Richard Schöne**, den letzten Anlaß zum Rücktritt. Von Anfang an beteiligt war der einflußreiche > **Anton von Werner**, der das Menzel-Museum in einem eigenen Gebäude, dem Schinkelschen »Steuerhaus« an der Eisernen Brücke, einrichten wollte. Sogar ein Neubau wurde bedacht, doch blieb es schließlich bei der »vorläufigen« Unterbringung des Menzel-Museums im ersten Cornelius-Saal (> **Cornelius**), in dem aber > **Historienmalerei** anderer Künstler mit untergebracht war. Parallel dazu erfolgten weiter die Bemühungen um den Ankauf des fast kompletten Nachlasses für die Nationalgalerie. Als der > **Preußische Landtag** erst im März 1906 dafür den »Menzel-Fonds« bewilligte, war der Gedanke an ein selbständiges Museum bereits aufgegeben. Vergeblich wies Anton von Werner noch einmal, als er nach > **Tschudis** Beurlaubung 1908 die provisorische Leitung der Nationalgalerie innehatte, auf die Museen für Thorvaldsen, Schwanthaler, Rauch, Rietschel und Thoma als Vorbild hin. Aber auch ohne eine solche Dépendance hat die Nationalgalerie ihre führende Stellung in der Pflege und Erforschung des Werkes von Menzel immer weiter ausgebaut. Sie besitzt heute 56 Ölbilder und Ölskizzen; die unter ihrer Obhut entstandene, heute zum Kupferstichkabinett gehörige > **Sammlung der Zeichnungen** besitzt von Menzel an die 7000 Blätter. *CK*

Mies van der Rohe, Ludwig (1886–1969)

Ludwig Mies wurde am 27. März 1886 als Sohn eines Steinmetzen in Aachen geboren. Nach einer Ausbildung an der örtlichen Gewerbeschule begann er zunächst eine Arbeit als Zeichner in einer Stukkaturfirma und wechselte dann in ein Architekturbüro. 1905 zog Mies nach Berlin und arbeitete zuerst im Büro des Architekten Bruno Paul, ab 1908 bei Peter Behrens. Bei Behrens realisierte Mies bereits seinen ersten Bau, die Villa für den Philosophen Alois Riehl in Potsdam-Babelsberg. 1913 gründete Mies sein eigenes Büro in Berlin, das er bis 1938 führte. Zunächst plante und baute Mies eine Reihe von Privathäusern, nach dem > **Ersten Weltkrieg** engagierte sich Mies erst in der Novembergruppe, dann im sogenannten Zehnerring. Ab 1921 publizierte Mies visionäre Architekturprojekte, wie

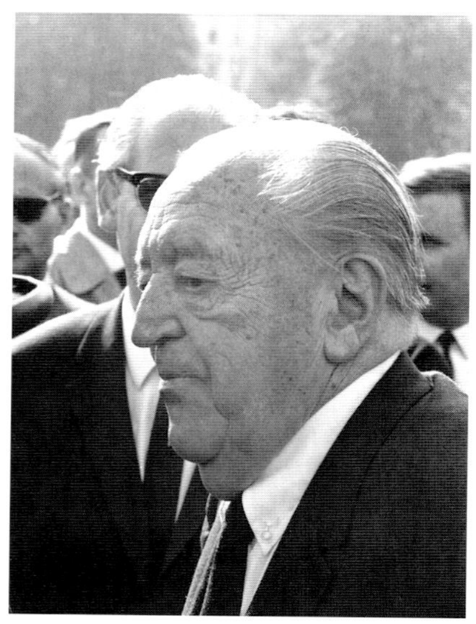

Ludwig Mies van der Rohe in Berlin, anläßlich der Grundsteinlegung zur Neuen Nationalgalerie am 22. September 1965. Fotografie: Reinhard Friedrich

den Plan für ein gläsernes Hochhaus an der Friedrichstraße, durch die er den Rang eines Führers der Architekturavantgarde erhielt. Zu den wichtigsten Werken, deren Planung und Ausführung er von Berlin aus leitete, gehören die Weissenhofsiedlung in Stuttgart (1925–27), der Deutsche Pavillon auf der Weltausstellung in Barcelona (1928/29) und die Villa Tugendhat in Brno (Brünn, 1928–30). Von 1930 bis 1933 übernahm Mies die Leitung des Bauhauses, das er auf politischen Druck der Nationalsozialisten schließen mußte. Nach einigen vergeblichen Versuchen, für die Nationalsozialisten zu bauen, emigrierte Mies 1938 in die USA, als er die Berufung an die Architekturabteilung des Armour (heute Illinois) Institute of Technology in Chicago erhielt. Von dort aus begann der zweite Abschnitt seiner Karriere, in dessen Verlauf er sich als einer der bedeutendsten Vertreter der Internationalen Moderne etablierte. Nach dem Gesamtplan für das Gelände des Illinois Institute of Technology (ab 1939) zählen die Lake Shore Apartments in Chicago (1948–51), das Farnsworth House in Plano, Illinois (1946–51), und später das Seagram Building in New York (1958–60) zu den Meilensteinen der Architekturgeschichte des 20. Jahrhunderts. Nach einigen gescheiterten Versuchen, Mies wieder mit einem Bauauftrag nach Deutschland zu holen, gelang es 1961, ihn für die Planung der > **Neuen Nationalgalerie** am Kulturforum in Berlin zu gewinnen. Es wurde sein einziger Bau der Nachkriegszeit in Deutschland und zugleich sein letztes zu Lebzeiten realisiertes Werk. Mies starb am 19. August 1969 in Chicago, knapp ein Jahr nach der Eröffnung der Neuen Nationalgalerie. *AL*

Modell- und Abgußsammlung

Neben dem umfangreichen Bestand an > **Skulpturen** in Bronze und Marmor besitzt die > **Nationalgalerie** einige weitere Teilbestände unterschiedlichster Herkunft, in denen Bildwerke enthalten sind, so vor allem das > **Rauch-Museum,** ferner das > **Schinkel-Museum** und die quantitativ größere Modell- und Abgußsammlung, die, wie der Name bereits verrät, plastische Modelle (also Originalkunstwerke) sowie Abgüsse von Bildwerken (also > **Kopien**, »Faksimiles«) enthält.

Zwar wurden die meisten Modelle des 19. Jahrhunderts zunächst von den Bildhauern in Ton, der beliebig formbar ist, oder weitaus seltener in Wachs ausgeführt, doch überliefert sind sie nahezu ausnahmslos in jenen Gipsabformungen, die sogleich in der Werkstatt angefertigt und oftmals abschließend vom Künstler eigenhändig überarbeitet wurden. Gips wurde als Material bevorzugt, da er auf Dauer widerstandsfähiger als Ton und Wachs ist. Allerdings gelangten aus Schadows Nachlaß auch in Wachs und in Ton modellierte Entwürfe, sogenannte Bozzetti, in die Modell- und Abgußsammlung. Sie zählen heute zu den kostbarsten Objekten des Plastik-Bestandes der Nationalgalerie. Bei ihrer Erwerbung 1888 aber wurden sie, da sie nicht in edlem Marmor oder Bronze ausgeführt sind, noch der als sekundär erachteten Modell- und Abgußsammlung zugeordnet.

In diese Sammlung gelangten auch zahlreiche kleinformatige Skizzen und Ausführungsmodelle zu Denkmälern, freien Arbeiten und zur Bauplastik sowie eine Vielzahl von Bildnisbüsten und Reliefs. Auch einige Bildhauer-Nachlässe kamen hierher, die in ihrer Vielseitigkeit und Vollständigkeit ein differenziertes und umfangreiches Bild künstlerischen Schaffens ihrer Zeit gaben. Allerdings handelte es sich fast ausschließlich um Werke deutscher Bildhauer.

Durch gezielte Abgabe und Zerstörung mancher Werke oder Werkgruppen wurde der einstmals über 600 Werke zählende, stets unter Raumnot leidende Bestand schon seit dem frühen 20. Jahrhundert wieder dezi-

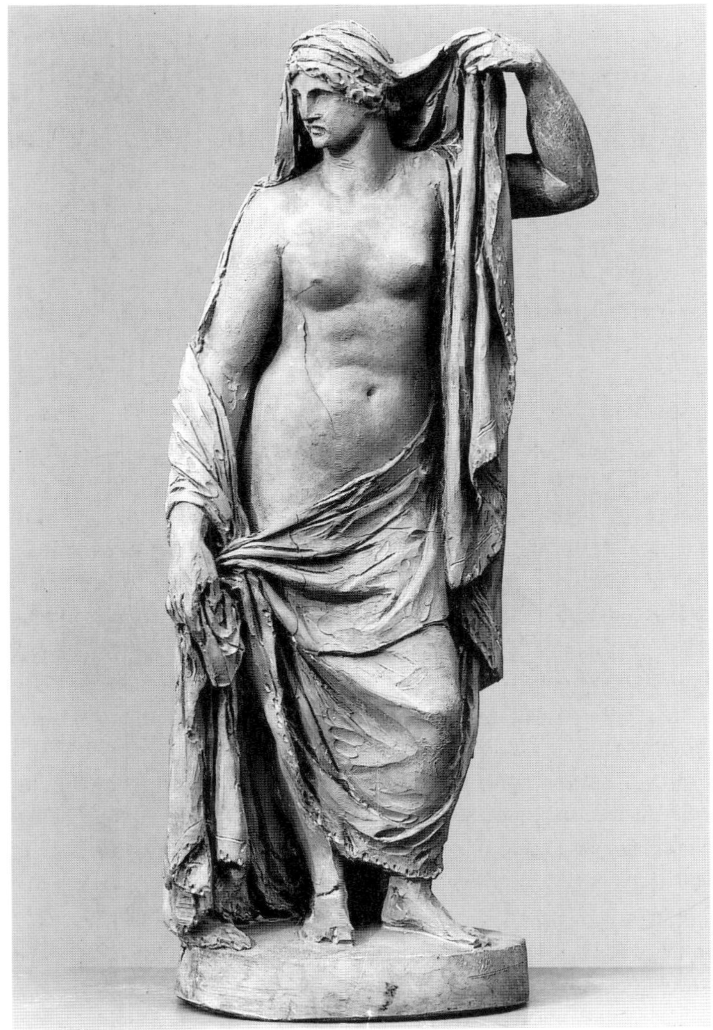

Johann Gottfried Schadow, Weibliche Gewandfigur, 1813, Staatliche Museen zu Berlin, Nationalgalerie

miert. Anderes ging bei den Umlagerungen zugrunde, die dem geringgeschätzten Material Gips immer wieder zugemutet wurden. So spiegelt sich im Schicksal des Sammlungskomplexes, der seit dem frühen 20. Jahrhundert nicht mehr nennenswert erweitert wurde, der grundlegende Geschmackswandel: Die einstige Wertschätzung der klassizistischen und neobarocken Skulptur starb mit dem Durchbruch der Klassischen Moderne in der Weimarer Republik. *BM*

Morgenstern, Christian (1871–1914)

Christian Morgenstern arbeitete kurze Zeit an der > **Nationalgalerie**. Der spätere Dichter der »Galgenlieder« Verfasser von »Sansara«, einer »humoristischen Studie«, war damals 23 Jahre alt, hatte seiner Lungenkrankheit wegen ein Studium der Nationalökonomie in Breslau abgebrochen und sich mit seinem Vater überworfen. Der Vater – selbst Landschaftsmaler und Sohn des bekannten Münchner Landschaftsmalers, nach welchem der Enkel getauft wurde – soll ihm eine Anstellung an der Nationalgalerie verschafft haben, an die sich ein Studium der Kunstgeschichte und Archäologie anschließen sollte. Beides wurde aber sehr bald aufgegeben: sofern ihn die Krankheit nicht zu Kuraufenthalten zwang, fühlte sich Morgenstern von der literarischen Bohème Berlins, von dem Literatenkreis um die »Tägliche Rundschau« angezogen Den im Frühjahr 1894 angetretenen

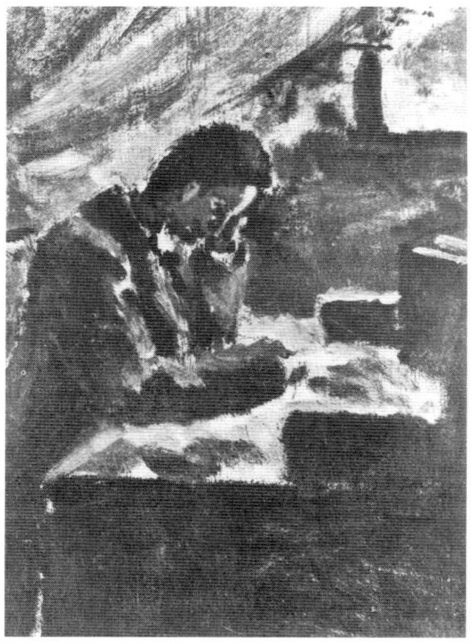

Christian Morgenstern, Selbstbildnis, 1895, Besitz Margareta Morgenstern

Posten (vermutlich als »wissenschaftlicher Hilfsarbeiter«, das entspricht einem > **Volontär**) muß er nach nur wenigen Wochen verlassen haben. Immerhin konnte er noch am 18. April 1894 seiner Kusine Clara Ostler schreiben: »In der Nationalgalerie bin ich täglich einige Stunden tätig, um einen wichtigen Katalog sämtlicher Porträts anzufertigen. Vormittags höre ich einige kunstgeschichtliche Collegs [...]«. Die nur lückenhaft erhaltenen Personalakten der Nationalgalerie verweigern nähere Auskunft. Auch was mit jenem »Katalog sämtlicher Porträts« gemeint ist, bleibt unklar: ehe 1913 eine > **Bildnis-Sammlung** in den Räumen der > **Bauakademie** eröffnet wurde, waren seit den Gründungsjahren der Galerie ähnliche Projekte umgegangen – Avatare, wie der schon damals an Seelenwanderung interessierte Dichter gemeint hätte. *CK*

Museum der Gegenwart, Zeitschrift

> **Ludwig Justi** gelang es, im Zusammenhang mit dem Aufbau einer »Galerie der Lebenden« im > **Kronprinzen-Palais,** einem Unterfangen, das auf zum Teil vehemente Kritik von verschiedenen Seiten stieß, eine Zeitschrift zu gründen, die sich mit den Belangen dieses Unternehmens auseinandersetzte. Justi, der seit 1918 auf diesem Feld in Berlin Pionierarbeit leistete, versuchte in diesem Periodikum alle wichtigen Personen zu vereinen, die sich der Durchsetzung der Moderne in den Deutschen Museen verpflichtet sahen. Die Zeitschrift gab Justi in Verbindung mit Alexander Dorner (Hannover), Ernst Gosebruch (Essen), Gustav Hartlaub (Mannheim), Max Sauerlandt (Hamburg), > **Alois Schardt** (Halle) und Wilhelm Wartmann (Zürich) heraus.

Die Zeitschrift bestand von 1930 bis 1933 unter der Schriftleitung von > **Alfred Hentzen** und war die erste Museumszeitschrift, die sich ausschließlich der Moderne zuwandte. Justi verstand sie als führende Publikation aller Museen, die zeitgenössische Kunst sammelten. Er wollte eine Zeitschrift herausgeben, »in der alle Museumsleiter Deutschlands, Oesterreichs und der Schweiz, die sich entschlossen zur neuen Kunst bekannt haben, durch Ankäufe und Ausstellungen, mitarbeiten und über ihr Wirken berichten sollen«, wie er am 29. Januar 1930 an Walter Cohen schrieb. Er wollte weiterhin »Aufsätze über moderne Kunst; über ältere zurückliegende zurückgehend bis 1800, auch von Privatsammlern; über Architektur: Haus eines Sammlers oder Museumsumbauten; Bühnenbilder« veröffentlichen. An den Münchner Generaldirektor Dornhöffer schrieb Justi am 17. Februar über mögliche Mitstreiter seitens der Berliner Museen: »will ich noch Kurth [Willy Kurth, Leiter der Neuen Abteilung des Kupferstichkabinetts] auffordern, aber nicht Friedländer [Max J. Friedländer, Direktor der Gemäldegalerie und des Kupferstichkabinetts], weil er zum Beispiel Picasso für Schwindel hält, und das Kaufen von moderner Kunst überhaupt für Verschwendung«.

Unter den Mitarbeitern war neben den entsprechenden Museumsdirektoren aus dem deutschsprachigen Raum auch > **Alfred H. Barr** vom Museum of Modern Art in New York aufgeführt. Justi versuchte mit dieser, den eigenen Vorstellungen folgenden Zeitschrift eine Verbreitungsmöglichkeit zu schaffen, die, wenn auch in weitaus geringerem Maße, gegen den Sturm ansprach, den > **Karl Scheffler** in der von ihm geführten auflagenstarken Zeitschrift »Kunst und Künstler« gegen die > **Nationalgalerie** entfacht hatte. Mitunter spielte die Zeitschrift eine Ersatzrolle für fehlende Publikationen. Dem ersten Heft hatten Justi und Hentzen bewußt einen programmatisch zu verstehenden Aufsatz von Max Sauerlandt vorangestellt. So zitiert Heft 1 (1930) aus einem Vortrag Sauerlandts im Oktober 1929: »Jeder einzelne muß von dem Gefühl durchdrungen sein, daß er in den Museen nichts anderes, als die ihm selbst gehörenden, nur der Allgemeinheit zugänglich gemachten Kunstwerke vor Augen hat, ebenso wie er die öffentlichen Sportplätze, Parkanlagen, und Blumengärten als ihm zugehörig betrachten gelernt hat [...] kann ich die Aufgabe der Museen – von allen esoterischen und wissenschaftlichen Aufgaben sehe ich dabei natürlich ganz ab – noch heute nicht anders formulieren, als vor 18 Jahren: sie sind bestimmt, den Geschmack und das Urteil der Allgemeinheit zu führen, nicht ihm zu folgen, gar auf mittlerer Linie.«

1933 mußte mit der Zwangsversetzung von Justi und Alfred Hentzen auch die Zeitschrift eingestellt werden, deren Wiederbelebung von keinem ihrer Nachfolger betrieben werden konnte. *EB*

Museumsinsel

Die heutige Gestalt der Museumsinsel ist ganz wesentlich von den architektonischen und geistigen Ideen > **Friedrich Wilhelms IV.** geprägt. Bereits an der Konzeption des Lustgartenprojektes mit Museum, Schloßerweiterung, Brücken- und Dombau hatte er großen Anteil. Bald nach seiner Thronbesteigung 1840 stellte Friedrich Wilhelm IV. die Museen unter seine unmittelbare Leitung. Per Kabinettsorder vom 8. März 1841 bestimmte er, »die ganze Spree-Insel hinter dem Alten Museum zu einer Freistätte für Kunst und Wissenschaft umzuschaffen.« (> **Altes Museum,** > **Wissenschaft**) Nach seinen Plänen entwarf der Schinkel-Schüler > **Friedrich August Stüler** den ersten Gesamtbebauungsplan. Bereits am 25. Juni 1841 erfolgte die Genehmigung zum Bau des Neuen Museums, das 1843 bis 1859 nach Plänen Stülers errichtet wurde und vor allem die ägyptische Abteilung, die Sammlung der Gipsabgüsse nach Antiken und das Kupferstichkabinett aufnahm. 1864/65, infolge des Vermächtnisses der Sammlung > **Wagener,** entwarf Stüler das Gebäude der > **Nationalgalerie.** Er hielt sich dabei an die Formen des von Friedrich Wilhelm IV. als Tempel auf hohem Unterbau geplanten Festgebäudes. 1866–76 wurde die Nationalgalerie von > **Heinrich Strack** ausgeführt,wenig später ihr Umfeld gestaltet (> **Trinkhalle**).

Von 1898 bis 1904 folgte der Bau des Kaiser-Friedrich-Museums, des heutigen Bodemuseums, nach Plänen des Architekten Ernst Eberhard von Ihne in den Formen des Wilhelminischen Barock. Dieses Museum war für die Skulpturengalerie im Untergeschoß und die Gemäldegalerie im Obergeschoß vorgesehen, wobei Wilhelm von Bode für beide Bereiche in der Tendenz »Stilräume« vorsah, gattungsübergreifende, dekorative Gestaltungen, in denen Plastik und Malerei mit Wandteppichen, Möbeln, Kaminen und Architekturdetails ein Ganzes bilden sollte. Der letzte große Museumsbau auf der Museumsinsel war das Pergamonmuseum. Nach einem Interimsbau errichtete Ludwig Hoffmann ab 1909 nach Plänen von Alfred Messel eine Dreiflügelanlage, deren Haupttrakt, das eigentliche Pergamonmuseum, für die großen Architekturteile vorgesehen war, der Südtrakt war dem Vorderasiatischen und dem Islamischen Museum zugedacht, der Nordtrakt dem von Bode geforderten Deutschen Museum. Der Bau des Pergamonmuseums brachte einen Teilabriß der ehemals die Nationalgalerie umschließenden > **Kolonnaden** mit sich und verschlechterte deren Lichtsituation auf der Westseite. Das Pergamonmuseum und das Deutsche Museum wurden 1930 zur 100-Jahr-Feier der Museen übergeben, 1932 und 1934 folgten das Islamische und das Vorderasiatische Museum. Damit war die Bautätigkeit auf der Insel im wesentlichen beendet. 1939, mit Beginn des > **Zweiten Weltkrieges**, wurden kurze Zeit später die Museen geschlossen, im Verlauf der Kriegshandlungen erlitten sie starke bauliche Zerstörungen, ein Großteil der Bestände ging verloren (> **Kriegsverluste**).

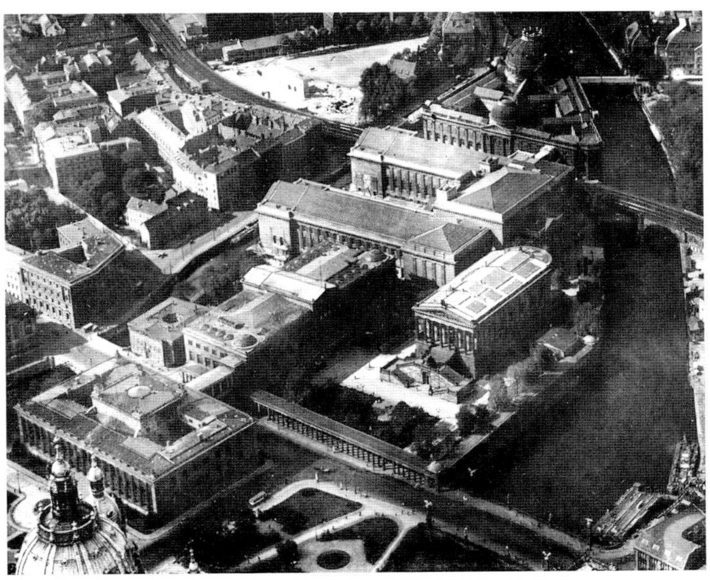

Luftaufnahme der Berliner Museumsinsel, um 1930

Die äußeren Zerstörungen wurden, mit Ausnahme des Neuen Museums, das Ruine blieb, bis in die frühen 1960er Jahre wieder behoben. Die verbliebenen Kunst- und Kulturwerke, nach dem Krieg auf Ost und West verteilt, wurden 1990 wieder zu einer Sammlung vereint, ein neues Konzept für die Museumsinsel wurde entwickelt. Seit 1999 steht die Museumsinsel auf der Liste des Weltkulturerbes der UNESCO. Ein Masterplan sieht eine sorgfältige Rekonstruktion und zugleich die Modernisierung bis etwa 2010 vor. *AW*

Museumskrieg

Die Hauptfiguren, die unter diesem bewußt dramatisierten Begriff gefaßt werden können, sind der Direktor der > **Nationalgalerie** > **Ludwig Justi** und > **Karl Scheffler**, neben > **Julius Meier-Graefe** einer der wichtigsten Kunstschriftsteller und Verteidiger des > **Impressionismus**, dem er mit seiner seit 1906 von ihm herausgegebenen Zeitschrift »Kunst und Künstler« ein mächtiges Sprachrohr verschafft hatte. Scheffler stand zunächst absolut hinter Justi, der das von > **Hugo von Tschudi** Begonnene würdig fortzusetzen verstand. Besonders nach Justis überraschend, allerdings mit einem Trick herbeigeführten Zustimmung des Kaisers zum Ankauf von Max Slevogts »Der rote d'Andrade« schien dieses positive Verhältnis nichts mehr trüben zu können. 1913 trat Scheffler, nach der Sichtung des von Justi vorgenommenen Umbaus der Nationalgalerie, in eine offene, sich verschärfende Distanz. Für Scheffler war Justis Bestreben, den jüngeren Künstlern ein eigenes Haus einzurichten, ohne die von Scheffler erwartete Würdigung des deutschen und französischen Impressionismus einzulösen, ein derartiger Skandal, daß er sich aufgerufen fühlte, den, wie er schrieb, »advocatus diaboli« zur Strecke zu bringen. Am 9. Mai 1919 mahnte Justi in einem offenen Brief in der »Kunstchronik« Scheffler zur Sachlichkeit. Scheffler hingegen verschärfte seinen Angriff mit der 1921 bei Bruno > **Cassirer** erschienenen Schrift »Berliner Museumskrieg«. Neben allgemeinen, durchaus scharfen und berechtigten Einlassungen zu anderen Museen wird Justi in den Kapiteln »Kronprinzen-Palais« und »Museumspolitik« aufs schärfste bloßgestellt. Justi, der mit Hilfe von Richard Hanke, einem Mitarbeiter im Cassirer-Verlag, bereits die Druckfahnen lesen konnte, antwortete, noch bevor das Buch aus der Druckerei kam, mit dem von Julius Bard in Berlin herausgegebenen Text »Habemus papam!« Scheffler griff besonders das »Experiment« > **Kronprinzen-Palais** an, das ihm als amerikanischer Bluff erschien. Natürlich bemängelte er das Fehlen »ganzer Perioden von Liebermann« und die völlige Abwesenheit von Edvard Munch. Er schrieb sogar von einer »Ankaufskatastrophe«. Scheffler warf Justi vor, er habe »in aller Hast Bilder und Skulpturen junger [linksradikaler] Richtungskünstler [gekauft], die nach einem Jahrzehnt – spätestens – wieder entfernt werden müssen, weil es dann kein Mensch mehr mit ihnen aushält.« Auch die Sonderausstellungen waren ihm ein Dorn im Auge, er hielt sie für »völlig überflüssig« und für ein Zeichen, daß es sich bei dem Kronprinzen-Palais lediglich um einen »Kunstsalon« handelte. Es folgten direkte Angriffe gegen die Person Justi, dem angeblich die Hauptsache fehlte: »das leidenschaftliche Interesse für die Kunst«, und Scheffler forderte »daß dieser von dem Posten so schnell wie möglich entfernt wird«. Justi würde ansonsten »aus der Kultur der Republik mit Sicherheit eine Karikatur« machen. Justi blieb in seinem Antwortschreiben nicht hinter Scheffler zurück, den fast Gleichaltrigen schickte er als Schlußsatz hinterher: »Das Deutsche Geistesleben ist gesund und jugendlich genug, um diesen hart gewordenen Teil abzuheilen, wie ein Hühnerauge.« Die Tragik dieses Streites, dem sich bald auf der einen wie auf der anderen Seite wichtige Persönlichkeiten anschlossen, besteht darin, daß er bis 1933 fortgeführt wurde, ohne die vor dem herannahenden Nationalsozialismus und seinen dumpfen völkischen Kunstpropagandisten äußerst notwendige Einigung und dringend geforderte gemeinsame Front herzustellen (> **»Drittes Reich«**). *EB*

Musikwerke

Die Kunst des 20. Jahrhunderts ist wesentlich geprägt von Grenzüberschreitungen zwischen den traditionellen Gattungen. Als ein besonders fruchtbares Feld hat sich der Bereich zwischen Musik und bildender Kunst, zwischen visueller und akustischer Erfahrung entwickelt. Die > **Nationalgalerie** im > **Hamburger Bahnhof** – Museum für Gegenwart hat deshalb in ihr Veranstaltungsprogramm die Aufführung von musikalischen Werken aufgenommen, die für die Geschichte wie für die Gegenwart der vielfältigen und wechselvollen Beziehungen zwischen diesen beiden Künsten eine herausragende Bedeutung besitzen.

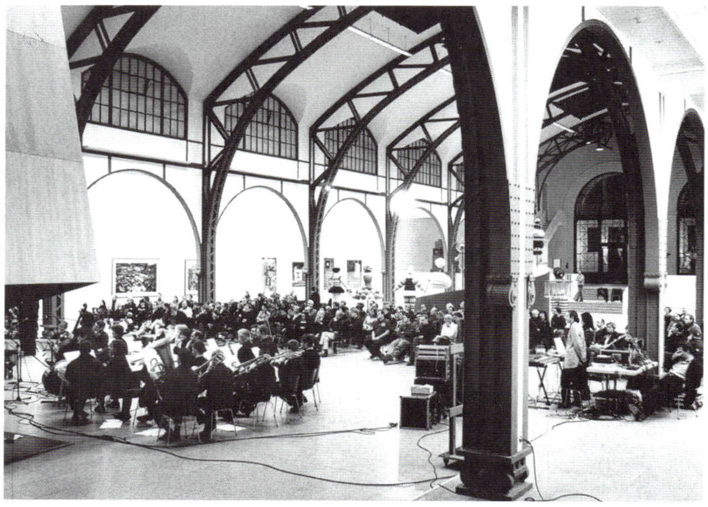

Aufführung der »Musik des 6-Tage-Spiels« von Hermann Nitsch im Hamburger Bahnhof - Museum für Gegenwart, 1999. Fotografie: Johannes Zappe

In loser Folge finden im Museum für Gegenwart Konzerte statt, die in der Tradition der experimentellen Musik den Grenzbereich zwischen Musik und bildender Kunst erkunden. Darüber hinaus werden in der von den Freunden Guter Musik Berlin e.V. initiierten Veranstaltungsreihe »Musikwerke Bildender Künstler« musikalische Werke von Künstlern zur Aufführung gebracht, die als bildende Künstler international bekannt sind, deren Musikwerke und Kompositionen aber nur selten zu hören sind. Für die beteiligten Künstlerinnen und Künstler ist die Verbindung zwischen bildender Kunst und Musik ein integraler Bestandteil ihrer künstlerischen Arbeit. Grenzüberschreitungen und strukturelle Übertragungen spielen dabei ebenso eine Rolle wie die Hervorbringung von Dissonanzen und Kontrapunkten.

Der von Ingrid Buschmann, Gabriele Knapstein und Matthias Osterwold konzipierte Veranstaltungszyklus begann im Frühjahr 1999 mit der Aufführung musikalischer Werke von Hanne Darboven. Während der Laufzeit der Ausstellung »Das XX. Jahrhundert. Ein Jahrhundert Kunst in Deutschland« wurden im November 1999 Yves Kleins »Symphonie Monotone - Silence« in großer Besetzung sowie »Die Musik des 6-Tage-Spiels« von Hermann Nitsch mit über 40 Musikern in der historischen Halle des Hamburger Bahnhofs zur Aufführung gebracht. Im Sommer 2000 hat das Orchester GENERATION BERLIN unter der Leitung von Christian von Borries einen Realzeit-Ausschnitt aus der Komposition »Parsifal 1882-38.969.364.735 A.D.« von Rodney Graham und die Komposition »To the People of Berlin« von Stephen Prina aufgeführt. Einen Höhepunkt in der gemeinsam von den Freunden Guter Musik Berlin e.V., der Nationalgalerie im Hamburger Bahnhof und der Kunst- und Ausstellungshalle der Bundesrepublik Deutschland in Bonn veranstalteten Reihe bildete die Realisierung des Opernprojekts »The Society Architect Ponders the Golden Gate Bridge - oder: Wie sie kriegen, was sie nicht verdienen« von Lawrence Weiner und Peter Gordon im Herbst 2000. *GK*

Nationalgalerie

Der Begriff »Nationalgalerie« gilt noch immer als Auszeichnung für museale Einrichtungen von besonderem nationalem Vorzeigewert. Die nationale Glanzrolle solcher Museen resultiert heutzutage dabei weniger aus ihrer Funktion als vaterländische Bilderhallen, sondern weit eher, und vielleicht grundsätzlich, aus ihrem besonders ausgeprägten internationalen Kunst- und Inhaltsspektrum: Nationalgalerien sind gleichsam ein Nachweis für internationale Weltfähigkeit im Medium der Kunst.

In ihrem geschichtlichen Ursprung ist die Idee einer nationalen Kunsteinrichtung jedoch durchaus patriotisch motiviert. Erste Konturen gewinnt sie in der nationalen Emanzipationsbewegung der Aufklärungszeit. In das 18. Jahrhundert datieren dann auch die ersten Gründungen: The British Museum, London (1753), Eremitage, St. Petersburg (1764), National Museet, Stockholm (1793). Nationale Kunstprogrammatik stand jedoch noch nicht im Vordergrund. Allein der Kunstbesitz wurde als Zeugnis nationaler Größe reklamiert, nicht die Kunst als solche. Prägnantestes Beispiel dieses Besitznationalismus ist das 1793 im ehemals königlichen Louvre von Paris eingerichtete »Muséum central des Arts«. Ein Anschauungsraum neugewonnener nationaler Besitzermacht war dieses bereits fünf Jahre später zum »Musée Napoléon« umgetaufte Zentralmuseum gleich in zweierlei Hinsicht: Als kostbarste Architekturtrophäe der Revolution visualisierte das »Muséum central« nicht nur die nationale Glorie seit 1789, es bot zudem, als Aufbewahrungsort konfiszierter Kunstgüter aus aller Herren Länder, einen erhabenen Ausblick auf den internationalen Siegesmarsch der »grande armée«. Das »Muséum central des Arts« war National-Museum und Forum in einem: Mit imperialem Pomp wurden im Juli 1798 die Kunsttrophäen des Italienfeldzuges in die Mauern des einstigen Schlosses überführt.

Im Kontext der Napoleonischen Kriege gesellte sich diesem Besitznationalismus ein veritabler Kunstnationalismus hinzu. In der Kunst selbst, nicht nur in ihrer Aneignung, sollte nationaler Tatgeist sichtbar werden.

Alte Nationalgalerie, Säulenvorhalle mit Giebelinschrift »Der Deutschen Kunst MDCCCLXXI«. (Detail aus) Fotografie: Christian Gahl, 2001

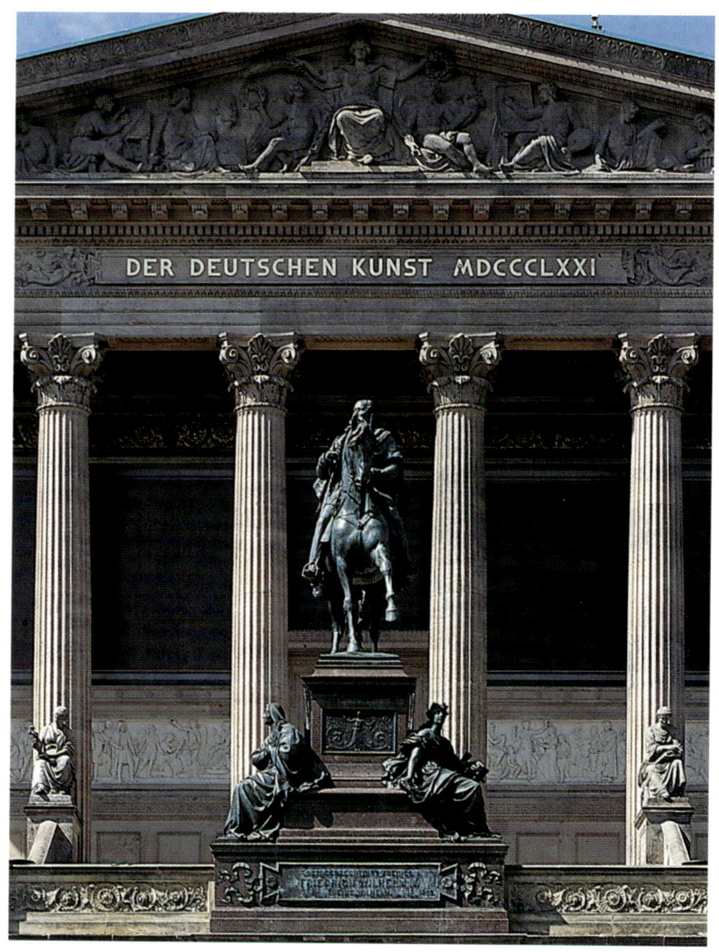

In Frankreich wurde der Klassizismus eines Jacques-Louis David zur Projektionsfläche einer neuen bürgerlichen Rationalität, in England fand das vaterländische Mittelalter-Pathos seine Bestätigung in der altmeisterlichen Sorgfalt der sogenannten »Artist-Antiquarians«, und in Deutschland wurden die Schöpfungen Dürers und seiner modernen Epigonen zu Sinnbildern des »redlichen« und »ehrlichen« Deutschen verklärt. Die Gründungen des Nationalmuseums Budapest (1802), des Nationalmuseums Kopenhagen (1807), der National Gallery London (1824), des Nationalmuseums Warschau (1862) oder des Museo Nazionale di Risorgimento Italiano in Turin (1878) führten diesen Gedanken einer nationalen Kunstidentität ebenfalls mit. Das Konzept eines puren nationalen Kunst-Walhallas der Volksseele wurde in seiner programmatischen Strenge jedoch niemals zur Gänze umgesetzt. Nationale Bilderreigen beschränkten sich weitestgehend auf Stichsammlungen und Illustrationen vaterländisch erbaulicher Kunstliteratur.

Eine Ausnahme und damit die beispielhafteste Ausprägung nationaler Kunstideologie ist die Eröffnung der Nationalgalerie in Berlin (1876). Der Gedanke einer »vaterländischen Galerie«, einer »nationalen Anstalt« zur Beförderung »patriotischer Gesinnung« war hier der eigentliche Ausgangspunkt. Im Giebelfeld des von > **Friedrich August Stüler** entworfenen Gebäudes ist das nationale Primat durch die goldene Aufschrift »DER DEUTSCHEN KUNST MDCCCLXXI« und das ikonographische Programm weithin sichtbar artikuliert: Nicht die Kunst, sondern die allmächtige Schirmherrin Germania ist die oberste Gottheit des Tempels. Die in der Aufklärung generierte Vision eines National-Theaters als Arena nationaler Tugendübung war damit endgültig auf die bildende Kunst übertragen. Daß dieser Kunstnationalismus gerade in Deutschland seine plakativste Ausprägung fand, erklärt sich nicht zuletzt daraus, daß der ethnische Einheitsgedanke vor dem Hintergrund einer fehlenden gesamtstaatlichen Tradition letztlich nur metaphorisch formulierbar war. Weit mehr als in den europäischen Nachbarländern war Nationalgeist in Deutschland keine historische Gegebenheit, sondern ein ideologisches Konstrukt. Als solche Metapher nationaler Kunsterlösung scheint die Nationalgalerie in abgeschwächter und ironisch gebrochener Form bis heute nachzuwirken. Mit der Magie des Begriffs »Nationalgalerie« gelang der gleichnamigen Band Niels Freverts Anfang der 1990er Jahre sogar die Reanimation des totgeglaubten deutschen Schlagers, und dies jenseits von Hip-Hop und nachklingender Neuen Deutschen Welle.

Tatsächlich aber ist die Nationalgalerie von heute eine völlig anders geartete Metapher deutscher Befindlichkeit. Seit mehr als 100 Jahren ist sie eine der prominentesten nationalen Plattformen für den internationalen Austausch der Künste, über alle politischen und ideologischen Grenzen hinweg. Ihre metaphorische Ausrichtung verweist nicht auf »deutsche Kunst«, sondern auf die »Kunst in Deutschland« in ihrer ganzen internationalen Verflechtung und Offenheit. Die zum Millenniumswechsel mit großem Aufwand und Erfolg gezeigte > **Jahrhundertausstellung** der Nationalgalerie sprach dieses Bekenntnis schon im Titel aus: »Das XX. Jahrhundert. Ein Jahrhundert Kunst in Deutschland«. *MW*

Neue Nationalgalerie

Nach der politischen Teilung Berlins wurden ab 1953 Teile der Sammlung der > **Nationalgalerie,** die für die Kriegszeit ausgelagert worden waren (> **Auslagerungen**), zunächst provisorisch im Museumskomplex von Dahlem präsentiert. Ab 1959 fand die Nationalgalerie im Westteil der Stadt Ausstellungsräume in der > **Orangerie** des Charlottenburger Schlosses. Wenig später, als mit dem Bau der Mauer deutlich wurde, daß an eine Vereinigung der Sammlungen in beiden Teilen der Stadt in absehbarer Zeit nicht zu denken war, begann die Planung für einen Neubau. > **Mies van der Rohe**, der 1961 Berlin besuchte, entschied sich unter mehreren Bauprojekten, die ihm durch Bausenator Schwedler angeboten wurden, für den Bau einer > **Galerie des 20. Jahrhunderts** am neu gegründeten Kulturforum südlich des Tiergartens. Aus den kurz zuvor entwickelten, unrealisierten Projekten für die Bacardi Hauptverwaltung in Kuba und für einen Museumsbau für die Sammlung Schäfer in Schweinfurt entwickelte Mies sein bauliches Konzept. Er zog im letzten Bau, der noch zu seinen

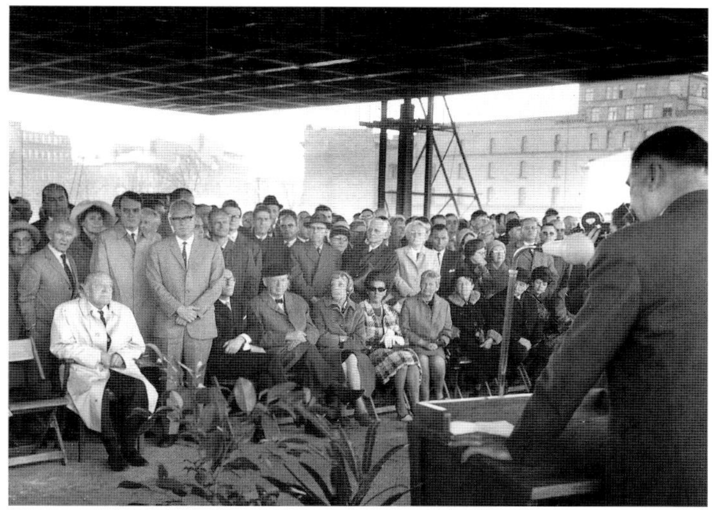

Richtfest in der Neuen Nationalgalerie am 12. April 1967. Sitzend, im hellen Mantel: Mies van der Rohe.

Lebzeiten ausgeführt wurde und der zugleich auch der erste Bau war, den Mies nach beinah 30 Jahren Aufenthalt in den Vereinigten Staaten wieder in Deutschland errichtete, die Bilanz seiner wichtigsten Architekturvorstellungen. Eine große, transparente Halle thront als offenes Belvedere auf dem darunter liegenden Galeriebau.

Durch die Zusammenlegung der Bestände der Nationalgalerie mit denen der in der Nachkriegszeit gegründeten städtischen Galerie des 20. Jahrhunderts 1967 war eine wichtige Grundlage für den weiteren Ausbau der Sammlung gelegt. Am 22. September 1965 legte Mies den Grundstein für das nun Neue Nationalgalerie benannte Gebäude und kam noch einmal im April 1967 zum Richtfest, als das monumentale Stahldach aufgerichtet war. Die Einweihung der Neuen Nationalgalerie fand am 15. September 1968 aber schon ohne den bereits schwer kranken Architekten statt, der wenig später verstarb. Als erster Direktor des neuen Hauses wurde > **Werner Haftmann** berufen, der sich stark für den Ausbau der Sammlung auf internationalem Niveau einsetzte. Ihm folgte von 1975 an bis 1997 > **Dieter Honisch**, der die Sammlung um viele bedeutende Werke erweiterte. In seine Amtszeit fiel auch die > **Wiedervereinigung** der Neuen Nationalgalerie mit der Nationalgalerie auf der > **Museumsinsel**, die erst von da an den Namen > **Alte Nationalgalerie** erhielt. Die Architektur der Neuen Nationalgalerie, besonders die obere Halle, bot von Anfang an eine starke Herausforderung für die Präsentation. Gerade in der jüngeren Geschichte ihrer Ausstellungen hat die Neue Nationalgalerie beweisen können, daß der weite, offene Raum einen einzigartigen Rahmen für Künstler von Weltrang bietet und in seinem architektonischen Konzept außergewöhnliche Möglichkeiten enthält. *AL*

Öffnungszeiten

In seinem Entwurf über die »Grundbestimmungen für die Verwaltung der Kunst-Angelegenheiten im preußischen Staate« formulierte Franz Kugler in den Erläuterungen zu § 6c die > **Nationalgalerie** betreffend: »Es werden in ihr Werke der bildenden Kunst, insbesondere der verschiedenen Gattungen der Malerei und der Skulptur, von vaterländischen Meistern der Gegenwart gesammelt. Sie wird dem Besuche des Volkes täglich geöffnet.« Dieser hohe Anspruch einer täglichen Öffnung der Galerie wurde lange Zeit aufrechterhalten. Mit Ausnahme des Donnerstages (13–18 Uhr) war die Nationalgalerie Montag bis Samstag zwischen 10 und 18 Uhr und Sonntag zwischen 12 und 18 Uhr geöffnet. Am Sonntagnachmittag war die Galerie in der Regel so gut besucht, daß in den Berlin-Führern der Sonntag als »gewöhnlich sehr voll« bezeichnet wurde. Da die Nationalgalerie nur bei Tageslicht besucht werden konnte, verkürzten sich die Öffnungszeiten in den Herbst- und Wintermonaten stufenweise (Oktober und März 13–17, November und Februar 13–16 und Dezember und Januar 13–15 Uhr). Wurde in der ersten Wochenhälfte (Sonntag bis Mittwoch) freier Eintritt gewährt, erhob man am Donnerstag eine Mark und am Freitag wie am Samstag 50 Pfennige Eintrittsgeld. Die 1913 in der Schinkelschen > **Bauakademie** eröffnete > **Bildnis-Sammlung** stand dem Besucher täglich zur Verfügung. Erst nach 1900 wurde für Reinigungsarbeiten der Galerie ein Schließtag eingeführt. Das Stammhaus und das > **Schinkel-Museum** blieben dienstags und die Sammlung der Moderne im ehemaligen > **Kronprinzen-Palais** montags geschlossen. Das > **Rauch-Museum** in der > **Orangerie** des Charlottenburger Schlosses war in den Sommermonaten täglich von 10 bis 15 Uhr geöffnet und zwischen November und April geschlossen. Mit Kriegsbeginn im September 1939 wurde die Nationalgalerie für den Besucherverkehr geschlossen. Auf Anordnung des Reichserziehungsministeriums mußten die »zugänglichen Sammlungen und Ausstellungen« 1940 am 1. und 2. Mai sowie am 1. und 2. Pfingstfeiertag zwischen 9 und 16.45 Uhr geöffnet werden. Die Direktion der Nationalgalerie meldete für die ersten drei Tage jeweils rund 600 und für den 2. Pfingstfeiertag immerhin 1191 Besucher. Die Nationalgalerie in Berlin (Ost) blieb, wie auch die anderen Sammlungen auf der > **Museumsinsel**, montags und dienstags geschlossen. Heute variieren – bis auf den international festgelegten Ruhetag am Montag – die Öffnungszeiten der Galerie je nach kulturpolitischen Erwägungen und wirtschaftlichen Bedingungen. Zu Sonderausstellungen gelten Ausnahmeregelungen, die, je nach Besucherandrang, die Nationalgalerie wiederholt bis in die Nachtstunden geöffnet halten. *JG*

Orangerie

In den Jahren 1701 bis 1713 baute der Architekt Eosander von Goethe das 1695–99 von Arnold Nering errichtete Barockschlößchen der Kurfürstin Sophie Charlotte zu einer repräsentativen Dreiflügelanlage aus. Als wichtigste bauliche Erweiterung entstand die Orangerie: ein eingeschossiger Flügelbau mit hohen Rundbogenfenstern, der sich westlich an den Nering-Bau anfügte. 1740–46 errichtete Wenzeslaus von Knobelsdorff einen »Neuen Flügel« als Pendant im Osten, und 1787–91 erweiterte Carl Gotthard Langhans den Westflügel um einen an die Orangerie anschließenden Theaterbau.

Während des 20. Jahrhunderts boten die Räume im Schloß Charlottenburg willkommene Ausstellungsflächen für die wiederholt unter Raumknappheit leidende > **Nationalgalerie**. 1930 fand das > **Rauch-Museum**, das in den 1920er Jahren seine Unterbringung eingebüßt hatte, ein neues Domizil in der Orangerie. Als im November 1943 die Orangerie ausbrannte, ging auch ein großer Teil der Rauch-Bestände verloren. Nach dem > **Zweiten Weltkrieg** wurde das stark zerstörte Schloß Charlottenburg wieder aufgebaut; in den frühen Nachkriegsjahren war es neben dem Museum Dahlem der wichtigste Ausstellungsort der Nationalgalerie in Berlin (West), die durch die politische Spaltung ihr Haus verloren hatte. Vorerst nutzte man den Knobelsdorff-Flügel: 1950/51 fand hier die Ausstellung »Deutsche Malerei des 19. Jahrhunderts« statt, 1958 folgten die Gedächtnisausstellung zum 100. Geburtstag von Lovis Corinth und die Präsentation der »Meisterwerke der Nationalgalerie« (März bis Juni) sowie die Ausstellung »Französische Malerei von Manet bis Matisse«.

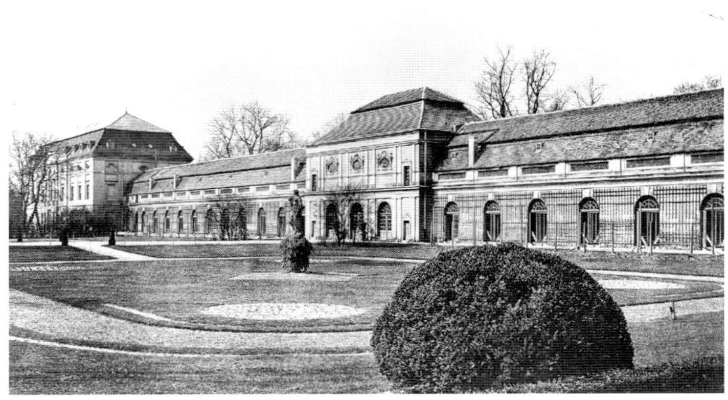

Die Orangerie, Westflügel des Schlosses Chalottenburg, 1936

Am 20. September 1959 bezog die Nationalgalerie mit der Sonderausstellung »Triumph der Farbe – Die europäischen Fauves« erneut die Räume der soeben fertiggestellten Orangerie. Danach zog die Sammlung der Nationalgalerie vom Museum Dahlem, wo sie nach den > **Auslagerungen** im Krieg seit 1957 in Teilen gezeigt worden war, in die Orangerie um; ihr Einzug wurde mit der Eröffnung am 6. Dezember gefeiert. Die anschließende Einrichtung der Sammlung als ständige Ausstellung in der Orangerie – in der sie bis Ende 1966 durchgehend beheimatet blieb – sah der damalige Direktor > **Leopold Reidemeister** 1961 »zwar auch noch [als] ein unzureichendes Provisorium, verbunden mit mancherlei Zugeständnissen, aber [...] doch wie ein kräftiges Atemholen in dieser ruhelosen Wanderung der Kunstwerke«. Die Auswahl der in den (eigentlich viel zu engen) Räumen der Orangerie ausgestellten Werke präsentierte Glanzlichter der Kunst des 19. und 20. Jahrhunderts, einschließlich der neuen > **Erwerbungen** und > **Rückerwerbungen** dieser Jahre, zeigte aber gleichzeitig die schmerzlichen Lücken einer »durch politischen Wahnsinn so schrecklich verstümmelten Sammlung« (Reidemeister) auf. Die Orangerie war bis Mitte der 1960er Jahre auch Ort der wichtigsten Sonderausstellungen der Nationalgalerie in Berlin (West), so z. B. »Berlin – Ort der Freiheit für die Kunst« (1960), »Die Ile de France und ihre Maler« (1963) und »Das Ursprüngliche und die Moderne« (1964). Erst 1968, mit Vollendung des Baues einer > **Neuen Nationalgalerie** an der Potsdamer Straße, konnte die Sammlung wieder in ein eigenes Haus mit angemessenen Ausstellungsräumen einziehen.

Mit erneutem Platzmangel wich die Nationalgalerie in Berlin (West) 1986 ein weiteres Mal auf Räume im Schloß Charlottenburg aus: im Knobelsdorff-Flügel wurde die > **Galerie der Romantik** eingerichtet, die – nach 1990 ergänzt durch Werke der ehemaligen Nationalgalerie in Berlin (Ost) – bis 2001 hier bestehen blieb. *CT*

Otto-Nagel-Haus

Seit 1981 verhandelte der Magistrat mit dem Ministerium für Kultur der DDR über eine Übergabe des Hauses am Märkischen Ufer 16–18, das den Namen des Berliners Otto Nagel – ein proletarischer Maler, Ausstellungsorganisator, Publizist und Freund von Liebermann und Kollwitz – trug, an die > **Staatlichen Museen zu Berlin** (Ost). Den Museen fielen zwei am Fischerkiez gelegene Altberliner Bürgerhäuser aus dem 17. und 18. Jahrhundert nebst sechs Planstellen sowie Sach- und Finanzmittel zu. Infolge einer Weisung des ZK des Politbüros der SED, nach der das Werk Otto Nagels den Mittelpunkt des Hauses zu bilden hatte, kam nur die > **Nationalgalerie** als Nutzerin in Frage. Nach umfassender Renovierung und teilweiser Restaurierung eröffnete sie am 16. Juni 1982 ihre Dependance linker und sozialkritischer Kunst, die »Abteilung proletarisch-revolutionärer und antifaschistischer Kunst«. Neben dem Werk Otto Nagels (1894–1967) umfaßte die Präsentation, die zunächst als eine ständige gedacht war, Gemälde von Dix, Felixmüller, Ehmsen, Fischer, Grundig, Lachnit, Lingner, Völker, Vogeler, Nerlinger, Querner, Radziwill und Rudolph neben Skulpturen von Barlach, Hoffmann, Kollwitz, Marcks, Prussog, Schumacher, Schottmüller, Wentscher sowie Arbeiten auf Papier von Baluschek, Dix, Felixmüller, Grosz, Griebel, Schlichter und Fotomontagen Heartfields. Dem Konzept bescheinigte auch die Presse in der Bundesrepublik »wichtige Hinweise und eine besondere, auch in der DDR nicht allübliche kunsthistorische Sicht«. Zu einem über Berlin hinaus bekannten Spezifikum entwickelte sich die Öffentlichkeitsarbeit des Hauses. Drei bis vier > **Führungen** täglich gehörten zum normalen Service. Regelmäßig wies sich ein

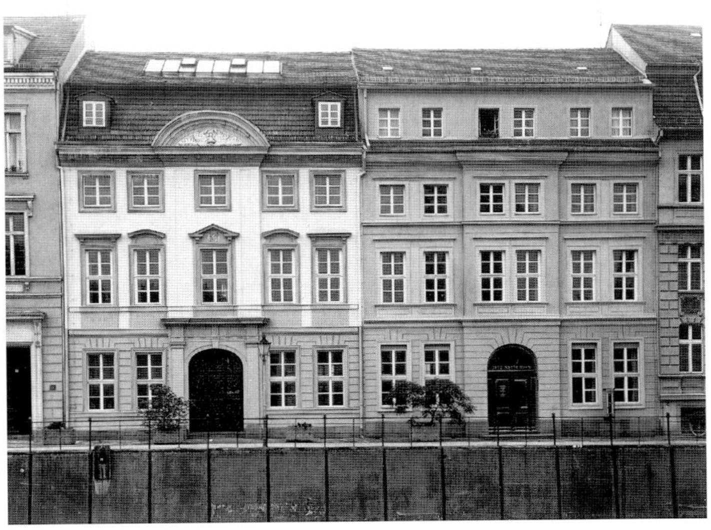

Otto-Nagel-Haus am Märkischen Ufer, 1988

»Bild des Monats« mit kunst- und zeithistorischen Dokumenten aus. Konzerte und Vorträge in Zusammenarbeit mit dem Club der Kulturschaffenden »Johannes R. Becher« bereicherten das Programm. Neben den drei Malzirkeln für Kinder und Jugendliche im Atelier unter dem Dachgebälk des Hauses boten der erste und dritte Sonntag im Monat Kindern die Möglichkeit, unter der Betreuung von Pädagogikstudenten zu malen, während die Eltern an einer thematischen Matinee teilnahmen. Studenten der Musikhochschule »Hanns Eisler« musizierten zu Vorträgen der Wissenschaftler. Eine Spätöffnungszeit in der Woche wartete mit besonderen Veranstaltungen auf. Das kleine Urberliner Café, im Sommer mit Hofgarten und Springbrunnen, strahlte eine entspannende Atmosphäre aus. Seit 1984 ergänzten und erweiterten in der oberen Etage Sonderausstellungen das Konzept: zu avantgardistischen Vorläufern, zum Internationalen Antikriegsjahr 1924, zum politischen Plakat, zu Emigration und innerem Exil und zur Fotografie. Nach der Wende präsentierte die ständige Ausstellung die aus Ost und West zusammengeführten Bestände deutscher Kunst zwischen den Weltkriegen sowie verschiedene thematische und monographische Sonderausstellungen. Da es aber an Finanzmitteln für Werbung und Personal mangelte, entschwand das Haus zunehmend aus der öffentlichen Wahrnehmung; 1994 schließlich verabschiedete es sich von der Nationalgalerie mit einer Ausstellung der Berliner Bilder von Otto Nagel. 1995 bezog das Bildarchiv der > **Stiftung Preußischer Kulturbesitz** das Gebäude. *FW*

Personal

Vom Direktor bis zur Aufsicht reicht die Spanne der Mitarbeiter, die an der Erwerbung, kunsthistorischen Wertung, Bewahrung und Präsentation der Kunstwerke der > **Nationalgalerie** beteiligt sind. Neben dem Direktor und einem kleinen Stab von > **Kustoden**, von denen die nichtverbeamteten Ende des 19. und in der ersten Hälfte des 20. Jahrhunderts lange Zeit als »wissenschaftliche Hilfsarbeiter« bezeichnet wurden, gehören besonders die Restauratoren (> **Restaurierung**), die Depotverwalter, die Verwaltungsangestellten in den Büros und die > **Aufsichten** zu den tragenden Kräften einer solchen Institution, die in besonderem Maße vom organischen Zusammenwirken der einzelnen Sparten geprägt wird. Für die vielfältigen Funktionen – von der wissenschaftlichen Bearbeitung über die fachgerechte Betreuung der Werke bis hin zur Abwicklung des Leihverkehrs, der Fotoaufträge und Archivierung der Dokumente – ist ein Kreis unterschiedlich ausgebildeter Fachleute zuständig, der seit langem durch > **Volontäre**, Praktikanten und Angestellte in Zeit- oder Werkverträgen wesentlich unterstützt wird. Auch der Assistent des > **Vereins der Freunde der Nationalgalerie**, der seinen Arbeitsplatz in der > **Neuen Nationalgalerie** hat, ist an den Vorbereitungen von entsprechenden Sonderausstellungen oft maßgeblich beteiligt.

Zur Reihe der diese Aufgaben absichernden Mitarbeiter zählen aber auch der Hausmeister, die Elektriker, die Wartungsmechaniker, die besonders in den Neubauten wie der Neuen Nationalgalerie und dem > **Hamburger Bahnhof** eine wichtige Funktion haben, bis hin zu den Pförtnern und den Kassen-, Garderoben- und Reinigungskräften, die heute überwiegend - wie auch beim Aufsichtspersonal weitgehend praktiziert - von Privatfirmen gestellt werden.

Weitere Arbeiten, die hinter der Präsentation der ständigen Sammlung und der Sonderausstellungen stehen, werden zu einem Teil durch zentrale Einrichtungen der > **Staatlichen Museen zu Berlin** geleistet. Das betrifft die Fotowerkstatt auf der > **Museumsinsel**, die Werkstätten der Tischler, Maler und Schlosser, die technische Betreuung der Bauten und Verwaltungsangelegenheiten größeren Umfangs sowie die > **Presse**- und Öffentlichkeitsarbeit und häufig auch die Gestaltung und Herstellung von Publikationen oder die gestalterische Ausstattung der Ausstellungen und die Hängung der Werke.

Das beschauliche Betrachten und Erleben der Kunstwerke wird mithin in einer ineinandergreifender Teamarbeit ermöglicht durch ein vielgliedriges Gesamtgefüge an Personal, das in personalpolitischen Fragen durch den Örtlichen Personalrat der Staatlichen Museen und letztlich durch den Hauptpersonalrat der > **Stiftung Preußischer Kulturbesitz** vertreten wird. *FJ*

Presse

Die > **Nationalgalerie** wird seit ihrem Bestehen intensiv von der Presse begleitet. In den verschiedenen Zeitungen und Kunstzeitschriften wurden – angefangen bei der umfangreichen Berichterstattung aus Anlaß der Eröffnung des Stammgebäudes am 21. März 1876 in Anwesenheit des Deutschen Kaisers Wilhelm I. – alle Sonderausstellungen, > **Erwerbungen** und Umhängungen der Sammlungsbestände ausführlich erörtert und teilweise auch kritisch attackiert. Besonders > **Hugo von Tschudi** hatte sich wegen seiner betonten Hinwendung zur modernen französischen Kunst wiederholt starker Angriffe zu erwehren. So war in »Die Kunst-Halle. Zeitschrift für Kunst und Kunstgewerbe« am 15. November 1899 zu lesen: »In der Kgl. Nationalgallerie, in welcher bekanntlich vor einiger Zeit ein ›neues‹ Programm verwirklicht wurde, dessen von manchen Leuten vielbewunderte Hauptnummer der Ankauf und die bevorzugte Anordnung einer Reihe mittelmäßiger moderner französischer Malereien (von Manet, Monet, Pissarro, Sisley u. a.) war, sollen jetzt heilsame Veränderungen bevorstehen. Sie betreffen eben jene Impressionisten, auf [die] der deutsche Enthusiasmus (wieder einmal) so gründlich hereinfallen mußte. Fatal war nur, daß die braven Getreuen ihrem bewunderten Führer aus seinen kunstkritischen Sünden einen gar stolzen Mantel des Ruhmes zusammenstückten.«

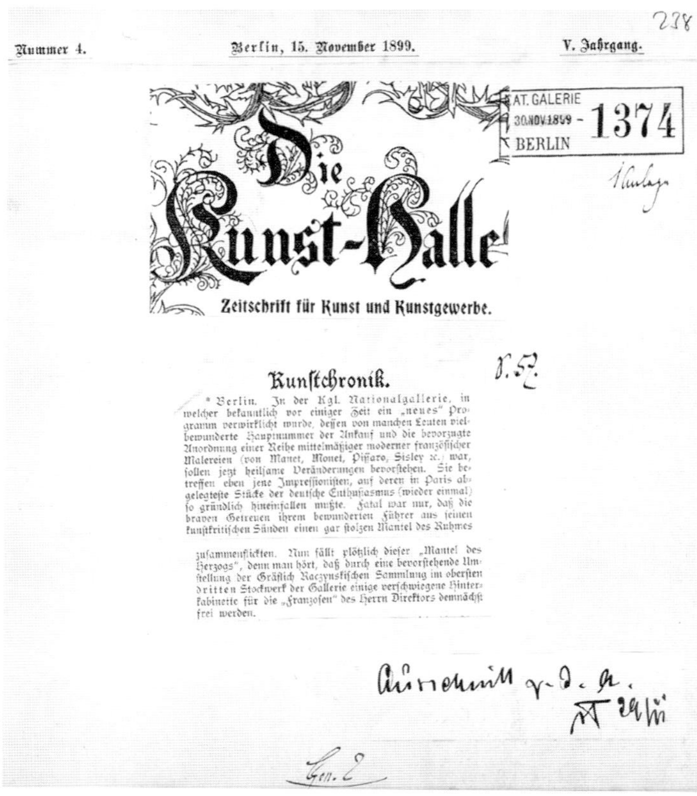
Nummer 4. Berlin, 15. November 1899. V. Jahrgang.

Die Kunst-Halle

Zeitschrift für Kunst und Kunstgewerbe.

AT. GALERIE 30.NOV.1899 BERLIN 1374

Kunstchronik.

* Berlin. In der Kgl. Nationalgallerie, in welcher bekanntlich vor einiger Zeit ein „neues" Programm verwirklicht wurde, dessen von manchen Leuten vielbewunderte Hauptnummer der Ankauf und die bevorzugte Anordnung einer Reihe mittelmäßiger moderner französischer Malereien (von Manet, Monet, Pissaro, Sisley ꝛc.) war, sollen jetzt heilsame Veränderungen bevorstehen. Sie betreffen eben jene Impressionisten, auf deren in Paris abgelegteste Stücke der deutsche Enthusiasmus (wieder einmal) so gründlich hineinfallen mußte. Fatal war nur, daß die braven Getreuen ihrem bewunderten Führer aus seinen kunstkritischen Sünden einen gar stolzen Mantel des Ruhmes zusammenflickten. Nun fällt plötzlich dieser „Mantel des Herzogs", denn man hört, daß durch eine bevorstehende Umstellung der Gräflich Raczynskischen Sammlung im obersten dritten Stockwerk der Gallerie einige verschwiegene Hinterkabinette für die „Franzosen" des Herrn Direktors demnächst frei werden.

Zeitschrift »Die Kunst-Halle«, Berlin, 15. November 1899, mit einer Kritik an Hugo von Tschudis Erwerbungen französischer Impressionisten. Blatt des Zentralarchivs der Staatlichen Museen zu Berlin, angelegt am 30. November 1899

Der Meinungsstreit über die verschiedenen Strömungen der jeweils gegenwärtigen Kunst, deren Aufnahme in die Sammlung und die Art ihrer Präsentation waren über die Zeiten hinweg Gegenstand der Auseinandersetzungen, sowohl zwischen verschiedenen Künstlergruppen und der Nationalgalerie als auch unter den Fachleuten selbst. So ist besonders der sogenannte Berliner > **Museumskrieg** zwischen > **Karl Scheffler,** dem Herausgeber der Zeitschrift »Kunst und Künstler«, und > **Ludwig Justi** in die Geschichte eingegangen. Er erreichte seinen Höhepunkt 1921 und galt vor allem dem 1919 eingerichteten > **Kronprinzen-Palais,** das mit seiner ständigen Sammlung deutscher und europäischer > **Expressionisten** von Scheffler in äußerst massiver Form angegangen wurde. Einige Jahre später waren Titelzeilen wie »Kronprinzen-Palais säuberungsbedürftig!« in »Das schwarze Korps« vom 2. April 1936 Ausdruck der kunstvernichtenden Haltung des Nationalsozialismus im > **»Dritten Reich«.**

Auch nach dem > **Zweiten Weltkrieg** galt der Nationalgalerie auf der > **Museumsinsel** und ihrem allmählichen Wiederaufleben die besondere Aufmerksamkeit der Presse. Unter der Überschrift »Nationalgalerie in Trümmern wiedererstanden« hieß es so im »Berliner Montag« vom 20. Juni 1949: »Beklommen geht man durch die Trümmer der Museumsinsel, es krampft sich einem das Herz zusammen, wenn man durch die zerstörte Halle des Treppenhauses der Nationalgalerie kommt und auf hölzernen Behelfsstufen zu den wiederhergestellten Sälen auf der westlichen Seite des Gebäudes geht.«

Im September 1968 sorgte die Eröffnung der > **Neuen Nationalgalerie** im Neubau > **Ludwig Mies van der Rohes** für ein begeistertes Presseecho: »Auf strengem quadratischem Raster errichtet – Neue Nationalgalerie ist ein architektonisches und technisches Wunderwerk«, »Kühle Schönheit, strenge Harmonie« oder »Europäische Kunst in einem modernen Tempel« titelten beispielsweise »Die Welt«, »Die Berliner Morgenpost« und die »Nürnberger Nachrichten« als Antwort auf die Eröffnung.

Die unmittelbaren, zuweilen sehr hin- und hergerissenen Stellungnahmen der kritischen Presse erreichten 1993/94 im sogenannten Deutsch-deutschen Bilderstreit, der der Neueinrichtung der ständigen Sammlung der Nationalgalerie unter Einbeziehung von Werken der > **DDR-Kunst** galt, einen Höhepunkt. Mehr als ein halbes Jahr wurden Pro und Contra in einer äußerst angespannten Debatte in den Ring geworfen. So erwiderte Eduard Beaucamp in der »Frankfurter Allgemeinen Zeitung« vom 7. April 1994 unter der Überschrift »Die Bilder lügen nicht« auf die Vorwürfe, es handele sich bei Werner Tübke, Wolfgang Mattheuer, Bernhard Heisig und Willi Sitte allein um vordergründige Staatskunst: »Alle diese Werke, nicht zuletzt auch die von Mattheuer, haben mit Propaganda, mit gelenkter und gezielter Parteilichkeit, mit Botschaft und Agitation im Staatsauftrag wenig zu tun. Das Persönlichkeitsprofil, der Stil und die Themen divergieren nicht weniger heftig als in der Westkunst. Was heißt hier also Staatskunst und Staatskünstler? Indizien dafür können nur in Inhalten und Aussagen, in der Tendenz und Qualität der Bilder stecken.« Gerade durch einen solchen Meinungsstreit bestätigt sich: Die Presse stellt bis heute eine wichtige, lebendige und anregende Verbindung zur breiten Öffentlichkeit her. *FJ*

Preußischer Landtag

Die Debatten im Preußischen Landtag spiegeln nicht nur die kulturpolitischen Diskussionen, die auch außerhalb des Landtags geführt wurden, sondern hatten in einigen Fällen unmittelbare Konsequenzen für die > **Nationalgalerie**. So ist aus Forderungen an den Landtag heraus die > **Landeskunstkommission** gegründet worden, die wesentlichen Einfluß auf die Erwerbungen der Nationalgalerie hatte. Im Landtag wurde auch über das Gebäude der Nationalgalerie, insbesondere über die Inschriften, beispielsweise über das falsch eingetragene Todesdatum Albrecht Dürers, debattiert. Auch die Diskussionen über die Kunst Arnold Böcklins reichten bis in den Landtag: So wandte sich der Abgeordnete Reichensperger 1880 gegen die Förderung von Kunst, die antike, »heidnische« Themen darstelle, statt dessen solle Kunst den »deutschen Geist« pflegen.

Kritik aus national gesinnter Position traf auch die umstrittenen Ankäufe > **Hugo von Tschudis**. Die > **Erwerbungen** von Gemälden des französischen > **Impressionsmus** verteidigte der Generaldirektor > **Richard Schöne** im Landtag, jedoch mußte auch er eingestehen, daß Neuerwerbungen künftig eher der deutschen Kunst gelten und ausländische Werke vorwiegend aus > **Schenkungen** und Spenden hervorgehen sollten. Doch selbst dies wurde aufgrund des Dekrets Kaiser > **Wilhelms II.** 1899 unmöglich: nach einer derartigen Landtagsdebatte besichtigte jener die Nationalgalerie und ordnete eine Umhängung der Werke an, derzufolge in den Hauptsälen nur Kunst gezeigt werden sollte, die nationale Werte bestätigte, die Neuerwerbungen hatte Tschudi in das dritte Ausstellungsgeschoß zu verbringen. Fortan mußten alle Erwerbungen und auch Schenkungen vom Kaiser gebilligt werden. *RL*

Prinzessinnen-Palais

1730–33 vereinte Friedrich Wilhelm Diterichs im Auftrag des Großkanzlers Samuel Freiherr von Cocceji zwei ältere Häuser in der Oberwallstraße durch einen Verbindungsbau zu einem langgestreckten Gebäude. König

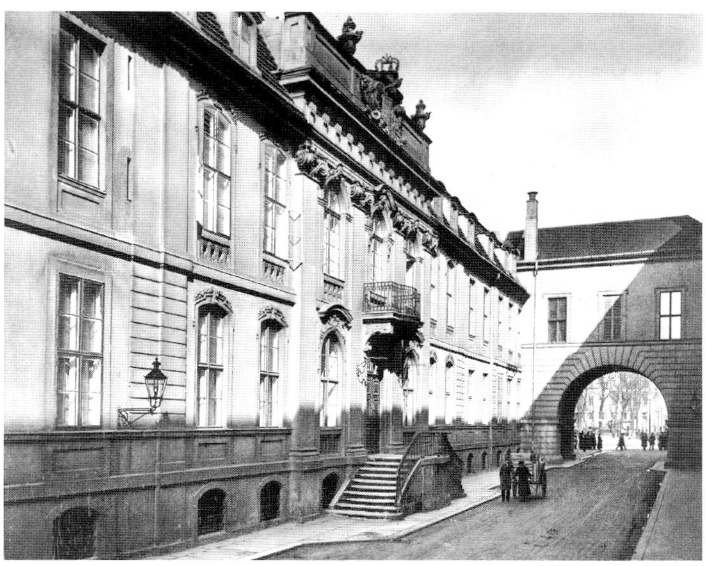

Prinzessinnen-Palais, um 1900. Fotografie: Rudolf Dührkoop

Friedrich Wilhelm II. ließ das Palais für seinen Sohn Ludwig ausgestalten. Da sich dessen junge Witwe, Friederike von Preußen, bereits 1798 wiederverheiratete, übernahm König Friedrich Wilhelm III. die Nutzung des Palais. Seit 1809 gab es Pläne für einen Erweiterungsbau: Johann Heinrich Gentz errichtete nach dem Zeughaus zu einen Kopfbau, der durch einen auf Schwibbogen ruhenden Quertrakt mit dem > **Kronprinzen-Palais** verbunden wurde. Der vom König gewünschte Bogen geht auf architektonische Vorbilder, die er während seiner Reise 1808 in St. Petersburg gesehen hatte, zurück. Wegen der schlechten Finanzlage wurden 1811 von den 13 geplanten Achsen nur vier realisiert sowie der bogenförmige Übergang zum Kronprinzen-Palais Unter den Linden geschaffen. Die Töchter des Monarchen bezogen das Prinzessinnen-Palais. Ab 1824 bis 1840 bewohnte die morganatische Gattin des Königs, die Fürstin Liegnitz, das Gebäude. Später diente es der Kaiserin Viktoria von Preußen zur Aufbewahrung ihrer Kunstsammlungen.

Um den Nachlaß von Karl Friedrich Schinkel und Peter Christian Wilhelm Beuth in geeigneten Räumen unterbringen zu können, wurde das Prinzessinnen-Palais 1929 der Verwaltung der > **Nationalgalerie** überwiesen. Diese nutzte bereits das benachbarte Kronprinzen-Palais. Der ursprüngliche Zustand des Palais wurde wieder hergestellt, und 1931 eröffnete unter der Leitung von > **Paul Ortwin Rave** das > **Schinkel-Museum**. Die Kunst-Sammlungen Beuths und das Rauch-Archiv wurden im Erdgeschoß untergebracht. Die moderne Abteilung der Nationalgalerie konnte das Prinzessinnen-Palais noch zeitweilig nutzen, nachdem die Schinkel-Sammlung wieder in die > **Bauakademie** verbracht worden war. Das im > **Zweiten Weltkrieg** zerstörte Haus wurde 1962–63 originalgetreu wieder aufgebaut. Seit den 1960er Jahren wird das Prinzessinnen-Palais gastronomisch genutzt. *BS*

Raczynski, Athanasius (1788–1874)

Athanasius Raczynski, 1788 in eine alte polnische Adelsfamilie hineingeboren, seit 1830 im diplomatischen Dienst des Königs von Preußen, hatte bereits 1820 mit dem Aufbau einer Gemäldesammlung begonnen. Zunächst lag ihr Schwerpunkt auf der italienischen Kunst der Renaissance; bald jedoch wandte sich Athanasius Raczynski mit Hingabe der zeitgenössischen, idealistischen deutschen Kunst zu, die in seinen Augen das ästhetische und moralische Erbe der Renaissance angetreten hatte. Während sein Bruder, Eduard Graf Raczynski, sich ganz der Pflege der polnischen Kultur verschrieben hatte, hoffte Athanasius mit seiner Sammlung, die seit 1834 in seinem Wohnhaus in Berlin, Unter den Linden 21, kostenlos zu besichtigen war, damit deutsch-polnische Gemeinsamkeiten zu fördern. Nach Ankauf der »Hunnenschlacht« von Wilhelm von Kaulbach, 1837, wurde die Galerie Raczynski zu einem Publikumsmagneten in Berlin, 1854/55 wiederholte Kaulbach das erfolgreiche Sujet als Wandbild für das Neue Museum in Berlin (im Krieg zerstört).

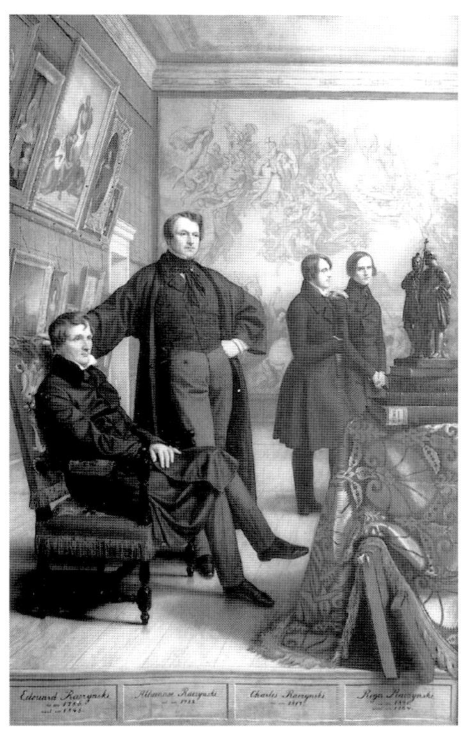

Carl Adolph Henning, Familienbildnis Raczynskis, 1839, Nationalmuseum Posen

1836–41 publizierte Raczynski auf eigene Kosten seine reich illustrierte dreibändige »Geschichte der neueren deutschen Kunst«, eine der ersten Veröffentlichungen zur deutschen Kunstgeschichte überhaupt. Auf Vorschlag > **Friedrich Wilhelms IV.** errichtete > **Heinrich Strack** 1844–47 ein Galerie- und Wohngebäude für Raczynski vor dem Brandenburger Tor, das in verschiedener Hinsicht als ein Vorläufer der > **Nationalgalerie** angesehen werden kann. 1874 starb Raczynski in Berlin, 1883 mußte seine Galerie dem seit 1871 für diesen Ort geplanten Reichstagsgebäude weichen.

Auf Order des Kaisers gelangte die Sammlung Raczynski (64 Bilder Alter Meister, 92 zeitgenössische Werke) mit einem Vertrag über vorerst 20 Jahre in die Nationalgalerie, wo sie im Obergeschoß zu besichtigen war. 1903, im Zuge der Vorbereitung zur Deutschen > **Jahrhundertausstellung** in Berlin 1906, die das gesamte Haus umfassen sollte, und unter den Bedingungen veränderter Qualitätskriterien und der daraus folgenden neuen Sammlungskonzeption, wurde der Vertrag gelöst. Die Sammlung ging im Rahmen der »Ostmarkenpolitik« in das neu erbaute Kaiser-Friedrich-Museum (heute Nationalmuseum) nach Posen, der Heimatstadt der Brüder Raczynski. Die Nationalgalerie zeigte 1992 in einer Ausstellung die vollständig erhaltene Sammlung der ehemals zeitgenössischen Kunst am alten Ort im Obergeschoß. *AW*

Rauch-Museum

Nach dem Tod des Berliner Bildhauers Christian Daniel Rauch (1777 bis 1857) erfolgte 1860 der Ankauf seines künstlerischen Nachlasses durch den Staat. Die damals schon beabsichtigte Einrichtung eines Rauch-Museums konnte erst 1865 in den Räumen des ehemaligen königlichen Lagerhauses in der Berliner Klosterstraße realisiert werden. Der Bildhauer Hugo Hagen, ehemaliger Gehilfe Rauchs, hatte an dieser Einrichtung maßgeblichen Anteil. Jener erste Direktor des Museums erstellte einen 162 Nummern umfassenden Sammlungskatalog. Als Hugo Hagen 1871 verstarb, übernahm der Bildhauer Rudolf Siemering, ein Schüler des Rauch-Schülers Gustav Blaeser, die Leitung. 1877 zog die Sammlung in den

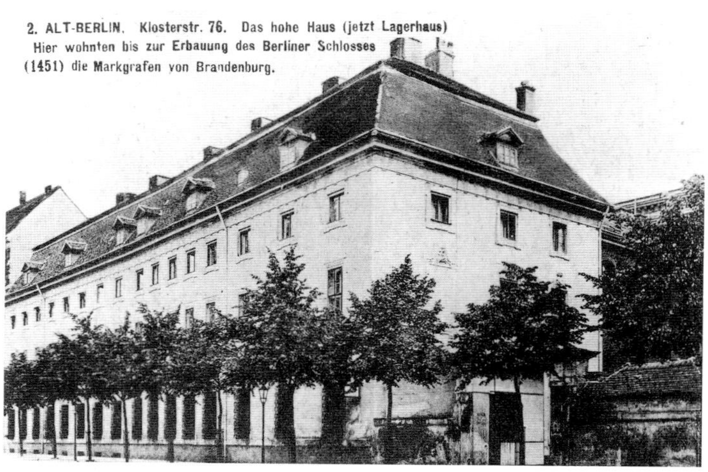

Rauch-Museum im Lagerhaus in der Klosterstraße 76, Postkarte, um 1910

gegenüberliegenden Flügel mit der inzwischen erweiterten, ehemaligen Rauch-Werkstatt. Es erfolgte eine chronologische Neuordnung der Bestände und die Erweiterung der Sammlung durch Modelle, insbesondere Büsten, die noch auf den Dachböden gelagert und 1860 schlichtweg übersehen worden waren. Der von dem Kunsthistoriker Karl Eggers bearbeitete Katalog enthielt 260 Werke. Durch > **Schenkungen** und Zugänge aus den königlichen Schlössern sowie weitere aufgefundene Modelle wurde die Sammlung erheblich erweitert. Die 1892 durch Eggers überarbeitete Museumspublikation umfaßte schließlich 354 Objekte (Büsten, Reliefs, Modelle zu Denkmälern). Hinzu kamen die Bestände des Rauch-Archivs, das 1888 Rauchs Erben dem Staat geschenkt hatten.

Seit 1918 war das Rauch-Museum, zusammen mit seinem Archiv, der > **Nationalgalerie** unterstellt. Mit dem Abriß des alten Lagerhauses und der ehemaligen Rauch-Wohnung waren die Bestände praktisch heimatlos. Interimslösungen, wie zum Beispiel die zeitweilige Zusammenlegung mit dem > **Schinkel-Museum**, änderten die Situation nicht. Erst mit Hilfe von > **Paul Ortwin Rave** konnte in der > **Orangerie** des Charlottenburger Schlosses ein neues Domizil gefunden werden. Im Herbst 1930 erfolgte dort gleichsam die Neueröffnung des Rauch-Museums. Sein Sammlungsbestand wurde reduziert, um eine Überfüllung der Räume zu vermeiden. Das Rauch-Archiv, der handschriftliche Nachlaß des Bildhauers, wurde im Erdgeschoß des > **Prinzessinnen-Palais** untergebracht. Ein von Rave verfaßter Museumskatalog enthielt nur noch 109 wichtige Kunstwerke des Bildhauers. Die übrigen Gipse – mehrere 100 Modelle und noch ein beträchtlicher Teil aus dem Nachlaß – gelangten in die > **Modell- und Abgußsammlung** der Nationalgalerie. Die nach dem > **Zweiten Weltkrieg** verbliebenen, teilweise stark beschädigten Werke teilte die Sektorengrenze: ein Teil befand sich in der Charlottenburger Gipsformerei und in der Dahlemer Skulpturensammlung, Teile der Modellsammlung und des Rauch-Museums bewahrte die Nationalgalerie in Berlin (Ost) auf. Mitte der 1990er Jahre wurden die verbliebenen Werke des Rauch-Museums in der > **Alten Nationalgalerie** auf der > **Museumsinsel** vereint.

Zum 225. Geburtstag Rauchs läßt die Nationalgalerie im Herbst 2002 die Tradition eines Rauch-Museums wiederaufleben: In Bad Arolsen, der Geburtsstadt des Bildhauers, ist in einer ständigen Ausstellung im restaurierten Barockgebäude des ehemaligen Marstalls des Fürsten von Waldeck das Werk Rauchs und seines künstlerischen Umfeldes zu sehen. Das Arolser Rauch-Museum – ein Gemeinschaftsprojekt des Landes Hessen mit der > **Stiftung Preußischer Kulturbesitz**, der Nationalgalerie und dem Museum Bad Arolsen – präsentiert zahlreiche der kostbaren Gipsmodelle Rauchs, sowie Marmor-, Bronze- und Zinkfassungen von Bildwerken aus seinem Œuvre, zusammen mit zeitgenössischen Werken seiner Schüler, Lehrer und Mitstreiter. Somit bietet das Christian Daniel Rauch-Museum, das nunmehr über die Definition eines reinen Personalmuseums hinausgeht, mit Kunstwerken der Nationalgalerie einen Überblick über die Entwicklung der deutschen und (in Auswahl) internationalen > **Skulptur** des Klassizismus. *BS*

Rave, Paul Ortwin (1893–1962)

»Viel haben die Berliner Museen, viel hat die deutsche Kunstwissenschaft Paul Ortwin Rave zu verdanken. [...] Seine geistigen Wurzeln hatte Rave im 19. Jahrhundert, und auch die Wissenschaft, die er betrieb, ist methodisch im besten Sinne traditionell. [...] Jacob Burckhardt, Carl Justi, Wilhelm Grimm und auch Wilhelm Waetzoldt kommen in Erinnerung, wenn man seine Interpretationen der Geschichte der Kunst liest. Immer hat der Gelehrte Rave sich auch als Schriftsteller gefühlt.« (Stephan Waetzoldt)

Als jünstes von acht Kindern des Apothekers Franz Rave wurde Paul Ortwin Rave 1893 in Elberfeld geboren. Zwischen 1918 und 1922 studierte er an der Bonner Universität Kunst- und Literaturgeschichte, Philosophie und Archäologie und promovierte 1922 bei Paul Clemen über den Emporenbau in romanischer und frühgotischer Zeit. Im Dezember desselben Jahres folgte er dem Ruf > **Ludwig Justis** an die Berliner > **Nationalgalerie**. 1934 wurde er > **Kustos** und 1937 zum stellvertretenden Direktor ernannt. Raves besondere Vorliebe galt der Kunst des Klassizismus und der > **Romantik**. 1931, zum 150. Geburtstag Karl Friedrich Schinkels, richtete er

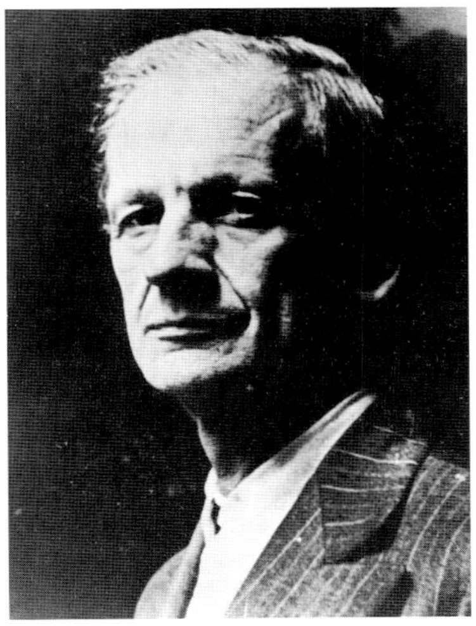

Paul Ortwin Rave, 1940er Jahre

das > **Schinkel-Museum** als eine Abteilung der Nationalgalerie im > **Prinzessinnen-Palais** ein, und sein schon länger gehegter Wunsch, das Werk des großen deutschen Universalkünstlers zu erforschen und zu publizieren, nahm Gestalt an. 1939 begann Rave mit der Herausgabe des mehrbändigen »Schinkel-Lebenswerkes«, von dem er die ersten drei zu den Berliner Bauten selbst verfaßte. 1940 erschien Raves Monographie über Carl Blechen, die erstmals ein über 2000 Nummern umfassendes Verzeichnis aller bekannten Werke Blechens veröffentlichte – eine für die Blechenforschung bis heute unverzichtbare Grundlage. Neben seinen Arbeiten zum 19. Jahrhundert war Rave überdies für die Gegenwartskunst tätig. Zwischen 1927 und 1931 beteiligte er sich neben > **Alfred Hentzen** und > **Ludwig Thormaehlen** als Mitarbeiter Justis maßgeblich an Ausstellungen zu Künstlern der Moderne wie Edvard Munch, Vincent van Gogh und Lyonel Feininger.

Während des > **»Dritten Reichs«** endeten diese Aktivitäten einer höchst produktiven Arbeitsgemeinschaft. Nachdem Justi bereits 1933 »beurlaubt« worden und Thormaehlen 1937 ausgeschieden war, wurde Rave die kommissarische Leitung der Nationalgalerie während der NS-Zeit übertragen. Im Zuge der Aktion > **»Entartete Kunst«** wurden im Sommer 1937 435 Gemälde beschlagnahmt, darunter Meisterwerke von Max Beckmann, Otto Dix, August Macke, Franz Marc, Wassily Kandinsky und Feininger. Raves 1949 veröffentlichte Schrift zur »Kunstdiktatur im Dritten Reich« dokumentiert eindringlich diese Vorgänge. Nach der Spaltung der Nationalgalerie 1948 gab Rave das ihm 1945 übertragene Direktorat 1950 auf. Von 1954 bis 1961 war er Direktor der Kunstbibliothek in Berlin (West). Nur ein Jahr nach seiner Pensionierung starb Paul Ortwin Rave am 16. Mai 1962 in Idar-Oberstein. *BV*

Reichskriegsmuseum

Bereits vor Kriegsausbruch hatte > **Ludwig Justi** 1911 die Schlachtengemälde und Marinebilder des 19. Jahrhunderts im Zuge der »Reinigung« der Sammlung aus der > **Nationalgalerie** ausgegliedert und im Zeughaus untergebracht. Nach den ersten, siegreichen Feldzügen Deutschlands im Herbst 1914 erscholl der Ruf, heroische Darstellungen des Krieges für die Öffentlichkeit an einem weihevollen Ort zu präsentieren. Im April 1915 beantragte Ludwig Justi beim > **Kultusministerium** die »Begründung eines Fonds« von einer Million Reichsmark für die Beschaffung von Kunstwerken zur Erinnerung an den Krieg. Er betonte, »daß es die Pflicht des Staates ist, mit allen Mitteln dahin zu streben, von dem unvergleichlichen Erleben dieser Zeit den kommenden Geschlechtern ein möglichst breites und tiefes Gedenken zu überliefern.« 1917 wandte sich Justi mit einer weiteren > **Denkschrift** an den Kaiser, auf deren Grundlage ein Referat im Kriegsministerium gebildet wurde, zu dem Justi zum Jahresende kommandiert wurde. Der Leutnant der Landwehr in Reserve beim Ersatz-Bataillon I.R.52, nationalpatriotisch und monarchistisch gesonnen, war überzeugt: »Der gegenwärtige Krieg ist das Größte, was unser Volk seit tausend Jahren, seit dem Ende der Völkerwanderung erlebt hat.« »[Justis] pathetische Verklärung der Rolle Deutschlands in diesem Krieg war wohl der entscheidende Antrieb« (Eugen Blume). Die Realisierung des Projektes zog sich hin, wobei sich Justi auch der Zustimmung der Obersten Heeresleitung mit Generalfeldmarschall von Hindenburg versicherte; enthusiastisch aufgenommene Besuche an der Ost- und Westfront folgten. Justi glaubte »nach günstigem Ausgang des Krieges an die Errichtung des Museums«, in dem die Leistungen des Volkes im Felde und in der Heimat in einem Gesamtkunstwerk der sachlich-didaktischen Form gewürdigt werden sollten: Tapferkeit des Volkes, Macht der Gegner, Verlauf der Kämpfe, Waffen und Ruhm, Ausharren in der Heimat. Justis Favoriten für die Ausgestaltung waren die Maler Ludwig Dettmann, Eugen Kampf, Konrad von Kardorff, Reinhold Lepsius, Fritz Rhein und Max Slevogt sowie die Bildhauer Georg Kolbe und Fritz Klimsch. Erhalten geblieben sind von diesem »epochalen Kriegsepos« lediglich einige biedere Aquarelle und Zeichnun-

Modell zum geplanten Reichskriegsmuseum. Architekt: August Endell

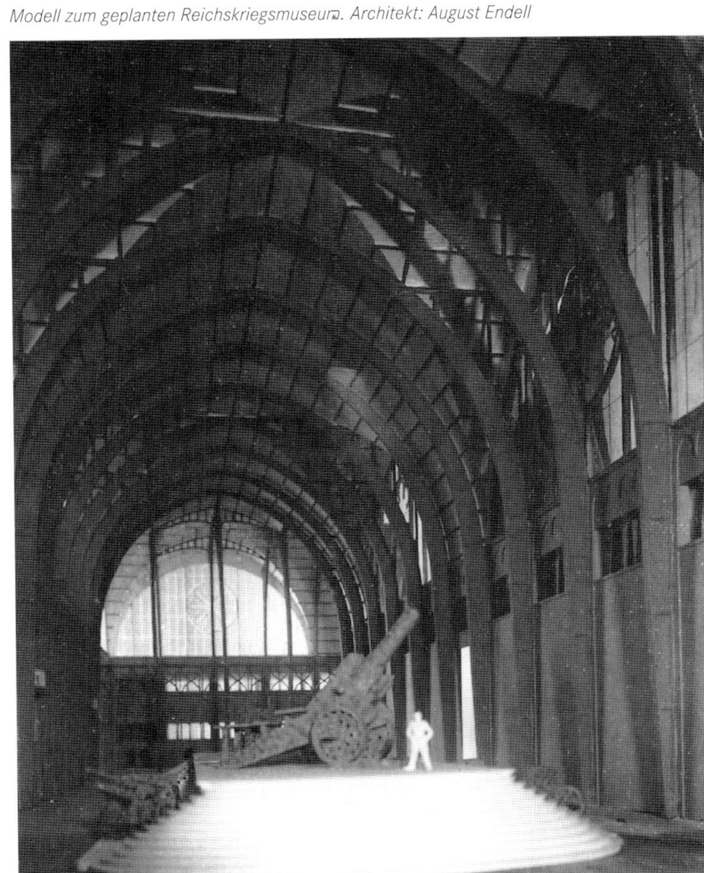

gen von Dettmann und Rhein (ehemals > **Sammlung der Zeichnungen** der Nationalgalerie; jetzt Kupferstichkabinett der Staatlichen Museen zu Berlin). Justi wollte eine heroische Ruhmeshalle vermeiden und dachte an einen sachlichen, funktionellen Eisenbetonbau mit den Abmessungen etwa 260 × 100 m an der Heerstraße oder in der Nähe des Grunewaldes. Damit wurde der Architekt August Endell beauftragt, der erste Entwürfe und ein Gipsmodell vorlegte. Mit dem Ende der Hohenzollernherrschaft, die Justi als nationale Katastrophe empfand, kam der Entwurf nicht mehr zur Ausführung. Nach der Novemberrevolution von 1918 verlangte der »Arbeitsrat für Kunst« die sofortige Einstellung des anachronistisch gewordenen Projektes eines Reichskriegsmuseums. *RM*

Reidemeister, Leopold (1900–1987)

Der am 7. April 1900 in Braunschweig geborene Leopold Reidemeister, ein Großneffe (Spitzname »Nebode«) Wilhelm von Bodes, begann nach dem Studium der Architektur und der Kunstgeschichte bei Adolph Goldschmidt in Berlin auf Anraten Curt Glasers 1924 seine Laufbahn in der Ostasiatischen Abteilung der Berliner Museen. Erst »wissenschaftlicher Hilfsarbeiter«, dann > **Kustos,** dann 1938/39 Direktor, trat Reidemeister mit beispielgebenden Ausstellungen zur chinesischen und japanischen Kunst hervor. Er war in den frühen 1920er Jahren als Werkstudent in der Berliner Galerie van Diemen tätig, wo er mit der Kunst der zeitgenössischen Moderne in Berührung kam und enge Kontakte zu den Expressionisten

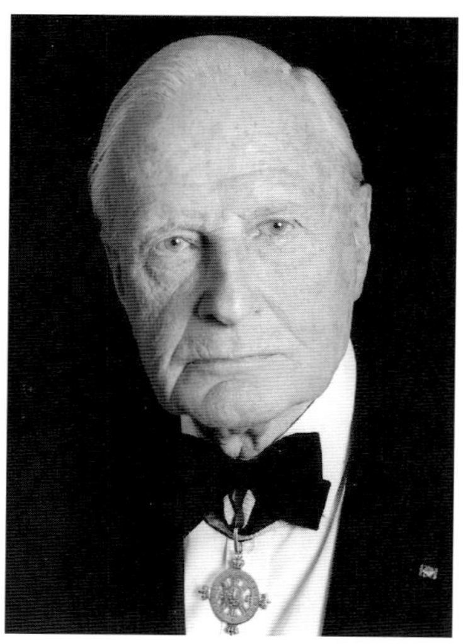

Leopold Reidemeister

(Erich Heckel, Max Kaus, Ludwig Meidner, Max Pechstein, > **Expressionismus**) pflegte. Während der Kriegsjahre war er beim Deutschen Militärischen Kunstschutz in Italien tätig. Am 1. November 1945 wurde Reidemeister zum kommissarischen Leiter der Städtischen Museen Köln berufen, 1950 wurde er Direktor des wieder aufgebauten Wallraf-Richartz-Museums, 1954 dann Generaldirektor der Museen der Stadt Köln.

Reidemeister kam 1957 nach Berlin mit der Zusicherung, daß die > **Galerie des 20. Jahrhunderts** mit der > **Nationalgalerie** in Berlin (West) vereinigt werden sollte – ein Versprechen, das sich bald als vorerst unhaltbar herausstellte. Als Generaldirektor der > **Staatlichen Museen zu Berlin** übernahm Reidemeister 1957 auch die Geschicke der Nationalgalerie, wobei er sich besonders um die > **Rückführungen** und Reintegration der durch den Krieg ausgelagerten Kunstwerke (> **Auslagerungen**) in die Berliner Museen verdient machte. Er präsentierte 1959 die zurückgekehrten Bestände der Nationalgalerie in der wieder aufgebauten > **Orangerie** des Charlottenburger Schlosses. Im Unterschied zu seinen Vorgängern > **Eberhard Hanfstaengl** und > **Paul Ortwin Rave**, die sich vorwiegend für die Kunst des 19. Jahrhunderts engagierten, setzte sich Reidemeister vor allem für die Wiedergewinnung moderner Kunst ein. In der Amtszeit Reidemeisters, unterstützt von seinen Assistenten Heinrich Brauer und Eberhard Roters, fanden herausragende, von ihm betreute thematische Ausstellungen statt, wie »Triumph der Farbe – Die europäischen Fauves« (1959), »Berlin – Ort der Freiheit für die Kunst« (1960) oder »Das Ursprüngliche und die Moderne« (1964). Reidemeister sah, über »das Exklusive des Fachlich-Wissenschaftlichen« hinaus, »die Aufgabe musealer Arbeit vor allem darin, möglichst viele nicht nur an der Kunst, sondern auch an der Kunstgeschichte teilnehmen zu lassen«, was den Dialog zwischen bildender Kunst und Fotografie mit einschloß.

Leopold Reidemeister trat am 1. Januar 1965 aus Protest vorzeitig in den Ruhestand, weil die ihm von Senator Tiburtius zugesicherte Verlängerung der Amtszeit über das Pensionsmaß hinaus von der > **Stiftung Preußischer Kulturbesitz** nicht bewilligt wurde. Sein Nachfolger als Generaldirektor wurde > **Stephan Waetzoldt**, der 1965 bis Ende 1966 auch die Nationalgalerie leitete. Mit Adolf Jannasch und Will Grohmann war Leopold Reidemeister ein nachdrücklicher Befürworter des Neubaus der > **Neuen Nationalgalerie** durch > **Ludwig Mies van der Rohe**. Im »unruhigen Ruhestand« gründete Reidemeister 1967 dank der großzügigen Stiftung Emy und Karl Schmidt-Rottluffs und der Schenkung Erich Heckels das »Brücke«-Museum als »einen Glücksfall« für Berlin. Reidemeister, der bis in die letzten Tage vor seinem Tod mit Ausstellungen, Neuerwerbungen, Stiftungen und der Herausgabe der Archivhefte für das »Brücke«-Museum tätig war, starb am 11. Juni 1987 in Berlin (West). *RM*

Restaurierung

Restaurierungsateliers waren im 19. Jahrhundert traditionell den großen Gemäldegalerien als notwendige Einrichtungen zur Pflege und Erhaltung kostbarer Gemälde angegliedert. So wundert es nicht, wenn > **Johann Heinrich Strack** und Georg Gustav Erbkam, Mitglieder der Baukommission der > **Nationalgalerie**, neben Wohnungen von Bediensteten auch Magazine und Werkstätten einplanten. Jahre später wird in einem Brief an den Landbauinspektor Merzenich vom 13. April 1889 »die Direktion ersucht, die hölzernen Fensterläden in den bisherigen Restaurationsräumen der Kgl. Nat. Gal., welche als Arbeitszimmer für die Restauratoren Verwendung gefunden haben, durch eine eiserne Schutzvorrichtung ersetzen zu lassen«. Noch während der Ausstellung der »Wagenerschen und National-Galerie« (> **Wagener**) in der Akademie der Künste Unter den Linden hatte der Maler > **Wilhelm Eduard Daege**, seit 1869 kommissarischer Direktor der Sammlung, als Helfer den Maler und Aufseher Funke. Nach dem Tod Funkes waren die Maler Franz Wagner und Fritz Frick > **Kustoden**; möglicherweise sind in ihnen auch die ersten Gemälderestauratoren zu sehen. Für den heutigen Restaurator ist es häufig schwer zu entscheiden, ob angleichende Übermalungen älterer Farbschichtschäden vom Künstler selbst oder von Restauratorenhand herrühren. Das gleiche gilt für nachträgliche Formatveränderungen, so zum Beispiel bei dem Gemälde »Kaiser Karl V. bei Jakob Fugger«, 1866, von Carl Becker.

In Schadensfällen oder auch um Kunstwerke ausstellungsfähig zu machen, werden zunächst in Mal- und Konservierungstechniken erfahrene > **Künstler** oder Handwerker zur Restaurierung herangezogen. Nicht immer sind jedoch die angewendeten Methoden geeignet, die Kunstwerke, gemäß ihrer materiellen Struktur, wirklich zu konservieren: Die Cornelius-Kartons (> **Cornelius**), die maßgeblich das künstlerische Erscheinungsbild der 1876 eröffneten Galerie bestimmten und denen die Zeitgenossen einen sehr hohen künstlerischen Wert beimaßen, mußten für den Zweck der Ausstellung aufgearbeitet werden. Offenbar hatten jedoch weder die Art und Weise, wie Peter von Cornelius seine Kartons fixierte, noch das Konservierungsverfahren des Cornelius-Schülers Joseph Schlotthauer Erfolg, so daß die Kartons vor der geplanten Ausstellung in der Nationalgalerie auf Anweisung > **Max Jordans** 1875 restauriert und auf feste Träger aufgezogen werden mußten.

Den grafischen Sammlungen – so auch der 1878 begründeten > **Sammlung der Zeichnungen** der Nationalgalerie – waren meist Buchbinder beigeordnet, um Zeichnungen und andere grafische Blätter auf feste Unterlagen zu montieren, Passepartouts zu schneiden und den Bestand auf diese Weise deponierbar und Interessenten zugänglich zu machen.

Durch die Bemühungen Jordans gelang es, 1886 in Rom die Fresken der > **Casa Bartholdy** für die Nationalgalerie anzukaufen. Unter der Ägide des preußischen Kultusministers (> **Kultusministerium**) wurde der Florentiner Stefano Bardini – gegen den Widerstand deutscher Künstler – beauftragt, die Nazarener-Fresken von der Wand im Festsaal zu lösen. Bardini, selbst Freskomaler, Sammler und erfahren in der Freskoabnahme, verwendete in der Casa Bartholdy das »stacco a masello«-Verfahren, eine Methode, die seit der Antike bekannt ist, in der Renaissance von Vasari beschrieben und noch heute angewendet wird. Das Prinzip der »stacco«-Methode beruht darin, daß man das Fresko zunächst bildseitig sichert, mitsamt der Mauer niederlegt und das Mauerwerk rückseitig bis auf den Freskenputz abträgt. Diesen Putz hat Bardini »– immer von rückwärts her – mit einem eigentümlichen Mörtel begossen, der nicht allein die Aufgabe hatte, dem Putz eine größere Stärke zu geben, sondern auch durch die Risse und Sprünge hindurch zu dringen, diese zu schließen und dabei die beiden [...] Putzlagen miteinander dicht zu verbinden«, heißt es in den Akten der Bauverwaltung 1887. Das Verdienst Bardinis liegt ohne Zweifel in der Sorgfalt, mit der er sich der Malschichtsicherung gewidmet hat sowie im Aufbringen der Fresken auf mobile kassettierte Trägergerüste, auf denen die Fresken die späteren Bombenschäden des Hauses und die Auslagerungen überdauert haben.

Aus der Frühzeit der Galerie geben die Akten auch Auskunft über Rahmenanfertigungen und »Rahmenreparaturen«, etwa für die Wagenersche Sammlung. Diese wurden »durch die häufigen Versendungen« der Gemälde notwendig und von Berliner »Hofvergolder«-Firmen ausgeführt. Sie boten ihre Dienste aber auch an, um Galeriebilder »zu reinigen und zu firnissen« wie etwa der von der Galerie viel beschäftigte Hofvergolder Polster. Gegen Ende des 19. Jahrhunderts standen der Galerie offenbar noch keine ausgebildeten Gemälderestauratoren zur Verfügung. So wurde der bekannte Restaurator der Gemäldegalerie, Alois Hauser, gebeten, die Aufsicht über Restaurierungsarbeiten an Galeriebildern zu übernehmen, »da die K. N. G. nur über einen im Range eines Oberaufsehers stehenden Hülfsrestaurator« verfüge. Immerhin befänden sich die Bestände der Nationalgalerie »in einem Zustande, daß in der Folge sicherlich Arbeiten in größerer Ausdehnung nöthig sein werden« begründete > **Hugo von Tschudi** sein Anliegen und bat Wilhelm von Bode in einem Brief vom 27. Juli 1896 um Unterstützung. Bode lehnte ab, erklärte sich jedoch mit einer vorübergehenden Inanspruchnahme einverstanden. Tschudi erwähnte zum wiederholten Mal »die schlimmen Erfahrungen, die bei der Verwendung von Kunstwerken an Ausstellungen gemacht wurden« und bat daher um Einschränkung des Leihverkehrs.

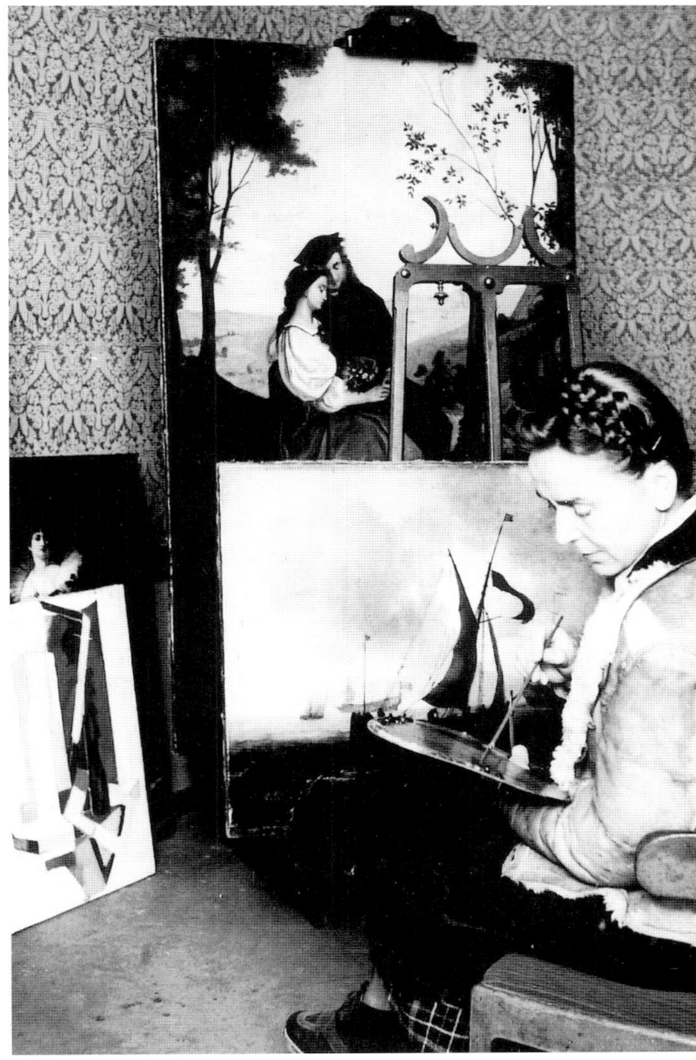

Restauratorin Dora von Lampe im behelfsmäßigen Restaurierungsatelier in den Ausstellungsräumen der Alten Nationalgalerie, Anfang der 1950er Jahren

Etwa um 1915 setzte das Wirken des ausgebildeten Gemälderestaurators Werner Tschirch an der Nationalgalerie ein. Sein Tätigkeitsbereich umfaßte neben der Bestandspflege etwa aktenkundige Restaurierungen an Gemälden aus dem Nachlaß des Vereins »Tunnel über der Spree«, Schadensbehebungen an Leihgaben der Nationalgalerie an Regierungsstellen, eine Bellini-Restaurierung für die Düsseldorfer Kunstakademie (Holztafelübertragung) oder für die > **Schack-Galerie** München. Tschirch hat auch als Papierrestaurator gearbeitet.

Zu Beginn des > **Zweiten Weltkrieges** 1939 wurde die Nationalgalerie geschlossen, ein Teil des Gemäldebestandes – zweite Garnitur und Großformate, wie die Cornelius-Kartons – verblieb im festen Sockelgeschoß der Galerie, während die wertvollsten Gemälde in die > **Flaktürme** Zoo und Friedrichshain verbracht wurden (> **Auslagerungen**). Restaurator Tschirch wurde als Kanonier zur Wehrmacht abkommandiert, stand aber dennoch brieflich mit der Galerie in Verbindung, um restauratorische Belange zu erörtern, die sich aus der Bombardierung Berlins ergaben. Tschirchs weiteres Schicksal ist unbekannt, er gilt 1946 als vermißt. Bedingt durch die Bombenschäden der Nationalgalerie wurde nach dem Krieg in einem Ausstellungsraum der ersten Etage notdürftig eine Restaurierungswerkstatt eingerichtet, die mit einer Restauratorin für Gemälde besetzt war. In den 1950er Jahren, in denen auch eine Papierrestaurierungswerkstatt für die

Handzeichnungssammlung aufgebaut werden konnte, wurde die Werkstatt in das Vestibül der gleichen Etage zurückverlegt. In der darauffolgenden Zeit fand die Rückgabe der in die Sowjetunion überführten Kunstschätze an die Nationalgalerie statt (> **Rückführungen**). Beschädigte Gemälde waren von russischen Restauratoren in Moskau und Leningrad lediglich konserviert, das heißt in ihrer Substanz gesichert, Fehlstellen in der Farbschicht nur mit Kreidegrund gekittet, nicht retuschiert worden. Das bedeutete jedoch, daß eine Vielzahl von Gemälden sowie die auf Rollen transportierten Großformate für Ausstellungszwecke in Berlin noch aufbereitet werden mußten. 1980 stellte die Nationalgalerie die obere Etage des > **Alten Museums** für die Ausstellung »Restaurierte Kunstwerke in der DDR« zur Verfügung, die unter UNESCO-Patronat stand und erstmals einen umfassenden Überblick über den Entwicklungsstand der Museums- und Denkmalpflegerestaurierung an ausgewählten Einzelobjekten, darunter auch an Exponaten der Nationalgalerie, präsentierte.

In den Jahren bis zur Wende und > **Wiedervereinigung** war die Gemäldewerkstatt wechselnd mit zwei bis drei Restauratoren besetzt, in deren Aufgabenbereich die Schaffung moderner Depots, die Bestandspflege der Bilder und Rahmen, aber auch die Betreuung der Vielzahl von Sonderausstellungen sowie des ständig wachsenden Leihverkehrs fiel. Diese Aufgabenstellung, die in ganz ähnlicher Weise auch für die seit 1968 eingerichtete Werkstatt der > **Neuen Nationalgalerie** Geltung besitzt, ist auch nach der Zusammenführung 1990 und der sammlungsbedingten Aufteilung in die Neue und > **Alte Nationalgalerie** beibehalten worden. 1996 kam die Restaurierungswerkstatt des neu eröffneten > **Hamburger Bahnhofs** hinzu.

Als bedeutende Restaurierungen sind beispielhaft zu nennen: die partielle Rekonstruktion der »Rose« von Moritz von Schwind, die Wiederherstellung der »Elise von der Recke« von Anton Graff für die Nationalgalerie in Berlin (Ost), die außerordentlich aufwendige Schadensbehebung des durch > **Vandalismus** 1982 zerstörten Gemäldes »Who's Afraid of Red, Yellow and Blue IV« von Barnett Newman und die Sicherung des Bild-Paravents »La famille Terrasse au jardin« von Pierre Bonnard für die Nationalgalerie in Berlin (West).

Die Pflege der > **Skulptur** war offenbar in der seit Anbeginn von Malern betreuten Galerie immer ein Stiefkind. Faßbar werden – neben frühen Kontakten etwa mit der Gießerei Gladenbeck – erste diesbezügliche Bemühungen in dem Brief an die Borsig-Zentralverwaltung vom 16. April 1928, in dem es heißt: »Zu den Dienstobliegenheiten des Bildhauers Karsunky gehört auch die Pflege der Bildwerke der National-Galerie [...].« Seit den 1950er Jahren ist für die plastischen Werke ein Restaurator an der Nationalgalerie fest angestellt. *HJG*

Romantik

Die so kostbare wie umfangreiche Sammlung an romantischer Malerei, mit Schwerpunkten bei Caspar David Friedrich, Carl Blechen und Karl Friedrich Schinkel, ist in mehreren Schüben unter verschiedenen, jeweils für ihre Zeit charakteristischen Aspekten für die > **Nationalgalerie** erworben worden: In den ersten, an akademischer und spätromantisch-pathetischer Malerei orientierten Jahren hatte die Malerei der frühen Romantik nahezu keine Rolle gespielt. Doch befanden sich mit dem Vermächtnis > **Wageners** von Beginn an zwei Bilder Friedrichs und etliche unter regionalem Aspekt erworbene Arbeiten von Schinkel in der Sammlung. > **Hugo von Tschudi** dagegen, seit 1896 Direktor, erwarb zahlreiche Romantiker; während seiner Wirkungszeit wurden Künstler wie Blechen, Friedrich und

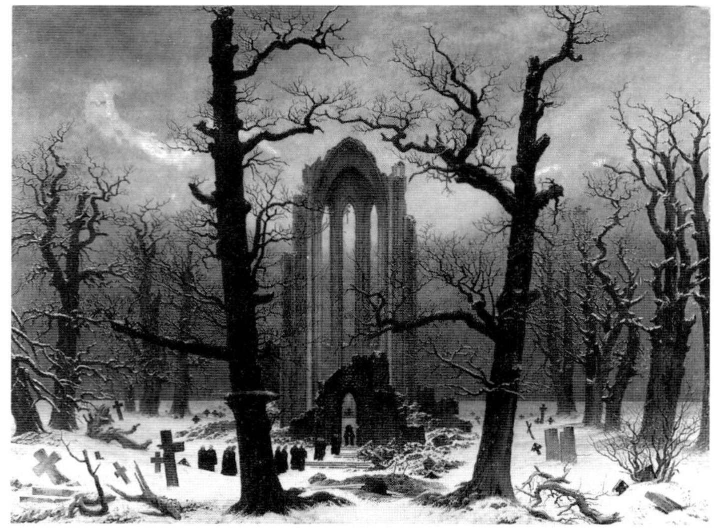

Caspar David Friedrich, Klosterfriedhof im Schnee, 1817–19, Kriegsverlust der Nationalgalerie

Philipp Otto Runge gleichsam neu entdeckt. Eine große Rolle spielte dabei die Deutsche > **Jahrhundertausstellung** in Berlin 1906. Die allgemeine Orientierung am »Malerischen« bestimmte allerdings sowohl die Auswahl der Werke als auch ihre Lesart. Die Ablehnung jeder symbolischen Schicht führte zu Fehldeutungen, wie Tschudi im Hinblick auf Caspar David Friedrich wohl wußte: »Diese ganze Romantik, die vielleicht auch dem Künstler selbst die Hauptsache war, tritt für uns zurück vor dem Neuen, das sich hier dem sehenden Auge an landschaftlicher Schönheit erschlossen hat [...], in denen wir die Anfänge einer bis in unsere Tage ansteigenden Entwicklung erkennen.« Wesentlich erschien Tschudi die individuelle Wirklichkeitsaneignung auf dem Gebiet Landschaftsmalerei, als deren letzter Höhepunkt er die Werke des französischen > **Impressionismus** betrachtete. Nach der Jahrhundertausstellung konnten mit einer Sonderzuwendung etliche der Bilder deutscher Romantiker erworben werden.

Tschudis Nachfolger ab 1909, > **Ludwig Justi**, erwarb von Anfang an mit Vorliebe Werke aus dem frühen 19. Jahrhundert. Justi jedoch, von der Kunst des > **Expressionismus** fasziniert, wertete diese Kunst ganz anders. Die gesamte Malerei des 19. Jahrhunderts ordnete sich ihm neu. »Statt der Linie guter ›peinture‹ erscheint eine ganz andere in sich geschlossene Reihe: zu Thoma hin und weiter zurück zu Caspar Friedrich, zu den Lukasbrüdern und Carl Philipp Fohr und schließlich zu den Meistern der hohen und späten Gotik, zu Grünewald.« Mit der Linie guter »peinture« erinnerte er noch einmal an Tschudi. Justi sah in impressionistischen Werken, wie genial auch immer, nur das Auge walten, sie berührten ihn nicht. Justi war überzeugt, »daß Kunst die hingebende, kostbare Gestaltung seelischer Werte sei,« ein »Hinein-Empfinden der menschlichen Seele in Form und Weben der Natur, ein andächtiges Erleben von Erde, See und Himmel, Sonne und Wolken, in strengem Bildbau ein nur uns Deutschen verständlicher, leise zauberischer Klang, wie er aus Bildern Friedrichs und Thomas, aus Gedichten Goethes und Liedern Schumanns klingt.«

Nach Justis Beurlaubung 1933 verstärkte sich die Orientierung auf die Malerei der Romantik unter nationalem Aspekt noch einmal, wichtige Werke der deutschen Romantik gelangten in den 1930er Jahren ins Haus. In seinem Band über die »Deutsche Malerei des 19. Jahrhunderts« suchte nach dem Krieg der langjährige Mitarbeiter > **Paul Ortwin Rave** einen Ausgleich, dem die Nationalgalerie noch heute folgt. Zu Caspar David Friedrich äußerte er 1949: »Gedankenmalerei? Ja, wenn man will, aber eben: wirklich Malerei!« *AW*

Rosenhagen, Hans Victor (1858–1943)

Hans Victor Rosenhagen – am 1. Mai 1858 in Berlin als Sohn eines Versicherungsangestellten geboren – war einer der namhaftesten Kunstkritiker in der Zeit zwischen 1890 und dem Beginn des > **Ersten Weltkrieges**. Nach seiner Ausbildung als Bankkaufmann und dem gleichzeitigen Studium der Kunstgeschichte und Geschichte arbeitete er bis 1900 im Hauptberuf als Bankangestellter, war aber zugleich seit Beginn der 1890er Jahre intensiv als »Kunstberichterstatter« tätig. Als Autor der »Täglichen Rundschau« (seit März 1892) und der Zeitschrift »Das Atelier. Organ für Kunst und Kunstgewerbe« (während der Zeit ihres Erscheinens von 1890 bis 1897) begleitete er engagiert die Gründungsbewegung der Secessionen in Deutschland und besonders die Aktivitäten, die zur > **Berliner Secession** führten.

Vor allem sein Wirken als Redakteur und späterer Herausgeber des »Atelier«, als dessen eigentlicher Begründer Rosenhagen gilt, und für das auch > **Karl Scheffler** und > **Julius Meier-Graefe** schrieben, begründete seinen Ruf. Mit der Rubrik »Zur Lage« gab er in jedem Heft einen beachteten Kommentar zur jeweiligen Kunstsituation ab. Er war »die treibende Kraft [...] der Zeitschrift, mit der er allgemein identifiziert wurde« (Philip Ursprung). Rosenhagen trat für die neueren Kunstströmungen von Arnold Böcklin bis Max Liebermann ein, verteidigte Edvard Munch nach der Schließung seiner Berliner Ausstellung 1892, ohne jedoch dessen wirkliche Bedeutung zu erkennen, und reagierte mit scharfer Polemik auf die

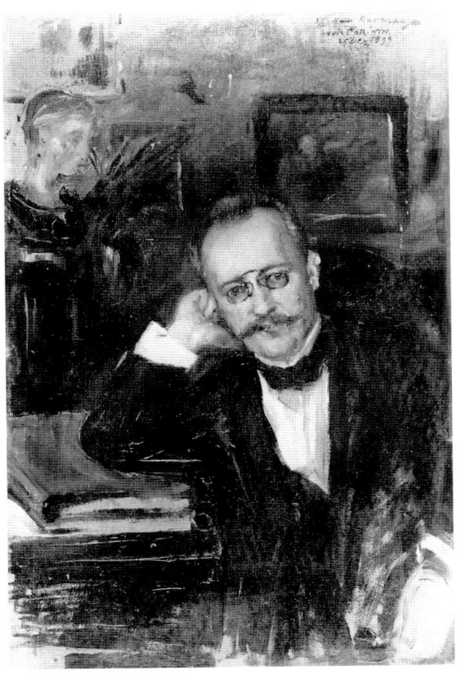

Hans Rosenhagen

Haltung > **Anton von Werners** und die Kunstpolitik > **Wilhelms II.** Deshalb begrüßte er 1896 auch die Ernennung > **Hugo von Tschudis** zum neuen Direktor der > **Nationalgalerie**.

Seit 1900 schrieb er, nun als freier Kunstpublizist, für das neugegründete Prestigeblatt »Der Tag. Moderne Illustrierte Zeitung«. In einer ganzen Reihe weiterer Zeitungen und Zeitschriften veröffentlichte Rosenhagen Beiträge: »Frankfurter Zeitung«, »Münchner Neueste Nachrichten«, »Kunst und Künstler«, »Gazette des Beaux-Arts«. »Seine genauen Analysen und Beschreibungen, seine oft polemischen und witzigen Formulierungen machten ihn zu einem auch bei Künstlern respektierten und geschätzten Kritiker.« (Philip Ursprung). Mit vielen Künstlern, wie Max Slevogt, Wilhelm Uhde, Wilhelm Trübner, Ludwig Dill und Walter Leistikow, stand der Kunstkritiker in engem Kontakt. Lovis Corinth porträtierte ihn und seine Mutter, das »Muttchen Rosenhagen«. Über Max Liebermann, mit dem er lange Zeit befreundet war, verfaßte er die erste, 1900 bei Knackfuß erschienene Monographie (1927 gab Rosenhagen eine zweite, ergänzte Fassung heraus). Eigene Aufsätze und Kritiken wurden 1902 unter dem Titel »Würdigungen« zusammengestellt. Es folgten Monographien zu Uhde (1908), Trübner (1909), die Neubearbeitung der »Geschichte der Malerei« und die Herausgabe weiterer Schriften aus dem Nachlaß seines 1909 verstorbenen Freundes Richard Muther.

Hans Rosenhagen blieb im wesentlichen der Secessions-Kunst verbunden und konnte den neuesten Kunstentwicklungen nicht mehr folgen. Er arbeitete in den 1920er und 1930er Jahren vornehmlich als gerichtlich vereidigter Sachverständiger für neue Malerei und übergab 1928 sein Archiv der Bayerischen Staatsbibliothek. 1943 starb er in Berlin. *FJ*

Rückerwerbungen

In ihrer mehr als 100jährigen Geschichte ist der > **Nationalgalerie** durch > **Auslagerungen,** Brand, Diebstahl und vor allem durch die Aktion > **»Entartete Kunst«** ein nicht unbeträchtlicher Teil ihres Sammlungsbestandes verlorengegangen. In den Jahren 1949 bis 2000 gelang es jedoch, insgesamt 23 Werke (21 Gemälde, 2 Skulpturen) der Kunst des 19. und 20. Jahrhunderts wiederzugewinnen, die meisten davon unter Aufbietung außerordentlicher Mittel der > **Stiftung Deutsche Klassenlotterie** Berlin, der Kulturstiftung der Länder und des > **Vereins der Freunde der Nationalgalerie**. In seltenen Fällen geschah dies als > **Schenkung**, so Ludwig von Hofmanns »Frühlingsreigen« und Wilhelm Schirmers »Torquato Tassos Haus bei Sorrent«, überreicht von Hans-Werner Osthoff, Söcking.

Unter den verloren geglaubten Gemälden und Skulpturen der Nationalgalerie befinden sich Werke von Barlach, Blechen, Böcklin, Corinth, Heckel, von Hofmann, Kirchner, Koekkoek, Kokoschka, Liebermann, von Marées, Menzel, Mueller, Munch, Nolde, Oehme, Rohlfs, Schirmer, Seehaus und Waldmüller. Nach Kriegsende wurden im Mai 1945 nach Öffnung der > **Flaktürme** Zoo und Friedrichshain einige der dort ausgelagerten Bilder gestohlen, im Lauf der Jahre konnten aber Arnold Böcklins »Meeresbrandung« und Ferdinand Georg Waldmüllers »Praterlandschaft« zurückerworben werden. 1949 wurde Ernst Barlachs 1937 beschlagnahmtes Relief »Die Verlassenen« von der Barlach-Nachlaßverwaltung dem Berliner Magistrat übergeben, 1952 folgte die Rückgabe an die Nationalgalerie in Berlin (Ost). Im selben Jahr erwarb Adolf Jannasch Otto Muellers großes Bild »Das Urteil des Paris« für die > **Galerie des 20. Jahrhunderts**, das 1928 als Geschenk der Galerie Gurlitt in das > **Kronprinzen-Palais** kam, 1937 als »entartet« beschlagnahmt (> **»Entartete Kunst«**), 1949 aus dem Nachlaß des Kunsthändlers Bernhard A. Boehmer, Güstrow, für die Galerie des 20. Jahrhunderts erworben wurde und 1968 in die Neue Nationalgalerie gelangte. Mit > **Leopold Reidemeister** begann dann auch die gezielte Rückerwerbung einiger der 1937 beschlagnahmten Werke: 1958 Otto Muellers »Sommertag«, 1960 Lovis Corinths »Walchensee mit Lärche« und 1962 Ernst Barlachs Holzskulptur »Lesende Mönche«. 1971 erwarb > **Werner Haftmann** aus Amerika das in den Nachkriegswirren aus dem Flakturm Friedrichshain gestohlene »Bildnis Bessie Loos« von Oskar Kokoschka zurück. Erst kurz vor dem Ende der DDR gelang 1990 mit Hilfe des > **Kultusministeriums** im Kabinett de Maizière die einzige Rückerwerbung eines der als »entartet« beschlagnahmten Bilder der

> **Alten Nationalgalerie** aus süddeutschem Privatbesitz, der »Jesus in Gethsemane« von Christian Rohlfs, finanziert aus eingezogenem Vermögen der vormaligen SED – ein bezeichnender, symbolischer Schlußpunkt in dem Kapitel: Klassische Moderne in der Geschichte der Nationalgalerie in Berlin (Ost). Es ist vor allem dem 1999 aus dem Amt geschiedenen Generaldirektor der > **Staatlichen Museen zu Berlin**, Wolf-Dieter Dube, und zahlreichen > **Stiftern und Mäzenen** zu danken, daß mit Ernst Ludwig Kirchners »Atelierecke«, Edvard Munchs »Melancholie« und Emil Noldes »Sünderin« einige der 1937 beschlagnahmten Meisterwerke des > **Expressionismus** wieder in den Sammlungsbestand der Nationalgalerie zurückkehrten. Im Zuge der Restitution ehemals jüdischen Eigentums konnte im März 2000 das aus der Sammlung Max Silberberg, Breslau, stammende, 1935 zwangsversteigerte und von der Nationalgalerie erworbene »Selbstbildnis mit gelbem Hut« von Hans von Marées mit finanzieller Hilfe des Vereins der Freunde der Nationalgalerie als unverzichtbares Glanzlicht für die Schausammlung im Stammhaus der Nationalgalerie auf der > **Museumsinsel** gesichert werden. *RM*

Rückführungen

Das gegen Ende des > **Zweiten Weltkrieges** durch > **Auslagerungen** aus Berlin abtransportierte Kunstgut der > **Staatlichen Museen zu Berlin** wurde durch die alliierten Streitkräfte geborgen und gesichert. Von der > **Nationalgalerie** gelangte der Kern der Sammlung mit 400 Gemälden, hier vor allem Werke von Caspar David Friedrich, Arnold Böcklin, Wilhelm Leibl, der Romantik und des französischen > **Impressionismus**, in die amerikanische Besatzungszone. Von britischen Truppen wurden mehr als 200 Gemälde geborgen, die in das Museum nach Braunschweig verbracht wurden. Die hauptsächlich in Berlin durch russische Truppen geborgenen 700 Gemälde und rund 400 Skulpturen sowie Zeichnungen vornehmlich der deutschen Schule des 19. Jahrhunderts und die rund 5000 > **Zeichnungen** Adolph Menzels, die Sammlung der Kleinplastik und die Bibliothek der Nationalgalerie wurden in die Sowjetunion abtransportiert. Die Rückgabe der 1945 von der sowjetischen Besatzungsmacht sichergestellten Kunstwerke an die Berliner Museen erfolgte ab Herbst 1958 und wurde mit der Ausstellung »Schätze der Weltkultur von der Sowjetunion gerettet«, die in Berlin vom 2. November 1958 bis Mitte September 1959 veranstaltet wurde, dokumentiert. Vorausgegangen war die Rückgabe der Bilder der Dresdner Gemäldegalerie 1955, die auf der Rückreise nach Dresden vorab in der Berliner Nationalgalerie ausgestellt wurden. Bis Mitte 1959 erfolgten weitere Rücktransporte, zu deren Organisation und Durchführung von deutscher Seite Wissenschaftler und Hilfskräfte in die Sowjetunion entsandt worden waren. Nach Ende der Ausstellung von 1958 konnte die Nationalgalerie unter Einbeziehung der im September zurückgekehrten Bestände eine endgültige Einrichtung ihres Stammhauses mit den Sammlungen des 19. und 20. Jahrhunderts vornehmen.

Die von amerikanischen und englischen Truppen geborgenen Kunstschätze wurden in Sammelstellen, in Central Art Collecting Points, u. a. in Wiesbaden und Celle zusammengeführt und gesichert untergebracht. Nachdem ein Teil des geborgenen Kunstgutes auf eine Rundreise durch die USA geschickt und 1948 wieder nach Deutschland zurückgekehrt war, erfolgte die Übergabe des Kunstgutes an deutsche Stellen. Im Sommer 1948 wurde die Verantwortung für die Sicherung des Kunstgutes an die Ministerpräsidenten von Hessen und Niedersachsen übertragen, die als Treuhänder die Verwaltung über dieses Eigentum übernahmen. Zwischen Februar 1946 und 1948 wurden in Wiesbaden sowie in Celle zahlreiche Ausstellungen mit dem Berliner Kunstgut durchgeführt. Im Zuge des Wiederaufbaus der Berliner Museen und der damit wiedererlangten Aufnahmefähigkeit der Museumsgebäude in Berlin (West), erfolgte die Rückführung der Kunstwerke. Ende 1957 gelangte auch ein bedeutender Teilbestand der Nationalgalerie wieder nach Berlin. Angesichts der in Aussicht gestellten Planungen in Dahlem wurde seitens der Gemäldegalerie vorgesehen, die Bestände des 19. Jahrhunderts der Nationalgalerie zukünftig an die der Gemäldegalerie mit ihrem Sammelgebiet bis um 1800 anzuschließen. Als > **Leopold Reidemeister** das Amt des Generaldirektors und des Direktors der Nationalgalerie übernahm, wurde dieser Plan aufgegeben und die zurückgekehrten Werke der Nationalgalerie fanden in der > **Orangerie** des Schlosses Charlottenburg Unterkunft. Hier wurde 1959 die erste ständige Ausstellung eröffnet. Die endgültige rechtliche Regelung über das kriegsbedingt verlagerte Kunstgut des ehemaligen Staates Preußen und dessen Rückführung nach Berlin erfolgte erst mit dem am 25. Juli 1957 beschlossenen Gesetz zur Gründung der > **Stiftung Preußischer Kunstbesitz**. *JG*

Ruthenberg, Vera-Maria (geboren 1920)

> Lothar Brauner, > DDR-Kunst, > Führungen, > Ludwig Justi

Sammlung der Zeichnungen

Die 1877 gefaßte Entscheidung, die sogenannten Handzeichnungen des 19. Jahrhunderts, insgesamt 5834 Blätter, aus dem Kupferstichkabinett herauszunehmen und der neu gegründeten Sammlung der Zeichnungen der > **Nationalgalerie** zuzuordnen, war von der Absicht geprägt, deutsche Kunst in allen drei Gattungen zu sammeln. Das Kupferstichkabinett, welches alle bedeutenden grafischen Äußerungen der Jahrhunderte und Nationen aufnahm, war um 1900 nur bedingt national ausgerichtet, von seinem Grundstock der Zeichnungen und Druckgrafik der alten Kunst her eher europäisch angelegt. Die Entscheidung, ganze Konvolute deutscher Zeichnungen des 19. Jahrhunderts zu erwerben, wäre sicherlich schwerer gefallen als in der Nationalgalerie, wo man ohne Zögern zugriff. Die Sammlung bildete aber zunächst einen Appendix, der nichts mit dem Präsentationscharakter der Gemälde und Skulpturen gemein hatte. Aus dem Ordnungszusammenhang des Kupferstichkabinetts entlassen, fristeten die Zeichnungen im Obergeschoß der Nationalgalerie, im Apsiskabinett, ein stiefmütterliches Dasein. Betreut wurden sie von dem > **Kustos** > **Lionel von Donop**. Um sie den Gemälden näher zu bringen, entschloß man sich 1879, die Zeichnungen in mehreren Räumen des Obergeschosses zu Hunderten übereinander zu hängen.

In den ersten Jahren gelangen hervorragende Ankäufe: 1878 wurden 58 Zeichnungen von Julius Schnorr von Carolsfeld erworben, 1880 und 1881 kamen 24 Zeichnungen von Max Klinger hinzu, 1880 Adolph Menzels 170 Studien zum Krönungsbild, die 1889 zusammen mit der Erwerbung der Menzel-Sammlung des Kunsthändlers Pächter (über 1300 Blätter) den Zeichner Menzel zum Kernstück der Sammlung werden ließen. Zwei Jahre später gelangte die wunderbare Carl-Blechen-Sammlung des Bankiers Brose (849 Blätter) in die Nationalgalerie. Nach > **Hugo von Tschudis** Amtsantritt als Direktor der Nationalgalerie wurde die nationale Ausrichtung auch in der Sammlung der Zeichnungen durchbrochen. Er initiierte Schenkungen unbekannter Kunstfreunde. Der Initiative von Tschudi ist auch der erste, von Lionel von Donop bearbeitete »Katalog der Handzeichnungen, Aquarelle und Ölstudien in der Königlichen Nationalgalerie« zu verdanken (verzeichnet wurden 8552 Blätter, Belangloses blieb unbeachtet). 1906 kam der Menzel-Nachlaß mit 4414 Zeichnungen und 115 Aquarellen für 450 000 Mark in die Nationalgalerie. Im selben Jahr schenkte ein ungenannter Kunstfreund ein Blatt von Odilon Redon, drei Zeichnungen von Vincent van Gogh, sieben Blätter von Toulouse-Lautrec, fünf von Constantin Guys, vier Blätter von Paul Signac, sieben von Aristide Maillol und eine Arbeit von Auguste Rodin.

> **Ludwig Justi** war besonders den Zeichnungen zugetan und versuchte nach seinem Amtsantritt eine neue Ordnung zu entwerfen, die auch für den Besucher zugänglich war. Nach der Übernahme des > **Kronprinzen-Palais** 1918 ordnete Justi auch die Sammlung der Zeichnungen neu und richtete einen entsprechenden Lesesaal ein. Justi trennte die Sammlung in eine Schau- und eine Studiensammlung, um so dem Laien den Zugang zur im wesentlichen deutschen Zeichenkunst zu erleichtern, und verfaßte einen Führer mit 100 ausgewählten Zeichnungen. Ihm gelangen auch wesentliche Erwerbungen von Zeichnungen des 19. Jahrhunderts und der deutschen Moderne. Bis 1927 hatte er bereits 2857 Zeichnungen hinzugekauft, bis 1937 waren etwa 800 Zeichnungen der deutschen Moderne in der Sammlung der Zeichnungen vorhanden.

Während der Aktion > **»Entartete Kunst«** im Jahr 1937 wurde die Neue Abteilung der Nationalgalerie im Kronprinzen-Palais vollständig zerschlagen; allein in der Sammlung der Zeichnungen wurden 369 Werke der Moderne beschlagnahmt. Die verbliebene Sammlung wurde ausgelagert (> **Auslagerung**) und 1945/46 in großen Teilen in die damalige Sowjetunion überführt. 1958 zurückgekehrt, wurde sie im Mittelgeschoß der Nationalgalerie in Berlin (Ost) der Öffentlichkeit zugänglich gemacht. Ab 1966 fanden die Zeichnungen im Untergeschoß des wieder eröffneten > **Alten Museums** ein neues Domizil mit einem eigenen Studiensaal in räumlicher Nähe zum Kupferstichkabinett. Angegliedert wurden unter anderen die Zeichnungen des ehemaligen > **Schinkel-Museums**. Seit 1968 war Gottfried Riemann Abteilungsleiter und > **Kustos** der Zeichnungssammlung. Unter seiner Leitung wurden wichtige Konvolute von Zeichnungen des 19. und 20. Jahrhunderts erworben. Zwischenzeitlich, ab 1969, wurde die Sammlung der Zeichnungen in das Kupferstichkabinett eingegliedert, kehrte aber 1984 in die Nationalgalerie zurück.

Durch die Teilung der Stadt und damit der Museen begann die > **Neue Nationalgalerie** in Berlin (West) ab 1948 eine eigene Sammlung der Zeichnungen aufzubauen, die 1986 in die Bestände des Kupferstichkabinetts der Staatlichen Museen zu Berlin überging. Bis zur endgültigen Auflösung und Neueingliederung in die Bestände des Kupferstichkabinetts der Staatlichen Museen zu Berlin im Frühjahr 1993 folgte die Sammlung der Zeichnungen der Nationalgalerie in Berlin (Ost) dem Konzept von Ludwig Justi und blieb in Schau- und Studiensammlung getrennt. *EB*

Schack-Galerie

Die Schack-Galerie in München ist ein bis heute erhaltenes Zeugnis der privaten Sammlertätigkeit im 19. Jahrhundert. Dieses intime Museum beherbergt die Kollektion des gleichnamigen Kunstliebhabers Adolf Friedrich von Schack (1851–94). Der mecklenburgische Landedelmann von Schack übersiedelte nach einer juristischen Laufbahn im Berliner Staatsdienst 1857 nach München. Dort begründete er seine Kunstsammlung und baute sie zu einer der bedeutendsten privaten Kollektionen für zeitgenössische Kunst aus. Er machte es sich zum Grundsatz, Werke lebender Künstler anzukaufen; dabei konzentrierte er sich auf die deutschen Maler Anselm Feuerbach, Arnold Böcklin und Hans von Marées. Testamentarisch vermachte Schack seine Kollektion dem Deutschen Kaiser und preußischen König mit dem Wunsch, daß diese in die Berliner Museen eingehen solle. > **Wilhelm II.** entschied hingegen, den Kunstnachlaß in München zu belassen und ließ 1907–09 dort ein neues Gebäude errichten, in dem die Schack-Galerie bis heute beheimatet ist.

Zu Beginn der 1920er Jahre ging die Galerie aus dem Besitz des ehemaligen Kaisers in die Staatsverwaltung über und unterstand offiziell dem preußischen Finanzministerium beziehungsweise der Krongutverwaltung. Angestrebt wurde eine möglichst enge Verbindung zwischen der Schack-Galerie und der Berliner > **Nationalgalerie**. Dies führte dazu, daß > **Ludwig Justi** als Direktor der Nationalgalerie zunächst beauftragt wurde, ein Gutachten über eine mögliche Neuordnung und die Erstellung eines Bestandskataloges der Münchner Galerie anzufertigen. Infolgedessen konzipierte Justi 1922 die Ausstellung der Bestände neu und gab ein Gesamtverzeichnis heraus, das er zusätzlich mit schriftlichen Äußerungen der ausgestellten Künstler versah.

In der Folgezeit wechselte erneut die Zuständigkeit für die Schack-Galerie: Als Eigentum Preußens wurde sie zunächst 1932 der Verwaltung der Staatlichen Schlösser und Gärten Berlin unterstellt und 1939 schließlich in die Bayerische Staatsgemäldesammlung integriert. Zu diesem Museumsverbund zählt die Galerie bis heute. *KS*

Schardt, Alois Jakob (1889–1955)

Nach der Amtsenthebung > **Ludwig Justis** zum 1. Juli 1933 suchte das > **Kultusministerium** einen Nachfolger, der zwischen den neuen Machthabern und den Bestrebungen, den > **Expressionismus** als urdeutsche Kunst einzuvernehmen, vermittelte. Alois Schardt, ein ausgewiesener Kenner der Moderne, Direktor der Moritzburg, Halle, in der Nachfolge Max

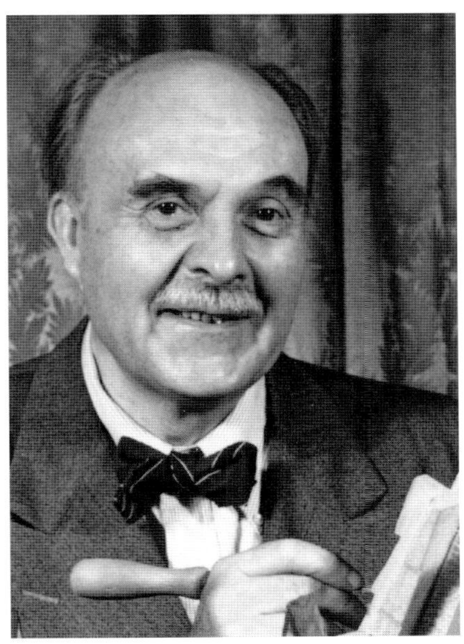

Alois Schardt in den USA, 1940er Jahre

Sauerlandts, ehemals von 1920 bis 1923 wissenschaftlicher Hilfsarbeiter an der > **Nationalgalerie**, hatte sich früh, dabei untendenziös, mit den rassischen und nationalen Eigenarten in der Kunst beschäftigt. In seiner Dissertation »Der menschliche Ponderationstypus« (1917) verglich er anatomische, physiologische und anthropologische Haltungstypen mit ägyptischer, assyrisch-babylonischer und griechischer Skulptur. Seit 1930 arbeitete er in seinen äußerst beliebten Vorträgen in Museum und Kunstverein sowie als Honorarprofessor für Museumskunde und Kunstgeschichte an der Universität Halle verstärkt den Aspekt deutsch-nationaler Merkmale in der Kunst des 19. und 20. Jahrhunderts heraus. Als Ortsgruppenleiter des »Kampfbundes für deutsche Kultur« vertraute er der »geistigen Fundamentierung der nationalsozialistischen Bewegung«, in der er den ›Träger eines idealistischen kämpfenden Prinzips« wähnte. Seine am 10. Juni 1933 abgeschlossene und auch an das > **Kultusministerium** gesandte Denkschrift »Wesensmerkmale der deutschen bildenden Kunst«, die zwischen dem apollinischen und faustischen Menschen als romanischer und nordischer Schönheit unterschied, eine »neuromantische Ausdruckskunst unserer Zeit« als »Zeugnis dynamischen, überindividualistischen Welterlebens« in Werken von Lyonel Feininger, Emil Nolde, Franz Marc, Oskar Kokoschka, Ernst Barlach und Wilhelm Lehmbruck deutete und diese im Museum nach völkischen Gesichtspunkten geordnet sehen wollte, wies Schardt in den Augen des Ministeriums als geeigneten Mann für diesen Drahtseilakt aus.

Am 4. Juli 1933 trat er sein Amt als kommissarischer Direktor der Nationalgalerie an, aus dem er bereits am 20. November 1933 wieder entlassen wurde. Am 10. Juli hielt er in der Kunstbibliothek einen Vortrag »Was ist deutsche Kunst«, der in tumultartigen Beifalls- wie Mißfallensbekundungen endete und ihm ein Verbot des Ministers zu öffentlichen mündlichen und schriftlichen Äußerungen eintrug. Am 9. November 1933 berichtet er an Minister Rust, den ersten Teil seines Auftrages zur Neuordnung der Nationalgalerie erfüllt zu haben, das > **Kronprinzen-Palais** und das > **Prinzessinnen-Palais** seien mit der »Aufstellung der romantischen und der Schaffung der Schau zeitgenössischer Kunst« zur Besichtigung bereit. Die klassische und naturalistische Kunst in der Nationalgalerie aufzustellen, folge sodann als zweiter Teil, »die Aufstellung der Schinkel-Sammlung in der sogen. Schinkel-Akademie« sei bereits in Angriff genommen und die Installation eines Museums für erzählende Kunst in Vorbereitung.

Das seiner Konzeption eines Museums nationaler Werte als seelische Erziehungsstätte zugrundeliegende ordnende Prinzip beruhte auf dem Bekenntnischarakter eines Werkes. Diesen zelebrierte er, indem er die Werke in großzügiger Weise hängte, so »daß jedes einzelne für sich ohne störenden Nebeneinfluß betrachtet werden kann.« Besonderes Augenmerk legte er auf die Wandhintergründe. »Nach einem von mir erfundenen und jahrelang ausprobierten Verfahren wurden die Wände lasurartig gefärbt, wodurch die Wand als solche ihren lebendigen Charakter behält und andererseits Wandton und Bild aufs feinste gegenseitig abgestimmt werden können.« In dieser Weise präsentierte Schardt im oberen Stockwerk des Kronprinzen-Palais mit zahlreichen Leihgaben als »Werke der neuen Romantik – unserer modernen Ausdruckskunst« eine noble Ehrenrettung des deutschen Expressionismus (unter Verzicht auf Paul Klee und Wassily Kandinsky), mit der Begründung, »daß ein gewaltiger Teil des deutschen Volkes, insbesondere aber die deutsche Jugend zurück nach der einfachen, unkomplizierten Ausdrucksgewalt des hohen kaiserlichen Mittelalters« strebe und sich »in der modernen Ausdruckskunst bestätigt« fühle. Seiner Bitte, die Sammlung »um der vielen Anhänger der neuen deutschen Kunst und um der künstlerischen Gerechtigkeit willen« der Öffentlichkeit zugänglich zu machen, wurde nicht entsprochen. Minister Rust lehnte die Konzeption ab und berief Schardt nicht zum Direktor. Nach zermürbenden Querelen mit der Stadt Halle um seine Versetzung in den vorzeitigen Ruhestand und langer Nervenkrankheit reiste Alois Schardt 1939 zu einer Ausstellungs- und Vortragsreise in die USA und wirkte dort bis zu seinem Tod 1955. *FW*

Schasler, Max (1819–1895)

Der in Deutsch-Krone (Westpreußen) geborene Ästhetiker, Kunstkritiker und Herausgeber studierte in Königsberg (bei Karl Rosenkranz, dem Verfasser der »Ästhetik des Häßlichen«) und in Berlin Philosophie und Sprachwissenschaften und promovierte 1846 mit einer Arbeit über vergleichende Grammatik. 1847 bemühte er sich vergeblich um eine Habilitation. Das Scheitern mehrerer späterer Versuche führte er gern auf die Furcht vor dem Revolutionär zurück, der er zeitweise war. In späten Vormärztagen gehörte er dem freisinnigen »Rütlibund« an, der in einer Gaststätte nahe der Gertraudenbrücke »freie Gespräche meist satyrischen Gepräges mit Bezug auf die verrotteten politischen Zustände« führte. (Aus der »Rütlizeitung« ging David Kalischs und Ernst Dohms satirische Zeitung »Kladderaddatsch« hervor.) Schasler leitete politische Versammlungen »Vor den Zelten«, fühlte sich aber in den Kampftagen von seinen Genossen im Stich gelassen und schwenkte in einen politischen Pessimismus mit bisweilen seltsamen Konsequenzen ein – bis er gar in einer gegen Charles Darwin und Ernst Haeckel gerichteten Schrift »Über materialistische und idealistische Weltanschauung« (1879) eine Linie vom philosophischen Materialismus zu Nihilismus, Sozialdemokratie und Fürstenmord zog. 1849–51 aus drei Städten ausgewiesen – eine Zeitlang arbeitete er an der Leipziger »Illustrirten Zeitung« mit – kehrte er 1851 nach Berlin zurück, war Kunstkritiker an der »Vossischen Zeitung«, der »National«- und der »Kreuzzeitung«, später in Strousbergs »Post« und gründete 1856 die Zeitschrift »Die Dioskuren«, deren Besitzer, Herausgeber und Hauptmitarbeiter er bis zu ihrer Auflösung 1875 blieb. Neben als Fortsetzungsserien konzipierten Ausstellungsbesprechungen verfaßte er immer wieder kunstpolitische Kommentare über die Akademie der Künste, deren Reformierung im Sinne Franz Kuglers er befürwortete, über die Kunstvereine und ihr verhängnisvolles Verlosungssystem sowie über die Museen. In den Gründungsjahren der > **Nationalgalerie** vertrat er nachdrücklich den Vorrang der künstlerischen Qualität vor dem bloß patriotischen Gehalt und die Fortführung des internationalen Ansatzes der Sammlung > **Wagener**. Der geborene Polemiker lebte in jahrelanger Feindschaft besonders mit Gustav Friedrich Waagen und Wilhelm Lübke. 1870 erschien seine »Kritische Geschichte der Ästhetik«. Nachdem er 1877 Berlin verlassen hatte, lebte er in Rudolstadt, später in Meiningen und Jena und veröffentlichte mehrere Werke zu Fragen der Ästhetik und Philosophie. Bis heute nützlich bleibt sein Werk über »Kunstsammlungen in Berlin« (1856), das außer den Museen und dem Schlösserbesitz die wichtigsten Bestände der Privatsammlungen auflistet. *CK*

Scheffler, Karl (1869–1951)

Der gebürtige Hamburger Karl Scheffler entstammte einer Handwerkerfamilie, hatte als gelernter Malergehilfe die Berliner Kunstgewerbeschule besucht, anschließend als Dekorationsmaler und zwischen 1895 und 1906 als Ornamentzeichner in einer Tapetenfabrik gearbeitet. Autodidaktisch eignete er sich kunsthistorische Kenntnisse an und begann nebenbei, zunächst in Hans > **Rosenhagens** »Atelier«, zu publizieren. Für > **Julius Meier-Graefes** Münchner Monatszeitschrift »Dekorative Kunst« übernahm er ab 1897 die Berichterstattung über Berliner Kunstereignisse. Stand Scheffler der Kunst der > **Berliner Secession** zunächst kritisch gegenüber, wurde er ab 1903 einer der vehementesten Streiter für den > **Impressionismus**, vor allem für Max Liebermann. Insgesamt verfaßte Scheffler 50 Publikationen, von denen seine 1906 erschienene Liebermann-Monographie mit vier Auflagen die erfolgreichste war. Als Entgegnung auf eine

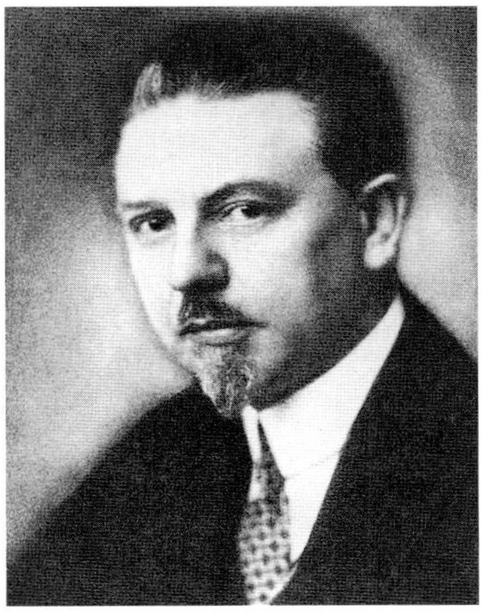

Karl Scheffler.
Fotografie: Baruch

1905 erschienene Schmähschrift des Malers und Schriftstellers Momme Nissens – Gesinnungsgenosse des »Rembrandt-Deutschen« Julius Langbehn – veröffentlichte Scheffler in Liebermanns Auftrag »Der Deutsche und seine Kunst«. Dies veranlaßte den Berliner Verleger Bruno > **Cassirer**, Scheffler zum Chefredakteur der Monatszeitschrift »Kunst und Künstler« zu berufen, der er bis zum Verbot durch die Nationalsozialisten 1933 blieb. Seinen Ruf als Kritiker erwarb sich Scheffler auch durch seine kontroverse Haltung gegenüber > **Ludwig Justis** Ankaufs- und Museumspolitik. Justi, seit 1909 Direktor der > **Nationalgalerie**, geriet ab 1913 in Schefflers Kreuzfeuer der Kritik. Bereits Justis Umbau der ersten Ausstellungsebene der Nationalgalerie stieß auf Schefflers Mißfallen. Scheffler, der sich als Museumsreformator verstand, plädierte im Sinn des neutralen Künstlerateliers für weiße Wände als idealen Wahrnehmungsraum für Kunstwerke, da so die Autonomie des Werkes gewährleistet werden könne. Dementsprechend war er gegen den durch »polytechnischen Dekorationsstil« vorherrschenden »historischen Saloncharakter« (Scheffler) der neuen Räume. Entscheidender war jedoch Justis offensives Engagement für die Kunst des > **Expressionismus** und die Einrichtung der »Galerie der Lebenden« 1919 im ehemaligen > **Kronprinzen-Palais**, der neuen Abteilung der Nationalgalerie, mit der weltweit beispielhaft das erste Museum zeitgenössischer Kunst eröffnet wurde, sowie Justis Einführung von Sonderausstellungen und Führungen für das Publikum. Nach mehrfachem Wechsel »offener Briefe« verfaßte Scheffler 1921 als Generalangriff gegen Justi seinen Berliner > **Museumskrieg**. Scheffler, der als Verfechter des Impressionismus und der Secessions-Bewegung galt und damit einer ehemals neuen Kunstrichtung zur Etablierung verholfen hatte, erwies sich nun als ewig Gestriger, der den Anschluß an das aktuelle Kunstgeschehen verpaßt hatte. Als bedeutendes Quellenmaterial zur neueren deutschen Kunstgeschichte gilt Schefflers Autobiographie »Die fetten und die mageren Jahre« (1946). *KH*

Schenkungen

Einen beachtlichen Teil ihrer Bestände verdankt die > **Nationalgalerie** dem großzügigen Engagement privater Kunstfreunde: Mehr als 1000 Werke gelangten als Schenkung, Stiftung, > **Vermächtnis** oder Nachlaß in die Sammlung oder konnten aus privaten Geldspenden erworben werden (> **Erwerbungen**). War schon der Grundstock der Nationalgalerie eine Privatsammlung (> **Wagener**), so konnten bereits lange vor Eröffnung des neuen Hauses bedeutende Ergänzungen aus privatem Besitz hinzugefügt werden. Auch die erste Erwerbung nach Gründung der Nationalgalerie war 1861 ein Geschenk des Berliner Kaufmanns Noah Jacobsohn (Inventarnummer A 1). Andere Formen der Schenkung erfolgten in finanzieller Form, oft von »ungenannten Berliner Kunstfreunden«. Aus einem später eingerichteten Geschenkfonds wurden dann gezielt Ankäufe getätigt. So hatte der Bildhauer August Kiss (1802–65) der Nationalgalerie 300 000 Mark hinterlassen zum Ankauf neuerer deutscher Kunst; in den Jahren nach 1875 wurden 40 Werke aus diesem Fonds erworben. Aus einer Stiftung von Heinrich Moritz von Rohr sind seit 1876 weitere 18 Werke angekauft worden.

Nach > **Hugo von Tschudis** Amtsantritt 1896 gab es zunehmend Schenkungen aus Privathand, meist Werke der europäischen Avantgarde, die heute zu den wertvollsten Stücken der Sammlung gehören. 1896 waren es Bilder von John Constable, Gustave Courbet, Edgar Degas, Edouard Manet, Claude Monet sowie Skulpturen von Jean-François Millet und Auguste Rodin. 1897 folgte »Die Mühle an der Couleuvre bei Pontoise« als erster Ankauf eines Gemäldes von Paul Cézanne für ein Museum überhaupt. Solche damals kühnen Erwerbungen waren schon deshalb nur aus privaten Mitteln möglich, weil die für die Bewilligung von Ankaufsmitteln zuständige > **Landeskunstkommission** und nicht zuletzt der Kaiser selbst den modernen und ausländischen Tendenzen in der Kunst höchst ablehnend gegenüberstanden. Bereits 1898 forderte deshalb > **Wilhelm II.**, daß künftig alle beabsichtigten Erwerbungen ihm zur Genehmigung vorzulegen seien. Dennoch war es weiterhin möglich, Werke moderner Künstler, über private Mittel finanziert, in die Nationalgalerie gelangen zu lassen. So kam 1898 der damals skandalumwobene »Grunewaldsee« von Walter Leistikow – der soeben von der Großen Berliner Kunstausstellung abgelehnt worden war und Anlaß zur Gründung der > **Berliner Secession** wurde – als Geschenk des Rittergutsbesitzers Richard Israel in die Sammlung.

Bis zum > **Ersten Weltkrieg** waren es weit über 100 Werke meist neuerer Kunst (Renoir, Cézanne, Rodin, Maillol, Liebermann), aber auch Stücke wie Francisco de Goyas »Maibaum«, Johann Erdmann Hummels »Die Granitschale im Berliner Lustgarten«, Honoré Daumiers »Don Quichotte« (von einem Londoner Kunstfreund), Johan Christian Claussen Dahls »Gewitterwolken über dem Schloßturm von Dresden« (> **Ludwig Justi**) oder 14 Gemälde von Hans von Marées aus dem Besitz von Adolf Hildebrand. Allein der Generalkonsul Paul Freiherr von Merling gab zwischen 1905 und 1912 mehr als 20 Werke in die Nationalgalerie. Gelegentlich wurde sogar der Grundsatz, daß von Künstlern Geschenke eigener Werke nicht angenommen werden durften, auf ausdrücklichen Wunsch des Kaisers durchbrochen (1901 Hubert von Herkomer, 1903 William Turner Dannat). Für so manche Schenkung bestand längere Zeit keine Ausstellungserlaubnis, andere mußten zurückgegeben werden, wie die Bilder von Vincent van Gogh und Paul Gauguin, die sich heute in München befinden. Aber die Bereitschaft zu Schenkungen blieb ungebrochen und setzte sich nach 1919 unter liberaleren Bedingungen fort. Häufiger sind jetzt auch die Namen von Kunsthändlern vertreten, etwa die Galerie Fritz Gurlitt, Berlin, die 1928 »Das Urteil des Paris« von Otto Mueller als Geschenk übergab. Edvard Munch schenkte 1927 seine »Schneeschipper« (verschollen), 1926 war »Das Trojanische Pferd« von Lovis Corinth ein Geschenk der Familie des Künstlers. Aus Privatbesitz kamen, neben Künstlern des 19. Jahrhunderts, Werke von August Macke, George Minne, Ernst Ludwig Kirchner, Paul Adolf Seehaus, Hermann Haller und Christian Rohlfs. Noch bis 1944 verging kaum ein Jahr ohne Zuwendungen aus privater Hand.

Nach dem > **Zweiten Weltkrieg** konnten lange Zeit keine Ankäufe gemacht werden. Das erste Geschenk an die Nationalgalerie in Berlin (Ost) war 1948 ein Gemälde des 1944 verstorbenen, als »entartet« (> **»Entartete Kunst«**) diffamierten Otto Lange. 1951 kamen über 90 Werke der > **Galerie des 20. Jahrhunderts** als Schenkung des Magistrats von Groß-Berlin in die Nationalgalerie in Berlin (Ost), 1952 zwanzig Gemälde Max Lingners aus seiner Schenkung an das deutsche Volk (1949), 1953 vierzig Bilder Heinrich Vogelers von seinem Sohn aus Moskau und 1954 schließlich 88 Werke verschiedener Künstler als Geschenk der Volksrepublik Polen an die DDR.

Im Westen Berlins war als erste Schenkung 1950 die Marmorgruppe »Najaden« von Milly Steger an die Galerie des 20. Jahrhunderts übergeben worden. 1956 erhielt die Nationalgalerie in Berlin (West) ein Selbstbildnis von Karl Begas d. Ä. als Geschenk aus Familienbesitz. Nach dem 100jährigen Jubiläum der Nationalgalerie 1961 mehrten sich die Schenkungen wieder deutlich. 1961 waren es zwölf Werke, darunter so bedeutende wie das »Selbstbildnis mit Einglas« von Karl Schmidt-Rottluff, »Das Wiedersehen (Thomas und Christus)« von Ernst Barlach und das »Bildnis Herwarth Walden« von Robert Delaunay; gleichzeitig konnte der »Schnitt mit dem Küchenmesser Dada durch die letzte Weimarer Bierbauch-Kulturepoche Deutschlands« von Hannah Höch aus Spendenmitteln erworben werden. Jahr um Jahr kamen wichtige Stücke hinzu: Bilder von Moriz Melzer, Emil Schumacher, Jorge Castillo, Robert Rauschenberg, Sigmar Polke; Skulpturen von Marino Marini, Alexander Calder, Louise Nevelson; Objekte von Jiři Kolář, Wolf Vostell, Michael Buthe, Günther Uecker, Nam June Paik und ganze Werkkomplexe von Werner Heldt, Josef Albers und Zoltan Kemeny.

1976 stellte die Ausstellung »Freunde danken Werner Haftmann« (> **Haftmann**) neben Arbeiten auf Papier 27 Gemälde, Skulpturen und Objekte vor, die alle über die »Donation Haftmann« als Geschenke in die Nationalgalerie gelangten. 1982 folgte die fast schon legendäre »Hommage à Barnett Newman«, mit der 28 Werke der namhaftesten deutschen Künstler in die Sammlung kamen. Deutlich ist, daß die verschiedensten Motive und Anlässe zu großzügigen Schenkungen veranlassen konnten. 1984 wurden drei Gemälde Lyonel Feiningers von den Erben übergeben als Geste des Dankes für die jahrelang in der Nationalgalerie in Berlin (Ost) aufbewahrten und gepflegten Werke, die der Maler 1937 in Quedlinburg zurücklassen mußte. Ein ähnlicher Grund bewog auch die Erben von Hans Thoma 1993 zu ihrem Geschenk. Im Zuge der > **Wiedervereinigung** erfolgte 1991 die großzügige Schenkung > **Otto van de Loo** (55 Werke der Gruppe Cobra und ihres Umkreises). 1999 übergab Mike Steiner seine umfangreiche Videosammlung (über 400 Videobänder) an den > **Hamburger Bahnhof**. Eine neu entdeckte Skulptur von Ernst Seger (Kypris III) kam 2000 als Geschenk aus Schweizer Privatbesitz. – Es steht gänzlich außer Frage, daß die Sammlungen der Nationalgalerie auf diese Weise auch weiterhin an Profil und Anziehungskraft gewinnen werden. *MT*

Schinkel-Museum

Nur wenige Wochen nach dem Tod Karl Friedrich Schinkels am 9. Oktober 1841 bekundete König > **Friedrich Wilhelm IV.** die Absicht, das Andenken an den Verstorbenen durch Aufbewahrung seines künstlerischen Nachlasses in Räumen der > **Bauakademie** zu erhalten und veranlaßte einen Ankauf bereits im Januar 1842. Zum Kurator des »Schinkelschen Museums« wurde Schinkels Freund Peter Christian Wilhelm Beuth ernannt, der Direktor des Gewerbe-Instituts sowie der Allgemeinen Bauschule. Wilhelm Salzenberg und August Soller, beide Schüler Schinkels, ordneten die mehr als 3000 nachgelassenen > **Zeichnungen** und erstellten einen handschriftlichen Katalog. Von Anbeginn war das Interesse am

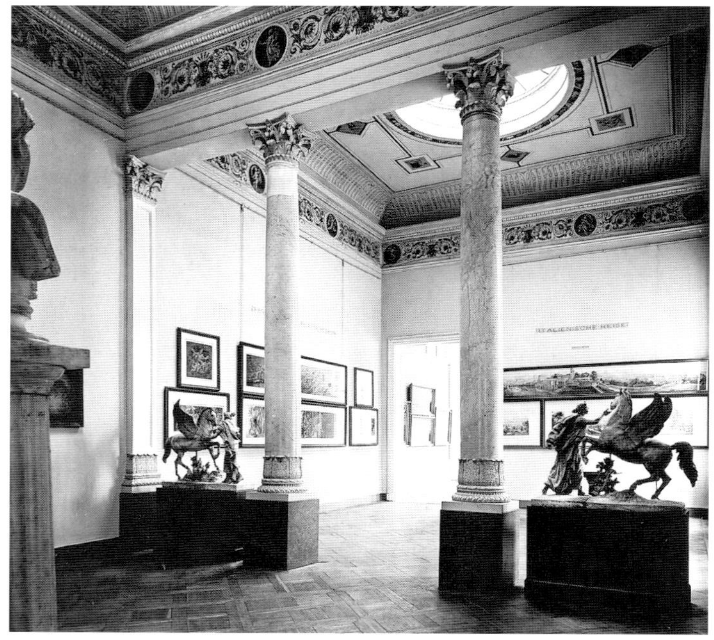

Schinkel-Museum im Prinzessinnen-Palais, Blick in die Ausstellungsräume, um 1931

Schinkel-Museum, das auch die Gipsabgußsammlung des Künstlers aufnahm, groß. Kein Gebäude hätte dafür geeigneter sein können als die von Schinkel in idealer Einheit von Funktion und Gestaltung errichtete Bauakademie. Neben der Ausbildungsstätte beherbergte sie zudem die Oberbau-Deputation Preußens, deren Direktor Schinkel seit 1830 gewesen war.

Mit der Eröffnung des Schinkel-Museums erfuhren Werk und Person des Universalkünstlers Schinkel eine einzigartige Würdigung. Die Sammlung wurde in Mappen geordnet, in Glasvitrinen aufbewahrt und in Schinkels Wohnung untergebracht. An den Wänden hingen Gemälde und eine Auswahl von Blättern. Die Gipssammlung wurde in ihrer ursprünglichen Aufstellung in Schinkels Arbeitszimmer belassen. Nach dem Tod Beuths wurde 1853 dessen Nachlaß ebenfalls erworben und der fortan »Beuth-Schinkel-Museum« genannten Sammlung hinzugefügt. Diese zog 1875 nach Charlottenburg in die neu begründete Technische Hochschule, in der die Bauakademie 1879 als Lehranstalt aufging. Als kurz vor dem > **Ersten Weltkrieg** das > **Rauch-Museum** seinen Standort in der Klosterstraße aufgab, wurden beide Bestände zum »Rauch-Schinkel-Museum« zusammengeführt und unter die Verwaltung der > **Nationalgalerie** gestellt. Erst 1931, anläßlich des 150. Geburtstages von Schinkel, wurde das Schinkel-Museum nach einer Konzeption von > **Ludwig Justi** und > **Paul Ortwin Rave** im > **Prinzessinnen-Palais** wieder eröffnet. In einem Studiensaal im Untergeschoß war der archivierte Bestand zugänglich, im Obergeschoß wurden Gemälde, Zeichnungen und Kunstgewerbe präsentiert. Nur zwei Jahre blieb diese Ausstellung geöffnet. 1933 mußte das Prinzessinnen-Palais geräumt werden, eine Rückkehr in die Bauakademie wurde geplant, jedoch kam eine museale Aufstellung bis 1939 nicht mehr zustande. Es folgten kriegsbedingte > **Auslagerungen**, der Abtransport durch die sowjetischen Truppen und 1958/59 die > **Rückführung** aus der Sowjetunion. Teile der Sammlung, vor allem Gipsabgüsse, Modelle, Spolien, Möbel und Kunstgewerbe waren verlorengegangen. Ab 1966 wurden die Zeichnungen im wieder aufgebauten > **Alten Museum** erneut zugänglich. Trotz der > **Kriegsverluste** war der Bestand auf 4188 Blätter angewachsen. Seit 1993 ist die Schinkelsammlung mit der > **Sammlung der Zeichnungen** im Kupferstichkabinett am Matthäikirchplatz untergebracht. *BV*

Schmied, Wieland (geboren 1929)

Für die > **Neue Nationalgalerie** war der in Frankfurt geborene Kunsthistoriker und Jurist Wieland Schmied von 1973 bis 1975 tätig, zunächst als Hauptkustos und nach dem Ausscheiden von > **Werner Haftmann** ein halbes Jahr als kommissarischer Direktor. Für die Nationalgalerie kuratierte er Ausstellungen wie »Hommage à Picasso« (1973); »George Rickey« (1973/74); »Louise Nevelson« (1974); »Richard Hamilton« (1974) und »Eduardo Paolozzi« (1975, jeweils in Zusammenarbeit mit dem > **DAAD**), sowie »Roy Lichtenstein. Zeichnungen« (1975). Ebenfalls während seiner Amtszeit konnte mit »L'idée fixe« ein wichtiges Werk von René Magritte für die Sammlung erworben werden. Doch war die Nationalgalerie Berlin für Schmied nur eine Station seiner Laufbahn, in der er zahlreiche bedeutende Ämter bekleidete. So war er bis 1973 Direktor der Kestner Gesellschaft Hannover, 1978–86 Direktor des Berliner Künstlerprogramms DAAD, 1986–94 Ordinarius für Kunstgeschichte an der Akademie der bildenden Künste in München und von 1988 bis 1993 Rektor dieser Institution; 1980–99 stand er der Internationalen Sommerakademie Salzburg als Präsident vor. Seit 1995 bekleidet er das Amt des Präsidenten der Bayerischen Akademie der Schönen Künste. Daneben trat er als Kurator zahlreicher Ausstellungen in Erscheinung, zuletzt als Gastkurator in der Kunsthalle der Hypo-Kulturstiftung München mit »Der kühle Blick. Realismus der 1920er Jahre in Europa und Amerika«, 2001. Als Autor und Herausgeber zahlreicher Bücher und Artikel beschäftigt sich Schmied hauptsächlich mit der Kunst des 20. Jahrhunderts, insbesondere mit den 1920er Jahren und dem Surrealismus. *KS*

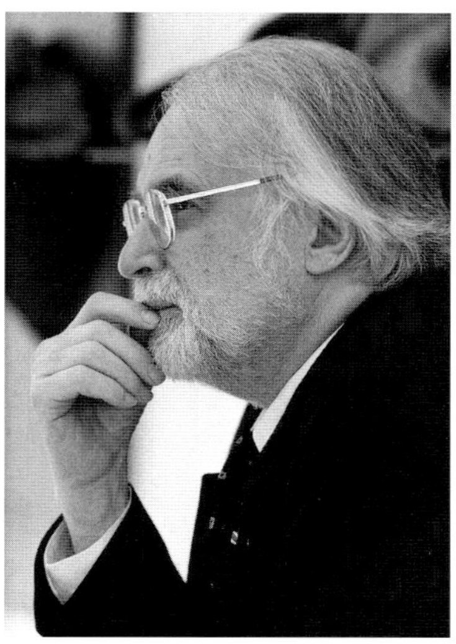

Wieland Schmied

Schöne, Richard (1840–1922)

Richard Schöne wurde am 5. Februar 1840 in Dresden geboren, studierte in Leipzig Philologie und promovierte 1861. Nach einer Privatdozentur für klassische Archäologie in Berlin und einer außerordentlichen Professur in Halle wurde er 1872 als Referent für Kunstangelegenheiten in das preußische > **Kultusministerium** nach Berlin berufen. Ab 1873 vermittelte er als Vortragender Rat zwischen den Abteilungsdirektoren der Museen und dem Kultusministerium. Am 13. November 1878 bewirkte Schöne den Erlaß eines neuen Museumsstatuts, das im wesentlichen bis heute gültig ist. Seitdem agieren die einzelnen Abteilungen als selbständige Museen mit eigenen Mitteln. Am 24. April 1880 wurde Schöne zum Generaldirektor der Museen ernannt, nachdem er schon seit Anfang 1879 die Geschäfte für seinen beurlaubten Vorgänger Guido von Usedom geführt hatte und nach dessen Entlassung am 1. Juli 1879 die Generalverwaltung der > **Staatlichen Museen** kommissarisch geleitet hatte. Die Ernennung Schönes zum Generaldirektor stieß bei Kaiser Wilhelm I. zunächst auf Widerstand, weil bis dahin der Posten des Generaldirektors stets mit einem Adligen besetzt wurde, der sich dem Hof verpflichtet fühlte. Unter Schönes Verwaltung wuchsen die Museen von sechs auf 17 Sammlungen mit ca. 50 wissenschaftlichen Mitarbeitern an. Schöne verfolgte wie schon Wilhelm von Humboldt den Anspruch, daß die Museen der Bildung der Allgemeinheit zu dienen hätten und initiierte allgemeinverständlich verfaßte »Führer« und »Handbücher der Museen« sowie Vortragsreihen und > **Führungen**. Nach 25jähriger Tätigkeit nahm Schöne zum 1. Dezember 1905 seinen Abschied. Er starb am 5. März 1922 in Berlin-Grunewald.

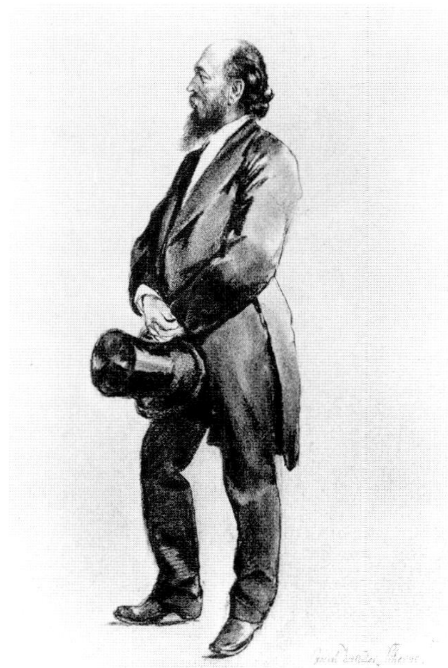

Fritz Werner, Richard Schöne, Staatliche Museen zu Berlin, Kupferstichkabinett und Sammlung der Zeichnungen

Ausgehend von einem Projekttutorium zur Berliner Museumsgeschichte an der Humboldt-Universität zu Berlin wurde 1994 die Richard-Schöne-Gesellschaft für Museumsgeschichte gegründet, die sich mit der Geschichte und Zukunft der Institution Museum auseinandersetzt. *EF*

Skulptur

Neben der Malerei und den Kartons gehört der Skulpturenbestand zu den drei zentralen Schwerpunkten der a priori als Epochensammlung aufgebauten > **Nationalgalerie.** Zahlreiche Auftragswerke (> **Auftragswesen**) wurden seit den 1870er Jahren in die Skulpturenhalle im ersten Geschoß der > **Alten Nationalgalerie** integriert; aus Nachlässen, im Kunsthandel und durch > **Schenkungen** erwarb man anderes hinzu. So entstand eine in ihrer Differenziertheit und in ihrem Umfang für Deutschland nahezu einzigartige Kollektion von Bildwerken des 19. und 20. Jahrhunderts; vergleichbar allenfalls der Dresdner Skulpturensammlung.

Zunächst waren die Bildwerke – ebenso wie die Kartons – in separaten Räumen plaziert; mit dem Umbau unter > **Ludwig Justi** 1911–14 wurde diese Abgrenzung aufgehoben. Seitdem besteht die Tradition der integrierten Präsentation ungebrochen fort, und sie wird auch in der > **Neuen**

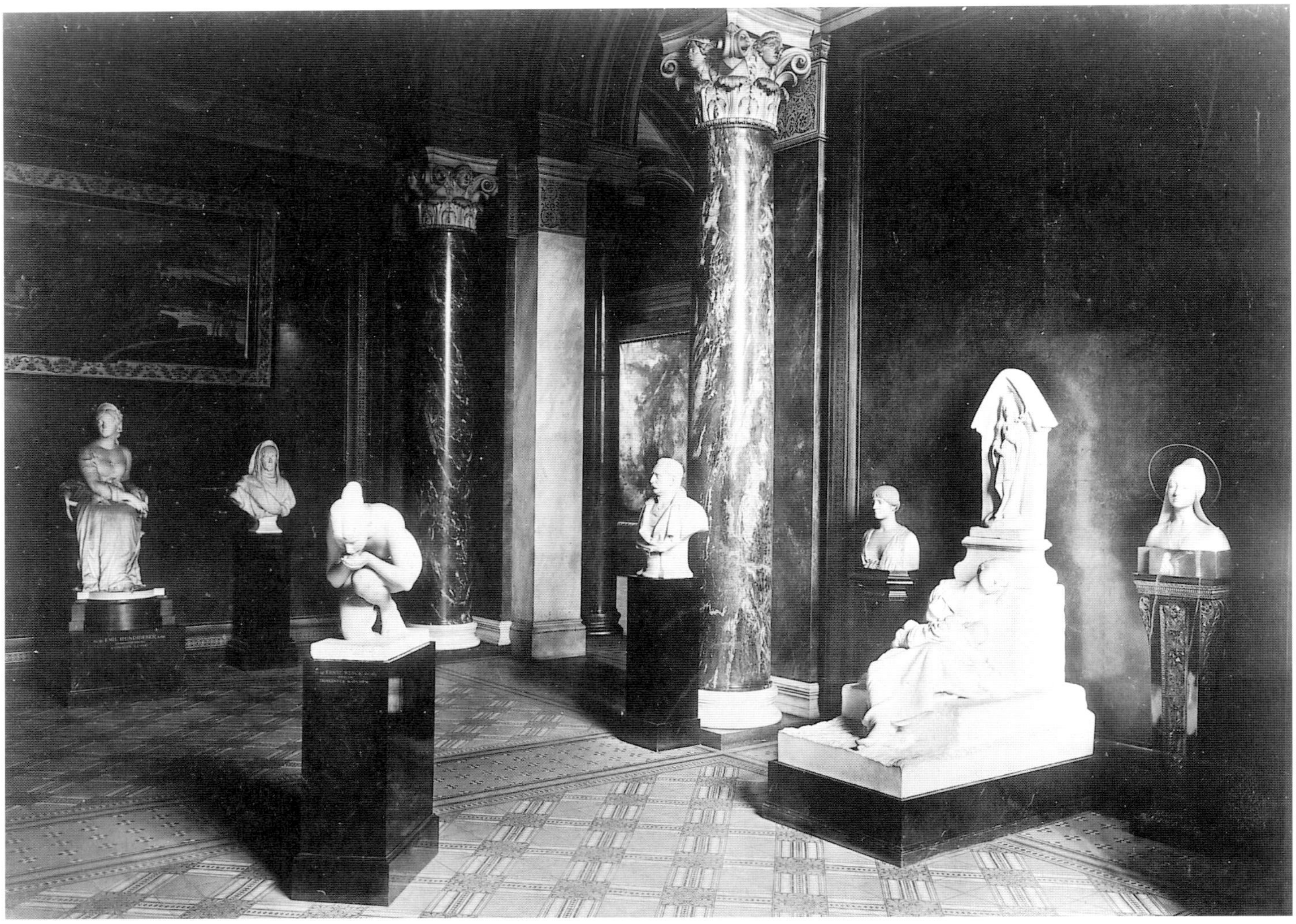

Skulpturen in der Säulenhalle im Erdgeschoß der Alten Nationalgalerie, 1903

Nationalgalerie oder in der Sammlung > **Berggruen** gepflegt, wo beispielsweise die archaischen Wurzeln mancher Werke der Moderne in afrikanischen Skulpturen deutlich werden. So stehen teilweise stilistisch verwandte Werke nebeneinander, teils werden die künstlerischen Verbindungen innerhalb des vielseitigen Schaffens einzelner Künstler sichtbar, teils entstehen Konstellationen, die zur wechselseitigen Erhellung der Künste und Kulturen beitragen.

Waren bis ins frühe 20. Jahrhundert Randbereiche wie Medaillen, Plaketten und kunsthandwerkliche Arbeiten mit plastischem Dekor noch in der Nationalgalerie vertreten, so gab Ludwig Justi derartige Werke meist an die zuständigen Museen ab: in diesem Fall ans Münzkabinett. Im Geist der Gattungsreinheit waren solche Grenzverschleifungen zwischen den Künsten obsolet geworden. Im ausgehenden 20. Jahrhundert führt die künstlerische Entwicklung freilich wieder dorthin zurück, wo die Gattungsgrenzen schwer definierbar sind; und so lassen sich die Begriffe Installation, Environment und Skulptur, die stets dreidimensionale Objekte bezeichnen, nur noch bedingt voneinander abgrenzen. Ausdrücklich den Fragen räumlicher Wirkung und der plastischen Entfaltung von bildhauerischer Masse im Raum widmet sich Lucio Fontanas minimalistisch vereinfachte Skulptur »Concetto Spaziale, Nature«, die in ihrer organisch anmutenden Oberfläche aufs heftigste mit der kühlen, auf quadratischer Klarheit basierenden Architektur ihrer Umgebung in der Neuen Nationalgalerie kontrastiert.

Sowohl die Neue als auch die Alte Nationalgalerie nutzen bis heute nicht nur die Foyers und Ausstellungsräume, sondern auch die teilweise begrünten Aufstellungsflächen vor ihren Häusern zur Präsentation jener großformatigen Bildwerke, die aufgrund ihrer Dimension und gemäß ihrer künstlerischen Bestimmung nur im Freien aufgestellt werden können.

Lucio Fontana, Concetto Spaziale - Nature, 1959/60, Staatliche Museen zu Berlin, Nationalgalerie. Aufstellung in der Neuen Nationalgalerie. Fotografie: Reinhard Friedrich

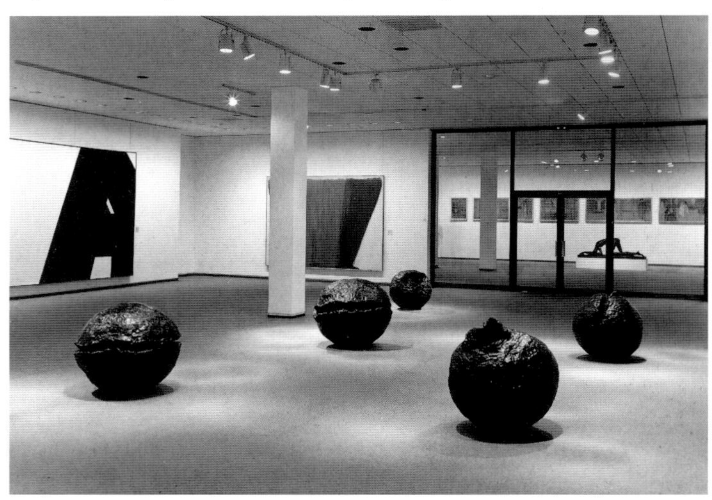

Beim Bau der Neuen Nationalgalerie hat > **Mies van der Rohe** in Anlehnung an das Museum of Modern Art in New York bewußt einen Skulpturengarten – unter freiem Himmel, aber architektonisch eingebunden – in das Museumsgebäude integriert. Von einer ähnlichen Intention war die vor allem durch > **Werner Haftmann** mit Großskulpturen (Alexander Calder, Henry Moore, George Rickey und andere) bestückte Terrasse der Neuen Nationalgalerie getragen, für die Richard Serra 1978 seinen schräggelagerten Eisenkubus »Berlin Block for Charlie Chaplin« schmiedete. Die meist klein- und mittelformatigen Bestände, die im Innenraum plaziert sind, werden somit um eine weitere, für das künstlerische Schaffen wesentliche Facette bereichert, und der Museumsbesucher wird sinnreich auf die Museumssammlung hingewiesen und eingestimmt. *BM/FJ*

Sponsoren

Die Geschichte der > **Nationalgalerie** läßt sich nicht schreiben, ohne die Mäzene zu nennen, die die Nationalgalerie gefördert und unterstützt haben. Die Namen dieser Förderer – Privatpersonen und Unternehmen – sind seit langem auf den verschiedenen Stiftertafeln in den Häusern der Nationalgalerie verzeichnet und werden bei > **Schenkungen** auch auf den Werkbeschriftungen im Museum gesondert ausgewiesen. Ganz neue Dimensionen der Förderung entstanden nach dem > **Zweiten Weltkrieg** im Westen Deutschlands durch die Idee des Sponsorings, die sich in den 1960er Jahren zuerst im Bereich des Sports manifestierte und später auch im Bereich der Kultur Fuß faßte. Große Firmen erklärten sich bereit, Kulturereignisse zu finanzieren, wenn sie im Gegenzug die Möglichkeit erhielten, vor Ort präsent zu sein, um so eine gesamtgesellschaftliche Aufwertung zu erreichen. Für die Nationalgalerie verband sich mit der Idee des Sponsoring die Chance, neben den öffentlichen Kulturetats und Kulturstiftungen (> **Stiftung Deutsche Klassenlotterie**), dem > **Verein der Freunde der Nationalgalerie – Neu** sowie anderen befreundeten Institutionen wie dem > **DAAD**, weitere Finanzierungsmöglichkeiten zu erschließen.

Das Sponsoring konzentrierte sich bei der Nationalgalerie in den meisten Fällen auf die Ausstellungsaktivitäten und unterstützte somit das große Engagement des Vereins der Freunde der Nationalgalerie in diesem Bereich. Folgende Ausstellungen wurden in der > **Neuen Nationalgalerie** zumindest partiell von Firmen gefördert: »Alberto Giacometti« (1987) durch Pro Helvetia; »Otto Dix« (1991) durch IBM Deutschland; »Picasso. Die Zeit nach Guernica« (1992/93) durch die Deutsche Telekom; »Cy Twombly Retrospektive« (1995) durch die Deutsche Lufthansa; »Georg Baselitz« (1996) durch Hugo Boss; »Paul Gauguin. Das verlorene Paradies« (1999) durch debis; »Geometrie als Gestalt. Strukturen der modernen Kunst« (1999) durch DaimlerChrysler; »Jenny Holzer« durch Philip Morris. Darüber hinaus wurde in ganz außergewöhnlicher Weise die Ausstellung »Picasso. Die Umarmung« 2000 von der spanischen Telefongesellschaft Telefonica finanziert.

Durch die > **Wiedervereinigung** 1990 und durch die Eröffnung des > **Hamburger Bahnhofs** – Museum für Gegenwart Berlin 1996 weitete sich das Feld für weitere Kooperationen. Insbesondere im Hamburger Bahnhof wären zahlreiche Ausstellungen und Projekte ohne die großzügige Beteiligung von Sponsoren nicht zustande gekommen. Zu nennen ist die Förderung bei Ausstellungen wie: »Hans Jürgen Syberberg« (1997) durch Sony; »Deep Storage« (1997/98) durch die Siemens AG; »Werk Raum 1: Sophie Calle/Teresa Hubbard/Alexander Birchler« (2000) durch Pro Helvetia, Kino Arsenal und Freunde Deutscher Kinemathek; »After the Wall« (2000/2001) durch die Bankgesellschaft Berlin; »Werk Raum 4: Luc Tuymans ›Signal‹« (2001) durch die Flämische Gemeinschaft Coutts Bank; »Werk Raum 5: Sarah Morris ›Correspondence‹« (2001) durch Philip Morris; »Living in Time. 29 zeitgenössische Künstler aus China« (2001) durch die Siemens AG. Besonders hervorzuheben ist auch die Kulturstiftung des Unternehmers Hartwig Piepenbrock, durch die folgende Ausstellungen ermöglicht wurden: »Vincent Tavenne« (1998) und »Werk Raum 2: Manfred Pernice« (2000).

Die > **Alte Nationalgalerie** profitierte ebenfalls in mehrfacher Weise von der Unterstützung durch Sponsoren, insbesondere bei folgenden Ausstellungen: »Johann Gottfried Schadow und die Kunst seiner Zeit« (1995) durch Mannesmann, Rheinische Post, Schadow-Arkaden und DuMont; »Max Liebermann. Jahrhundertwende« (1997) durch die Bankgesellschaft Berlin, Daimler Benz, debis sowie die Hertie-Stiftung. Hinzu treten eine Vielzahl von Veranstaltungen wie Lesungen, Konzerte und Performances, die ebenfalls nur durch eine Kooperation mit Firmen möglich waren. Zu erinnern wäre daneben an die kleineren materiellen Unterstützungen, die der Nationalgalerie im technischen Bereich oder von Transport- und Versicherungsunternehmen immer wieder zuteil wurden.

Eine neue Stufe der Partnerschaft zwischen Industrie und Kultur wurde mit dem Museumsinsel-Kuratorium erreicht, das im Oktober 2001 unter Beteiligung von zehn bedeutenden deutschen Unternehmen gegründet wurde, die als »Trustees« der > **Museumsinsel** zu verstehen sind. Große Ausstellungen und Kulturereignisse auf der Museumsinsel können ab 2002 durch dieses Kuratorium finanziert werden. Im Vorlauf dazu hat sich ein prominentes Mitglied dieses Kuratoriums, die Wirtschaftprüfergesellschaft KPMG, bereit erklärt, die Wiedereröffnung der Alten Nationalgalerie im Dezember 2001 umfassend zu finanzieren. Auch der Unternehmer Arendt Oetker beteiligte sich an diesem Festakt und ermöglichte den Druck des vorliegenden Prachtbandes. Für die Zukunft hofft die Nationalgalerie diese gleichermaßen sinnvolle wie erfolgreiche Partnerschaft zwischen Industrie und Kultur in vielerlei Weise fortsetzen zu können. *JJ*

Staatliche Museen zu Berlin

Die Geschichte der ehemals preußischen Museen reicht bis in die Zeit der kurfürstlich-brandenburgischen Sammlungen zurück. Als ihr offizielles Gründungsdatum gilt jedoch der 3. August 1830, der Tag der Eröffnung des > **Alten Museums** am Lustgarten. Weitere Einrichtungen ergaben sich, wie im Fall des 1850 erfolgten Umzugs der ägyptischen Sammlung in das Neue Museum, aus dem Zuwachs archäologischer Funde oder der Ausdifferenzierung wissenschaftlicher Einzeldisziplinen. Andere Museumsgründungen gehen auf private Initiativen zurück, so etwa das Museum für Deutsche Volkskunde oder das auf Vereinsbasis gegründete Kunstgewerbemuseum (1867), das erst 1881 verstaatlicht wurde. Museumsgründungen und wissenschaftlicher Fortschritt gingen synchron: Von Anfang an verstanden sich die preußischen Museen sowohl als Kultur- wie auch als Wissenschaftsinstitution, was bereits im 1878 erlassenen Museumsstatut von > **Richard Schöne** verankert wurde. Schon an der Gründung des Alten Museums waren deutsche Wissenschaftler von Weltrang maßgeblich beteiligt: Wilhelm von Humboldt (1767–1835), Carl Friedrich von Rumohr (1785–1843), Gustav Friedrich Waagen (1794–1868). Noch heute sind die Staatlichen Museen zu Berlin geborenes Mitglied der Deutschen Forschungs Gesellschaft.

Seit 1961 gehören die Staatlichen Museen zu Berlin ebenso wie die Staatsbibliothek, das Geheime Staatsarchiv, das Ibero-Amerikanische

Institut, das Staatliche Institut für Musikforschung und das Bildarchiv zur > **Stiftung Preußischer Kulturbesitz**. Die Staatlichen Museen erstrecken sich mittlerweile über vier Hauptstandorte: > **Museumsinsel**, Kulturforum, Dahlem und Charlottenburg. Insgesamt 17 Museen sind über diese Standorte verteilt und bilden gemeinsam ein großes Universalmuseum von den Anfängen der Menschheitszivilisation bis in die aktuelle Gegenwart. Hinzu kommen das auf die technische Untersuchung von Kunstwerken spezialisierte Rathgen-Forschungslabor, das Institut für Museumskunde, das Zentralarchiv (> **Archiv**) und eine Gipsformerei.

An der Spitze dieses Museumskomplexes steht der Generaldirektor der Staatlichen Museen zu Berlin. Die Generaldirektion hat ihren Sitz am Kulturforum am Potsdamer Platz. Mit eigenen Referaten und Abteilungen für Ausstellungen, Besucher-Dienste, Presse, Informationstechnik und Bauangelegenheiten erfolgt hier die Koordination der verschiedenen Häuser. Richtlinien und Zielvorgaben der Koordination werden gemeinsam mit den Direktoren und Leitern der Einrichtungen in monatlichen Direktorenkonferenzen festgelegt.

Auch die > **Nationalgalerie** ist mit ihren fünf Häusern (> **Alte Nationalgalerie**, > **Friedrichswerdersche Kirche**, > **Neue Nationalgalerie**, > **Hamburger Bahnhof**, Sammlung > **Berggruen**) Teil der Staatlichen Museen zu Berlin. Über Ankäufe, Ausstellungsprogramme, Personal- und Verwaltungsfragen entscheidet der Direktor der Nationalgalerie somit nicht autonom. Wie allen anderen Direktoren ist auch ihm der Generaldirektor der Staatlichen Museen als Dienstherr vorgesetzt. Da laut Satzung der Generaldirektor in Personalunion das Direktorat eines der 17 Museen zu versehen hat, ist es durchaus möglich, daß der Generaldirektor der Staatlichen Museen zugleich als Direktor der Nationalgalerie amtiert, wie zum Beispiel Peter-Klaus Schuster (seit 1999) und vor ihm > **Eberhard Bartke** (1976–83), > **Stephan Waetzoldt** (1965–66), > **Leopold Reidemeister** (1957–65) und > **Ludwig Justi** (1950–57).

Als Netzwerk historisch unterschiedlich orientierter und räumlich weit gestreuter Häuser ist die Nationalgalerie in ganz besonderem Maß auf den Kontext der Staatlichen Museen angewiesen. Für Großprojekte der Nationalgalerie wie die zur Jahrtausendwende gezeigte > **Jahrhundertausstellung** »Das XX. Jahrhundert. Ein Jahrhundert Kunst in Deutschland« hat der Erfahrungs- und Leihgabenaustausch mit kollegialen Einrichtungen wie dem Kunstgewerbemuseum oder dem Kupferstichkabinett entscheidende Bedeutung. Umgekehrt ist auch die Nationalgalerie an wissenschaftlichen Projekten und Ausstellungen der Nachbarinstitutionen engagiert beteiligt. So hat sich in den letzten Jahren vor allem die Zusammenarbeit mit den außereuropäischen Sammlungen und dem Museum Europäischer Kulturen in Dahlem als äußerst fruchtbar erwiesen. *MW*

Stifter und Mäzene

> **Erwerbungen**, > **Schenkungen**, > **Vermächtnisse**

Stiftung Deutsche Klassenlotterie

Die Stiftung Deutsche Klassenlotterie Berlin, getragen durch Lottoeinnahmen, fördert Institutionen und Projekte in und von besonderem Interesse für Berlin. Diese Unterstützung wird der > **Nationalgalerie** gleich in doppelter Hinsicht zuteil. Einerseits stellt die Stiftung jährlich DM 600 000 für > **Erwerbungen** zur Verfügung, andererseits können mittels Sonderanträgen Ausstellungsprojekte und bedeutende Kunstankäufe zusätzlich ermöglicht werden. Diese Zuwendungen erlaubten es auch, die durch Beschlagnahmung während des > **»Dritten Reichs«** und durch den > **Zweiten Weltkrieg** entstandenen Bestandslücken (> **Kriegsverluste**) zu schließen und eine neue Sammlung aufzubauen. Besonders der Zuwachs an Werken zeitgenössischer Kunst wurde durch die jährlichen Lotto-Zuwendungen ermöglicht.

Zu den Erwerbungen, die mit Hilfe der Stiftung getätigt werden konnten, zählen u.a. Lucio Fontana »Concetto spaziale, Attesa«, Yves Klein »IKB 49«, beide 1977 erworben; Wladimir Tatlin »Komposition, Monat Mai« (1978); Eduardo Chillida »Gudari« (1979); Sol LeWitt »Modular Cube« (1982); Arnulf Rainer »Übermalung schwarz-grün«, Richard Serra »V + 5, To Michael Heizer« (1982); Rupprecht Geiger »Tafraoute« (1984); Ulrich Rückriem »Granit (Normandie), gespalten, geschnitten« (1985); Frank Stella »The Spouter Inn« (1987); Jean Dubuffet »L'Oursonne« (1988, teilfinanziert); Sigmar Polke »Manöverschaden« (1994); Robert Wilson »Monsters of Grace« (1994); Emil Nolde »Die Sünderin (Christus und die Sünderin)« (1999, teilfinanziert); Marcel Broodthaers »Le Corbeau et le Renard«, Edition A und Edition B (1999, teilfinanziert). Ebenso hatte die Stiftung einen unverzichtbaren Anteil an der Realisierung großer Ausstellungen, wie »George Grosz. Berlin–New York«, (1994), »Manet bis van Gogh. Hugo von Tschudi und der Kampf um die Moderne« (1996), »Adolph Menzel. 1815–1905. Das Labyrinth der Wirklichkeit« (1997), »Exil. Flucht und Emigration europäischer Künstler 1933–1945« (1997/98) und »Der Potsdamer Platz. Ernst Ludwig Kirchner und der Untergang Preußens« (2001). *KS*

Stiftung Preußischer Kulturbesitz

Die Stiftung Preußischer Kulturbesitz ist eine nationale Einrichtung, die vom Bund und allen 16 Bundesländern rechtlich und finanziell getragen wird und damit die gesamtstaatliche Verantwortung für Kultur in Deutschland in besonderem Maße manifestiert. In der Stiftung, die zu den größten Kultureinrichtungen der Welt gehört, sind die > **Staatlichen Museen zu Berlin** mit ihren 16 Sammlungen, die Staatsbibliothek, das Geheime Staatsarchiv, das Ibero-Amerikanische Institut und das Staatliche Institut für Musikforschung mit dem Musikinstrumentenmuseum vereinigt. Dieser einmalige Verbund ermöglicht – durchaus im Denken von Wilhelm und Alexander von Humboldt verankert – das Modell einer fachübergreifenden Kulturwissenschaft, die aus einer spezifischen Traditionsbindung heraus zukunftsweisende Vernetzungen erzielt.

Nach dem > **Zweiten Weltkrieg** und der Auflösung Preußens 1947 waren die Sammlungen des preußischen Staates über mehrere Bundesländer sowie über den Ostteil Deutschlands zerstreut, verschleppt und ohne klare Rechtsnachfolge. Während nach der Teilung die im Ostteil Berlins gelegenen Gebäude und Sammlungen der > **Museumsinsel** und der Staatsbibliothek unter staatlicher Leitung der DDR weitergeführt wurden, übernahmen in Westdeutschland vorübergehend einige Länder treuhänderisch die Verantwortung für die Bestände.

Am 25. Juli 1957 wurde das Gesetz zur Errichtung der Stiftung Preußischer Kulturbesitz erlassen. Es stützt sich auf das Grundgesetz, wonach bei überwiegendem Bundesinteresse die Rechtsnachfolge ehemals preußischem Vermögen durch Bundesgesetz geregelt werden konnte. Als Stiftung des bundesdeutschen Rechts erhielt sie mit diesem Gesetz den Auftrag, »die ihr übertragenen preußischen Kulturgüter für das deutsche Volk zu bewahren, zu pflegen und zu ergänzen, unter Beachtung der Tradition den sinnvollen Zusammenhang der Sammlungen zu erhalten und eine Auswertung dieses Kulturbesitzes für die Interessen der Allgemeinheit in

Wissenschaft und Bildung und für den Kulturaustausch zwischen den Völkern zu gewährleisten«.

Nach Jahren verfassungsrechtlicher Auseinandersetzungen konnte die Stiftung mit Sitz in Berlin am 25. September 1961 ihre Arbeit aufnehmen. Oberstes Beschlußorgan der Stiftung wurde der aus Vertretern des Bundes und der Länder zusammengesetzte Stiftungsrat, der bis 1998 unter der Leitung des jeweiligen Bundesministers des Innern stand und seitdem vom Staatsminister für Angelegenheiten der Kultur und der Medien geführt wird. Die Stellvertretung hat von Anfang an der jeweilige Berliner Senator für Kultur inne. Ein Beirat, in dem die einschlägigen Wissenschaften vertreten sind, ist beratendes Organ.

Ende 1975 waren – auf freiwilliger Basis – alle alten Bundesländer in der Stiftung vertreten. Die > **Wiedervereinigung** Deutschlands 1990 führte auch zum Zusammenschluß der Museen, der Staatsbibliotheken und Staatsarchive. Der Einigungsvertrag regelte zunächst vorläufig die Einbeziehung der ehemaligen DDR-Einrichtungen. Mit dem ab 1992 erfolgten Beitritt aller neuen Bundesländer zur Stiftung kam es 1994 zur Bestätigung einer dauerhaften Regelung.

Als erster Präsident wurde zum 1. April 1962 Hans-Georg Wormit berufen, der sich bleibende Verdienste um den Aufbau der Stiftung erworben hat und die Geschicke der Stiftung bis zum 30. Juni 1977 lenkte. Am 1. Juli 1977 übernahm Werner Knopp dieses Amt, das er besonders in den Jahren nach der Wiedervereinigung mit großer Umsicht und mit liberalem Geist und Verantwortungsbewußtsein führte. Seine Amtszeit endete am 22. Januar 1998. Nach einjähriger Interimzeit, in der Vizepräsident Norbert Zimmermann die Leitungsfunktion verantwortlich wahrnahm, wurde am 2. Februar 1999 Klaus-Dieter Lehmann neuer Präsident der Stiftung Preußischer Kulturbesitz. *SH*

Strack, Johann Heinrich (1805–1880)

Johann Heinrich Strack wurde am 6. Juli 1805 in Bückeburg als Sohn des dortigen Hofmalers Wilhelm Strack geboren. Nach dem Besuch der Bauschule und Kunstakademie in Berlin bestand Strack 1825 sein Feldmesserexamen. Bis 1832 arbeitete er im Atelier Karl Friedrich Schinkels, unter dessen Leitung er die Kronprinzenwohnung im Berliner Stadtschloß einrichtete. 1827 bis 1832 war Strack unter Leitung > **Friedrich August Stülers** am Palais für Prinz Karl tätig, ab 1829/30 bereits selbständig am Ausbau des Palais Prinz Albrechts. Die ersten von Strack realisierten Bauten waren vornehmlich Privatgebäude und Villen, 1834 unternahm er eine Italienreise, um die klassische Baukunst zu studieren, später folgten Reisen nach Griechenland, wo er nach 1862 in Athen das Dionysos-Theater entdeckte. Gemeinsam mit Stüler gab Strack 1835–40 die »Vorlage-Blätter für Möbel-Tischler« heraus, 1841 wurde er als Lehrer an der Kunstakademie, 1854 an die > **Bauakademie** als Nachfolger Stülers berufen. In seiner Stellung als Hofbauinspektor (ab 1842) und später Geheimer Oberhofbaurat hatte Strack Einfluß auf den Berliner Spätklassizimus, wurde dann aber von den zunehmenden Tendenzen zur Neorenaissance überholt. 1876 trat Strack in den Ruhestand und wurde noch im selben Jahr zum Architekten des Kaisers ernannt. Neben zahlreichen Plänen zu Kirchen, Palästen und Wohnhäusern brachte Strack 1843 seine Untersuchungen zu griechischen Theatergebäuden heraus. Bedeutende und bekannte Werke von Strack sind u. a. die Erweiterung des Brandenburger Tors durch die äußeren Seitenhallen, die Erweiterung des Schlosses in Babelsberg (1844/45) und die Siegessäule (1865–73). Das Projekt für den Bau der > **Nationalgalerie** übernahm Strack nach dem Tod von Stüler 1865, wobei er stark an die Vor-

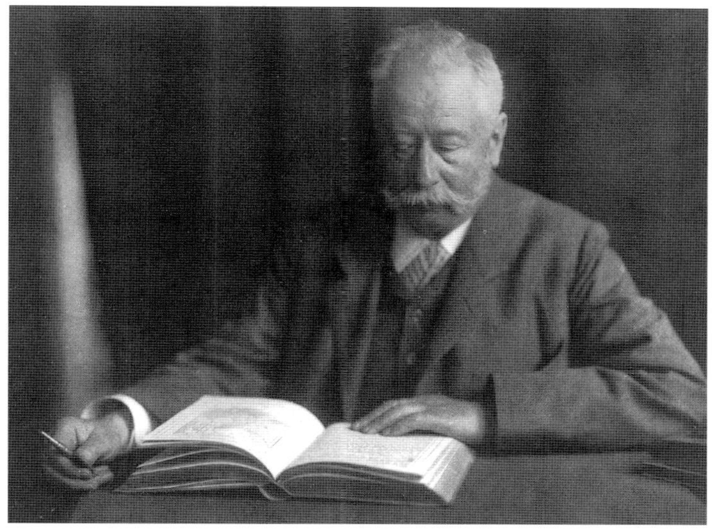

Johann Heinrich Strack, 1907. Fotografie: Rudolf Dührkoop

gaben seines Vorgängers gebunden war. Doch wird ihm nicht nur die monumentale Treppenanlage der Galerie zugeschrieben, sondern auch die Modifizierung zahlreicher Details der Dekoration sowie des Raumprogramms. Die prächtige und programmatische Ausgestaltung durch Strack verknüpft die noch ganz klassizistisch geprägte Formensprache mit einem Formen- und Farbreichtum, der schon auf die Gründerzeit hinweist. Strack starb am 13. Juni 1880 in Berlin. *AL*

Studio, Das

Die > **Nationalgalerie** in Berlin (Ost) begann im Juli 1972 im spreeseitigen Eckraum der oberen Etage des > **Alten Museums** mit einer neuen Ausstellungsreihe unter dem Titel »Das Studio«, die von Roland März, Claude Keisch und Fritz Jacobi begründet wurde. Ihr Anliegen war, mit kleinen, intensiv gestalteten Ausstellungen in Ergänzung zur dort gezeigten ständigen Sammlung »Kunst der DDR« (> **DDR-Kunst**) sowohl interessante thematische Aspekte der zeitgenössischen Kunst aufzugreifen als auch anregende Themenbereiche der Kunstgeschichte des 19. und 20. Jahrhunderts im begrenzten Rahmen vorzustellen. Mit dieser essayistischen Ausstellungsform sollte eine gewisse Unbeweglichkeit aufgebrochen und die Möglichkeit geschaffen werden, auf aktuelle Kunsttendenzen schneller reagieren und die zum Teil unter DDR-Verhältnissen brisanten Kunstthemen behandeln zu können, die in einem größeren Rahmen aus ideologischen oder finanziellen Gründen nicht realisierbar gewesen wären.

Diese Pläne erfüllten sich weitgehend. Schon die ersten drei Ausstellungen im zweiten Halbjahr 1972 »Werner Tübke – Variationen zum Thema ›Lebenserinnerungen des Dr. jur. Schulze‹«; »Der Ruhm, ein Traumgesicht« und »Das Relief«) zeitigten eine gute Resonanz bei Publikum und > **Presse**. Das Studio wurde schon bald eine sehr lebendige Instanz, in die später auch andere Sammlungen der Museen einbezogen wurden, wie die Antikensammlung, das Kupferstichkabinett und die Ostasiatische Sammlung. Der sammlungsübergreifende Aspekt, für den gerade die Berliner Museen günstige Voraussetzungen boten, wurde bewußt einbezogen. Am 11. März 1975 schrieb Lothar Lang in der »Weltbühne« aus Anlaß der Ausstellung »Die Collage in der Kunst der DDR«: »Ausstellungsgängern sei empfohlen, die Veranstaltungen des ›Studios‹ der Nationalgalerie in ihrem Programm zu berücksichtigen: Dort tut sich etwas. Soweit ich sehe, ist die-

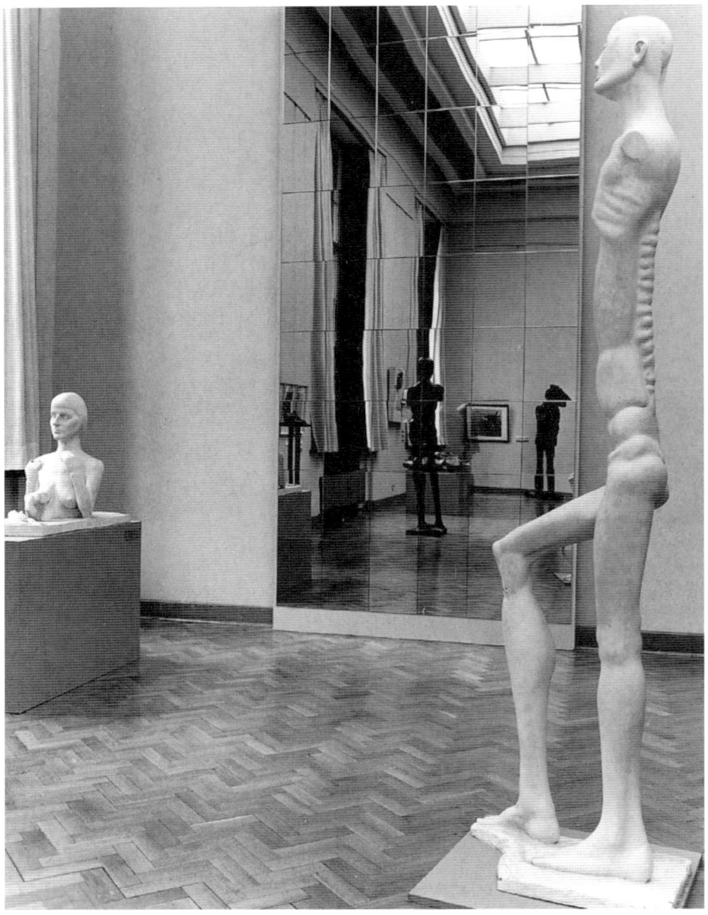

Blick in die Ausstellung »Das Studio 42: Ideenplastik – Sinnzeichen in der Bildhauerkunst der DDR« im Alten Museum, 1988. Mit Skulpturen von Rolf Biebl

ses ›Studio‹ der einzige Ort in Berlin, wo unsere Museen für die zeitgenössische Kunst ständig sichtbar produktiv sind.«

Ausstellungen wie »Junge Leipziger Maler im Gespräch« (1973), »Der Torso in der Plastik der DDR«, (1975), »Neuerdings Karl-Marx-Stadt« (1976), »Hermann Glöckner« (1977), »Von der Collage zur Assemblage« (1978), »Lothar Böhme« (1982), »Expressivität heute« (1985) oder »Ideenplastik« (1988) sind nur einige der wichtigsten der 43 Präsentationen, die bis 1990 stattgefunden haben. (1980 wurde anläßlich der 25. Ausstellung »Der Kuß. Liebespaare in Grafik und Plastik des 20. Jahrhunderts« eine Dokumentation der Studio-Ausstellungen erstellt). Im Verlauf dieser Reihe gab es immer wieder auch Probleme: So mußte 1978 aus der Ausstellung »Von der Collage zur Assemblage« auf Weisung des Ministeriums für Kultur ein Werk von Jürgen Schieferdecker herausgenommen werden, und 1989 wurde das bereits vollständig vorbereitete Studio »Figur-Klang-Zeichen. Abstrakte Kunst in der DDR« vereitelt, weil ein im Katalog abgedrucktes Zitat von Walter Ulbricht den Unwillen des Ministeriums hervorgerufen hatte. *FJ*

Stüler, Friedrich August (1800–1865)

Die > **Alte Nationalgalerie** wurde auf der Grundlage einer älteren Bauidee > **Friedrich Wilhelms IV.**, der für das Areal nördlich des > **Alten Museums** eine ›Freistätte für Kunst und Wissenschaft‹ konzipiert (> **Wissenschaft**) und hierfür Bauten in Gestalt antiker Tempel vorgesehen hatte, durch den Berliner Architekten Friedrich August Stüler entworfen. Bei Errichtung des Neuen Museums, das als erster Erweiterungsbau zum Alten Museum hinzugetreten war, hatte Stüler bereits Kenntnisse hinsichtlich der Erfordernisse und der Gestaltung von Museumsräumen erworben. Doch er konnte sie, da er an die Tempelform mit einer großen Freitreppe und einer Apsis gebunden war, nur bedingt umsetzen. So kommt es, daß die Anlage des Neuen Museums mit einem zentralen Treppenhaus, zwei Innenhöfen und umlaufenden Sammlungsräumen weit zweckmäßiger ist als der Tempel der > **Nationalgalerie**. In einem weiteren Hauptwerk, dem Museum in Stockholm, griff der Architekt wieder auf die kanonische Typologie des Museumsbaus mit eingeschlossenen Lichthöfen zurück, die sich bei Schinkels Altem Museum und Stülers Neuem Museum als funktional geeignet erwiesen hatte. So stellt die Alte Nationalgalerie mit den immensen vorgeschobenen Treppenanlagen, dem zentralen Oberlichtsaal und dem apsidialen Kabinettumgang ein singuläres Werk in seinem Schaffen, ja darüber hinaus in der Architektur des 19. Jahrhunderts schlechthin dar.

Da Stüler bereits 1865 starb und lediglich ein umfangreiches Konvolut von freilich richtigungweisenden Entwürfen hinterließ, wurde die Ausführung in die Hände von > **Johann Heinrich Strack** gelegt, der schließlich 1876 zum Architekten des Kaisers ernannt wurde. Gleich seinem Lehrer Stüler war er ein Schüler und Mitarbeiter Schinkels gewesen. Die klassizistische Bautradition Berlins zeigt sich also auf der > **Museumsinsel** von ihrer edelsten Seite und mit ihren mannigfaltigen persönlichen wie stilistischen Vernetzungen. So erweist sich das Gebäude der Nationalgalerie als Markstein in der Selbstfindung Preußens, das 1871 die Führung im Deutschen Reich übernommen hatte und in der nationalen Galerie mit ihrer > **Historienmalerei** und ihrer > **Bildnis-Sammlung** den eigenen politischen Anspruch zum Ausdruck bringen wollte.

Die Museumsbauten stellen einen Höhepunkt in Stülers reichem Schaffen dar, doch war er auch im Kirchenbau – namentlich in preußischen Städten – sowie für den Profanbau tätig. Letzterem Bereich gehören bedeutende Schloßbauten, etwa in Schwerin, Rathäuser, Ministeriumsbauten, die Königsberger Universität, aber auch Brückenbauten und Denkmäler an. Stilistisch steht Stüler zwischen dem an der Antike orientierten späten Klassizismus und der Neorenaissance. Auch die Sammlung > **Berggruen** ist in einem Bau Stülers untergebracht. *BM*

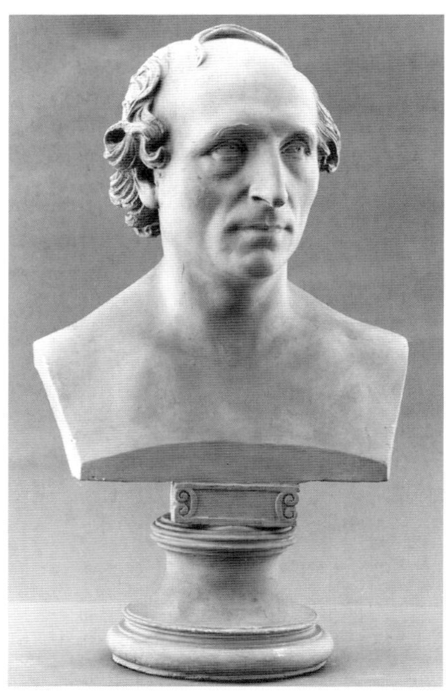

Hermann Schievelbein, Friedrich August Stüler, 1850, Staatlichen Museen zu Berlin, Nationalgalerie

Thormaehlen, Ludwig (1889–1956)

Ludwig Thormaehlen wurde am 24. Mai 1889 als ältestes von drei Geschwistern in Hanau geboren. Sein Vater, der Architekt Emil Thormaehlen, unterrichtete an der Zeichenakademie; seine Mutter studierte Pädagogik und war stark künstlerisch und kunsthistorisch interessiert. Ab 1908 studierte Thormaehlen Kunstgeschichte, Archäologie und Philosophie in Berlin. Hier knüpfte er Kontakt zum Lichterfelder Kreis um Friedrich Wolters, der sich dem Dichter und »Meister« Stefan George verpflichtet fühlte. 1909 lernte Thormaehlen George persönlich kennen und stellte, tief beeindruckt, sein Leben in dessen Dienste. Aus einem Drang heraus, auch praktisch-künstlerisch zu arbeiten, beschloß Thormaehlen 1909, zusätzlich in Magdeburg Architektur zu studieren. In München lernte er bei den Zusammenkünften mit George auch Karl Wolfskehl, Ernst Morwitz und Robert Boehringer kennen. 1911 wechselte er nach Freiburg, um schließlich 1913 bei Wilhelm Vöge über romanische Baukunst zu promovieren. Es folgten zahlreiche Reisen mit Stefan George. 1913 entstanden seine erste bildhauerischen Versuche, vor allem Porträtbüsten von Morwitz, George und anderen Personen des Dichterkreises.

1914 nimmt er das Angebot von > **Ludwig Justi** an, den länger abwesenden Walter Kaesbach als wissenschaftlicher Hilfsarbeiter an der > **Nationalgalerie** zu vertreten. Der mit blauen Tüchern ausgekleidete Atelierraum (von George Pompejanum genannt) in der Neuen Ansbacher Straße 18 wird gegründet, der auch der Berliner Aufenthaltsort von George und seinem Dichterkreis wird. 1915 folgen Kriegsdienst und anschließender Lazarettaufenthalt. Durch den zeitweiligen Mitarbeiter des Berliner

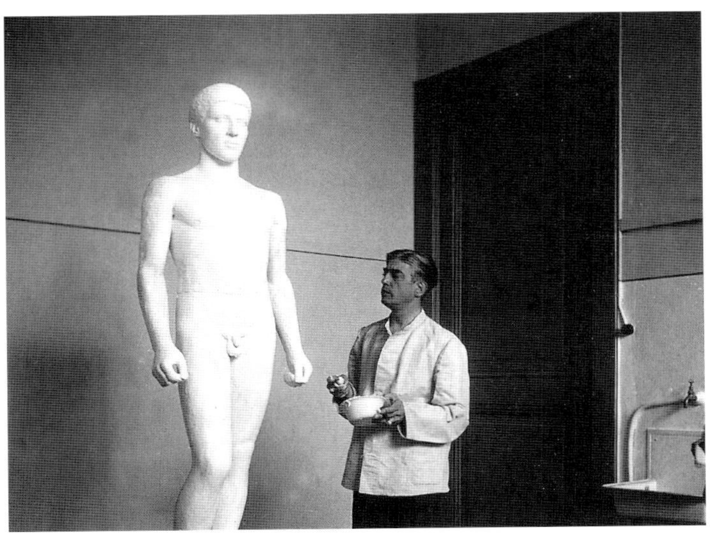

Ludwig Thormaehlen vor der Skulptur »Frank Mehnert« in seinem Atelier in der Albrecht-Achilles-Straße 3, um 1930

Kupferstichkabinetts Wilhelm Stein lernt er 1919 den Schweizer Maler und Bildhauer Alexander Zschokke kennen, und im gleichen Jahr entsteht, vermittelt durch Ernst Morwitz, eine freundschaftliche Verbindung mit dem »Brücke«-Künstler Ernst Heckel. Für das ehemalige Kloster und spätere Gymnasium »Unser Lieben Frauen« in Magdeburg fertigt er ein Kriegerehrenmal, das 1920 aufgestellt wird.

1925 wird Thormaehlen schließlich > **Kustos** und Professor an der Nationalgalerie, wo er besonders die Einrichtung der Modernen Abteilung im ehemaligen > **Kronprinzen-Palais** stark mitbestimmt. Er ist zweifellos der engste Vertraute von Justi, den er sicherlich gern auch im George-Kreis gesehen hätte. Er verstärkt ganz im Einverständnis mit Justi die Vorstellung, eine national ausgerichtete, in Europa führende Moderne in der Nationalgalerie zu zeigen. So versucht er eine gemäßigte und klassischere Linie, die sich besonders in der von ihm verantworteten »Oslo-Ausstellung« (> **Wanderausstellung**) ausprägt, einer vieldiskutierten, von Edvard Munch gewünschten Gegengabe für die große, von Justi 1927 im Kronprinzen-Palais veranstalteten Munch-Ausstellung.

In seinem neuen Atelierraum, dem sogenannten Achilleion, findet sich 1928 der George-Kreis anläßlich der Veröffentlichung von Georges Schrift »Das Neue Reich« zusammen. Die in diesem Buch niedergelegten elitären Vorstellungen mögen George selbst und vor allem Thormaehlen veranlaßt haben, mit der Machtübernahme durch die Nationalsozialisten Hoffnung auf eine neue Ordnung zu investieren (> **»Drittes Reich«**). Während der George-Kreis sich spaltet, vertritt Thormaehlen bis zu seinem Lebensende unverhohlen seine antisemitische Überzeugung. Er sieht in den Juden ein destruktives Element, das zu echter geistiger Arbeit nicht fähig ist. Diese angeblich auch von George gemachten Beobachtungen versucht er niederzuschreiben. Thormaehlen rühmt sich später, daß die Nationalgalerie – die Personalfragen lagen in seiner Hand – niemals einen Juden eingestellt hat. In den ersten Tagen der »Machtergreifung« erscheint Thormaehlen mit dem Abzeichen der NSDAP am Revers, ohne schon Mitglied zu sein und versucht andere zu überzeugen, in die Partei einzutreten. Thormaehlen bleibt trotz aller Anwürfe durch die völkischen Kreise um Alfred Rosenberg davon überzeugt, gemeinsam mit Justi im Kronprinzen-Palais den wahren deutschen Nationalstil treffend dargestellt und gewürdigt zu haben. Nach Justis Zwangsversetzung 1933 und nach dem Tod von George im Dezember 1933, dem die neue Regierung noch das Amt des Akademiepräsidenten angetragen hatte, wird Thormaehlen an die Staatlichen Kunstsammlungen in Kassel versetzt. 1938 gibt er diese Tätigkeit zugunsten seiner Bildhauerei auf. Ab 1948 ist er als Fachberater für moderne Kunst am Kultusministerium in Mainz tätig. Das Ansinnen von Justi, inzwischen Generaldirektor der > **Staatlichen Museen zu Berlin** (Ost), er solle die vakante Generaldirektion in Dresden übernehmen, lehnt Thormaehlen aus politischen Gründen ab. Er stirbt am 3. Mai 1956 in Bad Ems. Seine Erinnerungen erschienen posthum 1962. *EB*

Trinkhalle

Als am 21. März 1876 die > **Nationalgalerie** feierlich eröffnet wurde, sah die Umgebung der Nationalgalerie auf der > **Museumsinsel** noch ihrer Vollendung entgegen. Erst am 31. Mai 1880 wurde dieses Gelände von der Ministerial-Baukommission übergeben. In einer genauen Beschreibung der Anlage läßt sich die Einbindung der > **Alten Nationalgalerie** in ein Ensemble aus Museen, Gartenanlagen und Wandelhallen nachvollziehen, welches sich über den Lustgarten, das > **Alte Museum** und Neue Museum bis zur Nationalgalerie erstreckte. Die Erweiterung der Säulenhalle bis zur Friedrichsbrücke und ihre Fortführung an der südöstlichen Seite um die Nationalgalerie herum bis zum Neuen Museum schuf eine in sich geschlossene Grünanlage. Für die Beleuchtung dieses Terrains wurden zwei fünfarmige, zwei zweiarmige, 14 einflammige Kandelaber sowie 20 Wandarme installiert. Nicht nur die Nationalgalerie, auch dieser neu geschaffene Platz übte eine Anziehungskraft auf die Berliner und ihre Gäste aus.

Bereits im Januar 1881 trat der Kaufmann Wilhelm Balbach an die Direktion der Nationalgalerie mit dem Ersuchen heran, auf diesem Gelände eine Molken- und Mineralwasser-Trinkanstalt zu errichten sowie Promenadenstühle aufzustellen. Balbach, der in Berlin bereits mehrere

Selter-Buden und Trinkhallen besaß, u.a. im Invalidenpark, fand bei der Nationalgalerie Unterstützung für sein Projekt, das am 12. März 1881 genehmigt wurde. Der Architekten-Verein von Berlin wurde veranlaßt, in einer öffentlichen Ausschreibung entsprechende Pläne zu gewinnen. In seiner Sitzung vom 24. April 1882 entschied er sich für den Wettbewerbsbeitrag »Sodaliske« des Architekten Emil Hoffmann. Mit Allerhöchster Ordre des Kaisers und Königs vom 27. Juli 1883 wurde die Inbetriebnahme der Trinkhalle, »probeweise und widerruflich« gestattet. Ihre Aufstellung erfolgte, entgegen ursprünglichen Plänen, in der südöstlichen Ecke der > **Kolonnaden,** nahe der Friedrichsbrücke. Bereits vor ihrer Eröffnung hatte die > **Presse** teilweise euphorisch auf den Neubau reagiert, so schrieb die »Post« am 23. Juli 1882: »Der elegante Holzbau, der nach der besten Zeichnung einer Preiskonkurrenz des Architekten-Vereins ausgeführt wird, dürfte auch den Kunstkenner erfreuen. Der Hauptzweck ist natürlich ein praktischer, denn er besteht in der Schöpfung einer Kuran-

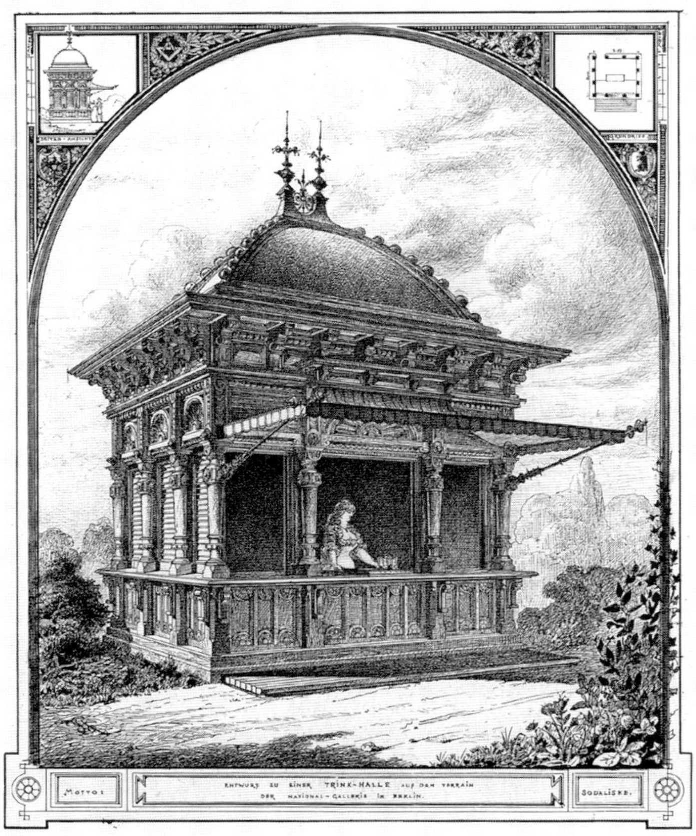

Emil Hoffmann, Entwurf für eine Trinkhalle, 1882, Plansammlung der Technischen Universität Berlin

stalt im Centrum der Millionenstadt, wie sie angenehmer und schöner kaum gedacht werden kann. Bei gutem Wetter laden die schönen Anlagen zum Promenieren im Freien ein; bei Regenwetter schützen das Publikum die prächtigen Säulenhallen.«

In den folgenden Jahren kam es zu einem kontinuierlichen Ausbau der Trinkhalle. 1887 wurde ein Wasseranschluß, 1895 ein Gasanschluß in die Trinkhalle gelegt. Vermutlich 1899 erfolgte eine Unterkellerung der Trinkhalle und 1908 der Anschluß an die Kanalisation. Seit 1907 wurde die Trinkhalle von der Familie Balbach weiterverpachtet. Ungefähr von diesem Zeitpunkt an beschränkte sich der Betrieb der Trinkhalle nicht mehr ausschließlich auf die Sommermonate, sondern wurde auch während der Wintermonate aufrechterhalten. Der Ausschank erfolgte, zumindest in den Sommermonaten, bis 24 Uhr und wurde auf alkoholische Getränke und Genußmittel sowie ein kleines Speisenangebot erweitert. 1921 plädierte der Generaldirektor der Museen, Wilhelm Waetzoldt, für die Schließung der Trinkhalle, doch wurde der Abriß erst 1937 realisiert. Damit endete eine 54jährige »probeweise und widerrufliche« Versorgung der Berliner und ihrer Gäste nicht ausschließlich mit geistigen, sondern auch mit leiblichen Genüssen in unmittelbarer Umgebung der Museen. *BG*

Tschudi, Hugo von (1851–1911)

Hugo von Tschudi wurde durch seinen leidenschaftlichen Kampf für eine an ästhetischen Maßstäben gemessene Kunst und gegen die Gängelung des Museums durch die Politik zur Legende. Tschudi wurde am 7. Februar 1851 auf dem Gut Jakobshof bei Edlitz in Österreich geboren. Seine Mutter war die Tochter von Ludwig von Carolsfeld, > **Kustos** der Belvederegalerie in Wien, und Nichte des Malers Julius Schnorr von Carolsfeld. Sein Vater war als Diplomat am Wiener Kaiserhof tätig. Nach der Promotion zum Dr. jur. und einem Volontariat am Österreichischen Museum für Kunst und Industrie in Wien 1878/79 berief ihn Wilhelm von Bode 1884 als Direktorialassistenten an das > **Alte Museum** nach Berlin. Nach dem Rücktritt > **Max Jordans** wurde Tschudi am 3. Februar 1896 zum Direktor der > **Nationalgalerie** ernannt. Wenige Monate nach Amtsantritt reiste er im Juni 1896 mit Max Liebermann nach Paris, wo er bei der Kunsthandlung Durand-Ruel mit Edouard Manets »Im Wintergarten« ein Hauptwerk des französischen > **Impressionismus** erwarb. Dies war der Beginn einer Ankaufskampagne moderner französischer Kunst mit Werken von Manet, Claude Monet, Edgar Degas, Paul Cézanne, Auguste Renoir und Auguste Rodin. 1897 erwarb Tschudi mit dem Gemälde »Die Mühle an der Couleuvre bei Pontoise« den ersten Cézanne für ein Museum. Das Ausmaß dieser Provokation ermißt man angesichts der Giebelinschrift der Nationalgalerie, denn durch sie war das Gebäude der deutschen Kunst gewidmet, und die Jahreszahl 1871 verknüpfte die Einheit des Reiches mit dem Sieg über die Franzosen.

Im Dezember 1897 hängte Tschudi die impressionistischen Neuerwerbungen in die Beletage im Mittelgeschoß, was im Abgeordnetenhaus des > **Preußischen Landtags** heftige Haushaltsdebatten auslöste. 1899 polemisierte er in einer Festrede zum Thema »Kunst und Publikum« anläßlich des Kaisers Geburtstag gegen dessen patriotisch-pathetische Kunstauffassung. In der Folge verfügte > **Wilhelm II.** am 29. August 1899, daß die prominente Präsentation impressionistischer Kunst rückgängig zu machen sei (sie wurde in das dritte Ausstellungsgeschoß verlegt) und daß alle Neuerwerbungen, einschließlich aller > **Schenkungen**, von ihm zu genehmigen seien. Mit Hilfe privater Mäzene, zumeist Kunstfreunden des jüdischen Großbürgertums, erwarb Tschudi weiterhin Werke der Moderne, die er sich in günstigen Momenten vom Kaiser als Geschenke bewilligen ließ. So machte er sich von der > **Landeskunstkommission** und dem von ihr verwalteten staatlichen Etat unabhängig.

1905 zeigte Tschudi zum Tod von Adolph Menzel eine große Gedächtnisausstellung, bei der er die malerischen Qualitäten namentlich der Studien hervorkehrte. Gemeinsam mit > **Julius Meier-Graefe** und anderen veranstaltete Tschudi 1906 die legendäre > **Jahrhundertausstellung**. Als er 1907 einige Bilder aus der Sammlung van Eeghen erwerben wollte, um den Mangel an Werken der Schule von Barbizon zu schließen, die dafür nötigen Mittel zunächst aber nicht beschaffen konnte, erklärte > **Anton von Werner**, der Vorstand der Landeskunstkommission, Tschudi eines

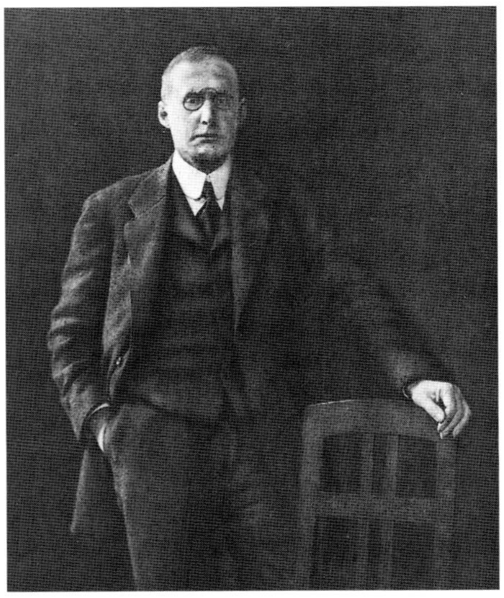

Hugo von Tschudi, um 1910. Fotografie: C. J. v. Dühren

Pflichtversäumnisses schuldig, das seine Entlassung rechtfertigten würde und schlug sich selbst – vergeblich – als Nachfolger vor. 1909 kehrte der vorübergehend beurlaubte Tschudi nach Berlin zurück, zog aber bald darauf unter Mitnahme aller seiner auf Vorrat gekauften Bilder (darunter Hauptwerke von Vincent van Gogh und Paul Gauguin) nach München, wo er Direktor der Pinakotheken wurde.

Während eines Sanatoriumaufenthalts in Bad Cannstadt bei Stuttgart erlag Tschudi am 23. November 1911 den Folgen einer Hauttuberkulose. Nach seinem Tod gelangte im Rahmen der »Tschudi-Spende« 1912/13 eine große Anzahl ausländischer Werke an die Bayerischen Staatsgemäldesammlungen, die Tschudi zu Lebzeiten für die Nationalgalerie in Berlin und für die Pinakothek in München mit gestifteten Geldern beschafft hatte. *EF*

Vandalismus

Vandalismus ist der vorsätzliche und mutwillige Akt der Mißachtung und Sachbeschädigung von Kunstwerken. Die erste überlieferte Meldung von zerstörerischen Attacken auf ein Werk der Nationalgalerie kam 1900 aus Paris: die auf der Weltausstellung gezeigte »Amazone zu Pferde« von Louis Tuaillon war ihrer Axt beraubt worden (nicht zum letzten Mal übrigens, auch 1922, 1990 und 1998 mußte sie nachmodelliert und neu gegossen werden). Ähnliches widerfuhr dem »Lotosbrunnen« der Brüder François und Bernard Baschet, einer Auftragsarbeit der > **Neuen Nationalgalerie** aus dem Jahr 1974, die seit 1982 als Dauerleihgabe im Europacenter aufgestellt ist: Immer wieder wurden Teile beschädigt, sogar abgebrochen und als »Souvenirs« entwendet. Auch andere Skulpturen im Freiraum wurden und werden gelegentlich attackiert, wobei Graffiti-Spraying, Tagging und Scratching die sicherlich lästigsten Formen von Vandalismus darstellen.

Der schwerste Akt von Zerstörung war 1982 der Angriff auf das eben erst erworbene Bild »Who's Afraid of Red, Yellow and Blue IV« von Barnett Newman. Dem Attentat war eine monatelange, teils unsägliche Pressekampagne (> **Presse**) vorausgegangen, die den beabsichtigten Ankauf des Bildes und seinen hohen Preis kontrovers diskutiert hatte. Am 13. April 1982 – Dienstag nach Ostern, als das Haus wegen des Abbaus einer Sonderausstellung für das Publikum geschlossen war – wurde das Bild von einem 29jährigen Studenten der Veterinärmedizin schwer beschädigt. Mit einer Plastikstange, Teil einer Absperrung, die ursprünglich zum Schutz des Gemäldes gedacht war, schlug er auf die Farbfelder ein und hinterließ danach Materialien, die dem brutalen Akt das Flair einer künstlerischen Aktion geben sollten. Nach aufwendiger > **Restaurierung** konnte das Bild erst 1984 wieder gezeigt werden. *MT*

Van de Loo, Otto (geboren 1924)

Der Galerist und Sammler Otto van de Loo gehöre zu jenen, die »versuchen, Werte zu vermitteln oder aufzubauen, die als solche noch nicht erkannt werden«, schrieb > **Dieter Honisch** im Katalog, der 1992 die Ausstellung der großzügigen, 55 Werke der europäischen Nachkriegskunst umfassenden > **Schenkung** des Münchner Kunsthändlers an die Nationalgalerie begleitete. 46 Gemälde, fünf Zeichnungen und Collagen sowie vier Skulpturen von 24 Künstlern verschiedener Generationen aus zehn europäischen Ländern stiftete der 1924 in Witten an der Ruhr als Sohn eines Arztes geborene Otto van de Loo, der sich nach verschiedenen anderen Beschäftigungen wie Schauspielstudium, Kellnerlehre und -tätigkeit, Kundenberater bei BMW und Besuch der Handelsschule schließlich für den Galeristenberuf entschieden hatte. Ein vierwöchiger Parisaufenthalt 1957, wo er Künstler wie Asger Jorn (mit dem er bis zu dessen Tod 1973 eng befreundet war), Matta und Hans Hartung kennenlernte, gab wohl den letzten Ausschlag für diesen Entschluß. So ist es naheliegend, daß in der

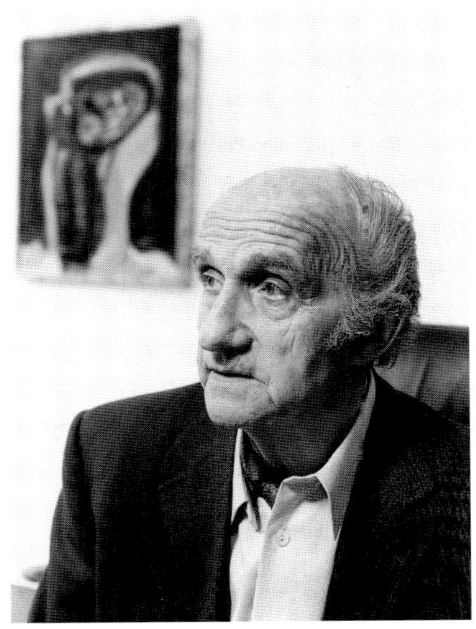

Otto van de Loo. Fotografie: Henning Stegmüller

Berliner Schenkung vor allem die Künstler der Künstlergruppe »COBRA« wie Jorn, Alechinsky, Appel, Constant oder der Münchner Gruppe »Spur« wie Sturm, Prem, Zimmer und Fischer, aber auch Arbeiten von Michaux, Dubuffet, Tàpies, Saura, Rainer, Vostell und anderen vertreten sind.

Die Kollektion spiegelt zugleich in einer repräsentativen Auswahl das Lebenswerk eines Mannes, der während einer Zeit, da die moderne Kunst als »entartet« diffamiert wurde, durch seinen Lehrer Peter Emil Noelle mit der Kunst des deutschen > **Expressionismus** vertraut gemacht und seit Ende der 1950er Jahre selbst zum engagierten Vermittler einer neuen Ausdruckskunst wurde. Mit seiner ersten, 1957 in München eingerichteten Galerie stand er »einer unübersehbar aufbrechenden jungen Generation und deren neuen expressiven Bildwelten« aufgeschlossen und verbunden gegenüber und erkannte in ihnen die »deutliche Gegenposition zur sich abzeichnenden Überintellektualisierung der bildenden Kunst« (van de Loo).

So wurde er in seiner über vier Jahrzehnte währenden Galerie- und Sammeltätigkeit zum nachdrücklichen Förderer einer Kunst, die eine kreative Verwandlung des Realen zum Gegenstand hat. Sein Interesse galt solchen Künstlern, bei denen die Figuration im weitesten Sinn – ob in exzessiver Übersteigerung oder als lapidare Materialspur – zur entscheidenden Intention geworden ist. Aus dieser leidenschaftlichen Haltung heraus entwikkelte Otto van de Loo eine Reihe weiterer lebendiger Aktivitäten: Neben einer zeitweilig, zwischen 1959 und 1961 in Essen geführten zweiten Galerie gründete er in München 1968 die Forum-Galerie und 1970 das Kinderforum. Ebenfalls von großer Bedeutung war die seit 1982 unter Mitwirkung des Malers und Autors Hans Matthäus Bachmayer herausgegebene Reihe »Texte zur Kunst«. 1997 gab van de Loo seine Galerietätigkeit auf, die nun – mit eigenem Profil – von seiner Tochter Marie-José van de Loo weitergeführt wurde. Erneut verdienstvoll waren seine beiden weiteren Schenkungen: 1994 stiftete er dem Kupferstich-Kabinett Dresden 280 grafische Arbeiten von Asger Jorn und 2000 erhielt die Kunsthalle Emden mit 216 Werken einen wesentlichen Teil seiner Kunstsammlung. *FJ*

Verein der Freunde der Nationalgalerie – Alt

Erste Überlegungen zur Gründung eines Stiftervereins der > **Nationalgalerie** reichen bis in das ausgehende 19. Jahrhundert zurück. Bereits > **Hugo von Tschudi** unternahm diesbezüglich erste Schritte, die sich jedoch angesichts seines gespannten Verhältnisses zu > **Wilhelm II.** nicht realisieren ließen. Selbst > **Ludwig Justi**, der 1909 Tschudis Nachfolge antrat, schätzte das Mißtrauen Wilhelms II. zur neueren Kunst ebenso ein. Er befürchtete, daß allein der Versuch, einen derartigen Verein zu begründen, seine Lage als Direktor der Nationalgalerie nicht verbessern, sondern eher erschweren würde. War die blockierende Haltung des Kaisers mit dessen Abdankung 1918 überwunden, erhoben sich in der Person Wilhelm von Bodes weitere Hindernisse. Der ehemalige Generaldirektor und Direktor der Gemäldegalerie sah in Justis Plänen eine Konkurrenz zu dem von ihm ins Leben gerufenen »Kaiser Friedrich Museums-Verein«. Erst nach dem Tod Bodes im März 1929 war für Justi der Weg frei, das Projekt eines Vereins für die Nationalgalerie zu verwirklichen. Nachdem mehrere Versuche bei Vertretern der Wirtschaft zunächst zu keinem Ergebnis geführt hatten, wandte sich Justi an den Bankier und Kunstsammler > **Eduard von der Heydt**, dem er seinen Plan eines Fördervereins darlegte. In relativ kurzer Zeit gelang es ihnen, die Zusagen von Sammlern und anderen Kunstfreunden zu erwirken und bereits für den 18. Juni eine Gründungsversammlung einzuberufen. Neben Eduard von der Heydt, der als Vorsitzender gewählt worden war, gehörten dem Vorstand ein Schatzmeister, der Direktor der Nationalgalerie und für Berlin noch fünf Mitglieder an. Um auch in der Republik angemessen vertreten zu sein, erweiterte man den Vorstand um sechs Mitglieder aus anderen Städten. Der Verein zählte zu dieser Zeit bereits 70 Mitglieder, und man sah die zukünftige Entwicklung recht optimistisch. Diese Tendenz sollte sich jedoch nicht bestätigen, und es ist den politischen Verhältnissen der Zeit geschuldet, daß der Verein sich nicht weiter vergrößerte. Bis 1937 konnten nur noch zwei weitere Mitglieder gewonnen werden.

Seinen Schwerpunkt legte der Verein auf die Unterstützung der Nationalgalerie bei > **Erwerbungen** zeitgenössischer Kunst. Justi dachte dabei vorwiegend an Vertreter der europäischen Moderne, für deren Werke – mit Rücksicht auf die einheimische Künstlerschaft, die die Erwerbungspolitik der Nationalgalerie immer argwöhnisch beobachtete –, eine Verwendung staatlicher Mittel nicht geraten schien. Der Verein konnte dagegen ohne Bedenken internationale Kunst erwerben und damit der Sammlung eine europäische Prägung geben. Die erworbenen Kunstwerke blieben Eigentum des Vereins und wurden der Galerie nur als Leihgabe zur Verfügung gestellt. Damit erhielt man sich eine größere Bewegungsfreiheit, um später das eine oder andere Werk wieder verkaufen oder tauschen zu können. Der Erwerb oblag einem kleinen Kreis, der aus den beiden Vorstandsmitgliedern Eduard von der Heydt und Rudolf von Simolin sowie dem Direktor der Nationalgalerie bestand. Bereits im Dezember 1929 wurden die Gemälde »Hafen« von Raoul Dufy und der Bühnenbildentwurf zu Ibsens »Gespenster« von Edvard Munch erworben. Die Berliner Galerie Ferdinand Möller vermittelte das Gemälde »Segelboote X 54« von Lyonel Feininger und die Bronze »Katze« von Ewald Mataré. In Paris gelangen die für den Verein wichtigsten Erwerbungen: In der Galerie Rosenberg wurde »Tisch mit Laute und Fruchtschale« von Pablo Picasso und in der Galerie Simon die »Bordeaux-Flasche« von Juan Gris erworben. Weiterhin erreichte es Justi, durch die Vermittlung des Vereins die noch dringend benötigten restlichen 58 000 RM des insgesamt auf 220 000 RM dotierten »Garten Daubignys« von Vincent van Gogh aufzubringen.

Mit Anbruch des > **»Dritten Reichs«** endete diese erste, sehr erfolgreiche Phase des Vereins. Es wurden Erwerbungen höchster Qualität getätigt, die unter Verwendung ausschließlich staatlicher Mittel so niemals hätten realisiert werden können. Nach der Amtsenthebung Justis im Juli 1933 reduzierte der Verein seine Aktivitäten auf das Notwendigste. Spektakuläre Ankäufe blieben aus. Man war bemüht, sich den neuen Gegebenheiten anzupassen, ohne jedoch grundsätzliche Positionen aufgeben zu müssen. Obwohl noch 1935 als Schenkung des Barons von der Heydt grafische Arbeiten von Lovis Corinth und auf einer Berliner Auktion von Vincent van Gogh die Zeichnung »Les Alpines bei St. Rémy« und von Paul Cézanne ein »Männlicher Akt« erworben werden konnten, verschlechterte sich die Lage des Vereins. Nach der Olympiade 1936 verstärkten die Nationalsozialisten ihre Anwürfe gegen die Präsentation der Moderne im ehemaligen > **Kronprinzen-Palais**. In diesem Zusammenhang hielt es der Verein für nicht länger vertretbar, seine Werke dort zu belassen. Sie wurden umgehend zur Sicherstellung an die August-Thyssen-Bank überstellt. Nachdem die Stücke wegen zu hoher Depotgebühren wieder zurückgenommen werden mußten, gerieten sie erneut in Gefahr. Um einer Beschlagnahme zuvorzukommen, entschied der Verein, die Werke von sich aus abzugeben. Der Kunsthändler Karl Buchholz, dem der Verein bereits 1937 den Juan Gris übergeben hatte, erhielt im September 1939 die Gemälde von Edvard Munch, Lyonel Feininger, Pablo Picasso und Georges Braque sowie die Aquarelle von Christian Rohlfs. Der Erlös war gering und entsprach keinesfalls dem üblichen Handelswert der Kunstwerke.

Nach diesem Aderlaß, verbunden mit einem erheblichen Rückgang der Mitgliederzahlen, wurde es um die öffentliche Wirksamkeit des Vereins ruhiger. Er konzentrierte seine Tätigkeit auf das »unangreifbare« 19. Jahrhundert mit Ankäufen eines Georg Friedrich Kersting und einer kleinen Studie von der Hand Carl Blechens. Zudem verlegte der Verein seine Aktivitäten auf die Förderung wissenschaftlicher Publikationen. Finanziell gefördert wurde die Ausgabe des zweiten Bandes der Schadow-Monographie des langjährigen Mitarbeiters der Galerie, > **Hans Mackowsky**, sowie die Ausgabe der umfangreichen Briefedition Carl Friedrich von Rumohrs von Friedrich Stock, die > **Paul Ortwin Rave** den noch verbliebenen Vereinsmitgliedern als Jahresgabe und als Zeichen des noch aufrechten Geistes in einer schwierigen Zeit übersandte. Mit dem > **Zweiten Weltkrieg** und der Schließung der Galerie verlor der Verein sein entscheidendes Betätigungsfeld. Am 8. Oktober 1945 bemerkt Paul Ortwin

Rave in einem Bericht an den Generaldirektor über den Zustand des Vereins »Freunde der National-Galerie«, daß dessen Mitgliederzahl einschließlich der im Ausland lebenden sich auf 15 reduziert hatte. *JG*

Verein der Freunde der Nationalgalerie – Neu

Es ist der Initiative von > **Dieter Honisch,** Direktor der > **Nationalgalerie** von 1975 bis 1997, zu verdanken, daß der 1929 von > **Ludwig Justi** gegründete Verein der Freunde der National-Galerie wieder ins Leben gerufen wurde. Die Nationalsozialisten hatten der Existenz dieses Vereines mit Anbruch des > **»Dritten Reichs«** ein Ende bereitet; Wiederbelebungsversuche nach dem Krieg blieben zunächst erfolglos. Am 8. Juli 1977 treffen sich in der Kanzlei von Peter Raue die Gründungsmitglieder Claus Bacher, Dieter Hauert, Ulrich C. C. Jancke, Heinz Pietzsch, Hans Hermann Stober

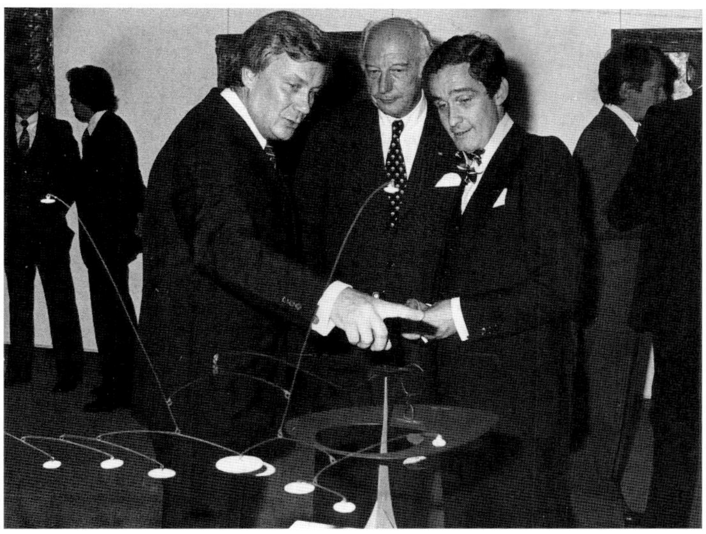

(v. l. n. r.) Dieter Honisch, Bundespräsident Walter Scheel und Peter Raue in der Neuen Nationalgalerie, 1978, anläßlich der Übergabe von Alexander Calders »Dancing Stars«, erworben durch den Verein der Freunde der Nationalgalerie. Fotografie: Ingeborg Lommatzsch

und Dieter Honisch; bei dieser Sitzung wird Peter Raue zum Vorsitzenden des Vereins gewählt – eine Funktion, die er bis heute innehat. Der Mitgliedsbeitrag wird damals schon auf 1000 DM festgelegt, 1975 ein beispiellos hoher Betrag. Walter Scheel – damals Bundespräsident und später Ehrenmitglied des Vereins – schreibt seine Freunde an und fordert sie auf, dieser Westberliner und zugleich nationalen Einrichtung beizutreten. Diese Aktion hat großen Erfolg, und so kann der Verein bereits ein Jahr nach seiner Gründung 64 Mitglieder aufweisen. Heute zählt er über 1000 Mitglieder. In Erinnerung an das engagierte Vorstandsmitglied »Männe« (Hans Hermann) Stober, dem die Jugend und die junge Kunst besonders am Herzen lagen, bietet der Verein seit 1997 jungen Menschen (bis zum Alter von 35 Jahren) eine Mitgliedschaft für die Hälfte des Mitgliedsbeitrages an, der Kreis dieser »Jungmitglieder« nennt sich »Männe-Stober-Kreis«. Nach dem Fall der Mauer erweitert sich der Wirkungskreis des Vereins: zur > **Neuen Nationalgalerie** im Bauwerk von > **Mies van der Rohe**, dem ursprünglichen Fokus der Förderung, gesellen sich alsbald > **Alte Nationalgalerie**, > **Hamburger Bahnhof** – Museum für Gegenwart und > **Friedrichswerdersche Kirche** hinzu.

Heute bestimmen drei Säulen die Tätigkeit des Vereins der Freunde der Nationalgalerie: der Erwerb von Kunstwerken, die Realisierung von Ausstellungen und der Preis der Nationalgalerie für junge Kunst, gestiftet vom Verein. Der Wert der vom Verein in den 1970er bis 1990er Jahren erworbenen Kunstwerke liegt heute bei rund 100 Millionen DM. Das beginnt 1978 mit Max Liebermanns »Stevenstift in Leiden« und Alexander Calders »Dancing Stars«, geht über zu Schwitters »Die breite Schmurchel«, »Kathedrale« und »Kleine Säule« (1974, aus dem Nachlaß Hannah Höch) und findet seinen ersten spektakulären Höhepunkt 1982 im Erwerb von Barnett Newmans »Who's Afraid of Red, Yellow and Blue IV«: 1 200 000 US-$ müssen für dieses Werk gesammelt werden, eine Hälfte trägt der Verein, die andere trägt die > **Stiftung Deutsche Klassenlotterie**. Das Bild wird heute mit einem Vielfachen des Ankaufspreises bewertet. Weitere Beispiele aus den > **Erwerbungen**: Lovis Corinths »Rosa Rosen« (1983, als > **Rückerwerbung** aus dem früheren Besitz der Nationalgalerie, von den Nationalsozialisten als »entartet« ins Ausland verkauft [> **»Entartete Kunst«**]); Anselm Kiefers »Cherubim-Seraphim« und Jean Tinguelys »Relief rouge« (1984); Emil Schumachers »Elam I« und »Talmon« (1985); Eduard Gaertners »Ansicht der Rückfront der Häuser an der Schloßfreiheit« (1993); Otto Dix »Skatspieler« (1995); Max Liebermanns »Blumenstauden am Gärtnerhäuschen nach Norden« (1997); Adolph Menzels »Fuß des Künstlers« (1998); Emil Noldes »Christus und die Sünderin« (1999, zusammen mit der Stiftung Deutsche Klassenlotterie) und viele mehr.

Seit 1984 veranstaltet und finanziert der Verein eine Reihe von Ausstellungen. Die wichtigsten (mit einhundert- bis zweihunderttausend Besuchern): »Edgar Degas. Pastelle, Ölskizzen, Zeichnungen« (1984); »Toulouse-Lautrec. Das gesamte graphische Werk« (1987); »60 Meisterwerke aus der Solomon R. Guggenheim Foundation New York und Venedig« (1989); »Picasso. Die Zeit nach Guernica 1937–1973« (1992/93); »Wege der Moderne. Die Sammlung Beyeler« (1993); »Von Caspar David Friedrich bis Ferdinand Hodler. Meisterwerke des 19. Jahrhunderts aus der Stiftung Oskar Reinhart, Winterthur« (1993); »Munch und Deutschland« (1995); »Max Liebermann. Jahrhundertwende« (1997); »Paul Gauguin. Das verlorene Paradies« (1998/99); »Max Ernst. Die Retrospektive« (1999); »Picasso. Die Umarmung« (2000) und »Andy Warhol. Retrospektive« (2001).

Zur Förderung der aktuellen Kunst wurde der mit 100 000 DM dotierte Preis der Nationalgalerie für junge Kunst, gestiftet von den Freunden der Nationalgalerie, ins Leben gerufen. Erstmals wurde der Preis im Dezember 2000 verliehen; im Mai 2002 wird die nächste Preisverleihung stattfinden. Jeder/jede Künstler/in unter 40 Jahren und sofern in Deutschland tätig, kann als Preisträger vorgeschlagen werden. Eine Jury wählt eine »Short-List« von Künstlern und Künstlerinnen, aus der dann die Nationalgalerie den Preisträger bestimmt.

1996 gründete der Verein die »Hamburger Bahnhof Veranstaltungs GmbH«, die durch Vermietung von Räumen für Fremdveranstaltungen im Hamburger Bahnhof Mittel erwirtschaftet, aus denen kulturelle Veranstaltungen wie Konzerte und Vorträge sowie Ausstellungen im Museum für Gegenwart finanziert werden. *KH/PR*

Vereinigung der Kunstfreunde für die amtlichen Publikationen der Königlichen National-Galerie

Die Direktion der > **Nationalgalerie** gründete 1883 gemeinsam mit dem Firmeninhaber Adolf Otto Troitzsch, dem zugleich die geschäftliche Leitung übertragen wurde, die Vereinigung mit dem Ziel, ausgewählte Gemälde, insbesondere aus der Königlichen Nationalgalerie, durch Farbdrucke zu verbreiten, sie zum Gemeingut aller Kunstfreunde zu machen. Neben Ehrenmitgliedern des preußischen Königs- und Kaiserhauses waren es vor allem Kaufleute, Buch- und Kunsthändler, Fabrikanten und Bankiers, aber auch öffentliche Einrichtungen, die der Vereinigung beitraten. Die Mitgliedschaft ermöglichte es, gegen einen Jahresbeitrag von 20 Mark, farbige Reproduktionen zu Vorzugspreisen zu erwerben. Nachdem bereits Schwarz-Weiß-Publikationen von Kunstwerken durch fotografische Ateliers erfolgreich hergestellt werden konnten, machte es das 1855 in Frankreich erfundene und bis 1875 technisch ausgereifte Verfahren des Farblichtdruckes möglich, Gemälde in farbigen Drucken zu reproduzieren und diese in unbeschränkter Anzahl zu vervielfältigen. Gemessen an den drucktechnischen Möglichkeiten der Zeit fertigte die Firma Troitzsch Farbreproduktionen in ausgezeichneter Qualität an, so daß die Direktion der Nationalgalerie unter > **Max Jordan** sich dazu entschloß, die Reproduktion der Kunstwerke zu veranlassen. Adolf Otto Troitzsch erhielt somit als alleiniger Inhaber der Firma »Vereinigung der Kunstfreunde für die amtlichen Publikationen der Königlichen National-Galerie Ad. O. Troitzsch« eine Generalvollmacht zur Herstellung von Nachbildungen der Gemälde der Nationalgalerie im Farblichtdruck. Obwohl der Verlag mit den angefertigten Kopien nicht mit den Originalen in Konkurrenz treten und nur eine »Erinnerung« an das Original fertigen wollte, belegt ein Katalogeintrag aus dem Jahr 1899 zu Adolph Menzels »Flötenkonzert«, die angestrebte Detailtreue in der Wiedergabe des Originals: Angesichts der »Schäden« des »schwer bedrohten« Werkes »erschien es als Pflicht, es als farbiges Abbild zu erhalten«, und »zum Beweis der Treue desselben ist unterlassen worden, die Risse in der Farbe zu beseitigen«. Solange die Firma Troitzsch »amtliche Publikationen« der Nationalgalerie produzierte, behielt sich die Direktion der Nationalgalerie eine Qualitätskontrolle vor, die auf dem Passepartout eines jeden Farbdruckes durch einen Prägestempel mit dem preußischen Adler und den Buchstaben »K« und »N« dokumentiert wurde. Nachdem die Vereinigung den größten Teil der für eine farbige Wiedergabe geeigneten Gemälde der Nationalgalerie publiziert hatte, weitete Adolf Troitzsch aus kommerziellen Gründen das Verlagsprogramm auf die Reproduktion von Gemälden anderer Sammlungen und auch aus Privatbesitz aus. Mit dem 1. Oktober 1901 war die Firma Troitzsch nicht mehr autorisiert, die Bezeichnung »Vereinigung der Kunstfreunde für die amtlichen Publikationen der Königlichen National-Galerie« zu führen und trug fortan nur den Namen »Vereinigung der Kunstfreunde«. Ein 1912 publizierter Katalog bot auf 300 Seiten insgesamt 584 Drucke reproduzierter Gemälde an, die in verschiedenen Größen mit oder ohne Passepartout, gerahmt oder ungerahmt, zu erwerben waren. Das Bildprogramm entsprach dem »Geschmack der Zeit« und enthielt neben offiziellen Staatsporträts (> **Bildnis-Sammlung**), Historien- und Schlachtengemälden (> **Historienmalerei**) vor allem allegorisch-mythologische und religiöse Darstellungen sowie Landschafts- und Genrebilder. *JG*

Vermächtnisse

Vermächtnis bedeutet – im Unterschied zu einer zu Lebzeiten vorgenommenen > **Schenkung** – die Übereignung von Kunstwerken durch eine testamentarische Verfügung. Für die Berliner > **Nationalgalerie** ist ein solches Vermächtnis sogar grundlegend geworden: 1859 hatte der Berliner Bankkaufmann und Konsul > **Joachim Heinrich Wilhelm Wagener** in seinem Testament verfügt, daß seine 262 Gemälde umfassende Sammlung von Werken noch lebender, vornehmlich deutscher Künstler zum Grundstock einer »nationalen Galerie« gemacht werde. In dem zu dieser Zeit noch in viele kleinere und mittlere Staaten aufgesplitterten Deutschland gab es zudem keine Institution, die staatenübergreifend Werke lebender »vaterländischer« Künstler gesammelt hätte. Und so war bereits im revolutionären Umfeld von 1848 die Forderung nach Gründung einer solchen Galerie erhoben worden. Als Wagener im Januar 1861 starb und damit seine testamentarische Verfügung wirksam wurde, zögerte der damalige Regent Prinz Wilhelm, der spätere deutsche Kaiser Wilhelm I., nicht länger. Durch Erlaß des preußischen Königs vom 27. Februar 1861 wurde das Vermächtnis Wageners realisiert. Und bereits am 22. März 1861 konnte seine Sammlung, ergänzt durch einige Stücke aus dem Besitz des Königs, als »Wagenersche und National-Galerie« in Berlin der Öffentlichkeit zugänglich gemacht werden. Dabei liegt die Bedeutung dieses Vermächtnisses Wageners mehr in der Initialzündung zur Einrichtung der Galerie als im kunstgeschichtlichen Wert seiner Sammlung (die heute überwiegend im Depot gehütet wird).

Im Verlauf ihrer rund 140jährigen Geschichte hat die Nationalgalerie eine Vielzahl einzelner Werke oder auch Werkgruppen durch Vermächtnisse erhalten (die Fülle des diesbezüglichen Materials im Zentralarchiv der Staatlichen Museen bedarf noch der Aufarbeitung). Trennt man jedoch die Spreu vom Weizen, so fällt die Ernte für die Schausammlung der Nationalgalerie eher bescheiden aus. An erster Stelle nach Wagener wird immer wieder das »Vermächtnis > **Felix Koenigs**« genannt. Heute weiß man, daß hier eher von einer Stiftung zu sprechen wäre, denn Koenigs selbst hatte seine durchaus bedeutende Sammlung zeitgenössischer Kunst seinen Geschwistern zugedacht, und erst die hatten beschlossen, eine Auswahl der besten Stücke der Nationalgalerie zu stiften. Da allerdings die Stiftungsbedingungen nicht auf Dauer von der Nationalgalerie eingehalten werden konnten, ging 1932 etwa die Hälfte der mehr als 20 Gemälde und Skulpturen an die Familie zurück. Der im September 1914 verstorbene Georg August Freund hatte der Nationalgalerie seine Sammlung von rund 200 Arbeiten zugedacht, doch letztlich blieb, nach langwierigen Prozessen, für die Nationalgalerie wenig übrig. Und ähnlich verhielt es sich im Fall des Vermächtnisses von rund 60 Gemälden durch die im Januar 1925 verstorbene Marianne Perl. Eine besondere Form des Vermächtnisses – wie das Beispiel der 1998 in Arizona (USA) verstorbenen Vera P. Laski zeigt – ist die testamentarische Festlegung eines Geldbetrages, aus dem die Nationalgalerie nach eigenem Ermessen Kunstwerke erwerben kann. *HJP*

Volontäre

In den europäischen Armeen der frühen Neuzeit war gelegentlich ein besonderer Typus des Soldaten zu finden: der »Volontair«. Im Krieg diente er freiwillig und auf eigene Kosten. Später war von Volontären nur noch im zivilen Leben die Rede. Sie arbeiteten ohne Lohn, um sich berufliche Kenntnisse anzueignen. Vor allem im kaufmännischen Bereich war das Volontariat, meist als Fortsetzung der eigentlichen Ausbildung, verbreitet.

Seit Ende des 19. Jahrhunderts wurden auch an Museen Volontäre beschäftigt. So begannen in Berlin 1896 > **Hans Mackowsky** und 1900 der spätere Direktor der > **Nationalgalerie** > **Ludwig Justi** ihre Laufbahn als Volontäre bei den Königlichen Museen. Schon Justis Vorgänger > **Hugo von Tschudi** hatte 1878/79 in Wien nach seinem Studium ein Volontariat absolviert. In den »Bestimmungen über die Beschäftigung freiwilliger Hilfsarbeiter (Volontäre) bei den Königlichen Museen« aus dem Jahr 1910, finden sich Regelungen, die bis heute an den > **Staatlichen Museen zu Berlin** gültig sind: die Voraussetzung der Promotion in einem relevanten Fach, die Dauer von zwei Jahren und die Feststellung, daß aus dem Volontariat keinerlei Anspruch auf eine spätere Anstellung erwächst. Noch immer üblich ist auch die Praxis, Absolventen aus dem Bereich der mittelalterlichen und neueren Kunstgeschichte an drei verschiedenen Sammlungen für jeweils acht Monate zu beschäftigen. Die Nationalgalerie war stets eine dieser möglichen Stationen.

Nach 1945 ging man im Westen und im Osten Deutschlands bei der Fortbildung des wissenschaftlichen Nachwuchses unterschiedliche Wege. In der DDR gab es die institutionalisierte Form des Volontariats nicht; Fachwissenschaftler gelangten meist über andere praktische Tätigkeiten an ein Museum. Darüber hinaus wurden Studierende der Museologie vor allem für die »kulturpolitische Arbeit der Museen« ausgebildet. In der Bundesrepublik gewann das Volontariat für junge Wissenschaftler zunehmend an Bedeutung. Es stellt, ähnlich wie die mit demselben Begriff bezeichnete Ausbildung von Journalisten, für Wissenschaftler keinen zwingenden, aber einen mittlerweile üblichen Weg in den Beruf dar. Volontäre erhalten heute eine, wenngleich gering bemessene Vergütung.

Das Volontariat soll in die wissenschaftliche, pädagogische und administrative Arbeit eines Museums einführen. An den Staatlichen Museen zu Berlin arbeiten ständig etwa 20 Volontärinnen und Volontäre, die hier seit 1970 die Bezeichnung »wissenschaftliche Museumsassistenten in Fortbildung« tragen. Fast immer zählen einige von ihnen für jeweils acht Monate zu den Mitarbeitern der > **Alten Nationalgalerie**, der > **Neuen Nationalgalerie** und des > **Hamburger Bahnhofs**. *SCH*

Wackerprozeß

Otto Wacker (1898–1958) hatte seine Laufbahn um 1917 mit dem Verkauf von Bildern seines Vaters Hans Wacker, eines Düsseldorfer Autodidakten, begonnen. Es folgte eine kurze Karriere als Varietétänzer in Berlin und im Rheinland, wo er unter dem Namen Olindo Lovaël auftrat. Um 1922 handelte er wieder mit Kunst, jetzt mit Bildern der Holländischen und Düsseldorfer Schule. 1925 überraschte er den Berliner Kunsthandel mit einer Reihe unbekannter Werke Vincent van Goghs (angeblich aus einer russischen Sammlung in der Schweiz), die alle – von namhaften Experten positiv begutachtet – bei Bernheim-Jeune in Paris als echt ausgestellt und in das Werkverzeichnis von Jacob-Baart de la Faille aufgenommen wurden. Der Erfolg ermöglichte es Wacker, Ende 1926 in der Beletage des vornehmsten Hauses der Victoriastraße einen eigenen Kunstsalon zu eröffnen. Höhepunkt war hier eine Ausstellung mit 118 Zeichnungen und Aquarellen van Goghs zur Jahreswende 1927/28; parallel dazu hatte > **Paul Cassirer** eine Ausstellung der Gemälde in seiner Galerie vorbereitet. Kurz vor deren Eröffnung am 15. Januar 1928 begann der Skandal: Als die vier Leihgaben Wackers eintrafen, wurden sie im Kontext der anderen Bilder sofort als unecht erkannt und zurückgewiesen. Nun mehrten sich auch die Zweifel an den anderen Bildern dieser Provenienz. Und als de la Faille Ende des Jahres im Nachtrag zum Werkverzeichnis alle 33 Wacker-Bilder als Fälschungen deklarierte, ließ die Galerie Matthiesen einen Strafantrag wegen Betruges stellen. Gleichwohl fand Wacker weitere Käufer im holländischen Kunsthandel, und eins seiner Bilder gelangte sogar in die Sammlung Kröller-Müller, deren Van-Gogh-Ausstellung am 21. Dezember 1928 im Berliner > **Kronprinzen-Palais** eröffnet wurde. Mit Beginn der Ermittlungen nahmen betroffene Händler – bis auf einen, der zusätzlich verklagt wurde – alle fragwürdigen Bilder zurück. Bei Wacker selbst, seinem Vater und seinem Bruder Leonhard in Düsseldorf – der als Maler viele der inkriminierten Stücke restauriert haben soll und ansonsten als wandlungsfähiger > **Kopist** tätig war – sind weitere Bilder beschlagnahmt worden. Erst nach den über drei Jahre währenden Ermittlungen wurde am 6. April 1932 der Prozeß eröffnet, das Urteil am 16. April lautete: Ein Jahr Gefängnis und 30 000 Mark Geldstrafe wegen fortgesetzten Betruges und Urkundenfälschung. Es entwickelte sich ein heftiger Interessen- und Kompetenzstreit zwischen Händlern und Kunsthistorikern in Holland, Deutschland und der Schweiz, bei dem insbesondere > **Justi** in schärfster Weise angegriffen wurde. Das Urteil in zweiter Instanz vom Oktober 1932 fand strafverschärfende Tatbestände und legte sieben Monate Gefängnis zu. Eine erneute Berufung verlängerte die Strafsache noch bis Ende November 1933. Am Gerichtsurteil änderte sich nichts. Aber der erbitterte Streit der Experten sollte noch Jahre dauern. *MT*

Waetzoldt, Stephan (geboren 1920)

Stephan Waetzoldt, Sohn des legendären preußischen Generaldirektors Wilhelm Waetzoldt und selbst Generaldirektor der > **Staatlichen Museen zu Berlin** von 1965 bis 1982, leitete die > **Nationalgalerie** in einer wichtigen Übergangsphase. Nach dem Ausscheiden von > **Leopold Reidemeister**

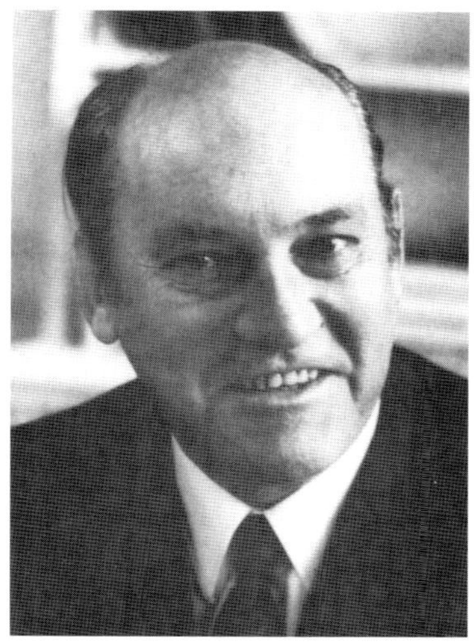

Stephan Waetzoldt, 1983

1965 und bis zur Berufung von > **Werner Haftmann** 1967 übernahm Stephan Waetzoldt die Geschäfte der Sammlung zur Kunst der Moderne, die sich zu diesem Zeitpunkt noch in der > **Orangerie** des Schlosses Charlottenburg befand. Mit großem Engagement setzte sich Waetzoldt für einen Zusammenschluß der Nationalgalerie mit der damals noch separat existierenden > **Galerie des 20. Jahrhunderts** ein. Im Juni 1965 wurde – nicht zuletzt mit Waetzoldts Hilfe – diese Vereinigung durch einen Senatsbeschluß besiegelt und zugleich für den geplanten Neubau von > **Mies van der Rohe** am Kemperplatz auch eine entscheidende Kurskorrektur vorgenommen: die Errichtung des eigentlich als senatseigene Ausstellungshalle geplanten Baus wurde der > **Stiftung Preußischer Kulturbesitz** übertragen. Neben den konkreten Planungen für den Bau der > **Neuen Nationalgalerie** von Mies van der Rohe, die Waetzoldt mit Interesse und Energie begleitete, lenkte der gleichermaßen als Kunsthistoriker wie als Bibliothekar ausgebildete Wissenschaftler Waetzoldt auch alle fachlichen Belange der Sammlung. In seine Amtszeit fällt die glückliche > **Schenkung** von Heinrich Evert, eine Sammlung mit bedeutenden Bildern von Kurt Schwitters, Otto Mueller, Georg Muche, Werner Heldt, Camaro und anderen. Waetzoldts eigentliches Vermächtnis ist jedoch der Lebensfries von Edvard Munch. Acht Hauptwerke aus diesem einzigartigen Zyklus, der dem Schauspieler und Regisseur Max Reinhardt gewidmet ist, konnte

Waetzoldt mit Hilfe des Berliner Kunstvereins und einem Darlehen der Stiftung Volkswagenwerk erwerben. Der Lebensfries zählt bis heute zu den großen Glanzstücken der Sammlung. *JJ*

Wagener, Joachim Heinrich Wilhelm (1782–1861)

Der am 16. Juli 1782 geborene Berliner Bankier und Kaufmann Wagener stiftete mit dem Vermächtnis seiner 262 Gemälde umfassenden Sammlung von Werken zeitgenössischer Künstler an König Wilhelm I. den Kern zum Aufbau der > **Nationalgalerie**. Ausdrücklich verknüpfte er mit diesem Nachlaß den »Wunsch, daß diese Gemälde-Sammlung in dem Umfang, wie sie bei meinem Ableben sich vorfinden wird, ungetrennt erhalten, und daß sie hier in Berlin in einem geeigneten Lokale aufgestellt und allen Künstlern und Kunstfreunden stets zugänglich gemacht werde.« Er verband mit seinem Erblaß an den preußischen Staat die Bitte, daß »die Sammlung [...] fortgeführt werden soll, um so zu einer nationalen Gallerie heranzuwachsen« (§ 9 des Testaments).

Als Sohn des Berliner Kaufmanns Heinrich Wilhelm Wagener und Auguste Dorothea Wilhelmine, geb. Anhalt, wurde Wagener bereits in jungen Jahren in das Kommissions- und Speditionsgeschäft Anhalt & Wagener einbezogen, das sein Vater zusammen mit Otto Heinrich Anhalt 1775 in der Brüderstraße 5 gegründet hatte. Dort machte er die Ausbildung zum Bankkaufmann, erwarb aber auch – angeregt durch die väterliche Kollektion niederländischer Meister – die Liebe zum Sammeln von Kunst, die zunächst im Erwerb von Kupferstichen ihren Ausdruck fand. Nach der 1798 abgeschlossenen Lehre führten ihn ausgedehnte Bildungsreisen 1801–06 durch Europa, auf denen er seine Kunstkenntnisse erweitern konnte. 1815, nachdem Wagener Teilhaber der väterlichen Bank Anhalt & Wagener geworden war, kaufte er sein erstes Gemälde: Karl Friedrich Schinkels »Gotische Kirche auf einem Felsen am Meer«. Seither begann er kontinuierlich, eine Gemäldesammlung von Werken zeitgenössischer Künstler aufzubauen. Lag anfangs der Schwerpunkt seines Sammelns bei der Berliner Kunst, so erweiterte sich mit wachsendem Etat auch das Sammelgebiet, das nun Gemälde der Münchner und der Düsseldorfer Schule einschloß und schließlich auch ausländische Werke, etwa holländische, belgische, italienische und französische, umfaßte. Oft besuchte er die Künstler in ihren Ateliers, führte mit ihnen eine ausgedehnte Korrespondenz und vergab Aufträge nach eigenen Wünschen. Auf diese Weise trug er im Lauf der Zeit eine Gemäldekollektion zusammen, die gleichermaßen seinen persönlichen Geschmack wie den seiner Zeit, des Biedermeiers, spiegelt. So bildeten Sittenbilder, historisches Genre, stimmungsvolle Landschaften und sachliche Architekturveduten das Gros seiner Bildersammlung. Neben den Werken von Schinkel ragen vor allem zwei Landschaften Caspar David Friedrichs (»Der einsame Baum« und »Mondaufgang am Meer«) hervor. Ein erster gedruckter Katalog, der 1828 erschien, verzeichnete bereits 110 Gemälde.

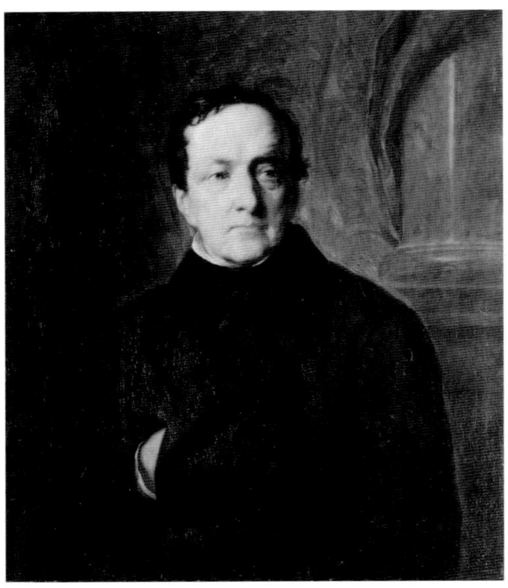

Julius F. A. Schrader, Bildnis des Bankiers Joachim Heinrich Wilhelm Wagener, Stifter der Nationalgalerie, 1856, Staatliche Museen zu Berlin, Nationalgalerie

Am 8. Januar 1831 wurde Wagener für seine kaufmännischen Leistungen mit der Verleihung des Amtes des schwedisch-norwegischen Konsuls geehrt und sein privates Engagement für die zeitgenössische Kunst brachte ihm im selben Jahr die Ehrenmitgliedschaft in der Berliner Akademie ein. Seit 1834 dehnte Wagener seine Sammeltätigkeit auf das systematische Zusammentragen von Künstlerbriefen aus (Zentralarchiv der Staatlichen Museen zu Berlin, > **Archiv**), ergänzt seit 1840 durch eine Autographensammlung. 1848, mit dem Neubezug eines Wohnhauses in der Schillingstraße 10, in dem ein Teil der Sammlung Wagener Unterkunft fand, ergab sich im Stammhaus der Firma, Brüderstraße 5, die Möglichkeit zur öffentlichen Präsentation der übrigen Gemäldebestände, die in der Folgezeit auch in Ausstellungen der Berliner Akademie (1849) und in Wien (1851) zu sehen waren. 1853, nach seinem Rückzug aus den Bankgeschäften, widmete Wagener sich mit besonderer Intensität dem Ausbau seiner Sammlungen, die er unter dem Eindruck der Beschlüsse des Frankfurter Parlaments durch sein am 16. März 1859 verfaßtes Testament als Grundstock einer zu schaffenden Nationalgalerie bestimmte. Somit ging nach seinem Tod am 18. Januar 1861 die Sammlung Wagener an den preußischen König über. *GHV*

Wanderausstellungen

Wiederholt hat die > **Nationalgalerie** Ausstellungen aus den eigenen Beständen zusammengestellt, die über mehrere Stationen hinweg in anderen Städten Deutschlands, vereinzelt aber auch im Ausland gezeigt wurden. Dabei handelte es sich zumeist um Zeichnungen oder – wie seit Beginn der 1990er Jahre – um Werke, die nicht unmittelbar zum Kernbestand der ständigen Sammlung gehörten und mithin für eine Ausleihe über längere Zeit hin verfügbar waren (> **Dauerleihgaben**).

Besonders das große Konvolut an Zeichnungen Adolph Menzels – mehr als 4000 Blätter konnten nach seinem Tod im Jahr 1905 aus dem Nachlaß erworben werden – bot sich in seiner Materialfülle für ausgewählte Sonderausstellungen an. Da offensichtlich Wünsche nach Ausleihen an die Nationalgalerie herangetragen wurden, heißt es in einem Schreiben des »Ministers für geistliche, Unterrichts- und Medizinangelegenheiten« vom 24. Januar 1911 an den Direktor der Nationalgalerie: »Da es nicht angeht, aus der Nationalgalerie die Hauptwerke, an denen den Provinzialmuseen gelegen sein würde, abzugeben, so wird der Versuch zu machen sein, die Bestrebungen der provinzialen Kunstpflege in der Weise zu unterstützen, daß für kürzere Fristen an Provinzialmuseen, Kunstvereine u. dergl. kleinere Wanderausstellungen ausgeschickt werden. Mit Rücksicht auf die gute Aufnahme, welche die Menzelzeichnungen in Hannover gefunden haben, und im Hinblick darauf, daß Zeichnungen nicht in gleichem Maße Transportverletzungen wie die Gemälde ausgesetzt sind, ersuche ich ergebenst, solche Ausstellungen aus dem Bestand der Zeichnungen zusammenzustellen.« Daraufhin wurden 153 Menzel-Zeichnungen zwischen

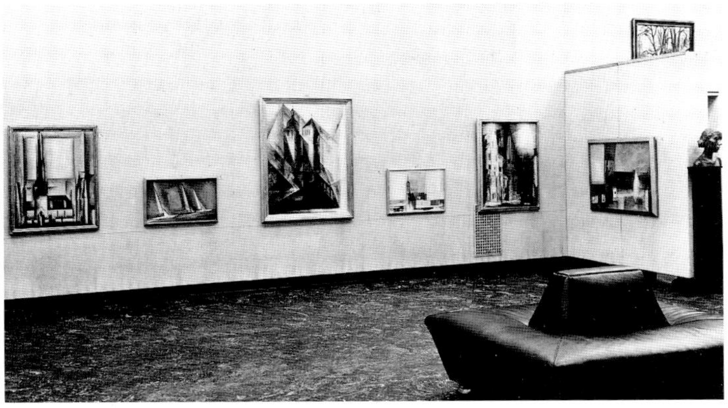

Blick in die Wanderausstellung »Neuere deutsche Kunst«, Oslo 1932, mit Gemälden von Lyonel Feininger aus der Sammlung der Nationalgalerie Berlin

1911 und 1914 nacheinander in 24 deutschen Städten – beginnend in Erfurt, über Kiel, Aachen, Magdeburg, Bonn bis nach Stettin und Danzig – gezeigt. Zwischen 1915 und 1916 sind erneut in 40 deutschen Städten 2100 Blätter Menzels »zur Ausstellung gebracht« worden – dieses Mal wurden mehrere Ausstellungen gleichzeitig vorbereitet.

Von besonderer Bedeutung war die 1932 von > **Ludwig Thormaehlen** im Rahmen eines Austausches mit den skandinavischen Ländern zusammengestellte Schau »Nyere tysk kunst« (Neuere deutsche Kunst) mit Werken aus dem > **Kronprinzen-Palais** von Barlach, Beckmann, Dix, Feininger, Heckel, Hofer, Kandinsky, Kirchner, Klee, Kokoschka, Lehmbruck, Marc, Nolde, Rohlfs, Schmidt-Rottluff und anderen. Sie wurde in Oslo, Kopenhagen, Bergen, Stavanger, Göteborg, Malmö und schließlich auch in Köln mit offensichtlichem Erfolg gezeigt. »Die Reaktion in Deutschland war anders«, schreibt > **Alfred Hentzen** später. »Zu viele Künstler fühlten sich übergangen oder nicht stark genug vertreten. Die Presse war geteilter Meinung, aber die zustimmenden Kritiker waren in der Minderzahl. Von ganz links bis zu den Deutschnationalen stellte man sich empört, daß Liebermann, Corinth und Slevogt nicht dabei wären, obwohl ja bekannt war, daß die Gastgeber es so gewünscht hatten […]« Nolde begrüßte die Auswahl, während Kirchner sich sehr kritisch äußerte. Bald darauf gehörten alle in der Ausstellung vertretenen Künstler zur > **»Entarteten Kunst«**.

Auch nach 1945 sind in sporadischen Abständen Wanderausstellungen konzipiert worden. Dabei waren es erneut vor allem Zeichnungen, die man auf Reisen schickte: Die Nationalgalerie in Berlin (Ost) zeigte zwischen 1958 und 1961 in mehreren ostdeutschen Städten die 1958 von der Sowjetunion zurückgegebenen »Zeichnungen vom Klassizismus bis zum Expressionismus« (> **Rückführungen**, > **Expressionismus**) und 1990/91 »Adolph Menzel 1815–1905. Master Drawings from East Berlin« in verschiedenen Orten der USA, während die Nationalgalerie in Berlin (West) 1979/80 sowohl Zeichnungen von > **Joseph Beuys** als auch »100 Zeichnungen aus der Nationalgalerie« in mehreren westdeutschen Museen ausstellte.

Erst seit Beginn der 1990er Jahre gehören Wanderausstellungen mit Skulpturen und Gemälden – die > **Sammlung der Zeichnungen** war inzwischen an das Kupferstichkabinett abgegeben worden – zum festen Programm der wiedervereinten Nationalgalerie. Ausstellungen wie »Kleinplastiken des 20. Jahrhunderts« (1990–98), »Kleinplastiken des 19. Jahrhunderts« (1992–96), »Figur und Gegenstand. Malerei und Plastik in der Kunst der DDR« (1995–97) und »Kunst der Goethezeit« (2000/2001) haben über Jahre hinweg an verschiedenen Orten der alten und neuen Bundesländer und im Ausland für eine sehr gute Resonanz gesorgt. *FJ*

Werner, Anton von (1843–1915)

Bereits als Schüler brillierte Werner mit stupender handwerklicher Fertigkeit. Historisches, namentlich Napoleon- und Blücherfiguren, glückte ihm ebenso wie die Darstellung von Architektur und Landschaft. Im Alter von 16 Jahren, nach Beendigung seiner Lehre als Stubenmaler, begann er sein Studium an der Berliner Akademie. Unter dem Einfluß der Düsseldorfer Malerschule entwickelte sich Werner bald zu einem der bedeutendsten Historienmaler seiner Zeit. Öffentliche Aufträge wurden ihm in großem Umfang zugespielt.

Mediengeschichtlich betrachtet, steht Anton von Werners > **Historienmalerei** für den zukunftsweisenden Versuch, den Themen der aktuellen Breitenkommunikation (Politik, nationale Selbstfindung, Traditions- und Geschichtspflege) ein künstlerisch wie technisch aufwendiges Bildforum verschafft zu haben. Die UFA-Historienfilme der 1930er und 1940er Jahre und selbst die Monumentalfilme der Cinemascope-Ära sind durch seine Kunst entscheidend geprägt. Kunstgeschichtlich gesehen, hat Anton von Werner jedoch die eher undankbare Rolle eines Schergen ewiger Gestrigkeit: Die Entwicklung der Moderne ging im 20. Jahrhundert in Richtung auf das autonome Kunstwerk. Öffentliche Funktionsbestimmungen wurden als beeinträchtigende Zumutungen abgelehnt.

Diese Mixtur aus medialem Fortschrittsdenken und künstlerischem Reaktionsgeist macht Anton von Werner zu einer umstrittenen Figur in der Geschichte der > **Nationalgalerie**. Als Akademiedirektor, Vorsitzender des Vereins Berliner Künstler, Mitglied der preußischen Kunstkommission, Vorsitzender der Lokalgenossenschaft Berlin und Hauptvorsitzender der Allgemeinen Deutschen Kunstgenossenschaft hatte Anton von Werner einen immensen Einfluß auf den gesamten preußischen Kunstbetrieb.

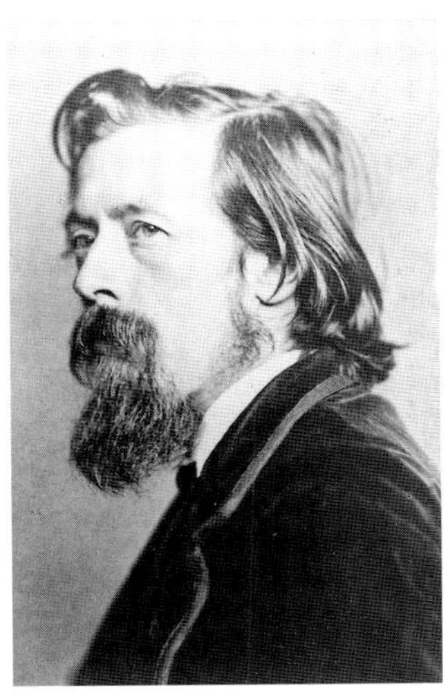

Anton von Werner, um 1887. Fotografie: Loescher und Petsch

Durch > **Wilhelm II.** besonders begünstigt, wirkte Anton von Werners Kunstideal eines monumentalen Bilderdienstes in öffentlichem Auftrag bis in die Ankaufspolitik der Nationalgalerie: Bis 1903 wurden allein für die Nationalgalerie 119 > **Erwerbungen** historischer Darstellungen und politischer Repräsentationsbilder getätigt.

Selbst > **Hugo von Tschudi**, ab 1896 Direktor der Nationalgalerie und erster Wegbereiter der Moderne in der deutschen Museumslandschaft, konnte Werner wenig entgegensetzen; er vermied daher Konfrontationen. In der > **Jahrhundertausstellung** von 1906 klammerte Tschudi die Moderne nach 1875 aus und würdigte das Œuvre Anton von Werners gebührend. Nach der Beurlaubung Tschudis im Frühjahr 1908 wurde Werner sogar selbst als interimistischer Nachfolger im Amt des Direktors der Nationalgalerie vorgeschlagen. Es war dies Werners letzter Triumph. In den wenigen Jahren bis zu seinem Tod befreite sich die Nationalgalerie zusehends von seinem Einfluß. Unter dem neuen Direktor > **Ludwig Justi** wurde der größte Saal des Hauptgeschosses von Historienbildern freigeräumt. Nicht vaterländische Erbauung und ihre mediale Beförderung, sondern das Studium der Kunst und ihr »Genuß« standen nun im Vordergrund.

Die Auseinandersetzung mit Anton von Werner ist für das Selbstverständnis der Nationalgalerie von entscheidender Bedeutung. Darin konturiert sich die Abwendung der Moderne vom massenmedialen Bilderdienst zu einem neuen Ethos der Kunst als freiem Schöpfungsraum autonomer Individualität. Das Identitätsprofil der Nationalgalerie ist bis heute ganz wesentlich dieser Grenzziehung verpflichtet. *MW*

Wiedervereinigung

Schon bald nach der Wende im November 1989 wurden erste Kontakte zwischen beiden > **Nationalgalerien** aufgenommen. Sie führten unter Leitung der beiden Direktoren, > **Peter Betthausen** und > **Dieter Honisch**, am 1. März 1990 im > **Alten Museum** zu einer ersten offiziellen Begegnung der Mitarbeiter. Auch wenn sich zu diesem Zeitpunkt eine Wiedervereinigung noch nicht klar abzeichnete, so wurde dieses Treffen doch zum Auftakt eines Miteinanders beider Seiten. Weitere gemeinsame Arbeitssitzungen, die Darlegung für eine Neupräsentation der Sammlungen durch die Direktoren auf einer gemeinsamen Tagung im Berliner Aspen-Institut am 5. Juli 1990, die erstmals seit der Trennung wieder mit Leihgaben aus beiden Nationalgalerien veranstaltete Carl-Blechen-Ausstellung in der > **Neuen Nationalgalerie** (eröffnet am 30. August) und der Beginn der von Dieter Honisch angeregten Dialog-Reihe (beginnend mit Reiner Ruthenbeck im Alten Museum und Hanns Schimansky in der Neuen Nationalgalerie, beide am 20. September eröffnet) leiteten in dieser bewegten Zeit die Phase der nun inzwischen beschlossenen Wiedervereinigung Deutschlands am 3. Oktober 1990 ein. Für die Feierlichkeiten im Reichstag stellten auf Wunsch der Bundestagspräsidentin Rita Süssmuth die Nationalgalerien in Berlin (West) und Berlin (Ost) dort repräsentative Werke ihrer zeitgenössischen Kunst aus. (Diese Hängung blieb so bis zum November 1994 erhalten.)

Am 3. Oktober 1990 wurden die > **Staatlichen Museen zu Berlin** (Ost) Teil der > **Stiftung Preußischer Kulturbesitz**, die endgültige Zusammenführung der Museen, und damit auch der beiden Nationalgalerien, erfolgte erst zum 1. Januar 1992. Diese Zeit war geprägt sowohl von den intensiven Überlegungen zur künftigen Personalstruktur, die ein Verbleiben aller Mitarbeiter der Nationalgalerie in Berlin (Ost) ermöglichte, als auch von der Weiterführung des nun weitgehend gemeinsam bestrittenen Ausstellungsprogramms. Da Peter Betthausen am 31. Januar 1991 auf eigenen Wunsch ausschied, lag die Leitung nun allein bei Dieter Honisch.

1992 fanden erstmals nach der Zusammenführung zwei Ausstellungen in der > **Alten Nationalgalerie** statt, in denen die vormaligen Bestände Ost und West in umfassender Form vereinigt vorgestellt wurden: »Kunst in Deutschland 1905–1937« und »Wege deutscher Kunst – 40er bis 60er Jahre«. Diese beiden Präsentationen waren neben der Ausstellung der Bildhauerin Sabine Grzimek die letzten zur Kunst des 20. Jahrhunderts in der Alten Nationalgalerie, denn die Neuverteilung der Sammlungen sah nun vor, die Bestände des 20. Jahrhunderts in der Neuen Nationalgalerie und die des 19. Jahrhunderts in der Alten Nationalgalerie zu zeigen. Die neueste Kunst seit > **Joseph Beuys** sollte, zusammen mit der Sammlung > **Marx**, ihren Standort in dem seinerzeit im Aufbau befindlichen > **Hamburger Bahnhof** – Museum für Gegenwart finden. (Er wurde im November 1996 eingeweiht.) Die erste Neueinrichtung der ständigen Sammlung der Kunst des 20. Jahrhunderts im Dezember 1993 in der Neuen Nationalgalerie, in die eine größere Auswahl von in der DDR entstandenen

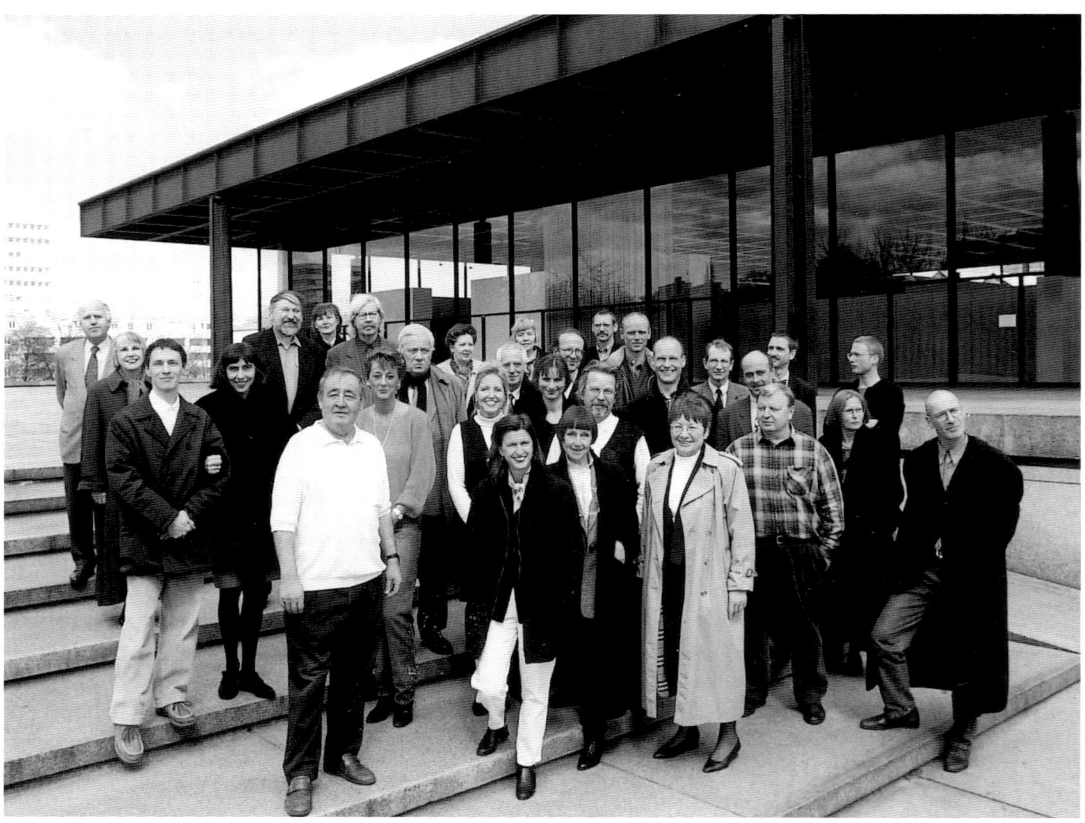

Dieter Honisch bei seiner Verabschiedung am 27. April 1997 im Kreise seiner Mitarbeiter vor der Neuen Nationalgalerie. (v.l.n.r.) Hans Jürgen Papies, Margarete Schauß, André Odier, Angela Schneider, Hans-Joachim Gronau, Friedegund Weidemann, Horst Skorupa, Roland März, Carola Vernimmen, Dieter Honisch, Karin Witte, Gabriele Bösel, Britta Schmitz, Lothar Brauner, Charlotte Brauner, Birgit Verwiebe, Peter-Klaus Schuster, Dolores Mellenthin, Manfred Tschirner, Jörg Makarinus, Johannes Noack, Andres Lepik, Irmtraut Stehr, Fritz Jacobi, Otto Hubacek, Udo Beisert, Bernhard Maaz, Angelika Wesenberg, Sebastian Conrad und Claude Keisch.
Fotografie: Hans-Georg Gaul

Gemälden und Skulpturen miteinbezogen wurde, löste in der Öffentlichkeit mit dem »Deutsch-deutschen Bilderstreit« erneut eine sehr bewegte Debatte aus (> **DDR-Kunst**). Das wiederum zeigte, wie wichtig und richtig es war, sich dieser Problematik zu stellen.

Dieter Honisch, der wesentlichen Anteil an einem durchaus nicht einfachen, aber weitgehend organischen Zusammenwirken der Mitarbeiter beider Seiten hatte, schrieb 1997 bei seinem Eintritt in den Ruhestand: »Zunächst in West und Ost getrennt, dann nach dem Mauerfall vereinigt, führte die Zusammenführung gerade der Bestände des 20. Jahrhunderts, die durch Präsentationen in der Alten Nationalgalerie und im Reichstag vorgeprägt war, zu heftigen Kontroversen. Die Mitarbeiter sind nicht zuletzt dadurch – wir saßen plötzlich in einem Boot – schneller zusammengewachsen, als dies sonst in Berlin der Fall zu sein scheint.« *FJ*

Wilhelm II.

Die Kunstpolitik Wilhelms II. wurde für die > **Nationalgalerie** erst 1896, mit dem Dienstbeginn des eine ganz andere Kunstauffassung vertretenden > **Hugo von Tschudi** relevant. Der Kaiser stand Kunst und Wissenschaft außerordentlich interessiert gegenüber, seine Auffassungen von ersterer sind aus heutiger Sicht allerdings sehr problematisch. Er erwartete Bilder vaterländischer Gesinnung in sauberer Ausführung, und er sah es bedauerlicherweise als sein monarchisches Recht, wenn nicht seine Pflicht an, sich um die Belange der Kultur persönlich zu sorgen. Er vergab Aufträge (Siegesallee) und er hielt gern grundsätzliche Reden zur Kunst.

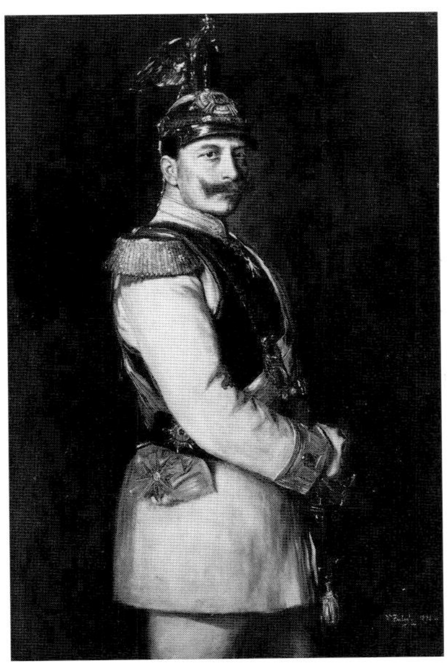

Vilma Parlaghy, Kaiser Wilhelm II., 1895, Staatliche Museen zu Berlin, Nationalgalerie

Die Gründung der > **Berliner Secession** mußte er daher als Verrat betrachten. Auf Tschudis Vorliebe für die moderne französische Kunst reagierte er mit Unverständnis, und nachdem er dessen Mißachtung seiner ästhetischen Normen bemerkt hatte, verstärkten sich die Spannungen. In der wesentlich durch Hugo von Tschudi vorbereiteten Deutschen > **Jahrhundertausstellung** in Berlin 1906 sah er die Historienmaler und Akademiker vernachlässigt (> **Historienmalerei**). Über ein Mißverständnis beim Ankauf einiger Bilder der Malerschule von Barbizon kam es dann zum Eklat, Tschudi wurde beurlaubt.

Dessen Nachfolger, > **Ludwig Justi**, achtete auf ein gutes Verhältnis zum Kaiser, und dieser wiederum vermied nun Gespräche über moderne Kunst. Justi begann seine Tätigkeit mit einer Denkschrift »Die Zukunft der National-Galerie«, welche die Ausgliederung der > **Bildnis-Sammlung** und vieler Historienbilder vorsah und einen Umbau des ersten Hauptgeschosses vorschlug. Sie wurde am 6. Juni 1910 dem Kaiser vorgelesen und fand seine volle Billigung. Damit eröffneten sich Justi große Möglichkeiten. Justi verzichtete bis zur Revolution weitgehend auf > **Erwerbungen** der modernen Kunst seiner Zeit (> **Expressionismus**). Das gute Verhältnis zum Kaiser aber verstärkte wiederum den Argwohn der Secessionisten und vor allem Liebermanns. Erst die Revolution von 1918 entfremdete sie: Justi erhob Anspruch auf etliche der Bilder aus den Berliner Schlössern, wie die Paradebilder von Franz Krüger, und er erkämpfte sich das > **Kronprinzen-Palais** als schon lange geforderte Dependance, in das in Folge Kunst gelangte, die der Kaiser strikt abgelehnt hätte. *AW*

Wissenschaft

Die > **Museumsinsel** sollte nach der Idee > **Friedrich Wilhelms IV.** zu einer »Freistätte für Kunst und Wissenschaft« werden, an dem Museen und Universität im Sinn eines humanistischen Bildungsideals fruchtbar zusammenwirken. Die zunehmende Differenzierung der Institutionen führte jedoch eher zu einer Autonomisierung als zur Zusammenarbeit, zumal die Museen im 19. Jahrhundert selbst begannen, wissenschaftlich zu arbeiten. So lösten die Kunsthistoriker die > **Künstler** als Leiter der Museen ab.

> **Max Jordan**, erster wissenschaftlicher Direktor der > **Nationalgalerie**, schuf die Möglichkeit wissenschaftlichen Arbeitens im Museum durch den Aufbau einer > **Bibliothek**. Die Bearbeitung erfolgt durch > **Kataloge** zur ständigen Sammlung und zu Sonderausstellungen, wobei Kunsthistoriker der Universitäten immer wieder miteinbezogen werden. Ferner sind von der Nationalgalerie begonnene Korpusbände wie der zum Werk Schinkels zu nennen, die über das Museum hinausreichende Forschungen anregten. Auch im Rahmen von Vorträgen und Kolloquien im Museum wird der Dialog mit der Wissenschaft gefördert. Durch die digitale Erfassung von Daten (> **Digitale Datenbank**), die teilweise auf CD-ROM zugänglich sind, ist eine neue Möglichkeit der Erschließung des Bestandes hinzugekommen. Darüber hinaus aber besteht das besondere Charakteristikum der Museen darin, daß sie Wissen anschaulich durch Ausstellungen zu vermitteln in der Lage sind. Die Wissenschaftsgeschichte wiederum spiegelt sich im Charakter und Umfang der Kataloge.

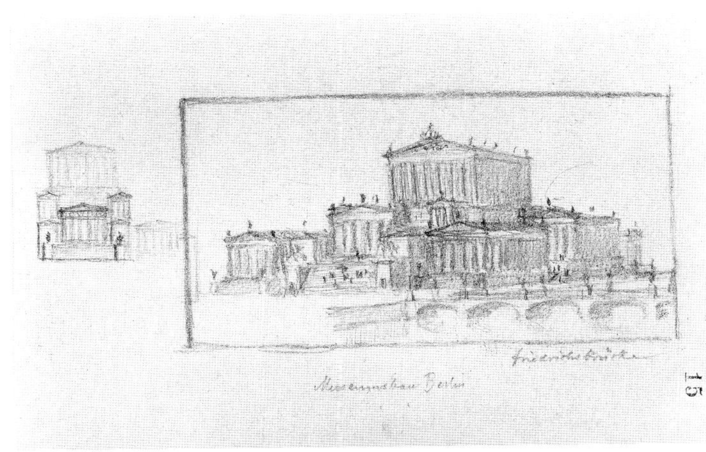

Friedrich Wilhelm IV., Entwurf zu einem Forum der Künste und Wissenschaften, 1841, Stiftung Preußische Schlösser und Gärten Berlin-Brandenburg

Im Zuge der Forschungen zu Museen als Institutionen, die in Deutschland in den 1990er Jahren einsetzte, wurde die Geschichte der Nationalgalerie selbst verstärkt zum Objekt der Kunstwissenschaft. Den Grundstein dafür legte > **Paul Ortwin Rave** mit seiner bereits 1968 veröffentlichten Geschichte der Nationalgalerie. *RL*

Zeichnungen

> **Sammlung der Zeichnungen**

Zweiter Weltkrieg

Mit Beginn des Krieges wurde die > **Nationalgalerie** für den öffentlichen Besuch geschlossen. Die Schausammlungen wurden abgebaut und die Kunstwerke in die Keller des Gebäudes verbracht. Auch in den Außenstellen beließ man vorerst die Kunstwerke in den Kellerräumen derjenigen Häuser, in denen sie sich zuvor befanden. Mit Fortdauer des Krieges und dem Beginn der Luftangriffe auf die Stadt begannen die > **Auslagerungen** des Kunstgutes in die Tiefenkeller der Reichsbank sowie in die > **Flaktürme** Zoo und Friedrichshain. Die Sammlungen waren durch Verordnungen und Erlasse des > **Kultusministeriums** seit Jahren auf den Krieg vorbereitet worden. Bereits 1935 forderte der Kultusminister die Sammlungsdirektoren auf, Listen der zu bergenden Kunstsachen nach Dringlichkeitsstufen I und II einzureichen, Vorschläge über die Form des Abtransportes der Sammlungen zu machen und den erforderlichen Raumbedarf zu benennen. Im Bereich der Luftschutzmaßnahmen wurden wiederholt Verdunkelungsübungen angesetzt, die ab 1939 in regelmäßiger Folge zwangsweise notwendig waren. Die Bauverwaltung der Museen forderte alle Direktoren auf, Berechnungen für die zu projektierenden Luftschutzkeller zu erstellen und Angaben über die Zahl der Dienstwohnungsinhaber, die Stärke der Belegschaft (Beamte, Angestellte, Handwerker und andere) sowie die Durchschnittszahl der Besucher zu machen. Die vollständige Schließung der Kulturstätten konnte aber nicht lange aufrechterhalten werden. Die politische Führung verzichtete nicht auf die propagandistischen Möglichkeiten, die Kunst in den Dienst ihrer Ideologie und Kriegspolitik zu stellen und sie somit zur Stärkung der »inneren Front« heranzuziehen. So war auch die Nationalgalerie gehalten, von den ursprünglichen Sicherheitsmaßnahmen abzugehen und das Stammhaus zumindest teilweise wieder zu öffnen. Im November 1939 erhielt die Nationalgalerie durch den Kultusminister den Auftrag, in ihren Räumen eine Ausstellung über Preußens Erhebung zu veranstalten. Der 1933 in die Kunstbibliothek versetzte ehemalige Direktor der Nationalgalerie, > **Ludwig Justi**, entwickelte daraufhin eine Ausstellung mit dem programmatischen Titel »1813 bis 1815. Großdeutschlands Freiheitskampf«, die von März bis August 1940 im Untergeschoß der Nationalgalerie gezeigt wurde. Im Katalog ist sie als »eine Art von Kriegsmaßnahme der Berliner Museen« bezeichnet, die »nicht vom kunstgeschichtlichen, sondern vom sachlichen Gesichtspunkt her« zusammengestellt wurde, und im Vorwort heißt es, daß Deutschland, wie vor 125 Jahren, »wieder im Entscheidungskampf um sein Lebensrecht« stehe. Wie die Berliner Museen, so hatte auch die Nationalgalerie zunehmend ihre Eigenständigkeit verloren. Viele Mitarbeiter der Galerie wurden zum Wehrdienst eingezogen, und die noch verbliebene Belegschaft versah unter großen Entbehrungen ihren Dienst. Die Umsetzung luftschutzbedingter Sicherungsmaßnahmen sowie bergungsabhängiger Aus- und Umlagerungen von Kunstgut rückten immer mehr in den Vordergrund der musealen Arbeit. Ab März 1943

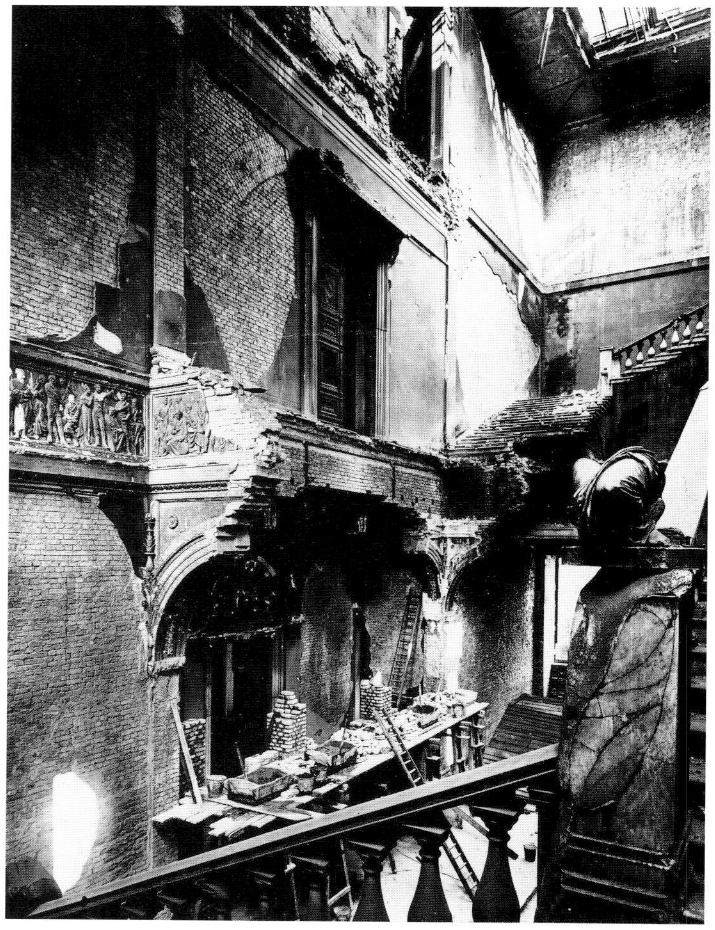

Durch Bomben zerstörter Treppenaufgang in der Alten Nationalgalerie, 1948

kürzte das Kultusministerium den Mitarbeitern den Urlaub. Er wurde nur noch gewährt, wenn nach Ansicht des Dienstvorgesetzten eine »Urlaubsbedürftigkeit« vorlag, und für verbeamtete Mitarbeiter wurde er ab August 1944 ganz gesperrt. Mit Fortdauer des Krieges und den erfolgten Zerstörungen an den Museumsgebäuden wurden die Museumsmitarbeiter verstärkt zu Räumungs- und Bergungsarbeiten verpflichtet. Wer sich diesen Arbeiten entzog, dem drohte die Behandlung nach dem Kriegsrecht. Von den Gebäuden der Nationalgalerie erhielt im Februar 1943 das ehemalige > **Kronprinzen-Palais** die ersten Bombentreffer. Die > **Orangerie** des Charlottenburger Schlosses wurde im November 1943 vernichtet. Die in den Kellerräumen gesicherten Bestände des > **Rauch-Museums** haben den Brand fast unbeschadet überstanden. Weitere Außenstellen der Galerie sind in den letzten Monaten des Krieges zerstört worden. Am 3. Februar 1945 brannte die > **Bauakademie** und nur wenige Tage darauf, am 18. März 1945, das ehemalige Kronprinzen-Palais. Die schwersten Treffer erhielt das Stammhaus im Januar und Februar 1945. Sprengbomben zerstörten das gesamte Treppenhaus und die Cornelius-Säle (> **Cornelius**) vollständig, andere Ausstellungsräume brannten aus. *JG*

AUSSTELLUNGS-CHRONIK

Nach der politischen Spaltung der Stadt 1948/49 wurden die Museen in Berlin (Ost) unter dem Namen »Staatliche Museen zu Berlin« (SMB) weitergeführt, während in Berlin (West) mit Gründung der Stiftung Preußischer Kulturbesitz 1957 die Bezeichnung »Staatliche Museen Berlin, Stiftung Preußischer Kulturbesitz« (SMPK) eingeführt wurde. Die Teilung der Berliner Museen von 1949 bis 1990 ist in der folgenden Liste durch eine Auftrennung in zwei Textstränge dargestellt.

Die Sammlung der Zeichnungen, die ursprünglich Bestandteil der Nationalgalerie war, wurde in Berlin (Ost) 1969 abgespalten und dem Kupferstichkabinett SMB zugeteilt, 1984 zurückgenommen in die Bestände der Nationalgalerie SMB und im Frühjahr 1993 schließlich, im Zuge der Zusammenführung der Museen, dem Kupferstichkabinett SMPK angegliedert. In Berlin (West) wurde der in der Neuen Nationalgalerie vorhandene Bestand der Zeichnungssammlung bereits 1986 an das Kupferstichkabinett SMPK übergeben.

Ausstellungstitel sind nach dem Originalwortlaut zitiert. Angaben zu Daten und Ort sind der Dokumentationslage entsprechend so genau wie möglich erfaßt. Obwohl die Bezeichnung »Alte Nationalgalerie« erst seit 1992 existiert, wurde das Stammhaus der Nationalgalerie auf der Museumsinsel durchgehend mit dem Kürzel »ANG« markiert, so daß es trotz häufig wechselnder Namensgebung als derselbe Ausstellungsort erkennbar ist. Die Entwicklung der Bezeichnungen für die Nationalgalerie ist in der alphabetischen Liste der Ausstellungsorte erklärt.

Ausstellungen wurden – unabhängig vom Veranstaltungsort – von Mitarbeitern der Nationalgalerie konzipiert und durchgeführt. Gastierende und fremdkuratierte Ausstellungen sind nur dann in die Liste aufgenommen, wenn sie in Zusammenarbeit mit der Nationalgalerie erarbeitet oder abgestimmt wurden. Ausstellungen der Nationalgalerie, die für Orte außerhalb Berlins konzipiert und nur dort gezeigt wurden, sind in einer separaten Aufstellung am Ende der Liste angefügt.

Zahlreiche Ausstellungen der Nationalgalerie wurden durch die großzügige Unterstützung des 1977 wiederbegründeten Vereins der Freunde der Nationalgalerie ermöglicht. Diese Ausstellungen sind durch den Zusatz »VFN« gekennzeichnet.

Die Ausstellungsorte (in abgekürzter Form erfaßt):

AdK Akademie der Künste. Bis 1907 im Gebäude des Marstalls Unter den Linden 8, danach im Akademiegebäude am Pariser Platz 4. 1950 dort neugegründet als Deutsche Akademie der Künste zu Berlin (Ost). 1972 umbenannt zu Akademie der Künste der DDR. In Berlin (West) 1954 Neugründung der Akademie der Künste, seit 1960 ansässig im Neubau am Hanseatenweg 10.

AM Altes Museum am Lustgarten. Eröffnet 1830, zerstört 1945, wiedereröffnet 1966.

ANG Alte Nationalgalerie, Bodestraße 1-3. Heutige Bezeichnung für das Stammhaus der Nationalgalerie auf der Museumsinsel:
21. März 1876 als »Königliche National-Galerie zu Berlin« eröffnet.
1876-1896 als autonomes Haus geführt.
1896-1909 der Generaldirektion der Museen unterstellt.
1919-1939 »National-Galerie zu Berlin«. Bis 1937 autonom.
1. Oktober 1937 erneut der Generaldirektion unterstellt.
1945 Teilzerstörung des Gebäudes.
1945-1951 der Verwaltung des Magistrats von Groß-Berlin unterstellt.
1951-1990 »Nationalgalerie der Staatlichen Museen zu Berlin« (Ost).
1. Januar 1992 Zusammenführung der Nationalgalerien SMB und SMPK. Seitdem bezeichnet als »Alte Nationalgalerie, Staatliche Museen zu Berlin, Preußischer Kulturbesitz«. Ausstellungsort für die Bestände der Kunst des 19. Jahrhunderts.
1998-2001 zur Generalsanierung geschlossen.
2. Dezember 2001 Wiedereröffnung der Alten Nationalgalerie.

BSlg Bildnis-Sammlung in der Bauakademie, (ehemaliger) Schinkelplatz 6. 1913 eröffnet als erste Dependance der Nationalgalerie.

BS Berliner Schloß.

FWK Friedrichswerdersche Kirche, Werderscher Markt. Seit 1987 Schinkelmuseum und Dependance der Nationalgalerie SMB. Ort der ständigen Ausstellung »Plastik der Schinkelzeit«. Seit 1992 Dependance der Nationalgalerie SMPK.

HaW Haus am Waldsee, Berlin-Zehlendorf, Argentinische Allee 30. Seit 1945 als kommunale Galerie Ausstellungsort für zeitgenössische Kunst.

HdK Hochschule der Künste (vor 1975 Hochschule für bildende Künste), Hardenbergstr. 53.

HBF Hamburger Bahnhof, Museum für Gegenwart Berlin. Invalidenstraße 50-51. Eröffnet 1996 als Dependance der Nationalgalerie SMPK, in Kooperation mit dem Kupferstichkabinett, dem Kunstgewerbemuseum und der Kunstbibliothek SMPK.

KF Kunstforum in der Grundkreditbank, Budapester Straße 35.

KP Ehemaliges Kronprinzen-Palais, Unter den Linden 3. Von 1919 bis 1937 »Neue Abteilung der Nationalgalerie« (auch »Galerie der Lebenden« genannt).

MD Museum Dahlem, Lansstraße 4.

NNG Neue Nationalgalerie, Potsdamer Straße 50. Eröffnet 1968. Nach 1992 Ausstellungsort für die Bestände der Kunst des 20. Jahrhunderts.

ONH Otto-Nagel-Haus, Märkisches Ufer 16-18. 1973-1995 Ort für wechselnde Sonderausstellungen. Von 1982 bis 1989 mit der »Sammlung proletarisch-revolutionärer und antifaschistischer Kunst« eine Dependance der Nationalgalerie. Seit 1995 Bildarchiv SMPK.

ChK Schloß Charlottenburg, Knobelsdorfflügel (auch »Neuer Flügel« genannt). Von 1986 bis 2001 »Galerie der Romantik« der Nationalgalerie SMPK.

ChO Schloß Charlottenburg, Große Orangerie. 1959-1968 Ort der ständigen Ausstellung der Nationalgalerie in Berlin (West).

PP Prinzessinnen-Palais, Oberwallstraße.

SBG Die Sammlung Berggruen – Picasso und seine Zeit, Berlin-Charlottenburg, Schloßstraße 1. Eröffnet 1996 als Dependance der Nationalgalerie SMPK.

SF Schloß Friedrichsfelde.

SKF Sonderausstellungshallen im Kulturforum, Matthäikirchplatz 4. Eröffnet 1998.

ZH Zeughaus, Unter den Linden 2.

Die Sonderausstellungen der Nationalgalerie 1861–2001

1861
Die Schenkung von 262 Gemälden aus der Kunstsammlung des Bankiers Joachim H. W. Wagener an den preußischen König veranlaßt die Gründung der Nationalgalerie, deren Grundstock sie fortan bildet.
Die Sammlung Wagener und Bilder aus der königlichen Kunstsammlung. Ausstellung zur Eröffnung der »Wagenerschen und National-Galerie« am 22. März 1861. Vorläufige Unterbringung im Obergeschoß des Akademiegebäudes Unter den Linden.

1869
Ausstellung der Cornelius-Cartons. AdK

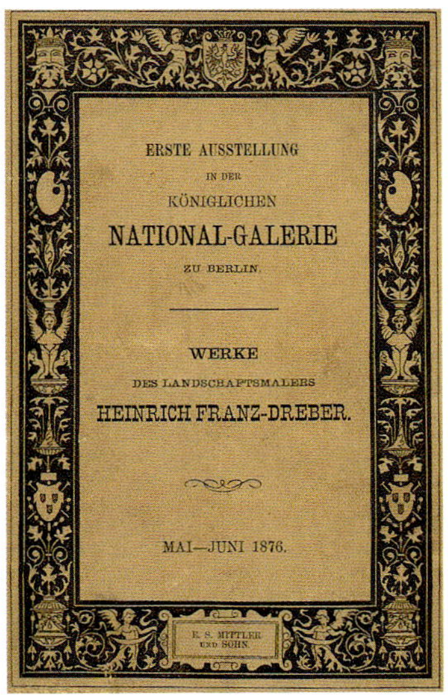

Werke des Landschaftsmalers Heinrich Franz Dreber (1876), erste Sonderausstellung der Königlichen National-Galerie. Buchumschlag Ausstellungskatalog

1876
Am 21. März 1876 wird der 1866–76 nach Plänen von August Stüler errichtete Neubau der Nationalgalerie eröffnet.
Werke des Landschaftsmalers Heinrich Franz Dreber. ANG, Mai–Juni 1876
Werke von Alfred Rethel, Joseph v. Führich, Friedrich Gunkel. ANG, Dezember 1876

1877
Werke von Rudolf Henneberg, Wilhelm Schirmer, Hugo Harrer. ANG, 22. März–12. Mai 1877

1878
Ausstellung von Werken Julius Schnorrs von Carolsfeld 1794–1872. ANG, Januar–Februar 1878
Werke von Ludwig Richter, Theodor Mintrop, Julius Albert Elsasser und Heinrich Funk. ANG, Mai–Juni 1878.
Tizian-Ausstellung des Vereins Berliner Künstler. ANG, Februar 1878

1879
Ausstellung von Werken des Professors Friedrich Preller 1804–1878. ANG, 1879
Ausstellung von Nachbildungen italienischer Malerwerke des 15. und 16. Jahrhunderts. Venezianer, Paduaner, Florentiner. Leonardo da Vinci, Fra Bartolomeo, Andrea del Sarto. ANG, Mai–Juni 1879
Ausstellung von Reiseskizzen, architektonischen, dekorativen und kunstgewerblichen Aufnahmen. ANG, 1879

1880
Werke von Eduard Meyerheim, Ernst Fries, Friedrich Nerly. ANG, Februar–März 1880
Werke von Anselm Feuerbach. ANG, April–Juni 1880
Werke von Karl Friedrich Lessing. ANG, September–Oktober 1880

1881
Werke von Christian Morgenstern, Franz Krüger, Antonie Biel und Ernst Willer. ANG, Januar–Februar 1881
Ausstellung von Maler-Radierungen französischer und englischer Künstler der Neuzeit. In Zusammenarbeit mit dem Königlichen Kupferstichkabinett. ANG, April–Juni 1881
Werke von Marie von Parmentier, Karl Blechen, Adolf Schrödter und August Bromeis. ANG, 20. November 1881–20. Januar 1882

1882
Werke von Christian Wilberg. ANG, 4. Oktober–30. November 1882

1883
Werke von Adolf Dressler, Adolf Lier, Eugen Neureuther und Adolf Eybel. ANG, Februar–Mai 1883

1884
Gustav Richter. Gedächtnisausstellung. ANG, 19. Mai–30. Juni 1884

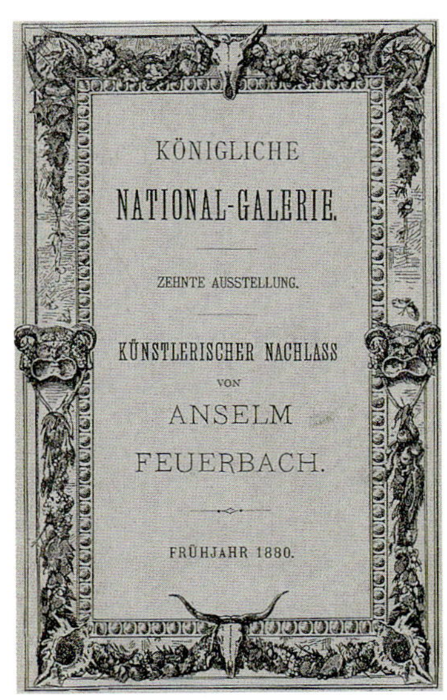

Werke von Anselm Feuerbach (1880), Buchumschlag Ausstellungskatalog

Werke von Karl Graeb, Otto Günther und Albert Berg. ANG, 23. November 1884–31. Januar 1885

1885
Werke von Ludwig Burger und Gustav Lüderitz. ANG, 22. Februar–30. April 1885
Werke von Wilhelm Camphausen und Theodor Kotsch. ANG, 15. Oktober–30. November 1885
Ausstellung farbiger und getönter Bildwerke in der Königlichen National-Galerie zu Berlin. ANG, 14. November–31. Dezember 1885
Adolph Menzel zum 70. Geburtstag. Anläßlich seines 50-jährigen Künstlerjubiläums. ANG und AdK, März–April 1885

1886
Werke von Carl von Piloty, Carl Spitzweg und Friedrich Voltz. ANG, November–Dezember 1886

1887
Werke des Historienmalers Eduard von Steinle. ANG, März–April 1887
Werke von Georg Meyer von Bremen, Rudolf Schick, Karl Hausmann und August Behrendsen. ANG, 22. Mai–3. Juli 1887

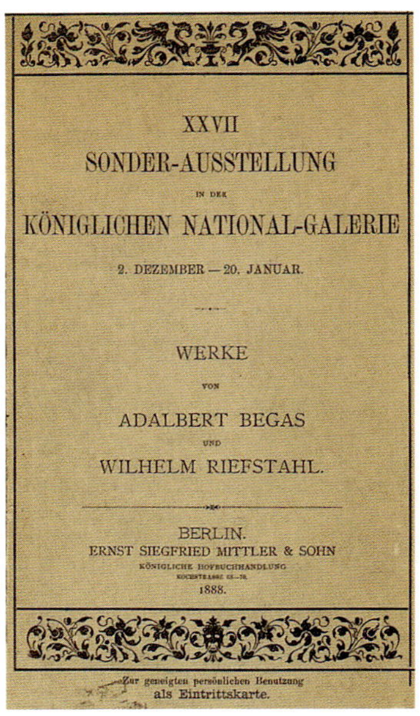

Werke von Adalbert Begas und Wilhelm Riefstahl (1888/89), Buchumschlag Ausstellungskatalog

1888
Werke von Carl Gottfried Pfannschmidt. ANG, 8. April–22. Mai 1888
Werke von Adalbert Begas und Wilhelm Riefstahl. ANG, 2. Dezember 1888–20. Januar 1889

1890
Ausstellung der Werke von Wilhelm Gentz und Carl Steffeck. ANG, 3. November–15. Dezember 1890
Ausstellung der Werke von Eduard Bendemann. ANG, 3. November–15. Dezember 1890

1891
Ausstellung der Radierungen von Bernhard Mannfeld. ANG, 1891
Ausstellung der Werke von Karl Stauffer-Bern. ANG, 4. Dezember 1891–14. Januar 1892
Ausstellung der Werke von Oskar Wisnieski. ANG, 4. Dezember 1891–14. Januar 1892

1892
Sonderausstellung der Werke von Gustav Spangenberg. ANG, März 1892
Ausstellung der Werke von Theodor Große. ANG, Mai 1892

1893
Ausstellung des künstlerischen Nachlasses von Paul Graeb und Karl Eduard Biermann. ANG, ab 11. März 1893
Ausstellung des künstlerischen Nachlasses von Otto Brandt, Paul Schobelt und Julius Scholtz. ANG, 1893

1894
Aquarell-Ausstellung. Auswahl aus dem Dr. Theodor Wagener'schen Vermächtnis und neueren Erwerbungen der Königlichen National-Galerie zu Berlin. ANG, ab 4. Februar 1894
Ausstellung des künstlerischen Nachlasses von Louis Spangenberg. ANG, ab 11. April 1894
Ausstellung amerikanischer Holzschnitte. ANG, 1894
Ausstellung des künstlerischen Nachlasses von Hermann Baisch und Christian Ludwig Bökelmann. ANG, 14. November–16. Dezember 1894

1895
Werke von Bruno Piglhein. ANG, 20. Januar–3. März 1895
Ausstellung der Werke von Graf Stanislaus von Kalckreuth und Leonhard Gey. ANG, 25. April–6. Juni 1895

Ausstellung von Werken Adolph Menzels. Adolph Menzel zur Feier seines 80. Geburtstages am 8. Dezember 1895. ANG

1896

Ausstellung von Werken des Malers Gustav Graef. ANG, März 1896
Ausstellung von Werken des Malers Robert Warthmüller. ANG, April–Mai 1896
Ausstellung von Werken des Malers Albert Brendel. ANG, Juni 1896
Ausstellung der neuen Erwerbungen. ANG, Dezember 1896

1898

Ausstellung von Werken der Maler Albert Dressler und Otto Knille. ANG, November–Dezember 1898
Ausstellung von Werken des Malers Benjamin Vautier. ANG, Dezember 1898–Januar 1899

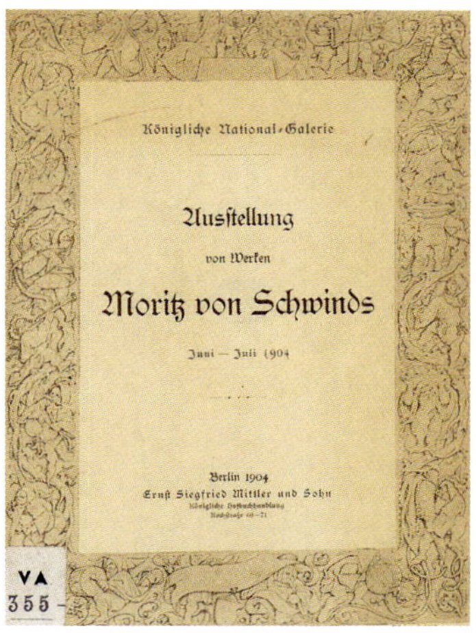

Ausstellung von Werken Moritz von Schwinds (1904), Buchumschlag Ausstellungskatalog

1899

Ausstellung von Werken des Malers Carl Gehrts. ANG, April–Mai 1899
Ausstellung von Werken des Malers Adolf Schreyer. ANG, Oktober–November 1899

1901

Ausstellung der Sammlung Felix Koenigs. ANG, März–April 1901

1904

Ausstellung von Werken Moritz von Schwinds. ANG, Juni–Juli 1904

1905

Ausstellung von Werken Adolph von Menzels. ANG, ab 27. März 1905

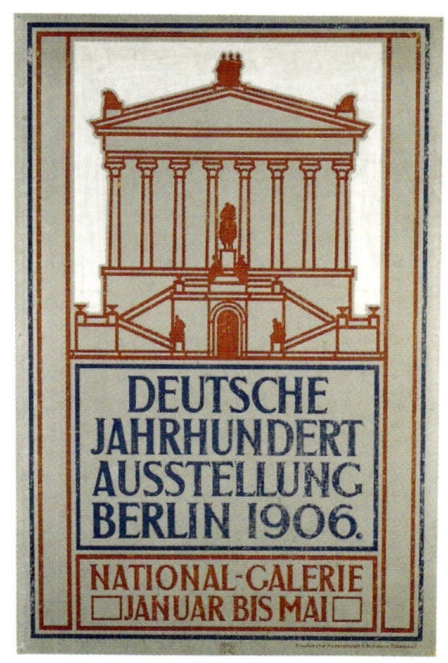

Deutsche Jahrhundertausstellung (1906), von Peter Behrens entworfenes Ausstellungsplakat

1906

Deutsche Jahrhundertausstellung. Deutsche Kunst aus der Zeit von 1775–1875 in der Königlichen Nationalgalerie zu Berlin. ANG, 24. Januar–1. Juli 1906

1911

Erwerbungen für die Königliche National-Galerie von 1910 und 1911. AdK, 24. September–18. Oktober 1911

1913

Gründung einer Deutschen Bildnis-Sammlung in Schinkels Bauakademie.

1919

Die »Neue Abteilung der Nationalgalerie« (»Galerie der Lebenden«) wird im ehemaligen Kronprinzen-Palais eröffnet.
Christian Rohlfs zum 75. Geburtstag. KP, Dezember 1919

1920

Emil Nolde. Handzeichnungen. KP, November 1920
Junge holländische Kunst. KP, 9. Dezember 1920–9. Januar 1921

1921

Ernst Ludwig Kirchner. KP, 29. Januar–März 1921
August Macke. Gemälde und Zeichnungen. KP, März 1921
Valori plastici. Gemälde, Zeichnungen, Plastiken. KP, 7. April–Anfang Mai 1921
Vincent van Gogh. KP, ab 8. Juni
Else Lasker-Schüler. Zeichnungen. KP, Februar 1921
Junge rheinische Kunst. KP, 13. Oktober–November 1921
Max Pechstein. Neue Werke. KP, Dezember 1921
Max Slevogt. KP, 1921

1922

Franz Marc. KP, März 1922
Erich Heckel. Neue Werke: Gemälde, Aquarelle aus dem Jahre 1921. KP, ab 28. März 1922
Paula Modersohn-Becker. KP, Mai–Mitte Juli 1922

Religiöse Bilder von Willy Oeser. KP, September 1922
Sammlung H. Kirchhoff, Wiesbaden. KP, Dezember 1922. Ausstellungsdauer wegen Aufbau einer Paul-Klee-Ausstellung auf zwei Tage reduziert.
Gemälde von Hans Thoma aus deutschem Privatbesitz. ANG, 11. März-Ende April 1922

1923
Ausstellung moderner indischer Aquarelle. KP, Februar-März 1923.
Lovis Corinth zum 65. Geburtstag. 170 Bilder aus Privatbesitz. KP, ab 29. Juni 1923
Paul Klee. Gemälde, Aquarelle, Zeichnungen. KP, Februar 1923
Ewald Dülberg. Glasfenster. KP, März 1923
Edwin Scharff. 62 plastische Arbeiten. KP, ab 26. April 1923
Karl Hagemeister anläßlich zur Wiedereröffnung des neu geordneten Stammhauses. ANG, 27. Juni-Juli 1923
Conrad Felixmüller. Aus dem Ruhrgebiet. KP, Oktober-November 1923

1924
Curt Herrmann zum 70. Geburtstag. KP, ab 6. Februar 1924
Rudolf Belling. KP, März-April 1924
Johann Erdmann Hummel. ANG, März-April 1924
Heinrich Campendonk. KP, September-Oktober 1924
Lesser Ury. ANG, Dezember 1924
Otto Dix. KP, ab 28. November 1924

1925
Landschaften von Arnold Böcklin, gemalt um 1851. ANG, August-September 1925
Christian Rohlfs. Gemälde, Aquarelle, Zeichnungen, Holzschnitte von 1874-1924. KP, Februar-März 1925
Overbeck, Wasmann, Oehme. ANG, ab 9. Dezember 1925
Julius Hübner. 1806-1882. ANG, Dezember 1925-Januar 1926
Neue Schweizer Kunst. KP, November-Dezember 1925

1926
Vier-Nationen-Ausstellung. Gemälde jüngerer Künstler aus Deutschland, England, Frankreich und den Vereinigten Staaten. ANG, 22. Juli-August 1926
Ausstellung älterer Berliner Kunst. BSlg, ab 4. November 1926
Lovis Corinth. Ausstellung von Gemälden und Aquarellen zu seinem Gedächtnis. ANG, 30. Januar-Ende April 1926
Schwedische Kunst der Gegenwart. KP, April-Mai 1926
Alfred Rethel. 1816-1859. ANG, August-Oktober 1926
Oskar Moll. Gemälde und Aquarelle. KP, ab 22. Januar 1926
Paul Adolf Seehaus. Gedenkausstellung. KP, ab 5. März 1926

1927
Gemälde und Zeichnungen von Arnold Böcklin. Ausgestellt zur Feier seines 100. Geburtstages am 16. Oktober 1927. ANG, 15. Oktober 1927-5. Februar 1928
Otto Faber du Faur. 1828-1901. ANG, 22. Februar-1. Mai 1927
Edvard Munch. KP, 12. März-15. Mai 1927
Deutsche Kunst. Zeichnungen. Erworben nach 1910. KP, ab 1. Juli 1927

1928
Ausstellung neuerer deutscher Kunst aus Berliner Privatbesitz. KP, ab 31. März 1928
Zweite Ausstellung deutscher nach-impressionistischer Kunst aus Berliner Privatbesitz. KP, ab 18. Juli 1928
Max Slevogt. Neu erworbene Handzeichnungen. KP, ab 25. September 1928
Leopold von Kalckreuth. Aus Privatbesitz. KP, Dezember 1928
Vincent van Gogh. 143 Werke aus dem Besitz von Frau Kröller-Müller in Haag. KP, 21. Dezember 1928-3. März 1929

1929
Neugestaltung der Bildnis-Sammlung Bauakademie. Bslg, ab 25. Juni 1929

Belling und sein Werk und Bilder von Nolde. Zeichnungen, Aquarelle und Leihgaben von Emil Nolde. KP, Juli-Ende September 1929
Heinrich Zille. Auswahl von Zeichnungen und Aquarellen aus dem Bestand der Nationalgalerie. KP, August 1929

1930
Eröffnung des Rauch-Museums am 3. Oktober anläßlich der 100-Jahres-Feier der Museen in der Orangerie, Schloß Charlottenburg.
Werke von Paul Klee aus der Sammlung Otto Ralfs, Braunschweig. KP, 4. April-Juni 1930

1931
Lyonel Feininger. KP, 19. September-Oktober 1931
Otto Mueller. Gedenkausstellung. KP, 21. Mai-30. August 1931
Maria Slavona. Gedenkausstellung. KP, 25. November-Dezember 1931
Lesser Ury. Gedenkausstellung. ANG, ab 19. Dezember 1931
Leo von König. ANG, Februar 1931
Eröffnung des Schinkel-Museums im Prinzessinnen-Palais am 13. März 1931, anläßlich des 150. Geburtstags von Karl Friedrich Schinkel.

1932
Neue dänische Malerei 1932. KP, 5. November-Ende Dezember 1932

1933
Zeitgenössische norwegische Malerei und Skulptur in der Nationalgalerie, Frühjahr 1933
Neue italienische Gemälde und Neuerwerbungen. KP, ab 14. Februar 1933
Fritz Rhein zum 60. Geburtstag. Gemälde und Aquarelle aus dem Besitz der Nationalgalerie. KP, März 1933
Karl Hagemeister zum 85. Geburtstag. Gemälde aus dem Besitz der Nationalgalerie. ANG, ab 10. März 1933
Paul Baum. Gedächtnisausstellung. KP, 31. März-Ende April 1933
Neuere norwegische Kunst. KP, 17. Mai-Juli 1933
Karl Leipold. KP, 14. Dezember 1933-3. April 1934

1934
Der Tanz in der Kunst. PP, 8. Dezember 1934-4. März 1935
Deutsche Kunst seit Dürer. Teil I: **Das Bildnis in der Plastik.** PP, November 1934-3. März 1935

1935
Adolph Menzel. Zum 120. Geburtstag und 30. Todestag des Künstlers. In Zusammenarbeit mit der Preußischen Akademie der Künste. ANG, Februar-März 1935
Deutsche Kunst seit Dürer. Teil II:. **Das Ereignisbild.** PP, 12. April-30. Juni 1935
Deutsche Kunst seit Dürer. Teil III: **Das Stilleben.** PP, 30. November 1935-16. Februar 1936

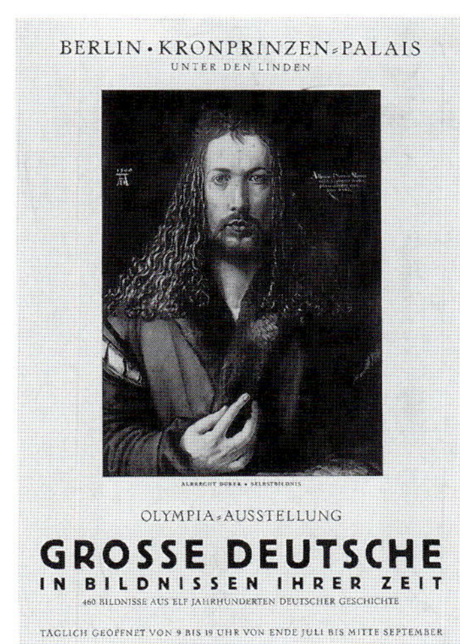

Große Deutsche in Bildnissen ihrer Zeit (1936), Ausstellungsplakat

1936
Chinesische Malerei der Gegenwart. Aus der Sammlung des Botschafters Dr. Oskar P. Trautmann, Nanking. In Zusammenarbeit mit der Gesellschaft für Ostasiatische Kunst. PP, Mai-Juni 1936
Große Deutsche in Bildnissen ihrer Zeit. Anläßlich der XI. Olympischen Spiele. KP, 30. Juli-27. September 1936
Deutsche Kunst seit Dürer. Teil IV: **Das Sittenbild.** PP, 18. Dezember 1936-14. Februar 1937

1937
Die »Neue Abteilung der Nationalgalerie« im Kronprinzen-Palais wird am 5. Juli 1937 durch das Kultusministerium geschlossen.

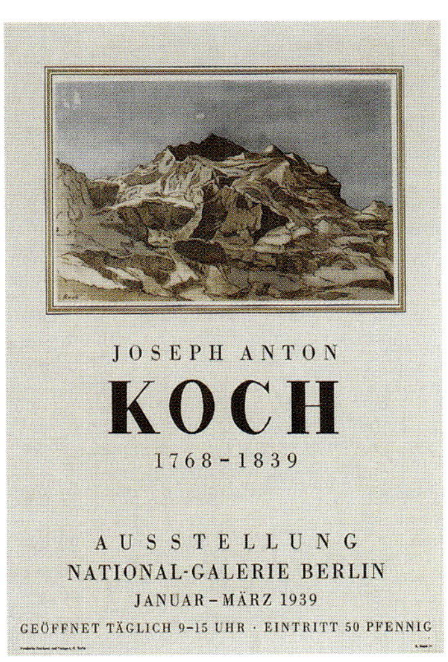

Joseph Anton Koch zum 100. Todestag (1939), Ausstellungsplakat

1939
Joseph Anton Koch zum 100. Todestag. 1768-1839. ANG, 21. Januar-2. April 1939

1940
1813 bis 1815. Großdeutschlands Freiheitskampf. ANG, 16. März-1. September 1940

1942
Italienische Ausstellung. ANG, 28. Oktober-22. November 1942

1943
Ausstellung deutscher Künstler aus Ungarn. Veranstaltet von Volksdeutschen. ANG, 8. Juli-31. Juli

1945
Teilzerstörung der Nationalgalerie durch Bombenangriffe.

West

1951
Deutsche Malerei des 19. Jahrhunderts. ChK, Oktober 1950-März 1951

Ost

1946
Wiedersehen mit Museumsgut. Erste Schau seit 1940 aus Beständen der Berliner Kunstmuseen. BS, ab 21. Dezember 1946

1947
Meisterwerke deutscher Bildhauer und Maler. ZH, Herbst 1947
Zeichnungen deutscher Meister des 19. Jahrhunderts. 60 Handzeichnungen. In Zusammenarbeit mit dem Amt für Kunst Prenzlauer Berg. Volksbücherei Prenzlauer Berg, 2. September-3. Oktober 1947

1948
Die Einrichtung einer »Galerie des 20. Jahrhunderts« wird offiziell beschlossen.

1949
Am 18. Juni 1949 werden erste ständige Ausstellungssäle in der Nationalgalerie wiedereröffnet.

1950
Ausgewählte Gemälde, Bildwerke und Zeichnungen des 19./ 20. Jahrhunderts. Erster Teil der neu eingerichteten, in fünf Teilen erweiterten ständigen Ausstellung, auch »Schule des Sehens« genannt. ANG, ab 6. April 1950

1951
Am 1. Januar 1951 geht die Verwaltung der Museen Berlin (Ost) an die Regierung der DDR über.
Zeichnungen deutscher Meister vom Ausgang des 19. Jahrhunderts bis zum Beginn des 20. Jahrhunderts aus dem Besitz der Nationalgalerie. Anläßlich der Weltfestspiele. ANG, ab 3. August 1951 (danach als Dauerausstellung eingerichtet)

1953
Deutsche Malerei. Freundschaftsgeschenk des polnischen Volkes an das deutsche Volk. ANG, 19. Februar 1953-28. Februar 1954
Albrecht Dürer. Holzschnitte, Kupferstiche. ANG, 2. April-7. Juni 1953
Holländische Maler des XVII. Jahrhunderts. Gastausstel-

West

1954

Der in Berlin (West) weitergeführte Teil der »Galerie des 20. Jahrhunderts« wird im ehemaligen Landwehrkasino in der Jebensstraße wiedereröffnet.

1955

Adolph von Menzel. Anläßlich seines 50. Todestages. MD, Mai–Juni 1955

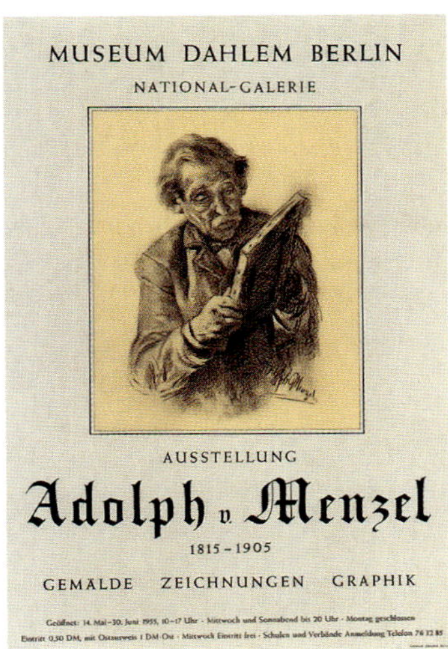

Adolph von Menzel. Gemälde, Zeichnungen, Graphik. Zum 50. Todestag (1955), Ausstellungsplakat

1957

Die Gründung der Stiftung Preußischer Kulturbesitz wird durch einen Gesetzesentscheid ermöglicht.
Ausstellung der aus Celle und Wiesbaden zurückgeführten Gemälde im Museum Dahlem.

Ost

lung des Staatlichen Museums Schwerin. ANG, Juli–August 1953

Ludwig Richter zum 150. Geburtstag. Aquarelle und Zeichnungen aus dem Besitz der National-Galerie. ANG, Oktober–Dezember 1953

Malerei und Plastik in der rumänischen Volksrepublik. In Zusammenarbeit mit der Staatlichen Kommission für kulturelle Verbindung mit dem Ausland. ANG, 5. Dezember 1953–10. Januar 1954

1954

Moritz von Schwind zum 150. Geburtstag. Aquarelle und Zeichnungen aus dem Besitz der National-Galerie. ANG, Februar–Juli 1954

Malerei und Plastik vom Impressionismus bis zur Gegenwart. ANG, Anfang Dezember 1954–September 1955

1955

Adolph Menzel. Zeichnungen. Gedächtnisausstellung. ANG, 29. Juli–September 1955 und Mai–August 1956

Meisterwerke der Dresdner Galerie. Übergeben von der Regierung der UdSSR an die DDR. Anläßlich der Wiedereröffnung der nun vollständig wiederhergestellten Nationalgalerie. ANG, November 1955–April 1956

1956

Gemälde und Bildwerke vom Klassizismus bis Impressionismus. ANG, ab August 1956 (als Dauerausstellung)

Gemälde und Bildwerke vom Expressionismus bis zur Gegenwart. ANG, ab September 1956 (als Dauerausstellung)

Fritz Cremer. Plastik, Graphik. In Zusammenarbeit mit der Akademie der Künste der DDR. ANG, 7. September–November 1956

Paul Wilhelm zum 70. Geburtstag. Gemälde und Aquarelle. In Zusammenarbeit mit den Staatlichen Kunstsammlungen Dresden und den Städtischen Kunstsammlungen Karl-Marx-Stadt (heute Chemnitz). ANG, 15. Dezember 1956–15. Februar 1957

Deutsche Gemälde des 19. Jahrhunderts aus tschechoslowakischen Museen. ANG, 22. Dezember 1956–Februar 1957

1957

Einrichtung eines Studiensaals für Handzeichnungen im ehemaligen 2. Cornelius-Saal in der Nationalgalerie.

Franz Krüger. Gemälde, Aquarelle, Zeichnungen. Gedächtnisausstellung. ANG, Januar–März 1957

Heinrich Ehmsen. Gemälde, Aquarelle, Zeichnungen. ANG, April–Juni 1957

Franz Radziwill. ANG, 2. Juli–18. August 1957

Deutsche Landschaftsmalerei 1800–1914 in der Nationalgalerie. In Zusammenarbeit mit der Lucas-Cranach-Kommission beim Ministerium für Kultur. ANG, 14. September–31. Oktober 1957

Pablo Picasso. Das graphische Werk. In Zusammenarbeit mit dem Kupferstichkabinett SMB und der Gesellschaft für kulturelle Verbindungen mit dem Ausland. ANG, Oktober–November 1957

Christian Daniel Rauch. Bildwerke, Gemälde, Zeichnungen. Gedächtnis-Ausstellung zum 100. Todestag. ANG, Anfang Dezember 1957–Ende März 1958

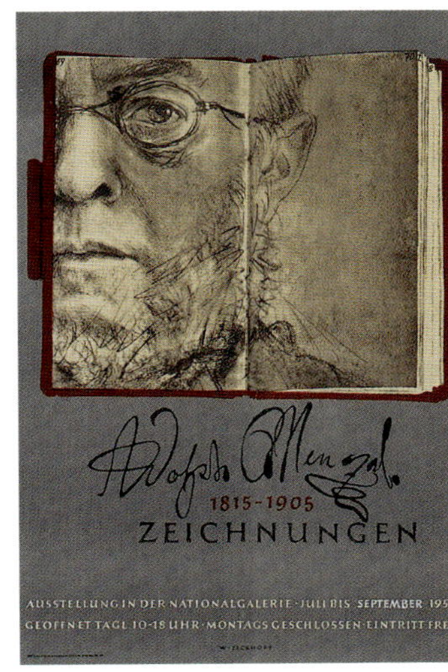

Adolph Menzel. Zeichnungen. Zum 50. Todestag (1955), Ausstellungsplakat

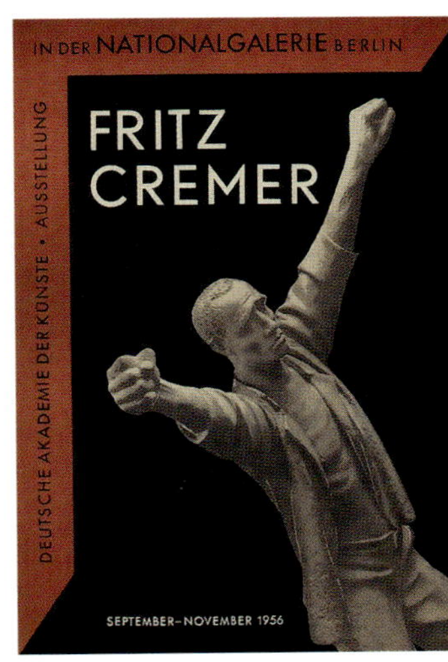

Fritz Cremer. Plastik, Graphik. (1956), Ausstellungsplakat

West

1958

Lovis Corinth. Gedächtnisausstellung zum 100. Geburtstag. ChK, 18. Januar–9. März 1958

Meisterwerke der Nationalgalerie. ChK, 30. März–15. Juni 1958

Französische Malerei von Manet bis Matisse. Aus der Sammlung Emil G. Bührle, Zürich. ChK, 5. Oktober–23. November 1958

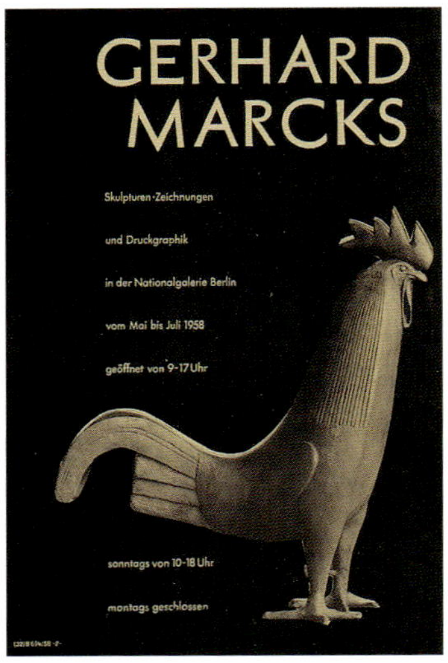

Gerhard Marcks. Skulpturen, Handzeichnungen, Druckgraphik (1958), Ausstellungsplakat

1959

Die Nationalgalerie im Schloß Charlottenburg. Die nach Berlin (West) zurückgekehrte Sammlung wird in der wiederhergestellten Orangerie des Schlosses Charlottenburg gezeigt. 1961 als ständige Ausstellung eingerichtet, bleibt sie bis 1966 dort zu sehen. ChO, ab 6. Dezember 1959

Triumph der Farbe – Die europäischen Fauves. ChO, 20. September–15. November 1959

Der junge Pechstein. In Zusammenarbeit mit der Hochschule für bildende Künste Berlin (West). HdK, 1. Februar–15. März 1959

1960

Berlin – Ort der Freiheit für die Kunst. In Zusammenarbeit mit der Hochschule für bildende Künste Berlin (West). ChO, 18. September–6. November 1960

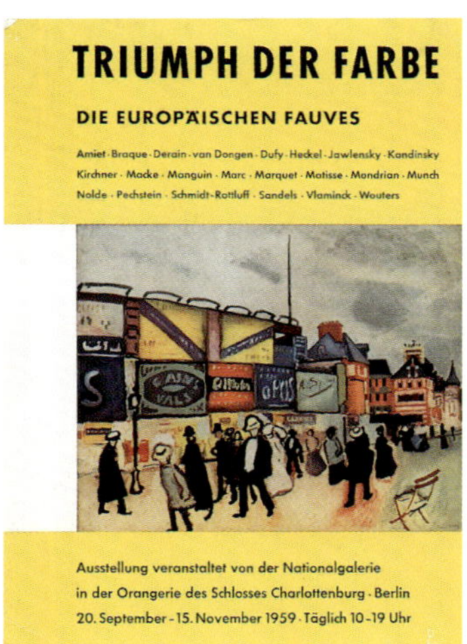

Triumph der Farbe. Die europäischen Fauves (1959), Ausstellungsplakat

1961

Die Nationalgalerie und ihre Stifter. Zum 100-jährigen Bestehen der Nationalgalerie. ChO, 26. März–7. Mai 1961

Der Sturm. Herwarth Walden und die Europäische Avantgarde, Berlin 1912–1932. ChO, 24. September–19. November 1961

Die Stiftung Preußischer Kulturbesitz nimmt im September ihre Tätigkeit auf.

Ost

1958

Robert Liebknecht. Paris. Gemälde, Zeichnungen. ANG, Januar–April 1958

Gerhard Marcks. Skulpturen, Handzeichnungen, Druckgrafik. ANG, Mai–August 1958

Lovis Corinth. Zum 100. Geburtstag. Gemälde, Zeichnungen. ANG, 21. Juli–30. September 1958

Schätze der Weltkultur von der Sowjetunion gerettet. Ausstellung in verschiedenen Abteilungen der SMB. ANG, 2. November 1958–Mitte April 1959

1959

Josef Hegenbarth zum 75. Geburtstag. Gemälde und Zeichnungen. ANG, 15. Juni–31. August 1959

Otto Nagel zu seinem 65. Geburtstag. Gemälde, Zeichnungen. In Zusammenarbeit mit der Deutschen Akademie der Künste zu Berlin (Ost). ANG, September 1959–Januar 1960

Gemälde, Bildwerke, Zeichnungen von Meistern des 19. und 20. Jahrhunderts. ANG, Eröffnung im Oktober 1959 (als Dauerausstellung)

Walter Arnold zum 50. Geburtstag. Plastik, Zeichnungen. In Zusammenarbeit mit der Deutschen Akademie der Künste zu Berlin (Ost). ANG, 9. Oktober 1959–Januar 1960

1960

Giacomo Manzú. Skulpturen, Zeichnungen. ANG, Februar–März 1960

Gabriele Mucchi. Gemälde, Aquarelle, Graphik. ANG, Mai–Juli 1960

Werner Stötzer. Plastik, Zeichnungen. ANG, September–Oktober 1960

Lore Plietzsch. Plastik, Zeichnungen. ANG, September–Oktober 1960

Waldemar Grzimek. Plastik, Graphik. ANG, 25. September–November 1960

1961

Oskar Nerlinger. Malerei und Grafik. ANG, Januar–März 1961

Neuerwerbungen seit 1945. Malerei, Grafik und Skulptur. Zum 100-jährigen Bestehen der Sammlung 1861–1961. ANG, 22. März 1961–April 1961

Otto Niemeyer-Holstein. Zum 65. Geburtstag. Gemälde. ANG, 13. Mai–9. Juli 1961

Kunstpreisträger der Deutschen Demokratischen Republik. ANG, 3. Oktober–10. Dezember 1961

Karl Friedrich Schinkel 1781–1841. Eine Auswahl aus über 8000 Handzeichnungen. ANG, 17. Dezember 1961–Februar 1962

1962

Otto Herbig. Gemälde, Pastelle, Zeichnungen, Lithographien. ANG, 28. April–Mai 1962

Wilfried Fitzenreiter. Plastik, Zeichnungen. ANG, April–Mai 1962

Hans Grundig. Malerei, Zeichnungen, Druckgraphik. ANG, 4. Juli–August 1962

Genni. Jenny Mucchi-Wiegmann. Plastik, Zeichnungen. ANG, 4. Juli–August 1962

Deutsche Bildnisse 1800–1960. Gemälde, Bildwerke, Zeichnungen und Druckgraphik, In Zusammenarbeit mit der

West

1963
Die Ile de France und ihre Maler. ChO, 29. September–24. November 1963

1964
Das Ursprüngliche und die Moderne. Anläßlich der Berliner Festwochen, in Zusammenarbeit mit dem Museum für Völkerkunde SMPK und der Akademie der Künste Berlin (West). AdK (West), 23. August–27. September 1964
Zeichnungen von Käthe Kollwitz, gestiftet von Dr. Hans Kollwitz. ChO, 9. Dezember 1964–28. Februar 1965

1965
Der Japonismus in der Malerei und Graphik des 19. Jahrhunderts. HaW, 26. September–31. Oktober 1965

1967
Käthe Kollwitz 1867–1945. Eine Ausstellung der Akademie der Künste Berlin (West), in Zusammenarbeit mit dem Kupferstichkabinett und der Nationalgalerie SMPK. AdK (West), 10. Dezember 1967–7. Januar 1968

1968
Am 15. September 1968 wird die Neue Nationalgalerie im Neubau von Mies van der Rohe in der Potsdamer Straße eröffnet. Die »Galerie des 20. Jahrhunderts« wird mit den Beständen der Neuen Nationalgalerie zusammengeführt.
Piet Mondrian. Retrospektive. NNG, 15. September–20. November 1968
Aquarelle und Handzeichnungen des 20. Jahrhunderts. NNG, 15. September–20. November 1968

Ost

Lucas-Cranach-Kommission beim Ministerium für Kultur der DDR. ANG, 5. Oktober–Dezember 1962

1963
Oskar Nerlinger. Malerei und Grafik. / Gedächtnisausstellung für Eugen Hoffmann. 1892–1955. Plastik, Aquarelle, Zeichnungen. Doppelausstellung ANG; 16. Januar–Ende Januar und Mai–30. Juni 1963
Stephan Szöny. Malerei und Grafik. ANG, 3. August–Ende Oktober 1963
Anton Graff 1736–1813. Gemälde, Zeichnungen. Zum 150. Todestag. ANG, 4. Oktober–November 1963
Christian Rohlfs 1849–1938. Gemälde, Zeichnungen, Druckgraphik. Zum 25. Todestag. ANG, 20. Dezember 1963–30. März 1964

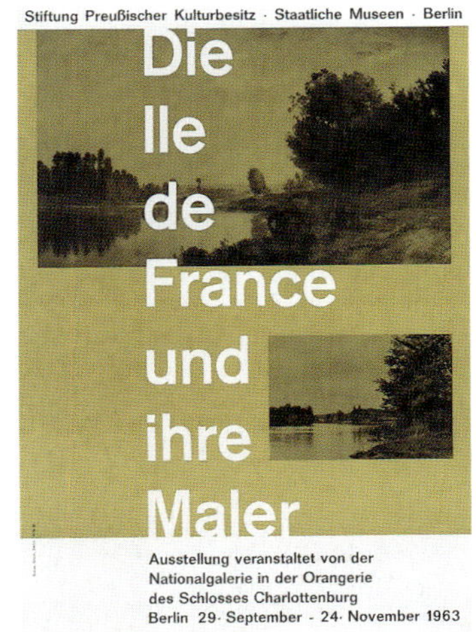

Die Ile de France und ihre Maler (1963), Ausstellungsplakat

1964
Englische Aquarelle des 18. bis 20. Jahrhunderts. Aus dem Besitz britischer Museen und Privatsammlungen. ANG, 7.–31. Januar 1964
Tschechische und slowakische Kunst des 19. und 20. Jahrhunderts. 1850–1920. ANG, 7. Mai–Juni 1964
Anklage und Aufruf. Deutsche Kunst zwischen den Kriegen. Malerei, Graphik, Plastik. ANG, 27. Juni–Ende August 1964
Johann Gottfried Schadow 1764–1850. Bildwerke, Zeichnungen, Druckgraphik. Zum 200. Geburtstag. ANG, September 1964–März 1965

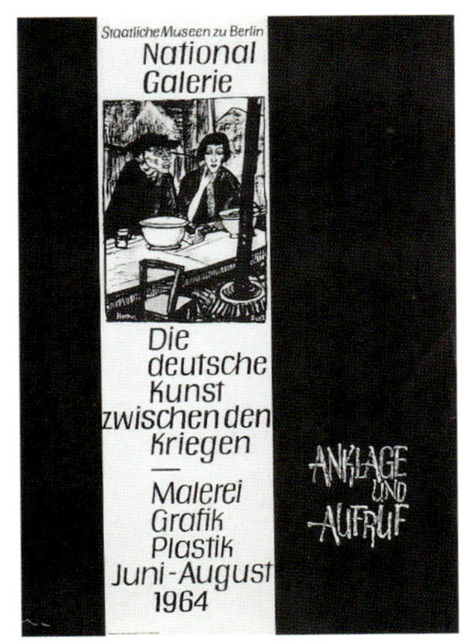

Anklage und Aufruf. Deutsche Kunst zwischen den Kriegen (1964), Ausstellungsplakat

1965
Deutsche Malerei, Plastik, Zeichnungen der Gegenwart. ANG, Januar–April 1965
150 Jahre russische Grafik. ANG, April–11. Juli 1965
Deutsche Romantik. Gemälde und Zeichnungen. ANG, 12. August–31. Oktober 1965 (verlängert bis 7. November)
Von Delacroix bis Picasso. Ein Jahrhundert französische Malerei. ANG, 4. September–17. Oktober 1965

1966
Deutsche Kunst im 19. und 20. Jahrhundert. Anläßlich der Wiedereröffnung des Alten Museums. ANG (Kunst des 19. Jahrhunderts) und AM (Kunst des 20. Jahrhunderts), 5. Oktober 1966–8. Januar 1967

1967
Lea Grundig. Handzeichnungen und Druckgraphik. In Zusammenarbeit mit dem Verband Bildender Künstler Deutschlands. ANG, 12. April–Juni 1967
Charlotte Berend-Corinth. 1880–1967. Gemälde, Aquarelle, Zeichnungen. ANG, 1. Juli–27. August 1967
Heinrich Vogeler. 1872–1942. Gemälde und Zeichnungen aus der Sowjetunion. ANG, Oktober–Dezember 1967

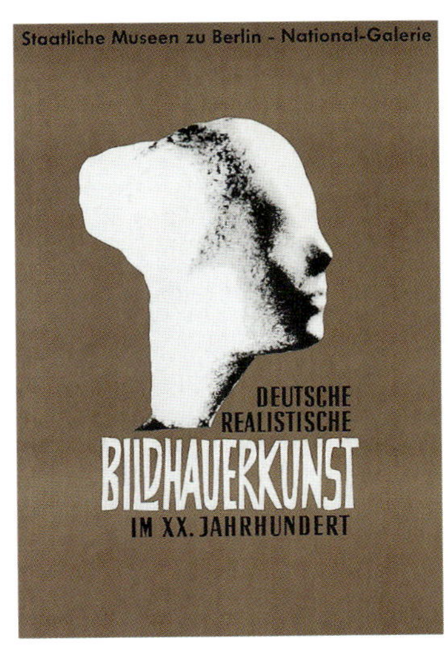

Deutsche realistische Bildhauerkunst im 20. Jahrhundert (1967/68), Ausstellungsplakat

1968
Heinrich Zille. Zeichnungen. AM, Januar–Mai 1968
Deutsche realistische Bildhauerkunst im XX. Jahrhundert. ANG, 26. April–13. September 1968
Emil Nolde / Christian Rohlfs. Aquarelle. AM, Mai–August 1968
Heinrich Drake. Zum 65. Geburtstag. In Zusammenarbeit mit der Deutschen Akademie der Künste zu Berlin (Ost). ANG, 3. Oktober 1968–10. Januar 1969

West

Ost

Armin Münch. Aquarelle und Zeichnungen aus der Sowjetunion. AM, Oktober–Dezember 1968

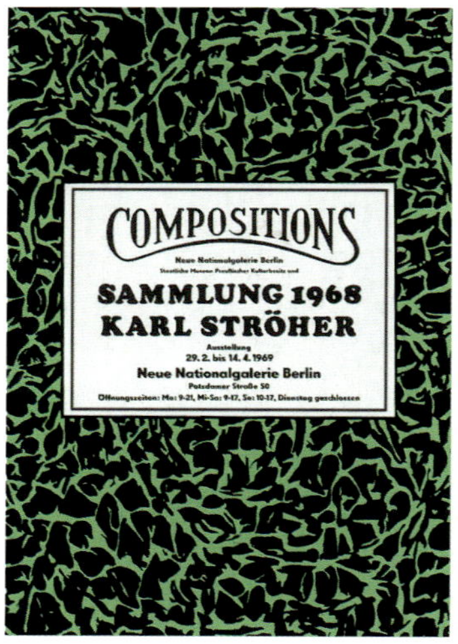

Sammlung 1968 Karl Ströher / Andy Warhol (1969), Ausstellungsplakat

West 1969

Heinrich Richter. Originalzeichnungen für »Die Blechtrommel« von Günter Grass. Die neun Musen. Zeichnungen, Aquarelle und Gouachen. NNG, Januar–Februar 1969

Sammlung 1968 Karl Ströher / Andy Warhol. Doppelausstellung. In Zusammenarbeit mit dem Neuen Berliner Kunstverein. NNG, 1. März–14. April 1969

Afro. NNG, 2. Mai–9. Juni 1969

Ernst Wilhelm Nay. 1902–1968. Gemälde der letzten Jahre. NNG, 20. Juni–28. Juli 1969

James McNeill Whistler 1834–1903. NNG, 1. Oktober–24. November 1969

Moderne polnische Malerei und Graphik 1959–1969. NNG, 4. Dezember 1969–19. Januar 1970

Rudolf Schoofs. Zeichnungen, Lithographien und Skulpturen. Anläßlich der polnischen Wochen Berlin (West) 1969, in Zusammenarbeit mit dem Comenius-Club Berlin und dem Städtischen Museum Wroclaw. NNG, 12. Dezember 1969–19. Januar 1970

Ost 1969

Fritz Dähn zum 60. Geburtstag. Gemälde, Zeichnungen und Druckgraphik. AM, 6. Februar–April 1969

August Gaul. 1869–1921. Plastik, Graphik. ANG, Februar–Mai 1969

Rudolf Bergander zum 60. Geburtstag. Malerei, Zeichnungen und Graphik. In Zusammenarbeit mit der Deutschen Akademie der Künste zu Berlin (Ost) und den Staatlichen Kunstsammlungen Dresden. ANG, 10. Juli–August 1969

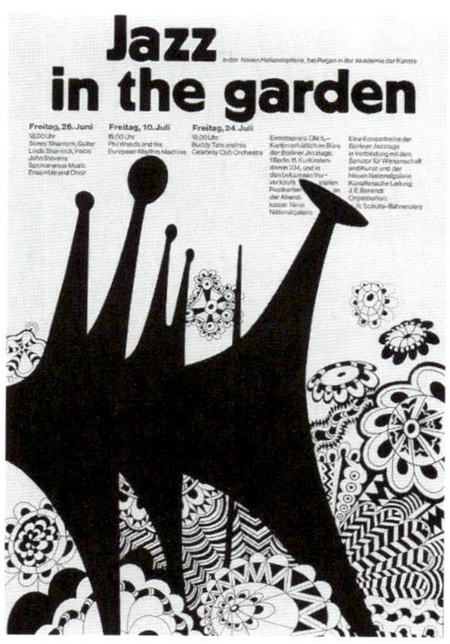

Jazz in the Garden (1970), Veranstaltungsplakat

West 1970

Joachim Senger. Ölbilder, Gouachen und Zeichnungen. NNG, 31. Januar–2. März 1970

Deutsche Gesellschaft für bildende Kunst (Kunstverein Berlin). Eine Bilanz: 1965–1969. NNG, 30. Januar–20. April 1970

Floriano Bodini. Bildnis eines Papstes. / **Käthe Kollwitz.** Zum 25. Todestag. NNG, April–Mai 1970

Brigitte und Martin Matschinsky-Denninghoff. NNG, 20. März–20. April 1970

Im Sommer 1970 beginnt die Konzertreihe »Jazz in the Garden« im Skulpturengarten der Neuen Nationalgalerie.

Matta. NNG, 30. April–Ende 30. August 1970

Ipousteguy. NNG, 16. Juni–18. August 1970

Jorge Castillo. NNG, 10. September–16. November 1970

Jacques Lipchitz. Skulpturen und Zeichnungen 1911–1969. In Zusammenarbeit mit dem Neuen Berliner Kunstverein. NNG, 18. September–9. November 1970

Otto Meyer-Amden. In Zusammenarbeit mit dem Neuen Berliner Kunstverein. NNG, 5. Dezember 1970–1. Februar 1971

Ost 1970

Genni. Jenny Mucchi-Wiegmann. Plastik, Graphik. AM, August–September 1970

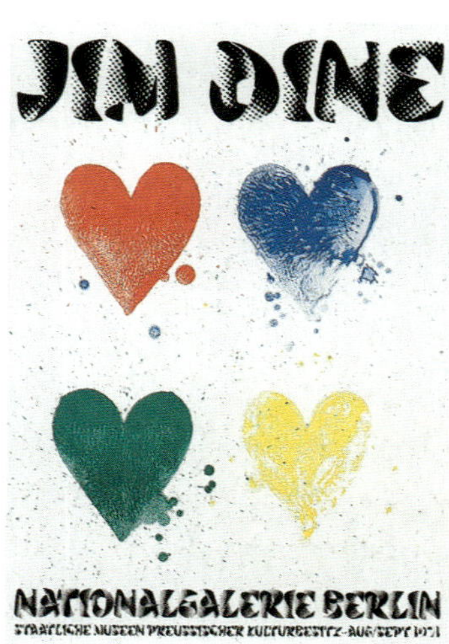

Jim Dine. Gemälde, Aquarelle, Objekte (Ausstellungsplakat), 1971

West 1971

Edward Munch. Aquarelle und Zeichnungen aus dem Munch Museet Oslo, 1882–1942. NNG, 10. Februar–12. April 1971

Naum Gabo. Skulpturen, Gemälde, Zeichnungen 1916–1970. NNG, 21. April–31. Mai 1971

Mark Rothko. In Zusammenarbeit mit dem Neuen Berliner Kunstverein. NNG, 25. Mai–19. Juli 1971

Klang-Szene 2. Eine Inszenierung von Friedhelm Döhl und Günther Uecker. In Zusammenarbeit mit der Akademie der Künste Berlin (West). NNG, 13.–14. Mai 1971

Jim Dine. Gemälde, Aquarelle, Objekte. In Zusammenarbeit mit dem Museum Boymans-van Beuningen Rotterdam. NNG, 3. August–13. September 1971

Rudolf Belling. Anläßlich des 85. Geburtstags des Künstlers. Vitrinenausstellung. NNG, September 1971

Metamorphose des Dinges. Kunst und Antikunst 1910–1970. In Zusammenarbeit mit dem Neuen Berliner Kunst-

Ost 1971

Theo Balden. Plastik, Graphik. ANG, 29. Januar–März 1971

Gyula Derkovits.1894–1934. In Zusammenarbeit mit dem Ministerium für Kultur der DDR. AM, 20. August–26. September 1971

Kunstpreisträger der Deutschen Demokratischen Republik: Malerei, Zeichenkunst, Druckgraphik, Skulptur. ANG, Oktober–Dezember 1971

Deutsche Zeichnungen und Aquarelle des 19. und 20. Jahrhunderts. Neuerwerbungen der Sammlung der Zeichnungen 1945–1970. In Zusammenarbeit mit dem Kupferstichkabinett SMB. ANG, September–Dezember 1971

Heinrich Ehmsen. Malerei, Graphik. In Zusammenarbeit mit der Deutschen Akademie der Künste zu Berlin (Ost). AM, 12. November 1971–16. Januar 1972

West

verein und der Berliner Festspiele GmbH. NNG, 15. September-11. November 1971

Drei Berliner Künstler. Klaus Fußmann. Malerei / **Arnulf Hoffmann.** Objekte / **Hermann Waldenburg.** Graphik. NNG, 16. November 1971-10. Januar 1972

1972

Pol Bury. Objekte und Graphik. NNG, 10. März-8. Mai 1972

Willi Baumeister. Zeichnungen und Gouachen. In Zusammenarbeit mit dem Neuen Berliner Kunstverein. NNG, 17. Mai-3. Juli 1972

Bernhard Luginbühl. Eisenplatten. NNG, 21. Juni-14. August 1972

Shusaku Arakawa. Mechanismus der Bedeutung. In Zusammenarbeit mit dem DAAD Berlin und dem Amerika-Haus Berlin. NNG, 11. August-18. September 1972

J. M. W. Turner. Gemälde, Aquarelle. In Zusammenarbeit mit dem Neuen Berliner Kunstverein und der Berliner Festspiele GmbH. NNG, 15. September-6. November 1972

Marc Chagall. Gouachen und Lavis. 1947 bis heute. NNG, 17. November 1972-22. Januar 1973

1973

Oskar Schlemmer. Aquarelle und Handzeichnungen. NNG, 31. Januar-19. März 1973

Asger Jorn. In Zusammenarbeit mit der Kestner-Gesellschaft Hannover, dem Palais des Beaux-Arts Brüssel und dem Nordjyllands Kunstmuseum Aalborg. NNG, 30. März-7. Mai 1973

Wilhelm Lehmbruck. NNG, 4. Mai-16. Juli 1973

Tet Arnold von Borsig. Photographien 1934-1971. NNG, 3. Juli-30. Juli 1973

Hommage à Picasso: 45 Künstler ehren Picasso. Mit Picasso-Graphik aus den Beständen des Kupferstichkabinetts SMPK. NNG, 11. Juli-27. August 1973

Wols 1913-1951. Gemälde, Aquarelle, Zeichnungen. NNG, 13. September-5. November 1973

George Rickey. Kinetische Skulpturen. NNG, 21. November 1973-4. Februar 1974.

21. Jahresausstellung des Deutschen Künstlerbundes e.V., Teile IV und V: **Visuelle Ordnung** und **Realismus.** In Zusammenarbeit mit der Akademie der Künste Berlin (West), die die Teile I und II zeigt. NNG, 8. Dezember 1973-20. Januar 1974

1974

Julius Bissier 1893-1965. Tuschen, Ei-Öl-Tempera, Aquarelle. NNG, 23. Februar-8. April 1974

Antoni Tàpies. Retrospektive 1946-1973. Bilder, Objekte und Zeichnungen. NNG, 3. April-3. Juni 1974

Horst Hirsig, Ursula Sax, Gerd van Dülmen. NNG, 2.-27. Mai 1974

Ipousteguy. Suite Prussienne 1973/74. In Zusammenarbeit mit dem Neuen Berliner Kunstverein und dem DAAD Berlin. NNG, 22. Mai-1. Juli 1974

Louise Nevelson. NNG, 5. Juni-1. Juli 1974

Ost

1972

Willi Sitte. Malerei und Grafik. In Zusammenarbeit mit der Kunsthalle Rostock. AM, 15. Februar-26. März 1972

Stilkunst um 1900 in Deutschland. In Zusammenarbeit mit dem Kunstgewerbemuseum, dem Kupferstichkabinett und der Sammlung der Zeichnungen SMB. ANG, 30. Juni-Mitte Oktober 1972

Das Studio 1. Werner Tübke. Variationen zum Thema »Lebenserinnerungen des Dr. jur. Schulze«. AM, 14. Juli-27. August 1972

Das Studio 2. Der Ruhm, ein Traumgesicht. Kunst und Künstler in Allegorien und Historiendarstellungen des 19. Jahrhunderts. AM, 29. September-12. November 1972

Franz Krüger zum 175. Geburtstag. Gemälde, Zeichnungen. ANG, September 1972-Januar 1973

Das Studio 3. Das Relief. Plastische Gestaltungen, Entwürfe, Modelle, Graphik von Bildhauern der DDR. AM, 1. Dezember 1972-21. Januar 1973

Heinrich Vogeler. 1872-1942. In Zusammenarbeit mit der Akademie der Künste. ANG, 13. Dezember 1972-Februar 1973

1973

Frauenbildnisse des 19. Jahrhunderts. ANG, 8. März-Juni 1973

Das Studio 4. Junge Leipziger Maler im Gespräch. AM, 11. Mai-1. Juli 1973

Juventus. Jugend in drei Jahrtausenden der Kunst. Anläßlich der X. Weltfestspiele der Jugend und Studenten 1973 in Berlin. ANG (und anderen Abteilungen der SMB), 5. Juli-7. Oktober 1973

Junge Künstler der DDR grüßen das Festival. ANG, 26. Juli-7. Oktober 1973

Das Studio 5. Museum Bellorianum. Antikenbesitz eines römischen Archäologen im 17. Jahrhundert. In Zusammenarbeit mit der Antikensammlung, SMB. AM, 9. November 1973-13. Januar 1974

Karl Blechen 1798-1840. Ölskizzen, Aquarelle, Sepiablätter, Zeichnungen, Entwürfe. ANG, November 1973-11. Februar 1974

1974

Das Studio 6. Tierplastik. Wandlungen eines Sujets im 20. Jahrhundert. AM, 20. Februar-21. April 1974

Realismus und Sachlichkeit. Aspekte deutscher Kunst 1919-1933. In Zusammenarbeit mit dem Kupferstichkabinett und der Sammlung der Zeichnungen SMB. ANG, 20. März-30. Juni 1974

Das Studio 7. Georg Muche. Tafeln der Schuld und Gemälde von 1915 bis 1963. AM, 10. Mai-14. Juli 1974

Das Studio 8. Die National-Galerie. Wiederaufbau und Entwicklung seit 1945. ANG, Oktober 1974-19. Januar 1975

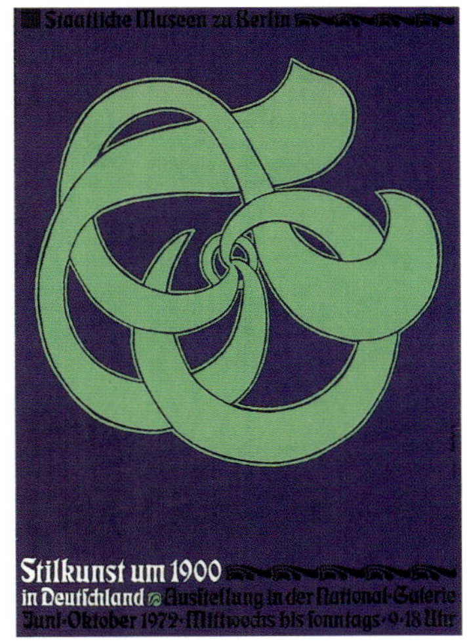

Stilkunst um 1900 in Deutschland (1972), Ausstellungsplakat

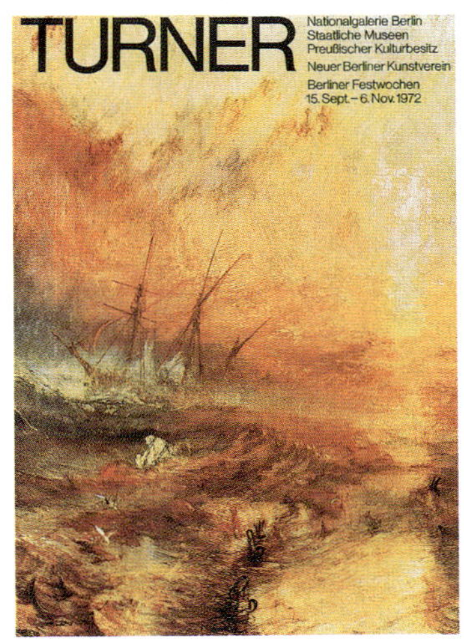

J. M. W. Turner. Gemälde, Aquarelle (1972), Ausstellungsplakat

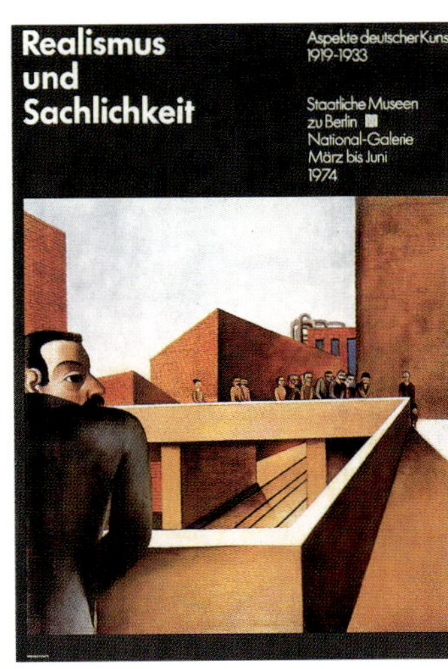

Realismus und Sachlichkeit. Aspekte deutscher Kunst 1919-1933 (1974), Ausstellungsplakat

West

Richard Hamilton. In Zusammenarbeit mit dem DAAD Berlin. NNG, 17. Juli–26. August 1974

Hommage à Schönberg. Der Blaue Reiter und das Musikalische in der Malerei der Zeit. In Zusammenarbeit mit dem Senator für Wissenschaft und Kunst Berlin (West) und der Berliner Festspiele GmbH. NNG, 11. September–4. November 1974

Ost

Bernhard Kretzschmar. Malerei und Grafik. In Zusammenarbeit mit der Akademie der Künste der DDR. ANG, 13. November–26. Januar 1975

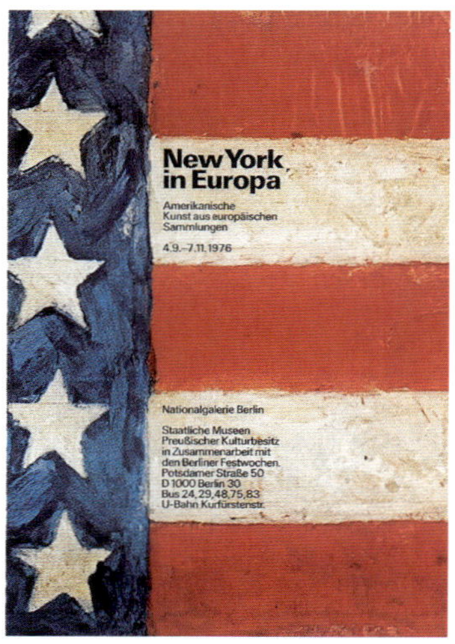

New York in Europa. Amerikanische Kunst nach 1945 aus europäischen Sammlungen (1976), Ausstellungsplakat

1975 (West)

Hans Hartung. Retrospektive 1921–1973. Gemälde, Tuschen und Zeichnungen. In Zusammenarbeit mit dem Neuen Berliner Kunstverein. NNG, 25. Januar–16. März 1975

Eduardo Paolozzi. Skulpturen, Zeichnungen, Collagen. In Zusammenarbeit mit dem DAAD Berlin und dem Kupferstichkabinett SMPK. NNG, 5. Februar–6. April 1975

Marcel Broodthaers. Gemälde, Zeichnungen, Objekte. In Zusammenarbeit mit dem DAAD Berlin. NNG, 26. Februar–6. April 1975

Vostell. Environments. Retrospektive 1958–1974. In Zusammenarbeit mit dem Neuen Berliner Kunstverein. NNG, 12. April–1. Juni 1975

Roy Lichtenstein. Zeichnungen. NNG, 30. April–15. Juni 1975

Ernst Wilhelm Nay. Die Druckgraphik. NNG, 25. Juni–11. August 1975

Alfred Hrdlicka. Zeichnungen und Radierungen zum 20. Juli 1944. NNG, 20. Juli–1. September 1975

Claes Oldenburg. Zeichnungen 1945–1974. Eine Ausstellung der Kunsthalle Tübingen und des Kunstmuseums Basel. NNG, 17. September–26. Oktober 1975

Hans Uhlmann. Zeichnungen. NNG, 27. November 1975–11. Januar 1976

1975 (Ost)

Das Studio 9. Die Collage in der Kunst der DDR, AM, 14. Februar–6. April 1975

In Freundschaft verbunden. Kunstausstellung zum 30. Jahrestag der Befreiung vom Faschismus. In Zusammenarbeit mit dem Ministerium für Kultur der DDR und dem Verband Bildender Künstler der DDR. AM, Mai–Juni 1975

Das Studio 10. Der Torso in der Plastik der DDR. AM, 9. Mai–15. Juni 1975

Karl Schmidt-Rottluff. Malerei und Grafik aus sieben Jahrzehnten. ANG, 14. Mai–27. Juli 1975

Das Studio 11. Die Sprache der Tiere. Von Reineke Fuchs bis Pittiplatsch. In Zusammenarbeit mit der Museumspädagogik SMB. AM, 20. Juni–31. Juli 1975

Deutsche bildende Künstlerinnen von der Goethezeit bis zur Gegenwart. ANG, 15. Oktober–31. Dezember 1975

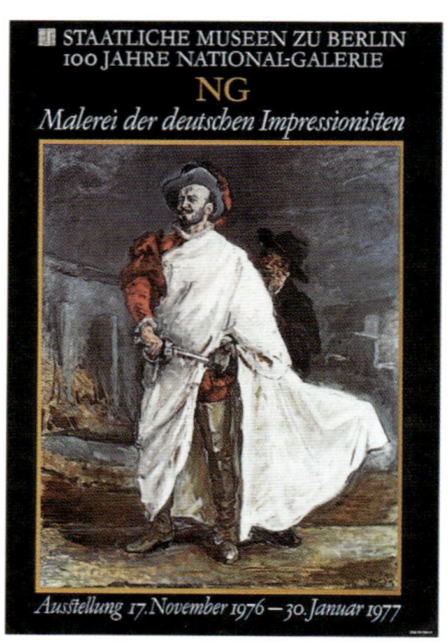

Malerei der deutschen Impressionisten (1976/77), Ausstellungsplakat

1976 (West)

Freunde danken Werner Haftmann. Eine Ausstellung der Schenkungen an die Nationalgalerie. NNG, 23. Februar–14. März 1976

David Smith. Zeichnungen. NNG, 17. März–2. Mai 1976

Hannah Höch. Collagen, Aquarelle, Gouachen, Zeichnungen. In Zusammenarbeit mit dem ARC2 des Musée d'Art Moderne de la Ville de Paris und dem Goethe Institut Paris. NNG, 24. März–9. Mai 1976

Gerd Winner. In Zusammenarbeit mit dem Neuen Berliner Kunstverein. NNG, 22. Mai–27. Juli 1976

Yves Klein. In Zusammenarbeit mit dem Neuen Berliner Kunstverein und der Städtischen Kunsthalle Düsseldorf. NNG, 4. Juni–11. Juli 1976

New York in Europa. Amerikanische Kunst nach 1945 aus europäischen Sammlungen. Anläßlich der 200-Jahr-Feier der Unabhängigkeit der USA. In Zusammenarbeit mit der Berliner Festspiele GmbH und der Kunsthalle Kiel. NNG, 4. September–7. November 1976

Veranstaltungen zu den Berliner Festwochen: Theater und Konzerte. NNG, 7.–25. September 1976. **Metamusik Festival II.** NNG, 1.–22. Oktober 1976

1976 (Ost)

Die Sammlung Wagener. Aus der Vorgeschichte der National-Galerie. Zum 100-jährigen Jubiläum der Nationalgalerie. ANG, 24. März–15. Mai 1976

Moderne Cyklopen. 100 Jahre »Eisenwalzwerk« von Adolph Menzel. In Zusammenarbeit mit dem Kupferstichkabinett SMB. ANG, 24. März–16. Mai 1976

Der Künstler und seine Werkstatt. Das Atelierbild von der Goethezeit bis zur Gegenwart. Zum 100-jährigen Jubiläum der National-Galerie. ANG, 24. März–16. Mai 1976

Max Liebermann. Studien zu seinen Gemälden. Zum 100-jährigen Jubiläum der National-Galerie. ANG, 24. März–16. Mai 1976

Das Studio 12. Neuerdings Karl-Marx-Stadt. AM, 21. April–27. Juni 1976

Otto Niemeyer-Holstein. Gemälde, Aquarelle, Zeichnungen, Druckgraphik. Werke aus sechs Jahrzehnten. In Zusammenarbeit mit der Kunsthalle Rostock und dem Staatlichen Museum Schwerin. ANG, 26. Mai–25. Juni 1976

John Heartfield. Anläßlich seines 85. Geburtstages. ANG, 19. Juni–Oktober 1976

Das Studio 13. Ateliergemeinschaft Klosterstraße. AM, 14. Juli–12. September 1976

Russische realistische Malerei 1860–1890. Gastausstellung der Staatlichen Tretjakow-Galerie Moskau. ANG, 4. August–10. Oktober 1976

Fritz Cremer. Projekte-Studien-Resultate. In Zusammenarbeit mit der Akademie der Künste der DDR. AM, 13. Oktober 1976–9. Januar 1977

West

1977
Wiederbegründung des Vereins der Freunde der Nationalgalerie am 8. Juni 1977.
François Morellet. NNG, 15. Januar-20. Februar 1977
Bart van der Leck. 1876-1958. In Zusammenarbeit mit dem Kröller-Müller-Museum Otterlo. NNG, 24. Februar-27. März 1977
Joseph Beuys. Richtkräfte. Vorstellung einer Neuerwerbung. NNG, 16. März 1977
Kenneth Snelson. NNG, 30. März-8. Mai 1977
David Black. Skulpturen. In Zusammenarbeit mit dem DAAD Berlin. NNG, 6. April-4. Mai 1977
Kunstübermittlung vom Tafelbild bis zum Happening. In Zusammenarbeit mit dem Neuen Berliner Kunstverein. NNG, 21. Mai-26. Juni 1977
Edward Kienholz. Volksempfängers. NNG, 6.-29. Mai 1977
Tendenzen der Zwanziger Jahre. Vom Konstruktivismus zur konkreten Kunst. Teil I der aus vier Teilen bestehenden 15. Europäischen Kunstausstellung Berlin, veranstaltet unter den Auspizien des Europarates. NNG, 14. August-16. Oktober 1977
Max Ernst. Bücher und Grafiken. / **Max Klinger.** Grafische Folgen. / **Poesie durch Material, Licht und Bewegung.** Objekte. Drei Ausstellungen des Institutes für Auslandsbeziehungen Stuttgart. NNG, 16. Dezember 1977-29. Januar 1978
Donald Judd. Zeichnungen 1956-1976. NNG, 15. Dezember 1977-15. Januar 1978

1978
Shusaku Arakawa. In Zusammenarbeit mit den Museen und Kunstsammlungen der Städte Düsseldorf, Amsterdam, Ludwigshafen und Graz. NNG, 26. Januar-11. März 1978
Aspekte der 60er Jahre. Aus der Sammlung Reinhard Onnasch. NNG, 2. Februar-23. April 1978
Edvard Munch. Der Lebensfries für Max Reinhardts Kammerspiele. NNG, 24. Februar-16. April 1978
Pistoletto. Reflexionen. In Zusammenarbeit mit dem DAAD Berlin. NNG, 4. August-12. November 1978
Cork Marcheschi. In Zusammenarbeit mit dem DAAD Berlin. NNG, 10. Mai-18. Juni 1978
Panamarenko. In Zusammenarbeit mit dem Belgischen Ministerium für Flämische Kultur. NNG, 18. Mai-30. Juli 1978
Britische Zeichnung der Gegenwart. Eine Ausstellung des British Council. NNG, 1. Juni-9. Juli 1978
Zirkus, Circus, Cirque. Kunst, Kostüme, Dokumente. / Picasso und der Zirkus. In Zusammenarbeit mit der Berliner Festspiele GmbH und dem Neuen Berliner Kunstverein. NNG, 9. September-5. November 1978
A. R. Penck - Y. Zeichnungen bis 1975. NNG, 8. November 1978-7. Januar 1979
10 Jahre im neuen Haus. In Zusammenarbeit mit dem Wissenschaftszentrum Bonn-Bad Godesberg. NNG, 13. Dezember 1978-21. Januar 1979

1979
Max Ernst. Retrospektive. Skulpturen, Gemälde, Zeichnungen. In Zusammenarbeit mit dem Haus der Kunst München. NNG, 10. Mai-15. Juli 1979

Ost

Malerei der deutschen Impressionisten. Um 1880-um 1930. ANG, 17. November 1976-30. Januar 1977 (verlängert bis 27. Februar 1977)

1977
Venceremos - Solidarität mit Chile. In Zusammenarbeit mit dem Kupferstichkabinett SMB. AM, 28. Januar-13. Februar 1977
Wilhelm Rudolph. Gemälde, Zeichnungen, Holzschnitte. AM, 23. Februar-17. April 1977
Das Studio 14. Hermann Glöckner. Dächer - Giebel - Dreiecke. Formwandlungen 1927-1977. AM, 13. April-22. Mai 1977
Werner Stötzer. Plastik und Zeichnung. In Zusammenarbeit mit der Staatlichen Galerie Moritzburg Halle/Saale. AM, 11. Mai-31. Juli 1977
Das Studio 15. Der Einfluß ostasiatischer Keramik auf das Kunsthandwerk der DDR. In Zusammenarbeit mit der Ostasiatischen Sammlung SMB. AM, Juli-Oktober 1977
Zeitgenössische Kunst aus der Sammlung Ludwig Aachen. Eingerichtet als Teil der ständigen Sammlung (bis 1990). AM, ab 29. September 1977
Harald Metzkes. Bilder aus zwanzig Jahren. Gemälde, Aquarelle, Zeichnungen, Druckgraphik. In Zusammenarbeit mit dem Kupferstichkabinett SMB. ANG, 16. November 1977-29. Januar 1978

1978
Das Studio 16. Natur-Gestalt in der Verwandlung. Baum - Fels - Figur. AM, 1. Februar-19. März 1978
Das Studio 17. Abschied - Reise - Heimkehr. Eine Motivgruppe zwischen Empfindsamkeit und Biedermeier. AM, 3. Mai-18. Juni 1978
Das Studio 18. Von der Collage zur Assemblage. Aspekte der Materialkunst in der DDR. AM, 29. Juni-27. August 1978
René Graetz 1908-1974. Graphik und Plastik. Gedenkausstellung zum 70. Geburtstag. In Zusammenarbeit mit dem Kupferstichkabinett SMB. ANG, 2. August-12. November 1978
Das Studio 19. Karl Rössing. Metaphorische Begegnungen. In Zusammenarbeit mit dem Kupferstichkabinett SMB. AM, 20. September-26. November 1978
Revolution und Realismus. Revolutionäre Kunst in Deutschland 1917 bis 1933. Zum 50. Jahrestag der Gründung der Assoziation Revolutionärer Bildender Künstler Deutschlands. AM, 8. November 1978-25. Februar 1979
Das Studio 20. Wandlung und Nachahmung. Klassizismus als künstlerische Methode der Antikenrezeption. Die antike Form der Bildniskunst von Rom bis zur Gegenwart. In Zusammenarbeit mit der Museumspädagogik SMB. AM, 6. Dezember 1978-7. Februar 1979

1979
Auguste Rodin. ANG, 16. Mai-12. August 1979
Das Studio 21. Künstler ehren Künstler. Die Hommage in der Kunst der DDR. AM, 18. Juli-23. September 1979

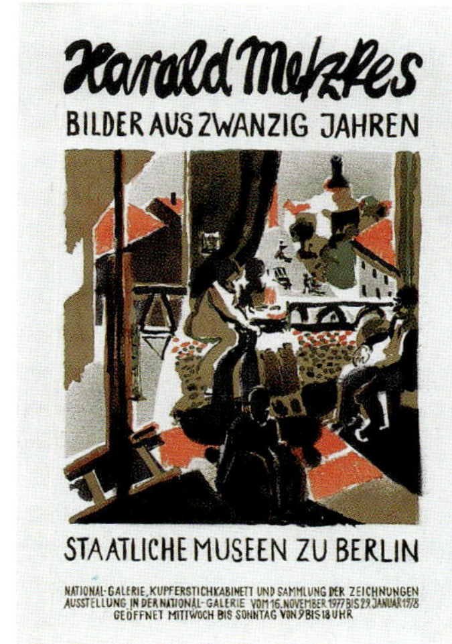

Harald Metzkes. Bilder aus zwanzig Jahren (1977/78), Ausstellungsplakat

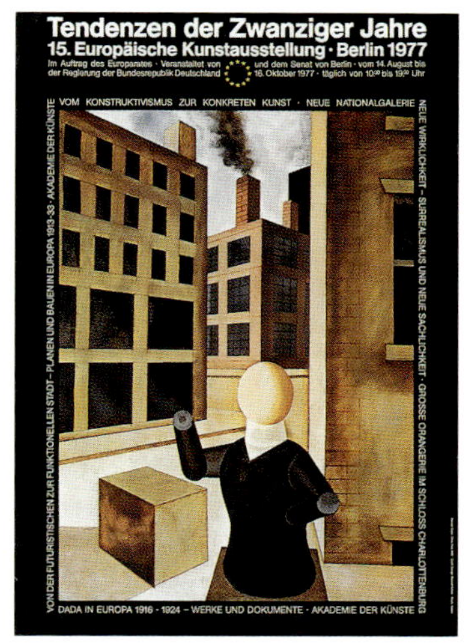

Tendenzen der Zwanziger Jahre. Vom Konstruktivismus zur konkreten Kunst (1977), Ausstellungsplakat

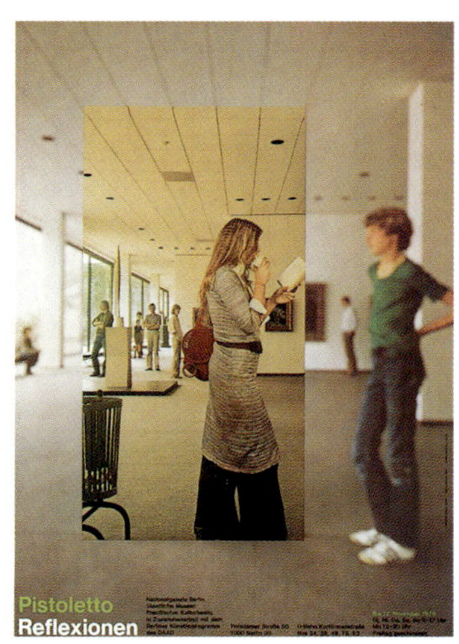

Pistoletto. Reflexionen (1978), Ausstellungsplakat

West

Charles Simonds. Neue Skulpturen. In Zusammenarbeit mit dem DAAD Berlin. NNG, 3. Mai–10. Juni 1979

Max Liebermann in seiner Zeit. Anläßlich der Berliner Festwochen zum Thema »Naturalismus«. In Zusammenarbeit mit der Akademie der Künste Berlin (West), dem Kupferstichkabinett SMPK, dem Haus der Kunst München und der Berliner Festspiele GmbH. NNG, 6. September–11. November 1979

Ernst Ludwig Kirchner. 1880–1938. In Zusammenarbeit mit dem Kunsthaus Zürich und dem Museum Ludwig Köln. NNG, 29. November 1979–20. Januar 1980

1980

Joseph Beuys. 100 Handzeichnungen. NNG, 20. Februar–20. April 1980

Walter Kuhn. Strukturen. Die Realisierung geometrischer Gitter zu Objekten der Körper, des Raumes und der Farben. NNG, 6. März–20. April 1980

Bilder vom Menschen in der Kunst des Abendlandes. Jubiläumsausstellung anläßlich der 150-Jahr-Feier der Staatlichen Museen Berlin 1830–1980. NNG, 5. Juli–28. September

Berliner Museumsarchitektur 1830–1980. Dokumentation zur Geschichte der Berliner Museen. Anläßlich der 150-Jahr-Feier der Staatlichen Museen Berlin, in Zusammenarbeit mit der Plansammlung der Technischen Universität Berlin. NNG, 5. Juli–28. September

Arnulf Rainer. Umfassende Werkschau. NNG, 20. November 1980–1. Februar 1981

Stephen Willats. Leben in vorgegebenen Grenzen – 4 Inseln in Berlin. In Zusammenarbeit mit dem DAAD Berlin. NNG, 4. Dezember 1980–25. Januar 1981

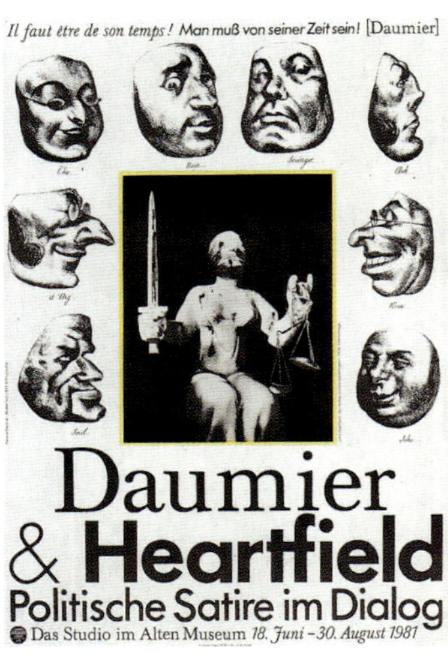

Das Studio 28. Daumier und Heartfield. Politische Satire im Dialog (1981), Ausstellungsplakat

1981

Franz Erhard Walther. Handlung – Werk. Retrospektive. NNG, 20. März–2. Mai 1981

Karl Friedrich Schinkel. Architektur, Malerei, Kunstgewerbe. In Zusammenarbeit mit den Staatlichen Schlössern und Gärten Berlin. ChO, 13. März–13. September 1981

Giuseppe Spagnulo. Erotisch, rhetorisch, heroisch. In Zusammenarbeit mit dem DAAD Berlin. NNG, 9. Juni–18. Juli 1981

Das Buch als Kunstobjekt. NNG, 27. Juli–16. August 1981

Preußische Bildnisse des 19. Jahrhunderts. Zeichnungen von Wilhelm Hensel. NNG, 21. August–18. Oktober 1981

1982

Emmett Williams. Schemes & Variations. In Zusammenarbeit mit dem DAAD Berlin. NNG, 16. Januar–28. Februar 1982

Hommage à Barnett Newman. NNG, 30. Januar–12. Februar 1982

Ost

Malerei und Plastik aus sowjetischen Ländern. Mit Leihgaben einer Berliner Privatsammlung. ANG, 4. Oktober–31. Dezember 1980

Das Studio 22. Annäherung an Picasso. Wege zum Verständnis seiner Kunst. In Zusammenarbeit mit der Museumspädagogik SMB. AM, 10. Oktober–9. Dezember 1979

Das Studio 23. Schönheit und Bedrohung im Werk Wilhelm Lachnits. Zum 80. Geburtstag. AM, 21. November 1979–27. Januar 1980

1980

Wieland Förster. Plastik, Zeichnungen, Druckgraphik. In Zusammenarbeit mit der Akademie der Künste der DDR. AM, 16. Januar–9. März 1980

Restaurierte Kunstwerke in der DDR. In Zusammenarbeit mit dem Ministerium für Kultur und dem Verband bildender Künstler der DDR, unter dem Patronat der UNESCO-Kommission der DDR. AM (und andere Abteilungen der SMB), 16. April–6. Juli 1980

Das Studio 24. Das Erbe der Antike. Griechischer und römischer Mythos in der bildenden Kunst der DDR. In Zusammenarbeit mit der Museumspädagogik SMB. AM, 18. April–1. Juni 1980

Adolph Menzel. Gemälde und Zeichnungen. ANG, 4. Juli–2. November 1980

Das Studio 25. Der Kuß. Liebespaare in Grafik und Plastik des 20. Jahrhunderts. AM, 30. Juli–12. Oktober 1980

Karl Friedrich Schinkel 1781–1841. In Zusammenarbeit mit dem Kupferstichkabinett und der Sammlung der Zeichnungen SMB, den Staatlichen Schlössern und Gärten Potsdam-Sanssouci und dem Institut für Denkmalpflege in der DDR. AM, 23. Oktober 1980–29. März 1981

1981

Das Studio 26. Japanische Druckgrafik 1830 bis 1880. In Zusammenarbeit mit der Ostasiatischen Sammlung SMB. AM, 14. Januar–Ende März 1981

Das Studio 27. Römische Porträts. In Zusammenarbeit mit der Antikensammlung SMB. AM, April–Juni 1981

Christian Daniel Rauch 1777–1857. Plastik und Zeichnungen. ANG, 10. April 1981–28. Februar 1982

Ernst Barlach. Werke und Werkentwürfe aus fünf Jahrzehnten. In Zusammenarbeit mit der Akademie der Künste der DDR. AM, 10. April–14. Juni 1981

Das Studio 28. Daumier und Heartfield. Politische Satire im Dialog: Zum 90. Geburtstag von John Heartfield. AM, 18. Juni–19. September 1981

Das Studio 29. Das Foto in der Graphik. Montagen, Adaptionen, Korrespondenzen. In Zusammenarbeit mit dem Kupferstichkabinett SMB. AM, 23. September–22. November 1981

Das Studio 30. Zeugen der Zeit. Der niederländische Bildhauer Frits Sieger und die Ausstellung »Sozialistische Kunst heute«, Amsterdam 1930. In Zusammenarbeit mit dem Freundschaftskomitee DDR-Niederlande und der Liga für Völkerfreundschaft der DDR. AM, 9. Dezember 1981–7. Februar 1982

1982

Das Studio 31. Archaik und Moderne. Statuarische Plastik im 20. Jahrhundert. Plastik, Zeichnungen, Graphik. AM, 24. Februar–18. April 1982

West

Sammlung Marx. Joseph Beuys, Robert Rauschenberg, Cy Twombly, Andy Warhol. NNG, 3. März–4. April 1982
Wand-Bild-Mexico. Anläßlich des zweiten Festivals der Weltkulturen »Horizonte '82: Lateinamerika«. In Zusammenarbeit mit der Berliner Festspiele GmbH. NNG, 6. Mai–20. Juni 1982
Die ersten dreißig Jahre der Photographie 1840–1870. Sammlung Robert Lebeck. NNG, 13. Mai–4. Juli 1982
Künstlerportraits fotografiert von John Lefebre. NNG, 26. Juni–31. August 1982
Günther Uecker. Littenheider Aquarelle. NNG, 15. Juli–5. September 1982
Kunst wird Material. NNG, 7. Oktober 1982–9. Januar 1983

Ost

Der Amerikanische Impressionismus. Bereitgestellt vom Smithsonian Institute Traveling, Exhibition Service, Washington, USA. ANG, 15. Juni–25. Juli 1982
Bernd Kuhnert. Fotografie. Teil I der Ausstellungsreihe »Kleine Fotogalerie im Alten Museum«. AM, 1. Juli 1982–30. April 1983
Das Studio 32. Lothar Böhme. Der Maler und sein Motiv. Akt, Selbstbildnis, Stilleben. AM, 7. Juli–26. September 1982
Die »Abteilung proletarisch-revolutionärer und antifaschistischer Kunst der Nationalgalerie« wird am 16. Juni 1982 als ständige Ausstellung im Otto-Nagel-Haus eröffnet.
Kurt Robbel und seine Schüler. AM, 27. Oktober 1982–2. Januar 1983
Tierplastik. Kleinplastiken aus dem 19. Jahrhundert. SF, 2. Dezember 1982–20. März 1983
Von Courbet bis Cézanne. Französische Malerei 1848–1886. Bereitgestellt von der Réunion des musées nationaux, Frankreich. ANG, 10. Dezember 1982–20. Februar 1983

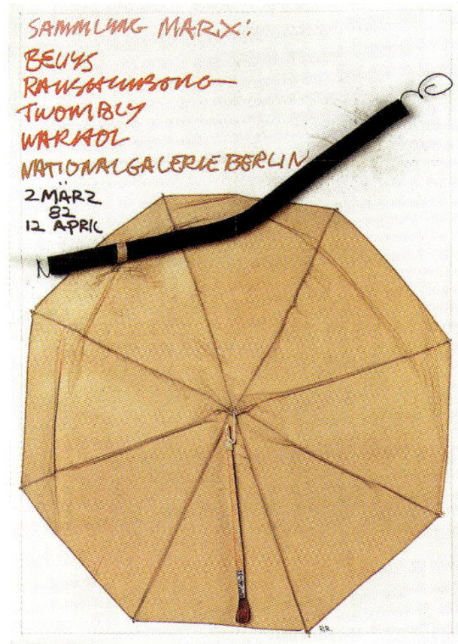

Sammlung Marx. Joseph Beuys, Robert Rauschenberg, Cy Twombly, Andy Warhol (1982), Ausstellungsplakat

West

1983
Ephraim Habermann. Mit anderen Augen. NNG, 20. Januar–20. Februar 1983
Ferdinand Hodler. 1853–1918. In Zusammenarbeit mit dem Kunsthaus Zürich. NNG, 2. März–24. April 1983
Pablo Picasso. Das plastische Werk. In Zusammenarbeit mit der Kunsthalle Düsseldorf. NNG, 7. Oktober–27. November 1983
Heinz Trökes. 31 Skizzenbücher 1943–1983. NNG, 16. August–25. September 1983
Werner Knaupp. Bilder 1977–1982. NNG, 29. April–5. Juni 1983
Kunst Landschaft Architektur. Architekturbezogene Kunst der Bundesrepublik Deutschland. In Zusammenarbeit mit dem Institut für Auslandsbeziehungen. NNG, 22. Juli–21. August 1983
Junge Kunst in Deutschland – privat gefördert. NNG, 20. Januar–20. Februar 1983. (VFN)
Neue Malerei in Deutschland. dimension IV. Wettbewerb und Ausstellung der Philip Morris GmbH. NNG, 10. September–30. Oktober 1983
Kunst mit Photographie. Die Sammlung Dr. Rolf H. Krauss. NNG, 29. April–5. Juni 1983
Realistische Zeichnungen. Acht Künstler aus der BRD. In Zusammenarbeit mit dem Institut für Auslandsbeziehungen. NNG, 19. Mai–26. Juni 1983
Bernadette Bour. Malerei. In Zusammenarbeit mit dem DAAD Berlin. NNG, 15. Juni–31. Juli 1983
Deutscher Künstlerbund. NNG, 19. November 1983–8. Januar 1984

Ost

1983
Gabriele Mucchi. Malerei und Graphik. AM, 26. Januar–3. April 1983
Bermsgrüner Arbeiterfotografen. Erich Meinhold, Kurt und Max Winkler, Kurt Beck. ONH, 23. Februar–14. April 1983
Oskar Kokoschka. Grafik und Zeichnungen. ANG, 23. März–27. Mai 1983
Herbert Sandberg. Der Weg. Zum 75. Geburtstag. ONH, 18. April–9. Juni 1983
Das Studio 33. Schrecken des Krieges. Künstlerische Zeugnisse aus drei Jahrhunderten. AM, 4. Mai–19. Juni 1983
Das Studio 34. Pflanzen und Tiere im Kunsthandwerk Ostasiens und der DDR: Textilien, Emailarbeiten und Schmuck. In Zusammenarbeit mit der Ostasiatischen Sammlung SMB. AM, 29. Juni–21. August 1983
Käthe Kollwitz. Aufruhr. ONH, 10. Juli–8. September 1983
Das Studio 35. Die Kunst zu erben. Künstler der DDR im Dialog mit den Meistern der Renaissance. AM, 31. August–13. November 1983
Hans Grundig. Tiere und Menschen. Zum 25. Todestag des Künstlers. ONH, 11. September–16. Oktober 1983
Paul Kuhfuß 1883–1960. Malerei und Graphik. In Zusammenarbeit mit dem Kupferstichkabinett SMB. ANG, 21. September–13. November 1983
Evelyn Richter. Fotografien. Teil II der Ausstellungsreihe »Kleine Fotogalerie im Alten Museum«. AM, 16. Mai–August 1983
Erich Heckel. Werke aus eigenem Bestand. Zum 100. Geburtstag des Künstlers. ANG, Juli–September 1983
Proletarische Kunst um 1900. In Zusammenarbeit mit dem Bereich Kunstwissenschaft der Humboldt-Universität zu Berlin, anläßlich des gleichnamigen Kolloquiums. AM, 23. November 1983–1. Januar 1984
Robert Sterl. 1867–1932. Das Werk des Malers. ANG, 14. Dezember 1983–18. März 1984

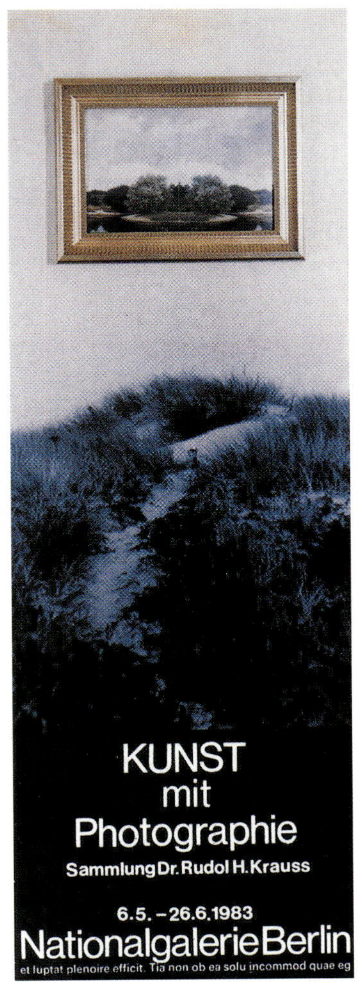

Kunst mit Photographie. Die Sammlung Dr. Rolf H. Krauss (1983), Ausstellungsplakat

West

1984
Armando. Fahnenbilder. NNG, 13. Januar–26. Februar 1984
Francesco Clemente. Pastelle 1973–1983. NNG, 16. März–13. Mai 1984

Ost

1984
Das Studio 36. Statuetten des Berliner Klassizismus. AM, 11. Januar–1. April 1984
Max Lingner. Pressezeichnungen 1932–1947 in Paris. ONH, 11. März–20. Mai 1984

West

Edgar Degas. Pastelle, Ölskizzen, Zeichnungen. In Zusammenarbeit mit der Kunsthalle Tübingen. NNG, 5. April–5. Juli 1984. (VFN)

Haus-Rucker-Co. Drei Großstadtbauten. Eine Ausstellung des Internationalen Design Zentrums Berlin. NNG, 25. Mai–5. Juli 1984

Leon Polk Smith. Collagen 1981–1983. NNG, 31. Mai–29. Juli 1984

Max Beckmann. Retrospektive. In Zusammenarbeit mit der Staatsgalerie für Moderne Kunst München, dem Haus der Kunst München, dem Saint Louis Art Museum und dem Los Angeles County Museum of Art. NNG, 18. Mai–29. Juli 1984

Preisträger des Mies-van-der-Rohe-Wettbewerbs. NNG, 16. Juni–1. Juli 1984

Christo. Surrounded Islands 1980–1983. NNG, 8. Juli–2. September 1984. (VFN)

Das Abenteuer der Ideen. Architektur und Philosophie seit der industriellen Revolution. Anläßlich der Internationalen Bauausstellung Berlin. NNG, 16. September–18. November 1984

Luciano Bartolini. Eterna metamorfosi. In Zusammenarbeit mit dem DAAD Berlin. NNG, 12. Oktober–25. November 1984

Johannes Grützke. »Unser Fortschritt ist unaufhörlich«. Schenkung an die Nationalgalerie. NNG, 30. November 1984–27. Januar 1985

Adolph Menzel. Zeichnungen, Druckgraphik und illustrierte Bücher. Aus den Beständen der Nationalgalerie, des Kupferstichkabinetts und der Kunstbibliothek SMPK. NNG, 14. Dezember 1984–24. Februar 1985

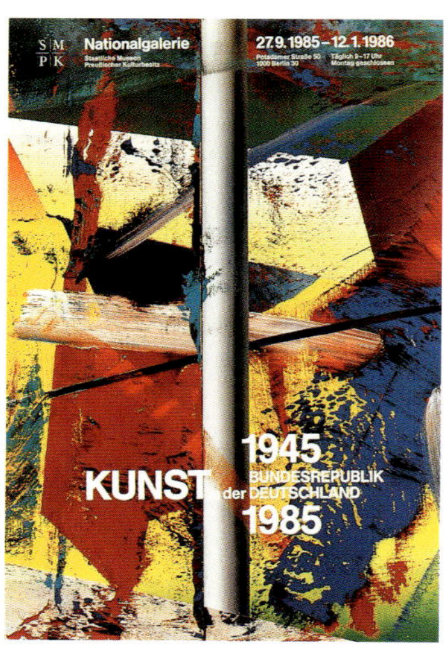

1945-1985. Kunst in der Bundesrepublik Deutschland (1985/86), Ausstellungsplakat

1985

Arnulf Rainer. Theater/Minetti. NNG, 28. Februar–8. April 1985. (VFN)

Von Courbet bis Beuys. Neuerwerbungen '75 bis '85. NNG, 13. Juli–25. August 1985

1945–1985. Kunst in der Bundesrepublik Deutschland. NNG, 27. September 1985–9. Februar 1986

Ost

Henry Moore. Shelter and Coal Mining. Drawings / Zeichnungen aus den Jahren 1933–1942. In Zusammenarbeit mit der Neuen Berliner Galerie. ANG, 4. April–3. Juni 1984

Edgar Degas zum 150. Geburtstag. Pastelle, Ölskizzen, Zeichnungen. ANG, 5. April–20. Mai 1984

Das Studio 37. Emil Nolde. Reise in die Südsee: 1913–1914. Aquarelle, Gemälde, Kultgegenstände und Schmuck aus Neuguinea. In Zusammenarbeit mit dem Kupferstichkabinett SMB. AM, 11. April–17. Juni 1984

Gabriele Mucchi-Fotografien aus den 30er und 40er Jahren. Zum 85. Geburtstag des Künstlers. Teil III der Ausstellungsreihe »Kleine Fotogalerie im Alten Museum«. AM, 24. Juni 1984–Ende Januar 1985.

Carlo Schellemann. Ein Maler und Graphiker aus Eggenfelden/BRD. In Zusammenarbeit mit dem Verband Bildender Künstler der DDR. AM, 27. Juni–2. September 1984

Hintergründe. Blätter von George Grosz aus den Jahren 1915–1932. Zum 25. Todestag des Künstlers. ONH, 1. Juli–5. August 1984

Arbeiterfotograf Walter Ballhause. Fotografien von 1930–1933. ONH, 6. Juli–30. August 1984.

1924. Deutsche im internationalen Antikriegsjahr. Malerei, Graphik, Zeichnungen, Dokumente. ONH, 5. September 1984–6. Januar 1985

Otto Nagel. 1894–1967. Gemälde, Pastelle, Zeichnungen. In Zusammenarbeit mit der Akademie der Künste der DDR. ANG, 26. September–30. Dezember 1984

Alltag und Epoche. Werke bildender Kunst der DDR aus fünfunddreißig Jahren. In Zusammenarbeit mit dem Ministerium für Kultur der DDR und dem Verband Bildender Künstler der DDR. AM, 2. Oktober–30. Dezember 1984

Karl Schmidt Rottluff zum 100. Geburtstag. Werke aus eigenem Bestand. ANG, Mitte November 1984–Ende Januar 1985

Das Studio 38. Faszination Japan. Japanischer Holzschnitt und europäische Graphik 1870–1914. In Zusammenarbeit mit der Ostasiatischen Sammlung SMB. AM, 12. Dezember 1984–27. Januar 1985

Ernesto de Fiori zum 100. Geburtstag. ANG, Dezember 1984–Februar 1985

1985

Kurt Lade 1905–1973. Exil in Prag und London. ONH, 6. März–11. April 1985

Weltschätze der Kunst – der Menschheit bewahrt. Anläßlich des 40. Jahrestages des Sieges über den Hitlerfaschismus und der Befreiung des deutschen Volkes. In Zusammenarbeit mit anderen Sammlungen der SMB und Museen der DDR. AM, 13. März–23. Mai 1985

Das Studio 39. Deutsche Künstler des 19. Jahrhunderts in Olevano. Blätter aus der Sammlung der Zeichnungen. AM, 20. März–2. Juni 1985

Georg Muche. Bilder der Schuld. 1927–1945. Zum 90. Geburtstag des ehemaligen Bauhausmeisters. ONH, 24. April–13. Juni 1985

Auf gemeinsamen Wegen. Malerei, Grafik, Plastik, Illustration, Fotografie. Zum 40. Jahrestag des Sieges über den Hitlerfaschismus und der Befreiung des deutschen Volkes. ANG, April–Juni 1985

Das Studio 40. Expressivität heute. Junge Maler der DDR. AM, 19. Juni–25. August 1985

West

1986

Francis Bacon. Retrospektive. In Zusammenarbeit mit der Tate Gallery London und der Staatsgalerie Stuttgart. NNG, 7. Februar–31. März 1986

Jürgen Klauke. KF, 5. März–6. April 1986

Gerhard Richter. Bilder 1962–1985. In Zusammenarbeit mit der Kunsthalle Düsseldorf. NNG, 25. April–1. Juni 1986. (VFN)

Nino Longobardi. Zeichnungen und Bilder in der Grundkreditbank. KF, 24. Mai–13. Juli 1986

Alf Lechner. Neue Arbeiten. NNG, 20. Juni–17. August 1986

Christian Ludwig Attersee. KF, 12. September–2. November 1986. (VFN)

Ludwig Mies van der Rohe. 1886–1969. Anläßlich des 100. Geburtstags des Architekten. Eine Ausstellung des Museum of Modern Art New York. NNG, 14. November 1986–15. Januar 1987

Die »Galerie der Romantik« wird am 29. November 1986 als ständige Ausstellung im Knobelsdorfflügel des Schlosses Charlottenburg eröffnet.

1987

Toulouse-Lautrec. Das gesamte graphische Werk. Sammlung Gerstenberg. NNG, 17. Januar–8. März 1987. (VFN)

Ivan Meštrović. Skulpturen. In Zusammenarbeit mit dem Kunsthaus Zürich und dem Museum moderner Kunst Wien. NNG, 2. Januar–8. März 1987

KunstRäume. Die Länder zu Gast in der Nationalgalerie. In Zusammenarbeit mit dem Institut für Auslandsbeziehungen. NNG, 17. Juni–30. August 1987

750 Jahre Architektur und Städtebau. Die internationale Bauausstellung im Kontext der Baugeschichte Berlins. NNG, 21. März–28. Mai 1987

Jakob Mattner. KF, 27. Februar–26. April 1987. (VFN)

Barbara Schmidt-Heins. Plan. KF, 6. Mai–21. Juni 1987

John M. Armleder. In Zusammenarbeit mit dem Kunstmuseum Winterthur. KF, 28. August–18. Oktober 1987

Alberto Giacometti. Eine Ausstellung zum Gesamtwerk. Skulptur, Malerei und Zeichnung. In Zusammenarbeit mit

Ost

Christian Borchert. Künstlerporträts aus den Jahren 1975–1983. Teil IV der Ausstellungsreihe »Kleine Fotogalerie im Alten Museum«. AM, 1. Juli 1985–Ende 1985

Wählt links! Das politische Plakat in Deutschland 1918–1933. ONH, 10. Juli–19. September 1985

Sowjetische Fotografen 1941–1945. Kämpfer – Sieger – Befreier. Bereitgestellt vom Armeemuseum der DDR, Dresden, in Zusammenarbeit mit dem Fotokinoverlag Leipzig. ONH, 2. Oktober 1985–12. Januar 1986

Das Studio 41. Plakatkunst um 1900. In Zusammenarbeit mit dem Kupferstichkabinett SMB. AM, November–Dezember 1985

1986

John Heartfield. »Exil in der ČSR«. Fotomontagen 1933–1938. ONH, 29. Januar–24. April 1986

Willi Sitte. Epochenbilder. Gemälde, Zeichnungen, Druckgraphik. Anläßlich des 65. Geburtstages des Künstlers. In Zusammenarbeit mit dem Verband Bildender Künstler der DDR. AM, 26. Februar–4. Mai 1986

Heinrich Ehmsen 1886–1964. Gemälde, Aquarelle, Zeichnungen. Anläßlich des 100. Geburtstages des Künstlers. In Zusammenarbeit mit der Akademie der Künste der DDR. ANG, 11. Juni–17. August 1986

Bahnbrecher der Moderne in Österreich. 12 Künstler der Zeit zwischen 1898 und 1938. Zeichnungen und Aquarelle aus der Graphischen Sammlung Albertina, Wien. ANG, 25. Juni–10. August 1986

Expressionisten. Die Avantgarde in Deutschland 1905–1920. In Zusammenarbeit mit dem Kupferstichkabinett SMB. ANG, 3. September–16. November 1986

Das Schicksal einer Sammlung. Die Neue Abteilung der Nationalgalerie im ehemaligen Kronprinzen-Palais. In Verbindung mit der Ausstellung »Expressionisten«. ANG, 3. September–16. November 1986

Dezsö Révai – Fotograf und Interbrigadist in Spanien Fotografien 1936–1939. ONH, 24. September–13. November 1986

Gustav Seitz 1906–1969. Plastik, Zeichnungen, Graphik. Anläßlich des 80. Geburtstages des Künstlers. In Zusammenarbeit mit der Akademie der Künste der DDR. AM, 10. Dezember 1986–15. Februar 1987

1987

Otto Gutfreund 1889–1927. Plastiken und Zeichnungen. Gastausstellung der Nationalgalerie Prag. ONH, 21. Januar–16. April 1987

Frauen in der Kunst der DDR. AM, 5. März–5. April 1987

Großstadtbilder: Berlin 1900–1930. ANG, Mai–Juli 1987

Gerhard Altenbourg. Ausstellung des Kupferstichkabinetts SMB. ANG, 5. Mai–5. Juli 1987

Kunst in Berlin 1648–1987. Anläßlich der 750-Jahr-Feier der Stadt Berlin. AM (und andere Abteilungen der SMB), 10. Juni–25. Oktober 1987

Ferdinand Bellermann – Ein Berliner Maler aus der Ära Alexander von Humboldts. Ausstellung des Kupferstichkabinett SMB. ANG, 13. August–11. Oktober 1987

Paul Rosié, Erich Schmitt, Karl Schrader. Drei Berliner Zeichner. ONH, 15. August–4. Oktober 1987

August Macke – Zum 100. Geburtstag. ANG, August–Dezember 1987

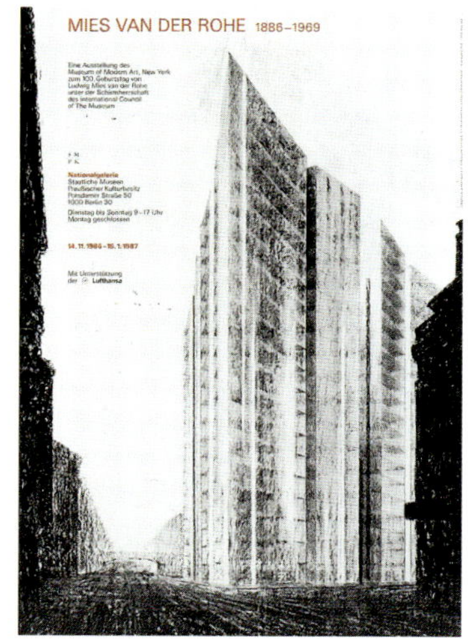

Ludwig Mies van der Rohe. 1886–1969 (1986/87), Ausstellungsplakat

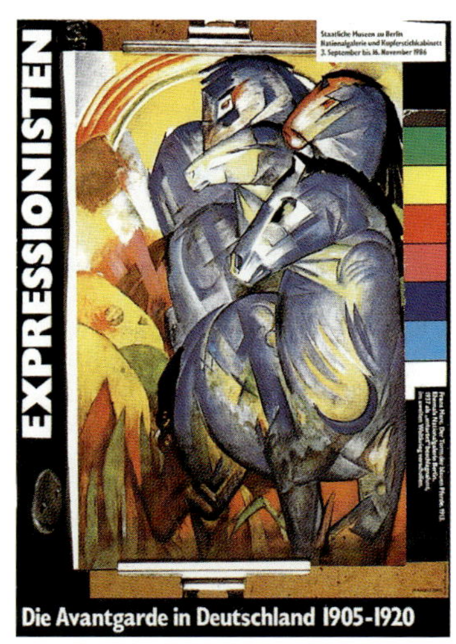

Expressionisten. Die Avantgarde in Deutschland 1905–1920 (1986), Ausstellungsplakat

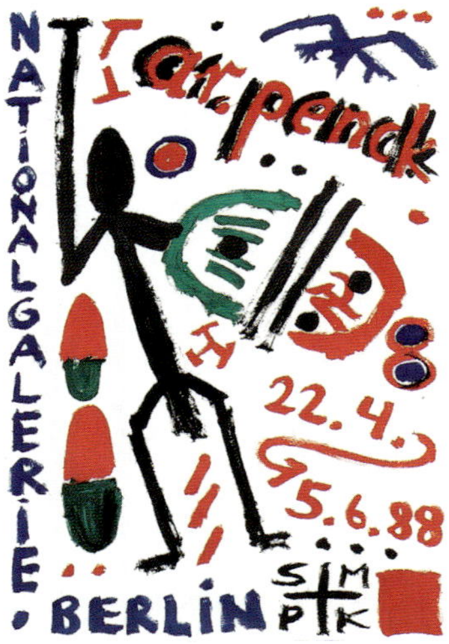

A. R. Penck (1988), vom Künstler entworfenes Ausstellungsplakat

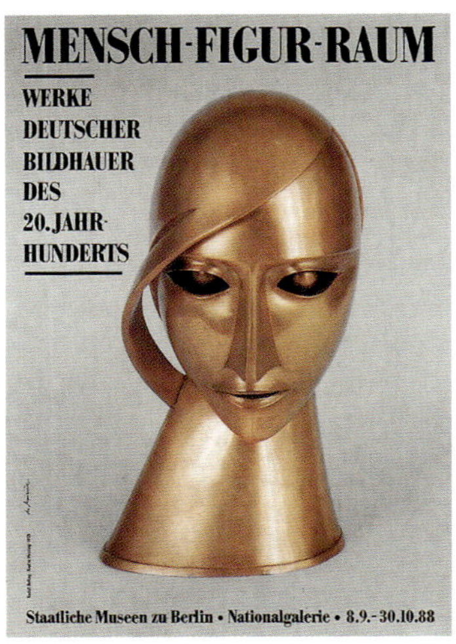

Mensch – Figur – Raum. Werke deutscher Bildhauer des 20. Jahrhunderts (1988), Ausstellungsplakat

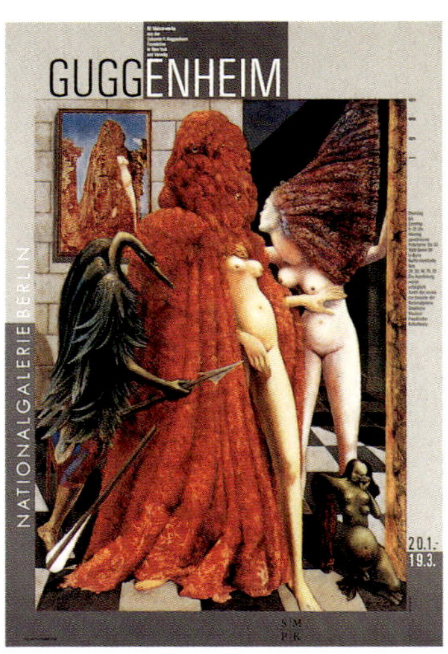

Guggenheim. 60 Meisterwerke aus der Solomon R. Guggenheim Foundation (1989), Ausstellungsplakat

West

der Staatsgalerie Stuttgart. NNG, 9. Oktober 1987–3. Januar 1988

1988

Hans Hollein. Eine Ausstellung des Centre de Création Industrielle im Centre Pompidou Paris. NNG, 5. Februar–20. März 1988

A. R. Penck. NNG, 22. April–12. Juni 1988

Lucian Freud. Gemälde. Eine Ausstellung der Hayward Gallery London. In Zusammenarbeit mit dem British Council. NNG, 6. Mai–5. Juni 1988

Positionen heutiger Kunst. Serra – Twombly – Paik – Stella – Kounellis – Merz. Anläßlich von »Berlin – Kulturhauptstadt Europas«. NNG, 23. Juni–18. September 1988

Max Beckmann. In Zusammenarbeit mit dem Kupferstichkabinett SMPK. NNG, 12. Oktober–23. Dezember 1988

Emil Schumacher. Späte Bilder. In Zusammenarbeit mit der Kunstsammlung Nordrhein-Westfalen Düsseldorf. NNG, 21. Oktober–30. Dezember 1988

Alfred Lörcher. In Zusammenarbeit mit der Lörcher-Archiv der Staatsgalerie Stuttgart. NNG, 4. November–30. Dezember 1988

Bilder aus der neuen Welt. Amerikanische Malerei des 18. und 19. Jahrhunderts. In Zusammenarbeit mit dem Kunsthaus Zürich. ChO, 22. November 1988–12. Februar 1989

Foto/Realismen. Ars Viva '87/88. Eine Ausstellung des Kulturkreises im Bundesverband der Deutschen Industrie. KF, 16. Januar–21. Februar 1988

Paco Knöller. KF, 4. März–8. Mai 1988

Jürgen Partenheimer. Verwandlung – Heimkehr. KF, 20. Mai–2. Juli 1988. (VFN)

Robert Häusser. Photographische Bilder. Eine Ausstellung des Württembergischen Kunstvereins, Stuttgart. KF, 8. Juli–28. August 1988

Francesco Torres. Plus Ultra. In Zusammenarbeit mit dem DAAD Berlin. KF, 15. Oktober–20. November 1988

1989

Guggenheim. 60 Meisterwerke aus der Solomon R. Guggenheim Foundation in New York und Venedig. NNG, 20. Januar–19. März 1989. (VFN)

Alexander Trauner. 60 Jahre Filmarchitektur. KF, 27. Januar–20. Februar 1989

Die aufgehobene Zeit. William Henry Fox Talbot. NNG, 10. Februar–2. April 1989

Willi Baumeister. Zum 100. Geburtstag. In Zusammenarbeit mit der Staatsgalerie Stuttgart. In Berlin werden Gemälde gezeigt, in Stuttgart Arbeiten auf Papier. NNG, 7. April–28. Mai 1989

Gerhard Marcks. 1889–1981. Retrospektive. Eine Ausstellung des Gerhard Marcks-Hauses Bremen. NNG, 16. Juni–27. August 1989

Marianne Breslauer. Photographien 1927–1937. NNG, 10. November–12. Dezember 1989. (VFN)

Eberhard Bosslet. KF, 17. März–16. Mai 1989

Bernhard Prinz. In Zusammenarbeit mit dem Kunstraum München e.V. KF, 9. Juni–6. August 1989

Barbara Hammann. touch and go. KF, 25. August–1. Oktober 1989

Ost

Plastik des Klassizismus. Eine Ausstellung zur Eröffnung des neuen Schinkel-Museums in der restaurierten Friedrichswerderschen Kirche am 15. September 1987, anläßlich der 750-Jahr-Feier der Stadt Berlin. Die Ausstellung bleibt fortan als ständige Ausstellung in der Kirche zu sehen.

1988

Christian Rohlfs 1849–1938. Aquarelle und Gemälde von 1919–1939 aus den Sammlungen der DDR. Zum 50. Todestag des Künstlers. ANG, 8. Januar–28. Februar 1988

Wilhelm Lehmbruck 1881–1919. Plastik, Malerei, Graphik. In Zusammenarbeit mit dem Wilhelm Lehmbruck-Museum in Duisburg. AM, 23. Januar–27. März 1988

Werner Tübke. Die 1:10 Fassung des Panoramagemäldes »Frühbürgerliche Revolution in Deutschland« für Bad Frankenhausen. AM, 18. März–30. Juni 1988

Otto Pankok. Die Passion. Kohlebilder, Druckgraphik, Plastik 1933–1945 aus dem Besitz des Otto-Pankok-Museums Haus Esselt, Hünxe-Drevenack/BRD. ONH, 11. Mai–3. Juli 1988

Wolfgang Mattheuer. Nähe und Horizont. Malerei, Grafik, Zeichnungen, Plastik. AM, 22. Juni–21. August 1988

Walter Martin. Fotografien 1930–1945. ONH, 20. Juli–17. November 1988

Mensch – Figur – Raum. Werke deutscher Bildhauer des 20. Jahrhunderts. ANG, 7. September–30. Oktober 1988

Das Studio 42. Ideenplastik. Sinnzeichen in der Bildhauerkunst der DDR. AM, 21. September–20. November 1988

Max Lingner 1888–1959. Gemälde, Zeichnungen, Pressegraphik. Anläßlich des 100. Geburtstages des Künstlers. In Zusammenarbeit mit der Akademie der Künste der DDR. ANG, 17. November 1988–15. Januar 1989

1989

Porträtmedaillen von Zeitgenossen Karl Friedrich Schinkels. FWK, 22. März–31. August 1989

Zeichnungen der Kopenhagener Schule: Abildgaard, Juel, Eckersberg, Kobke, Lundbye und Marstrand. Gastausstellung der Königlichen Kunstsammlungen Kopenhagen. ANG, 5. April–21. Mai 1989

Werner Tübke. Gemälde, Aquarelle, Zeichnungen, Lithographien. Anläßlich des 60. Geburtstages des Künstlers. ANG, 5. Juli–27. August 1989

Krieg: Ahnung und Wissen. Anläßlich der Entfesselung zweier Weltkriege. ONH, 31. August–30. November 1989

Konturen – Werke seit 1949 geborener Künstler der DDR. Anläßlich des 40. Jahrestages der DDR. ANG, 5. Oktober–3. Dezember 1989

Dasein und Vision: Bürger und Bauern um 1500. AM, 8. Dezember 1989–12. Februar 1990

Asmus Jakob Carstens und Joseph Anton Koch: Zwei Zeitgenossen der Französischen Revolution. Zeichnungen. ANG, 14. Dezember 1989–25. Februar 1990

West

Gerd Rohling. Die Ahnenreihe. KF, 6. Oktober–17. Dezember 1989. (VFN)

1990

Kleinplastiken des 20. Jahrhunderts aus der Sammlung der Nationalgalerie. KF, 19. Januar–18. Februar 1990

Michael Buthe. KF, 23. Februar–16. April 1990

Ernst Caramelle / Micha Ullmann. In Zusammenarbeit mit dem DAAD Berlin. NNG, 18. Mai–1. Juli 1990

Präsentation der preisgekrönten Pläne zum Hamburger Bahnhof von Josef Paul Kleihues. NNG, 27. November 1990–6. Januar 1991

Ost

1990

Das Studio 43. Wieland Förster. Naturstudien und Werksskizzen im kleinen Format. AM, 9. Februar–29. April 1990

Schinkels Werk auf Neujahrsplaketten der Königlichen Eisengießerei Berlin. FWK, 4. April–31. Dezember 1990

Russische und sowjetische Kunst. ONH, 5. Juni–9. August 1990

Alfred Hrdlicka. Der Anschluss. Kommentare zu aktuellen Ereignissen. AM, 22. Juni–5. August 1990

Albert Wigand zum 100. Geburtstag. ANG, 27. Juni–23. September 1990

Bernhard Heisig. In Zusammenarbeit mit dem Zentrum für Kunstausstellungen. AM, 5. Juli–26. August 1990

The poetry of earth. Englische Aquarelle der Romantik. 1770–1850. In Zusammenarbeit mit dem Victoria and Albert Museum London. ANG, 10. Oktober–25. November 1990

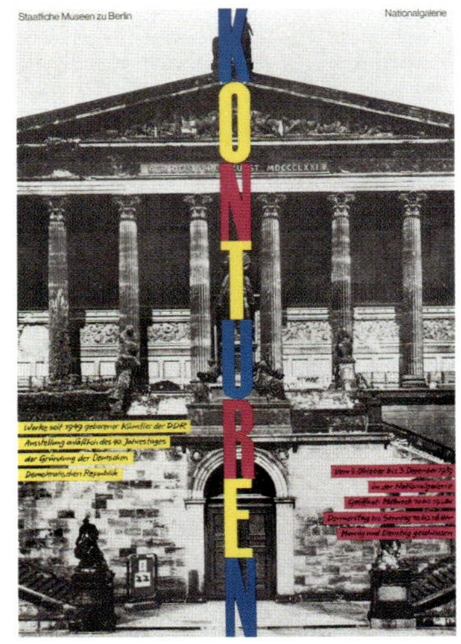

Konturen. Werke seit 1949 geborener Künstler der DDR (1989), Ausstellungsplakat

Am 4. Oktober 1990 werden die Staatlichen Museen zu Berlin (Ost) und damit auch die Nationalgalerie SMB in die Stiftung Preußischer Kulturbesitz aufgenommen; somit beginnt die erneute Zusammenarbeit mit vereinten Beständen. Die verwaltungstechnische Umsetzung dieser Zusammenführung tritt zum 1. Januar 1992 in Kraft.

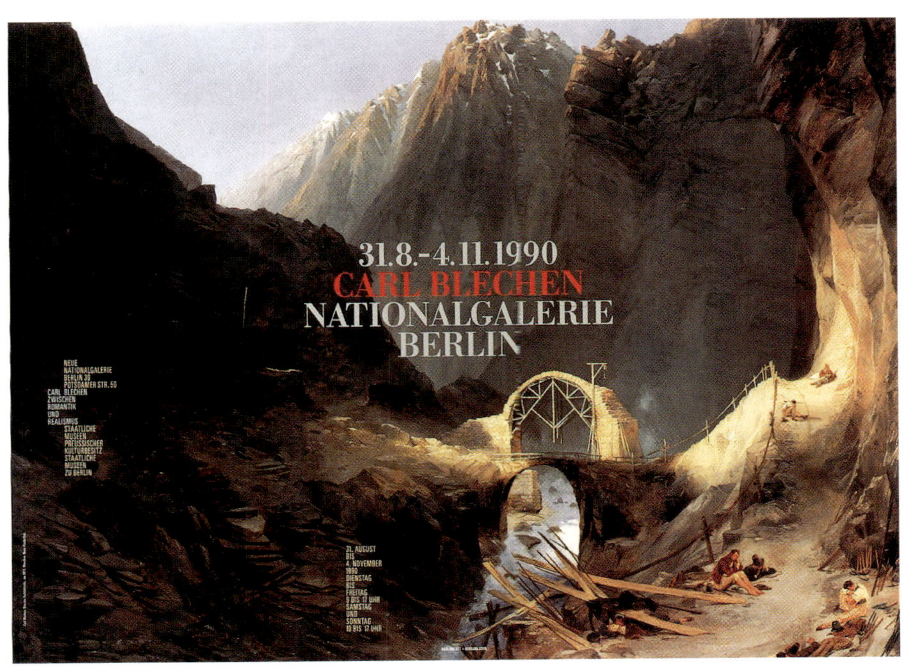

Carl Blechen. Zwischen Romantik und Realismus (1990). Erste Ausstellung mit Werken aus den wiedervereinten Beständen der beiden Nationalgalerien in Berlin (Ost) und Berlin (West), Ausstellungsplakat.

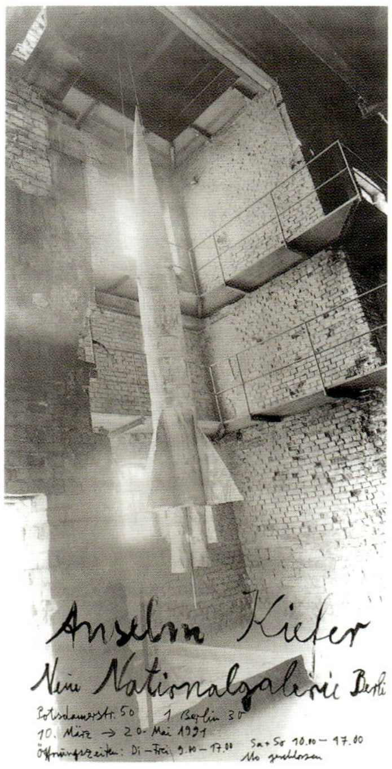

Anselm Kiefer (1991), vom Künstler entworfenes Ausstellungsplakat

1990

Carl Blechen. Zwischen Romantik und Realismus. Erste Ausstellung mit Werken aus den Beständen der Nationalgalerien in Berlin (Ost) und Berlin (West) sowie aus weiteren ostdeutschen Museen (Staatliche Kunstsammlungen Dresden, Angermuseum Erfurt, Museum Cottbus/Schloß Branitz und andere). NNG, 31. August-18. November 1990

Reiner Ruthenbeck / Hanns Schimansky. Zeichnungen. Erster Teil der Dialog-Reihe. Doppelausstellung im AM (Ruthenbeck) und der NNG (Schimansky), 21. September-4. November 1990

1991

Anselm Kiefer. NNG, 10. März-20. Mai 1991. (VFN)

Nicht mehr vorhandene Bauten Karl Friedrich Schinkels in Berlin und Potsdam. FWK, 14. März-31. Oktober 1991 (verlängert bis 1. Dezember 1991)

F. Albert Schwartz. Photographien des alten Berlin (um 1880-1890). ONH, 27. März-29. April 1991

Henri Laurens. 1855-1954. Bronzen, Steine und Arbeiten auf Papier. AM, 11. April-2. Juni 1991

Bernhard Heiliger. Skulpturen, Reliefobjekte und collagierte Zeichnungen. AM und Lustgarten, 4. Mai-16. Juni 1991 (Skulpturen bis Ende Juli)

Kurt Mühlenhaupt. Ein Berliner Maler. ONH, 8. Mai-4. Juli 1991

28 Bilder aus Frankreich - aufbewahrt in der Nationalgalerie. ANG, 26. Juni-30. September 1991

Bilder für den Himmel. Kunstdrachen. NNG, 30. Juni-11. August 1991

Frank Seidel. Plastik und Zeichnung. Dialog-Reihe. NNG, 16. August-22. September 1991

Gundula Schulze. Waldo's Schatten. Photographien aus dem Jahre 1990. Dialog-Reihe. NNG, 27. September-3. November 1991

Gestalt und Zeichen. Malerei, Plastik und Zeichnung in der Kunst der DDR. Eine Auswahl aus der Sammlung der Nationalgalerie Berlin (Ost). ANG, 26. Juni-31. Dezember 1991

Otto Dix. Retrospektive. In Zusammenarbeit mit der Galerie der Stadt Stuttgart. NNG, 23. November 1991-16. Februar 1992

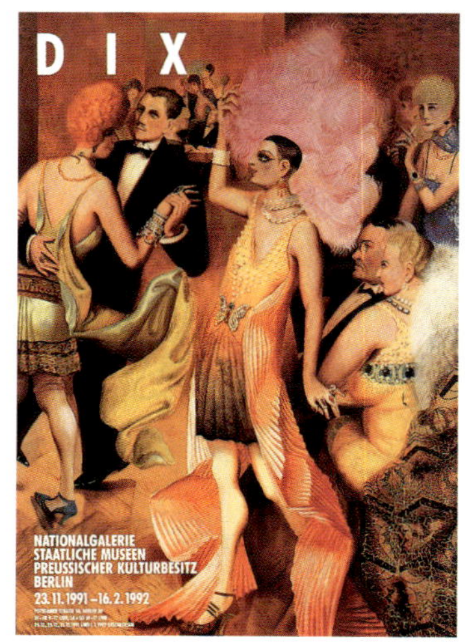

Otto Dix. Retrospektive (1991/92), Ausstellungsplakat

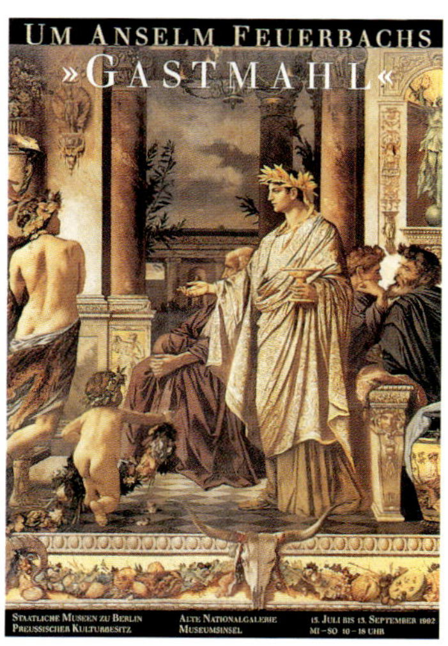

Um Anselm Feuerbachs »Gastmahl« (1992), Ausstellungsplakat

1992

Schenkung Otto van de Loo. NNG, 26. Februar-3. Mai 1992

Kunst in Deutschland 1905-1937. Gemälde und Skulpturen aus der Sammlung der Nationalgalerie. ANG, 28. März 1992-3. Januar 1993

Hermann Glöckner. Retrospektive. NNG, 22. Mai-2. August 1992. (VFN)

Um Anselm Feuerbachs »Gastmahl«. ANG, 15. Juli-13. September 1992

Walter Libuda. Karawane. Dialog-Reihe. NNG, 14. August-27. September 1992

Sandro Chia. NNG, 11. September-8. November 1992 (verlängert bis 29. November 1992). (VFN)

Katharina Sieverding. Kristallationsbilder. NNG, 2. Oktober-15. November 1992

Sabine Grzimek. Plastik, Zeichnung, Malerei. ANG, 9. Oktober-29. November 1992

Picasso. Die Zeit nach Guernica. 1937-1973. NNG, 8. Dezember 1992-28. Februar 1993. (VFN)

Die Sammlung Graf Raczynski. Malerei der Spätromantik aus dem Nationalmuseum Poznan. ANG, 18. Dezember 1992-21. Februar 1993

Wege deutscher Kunst - 40er bis 60er Jahre. ANG, 15. April-28. Juni 1992

Deutsche Kunst zwischen den Weltkriegen. Ständige Ausstellung aus den vereinten Sammlungsbeständen. ONH, März 1992-September 1994

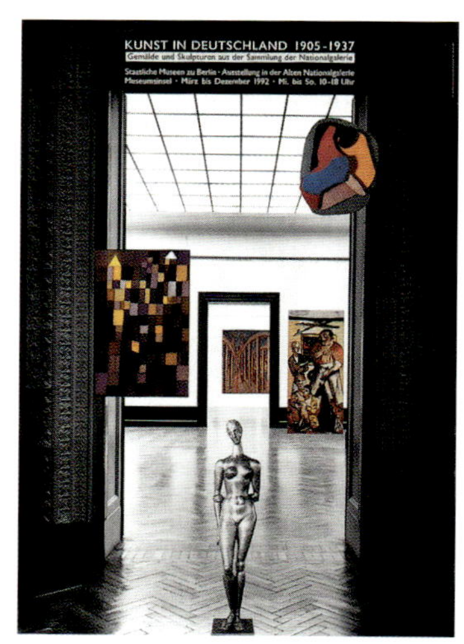

Kunst in Deutschland 1905-1937. Gemälde und Skulpturen aus der Sammlung der Nationalgalerie (1992/93), Ausstellungsplakat

1993

Günter Fruhtrunk. 1923-1982. NNG, 5. Februar-14. März 1993

Marina Abramović. Wartesaal. In Zusammenarbeit mit dem DAAD Berlin. NNG, 4. März - 11. April 1993

Wege der Moderne. Die Sammlung Beyeler. NNG, 30. April-12. September 1993. (VFN)

Von Caspar David Friedrich bis Ferdinand Hodler. Meisterwerke aus dem Museum Stiftung Oskar Reinhart, Winterthur. ANG, 14. Mai-12. September 1993. (VFN)

Hermann Pitz. Probebühne. / Lothar Böhme. Akt. Dialog-Reihe. NNG, 24. September-31. Oktober 1993

Distanz und Nähe. Fotografische Arbeiten von Bernd und Hilla Becher. Eine Ausstellung des Instituts für Auslandsbeziehungen. NNG, 24. September–31. Oktober 1993

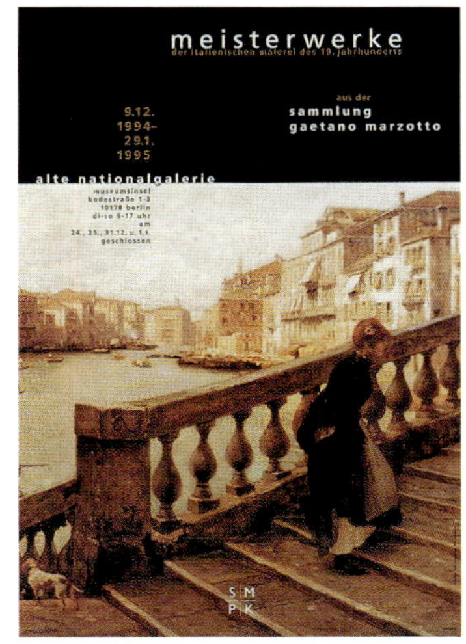

Meisterwerke der italienischen Malerei des 19. Jahrhunderts aus der Sammlung Gaetano Marzotto (1994/95), Ausstellungsplakat

1994

Nan Goldin. »The Ballad of Sexual Dependency«. Dia-Installation. NNG, 28. Januar–20. Februar 1994. (VFN)

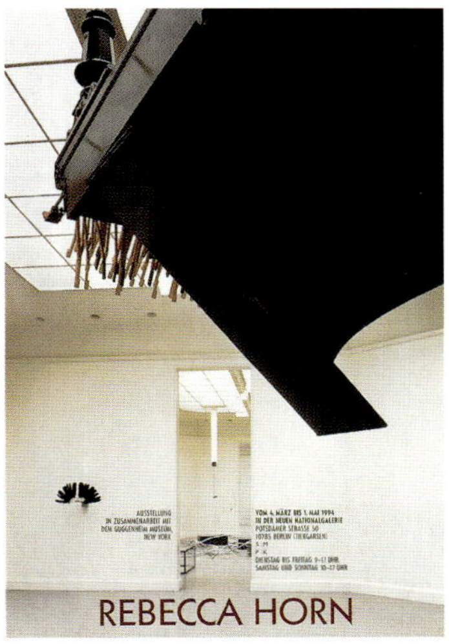

Rebecca Horn (1994), Ausstellungsplakat

Rebecca Horn. In Zusammenarbeit mit dem Guggenheim Museum New York. NNG, 4. März–1. Mai 1994. (VFN)

Roman Opalka. 1965/1–∞. In Zusammenarbeit mit dem Neuen Berliner Kunstverein. NNG, 8. April–26. Juli 1994. (VFN)

Tom Wesselmann. Retrospektive 1959–1993. In Zusammenarbeit mit dem Institut für Kulturaustausch Tübingen und dem Amerika-Haus Berlin. AM, 20. September–23. Oktober 1994

Stephan Balkenhol. Skulpturen / Carsten Nicolai. Twin Twin. Dialog-Reihe. NNG, 31. August–30. Oktober 1994

Otto Nagel. Berliner Bilder. In Zusammenarbeit mit der Landesbank Berlin. ONH, 1. Oktober 1994–8. Januar 1995

Meisterwerke der italienischen Malerei des 19. Jahrhunderts aus der Sammlung Gaetano Marzotto. ANG, 9. Dezember 1994–29. Januar 1995

George Grosz. Berlin – New York. In Zusammenarbeit mit dem Kupferstichkabinett SMPK. NNG, 21. Dezember 1994–17. April 1995

1995

Kleinplastiken des 19. Jahrhunderts aus der Nationalgalerie. ANG, 17. Februar–25. Juni 1995

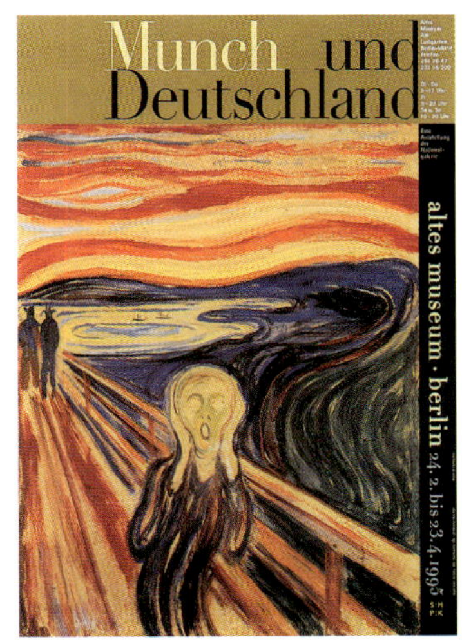

Munch und Deutschland (1995), Ausstellungsplakat

Munch und Deutschland. In Zusammenarbeit mit der Kunsthalle Hamburg und der Kunsthalle der Hypo-Kulturstiftung München. AM, 24. Februar–23. April 1995. (VFN)

Matt Mullican. Banners. In Zusammenarbeit mit dem DAAD Berlin. NNG, 22. April–17. Juli 1995

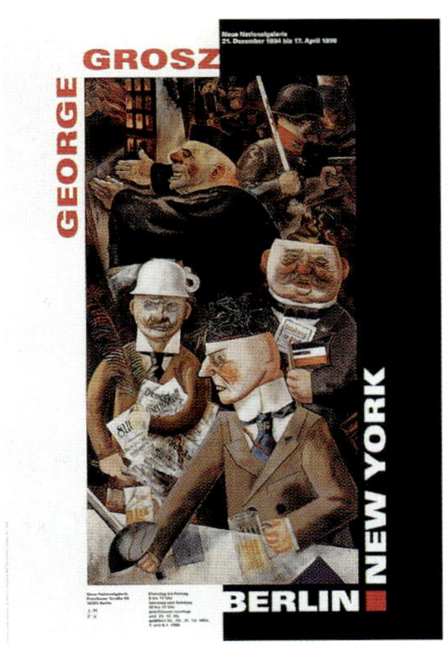

George Grosz. Berlin – New York (1994/95), Ausstellungsplakat

Maren Roloff/Raffael Rheinsberg. Dialog-Reihe. NNG, 19. Mai–2. Juli 1995. (VFN)

Leiblicher Logos. Eine Ausstellung des Instituts für Auslandsbeziehungen. AM, Berlin. 31. Mai–30. Juli 1995. (VFN)

Johann Gottfried Schadow und die Kunst seiner Zeit. In Zusammenarbeit mit der Kunsthalle Düsseldorf und dem Germanischen Nationalmuseum Nürnberg. ANG, 14. Juli–24. September 1995

Cy Twombly. Retrospektive. In Zusammenarbeit mit dem Museum of Modern Art New York. NNG, 31. August–19. November 1995. (VFN)

Paul Thek. The wonderful world that almost was. In Zusammenarbeit mit dem DAAD Berlin. NNG, 8. Dezember 1995–18. Februar 1996

Wilhelm von Bode als Zeitgenosse der Kunst. ANG, 9. Dezember 1995–25. Februar 1996

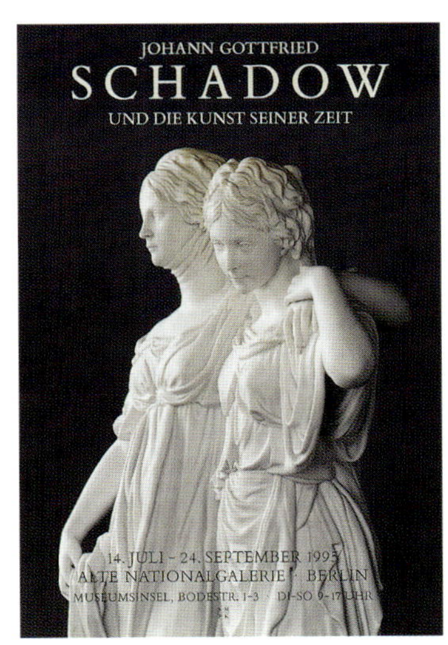

Johann Gottfried Schadow und die Kunst seiner Zeit (1995), Ausstellungsplakat

1996

Totenstill. Photographien von Dirk Reinartz. NNG, 23. Februar–24. März 1996. (VFN)

Aetas Mutationis. Cunoldi, Messina, Stoisa, Zorio. Vier italienische Künstler. In Zusammenarbeit mit dem Istituto Italiano di Cultura Berlin. NNG, 29. März–12. Mai 1996

Georg Baselitz. Retrospektive. In Zusammenarbeit mit dem Guggenheim Museum New York. NNG, 24. Mai–29. September 1996. (VFN)

Lovis Corinth. Retrospektive. AM, 2. August–20. Oktober 1996

Manet bis van Gogh. Hugo von Tschudi und der Kampf um die Moderne. In Zusammenarbeit mit der Neuen Pinakothek München. ANG, 20. September 1996–6. Januar 1997

1997

Unter den Linden. Berlins Boulevard in Ansichten von Schinkel, Gaertner und Menzel. In Zusammenarbeit mit dem Stadtmuseum Berlin und dem Kunstforum der Grundkreditbank Berlin. KF, 5. Februar–27. April 1997

Adolph Menzel. 1815–1905. Das Labyrinth der Wirklichkeit. In Zusammenarbeit mit dem Kupferstichkabinett SMPK, dem Musee d'Orsay Paris und der National Gallery of Art Washington D.C. AM, 7. Februar–19. Mai 1997

Christen Købke 1910–1848. Ein dänischer Maler zwischen Romantik und Realismus. In Zusammenarbeit mit dem Museum für Kunst Kopenhagen. ANG, 21. Februar–25. Mai 1997

Ein Blick zurück. 50 ausgewählte Erwerbungen 1975–1997. NNG, 31. Mai–17. August 1997. (VFN)

Zwischenspiel Nr. 2: York der Knöfel: Thoughts, 1996. HBF, 27. Juni–27. Juli 1997

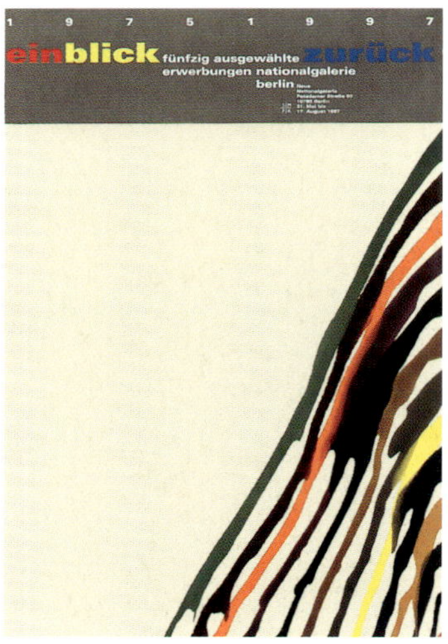

Ein Blick zurück. 50 ausgewählte Erwerbungen (1997), Ausstellungsplakat

Max Liebermann. Jahrhundertwende. ANG, 19. Juli–26. Oktober 1997. (VFN)

Gerhard Richter. Der Zyklus »18. Oktober 1977«. Ein Teil der Ausstellung »Deutschlandbilder« im Martin-Gropius-Bau Berlin. NNG, 7. September 1997–11. Januar 1998

Innere Emigration. Deutsche Kunst 1933–1945. Gemälde und Skulpturen aus dem Besitz der Nationalgalerie. NNG, 7. September 1997–11. Januar 1998

Exil. Flucht und Emigration europäischer Künstler 1933–1945. In Zusammenarbeit mit dem Los Angeles County Museum of Art. NNG, 10. Oktober 1997–4. Januar 1998.

Hans Jürgen Syberberg. Cave of Memory, 1997. In sechs Stationen. Ein begehbarer Film als Raum. In Zusammenarbeit mit dem Hebbel-Theater Berlin. HBF, 16. Oktober–19. Oktober 1997

Sigmar Polke. Die drei Lügen der Malerei. HBF, 30. Oktober 1997–15. Februar 1998

Deep Storage. Sammeln, Speichern, Archivieren in der Kunst. In Zusammenarbeit mit anderen Abteilungen der SMPK und dem Haus der Kunst München. SKF, 29. November 1997–25. Januar 1998. (VFN)

Der kurze Abschied vom 19. Jahrhundert. Die letzten Tage vor der Restaurierung. ANG, 19. Dezember 1997–15. Februar 1998

1998

Die Alte Nationalgalerie schließt für eine dreijährige Renovierungsphase.

Rolf Julius. Musik für einen fast leeren Raum. HBF, 4. März–15. März 1998

ars viva 1997/98. Neue Medien. Förderpreisträger des Kulturkreises der deutschen Wirtschaft im Bundesverband der deutschen Industrie e.V. HBF, 4. März–13. April 1998

Auf der Spur der Cobra. Die Schenkung Otto van de Loo. NNG, 6. März–3. Mai 1998

Pipilotti Rist. Remake of the weekend. HBF, 14. März–1. Juni 1998. (VFN)

Marcel Broodthaers. Cinéma. In Zusammenarbeit mit der Fundació Antoni Tàpies Barcelona. HBF, 20. März–24. Mai 1998

Ilya Kabakov. Treatment with Memories. HBF, 15. Mai–30. August 1998. (VFN)

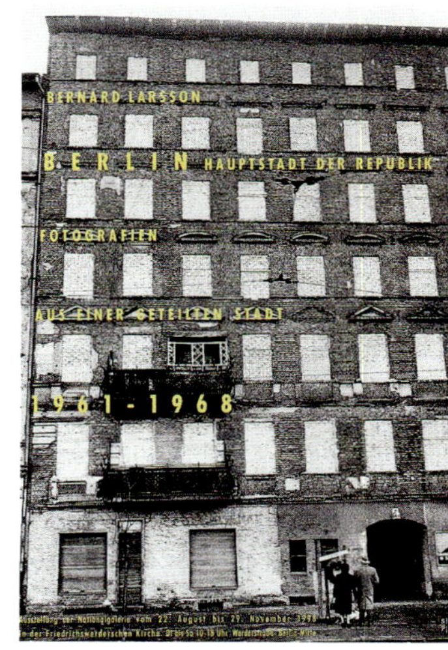

Bernard Larsson. Berlin, Hauptstadt der Republik. Fotografien aus einer geteilten Stadt (1998), Ausstellungsplakat

Arnold Böcklin, Giorgio de Chirico, Max Ernst. Eine Reise ins Ungewisse. NNG, 20. Mai–23. August 1998 (verlängert bis 23. August 1998). (VFN)

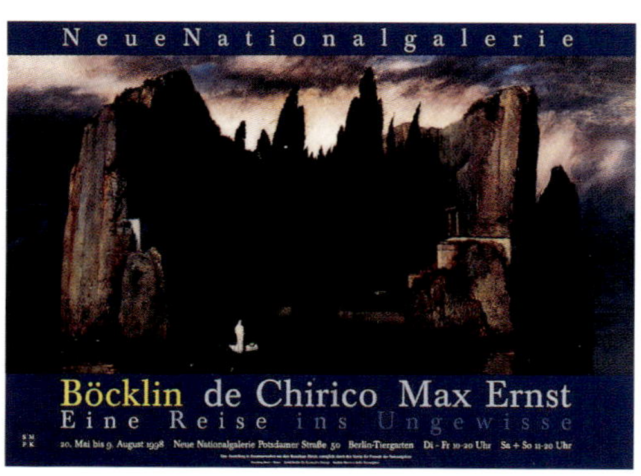

Arnold Böcklin, Giorgio de Chirico, Max Ernst. Eine Reise ins Ungewisse (1998), Ausstellungsplakat

Klee aus New York. Hauptwerke der Sammlung Berggruen. In Zusammenarbeit mit dem Metropolitan Museum of Art New York. SBG, 4. Juni–18. Oktober 1998

Lyonel Feininger. Von Gelmeroda nach Manhattan. Retrospektive der Gemälde. NNG, 3. Juli–11. Oktober 1998

Bernard Larsson. Berlin, Hauptstadt der Republik. Fotografien aus einer geteilten Stadt. FWK, 21. August 1998–31. Januar 1999

Vincent Tavenne. Piepenbrock Nachwuchspreis für Bildhauerei 1998. In Zusammenarbeit mit der Kulturstiftung Hartwig Piepenbrock. HBF, 1. September–20. September 1998

Bilder und immer wieder Bilder. Fontane und die bildende Kunst. SKF, 3. September–27. November 1998

Ulrich Rückriem. Skulptur. In Zusammenarbeit mit dem DAAD Berlin. NNG, 15. September 1998–31. Januar 1999

Sensation. Young British Artists from the Saatchi Collection. HBF, 30. September 1998–21. Februar 1999. (VFN)

Paul Gauguin. Das verlorene Paradies. NNG, 31. Oktober 1998–10. Januar 1999 (verlängert bis 24. Januar 1999). (VFN)

Marriage à-la-Mode. Hogarth und seine deutschen Bewunderer. AM, 18. Dezember 1998–7. März 1999 (verlängert bis 7. März 1999)

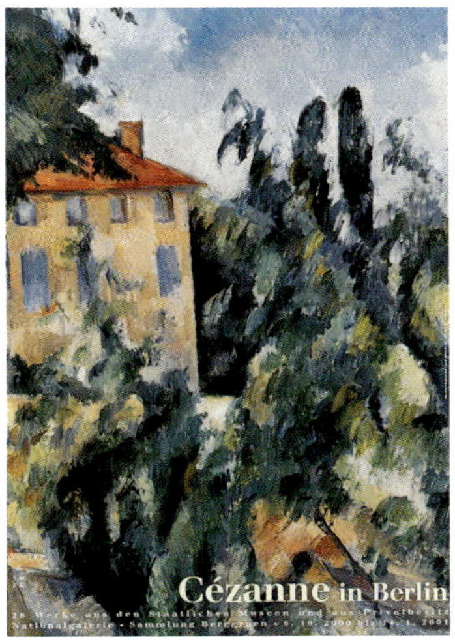

Cézanne in Berlin (2000/01), Ausstellungsplakat

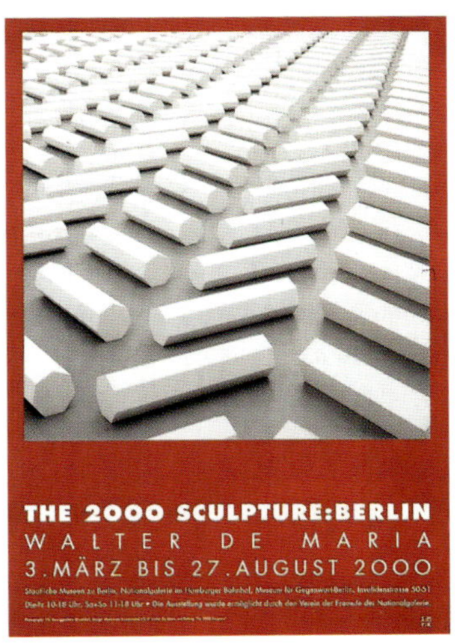

Walter De Maria. The 2000 Sculpture (2000), Ausstellungsplakat

1999

Douglas Gordon. Video-Installation. 5 year drive-by v. Bootleg (Empire). In Zusammenarbeit mit dem DAAD Berlin. NNG, 18. Februar 1999–5. April 1999

Joseph Beuys. Editionen. Sammlung Reinhard Schlegel. HBF, 20. Februar 1999–13. Juni 1999

Max Ernst. Die Retrospektive. NNG, 6. März 1999–30. Mai 1999. (VFN)

Bernhard Leitner. Ton-Räume. HBF, 25. März–11. Juli 1999

Neue Werke im Hamburger Bahnhof. HBF, 25. März 1999–11. Juli 1999

Mike Steiner. Color works 1995–1998. HBF, 17. April–11. Juli 1999

Geometrie als Gestalt. Strukturen der modernen Kunst von Albers bis Paik. Werke aus der Sammlung Daimler-Chrysler. NNG, 30. April–11. Juli 1999

Das XX. Jahrhundert. Ein Jahrhundert Kunst in Deutschland. Die Gewalt der Kunst (AM). **Geist und Materie** (NNG). **Collage. Montage** (HBF). 4. September 1999–9. Januar 2000

2000

Eija-Liisa Ahtila. If 6 was 9. In Zusammenarbeit mit dem DAAD Berlin. NNG, 19. Januar–12. März 2000

Walter de Maria. The 2000 Sculpture. HBF, 3. März–27. August 2000. (VFN)

David Lamelas. The invention of Dr. Morel. In Zusammenarbeit mit dem DAAD Berlin. NNG, 16. März–25. März 2000

Rückkehr der Sammlung: Confusion – das verunsicherte Sehen. HBF, 24. März–27. August 2000

Werk Raum 1. Sophie Calle, Teresa Hubbard, Alexander Birchler, Rémy Markowitsch. HBF, 14. April–9. Juli 2000

Renzo Piano. Architekturen des Lebens. In Zusammenarbeit mit der Kunstbibliothek SMPK und dem Renzo Piano Building Workshop. NNG, 1. Juni–20. August 2000

Werk Raum 2. Manfred Pernice. Piepenbrock Nachwuchspreis für Bildhauerei 2000. In Zusammenarbeit mit der Kulturstiftung Hartwig Piepenbrock. HBF, 19. Juli–6. September 2000

Preis der Nationalgalerie für Junge Kunst. Katharina Grosse, Christian Jankowski, Dirk Skreber, Olafur Eliasson. HBF, 29. September 2000–7. Januar 2001. (VFN)

After the Wall. Kunst und Kultur im postkommunistischen Europa. Eine Ausstellung des Moderna Museet Stockholm. In Zusammenarbeit mit der Stiftung »Brandenburger Tor« der Bankgesellschaft Berlin. HBF und Max Liebermann Haus, 1. Oktober–4. Februar 2001

Picasso. Die Umarmung. Eine Ausstellung des Spanischen Pavillons der Expo 2000 Hannover und der Nationalgalerie Berlin. In Zusammenarbeit mit der Sociedad Estatal Hannover2000, S.A. NNG, 3. Oktober- 10. Dezember 2000. (VFN)

Cézanne in Berlin. 28 Werke aus den Staatlichen Museen und aus Privatbesitz. SBG, 6. Oktober 2000–14. Januar 2001 (verlängert bis 28. Januar 2001)

Surreale Welten. Stiftung Sammlung Dieter Scharf zur Erinnerung an Otto Gerstenberg. In Zusammenarbeit mit der Hamburger Kunsthalle und dem Kupferstichkabinett SMPK. NNG, 16. Dezember 2000–11. März 2001

2001

Jenny Holzer. In Zusammenarbeit mit der American Academy Berlin, unterstützt durch den Hauptstadtkulturfond und der Philip Morris Kunstförderung. NNG, 4. Februar–16. April 2001

Werk Raum 3. Rodney Graham. Filme. Edge of a Wood. / City Self. / Country Self. In Zusammenarbeit mit dem DAAD. HBF, 16. Februar–4. März 2001

Werk Raum 4. Luc Tuymans. Signal. HBF, 4. April–13. Mai 2001

Der Potsdamer Platz. Ernst Ludwig Kirchner und der Untergang Preußens. NNG, 27. April–12. August 2001

Werk Raum 5. Sarah Morris. Correspondence. In Zusammenarbeit mit der American Academy in Berlin. HBF, 1. Juni–15. Juli 2001

Schülerarbeiten nach Werken der Sammlung Berggruen. SBG, 18. Juni–14. September 2001

Stan Douglas. Le Détroit. In Zusammenarbeit mit dem RealismusStudio der Neuen Gesellschaft für Bildende Kunst. HBF, 28. Juli–9. September 2001. (VFN)

Living in time. 29 zeitgenössische Künstler aus China. Anläßlich der 3. Asien-Pazifik-Wochen Berlin. In Zusammenarbeit mit dem Kulturministerium der Volksrepublik China und der China International Exhibition Agency. HBF, 19. September–18. November 2001

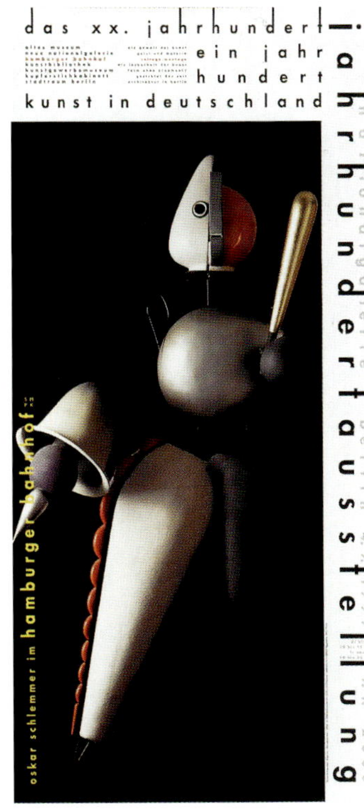

Das XX. Jahrhundert. Ein Jahrhundert Kunst in Deutschland. Collage. Montage (1999/2000), Ausstellungsplakat

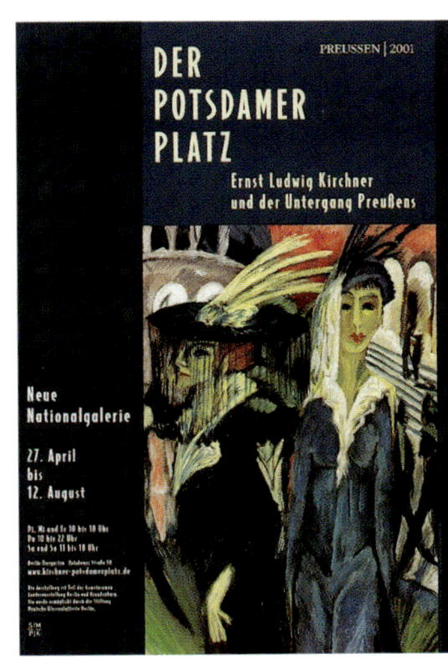

Der Potsdamer Platz. Ernst Ludwig Kirchner und der Untergang Preußens (2001), Ausstellungsplakat

Wim Wenders. Bilder von der Oberfläche der Erde. HBF, 22. September–9. November 2001

Quobo. Kunst in Berlin 1989–1999. In Zusammenarbeit mit dem Institut für Auslandsbeziehungen. HBF, 28. September–18. November 2001

Andy Warhol. Retrospektive. NNG, 1. Oktober 2001–6. Januar 2002. (VFN)

Im Streit um die Moderne. Max Liebermann – der Kaiser – die Nationalgalerie. In Zusammenarbeit mit der Max-Liebermann-Gesellschaft Berlin. Max LiebermannHaus am Brandenburger Tor, 27. Oktober 2001–27. Januar 2002

Am 2. Dezember 2001 wird die wiederhergestellte Alte Nationalgalerie eröffnet.

Jenny Holzer (2001), Ausstellungsplakat

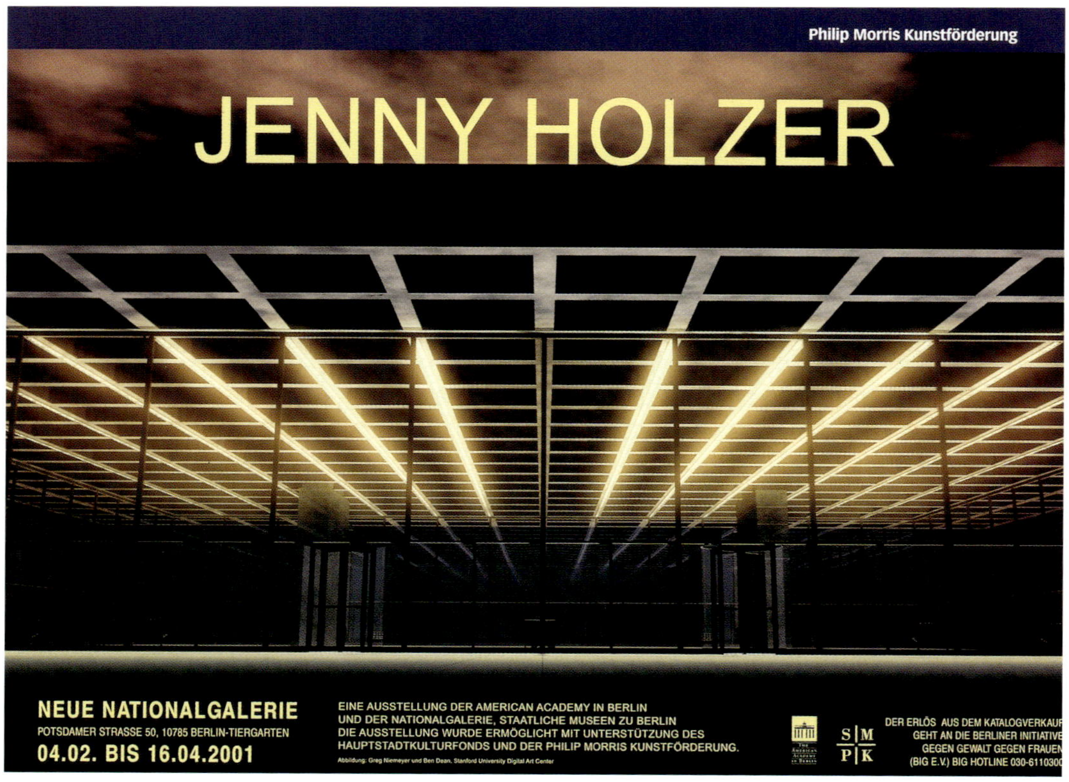

Ausstellungen der Nationalgalerie für andere Orte

1861–1945

Adolph von Menzel. Zeichnungen. Ausstellung, gezeigt in verschiedenen Städten in Deutschland, u. a. in Görlitz, Hannover, Olmütz, Chemnitz, Eisenach, Zwickau. 1905–1906

Adolph von Menzel. 153 Zeichnungen. Ausstellung, gezeigt in 25 Städten in Deutschland, u. a. in Erfurt, Kassel, Hannover, Hildesheim, Düren, Aachen, Magdeburg, Bonn, Emden, Stettin, Düsseldorf, Danzig. 1911–1914

Adolph von Menzel. Zeichnungen. Ausstellung, gezeigt in 40 Städten, u. a. in Königsberg, Breslau, Posen, Potsdam, Braunschweig, Elmshorn, Lippstadt, Rathenow, Saarbrücken, Cottbus. 1915–1916

Neuere deutsche Kunst. Oslo, Kopenhagen, Bergen, Stavanger, Göteborg, Malmö. 1932

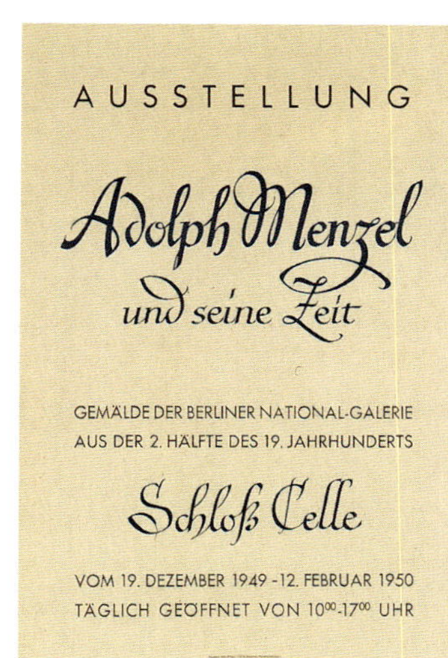

Adolph Menzel und seine Zeit (1949/50), Ausstellungsplakat

West

1949–1989

Deutsche Romantiker. 85 Gemälde der ersten Hälfte des 19. Jahrhunderts. Kunstgutlager Celle, 1949

Menzel und seine Zeit. Gemälde aus der Berliner Nationalgalerie aus der zweiten Hälfte des 19. Jahrhunderts. Kunstgutlager Celle, 1949–1950

Hundred Years of German Painting. London, 1956

The Romantic Movement. London, 1959

Berliner Panorama. Zürich, 1959

20th Century German Art in Berlin. Montreal, 1967

Realistische Tendenzen Deutscher Kunst 1919–1933. Tokyo, Kyoto, 1976

Nationalgalerie Berlin – 10 Jahre im neuen Haus. Bonn, 1978–1979

Max Liebermann in seiner Zeit. München, 1979–1980

Joseph Beuys – Zeichnungen. Rotterdam, 1979–1980. Bonn, 1980. Bielefeld, 1980

100 Zeichnungen aus der Nationalgalerie. Goslar, 1979–1980. Kaiserslautern, 1980. Höxter/Corvey, 1980. Herford, 1980

Deutsche Malerei des 19. Jahrhunderts. Düsseldorf, 1980

Erwerbungen der Nationalgalerie in den letzten Jahren. Kunstmarkt Köln, 1981

Französische Malerei von Watteau bis Renoir. In Zusammenarbeit mit der Gemäldegalerie SMPK. Braunschweig, 1983–1984. Aachen, 1984

Adolph von Menzel – Zeichnungen. In Zusammenarbeit mit dem Kupferstichkabinett und der Kunstbibliothek SMPK. Cambridge, Bonn. 1984

Deutsche Meisterzeichnungen des 20. Jahrhunderts. Bonn, 1985–86. Cappenberg, 1986

Exhibition – Dialogue on Contemporary Art in Europe. In Zusammenarbeit mit der Fundação Calouste Gulbenkian, Centro de Arte Moderna Lissabon und dem Council of Europe. Lissabon, 1985

Caspar David Friedrich. Stuttgart, Zürich, 1985

Deutsche Malerei des 19. Jahrhunderts. Peking, Kobe, Tokio, 1985

Meisterwerke der Kunst des 20. Jahrhunderts. Belgrad, 1985

Kunst der siebziger Jahre. Lissabon, 1985

buchstäblich wörtlich – wörtlich buchstäblich. Konkrete und visuelle Poesie. Köln, 1987. Kassel, 1988. Wilhelmshaven, 1988. Nürnberg, 1989

Renée Sintenis zum 100. Geburtstag. Detmold, 1988

Ost

1949–1989

Berliner Museumsbesitz. Schätze der National-Galerie. Braunschweig, 1949

Adolph Menzel und seine Zeit. Gemälde der Berliner National-Galerie aus der zweiten Hälfte des 19. Jahrhunderts. Schloß Celle, 1949–1950

Zeichnungen von Adolph Menzel. Peking, Shanghai, Kanton, Wuhan. 1956

Adolph Menzel. Zeichnungen. Aus den Beständen der National-Galerie. Moskau, Leningrad. 1957

Zeichnungen deutscher Meister vom Klassizismus bis zum Expressionismus. Aus Beständen der Nationalgalerie, von der Sowjetunion 1958 übergeben. Magdeburg, 1959. Weimar, 1959. Schwerin, 1960. Rostock, 1960. Stralsund, 1960. Greifswald, 1960–1961

Adolph Menzel. Das Eisenwalzwerk und Studien arbeitender Menschen. Aus den Beständen der Nationalgalerie. Halle an der Saale, 1959

Adolph Menzel. Pirrustuskia-teckningar. Aus den Beständen der Nationalgalerie. Helsinki, 1959

Eduard Hildebrandt. Aquarelle, Zeichnungen. Aus den Beständen der Nationalgalerie von der Sowjetunion 1958 übergeben. Rudolstadt, 1959. Demmin, 1960

Tschechische und slowakische Kunst des 19. und 20. Jahrhunderts. Prag, 1964

Italia und Germania. Deutsche Klassizisten und Romantiker in Italien. Stendal, 1975

Karl Blechen. England, 1978

Deutsche Malerei des 19. Jahrhunderts. Peking, 1985

Deutsche Plastik des 20. Jahrhunderts. Moskau, 1986

Zeitgenössische Kunst der DDR aus der National-Galerie Berlin. Madrid, 1988

The Romantic Spirit. German Drawings 1780–1850, from the National Gallery Berlin and the Kupferstich-Kabinett Dresden, DDR. New York, 1988–1989

Karl Friedrich Schinkel. Madrid, 1989

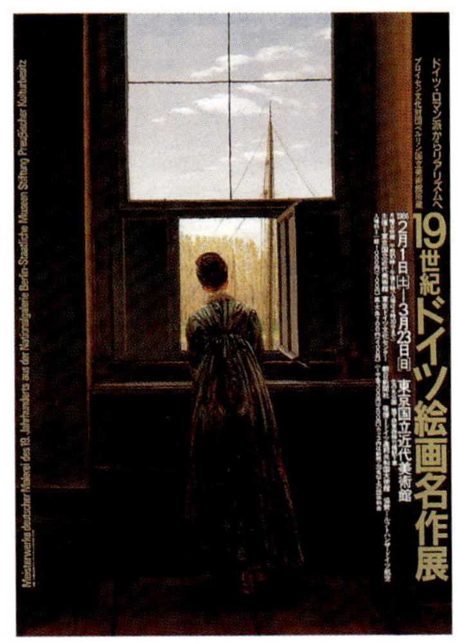

Deutsche Malerei des 19. Jahrhunderts (1985), Ausstellungsplakat

Ausstellungen in der Bunten Stube Ahrenshoop, 1965–83

Lore Plietzsch. Kleinplastiken und Grafiken. August 1965

Hans Vent. Mai–Juni 1966

Paul Kuhfuß. Mai–Juni 1970

Manfred Böttcher. September 1971

Friedrich B. Henkel. Plastik und Graphik. August–September 1974

Udo Genschmer. Malerei und Zeichnungen. Juni–Juli 1975

Philip Oeser. Zeichnungen, Graphik, Malerei. Juli–August 1976

Irene Bösch/ Gregor Torsten Schade. Malerei, Aquarelle, Zeichnungen. August–September 1976

Falko Warmt. Zeichnungen und Graphik. Juni 1977

Eberhard Göschel. Malerei, Zeichnung, Graphik. August–September 1977

Walter Herzog. Radierungen. Juni 1978

Erwin Haks. Malerei und Graphik aus dem Nachlaß. Juni–Juli 1978

Wofram Hänsch. Malerei, Zeichnungen, Graphik. Juli 1979

Johannes Baumgärtner. Plastik und Graphik. August 1980

Wolfgang Leber. Aquarelle. August 1981

Joachim Böttcher. Juli 1982

Sabine Grzimek. Plastik und Graphik. Juli–August 1983

1990–2001

Von Caspar David Friedrich bis Adolph Menzel. Aquarelle und Zeichnungen der Romantik. Wien, 1990

Kleinplastiken des 20. Jahrhunderts aus der Sammlung der Nationalgalerie. Detmold, 1990. Bonn, 1990. Cappenberg, 1991. Koblenz, 1992. Papenburg-Aschendorf, 1993. Burg Vischering, 1994. Kleve, 1998

Carl Blechen. Bilder aus Italien. Cottbus, 1990

Adolph Menzel 1815–1905. Master Drawings from East Berlin. New York, 1990. Houston, 1990–1991

Bilder aus Frankreich. Bonn, 1992

Kleinplastiken des 19. Jh. aus der Sammlung der Nationalgalerie. Koblenz, 1992. Bonn, 1992–93. Burg Vischering, 1993. Hamburg, 1993. Cappenberg, 1993–94. Ismaning/München, 1994. Göttingen, 1994. Arolsen, 1994. Jena, 1994. Cottbus, 1996

The Romantic Spirit in German Art 1790–1990. Edinburgh, 1994. London, 1994–95. München, 1995 (unter deutschem Titel: **Der Geist der Romantik in der deutschen Kunst**)

Figur und Gegenstand. Malerei und Plastik in der Kunst der DDR aus der Nationalgalerie Berlin. Papenburg-Aschendorf, 1995. Cappenberg, 1996. Höxter/Corvey, 1997

Von Caspar David Friedrich bis Manet. Bremen, 1999

Kunst der Goethezeit. Papenburg-Aschendorf, 1999. Höxter/Corvey, 2000. Mexico City, 2000–2001

Spirit of an Age. London, Washington. 2001.

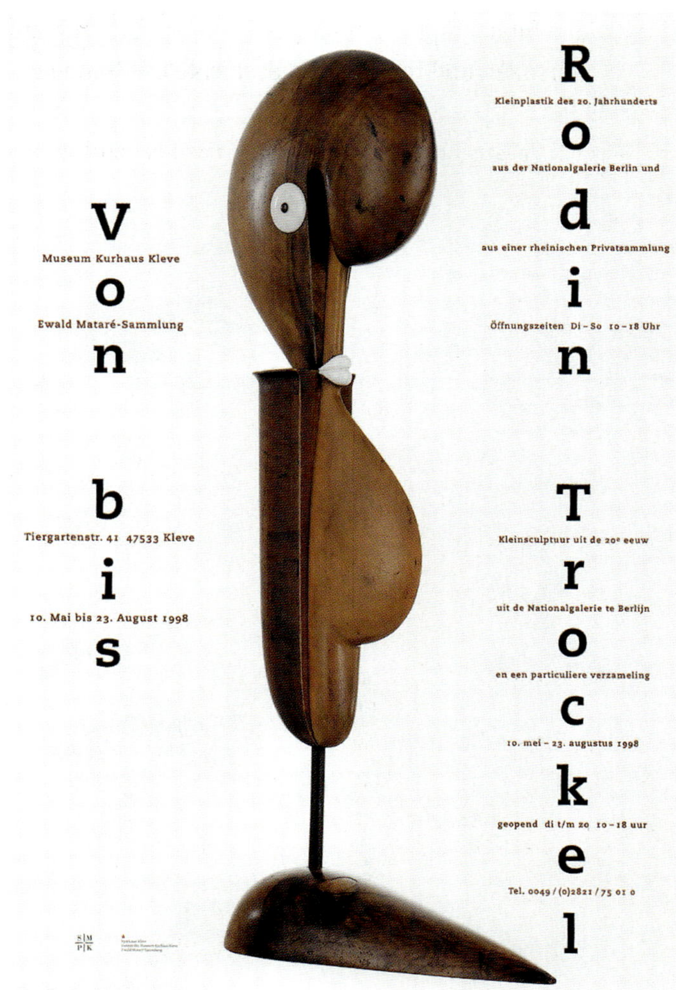

Kleinplastiken des 20. Jahrhunderts aus der Sammlung der Nationalgalerie (1998), Ausstellungsplakat

BIBLIOGRAPHIE
ZUR NATIONALGALERIE

Die Bibliographie umfaßt die Publikationen zur Architektur-, Sammlungs-, Personal- und Institutionsgeschichte der Nationalgalerie.

Sonderausstellungen sind nicht berücksichtigt.

Abri, Martina: Die Friedrichswerdersche Kirche in Berlin, Berlin 1992

Albrecht, Thomas: Das Picasso-Museum. Zur Umgestaltung des westlichen Stüler-Baues, in: MuseumsJournal, Nr. III, Jg. 10, Juli 1996, S. 19-21

Artinger, Kai: Ein Bild der »deutschen Seele«. Anton von Werners »Im Etappenquartier vor Paris 1871« (1894), in: Jahrbuch Preußischer Kulturbesitz 1995, Berlin 1996, S. 419-440

Aswarischtsch, Boris J.: Gustav Friedrich Waagen in Rußland, in: Berliner Museen. Berichte aus den Ehemaligen Preußischen Kunstsammlungen, Neue Folge, Bd. 37, Berlin 1995, S. 61-73

Babias, Marius: Museumspoker, in: Kunstforum, Nr. 125, 1994, S. 414

Babias, Marius: Das Marx Mausoleum, in: Kunstforum International Bd. 136, Februar-Mai 1997, S. 469-471

Barth, Matthias: Alte Nationalgalerie, Bad Homburg und Leipzig 1998

Bartmann, Dominik: Schinkels Gouache »Antike Stadt am Berg« - eine historische Landschaft, in: Jahrbuch Preußischer Kulturbesitz 1986, Berlin (West) 1987, S. 175-196

Bastian, Heiner (Hrsg.): Sammlung Marx. Hamburger Bahnhof - Museum für Gegenwart Berlin, Bd. 1: Joseph Beuys, Robert Rauschenberg, Bd. 2: Andy Warhol, Roy Lichtenstein, Bd. 3: Andy Warhol: frühe Zeichnungen, Bd. 4: Joseph Beuys: the secret block for a secret person in Ireland, Berlin 1996

Bastian, Heiner (Hrsg.): Joseph Beuys. Editionen. Sammlung Schlegel, Berlin 1999

Bastian, Heiner (Bearb.): Eine Sammlung für die Nationalgalerie. Festschrift Erich Marx, Berlin 2001

Beneke, Sabine: Im Blick der Moderne. Die »Jahrhundertausstellung Deutscher Kunst (1775-1875)« in der Berliner Nationalgalerie 1906, Berlin 1999

Beratungsstelle für Stahlverwendung: Stahl und Form. Neue Nationalgalerie Berlin, Düsseldorf 1969

Berggruen, Heinz: Defregger, Marc und das Vakuum der Seele, in: MuseumsJournal, Nr. III, Jg. 9, Juli 1995, S. 19-20

Berggruen, Heinz: Ein Berliner kehrt heim: elf Reden (1996-1999), Berlin 2000

Bergsträsser, Gisela: Menzels Zeichnungen zum Rahmen des Flötenkonzerts, in: Berliner Museen. Berichte aus den Ehemaligen Preußischen Kunstsammlungen, Neue Folge, Bd. 19, Köln und Berlin (West) 1969, S. 42-45

Bernau, Nikolaus: Das Kronprinzenpalais Unter den Linden. Ein Denkmal der DDR-Moderne, in: MuseumsJournal, Nr. I, Jg. 13, Januar 1999, S. 4-9

Betthausen, Peter / Maaz, Bernhard / Schmitz, Brigitte: Schinkelmuseum, Friedrichwerdersche Kirche, Staatliche Museen zu Berlin 1987, Berlin (Ost) 1989

Betthausen, Peter: Nationalgalerie Berlin Museumsinsel, München 1990

Betthausen, Peter: Nationalgalerie-Stammhaus, in: MuseumsJournal, Sonderheft zu den Museen, Sammlungen und Schlössern der DDR in Berlin und Potsdam, März 1990, S. 33-35

Betthausen, Peter: Die Nationalgalerie auf der Museumsinsel - ein Museum des 19. Jahrhunderts?, in: MuseumsJournal, Nr. IV, Jg. 4, Oktober 1990, S. 41-44

Bickendorf, Gabriele: Gustav Friedrich Waagen und der Historismus in der Kunstgeschichte, in: Jahrbuch der Berliner Museen. Berichte aus den Ehemaligen Preußischen Kunstsammlungen, Neue Folge, Bd. 37, Berlin 1995, S. 23-32

Bienert, Andreas / Hesch, Katja / Tschirner, Manfred: Nationalgalerie. Gesamtverzeichnis der Gemälde und Skulpturen, Berlin 2000 [CD-ROM]

Bienert, Andreas / Hesch, Katja / Tschirner, Manfred: Nationalgalerie. Gemälde des 19. Jahrhunderts, Berlin 2001 [CD-ROM]

Blass-Simmen, Brigit: Kleinplastiken aus der Sammlung der Nationalgalerie, Berlin 1990

Blauert, Elke: Die Friedrichswerdersche Kirche Berlin, München und Berlin 1992

Blauert, Elke: Die Friedrichswerdersche Kirche Berlin, München und Berlin 1993

Bloch, Peter: Die Staatliche Museen Preußischer Kulturbesitz. Bildwerke der Skulpturengalerie Berlin, Bd. 3: Bildwerke 1780-1910. Aus den Beständen der Skulpturengalerie und der Nationalgalerie, Berlin (West) 1990

Bloch, Peter / Börsch-Supan, Helmut / Borgmeyer, Anke u.a.: Berlins Museen. Geschichte und Zukunft, Berlin 1994

Blume, Eugen / Schneider, Angela: Dialog - eine Ausstellungsreihe der beiden Nationalgalerien, in: MuseumsJournal, Nr. IV, Jg. 4, Oktober 1990, S. 45-46

Blume, Eugen: Ludwig Justi. Im Dienste der Kunst, in: MuseumsJournal, Nr. I, Jg. 6, 1992, S. 5-9

Blume, Eugen: Ludwig Justi und die klassische Moderne im Museum der Gegenwart am Beispiel der Sammlung der Zeichnungen in der Nationalgalerie zu Berlin zwischen 1919 und 1933. Ein Beitrag zur Biographie Ludwig Justis und zur Geschichte der Nationalgalerie, Berlin 1994 [Dissertation Humboldt-Universität Berlin]

Blume, Eugen: Das Museum für Gegenwart als Ort des Bildes, in: MuseumsJournal, Nr. IV, Jg. 10, Oktober 1996, S. 31-33

Blume, Eugen: Joseph Beuys im Museum, in: MuseumsJournal, Nr. III, Jg. 11, Juli 1997, S. 86-89 [Hamburger Bahnhof - Museum für Gegenwart Berlin]

Blume, Eugen: Andreas Gursky, Bibliothek, 1999. Eine Neuerwerbung, in: MuseumsJournal, Nr. II, Jg. 14, April 2000, S. 34-36

Blume, Eugen: Film und Kunst im Museum für Gegenwart, in: MuseumsJournal, Nr. III, Jg. 14, Juli 2000, S. 36-39

Bode, Peter: Hamburger Bahnhof in Berlin, in: Art, Nr. 11, 1996, S. 22-24

Bode, Wilhelm von: Zur Erinnerung an Hugo von Tschudi, in: Jahrbuch der Preuszischen Kunstsammlungen, Bd. 33, Berlin 1912, S. 1-4

Börsch-Supan, Helmut: Museumsleute sind Sammler, in: MuseumsJournal Nr. II, Jg. 5, April 1991, S. 39

Brauer, Heinrich / Jannasch, Heinrich (Bearb.): Nationalgalerie. Verzeichnis der vereinigten Kunstsammlung Preußischer Kulturbesitz, Galerie des 20. Jahrhunderts, Berlin (West) 1968

Brauer, Heinrich: Die Erwerbung von vier Romantiker-Zeichnungen für die Nationalgalerie, in: Berliner Museen. Berichte aus den Ehemaligen Preußischen Kunstsammlungen, Neue Folge, Bd. 18, Köln und Berlin (West) 1968, S. 29-32

Braun, Waldtraut (Hrsg.): Museumsführer für Kinder. Sammlung Berggruen, Berlin 1999 / [2]2001

Brauner, Lothar: Lesser Ury in der Nationalgalerie. Zu den Erwerbungen der letzten Jahre, in: Forschungen und Berichte, Bd. 9, Berlin (Ost) 1967, S. 59-64

Brauner, Lothar (Bearb.): Karl Blechen 1798-1840. Ölskizzen, Aquarelle, Sepiablätter, Zeichnungen, Entwürfe, Berlin (Ost) 1973

Brauner, Lothar: Carl Blechen, Leihgaben von der Insel, in: MuseumsJournal, Nr. III, Jg. 4, Juli 1990, S. 52-54

Brauner, Lothar: Corinth im »neuen« alten Rahmen, in: MuseumsJournal, Nr. IV, Jg. 4, Oktober 1990, S. 60

Brauner, Lothar: Max Liebermann 1847-1935. Worte aus Anlaß der Enthüllung einer Gedenktafel an Liebermanns Sommerhaus am Großen Wannsee, 20. Juli 1993, in: MuseumsJournal, Nr. II, Jg. 8, April 1994, S. 45-48

Brauner, Lothar: Dokumentation der Verluste. Berlin: Staatliche Museen, Preußischer Kulturbesitz, Bd. 3.: Nationalgalerie. Verzeichnis seit 1945 vermißter Bestände der Nationalgalerie, Berlin 1997

Brehmer, Arthur: Der Kaiser und die Kunst, in: Die Höfe Europas, Bd. 1, S. 313-384, Berlin 1898

Bröhan, Margrit: Sammlung Berggruen - Bröhan-Museum, in: MuseumsJournal, Nr. III, Jg. 10, Juli 1996, S. 33-36

Brix, Karl: »Landschaft mit dem Kloster San Francesco di Civitella im Sabinergebirge«. Zu einem bisher unbekannten Bild von Joseph Anton Koch, in: Forschungen und Berichte, Bd. 19, Berlin (Ost) 1979, S. 121-126

Bunkelmann, Jürgen: Standorte - Standpunkte, Berlin 1994

Bursche, Stefan: Stellungnahme der erweiterten Museumskommission des Beirats der Stiftung, in: Jahrbuch Preußischer Kulturbesitz 1990, Berlin 1991, S. 77-80

Bushart, Magdalena / Schneider, Angela: Die Schenkung Otto van de Loo, Berlin 1992

Büttner, Frank: Die Cornelius-Verehrung. Die Kartons von Peter Cornelius in der Alten Nationalgalerie, in: MuseumsJournal, Nr. IV, Jg. 15, Oktober 2001, S. 19-21

Conrads, Ulrich: Standortbestimmungen - ein städtebaulicher Prozeß. Zu den Bauentscheidungen der Stiftung Preußischer Kulturbesitz, in: Jahrbuch Stiftung Preußischer Kulturbesitz 1966, Köln und Berlin (West) 1967, S. 51-69

Conrads, Ulrich: »Ich mache niemals ein Bild…«. Ludwig Mies van der Rohe. Baumeister einer strukturellen Architektur, in: Jahrbuch Preußischer Kulturbesitz 1968, Köln und Berlin (West) 1969, S. 57-75

Corinth, Thomas: Lovis Corinth und Berlin, in: Jahrbuch Stiftung Preußischer Kulturbesitz 1964/65, Köln und Berlin (West) 1966, S. 337-356

Diener, Michaela: »Ein Fürst der Kunst ist uns gestorben«. Adolph von Menzels Nachruhm im kaiserlichen Deutschland 1905-1910, Regensburg 1998

Dieterich, Barbara / Krieger, Peter / Krimmel-Decker, Elisabeth (Bearb.): Verzeichnis der vereinigten Kunstsammlungen Nationalgalerie (Preußischer Kulturbesitz) Galerie des 20. Jahrhunderts, Bd. I: 19. Jahrhundert, Berlin (West) 1976

Donop, Lionel von: Verzeichnis der Gräflich Raczynski'schen Kunstsammlungen in der Königlichen National-Galerie, Berlin 1886

Donop, Lionel von: Die Wandgemälde der Casa Bartholdy in der National-Galerie, Berlin 1889

Donop, Lionel von: Katalog der Handzeichnungen, Aquarelle und Oelstudien in der Königlichen National-Galerie, Berlin 1902

Donop, Lionel von: Max Jordan. Ein Lebensbild, Berlin 1907

Donop, Lionel von: Zur Erinnerung an Max Jordan. Gest. 11. Nov. 1906, in: Jahrbuch der Königlich-Preuszischen Kunstsammlungen, Bd. 28, Berlin 1927, S. 5–10

Dorgerloh, Hartmut: Die Nationalgalerie in Berlin: Zur Geschichte des Gebäudes auf der Museumsinsel 1841–1970. Mit einem Verzeichnis der Pläne und Entwürfe bis 1945 von Barbara Götze, Berlin 1999

Dörries, Cornelia: Der Hamburger Bahnhof, Berlin 2000

Dreier, Franz-Adrian / Gutbrod, Rolf / Waetzoldt, Stephan: Planung für die Museen am Tiergarten, in: Jahrbuch Preußischer Kulturbesitz 1971, Köln und Berlin (West) 1972, S. 35–61

Dube, Wolf-Dieter: Im Gespräch. »Die Dinge, die wir jetzt entscheiden, müssen für Generationen Bestand haben«, in: Kunstforum, Nr. 100, 1989, S. 511

Dube, Wolf-Dieter: Rückschau und Ausblick. Die Baukonzeption der Staatlichen Museen Preußischer Kulturbesitz, in: MuseumsJournal, Nr. IV, Jg. 3, Oktober 1989, S. 4–8

Dube, Wolf-Dieter / Schade, Günter: Denkschrift zu den zukünftigen Standorten und zur Struktur der Staatlichen Museen zu Berlin, in: Jahrbuch Preußischer Kulturbesitz 1990, Berlin 1991, S. 37–66

Dube, Wolf-Dieter: Die Zusammenführung der Staatlichen Museen, in: MuseumsJournal Nr. II, Jg. 5, April 1991, S. 34–37

Dube, Wolf-Dieter: Der Hamburger Bahnhof und die Staatliche Museen zu Berlin, in: MuseumsJournal, Nr. IV, Jg. 10, Oktober 1996, S. 21–22

Dückers, Alexander (Bearb.): Deutsche Meisterzeichnungen des 20. Jahrhunderts. 100 Meisterwerke aus der Nationalgalerie, Berlin (West) 1986

Dückers, Alexander (Hrsg.): Das Berliner Kupferstichkabinett. Ein Handbuch zur Sammlung, Staatliche Museen zu Berlin Preußischer Kulturbesitz, Berlin 1994

Dückers, Alexander: Kunst auf Papier, in: MuseumsJournal, Nr. 4, Jg. 10, Oktober 1996, S. 34–35

Dülberg, Franz: Die deutsche Jahrhundert-Ausstellung, Leipzig 1906

Ebert, Hans: Zur Frage vermißter Gemälde der Nationalgalerie, in: Forschungen und Berichte, Bd. 25, Berlin (Ost) 1985, S. 119–124

Eberlein, Kurt Karl: »Friedrichs Hochgebirgslandschaft« in der Nationalgalerie, in: Jahrbuch der Preuszischen Kunstsammlungen, Bd. 48, Berlin 1927, S. 152–155

Eberlein, Kurt Karl: Vorgeschichte und Entstehung der Nationalgalerie, in: Jahrbuch der Preußischen Kunstsammlungen, Bd. 52, S. 250–261, Berlin 1930

Ehemals Staatliche Museen Berlin (Hrsg.): Die Berliner Museen, Berlin (West) 1953

Enderlein, Anne: Die Neue Nationalgalerie, Berlin 2001

Erbkam, Georg: Die Königliche Nationalgalerie, in: Zeitschrift für Bauwesen, Jg. 19, 1869, Sp. 265–272

Erbkam, Georg: II. Bericht über den Fortgang des Baues der Königlichen National-Galerie während des Jahres 1867, in: Zeitschrift für Bauwesen, Jg. 19, 1869, Sp. 277–282

Erbkam, Georg: III. Bericht über den Fortgang des Baues der Königlichen National-Galerie während des Jahres 1868, in: Zeitschrift für Bauwesen, Jg. 19, 1869, Sp. 413–416

Erbkam, Georg: Vierter Bericht über den Fortgang des Baues der Königlichen National-Galerie in Berlin während des Jahres 1869, in: Zeitschrift für Bauwesen, Jg. 20, 1870, Sp. 217–218

Erbkam, Georg: Fünfter Bericht über den Fortgang des Baues der Königlichen National-Galerie in Berlin während des Jahres 1870, in: Zeitschrift für Bauwesen, Jg. 21, 1871, Sp. 243–246

Evers, Bernd: Die Kunstbibliothek im Hamburger Bahnhof, in: MuseumsJournal, Nr. IV, Jg. 10, Oktober 1996, S. 36–37

Farmer, Walter I. / Farmer Planton, Margaret: The Wiesbaden Manifesto of 7 November 1945, in: Jahrbuch Preußischer Kulturbesitz 1996, Berlin 1997, S. 91–119

Feige, Jürgen: Ein Fachhochschulstudium für Museumskundler und Restauratoren. Voraussetzungen und Chancen in Berlin, in: MuseumsJournal Nr. II, Jg. 5, April 1991, S. 16

Feilchenfeldt, Walter: Van Gogh Fakes. The Wacker Affair. With an Illustrated Catalogue of Forgeries, in: Simiolus, Nr. 4, Jg. 19, 1989, S. 289–316

Finke, Ulrich: Adolf Menzels »Ballsouper« aus französischer Sicht, in: Berliner Museen. Berichte aus den Ehemaligen Preußischen Kunstsammlungen, Neue Folge, Bd. 16, Köln und Berlin (West) 1966, S. 24–29

Fritsch, K. E. O.: Das Gebäude der National-Galerie in Berlin, in: Deutsche Bauzeitung 10, 1876, S. 183–184, 193–195

Fritsch, K. E. O.: Zum 100. Geburtstage Stülers. Bei der Gedenkfeier des Architektenvereins zu Berlin und der Vereinigung Berliner Architekten am 20.11.1900 vorgetragen, in: Deutsche Bauzeitung 34, 1900, S. 58–60, 62–63, 66–72, 73–75, 78–80

Gaehtgens, Thomas W. (Hrsg.): Ludwig Justi: Werden – Wirken – Wissen.; Lebenserinnerungen aus fünf Jahrzehnten, Berlin 1999

Geismeier, Irene: Gustav Friedrich Waagen – ein Museumsdirektor in der preußischen Hauptstadt, in: Jahrbuch der Berliner Museen. Berichte aus den Ehemaligen Preußischen Kunstsammlungen, Neue Folge, Bd. 37, Berlin 1995, S. 7–21

Geismeier, Willi: Museumsinsel Berlin, Leipzig 1965 / [2]1969

Geismeier, Willi: Die Staffage bei Caspar David Friedrich, in: Forschungen und Berichte, Bd. 7, Berlin (Ost) 1965, S. 54–57

Geismeier, Willi: Die Nazarener-Fresken der »Casa Bartholdy«, in: Forschungen und Berichte, Bd. 9, Berlin (Ost) 1967, S. 45–54

Geismeier, Willi: Gemälde, Bildwerke und Zeichnungen des 19. Jahrhunderts, Berlin (Ost) 1968

Geismeier, Willi: Museum – gestern und heute, in: Forschungen und Berichte, Bd. 11, Berlin (Ost) 1968, S. 9–18

Geismeier, Willi: National-Galerie, in: Forschungen und Berichte, Bd. 11, Berlin (Ost) 1968, S. 167–170

Giese, Leopold: Die Friedrichs-Werdersche Kirche zu Berlin, Berlin 1921

Girardet, Cella-Margaretha: Jüdische Mäzene für die Preußischen Museen zu Berlin. Eine Studie zum Mäzenatentum im Deutschen Kaiserreich und in der Weimarer Republik, Egelsbach, Frankfurt, Washington 1997 (Monographien zur Wissenschaft des Judentums 3), S. 144–147

Goeler von Ravensburg, Friedrich Freiherr von: Die Sammlung der Handzeichnungen, Studien und Entwürfe in der Königlichen National-Galerie zu Berlin, Berlin 1889

Göres, Ruth: Max Liebermanns Handzeichnungen in der NG in: Forschungen und Berichte, Bd. 11, Berlin (Ost) 1968, S. 105–114

Götze, Barbara: Die Nationalgalerie – ein Kulturbetrieb in der Mitte Berlins, in: MuseumsJournal, Nr. IV, Jg. 15, Oktober 2001, S. 31–33

Grabowski, Jörn: Die politische und kunstpolitische Konzeption der Nationalgalerie. Behandelt anhand der Erwerbungen historischer Darstellungen in der Zeit von 1861 bis 1896 und deren Präsentation in Berlin und Potsdam, Berlin (Ost) 1990 [Dissertation Humboldt-Universität Berlin]

Grabowski, Jörn: Die Neue Abteilung der Nationalgalerie im ehemaligen Kronprinzen-Palais. Raumansichten aus den Jahren 1932/1933, in: Jahrbuch Preußischer Kulturbesitz 1991, Berlin 1992, S. 341–357

Grabowski, Jörn: Die Nationalgalerie zwischen Kaiserhaus und Kunst. Dargestellt am Beispiel zeitgenössischer Fotografien, in: Jahrbuch Preußischer Kulturbesitz 1992, Berlin 1993, S. 302–318

Grabowski, Jörn: Die nationale Bildnis-Sammlung. Zur Geschichte der ersten Nebenabteilung der Nationalgalerie, in: Jahrbuch Preußischer Kulturbesitz 1994, Berlin 1995, S. 297–322

Grabowski, Jörn: Wallfartsort Nationalgalerie. Zur Rückführung der Dresdener Gemälde aus der Sowjetunion, in: Jahrbuch Preußischer Kulturbesitz 1995, Berlin 1996, S. 323–348

Grabowski, Jörn: Eberhard Hanfstaengl als Direktor der Nationalgalerie. Zu ausgewählten Aspekten seiner Tätigkeit zwischen 1933 und 1937, in: Jahrbuch Preußischer Kulturbesitz 1996, Berlin 1997, S. 327–342

Grabowski, Jörn: Die Akten der Nationalgalerie im Zentralarchiv der Staatlichen Museen Preußischer Kulturbesitz (1874–1945), in: MuseumsJournal, Nr. IV, Jg. 15, Oktober 2001, S. 26–30

Graefrath, Robert: Die Friedrich-Werdersche Kirche. Glasmalerei in den Chorfenstern, in: Bildende Kunst, Heft 5, 1987

Graefrath, Robert / Maaz, Robert: Die Friedrichswerdersche Kirche in Berlin. Baudenkmal und Museum, Berlin 1993

Grisebach, Lucius (Bearb.): Deutsche Zeichnungen der Klassischen Moderne aus der Nationalgalerie Berlin Staatliche Museen Preußischer Kulturbesitz im

Städtischen Kunstmuseum Bonn, Berlin (West) 1976

Grisebach, Lucius: Zu Schinkels Gemälden, in: Jahrbuch Preußischer Kulturbesitz 1981, Berlin (West) 1982, S. 59-75

Grisebach, Lucius: Heinz Trökes Skizzenbücher für die Nationalgalerie, in: Jahrbuch Preußischer Kulturbesitz 1983, Berlin (West) 1984, S. 217-228

Grisebach, Lucius (Hrsg.): Adolph Menzel. Zeichnungen, Druckgraphik und illustrierte Bücher. Ein Bestandskatalog der Nationalgalerie, des Kupferstichkabinetts und der Kunstbibliothek Staatliche Museen Preußischer Kulturbesitz Berlin, Berlin (West) 1984

Grisebach, Lucius / Honisch, Dieter / Krieger, Peter u.a.: Nationalgalerie, in: Ulrike Bleicker (Bearb.) Museen in Berlin: ein Führer durch 68 Museen und Sammlungen; mit einem Überblick über die wichtigsten Museen in Berlin (Ost), München 1987

Grohmann, Willi: Fünf Maler und ihr Interpret, in: Jahrbuch Preußischer Kulturbesitz 1967, Köln und Berlin (West) 1968, S. 95-108

Gronau, Georg: Die Neugestaltung der National-Galerie in Berlin, in: Die Kunst für Alle, Nr. 13, 1897/98, S. 129-136

Gronau, Hans-Joachim: Maltechnische Beobachtungen am unvollendeten Gemälde »Ansprache Friedrich des Großen an seine Generäle vor der Schlacht bei Leuthen« von Adolph Menzel, in: Forschungen und Berichte, Bd. 26, Berlin (Ost) 1987, S. 283-290

Gronau, Hans-Joachim: Maltechnik und Restaurierungsmaßnahmen in der »Casa Bartholdy«, in: Forschungen und Berichte, Bd. 9, Berlin (Ost) 1967, S. 55-58

Grote, Andreas: Die Berliner Sammlungen und ihre Geschichte, Florenz 1987

Gysi, Klaus: Bewahren, forschen und dem Volke erschließen, Festrede am 5. Oktober 1966 zur Wiedereröffnung des Alten Museums, in: Forschungen und Berichte: Jg. 9, 1967, Beilage

Hackert, Nicole, Das »Bildprogramm« und die Hängungen in der Nationalgalerie, 1876-1896, Berlin 1994 [Magisterarbeit, Freie Universität Berlin]

Haftmann, Werner: Die Neue Nationalgalerie. Staatliche Museen Preußischer Kulturbesitz, Berliner Forum 3/69, Berlin (West) 1969

Haftmann, Werner: Von der Tradition und vom Stand der Neuen Nationalgalerie, in: Jahrbuch Preußischer Kulturbesitz 1967, Köln und Berlin (West) 1968, S. 169-186

Haftmann, Werner: Neuerwerbungen der Nationalgalerie im Jahre 1968, in: Jahrbuch Preußischer Kulturbesitz 1968, Köln und Berlin (West) 1969, S. 197-204

Haftmann, Werner: Neuerwerbungen der Nationalgalerie im Jahre 1969, in: Jahrbuch Preußischer Kulturbesitz 1969, Köln und Berlin (West) 1970 S. 249-292

Haftmann, Werner: Neuerwerbungen der Nationalgalerie im Jahre 1970, in: Jahrbuch Preußischer Kulturbesitz 1970, Köln und Berlin (West) 1971, S. 249-255

Haftmann, Werner: Neuerwerbungen der Nationalgalerie im Jahre 1971, in: Jahrbuch Preußischer Kulturbesitz 1971, Köln und Berlin (West) 1972, S. 288-252

Haftmann, Werner: Neuerwerbungen der Nationalgalerie im Jahre 1972, in: Jahrbuch Preußischer Kulturbesitz 1972, Köln und Berlin (West) 1973, S. 267-273

Haftmann, Werner: Die Erwerbungen der Nationalgalerie im Jahre 1973, in: Jahrbuch Preußischer Kulturbesitz 1973, Köln und Berlin (West) 1974, S. 267-273

Haftmann, Werner: Die Nationalgalerie 1967-1974. Ein Rückblick, in: Jahrbuch Preußischer Kulturbesitz 1974/1975, Berlin (West) 1976, S. 33-54

Hamann, Richard: Ein Gang durch die Jahrhundert-Ausstellung (1775-1875), Berlin 1906

Hanfstaengl, Eberhard: Verzeichnis der Gemälde und Bildwerke in der National-Galerie zu Berlin, Berlin 1934

Hanfstaengl, Eberhard: Vier neue Bilder von Caspar David Friedrich in der Nationalgalerie, in: Jahrbuch der Preuszischen Kunstsammlungen, Bd. 58, Berlin 1937, S. 217-223

Heilmeyer, Wolf-Dieter: Die Berliner Museen heute. Zum Stand der aktuellen Diskussion, in: Jahrbuch Preußischer Kulturbesitz 1990, Berlin 1991, S. 147-161

Heiting, Manfred: Das Deutsche Centrum für Photographie. Ein erster Strukturrahmen, in: MuseumsJournal, Nr. I, Jg. 14, Januar 2000, S. 6-9

Hentzen, Alfred: Neu erworbene Bilder deutscher Maler um 1800 in der Nationalgalerie, in: Zeitschrift für Bildende Kunst, Heft 2, Jg. 63, 1929/30

Hentzen, Alfred: Neu erworbene Gemälde im Kronprinzen-Palais, in: Museum der Gegenwart, Jg. III, Heft 4, 1933

Hentzen, Alfred: Das Ende der Neuen Abteilung der National-Galerie im ehemaligen Kronprinzen-Palais, in: Jahrbuch Preußischer Kulturbesitz, Jg. 8, 1970, S. 24-89

Hentzen, Alfred: Die Berliner National-Galerie im Bildersturm, Berlin (West) 1971

Hentzen, Alfred: Die Entstehung der Neuen Abteilung der National-Galerie im ehemaligen Kronprinzen-Palais, in: Jahrbuch Preußischer Kulturbesitz, Jg. 10, 1972, S. 9-75

Herzog, Hans-Michael: Zur Kunst im Hamburger Bahnhof, in: Bauwelt, Nr. 47, 1996, S. 2670-2671

Herzogenrath, Wulf: Der Hamburger Bahnhof von 1945 bis heute, in: Jahrbuch Preußischer Kulturbesitz 1990, Berlin 1991, S. 199-213

Herzogenrath, Wulf: »Es ist gehauen nicht und nicht gestochen...«. Erwerbungen von Werken mit neuen Medien für die Nationalgalerie, in: Jahrbuch Preußischer Kulturbesitz 1993, Berlin 1994, S. 313-342

Heydt, Eduard von der: National-Galerie. Die wichtigsten Erwerbungen in den Jahren 1933-1937, Berlin 1938

Hohenzollern, Johann Georg Prinz von / Schuster, Peter-Klaus (Hrsg.): Manet bis van Gogh. Hugo von Tschudi und der Kampf um die Moderne, Nationalgalerie 1996

Höltge, Kathrin: Grosz digital. Zur neuerschienenen CD-ROM »Die Gemälde der Nationalgalerie - Staatliche Museen zu Berlin«, in: MuseumsJournal, Nr. I, Jg. 11, Januar 1997, S. 62-64

Honigmann-Zinserling, Liselotte: National-Galerie, Jüngere Abteilung, in: Forschungen und Berichte, Bd. 9, Berlin (Ost) 1967, S. 151-152

Honigmann-Zinserling, Liselotte: Die Sammlungstätigkeit der Abteilung des 20. Jahrhunderts der National-Galerie, in: Forschungen und Berichte, Jg. 11, Berlin (Ost) 1968, S. 115-123

Honigmann-Zinserling, Liselotte: Über die Sammlungstätigkeit der Abteilung des 20. Jh. der Nationalgalerie, in: Forschungen und Berichte, Bd. 11, Berlin (Ost) 1968, S. 115-123

Honigmann-Zinserling, Liselotte: National-Galerie: Gemälde, Bildwerke und Zeichnungen des 20. Jahrhunderts, Berlin (Ost) 1969

Honisch, Dieter: Neuerwerbungen der Nationalgalerie im Jahre 1975, in: Jahrbuch Preußischer Kulturbesitz 1974/1975, Berlin (West) 1976, S. 263-268

Honisch, Dieter: Die Nationalgalerie zwischen Plan und Wirklichkeit, in: Jahrbuch Preußischer Kulturbesitz 1976, Berlin (West) 1977, S. 113-123

Honisch, Dieter: Nationalgalerie, in: Berliner Museen. Berichte aus den Ehemaligen Preußischen Kunstsammlungen, 3. Folge, Beiheft Neuerwerbungen, Berlin (West) 1977, S. 7

Honisch, Dieter: Neuerwerbungen der Nationalgalerie 1977, in: Jahrbuch Preußischer Kulturbesitz 1977, Berlin (West) 1979, S. 193-201

Honisch, Dieter: Fernand Léger »Zwei Schwestern«, 1935, in: Berliner Museen. Berichte aus den Ehemaligen Preußischen Kunstsammlungen, 3. Folge, Heft 17, Berlin (West) 1979, S. 11-12

Honisch, Dieter / Schneider, Angela (Bearb.): 100 Zeichnungen aus der Nationalgalerie Berlin, Goslar 1979

Honisch, Dieter: Die Nationalgalerie Berlin, Recklinghausen 1979

Honisch, Dieter: Neuerwerbungen der Nationalgalerie 1979, in: Jahrbuch Preußischer Kulturbesitz 1979, Berlin (West) 1980, S. 209-221

Honisch, Dieter / Schneider, Angela: 100 Zeichnungen aus der Nationalgalerie in Berlin, Berlin (West) 1980

Honisch, Dieter: Neuerwerbungen der Nationalgalerie, in: Jahrbuch Preußischer Kulturbesitz 1980, Berlin (West) 1981, S. 241-251

Honisch, Dieter: Neuerwerbungen der Nationalgalerie 1981, in: Jahrbuch Preußischer Kulturbesitz 1981, Berlin (West) 1982, S. 219-229

Honisch, Dieter: Bemerkungen zu einem Bild von Picasso, in: Jahrbuch Preußischer Kulturbesitz, Sonderband 1: Einblicke - Einsichten - Aussichten, Berlin (West) 1983

Honisch, Dieter: Neuerwerbungen 1975-1985, in: Berliner Museen, 4. Folge, Heft 3, 1985, ohne Seitenangabe

Honisch, Dieter: Nationalgalerie, in: Jahrbuch Preußischer Kulturbesitz, Sonderband 3, Preußischer Kulturbesitz 25 Jahre in Berlin. Sammeln - Forschen - Bilden, Berlin (West) 1986, S. 68-74

Honisch, Dieter: Erwerbungen der Nationalgalerie aus der Ausstellung »1945-1984. Kunst in der Bundesrepublik Deutschland«, in: Jahrbuch Preußischer Kulturbesitz 1985, Berlin (West) 1986, S. 209-223

Honisch, Dieter: Stiftungen und Erwerbungen für die Nationalgalerie, in: Jahrbuch Preußischer Kulturbesitz 1988, Berlin (West) 1989, S. 235-242

Honisch Dieter: Zu einem neuen Werk von Jannis Kounellis, in: MuseumsJournal Nr. II, Jg. 5, April 1991, S. 56-57

Honisch, Dieter: Texte, Stuttgart 1992

Honisch, Dieter: Die Schenkung Otto van der Loo, in: Jahrbuch Preußischer Kulturbesitz 1992, Berlin 1993, S. 355-365

Honisch, Dieter: Ein wichtiger Schritt zur Neuordnung der Sammlung des 20. Jahrhunderts in der Neuen Nationalgalerie, in: Jahrbuch Preußischer Kulturbesitz 1993, Berlin 1994, S. 75-86

Honisch, Dieter / Schuster, Peter-Klaus: Die Neuordnung der Nationalgalerie im Spiegel der Presse, in: MuseumsJournal, Nr. III, Jg. 8, Juli 1994, S. 68-73

Honisch, Dieter: Raffael Rheinsberg: Documenta der Kleinplastiken [1987-1994], von der Berliner Künstlerförderung erworben für die Nationalgalerie, Berlin 1995

Honisch, Dieter: Konzept und Struktur, in: MuseumsJournal, Nr. IV, Jg. 10, Oktober 1996, S. 22-23

Honisch, Dieter: Nationalgalerie, in: Jahrbuch Preußischer Kulturbesitz, Sonderband 3: 25 Jahre in Berlin. Sammeln - Forschen - Bilden, Berlin (West) 1986, S. 68-74, Tafelteil: S. 315-323

Hüneke, Andreas: Dem Kunsthistoriker Alois J. Schardt zum 100. Geburtstag, in: Bildende Kunst, Heft 2, 1990

Hüneke, Andreas: Was Fotos »entarteter« Kunst erzählen, in: Jahrbuch Preußischer Kulturbesitz 1996, Berlin 1997, S. 343-360

Hütt, Wolfgang: Zur Gründungsgeschichte der Nationalgalerie in Berlin, in: Kunstwissenschaftliche Beiträge 7, 1980, S. 2-3

Illies, Florian / Waterfield, Giles: Waagen in England, in: Jahrbuch der Berliner Museen. Berichte aus den Ehemaligen Preußischen Kunstsammlungen, Neue Folge, Bd. 37, Berlin 1995, S. 47-59

Jacobi, Fritz: Zur Sprache des Reliefs - dargestellt an ausgewählten Werken der Nationalgalerie, in: Forschungen und Berichte, Bd. 25, Berlin (Ost) 1985, S. 82-91

Jacobi, Fritz / Papies, Hans Jürgen (Bearb.): Nationalgalerie. Sammlung der Kunst der DDR. Gemälde - Bildhauerwerke. Vollständiges Verzeichnis des Sammlungsbestandes und der Dauerleihgaben, Berlin (Ost) 1986 [1990 und 1992 erweitert von Hans Jürgen Papies]

Jacobi, Fritz: Plastik der DDR aus vier Jahrzenten, ausgewählte Neuerwerbungen der Nationalgalerie von 1980-1985, in: Forschungen und Berichte, Bd. 26, Berlin (Ost) 1987, S. 291- 304

Jacobi, Fritz: Plastik der DDR aus vier Jahrzehnten. Ausgewählte Neuerwerbungen der Nationalgalerie von 1980-85, in: Forschungen und Berichte, Jg. 26, Berlin (Ost) 1987, S. 291-304

Jacobi, Fritz / Papies, Hans Jürgen: Sammlung der Kunst der DDR der Nationalgalerie im Alten Museum, in: MuseumsJournal, Sonderheft zu den Museen, Sammlungen und Schlössern der DDR in Berlin und Potsdam, März 1990, S. 36-38

Jacobi, Fritz: Die Nationalgalerie und die »Kunst der DDR«, in: Bildende Kunst, Heft 12, 1990, S. 44-46

Jacobi, Fritz: »Die Tiere fordern nichts von mir«. Zum Leben und Wirken von Renée Sintenis (1888-1965), in: MuseumsJournal, Nr. II, Jg. 9, April 1994

Jacobi, Fritz: »Nur Einfachheit ist überzeugend«. Zur Skulptur auf der Terrasse der Neuen Nationalgalerie, in: MuseumsJournal, Nr. I, Jg. 9, Januar 1995, S. 40-43

Jacobi, Fritz: Figur und Gegenstand: Malerei und Plastik in der Kunst der DDR aus der Sammlung der Nationalgalerie Berlin, Berlin 1995

Jacobi, Fritz: »Ohne den Gegensatz der Natur ist das Eisen für mich wertlos«. Zum Skulpturengarten der Neuen Nationalgalerie, MuseumsJournal, Nr. II, Jg. 10, April 1996, S. 80-83

Jacobi, Fritz: Auf der Spur von Cobra. Die Schenkung Otto van de Loo, in: MuseumsJournal, Nr. II, Jg. 12, April 1998, S. 60-62

Jacobi, Fritz: Mies van der Rohes Bau im Lichte der Installation von Ulrich Rückriem, in: MuseumsJournal, Nr. I, Jg. 13, Januar 1999, S. 20-22

Jakob, Georg: Die Entwicklung des Bereiches Restaurierung in den Staatlichen Museen zu Berlin, in: MuseumsJournal, Nr. III, Jg. 4, Juli 1990, S. 83-84

Jaeger, Falk: Eiserne Kathedrale der modernen Kunst, in: Deutsche Bauzeitung, Nr. 120, 1996, S. 20-24

Janda, Annegret: Die National-Galerie. Wiederaufbau und Entwicklung seit 1945 (Das Studio 8), Staatliche Museen zu Berlin (Ost) 1971

Janda, Annegret: Schriftliche Quellen zur bildender Kunst des 19. und 20. Jahrhunderts - Die Sammlung der Künstlerbriefe in der Nationalgalerie der Staatliche Museen zu Berlin; nachfolgend das Namensregister zu den Autographen, zusammengestellt von Gisa Sommer, in: Forschungen und Berichte, Jubiläumsband 20/21 - 150 Jahre Staatliche Museen zu Berlin, Berlin (Ost) 1980, S. 421-450

Janda, Annegret: Die Beziehungen zwischen Ernst Barlach und der Nationalgalerie, in: Forschungen und Berichte, Bd. 25, Berlin (Ost) 1985, S. 24-70

Janda, Annegret (Bearb.): Das Schicksal einer Sammlung. Die Neue Abteilung der Nationalgalerie im ehemaligen Kronprinzen-Palais, Nationalgalerie, Berlin (Ost) 1986

Janda, Annegret (Bearb.): Das Schicksal einer Sammlung. Aufbau und Zerstörung der Neuen Abteilung der Nationalgalerie im ehemaligen Kronprinzen-Palais Unter den Linden 1918-1945, Berlin (Ost) 1988

Janda, Annegret: Kunst in Deutschland 1905-1937: Die verlorene Sammlung der Nationalgalerie im ehemaligen Kronprinzen-Palais, Berlin 1992

Janda, Karlheinz, bearbeitet und ergänzt von Annegret Janda: Max Liebermann als Kunstsammler. Die Entstehung seiner Sammlung und ihre zeitgenössische Wirkung, in: Forschungen und Berichte, Bd. 15, Berlin (Ost) 1973, S. 105-155

Jannasch, Adolf: Die Galerie des 20. Jahrhunderts. Berlin 1945-1968, Berlin (West) 1968

Jeske, Elisabeth / Kriseleit, Olav: Der Mosaikfries an der Nationalgalerie und seine Restaurierung, in: Forschungen und Berichte, Bd. 26, Berlin (Ost) 1987, S. 205-212

Joachimides, Christos: Joseph Beuys. Richtkräfte, Nationalgalerie, Berlin (West) 1977

Jordan, Max: Nachtrag zur dritten Auflage des Katalogs der Königlichen National-Galerie zu Berlin, Berlin 1878

Jordan, Max: Stammbuch der National-Galerie. Radierungen von Ernst Forberg, Hans Meyer und anderen, Berlin 1880

Jordan, Max (Hrsg.): Stammbuch der Nationalgalerie, Berlin 1880

Jordan, Max: Katalog der Königlichen National-Galerie zu Berlin, Berlin ^{5}1880 / ^{6}1883 / ^{7}1885 / ^{8}1888 / ^{9}1891 / ^{10}1897 / ^{11}1898 / ^{12}1900 / ^{13}1901 / ^{14}1902 / ^{15}1903 / ^{16}1907

Justi, Ludwig: Die Zukunft der Nationalgalerie (Denkschrift), als Manuskript gedruckt, Berlin 1910

Justi, Ludwig: Zeichnungen aus dem Besitz der Nationalgalerie, Berlin 1911

Justi, Ludwig: Der Ausbau der Nationalgalerie (zwei Denkschriften), Berlin 1913

Justi, Ludwig: Der Umbau der Nationalgalerie, Berlin 1914

Justi, Ludwig: Die Nationalgalerie und die moderne Kunst. Rückblick und Ausblick, Leipzig 1918

Justi, Ludwig: Offener Brief an Karl Scheffler, Sonderdruck, Berlin 1919

Justi, Ludwig: Zeichnungen aus dem Besitz der National-Galerie, Berlin 1919

Justi, Ludwig: Deutsche Zeichenkunst im 19. Jahrhundert. Ein Führer zur Sammlung der Handzeichnungen in der National-Galerie, Berlin 1919 / ^{2}1920 / ^{3}1922

Justi, Ludwig: Deutsche Malkunst im 19. Jahrhundert. Ein Führer durch die Nationalgalerie, Berlin 1920/1921

Justi, Ludwig: Max Liebermann. Bemerkungen zu den Gemälden Liebermanns in der National-Galerie, Berlin 1921

Justi, Ludwig: Hans Thoma. Ein Führer zur Thoma-Sammlung der National-Galerie, Berlin 1921

Justi, Ludwig: Hans von Marées. Ein Führer zur Marées-Sammlung der National-Galerie, Berlin 1921

Justi, Ludwig: Neue Kunst. Ein Führer zu den Gemälden der sogenannten Expressionisten in der National-Galerie, Berlin 1921

Justi, Ludwig: Kaspar David Friedrich. Ein Führer zur Friedrich-Sammlung in der National-Galerie, Berlin 1921

Justi, Ludwig: Deutsche Malkunst im 19. Jahrhundert. Ein Führer durch die Nationalgalerie, Berlin 1921

Justi, Ludwig: Deutsche Zeichenkunst im neunzehnten Jahrhundert, Berlin ^{2}1922

Justi, Ludwig: Verzeichnis der Gemälde und Bildwerke der neueren Abteilung der Nationalgalerie im ehemaligen Kronprinzenpalais, Berlin 1919, 1920, 1934 und 1935

Justi, Ludwig: Zweihundert Bilder der National-Galerie, erworben 1910 bis 1925, Berlin 1926

Justi, Ludwig: Arnold Böcklin. Ein Führer zur Böcklin-Sammlung der National-Galerie, Berlin 1921 / ^{2}1927

Justi, Ludwig: Die Ankäufe des Vereins »Freunde der National-Galerie«, Berlin 1930

Justi, Ludwig: Von Corinth bis Klee. Deutsche Malkunst im 19. und 20. Jahrhundert. Ein Gang durch die Nationalgalerie, Berlin 1931

Justi, Ludwig: Von Runge bis Thoma. Deutsche Malkunst im 19. und 20. Jahrhundert. Ein Gang durch die Nationalgalerie, Berlin 1932

Justi, Ludwig: Im Dienste der Kunst, Breslau 1936
Justi, Ludwig: Die Berliner Museen, in: Athena 1, 1946/47, S. 49-53
Justi, Ludwig: Aufbau der Berliner Museen, in: Zeitschrift für Kunst (Leipzig), Jg. 1, 1947, S. 20-36
Justi, Ludwig: Zeichnungen deutscher Meister vom Klassizismus bis zum Impressionismus, Verzeichnis H. Weißgerber, 3 Bände, Berlin (Ost) 1954
Justi, Ludwig: Schule des Sehens, in: Aufbau, Jg. 11, 1955, S. 837-840
Justi, Ludwig: Dokumentation - Die Berliner Museen, in: MuseumsJournal, Nr. IV, Jg. 3, Oktober 1989, S. 2-3
Kaemmerer, Paul: Tschudis Eingriffe in zwei Bilder des Rubens. Eine Kritik von Paul Kaemmerer, Maler, München 1910
Kähler, Susanne: Belgische Bildhauer im Berlin der Jahrhundertwende, in: MuseumsJournal, Nr. IV, Jg. 8, Oktober 1994, S. 12-14
Kahlfeldt, Paul: Die Pläne von Mies van der Rohe für die Neue Nationalgalerie Berlin, Berlin 1998 [CD-ROM]
Kahlfeldt, Paul (Hrsg.): Neue Nationalgalerie Berlin - dreissig Jahre, Berlin 1998
Kaufhold, Enno: Fotografie im Zentrum. Ein Symposiumsbericht, in: MuseumsJournal, Nr. I, Jg. 14, Januar 2000, S. 9-10 [Deutsches Centrum für Photographie]
Keisch, Claude: Die Sammlung Wagener. Aus der Vorgeschichte der Nationalgalerie. Staatliche Museen zu Berlin, National-Galerie. Ausstellung zum hundertsten Jubiläum 24. März bis Mitte Mai 1876, Berlin (Ost) 1976
Keisch, Claude / Riemann, Marie-Ursula: Adolph von Menzel 1815-1905. Zeichnungen, Aquarelle, Gouachen aus der Nationalgalerie, Wien 1985
Keisch, Claude: Adolph Menzels »Ansprache Friedrichs des Großen an seine Generäle vor der Schlacht bei Leuthen«. Vermutungen über ein unvollendetes Meisterwerk, in: Forschungen und Berichte, Bd. 26, Berlin (Ost) 1987, S. 259-282
Keisch, Claude: Idealismus und Resignation. Über zwei Selbstdarstellungen von Buonaventura Geulli, in: Forschungen und Berichte, Bd. 28, Berlin (Ost) 1990, S. 279-292
Keisch, Claude: Ein ungemaltes Bild Adolph Menzels: Die Einweihung der Nordpazifikbahn (1883), in: Forschungen und Berichte, Bd. 28, Berlin (Ost) 1990, S. 293-296
Keisch, Claude: Um Anselm Feuerbachs »Gastmahl«, Berlin 1992
Keisch, Claude: Menzel, das Krönungsbild und das Königshaus, in: Jahrbuch der Berliner Museen. Berichte aus den Ehemaligen Preußischen Kunstsammlungen, Neue Folge, Bd. 40, Berlin 1998, S. 123-156
Keisch, Claude / Riemann, Gottfried: Lothar Brauner zum 65. Geburtstag, in: MuseumsJournal, Nr. II, Jg. 11, April 1997, S. 4
Keisch, Claude / Riemann-Reyher, Marie Ursula: »Menzliches, allzumenzliches«. Jüngst erworben: »Recipisse« und »Nichtzuvergessenes«, in: MuseumsJournal, Nr. IV, Jg. 11, Oktober 1997, S. 84-86
Keisch, Claude: Kurzer Abschied mit Langer Nacht, in: MuseumsJournal, Nr. I, Jg. 12, Januar 1998, S. 42-43 [Alte Nationalgalerie]
Keisch, Claude (Hrsg.): Cézanne in Berlin: 28 Werke aus den Staatlichen Museen und aus Privatbesitz, Berlin 2000
Keisch, Claude: Vor 100 Jahren: Die Stiftung Felix Koenigs an die Nationalgalerie, in: MuseumsJournal, Nr. IV, Jg. 15, Oktober 2001, S. 22-25
Kern, G. J.: Die Deutsche Jahrhundertausstellung. Ein Erinnerungsblatt, Berlin 1906
Kern, Joseph: Impressionismus im Wilhelminischen Deutschland. Studien zur Kunst- und Kulturgeschichte des Kaiserreiches, Würzburg 1985 [Dissertation Bayerische Julius-Maximilians-Universität Würzburg]
Kienholz, Edward: »Volksempfängers«, Berlin (West) 1977
Klinkott, Manfred: Die Backsteinbaukunst der Berliner Schule, Berlin (West) 1988
Knapp, Fritz: Die deutsche Jahrhundertausstellung in der Nationalgalerie, in: Grenzboten II, 1060, 1906, S. 468-481
Knopp, Werner: In memoriam Leopold Reidemeister, in: Jahrbuch Preußischer Kulturbesitz 1987, Berlin (West) 1988, S. 27-29
Knopp, Werner: Die Stiftung Preußischer Kulturbesitz im Jahr 1990, in: Jahrbuch Preußischer Kulturbesitz 1990, Berlin 1991, S. 11-34
Knopp, Werner: Die Stiftung Preußischer Kulturbesitz im Jahr 1995, in: Jahrbuch Preußischer Kulturbesitz 1995, Berlin 1996, S. 11-25
Krieger, Peter: Die französischen Impressionisten in der Nationalgalerie, in: Speculum Artis, Jg. 16, 1964, Nr. 3 Mai/Juni, S. 28-34
Krieger, Peter: Robert Delaunay als Porträtist, in: Berliner Museen. Berichte aus den Ehemaligen Preußischen Kunstsammlungen, Neue Folge, Bd. 14, Köln und Berlin (West) 1964, S. 20-23
Krieger, Peter: Neuerworbene Bilder der »Brücke«-Maler, in: Jahrbuch Stiftung Preußischer Kulturbesitz 1964/65, Köln und Berlin (West) 1966, S. 260-268
Krieger, Peter: Maler des Impressionismus, Bilderhefte der Staatlichen Museen, Berlin (West) 1967
Krieger, Peter: Nationalgalerie, in: Berliner Museen. Berichte aus den Ehemaligen Preußischen Kunstsammlungen, 3. Folge, Beiheft Neuerwerbungen, Berlin (West) 1978, S. 8
Krieger, Peter: Gemälde der deutschen Romantik in der Nationalgalerie Berlin, Staatliche Museen Preußischer Kulturbesitz: Caspar David Friedrich, Karl Friedrich Schinkel, Carl Blechen, Berlin (West) 1985
Krieger, Peter: Galerie der Romantik, in: Berliner Museen, 4. Folge, Heft 4, Jg. 86, ohne Seitenangabe
Krieger, Peter: Frauenbilder um 1800. Anmerkungen zu drei Werken in der Nationalgalerie, in: Jahrbuch der Berliner Museen. Ehemals Jahrbuch der Preußischen Kunstsammlungen, Neue Folge, Bd. 31, Berlin (West) 1989, S. 289-299
Krieger, Peter / Ostländer, Elke: Galerie der Romantik, Berlin 1997
Kugler, Franz: Privatsammlungen zu Berlin, Gemaeldesammlung des Herrn Consul Wagener, in: Museum 2, 1834, S. 223f., 231f., 237f.
Kuhn, Nicola: Vis-à-vis: Peter-Klaus Schuster, in: MuseumsJournal, Nr. III, Jg. 9, Juli 1995, S. 21-23
Kühnel, Anita / März, Roland (Bearb.): 30 Ausstellungen in der »Bunten Stube« Ahrenshoop 1963-1979, Berlin (Ost) 1979
Kühnel-Kunze, Irene: Jahrbuch Preußischer Kulturbesitz, Sonderband 2: Bergung - Evakuierung - Rückführung. Die Berliner Museen in den Jahren 1939-1959, Berlin (West) 1984
Kunisch, Hermann: Max Liebermanns Selbstbildnisse, in: Jahrbuch Preußischer Kulturbesitz 1987, Berlin (West) 1988, S. 333-376
Kunowski, Lothar von (u.a.): Hugo von Tschudi, Berlin 1908
Kunst, Hans-Joachim: Bemerkungen zu Schinkels Entwürfen für die Friedrichswerdersche Kirche in Berlin, in: Marburger Jahrbuch, Bd. 19, 1974, S. 241-257
Laban, Ferdinand: Johann Gottfried Schadows Thonbüste der Prinzessin Louis (Friederike) von Preussen in der Königlichen National-Galerie, in: Jahrbuch der Königlichen-Preuszischen Kunstsammlungen, Bd. 24, Berlin 1903, S. 14-38
Lehmann, Klaus-Dieter (Hrsg.): Schätze der Weltkulturen in den Sammlungen der Stiftung Preußischer Kulturbesitz, Berlin 2000
Lehmann, Klaus-Dieter (Hrsg.): Cultural Treasures of the World in the Collections of the Prussian Cultural Heritage Foundation, Berlin 2000
Lepik, Andres/Sattler, Christoph u.a.: Dreißig Jahre Neue Nationalgalerie Berlin: zum dreißigsten Jubiläum der Eröffnung am 15.9.1968, Berlin 1998 (Festschrift)
Lepik, Andres (Hrsg.): Masterplan Museumsinsel. Ein europäisches Projekt, Berlin 2000
Leppien, Helmut R. (Hrsg.): Kunst ins Leben. Alfred Lichtwarks Wirken für die Kunsthalle und Hamburg von 1886 bis 1914, Hamburg 1986
Lindenberg, Paul: Die Nationalgalerie, Leipzig 1884
Maaz, Bernhard: »Jene Güte des Herzens«. Johann Heinrich Dannekers Büste der Jeanette Caroline von Alopäus in der Nationalgalerie, in: Forschungen und Berichte; Bd. 29/30, Berlin (Ost) 1990
Maaz, Bernhard: Die Plastik des 19. Jahrhunderts in der Nationalgalerie, in: MuseumsJournal, Nr. II, Jg. 4, April 1990, S. 60-63
Maaz, Bernhard: Kleinplastiken des 19. Jahrhunderts aus der Sammlung der Nationalgalerie, Berlin 1992
Maaz, Bernhard: Alexander Calandrellis Reiterstandbild Friedrich Wilhelms IV. Zum 200. Geburtstage des Königs, in: MuseumsJournal, Nr. III, Jg. 9, Juli 1995, S. 51-53
Maaz, Bernhard: Camille Claudels Bildnis ihres Bruders Paul. Eine Neuerwerbung, in: MuseumsJournal, Nr. IV, Jg. 9, Oktober 1995, S. 56-57
Maaz, Bernhard: Regina Marmorea Rapp. Johann Gottfried Schadows letzte Büste der Königin Luise, in: MuseumsJournal, Nr. IV, Jg. 10, Oktober 1996, S. 57-59
Maaz, Bernhard: Prometheus und das Künstlertum. Zur Instandsetzung der Freitreppe an der Alte Nationalgalerie, in: Jahrbuch Preußischer Kulturbesitz 1996, Berlin 1997, S. 121-139
Maaz, Bernhard: Die Freitreppe im neuen Glanz, in: MuseumsJournal, Nr. II, Jg. 11, April 1997, S. 70-72 [Alte Nationalgalerie]
Maaz, Bernhard: Neu aufgestellt: Bildwerke im Kolonnadenhof, in: MuseumsJournal, Nr. IV, Jg. 11, Oktober 1997, S. 82-83

Maaz, Bernhard: Die ideale Gemeinschaft. Zur Wiedereröffnung der Friedrichswerderschen Kirche, in: MuseumsJournal, Nr. IV, Jg. 12, Oktober 1998, S. 82–85

Maaz, Bernhard: Der Erhalt der Geschichtlichkeit und die Alte Nationalgalerie. Eine Zwischenbilanz zur Instandsetzung, in: Jahrbuch Preußischer Kulturbesitz 1998, Berlin 1999, S. 137–164

Maaz, Bernhard: Nicht unter Goethe und Raffael. Bezugnahmen und Anspruchsformulierungen in Julius Schnorr von Carolsfelds Bildnis der Bianca von Quandt, in: Jahrbuch der Berliner Museen. Ehemals Jahrbuch der Preussischen Kunstsammlungen, Neue Folge, Jg. 40, Berlin 1998, S. 131–144

Maaz, Bernhard: Die Alte Nationalgalerie im Alten Museum, in: MuseumsJournal, Nr. III, Jg. 12, Juli 1998, S. 34–37

Maaz, Bernhard: Gustav Eberlein – Glanz und Geist der Gründerzeit. Eine Studie zur Porträtplastik um 1900, in: Jahrbuch der Berliner Museen. Ehemals Jahrbuch der Preussischen Kunstsammlungen, Neue Folge, Jg. 41, Berlin 1999, S. 195–211

Maaz, Bernhard: Die Alte Nationalgalerie, Berlin 1999

Maaz, Bernhard (Hrsg.): Von Caspar David Friedrich bis Manet: Meisterwerke der Nationalgalerie Berlin, Berlin 1999

Maaz, Bernhard: Bilder vom Umbau, in: MuseumsJournal, Nr. II, Jg. 14, April 2000, S. 37–39 [Alte Nationalgalerie]

Maaz, Bernhard: Ernst Segers »Kypris III (Astarte)«, in: MuseumsJournal, Nr. I, Jg. 15, Januar 2001, S. 76–77

Maaz, Bernhard: Die Friedrichswerdersche Kirche: Schinkels Werk, Wirkung und Welt, Berlin 2001

Maaz, Bernhard: Die Verjüngung des Tempels. Zur Wiedereröffnung der Alten Nationalgalerie, in: MuseumsJournal, Nr. IV, Jg. 15, Oktober 2001, S. 10–15

Maaz, Bernhard (Hrsg): Die Alte Nationalgalerie. Geschichte Bau und Umbau, Berlin 2001

Mackowsky, Hans: Die neuen Erwerbungen und die Neugestaltung der Nationalgalerie in Berlin, in: Kunstchronik 9, 1897/98, Sp. 193–199

Mackowsky, Hans: Führer durch die Bildnis-Sammlung der Königlichen Nationalgalerie zu Berlin, Berlin 1913

Mackowsky, Hans: Führer durch die Bildnis-Sammlung der National-Galerie, Berlin 1929

Makarinus, Jörg / Tschirner, Manfred / Weidemann, Friedegund: Die Gemälde der Nationalgalerie, Berlin 1996 [CD-ROM]

Makarinus, Jörg: Die historische Halle. Und der Blick der Kritik, in: MuseumsJournal, Nr. II, Jg. 11, April 1997, S. 82–83 [Hamburger Bahnhof – Museum für Gegenwart]

Mansvelt, A. Th.: Nationalgalerie, Berlin, in: Internationale Licht Rundschau 1968, Jg. XIX, Nr. 4, S. 119–123

Martin, Kurt: Die Tschudi-Spende. Hugo von Tschudi zum Gedächtnis. 7. Febr. 1851–26. Nov. 1911, München 1962

März, Roland / Weidemann, Friedegund (Bearb.): National-Galerie: Gemälde des 20. Jahrhunderts, Berlin (Ost) 1976

März, Roland / Papies, Hans Jürgen: Zeitgenössische Kunst aus der Sammlung Ludwig, Aachen: Nationalgalerie Altes Museum, Berlin (Ost) 1982

März, Roland: Das Gemälde »Mondweib« von Otto Dix aus dem Jahr 1919. Eine Neuerwerbung der Nationalgalerie, in: Forschungen und Berichte, Bd. 25, Berlin (Ost) 1985, S. 71–81

März, Roland: Christus kam nur bis zum Bodensee. Die Heimkehr eines verlorenen Gemäldes, in: MuseumsJournal Nr. II, Jg. 5, April 1991, S. 40–41

März, Roland: Kunst in Deutschland 1905–1937: Gemälde und Skulpturen aus der Sammlung der Nationalgalerie, Berlin 1992

März, Roland: Das Otto-Nagel-Haus mit neuem Profil. Deutsche Kunst zwischen den Weltkriegen, in: MuseumsJournal, Nr. I, Jg. 7, Januar 1993, S. 68–69

März, Roland: Otto Dix: Die Skatspieler. Eine Neuerwerbung für die Nationalgalerie, in: Jahrbuch Preußischer Kulturbesitz 1995, Berlin 1996, S. 351–391

März, Roland: Edvard Munch, Melancholie: aus dem Reinhardt-Fries 1906/07, Berlin 1998

März, Roland: Ernst Ludwig Kirchner: Potsdamer Platz, Emil Nolde: Die Sünderin. Zwei Neuerwerbungen für die Nationalgalerie, in: Jahrbuch Preußischer Kulturbesitz 1999, Berlin 2000, S. 229–248

März, Roland: Die Heimkehr der »Sünderin«. Emil Nolde und die Nationalgalerie, in: MuseumsJournal, Nr. I, Jg. 14, Januar 2000, S. 40–42

März, Roland: Die »Skatspieler« von Otto Dix, in: MuseumsJournal, Nr. IV, Jg. 9, Oktober 1995, S. 52–55

März, Roland: Ernst Ludwig Kirchner. Potsdamer Platz. 1914, Berlin 2000

Marx, Erich: Ein Dialog mit Bildern, in: MuseumsJournal, Nr. IV, 1996, S. 24–25

Merkert, Jörn (Hrsg.): Freunde danken Werner Haftmann: Ausstellung der Schenkungen an die Nationalgalerie, März 1976, Berlin (West) 1976

Merkert, Jörn: Die »Volksempfängers« von Edward Kienholz, in: Berliner Museen. Berichte aus den Ehemaligen Preußischen Kunstsammlungen, 3. Folge, Heft 10, Berlin (West) 1977, S. 5–6

Merkert, Jörn: »…oder Spaghettiköchin in Bologna«. Erinnerungen an gemeinsame Nationalgaleriezeiten, in: Wieland Schütz (Hrsg.): Grafik Design: für Plakate, Museen, Kataloge, Bibliotheken, Drucksachen, Galerien, Pläne, Ausstellungen, Bücher, Verlage, Editionen, Archive, Berlin 1998

Mesecke, Andrea / Scheer, Thorsten: Josef Paul Kleihues. Themen und Projekte, Basel 1996

Meyer, Andrea: In guter Gesellschaft: Der Verein der Freunde der Nationalgalerie Berlin von 1929 bis heute, Berlin 1998

Möhle, Hans: Deutsche Malerei des 19. Jahrhunderts. Gemälde aus den Berliner Museen, in: Berliner Museen. Berichte aus den Ehemaligen Preußischen Kunstsammlungen, Neue Folge, Bd. 1, Berlin (West) 1951, S. 19–20

Mönig, Roland (Bearb.): Kleinplastik des 20. Jahrhunderts, Kleve 1998

Müller, Jutta: Die Gemäldesammlung des Konsuls Wagener [Magisterarbeit, Freie Universität Berlin], o. J.

Neumeyer, Alfred: Berlin's New National Galerie, in: Art Journal, XXIX/1, Fall 1969, S. 92–93

Olbrich, Harald: Sammlung ohne Perspektive? Kunst der DDR in der Nationalgalerie auf der Museumsinsel, in: MuseumsJournal, Nr. III, Jg. 4, Juli 1990, S. 4–6

Papies, Hans Jürgen: Sammlung Ludwig, Aachen im Alten Museum, in: MuseumsJournal, Sonderheft zu den Museen, Sammlungen und Schlössern der DDR in Berlin und Potsdam, März 1990, S. 39

Papies, Hans Jürgen (Bearb.): Nationalgalerie – Sammlung Kunst der DDR: Gemälde, Bildhauerwerke. Vollständiges Verzeichnis des Sammlungsbestandes und der Dauerleihgaben. Nachtrag der Erwerbungen 1986–1989, Berlin (Ost) 1990

Papies, Hans Jürgen (Bearb.): Nationalgalerie – Sammlung der Kunst der DDR. Gemälde – Bildwerke. Erwerbungen 1990–1991. Beilage zum Verzeichnis von 1990, Staatliche Museen zu Berlin, Preußischer Kulturbesitz, 1992

Papies, Hans Jürgen: Picasso in Berlin. Teil I: bis 1945, in: MuseumsJournal, Nr. III, Jg. 10, Juli 1996, S. 28–32

Papies, Hans Jürgen: Picasso in Berlin. Teil II: 1945 bis heute, in: MuseumsJournal, Nr. IV, Jg. 10, Oktober 1996, S. 40–43

Papies, Hans Jürgen: »Kunstsammeln ist wie eine Droge«. Neuerwerbungen für die Sammlung Berggruen in: MuseumsJournal, Nr. II, Jg. 12, 1998, S. 33–35

Papies, Hans Jürgen: Überraschende Begegnungen mit Paul Klee. »Klee in New York« und Neuerwerbungen für Berlin, in: MuseumsJournal, Nr. III, Jg. 12, 1998, S. 76–79

Papies, Hans Jürgen: Dora Maar und Picasso. Zu neuen Erwerbungen für das Berliner Berggruen-Haus, in: MuseumsJournal, Nr. II, Jg. 13, April 1999, S. 31–35

Papies, Hans Jürgen: Ständig wachsend: Die Sammlung Berggruen, in: Jahrbuch Preußischer Kulturbesitz 1999, Berlin 2000, S. 249–264

Paret, Peter: The Tschudi Affair, in: Journal of Modern History 53, December 1981, S. 589–618

Paul, Barbara: Drei Sammlungen französischer impressionistischer Kunst im kaiserlichen Berlin – Bernstein, Liebermann, Arnhold, in: Zeitschrift des Vereins für Kunstwissenschaft, Heft 3, Bd. 42, 1988, S. 11–30

Paul, Barbara: Hugo von Tschudi und die moderne französische Kunst im Deutschen Kaiserreich, Mainz 1993

Paulsen, Julius: Der Umbau der Nationalgalerie, in: Bauwelt 5, Nr. 42, 1914, S. 9–13

Peschken, Goerd: Das Museum als Kunstwerk, in: MuseumsJournal Nr. II, Jg. 5, April 1991, S. 38

Peters, Dorothea: Die Nationalgalerie in Photographien. Das Galeriewerk der Photographischen Gesellschaft von 1875, in: MuseumsJournal, Nr. IV, Jg. 15, Oktober 2001, S. 34–35

Petras, Renate: Die Bauten der Berliner Museumsinsel, Berlin (Ost) 1987

Petras, Renate: Die Bauten der Berliner Museumsinsel, Berlin (West), 1988

Pica, Agnoldomenico: Mies a Berlino, in: domus. architettura arredamento arte. N. 478, Settembre 1969, S. 1–6

Pöggeler, Otto: Kennerschaft versus Philosophie: Waagen und die Hegelianer, in: Jahrbuch der Berliner Museen. Berichte aus den Ehemaligen Preußischen Kunstsammlungen, Neue Folge, Bd. 37, Berlin 1995, S. 33–38

Puchmayr, Oliver: Gartendenkmalpflegerische Untersuchung der Freianlagen der Neuen Nationalgalerie in Berlin: Vorschläge zu einer Instandsetzung, Berlin 2000

Pückler-Gesellschaft Berlin (Hrsg.): Paul Ortwin Rave, Berlin (West) 1983

Pundt, Hermann: Schinkels Berlin, Frankfurt/M., Berlin (West), Wien 1981

Raczynski, Athanas Graf: Katalog der Raczynskischen Bilder-Sammlung, Berlin 1839, 1876

Raue, Peter: Der Verein der Freunde der Nationalgalerie, in: Berliner Museen, 4. Folge, Heft 2, 1987, ohne Seitenangaben

Raupp, Juliana: Kunstöffentlichkeit im Systemvergleich. Selbstdarstellung und Publikum der Nationalgalerien im geteilten Berlin, Münster 2001

Rave, Paul Ortwin: Neuerwerbungen der Nationalgalerie I (Klassizisten), in: Der Kunstwanderer, Heft 5, Jg. 7, 1925, S. 308-311

Rave, Paul Ortwin: Neuerwerbungen der Nationalgalerie II (C. D. Friedrich und sein Kreis), in: Der Kunstwanderer, Heft 7, Jg. 7, 1925, S. 387-391

Rave, Paul Ortwin: Neue Erwerbungen der Nationalgalerie IV (Deutsch-Römer), in: Der Kunstwanderer, Heft 1, Jg. 8, 1926, S. 196-200

Rave, Paul Ortwin / Thormaehlen, Ludwig: 200 Bilder der Nationalgalerie, erworben 1910-1925 von Ludwig Justi, Berlin 1926

Rave, Paul Ortwin: Neue Erwerbungen der National-Galerie aus der Zeit um 1800, Berlin 1926

Rave, Paul Ortwin: Zeichnungen Deutscher Meister in der National-Galerie, erworben seit 1910, in: Der Kunstwanderer, Heft 8, Jg. 9, 1927, S. 485-488

Rave, Paul Ortwin: Berlin und Umgebung. Handbuch für Reisende von Karl Baedeker, Leipzig [20]1927, »Kronprinzenpalais«, S. 49-53, »Bildnis-Sammlung«, S. 53-55, »National-Galerie«, S. 82-91

Rave, Paul Ortwin: Die Nationalgalerie, in: Festschrift des Vereins Deutscher Zeitungsverleger zur Tagung in Berlin am 5.10.1928

Rave, Paul Ortwin: Deutsche Bildnerkunst von Schadow bis zur Gegenwart. Ein Führer zu den Bildwerken der National-Galerie, Berlin 1929

Rave, Paul Ortwin: Die Berliner Bildnissammlung zu ihrer neuen Aufstellung, in: Zeitschrift für Bildende Kunst, Jg. 63, Leipzig 1929/30, S. 33-37

Rave, Paul Ortwin: Die Berliner Kunstmuseen, in: Festschrift zur 50. Jahrfeier des Preußischen Philologenverbandes in Berlin, Berlin 1930

Rave, Paul Ortwin: Das Rauch-Museum in der Orangerie des Charlottenburger Schlosses, Berlin 1930

Rave, Paul Ortwin: Das Schinkel-Museum und die Kunst-Sammlungen Beuths. National-Galerie, Berlin 1931

Rave, Paul Ortwin: Das neue Schinkelmuseum, in: Kunst und Kirche, Heft 2, Jg. 8, 1931, S. 66-68

Rave, Paul Ortwin: Urkunden zur Gründung und Geschichte des Schinkelmuseums, in: Jahrbuch der Preußischen Kunstsammlungen, Bd. 56, Berlin 1935, S. 234-249

Rave, Paul Ortwin: Handzeichnungen großer Meister des 19. Jahrhunderts aus dem Besitze der National-Galerie zu Berlin, Berlin 1939

Rave, Paul Ortwin: Karl Friedrich Schinkel - Lebenswerk, Band 1: Bauten für die Kunst, Kirchen, Denkmalpflege, Berlin 1941

Rave, Paul Ortwin (Hrsg.): Die Malerei des 19. Jahrhunderts. 240 Bilder nach Gemälden der National-Galerie, Berlin 1945

Rave, Paul Ortwin: Berlin vor der Zerstörung aufgenommen von Otto Hagemann, Berlin 1949

Rave, Paul Ortwin: National-Galerie. Gemälde, Zeichnungen, Bildwerke, Berlin 1949

Rave, Paul Ortwin: Deutsche Malerei des 19. Jahrhunderts, Berlin 1949

Rave, Paul Ortwin: Die Sammlung des Konsul Wagener als Kern der National-Galerie, in: Festschrift zum 60. Geburtstag von Carl Georg Heise, Berlin (West) 1950, S. 202-212

Rave, Paul Ortwin: Triumph angefeindeter Malerei. Die französischen Impressionisten in der National-Galerie, in: Berlin / Paris. Beiträge zum werdenden Europa, Berlin (West) 1952, S. 26-34

Rave, Paul Ortwin: National-Galerie, in: Berliner Museen. Berichte aus den Ehemaligen Preußischen Kunstsammlungen, Neue Folge, Bd. 3, Berlin (West) 1953, S. 76-85

Rave, Paul Ortwin: Über die Sammlung Raczinsky, in: Berliner Museen. Berichte aus den Ehemaligen Preußischen Kunstsammlungen, Neue Folge, Bd. 3, Hamm und Berlin (West) 1953, S. 4-7

Rave, Paul Ortwin: Jahrhundertwende und Jahrhundertausstellung. Ein Kapitel aus der Geschichte der National-Galerie, in: Erwin Redslob zum 70. Geburtstag, Berlin (West) 1955, S. 161-168

Rave, Paul Ortwin: Die Bildnis-Sammlung Wilhelm Hensel, in: Berliner Museen. Berichte aus den Ehemaligen Preußischen Kunstsammlungen, Neue Folge, Bd. 6, Hamm und Hamburg 1956, S. 37-44

Rave, Paul Ortwin: Aus der Frühzeit des Berliner Sammlertums 1670-1870, in: Der Bär von Berlin, Jahrbuch des Vereins für die Geschichte Berlins, Jg. 8, Berlin (West) 1959, S. 7-34

Rave, Paul Ortwin: Zur Geschichte der Preußischen Kunstsammlungen, 1. Teil: Von der Schloßkapelle zur Kunstkammer, 2. Teil: Im Zeitalter Friedrichs des Großen, 3. Teil: Schinkel und die Artistische Kommission, Berlin o. J. (um 1960), Manuskript, ZA Staatliche Museen zu Berlin/PK, Rave-Nachlaß Nr. 92

Rave, Paul Ortwin: Die Berliner Museen von der Kurfürstlichen Kunstkammer bis heute, in: Sitzungsberichte der Kunstgeschichtlichen Gesellschaft zu Berlin, Neue Folge, Bd. 8, Berlin (West) 1959/60, S. 3-4

Rave, Paul Ortwin: Berliner Museen einst und jetzt, in: Jahrbuch der Berliner Museen. Ehemals Jahrbuch der Preussischen Kunstsammlungen, Neue Folge, Bd. 4, Berlin (West) 1962, S. 186-218

Rave, Paul Ortwin: Ignaz von Olfers, »Die ganze Spree-Insel in eine Freistätte für Kunst und Wissenschaft«, in: Kunst in Berlin, S. 118-134,. Berlin ohne Jahr (1965)

Rave, Paul Ortwin: Die Geschichte der Nationalgalerie, Berlin (Ost) ohne Jahr (1968)

Réau, L.: L'exposition centennale allemande de Berlin, in: Revue Germanique, T. II, Nr. 4, Paris 1906, S. 479-501

Reidemeister, Leopold: Die Nationalgalerie und ihre Stifter, Berlin (West) 1961

Reidemeister, Leopold: The National-Gallery, Berlin, in: Apollo, Vol. Number LXXX, No. 30, London 1964, S. 89-96

Reidemeister, Leopold / Waetzoldt, Stephan: Verzeichnis der Gemälde und Bildwerke der Nationalgalerie Berlin in der Orangerie des Schlosses Charlottenburg von 1961-1966, Berlin (West) 1966

Richartz, Christoffer: Deutschland, einig Vaterland ...? Chronik 1789 bis 1866, Berlin (West) 1990

Richards, Ivor: Hamburger Stakes, in: The Architectural Review Nr. 1200, 1997, S. 29-32

Riemann, Gottfried: Sammlung der Zeichnungen der Nationalgalerie, in: MuseumsJournal, Sonderheft zu den Museen, Sammlungen und Schlössern der DDR in Berlin und Potsdam, März 1990, S. 40

Riemann, Gottfried: Das »Schinkelsche Museum«. Schicksal eines Nachlasses, in: MuseumsJournal, Nr. IV, 6. Jg., Oktober 1992, S. 15-20

Rogner, Klaus Peter (Hrsg.): Verlorene Werke der Malerei: In Deutschland in der Zeit von 1939 bis 1945 zerstörte und verschollene Gemälde aus Museen und Galerien, Berlin (Ost) 1965

Rogner, Klaus Peter (Hrsg.): Verlorene Werke der Malerei: In Deutschland in der Zeit von 1939 bis 1945 zerstörte und verschollene Gemälde aus Museen und Galerien, München 1965

Rohr, Alheidis von: Staatliche Museen Preußischer Kulturbesitz. Neuerwerbungen der Nationalgalerie, in: Pantheon, Internationale Zeitschrift für Kunst, XXVII/6, 1969, S. 506-508

Roters, Eberhard (Hrsg.): Leopold Reidemeister zum Gedenken, Berlin 1988

Roters, Eberhard: Die Nationalgalerie und ihre Stifter. Mäzenatentum und staatliche Förderung in Dialog und Widerspruch, in: Günter und Waltraud Braun (Hrsg.): Mäzenatentum in Berlin. Bürgersinn und kulturelle Kompetenz unter sich verändernden Bedingungen, Berlin, New York 1993, S. 80-83

Rosenhagen, Hans: Die Neuerwerbungen der Berliner Nationalgalerie, in: Die Kunst für Alle, S. 259-260, München 1903

Rosenberg, Adolf: Die Berliner Nationalgalerie, in: Kunstchronik. Beiblatt zur Zeitschrift für bildende Kunst II, Leipzig 1876, S. 425-431, 457-462, 507-511, 542-548

Rosenhagen, Hans: Die deutsche Jahrhundert-Ausstellung, in: Über Land und Meer, Nr. 26, 1906, S. 628-632; Nr. 30, S. 725-728; Nr. 33, S. 805-808

Rückert, Claudia / Kuhrau, Sven: »Der Deutschen Kunst...«: die Berliner Nationalgalerie und nationale Identität; 1786-1998, Amsterdam 1998

Ruhmer, Eberhard (Hrsg.): Eberhard Hanfstaengl zum 75. Geburtstag, München 1961

Rumpf, Peter: Der Hamburger Bahnhof als Museum für Gegenwart, in: Bauwelt, Nr. 47, 1996, S. 2664-2670

Rumpf, Peter: Hamburger Bahnhof - Museum für Gegenwart Berlin, in: Architektur Jahrbuch 1997, S. 90-95

Ruthenberg, Vera-Maria: Gemälde und Bildwerke vom Klassizismus bis Impressionismus, Berlin (Ost) 1956

Ruthenberg, Vera-Maria: Carl Begas der Ältere - Zeichnungen seiner Frau und Kinder, in: Forschungen und Berichte, Bd. 1, Berlin (Ost) 1957, S. 139-149

Ruthenberg, Vera-Maria: National-Galerie, in: Forschungen und Berichte, Bd. 2, Berlin (Ost) 1958, S. 151-156

Ruthenberg, Vera-Maria: National-Galerie, in: Forschungen und Berichte, Bd. 3/4, Berlin (Ost) 1961, S. 165-169

Ruthenberg, Vera-Maria: National-Galerie, in: Forschungen und Berichte, Bd. 5, Berlin (Ost) 1962, S. 105-108

Ruthenberg, Vera-Maria: Nationalgalerie, in: Staatliche Museen zu Berlin, Leipzig 1963, S. 55-61

Ruthenberg, Vera-Maria / Heese, Walter: National-Galerie Berlin, Leipzig 1963

Ruthenberg, Vera-Maria: Jahresbericht National-Galerie, in: Forschungen und Berichte, Bd. 6, Berlin (Ost) 1964, S. 142-143

Ruthenberg, Vera-Maria: National-Galerie, in: Forschungen und Berichte, Bd. 7, Berlin (Ost) 1965, S. 132-134

Ruthenberg, Vera-Maria: Nationalgalerie, in: Staatliche Museen zu Berlin, Leipzig 1965, S. 39-41

Ruthenberg, Vera-Maria: National-Galerie, Ältere Abteilung, in: Forschungen und Berichte, Bd. 9, Berlin (Ost) 1967, S. 149-151

Ruthenberg, Vera-Maria: Neuerwerbungen der Älteren Abteilung der NG von 1961-1967, in: Forschungen und Berichte, Bd. 11, Berlin (Ost) 1968, S. 151-158

Schade, Günter: Die Berliner Museumsinsel. Zerstörung, Rettung, Wiederaufbau, Berlin (Ost) 1986

Schade, Günther: Chancen der Gemeinsamkeit, in: MuseumsJournal, Nr. IV, Jg. 4, Oktober 1990, S. 23

Schade, Günter: Daten und Fakten zur politischen Wende an den Staatlichen Museen zu Berlin und zur Vereinigung mit den Staatlichen Museen Preußischer Kulturbesitz 1989-1991, in: Jahrbuch Preußischer Kulturbesitz 1991, Berlin 1992, S. 59-120

Schade, Günter: Die Staatlichen Museen zu Berlin in der Kultur- und Bildungspolitik der DDR. Erfahrungen und Erlebnisse, in: Jahrbuch Preußischer Kulturbesitz 1997, Berlin 1998, S. 153-193

Schasler, Max: Ueber die Gründung einer Nationalgalerie moderner Kunstwerke in Berlin, in: Die Dioskuren, Nr. 4, 1859, S. 1-2

Schasler, Max: Zur preußischen Nationalgalerie, in: Die Dioskuren, Nr. 6, 1861, Heft 14, S. 125-126; Heft 15, S. 132-134; Heft 16, S. 143-144

Schauerte, Günther: Jetzt oder nie. Berlins Chancen, die Ausbildung des Museumsmittelbaus neuzuordnen, in: MuseumsJournal Nr. II, Jg. 5, April 1991, S. 13-15

Scheer, Thorsten: Hamburger Bahnhof. Museum für Gegenwart Berlin. Josef Paul Kleihues, Köln 1996

Scheffler, Karl: Die Jahrhundertausstellung, in: Die Zukunft, 1906, S. 88-94

Scheffler, Karl: Menzel in der Berliner Nationalgalerie. Kunst und Künstler, Berlin 1911

Scheffler, Karl: Die Nationalgalerie zu Berlin. Ein kritischer Führer, Berlin 1912

Scheffler, Karl: Berliner Museumskrieg, Berlin 1921

Scheffler, Karl: Neuerwerbungen (Kronprinzen-Palais, Nationalgalerie), in: Kunst und Künstler, Heft 8, S. 336-340, Berlin 1930

Schmidt, Werner: Die Sammlung von Zeichnungen in der Nationalgalerie zu Berlin, in: Bildende Kunst, Heft 4, 1958, S. 249-254

Schmidt, Werner: Das Selbstbildnis von Adolph Menzel im Skizzenbuch aus den Jahren 1876/77. Seine Bedeutung als Ausschnitt, Einzelauge und als Selbstdarstellung, in: Forschungen und Berichte, Bd. 2, Berlin (Ost) 1958, S. 97-119

Schmitz, Brigitte: Das Schinkelmuseum Friedrichswerdersche Kirche der Nationalgalerie, in: MuseumsJournal, Sonderheft zu den Museen, Sammlungen und Schlössern der DDR in Berlin und Potsdam, März 1990, S. 42

Schmitz, Brigitte: Das Schinkelmuseum in der Friedrichswerderschen Kirche, in: Forschungen und Berichte, Band 29/30, Berlin (Ost) 1990, S. 221-224

Schmitz, Brigitte: Die Grazie der »Spinnerin«. Eine restaurierte Skulptur von Rudolph Schadow, in: MuseumsJournal Nr. II, Jg. 5, April 1991, S. 60-61

Schmitz, Britta: Die Kunstwerke im Hamburger Bahnhof, in: MuseumsJournal, Nr. IV, Jg. 10, Oktober 1996, S. 26-30

Schneider, Angela (Bearb.): Kunst des 20. Jahrhunderts. Ein Führer durch die Sammlung. Nationalgalerie Berlin, Staatliche Museen Preußischer Kulturbesitz, Berlin (West) 1981

Schneider, Angela / März, Roland (für Paul Klee): Picasso und seine Zeit. Die Sammlung Berggruen, in: MuseumsJournal, Nr. III, Jg. 10, Juli 1996, S. 22-27

Schneider, Angela: Kunst des 20. Jahrhunderts. Ein Führer durch die Sammlung. Nationalgalerie, Staatliche Museen Preußischer Kulturbesitz Berlin, ohne Jahr

Schneider, Angela: Jannis Kounellis: »Senza titolo«. Eine Neuerwerbung der Nationalgalerie, in: Jahrbuch Preußischer Kulturbesitz 1990, Berlin 1991, S. 381-386

Schneider, Angela: Mario Merz: La Goccia d'Acqua (Der Tropfen Wasser). Eine Neuerwerbung für die Nationalgalerie, in: Jahrbuch Preußischer Kulturbesitz 1994, Berlin 1995, S. 339-346

Schneider, Johannes / Steinle, Holger: Der Hamburger Bahnhof, Berlin 1997

Schöne, Wolfgang: Die Neuordnung der Nationalgalerie, in: Museumskunde, Bd. 8, 1936, S. 145-151

Schöne, Wolfgang: Le nouvel aménagement de la National-Galerie de Berlin, in: Mouseion, Vol. 37/38, 1937, S. 95-100

Schröder, Bruno: Anselm Feuerbach un die Antike, in: Jahrbuch der Preuszischen Kunstsammlungen, Bd. 45, Berlin 1924, S. 85-111

Schröder, Klaus Albert: Der Bauernhof als Ort der Idylle. Zu Waldmüllers »Heimkehr vom Kirchweihfest« anläßlich der Erwerbung für die Nationalgalerie, in: Jahrbuch Preußischer Kulturbesitz 1991, Berlin 1992, S. 361-389

Schultz, Sabine: Staatliche Museen zu Berlin, Gesamtführer, Berlin (Ost) 1966

Schultze-Naumburg, Paul: Die Umgestaltung der Nationalgalerie, in: Der Kunstwart, Nr. 11, 1898, S. 291-293

Schulze, Ingrid: Zum Schaffen des Malers und Graphikers Erwin Hahs, in: Forschungen und Berichte, Bd. 23, Berlin (Ost) 1983, S. 138-153

Schur, Ernst: Führer durch die Nationalgalerie, Berlin 1910

Schuster, Peter-Klaus: Kunst als Revolution. Zu Ludwig Meidners »Barrikadenkampf« von 1912/13, in: MuseumsJournal, Nr. III, Jg. 3, Juli 1989, S. 62-64

Schuster, Peter-Klaus: Ernst Ludwig Kirchners »Dame mit Hut«. Zu einer Neuerwerbung der Nationalgalerie, in: Jahrbuch Preußischer Kulturbesitz 1989, Berlin (West) 1990, S. 283-309

Schuster, Peter-Klaus: Caspar David Friedrich »Waldinneres bei Mondschein«. Eine Neuerwerbung für die Neue Nationalgalerie, in: Jahrbuch Preußischer Kulturbesitz 1992, Berlin 1993, S. 367-387

Schuster, Peter-Klaus: Gaertner und die geistige Mitte Berlins. Zu einer Neuerwerbung für die Nationalgalerie, in: Jahrbuch Preußischer Kulturbesitz 1993, Berlin 1994, S. 281-312

Schuster Peter-Klaus: Gaertner und die geistige Mitte Berlins. Zu einer Neuerwerbung, in: MuseumsJournal, Nr. IV, Jg. 7, Oktober 1993, S. 68-73

Schuster, Peter-Klaus: Mäzenatentum in Berlin, in: MuseumsJournal, Nr. II, Jg. 8, April 1994, S. 42-44

Schuster, Peter-Klaus (Bearb.): Picasso und seine Zeit. Die Sammlung Berggruen, Berlin 1996

Schuster, Peter-Klaus: Heinz Berggruen oder die Kunst des Sammelns, in: MuseumsJournal, Nr. III, Jg. 10, Juli 1996, S. 16-18

Schuster, Peter-Klaus: »Bilder im Raum«. Für Dieter Honisch, in: MuseumsJournal, Nr. III, Jg. 11, Juli 1997 S. 6-7

Schuster, Peter-Klaus / Schneider, Angela / Papies, Hans-Jürgen / März, Roland: Picasso and his Time. The Berggruen Collection, Berlin 1998

Schuster, Peter-Klaus: Ein souveräner Weltbürger. Heinz Berggruen zum 85. Geburtstag, in: MuseumsJournal, Nr. II, Jg. 13, April 1999, S. 30

Schuster, Peter-Klaus (Hrsg.): James Simon, Sammler und Mäzen für die Staatlichen Museen zu Berlin, Berlin 2001

Schuster, Peter-Klaus: Die Geburt der Nation aus dem Geist der Kunst. Zur Wiedereröffnung der Alten Nationalgalerie, in: MuseumsJournal, Nr. IV, Jg. 15, Oktober 2001, S. 4-9

Seeliger, Stephan: Overbecks sieben Sakramente, in: Jahrbuch der Berliner Museen. Ehemals Jahrbuch der Preussischen Kunstsammlungen, Neue Folge, Jg. 6, Berlin (West) 1964, S. 151-172

Seidel, Paul: Zur Vorgeschichte der Berliner Museen; der erste Plan von 1797, in: Jahrbuch der Preuszischen Kunstsammlungen, Beiheft zu Bd. 49, Berlin 1929, S. 55-64

Seidlitz, Waldemar: Führer durch die deutsche Jahrhundertausstellung 1906. Gemälde, Zeichnungen, Bildwerke, München 1906

Seiler, Friedemann: Zum Wiederaufbau des Alten Museums, in: Forschungen und Berichte, Bd. 5, Berlin (Ost) 1962, S. 85-90

Senator für Volksbildung (Hrsg.): Galerie des 20. Jahrhunderts, Berlin (West) 1953, 1958, 1960, 1963

Serenyi, Peter: Spinoza, Hegel and Mies: The Meaning of the New National Gallery in Berlin, Chicago 1971, unveröffentlichte Abschrift eines Vortrages, gehalten am 24. Treffen der Society of Architectural Historians im Januar 1971 in Chicago [Exemplar in der Neuen Nationalgalerie]

Staatliche Museen zu Berlin (Hrsg.): Die Wiedereröffnung des Alten Museums am 5. Oktober 1966, Beilage zu Forschungen und Berichte, Bd. 9, Berlin (Ost) 1967
Steinle, Holger (Bearb.): Ein Bahnhof auf dem Abstellgleis: der ehemalige Hamburger Bahnhof in Berlin und seine Geschichte, Berlin 1997
Steinle, Holger / Gottwaldt, Alfred: Verkehrs- und Baumuseum Berlin: Der »Hamburger Bahnhof«, Berlin (West) 1984
Stemmler, Dierk: Drei Gemälde der Schule von Barbizon in der Nationalgalerie, in: Berliner Museen. Berichte aus den Ehemaligen Preußischen Kunstsammlungen, Neue Folge, Bd. 15, Köln und Berlin (West) 1965, S. 58-62
Stepken, Angelika: Die Befreiung der Kunst von der Kunstgeschichte, in: Neue Bildende Kunst, Nr. 5, 1996, S. 56-63
Stiftung Preußischer Kulturbesitz (Hrsg.): Jahrbuch Stiftung Preußischer Kulturbesitz 1962, Köln und Berlin (West) 1962
Stiftung Preußischer Kulturbesitz (Hrsg.): Zum Lebensfries von Edvard Munch 1907, in: Jahrbuch Stiftung Preußischer Kulturbesitz 1966, Köln und Berlin (West) 1967, S. 220-225
Stiftung Preußischer Kulturbesitz (Hrsg.): Reden bei der Eröffnung der Neuen Nationalgalerie, in: Jahrbuch Preußischer Kulturbesitz 1968, Köln und Berlin (West) 1969, S. 133-145
Stiftung Preußischer Kulturbesitz (Hrsg): Pressedokumentation zum »Museumsstreit«, in: Jahrbuch Preußischer Kulturbesitz 1990, Berlin 1991, S. 89-137
Stiftung Preußischer Kulturbesitz (Hrsg): Pressedokumentation zu einem durch die Neue Nationalgalerie ausgelösten »deutschen Bilderstreit«, in: Jahrbuch Preußischer Kulturbesitz 1994, Berlin 1995, S. 365-408
Stiftung Preußischer Kulturbesitz (Hrsg): »Erich Marx ist ein Besessener«. Ansprachen zur Eröffnung des Hamburger Bahnhofs - Museum für Gegenwart Berlin, in: Jahrbuch Preußischer Kulturbesitz 1996, Berlin 1997, S. 63-90
Stiftung Preußischer Kulturbesitz (Hrsg): »Deutschland dankt Ihnen«. Ansprachen zur Eröffnung der Sammlung Berggruen - Picasso und seine Zeit, in: Jahrbuch Preußischer Kulturbesitz 1996, Berlin 1997, S. 37-62
Stiftung Preußischer Kulturbesitz (Hrsg): Richtfest zur Generalsanierung der Alten Nationalgalerie, in: Jahrbuch Preußischer Kulturbesitz 1999, Berlin 2000, S. 63-77 [Reden]
Stock, Friedrich: Zur Vorgeschichte der Berliner Museen. Urkunden von 1786 bis 1807, in: Jahrbuch der Preuszischen Kunstsammlungen, Beiheft zu Bd. 49, Berlin 1929, S. 65-147
Stock, Friedrich: Zwei Gesuche Waagens, in: Jahrbuch der Preuszischen Kunstsammlungen, Bd. 53, Berlin 1932, S. 113-128
Teeuwiese, Nicolaas: Vom Salon zur Secession. Berliner Kunstleben zwischen Tradition und Aufbruch zur Moderne 1871-1900, Berlin (West) 1986
Thormaehlen, Ludwig: Neue italienische Malerei im Kronprinzen-Palais, in: Museum der Gegenwart, Heft 4, Jg. III, 1933
Tschudi, Hugo von: Die Jahrhundert-Ausstellung der französischen Kunst, in: Die Kunst für Alle, Nr. 16, 1900, S. 3f.
Tschudi, Hugo von: Die Werke Arnold Böcklins in der Königlichen Nationalgalerie, Berlin 1901
Tschudi, Hugo von: Aus Menzels jungen Jahren, in: Jahrbuch der Königlichen-Preuszischen Kunstsammlungen, Bd. 26, Berlin 1905, S. 214-314
Tschudi, Hugo von: Adolph von Menzel. Abbildungen seiner Gemälde und Studien auf Grund der von der kgl. National-Galerie im Frühjahr 1905 veranstalteten Ausstellung unter Mitarbeit von E. Schwedeler-Meyer und J. Kern, München 1905
Tschudi, Hugo von: Verzeichnis der Gemälde und Skulpturen in der Königlichen National-Galerie zu Berlin, Berlin 1908
Tschudi, Hugo von: Die Sammlung Arnhold, in: Kunst und Künstler, Bd. 7, 1908/1909, S. 3-24, 45-62, 99-109
Tschudi, Hugo von: Gesammelte Schriften zur neueren Kunst. Hrsg. von E. Schwedeler-Meyer, München 1912
Tschudi, Hugo von: Édouard Manet, Berlin 1920
Verein der Freunde der Nationalgalerie (Hrsg.): Verein der Freunde der Nationalgalerie, Berlin (West) 1978
Verein der Freunde der Nationalgalerie (Hrsg.): Verein der Freunde der Nationalgalerie, Heft 2-10, Berlin (West) 1979, 1983, 1985, 1987, 1989, 1992, 1995, 1998, 2001
Verein der Freunde der Nationalgalerie (Hrsg.): Ein Blick zurück: 1975-1997; fünfzig ausgewählte Erwerbungen der Nationalgalerie Berlin (anläßlich des 60. Geburtstages von Dieter Honisch), Berlin 1997
Verwiebe, Birgit (Hrsg.): Kunst der Goethezeit: »Classizismus und Romantizismus«, Berlin 1999
Verwiebe, Birgit: Wiedereinzug der »Casa Bartholdy«. Der Fresko-Zyklus der Nazarener in der Alten Nationalgalerie, in: MuseumsJournal, Nr. IV, Jg. 15, Oktober 2001, S. 16-18
Waagen, Gustav Friedrich: Verzeichnis der Gemälde-Sammlung des Konsuls J. H. W. Wagener, Berlin 1873
Wachter, Gabriela (Hrsg.): Mies van der Rohes Neue Nationalgalerie in Berlin, Berlin 1995
Waetzoldt, Stephan: Die Neubauten der Staatlichen Museen, in: Berliner Museen. Berichte aus den Ehemaligen Preußischen Kunstsammlungen, Neue Folge, Bd. 17, Köln und Berlin (West) 1967, S. 2-6
Waetzoldt, Stephan: Paul Ortwin Rave: Schriften über Künstler und die Kunst, Stuttgart 1994
Waetzoldt, Stephan: 30 Jahre Mies van der Rohes Neue Nationalgalerie. Wie es dazu kam, in: Jahrbuch Preußischer Kulturbesitz 1998, Berlin 1999, S. 77-94
Waetzoldt, Wilhelm: Die Staatlichen Museen zu Berlin 1830-1930, in: Jahrbuch der Preuszischen Kunstsammlungen, Bd. 51, Berlin 1930, S. 189-204
Weidemann, Friedegund: Otto-Nagel-Haus. Abteilung proletarisch-revolutionäre und antifaschistische Kunst der Nationalgalerie. Führer durch die Ausstellung, Staatliche Museen zu Berlin (Ost) 1985
Weidemann, Friedegund: Die Sammlung proletarisch-revolutionärer und antifaschistischer Kunst im Otto-Nagel-Haus als dritte Abteilung der Nationalgalerie, in: Forschungen und Berichte, Bd. 25, Berlin (Ost) 1985, S. 92-95
Weidemann, Friedegund: Otto-Nagel-Haus. Sammlung proletarisch-revolutionärer und antifaschistischer Kunst der Nationalgalerie, in: MuseumsJournal, Sonderheft zu den Museen, Sammlungen und Schlössern der DDR in Berlin und Potsdam, März 1990, S. 41
Weidemann, Friedegund: Das Otto-Nagel-Haus als Abteilung der Nationalgalerie 1982-1995. Die Geschichte eines adoptierten Muse(e)n-Kindes, in: Jahrbuch Preußischer Kulturbesitz 1995, Berlin 1996, S. 243-259
Weinmeister, Rudolf: Max Jordan und seine Beziehungen zu Leipzig, in: Schriften des Vereins für die Geschichte Leipzigs, Bd. 23, 1939, S. 47-68
Weisbach, Werner: Gedanken zu der Neugestaltung der Berliner Nationalgalerie, 1923, in: Zeitschrift für Bildende Kunst, Wien, Leipzig 1912, S. 81-87
Weißgärber, Helga (Bearb.): National-Galerie. Zeichnungen deutscher Meister vom Klassizismus bis zum Impressionismus, Berlin (Ost) 1954
Weißgärber, Helga: Verzeichnis der Schriften von Ludwig Justi, in: Forschungen und Berichte, Bd. 1, Berlin (Ost) 1957, S. 11-29
Wesenberg, Angelika: Wilhelm von Bode als Zeitgenosse der Kunst: zum 150. Geburtstag, Berlin 1995
Wesenberg, Angelika: Nationalgalerie Berlin. Das XIX. Jahrhundert. Katalog der ausgestellten Werke, Berlin 2001
Wiegand, E. (Hrsg.): Katalog der Königlichen National-Galerie zu Berlin, neue veränderte Ausgabe, Berlin ohne Jahr (ca. 1880)
Winkler, Friedrich: Kriegschronik der Berliner Museen, abgeschlossen im Mai 1946 (Denkschrift), Berlin 1946
Winkler, Kurt: Ludwig Justi - Der konservative Revolutionär, in: Henrike Junge (Hrsg.): Avantgarde und Publikum. Zur Rezeption avantgardistischer Kunst in Deutschland, Köln, Weimar und Wien 1992, S. 171-185
Winkler, Kurt: Die Zeitschrift »Museum der Gegenwart« (1930-1933) und die Musealisierung der Avantgarde. Museum und Gegenwartskunst am Ende der Weimarer Republik, Berlin 1993 [Dissertation, Humboldt-Universität Berlin]
With, Christopher: The Emperor, the National Gallery and Max Slevogt, in: Zeitschrift des Deutschen Vereins für Kunstwissenschaft 30, Berlin (West) 1976, S. 86-94
With, Christopher: The Prussian Landeskunstkommission 1861-1911: A Study in State Subvention of the Arts, Berlin (West) 1986
Wolfradt, Willi: Neuordnung der Nationalgalerie, in: Der Cicerone, Nr.15, 1923, S. 659-660
Wormit, Hans-Georg: Der Preußische Kulturbesitz im Jahre 1966, Köln und Berlin (West) 1967, in: Jahrbuch Stiftung Preußischer Kulturbesitz 1966, Köln und Berlin (West) 1967, S. 7-26
Wormit, Hans-Georg: Der Preußische Kulturbesitz im Jahre 1968, in: Jahrbuch Preußischer Kulturbesitz 1968, Köln und Berlin (West) 1969, S. 9-23
Zimmer, Jürgen: Bibliographie Gustav Friedrich Waagen (1794-1868), in: Jahrbuch der Berliner Museen.

Berichte aus den Ehemaligen Preußischen Kunstsammlungen, Neue Folge, Bd. 37, Berlin 1995, S. 75–91
Zimmermann Heinrich: Ein neuerworbener Menzel, in: Berliner Museen. Berichte aus den Ehemaligen Preußischen Kunstsammlungen, Neue Folge, Bd. 3, Hamm und Berlin (West) 1953, S. 2

Werke ohne Verfasser (Kataloge, Verzeichnisse), chronologisch sortiert:

Kataloge der Gemäldesammlung des Joachim Heinrich Wilhelm Wagener von 1828 bis 1873
Der Bau der Königlichen Nationalgalerie zu Berlin, in: Zeitschrift für praktische Baukunst Nr. 29, 1869, Sp. 207–216
Das Gebäude der Nationalgalerie, in: Im Neuen Reich, Bd. 1, Nr. 6, 1876, S. 646–649, S. 781–796
Ordnung für das Copieren in der Königlichen National-Galerie, Berlin 1876
Festschrift Königliche Museen Berlin, Berlin 1880
Catalog: Statut und Mitglieder-Verzeichnis der Vereinigung der Kunstfreunde für die amtlichen Publikationen der Königlichen National-Galerie zu Berlin, Berlin 1885
Die Sammlung der Handzeichnungen, Studien und Entwürfe in der Königlichen National-Galerie zu Berlin, Berlin 1889
Königliche Museen zu Berlin, National-Galerie. Ausstellung der neuen Erwerbungen, Berlin 1896
Catalog: Statut und Mitglieder-Verzeichnis der Vereinigung der Kunstfreunde für die amtliche Publikation der Königlichen National-Galerie zu Berlin (Nachtrag), Berlin 1899
Handbuch der Sammlungen der Königlichen National-Galerie zu Berlin. I. Abteilung: Gemälde, Berlin 1903
Ausstellung deutscher Kunst aus der Zeit von 1775–1875 in der Königlichen Nationalgalerie Berlin 1906. Auswahl der hervorragendsten Bilder mit einleitendem Text von Hugo von Tschudi, München 1906
Ausstellung deutscher Kunst aus der Zeit von 1775–1875, Königliche Nationalgalerie, Januar bis Mai 1908, Bd.1: Gemälde und Skulpturen, Bd.2: Zeichnungen, Aquarelle, Pastelle, Ölstudien, Miniaturen und Möbel, München 1906
Ausstellung deutscher Kunst aus der Zeit von 1775–1875. Gemälde und Skulpturen. Königliche Nationalgalerie, Januar bis Mai 1905, München ²1906
Verzeichnis der Gemälde und Skulpturen in der Königlichen National-Galerie, Berlin 1911, 1912, 1914, 1916, 1918, 1920, 1921, 1923, 1926, 1928, 1934
Erwerbungen für die Königliche Nationalgalerie von 1910 bis 1911. Ausgestellt in der Königlichen Akademie der Künste zu Berlin. 24. September bis 18. Oktober 1911, Berlin 1911
In Memoriam Hugo von Tschudi. Die Reden bei der Bestattung in Stuttgart am 27. November 1911, Leipzig 1912
Katalog zur Vereinigung der Kunstfreunde Ad. C. Troitzsch. Farbige Nachbildungen von Gemälden der Königlichen National-Galerie und anderer Kunstsammlungen, 1883–1912, Berlin 1912
Der Umbau der Nationalgalerie, in: Kunstchronik Nr. 25, 1913/14, Sp. 393–397
Verzeichnis der im ehemaligen Kronprinzen-Palais ausgestellten Kunstwerke. Ausführliches Verzeichnis des Gesamtbestandes der National-Galerie, Berlin 1919–1920
Nationalgalerie. Ausstellung älterer Berliner Kunst (November 1926), Berlin 1926
Verzeichnis der Gemälde und Bildwerke der Neuen Abteilung im ehemaligen Kronprinzen-Palais, Berlin 1933
Verzeichnis der Kunstwerke in der Neuen Abteilung der National-Galerie im ehemaligen Kronprinzen-Palais, Berlin 1934/1935
Verein der Freunde der Nationalgalerie. Die wichtigsten Erwerbungen in den Jahren 1933–1937, Berlin 1938
Staatliche Museen. Nationalgalerie und Musikinstrumentenmuseum. Führungen, Arbeitsgemeinschaften, Vorträge, Eintrittsgeld, Öffnungszeiten, Besuchsordnung, Übersicht der Museen, Lageplan, Berlin (April/Juni) 1938
National-Galerie: Die wichtigsten Erwerbungen in den Jahren 1933 bis 1937, Berlin 1938
National-Galerie (Ost). Gemälde, Zeichnungen, Bildwerke, Berlin 1949
Deutsche Romantiker. 85 Gemälde der ersten Hälfte des 19. Jahrhunderts. Ausstellung im Zonal Fine Arts Repository Schloß Celle, Mai bis Juni 1949, Celle 1949
Reden bei der 75-Jahrfeier der National-Galerie, Allgemeiner Deutscher Kulturdienst, Blatt 8, Berlin 9. April 1951, Nr. 303–314
Schätze der Weltkultur von der Sowjetunion gerettet, Berlin (Ost) 1958
National-Galerie. Gemälde, Bildwerke, Zeichnungen, Bildband 10, Berlin (Ost) 1961
Verzeichnis der Gemälde und Bildwerke der National Galerie Berlin, in: der Orangerie des Schlosses Charlottenburg, Berlin (West) 1961, 1964, 1966
Staatliche Museen zu Berlin – Nationalgalerie. Neuerwerbungen seit 1945. Jubiläums-Ausstellung zum hundertjährigen Bestehen der Sammlung 1861–1961, Berlin (Ost) 1961
Das Alte Museum 1828–1966, Festschrift zur Wiedereröffnung 1966, Berlin (Ost) 1966
Staatliche Museen zu Berlin. Deutsche Kunst. 19./20. Jahrhundert. Zur Wiedereröffnung des Alten Museums, Berlin (Ost) 1966
Staatliche Museen zu Berlin – National-Galerie. Gemälde, Bildwerke und Zeichnungen des 19. Jahrhunderts, Berlin (Ost) 1968
Staatliche Museen zu Berlin – National-Galerie. Gemälde, Bildwerke und Zeichnungen des 20. Jahrhunderts, Berlin (Ost) 1968
Nationalgalerie Berlin, Staatliche Museen Preußischer Kulturbesitz. Neuerwerbungen der Nationalgalerie 1976–1972, Berlin (West) 1972
Nationalgalerie Berlin. Staatliche Museen Preußischer Kulturbesitz. Verzeichnis der Gemälde und Skulpturen des 19. Jahrhunderts, Berlin (West) 1976
Nationalgalerie Berlin – 10 Jahre im neuen Haus, Bonn-Bad Godesberg, – Berlin (West) 1978–79
100 Zeichnungen aus der Nationalgalerie Berlin, Staatliche Museen Preußischer Kulturbesitz, Goslar, Kaiserslautern, Corvey, 1979–80
Nationalgalerie Berlin, Staatliche Museen Preußischer Kulturbesitz. »Kunst der Welt in den Berliner Museen«, Stuttgart und Zürich 1980
»museum«, Nationalgalerie Berlin, Braunschweig 1980
Nationalgalerie Berlin, Staatliche Museen Preußischer Kulturbesitz. Kunst des 20. Jahrhunderts. Ein Führer durch die Sammlung. Berlin (West) 1981
Neuerwerbungen '75–'85 Nationalgalerie Berlin. Von Courbet bis Beuys, Berlin (West) 1985
Die Gemälde der Nationalgalerie: deutsche Malerei vom Klassizismus bis zum Impressionismus, ausländische Malerei von 1800 bis 1930, Berlin (Ost) 1986
Galerie der Romantik, Nationalgalerie Berlin, Staatliche Museen Preußischer Kulturbesitz. Zur Eröffnung der Galerie der Romantik im Schloss Charlottenburg, Berlin (West) 1986
Die Museumsinsel zu Berlin. Zur 750-Jahrfeier Berlins, Berlin (Ost) 1987
Gestalt und Zeichen. Malerei, Plastik und Zeichnung in der Kunst der DDR. Neugestaltung der ständigen Ausstellung, Faltblatt, 1991
Wege deutscher Kunst – 40er bis 60er Jahre – Aus den Beständen der Nationalgalerie, Faltblatt 1992
Alte Nationalgalerie Berlin, München 1996 [Prestel-Museumsführer]
Neue Nationalgalerie Berlin, München 1996, 1998² [Prestel-Museumsführer]
Hamburger Bahnhof Berlin, München 1996 [Prestel-Museumsführer]
Alte Nationalgalerie Berlin, München und New York 1997 [Prestel-Museumsführer, Englisch]
Neue Nationalgalerie Berlin, München und New York 1997 [Prestel-Museumsführer, Englisch]
Hamburger Bahnhof. Museum for the Present, München und New York 1997 [Prestel-Museumsführer, Englisch]

Autorenverzeichnis

MEISTERWERKE und GLOSSAR

Eugen Blume	*EB*
Eve Förschl	*EF*
Barbara Götze	*BG*
Jörn Grabowski	*JG*
Hans-Joachim Gronau	*HJG*
Nicole Hartje	*NH*
Katharina Henkel	*KH*
Fritz Jacobi	*FJ*
Joachim Jäger	*JJ*
Christine Kühn	*CHK*
Claude Keisch	*CK*
Gabriele Knapstein	*GK*
Ute Koch	*UK*
Ruth Langenberg	*RL*
Andres Lepik	*AL*
Bernhard Maaz	*BM*
Roland März	*RM*
Hans Jürgen Papies	*HJP*
Peter Raue	*PR*
Andreas Schätzke	*SCH*
Brigitte Schmitz	*BS*
Angela Schneider	*AS*
Karen Straub	*KS*
Christina Thomson	*CT*
Manfred Tschirner	*MT*
Birgit Verwiebe	*BV*
Gerd-Helge Vogel	*GHV*
Friedegund Weidemann	*FW*
Angelika Wesenberg	*AW*
Moritz Wullen	*MW*
Franciska Zólyom	*FZ*

DIREKTOREN

Fritz Jacobi und Jörn Grabowski

AUSSTELLUNGSCHRONIK

Christina Thomson
in Zusammenarbeit mit Elena Bonewa, Thekla Brückner, Nadine Eich und Isabelle Mercier

BIBLIOGRAPHIE

Uta Caspary und Ute Koch

Personenregister

Die kursiven Ziffern verweisen auf Abbildungen.

Fotonachweis

Archiv Alte Nationalgalerie, SMPK: S. 332, 351 l., 354 u. l.
Jörg P. Anders, Berlin: S. 85, 90, 91, 92, 93, 94, 95, 97, 98, 104, 105, 107, 111, 112, 116, 117, 119, 122, 124, 125, 130, 134, 137, 138, 143, 144, 145, 146, 147, 149, 160, 163, 165, 166, 167, 168, 169, 170, 171, 172, 173, 176, 178, 179, 180, 181, 183, 184, 185, 186, 187, 188, 190, 191, 192, 193, 194, 195, 196, 197, 198, 200, 202, 203, 206, 207, 212, 213, 214, 215, 216, 217, 218, 219, 220, 221, 223, 225, 238, 243, 244, 250, sowie alle Reproduktionen der Ausstellungschronik, S. 402-428
Architekturbüro Kleihues + Kleihues: S. 351 r.
Bayerisches Hauptstaatsarchiv: S. 343 l.
Bayerische Akademie der Schönen Künste, München: S. 383 l.
Christa Begall: S. 121, 123
Bildarchiv Foto Marburg: S. 347
Bildarchiv Preußischer Kulturbesitz, Berlin: S. 10, 13, 14 m., 17, 46 m., 60, 261, 273, 310, 337 o. l., 368, 372; Foto: Karin März: S. 361 u. r.; Foto: Jörg P. Anders: S. 101-103, 118; Foto: Jens Ziehe: S. 267, 249
Privatarchiv Eugen Blume: S. 389
Privatarchiv Bolz/Koepp: S. 321 o. r.
Germanisches Nationalmuseum Nürnberg: S. 12 u.
Klaus Göken: S. 86, 87, 99, 110, 115, 127, 131/132, 135, 139, 141, 150, 158
Archiv Hamburger Bahnhof - Museum für Gegenwart, SMPK: S. 358
Andres Kilger, Berlin: S. 100, 156, 159
Privatarchiv Hannelore Kischkewitz: S. 315
Bernd Kuhnert: S. 108, 120, 136, 140, 153
Kunstbibiliothek, SMPK: S. 41; Foto: Jörg P. Anders: S. 329
Kupferstichkabinett, SMPK: S. 18 u., 40
Jochen Littkemann, Berlin: S. 199, 268, 293, 297, 298, 302
Karin März, Berlin: S. 151, 157, 154, 148
Roman März, Berlin: S. 246
Büro Marx: S. 361 o. l.
Merian, Foto: Ute Mahler: S. 307 u. r.
Museum der Bildenden Künste, Leipzig: S. 353 o. l.
Nationalmuseum Posen: S. 371 u. r.
Nationalgalerie, SMPK: S. 12 o. l., 47 l., 47 r., 51, 319, 388 u. r.
Archiv Neue Nationalgalerie, SMPK: S. 66 o. l., 66 u. l., 333, 367, 374
Plansammlung der UB TU Berlin, Monats-Konkurrenz-Entwürfe 1881/82: S. 390
Reinhard Saczewski: S. 161, 162
Privatarchiv Irmtraut Stehr, Foto: Hans-Georg Gaul: S. 398
Stiftung Archiv der Akademie der Künste, Sammlung Baukunst, Berlin: S. 373 o. r.
Stiftung Preußische Schlösser und Gärten, Berlin-Brandenburg: S. 18 o., 399 r.
Ullstein: S. 46 u.
Zentralarchiv, SMPK: S. 16, 21, o., 21 u., 22, 24, 25, 26 o., 26 u., 27, 29, 30a, 30b, 30c, 44, 45, 49, 56 o. l., 56 u. l., 55, u. r., 312 l., 312 r., 314, 316 r., 320, 321 u. r., 324, 328, 331, 335, 336, 338, 339, 342, 343 r., 344 r., 346, 348 r., 350, 353 u. l., 354 o. r., 355, 363, 365, 369, 370, 373 o. l., 375, 376, 379, 382, 383 r., 384 o., 388 o. l., 396, 397 o. l., 400; Foto: Jörg P. Anders: S. 316 l.; Foto: Werner Bethsold: S. 327; Foto: Karin Betthausen: S. 337 u. r.; Foto: Andres Kilger: S. 322 o. r.; Foto: Heinz Korff: S. 326; Foto: Bernd Kuhnert: S. 399 l.; Foto: Karin März: S. 322 u. l., 323, 325, 334, 336, 359; Foto: Rosa Mai: S. 318 l.; Foto: Uwe Wirth: S. 318 r.
Jens Ziehe, Berlin: S. 182, 189, 201, 208, 230, 231/232, 234, 235, 236, 237, 240, 241, 245, 247, 252, 255, 256, 257, 259, 262, 263, 265, 266, 269, 270, 272, 289, 290, 292

Die hier nicht nachgewiesenen Abbildungen wurden, sofern sie nicht zusätzlich anhand der Bildlegende zugeordnet werden können, von den jeweiligen Sammlungen der Nationalgalerie zur Verfügung gestellt.

(SMPK = Staatliche Museen zu Berlin, Preußischer Kulturbesitz)

Copyright

Hans Arp, Francis Bacon, Willi Baumeister, Max Beckmann, Joseph Beuys, Georges Braque, Marcel Broodthaers, Giorgio de Chirico, Otto Dix, Jean Dubuffet, Max Ernst, Lyonel Feininger, Günter Fruhtrunk, Alberto Giacometti, George Grosz, Andreas Gursky, Bernhard Heisig, Hannah Höch, Paul Klee, Yves Klein, Oskar Kokoschka, Joseph Kosuth, Fernand Léger, Sol LeWitt, Walter Libuda, Roy Lichtenstein, Max Liebermann, René Magritte, Wolfgang Mattheuer, Gerhard Merz, László Moholy-Nagy, Robert Morris, Bruce Nauman, Barnett Newman, Karl Schmidt-Rottluff, Thomas Ruff, Emil Schumacher, Kurt Schwitters, Katharina Sieverding, Frank Stella, Wladimir Tatlin, Werner Tübke, Wolf Vostell, Wols:
© VG Bild-Kunst, Bonn 2001

Erich Heckel:
© Nachlass Erich Heckel, Hemmenhofen

Donald Judd:
© Art Donald Judd Estate / VG Bild-Kunst-Bonn 2001

Ernst Ludwig Kirchner:
© by Ingeborg und Dr. Wolfgang Henze-Ketterer, Wichtrach/Bern

R. B. Kitaj
© Marlborough Fine Art, London

Henri Matisse:
© Succession H. Matisse / VG Bild-Kunst, Bonn 2001

Ludwig Meidner:
© by Ludwig Meidner-Archiv, Jüdisches Museum der Stadt Frankfurt am Main

Edvard Munch:
© The Munch Museum / The Munch Ellingsen Group/ VG Bild-Kunst, Bonn 2001

E. W. Nay:
© Elisabeth Nay-Scheibler

Emil Nolde:
© Nolde-Stiftung Seebüll

Pablo Picasso:
© Succession Picasso / VG Bild-Kunst, Bonn 2001

Robert Rauschenberg:
© Robert Rauschenberg/ VG Bild-Kunst, Bonn 2001

Oskar Schlemmer:
© 2001 Oskar Schlemmer, Archiv und Familien Nachlass, I - 28824 Oggebbio

Andy Warhol:
© Andy Warhol Foundation for the Visual Arts / ARS, New York

Darüber hinaus gilt unser Dank den hier nicht namentlich aufgeführten Künstlern und Künstlerinnen, die ihre Rechte selbst wahrnehmen und uns freundlicherweise die Reproduktion ihrer Werke für dieses Buch gestatteten.

DIE NATIONALGALERIE

Diese Publikation erscheint anläßlich des 125jährigen Jubiläums der Nationalgalerie Berlin und der Wiedereröffnung der Alten Nationalgalerie am 2. Dezember 2001

Sie wurde ermöglicht durch die großzügige Unterstützung von Dr. Arend Oetker und dem Verein der Freunde der Nationalgalerie

HERAUSGEBER
Peter-Klaus Schuster

GESAMTREDAKTION
Christina Thomson und Moritz Wullen
in Zusammenarbeit mit
Susanne Guldin, Luis Gutiérrez Künzli,
Ute Koch und Anja Mai

TEXTREDAKTION
Christina Thomson und Fritz Jacobi
in Zusammenarbeit mit
Gabriele Bösel, Fritz Jacobi und Roland März

TECHNISCHE UNTERSTÜTZUNG
Katja Hesch und Manfred Tschirner

LAYOUT
Birgit Haermeyer, Silvia Cardinal

PRODUKTION
Marcus Muraro

REPRODUKTION
Litho Köcher, Köln

DRUCK
Rasch, Bramsche

BUCHBINDERISCHE VERARBEITUNG
Bramscher Buchbinder Betriebe

Die deutsche Bibliothek - CIP-Einheitsaufnahme

Die Nationalgalerie : [anläßlich des 125-jährigen Jubiläums der Nationalgalerie Berlin und der Wiedereröffnung der Alten Nationalgalerie am 2. Dezember 2001]/ Staatliche Museen Preußischer Kulturbesitz. Hrsg. von Peter-Klaus Schuster. - Köln : DuMont Literatur und Kunst Verlag, 2001
ISBN 3-8321-7004-9

ISBN 3-8321-7004-9
Printed in Germany